中研院歷史語言研究所集刊論文類編

文獻考訂編

二

中華書局

古詩紀補正敍例

逯欽立

先唐各家文集，隋志著錄者八百八十餘部，至宋初崇文總目，僅載一十五家，而南宋陳振孫直齋書錄解題，確定爲舊籍者止十三部，若殘缺者不計，其數且不及十家，舊籍之存，不及百一矣。明馮惟訥纂古詩紀一書，上至穹古，下迄陳隋，披索闕遺，采摭弘富，故王漁洋服其苦心，楊守敬贊其廣博；後之如臧懋循古詩所，梅鼎祚八代詩乘，皆依據馮本，增益蓋寡。然馮氏所據各集，亦僅嵇康、陸雲、陶潛、鮑照、謝脁、庾信六家爲舊集，馮氏引用書目，此外尙有蔡中郎、陳思王、陸士衡（二俊集），支遁林、謝靈運、昭明太子、庾肩吾、陰鏗等集，皆後人輯本。知元明以降，舊集存者愈少。然則明代纂輯總集之用心，原在保存先賢篇章於不墜，而馮氏尤詩苑之功人矣。

馮書前集十卷，正集百三十卷，外集四卷，別集十二卷，都爲百五十六卷。其前集載先漢銘贊箴誄歌繇逸詩，正集載漢至隋詩謠樂府，外集鬼仙雜詩，別集則爲詩評之轉錄。卷首則甄敬張四維兩序之後，先列凡例，其次引用書目，其次各代人名總綱，而子目，則分別列入各編之中，如漢魏一編，兩晉一編，宋齊一編，梁一編，陳一編，北朝一編，隋一編是也。觀其纂錄大凡，即知其造端之巨。然如抉瑕摘瑕，馮書謬誤，亦不爲少：前集一編，各類混收，如雜入銘頌箴誄各類之文，馮班鈍吟雜錄曾譏之。眞僞雜糅，如琴操諸歌，多後人僞託。不加分辨，一也。案前集本馮氏風雅廣逸一書（十卷），乃踵風雅逸篇輯成者，本應別行。各集先以類分，各類又以體分，此法頗亂舊集原次，嵇康集附秀才答詩四首，原次前三首五言，後一首四言，案四言一首，本爲兩詩混合所成，詩云：鯈車駐駟，駕言出遊，南厲伊渚，北登邙丘，青林華茂，春鳥羣嬉，感寤長懷，能不永思（下略），周樹人校嵇康集，於華茂字下注云：秀才詩止此，已下當是中散詩也。原本蓋每頁二十二行，行二十字，而闕第四葉，鈔者不察，寫爲一首，後來衆刻，遂並承其誤，詩紀移以爲第一首，尤謬。

破壞樂府條貫，　宋書樂志，樂府詩集，其編次各調，皆有定則，如首相和，次吟嘆曲，次淸商三調，次楚調等是也，每調之中，雜有各體，並不定以四言者居首，雜言者居末。　詩紀依體編列，遂乖此條貫。既使同題各章，割分數處，　如梁簡文帝從軍行二首，馮氏將其雜言一首摘出，編之卷末，又隴西行三首，亦摘其雜言一首另列之，此例甚多。又強以句數之多寡，以定次序之前後，如梁簡文帝詠舞三首皆五言體，馮氏以第一首僅四句，較其他二首句數爲少，因將此第一首移作最末一首，此例甚多。割裂竄亂，貽誤後人，二也。　各家詩篇大率自類書輯來，馮氏概不注其出處，一若所據悉是本集也者，又於各詩顯明爲殘闕者，以小字注之曰闕，實則其無注者，亦頗多不完之篇，詳見凡例　詳略失宜，三也；至如濫選誤收，杜撰題目，以及涉及時代，關乎撰人等問題，皆錯誤層出，不可枚舉，宜乎其招馮舒之「匡謬」，周嬰之「解馮」也。　然馮氏廣蒐博采，既有功創始，後之輾轉沿譌，亦總出馮書，則承學之士，若欲就古詩補其遺漏，正其謬誤，固又捨馮書莫屬也。

淸楊守敬患馮書之不注出處而多漏誤也，因成古詩存目百四十四卷，旣逐篇爲之索引，又補其所未見之什，厥功勤矣。惜僅成存目，未竟全業，然董理古詩者，固當據之以校馮書，冀夫彙集兩長，用成美備。近人丁福保據馮書裁爲漢魏晉南北朝詩，僅削其前集外集，省其別集之詩評，而增入文館詞林所載之各詩，他則一仍其舊，旣未從楊目，添其出處，又全無校勘，以正譌謬，質之馮書，蓋未見其可。至其沒入衆說，淆混舊眞者，則爲弊尤多，例如凡詩見玉臺新詠者，丁氏悉取紀容舒玉臺新詠考異之文以易之，而不注明其所根據，掠紀氏之美，亂馮書之舊，一也。　紀氏考異，間取吳氏馮氏兩注本之說，故嘗曰：吳氏注本云云，馮氏注本云云，丁書逕取用之，不注其出於紀氏考異，一若古詩紀曾有吳注及馮注也者，取用率爾，二也。　凡應取校之書，丁氏悉略，獨漫取李善本文選，校其一二，凡詩紀作某而與李善本不同者，輒奮筆注云：文選作某，不知詩紀作某與李善本異者，或正與五臣本同，寧得謂五臣本非文選乎？　三也。　詩紀吳均古意七首，其中五首原出於玉臺新詠和蕭洗馬子顯古意六首，紀容舒考異，所據宋刻本有此六首，明刻本無之。詩紀未能根據玉臺，而雜列各詩，固有可議，然丁氏削此七首，而竟以玉臺六首代之，遂使吳集多出一首，又脫去兩首。　又梁武答蕭琛一首，詩紀匡謬強謂非詩，其說實謬，丁氏亦竟從而删之。 凡此疏誤，均非輯家所應有，四也。 諸如此類，更僕難數，然即此四端，已足見丁氏纂輯之失當，在在可以誤人，雖稱新裁，實不如馮書之舊，此今日研讀八代詩章者，所宜深切注意者也。

古詩之凋喪既如彼，古詩總集之乖謬又如此，倘欲使先唐詩篇，復見於世，片玉殘珠，暉光再顯，則詳蒐精校之功，詎其可少。 夫詩有總集遠起晉宋，應貞作注，遊仙成卷，隋志：古遊仙詩一卷，應貞注。 謝客集詩，逢詩輒取，鍾嶸詩品語，隋志：詩集五十卷，謝靈運撰，又云：詩集鈔十卷，謝靈運撰。 又詩英詩纘，隋志詩英九卷，謝靈運集，又云：詩纘十三卷。 百志百國，隋志：百志詩九卷，干寶撰。 又云：百國詩四十三卷。 五言雜言，隋志：五言詩美文五卷，荀綽撰。 又云：梁有雜言詩鈔五卷，謝靈運撰。 樂府歌錄，俱見隋志。之類，並雲起霞蔚，不一而足，後先相望，衣被積林，是則言其體例，有別裁，有總集，有類選。 其所津逮，亦云多矣。 惜此諸集，唐宋以降，未有存者，而後賢譔集，如古詩選古詩源等，遂多困於選例，窮於取材，求全責備，尤不可能，故知完備之古詩總集，尤為不可缺少，不然，則較佳之選集亦無由而得也。

此編據馮氏原書詩紀傳世者有兩本，一嘉靖中太原甄敬刻本，一吳琯重刻本，甄本一依馮書原次，（四庫總目云：初太原甄敬為刊本於陝西，一依惟訥原次，）較吳本為善，（詩紀匡謬云：後園作迴文詩，藝文序王融後，無的姓名，簡文雖有和湘東王後園迴文詩，然畢竟以闕疑為得。 馮君注云：今列於此，以俟再考，亦非決定之辭。 吳琯併去此注，遂令觀者不解。 又云：岑之敬烏棲曲，明月二八照花新，當壚十五晚留賓二句，本之敬烏棲曲，載在樂府，今截此二句，添回眸百萬橫自陳一句，別題為當壚曲，楊慎之妄，不待言矣。 詩紀每至楊君妄作之詩，俱注明出處，意亦疑信參半。 吳琯再刻此書，則併棄馮紀所注，遂為楚人妄談之柄，云云。 凡此均見吳刻之惡。） 今即以為校勘之底本。 取其正集外集其中漢至隋部份，以楊 古詩存目，為參考，博取羣籍，悉心校補，歷時三載，幸得竣事，略改詩紀舊編，重訂成帙，自漢迄隋共為百三十五卷，先唐十一代古詩，網羅散佚，庶幾備於此矣。 謹就校輯所得，述其管見，次於下方。

一、略論校勘材料 古人讀書，率重大義，遇有可疑，輒以臆改，誤字滋多，本眞盡失，此不知校勘之過也。 而近今言校勘者，或拘執善本，以非為是，或盡信他書，輕改本籍，甚且誤用異文，發為鑿論，斯又不善利用材料之過。 夫衆籍傳刻既久，譌誤在所不免，使不能以文義為主，異文為賓，參合衆書，以求一是，而僅據此正彼，或據彼正此，則校改愈繁，迷誤愈多，不如不校之爲愈也。

自各類書言之，舊集零落，賴此存其一、二，校文輯佚，均有資乎是。 然此種類書，每有以下諸誤：遷就門類，以致杜撰題目，如酈炎靈芝生河洲詩，見後漢書本傳，原無題目，藝文類聚八十一草部蘭下引作蘭詩。 魏文帝於黎陽作西北有浮雲一首（文選作雜詩，此從李善注引本集），藝文類聚一天部雲下引作浮雲詩。 吳均雪詩，雪逐春風來一首，見文苑英華雪部，其雲部重出，又引作雲詩，篇中雪字皆改作雲字。 此例甚多。 改動文字，如王粲贈士孫文始詩，御覽六十三水部灃下引悠悠澹灃一句，又百六十八州郡部灃，又引作悠悠澹灃。 此例亦甚多。 一也；所引出處，常有譌謬，如漢武帝秋風辭御覽兩引皆曰漢書曰云云 二也；傳刻既久，眞僞易混，如謝朓休沐重還道中作詩云。 還卬歌賦似，休汝車騎非二句，文選及古香齋本初學記同，宋本及安國本初學記則卬作懸，汝作言。 三也；不解古音，輕改韻字，如陸機從軍行，苦哉遠征人，飄飄窮四遐，南涉五嶺巔，北戍長城阿，從文選錄也。 藝文引此，四遐作西河，改遐作河，乃遷就唐韻也。 四也。 其他竄亂割裂之事，亦不一而足，率爾據信，鮮有不受其弊者。

自各總集言之，昭明文選爲最早而又最可據之一書，然如考其編次，則陸機樂府詩，李善本與六臣本倫第互異；論其題序，則江淹雜詩，六臣本有序，李善本無之，文選集注，則又言此序爲陸善經本所獨有；檢其文字，五臣本與李善本既互有脫奪，互有異同矣。 而鮑照出自薊北門行，嚴秋筋竿勁一句，李善與五臣本同，文選音決，竿實作簳，見文選集注，知唐時李善本五臣本以外，又有他本之差異。 又鮑照代苦熱行，生軀蹈死地一句，今李善與五臣本同，據文選集注，李善本蹈原作陷，明唐時李善本與今傳者亦異。 唐時既有各家之不同，宋代且有四種李本之相殊，見癸巳存稿，文選李善注條。 傳本既多，歧異滋生，此既校勘者所當審愼從事者矣。 抑昭明裁選，自始卽有失當之處，如：陸機赴太子洗馬及東宮二詩，不應混爲赴洛一題，張載四愁四章，不宜只擷其一，案一詩數首者可以摘取，一首分數章者不可摘取。 文選補遺序，譏其選九歌，不當止存少司命，山鬼；九章，不當止存涉江，與此例同。 蓋一文而有數章，不可强爲割取也。 題爲顧彥先贈婦二首，其中實有婦答之文，陸士衡詩李善注曾指其誤。 秋懷應屬靈運，而誤爲惠連之作，謝惠連秋懷詩，當是謝靈運之作。 有三證：一、詩發端云：平生無志意，少小嬰憂患，少小嬰憂患者，指親喪大故，案宋書謝方明傳及子惠連傳，方明元嘉三年卒，年四十七，惠連元嘉十年卒，年三十七，則方明卒時，惠連年已三十，不得言少小嬰憂患也。二、據晉書謝玄傳，宋書謝靈運傳，晉太元十三年，祖玄卒，靈運年始四歲，靈運父奐又早玄卒，是靈運孩提時，即喪其父祖，與此少小嬰憂患合。三、詩中如云：夷險難預謀，倚伏昧前算，顧悅鄉生倨，無取白衣宦，與靈運身世合；蓋靈運曾於宋元嘉五年有上表陳疾賜假東歸之事，帶官家居，故曰白衣宦也。又雖好相如達，不同長卿慢，合乎靈運性情，高臺驟登踐，淸淺時陵亂，合乎靈運詩格，而皆與惠連詩不侔，知昭明作惠連者必誤，惟鍾嶸詩品亦言惠連秋懷擣衣之作，知謬亂抑已久矣。種種杜撰題目，截割篇章之弊，皆吾後學所宜知者焉。又玉臺新詠，傳本原希，以宋陳玉父刻玉臺跋觀之，知宋時已多舛駁，又迭經竄改，益失其眞，若據紀容舒所訂各條，玉臺新詠考異歸納其竄亂之例，則梁武帝歌詞二首，東飛伯勞及河中之水兩歌各本作古詞者，皆後人所竄亂，一也。卷七武陵王紀詩，卷九沈約古詩題六首，即八詠中之六首原注後人附入，宋刻本如此又卷一陳琳飲馬長城窟，卷六徐悱妻詩，卷八徐孝穆詩，卷十劉孝威擬應教，亦後人所增竄，二也。陸士衡爲顧彥先贈婦，湘東王繹和劉上黃，傳鈔既久，題有脫文，三也。徐幹室思六章，明本以前五章爲雜詩，楊方合歡詩五首，明本以後三首爲雜詩，明本所載者，皆後人之所分割，四也。梁簡文帝又三韻一題，次春閨情詩後，紀氏以爲此乃傷美人詩，以集中在傷美人詩後，故僅題曰又三韻，徐氏蓋據原題編入，則玉臺原編即甚粗疏，五也。即此五事，已見其不可盡據矣，而況徐氏爲此編時，即或已截取各章，如沈約八詠只取其二首或節錄原篇，如皚如山上雪一首，紀容舒玉臺考異云：此篇晉樂所奏，相決絕下，增入平生共城中二句，東西流下，增入郭東亦有樵四句，不相離下，增入齙如馬噉萁五句，宋書有明文矣。其實竹竿何嫋嫋四句，已是入樂所加，其文迥不相屬，說者曲爲之解，究牽强不可通。今案紀氏以竹竿何嫋嫋四句，爲入樂所加是也。四句既入樂所加，而玉臺有之，則孝穆編此詩，必選自樂歌無疑，其所以較宋書少十數句者，孝穆刪節使然也。德槃樂府詩集，以玉臺此篇定爲本辭，殊謬。或刪去文句，如繁欽定情詩，李善注洛神賦，引繁欽此詩曰：何以消滯憂，足下雙遠遊，爲玉臺此首所無；又如李延年歌，寧不知傾城與傾國，玉臺去寧不知三字，以就五言詩之例。或不辨作者，如於淸河見挽船士與新婚妻別詩，原爲徐幹之作，（見凡例）玉臺作魏文帝詩，與文帝於淸河作等題目併列，知原編已誤矣。滋多可議乎？

復次，如古文苑所載齊梁詩四十五首，廣弘明集所載江總以下諸詩，則殆皆自王融文集及江總文集所截取而依原次編入者，是以他人和作，集中例附姓名者，此亦有之，本人詩章，集中例無姓名者，此亦闕之，以故二書中王融江總之詩，多與所附他人之作相混淆而莫可究詰，雖其截取之迹，依稀具在，俾得有所分判，然二書誤人，固已千百年矣。韓元吉九卷本古文苑，（岱南閣叢書本）卷四，有齊梁詩四十五首，其次序爲侍遊西方山應詔（不署作者此爲第一首）。遊仙（不署作者）。奉和南海殿下秋胡妻（不署作者）。棲玄寺聽講畢遊邠園（不署作者）。別蕭諮議（任殿中昉王延，宗記室史，蕭諮議衍〔衍答詩也〕。）蕭記室琛前夜以醉乖例今畫醒敬應教。別蕭諮議又一首（不署作者）。和王友古意二首（不署名，原注：沈右率等並和數十人，文多不載。）餞謝文學離夜沈率約虞駕部炎范通直雲謝文學朓（謝答詩也），王中書融蕭記室琛，劉中書繪。秋晚敬和何徵君點（不署作者）。別王丞僧儒（不署作者）。學古贈王中書（范通直雲），雜體報范通直（不署作者），賦物爲詠（得幔、謝文學、琵琶、王中書、燒、沈右率。）奉和月下（不署作者）。奉和秋夜長（不署作者）。四色詠（不署作者）。奉和纖纖（不署作者）。并代徐（不署作者）。詠梧桐（不署作者）。和王中書（劉中書繪）。阻雪連句，遙贈和（謝文學江革）。案以上二十四題四十五首乃自王融集截取而來，是以其中凡不署名者，皆爲王融所作也。韓氏九卷本，尚保佛龕原本舊樣，（韓氏有跋云：訛舛謬缺者，不敢是正而補之，蓋以傳疑也。）故截取文集之迹猶存，至章樵爲注，不察其故，輒依他書添入姓氏，遂致發生大誤。四庫提要稱其誤將王融二詩，題爲謝朓，然不知章氏之誤，固在此不在彼也。廣弘明集三十江總以下諸詩爲截自江總文集，具四證如下：（一）此卷自陳以後，首列江總入攝山棲霞寺一詩，署陳江總三字，此後各題皆江爲主，而附他人之作。而此各題如至德二年（下略）云云，禎明二年（下略）云云，即不再署江總之名，其爲截取江氏文集痕迹灼見，（二）所有之和詩，如陳主同江僕射遊攝山棲霞寺，下署御製二字，既云陳主，不應并書御製，是以明本遂改御製爲陳後主，是道宣編詩時添入陳主二字，而未暇削御製字。又靜臥棲霞寺房望徐祭酒，而其後即附徐祭酒（孝克）仰和今君云云，仍具文集之唱和格式。（三）陳江令往虎窟山寺，藝文類聚作梁簡文帝，且列於簡文其他諸詩之間，可知類聚不誤，而此書有誤。考此詩前有江總庚寅二年二月十二日往虎邱山精舍詩，後附王冏、陸罩、孔燾、王臺卿、鮑至等五詩，皆應詔奉和之作（如冏云：高明留睿賞，燾云：聖情想區外，臺卿云：我王宗聖道，而鮑至則題云，從駕，皆其證），檢諸人所遊，實在一地，又且爲一時同遊（江總題云：二月十二日，鮑詩云：年還節巳仲可證），知簡文有詩而六臣共和也。蓋江集之撰，先列總作，而以簡文及他人附之，原次如此，道宣截取時，依次編入，傳寫既久，遂簡文名，後人遂以其在江總詩後，誤添陳江令三字也。（四）江總庚寅二年二月十二日往虎邱山精舍詩，下附江令公集云云，共三百餘字，亦可爲道宣采自江集之鐵證也。嚴可均輯陳文，以禎明二年云云一題，在徐祭酒孝克仰和令君一詩之後，而無名氏，遂編歸徐集，與詩紀之入江集者異，以上論斷之，知嚴氏爲誤而馮不誤也。 至如德粲樂府，徵引浩博，援據精審，保存舊文，斯爲巨典，然亦間有詩題屬列樂府，梅鼎祚古樂苑語 甲詩誤爲乙作，如謝靈運折楊柳行第一首，原爲魏文帝之詩，見凡例。 並強具本詞奏曲，例如右一曲本詞，右一曲晉樂所奏 之別，四庫提要論樂府詩集云：其古詞多前列本詞，後列入樂所改，得以考知孰爲則，孰爲趨，孰爲豔，孰爲增字，減字（中略），誠樂府中第一善本。 案豔趨之注，樂志已具，何得推功郭氏，本詞奏曲，亦是強爲區分，提要之言蓋誤。 則其臆斷疎誤之處，在在皆是，此亦不可輕易據信者也。

二、校勘舉例 文字之校正，是非之考證，既已見之於本文，似無待於舉例矣。然文字所以竄誤者，其故匪一，吾人所以正其譌謬者，亦事有數端，則就此略舉什一，以補凡例之所未及，亦當無不可也。

（甲）作者姓名似異實同例。

文館詞林百五十二，載潘岳贈王胄詩，共五章。 案藝文類聚二十九，引潘岳北芒送別王世胄詩八句，即此第五章之文，則王胄即王世胄也。 考世說新語賞譽篇云：

謝胡兒作著作郎，嘗作王堪傳，不諳堪是何似人，咨謝公。 謝公答曰：世胄亦被遇。 堪、烈之子，阮千里姨兄弟，潘安仁中外。 安仁詩所謂：子親伊姑，我父惟舅，是許允壻。

劉孝標注，引晉諸公贊曰：

堪、字世胄，東平壽張人，又引岳集曰：堪爲成都王軍司馬，岳送至北邙別作詩，曰：微微髮膚，受之父母，峨峨王侯，中外之首，子親伊姑，我父惟舅。

尋謝安劉孝標所引詩句，皆見此詩，知王胄即王世胄，作王胄者，避唐諱去世字耳。

詩紀隋詩有虞茂一人，編在虞世基後，馮注云：案隋史無虞茂，虞世基字茂世，此或世基詩也。 諸集多以二名互載，今亦互見。 今案虞茂即虞茂世之削文也。 王世胄止作王胄，已見上文，又虞世南左武侯將軍龐某碑序一首，文館詞林作虞南，皆避唐諱削去世字之例，又虞世基在南接北使及江都應詔二詩，藝文類聚皆作虞世基，而初學記作虞茂，亦可爲虞茂即虞茂世之證。 今併入世基集中詩紀隋詩，有李那和適重陽閣詩，八代詩乘同，梅氏，並注曰：徐陵與李那書曰：獲陪駕終南，入重陽閣詩云云，庾信，字文昶，並有陪駕終南詩，李那當與同時。 案周嬰巵林，據周書及北史，以爲李那李昶小名，賜姓字文氏，故亦曰字文昶，實係一人。 此說是也。 馮氏編入隋詩誤。(周說見巵林七)。

(乙)題目竄亂例。

本爲一序割爲一題一序者。

詩紀陸雲集，從事中郎張彥明爲中護軍，一首六章無序，次爲贈汲郡太守，一首八章有序，其序云：

奚世都爲汲郡太守客，將之官，大將軍崇賢之德旣遠，而厚下之恩又隆，非此離析，有感聖皇，旣蒙引見，又宴於後園，感鹿鳴之宴樂，詠魚藻之凱歌，而作是詩。

古詩所，百三家集，所載與此悉同。 明陸元大翻宋本陸士龍集，即二俊集，四部叢刊有影印本 卷第二，則此序屬上篇從事中郎一題，而不屬贈汲郡太守詩，陸心〃羣書校補所據宋本亦同。尋宋本陸集，題云張彥明，序稱奚世都，「張冠李戴」，顯有訛誤，而贈汲郡一題，又適贈奚生者，以篇中有抑抑奚生之句。 似馮氏所編不誤矣。 然持此序文以較從事中郎一題，彼此乖悖並不密合，如原屬贈汲郡者，則本集無由竄亂，此其一。 序中「奚世都爲汲郡太守客將之官」十二字，甚爲費解；客字屬上，則奚爲汲郡太守客，而非太守，與贈汲郡太守詩「抑抑奚生」之文不合，客字屬下，讀成客將之官，客將二字，則又不辭，此其二。 又序文六十一字，雖及奚生之爲汲郡事，而通篇實贊揚大將軍之辭，似非所以專別奚生者，此其三。 然則置此序於贈汲郡太守一題之下，實亦不合也。 故余以爲此序文六十一字，應上接「從事中郎張彥明爲中護軍」十一字，共爲一序，以序爲題 蓋作：

從事中郎張彥明爲中護軍，奚世都爲汲郡太守，各將之官，大將軍崇賢之德旣遠，而厚下之恩又隆，悲原作非者誤 此離析，有感聖皇，旣蒙引見，又宴於後園，感鹿鳴之宴樂，詠魚藻之凱歌，而作是詩。

此以長篇敍事作爲詩題者。 蓋舊集以前十一字標目，後人遂將卷中奚世都以下六十一字，誤爲詩序，因分割之，並於軍字下添注並序二字，遂至此誤也。 玆舉四事以證明之：（一）序文六十一字雖曾述及奚生而實爲嘆美大將軍之辭，故一則曰崇賢，再則曰厚下，而終之曰感鹿鳴之宴樂，詠魚藻之凱歌，此與詩中專美大將軍崇賢，如云，王曰欽哉，全嘉乃勳，徽音孔碩，惠爾風雲。厚下，如云，亹亹我王，豐恩允臧，我客戾止，飲酒公堂。餞宴，如云，公王有酒，薄言享之。及傷別，如云，悲矣永言，指途逝將。而初無一句別奚張之語者。彼此正合。序與詩合，可證此序之必屬此詩，僅「從事中郎」等十一字，不能爲此詩之完全題目。（二）詩中有云：「肇彼桃蟲，翻飛假翼，出撫邦家，入翔紫微，」尋「出撫邦家」，即贈及郡太守詩，「出宰邦家」之意，指奚生也；而「入翔紫微」一句，又適與張之爲中護軍者相應，知大將軍所餞別者，爲張奚二人，而非其中之一人，此足證「從事中郎張彥明」以下十一字，與「奚世都」以下六十一字，共爲一題，而不可分割也。（三）陸集詩題如「太尉王公以九錫命大將軍讓公將還京邑祖餞贈以此詩」一題，及「大安二年夏四月大將軍出祖王羊二公於城南堂皇被命作此詩」一題，皆以長序作題者，則此詩有此長序，在集中亦非孤例，此足證「從事中郎」以下十一字與「奚世都」以下六十一字可爲一題也。（四）序中客將之官之客字，屬上屬下，均不妥，尋客乃各字之譌，本爲各將之官，上承張奚之文，各譌作客，後人又將「奚世都」以下六十一字，誤爲序文，遂使此序全部失其意義。則有此一字之訂正，亦可證「從事中郎」以下十一字，與「奚世都」以下六十一字之必爲一題也。

由詩題證知爲某人之詩者。

謝惠連汎南湖至石帆，見藝文類聚卷九。案太平寰宇記九十九溫州石帆條，引永嘉記云：永嘉南岸有石帆，乃堯時神人以破石爲帆，將入惡溪，道次置之，溪側，遙望若張帆，今俗號爲張帆溪，與天台相接。又引永嘉郡國志曰：東海信郎神，破石爲帆，今東海有信郎祠是。太平御覽五十二，引此二條略同。又藝文類聚卷八，引謝靈運遊名山志曰：破石溪南二百餘里，又有石帆，修廣與破石等，度質色亦同，傳云：古有人以破石之半爲石帆，故名彼爲石帆，此爲破石，據上引三文，則石帆在永嘉惡溪。謝惠連未曾至永嘉，不得有泛南湖至石帆之作，檢靈運惠連之名，藝文常有互譌，而此云惠連者，蓋靈運之誤也。

昭明太子春日宴晉熙王，馮氏於題下注云：此詩見藝文類聚，考南史梁時無晉熙王，疑藝文誤也。今案梁書及南史，梁武時實無晉熙王，又詩中有云：國難悲如燬，親離歎數窮，昭明卒於侯景亂前，時方承平，亦不得有此離亂之語。考侯景盜國，梁元帝稱制江陵，封簡文子大圜爲晉熙王，事見周書四十二蕭大圜傳，則春日宴晉熙王乃元帝詩也。是時元帝值國難家艱，諸王爭位不息，故詩中云云，藝文類聚，多有竄亂，此又一例。

(丙)章法可以互校例

各樂府詩其各章體製相近有可資校勘者。

魏武帝步出夏門行，見宋書樂志，及樂府詩集卷三十七，計正歌四解，尚有豔詞數句 第一解以「東臨碣石以觀滄海」起，以「歌以言志觀滄海」煞，第二解以「孟冬十月北風裵回」起，以「歌以詠志冬十月」煞，第三解以「鄉土不同河朔隆寒」起，以「歌以詠志河朔寒」煞，第四解以「神龜雖壽猶有竟時」起，以「歌以言志龜雖壽」煞，此煞句「觀滄海」「冬十月」「河朔寒」「龜雖壽」等，皆爲正文。然南齊書樂志載晉拂舞歌，東臨碣石一章，則以「歌以言志」煞，無「觀滄海」三字，注云：右魏武帝辭，晉以爲碣石舞歌詩四章，此是中一章云云。豈晉代作爲舞曲時，已删此三字乎？檢晉書樂志，及樂府詩集五十四，晉拂舞歌詩碣石篇四章，悉以「歌以詠志」煞，又並以「觀滄海」等三字，置各章後，作爲分題，知此「觀滄海」等三字，在拂舞歌中，已皆不爲正文矣。然詩紀載魏武此詩，不據宋書原文，而依晉書樂志，晉舞碣石篇編入之，惟又依宋書添一解二解等小注，其意或在兼容，結果竟致兩失，蓋兩調體裁本不同，所用之歌辭亦互有增減，合之實不可也。玆舉二證，以明其誤：(一)步出夏門行有豔詞，而碣石舞無之，此已見其彼此有別矣。(二)凡含有「歌以言志」之歌，其體製大致相同，此種體製有二特點：首句末句相同，如魏武秋胡行以「晨上散關山」句起，亦用以爲煞，或以起首二句，裁成一句以殿之如嵇康秋胡行，其第一章起句云「富貴尊榮憂患諒獨多」，煞句則云：「富貴憂患多」者是也。其一。末句之上，必「有歌以言或詠志」一句，承上啓下，以爲首尾應和之關鍵，其二。此二皆夏門秋胡二行所同具，而不可缺者，則其與晉舞曲之不同，固甚顯然。馮氏似未能深究此例，遂以意增改也。今仍從宋志訂正之。

詩之體製章法，已有慣格，因可明其正誤者。

王胡之贈庾翼詩見文館詞林百五十七其第一章云：「儀鳳厲天，騰龍淩雲，昂昂猗人，逸足絕羣，溫風既暢，玉潤蘭芬，如彼春零，流津煙熅。」其第二章云：「鄧林伊何，蔚蔚其映，流芳伊何，鑒猶水鏡（下略）。」案晉人四言詩，凡次章有兩某某伊何之句，每承上章之用詞而申述之，覈之今存各什，無不皆然，今姑舉三篇，以見此種行文之三式，（一）棗嵩贈杜方叔云：

（上略）孤根挺茂，豔此豐幹，晞曜朝陽，接潤辰漢，如彼芳松，繁華冬粲。其一

厥豔伊何，重英累茂，厥粲伊何，既苗而秀。（下略）其二

（二）郭璞贈溫嶠云：

（上略）擢翹秋陽，淩波暴鱗。其一

擢翹伊何，妙靈奇挺，暴鱗伊何，披采邁景。（下略）其二

（三）謝安與王胡之云：

（上略）外不奇傲，內潤瓊瑤，如彼潛鴻，拂羽雲霄。其一

內潤伊何，亹亹仁通，拂羽伊何，高棲梧桐。（下略）其二

觀之皆可曉然。而王胡之他詩如答謝安，亦云：

（上略）淩霄矯翰，希風清往。其一

矯翰伊何，羽儀鮮潔，清往伊何，自然挺徹。（下略）其二

則此詩「鄧林伊何」之「鄧林」，「流芳伊何」之「流芳」，必上章已出其語，而此承言之也。第一章既無「鄧林」「流芳」之語，則兩伊何之句，皆失其着落，疑第一章下或是脫去一章也。唯第一章中有「如彼春零，流津煙熅」二句，以較「流芳伊何」等二句，彼此同一流字，則「春零」之與「鄧林」，「流津」之與「流芳」，亦或原有相同之辭，經傳寫而譌，遂致「春零」與「鄧林」不同，「流津」與「流芳」互異乎？王融贈族叔衞軍詩，文館詞林百五十二載全篇，共十五章，其十二章末云：「公其戾止，威德惟馨」，其十三章之首即云：「德馨伊何，如蘭之宣」，此「德馨伊何」，即承上章「威德惟馨」，更加申述也。藝文類聚所引刪其第十二章，而錄德馨伊何等句，遂致前後不相照應，若不以文館詞林勘之，後人見藝文所載者，必以爲完篇，而不知此「德馨伊何」之句徜無着落也。

(丁)依韻校勘例

字譌失韻，因文義推知當為某字者。

謝安與王胡之詩，見文館詞林百五十七。其四章云：

余與仁友，不塗不笴。此據董康影印本，黎氏古逸叢書及丁福保全晉詩皆作笴。默匪巖穴，語無滯事。櫟不辭社，周不駭吏。紛動囂翳，領之在識。會感者圓，妙得者意。我鑒其同，物覩其異。

今案事、吏、識、意、異皆在「之」部，惟笴字不叶，近人作漢魏六朝韻譜，遂闕笴字不錄。今案笴者，笥字之譌，「不塗不笥」，用莊子義，莊子秋水篇云：

莊子釣於濮水，楚王使大夫二人往先焉。曰：願以境內累子。莊子持竿不顧，曰：吾聞楚有神龜，死已三千歲矣。王巾笥而藏之廟堂之上，此龜者，寧其死爲留骨而貴乎，寧其生而曳尾於塗中乎？

此詩正用其巾笥而藏曳尾塗中之義，而反說之，上言「不塗不笥」，故下言「默匪巖穴，語無滯事，櫟不辭社，周不駭吏，」而「笥」與「事」「吏」等字皆叶也。

陸倕釋奠應令詩，見文館詞林百六十其五章云：

巍巍儲后，實等生靈。克歧克嶷，夙智早成。無論畤岳，豈匹泉渟。桂宮悳譽，蘭殿惭聲。

案：渟與靈等韻不協，乃渟之譌，意林引傅子澄之則渟而淸，御覽三百六十渟作渟，是其比，又泉渟與岳畤常爲對文，石崇楚妃歎云，淵峙岳峙，又潘岳許由頌，川停岳峙，皆其例。

字譌失韻，由辭例推知當爲某字者。

孤兒行篇中有云：

兄嫂令我行賈，南到九江，東到齊與魯。臘月來歸，不敢自言苦。頭多蟣虱，面目多塵。大兄言辦飯，大嫂言視馬。

案大兄之大爲土之譌，土唐人多寫作圡形近易譌。本屬上句，作面目多塵土，土與賈魯苦馬叶，若斷塵爲句，則失其韻矣。塵下有土字，則魯苦土三句皆上四下五，句法亦同。下文原作兄言辦飯，嫂言視馬，四言偶句也，篇中此例亦多，如冬無複襦，夏無單衣，三月蠶桑，六月收瓜，皆是。稱兄稱嫂，全篇辭例一致，如兄嫂令我行賈，兄與嫂嚴，及兄嫂難與久居皆是，土譌作大，連下讀爲大兄，後人遂於嫂字上，亦添大字，求其比稱，失其韻，並亂其辭例矣。

因避諱改字失韻，由文義推知應爲某字者。

郭璞與王使君詩，見文館詞林百五十七第一章，云：

道有盈虧，運亦淩替。 茫茫百六，孰知其弊。 蠢蠢中華，遘此虐戾。

遺黎其咨，天未忘惠。 云誰之眷，在我命代。

案代當爲世字，因避唐諱而改，命代既爲不辭，而代與替弊戾惠亦不叶。

(戊)句法校勘例。

由偶句詞義定其是非者。

張華雜詩，「逍遙游春空，容與綠池阿，」玉臺新詠宋刊本，空作宮，唐寫本同之，又綠作緣，案：作宮作緣皆是也。 游與緣爲對文，春宮與池阿爲儷辭，逍遙游春宮，容與緣池阿，以詠春游樂趣，正見屬文之意，若作游春空，爲不辭矣。此詩以逍遙形容游，以容與形容緣，若改緣爲綠，亦與行文之法不合，今據唐寫本改正之。

陶淵明和郭主簿，芳菊開林耀，青松冠巖列。 案開林耀乃耀林開之譌。 耀林開與冠巖列爲對文。 上言耀林而開，故下言冠巖而列也。 又花曰耀林，與左思招隱詩「丹葩耀陽林」，潘岳河陽詩「時菊耀秋華」，句法相彷，而江淹詩「時菊耀巖阿，雲霞冠秋嶺，」亦以耀冠字相對，尤足爲其堅證。

由上下句文義定其正誤者。

王融雜體報范通直，見古文苑，其末句云：「㣲君蘭蕙草，何用以書紳，」章樵注曰：㣲未詳音義，融集作徵，徵證也。 今案，㣲乃微之譌字，唐寫微每作㣲，易誤爲㣲。 微君與何用，上下呼應，乃用詩微君胡爲之句法也。 融集作徵亦微之譌。 張華雜詩，「來識彼君子，無愁徒自隔」。 紀容舒玉臺考異，於此句下注云：「愁字未詳，疑有舛誤」。 案，唐寫本玉臺新詠，無愁作無然，言無如此以自隔也，與此例同。

(己)擬作原作可以互校例。

漢相和曲雞鳴一篇，有云：

上有雙樽酒，作使邯鄲倡。 劉玉碧青甓，後出郭門王。

宋書樂志同，樂府詩集玉作王，案劉玉以下二句，竄亂特甚，向來注釋者不得其解。今尋劉玉以下二句，乃承作使邯鄲倡一句而發，上句言倡者劉碧玉，下句言魏妃郭女王耳。原文當作「名倡劉碧玉，孌后郭門王，」名倡二字，涉上文倡字鈔脫，孌后譌為孌後，又衍青字出字也。沈約宋書北宋時已多散佚（見四庫總目提要），文多舛失（崇文總目語），此二句之有譌誤，自不必怪。舉證如下：

樂府詩集卷二十八於此篇之後，列擬作數首，其中梁簡文帝雞鳴高樹巔一篇，最足參校，今摘雞鳴各句，並列簡文全篇，以比其異同。

雞鳴	雞鳴高樹巔
作使邯鄲倡，劉玉碧青孌。	碧玉好名倡，夫壻侍中郎。
兄弟四五人，皆為侍中郎。	
黃金為君門，璧玉為軒堂。	桃花覆井上，金門半掩堂。
桃生露井上。	
池中雙鴛鴦。	
五日一來歸，觀者滿路旁。	時欣一來往，復比雙鴛鴦。
雞鳴高樹巔。	雞鳴天尚早，東烏定未光。

足見簡文屬辭用事，皆取自此篇，則劉玉碧三字，其為劉碧玉之誤無疑矣。檢北堂書鈔百二十樂部倡優，引樂府歌云，「名倡劉碧玉」，當即此篇原句，為簡文「碧玉好名倡」一句之所本。又案魏文帝郭后字曰女王，見三國志魏志五文德郭皇后傳。此曰郭門王，蓋即指之。尋劉碧玉以倡家見寵於汝南，庾信結客少年場行：定知劉碧玉，偷嫁汝南王。郭氏以賤人而為魏帝孌后，詳見郭皇后傳棧潛上疏。其彼此身分正同。郭氏生地廣宗，又適近邯鄲，故可與以倡著稱之劉碧玉，作成兩句，上承「作使邯鄲倡」之語，以言作伎之佳也。通典云：『碧玉歌者，汝南王亮妾，寵好故作歌之。足證此詩雖晉人之作，已非漢辭之舊。宋書謂相和漢舊曲者，僅以其昉自漢耳。

（庚）以用事校勘例。

由一代制度校其真偽者。

太平御覽九百四十七引應璩百一詩曰：

大魏承衰弊，復欲密其羅。　蚍蜉猶見得，何云鱔與鰕。　狴犴既已備，欻復置黃沙。

案晉書武帝紀，太康五年，始置黄沙獄，黄沙起自此也。應璩卒於魏嘉平四年，其詩不得有黄沙之語，尋晉書李壽載紀云：

李演自越巂上書，勸壽歸政反本，釋帝稱王，壽怒殺之，以威龔壯思明等。壯作詩七篇，託言應璩以諷壽。壽報曰：省詩知意，若今人之作，賢哲之話言也，古人所作，死鬼之常辭耳。

託言應璩，自必假稱大魏，亦必以百一名篇。又隋志晉蜀郡太守李彪百一詩二卷，兩唐志作李變百一詩二卷，當是一集。知魏晉間固有擬百一詩者，然則此必非休璉詩，特爲人誤歸之耳。

由用典校正其誤者。

謝朓秋夜解講詩云：

四緣去誰肇，六識習未央。沉沉倒營魄，苦陰蹙心腸。（下略）

案：四緣去誰肇之去，當是法之殘文，四緣心法，爲佛經恆義，此詩以四緣法，與六識習爲對文，若作去，卽失其義。又沉沉倒營魄，沉沉一作淵淵，案沉沉淵淵皆非也。應作沉淵，用詩如臨深淵義，與苦陰對文，此言沉淵，故下文有孰云濟沉溺，假願託津梁之句也。

梁簡文帝賦得當壚詩云：

迎來挾瑟易，送別唱歌難。

樂府詩集瑟作琴，玉臺新詠宋本唱作但，案樂府非玉臺是也。宋書樂志載徐邈上書曰：

是故雙劍之節崇，而飛白之俗成，挾瑟之容飭，而赴曲之和作。

又宋書樂志云：

但歌四曲，出自漢世（下略）。

是「挾瑟」「但歌」，皆用當時樂中習語，若作挾琴唱歌，卽爲不典。紀容舒玉臺考異，竟以但字爲誤，而從樂府詩集改作唱，是舍是就非也。

(辛)就用辭習義校訂例。

有似誤而實不誤者。

謝靈運贈從弟弘元時爲中軍功曹住京，一詩，見文館詞林百五十二。詩中有云:「僉云爾諧,俾藩是紀逝,將去我,言戾北鄙,」知弘元爲中軍功曹,乃從外藩赴北鄙,而此任京云云,似有脫誤。檢靈運先有此詩而後又有贈從弟弘元一首,敍云:

從弟弘元爲驃騎記室參軍,義熙十一年十月十日,從鎮江陵,贈以此詩。

案二題曰中軍,曰驃騎,俱指劉道憐一人,此檢宋書武帝紀,及長沙王道憐傳,可知。然道憐義熙八年爲兗青州刺史,鎮京口,十年進號中軍將軍,十一年以驃騎將軍爲荆州刺史,其與二題所言官職年代既合。知此京者,卽京口也。案:此題不曰京口而曰京者,實就當時習慣用語出之,並非文有脫誤,宋書五十一長沙景王道憐傳云:

元興元年,解尙書令位司空出鎮京口(略)「永初」三年(略)道憐入朝,留司馬陸仲元居守,刁逵子彌爲亡命率數十人入京城,仲元擊斬之。

又宋書九十九二凶傳始興王濬傳云:

及出鎮京口,聽將揚州文武二千人自隨,(略)在外經年,又失南兗,於是復願還朝,(略)乃因員外散騎侍郎求鎮江陵,(略)上以上流之重,宜有至親,故以授濬,時濬入朝遣還京爲行留處分,至京數日,而巫蠱事發,時二十九年七月也。(略)濬還京本暫去,上怒不聽歸。

皆證京者卽當時京口之習慣稱呼,與京師有不同也。

有似不誤而實誤者。

郭璞贈溫嶠詩云:

人亦有言,松竹有林,及爾臭味,異苔同岑。

周嬰巵林卷五「解馮」門云:

異苔同岑,依藝文類聚錄也。太平御覽作異本同岑。詩歸譚元春曰:異苔同岑,新而有彩。鍾惺云:異苔字如何入想。按異本義已難通,苔字尤謬。余以爲應作異谷,轉寫訛耳。陸士衡贈馮文羆詩,出自幽谷,及爾同林,景純蓋用其語。

今案文館詞林載此詩全篇,苔原作苕,是也。苕與條通,景純答王門子云:「苕不彫翠,柯不易蒨。」又游仙詩云:「潛穎怨青陽,陵苕哀素秋。」皆其比例。　此言「異苕同岑」，與陸機贈賈謐詩，「同林異條」之義略同。　苕譌作苔，苔岑二字，遂誤爲後世論交之習語。　古逸叢書本文館詞林，及丁福保全晉詩均作苔字，皆爲習語所誤。　周氏疑之甚是，然謂應作異谷，則非。　俞樾茶香室四鈔卷十一有此說，謂苕爲條字之誤。　然不知原作苕字也。　又鮑照有歧陽守風一詩，案歧陽乃陽歧之倒誤，太平寰宇記百四十六荆州石首縣條下云陽歧山在縣西一百步，鮑明遠陽歧守風詩云：「洲迴風正悲，江寒霧未歇。」　即此也。　後人以熟知歧陽，而不知更有陽歧一地，遂顛而倒之，注家因失其解。

以上甲乙丙丁戊己庚辛八事，僅就其應言者言之，雖引列已繁，實未足盡其什一。至其可以因例發凡者，置凡例中；其專就本篇爲論或足籍材料以訂正譌誤者，則分見當篇之下，茲並從略。

三、輯逸舉隅

舊集殘佚，先賢篇什，已至百不存一，則除就詩紀著錄之詩，考其眞僞，辨其謬誤，正其竄亂之外，非蒐輯遺逸，補苴漏脫，猶爲未竟全功。　今博稽衆籍，詳爲擿摭，凡增詩紀未收之詩人共若干名，凡增詩紀未錄之完詩共若干篇，至於隻字片韻之增入者，則爲數之多，不可枚舉。　夫增廣先賢詩篇，藉以考鑑各代詩學本原，及詩人遺辭造句之特格，其爲重要，自不必論。　今只就一鱗片羽，其所以裨補廣益，亦有未可忽視者論之。

(甲)博見聞以免臆斷。

詩歸，載謝靈運登廬山詩云：案詩歸此詩采自詩紀

積峽忽復啓，平塗俄已閉，巒隴有合沓，往來無蹤轍，晝夜蔽日月，冬夏共霜雪。

鍾惺云：六句質奧，是一短記。　譚元春云：他人數十句寫來，未必如此樸妙，如此大題目，肯作三韻，立想不善。　是皆以靈運此六句爲全篇也。　周嬰卮林於此詮之曰：

江淹雜詩注，引謝登廬山詩云：「山行非前期，彌遠不能輟，但欲淹昏旦，遂復經盈缺，」疑卽是篇發端也。　不經昭明所選，代久篇殘，何知霜雪後更無數十句乎？　耳目難遍，胸臆易生，亦論古之大病也。　（下略）

今案北堂書鈔百五十八，引謝登廬山絕頂詩曰：

捫壁窺龍池，攀崖瞰乳穴，積峽忽復起，平滄俄已閉。

尋積峽二句，爲詩歸所載，捫壁二句爲詩歸所闕，則詩歸所載者，殘篇耳。而鍾譚反稱賞其結構之善，豈非大誤乎？

(乙)古人之用典得以徵實。

詩品總序云：「清晨登隴首，羌無故實。」向來箋注詩品者，視爲疑竇，或曰未詳，如古直鍾記室詩品箋之類是也。今案北堂書鈔百五十七引張華詩曰：

清晨登隴首，坎壈行山難，嶺阪峻阻曲，羊腸獨盤桓。

知詩品所引，乃茂先詩也。箋注者皆失考。

(丙)古詩之本事可資推定。

潘岳金谷集作五言一首，見文選二十，文選二十九李善注齊故安陸昭王碑，引潘氏金谷會詩四言兩句，又卷三十，注南樓中望所遲客詩，引杜育金谷詩二句，亦四言。據此知石季倫金谷集詩，與王右軍蘭亭集詩，其一人兼有四言五言者，彼此同也。詩紀匡謬云：「據柳公權書本云：四言詩王羲之爲序，序行於代，故不錄。其詩文多，不可全載，今各裁其佳句而題之，亦古人斷章之義也。則知今世所傳俱非全文，皆誠懸刪本也。其五言詩序，亦刪興公之作，序下小字注曰：文多不備載，其略如此，其詩亦裁而縋之，如四言焉。明是右軍爲四言序，興公爲五言序也。」尋此兩次之文士大會，皆有序序遊，皆各作四言五言，又皆以酒罰其不能爲詩者，則知右軍蘭亭之集，乃遙追季倫金谷之遊。而有此金谷四言詩之殘存，始益足以證明焉。世說新語企羨篇云：

王右軍得人以蘭亭集序方金谷詩序，又以己敵石崇，甚有欣色。

據此可知蘭亭文會之義矣。

輯逸之事，茲僅舉此三例，至如所增詩篇，或足考鏡源流，或足明辨詩體，及其餘有關文史切及詩人者，茲不一一詳之矣。

慨自唐宋以降，古集亡佚，而總集有作，然事由草創，舛誤彌多，雖自後歷經改編，亦罕能有所是正。承學之士，受其蔽焉。余學識淺薄，不虞歲月之勞，爲之訂疑補闕，大之一集一詩，小之一辭一字，莫不詳爲披尋，以圖正其次序，辨其眞僞，理其乖謬，復於每篇之後，附以校錄及考論，以求見其出處，存其異同。且以察知各書之引用數量與夫標準。至於前人所論如有所長，亦復擇舉，用收集思廣益之效，較之鐵橋全文，或能取其所長袪其所短乎？ 惟先賢篇什，百不存一，今之所見未必悉爲佳作，而又十九割截，無以訂正，則欲據之以考鏡此十一朝之詩歌，又須擇取善用，不執一端，此作者於凡例中，所以詳爲論列，不憚辭費者也。 覽者倘取其心焉。

欽立從事斯業，前後凡三年，其間以缺乏書籍輟業者幾一載，蓋能專力校輯爲時僅兩易寒暑耳。 而漢隋十一代詩，卷帙紛繁，譌誤屢見，若加董理，則才識功力，勢須兼備。 欽立庸於材質，囿於見聞，而二年之中，竟得卒業者，皆吾師羅膺中先生楊今甫先生諄諄教誨之所賜也。 羅師於欽立始業之初，並爲纂工作提要一篇，以爲綱領，今之校輯，咸依其大端。 吾師傅孟眞先生，不棄固陋，時與教正，舉凡編訂等事，恆得賁其卓識，爲我指南。 又榮城張政烺先生，於版本目錄方面，惠我者亦復良多。 今當竣事之際，發檢稿草，不勝欣感之情，故並於此謹誌謝忱。 其他師友之教我者，皆於當篇見之，此不及焉。

中華民國三十一年六月十九日序於南溪板栗坳

凡　例（三十六則）

一、是編取古詩紀漢至隋十一朝詩，補其遺漏，正其謬誤，名之曰古詩紀補正。

一、詩紀前集上古迄秦一部，本名風雅廣逸，自成一書。其中雜收銘誄贊誦等文，與正集漢至隋部分 外集鬼仙雜詩 體例不合。 又其中逸詩琴曲等，牽涉古籍眞僞，經學家數等問題，未可遽與漢隋古詩同編，今刪。

一、外集鬼仙雜詩，今仍附之編末，其中有傳爲漢以前作者，多出僞託，今著錄於所見書之下。

一、各代次序，略依隋志分爲漢詩、魏詩、晉詩、宋詩、齊詩、梁詩、陳詩、後魏詩、北齊詩、北周詩、隋詩。 蜀本季漢，仍列漢編；吳爲偏霸，用附魏後，趙秦雖據中原，實爲胡虜，併附晉人之後，此又不同隋志者也。

一、每代次序，先帝王，次后妃諸王，次諸家，次列女，次釋道，而以郊廟樂章及謠諺殿之。

一、魏武晉宣，始造魏晉，然終其身仍爲前代之相臣，今正名定分，以魏武詩列漢什之最末，晉宣詩爲魏詩之卒章，亦班氏傳王莽例也。至於徐、陳、應、劉，並卒於建安，故仍系於漢世。其身歷數代者，則兼以史傳入何代官爵終某朝者，定其倫第，如江淹入梁，庾信入周，江總入隋是也。至於淵明入晉，則依晉宋二書作傳之例，從其志也。

一、晉宋後，郊廟樂舞，皆具撰人，似應分別編入各集，然此等詩編，皆體沿舊製，作者所長，不具於此。且同堂之歌，宮商有序，一郊之樂 撰者匪一，若加分割，易至兩失。今仍從樂府詩集，劃歸各代，而分別注明其撰人姓名。

一、鼓吹曲辭，雜舞曲辭，凡奏之公朝，列在樂官者，亦如前例，編於郊廟燕射之後。其各家擬作不入樂府者，則仍入本集。此從詩紀凡例

一、橫吹淸商二部，不箸撰人姓氏，今編橫吹曲入梁，從古今樂錄也。至淸商一部既歷經各代，迭有增删，詩紀統入晉代，實所未安。詩紀，晉詩淸商曲辭，(吳聲歌曲及西曲歌二類)皆自樂府詩集採入，馮氏注曰：「案淸商曲，古辭雜出各代，(略)有世代可考者，各從其世，無可考證，如黃生黃鵠等曲，倂附於晉，從其始也。」欽立案：馮氏編入晉代各曲，實不全爲晉詩。其中有明標晉、宋、齊辭者，(如子夜歌，子夜四時歌。又子夜歌之末二首，且爲梁武帝作，)有唐人歌辭，(如黃竹子，及江陵女歌，唐李康成曰：黃竹子歌江陵女歌，皆今時吳歌也。)此吳聲歌曲不盡晉詩之證。有梁朝用曲，(如三洲歌，樂府詩集引古今樂錄云云可證，又採桑渡，唐書曰：採桑渡，梁時作，又江陵樂，靑驄白馬共戲樂，安東平，那呵灘，孟珠，翳樂等，古今樂錄皆有明文可證。)有南齊用曲，(如來羅曲中，有說及齊朝年號者，)有陳朝用曲，(如夜黃、夜度娘、長松標、雙行纏、黃督平西樂、攀楊枝、尋陽樂、拔蒲、作蠶絲等曲，古今樂錄皆云：「倚歌」。然於此諸曲，獨不標其朝代，蓋智匠陳人，因其皆當時樂曲，故不必標其時代也。)此西曲歌不盡晉曲之證。凡樂歌沿用數代，不特迭有增删，亦遞次加入新辭，宜編入其最末使用之一代，詩紀悉入晉詩，失之。今則詳爲分析，列入其宜屬之世，其唐世之歌，則删之。

一、謠歌諺語，可爲詩之附庸，故凡爲韻語者，錄之，其僅係口語與詩無關者，删之。以較杜文瀾古謠諺，或楊升菴古今諺，此或增其所無，間亦略其所有。

一、詩人凡有舊集者，卽照其原次列入，其無者則略依詩紀，分樂府及詩兩類，以次列之，惟兩類之中，不更準詩體，別其先後，故凡一題之各章，雖有五言及七言等之不同，亦一依他書之原引次序，所以除詩紀割裂之弊也。

一、各舊集如嵇康謝朓等集，並附載他人之詩，可以見當時並作及賡答之迹，今於諸家集可考見者，亦仿此例附之，然止及其明白有據者。 他如題雖偶同，不明其爲和某人則不附，有和詩無倡者不附，止於題下互箋之而已。 凡附他人之詩，低本詩一字。 凡附載之詩。 如其人有爵里可考，則亦爲其人別爲一類，無者止於附詩題下，箋見其名。 以上略從詩紀凡例 又如謝宣城集，凡倡和等詩，並注各人之當時官階，足以考鑑詩人本事，亦從集本列入之。

一、集本散亡，賴類書補其逸佚，然類書所引，率爲節錄，詩紀於顯爲殘闕者，篇後注一闕字，以分別之。 案：馮氏以爲闕者，盡人皆知其爲闕，馮氏不注而以爲完篇者，又實多不完。 如曹植公宴詩，馮氏輯自藝文類聚，不注闕字，以爲完篇也，不知太平御覽所引者，尙多四韻八句。 又宋文帝北伐詩，馮氏亦自藝文類聚輯錄，不注闕字，以爲全篇也，不知宋書索虜傳載有全篇，較此尙多五韻十句。 他如馮氏輯自藝文諸詩，而文館詞林有之者此例尤多。 則有此注，反滋迷誤，今統删去；詩之爲完爲闕，讀者參稽本書校記，自知之也。

一、各家小傳，略依詩紀及嚴氏全文，箸其爵里卒年壽數贈諡箸述等，如其人爲二書所未詳者，亦間自史傳補輯其事略，其所不知蓋闕如也。

一、每一詩後，附以校記，其法：先列引用材料之出處署名標題，次書其引詩終始及文字異同。 其署名標題及引詩終始，凡與詩紀同者悉不書，其文字與詩紀全同者，則以同字識之。 校記以後，卽附論證，集錄舊說，參以己意，以辨其是非正誤。 又引用材料，凡楊目 楊守敬古詩存目 未及蒐輯者今悉附入，而以△號別之。 又所得佚詩，凡楊目未及見者，亦用△號明其爲新增。 此所以寓楊目之崖略於編中，亦所以誌楊氏之勞勤也。

一、各類書總集別集等，其本身亦復魯魚亥豕，譌誤屢見。 今每參合各本，反復覈校。 此在兼取衆本之長，以免好奇務異之弊。 凡所用之本，校記中僅以甲乙別之，甲乙之究爲何本，則於引用書目一篇中明之。

一、標緗既紛，作者易混，往往一詩，彼此歧出，其故蓋有下列各事：各書傳刻之譌誤，如玉臺新詠卷六，宋本起首吳均詩二十首，次王僧孺春怨詩等十七首，共三十七首，明本則春怨詩題下無撰人，通以吳均領之，共三十三首，其異一也。宋本三十七首中，王僧孺有爲人述夢一首，明本無之，明本前端有梅花落一首，宋本無之，其異二也。宋本起首吳均和蕭洗馬子顯古意六首，明本缺，而有古意中之「匈奴」一首，及採桑「賤妾」一首，梅花落「終冬」一首，其異三也。三異之外，標題次序悉同，吾人於此，可以參見其譌誤之故：一、宋本和蕭子顯古意六首，明本蓋已佚其前四首，並佚其題，後人遂據藝文類聚於「匈奴」一首，補題古意二字，於「賤妾」一首，補題採桑二字，又據文苑英華，添入梅花落一詩也。二、爲人述夢一篇，明本業已爛脫故僅宋本有之。三、由於佚去王僧孺名字，吳王之詩，遂至彼此歧出也。又玉臺新詠十十，代夔之美人爲詠，夢見故人，及有期不至三詩，宋本署姚翻，明本佚撰人姓名，而以詩在劉令嫺諸詩後，詩紀遂逕作劉詩也。又藝文類聚荀勖從武帝華林園宴詩，以逸勖名，後人遂以爲武帝詩（詩紀注），不知初學記引此正作荀勖不誤也。後人輯本之誤收 如後人所輯陸機集（二俊集），卷七，有當置酒一篇，詩有云：「日色花上綺，風光水中亂，」絕與晉人詩不類。案樂府詩集三十一，引作梁簡文帝詩，編在宋孔欣置酒高堂上唐李益置酒行之間，可證必非晉人之作。陸集爲後人所輯，故誤收之。文集合刻之混淆 如陸機集卷七，有悲哉行，「萋萋春草生」一首，草堂詩箋三十二，作陸機壯哉行，而藝文類聚四十一，作謝靈運詩，樂府詩集同。案藝文樂府是也。陸機自有悲哉行「遊客芳春林」一首，見本集卷六，此爲謝詩無疑。據明高儒百川書志，曾見陸謝詩合刻本，謝詩誤爲陸詩，蓋職此之故乎？作者姓名之譌變，如謝惠連詠冬，宋本藝文類聚作謝惠連，明本作謝靈運。又如謝靈運善哉行，見樂府詩集，藝文則作謝惠連。謝惠連相逢行，見樂府詩集，藝文則引作謝靈運。其他如陸機之與陸瓊，何遜之與何妥，率以名字相近致譌也。賡答詩章之竄易，如梁簡文帝夜夜曲二首，其「北斗闌干去」一首，見玉臺卷十，而樂府詩集則作沈約夜夜曲二首之二，案玉臺卷七已有梁簡文擬沈約夜夜曲一首，則此篇自以作沈約之詩爲是，玉臺新詠偶誤耳。擬作之誤爲原作 如江淹雜詩「種苗在東皐」一首，誤入陶淵明集，蘇軾擬陶詩亦擬此首。又吳棫韵補十八藥，引江淹雜詩擬曹子建詩四句，曹集詮評誤爲子建詩，皆其例也。茲根據實證，廣爲披尋，凡能確定爲某人作者，則編入某集，或於題下注曰，何書作何人者誤。或於篇後，附其論證，皆視其性質而定。如徐幹爲挽船士與新娶妻別一首，見藝文類聚二十九人部別類。玉臺新詠卷一，作魏文帝於清河見挽船士新婚與妻別。兩書署名互異。今案此詩，藝文作徐幹者，是也。魏文別有一篇，且係全篇，特沈埋已久，後人莫之能詳耳。樂府詩集三十七，謝靈運折楊柳二首之第一，其詞曰：「鬱鬱河邊樹，青青野田草，舍我故鄉客，將適萬里道，妻妾牽衣袂，收淚沾懷抱，還拊幼童子，顧託兄與嫂，辭訣未及終，嚴駕一何早，負笮引文舟，饑渴常不飽，誰令爾窮賤，咨嗟何足道。」尋此篇卽魏文於淸河見船士新婚與妻別之詩也。初學記十八人部別類，引魏文見挽船士兄弟辭別詩曰：「舍我故鄉客，將適萬里道，妻子牽衣袂，落淚盈懷抱。」北堂書鈔百三十八笮部，引魏文帝詩曰：「負笮引船行，饑渴常不食（飽之殘字）。」白帖卷六別第十四，引魏文帝詩：「將適萬里道，妻子牽衣袂。」三書所引各句，皆見上篇，而初學記且有「見挽船士兄弟辭別」之標題，知上篇爲魏文詩且係此題之詩也。凡原在甲集考知爲某乙之作者，庾肩吾經陳思王墓詩，見文苑英華三百六詩中有云：「且余來錫命，兼言事結成。飄颻河朔遠，颭颭颶風鳴。」案南史及梁書肩吾本傳，肩吾一生未曾奉使河朔，自無由經陳思王墓。據北史庾信傳，信聘於東魏，文章辭令，爲鄴下所稱，則此乃子山自梁聘鄴，路經曹墓之詩也。庾氏父子，詩每互歧，如庾肩吾尋周處士弘讓，見藝文類聚，而文苑英華則作庾信，庾信集亦載之。是其例也。則編入乙集，僅於甲集中見其題目，並注明所以逕入乙集之故。

一、樂府詩撰人姓名歧出者，亦略如上例。惟又有以下二事，爲一般詩篇所無者，一、以經樂人改用，因並署樂人之名，如魏明帝櫂歌行「王者布大化」一篇，見宋書樂志，而王僧虔技錄云：「櫂歌行，歌明帝王者布大化」一篇，或云，左延年作，今不歌。案延年爲當時著名樂工，蓋曾於用明帝詞時，有所增刪，故有或云之說也。又梁武帝子夜四時歌，秋歌「繡帶合歡結」一首，見玉臺新詠、藝文類聚、樂府詩集，而樂府詩集又於別處作王金珠冬歌，將起首「繡帶合歡結」一句，改爲「寒閨周黻帳」，知此詞本武帝所作，而王金珠改用之，故兼署二人之名也。其他如春歌「階上香入懷」一首，「朱日光素冰」一首，夏歌「玉盤著朱李」一首，皆爲武帝詩，而一作王金珠與上例亦同，凡此悉應分見兩集，並不得以彼正此。二、一篇之詞，乃雜取各作所成，而非一人之作，如魏明帝步出夏門行（見下）。又如塘上行，宋書樂志作魏武帝，樂府詩集從之，玉臺新詠作又甄皇后塘上行，然編在魏文帝於淸河作及代劉勳妻王氏雜詩間，則實作魏文詩也。（紀容舒玉臺新詠考異有此說。）吳棫韵補引此，亦作魏文帝，文選陸機塘上行題下，李善注曰：「歌錄曰：塘上行古詞，或曰甄皇后造。」又引樂府解題曰：「前志云，晉樂奏魏武帝蒲生篇，而諸集錄皆云，其詞甄后所作，」云云，蓋有四說之不同。今檢此篇，乃雜糅各作而成，並非一人之作。篇中「蒲生我池中」，至「賤棄菅與蒯」，一段與鄴都故事所引甄后詩略同，言夫妻仳離事，此甄后之作也。「出亦復苦愁，至延年壽千秋。」一段言行軍之苦，「倍恩者苦枯，至何時共坐復相對。」一段，則又言倍恩之事。三者所言不同，文義亦各不相屬，蓋或為文帝詞，或為武帝詞，或為甄后詞也。（倍恩者苦枯一段，玉臺新詠無之，宋書樂志晉奏曲有。）意者，當時奏曲為諧一調，故雜取三人之作，彙為一篇，故著錄者或云甄后，或云魏武帝，或云魏文帝也。凡此則互見各集，並附論證以明之。

一、一詩或一樂府詩，時稱古辭時稱某某人作者，亦有下列諸故：有此樂曲傳為某人所作，後人擬詩亦誤為某人之作者，如蔡琰胡笳十八拍見樂府詩集。宋王觀國學林，明徐世溥榆林詩話，則皆以為後人詠文姬者，而非其所自撰。茲更舉三事，以證成王徐之說。一、北堂書鈔百十二樂部笳類，引蔡琰別傳曰：「琰字文姬，後漢末，大亂，為胡騎所獲。登胡殿感胡笳之音，懷凱風之思，作詩言志曰：「胡笳動兮邊馬鳴，孤雁歸兮聲嚶嚶。」藝文類聚四十四樂部笳類，及樂府詩集題注，引蔡琰別傳皆略同。案二句見文姬憂憤詩第二首，如謂文姬有胡笳辭，則即此憂憤詩，而非見存之胡笳十八拍。二、樂府詩集題注，引唐劉商胡笳曲序曰：「蔡文姬善彈琴，能為離鸞別鶴之操。胡虜犯中原，為胡人所掠，入番為王后，王甚重之。武帝與『蔡』邕有舊，敕大將軍贖以歸漢，胡人思慕文姬，乃捲蘆葉為吹笳奏哀怨之音。後董生以琴寫胡笳聲為十八拍，今之胡笳弄是也。據此是十八拍一曲至董生始有，文姬並此十八拍一曲亦未曾作。後人所以以胡笳十八拍辭歸之文姬者，殆以其憂憤詩中，有「胡笳動兮」一語，因以附會之耳。三、太平御覽五百八十一樂部笳類，引蔡琰別傳曰：「（上略）漢末亂為胡騎所獲，在左賢王部伍中，春月登胡殿感笳之音，作十八拍。」是宋時所見蔡琰別傳，始有蔡作十八拍之說，然亦未引胡笳十八拍辭。據以上三端，可見唐代始有十八拍之曲名，宋初始將十八拍曲，歸之蔡琰。然皆由蔡琰憂憤詩「胡笳」一語附會而成者，則今存之十八拍辭，其非蔡琰所作者，明矣。然自樂府詩集收此詩而署曰蔡琰，鑄成大錯，幾至無由明其眞僞。白頭吟一篇玉臺新詠作古樂府皚如山上雪。宋書樂志作古詞白頭吟，樂府詩集從之。而以玉臺所載者，綢為本辭，對宋書所載晉樂奏曲而言也。又引王僧虔技錄曰，白頭吟歌古皚如山上雪，是劉宋以前人，皆以是詩為古辭也。自黃鶴注杜詩始以為卓文君所作，（黃節漢魏樂府風箋，引陳太初曰「自西京雜記始附會文君，然亦不著其辭，宋皆以此詩當之，及黃鶴注杜詩，混合為一，後人相沿遂為妬婦之辭，全乖風雅之旨，）詩紀詩乘，皆沿其誤。有歌錄等書以古有此曲，遂名古辭而不問其為何人之作者，如文選班婕妤怨歌行，魏武帝苦寒行，魏文帝善哉行，歌錄皆作古辭，文選則據別集作某人。李善於文選怨歌行及燕歌行下所辨者非是。有後人省曰古辭或古詩，不著某人姓名者，如張衡四愁詩，御覽或引作古詩，魏文帝臨高臺，文選注引作古臨高臺，此例甚多。有疑莫能明，因泛稱古詩或古辭者，如枚乘詩，蔡邕飲馬長城窟，魏明帝傷歌行，王臺皆箸撰人，文選則或曰古詩，或曰古辭。有樂府取用他人之詩而不著其名，則易傳爲古辭者，如左思招隱詩「白雪停陰岡，丹葩耀陽林，非必絲與竹，山水有淸音，」此四句爲晉、宋、齊子夜四時歌所收，作爲冬歌之一首，如不校以文選，則並此以爲古辭矣。凡此如有實事可證，灼知其孰爲正誤者，或刪或移，務求其是，否則存而不論。

一、詩紀所列世次不當者，改之。如應亨贈四王冠詩應自漢改晉，張君祖詩應自陳改晉，范廣泉餞王少傅詩，應自晉改宋，碧玉歌應自宋改晉等。此例甚多。詩紀陳隋人詩如已見全唐詩者，刪之。

一、詩紀濫收之文如蔡邕樊會渠頌，陶弘景華陽頌，皆頌體也。謝靈運王子晉讚，嶺下見一老翁四五少年讚，維摩經十譬讚，江淹雲山讚，皆贊體也。又王吉射烏，本爲祝辭，桓溫八陣圖，原屬銘文，高彪淸誡，東方朔誡子等，並是誡文。誤入之詩，如孔融「歸家酒債多」四句，爲李白贈劉都詩句，曹植贈王粲四言本陳思王仲宣誄，龐德公於忽操，乃宋王達源之作（見宋文鑑百二十），「兩頭纖纖靑玉玦」，爲唐王建七古，梁簡文帝夜夜曲「秋夜人獨傷」一首，爲唐王偃詩，陳後主小窗詩，爲唐人方域詩等。今皆刪之。

一、箴頌銘贊以及辭賦，皆各具體製，與詩不同，今皆不錄。惟辭賦中所附之詩歌，如張衡思玄賦詩，梁簡文帝蓮花賦歌，江總南越木槿賦歌，以上丁福保全詩刪之班固東都明堂詩，趙壹疾邪賦詩，阮籍大人先生傳詩，以上丁福保全詩未刪今悉錄存。又漢武秋風，文選雖獨標一類，檢其辭格，實若高祖大風，與漢賦不侔也。今仍從詩紀列入，至息夫絕命，亦援例甄錄焉。

一、晉夏侯湛秋可哀，李顒悲四時，隋蕭愨聽鐘鳴等篇，皆當時三字題雜歌，其體蓋與鮑照行路難略同，凡此者今悉甄錄。

一、古人詩篇，或無題目，如曹植雜詩等，或有序而無題，如陸雲從事中郎張彥明爲中護軍二詩，江總禎明二年仲冬攝山棲霞寺（中略）還塗有此作一詩，例甚多。固無定也。後人或妄爲標目，如傅玄苦熱詩，見藝文類聚熱部，原無題目，詩紀以其見於熱部，遂題作苦熱詩，不知北堂書鈔本作雜詩也。總集及類書中，此例甚多。或依詩添序，如玉臺新詠班婕妤怨詩小序，李延年歌小序，皆後人所加。或因序爲題，如曹植贈白馬王彪詩，依李注本集元作於圈城作，昭明因其序文，改爲此題。古詩面目，頗以失眞，今詳爲證訂，以復其舊。

一、杜撰題目，昉自文選，幸李注典實，頗存舊目，昭明文選，杜撰題目，可分以下三例：一、删節本集原目，因以致誤。例如曹植贈丁儀，李注：集云，與都亭侯丁翼，今云儀誤也。又贈丁儀王粲，李注：集云，答丁敬禮王仲宣，翼字敬禮今云儀誤也。陸士衡爲顧彥先贈婦二首，李注：集云，爲令彥先作(據六臣本)，今云顧彥先誤也。且此上篇贈婦，下篇婦答，而俱云贈婦，亦誤也。(今案玉臺新詠，及陸士龍集，士龍有爲顧彥先贈婦往返四首，以夫作夫贈婦答之辭，此詩題與之同，亦應有往返二字，特昭明删去之，遂致此誤。惟顧彥先吳人，爲二陸友輩，未聞有令彥先其人，士龍此題固應作顧不作令也。考陸士龍集有答大將軍顧令文之詩。又與張光祿書云：顧令文彥先，每宜隆眷云云，知令文卽彥先也，蓋本集此詩作令文昭明，改作彥先，李善因疑而注曰：集云，爲令文贈婦，迨傳刻譌誤，並增爲令彥先耳。) 二、變亂舊題，因以致誤。例如魏文帝雜詩二首，李注：集云，枹中作，下篇云，於黎陽作，則昭明改作雜詩二首，實誤之甚，(何義門讀書記云：李注：集云，枹中作下篇云於黎陽作，案子桓不從西征，云枹中作者，亦後人妄加也。今案何說非是，枹中地名，未必西征在軍之意也。) 又陸士衡赴洛二首，李注：集云，此篇赴太子洗馬時作，下篇云，東宮作，而此同云赴洛誤也。今案二詩實非一時之作，第一首言親友贈還，揮淚分手，正赴洛時之詩。第二首言托身承華，寒暑忽革，則在洛時作於東宮也。昭明不依舊目，混爲一題，實誤。三、删節舊題，失其詳正。例如陸機贈馮文羆遷斥丘令，李注：集云，羆爲太子洗馬，遷斥丘令，贈以此詩，昭明將「太子洗馬」一事略去；又於承明作與弟士龍，李注：集云，與士龍於承明亭作，昭明去一亭字，題意亦異。又盧湛贈崔溫，李注：集云，與溫太眞崔道儒，昭明僅取二人之姓，實易生誤。沈約酬謝宣城朓，李注：集云，謝宣城朓臥疾，此又略去「臥疾」一事，凡此皆不若原題之詳正也。今多據以訂正，又本爲詩題而樂府詩集編爲樂府歌者，如王粲從軍，梁元帝同王僧辯從軍，江淹擬李都尉從軍，庾信同盧記室從軍，樂府俱作從軍行，又庾信和樂儀同苦熱，作苦熱行，和江中賈客作賈客行，及畫屏風詩「俠客共周遊」一首，作俠客行等，皆是此類。(梅鼎祚古樂苑有詳說。) 亦悉加重訂，以還其舊。

一、一詩之題，而各書所引有繁簡不同者，則從其具不從其略，如文館詞林潘岳贈王胄詩，藝文類聚引作北芒送別王世胄，世說新語注引本集作當爲成都王軍司馬，送王北邙，別作詩，今即從世說新語注標題。　又江總姬人怨及姬人怨服散篇二首，見文苑英華三百四十六卷，篇後注曰：此卷英華二百五十六與此卷皆重出，前已刪去，其與江總姬人怨二詩，本集及藝文類聚共是一篇，今題既有增減，當以英華爲正，分爲二首。　今案此注非是。　此二首應從藝文爲一首，並題作爲姬人怨服散詩，英華分爲二首誤也。　其證如下：藝文引詩有節錄同題各首而彙爲一篇者，然絕無併數題而爲一詩者，則此本爲一篇，不應從文苑英華分爲兩首，此其一。　藝文此詩後半篇，文苑英華載之，作姬人怨服散篇，彼此題目略同。　則藝文此詩前半篇，英華載之，亦應與藝文同，而不得止標姬人怨三字，此其二也。　又如謝朓鼓吹曲十首，文選載其入朝曲一首，李注：集云，奉隋王教作古入朝曲，樂府詩集作齊隋王鼓吹曲，注曰，齊永明八年，謝朓奉鎮西隋王教於荆州道中作，知謝集元題當於文纂者相近，今本謝集已非唐本之舊矣。　或採引各書，兼參而合併之，如齊竟陵王子良登山望雷居士精舍同沈又衛過劉先生墓下作，一作同隋王經劉先生墓下作，據序應合併爲同隋王登山望雷居士精舍同沈右衛過劉先生墓下作，蓋上同字表共游之義，下同字示和詩之義也。　又如何遜臨行與故遊夜別詩，藝文類聚文苑英華俱作從鎮江州與遊故別，應合併爲從鎮江州與故遊夜別　或更於題下補散逸之序，如張衡怨篇，太平御覽八百八十三並載其序，詩紀無之。　文館詞林百五十七謝靈運贈安成一首無序。　案文選謝瞻於安城答靈運詩，李注引謝靈運贈宣遠詩序曰：「從兄宣遠，義熙十一年正月作守安城，其年夏贈以此詩，到其冬有報。」　尋此序即贈安成一首之序也。　其證如下：詩云，「始云同宗，終爲友生，棠棣隆親，頍弁鑿情。」　瞻答詩云，「華萼相光飾，嚶鳴悅同響，親親子敦余，賢賢吾爾賞。」　詩又云，「仰慚藝蕭，俯愓惟塵。」　瞻答則云，「皋允雖同規，翩飛各異概。」　凡瞻之答詩，皆就靈運此詩，逐一作覆，知李注所引詩序，即此贈安成一首之序矣。　凡此皆取其略具記事之長，稍存舊目之眞。　然於各書別題，亦備錄之，庶可兼容並包，無所偏失。

樂府詩凡兼有篇名及調名者，如曹植名都篇，美女篇，白馬篇，歌錄皆作齊瑟行。　「名都」等題，皆係以詩中首句名篇者。　或兼有詩題及調名者，如孔融臨終詩見古文苑，而北堂書鈔引作折楊柳行。　魏文帝善哉行「朝日樂相樂」一首，見宋書樂志，而初學記饗讌部，引作於講堂作。　又善哉行「朝游高臺觀」一首，見宋志及樂府詩集，而藝文類聚遊覽部及杜公瞻編珠皆作銅雀園詩，文選李注又引作東門行。　蓋此凡以調名爲題者，從歌錄也。　以詩名篇者，從本集也。　今略仿宋書樂志，悉以篇名或詩題標目，而以調名注於題下；其僅有調名者，即以調名爲題，不再仿首句名篇之例，重爲出一新目。　前者所以重詩人之原作，後者所以遵不作之古訓也。篇名多以首句爲之，如陌上桑「日出東南隅」一首，亦作日出東南隅篇是也。又宋書樂志雁門太守行一篇，亦作洛陽行，案洛陽行之行字當爲篇字之誤。此篇首句即爲「洛陽令王君本自廣漢蜀民」，若作洛陽篇正合首句名篇之例。古今樂錄引王僧虔技錄云：雁門太守行歌古洛陽令一篇，可爲明證。

一、樂府詩之分本辭分奏曲，此法始自樂府詩集，若較其名實，郭說猶有未安。樂府詩集一詩而兼有本辭及奏曲者，計有魏武帝短歌行，苦寒行，曹植野田黃雀行，以上凡郭氏言晉樂所奏者，與宋書樂志荀勖所撰舊詞同。凡言本辭者，與文選同。又魏文帝燕歌行（第二首），魏武帝塘上行，古辭白頭吟，曹植怨歌行，以上凡郭氏言晉樂所奏者，與宋書樂志荀勖所撰舊辭同。凡言本辭者，與玉臺新詠同。又古辭東門行，西門行，凡言晉樂所奏，亦與宋志同，其言本辭者，則尙不知根據何書。總之，凡郭氏作晉樂所奏者，據宋書樂志也，作本辭者，則本之文選及玉臺等集也。然玉臺新詠所載塘上行及皚如山上雪二篇，乃孝穆删節樂曲而成，並非原來之辭，故上下文義，不相聯貫，紀容舒已辨之矣（玉臺新詠考異）。又文選所載魏武苦寒行與宋志亦無大異，僅去其疊辭而已。此其亦非本辭可知。郭氏以文選玉臺，與宋志所載者繁簡稍異，遂有本辭及奏曲之分，殊爲未考。然自經郭氏有本辭之說，後來注解家（如劉履注塘上行），遂多曲解（見玉臺考異），蓋無知其不當者也。然行之既久，今亦沿用不改，姑以本辭爲主，以奏曲附之。唯魏明帝步出夏門行，原止奏曲，詩紀竟據選詩外編所載者，補其本辭，實謬之甚，今删之，明帝此篇，見宋書樂志爲荀勖撰舊辭施用者，其中雜有他人之詩，如「丹霞蔽日」等八句，採自文帝丹霞蔽日行，「驚迫日暮等」句，采自文帝豔歌何嘗行，「烏鵲南飛」二句，采自魏武帝短歌行是也。凡采自他人之辭，選詩外編皆有之，固知其必非本辭也。馮氏不察，竟以本辭編之。又玉臺新詠雙白鵠一篇，與宋志載者繁簡亦異，今始仿郭氏補爲本辭。

一、凡詩逸而題序或存者，亦爲編入。

一、一詩常有數章，一歌每分數解，積章成篇，合解成曲。是以凡一作而具有各章或各解者，皆不得離析，蓋解斷即不成曲，章斷即不成篇也。如顏延年秋胡行，文選一首，玉臺九章，王融秋胡詩，本集七章，古文苑一首，舉數雖異，然皆不誤，因一首可有數章也。惟詩紀於上舉二篇改九章爲九首，改七章爲七首，詩删因之，遂摘取顏氏三章，以爲三首，此甚不可也。又如劉楨贈五官中郎將之必爲四首，而不得以四章目之，文選作四首其第二首云：「自夏涉玄冬，彌曠十餘旬」，孫志祖文選考異云：「說文繫傳，疒部瘠字下，引作：自夏及徂秋，曠爾十餘旬，案若自夏涉冬，則不止十餘旬矣。且詩第三章明云，秋日多悲懷，是秋而非冬也。」今案說文繫傳引者是，然孫說非也。尋四首並非一時之作，昭明蓋混合選入之耳。如第一首言季冬，此首言徂秋（從說文繫傳），第三首又言秋日，第四首又歷述初冬之天氣，所言各異，實非作於一時，孫氏概以爲秋作誤也。此爲四首，不得目爲四章之例。嵇康秋胡行之必分七章而不可以七首名之，詩紀作七首，案實七章也。魏武秋胡行二首一爲四解，一爲五解，各解之章法相同，蓋重沓體歌調也。嵇氏此篇（顏延年王融作同），即效魏武爲之，故各章之章法亦同，此作章而彼作解，章解名異實同。（古今樂錄引王僧虔啓云古曰章今曰解。）七解七章，俱不得作爲七首也。

凡此皆須詳慎爲之，或沿用古法，或訂正舊誤，務使歸於允當。

一、舊集既多殘闕，各書所引，率爲斷章。或一篇而淪於數處，如梁武帝籍田詩，藝文類聚引鳥天杪少四韵，初學記引鳥縹曉悄窕䆗兆七韵，馮氏即以鳥縹曉悄窕䆗兆天杪少十一韵聯爲一篇是也。詩紀匡謬，於此有說甚謬。或數章而雜爲一首，如鮑照代白紵舞曲四首，沈約遊鍾山代西陽王歌五章，藝文皆節錄各篇彙爲一首。害辭害義，莫斯爲甚，今於分割之兩文，凡能確定其爲一首者，則訂而合之，以爲一篇，如古辭步出夏門行與隴西行原爲一篇。步出夏門行曰；「邪徑過空廬，好人常獨居，卒得神仙道，上與天相扶，過謁王父母，乃在太山隅，離天四五尺，道逢赤松俱，攬轡爲我御，將我天上遊，天上何所有，歷歷種白榆，桂樹夾道生，青龍對伏趺。」隴西行曰：「天上何所有，歷歷種白榆，桂樹夾道生，青龍對道隅，鳳凰鳴啾啾，一母將九雛，顧視世間人，爲樂甚獨殊，好婦出迎客，顏色正敷愉，伸腰再拜跪，問客平安不（下略。）」今案二篇實爲一首，其證有四：一、宋書樂志，樂府詩集，皆云：隴西行一曰步出夏門行，可見具此二調之古辭，原爲一篇。二、「鳳凰鳴啾啾，一母將九雛」二句，今爲古辭隴西行中語，然文選注引歌錄此二句正作步出夏門行古辭，是此隴西行即此步出夏門行之證。三、隴西行「天上何所有」起首四句，即步出夏門行末尾四句，檢「天上何所有」一句，必承「將我天上遊」一句而申述之，文義方爲完足，蓋先言天上遊，繼言天上所有，繼言下視世間，而以世間婦人迎客之故事爲終結也。四、一辭具有二調，故或稱隴西行或稱步出夏門行，其實一篇也。以「天上何所有」爲起首，而題作隴西行者，始自玉臺新詠。尋玉臺所載皚如山上雪，雙白鵠，塘上行諸篇，皆有刪節（已見前），則此篇亦當如是也。又如四皓紫芝歌與采芝操，亦應合爲一首，說下論。

凡一首而確雜數章者，則考而析之，不使淆溷。如應璩百一詩，「年命在桑榆」一篇，共有期辭玆陽牆光康七韵，案藝文引詩，率彙各章以爲一篇，以韵斷之，陽牆等四韵爲一首，期辭等三韵爲一首也。又陸機招隱「明發心不夷」一首，全篇見文選，藝文類聚三十六人部隱逸引陸之招隱詩，共八韵一十六句，其首三韵即文選此首中語，次六句押寒韵，末四句押歌韵，知藝文乃節錄三篇，以成一首者也。詩紀即將此起首三韵刪去，又將其餘析爲二首，甚是。今存陸機集（二俊集），乃將此八韵一十六句共爲一首，此後人輯本之陋也。

一、詩之散見於史子雜家記載志乘金石漢簡者，概行蒐輯，惟小說短書有涉僞託者，概不濫收。如曹植死牛詩，見太平廣記，文字鄙俗，乃後世不學者所妄造。又如隋煬詩之出迷樓記者，亦係僞託。

一、釋道兩藏並加蒐輯，有名氏者，以時代分編；無名氏及有名氏而不知時代者，則與鬼仙雜詩等總爲一卷，附之編末。

一、凡各家舊集之有序跋等文者，概分別繫錄，其卷帙版本，今所箋述，並亦附焉。

一、漢至陳隋各史子雜書，凡所載佚詩本事，及評詩論文之語，略爲編纂，分別附之傳略之下，以代詩紀別集之詩話，及百三家集之題辭，然唐宋以降之詩話，其辭繁多，概從略焉。

一、漢鐃歌十八曲，聲辭雜寫，本難訓解。然自明清各家，迭爲揣釋，亦復各有所見，漸可誦讀。今略取衆說，參以己意，重爲釐訂。又巾舞「公莫」鐸舞「昔皇」之類，亦皆聲辭淆亂，文義久晦，今凡於確知爲聲之字，剔出以小字旁注之，並略論其誤，好古君子，倘有取焉。如巾舞有「城上羊下食草」之句，案鮑照贈故人馬子喬詩，「躑躅城上羊，攀隅食玄草」，與此同義，則知下食草之下食，應作食玄，玄下形近易譌，食玄又誤倒耳。

出自第十二本（一九四七年）

理番新發見隋會州通道記跋

岑仲勉

通道記

自蜀相姜維嘗於此行，爾來三百餘季，

更不修理。 山則松草荒蕪，江則淼漚出岸，

猿怯高拔，鳥嗟地嶮，公私往返，並由山上，

人疲馬乏，勸力頓盡。 大將軍、開府儀同三司、

總管二州五鎮諸軍事、會州刺史，永安郡開

國公姜須達愍人生之荼苦，報委寄之

天恩，差發丁夫，遂治舊道，開山棧木，不易其

功。 遣司戶參軍事元博文，縣丞郭子鴻、王文誠、

吳榮、鄧仲景監督，大隋開皇九年九月

廿三日訖。

右行書磨崖碑一，從南溪羅氏藏本錄出，聞係近在理番縣西北發見，其地名雜骨腦，蓋削崖刻成，不能移也。 字大約徑寸，凡十一行。 首行「通道記」通字低一格，餘九行則十五至十八字。 第六行末「之」字下空一格，故第七行「天恩」字爲擡寫。 末行祇四字，其「廿」字約齊於前行「大隋」兩字之間。 磨崖面積約長六〇公分，闊不及四十公分。 宋趙明誠金石錄，王象之輿地碑記目及嘉慶四川通志，孫星衍寰宇訪碑錄，趙之謙補錄，劉聲木續補錄等均未著錄。

治道者姜須達 姜氏、隋書無傳，新唐書宰相世係表，古今姓氏書辯證（一三姜姓）亦未見其人，世係及出身終官，都無可考；所知者唯隋書本紀二，開皇八

年三月，「壬申，以成州刺史姜須達爲會州總管」一事，然恰足與本碑相證，殊巧合也。由碑題年月觀之，須達治道，蓋在涖會一年後。此後隋本紀十四年九月下又見「丁巳，以基州刺史崔仲方爲會州總管」一條，同書六〇仲方傳，「後數載，轉會州總管；時諸羌猶未賓附，詔令仲方擊之，與賊三十餘戰，紫祖 四鄰、望方、涉題、千碉、小鐵圍山、白男王、弱水等諸部悉平，賜奴婢一百三十口，黃金三十斤，雜物稱是，」須達是否至此時始受代或轉任何官，亦難猜疑。復次，須達爵爲永安郡開國公，考新唐世系表（七三下）天水姜氏寶誼亦封永安公，隋、唐封號恆與其人之郡望相依附，須達或出天水姜氏。若參軍事元博文等五人，更無可考。

隋會州 據隋書（二九）地理志，會州卽大業之汶山郡，統縣十一，轄境頗廣。約言之，相當於唐之茂、翼、當、悉 靜、恭、柘七州及松州之一部。志云：「後周置汶州，開皇初改曰蜀州，尋爲會州，置總管府，大業初府廢，」太平寰宇記七八云：「隋開皇五年，改汶州爲蜀州，六年又改爲會州，取西夷交會爲名，」元和郡縣志（三二）祇謂「周保定四年立汶州：隋開皇五年改爲會州，」蓋漏去改蜀一節。

二州 須達銜稱總管二州五鎭諸軍事，考六朝迄隋，總管兼權州數，向無一定，須達當日兼權何州，史乏明文，但必爲會州鄰接之州，則事無可疑（參拙箸括地志序略新詮）。今以楊守敬隋地理志圖驗之，會州南接蜀郡，自有益州總管府外，東接緜州金山郡，開皇初曾設潼州總管（參拙箸隋書州郡牧守編年表一三一頁），論地域關係，似歸益州兼權。惟東北接扶州同昌郡，後周所設扶州總管，隋初早廢，元□碑亦稱開皇九年爲扶州刺史，（參同前編年表一三二頁）頗信須達係總管會、扶兩州也。

五鎭 此則不易確考。會州管下，知隋初已置者，有：

金川鎭 元和志茂州通化縣云：「周武帝時於此置石門鎭，隋開皇六年，以近白狗生羌，於金川鎭置金川縣，」舊唐書（四一）地理志通化縣，「後周置石門鎭，隋改爲金山（川訛）鎭，」未知改縣後鎭仍存否？此外如：

和山鎭 元和志翼州，「隋大業三年，省州，改置和山鎭，」則大業始設。

利川鎮　舊唐地志，「貞觀二十一年，析置當州，以土出當歸爲名，州治利川鎮，」此鎮或隋代已有。

通軌縣鎮　通典（一七六）當州，「西北到故通軌縣鎮二百里，」按隋初已有通軌縣。

嶺巖鎮　通典靜州，「東南到臨翼郡嶺巖鎮一百四十里。」（卽翼州）

長硼鎮、柏嶺鎮　通典柘州，「西至郡內長硼鎮九十里，北至恭化郡柏嶺鎮八十里，」按字書無硼，寰宇記八〇正作硼字。恭化卽恭州，同書恭州云：「西北到柏嶺鎮四十里。」

江源鎮　元和志交川縣，「江源鎮在縣西北三十里。」

隴東等五鎮　新唐書（四二）地理志翼州，「有隴東、鹽登、清溪、鵜藩、吉超五鎮兵。」

其屬隋扶州轄內者，如：

寧遠鎮　元和志松州嘉誠縣，「寧遠鎮在縣北一百里，」按嘉誠隋屬扶州。

右自嶺巖以下十鎮，隋時有否，所未詳也。

姜維之關係　碑首云：「自蜀相姜維嘗於此行，」依上考證，事當非虛。蜀志三後主紀，延熙十年(西元二四七)，「是歲，汶山平康夷反，維往討破平之，」同志一四維本傳，「十年，遷衛將軍，與大將軍費禕共錄尚書事，是歲，汶山平康夷反，維率衆討定之。」考元和志維州云，「初蜀將姜維、馬忠北討北汶山叛羌，此其地也，」同州薛城縣，「姜維山在縣西一里，」舊唐地志維州，「今州城卽姜維故壘也，」又寰宇記，「姜維山，姜維昔日屯軍於此山，」按唐武德設維州，卽紀念姜維而名，維州舊址正在今理番北稍西，理番又在隋會州境內，則嘗於此行云者，當指平康之役，下至開皇九年（五八九），已餘三百四十年矣。

記文頗雅潔，然如往返之往從亻，與今「住」字幾無異，疲闕旁兩點作疲，蘅字字書不收，唯篇海云：筋、俗作𥳑，此又改從廾，儀同之儀從彳，治道之治從冫，則同乎鑄冶之冶。蓋字體正宗，至宋始嚴，六朝迄唐所出石刻，於字之偏旁等，都不太措意，非徒此碑爲然也。康熙字典𢡟字下祇採廣韻「聽也」一訓，且云：「按正字通溷悠、閔誤，」今觀此碑，則隋人已以𢡟代悠、閔，不自正字通始。

若總必作摠，刺必作剌，隋唐碑誌什九如是，無待贅舉矣。清人或見唐刻書隋爲隨，遂有疑隋時非去「走」者，其實初唐書刻多沿勝國作「隋」，稍後乃或復其舊，本碑早在開皇九年，隋字亦已去「走」，是足以袪或人之惑也。

三三、一、二六。

三十四年十一月，舊同事李方桂先生新自理番歸成都，曾親見此碑，貽書相告，略云，「此碑在山坡上，距現今大道頗遠，想是古道之所經處。爲土掩蓋，近約三四年前，山崩，又復出現。……其中一字，與大著不符，卽公私往還，非公私往返。……威州〔古維州〕在理番東北，今城附近山坡上有舊城遺址，俗稱姜維城，城牆三分之一仍可見。」按當日據羅藏拓本，「還」字適甚漫漶，僅留辶之跡，故擬爲「返」，兹得李君指示，合予更正。

李書又云，「同處又有一唐碑，字略大，較隋碑寬而短，共八行。」兹照錄如下：

朝散大夫檢校維州刺史上｜柱國焦淑爲吐蕃賊侵境｜〔以上兩字不清楚〕，並董敦義投蕃，聚結逆｜徒數千騎，淑領羌漢兵｜及健兒等三千餘人，討除｜其賊，應時敗散。｜開元十五年九月十九日記。｜典施恩書。

按開元中吐蕃屢次入寇，此非大股，故史無明文。焦淑亦無攷。據舊書四一，貞觀三年，左上（？）封生羌酋董屈占等內附，復置維州，咸亨二年著剌史董弄。五年，西羌首領董凋貞歸化，置徹州。二十年，置當州，以松州首領董和那蓬爲刺史，顯慶元年，蓬嫡子屈寧襲位。同年，生羌首領董係比射內附，置悉州，以爲刺史。開元二十八年，置奉州，以董晏立爲刺史。乾元元年著西山子弟兵馬使嗣歸誠王董嘉俊。此外董姓尙有見唐人集者，殆皆生羌歸化後所改之漢姓也，是否取音近，未得而詳。（三六，五，七附識）。

出自第十二本(一九四七年)

跋歷史語言研究所所藏明末談刻及道光三讓本太平廣記

岑仲勉

余草此稿，除文友堂景本外，所得參稽者祇本所入藏之明談愷刻及道光丙午（西元一八四六）三讓睦記藏板兩本，故篇中所言，專對此兩本而發，然亦有可舉一概三者。

天都黃晟刻本，自序於乾隆十八年癸酉（一七五三），據說是二十年乙亥（一七五五）夏月刻，槐蔭草堂藏板。（郭伯恭宋四大書考七〇頁。）今三讓睦記板卷前仍標黃晟一序，又每卷卷首均有「天都黃晟曉峯氏校刊」字樣，大柢係從黃本翻刻。蓋丙午上去乙亥，餘九十年，此時應非黃晟其人，惜書之前後都無題記，主動者不可獲悉，要之此一版本，固廣記引得序及宋四大書考所未經道及者也。

談刻固近人許為佳本之一，惟涉二六一至二六四數卷，論者頗模糊其辭。鄧嗣禹引得序云，「然所闕諸卷，今俱完整，殆出於後來修補無疑」，所謂「後來」者指談氏自身乎，抑談氏巳外之人乎？四大書考又云，「然談刻原闕卷二六一至二六二嗤鄙類二卷，卷二六三至二六四無賴類二卷，而此四卷黃刻則粲然具備，未知黃氏云悉仍其舊者何也。」（七〇頁）今閱本所所藏談刻，則前之兩疑，都可略解。緣文友堂景印本中此四卷係抄配，字體與談刻迥異，故鄧氏斷言之曰：「所闕四卷，乃據黃刻抄配。」惟本所之談本，則此四卷固無缺，紙色亦同，諦審之，祇字體略廣潤，要視文友抄配者截然有殊，由是乃發生下列問題：

（甲）談刻初印本無此四卷，（因總目卷下皆注闕。）其後經談氏自身補刊，故後印本有之。

(乙)談卒後（據引得序注，談中嘉靖五年進士，享年六十六，似卒於隆慶。）別人就談刻補刊，故後來印行本有此四卷。

(丙)黃刻據修補足本翻刊，故云「悉仍其舊」，抄配卷雖據別刻，實亦溯源談刻。（黃刻余未見，但試取二六一王播一條比之，談作唐淮南節度王播，抄易王爲使，恩倖下談空三格，抄空二，「自」字下談空四格，抄空五，談近又，抄近有，談宰字，抄宰守，是知抄配頁非直接本自談刻也。三讓本視談刻則校改薛延爲薛廷，〔作廷是〕宰字爲宰守，且空格俱塡補，恩倖下補「以圖內」，薛延□等□人補正爲薛廷老等數人，「自」字下補「外官至內」，縣令下補「錄」字，「抑有」下補「由」字，故如三讓即據黃刻者，文友之抄配頁，更非自黃刻抄配也。此姑示各卷中之最前一例，餘不悉數，閱者可自得之，并參後文。）

已上三事，皆有可能，（參下文）闕卷雖非黃刻所補，而校讎則有之，（黃序云：「因爲校讎翻刻而易以袖珍窄本。」）故文字與談刻間有異同，引得序謂黃「所據爲談刻而優劣亦如之」，猶是未經兩本詳勘之批評也。可證者引得「以黃刻爲主」，（見引得序）而今三讓本卷二六五之條文順序爲：

(1)劉祥 (2)劉孝綽 (3)汲師 (4)許敬宗 (5)盈川令 (6)崔湜 (7)杜審言 (8)杜甫 (9)陳通方 (10)李賀 (11)崔駢 (12)李羣玉 (13)馮涓 (14)溫庭筠 (15)西川人 (16)河中幕客 (17)陳磻叟 (18)崔昭符 (19)又〔劉允章〕 (20)溫定 (21)薛能 (22)高逢休

與引得所列同。（可見三讓據黃刻。）談刻總目除無(19)外，雖亦無異，但卷內順序乃爲：

(1)劉祥 (2)劉孝綽 (3)許敬宗 (4)盈川令 (5)崔湜 (6)杜審言 (7)杜甫 (8)陳通方 (9)李賀 (10)李羣玉 (11)馮涓 (12)溫庭筠 (13)陳磻叟 (14)薛能 (15)高逢休 (16)汲師（以下俱闕） (17)崔駢 (18)河中幕客 (19)崔昭甫 (20)溫定（奪西川人一目）

是黃刻視談刻不徒順序有更易，且補汲師已下闕文六條（連西川人計），并增入(19)又〔劉允章〕一條文矣，黃序之「至於闕文闕卷，悉仍其舊」，蓋未盡然。又

同卷條文，談刻、黃刻繁簡迥異，如

條　目	談刻字數	黃刻字數
劉　祥	282	35
劉孝綽	201	62
許敬宗	227	35
盈川令	111	85
崔　湜	149	69
杜審言	125	146
杜　甫	257	41
陳通方	119	294
李　賀	279	147
李羣玉	152	65
馮　涓	239	225
溫庭筠	169	178
陳磻叟	543	546
薛　能	151	87
高逢休	147	149

談刻各條都無出處，黃刻皆有之。蓋此卷原闕，談氏修補時唯就條目各人名，輒取其事跡以實之，故不注出處。黃刻則特從各說部輯采其事跡之屬於「輕薄類」者，故黃刻都注出處。且劉祥、劉孝綽、許敬宗、盈川令、崔湜、李羣玉、溫庭筠、薛能等八條所記，大致異乎談刻，而就「輕薄」言之，則視談刻爲貼切，惟是否適合原本廣記，殊非吾人所得而知矣。夫黃刻視談刻有如是殊異，其得以「優劣亦如之」一語渾概之乎？

更如卷二六九酷暴三，談刻於胡淛、韋公幹、李紳、陳延美、趙思綰、安道進六目注云：「以下俱缺文」，惟文內李紳不缺，但無出處，蓋此條係談氏臆補，故不注出處，其例正與前卷二六五相同。（許刻無李紳條，即因是之故。）論者不達談意，遂怪乎目之注缺，何以文實不缺矣。黃刻此卷李紳條仍用談刻文，惟據投荒雜錄補胡淛、韋公幹二條，據玉堂閒話補趙思綰、安道進二條，陳延美條不補，則逕刪其目。（引得亦漏陳延美一目。）斯數條可決爲黃補者，緣韋公幹條前五行：

崖州東南四十里至瓊山郡，太守統兵五百人，兼儋、崖、振、萬、安五郡招討使，凡五郡租賦，一供於招討使。四郡之隸於瓊，瓊隸廣，海中五州歲賦，廉使不得有一緡，悉以給瓊軍用，軍食仍仰給於海北諸郡。每廣州易帥，仍賜錢五十萬以犒餞。瓊守雖海渚，歲得金錢，南邊經略使不能及。

係房千里投荒雜錄記瓊州政治，與酷暴無關。又胡淛條末二行：

自辨（勉按舊書四一新書四三上均作辯，州名也。）五十里至羅州爲招義郡，郡旁海，海有煮海場三，然郡民盜煮，亦不能禁，郡多蜜，潔白如雪。

此自千里記投荒之歷程見聞，尤與胡淛無涉，宋初房書尚存，編廣記者必不作如是之畫蛇添足也。

復如卷二七〇婦人一，談刻冼氏、衞敬瑜、周迪妻、鄒待徵妻、竇烈女、鄭神佐女、盧夫人、符鳳妻、呂榮、封景文、高彥昭女、十一條，皆無出處，黃刻同，蓋亦談氏據別書意補者，觀其卷首自注，「此卷宋板原闕，予考家藏諸書，得十一人補之，其餘闕文，尚俟他日，」便明。引得序竟評之曰：「而李誕女以上十二條，反皆無出處，（勉按十二誤，應作十一。）吾人考查得周迪妻、封景文等條皆出自新唐書，語言文字，亦皆若合符節，……乃至以新唐書入廣記，置修書之時代於不顧，則吾人雖不敢謂談氏率爾操觚，鹵莽滅裂，而偶有不照之失，殆不容辭也；」又云：「又談刻無出處者如二百七十卷衞敬瑜妻條，許注出南雍州記，高彥昭女條出廣德神異錄，盧夫人、符鳳妻二條並出朝野僉載。」殊不知談氏主旨，只求補其事實，彼固知廣記原本未必——或且並非——根據彼所根據之書，故特缺其出處以別於廣記原文。不然，彼既考諸書以補入，何難多注「出某某書」數字於末，而必缺之，一反詰而談之眞意可悟矣。文同新唐書，實自不錯，第談之所求，在事實不在原文，——因原文未之能得——許自昌據談翻刻，弗悟談旨，爲加入出處數條，已是佛頭著糞，引得序更尤而甚之，責談以不照，談固甚愼重，未欲亟亂古書，惜後生者欠領會耳；余焉得不替談氏辨之。引得序又云：「卷二百七十李誕女條注曰，以下皆闕，今查並不闕，且較目錄多奉天竇氏二女一條，」余按奉天縣竇氏二女之文，談刻原題「竇烈女」，黃刻既於鄒僕妻條後據樊川集多補「竇烈女」一條，於是遂易談刻原題「竇烈女」者爲「奉天竇氏二女」；易言之，即

「奉天竇氏二女」一條，並非多出，多出者乃黃刻之「竇烈女」，此編引得者只知比勘目錄不知比勘條文之誤也。 黃刻李誕女已下八條，依前文推論，應亦黃氏所補，其再出竇烈女一條者，意必謂樊川集所載一事更爲適合，但又不願抹去談氏原補，故爲易題「奉天竇氏二女」也。 至鶴知古妻一條不題出處，亦不足怪，黃氏所據，當是宋初已後之著作，故本據從缺也。

上引數卷中各刻間同異之故，既大致明白，則於胡應麟二酉綴遺所云：「闕嘲鄙類二卷，無賴類二卷，輕薄類一卷，而酷暴闕胡淛等五事，婦女闕李誕等七事，談謂遍閱諸藏書家悉然，疑宋世已亡，」並無難明之處。 蓋談刻輕薄有一卷（二六五）是談氏意補，並非原文，酷暴之李淛等五事（二六九），婦人之李誕女等七事（二七〇），均談刻所缺，入清而後由黃氏量補也。 抑應麟萬歷間人，觀彼所言，則知談刻初印本確無嘲鄙類二卷，無賴類二卷（二六一——二六四），前文所擬之(乙)種推測，似較(甲)種推測爲更近事實，易言之，即談卒後此四卷始補刊印行，本所入藏之談刻，非初印本也。

論夫此四卷之來源，有當注意者兩事：蓋假謂據別書意補，如談、黃兩家所爲，則(1)補文之中，不應有許多空白。 (2)其出處只應或有或缺，不應全缺。今試據談刻之異點列表釋之：

卷數	條目	缺文字數	出處
261	王播	11	有
,,	李秀才		祇餘「出新」二字
,,	姓殺人	14	有
,,	王初兄弟	1	有
,,	南海祭文宣王	3	有
,,	韓昶	約 5	缺
,,	王智興	約 63	因缺文而并缺
,,	韋氏子	約 102	同上
,,	鄭畋盧攜	1	有
,,	劉義方	1	缺
,,	鄭群玉	6	有
,,	李雲翰	2	缺

卷數	條目	缺文字數	出處
262	崔育	約 54	因缺文句幷缺
	宇文翃	47	有
	楊錚	28	有
	吳鸞信	1	有
	逆流	5	有
	三妄人	1	有
	周韋二子	1	有
	凝婿	1	有
	市馬	1	有
263	長孫昕	2	有
	張德	13	缺
	士子吞舍利	4	有
	劉子振		祇著「出」字
264	韓少卿	1	有
	韓伸	3	有

其文不缺及出處具者，四卷中共四十九條，占十分之六強，與談云「其四卷僅十之二三」不相應。 況觀表，缺文字數，至爲參差，李秀才條出處祇得［出新］兩字，（廣記出處例用夾注，故由殘文［出新］詳之，其原書當名「□□新□」或「□新□」，余以爲必是尉遲樞之「南楚新聞」，條內記李播典蘄州，正南楚事也，黃刻易横寫爲「出新」，失原意矣。） 劉子振條祇着「出」字，視他三卷（二六五、二六九及二七〇）由談、黃據別書補者奠乎不侔，足徵此四卷之補刊，應是據宋刻殘本，當日必有應談氏「博洽君子其明以語我」之請求而助成全書者。 若黃刻除王智興、韋氏子、崔育、宇文翃數條外，其餘缺字均已塡補，殆純根據他書，倘疑別有見本，黃序必應提及也。

諸闕卷之源流，大致已剖析如上，至於文字舛誤，在如斯鉅册，無論何刻，勢所不免。是須得名手者出，爲之掃除落葉，吾人可勿絮絮，今玆提論，祇其害要錯奪及書名傳訛之數節耳。

談刻二三二令狐綯條云：

唐丞相令狐綯因話奇異之物，自出鐵箭，徑不及寸，長四寸，內取小卷書，於日中視之，乃九經並足，其紙卽蠟蒲團，其文勻小，首尾相似，其精妙難以言述，又傾其中，復展看輕絹一匹，度之四丈無少，秤之纔及半兩，視之似非人世所返報，太守懼，追叟欲加刑，叟曰，乞使君不草草，某知書猪猎只須此筆，乞先見相公書跡，然後創製，太守示之，叟笑曰，若如此，不消使君破三十錢者，且更寄五十管，如不稱，甘鼎鑊之罪，仍乞械繫，俟使回期，太守怒稍解，且述叟事云，覩相公神翰，宜此等筆，相府得之，試染翰甚佳，復書云筆大可意，宜優賜匠人也，太守喜，以束帛贈叟而遣之。

出芝田錄

其後接周邯條，黃刻文同，惟校改第五行首一字「所」爲「所有」。按此條如細心讀下，必覺自第五行起，與前四行之文氣文義，均不相應。試閱卷目，知令狐綯後應有裴岳、苟諷、紅沫、鐵頭、虔州刺史五條，乃及周邯；又試翻總目，「周邯」雖緊承「令狐綯」，惟最末有云「裴岳 以下皆原闕 苟諷 紅沫、鐵頭、虔州刺史，」（黃刻皆同。）乃知四行以前，文屬令狐綯條，以後屬虔州刺史條，前者失其後截，後者失其前截，虔州刺史條係出芝田錄，（崇文總目、芝田錄一卷，與新唐志、讀書志並不著撰人，惟涵芬本說郛三及七四署曰丁用晦，又金大叢書子目以用晦爲宋人，均未詳所據，廣記所採，唐志所收，於例不應爲宋著，惜用晦事跡未之有聞，應存疑云。）令狐綯條則未必然，談氏明乎此，故於總目注「闕」示之。黃刻既校讎縮小，謂應分爲兩截，中間添注各闕目以資識別，顧竟仍舊，此黃刻之未善也。編引得者唯知依條文順序而下，不知比閱卷目、總目，遂以令狐綯條爲 232/11，周邯條爲 232/12，（以下遞推）致裴岳、苟諷、紅沫、鐵頭、虔州刺史五目皆失收，又廁「令狐綯」於芝田錄下，此皆不能辭其疎略也。

談刻三一四郭厚條云：

李宗爲舒州刺史，重造開元寺，工徒始集，將浚一廢井，井中如言而得之，船屋上有脯臘，婦人取以食四卒，視其手，土寇犯闕，天下亂，僧輩利吾行貲，殺我投此井中，今骸骨在是，……

黄刻同，然試讀之，則第二行與一行或三行意勢均不銜接。 細檢之，則見其前六條朱廷禹有云：

「其人忙怖不復記，但云物已盡矣，婦人云，在門後掛壁（汲古閣本稽神錄作壁是）籠中，如言而得之，船屋上有脯臘，婦人取以食四卒，視其手，鳥爪也。」

始知此第二行係複錯之文。 原條注出稽神錄，然今津逮、學津兩本皆無郭厚條，（提要謂今本從他書錄出，非原文。） 故郭厚所缺文，已無從肊補矣。（稽神錄卷六李攻條，併言李宗造開元寺。）

談刻四九七趙宗儒條云：

趙宗儒檢校左僕射爲太常卿，太常有師子樂，備五方之色，非朝會聘享不作，至是中人掌教坊之樂者移牒取之，關白，宗儒憂恐不已，相座責以儒怯不任事，改換散秩爲太子少師。

黄刻同，然第三行與二行不銜接。 考其下卽接席夔條云：

韓愈初貶之制，舍人席夔爲之詞，曰早登科第，亦有聲名，席旣物故，友人多言曰席無令子弟，豈有病陰毒傷寒，而宗儒不敢違，以狀白宰相，宰相以爲事在有司，其事不舍與不潔，韓曰，席不吃不潔太遲，人曰何也，曰出語不當，豈有忿責詞云亦有聲名耳。

黄刻同，乃知宗儒條二行與三行之間，有一行誤錯爲席夔條之三行，一經鉤乙，兩條各通，「不舍關白」應正作不合關白，舊書一六七宗儒本傳亦云：「宗儒不敢違，以狀白宰相，宰相以爲事在有司執守，不合關白，」可互證也。

以上皆錯奪之大者。 又談刻九五法通條注「出西京記」，四九五鄒鳳熾條注「出西京記」，黄刻皆同，引得謂西京記見隋志，無撰人名，兩唐志作薛冥西京記，非也。 法通隋末人，時代尙勉強相通，若鄒鳳熾唐高宗時人，條內所附王元寶，且玄宗時人，何緣見於隋志已收之「西京記」也。 考韋述兩京新記殘卷延壽坊懿德寺下敍法通事，懷德坊下敍鄭（鄒）鳳熾、王元寶事，文大致相若，廣記所引，蓋兩京新記，省稱「兩京記」，又轉訛「西京記」也。 談刻九七秀禪師條說開元中事，依前例西京記亦當正作兩京記，惜韋書已亡，無憑實證矣。（參拙著兩京新記殘卷復原）

談刻一一二釋智興條注「出異苑」，黃刻同，余按異苑爲劉宋劉敬叔著，智興乃大業中人，敬叔之書，何緣說及隋事，夷考其文，大致與法苑珠林四四所記智興事同，蓋輯自法苑珠林者，旣落去「珠林」字，因訛「法」爲「異」也。

談刻三九一王果條，文末不注出處，其後一條爲豐都冢，注「出朝野僉載兩京記」，黃刻同，引得承之，遂列王果於未注出處表之內，豐都冢一目則分見於朝野僉載及兩京記之下，非也。 廣記輯纂，同條而參及兩書者罕見其例，余謂王果條實出僉載，豐都冢乃出兩京(新)記也。 王果是唐高宗朝人，（參拙著通鑑比事質疑）。 張鷟雖開元初尙存，（據新書一六一）然彼書多說高、武時事，以王果條爲出朝野僉載，性質正合。 豐都冢言「得銘云，筮道居朝，龜言近市，五百年間，於斯見矣，當時達者參驗，是魏黃初二年所葬也，」黃初二年（西元二二一）至開元八（七二〇）爲五百年，說豐都市則與兩京新記內容合，記開元八年事又與韋述著書時合，（參拙著兩京新記殘卷復原）。 故知「出兩京記」之注，應專屬於豐都冢條也。 顧今寶顏堂祕笈本僉載乃收入豐都市之文，則須知近世所傳唐前筆記，率從他書輯集，廣記旣誤系王果出處於他處，無怪乎今本僉載乃收所不應收，反遺其所應收者矣。 以上皆引書之傳訛者。

抑於此有所附發焉，索引之輯，便利搜檢，夫人而知之，然余對廣記引得之應用，覺其未盡善者二。其一，引得爲用，初不限於原書，今假余手頭無廣記，脩欲檢討李賀之事跡，已於「篇目引得」中獲悉卷四九、卷二六五各有一條，然出自何書，勢非向「引書引得」從頭至尾檢閱一回不可，是雖有引得，而仍費時失事也。謂每種書名應用千字文分號標記之，如劇談錄爲「存」，則篇目引得之「李賀 265/10」後附「存」字，如是，吾人便易知其出於何書矣。

其二、每一書常有數刻，編引得者固須取某刻爲主。——例如廣記用黃刻——但余假有文友景本而無黃刻，則雖檢出卷二六五李賀，仍不知其出於何書，又非向

「引書引得」從頭至尾檢閱一回不可。　惟茍將各刻之缺出處者列成專表，或依前法編列千字文號數，則可便利許多矣。

總之，「檢目引得」時，須同時得「引書引得」之用，方予讀者以便利，引得之業，方興未艾，用附發之，或於從事斯道者不無芹獻歟。

中華民國三十一年五月四日，繼御覽跋寫成。

出自第十二本（一九四七年）

四庫提要古器物銘非金石錄辨[1]

岑仲勉

北宋人兼傳金、石之專著者，歐陽修集古錄外，惟趙明誠是書；余近治唐史，常所涉獵，覺有持論往往出集古上，竊心好之。書錄解題八許之云：「本朝諸家蓄古器物款式，其考訂詳洽，如劉原父、呂與叔、黃長睿多矣，大抵好附會古人名字，如丁字卽以爲祖丁，舉字卽以爲伍舉，方鼎卽以爲子產，仲吉匜卽以爲偪姞之類。邃古以來，人之生世夥矣，而僅見於簡册者幾何，器物之用於人亦夥矣，而僅存於今世者幾何，迺以其姓字、名物之偶同而實焉，余嘗竊笑之，惟其附會之過，併與其詳洽者皆不足取信矣。惟此書跋尾獨不然，好古之通人也」。其推許良不妄。

翟耆年籀史上云：「趙明誠古器物銘碑十五卷；商器三卷，周器十卷，秦、漢器二卷，河間劉跂序，洛陽王壽卿篆。」余按今金石錄首錄古器物銘，自第一以至第十五，第一至第三，商器也，第四至第十三，周器也，第十四、十五，秦、漢器也，卷首揭政和七年九月十日河間劉跂序，略云，「東武趙明誠德父，家多前代金石刻，倣歐陽公集古錄所論，以考書傳諸家同異，訂其得失，著金石錄三十卷，」一一與籀史所言合。（王壽卿字魯翁，見後文所引楚鐘銘跋。）

王士禎居易錄五云：「宋黃鶴山人翟耆年伯壽，公巽參政子，能淸言，工篆及八分，巾服爲唐裝，所著籀史上下卷，佚其下卷，曹秋岳、溶侍郎倦圃藏書

（1）參考書集古用三長物本，考古用明新都汪昌業翻元大德本，博古用至大重修大字本，金石錄用三長物、槐廬兩本，薛識用景明朱刻本。

也，上卷所載，……趙明誠古器物銘碑十五卷，(按此卽金石錄)。」謂古器物銘卽金石錄，必於趙書卓有所見，故不復纍舉證佐。

顧提要八六獨辨之云:「據其所說，則十五卷皆古器物銘而無石刻，當於金石錄之外別爲一書，而士禎以爲卽金石錄者，其說，殊誤，豈士禎偶未檢金石錄歟，」揣撰提要者之意，必以爲一卷之書，多或十數頁，少亦數頁，而翟氏所謂古器物銘之一卷者，今其跋或止寥寥一兩行，是不足以當卷名也。然亦須知明誠裝潢成册、自供淸賞時，每跋皆附墨拓本後，體裁與今見殊，紹興中其妻李淸照始表上於朝，維時耆年固顯仕，(籀史有紹興十有二年二月帝命臣耆年紀實十有二語)又習古器，當必見未刊之本，因專取記古器部分，名曰十五卷，視吾人見本雖若不符，而厥名所來，固有由矣。(趙不譾跋言初鋟板於龍舒郡齋，未舉其年，殆必在翟氏之後，則翟氏所見，決是未鋟本也。)抑淸照於所天篤好古刻，記之至詳，使古器物銘而別行於後序(紹興二年)之前，序不至略去；如曰在後，則顯後人抽出之本，非自爲一書益明矣。

更就薛氏款識求之，有可確證古器物銘卽金石錄者八事

(1)卷六曾侯鐘下引古器物銘云云，正與趙錄一二楚鐘銘跋相同，祇末文稍增改。(詳後文)

(2)卷七盄和鐘下引古器物銘云云，卽趙錄一一之秦鐘銘跋(詳後文)

(3)卷一八秦權下引古器物銘云云，卽趙錄一二之秦權銘跋，唯首段删節。(詳後文)

(4)卷一八谷口甬下引古器物銘云云，卽趙錄一二之谷口銅甬銘跋。(詳後文)

(5)卷一九平周鉦下引古器物銘云云，卽趙錄一二之平周金銅鉦銘跋。(詳後文)

(6)卷二〇館陶釜下引古器物銘云云，卽趙錄一二之銅釜銘跋(詳後文)

其尤要者，

(7)卷九宋右君田鼎下引古器物銘云云，卽今趙錄一三家藏古器物銘之田鼎銘(詳後文)

(8)卷一二孟姜匜下引古器物銘云云，即今趙錄一三家藏古器孟姜盥匜銘之節引。(詳後文)

并不在古器物銘第一至第十五之內；今翟氏著錄古器物銘碑十五卷，如前所考，應與金石錄中之古器物銘第一至第十五相當，苟於錄外別爲一書者，薛氏何以稱錄所有而古器物銘所無之文爲古器物銘也。知薛識稱古器物銘者卽金石錄，便知籀史稱古器物銘碑者亦金石錄之一部，(翟、薛同時人。)籀史專記古文字，故於金石錄中記秦、漢巳後石刻之卷數，不復提及也。典籍流傳，往往自有別名，前人引書，亦不拘拘於標題，金石錄一稱古器物銘，斯無足怪，提要遽詆王氏，豈未細讀金石錄歟。

四庫提要(四一)評薛識云：「所錄篆文，雖大抵以考古、博古二圖爲本，而蒐輯較廣，實多出於兩書之外，……然大致可稱博洽，……至其箋釋名義，考據尤精，」固備加贊美。然薛書除采自劉敞先秦古器記、歐陽修集古錄、李伯時考古圖、呂大臨考古圖、王黼宣和博古圖外，所資於趙錄者亦多。趙氏自刊之石本古器物銘，今雖不傳，藉薛識而存者猶有

薛識卷一　商鐘一，出維揚石本，　商鐘二，出古器物銘，　商鐘三，出博古錄。

同卷　濟南鼎一，古器物銘，　濟南鼎二，向滈傳本。

卷七　遲父鐘一，維揚石本，　遲父鐘二，博古錄，　遲父鐘三，考古圖，遲父鐘四，古器物銘。

卷十四　郝敦一，先秦古器記，　郝敦二，考古，　郝敦三，古器物銘。

卷十五　史黎簠一，古器物銘，　史黎簠二，考古。

同卷　都子斯簠一，向滈本，　都子斯簠二，古器物銘。

同卷　張仲簠一，　張仲簠二，考古圖，　張仲簠三，蘭亭帖，　張仲簠四，古器物銘。

卷十六　虢叔鬲一，古器物銘，　虢叔鬲二，考古圖。

同卷　齊侯槃一，博古錄，　齊侯槃二，古器物銘。

由上知凡模拓有數本者，古器物銘(卽金石錄)常居其一，故謂薛資於趙者甚

要也。外此如

卷一　箕鼎　箕「右鼎銘古器物幷維揚石刻並考作萁(箕訛)字，箕疑人名。」(石印本箕字不訛)

卷二　寶尊　作寶尊彝　「右銘云作寶尊彝，與商寶卣相似而字畫不同，形制未傳，但得其款識於古器物銘耳。」

卷五　己孫敦　己孫　孫己　「右銘藏南豐曾氏，上爲己孫，下爲孫己，但得此於古器物銘耳。」

卷九　君季鼎　□□君季作其□鼎子孫永寶用之　「按古器物銘云，此鼎藏李成季舍人家，然字畫漫滅，銘有君季二字，姑以名之，其詳未可考也。」

卷一七　平陸戈　「右戈銘曰平陸，古器物銘云，藏淄川民間。」

已上五器及前引史黎、都子斯簠二、虢叔鬲，皆今本金石錄之已佚者，幸藉薛識而傳，薛不愧趙氏功臣矣。

宋人金識稱趙書爲古器物銘者又不徒薛氏，王厚之鐘鼎款識亦然，如

「周楚公鍾，　法帖六，趙明誠古器物銘，　石公弼云，政和三年武昌太平湖所進。(石有此銘，摹拓不及此之工)。」

「夏壺，　法帖四作商蛟篆壺，銘一字，彷彿如月，　趙氏古器物銘，　石國佐」。

「周唯叔鬲鼎，　法帖九作周唯叔鼎，　古器物銘。」

「楚公鍾，　法帖六，　趙明誠古器物銘云，獲於鄂州嘉魚縣。」

楚公鐘重見，錢大昕以爲疑，其跋云：「方城范氏鍾以下兩葉，恐是松雪翁增入，其雷鐘(仲勉按即楚公鐘。)已見前幅，復齋不應複出也。」阮元氏對此，意不謂然，所跋有云：「元謂此二葉有石氏公輔水硃印，考石公輔乃北宋越州新昌人，字國佐，初名公輔，徽宗以與楊公輔同名，改公弼，見宋史本傳，然則册內所識方城范氏(古鐘銘)七字及政和三年(武昌太平湖所進古鐘)十三字，皆公輔之筆，此二葉乃北宋拓本，復齋得之，續於册後者也；」又云，「末葉楚公夜雨雷鐘重見，玩其題識，皆復齋之筆也。」余按公弼嘗著維揚燕衎堂古器銘一卷，見籀史目錄，亦即前引復齋款識夏壺下之石國佐，此兩頁確厚之原藏，非趙孟頫增入，有

下列三證：

（1）周楚公鐘下引石公弼云云，正與公弼所題十三字相符；又謂石所摹拓不及此工，則厚之必曾見石氏拓本。

（2）復齋款識周伯冏敦云，「石氏册内有劉原父舊款識，」又周伯據敦云，「博古十七、帖十三作剌公敦，有二銘，此類第一，石氏册内類第二。」則厚之似嘗得公弼之手册。

（3）後楚公鍾之標題，已引見前文，其方城范氏古鐘銘題云，「曾侯鍾，法帖六有二銘，此其一也，趙作楚鍾，」其語氣純與復齋款識他標題相類。

且今人玩金石者分宋拓元拓若明拓，更因拓期之先後，字體之完泐，别曰某字本。試觀阮刊兩楚公鐘，其「作」字「克」字等呈狀各不同，合收以資比較，收藏家之常事耳，錢亦收藏者，寧每種金石必限於一本而已乎。薛識之商鐘、郝敦各收三本，遲父鐘、張仲簠各收四本，曾勿之知，猥曰「復齋不應複出」，賞玩册而有「應」或「不應」，其持論不達，抑何可哂乃爾。

復齋款識亦有引趙録而未稱古器物銘者，則若

「周癸亥父己鬲鼎， 博古二作周父己鼎， 帖十， 安州六器， 張詔家， 趙。

「周南宫方鼎， 博古二， 法帖十作南宫中鼎，有三銘，此第三， 安州六器， 趙。」

「商秉仲鼎， 博古一， 法帖一， 趙。」

「曾侯鍾， 法帖六有二銘，此其一也，趙作楚鍾。」

趙者趙明誠之省，猶法帖或省稱帖。安州六器銘見金石録卷一三，楚鐘銘見卷一二，南宋吉金款識之書，傳於今者薛、王爲著，然皆有資乎趙氏，其流通之功，豈不偉哉。

趙氏搜羅之力，在當日固自不弱。洪适隸釋序言：「本朝歐陽公、趙明誠好藏金石刻，漢隸之著録者歐陽氏七十五卷，趙氏多歐陽九十三卷而闕其六，」藏石之駕乎集古者也。西京文字，歐陽求之累年不獲，使非劉敞相遺，幾無以塞卷；而趙録所著之汾陰侯鼎、館陶家釜、武安侯鈁、周陽家鐘、平周銅鉦、廩丘宫鐙六事，

非徒集古未見，抑亦考古、博古所同鈌。趙氏一則曰，「余所藏公私古器款識略盡，」(見周敦銘跋)再則曰，「余旣集錄公私所藏三代、秦、漢諸器款識略盡，」(見石本古器物銘跋)薛尙功所輯共四百九十三器，(據積古阮自序。)而趙氏除重複，取完好，厥數已餘三百，由薛氏集諸家大成觀之，法帖所載，未得爲多，淸照言，「或見古今名人書畫，三代奇器，亦復脫衣市易，」信知其不虛也。

富收藏而無學問以赴之，則猶一古玩商耳。趙氏之學，雖未謂陵駕時人，然如祖丁彝之未必帝祖丁，張仲、𤸃仲之姑備兩說，張伯爲張仲兄之無據，散季卽宜生字之致疑，附託書傳姓名爲好古者之蔽，凡所持論，類皆出之愼重，不苟附會，誠有當乎陳振孫所譽；以視博古之雜言無章，薛、張(掄)之成說是襲，夫豈可同日語者。

吳榮光氏筠淸館金石錄自序云：「金文概依原本影抄，石文則不分篆隸，悉用楷書付梓，……較歐、趙僅存碑目而不全載原文者加詳焉，」歐陽不可知，趙氏之志，則豈欲簡略如傳於今日者已哉，淸照序言：「連守兩郡，竭其俸入，以事鉛槧；」又言：「今日忽閱此書，如見故人，因憶侯在東萊靜治堂裝卷初就，芸籤縹帶，束十卷作一帙，每日晚吏散，輒校勘二卷，跋題一卷，此二千卷有題跋者五百二卷耳，」則明誠生前此書，固褎然二百帙之鉅觀也。據其自稱，三代、秦、漢諸器款識集錄之不已，復取其刻畫完好者三百餘銘刻於石，模刻之不已，又取墨本聯爲四大軸附入錄中，趙氏之志，豈僅欲傳其目、傳其跋而止者。天不壽趙，不能及身成其志，遺孀奔迸，殘帙孤抱，猶來薏苡之謗，使前不克媲美於考古、博古，後僅存剩墨於法帖、款識，趙之大不幸也。龍舒鋟板，未知主於何人，始自某代，(據容齋四筆，在慶元三年前。)要非淸照所及見，棨棨鉅帙，限於資力，抽刊其目錄與跋語，亦不得已之所爲。獨惜刻畫完好之三百餘銘石本，迄不獲留墨拓片紙於宇宙間，是豈趙氏之意料所及歟。

盧文弨所校金石錄，據其凡例，有明焦竑從祕府鈔出本，文嘉(休承)影鈔宋刻本，崑山葉盛本，閩中徐𤊹(興公)本，錢罄室本，影鈔濟南謝世箕刻本，長洲何焯手校葉本，錢唐丁敬及鮑廷博校本，(提要又稱有范氏天一閣、惠氏紅豆山房兩校。)亦固博采諸家，差爲完善。然秦鐘之莊公，薛尙功引實作共公，則所見各本不無訛舛矣。周姜敦之百應作𦣻，卷一二目錄之中結應作中姞，周陽家鐘之㑹應作今，谷口銅甬之香鼎應作香爐，右字訛古或訛又，又可斷是傳刻之訛而盧氏校勘未盡者矣。有萬不能衍者，秦權凡四銘之銘字、是也。有以爲訛奪而原本或是如此者，秦鐘之予之，律管之建國元年，是也。更如文句佚者有孟姜盥匜、田鼎兩跋而盧未之補，全條佚者有古器物銘第三、續古器物銘上中下而盧未之注，總目、石本古器物銘原分一、二、三、四，而今卷目及卷內祇曰石本古器物銘，寥寥十數篇，倘多紕繆。寧鄉黄氏、吳縣朱氏踵刊弗察，近修宋代金文著錄表，因而未盡爬梳。今秋小恙初瘳，假娛圖譜，見夫王士禎之考訂，一經提要誤辨，無復是正，遂今所謂古器物銘者，在目錄學中等於若無若有，爰剌錄趙書中金文諸跋如下，遇有疑問，竊附考注，集古、考古、博古成書碻在趙前，則以卷數注每條下，若黄伯思，若董逌，皆與趙同時，不復旁涉，唯薛尚功書承趙後而多資乎趙，仍注入之，並補正近人宋代金文著錄表附其後，若此者，凡以表趙氏承前啓後之迹，且願世知趙氏之書、之志，非不著錄全文也。

古器物銘第一

(甲)古鐘銘(博古二六)。

「右古鐘銘五十二字，藏宗室仲爰家，象形書，不可盡識，以其書奇古，故列於諸器銘之首。後又得一鐘銘，文正同；一鐸銘，字畫亦相類，皆錄於後。」

按此卽薛識一之商鐘也，彼書凡三本；一出維揚石本，二出古器物銘，卽此，三出博古錄，恰五十二字，趙氏謂後得同文之銘，或維揚石本歟。仲爰卒宣和五年六月，見宋史二二。薛識僅卷一七收周鐸一，曰鳳棲鐸，銘一字，謂作鳳棲狀云，卽本跋所指；博古曰周栖鳳鐸。

(乙)方鼎銘

「右方鼎銘藏岐山馮氏。張侍郎舜民云，夏時器也，字畫奇怪不可識。」

薛識一濟南鼎二本，一出古器物銘，二出向滱傳本，云，「右二銘字畫奇怪，未容訓釋，以鼎出濟南，姑以名之，」按薛書無「方鼎」，趙書又別無濟南鼎，薛氏明著其本趙，又同曰字畫奇怪，則濟南鼎卽方鼎無疑矣。

(丙)蠆鼎銘(考古一、博古一。)

「右蠆鼎銘藏祕閣，銘一字，象蠆形，呂氏考古圖云，即古文蠆字。」

博古及薛識卷一均收商器。

（丁）祖丁彝銘（考古四、博古九。）

「右祖丁彝銘，藏蔡肇、天啓舍人家。呂氏考古圖載李氏錄云，祖丁者商之十四世帝祖丁也；余案夏、商時人淳質，皆以甲、乙爲號，今世人家所藏彝器銘文如此類甚衆，未必帝祖丁也。李氏名公麟，字伯時父，有古器圖一卷行於世云。」

按薛識卷二收文戊祖丁尊，卷三收瞿祖丁卣，無祖丁彝，以趙氏所引考古圖四勘之，蓋即後器。考古云，「祖丁、商之十四帝祖丁也」，此沿其誤，唯博古云，「祖丁者商十四世君祖辛之子也，」與舊史合。薛識一引李氏古器錄，即趙所謂古器圖也。蔡條鐵圍山叢談四云，「公麟字伯時，最善畫，性喜古，則又取平生所得暨其聞睹者作爲圖狀，說其所以，而名之曰考古圖，……及大觀初，乃傚公麟之考古，作宣和殿博古圖，」翟耆年籀史上云，「李公麟字伯時，舒城人也，著考古圖，每卷每器各爲圖，敍其釋制作、鑄文、窾字、義訓及所用，復總爲前序後贊，天下傳之，」則皆曰考古圖，意旣有呂大臨考古圖，時人遂別厥稱歟。然其書晁公武、陳振孫兩家均不著錄。公麟、宋史四四四有傳，復齋漫錄引李伯時石刻，謂元祐八年伯時仕京師，居紅橋，東坡爲作洗玉池銘云。（據重修考古圖八）籀史又著錄李伯時周鑒圖一卷，云元祐辛未作。元羅更翁所定考古圖姓氏，稱李名辟，字伯時，誤。

古器物銘第二

兄癸彝銘（考古四、博古九。）

「右兄癸彝銘，藏潁昌韓氏，蓋、底皆有銘。凡商器款識，多者不過數字，而此器獨二十餘字，尤爲奇古。」

按即博古及薛識三之兄癸卣。考古云，「蓋、底皆有銘，銘皆廿有六字」，薛識（景朱刻本）器、蓋亦各廿六字，惟器無丙字，蓋無末一文，與考古小異。韓氏、羅更翁考訂爲韓持正。潁昌、考古作潁川，或郡望、占籍之異。

古器物銘第三闕

按槐廬、長物兩本卷一目錄均作「第三古器物銘三」，惟卷十一之卷目及卷內均闕去，非是；宜各依總目補入，下注「闕」字，以昭其實也。據籀史、商器三卷，今本雖無商、周器之分題，然第一下方鼎引張舜民云夏時器，祖丁彝轉引李氏錄云商帝祖丁，第二兄癸彝謂商器款識率數字，此獨二十餘，則皆翟氏所謂商器也；又第四至第十五，著錄者全非商器；合此以推，第一至第三必相當於翟氏之商器三卷，而此條下所闕之跋，必屬於宋人認爲商器者無疑矣。因竊爲補目如左：

(甲)夏壺　見前引復齋款識。

(乙)箕鼎　見前引薛識商器。

(丙)商秉仲鼎　見前引復齋款識。

(丁)寶尊　見前引薛識商器。

(戊)己孫敦　見前引薛識商器。

古器物銘第四

(甲)甗銘（集古一，考古二）。

「右甗銘。案眞宗皇帝實錄，咸平三年，乾州獻古銅鼎，狀方而有四足，上有古文二十一字，詔儒臣考正，而句中正、杜鎬驗其款識，以爲史信父甗。中正引說文、甗甑也，文（又？）引墨子、夏后鑄鼎四足而方，春秋傳晉侯賜子產二方鼎云，此其類也。余嘗見今世人家所藏古甗，形製皆圜，而此器其下正方，故中正等疑爲方鼎之類，然方鼎與甗自是兩器名，今遂以爲一物，非也。（楊南仲曰，史當讀爲中。音仲）。」

按此即考古之仲信父方旅甗，而薛識一六之仲信父方甗也，呂圖及說均是四足。考古又曰，「按舊圖云，咸平三年，好時令黃鄆獲是器，詣闕以獻，詔句中正、杜鎬詳其文，惟𠀀字楊南仲謂不必讀爲史，當爲中，音仲。集古云，中設銅箄，可以開闔，製作甚精。」考集古古器銘跋云，「右古器銘六，余嘗見其二，曰甗也，寶龢鐘也。太宗皇帝時、長安民有耕地得此甗，初無識者，其狀下爲鼎，三足，上爲方甑，中設銅箄，可以開闔，製作甚精。有銘在其側，學士句中正工於篆籀，能識其文，曰甗也，遂藏於祕閣。余爲校勘時，常閱於祕閣下。」以甗爲三足及得於太宗時，與呂、趙諸家圖說異。復考呂圖記內府所藏，別有伯勳父圜旅甗，云不知所從得，圖恰三足，歐跋作於嘉祐八年六月，其官館閣校勘在景祐元年，相去三十載，或兩器錯記，故與諸說不同歟。

(乙)秦鐘銘(集古一、考古七。)

「右秦鐘銘云，丕顯朕皇祖受天命，奄有下國，十有二公；歐陽文忠公集古錄以爲太史公史記於秦本紀云，襄公始列爲諸侯，而諸侯年表則以秦仲爲始，今據年表始秦仲，則至康公爲十二公，此鐘爲莊公時作也，據本紀自襄公爲始，則桓公爲十二公，而銘鐘者爲景公也。余案秦本紀自非子爲周附庸，邑於秦，至秦仲始爲大夫。仲死，子莊公伐破西戎，於是予之秦仲後及其先大駱地犬邱，并有之爲西垂大夫。莊公卒，子襄公代立，犬戎之難，襄公有功周室，於是平王始封襄公爲諸侯，賜之岐以西之地，曰，戎無道，侵奪我岐、豐之地，秦能攻逐戎，卽有其地，與誓封爵之，襄公於是始國，與諸侯通使聘享之禮，而詩美襄公，亦以能取周地始爲諸侯受顯服。蓋秦仲初未嘗稱公，莊公雖追稱公，然猶爲西垂大夫，未立國，至襄公始國爲諸侯矣，則銘所謂奄有下國十有二公者，當自襄公爲始，然則銘斯鐘者其景公歟。」

此卽集古之秦昭和鐘，考古之秦銘勳鐘，而薛識七之盄和鐘也。薛識全引趙跋；「此鐘爲共公時作也，」薛引不誤，盧校云，今各本俱訛莊公。薛識據本紀下奪「自襄公爲始、則桓公爲十二公 、而銘鐘者爲景公也 、余按秦本紀」二十五字。「於是予之」，薛識同，盧校云，「案予之當從史記作復予」。「秦能攻逐戎」，薛誤秦遂能攻戎，「莊公雖追稱公，」薛無雖字。「未立國，」薛國下有也字。「當自襄公爲始、然則銘斯鐘者其景公歟，」薛無爲字。此鐘各家都不言來處，唯東觀餘論上以爲慶歷中葉翰林淸臣守長安所得云。

考古引楊南仲云，「非子至宣爲十二世，自襄公至桓公爲十二士，莫可考知矣，」士、公之訛，非子至宣祇十一世。又引集古云，「今據年表始秦仲，則至康公爲十二公，此鐘爲諸侯作也，據本紀自襄公始，則至桓公爲十一公而銘鐘者當爲景公也，」「諸侯」誤，應作「共公」，「至桓公爲十一」應作「十二」，玆附正之。

（丙）周敦銘（考古三，博古一六。）

「右周敦而下器銘五，皆藏御府。初皇祐間脩大樂，有旨付有司考其聲律、制度，而模其銘文以賜公卿，楊南仲爲圖刻石者也。然其器尋歸禁中，故模本世間絕難得，余所藏公私古器款識略盡，蓋獨闕此，求之久而不獲，有董之明、子上者家藏古今石刻甚富，適有此銘，因以遺余，之明云，即皇祐賜本也。」

周敦按即博古一六及薛識一四之宰辟父敦，薛云有三器。

復按集古錄一古器銘（鐘銘二、缶器銘一、甗銘二、寶敦銘一、）跋云，「右古器銘六，余嘗見其二，曰甗也，寶龢鐘也，」又籀史上皇祐三館古器圖云，「皇祐三年，詔出祕閣及太常所藏三代鐘鼎器付修太樂所參較齊量，又詔墨器窾以賜宰執，丞相平陽公命承奉郎知國子監書學楊元明、南仲釋其文，楊敍云，……今一以隸寫之，以俟博古者所圖，（仲勉按已下當是翟耆年按語。）太公匜、伯敦父盉、秦盄和鐘、宰辟父敦、仲信父圓甗、伯勳父方甗各一，鍾四，皆銘曰走作朕皇祖文考寶和鐘，」歐陽氏言六種，而翟氏乃釋七，多出伯敦父盉一種。夷考考古五伯玉敦盉藏河南文氏，薛識一五作伯王盉，是非內府之物，則翟氏誤增也。抑依楊自敍，固未嘗爲圖刻石，其可反證者集古跋嘗言，「自余集錄古文，所得三代器銘，必問於楊南仲、章友直，暨集錄成書而南仲、友直相繼以死，」使六器銘而南仲嘗刻石者，集古跋似應提及也。（此跋作於治平三年七月，比六器銘跋祇後三年耳。）籀史又云，「胡俛古器圖，皇祐初、仁宗皇帝召宰執觀書太淸樓，因閱郡國所上三代舊器，命模窾以賜近臣，有翰林待詔李唐卿者以隸字釋之，十得二三，翰林學士王原叔又釋，始通八九。熙寧戊申歲，司封員外郎知和州胡俛、公謹取所賜器窾五銘鑱石傳世，但俛以辟宮敦爲鼎，以太公簠爲斗，以仲信父旅甗爲煮甗，徒刻其文而不載原叔所釋之字，未爲盡善，」是上石者胡俛，非楊南仲，器銘六而胡祇五銘，亦似非全璧。蓋此等模窾，但賜宰執近臣，數極有限，覓藏不易，故趙跋仍難免傳聞之誤。集古錄一跋林華宮行鐙，言前漢時字求之久而不獲，此言五銘求之久而不獲，皆見前人搜討之勤。

古器物銘第五

(甲)文王尊彝銘(博古二)

「右文王尊彝銘，紹聖間、宗室仲忽獲此器以獻，有旨下祕閣考驗，而館中諸人皆以爲後世詐僞之物，不當進於御府，於是仲忽坐罰金，然其器猶藏祕閣。初、仲忽以器銘上一字與小篆鹵字相類，遂讀爲魯，因以文王爲周之文王，曰此魯公伯禽享文王廟器也，其言頗近乎夸，故當時疑以爲僞，然茲器制作精妙，文字奇古，決非僞物，識者當能辨之，惟遂以爲魯公器者，初無所據爾」。

按此卽薛識九之魯公鼎，銘凡七字，曰𠕁公作文王尊彝，𠕁、今人云周字也。仲忽見東觀餘論上。博古二周文王鼎云，「是鼎也，仲忽於元祐間進之，奇古可愛，足以冠周器，腐儒挾持異端，輒稱墟墓之物，以請罪焉，」謂元祐所進，與趙跋紹聖小異。考宋史一八、元符二年閏九月，「丙戌，果州團練使仲忽進古方鼎，誌曰魯公作文王尊彝」非元祐亦非紹聖，三者未詳孰是。

(乙)宋公䜌餗鼎銘(博古三)，

「右宋公䜌餗鼎銘，元祐間得於南都，藏祕閣，底、蓋皆有銘。案史記世家、宋公無名䜌者，莫知其爲何人也。」

按此卽博古之周䜌鼎蓋及薛識九之宋公欒鼎，銘凡六字。

(丙)寶龢鐘銘(集古一、考古七、博古二二。)

「古寶龢鐘銘，藏太常，凡四鐘，款識並同。初、景祐間李照脩雅樂，所鑄鐘其形皆圜，與古製頗異；時又別詔胡瑗自以管法製鐘磬，會官帑中獲此鐘，其形如鈴而不圜，馮元等按其款識，以爲漢、魏時器，於是令瑗倣其狀作新鐘一縣十六枚，然不獲奏御，但藏諸樂府而已。今按此銘文字皆古文，爲周以前所作無疑，而元以爲漢、魏時器，蓋失之矣。」

按此卽考古七之走鐘，薛識六之寶和鐘也。呂、薛兩書皆言鐘五具，考古云，「五鐘聲制異，銘文同，」此作四，初疑傳刻之訛，及觀籀史上云，鍾四，皆銘曰走作朕皇祖文考考寶和鍾」，始悟此鐘拓本，北宋末流傳極罕，（參前周敦銘條）購求不易，既五鐘銘文皆同，當有裁出其一以别售得價者，趙、翟都云鐘四，由斯故歟。古字是右訛，趙跋首一字無不曰右某某也。

（丁）楚鐘銘

「右楚鐘銘，政和三年獲於鄂州嘉魚縣以獻，字畫奇怪，友人王壽卿、魯翁得其墨本見遺，銘文云，楚公（下一字不可識，必其名也。）自作，按楚自周成王時封熊繹以子男田居楚，至熊渠乃立其三子爲王，後復去其王號，至熊通始自立爲楚武王，則是楚未嘗稱公，不知此鐘爲何人作也。」

即薛識六楚公鐘，（復齋同）彼書釋文全襲趙氏，祇文末增「要之爲楚武王以前器無疑也」一句，又「下一字不可識必其名也」十字係夾注，今本薛識直行而下，遂不可斷讀。

古器物銘第六

（甲）毛伯敦銘（集古一、考古三。）

「右毛伯敦銘凡四，其一惟蓋存，藏劉原父家；其一底、蓋具，藏京兆孫氏；其一不知所從得；銘文皆同。原父釋足下一字爲鄭，遂以爲司馬遷史記所載毛叔鄭器，曰，武王克商，尙父牽牲，毛叔鄭奉明水，銘稱伯者爵也，叔者字也，敦乃文、武時器也；今究其點畫，殊不類鄭字，而呂氏考古圖釋爲郝，皆莫可考。」

按卽考古及薛識（一四）之郝敦也。考古云，「右二敦得於扶風；惟蓋存，藏於臨江劉氏；後又得一敦，敦、蓋具存，藏於京兆孫氏；……按此敦二器同制同文」所謂二敦者、合劉、孫所藏言之，非謂劉敞獨得兩蓋也，比觀下文「二器」字自明，趙跋稱四銘者，劉氏蓋銘，孫氏敦、蓋兩銘，又一不知所從，故曰四也。孫氏名求，字祖修，見羅更翁考訂。薛識著錄之郝敦三，卽跋云不知所從得之本，又集古跋述劉敞言，敦乃武王時器，（重修考古圖引集古同。）薛識與此同作敦乃文、武時器，當誤。

（乙）簠銘（集古一、考古三。）

「右簠銘本兩器，底、蓋皆有銘，文悉同，其一原父以遺歐陽公。案集古錄以中上一字爲張字，引詩六月篇侯誰在矣、張仲孝友，曰，此周宣王時張仲器也。呂大臨考古圖以偏傍推之，其字從𢀖不從長，以隸字釋之當爲弡。弡字雖見玉篇，然古文與隸書多不合，未知果是否。」

按此卽考古之弡中簠，薛識一五之張仲簠。重修考古云，「右得於藍田，形制皆同，縮七寸有半，衡九寸有半，深二寸，容四升，脣蓋有銘，銘皆五十有一字，」此是呂氏原文，下又云，「按原父新（所之訛）、得者蓋二器四銘，字有不同，今附於前，詩六月卒章曰，侯誰在矣，張仲孝友，蓋周宣王時人也，」此與呂說爲弡者異，乃大德陳翼子重修時所附按語，陳旣主劉、歐之說，故不復採呂說也。四庫提要（一一五）著錄考古圖十卷……釋文一卷云，「惟弡字、圖說釋爲張，與歐陽修集古錄同，而釋文則從闕疑，稍相牴牾，或大臨削改未竟偶爾駁文歟」，據趙氏所見，則大臨確主弡，圖說釋張，殆亦經後人修改如翼子之類，提要所疑，恐未必爾。（復齋鐘鼎款識亦云，「呂大臨、與叔作弡，趙德父、黃長睿同之」，又「弡其勿反，呂、趙、黃同」。）

(丙)匜銘（集古一、考古六、博古二一。）

「又匜銘，劉原父旣以前一簠爲張仲所作，又以此匜爲張伯器，曰，仲之兄也，尤無所據。原父於是正之學，號稱精博，惟以意推之，故不能無失爾。」

此卽集古之張伯煮匜，考古之弡伯旅匜，博古及薛識一二之張伯匜。又、右字古雖通，但他跋無不作右，應改正。

(丁)商雒鼎銘（集古一、考古一、博古二。）

「右鼎銘，劉原父得於商雒。銘云，維十有四月，蔡君謨嘗問原父十有四月者何，原父不能對。呂氏考古圖云，古器銘多有是語，或云十三月，或云十九月，疑人君卽位，君喪踰年未改元，故以月數。余嘗考之，古人君卽位明年稱元年，蓋無踰年不改元之事，又余所藏牧敦銘有云，惟王十年十有三月，以此知呂氏之說非是，蓋古語有不可曉者，闕之可也。」

按此卽考古一公諴鼎，博古二周雝公緘鼎，薛識一〇公緘鼎。歐、呂兩書均云得之上雒；考宋史八七地理志，陝西永興軍路商州上洛郡，治上洛縣，所屬有商洛縣，商洛非鼎中文而以爲呼，必得自商洛縣可知，歐、呂曰上洛，蓋稱其州郡概之耳。牧敦之十年，應正作七年。

(戊)周姜敦銘（集古一、考古三、博古一六。）

「右周姜敦銘，本二器，其一原父以遺歐陽公。伯下一字、集古錄讀爲同，曰，此書所載伯同，穆王時人也，而呂氏考古圖訓作百，皆未詳。」

按此卽集古周姜寶敦，考古三伯百父敦，薛識一三伯冏父敦也。盧校云，「案書畫譜作考古圖訓作首」，今按考古實訓作「白(伯)百(首)」，傳鈔者不識百字，遂闕一畫而訛爲百耳，盧校未諦。

古器物銘第七

(甲)大夫始鼎銘

「右大夫始鼎銘。案說文、對字本從口，漢文帝以爲責對而爲言，多非誠對，故去其口以從士；今驗茲鼎銘及周以後諸器款識，對字最多，皆無從口者，然則古文大篆固已不從口矣。又疑李斯變古法作小篆，對字始從口，至文帝復改之耳，然書傳不載，未敢遂以爲然也。」

此鼎亦見薛識一〇。博古一象形鼎釋文中曾引之，但未著錄。

(乙)季娟彝銘（博古二）

「右季娟彝銘，藏洛陽趙氏，銘字畫與大篆小異，蓋古文也，當是周初接商時器。余徧閱商、周諸器銘，所謂古文者大率如此，而唐人所書皆別作一體，筆畫疏瘦，與彝鼎間字絕異，雖李陽冰亦爲之，不知何所依據，余以謂學古文，當以彝鼎間字爲法。」

按卽薛識一〇。之季娟鼎，銘末云，「用作季娟寶尊彝」（景朱本訛季婦）故趙比呼曰彝也。又考古圖收藏姓氏有淮陽趙而無洛陽趙，跋太空洞，難以推證，姑識其可疑者如此。

古器物銘第八

(甲)父丙彝銘

「右父丙彝銘，舊藏祖擇之舍人家，後歸故人王偁，唯蓋存，已破闕。此周器也，而猶稱父丙者，當是周初接商時器」。

按博古一〇及薛識三有父丙卣，但蓋、器均存，殆非此。

(乙)宋君夫人鼎銘(考古一、博古三。)

「右宋君夫人鼎銘，其文云，宋君夫人之餗釪鼎。呂氏考古圖云，藏祕閣，今乃在宗室仲爰家，而祕閣所藏自有宋公緣鼎，蓋考古誤也。」

按此即考古之宋君夫人餗釪鼎，博古之宋夫人鼎蓋，薛識九之宋君夫人鼎。

古器物銘第九

(甲)敦銘

「右敦銘，藏宗室仲爰家，銘文凡二百餘字，余所錄諸器銘，文字之多，無踰此者。」

考諸薛識一四，敦銘字之多者無過牧敦，約二百二十一字，趙跋商雒鼎亦言藏有牧敦銘，(見前。)則此似牧敦跋也。但據考古圖三、牧敦藏京兆范氏，與此云宗室家異，(籀史下目錄載洛陽安氏牧敦圖一卷，此器是曾藏安氏、抑安氏祇為之圖說，今籀史文已佚，無可推考)。

次乎牧敦者為師𩛥敦，薛計二百一十二字，連重文實應二百十四，差祇數字，趙跋當指師𩛥敦矣。

(乙)宋穆公孫盤銘

「右宋穆公孫盤銘，元祐間臨淄縣民於齊故城得數器，此其一也，藏趙元考內翰家，驗其文蓋送女器。」

此器薛識未收。

(丙)散季敦銘(集古一、考古三、博古一六。)

「右散季敦銘，藏長安呂徽仲丞相家，底、蓋皆有銘。考古圖以太初歷推之，為武王時器，未知是否。又云、武王時散氏惟有宜生、季疑其字者，亦何所據哉。士大夫於考正前代遺事，其失常在於好奇，故使學者難信，孔子曰，君子於其所不知，蓋闕如也。」

按即集古一之寶敦，考古、博古與薛識一四皆稱散季敦。

古器物銘第十

井伯敦銘(博古一七)。

「右井伯敦銘云，惟六月，既生霸，戊戌旦，王格於大室，師某父卽位，井伯右，內史册命，錫赤芾，對揚王休，用作寶敦，其萬年子子孫孫其永寶用。古器銘文字難盡通，故時有斷續不可次第處，今此銘四十餘字，所不識者一字而已，因并載其語。按左氏春秋傳有井伯，然古人姓名或有同者，未可知也。（師下一字不可識」）

按卽博古之毛父敦，薛識一四之師毛父敦。某字薛釋毛，又井伯作邢伯。

古器物銘第十一

鼎銘

「右鼎銘藏蜀人鄧氏。銘有云，王格大室，卽立；按古器物銘凡言卽立或言立中庭，皆當讀爲位，蓋古字假借，其說見鄭氏注儀禮，秦泰山頌詩刻石猶如此。」

按此卽薛識一〇之伯姬鼎，銘文有「王格大室卽立」字，故知之，容庚表亦據此疑是同器。周禮小宗伯鄭注，「立讀爲位，古者立、位同字，古文春秋經公卽位爲公卽立」，又史記秦本紀泰山刻石曰皇帝臨位，趙跋嘗引此。

古器物銘第十二

（甲）楚鐘銘

「右楚鐘銘，藏方城范氏，云惟王五十六祀楚王（下一字不可識。）章；按楚惟惠王在位五十七年，又其名爲章，然則此鐘爲惠王作無疑也。方是時王室衰弱，六國爭雄，楚尤強大，遂不用周之正朔，嗚呼，可謂僭矣。鐘背又有兩商字、一穆字，其義未曉。」

薛識六及復齋款識均作曾侯鐘；薛引此跋，楚王之下直書作韻章。鐘背已下，薛書云，「前一鐘背又有一穆字、兩商字，後一鍾背有卜孳反宮反五字，其義未曉，然恐宮商乃二鐘所中之聲律耳，」緣其書所收有兩文，故辭略改變。復齋款識內趙孟頫書薛識一頁，辭又稍省，則因復齋祇著錄一銘也。

（乙）中姞匜銘（考古六、博古二一。）

「右中姞匜銘，與後兩器皆藏李伯時家。初伯時得古方鼎，遂以爲晉侯賜子產者，後得此匜，又以爲晉襄公母偪姞器，殊可笑。凡三代以前諸器物，出於今者皆可寶，何必區區附託書傳所載姓名，然後爲奇乎，此好古者之蔽也。」

考古稱仲姞旅匜，博古及薛識一二曰義母匜。長物、槐廬兩本卷目均訛姞爲結。考古一鄭方鼎云，「右元祐丙寅春，新鄭野人耕而得之，……無銘識，……李氏錄云，春秋左氏傳、晉侯賜鄭子產莒之二方鼎，今得之新鄭，蓋鄭鼎也，」卽跋所云古方鼎也。

(丙)車敦銘(博古一七。)

「右車敦銘，其文云作旅車敦，莫詳其義。」

博古一〇及薛識一一著錄之單癸卣，有「作父癸旅車宗尊彝」語，然並未說及敦，(單癸卣卽考古四之單從癸彝，但呂書摹文有錯亂之迹。)其敦銘稱旅車敦者唯博古一七之周虔敦一及周虔敦二，亦見薛識一三，卽此車敦也。

古器物銘第十三

齊侯盤銘(博古二一。)

「右齊侯盤銘，政和丙申歲，安邱縣民發地得二器，其一此盤，其一匜也，驗其文，蓋齊侯爲楚女作。」

博古稱楚姬匜，薛識一六稱齊侯槃，槃、盤字通。薛書又言，「古器物銘云，政和丙申歲，皆安丘縣民發地得之，正一時物也，驗其銘文，蓋齊侯爲楚女作，」蓋引趙而略變其辭；齊侯匜見薛識一二。

自古器物銘第四以至此，卽籀史所謂周器十卷也。

古器物銘第十四(秦、漢器)

(甲)秦權銘(考古九)

「右秦權銘，今世人家所藏秦權至多，銘文悉同。余所得者凡四銘；其二不知所從得，其一藏王禹玉丞相家，皆銅權也；其一近歲出於濟州，以石爲之。歐陽文忠集古錄載、祕閣校理文同家有二銘，其一乃銅鐶，上有銘，循環刻之，不知爲何器；余嘗考之，亦權也。按班固漢書律歷志、五權之制，圜而環之，令之肉倍好者周旋無端，終而復始，無窮已也，孟康注以謂錘之形如環也，然古權亦有與今稱錘相似者，蓋形製不一，各從其便爾。」

集古秦度量銘跋云，「余之得此二銘也，迺在祕閣校理文同家，同、蜀人，自言嘗遊長安，買得二物，其上刻二銘，出以示余，其一乃銅鍰，不知爲何器，其上有銘，循環刻之，乃前一銘也。」考古收秦權二器；一藏河南李氏，一藏河東王氏，王卽王珪、禹玉也，考古圖所藏姓氏作東平王氏禹玉誤。薛識一八秦權下引趙跋，銅鐶作銅環，鐶、環、鍰皆通也 。刻之訛列之 ，令之訛今之，終而訛周而，（據漢書二一上）與今作如今。（與、如義通）爾作耳。

「凡四銘」下，盧校云，「案此銘字衍」，大誤。揣盧之意，不外兩端；如謂所得是四權，則下文明云其一藏王禹玉丞相家，趙何從取而有之。如謂所得自是四銘，銘字可衍，則上文固云，「秦權至多，銘文悉同，」讀者安從知「凡四」之爲「權」抑「銘」乎？是知「銘」字之萬不可衍。

（乙）汾陰侯鼎銘

「右汾陰侯鼎銘，舊藏劉原父家，今歸御府。按漢書、周昌以高祖六年封汾陰侯，至其孫國除。」

見薛識一八。

（丙）銅釜銘

「右銅釜銘云，長信賜館陶家。按漢書外戚傳，竇皇后女嫖封館陶長公主；又百官公卿表，長信詹事掌皇太后宮，景帝中六年，更名長信少府，張晏注曰，以太后所居宮爲名也；居長信則曰長信少府 ，居長樂則曰長樂少府 ，然則景帝時官名長信，則竇太后居是宮無疑 。銘雖無年月 ，然知其爲竇太后賜館陶公主，亦無疑也。」

卽薛識二〇之館陶釜；彼書引此跋，外戚傳下有文帝二字，嫖訛則，長公主奪公字，然則訛長則。

（丁）武安侯器銘

「右武安侯家器銘，不知所從得。按漢書、景帝後三年，封田蚡武安侯，又楚思王子愋，元壽、元始中再封武安侯，銘無年月，未知果誰所作。又按帝紀、楚懷王嘗封高祖爲武安侯，然驗其刻畫，疑非高祖時器。」

按此卽薛識一八之武安侯鈁，云，「右武安侯鈁銘，不知所從得，按漢書、景帝後三年，田蚡封武安侯，又楚思王子愋，元始中再封武安侯，器銘無年月，未知果誰所作，又按帝紀、楚懷王嘗封高祖爲武安侯，然驗其刻畫，疑非高祖時器，」蓋全錄趙跋之說而未舉其出處者。盧校云，「案元壽當作建平，」按漢書一五下王子侯表，慢、建平四年「三月丁卯封，二年，元壽二年，坐使奴殺人免，元始元年復封，八年免，」盧校是，趙涉筆誤，薛引奪兩字。

(戊)周陽家鐘銘

「右鐘銘藏歐陽公家，其器壺也。銘云，畔邑家今周陽家金鐘容十斗，重三十八斤，第四十云。」

按此卽薛識一八之周陽侯鐘，其摹文作「畔邑家今周陽家金鍾一，容十斤，重卌八斤，第卌」，其釋文則作「畔邑家，今周陽侯家金鐘一，容十升，……」多一侯字，薛又跋云，「右銘藏歐陽文忠公家，銘曰周陽家金鐘，漢器亦有周陽侯甗，蓋一時器也，」亦無侯字，以此跋勘之，疑薛之釋文誤增也。考古圖九著錄周陽侯甗鍑，釋云，「漢恩澤侯表有周陽侯上淮南王長舅趙兼，孝文元封，六年免；孝景太后弟田勝，孝景後三年封，傳子祖，元狩三年免」，周陽自指周陽侯。然積古款識九建昭鴈足鐙銘，「今陽平家，畫一至三，陽朔元年賜」，阮元氏云，「外戚恩澤侯表、陽平侯蔡義，本始四年薨，無後，此陽平家當是大將軍王鳳，……此鐙本宮禁之物，成帝以賜鳳，今陽平家以下十三字乃鳳所刻，畫者刻也，一至三者當時所賜不止一器，故備記之，」是「侯」字可略，是以疑薛釋誤增也。「今」者現歸某人所有之謂，好時鼎銘，「長樂載宮二斤十一斤，(考古作兩是)四百卅五；大官中丞今第八百六十；今好時供廚金一斗，鼎蓋重二斤十兩，第百卅」(據薛釋)；考古九云，「大官從帝行幸，移用其器，而次第不一，皆刻以記之，備淆錯也，」據薛識、畔邑家三字自爲一行，比觀前引建昭鐙、好時鼎二例，卽知此鐘初藏畔邑家，繼而轉入周陽家，故曰「今周陽」，今本趙錄訛「今」爲「令」，遂若「家令」連讀，諸家皆失校矣。十斗之斗，薛識摹文作廾，積古款識九引文亦作十斗，如容止十升，重必無卅八斤，景朱本之「升」字亦誤。抑歐陽編集古錄，深以無前漢文字爲恨，此銘旣藏其家，何以集古錄、目兩書均未之及，豈伊後人所求得歟。

(己)上林供官銅鼎銘

「右上林供官銅鼎銘，不知所從得。銘有監工李負芻，按後漢人絕無二名者，此鼎蓋西漢器也。」

按卽薛識一八之上林鼎，釋云，「右銘不知所從得，銘有監工李負芻，按後漢絕無二名者，此鼎蓋西漢器也，」亦襲趙錄而未舉所出。

(庚)平周金銅鉦銘

右銅鉦銘云，平周金銅正重十六斤八兩，背文云、平定五年受圜陰；士大夫頗疑前代年號無爲平定者，余嘗考之，蓋非年號也。按西漢書地里志，平周、平定、圜陰三縣皆屬西河郡；圜陰、漢惠帝五年置，此鉦先藏平周，後歸圜陰，復以授平定，故再刻銘爾。所謂五年，當是景帝以前未有年號時也。前世旣無平定年號，而三縣皆隸西河，故知其如此。又漢書地里志，圜陰、王莽改曰方陰，顏師古云，圜字本作圁，縣在圁水之陰，因以爲名，王莽改爲方陰，則是當時已誤爲圜，今有銀州、銀水，卽是舊名猶存，但字變爾；其說出於酈道元注水經，今按玆器漢時所刻，乃爲圜字，然則師古何所依據遂以爲圁乎，恐亦臆說也」。

按此卽薛識一九之平周鉦。「平周金銅正」下、盧校云，「案一作鉦」，據薛氏摹文，原刻作「正」，鉦則後人所釋，唯薛引趙書亦作鉦。又薛氏所引右銅鉦下漏銘字，年號作紀年，此鉦作此蓋鉦，五年下有者字，圜陰上無漢書地里志五字，師古云作師古曰，則是無是字，漢時作當時，又兩爾字均作耳。

古器物銘第十五

(甲)谷口銅甬銘（集古一）

「右谷口銅甬銘，舊藏劉原父家，一器而再刻銘。歐陽公集錄金石遺文，自三代以來法書皆備，獨無西漢文字，求之累年不獲，會原父守長安，長安故都，多古物奇器，原父好奇博識，皆購求藏去，最後得斯器及行鐙、博山香鼎，模其銘文以遺歐陽公，於是西漢之書始傳於世矣。蓋收藏古物實始於原父，而集錄前代遺文，亦自文忠公發之，後來學者稍稍知搜抉奇古，皆二公之力也。」

薛識一八曰谷口甬。(釋文兩斗字皆訛升)薛引趙氏此跋，首句省右銘兩字，又作「始歐陽公集古錄金石遺文」，購求下有而字，香鼎作香爐；按諸書皆稱博山香爐，不稱鼎，諸家都失校也。文忠公作歐陽公，按前文兩稱歐陽公，薛識近是。

(乙)律管銘

「右律管銘藏晁無咎學士家，云，始建國元年正月癸酉朔日制。按晉書律歷志，律、古以竹或玉爲之，至平帝時，王莽始易以銅，又漢書、莽以十二月朔癸酉爲建國元年正月之朔，二說皆合也」。

見薛識一九，釋文全引此跋，唯無律管字，晉書誤作漢書，或玉訛爲玉，至平帝時無至字。盧校云，「案建國上當有始字」，按宋劉攽見本漢書已無始字。

續古器物銘上(闕)

續古器物銘中(闕)

續古器物銘下(闕)

按目錄內此三條原列第十六至第十八，今本卷內佚去，各本遂并題目删去不載，非也。如謂不知應入卷十二或卷十三，亦可附注說明耳。

薛識所引之遲父鐘四、史黎簠一、都子斯簠二、虢叔鬲一、及復齋所引唯叔鬲鼎，(均見前)是此三條佚文抑據下文之石本古器物銘，今難確定，唯薛識九君季鼎下及一七平陸戈下明引古器物銘云云，則可斷此處佚去君季鼎等二跋也。

安州所獻六器銘(博古二)。

「右六器銘，重和戊戌歲安州孝感縣民耕地得之，自言於州，州以獻諸朝，凡方鼎三，圜鼎二，甗一，皆形製精妙，款識奇古。按此銘文多者至百餘字，其義頗難通，又稱作父乙、父己寶彝，若非商末即周初器也。」

按薛識九著錄圜寶鼎凡二，云，「右二銘一同得於安陸之孝感」，同書一〇著錄南宮中鼎凡三，云，「右三器皆南宮中所作，」又同書一六著錄父乙甗云，「右銘重和戊戌歲出於安陸之孝感縣，耕地得之，自言於州，州以獻諸朝，凡方鼎三，圓鼎二，甗一，共六器，皆南宮中所作也，形制精妙，款識奇古，曰父乙者，蓋商末周初之器耳，」末一釋文殆全鈔趙錄，合兩書觀之，似所謂安州六器者卽上舉兩圓鼎、三方鼎及一甗也。顧薛識一六方寶甗下言，「此銘與前二圓鼎同出於安陸之孝感，銘識悉同，」是器乃有七矣。復齋款識又以周癸亥父己鬲鼎爲安州六器之一，且綴「趙」字，（見前引文）是器乃有八矣。博古二周中鼎下又言，「銘四字，中作寶鼎，純素不加文鏤，與父己中甗、（仲勉按己應作乙；其銘首著王命中先見南國，故名。）南宮中鼎皆出一手，特南宮中鼎銘文僅百字，其略曰王命中先相南國，則知是器皆中一時之制也」。以此鼎與父乙中甗、南宮中鼎相比，似亦出自安州者，是器更將有九矣。考博古二周父己鼎不言所從來，鼎作圓形，銘末云，「用作父己寶鬲」，與趙跋之父己合，薛識一〇謂是商末周初之器，亦類乎蹈襲趙跋語氣，則安州六器，當有父己鼎在內；其後來入張詔家者，意汴都淪陷，彝器失墜，故詔得有之。至薛識之圓寶鼎二銘，疑是一器一蓋，合此則適成六器矣。若方寶甗雖同時出土，殆未呈進御府，（因此甗銘無父乙字，與趙跋不合。）周中鼎不過「中」字偶同，論者遂以相比，皆不在六器內也。或舉薛釋父乙甗襲趙跋而無父己字爲疑，殊不知薛釋祇一器，趙跋乃六器，薛略父己二字，宜也。余所抱疑未釋者，薛書之圓寶鼎旣得於孝感，則其獻也亦應與父己鼎、南宮中鼎、（南宮中三鼎皆方形，見博古二。）父乙甗同時，博古圖錄係奉敕撰進，六器同在御府，何以獨漏此鼎及甗不錄，豈內府之器未盡出或呈進有先後歟。籀史卷下目錄著安州古器圖一卷，惜籀史已佚後半，未得相質證耳。據薛識父乙甗約九十九字，此言百餘蓋概言之。

齊鐘銘（博古二二）

「右齊鐘銘，宣和五年，青州臨淄縣民於齊故城耕地，得古器物數十種，其間鐘十枚，有款識，尤奇，最多者幾五百字，今世所見鐘鼎銘文之多，未有踰此者。驗其詞，有余一人及齊侯字，蓋周天子所以命錫齊侯、齊侯自紀其功勳者。初鐘旣出，州以獻於朝，又命工圖其形製及臨倣此銘刻石，旣非善工，而字有漫滅處，皆以意增損之，以此頗失眞，今余所藏，乃就鐘工摹拓者，最得其眞也。」

按薛識七著錄齊侯鎛鐘，同書八又著錄齊侯鐘銘十三，云，「右鐘銘凡十有三，乃齊侯鐘銘，分以銘之，其文辭比齊侯鎛鐘銘亦有詳略不同者，」余按後銘自一至七，大致與齊侯鎛鐘同，其小有詳略，正趙氏所謂以意增損耳，餘說詳下文。

家藏古器物銘上

(甲)父乙彝銘

「右父乙彝銘，其器鼎也，而謂之彝者，按說文，彝、宗廟常器，然以古器款識考之，商以前凡器通謂之彝，至周以後有六彝之名，於是直以盛鬱鬯之尊爲彝，其名與諸器始分矣。此鼎蓋商器云」。

按薛識二所著錄商器，凡父乙彝三，然趙氏明言器實是鼎，則非彝也。博古一有商父乙鼎，(薛識一同)應祕府器，此是趙私有，王國維表以爲同器，當存疑。

(乙)爵銘

「右爵銘，大觀中、濰之昌樂丹水岸圮，得此爵及一觚。按考工記、爵一升，觚三升，獻以爵而酬以觚，一獻而三酬，則一豆矣。(鄭氏云，豆當讀爲斗。)而漢儒皆以爲爵一升、觚二升，今此二器同出，以觚量之，適容三爵，與考工記合，以此知古器不獨爲翫好，又可以決經義之疑也。」

按薛識周器中不收爵與觚，商器有之，此亦未舉銘文，傳否不可知矣。寰宇記一八、濰州昌樂縣有西丹、東丹二水。

(丙)戟銘

「右戟銘，其器得於青之益都，傍枝爲鉤形，製作甚工，與今世人家所藏古戈戟形製不同。按揚雄方言，戟、其曲者謂之鉤孑鏝胡，郭璞注曰，即今雞鳴句孑戟也，春秋左氏傳、欒樂車乘槐本而覆，或以戟鉤之，呂氏春秋、晏子與崔杼盟，直兵造匈，句兵鉤頸，高誘注曰，句、戟也，賈誼過秦論云，鉤戟長鎩，此戟蓋古所謂鉤戟也。」

按薛識不收戟，唯廣川書跋三臨淄戟銘云，「或得戟於臨淄故城，趙氏嘗之，……戟有鉤，其曲甚利，」趙即明誠，同一器也。鉤子、長物本訛鉤子。

家藏古器物銘下

(甲)孟姜盥匜銘

「右孟姜盥匜銘，余所錄古器款識有叔匜銘，匜字作鍦，後又得伯公父匜銘，字作匜，今此銘作鑑，蓋古書不必同文，然三字意義皆通。」

按此即薛識一二之孟姜匜；彼書引古器物銘云，「此銘得於淄之淄川，初得叔匜銘而匜字从金从匜，今此銘从金从匜从皿，古書不必同文，蓋一時所傳如此爾，」與前跋差異處頗多，薛氏嘗有删改，但合下田鼎條觀之，「得於淄之淄川」一語，必今本奪佚也。叔匜亦見薛識同卷，銘祇四字，但無伯公父匜，故薛識引趙書省此兩句。

(乙)田鼎銘

「右田鼎銘云，自作田鼎，疑田獵所用也。」

薛識九稱宋右君田鼎，云，「按古器物銘云，田鼎得於青之臨朐，其曰田鼎者，疑田獵所用也，」合上條觀之，知今本奪「得於青之臨朐」一語。

(丙)漢廙邱宮鐙銘

「右漢廙邱宮鐙銘，得於澶淵，云，廙邱宮銅鐙重二十斤八兩，甘露三年工郭從都史李定造；蓋宣帝時物也。所謂廙邱宮者不見於史，蓋秦、漢離宮別館，所在有之，故史家不能盡記。廙邱在漢屬東郡。」

右鐙銘、他書未收。

石本古器物銘

「右石本古器物銘，余既集錄公私所藏三代、秦、漢諸器款識略盡，乃除去重複，取其刻畫完好者，得三百餘銘，皆模刻於石，又取墨本聯爲四大軸，附入錄中。近世士大夫閒有以古器銘入石者，然往往十得一二，不若余所有之富也。」

所謂近世閒以古器銘入石者，如籀史稱胡俛以賜器寂五銘石鑴，宣和之齊鐘刻石，薛識轉錄之淮揚石本等，是也。目錄內此條原分爲第二十三石本古器物銘一，第二十四石本古器物銘二，第二十五石本古器物銘三，第二十六石本古器物銘四，共四條，即跋文所謂「又取墨本聯爲四大軸」者，今卷目及卷內删併爲一，又不著一、二、三、四字，非也。

刻石者至三百餘銘之多，斷無從補綴，然據前引薛、王兩書，亦有可碻知者，茲再彙其名稱於次：

(1)商鐘。　(2)濟南鼎。　(3)遲父鐘。

(4)郱敦。　(5)史黎簠。　(6)都子斯簠。

(7)張仲簠。　(8)虢叔鬲。　(9)齊侯槃。

(10)寶尊。　(11)己孫敦。　(12)周楚公鐘。

王國維氏著宋代金文著錄表，容庚氏復爲重編，登於北平圖書館月刊一卷五號，（容表以新定名稱爲標目，檢查之便，實遜原表，可爲知者道耳。）爲其師諱，於原表誤會之處，未加論辨。然王書風行宇內，易惑觀聽，且與余上文校注有所關也，爰撮取其漏著趙錄者論之，或小失容表已改者，不復贅及。

王自序曾云，「器以類聚，名從主人，其有岐出，分條於下，」顧表中有歐陽著錄最先，而命名則取乎考古或博古者，既不畫一，亦與名從主人之旨不盡契。考動植物學命名法，大致取其公表在前者，同類之名複，則以其次之命名代之，無可代乃創新名，凡所以尊先達而免更張，科學研究，實稱善法，否則名各意定，名愈滋而學愈不整理矣，茲發其凡於此。

齊侯鐘	趙	

王表、容表均謂趙祇著錄齊侯鎛鐘，未著錄齊侯鐘，但趙跋明云十枚，又云最多者幾五百字，苟未見其較少，何從知孰爲最多。且係就鐘工摹拓，所得之銘斷不止一器，雖其文未悉，無從與博古、薛識錄出銘文者相比，要應別立一行以昭其實。

王表云，「而薛氏所錄，並鎛鐘計乃至十四，其中弟八、第十，第十一，第十二、第十三五鐘銘文前後淩獵，僞器也」，容表又云，「按第九器銘文與前重複，亦非眞品」，按趙言十鐘，許知之不全，即全矣，然連鎛鐘及齊侯鐘一至七計，止有八數，尙差兩具，此遽疑齊侯鐘八至十三盡是僞器之未必全碻也。博古圖祇著五器，似滋疑竇，然其書有云，「右四器形制皆相肖，但巨細不等，自第一器至第四器，其銘文敍致，初疑當合爲一，及得齊侯鎛鐘銘觀之，則辭語先後，果與今所次者適相脗合」，是各鐘出土年日，有先後不同。據四庫提要引鐵圍山叢談、容齋隨筆兩説，似博古圖成於重和初，趙氏則以發見系於宣和五年，出土諸器，許修圖錄者尚未盡見耳。

商栖凰鐸	博古　趙　王　薛	

王、容兩表均漏，趙書著錄在古器物銘第一。

季娟鼎	博古　趙　王　薛　張　續　復齋	

容表云，「張作季婦鼎」，按婦字不過傳刻之訛，試觀其釋文「按説文婦通作妘」，又同書下「周婦氏鼎，（銘十三字）婦、説文通作妘」，則知原文必不作婦矣。今景朱本薛識目錄作季妘鼎，而卷內標題及釋文均訛爲季婦，可相例也。

周南宮中鼎一	博古　趙　王　薛　張	
周南宮中鼎二	博古　趙　王　薛　張	
周南宮中鼎三	博古　趙　王　薛　張　復齋	

此卽趙書安州六器之三方鼎也，王、容兩表均漏。又容表以舊南宮中鼎一爲周中鼎，（非博古二之周中鼎）。以舊南宮中鼎二爲周南宮中鼎一，舊南宮中鼎三爲周南宮中鼎二，旣嫌複混復未詳注。

周父己鼎	博古　趙　王　薛　復齋	

此卽趙跋安州六器之一，説見前，王、容兩表均漏。

方鼎	趙　薛	

此卽薛識之濟南鼎一，説見前，王、容兩表均漏。

鼎	趙 薛	

容表周寰鼎云，「趙十二、三有鼎銘云，王格大室，卽立，意卽此鼎」，是也，唯容表應補舊作伯姬鼎五字。

甗	歐 呂 趙 薛	

此乃集古錄古器銘六之甗，趙書亦衹稱曰甗，卽考古之仲信父方旅甗也，說見前，與後一器不同，王、容兩均漏去歐陽。

甗	趙 薛	

此爲安州六器之一，卽薛識之父乙甗，說見前，王、容兩表均漏趙。

周敦	呂 博古 趙 董 王 薛	

趙稱周敦，與考古同，說見前，王、容兩表均漏。

周虔敦一	博古續 趙 王 薛	
周虔敦二	博古續 趙 王 薛	

此卽趙錄之車敦，王、容兩表均誤析爲二條，應歸併。趙雖未明言兩器，但由前後著錄家徵之，趙必兼收兩器之銘也。

師䧅敦	趙 薛	

容表周牧簋下云，「趙錄十二、十一有敦云，文凡二百餘字，殆卽此或師訇簋」，按趙氏所跋，應是師䧅敦，非牧敦，說已見前。

張仲匜	歐 呂 趙 黃 董 薛 復齋	

王表云，「歐云匜二皆有蓋而上下皆銘，銘皆同，呂則云器二蓋四，而諸家皆僅摹其一，薛氏所錄別本四，亦係一器之文，歐則但注異文於下耳」，容表僅改「別本四」三字爲「幷有考古圖、蘭亭帖、古器物銘三本」，餘悉同

王氏。余按此王、容兩家誤讀考古圖也；今考古圖載，「按原父所得者蓋二器四銘、字有不同」一段，乃元陳氏所修，説已見前，應以銘字斷句，「蓋」者申明之辭，非「底蓋」之「蓋」，特語涉雙關，故易誤會。薛識一五引劉原父先秦古器記云，「右二簠得於驪山白鹿原」，集古錄一云，「嘉祐中，原父在長安，獲二古器銘於藍田，形制皆同，有蓋，而上下有銘」，又云，「匿銘雖四而文則一，今類轉注偏旁之或異者，分注釋文四十一字於其下」，稍後如金石錄云，「右簠銘本兩器，底、蓋皆有銘」，其爲二器、二蓋甚明，呂氏及與劉、歐同時，何至忽來「四蓋」之語，斯爲誤會無疑矣。

叔高父簋

王表著錄有趙，又雜記欄稱，「趙、董作叔郭父簋」，按此器趙書並未著錄，容表雖删趙而不説明，恐費讀者尋檢，故特著之。

爵	趙	

爵銘之文及字數，雖不可知，但依王、容兩家表例，都不應略去。又趙氏所得尚有一觚，唯未言有銘，故從缺。

匜	趙　薛	

此匜附見齊侯盤銘之下，云兩器同得於安丘，乃齊侯爲楚女作；今薛識一二齊侯匜銘，「齊侯作楚姬寶匜，其萬年子子孫孫永保用」，（景朱本孫字不重，殆脱去，容表云十七字也。）與齊侯盤銘、「齊侯作楚姬寶槃，其萬年子子孫孫永保用」，衹易一字，趙錄之匜，必即齊侯匜矣，王、容兩表均漏。

戟	趙　董	

趙言戟有銘，王、容兩表均漏；即董之臨淄戟，當併。

已上十餘條，皆王、容兩表之當補正者。此外趙書所著錄見於薛氏、復齋兩款識而今本已佚之器，爲數十有二，（説已見前。）兹幷列爲一表，以結斯編。

糉和林鐘	歐　呂　博古　趙　王　薛	餘作遲父鐘。
秉仲鼎	博古　趙　王　薛　復齋　續	續作中鬲。
箕鼎	趙　董　薛	董作甘鼎。
唯叔鼎	趙　薛　復齋	復齋作唯叔鬲鼎。
君季鼎	趙　薛	
虢叔鬲	呂　趙　薛　張	
己孫敦	趙　薛　張	
史黎簠一	趙　薛	
鄀子斯簠二	趙　薛	
蛟篆壺	趙　薛　復齋	復齋作夏壺。
寶尊	趙　薛	
平陸戈	趙　薛	

出自第十二本(一九四七年)

從金澤圖錄白集影頁中所見

岑仲勉

前歲之秋，據明刊馬本白氏集、汪輯香山詩集等，完成白集源流一作。頃以圖書遷川，在敘受潰，協助餘晾間，得見金澤文庫本圖錄景印彼中所藏古殘零本若干頁，亟迻錄如次（唯旁注無關重要者不錄）。今春圖書再啓，乃取各本校其同異，末復略抒管見云。民國三十年三月下旬記於南溪。

甲　影頁撮錄

圖錄於景頁前揭其要云：

白氏文集　零本（第三、四、六、九、十二、十七、二十一、二十二、二十四、二十八、三十一、三十八、三十九、四十一、四十七、五十二、五十四、六十二、六十三、六十五、六十八）二十一卷二十一軸。京都久原文庫藏。

同　零本（第八、十四、三十五、四十九、九十九）五卷五軸。京都田中忠三郎氏藏。

同　零本（第二十三、三十八）二卷二軸。東京三井源右衛門氏藏。

同　零本（第四十）一卷一軸。東京保阪潤治氏藏。

裝訂　卷子。

刊寫　鎌倉期寫。

界行　欄高七寸八分半。一葉二十至二十二行。一行闊約七分半，十四至二十字。

存闕　七十一卷內現存前揭二十九卷，內三、四兩卷全據別本鈔補，故得認爲金澤文庫本者實二十七卷二十七軸，內卷三十八有兩本，文相同。此外曾入京都竹苞樓之手，尙有第三十三、四十二、四十三、四十八、五十七、六十一各卷，今所在不明。

印記　三井氏藏本有「三井家雙篪閣」、「三井高堅之印」、「高堅子子孫孫永保」、「高堅」等印。

本內有金澤文庫重郭墨印第三、四、六、七、十二號印凡五種：第八、二十一、二十二、二十四、二十八、三十一、三十九、四十七、六十五爲第三號印，第三十五、三十八爲第四號印，第六、二十三、三十八、四十一、四十七、五十二、六十二、六十八爲第六號印，第九、十二、十四、十七、四十一、五十二、五十四、五十九、六十三爲第七號印，第二十一、二十二、三十一、四十九爲第十二號印，有一卷而同用兩種之印者。

題跋　除第二十三、三十八兩卷外，各卷均有奧書（參金澤文庫古書目錄）。

來歷　流出庫後，曾一度歸田中勘兵衛氏架藏，今存五軸。　其他漸爲久原文庫及三井、保坂兩氏所有。　經籍訪古志言竹蔭書屋藏卷三、四，今所在不明。

備考　此景本爲第八、十七、三十五、三十八、四十、六十二之首頁，第六、十四、二十三、三十一、四十七、五十二之尾頁。

此後爲各景頁之文。

（一）卷六尾

新雪滿前山，初晴好天氣，日西騎馬出，忽有京都」意，城柳方綴花，簷冰纔結穗，須臾風日暖，處」處皆飄墜，行吟賞未足，坐歎銷何易，猶勝嶺」南雪，霏霏不到地。

（中空一行）

文集卷第六

其後有寬喜三年、嘉禎二年、建長三年等記。

（二）卷八首

文集卷第八　大原白居易

古調詩〔閑適三　凡五十四首〕

長慶二年七月自中書舍人出守杭州路次藍溪作

太原一男子，自顧庸且鄙，老逢不次恩，洗」拔出泥滓，旣居可言地，願助朝廷理，伏閤」三上章，戇愚不稱旨，聖人存大體，優貸」容不死，鳳詔停舍人，魚書除刺史，寘（旁校寘）懷」齊寵辱，委順隨行止，自我得此心，于茲十」年矣，餘杭乃名郡，郡郭臨江氾，已想海門」

（三）卷十四尾

王昭君二首〔時年十七〕

滿面胡沙滿鬢風，肩（旁校眉）銷淺黛瞼銷紅，愁苦辛勤顦顇（旁校顇）盡，如今却似畫圖中。

漢使却迴憑寄語，黃金何日贖蛾眉，君王若問妾顏色，莫道不如宮裏時。

（中空一行）

文集卷第十四

其後有寬喜三年、嘉禎二年、建長四年等記。

（四）卷十七首

文集卷第十七〔江州詩〕 大原白居易

律詩〔五言　七言〕 自兩韻至五十韻凡一百首

江南謫居十韻

自哂沉冥客，曾爲獻納臣，壯心徒許國，薄命不如」人，纔（旁添展字）凌雲翅，俄成失水鱗，葵枯猶向日，蓬斷卽辭」春，澤畔長愁地，天邊欲老身，蕭條殘活計，冷落」舊交親，草合門無逕（旁校徑），煙銷（旁校消）甑有塵，憂方知酒聖，」貧始覺錢神，虎尾難容足，羊腸易覆輪，行藏」與通塞，一切任陶然。（旁校鈞）

江樓夜吟元九新（旁注□本无）律詩因（旁注□本无）成卌（旁校三十）韻

（五）卷二十三尾

有羿焉，侵淫郊鄽，壞敗廬舍，人墜墊」溺，籲天无辜。 居易祗奉璽書，與利除」害，守土守水，職與神同，是用備物致誠，」躬自虔禱，庶俾水反于壑，谷遷爲陵，」土不騫崩，人无蕩析，敢以醴幣羊豕，沉」奠于江，惟神裁之，無忝禮（旁校祀）典。 尙饗。

（中空一行）

文集卷第二十三

（六）卷三十一尾

列宿，選任倚寄，非不榮重。 然吾左右前後，方求正人，如顗、」敬休，不宜踈遠，亦猶有磐之王，（旁校玉）无纇之珠，不置於佩服掌」握之間(旁校中)，皆非其所也。 宜自儆重（由敬謹字改），無忝吾言，覬（旁校顗）可行給事中，」散官、勳如故。 敬休可（旁添守字）尙書兵部郎中知制誥，散官、勳如故。 （字到行脚）

（中空一行）

文集卷第三十一

後記云「時會昌四年孟夏之月首夏上旬寫書願達比國結當來緣寫門人議記之」其後更有寬喜三年辛卯十二月十六日書寫。 貞永二年 、 嘉禎二年 、 建長四年等記。

（七）卷三十五首

文集卷第三十五

中書制詔五〔新體〕 凡五十道

京兆尹盧士玫除常侍兼中丞瀛莫二州觀察等使制

勑、夫彊理天下，壤制四方，乘時省置，何常之」有。 故方隅未寧，務先經略，則專委方伯以總統」之； 及兵革甫定，思弘風化，則並命連帥以分」理之。朕常以幽薊一方，環封千里，延桒（旁校袤）廣莫，專制實難，屬元戎改轅，新師進律，因而制置，」以叶便宜，蓋王者弛張變通之要也。 京兆尹盧」

（八）卷三十八首

文集卷第三十八 太原白居易

翰林 制詔二〔擬制三十三道〕

杜佑致仕

勑、盡悴事國，明哲保身，進退始終，不失其」道，自非賢達，孰能兼之。 司徒同平章事杜佑以長才明略，爲國元臣，歷事四朝，殆」逾三紀，出專征鎮，爲諸侯師，入贊台衮，爲」王室輔，嘉猷茂績，中外洽聞，寵任旣崇」，

（九）卷卌首

文集卷第卌

大原白居易

翰林　制詔批荅四　讚文附　凡七十道

荅元義等請上　尊號表

朕自君臨，運逢休泰，歲時豐稔，兇醜殲夷，此皆宗社」降忠靈，（降下旁添靈，去忠下靈字）賢宣力，顧惟寡德，敢受鴻名。　卿等中發懇誠」，上尊美號，雖屬人望，難貪天功，宜悉所懷，勿固爲請」。

答薛華（旁校苹）賀生擒李錡表

朕自副耿光，每多惕慮（旁校厲），念必先於除害，志无忘於安人」。　李錡大負國恩，自貽天罰，師徒未勤（旁校動）於壃埸，父子俱肆。」

（十）卷卌七尾

之則同功，其要者在乎舉有次，措有倫，適其用，達其」宜而已。　方今華夷有截，內外無虞，人思休和，俗已平」泰，是國家敎刑罰之日，崇禮樂之時（時下旁添所字），以文易化成道易」馴致者，由得其時也。　今則時矣，伏惟□陛下（旁添惜擇二字）而不失焉。」

（中空一行）

文集卷第卌七

後有貞永元年、嘉禎二年、建長四年等記。

（十一）卷五二尾

淡紅花帔淺檀蛾，睡臉初開似剪波，坐對珠籠閑理曲，琵琶鸚」鵡語相和。

時會昌四祀夏四月二十九日寫了惠蕚」南禪院補（旁校禪）主房北小亭子得與本一校

（中空一行）

白氏後集卷弟五十二

後有貞永元壬辰八月二十一日寫了。　嘉禎二年、建長四年等記。

（十二）卷六二首

白氏後集卷第六十二 〔格詩 歌行 雜體〕

太子賓客分司東都白居易 凡四十七首

詠興五首〔并序〕

七年四月，予罷河南府，歸履道第，廬舍自給，衣儲」自充，無欲(下旁注無字)營，或歌或醉(旁校舞)，頹然自適，蓋河洛間一幸人」也。 遇興發詠，偶成五章，各以首句，命爲題目。

解印出公府

解印出公府，斗藪塵土衣，百吏放爾散，雙鶴隨我」歸，歸來履道宅，下馬入柴扉，馬嘶反(旁校返)奮櫪，鶴(下旁添舞字)還故」池，鷄犬何忻忻，隣里亦依依，年顏老去日，生計勝前」。

文庫本圖錄又景白氏文集斷簡一葉，云，是卷子本，寫於鎌倉初期，欄高七寸，行間七分半，一行十三字，現存第六卷首五行，有金澤文庫第三號重郭墨印，來歷不明。 其文如下：

『文集卷第六 大原白居易

古調詩〔閑適二 五言 自兩 韻至一百卅韻凡卅七首〕

自題寫眞〔時爲翰林學士〕

我皃不自識，李放寫我眞，靜觀神」與骨，合是山中人，蒲柳質易朽，麋」』

乙 校記

(一)卷六之尾頁，卽江州雪詩全文，此詩馬本、東本同在卷六之末。

簷冰纔結穗 簷、全詩七函二作檐，字通。 纔、東本才，拾補以才爲正。

坐歎銷何易 銷、東本消，字通。

猶勝嶺南雪，霏霏不到地 雪霏霏三字，馬本看紛紛，東本、汪編、全詩均看霏霏，拾補以霏霏爲正，無作雪者。

(二)大原白居易 東本各卷首今率不題著者姓名，馬本俱題「唐太子少傅刑部尚書致仕贈尚書右僕射太原白居易樂天著」兼及白氏身後贈官，其非原寫體裁，無待多辨。 考居易自撰東林寺白氏文集記云，「大和九年夏，太子賓客晉陽縣開國男太原白居易樂天記」，又聖善寺白氏文集記云，「中大夫守太子少傅馮翊縣開國侯上柱國賜紫金魚袋太原白居易字樂天，……開成元年五月十三日樂天記，」此之大原白居易，亦難碻認爲當日題記。 下文卷十七首、卷卅八首、卷卌首、卷六首同。

古調詩〔閒適三〕 按東本八題「閑適四 古調詩五言」，馬本八題「閒適四〔古調詩五言〕」，東本無側寫之例，故兩本題法，直可謂之相同。 此以古調詩居前，又無五言兩字，與東、馬兩本異。 況據下文卷子本，卷六係閒適二，則卷八自應爲閒適四無疑，此作閒適三者訛。

凡五十四首 東、馬兩本均五十七首，今未見原卷，不知是卷內缺去三首，抑訛五十七爲五十四也。

長慶二年七月自中書舍人出守杭州路次藍溪作 此之編次，東、馬兩本同，唯馬本及全詩題下俱注云，「自此後詩俱赴杭州時作」十字。

願助 朝廷理 朝字上空一格，是尊王之意，未審原本如此否？ 廷、東本庭。

伏閤三上章 閤，東、馬兩本及全詩閣。

魚書除刾史 刾是唐人通行寫法，今各本均刺。

寘（旁校寘）懷齊寵辱 寘、東本寬，全詩冥，馬本、汪編寘。

自我得此心 各本均我自得此心。

（三）卷十四尾 東、馬兩本編次同。

時年十七 東本無此注。

滿面胡沙滿鬢風 鬢、馬本鬂，俗字。 全詩云，鬢一作面。

眉（旁校眉）銷殘黛噞銷紅 眉、各本均眉。 噞誤，各本臉。

愁苦辛勤顦顇（旁校鵻）盡 顦顇、東本、全詩同，馬本、汪編憔悴，字通。 鵻見集韻，但是鳥名，未云通顇。

如今却似畫圖中 似、馬本「是」，全詩似一作是，拾補以似爲正。

漢使却迴弄寄語 迴、東本同，馬本、汪編廻，全詩回，字通。 弄是俗體，各本憑。

（四）江州詩 今審東、馬兩本，此卷雖江州詩居多，然自潯陽宴別已後十首，兩本皆題云,「此後忠州路上作」,以嚴義言之,卷中固不盡江州詩也。

江南謫居十韻 東、馬兩本編次同。

纔(旁添展字)淩雲翅 纔、各本同,前卷六引拾補以才爲是,纔爲非,今此處拾補未之及,不知所見作何寫也。 淩各本凌。

蓬斷卽辭春 東本同,馬本「卽」作欲,汪編欲一作卽,全詩卽一作欲,拾補以卽爲是。

草合門無逕(旁校徑) 徑、各本同,原寫之逕,蓋逕訛,字可通。

煙銷(旁校消)甑有塵 銷、汪編同,餘作消,字通。

一切任陶然(旁校鈞) 然字出韻,各本鈞。

江樓夜吟元九新(旁注□本无)律詩因(旁注□本无)成卅(旁注三十)韻 各本題無新、因兩字與旁注同。 卅俱作三十。

(五)此爲祭浙江文之末段,東本編次同,馬本在卷四〇末。

如有弜焉 弜、各本憑,見前(三)條。

侵淫郊鄽 侵、東本同,馬本及全文六〇八浸。 鄽、俗字,各本廛。

顲天无辜 顲、東本、全文顲是,馬本顲,(應作顩)與此顲非。无、古無字,各本「無」,下同。

居易祗奉璽書 祗卽祇,馬本、全文同,東本怟非。

職與神同 職是唐人通行寫法,各本職。

庶俾水反于壑 于、各本歸,似以于字爲對仗勻稱。 壑、唐石似有此寫法,各本壑。

無忝禮(旁校祀)典 尙饗 各本均祀典,又典下不空格。

(六)此是韋覬可給事中庾敬休可兵部郎中知制誥同制之末段,東本編次同,馬本在卷四八末。

選任倚寄 東、馬兩本及全文六六二均倚注。

如顗敬休 下文覬可行給事中,旁亦校覬如顗,今各本均覬。 考新書宰相世系表有兩韋顗;駙馬房韋顗,中宗時人,時代不合。 南皮公房韋顗,兵部員外郎,蓋元和七年見官也; (說詳拙著姓纂校記)以舊書一〇八、新書一一八本傳按之，正是此人。　今郎官杜吏中、勳中同作韋顗，可見各本皆誤，此卷獨不訛。郎官考三引白集四八逕作韋顗，不知所據何本。

亦猶有聲之王（旁校玉）　作玉是，各本同。

无類之珠　无無通，東本、全文類，馬本纇，拾補以纇爲正。

不置於佩服掌握之間（旁校中）　東本間，馬本亦間，唯佩作珮，全文作不置佩服之中掌握之上。

宜自儆重　儆重、各本均敬謹，原本係由敬謹字改成。

敬休可（旁添守字）尙書兵部郎中知制誥散官勳如故　各本都無守字；　按前文敬休散官爲從五品下之朝散大夫，今云散官如故，則對於從五品上之兵中，尙欠一階，自應稱守，各本均誤脱也。

（七）中書制詔五　東本編次同；　馬本在卷五二，但制詔均作制誥。

京兆尹盧士玫除常侍兼中丞瀛莫二州觀察等使制　士玫、各本同，唯東本卷目訛士政。　常侍上東、馬兩本及全文六五七均有檢校左散騎五字，是。　莫、東本、全文訛漠，馬本訛漢，拾補猥云，「瀛漢作瀛漠」，則未知漠之亦訛也。　復次東本除詩卷外，文卷皆有卷目，此卷卷首卽載制文，與東本異。

夫彊理天下　彊訛，各本疆。

則專委方伯　專、全文訛轉。

思弘風化　弘、全文諱改宏。

延柔（旁校袤）廣莫　校袤是，各本同。

屬元戎改轅　東本奪戎字。

新師進律　師、各本帥是。

因而制置　馬本、全文置制。

蓋王者弛張變通之要也　弛、馬本施，拾補云，當作弛。

（八）翰林　制詔二　東本編次同，唯林下不空格；　馬本在卷五五首，又詔訛誥。

擬制卅三道　白集中之擬制，余已論其爲後人羼入，東本祇於總目着「擬制附」三字，此卷則於卷首標題，似非羼入之證。然旣曰擬制，則不應着「翰林」字樣，尤不應制詔上空格以僭儗乎眞制，況篇中所擬，多爲白氏在鄉居喪時事乎。 東邦此種殘卷，是南宋寫成，其羼入已久，不能據以辨護也。 又此卷東、馬兩本均題「凡四十三道」，今云卌三，亦非得觀全卷後不能評定。

杜佑致仕 東、馬兩本及全文六六〇致仕下有制字，此不着制字，示其擬也； 然亦不能爲羼入辨護。 卷首無卷目，亦與東本異。

盡悴事國 國、各本君。

以長才明略 明、各本名。

爲諸侯師 師、各本帥是，唐人寫帥字常作師。

（九）翰林 制詔批荅四 讚文附 按東本編次同，馬本在卷五七。 唯東本作「翰林制詔四 勑書批答祭文贊詞附」，拾補見本似相同，祇勅書已下作旁注。 馬本祇云「翰林制誥四」。此之制詔上空格者，示尊君也。

凡七十道 東、馬兩本及拾補見本均「凡六十八首」，數與此異，未見全卷，難爲評定。

荅元義等請上 尊號表 此無卷目，與東本異。 「荅」、「等」或从艸，或从竹，都可通。 元義下奪「方」字，說已別見，此本亦奪。 馬本及全文六六五同漏「等」字，拾補已校補。 尊號上此獨空格，亦尊君意。

運逄休泰 運、全文幸。

歲時豐稔 各本均時歲。 豐字唐人常寫作豊。

此皆宗祏降忠靈（降下旁添靈去忠下靈字）賢宣力 各本與校文同。

卿等中發懇誠 各本都奪等字，旣是荅元義方等，不應獨稱卿也。

答薛華（旁校苹）賀生擒李錡表 苹、東、馬兩本訛萃，全文訛平，余前已校爲苹，得此可以互證。

朕自副耿光 副訛，各本嗣。

每多愓類（旁校厲） 各本厲，與校文同。

志无忘於安人 无、各本「無」，字通。

李錡大肩國恩 肩非，各本負。

師徒未勤（旁校動）於壃埸 動、各本同。 壃、各本疆，字通。 埸俗字，全文場，余以馬本作場爲是。（拾補未校此字，則影宋本亦當作場。）

（十）卷卌七尾　此卽策林五十四刑禮道之末段也，東本編次同，馬本在卷六四末。

達其宜而已　宜、馬本、全文（六七一）理，拾補以宜爲是。

內外無虞　虞、馬本、全文慮，拾補以虞爲是。

是國家敍刑罰之日　「是」下各本有則字。敍、各本殺，字通。

（時下旁添所字）以文易化成　各本有所字。

伏惟　陛下（旁添惜擇二字）而不失焉　各本「陛下」上不空格，且祇作惜而不失焉。

（十一）卷五二尾　此吳宮辭全詩也，東本編次同，馬本在卷二二末。按東、馬兩本此卷目均六十首而詩數實六十一，余嘗疑之，今惜未見全卷，不能有所進論也。

淡紅　淡、汪編後集七澹。

閑理曲　閑、馬本、汪編（後集七）閒，字通。

琵玐　各本琵琶，原本殆書琶爲玐。

白氏後集卷第五十二　東本題「白氏文集卷第五十二」，按白氏長慶集後序云，「後集二十卷，自爲序，」則此題後集者似與原卷相近。

（十二）白氏後集卷第六十二　東本題「白氏文集卷第六十二」，不如此題法近於原本，說見前。

格詩　歌行　雜體　按「格」東、馬二本律，余前謂律應作格，今得此卷，足徵鄙說尙不妄也。歌行雜體四字，東、馬二本俱缺，考卷中詩如醉中狂歌屬歌體，吟四雖屬雜體，據此可正各本之誤奪。

太子賓客分司東都白居易　依東林寺白氏文集記，（大和九年）居易仍是賓客分司，則此之結銜尙合。但記言「勒成六十卷」，是本卷之編成在後；又依聖善寺白氏文集記，（開成元年）帙六十五卷，此時居易之官，已改守太子少傅，則上之結銜未爲得也。原文亦旁注「本此十一字无」。

凡四十七首　東本六二、馬本二九同，但東本詩實四十八首，馬本實五十首，余已有說，今未見全卷，不知是標題有誤，抑卷中比東本碻少一首也。

詠興五首〔并序〕 東本編次同，馬本在卷二九之首。 東本無側寫例，故并序二字亦大寫，且首下空一格爲異。 序文頂行，東、馬二本同，若汪編低一格，全詩低二格，乃各自爲體，不必較也。

歸履道第 第、各本从竹。

無欲（下旁注無字）營 各本同校文。

或歌或醉（旁校舞） 各本同校文。

斗藪 馬本、汪編抖擻。

雙鸖 鸖、各本鶴，字通，下同。

反（旁校返）舊櫪 各本同校文。

鸖（下旁添舞字） 各本同校文。

（十三）文集卷第六 按已上所見前集（卽五十卷已上）各影頁，無論爲首爲尾，均祇題「文集卷……」，與此相同，甚如有會昌後記之卷三十一尾，亦復無異，揆諸元序「因號曰白氏長慶集」之語，似未盡符；若東本則題「白氏文集卷……」，馬本則題「白氏長慶集卷……」也。唯白氏開成四年二月二日蘇州南禪院白氏文集記云，「唐馮翊縣開國侯太原白居易字樂天，有文集七袠，合六十七卷」，豈白氏後來鈔寫，祇題文集兩字，故曾校會昌原本者亦如是歟。

古調詩〔閑適二 五言〕 按此之題法，與前文卷八首頁同，今東、馬兩本均作「閑（馬本閒）適二古調詩五言」，馬本末五字旁注，東本無旁寫例，故「二」下「詩」下各空一格。

自兩韻至一百卅韻 卅、東本三十，馬本缺，拾補亦云「小注末宋有自兩韻至一百三十韻九字。」

凡卅七首 東、馬兩本均「凡四十八首」，今此祇斷片，無從校其是非矣。

時爲翰林學士 東本無旁寫例，故「時」上空一格。 此詩東、馬兩本編次均同。

我皃 皃、東、馬兩本及汪編、全詩均作貌，皃卽皃字。

丙 校後語

各卷後記如寛喜三年，（西元一二三一）貞永元年，（一二三二）嘉禎二年，（一二三六）建長三——四年，（一二五一——二）其時代當於宋理宗紹定至淳祐，不外南宋鈔本，（鎌倉期）白集之眞面，早已銷失，故就影頁所見，多無如何特善之處；且字體有較今本訛誤者。 又如卷八首與卷六首，其標題皆以古調詩爲綱，閒適爲目，與今本異； 然元稹白集序云，「夫以諷諭之詩長於激，閑適之詩長於遣，感傷之詩長於切，五字律詩百言而上長於贍，」以閑適與律詩平列，白氏與元九書亦以諷諭詩、閑適詩、感傷詩、雜律詩並提，則不能謂彼必是而通行本不合也。

最可注意者爲卷三十一及卷五十二；此兩卷之末，均有會昌四年寫書之記，雖非會昌鈔本，但係從會昌鈔本轉出，似無可疑。 例如卷卅一韋顗，今本皆訛韋覬，敬休可守尙書兵部郎中，今本皆奪守字，獨此本不訛，一也。 又如卷五二有「南禪院補（旁校禪）主房北小亭子得與本一校」字樣，南禪寺爲白氏貯集之所，宋人已不知其遺址，二也。 （此卷只係從會昌本轉出，可於「禪」之訛「補」見之。）此外各卷涉君上字多空一格，卷廿五莫字不訛，卷卌之等字不奪，苹字校正，卷六二題白氏後集，與卷五二同，卷目作「格詩歌行雜體」，比今本不訛奪，均時見一長，卷中可藉以正訛者或不少。 如能彙影各卷，以公世好，固所跂望，否則擇第卅一、第五十二、第六十二等數卷先刊之，俾千載而後，碩果僅存之唐鈔白集轉出本，不致湮墜，是則文藝界之大幸也。

文苑英華辨證校白氏詩文附按

岑仲勉

文苑英華辨證內校正白氏詩文者凡若干條，除已引見前各文外，餘并錄出爲一篇，附以按語。　若英華原書或尚有足資參校者，今未暇搜檢也。　民國三十年三月，識於四川之南溪。

辨證一云，「白居易賀雨詩已責寬三農，迺用左傳晉悼公已責事，謂止逋責也，而集本、文粹並作責己，（上文已云下罪己詔，此不應又云責己。）」　按東、馬兩本均訛責己，汪編一作已責，其注卽本辨證。　拾補云，「宋作責己誤，今從汪立名本，」未知汪自有所本也。　考舊紀一四、元和三年，「是歲淮南、江南、江西、湖南、山南東道旱，」元龜五一八、元和四年正月，「以左司郎中鄭敬使淮南、宣歙，吏部郎中崔芃使浙西、浙東，司封郎中孟簡使山南東道、荆南、湖南，京兆少尹裴武使江西、鄂岳等道宣撫，行日並召對，告之曰，……卿等今者賑卹災旱，當勤於奉職，」新紀七，「四年，正月，壬午，免山南東道、淮南、江西、浙東、湖南、荆南今歲稅，……閏月，己酉，以旱降京師死罪非殺人者，禁刺史境內榷率諸道旨條外進獻，嶺南、黔中、福建掠良民爲奴婢者，省飛龍廐馬，己未雨，」卽此詩「皇帝嗣寶歷，元和三年冬，自冬及春暮，不雨旱爞爞，……乃命罷進獻，乃命賑饑窮，宥死降五刑，已責寬三農，宮女出宣徽，廐馬減飛龍，」蓋事事紀實。　已責乃免稅之辭藻，全詩正文猶作責己，祇小注「一作已責，責通債，」未免不知去取矣。　汪立名云，「按元和四年閏三月，憲宗以久旱欲降德音，公見詔節未詳，卽建言乞免江淮兩賦以救流瘠，且多出宮人，上悉從之，制下而雨，公集中有奏請加德音中節目二狀，」按白氏奏狀言「昨正月中所降德音，量放去年錢米，伏聞所放數內已有納者，……伏望聖恩更與宰臣及有司商量，江淮先旱損州作分數更量放今年租稅，」又憲宗賑諸道水旱災制，「近者江淮之間，水旱作沴，緜亘郡邑，自夏徂秋，雖誠禱郡神，無愛圭璧，而災流下土，虧我生成，……臨遣使臣，分命巡行，特加存恤，……俾免其田租，賑以公廩，……其元和三年諸道應遭水旱所損州府應合放兩稅錢米等，損四分已下，宜準式處分，四分已上者，並準元和元年六月十八日勅文放免，仍令中書門下即於朝班中擇人分道存撫」，（全文五六）以其事考之，制乃元和四年春所下，即白所謂正月中德音，合觀白氏奏狀，便知四年正月所放稅係三年之稅，非四年之稅，新紀作免今歲稅者誤。「今」應作「去」，不然，今年稅旣詔免，何須白之建言乎。若四年閏三月之德音，今載全文六二，題亢旱撫恤百姓德音，其文甚長，可與新紀比觀，但並未量放江淮四年租稅，汪氏謂「上悉從之」，亦復失實。依新紀、己酉下詔，己未下雨，（通鑑同）則前後十一日，詩云，「詔下纔七日，和氣生沖融，……晝夜三日雨，」十日與七日，史、集又小異也。

辨證二，「白居易祭烏江十五兄文、冉求斯疾，論語、伯牛有疾，子曰，斯人也，而有斯疾也，伯牛名耕，則非冉求，」彭氏以爲「此類恐作者之誤」。余按今東本二三同冉求，馬本四〇、全文六八一冉牛，亦可謂後人據辨證改，但拾補以海虞葛氏影宋本校馬本，未舉此字，則似宋本固有作冉牛者，非必作者之誤也。

辨證三，「白居易元稹誌，六代祖岩，封武平公，集作昌平，當從文粹作平昌，見隋書本傳及唐世系表。」余按東本六一、馬本七〇均訛昌平；全文六七九平昌，殆據文粹收入，又元和姓纂亦作平昌。

辨證四，「白居易溧水令白府君誌，歷泗州虹縣令，泗、集作宿，按唐志、元和四年，始析泗州之虹置宿州，大和三年廢，七年復置，時白府君卒於大和八年，未審何時歷虹令也。」余按此文東本六一、馬本七〇、全文六八〇均作宿州。誌云，「歷華州下邽尉，懷州河內丞，徐州彭城令，江州潯陽令，宿州虹縣令，宣州溧水令，歿于官舍，明年某月某日，歸葬于華州下邽縣某鄉某原，」此所謂明年，乃卒官之明年，季庚何年卒官，誌旣未言，則明年是何年，無從猜定。誌又云，「公前夫人河東薛氏，先公若干年而歿，生二子，……長子某，杭州於潛尉，次子某，睦州遂安尉，」考白集一三有「自河南經亂、關內阻飢、兄弟離散、各在一處、因望月有感、聊書所懷、寄上浮梁大兄、於潛七兄、烏江十五兄、兼示符離及下邽弟妹」詩，於潛七兄即季康長子，據集、詩係未應舉時作，舊紀一三、貞元十四年，「十月，癸酉，以歲凶穀貴……，」而同年九月吳少誠反，又陳振孫白文公年譜謂十五年時，公兄爲浮梁主簿（即詩之浮梁大兄）。 公以十六年第進士，則詩當作於貞元十四、五年間，顧其文不涉及諸父，知季康之卒，更在此前也。

尤有證者，季康子敏中，卒咸通四年，（八六三——參據方鎮表一）新書一一九謂「許以太傅致仕，詔書未至卒，」則年當七十已上，由此逆推，約生貞元九年（七九三）已前； 舊書一六六云，「敏中少孤，爲諸兄之所訓厲，」是則無論如何，季康總非至元和四年尙生者，作泗洲不誤，作宿州則殆循改置後之稱謂也。 誌又云，「後夫人高陽敬氏，……子曰敏中，……夫人以大和七年正月某日寢疾，終於下邽別墅，享年若干，明年某月某日，啓溧水府君、薛夫人宅兆而合祔焉，」此明敬夫人卒大和七年，葬以八年，且遠在溧水府君卒後，彭氏乃讀墓誌前文「明年某月某日歸葬於華州下邽縣」之「明年」，爲大和七年之「明年」，遂謂府君卒大和八年，其誤已甚。 泗、宿固有攷訂之必要，但攷訂之點，在彼不在此也。

同卷、「白居易祭崔常侍文，太（大）和九年歲次乙卯，二月景子朔，七日壬申，集作丙午朔七日壬子，按通鑑目錄當作景子朔七日壬午。」 按東本六一、馬本七〇、全文六八〇均訛丙午朔七日壬子。 拾補云，「丙午本作景午，」唐人諱丙，作景者是。 馬本復訛九年爲元年，拾補已正之。 全文更訛歲次乙卯爲歲次丁未，蓋後人信「元年」字是，遂并乙卯而肊改之，初不知朔日又不符也。 此崔常侍即崔咸； 舊書一九〇下本傳，「崔咸字重易，……與賓僚痛飲，恆醉不醒，……入爲右散騎常侍祕書監，太（大）和八年十月卒，」祭文云，「敬祭於祕書監贈禮部尙書崔公，……嗚呼重易，平生嗜酒，奠筵一酌，可得而歆乎，」可以互證，且知決非元年也。

辨證九、「白居易射中正鵠賦，且無聲而有聞，聞雖訓問而集徑作問，」余按東本二一、馬本三八作問，全文六五六作聞。

辨證九、「白居易趙郡李公家廟碑，李氏南祖，此李紳也，唐宰相世系表、紳本趙郡李氏，有南祖、西祖、東祖，而集以南作宗，」余按東本七〇、馬本七一、全文六七八今均作宗祖。

辨證九、「張籍蘇州江岸留別樂天詩,銀泥裙映錦障泥,畫舸停橈馬簇蹄,淸唱曲終鸚鵡語,紅旗影動薄寒嘶,漸消醉色朱顏淺,欲語離情翠黛低,莫忘使君吟詠處,汝墳湖北武丘西,此詩張集不載,見樂天集,題作武丘寺路宴留別諸妓,薄寒作駮𩦺,廣韵云,駮𩦺、蕃大馬也,汝墳作女墳,乃虎丘寺眞娘墓也,以此辨之,文苑誤矣。」汪編後集七云,「按遯叟云,白詩有駮𩦺嘶,廣韵、駮𩦺,蕃大馬也,音薄寒,亦有直作薄寒者,又云,白詩云女墳湖北武丘西,英華辨證云,女墳、眞娘墓也,此非是,皮陸女墳湖詩自注,吳王葬女之所,按吳越春秋闔閭葬女閶門西郭,舞白鶴市中,令萬人隨觀,卽其事也。」余按簇、東本蔟,字通。淸唱、東、馬(二四)兩本及汪編、全詩均淸管。駮𩦺、馬本注云,「一本作潑汗」,汪編注云,「一作駮𩦺,又作發汗。」消、東本銷,詠、馬本咏,均字通。武丘、東、馬兩本及汪編虎丘;全詩武,注「一作虎」,唐人諱虎,作武是,卽後人迴改,亦不應題作武丘(東、馬兩本及汪編同。)而文虎丘也。

辨證九、「白居易霓裳羽衣舞歌荅微之,啓云七州千萬戶,集作七縣十萬戶,時微之在浙東,若以越州管內言之,則七縣十萬戶,若以浙東觀察使所統言之,則元文似是,但千字疑啓中誇大之詞。」按此詩、東本五一、馬本二一均題「霓裳羽衣歌和微之」,汪編後集一有舞字,注云,「按今本無舞字」,蓋據英華增也,然亦稱「和」不稱荅。全詩注云,「一有舞字」。拾補未校增,則其見本亦無舞字可知。「啓云」、四本均答(或荅)云。「縣十」、東本、汪編及全詩同,全詩注云,「一作州千」,馬本更訛爲十縣十萬戶,拾補據影宋本校爲七縣。復次、舊書四〇越州,「天寶領縣六,戶九萬二百七十九,」據新書四一,上虞縣係貞元中析置,則稱七縣十萬戶,正與志之大數相合。況合舊書越、衢、婺、温、明、處、台七州戶數計之,亦僅五十萬,元稹不應誇稱至千萬,當從七縣十萬戶爲是。

辨證九、「白居易題于家公主舊宅詩,平陽有宅少人遊,應是遊人到卽愁,布穀鳥啼桃李院,絡絲蟲繞鳳凰樓,臺傾滑石猶殘砌,簾斷眞珠不滿鉤,聞道至今簫史在,髭鬚皓白向韶州。(韶、集作明。)按于家公主,憲宗之女永昌公主,下嫁于頔之子季友,元和間卒,追封梁國,謚惠康,韓退之有挽歌,時季友尙存,故有梧桐半樹春之句，謂半死半生也。于頔家河南，後徒貫京兆，居易所題舊宅在洛中，言公主已亡而簫史尚在。其後有寄明州于駙馬使君詩，留滯三年在浙東，又有近海饒風、海味腥鹹之語，皆指明州也。檢唐史于頔傳，不書季友終於何官，而宰相世系表、季友絳、宋等州刺史，不及明州，蓋省文也，今文苑遂作韶州。按唐公主有二人適于氏；一則季友，一則于琮。適于琮者宣宗之女廣德公主，以大中十三年下嫁，時白居易於會昌六年卒已十三年矣。于琮以咸通八年爲相，十三年貶韶州刺史，廣德公主與之同往，其後並死於黃巢，則于琮之在韶州也，夫妻尚無恙，又在居易卒之後，安得題公主舊宅乎。文苑誤指季友爲于琮，遂改作韶州，不可不辨。」余按此詩題、東本六四、馬本三一、汪編後集一二及全詩均作「同諸客題于家公主舊宅」，有宅亦同作舊宅。布縠、東、馬二本春縠，汪編及全詩布，注云，「一作春」。繞、各本均怨。凰、馬本、汪編、全詩皇，字通。眞、馬本、全詩珍，拾補以眞爲正。簫、東、馬二本及全詩蕭，盧見影宋本亦作簫。髭、汪注云，「一作鬢」。皓、各本均雪。明州、各本同，全詩注云，「一作韶」，依彭氏說，韶字誤無疑。季友官明州刺史，雖不見本傳及新表，然新書四一固著大和六年明州刺史于季友，又大和七年十二月一日明州刺史于季友，見阿育王寺常住田碑後記，（兩浙金石志一）依白集（東本六五）編次，寄明州于駙馬使君三絕句當作於大和八年春，故曰留滯三年在浙東也。復次、題于家公主宅詩、東本編入罷河南府後作，（即大和七年四月以後）其前有醉送李二十常侍赴鎮浙東，常侍即紳，以大和七年閏七月癸未除浙東（舊紀一七下），前後又有答夢得秋日書懷見寄、答夢得八月十五日夜翫月見寄兩詩，時禹錫尚守蘇州，是本詩可斷爲大和七年秋間所作。

補白集源流事證數則

岑仲勉

白集源流篇曾引匡白文、陸游集等，頃見吉石本、熙寧中陳舜俞廬山記，其中數條，可足前引所未備，如記五云：

「德化王於東林寺重置白氏文集記幷序，攝觀風幕巡吏試蘭臺郎余文貞書，大和六年，歲次甲午，八月己巳朔，十二日庚辰，管內僧正講經論大德賜紫金(魚袋)沙門匡白記，節度巡官判州司公事賜紫金魚袋倪匡明篆額。」

德化王之結銜，據同卷、大和三年東林寺大師堂記，則爲「奉化軍節度江州觀察處置等使、特進、檢校太尉兼侍中、使持節江州諸軍事守江州刺史、上柱國、德化王、食邑三千戶楊澈，」同書二、大和五年正月結銜略同，惟兼侍中改中書令。卷一又云：

「又有一人物色，題曰紀王，寺僧曰，其旁舊有具銜江州刺史德化王楊澈也，……案唐史、澈未嘗封紀王，天祐十五年，徐知訓在揚州，爲朱瑾所殺，保大年追封紀王，則其事迹無接於二林者，蓋後人妄加之耳。」

澈均从氵，守山本或作徹。同書五又云：

「東林寺白氏文集記，大和九年夏、太子賓客、晉陽縣開國男、大原白居易樂天記，朝散大夫守江州刺史、上柱國趙蕃奉侍郎命建碣，僧雲皋書。」

按文宗大和初白氏曾官侍郎，此所謂奉侍郎命，殆指白言。同書一又云：

「至大和九年爲太子賓客，始以文集六十卷歸之，會昌中致仕，復送後集十卷及香山居士之像，廣明中，與遠公匡山集並爲淮南高駢所取。吳大和六年，德化王澈嘗抄騰以補其闕，後復亡失。今所藏、實景德四年詔史館書校而賜者。」

繹玩末節，余敢謂南宋白集諸刻，皆同本廬山，廬山抄自內府，本與英華之据本爲同源，然今本英華所收白氏文，其舛奪平均比各刻白集較少者，當因抄發之書，內府承辦人員，視爲無關緊要，可以任意省略，此後輾轉傳刻，歷時愈久而愈違眞面矣。

復次、李義山送阿龜歸華詩，「草堂歸意背烟蘿，黃綬垂腰不奈何，因汝華陽求藥物，碧松根下茯苓多。」 馮浩玉谿詩詳註三云，「意境不似玉谿，蓄疑者久矣，今而知爲香山詩也。 香山、下邽人，華州之屬縣也，香山弟行簡，行簡子龜郎，史傳中亦呼阿龜，而白公詩集尤詳之，此必白公送姪歸家之作，乃香山集漏收而反入斯集，可怪已。」 按商隱雖與白氏子弟有往還（見所爲居易碑），然阿龜是小名，商隱不當呼，亦不應作「因汝」之口氣，馮氏以爲白詩，是也，然即此更可見今白集之不完不備矣。

因話錄四，「亦猶……老牛歌稱白樂天，……皆後人所誣也，」觀趙璘語，則大中、咸通間早有假僞白詩者。 時三十一年八月先師誕日撮記。

出自第十二本(一九四七年)

從文苑英華中書翰林制詔兩門所收白氏文論白集

岑仲勉

今本文苑英華校注，於唐人文章，往往稱「集作某」，乍視之，若太宗、眞宗兩朝修校，非據集本錄入者，（如趙懷玉書文苑英華後云，「與本集互有異同，可資讎勘。」） 細思之，則未必然也。 現有之英華校注，係寧宗時、周必大屬彭叔夏等成之，彼所謂「集」，乃慶元間所見之某刻本，易言之，此「集」字有時間性、指定性。 然在太、眞兩朝修校時，祕府自有各集藏本，眞宗時亦有白集之比較的善本，（說見拙著論白集源流，比較善本猶云舛奪較少，但視元本已迥異。） 必大跋云，「故修書官於宗元、居易、權德輿、李商隱、顧雲、羅隱輩，或全卷收入，」是知英華所收，乃據太宗時所見之集本也。 由是言之，校注之「集作某」者，猶言慶元間所見某刻本與太宗時見本之異同，明乎此，斯可以進論下舉兩點：

一　英華中書制誥門收白集翰林制詔

白集、翰林制詔中之僞文，余經有詳辨，然文苑英華收入中書制誥各卷者，爲數不少，如

三八〇　歸登右常侍。

三八一　孔戣給事中等。　竇易直給事中。

三八二　裴度中書舍人。　崔羣中書舍人。　獨孤郁守本官知制誥。　錢徽司封郎中知制誥。　獨孤郁司勳郎中知制誥。

三八三　盧士玫、劉從周等官。

三八四　蕭俛起居舍人。

三八八　韋貫之禮部侍郎。

三九〇　許季同刑部郎中等。

三九三　薛存誠御史中丞。

三九五　庾敬休等拾遺監察。　牛僧孺監察御史。

三九七　裴武太府卿。

四〇〇　沈傳師左拾遺史館修撰。　韓愈比部郎中史館修撰。

四〇三　鄭餘慶太子少傅。

四〇六　許孟容河南尹兼常侍。　李遜京兆尹。

四〇七　孔戡萬年縣令。

四〇八　范傳正宣歙觀察使。　裴堪江西觀察使。　薛伾鄜坊觀察使。

吾人處此，便發生兩種疑問：

（甲）已上各文，今白集收翰林制詔，而英華則收中書制誥，是否雍熙見本之白集，亦收中書制誥。　此問當可否定　(說見下)。然即使如此，於白集僞文問題，亦毫不牽動。　緣白集僞文之事實，係相當於元和六年四月至九年一時期（說見前引拙著）。　而白入中書，則自元和十五年冬至長慶二年七月止，此等文誥，斷非白官中舍時所撰也。

（乙）英華、中書制誥與翰林制詔之區別，是否不問作者當日事實，而祇就文字之性質區別之。　按英華分類方法，原無敍說，中書制誥分爲北省、翰苑、南省、憲臺、卿寺、諸監、館殿、環衞、東宮、京府、諸使、郡牧、幕府、上佐、宰邑、封爵、加階、內官、命婦等十九目，翰林制詔分爲赦書、德音、册文、制書、詔勑、批答、蕃書、鐵劵文等八目，然唐代翰林官制，其權限順次發展，純依不成文的習慣而存在，（參拙著重修翰林學士壁記注補自序）翰林、中書，顯無如此釐然之界畫。　且如玄宗朝、張九齡，武宗朝、李德裕，凡遇稍重要之詔勑，均由首相親自起草，散在本集，具可窺見，故就起草人之地位論之，更不能僅以中書、翰林畫分矣。　回看白集，如趙昌檢校吏尙兼賓客制，顯是白居翰林所撰，而英華則收四〇三中書制誥門，溫造充鎭州宣慰，斷是白官中舍所行，而英華則收四六一翰林制詔門，英華分類與事實無關，——卽與僞文問題無關——更瞭然矣。若英華、翰林制詔卷中。

四五〇　張弘靖門下侍郎平章事。李絳平章事。韋貫之平章事。武元衡門下侍郎平章事。

四五四　除軍使邠寧節度使。王某魏博節度使。田興工部尚書魏博節度。李李夷簡西川節度使。袁滋襄陽節度。

所收白集翰林僞文，更可不論。

要言之，白集孱亂，早在晚唐，雍熙見本，莫能出此範圍已外（說具前引拙著），故英華之採入，不能據爲非僞文之反證。抑韋執誼翰林院故事有云，「故事、中書以黃、白二麻爲綸命重輕之辨，近者所出，獨得用黃麻，其白麻皆在此院，自非國之重事，拜授將相，德音赦宥，則不得由於斯，」今觀余所訂爲僞文者，大多數均非「國之重事」，居易時制度，應視執誼、貞元初無大異，是亦可供余論據之旁證者也。

二　英華所收白撰制誥與各本比較

凡集部各本之異同，除姓名、地理、紀年外，（前兩者亦間發生疑問，如下舉王輔元是。又唐之大和，淸人多數訛爲太和。）孰正孰誤，極難得斷然之結論。唯唐代制詔中之「官制術語」則不然，須循一定之軌轍，倘有誤用，必大招抨擊，秉筆者不能安其位也。茲故僅摘此點以比較英華與後來各本之異同。（各本包盧校宋本、明馬本及東洋本言之，各本一樣者混言之曰「集」。）

英華三八〇、孔戣右散騎常侍。「大中大夫守尚書吏部侍郎、上柱國、賜紫金魚袋，」集祇云吏部侍郎，餘均奪。

三八一、鄭覃給事中。「中大夫行諫議大夫、……可行給事中，散官、勳如故，」集、給事中上奪行字，中大夫從四品下，給事中正五品上，行字不能缺。

三八二、韋顗給事中、庾敬休兵部郎中知制誥。「守蘇州諸軍刺史、上騎都尉韋顗，……朝散大夫守尚書禮部郎中、上柱國庾敬休，……顗……散官如故，敬休可尚書兵部郎中知制誥，散官如故，」諸軍字誤複，集無。騎都、馬本倒，盧失校。 集奪第二守字，朝散比郎中階低也。 兩散官下、集有勳字是，因前文既敍上騎都尉及上柱國，此處萬不能缺。 敬休可下、英華與集均奪守字，兵中、禮中，其階一也。

三八四、元稹中書舍人翰林學士。 「朝散大夫守尙書祠部郎中知制誥、上柱國、……可守中書舍人充翰林學士，仍賜紫金魚袋，散官如故，」集奪「朝散大夫守」、「上柱國」、「守」、「充」、「散官如故」十四字，翰學是差遣，應言充，（參拙著重修壁記注補等。） 又前文有上柱國，則英華與集，散官下均奪勳字。

三八八、牛僧孺戶部侍郎。 「朝議大夫守御史中丞、上柱國、賜紫金魚袋，……散官、勳、賜如故，」原注，「集作朝議郎」，今各本同，此殊難決，惜僧孺、長慶二年所書谿堂詩序，今不傳也。 集奪賜字。

三九二、李虞仲兵部員外郎、崔戎戶部員外郎。 「劍南西川節度判官、……檢校尙書戶部員外郎、……李虞仲，劍南西川觀察判官、朝議郎檢校尙書刑部員外郎、……崔戎等，……戎可行尙書戶部員外郎，」按戶部員外郎、集誤郎中，下文虞仲改授兵外，如作郎中，是貶官也。 集又奪第二劍南字，觀察、節度對舉，且「劍南西川」方是當日區域之官名，結銜萬不能略。 刑部上、集奪尙書字，前文戶部上固有之，比觀便知其誤，六部都尙書省轄也。 戎可下集奪行字，朝議郎比員外高兩階也，前祇檢校虛銜，檢校上例不著「行」、「守」字，此時所授乃實官，故須對散階辨別之。

同上、張籍水部員外郎。 「登仕郎守國子監博士張籍，……散官如故，」集奪監字，盞乃署名，猶諸吏部、戶部之「部」，不能略也。 集、散官下多勳字，但前文未敍勳，如勳字不誤，則英華與各本所書具官，均有奪文矣。

三九三、柳公綽御史中丞。 「諫議大夫柳公綽，……可御史中丞，散官 勳如故，」按「某某如故」，爲制末不可少之文字，今集奪「散官勳如故」五字，但如此，則諫議大夫之上下，英華與集均有奪文也。 凡集中遷授之制，末無「某某如故」者，均是後人略去。

三九四、崔琯職方郎中御史知雜事。 「中散大夫行尙書吏部員外郎、……可守尙書職方郎中兼侍御史知雜事，餘散官、勳如故，」按標題、英華郎中下漏兼侍兩字，集漏兼事兩字。 中散、正五品上，對郎中應爲行，英華作守誤。 文內知雜下，集奪事字，英華衍餘字。

四〇一、韓公武右驍衞上將軍。 「朝散大夫、檢校左散騎常侍兼右金吾衞將軍、御史大夫、上柱國、賜紫金魚袋，……可檢校左散騎常侍兼右驍衞將軍、御史大夫，散官、勳如故，」按右驍衞、集作左，考舊書一五六本傳，元和「十四年，父弘入朝，公武乞罷節度，入爲右金吾將軍，……堅辭宿衞，改右驍衞將軍，」則作右是。 官制有大將軍，無上將軍，且制云，「雖親信之寄則同，而勞逸之間或異，宜輟繁重，俾從便安，」係由要改閒，初非遷職，與傳文合，英華標題及各本題文之「上」字均誤衍。 又具官有賜，制末應云散官、勳、賜如故，此則英華與各本同奪也。

四〇二、王輔元左羽林衞將軍知軍事。 英華注，「集作元輔」，今各本同。 集別有海州刺史王元輔加中丞制，亦作元輔，制有云，「王輔元生勳閥之家」，考栖曜子有茂元、參元、仲元，（見困學紀聞一七）豈輔元亦其昆仲歟，姑記所疑於此。

同上、姚成節右神武將軍兼知軍事。 「朝請郎……守成州刺史……賜紫金魚袋……可致果校尉守右神武將軍知軍事，餘如故，」神武下英華原注，「集作策，下同，」今各本作策，按舊書四四、神策軍云，「及永泰元年，……自是神策軍恆以中官爲帥，」成節非中官，則作策者誤。 又朝請下、英華原注，「集作議」，今各本作議，按朝議郎、正六上，朝請郎、正七上，於刺史均應稱守，但成節新加之致果校尉爲武散官，正七上，與朝請郎爲相當之換階，如原是朝議而換致果，是降階也，故知作議者誤。 紫下、馬本奪金字，盧失校。 致、馬訛毅，盧已校正。餘如故、應依集作賜如故。

四〇六、崔倰河南尹。 「安平縣開國男」，按倰見舊一一九、新一四二祐甫傳，集誤陵，集又奪安平縣三字，崔姓常封安平也。

四〇七、何士義河南縣令。 「朝議郎行尚書水府員外郎、……散官、勳如故，」按朝議對員外爲「行」，集奪。 水府、集正作水部。 又集無勳字，參上三九二、張籍條。

四〇八、丁公著可檢校左散騎常侍守越州刺史、充浙東觀察使。 「尚書工部侍郎、集賢殿學士，」按標題集無守字，奪充字。　英華與集均奪書散階，未知其應爲守或行也。　制云，「假左貂而帖中憲」，帖中憲卽兼御史中丞，公著兼是官，亦見舊紀一六、長慶元年十月下，英華及集同奪去，當於刺史下補入之。　文內尙書等十一字，集本祇云「某官」，而於標題見之。

同上、嚴謩桂管觀察使。　「賜紫金魚袋、……都防禦、觀察使處置使，散官、勳、賜如故，」按前一使字衍，集作「處置等使」是也，唯集奪賜字。

同上、盧士玫瀛州觀察使。　「可使持節瀛、莫等州管內觀察、處置等使、檢校左散騎常侍兼御史中丞，餘如故，」按集祇作可依前件，而標題又欠完全。　莫、馬訛漠，東本訛漠，盧校但云「瀛漠作瀛漠」，亦不知漢、漠俱訛也。

四一〇、楊潛洋州刺史、李繁遂州刺史、史備濠州刺史等。　「朝議大夫前使持節吉州諸軍事守吉州刺史、上柱國、襲鄴縣開國侯李繁，……將仕郎前使持節光州諸軍事守光州刺史、雲騎尉史備，……繁可……散官、勳、封如故，備可……充本州團練渦口、西城等使，散官、勳如故，」按東本此制前截已缺，叢刊引明錫山華氏活字本作季繁，英華標題作李繁，均誤，李繁卽李泌子，可從下文襲鄴侯證之。朝議大夫比刺史階低，集、軍事下奪守字。　上柱國下、集奪襲鄴縣開國侯六字。活字本更奪第一光州字。　備可上集奪「散官、勳、封如故」六字，前之潛，後之備，均着此語，不應繁獨缺也。　充下、集奪本州二字。　等使之使，東本訛事。最末散官之散，集奪。

同上、灃州刺史李肇中散大夫等。　「朝請大夫……守澧州刺史」，灃、馬同，東本及盧校正作澧。　又朝請大夫視刺史階低，應言守，集奪。

四一二、張洪、相里友略山南東道判官。　「朝議郎行太常博士、上柱國張洪，前贏、莫等州都團練判官、朝議郎兼侍御史內供奉、上柱國、賜緋魚袋相里友略，……友略可檢校尙書屯田員外郎兼侍御史、充山南東道觀察判官，勳如故，」按朝議郎視常博階高，應云行，集誤守。　贏誤，集正作瀛，但東本又誤莫爲漠，馬誤漢，盧校漢作漠，尤謬。　集、朝議郎下無兼字，但兼上應更有一實官，(判官是差非官)。　方合「兼」字之義，(如下文檢校屯田員外兼侍御史是)。　是英華未必無誤也。　勳如故、集作「散官、勳如故，」實應作「散官、勳、賜如故」，洪充節度判官而加賜緋魚袋，足見友略充觀察判官之不應奪其原有之賜緋也。

同上、姚元康等官充推官掌書記。　「朝散郎行祕書省校書郎……誠太常寺協律郎……文昌、金略，皆賢將相也，……元康可試右武衛倉曹參軍、充劍南西川節度推官，散官如故，懿可……充橫海軍節度掌書記，餘如故，」按校書、集誤祕書，祕書郎、從六品上，元康不應降授正八品下之參軍也。　誠訛，集正作試。　金略訛，集作全略，李全略、長慶二年充橫海節度，見方鎮年表四。　右武衛、集作左，未詳。　西川節度、集作觀察，當誤。　餘、集作散官是。

同上、王師閔檢校水部員外郎制。　「朝議郎……上騎都尉、賜緋魚袋，……散官、勳、賜如故，」按集奪散官字。

四一四、董昌齡許州長史。　「將仕郎權知泗州長史、兼殿中侍御史、賜緋魚袋董昌齡，……可守許州長史兼侍御史，散官如故，」按將仕郎是最低之階，許州上、集奪守字。　又散官下、集有勳字，然前文具官有賜無勳，應正云「散官、賜如故，」英華及集同奪誤也。

四一五、侯丕壽州霍丘縣尉。　「試太常寺奉禮郎、翰林侍詔、上護軍侯丕，……依前翰林侍詔，勳、賜如故，」按試、集誤賜，唯侍、均正作待。　具官有勳無賜，集無賜字。

四一八、劉泰倫起復內謁者監。　「朝議大夫前行內侍省內謁者監，……宜加進秩之恩，仍舉奪情之典，……可起復朝議大夫行內侍省內謁者監，」按泰倫、馬本標題奉倫，唯文內亦作泰。　前朝議大夫下、英華原注，「集作郎」，朝議郎、正六上，朝議大夫、正五下，文旣云宜加進秩，如原日已是大夫則不合，故知作郎者是。

四五四、王佖靈鹽節度使。　馬本注，「四年六月十三日進」，盧校宋本倒爲「四年三月六日」，云宋無十字，余曾證爲六月三日，今英華固注「四年六月三日」也。

同上、閻巨源邠寧節度使。　馬本注，「四年十月十一日進」，盧校，「注、十一日，宋無十字，」今英華固注「四年十月一日進」也。

合觀上校二十五條，可得結論兩點：

(子)英華所收白氏文,雖未全數提出與各本比勘,然由上以思,足知英華與各本互有舛奪,惟各本之舛奪,平均視英華即雍熙見本白集較多。

(丑)在上項校勘中,叔夏見本白集與英華異而見於注者,祇三八八與四一八之朝議大夫及四〇二之神武,足徵叔夏見本,與雍熙見本甚相近,而與後來各本,差異頗多; 換言之,即各本之具官及官制術語等,顯經過後人之任意省略。

其制誥有見於英華而爲集所無者,如三八九、授盧元輔吏部郎中制,似長慶初事,與白居中書時相當。 又四四六、第十二妹等四人各封長公主制,原注,「見詔令,集無,」按會要六、憲宗十九女,此文亦可信白撰,由是見後來各本,比雍熙、慶元兩見本,再有失佚。

更有英華誤系撰名或誤蒙前人者,如三八二、賈餗等中書舍人制及李渤給事中、鄭涵中書舍人等制,明隆慶本英華均系前人,即居易也; 郎官考五引兩制均作李虞仲,且云,餗授舍人,據餗傳在大和三年七月,署前人者其誤無疑。 又三九二、授前司勳員外郎賜緋徐綰兵部員外郎等制,郎官考八云,「案英華蒙上白居易云前人,衍字,」是也。 又四七二、上元日歎道文系白居易,其下一篇立春日玉晨觀歎道文缺名,其下憲宗忌日玉晨觀歎道文及慶陽節玉晨觀歎道文兩篇,又系「前人」,據英華注引會要,武宗生日名慶陽節,則末三篇均非白撰,惜英華總目失傳,未知立春日一篇應屬某人耳。

復有英華署白撰而文當存疑者,如四〇〇、太府丞王建授祕書郎制是。 考新書六〇,建、大和陝州司馬,唐詩紀事、建大歷進士,書錄解題一九,「王建集十卷,唐陝州司馬王建仲和撰,建長於樂府,與張籍相上下,大歷十年進士也,歷官昭應縣丞,太(大)和中爲陝州司馬,」此後唐才子傳、(大德甲辰作)登科記考均沿大歷之說,余曾揭其疑,蓋大歷十至大和五,計五十七稔,即使二十舉進士,已逾懸車多歲,頗不類也。 況此制後一篇授劉縱祕書郎制,英華署杜牧,其文今又見白集三一,顯有錯亂之迹,故應存疑。

猶有言者,白集三一、文二十七首,英華收十五,三二、文三十首,英華收十五,三三、文二十八首,英華收十五,三四、文五十首,英華收十六,三五、文五十首,英華收十二,三六、文四十八首,英華收七,(只就制誥兩類言之,收他類者數極少，不具計。）　所採白氏之中書制誥，僅及三分一，其未採者又未知舛異若干也。　夫東本平均不如馬本，余已言之，而馬本及盧見宋本復不如雍熙慶元兩見本，茫茫天壤，安所得「善本白集」存耶。

是故今後有欲修刊白集者，謂應取一全本（如馬本）爲主，然後採

其他全本、（盧見宋本、錢應龍本、華氏活字本、東本等。）

殘卷、（金澤圖錄各卷）。

散編、（文苑英華、唐文粹、唐晉統籤、白氏諷諫、全唐詩、汪編詩集、全唐文等。）

筆記、（容齋隨筆等）。

詩話文評、（祇求其字句異同，徒涉空論者不錄。）

考證、（文苑英華辨證等）。

近世中外研究、（鈴木虎雄白樂天詩解、浙江圖書館報等。）

等之同異，胥爲校注正誤，可決者決之，兩可者置之，庶文藝界中或得一較完美之白集，若必效盧氏常主一本而輕蔑其他，則吾未之敢知矣。

夫列舉各本之同異，一良書記優爲之，言夫取舍，則雖學問閎博，根柢深厚，要未易言，即如

唐有莫州，無漠州，盧凡三校，瀛漠均作瀛漠，（前舉四〇八盧士玫、四一二張洪兩例外，尙有馬本五三、瀛漠州都虞侯一例。）　漠固訛，漠亦訛，此盧之不考地理也。

馬本四九、李德循膳部員外郞制云，「尙書郞自奏議彌綸外」，盧校作尙書左士郞，云「二字脫」。　按東本同盧見本，唯英華三九一循作脩，又作左曹郞，曹下注云，「集作士」，考新表七二上、吉甫子德脩，楚州刺史，亦見東觀奏記上，制云，「籍訓於台庭」，是吉甫子無疑，唐寫脩、循字極易混也。　左曹猶云左司所轄，左士則未之聞，「士」誤無疑。　又馬本五三、李玄成等授官制，「黔州觀察使兼度支使李玄成等，」盧校「兼」爲「與」，「李」爲「言」，與東本同，然試問「與」之義爲「可與言」「不可與言」之「與」乎，封圻有應遷轉之事，祇應上陳，不必與度支使言也。　抑「與」爲「與及」之「與」乎，但如舉賢勵能，觀察

專之，不必連及無關之度支使也。　考舊書四三、度支郎中下云，「凡天下邊軍有支度使，以計軍資糧仗之用，」邊使常兼「支度使」，其例甚多，與在朝之「度支使」，（見李肇國史補）名近而相異，舊籍不察，或倒書支度爲度支，故此文實當作「黔州觀察使兼支度使言」，宋本、馬本，各有舛錯，此盧之未明官制也。

馬本五一、崔鄯倉部員外郎制，「故員外郎不可逾時缺，不待滿歲遷，」盧校外字衍，與英華三九一及東本同，然「員郎」連詞，唐文似未之見，英華注，「一作故員不可踰時缺，郎不待滿歲遷，」於文實長，此盧之失諸術語也。

羣書拾補有聲於時，而其失如此，苟無盧之學，法盧之專，其失又將何如耶。

余慕白氏爲人樂天，曾就白集研究，撰文五篇，稿付商務，申江淪陷，存佚靡聞。頃以整理翰學壁記，重涉英華，復就拙見，成斯小論，所冀舊稿幸存，庶多時捋撦，不爲虛負耳！

三十一年七月下旬，仲勉識於板栗隘張氏新房。

出自第十二本(一九四七年)

王逸集牙籤考證

張政烺

江夏黄氏衡齋金石識小錄卷下，第四十六葉，著錄象牙書籤一枚，長三公分半，闊二公分，正反兩面各刻文三行，行字數無定，今依原式釋文如下：

初元中，王公逸爲校

書郎，著楚辭章句，

及誄書雜文二十一篇。（以上正面）

又作漢書一百二十三

篇。子延壽有俊才，

作靈光殿賦。　　　（以上背面）

原書有圖無錄，於出土及流傳情況皆不能悉。題「漢王公逸象牙書簽」，不知何據，或以文中具記人名書名故爾。字甚古樸，確非近人僞作，體勢在隸楷之間，當屬魏晉或北朝時物，不得早至漢代，觀首行「初元」二字乃元初之誤倒，東漢改元雖頻數，果此籤出於當時人之手，疑未必荒謬至如此也。

古書大抵五卷以上至十卷左右爲一帙，（參考古文舊書考卷一書册裝潢考，及書林清話卷一書之稱函條。）懸以牙籤，用便檢索。故唐書藝文志記兩都四庫書有軸帶帙籤之異。（經義考卷二百九十四引韋述曰：「經庫……用白牙木書軸，赤黄縹帶，黄牙錦花織竹書帙籤」云云，不知本於何書，）而鄭寶題經藏詩云：

萬蘊千牌夾碧牙，縹縢金字間明霞。（宣和書譜卷四）

亦可爲證。此牙籤正反兩面皆有文字，不能附著於物，其上部當有鼻以繫於帙，蓋已損折矣。

范曄後漢書文苑（列傳七十）有王逸傳，云

王逸字叔師，南郡宜城人也。元初中舉上計吏，爲校書郎。順帝時爲侍中。著楚辭章句行於世。其賦誄書論及雜文凡二十一篇。又作漢詩百二十三篇。子延壽，字文考，有儁才。少游魯國，作靈光殿賦。後蔡邕亦造此賦，未成，及見延壽所爲，甚奇之，遂輟翰而已。曾有異夢，意惡之，乃作夢賦以自厲，後溺水死，時年二十餘。

以牙籤之文與本傳比較觀之，其裨益於目錄學約有數事可得而言，玆分別述之。

王逸傳云「又作漢詩百二十三篇」，自來注解及補後漢藝文志者皆不識爲何書。今此牙籤詩乃作書，然則漢書一百二十三篇蓋指東觀漢記之別本而言。王逸預修漢記劉知幾猶及知之，惟不深信其事。史通史官建置篇：

觀夫周秦已往，史官之取人其詳不可得而聞也。至於魏晉已降則可得而言。然多竊虛號，有聲無實。案劉（後漢）曹（魏志）二史皆當代所撰，能成其事者蓋唯劉珍，蔡邕，王沈，魚豢之徒耳。而舊史載其同作，非止一家，如王逸，阮籍亦預其列。且叔師研尋章句，儒生之腐者也，嗣宗沈湎麴蘗，酒徒之狂者也。斯豈能錯綜時事，裁成國典乎？

云舊史載其同作，不知果何所指，史通述漢記纂修始末最詳，必有所據。又古今正史篇：

董卓作亂，大駕西遷，史臣廢棄，舊文散佚。……故漢記殘闕，至晉無成。

是其書本無定本。藤原佐世見在書目十一，正史家

東觀漢記百四十三卷　起光武，訖靈帝。長水校尉劉珍等撰。

右隋書經籍志所載數也。而件漢記，吉備大臣所將來也。其目錄注云：此書凡二本，一本百二十七卷，與集賢院見在書合，一本百四十一卷，與見書不合。又得零落四卷，又與兩本目錄不合。眞備在唐國多處營求，竟不得其具本，故且隨寫得如件。今本朝見在百四十二卷。（烜按而件如件猶言乃件或這件。）

蓋唐人所見漢記尙多異本，或具列纂修銜名亦未可知。又隋書經籍志著錄各家後漢書當時率有傳本，而袁山松書且有藝文志，皆足爲劉氏評述漢記之依據，惜今無可考矣。（文選集註卷六十三，「離騷經一首，王逸注」下，引陸善經曰「後爲豫章

太守」，亦不知本於何書。）

漢明帝以班固爲蘭臺令史，詔撰光武本紀及諸列傳載記，是爲後漢注記之始。自章和已後圖籍盛於東觀，凡撰漢記相繼在乎其中，而校書郎都爲著作，今可考者無慮二三十人，王逸爲校書郎在安順之世，正劉珍等奉詔雜作紀表名臣節士儒林外戚諸傳之時，參與著作，亦固其所。然乃預於其列，而非總司其成，以事理論不得輙專作者之名。且其時漢記成篇尚屬無幾，下逮桓帝元嘉間才得百十有四篇，則當王逸之世絕不能有百二十三篇之數。古者注記之體或曰書，或曰記，初無定稱。如太史公百三十篇（漢書藝文志），或曰太史公書（漢書宣元六王傳，班彪略論，王充論衡超奇，案書，對作等篇，宋忠注世本，）亦曰太史公記（漢書楊惲傳，應劭風俗通義）。班固作漢書，而時人有上言班固私改作史記（初學記卷二十一引東觀漢記） 漢書成於東觀，實一代之國史，漢記草創又始班固，其書僅有小題而無大名，別本流行襲班書之舊稱，自無足異。（古人書既相類不嫌同名，薛瑩後漢記，謝承後漢書，「後」字皆後人所加，原名殆不如此。）惟一時相同之書名繁多，則必藉篇數以示分別。（漢志凡云某某若干篇者，必連篇數舉之，始成一完全書名。宋以降或不達此義，若遂初堂文淵閣等書目，旣不記卷數，又無撰人，遂多不可曉矣。）故云「又作漢書一百二十三篇」者，亦猶云又撰東觀漢記而已，非必百二十三篇皆王逸之手作也。後漢書列傳載「撰漢記」之處甚多，如

李尤傳　……俱撰漢記。

伏無忌傳……共撰漢記。

張衡傳　……撰集漢記。

盧植傳　……補續漢記。

蔡邕傳　……撰補後漢記。

皆與王逸傳「又作漢詩百二十三篇」之語不同。是知范書此句乃因襲所據史料之舊文，其義或不深解，故未改從一律。則傳寫失實，訛書爲詩，又何責焉。浦起龍史通通釋云：

按逸列名史事未詳。

蓋此事沈薶近千年，久無知者，今得此牙籤可以正范書之誤，藉推知其涯略，信所

謂一字千金者矣。

此牙籤與本傳之文繁簡雖殊，而大端則一，由字體推斷，牙籤當不出於范書。蓋兩者同源而彼此不相襲。然則其皆何所據耶？此實一疑問也。考隋書經籍志，集部，別集類

梁有王逸集二卷，錄一卷。亡。

所謂「錄一卷」即撰集王逸所著文章之敍目，古者書錄皆爲傳體，表作者事蹟以爲知人論世之資，故史家列傳遂多取材於此，如淮南王安敍離騷傳，史記藉以爲屈原列傳。劉向校書，每一書已，輒條其篇目，撮其旨意，錄而奏之。今所在者如管子，鄧析子，晏子春秋，孫卿新書，韓非子，列子等書錄，皆詳考其行事，略如列傳之體。而漢書列傳多取於七略別錄，如賈誼，董仲舒，東方朔等篇，尤明白可辨。此義余嘉錫先生目錄學發微論述已詳，可謂定案，王逸文撰集於何時今姑不論，觀本傳云「其賦誄書論及雜文凡二十一篇」，實全篇主旨之所在，知其辭當本於王逸集之錄一卷。隋志又載

梁又有王延壽集三卷。亡。

此集三卷而無錄，疑與王逸集同時敍次，父子共爲一錄，故附傳亦載其作賦之事甚詳。若牙籤者，則藏書之標幟，王逸父子文集同帙，而以此籤懸於外，用省繙檢舒卷之煩，其文乃自錄中略出，亦猶四庫提要之於簡明目錄矣。

王逸集原本不止二卷，隋書經籍志，子部，儒家類

梁有王逸正部論八卷，後漢侍中王逸撰。亡。

姚振宗云：

案史言賦誄書論，論或即此正部論，當時編入本集二十一篇中。意林載王逸正部十卷。十卷者別有集二卷見下別集類。蓋阮氏七錄分此八卷入此類，餘二卷入文籍部，本志仍之也。（隋書經籍志考證卷二十四）

按姚氏之說是也。馬總意林因庾肩吾子鈔之舊目，猶是梁以前舊本，古書小題在上，大題在下，（或無大題）正部論占王逸集十分之八，遂掩本集之名，故曰正部十卷。自東漢以降，文人論撰多「理不勝辭」，固宜入文集。魏文帝典論論文謂文非

一體，而以「書論宜理」居四科之一。（文選卷五十二）是其說矣。下逮齊梁專重美麗之文，作者既衆，文集之體例遂興，凡自成一家之言不列於集，（參考文選卷四十六任彥昇王文憲集序）阮孝緒既以「頃世文詞」之例定文集錄，自不免從正舊集，別裁著錄。意者王逸集之本來面目當爲王逸集十卷附子延壽集三卷并錄一卷。牙籤即施於其上，至若楚辭章句乃王逸爲校書郎時校注之官書，已「行於世」。云「又作漢書一百二十三篇」者，亦分別內外之辭，皆不在撰集敍錄之列也。

楚辭章句卷十七王逸九思乃後人附入，原書本無此卷。明仿宋刊洪興祖補注本（四部叢刊即影此本。余別有跋）此卷獨題「漢侍中南郡王逸叔師作」，與以上十六卷題「校書郎臣王逸上」者不同，而與隋志所記正部論銜名合。蓋此卷乃自王逸集錄入，漢侍中一行猶是本集銜名舊式。明吳郡黃氏，豫章王氏重刻楚辭章句，世稱善本，乃改竄銜名，並此卷亦題王逸章句，謬矣。

范曄後漢書多載文人著作，凡傳中錄其篇數者，北海王睦，臨邑侯子騊駼，桓譚，馮衍，賈逵，桓麟，桓彬，班彪，班固，朱穆，胡廣，應奉，崔駰，崔瑗，崔寔，崔烈，楊修，劉陶，張衡，馬融，蔡邕，荀悅，李固，延篤，盧植，皇甫規，張奐，孔融，衛宏，服虔，杜篤，王隆，史岑，夏恭，夏牙，傅毅，黃香，劉毅，李尤，李勝，蘇順，曹衆，曹朔，劉珍，葛龔，王逸，崔琦，邊韶，張升，趙壹，酈炎，侯瑾，張超，班昭五十四人。而杜篤至張超二十三人皆在文苑傳，尤以記述文章爲主，體製整齊，如出一式。按東觀漢記本無文苑傳，經董卓之亂又史臣廢棄，舊文散佚，史通古今正史篇：

> 及在許都，楊彪頗存注記，至於名賢君子自永初以下闕續，魏黃初中惟著先賢表。

是關於後漢文人之史料東觀即有所儲亦久矣蕩然無遺。隋書經籍志：

> 董卓之亂獻帝西遷，圖書縑帛軍人皆取爲帷囊所收而西猶七十餘載，兩京大亂掃地皆盡。魏氏代漢，采掇遺亡，藏在祕書中外三閣。魏祕書郎鄭默始制中經。祕書監荀勗又因中經更著新簿。……但錄題及言，盛以縹囊，書用緗素，至於作者之意無所論辯。

然則東京文章之大規模撰集敍錄當在魏晉之世。王隱晉書：

鄭默字思元，爲祕書郎，删省舊文。除其浮穢，著魏中經簿。中書令虞松謂默曰，而今而後，朱紫別矣。（初學記卷十二引）

荀勗字公曾，領祕書監，與中書令張華依劉向別錄整理錯亂，又得汲冢竹書，身自撰次以爲中經，（文選李善注卷四十六引）

蓋鄭荀校書猶沿向歆遺法，雖分部不同而規制無異，中經簿大抵仿劉歆七略，乃中經之簡明目錄，故晉書美其删省舊文，除其浮穢。隋志譏其但錄題及言，至於作者之意無所論辯也。然書之後出至魏晉始校上者，實皆有敍錄。魏錄已渺不可徵，晉錄則猶存二篇。一，陳壽上諸葛氏集目錄，見蜀志諸葛亮傳末。二，荀勗等上穆天子傳序，見本書卷首。（世傳伶玄趙飛燕外傳，末載荀勗書錄一篇，首尾僅六十字，大抵出於依托。）其體皆似劉向書錄，可窺一斑。當時是否仿別錄之例，總括羣書輯爲一編，今不可知。按隋書經籍志，史部，簿錄類

雜撰文章家集敍十卷。荀勗撰。

雜撰當作新撰，舊唐書經籍志，新唐書藝文志著錄不誤。（兩唐志皆作五卷，疑卷數有分合，否則殘缺矣。）此當卽魏晉新撰書錄之一部分，中古重文，流行獨久，史漢三國無文苑傳，范曄創意爲之，大抵依傍此書。而他傳具文章篇數者，其辭亦多本於此。蓋承初平永嘉圖籍焚喪，一代文獻之足徵者，亦僅此而已。

新撰文章家集敍一書唐以後久佚不傳，三國志注，世說新語注等書徵引，皆簡稱文章敍錄。（參考文廷式，吳士鑑，黃逢元諸家補晉藝文志）嘗就涉獵所及綴輯得若干篇，復甄錄范書文苑等傳，附於其後。自來學者於魏晉整理書部之情形，無能言其梗概者。甚或謂荀勗校書不爲解題，今竟考得其敍錄數十篇，雖皆經删節附益，非盡原文，亦足珍惜，荀勗丁部上承劉歆詩賦略，故撰次文章家集，賦誄詩讚居首，而以書論雜文爲末。王逸集有正部論，梁入儒家。何晏集有道德論，（見世說新語文學篇注引文章敍錄）梁入道家。（見隋志）知阮孝緒文集錄割析辭義，體例又有不同，蓋文章之升降，子集之盛衰，又可於此窺其消息，輒發其意，世有治章學誠文史校讎之學者，容有取焉。

三十二年十二月十八日作，三十四年八月二十日寫畢。

出自第十四本(一九四八年六月付印,一九五九年十一月重印)

翰林學士壁記注補

岑仲勉

目錄

自序

唐碑記題名之要者，傳於今凡三；曰御史臺精舍碑，曰尚書省郎官石記，曰重修翰林學士壁記。前二者石刻，清仁和趙鉞、勞格均曾合撰考證；郎官考材料尤豐富，官高而要，傳世事迹必較多，其勢然也。壁記墨書，易於昧沒剝落，（昧沒之詞，見丁居晦記，今記文寶應後之于益缺官歷，咸通之崔璆、李溥、豆盧瑑同，劉承雍只記其貶而不記其入，部曹之稱，月日之序，亦多空落。又乾符已後，雖漸亂離，題名之典，當猶未廢，可於昭宗時陸扆光院例（見學士院舊規）觀之，今一名不存，此爲剝脫之確證）。寮視鈔謄，以比搨本，舛奪之機大。然翰學時人號內相，要重超乎郎官，每名之下，率著遷除之階，拜罷之歲，其爲助於參讀史乘，視御史碑，郎官柱之僅具姓名者，夐不侔矣。顧自宋已還，作家代興；迄未聞理董之者。

丁丑七月，余抵南京，重新整錄郎官題名既竟，（見本所集刊八本一分。）即擬著手爲之校注。無何，抗戰軍興，本所播遷，是歲歲底居湘，翌年入滇，時所中圖籍在轉運中，乃據知不足齋鮑本，就手存參考書一一鉤稽，畫分爲十二宗，粗成注補兩鉅帙，庋之行篋。今歲季夏，小瘧初愈，覆閱舊稿，略事修綴。隨檢南京國學圖書館目，則鮑本外尚有兩本；一說郛本，本所未入藏，二學海類編本，本所之類編未收此種。惟所中圖室別存翠碧樓經庋之鈔本一，編首題「校正宋本翰苑羣書古鹽李氏鈔藏」，取勘鮑本，則如錢徽下之十一月作年，杜元穎下之十二年□月作二月，劉瞻下之十月作十年，均與余先經校正者符合，非無一節可採。亦有年月日上之數目字，鮑本原空而此本（以後省稱鄧本。）不空者，然均乏他證，難爲必信。外此則舛誤之處，平均視鮑本猶多，惟鮑本丁記千千萬齡，英華（卷七九七，全唐文卷七五七同。）作使千，使與千字形不類，獨鄧本作于千，可證鮑本千千實于千之訛。說郛、類編兩本，余雖未見，意亦不能特佳於鮑本也。

翰林院之壁記，據李肇翰林志（元和十四年作。）云，「北廳五間，東一間是承旨閣子，並學士雜處之，題記名氏存於壁者自呂向始，建中巳後，年月遷換，乃爲周悉」，然依貞元二祀，韋執誼撰翰林院故事，則貞元前學士名姓，乃執誼所追敍也。洎李肇作志之明年，修葺院署，北閣學士舊記遂移於前廳。（見韋處厚翰林院廳壁記及杜元穎翰林院使壁記。）又明年，（長慶元。）元稹充承旨，復別爲承旨學士廳記，專紀承旨充罷，題在東廡之右。及開成二年，宦官意別有注，（說見下。）強合兩記而一之，概名曰重修承旨學士廳壁記，按之則名實弗符，直應云重修翰林學士院壁記也。（玉谿年譜會箋二開成三年二月之柳璟，箋四大中三年二月之令狐綯，四年二月之畢諴，六年七月及十年正月之庾道蔚，八年五月之蕭寘，均誤稱爲翰林學士承旨，即因本記標題弗合而誤會者。）

建中巳後，年月遷換，本可周悉　故丁記所敍學士姓名，無非集合此等史材及翰林院故事而詳審之。記作於開成二年五月十四日，（丁氏記文，本至開成表號之二年五月十四日記句止，可由英華所收見之，其下有此本據院中壁上寫並無大歷天寶學士姓名十八字，乃後人從壁上鈔出後所附注，今本乃用大寫連於丁記之後，誤也，巳辨見注補中。）目錄家都統題全編曰丁居晦撰，繩以嚴義，殊未翕合；蓋丁氏紀述，應至作記日止，過此則後來入院者各自續題。丁卒於開成五年三月，今記其名下有「其月二十三日卒官，贈吏部侍郎」語，寧能自記身後事乎，又能記及武、宣、懿三朝翰學六十九人事乎。

我國學者往往過持輕信古人態度，丁以翰學記其本署前聞，復有本據，人皆以爲無大缺憾矣，而抑知有極謬不然者。原題至德後四人，勘諸故事，乃失收趙昂一人。實應後原以張涉、于肅、于益爲序，徵諸故事及史乘，當以益、涉、肅爲序。然猶可諉曰鈔寫錯誤，傳刻失錯也，獨有一大快焉，則余發見者刊削王涯兩入及鄭注、李訓、顧師邕三人姓名是。

唐有兩大獄，曰王叔文黨案，曰鄭注、李訓黨案，其情勢略類清末康、梁之案，所異者唐在除宦官，清在制母后耳。康、梁獄成，不兩周卽肇庚子之變，幸而早發，倘彼暴倭兵力已盛，其禍不徒亡滿清，且將亡我中國也。永貞之事，叔文實主之，（或亦順宗所默許，然其時已病不能興。）憲宗中官官計，惑於不願立太子之譖，切齒叔文，（十七史商榷七四程異復用條謂「憲宗讎視其父所任用之人，居心殆不可問，」猶未澈見其私慾。劉禹錫子劉子自傳謂上素被疾，詔下內禪，宮掖事祕，功歸貴臣，於是叔文貶死云云，卽欲爲叔文此案辨護，不過劉氏晚年深自引晦，故有匣劍帷燈之隱耳。）文人需次稍久鬱鬱不得志如韓愈輩，（陳祖范文集一記昌黎集後云，「退之於叔文、執誼有宿憾，於同官劉（禹錫）柳（宗元）有疑猜」，又云，「罪狀王、韋，實有私心」，正誅心之論，亦持平之論，吾人不能因彼負文名而從恕也。）更詆以新進，（按柳、劉同於貞元九年舉進士，歷十二年而授員外，尙非甚躁進者。）從而羣吠之，釀成君臣猜忌、薦新軋轢，閹寺乃隱身幕後，含笑而作漁人。然叔文曁八司馬輩，非眞醜類比周、黨邪害正，（語本前引商榷條。）大有公論在也。（除前引祖范文集及商榷條外，如商榷同卷順宗紀所書善政條，卷八九王叔文謀奪內官兵柄條，均言甚詳盡，足爲叔文黨案平反。容齋續筆四柳子厚黨叔文條雖左袒韓愈，然續筆七伾文用事條又盛稱其善政，是柳、劉之交叔文，不得爲柳、劉過也，洪特欲代愈解嘲，故弗能自圓其說。）

論大和之謀去宦官，則與永貞情形迥異，文宗實主之，（帝立志欲除宦官，觀新書二〇七仇士良傳載其對周墀所語，卽情見乎辭。光化四年雪王涯等十七家詔云，大和元（九）年故宰相王涯以下十七家，並見陷逆名，本承密旨，遂令忠憤，終被冤誣，六十餘年，幽枉無訴，所謂本承密旨，道其事之實也。玉谿生年譜會箋一云，「甘露之變，發難訓注，而謀則斷自文宗，」實得我心。十七史商榷九一，「僖宗光啓四年正月，下詔昭雪王涯以下十七家，詔曰，……此詔見王明清玉照新志，舊紀、傳皆不載，新書涯傳末云，昭宗天復初大赦，明涯、訓之冤，……至甘露之難，至光啓四年，僅五十四年，而詔文亦云六十餘年者，傳寫之誤，當作五十餘年。」余按通鑑二六二、天復元年四月，「丁丑，赦天下，改元，雪王涯等十七家」，胡注、「崔胤將誅宦官，故先雪王涯等」，由大和九數至天復元爲六十六年，正與詔文合，丁丑始改元天復，故亦得云光化四年，光化、光啓相去僅十載，易於互訛，王氏乃強欲易詔文六十爲五十，緣未參通鑑也。）鄭注、李訓等輔成之。閹寺處此，上無所施其主君搖惑，下無所煽其兩派交爭，洎弘志杖殺，守澄賜酖，事機日逼，兔死狐悲，遂不得不挺而走險，是釀甘露之變。然閹宦之怨鄭、李、王、顧諸君子，（十七史商榷九一訓注皆奇士條辨新傳詭譎貪沓之訊，語最公允。當日閹人勢盛，士夫固多爲作鷹犬者，新書第據舊籍轉錄，正王氏所謂史官曲筆，不可盡恃也。通鑑二四五、「訓注本因守澄進，卒謀而殺之，人皆快守澄之受佞而疾訓注之陰狡，」又二六三評云，「況李訓、鄭注反覆小人，欲以一朝譎詐之謀，翦累世膠固之黨。」按處變用權，聖賢所許，因守澄而進，固未能定訓、注終身，舊說謂訓、注反覆，無非爲謀殺守澄，然文宗既與鄭、李有密謀（見通鑑二四五）則請問頭巾書生，應背守澄以從君父乎，抑念私恩而忘國事乎？大義倘可滅親，以謀守澄而目鄭、李曰反覆，直不啻爲宦官洩憤。行譎詐之謀，猶不克翦，而謂憑三數人之公言，（充其量不過一劉蕡。）可以翦惡乎。狄仁傑薦張柬之，論者極稱其保唐有功，夫五王，武后所用，而幽武后者五王，未聞責五王之背武后也。（司馬之論鄭、李，與新書之論叔文，同一鼻孔出氣，甚矣迂儒之不可與言大事也！）猶未息也，即翰學之小小留題，亦芟除務盡，藉口曰文字昧沒，美稱曰粉繪耀明，（皆丁記中語。）讀史者稍一不察，便爲居晦之曲筆所蒙，閹寺之用心，不旣陰狠乎，閹寺之手段，不旣毒辣乎！文宗得不至滅燭之弒，（敬宗）少陽之幽（昭宗）者，徒以外乏奧援，（如劉從諫表請王涯等罪名。）有所顧忌耳。幸奸邪雖熾，正誼終存，寺人之陰狠刻毒，可以掩當日之目，不能盲後世之心，可以箝百官之口，不能斷史家之腕，吾人生千百年下，猶得發其覆，揚其私，使鄭、李、王、顧諸君子之名，不至終於「昧沒」，補缺猶雕蟲之小技，誅奸昭論世之至公，謂非一大快事乎。

或曰，王涯之旣削矣，何以叔文、伾不削？夫叔文早貶死，且當時閹官與爲敵者大都物故，彼之恨叔文、伾，不如恨鄭、李等之甚也。或又曰，宋申錫何以不削？按申錫之對手爲王守澄，守澄既死，仇士良原與守澄不協，故申錫之名得存也。如謂非欲削去諸君子名而假手重修，何以王涯兩入，均見故事，而重修記偏獨遺之？李、鄭、顧大和八九年相繼入，只前兩三年事，何以開成重修遽爾忘之？然則芟削之留迹，不啻閹人於其書衡擅改，自畫供招也，是以爲一大快事也。

翰林、唐開元前未之有，（見故事。）張說恩制賜食於麗正書院宴詩東壁圖書府，西園翰墨林，（說之集五）泛言儒林耳。（參補翰學記自序）舊典、中書掌詔旨制敕璽書策命，開元中雖設翰林學士，然止於唱和文章批答表疏，其於樞密，輒不預知。肅宗在靈武、鳳翔，翰林之中，始掌書詔，賦權日重，於是凡赦書、德音、立后、建儲、大誅討、免三公、宰相、命將，皆出於斯。（均見翰林志。）洎貞元之政，多參決於內署，（見本編韋綬條）時人謂之內相。當政令未頒際，可以封還詞頭，補救事先，（如白氏長慶集四論承璀、孟元陽兩狀）視諫官徒作事後爭論者，爲效迥異。或遇國家鉅變，如衞次公之倡言立嫡，（舊一五九本傳，「二十一年正月，德宗昇遐，時東宮疾恙方甚，倉卒召學士鄭絪等至金鑾殿，中人或云，內中商量所立未定，衆人未對，次公遽言曰，皇太子雖有疾，地居冢嫡，內外繫心，必不得已，當立廣陵王，若有異圖，禍難未已，絪等隨而唱之，衆議方定」）韋處厚之決定制置，（見本編處厚條，並參舊一五九本傳）宰相視之，猶有遜色，王鳴盛氏謂翰學不可不書，（見補翰學記拙自序引）凡以見其職任重要也。叔文、李、鄭志除宦官，皆引居內署，叔文且再三力爭，非視翰學重於宰相耶。

重修壁記、清代學者向未重視，或以爲一陞官圖譜耳。依余考之，則大不然。宣、懿兩朝宰相除拜之年月，新書往往與舊書異，而通鑑率同新書，蓋後兩者之所據，與宋敏求補唐實錄同出一源，（參補翰學記拙自序）宋氏鉤稽羣籍以成書，重修壁記即其重要史源之一，試觀蔣伸、（記作十二月二十九日，新書作十二月甲寅，即二十七日，九、七字近，今本之九或七訛，否則宋時見本或作二十七也）杜審權、楊收、（舊紀一九上、收相於咸通四年三月，與記異，新書與記同，通鑑僅先差一日）路巖、劉瞻、韋保衡（記作四月二十五日，新書四月丙午，即二十四日，此許轉算偶誤）之拜相年月日，與記幾全同，便可想而知之。宋人所搜晚唐記載，猶是片段零文，非為紀年長編，不過彼未明記其鉤稽方法，後人遂失諸眉睫耳。又如令狐綯之相，記作大中四年十一月三日，舊紀書於十一月，則月分同，而新書、通鑑均作十月二十七辛未，此或別有據依，然有記文在，吾人即不能信新書之是、舊書之非也。新傳（唐語林三同）記仇士良之陵轢文宗，崔慎由之緘縢密祕，（見本編慎由條）有聲有色，人唯賞其文之奇詭，遂不問事之有無，今據記證之，則開成之世，慎由尚未充翰學，而小說家為虛構，類是者厥例不一，具詳本編注中，其為信史，價值遠在私家筆記上，孰謂可蔑視如陞官圖譜耶。翰林官制，五代、兩宋承之，遼、金、元採之，東北而高麗，亦設翰林承旨一職，其源遠矣。迄明與清，始名存實亡，鄧邦述氏跋翰苑羣書（從鄧本錄出）云：

自有唐以來，以玉堂為清秩，明時非翰林不得拜大學士，國朝因之，而士以躋玉堂為榮者蓋千餘年矣。唐、宋翰林皆知制誥，而有明至今則僅與修國史，康、雍、乾、嘉之際，惟南齋翰林得與機要，然敬守溫室之義，外人靡得而詳，近亦惟揮毫染翰而已。然且制科久廢，翰苑僅存，十數年後，或有不知玉堂之足貴者。余自戊戌通籍，忝列史官，丙午乞外，九年於茲，讀洪氏是編，恍若塵夢，世事遷轉，未知所極，區區之榮，又何足云。

按清制翰林院掌祝辭、册文、碑文、祭文之屬，（見清通典二三）仍唐代翰林所掌之一部，然其閑要相去綦遠矣。歐洲之 Academy，清人常翻曰翰林院，白鳥闕特勤碑銘考亦稱 Radlov 曰魯國翰林學士；考清代庶吉士入院後，月有館課，三年考試，乃各別授職，其業務固與 Academy 異，而用意則稍相類，民十七本院成立，山陰蔡公即以前清編修首任院長，固事實之恰巧者。回憶光緒之末，家二兄官翰署，仲勉北從游學，苑中名公，時獲晉接，惜學識淺陋，不能記拾舊聞，效法鄉賢黃公佐翰林志之作，詳敍舊制，今唯憑其一知半解，妄冀於千載上玉堂故事，有所補苴。得無自顧而汗顏也歟。

韋執誼翰林院故事暨元稹翰林承旨學士記，皆丁氏本據之一；承旨記已別為注補，故事起開元，訖元和，足與丁記相參證者尤多，爰摘其異同之處，略加校注，附錄卷末，庶兩書相得而益彰云。時中華民國三十一年七月，抗戰五週年紀念日，順德岑仲勉自識。

重修承旨學士壁記 丁居晦

余按元稹之承旨學士壁記，係專記承旨學士，此壁記兼及學士、侍講學士、侍書學士等，而命名曰承旨學士壁記，殊嫌名實不符，直應云重修學士院壁記也。（解題六作重修翰林壁記，甚是。）

尚書元稹承旨學士廳記，舊題在東廡之右，歲月滋久，日爍雨潤，牆屋罅缺，文字昧沒，不稱深嚴之地。院使郭公、王公皆以茂器精識，參掌院事，顧是言曰，吾儕詹務，罄盡心力，細大之事，人謂無遺，而茲獨未暇，使衆賢名氏，翳不光耀，失之不治，後誰治之。遂占工賦程，不日而成，□峭學平，粉繪耀明，玉粹雲輕，隨顧而生，貫列豪英，千千萬齡，無缺無傾。工告休，命予紀完葺之美，舊記所載，今皆不書。開成表號之二年五月十四日記。

此文亦收英華七九七、全唐文七五七，茲合校於下。

廳記、英華全文均作廳壁記，此脫壁字。

失之不治，英華、全文失今，是也。

占工、英華全文作召工，占字訛。此下八句是四言韻語，故峭上空一格，本所圖書室有鄧邦述經藏鈔本，面題「校正宋本，」（已下省稱鄧本。）峭字上不空，非是，峭學平三字費解，英華、全文作峭麗齊平。

耀明、英華注「或作目。」全文耀目；按明字是韻，作自非。

千千當訛。英華、全文使千，鄧本于千。

工告休，英華、全文均工役告休，英華役下注。「一無此字。」

完葺、英華全文完緝，英華注，「一作葺。」

舊書一六六、元稹官至檢校戶部尚書武昌軍節度，其文在本集（五一）中題「翰林承旨學士記，」翰苑羣書收入者題「承旨學士院記，」考翰林志，「北廳五間，東一間是承旨閣子，並學士雜處之，題記名氏存於壁者自呂向始，」故此曰廳壁記。

翰林志又云，「有高品使二人知院事，每日晚執事於思政殿，退而傳旨，」

翰林學士記云，「內給事李常暉、內謁者將王士玖竝掌院事，近乎十年，」記之郭公、王公，卽中使也。

全詩十函七册、韓偓雨後月中玉堂閑坐詩自注，「禁署嚴密，非本院人雖有公事，不敢遽入，至於內夫人宣事，亦先引鈴，每有文書，卽內臣立於門外，鈴聲動，本院小判官出受，受訖授院使，院使授學士。」

高宗名治，然唐制已祧之廟不諱，與後世異，元龜三云，「至寶歷元年正月，太常寺禮院上言，玄宗廟諱准故事祧遷後不當更諱，制可之，」故文內兩用「不治，」「治之」字，考古質疑一謂治、顯兩字，韓、柳文用之非一，則由未知元和時高、中兩宗皆已在祧遷之列也。

丁氏記文，應至「二年五月十四日記」句止，英華、全文皆然，後再說明之。

學士姓名

按此四字應另行提起，今本接於記文之下，非是。

此本據院中壁上寫，竝無大歷、天寶學士姓名。

按此十八字係後人從壁上錄出時所附注，可從「此本據院中壁上寫」一語見之，如係居晦之詞，固當於記文中說出也。後人不會，誤以大寫接於「學士姓名」字之下，應亟刊正。

沈該翰苑題名序云，「翰苑自唐寶應迄於大中，學士官族，皆刻石龕之屋壁」詳記及注，實是寫題，並非刻石；又題名起開元，盡咸通，亦非始寶應迄大中也。

解題六云，「重修翰林壁記一卷，唐學士丁居晦撰，開元(成之訛)二年也。所記姓名，迄於咸通，而獨無天寶、大歷學士，爲不可曉。」其言亦猶注之言，然天寶、大歷自有學士，不過今題名以「開元後」統天寶，「寶應後」統大歷，讀之者不察，遂謂天寶、大歷無學士，此吠影吠聲之談也。又開成二年五月十四日已前題名，是居晦作記時一同寫出，已後則陸續題續，故書例頗不整齊，今謂全書爲丁居晦撰，亦離乎事實，下文將分別辨出之。

翰林學士壁記注補一　玄宗

原書本不分卷，玆爲便檢閱起見，將每朝所任各畫爲一卷，於原文無若何變動也。

開元後八人

說詳後。

呂向　中書舍人充供奉。

向祇新書二〇二有傳，云，「以起居舍人從帝東巡，………久之，遷主客郎中，……向終喪，再遷中書舍人。」按舊書一九四、闕特勤之喪，向以都官郎中使突厥，事在十九年末，則向遷中舍，最早不得過開元二十年，其供奉翰林，似在二十年之後。但新書二〇〇趙冬曦傳又謂，「坐事流岳州，召還復官，與祕書少監賀知章……入集賢院修譔，是時……翰林供奉呂向、東方顥爲校理，」事在開元十年，（參拙著金石證史一五頁）與此記頗相抵觸。繼檢慶唐觀銘碑陰，（山右石刻六）則開元十七年九月向之結銜，固作「勑建造摸勒龍角山紀聖碑使、朝議郎、守尚書主客郎中、集賢院學士、翰林院供奉、輕車都尉、贊諭皇太子、兼侍慶王忠王棣王鄂王榮王光王儀王穎王永王文章、臣呂向奉勅題陰并建碑年月日，」此爲向供奉翰林在擢官中舍已前之確證。本文「中書舍人充供奉者，」蓋在翰林院旣建（開元二十六年）後題其見官，不復追書前歷耳。翰林志云，「建中已後，年月遷換，乃爲周悉，」是年月遷換，在李肇元和末年，已不盡可考，更無論居晦時矣。

翰林院故事云，「呂向自中人充供奉，」與此同，然則題名不題名，當日固不就供奉字論，而就職事不職事爲論也。抑故事又云，「由是始選朝官有詞藝學識者，入居翰林，供奉別旨，於是中書舍人呂向、諫議大夫尹愔首充焉，雖有密近之殊，然亦未定名，………至二十六年，始以翰林供奉改稱學士，」知二十六年已前並無學士之稱，而向、愔二人皆二十六年已前充者。

貞元續開元釋教錄中、「故金剛智三藏行記一卷，右灌頂弟子正議大夫行中書舍人、侍皇太子諸王文章、集賢院學士呂向敬師三藏，因而紀之，」此未知何年所著，據宋僧傳一，智於開元二十年八月寂化，記似是智卒後所撰，故其官稱中書舍人。

出院拜工部侍郎。

故事云，「出爲工侍，」新傳云，「改工部侍郎卒，」考寶刻類編三著錄向書五碑；其三龍興寺法現禪師碑，天寶元年九月立，其四長安令韋堅德政頌，天寶元年，其五壽春太守盧公德政碑，天寶二年建，則向殆卒天寶初年者。

全文四四七竇泉述書賦下注云，「呂向、東平人，……翰林待詔，……官至給事中、中書舍人、刑部侍郎，」作刑侍小異；同書五〇六權德輿三藏和尙影堂碣、「初先大師之滅也，呂工部向、杜衞公鴻漸爲之記，」作工近是。

尹愔諫議大夫充。

愔祇新書二〇〇有傳，傳云，「拜諫議大夫、集賢院學士，……開元末卒」，不言其嘗居翰林，依前呂向條所引故事，愔當開元二十六年前入充也。故事云，「尹愔自大諫充供奉，」可互證，此文似應照補「供奉」二字。

全文九二七愔撰五廚經氣法序，末署「開元二十三年十二月十一日京肅明觀道士臣尹愔上，」不言翰林供奉，則入充最早似在二十四年。

劉光謙起居舍人充。

光謙·舊新書均無傳，故事云，「至二十六年，始以翰林供奉改稱學士，由是遂建學士，俾專內命，太常少卿張垍，起居舍人劉光謙等首居之，」是光謙似開元二十六年充也。唯全文三四五收李林甫進御刊定禮記月令表，依登科記考九，係天寶五載所上，表內稱光謙爲直學士、起居舍人，又集賢記注、劉光謙開元二十九年，以習藝館入內院校理，按校理之職務，下於學士，是開元二十六年光謙斷未官至起居舍人，彼爲此官，乃約爲天寶五載，故事祇謂二十六年改供奉爲學士，非光謙卽於是歲自起居入充學士也。

累遷司封郎中。

故事云，「累改司中又充，」司應作封，今郎官柱封中有光謙，次於楊玄章之前，據郎官考五、天寶九載，玄章尚是殿中侍御史，則光謙官封中，當在天寶後半葉。郎中下應補「充」字。至光謙是否因天寶亂出院，或其他事故，不得而詳。

張垍太常卿充。

垍舊書九七、新書一二五均附見其父說傳。據故事文，垍係開元二十六年自太常少卿充，（引見前劉光謙條。）顧題名內又稱「自太常卿充，」所職不符。考舊書九七、「天寶十三年正月，范陽節度使安祿山入朝，……及祿山還鎮，……帝怒，盡逐張垍兄弟，出均爲建安太守，垍爲盧溪郡司馬，埱爲宜春郡司馬，歲中召還，再遷爲太常卿，」新傳略同，則謂垍被貶召還後始除正卿。考通鑑二一五、天寶四載五月下，稱垍方爲兵部侍郎，就官階言，侍郎低於太常少卿一階，太常卿三階，唯兵侍爲要官，常少是閒員，自常少改兵侍，未得謂之貶。

復次舊紀九、天寶十三載，「三月丁酉，（朔）太常卿張垍貶盧溪郡司馬，垍兄憲部尙書均貶建安太守，」又謂垍自正卿外貶，欲溝合其同異，似垍初自太常少卿入充，後遷正卿仍充爲較合事理；蓋開元二十六年至天寶十三載，後先凡十七年，垍未必毫無升轉也。故事垍名下有「貶盧溪郡司馬」一句，本記缺，合而校之，可補文曰，「天寶十三載三月一日，貶盧溪郡司馬出院。」

翰林志云，「天寶十二載、安祿山來朝，玄宗欲加同中書門下平章事，命張垍草制，不行，及其去也，怏怏滋甚，楊國忠曰，此垍告之也，遂貶盧溪郡司馬，兄均建安郡太守，弟埱宜春郡司馬，」與舊紀作十三載異。按舊書二〇〇上祿山傳，「十三載正月，謁於華淸宮，……三月一日歸范陽，」正與舊紀垍貶日符，作「二」者特傳刻之訛耳。

張淑給事中充。

亦說子，垍之弟也，附見說傳，翰林志及舊、新傳新表均作埱，郎官柱金外作埱，故事及本記作淑，按兩兄均、垍字俱土旁，則原作埱者近是。埱既自給中充，新傳又謂「埱自給事中爲宜春郡司馬，」則其入翰林當在天寶末葉，故事云，「自後給事中張埱、中書舍人張漸、竇華等相繼而入焉。」埱之貶，舊紀不書，以事理揣之，應與均、垍等同日也，故本條可補文曰，「天寶十三載三月一日，貶宜春郡司馬出院。」

張漸中書舍人充。

漸、舊新書均無傳。故事稱其自中舍入充，已引見前張埱條，考嚴州重修圖經一、天寶九載十月□日，漸自饒州刺史拜嚴州刺史，新書二〇六楊國忠傳，天寶十載，拜劍南節度，開幕府，引張漸等自佐，又舊書一一五趙國珍傳，楊國忠兼劍南節度，屢喪師徒，中書舍人張漸薦國珍有武略，則知漸官中舍，在十載已後，換言之，卽入翰林亦在十載已後也。

新國忠傳又言翰林學士張漸等俱走山谷，民爭其貲，漸坐誅，是漸充翰林，至十五載六月玄宗幸蜀時止。

後乃檢得皇第五孫女墓誌銘並序，前題「中大夫行中書舍人、翰林院待制、上柱國臣張漸撰，，朝議郎行太子宮門郎、翰林院供奉臣劉秦書，」誌云，「以天寶十三載歲次甲午、十一月七日丁酉，恬然委順，時春秋二十一載」，（夢碧簃石言二）與前引兩種史料無忤。惟中大夫從四品下，中舍正五上，（開元十三年集賢殿例，五品已上爲學士，六品已下爲直學士。）漸猶稱待制，則似當日不盡稱學士，待制卽與學士相當，（與後來之待制異。）劉秦之供奉，始爲不職事之差遣也。（朔閏考三、是歲十癸亥，十一壬辰，閏十一壬戌，此誌七日丁酉，則十一應辛卯朔，豈當日官歷固如是歟，抑原誌「七」字轉錄或訛歟，附識於此。）

竇華中書舍人充。

華、舊新書均無傳，考姓纂、戒盈青州刺史，生庭芝、庭華，庭華中書舍人，生叔展、申、昱，庭華卽華也。新表七一下、戒盈之從子曰庭蘭、庭萱，而姓纂止作萱、蘭，唐人名字，時或增減無定，小異殊不足疑。舊書一〇六、楊國忠典選，中書舍人竇華等諷選人於省門立碑，以頌國忠銓選之能，同書九、天寶十二載二月，選人鄭懃等以國忠銓注無滯，立碑於尚書省門，則十二載初華已官中舍。

通鑑二一六、天寶九載二月下，稱中書舍人竇華，殆因事類帶敍，非必是年華已官舍人之證。

舊國忠傳又云，「國忠之黨翰林學士張漸、竇華、中書舍人宋昱、吏部郎中鄭昂等，憑國忠之勢，招來賂遺，車馬盈門，財貨山積，及國忠敗，皆坐誅滅，」華充翰林，固至玄宗出奔時止。此與前條張漸，故事暨本記均不注所終，蓋有由也。

裴士淹給事中充，知制誥。

士淹、舊新書均無傳。舊紀九、天寶十四載三月，「癸未，遣給事中裴士淹等巡撫河南、河北、淮南等道，」又新書二二三上，「帝之幸蜀也，給事中裴士淹以辯學得幸，」兩相推勘，似玄宗幸蜀時士淹始以給諫進充也。

此文應「充」字斷句，故事亦云、「自給中充」也，「知制誥」爲職務名稱，其上似須添一「加」字方合。

本記不著士淹出院，故事則云「出爲禮侍，」唐語林八、纍爲主司者春官小宗伯裴士淹再，至德二年、三年，登科記考一〇至德二載下注云，「疑此玄宗在蜀知舉，」如此，則士淹當因知貢舉而出院，其時爲至德元載（即天寶十五）秋冬間也。

憑前文證，則呂向、尹愔二人，開元入而約出或卒於開元末者也。劉光謙、張垍二人，開元末入而天寶始出者也。張埱、張漸、竇華、裴士淹四人，皆天寶後半葉始入充者也。故事於此八人，止以「開元已後」統之，未見其非天寶學士，本記改題曰「開元後八人，」乃稍滋誤會矣。附注暨解題不復細考，夫安怪其以天寶無學士爲疑訝乎。

翰林學士壁記注補二 肅宗

至德後四人

依故事尙有趙昂一人，本記漏，應正云「至德後五人」方合。

㊉董晉祕書省校書郎充。

晉、舊書一四五新書一五一有傳。昌黎集三七晉行狀云，「宜皇帝居原州，公在原州，宰相以公善爲文任翰林之選聞，召見，拜祕書省校書郎，入翰林爲學士，」舊傳云，「至德初，肅宗自靈武幸彭原，晉上書謁見，授校書郎、翰林待制，」韓集注云，「至德元載十月，肅宗幸原州，」則晉約以至德元載十月入充。行狀又云，「三年出入左右，天子以爲謹愿，賜緋魚袋，累升爲衞尉寺丞，」舊傳云，「再轉衞尉丞，」本記及故事均未載，今可約補文曰，「賜緋，累遷衞尉寺丞仍充」也。

故事云，「出爲汾州司馬，」（舊傳同。）行狀云，「出翰林，以疾辭，拜汾州司馬，崔圓爲揚州，詔以公爲圓節度判官，」韓集注云，「貞（乾訛）元二年二月，以前汾州刺史崔圓爲淮南節度使，」合觀之，晉當以乾元元年出院，故行狀曰三年出入左右，本記可補文云，「乾元元年，出爲汾州司馬。」

于可封補闕充。

可封、舊新書均無傳，參據姓纂及新表七二下，乃祕書監汪之子也。故事亦云自補闕充。

遷禮部員外郎知制誥。

此節故事失載，今郎官柱禮外已殘缺，無由揣知其何年也。

除國子司業出院。

故事亦云「出爲司業。」按寶刻叢編一〇引金石錄、「唐國子司業于立政碑，撰人姓名殘缺，陳道正（遺玉之訛）八分書，調露元年十二月，」其後又引諸道石刻錄云，「國子司業于可封碑，弟淑之撰，調露元年立，」蓋認立政、可封爲同人也。考立政、可封雖同是于謹之後，然可封比立政晚兩輩，可封出自于實，立政出自于義，祖系、時代各不同，編金石者第因國子司業之偶合，遂誤認爲一人，復再誤可封碑之立於調露也。今由其碑題觀之，與姓纂新表合，則可封卒於司業無疑。又寶刻類編二、「陳遺玉國子司業于立政碑，弟叔之撰，八分書，調露元年十二月，耀，」按姓纂、新表，志寧子止有立政、愼言，無叔之，況金石錄所見，已稱立政碑撰人名殘缺，類編不過纂輯而成，何由知是叔之，（亦與叢編作淑之異。）此當因叢編外混二碑爲一，故類編更誤將可封碑之撰人，併作立政碑之撰人矣。使非叢編此條幸存，吾人直不明類編之如何致誤。

舊紀一一、廣德元年十月，「戊寅，吐蕃入京師，立廣武王承宏爲帝，仍逼前翰林學士李可封爲制封拜，」近人龔道耕舊唐書札迻一云，「聞人本李作于，御覽（百十二）引亦作于，邠王守禮傳、子承宏，廣德元年，吐蕃立承宏爲帝，以于可封、霍瓌等爲宰相，則作于者是，」按李應作于，亦由故事及本記知之。姓纂、新表均列汪子六人，其序則公冑、庭順、庭誨、庭謂、奐、（姓纂訛蘷）可封，又表奐字叔遐，不著可封弟淑之之名，然姓纂排列不定依倫序，（新表又本自姓纂。）淑之是公冑等任一之字，抑別有其人，或更爲從弟，皆不可知。其官司業，殆繼蘇源明，參下條。

蘇源明中書舍人充。

源明、新書二〇二有傳，云，「肅宗復兩京，擢考功郎中知制誥，……後以祕書少監卒，」略其中間歷官。考舊紀一〇、至德二載九月癸卯，廣平王收西京，十月壬戌，廣平王入東京，通鑑二二〇、至德二載十月，擢國子司業蘇源明爲考功郎中知制誥，正與傳合，然則源明之正除中舍，——推之入翰林——最早不過乾元元年也。故事亦云「自中書舍人充，」但訛爲元明。新書五九、「玄晉蘇元明太淸石壁記三卷，乾元中劍州司馬纂，失名，」崇文總目祇稱「太淸石壁記三卷，蘇元明撰，」同目道書類中又收「龍虎還丹通元要訣二卷，蘇元明撰，」「青霞子寶藏論一卷，蘇元明撰」，「青霞子神仙金銀論一卷，蘇元明撰」，又「龍虎金液還丹通元論一卷，蘇元明撰」，金錫鬯云，「按書錄解題、通考並題羅浮山蘇眞人撰，宋志作青霞子，卽元明也，」此蘇元明是道士，因源明或訛元明，故並辨別之。

出守本官。

此不詳何年，故事且失載。

㉓趙昂自左金吾衞倉曹充，賜緋，太博又充。

昂、今壁記失載，此據故事補入，舊新書均不詳其人。考劉秦之誌，上元二年正月十一日丁酉前作，昂巳是宣義郎行左金吾衞倉曹參軍、翰林院學士賜緋魚袋，（金石補正五九。）

故事祇云自太博充，然倉曹正八品下，常博從七品上，據此以推，昂入翰林，斷在上元二年卽寶應之前，且非自太博始充也。賜緋一節，亦可補缺。

祠外又充，卒於駕外。

均見故事。

潘炎右驍衞兵曹充。

炎，舊書一六二新書一六〇均附見其子孟陽傳。右故事作左。

累遷中書舍人，出守本官。

故事云，「累改駕中又充，中人又充，出守本官，」所記雖多駕中一階，仍甚缺略，舊傳則祇著其名，新傳亦不過自大歷末右庶子敍起，故炎之初年仕履，難以稽考。

新傳云，「史亡何所人，」按姓纂、「唐監察御史潘玠，世居信都，稱相樂之後，玠生炎，禮部侍郎，」與故事所載，均可以補傳之闕。

唐語林三，「潘炎德宗時爲翰林學士，恩渥極異，」誤也。舊紀一一、大歷十二年四月，「癸未，以右庶子潘炎爲禮部侍郎，」此後並無再入翰林之事，其充翰林，計當肅、代兩朝耳，語林所輯翰林故實，多舛訛，讀者宜詳之。

翰林學士壁記注補三　代宗

寶應後六人

寶應後云者，卽指代宗一朝。

㊗常袞右補闕充。

袞，舊書一一九新書一五〇有傳。舊傳云，「累授補闕，起居郎，寶應二年，選爲翰林學士，」合觀本記，是袞寶應二年自補闕入充也，元龜五五〇謂自起居郎入充，沿舊傳之誤。

累加工部員外郎知制誥。

依前引舊傳，袞似由補闕遷起居郎，因補闕秖從七品上，起居郎則從六品上也。故事云，「遷考中又充，」舊傳云，「考功員外郎中知制誥依前翰林學士，」合而觀之，故事與本記各有誤漏，故事應云「累遷考中知制誥又充」，本記應云「累加考功員外郎，郎中知制誥仍充，」非工部員外郎也。英華五八八寶應二年謝除考功郎中知制誥表，奉去年十二月二十六日恩制，授臣考功郎中餘如故；按舊傳言袞寶應二年方入翰林，若如英華所記寶應二年進表，則是寶應元年十二月袞已除考中知制誥，前此之起居，考外兩遷，更應推前，非特與舊傳不合，亦與本記列袞於寶應已後入者不合。因假謂袞於寶應元年初入，未及一歲，固不應經過三遷也。復次舊傳云，「永泰元年，遷中書舍人，」考前行郎中知制誥者，滿歲便可正授中舍，故苟舊傳之紀年不誤，斷未必寶應元年（壬寅）末已知制誥，越三歲至乙巳而始予正除也。職此兩因，余極疑英華寶應是廣德之訛，如是則知誥後一年正除中舍，較合事理矣，書之以俟徵實。

全文九一六慧靈仁王護國經道場念誦軌儀序，「迺大興善寺大廣智三藏不空與義學沙門良賁等一十四人，開府魚朝恩以翰林學士常袞等，去歲夏四月於南桃園再譯斯經，至秋九月，詔資聖、西明兩寺各五十人，百座敷闡；」按舊紀一一，永泰元年九月，「時以星變、羌虜入寇，內出仁王佛經兩轝，付資聖，西明二佛寺，置百尺高座講之，」知譯經是永泰元年事，惜序未記袞之本官。又貞元續開元釋教錄上亦云，「爰命……翰林學士常袞等於大明宮南桃園詳譯仁王……至（永泰元年）四月十五日譯畢送上。」（亦見貞元新定釋教目錄一五）。

出守本官。

故事云，「出知制誥，」據前引袞謝表則初爲考中知誥時仍充，其後乃出守本官也。

柳伉祕書省校書郎充。

伉、舊新書均無傳，姓纂，「馮翊諫議大夫伉，」則馮翊人也。困學紀聞一四引登科記，伉乾元元年進士。

累加太常博士，諫議大夫，依前充。

故事云，「自校書郎充，出鄠縣尉改太博又充，兵外又充，大諫又充，尋丁憂，」伉出鄠尉，遷兵外及最末丁憂出院，本記均失書。舊紀一一、廣德元年，「十一月辛丑朔，太常博士柳伉上疏，以蕃寇犯京師，罪由程元振，請斬之以謝天下，」伉之入院，斷在此前。困學紀聞一八、「新唐史程元振傳云，太常博士翰林待詔柳伉上疏，以翰林故事考之，伉是時爲學士，非待詔也，」其辨正新書甚是。何焯紀聞箋乃云，「唐時翰林院待詔，凡山人僧道皆是，非官名，」意似譏王氏者；殊不知學士、待詔，皆是差而非官，惟學士掌內翰，有一定之事務，待詔則否，清要迥異，不能混爲一稱，何氏特昧昧耳。

宋僧傳三飛錫傳，「代宗永泰元年四月十五日，奉詔於大明宮內道場同義學沙門良賁等十六人，參譯仁王護國般若經並密嚴經，……不空與錫等及翰林學士柳抗重更詳定，」按抗應作伉，得此又知伉之出院，應在此後。貞元新定目錄一五訛柳枕。

張涉靖陵太子廟丞充。

涉、舊書一二七有傳。同書一〇七、玄宗第六子琬，天寶末贈靖恭太子，此作靖陵誤，應依故事作靖恭也。（玄宗母初葬號靖陵。）

全文三五四，蘇頲嗣虢王邕同知內外閑廄勑，「宜與張涉同知內外閑廄，」此爲別一張涉，且時代不同。

全詩五函一册，戴叔倫有張評事涉秦居士系見訪郡齋卽同賦中字詩，此張涉未敢決是同人；古刻叢鈔張中立誌，「學士（張懷瓌）生池州長史、贈金州刺史諱涉，嘗以文學登制策科；」或卽評事張涉。

累遷左散騎常侍，依前充，勑停。

舊書涉本傳，「稍遷國子博士，……德宗在春宮，授經於涉，及卽位之夕，召涉入宮，……翌日詔居翰林………自博士遷散騎常侍，」又元龜一一二七，「德宗卽位初，以國子博士，翰林學士張涉爲左散騎常侍，仍爲學士，」自廟丞歷多階而後爲國博，故曰累遷依前充也。

抑就傳文觀之，似涉入德宗朝始充翰林者，與元龜文異，然故事暨此記均謂最初自廟丞充，廟丞國博，相去廿階，則知傳之失辭也。

涉傳載詔云，「宜放歸田里，」舊紀一二、建中元年三月辛未，左散騎常侍翰林學士張涉放歸田里，」故曰敕停；辛未，三月六日。

全詩六函五册孟郊奉報翰林張舍人見遺之詩，按依翰林院故事及重修壁記，元和末已前張姓翰林曾充知制誥或眞除中舍者唯張仲素一人，然孟郊卒元和九年八月，（昌黎集二九）則與郊不相及，其餘涉、周、聿三人，史乘皆未言其曾知制誥，故此詩之考證，倘須存疑。

李翰左補闕充。

翰舊書一九〇下新書二〇三有傳，翰林院故事闕翰名。按梁肅唐左補闕李翰前集序（文粹九二）云，「其後以書記再參淮南節度軍謀，累遷大理司直，天子聞其才，召拜左補闕，俄加翰林學士，」又翰所作淮南節度行軍司馬廳壁記，（同上七三）末署大歷五祀夏五月丁丑，記內言「翰獲庇於有禮之俗，」是大歷五年夏翰倘參淮幕也。元龜六三五、大歷八年十月，勅左補闕李翰等考吏部選人判，是大歷八年冬時見官左補闕也。新書二〇三、「翰累遷左補闕、翰林學士，大歷中病免，客陽翟卒，」是翰於大歷末官終此職也。以大歷充，以大歷免，而附注猥謂無大歷學士姓名，失考之甚也。

前集序又云，「及夫入宣室而揮宸翰也，方用人文，以飾王度，則因疾罷免，……君旣退歸，居於河南之陽翟，」又全文五一八梁肅送李補闕歸少室養病序，「今天子用人文化成，亦以君有相如之才，擢居諫職，且掌宸翰，……是以長卿屢去其官，而君亦以疾退息，……故乞身之表七上而後賜告，有以見聖王之愛才也，」此補闕亦卽李翰，陽翟少室，地相鄰也。

于肅比部員外郎充，累遷考功郎中、給事中知制誥，並依前充。

肅、舊書一四九新書一〇四附見其父休烈傳。故事柳伉後爲于益，益後爲張涉，涉後爲于肅，舊傳云，「嗣子益、次子肅，相繼爲翰林學士，」新傳云，「二子益、肅，及休烈時相繼爲翰林學士，」（休烈卒大歷七年九月，見舊紀一一。)均先盆後肅，今本壁記列寶應後六人，有後先失序之處，下文總詳之。

故事云，「自比外充，考中又充，給中又充卒，」舊新傳均言肅終給事中，本記蓋漏記其卒官。又本記謂累遷考中，則非自比外逕遷考中者，知故事亦有漏略，蓋通制員外先遷中後行郎中，乃轉前行也。(考中爲前行郎中。)比、鄧本訛北。

于益。

益爲休烈嗣子，說見前，今本壁記奪去入充官歷。故事云，「自駕部員外充，大諫又充，卒」，是益亦卒官也，考永泰元年立之白道生碑，(萃編九三)撰人結銜爲朝議郎行尙書禮員部外郎、翰林學士、賜緋魚袋于益，則益之入院，應在此前，故事不舉禮外，未知駕部是禮部之訛否，抑脫禮外充一節也。賜緋一事，亦可補缺。

觀上各條考證，便知故事所列常袞、柳伉、于益、張涉、于肅之順序，多半不誤，而本記以常袞、柳伉、張涉、李翰、于肅、于益爲次，顯有顚倒。如將于益上移於柳伉之下，張涉之前，兩書卽復相合。惟李翰一人，故事漏去，益旣永泰元年早充學士，翰則大歷五年猶居淮幕，依此思之，翰諒當次張涉之後，于肅之前也。

次列已定，而常袞、柳伉、于益三人入院斷在大歷之前，亦獲明證，今所待研究者涉、翰、肅三人耳。翰斷入自大歷，亦無庸疑，肅後於翰，則不得在大歷前，益於永泰元年尙官員外，永泰之翌年卽大歷，則張涉多許是大歷入充；約言之，涉、翰、肅三人皆大歷學士也，附注與解題猥謂大歷無學士，是失考也。

不寧唯是，肅宗年號，至德外尙有乾元、上元，代宗年號，寶應外(代宗初立，仍承用肅宗之寶應，至二年七月始改廣德。)尙有廣德、永泰，今附注者不曰無天寶、乾元、上元、廣德、永泰、大歷學士，而獨曰無天寶、大歷學士，得毋以此二號皆亘十四年，時間較長，故有此疑乎，夫天寶、大歷皆有學士，史文歷歷可證，附注者顧謂獨缺，足知其並非詳考史傳，灼知乾元、上元、廣德、永泰之確有學士，然後發爲此問，特未予詳考而妄疑之辭耳。翰林志不云乎，「建中已後，年月遷換，乃爲周悉，」年月不周悉，試問如何能盡分孰爲開元，孰爲天寶？若朝代則稽考較易，是故開元後者玄宗朝之謂也，至德後者肅宗朝之謂也，寶應後者代宗朝之謂也，建中以還，年月周悉，德宗朝乃有建中、興元、貞元之分，蓋舉最初之號以概其餘。比觀自見，孰謂天寶、大歷無學士乎哉。

翰林學士壁記注補四　德宗

建中後八人。

張周大歷十四年六月、自洛陽縣尉充。建中二年，改河南府兵曹參軍。興元二年六月，除虢州司馬，依前充。

周、舊新書均無傳，事迹少可考。故事「自洛陽尉充」之下，多「改河南縣丞又充」一句，本記漏。又虢州司馬依前充之下，同是不著其出院，豈卒官歟？

大歷十四年六月，德宗雖已卽位，尚未改元，且依下文李吉甫、裴垍之仍入永貞，李德裕、李紳、庾敬休、韋處厚、路隋、柳公權之仍入元和，則當以年號爲斷，不以卽位爲斷，周應列於寶應後之內，今入建中後計，於例不純。

河南洛陽縣丞之漏，更有石刻可證。金石續編九涇王妃韋氏墓志，題「給事郎行河南府洛陽縣丞、翰林學士、賜緋魚袋臣張周撰，」據志末，妃以建中三年二月庚申(七日)葬，是在此已前，周所官係洛陽縣丞，從七品上，（舊書四二）但文散官給事郎祇正八品上，(同前)何以稱行，(行者階高官卑)。豈洛陽丞應屬正八品下之「京兆河南太原府諸縣丞」一類，而非如舊志以洛陽丞屬從七品上之京縣丞歟？河南府下復有河南縣，故事之河南縣丞，應正爲洛陽縣丞。又賜緋一節，亦可補故事之缺。

㈣姜公輔建中元年自左拾遺充。

公輔、舊書一三八新書一五二有傳。舊傳云，「應制策科高等，授左拾遺，召入翰林爲學士，」與記符；新傳作右拾遺，殆誤。

四年四月，改京兆府戶曹參軍。

戶、鄭本訛尹。參軍下當補「依前充」三字。舊傳云，「歲滿當改官，公輔上書自陳，以母老家貧，以府掾俸給稍優，乃求兼京兆府戶曹參軍。」考異六〇云，唐時翰林學士無品秩，但爲差遣，故常帶它官，支其俸給。公輔本以左拾遺入翰林，歲滿改官，乃兼京兆戶曹參軍，元和初白居易亦以左拾遺爲翰林學士，及當改官，引公輔例除京兆戶曹參軍，蓋拾遺雖爲兩省供奉官，秩止從八品，京府參軍秩正七品，俸給較厚，故恬退者喜居之。居易爲左拾遺賦詩云，「歲愧俸錢三十萬，及兼戶曹賦詩云、俸錢四五萬，月可奉晨昏，廩祿二百石，歲可盈倉囷，此實錄也。」余按秩滿升遷，俸給自必較厚，此無待言，錢氏所論，猶未得竅。蓋拾遺秩滿，常轉補闕，（如下文之韋弘景、李紳。）秩從七品上，其優超者可得員外，（如下文之趙宗儒。）秩從六品上，既不優超，則循例升轉，不過補闕等類，亦是冷官：且唐人輕外重內，外補秩可稍高，外官祿亦較厚，此急於濟貧者所以求外不求內也。嘉話錄、「姜爲京兆尹功曹，充翰林學士，」作功曹誤。

拜諫議大夫平章事。

舊紀一二、建中四年十月十三日，「丁巳，……諫議大夫姜公輔並以本官同中書門下平章事、」又舊傳，「從幸至奉天，拜諫議大夫，俄以本官同中書門下平章事；」按新書七、新表六二均作京兆府戶曹參軍、翰林學士姜公輔爲諫議大夫同平章事，與故事及本記合，（舊紀係用省書之法。）非如舊傳所云先擢大諫後乃入相也。拜諫議之上，可補「十月十三日」五字。

⑯趙宗儒建中元年自左拾遺充。

宗儒、舊書一六七新書一五一有傳。舊傳云，「補陸渾主簿，數月，徵拜右拾遺，充翰林學士，」新傳略同，此作左，殆誤，元龜七八二亦作右。建中、鄭本訛建元。

明年，加屯田員外郎，依前充。

舊傳云，「建中四年，轉屯田員外郎，內職如故。」

十一月，出守本官。

故事同。舊傳云，「居父憂，免喪，授司門、司勳二員外郎，」按舊書一八七下趙曄（驊）傳，「建中四年冬，涇原兵叛，曄竄於山谷，尋以疾終，」宗儒如非以父憂出，亦不久丁父憂也。

歸崇敬建中元年自國子司業充。

崇敬、舊書一四九新書一六四有傳。舊傳云，「建中初，又拜國子司業，尋選爲翰林學士。」

四年，遷左散騎常侍。貞元七年六月，除檢校戶部尚書兼本官。

舊傳云，「遷左散騎常侍………檢校戶部尚書，遷工部尚書，並依前翰林學士。」

貞元四年八月二十九日翰林學士左散騎常侍歸崇敬，見貞元新定釋教目錄一七。

七月，遷正工部尚書，依前充。

舊紀一三、貞元七年，「八月己丑，以翰林學士歸崇敬爲工部尚書」己丑是朔日，此作七月，小異。

八年，除兵部尚書致仕。

舊紀一三、貞元八年七月甲寅朔，「以翰林學士歸崇敬爲兵部尚書致仕」，元龜八九九、「歸崇敬爲散騎常侍、翰林學士，……以年老乞骸骨，改兵部尚書致仕，」謂由常侍改兵尚，非也。

㊗陸贄建中四年三月自祠部員外郎充。

贄，舊書一三九新書一五七有傳。權德輿翰苑集序，「德宗皇帝春官時知名，召對翰林，即日爲學士，由祠部員外轉考功郎中，」舊傳略同，依本記似先轉祠外，後乃召入翰林，序用省書之法。

其年十一月，轉考功郎中。

舊紀一二、建中四年十二月，「乙丑，以祠部員外郎陸贄爲考功郎中……翰林學士並如故，」乙丑係十二月二十二日，此作十一月，殆誤。

興元二年六月，遷諫議大夫。

翰苑集序，「公自行在帶本職，拜諫議大夫，中書舍人，」又舊紀一二，興元元年六月癸丑，「考功郎中知制誥陸贄……並爲諫議大夫，並依前充翰林學士，」此作二年誤。因貞元元年正月朔改元，無興元二年，且其時早還京師，不得云行在也，癸丑爲六月十四日。中間曾加知制誥，本記亦失載。

元龜九九，「德宗建中末，陸贄爲翰林學士，艱難中贄爲內職，行止輒隨從，精潔小心，未嘗有過誤，帝特所親信，待之不以嚴，侍見從容言笑，至或脫御衣以衣之，或以姓第呼爲陸九，同職莫敢望之，初帝自奉天適梁州，山路危險，往往與從官相失，夜至驛，求贄不得，驚悲涕泣，募於衆曰，有能得贄者吾與千金，久之贄乃至，帝喜，皇太子以下皆賀。」舊傳略同。

十二月，轉中書舍人。

舊紀一二、興元元年十二月，「辛卯，以諫議大夫陸贄爲中書舍人，依前翰林學士，」辛卯乃二十四日，依此益證前作元年之訛。

貞元三年，丁憂。

翰苑集序，「丁韋夫人憂去職。」元龜四六二，「陸贄爲中書舍人，翰林學士，母卒，持喪於河南豐樂佛寺，四方賻贈爲詞，厚致金帛，贄絲毫無所受，唯與劍南節度使韋皋布衣友善，皋以事奏聞，每有所致，輒稱詔以授之。」舊傳略同。按贄此時出院，至六年終喪乃再入。

六年遷兵部侍郎，又加知制誥。

舊紀一三、貞元六年二月，「丙戌，以中書舍人陸贄權兵部侍郎，」舊傳云，「免喪，權知兵部侍郎，依前翰林學士，」故事亦作權兵侍，丙戌二月十九日，按贄三年丁憂，並未奪情起復，此實再入也。

七年，出守本官。

舊紀一三、貞元七年八月丙申「翰林學士陸贄爲兵部侍郎，罷學士，」丙申八日也。

吳通微建中四年自金部郎中充。

通微、舊書一九〇下新書一四五均附見兄通玄傳。翰林院故事，「吳通微金外充，」舊傳，「建中四年，自壽安縣令入爲金部員外，召充翰林學士，」

合觀下條引舊紀，此作郎中顯誤。（元龜七八二亦訛郎中。）

累遷中書舍人，賜紫金魚袋，卒官。

翰林院故事，「職中又充，知誥又充，賜紫改大諫又充。」按舊紀一二，建中四年十二月乙丑，「金部員外郎吳通微爲職方郎中，翰林學士並如故，」是通微十二月二十二日遷職方郎中也。會要五五、貞元四年二月，加知制誥。舊傳云，「尋改職方郎中知制誥，……（貞元）七年，改禮部郎中，尋轉中書舍人，」比故事多禮中，中舍二轉而缺大諫一轉。凡職中、知誥、禮中、改大諫四事，皆本記所失載者。通微卒不知其時，然據全文五〇九權德輿祭徐給事文，「維貞元十四年歲次戊寅，八月戊寅朔，十日丁亥，右諫議大夫裴佶，中書舍人翰林學士吳通微……，」總在十四年八月後矣。

宋僧傳一五藏用傳，「貞元中，左司正郎王緝，南臺崔公繼和之，如是數公將議標題，兵部正郎程浩作都序，職方正郎知制誥吳通微書之，四年戊辰歲也，」敍貞元四年通微見官，與舊書合。

復考貞元新定釋教目錄一七，於貞元四年下書云，「至（八月）二十九日，翰林學士左散騎常侍歸崇敬，金部郎中吳通微……同來瞻禮，」撰人圓照爲當時人，似不應誤，是貞元四年八月時通微已改官金中；然郎官柱金中一欄，今全完好，又無通微名，貞元錄亦或有誤也。

楚金禪師碑，吳通微書，其結銜爲正議大夫行中書舍人，翰林學士，柱國，東海男，賜紫金魚袋；張塤吉金貞石錄一云，「此於二十一年題銜曰翰林學士，是德宗於通微特以恩禮相終始者已，本傳通微未嘗行中書舍人，通玄以不得此職，怨望及禍，則通微之行中書舍人，其在通玄死之後也。」余按此碑實分兩部；前部爲本碑，後部爲建塔國師奉勅追謚號記。記言貞元十三年四月，奉勅賜謚大圓禪師，二十一年七月摸刻；詳此言之，碑應撰於十三年賜謚已前，賜謚後又經七年而始上石，卽分爲撰、謚、刻三箇時期是也。如謂不然，則賜謚一節，正應載入本碑以爲禪師榮寵，何反別爲後記？撰與謚、刻非同時，則通微以何時書此碑，大有疑問；（東海下應有縣開國三字，今結銜無之，亦可疑。）易言之，通微諒未必至永貞尙生存，且仍官學年也。抑通微官中舍，見舊傳，張謂不見本傳，蓋專檢新書之故，舊傳於七士下稱「尋轉中書舍人」，亦未必在通玄死之後。

又授堂金石跋跋此碑云，「據碑文題銜爲翰林學士時已行中書舍人，不應改禮部後始轉此官也，」武氏蓋不知翰林是差事，禮中、中舍是實職，故於史文妄生疑惑。「行」字對散官而言，正議大夫爲正四品上階，中舍不過正五品上，「職事卑者爲行，」（舊書四二）故曰行中書舍人也。禮中祇從五上，唐制率經郎中一級後始得遷中舍，武顧謂不應改禮中後始轉中舍，是直未嘗翻閱職官或百官志者。余嘗謂清代金石家多非自專史出身，故論多隔膜，武氏其一例也。

吳通玄建中四年自侍御史充。

通玄即前條通微之兄，鮑本諱改元，鄭本側校玄，舊新書均有傳。舊紀一二、建中四年十二月乙丑，「以侍御史吳通玄爲起居舍人，充翰林學士，」正言之，通玄自起居舍人充也。舊傳謂「貞元初召充翰林學士」者誤。

累遷起居舍人、諫議大夫、賜紫金魚袋。

翰林院故事云，「起人又充，又知制誥，又賜紫，又大諫充，」會要五五、貞元四年二月，自起人加知制誥，舊傳亦云，「遷起居舍人知制誥，……七年，自起居郎（？）拜諫議大夫知制誥，」此漏載知制誥，

舊紀一三、貞元八年四月丁亥（依沈本改）貶左諫議大夫知制誥吳通玄爲泉州司馬，乙亥，三日也，本記亦失書。

全文七三八柳晟行狀云，「貞元六年，改嘉王府長史，歲餘，翰林舍人吳通玄謫死，公爲疏陳雪，再進不得命，公之季止公曰，上方怒，寧可爲也，公不聽，公章卒三貢，於是德宗寤之，謂公見義不回，賜書寵勞，竟雪通玄。」

翰苑集序，「翰林學士吳通玄忌公先達，每切中傷，陰結延齡，互言公短，宰相趙憬，公之引拔，昇爲同列，以公排邪守正，心復異之，羣邪沮謀，直道不勝，十年，退公爲賓客罷政事，」此不過歷言贄受小人之排擠，若贄罷相時通玄已外貶也。

顧少連建中四年自水部員外郎充。

少連、新書一六二有傳，云，「德宗幸奉天，徒步詣謁，授水部員外郎，翰林學士，」全文四七八杜黃裳東部留守顧公神道碑，「鑾輅時巡，公節見艱危，步至行在，……拜水部員外郎，翰林學士。」

貞元四年二月，加知制誥。

翰林院故事，「水外充，禮中充，」會要五五、「四年二月，以翰林學士職方郎中吳通微、禮部郎中顧少連、起居舍人吳通玄、左拾遺韋執誼並知制誥，」是少連前此已遷禮中，此記失載，勞氏郎官考一九謂貞元上有脫文，是也。考舊紀一二、興元元年六月癸丑，「水部員外郎顧少連爲禮部郎中，並依前充翰林學士，」癸丑十四日。

神道碑又云，「隨難南梁，遷禮部郎中，加朱紱銀綬，學士如故，……尋以本官知制誥，賜金印紫綬，遷中書舍人，公在翰林，僅將一紀，」是遷禮中後賜緋，此亦失記。

七年，遷中書舍人，八年四月，改戶部侍郎賜紫金魚袋出院。

依前引神道碑，賜紫在遷中書舍人之前，此在改戶侍之時，與碑異。

新傳則云，「再遷中書舍人，……歷吏部侍郎，」漏戶侍一轉。河東集二二送苑論登第後歸覲詩序云，「八年冬，……是歲小司徒顧公守春官之缺而權擇士之柄，」注謂指少連也。

興元後二人

奚陟興元元年自起居郎充，病免。

陟舊書一四九新書一六四有傳。夢得集二八奚公碑云，「居後喪，將闋，是歲建中四年，京師急變，黃屋順動，狩於巴梁，公徒行間道，以歸王所，既中（？）月而詔授起居郎，充翰林學士，創鉅愈遲，病不拜職。」故事云「起郎充，病不入，」蓋陟未嘗拜職任事也。寰宇記一二則云，「奚陟、亳州人，不肯受翰林院學士。」

吉中孚興元元年自司封郎中知制誥充。六月，改諫議大夫。

中孚、新書二〇三附見盧綸傳。舊紀一二、興元元年六月十四日癸丑，「司封郎中知制誥吉中孚並爲諫議大夫，……並依前充翰林學士。」

貞元二年，遷戶部侍郎出院。

舊紀一二、貞元二年正月癸丑，「諫議大夫知制誥、翰林學士吉中孚爲戶部侍郎判度支兩稅，」癸丑二十二日。

貞元後十二人

按併余所補王涯計之，應十三人。叔文，伾兩員，係順宗嗣位後所授。

㊽韋執誼貞元元年自左拾遺充。

執誼、舊書一三五新書一六八有傳。舊傳云，「拜右拾遺，召入翰林爲學士，」元龜五五〇、新傳略同，會要五五則與本記同作左拾遺。

執誼翰林院故事云，「自立院已往，五紀於茲，連飛繼鳴，數逾三十，而屋壁之間，寂無其文，遺忭簡略於析編，求名時得於邦老，溫故之義，於斯闕如，辜公以執誼入院之時，最爲後進，紀敍前輩，便於列詞，收遺補亡，敢有多讓，其先後歲月，訪而未詳，獨以官秩、名氏之次，敍於故事，庶後至者編繼有倫，貞元二年龍集景寅冬十月記。」照執誼所敍，貞元二年冬已前，翰院元無壁記，西京屢經兵燹，故牘亦多散失，純是執誼收補遺亡，約略編定，玄、肅、代三朝不能按年號分列，職是之故。今丁氏重修壁記之前部，蓋卽根據故事，且自建中而後，稍增考其歲月者。又據本記、開元後八人，至德後四人，寶應後六人，建中後八人，興元後二人，連同今記漏去之趙昂暨執誼自身，數恰三十，故事謂數逾三十，或並李泌等而計之也。

二月，加知制誥，賜緋魚袋。

會要五五、「（貞元）四年二月，以翰林學士、職方郎中吳通微、禮部郎中顧少連、起居舍人吳通玄、左拾遺韋執誼並知制誥，故事舍人六員，通微等與庫部郎中張濛凡五人以他官知制誥，而六員舍人皆缺焉，」是少連與執誼同時知誥，今上文少連條亦作「貞元四年二月加知制誥，」可見本文二月上奪四年二字。

或曰，翰林院故事首題起居舍人知制誥韋執誼，末題貞元二年龍集景寅冬十月記，此得非貞元二年十月前執誼已知誥之證乎？殊不知今本翰林院故事，已有羼增，非盡本來面目，（參拙著翰林院故事校訂）前之結銜，特後人以其翰林終官追題耳。

遷起居舍人，丁憂。

此不知其年。舊傳云，「俄丁母憂，服闋，起為南宮郎，」若以郎官柱吏中之次序推之，執誼官吏中當在貞元十九年，如服闋即授，母喪應在十六、七年間，顧舊傳又著「俄」字也，待考。

元龜九四三、「韋執誼與王叔文同為翰林學士，德宗載誕日，皇太子獻佛像，德宗命執誼為畫像贊，帝令太子賜執誼縑帛以酬之，」按叔文為學士時，執誼早已出院，元龜下半節係轉錄舊執誼傳，特編纂不善，故誤謂二人同時為學士耳。

梁肅貞元七年自左補闕充。

肅、新書二〇二附見蘇源明傳。肅撰修禪道場碑，結銜稱右補闕翰林學士，（萃編一〇六）載之集二四陸參誌稱故右補闕安定梁寬中，（肅字寬中。）李文公集一感知己賦，「謁于右補闕安定梁君，」新傳云，「轉右補闕、翰林學士、皇太子諸王侍讀卒，」又全文五一七肅自撰述初賦序云，「會明詔以監察御史徵我，轉右補闕，……閱一歲，加翰林學士，領東宮侍讀之事，」皆作右，此作左訛。

全文五一九梁肅吳縣令廳壁記，「大曆十一年，天官精選可以長民者，於時范陽盧公由太原府祁縣令為之，……下車三年，……時十四年二月甲子，翰林學士梁肅記，」循其文，信是十四年作，唯時肅未入內署，則翰林學士四字當後人追加。又是歲二月壬申朔，月內無甲子，月日亦當有誤。

兼皇太子侍讀、守本官、兼史館修撰。

全文四八〇崔恭唐右補闕梁肅文集序，「朝廷尚德，故以公為太子侍讀，國尚實錄，故以公為史館修撰，發誥令，敷王猷，故以公為翰林學士，三職齊署，則公之處朝廷不為不達矣。」

感知己賦，「貞元九年，……十一月，梁君遘疾而歿，」又載之集祭故梁補闕文，「維貞元九年歲次癸酉，十一月朔日，左補闕權德輿等……敬祭於故右補闕贈禮部郎中梁君之靈，」肅蓋以貞元九年十一月卒官，此失書。

全文五二三崔元翰右補闕翰林學士梁君墓誌，「唐右補闕、翰林學士、皇太子諸王侍讀、史館修撰梁君諱肅，字寬中，……貞元五年，以監察御史徵還臺，於是備諫諍而侍於大君，傳經術而授於儲后，典文章於近署，垂勸戒於東觀，授赤紱銀印之錫，聞者榮之。九年冬十有一月，旬有六日，寢疾於萬年之永康里，享年四十有一，詔贈禮部郎中，賻以布帛，……位未及於褒贈之典，然而天子惜怛悼痛，恩有加焉，」則中間曾賜緋。

韋綬貞元七年自左補闕充。

綬、舊書一五八新書一六九均附見其弟貫之傳。同時別有一韋綬，舊書一六二、新書一六〇有傳，非此人也。新傳云，「德宗時以左補闕爲翰林學士，」與記同。樊川集八韋溫誌則云，「吏部生右補闕、翰林學士、右散騎常侍致仕贈司空綬，」字作右異。

十六年十月，丁憂。

新傳云，「出入八年，而性謹畏甚，晚乃感心疾，罷還第，」按自七年至十六年十月，最少可九年，而傳祇云八年，又據記綬初以母憂解，非初以疾解，亦小異。（據新傳、父肇卒代宗時，故知爲母憂，）

溫誌云，「當貞元中，常侍公事德宗爲翰林學士，帝深於文學，明察人間細微事，事有密切，多委之，歲久憂畏病心，帝曰，某之心，我其盡之，以致仕官屏居西郊，」舊傳云，「貞元之政，多參決於內署，綬所議論，常合中道，然畏愼致傷，晚得心疾，故不極其用。」

㊽鄭絪貞元八年自司勳員外郎知制誥充。

絪、舊書一五九新書一六五均有傳。舊傳云，「無幾，擢爲翰林，轉司勳員外郎知制誥，」據本記，似先授勳外知誥乃充翰林也。翰林院故事作封外誤。

五月，賜緋魚袋。二十一年二月二十二日，遷中書舍人，賜紫金魚袋。

順宗實錄、「壬戌，……又以司勳員外郎翰林學士知制誥鄭絪爲中書舍人，學士如故」壬戌二十二日。舊傳云，「德宗朝在內職十三年，小心兢謙，上遇之頗厚，」絪與後文衞次公同，即李肇翰林志所謂「有守官十三考而不遷」者。舊傳又云，「憲宗監國，遷中書舍人，依前學士，」按絪遷中舍時正順宗初立，憲宗並未監國，舊傳誤。又據承旨學士記，此記失載加承旨一節。

十二月，拜中書侍郎平章事。

承旨學士記云，「其年十月二十七日，拜中書侍郎同中書門下平章事、集賢殿大學士，」按舊紀一四、新紀七、新表六二均系於十二月壬戌，即十二月二十七日也，承旨記月上漏「二」字。

㈩鄭餘慶貞元八年四月二十四日自庫部郎中充。

餘慶、舊書一五八新書一六五有傳。舊傳云，「貞元初入朝，歷左司、兵部員外郎、庫部郎中，八年，選爲翰林學士。」

十三年五月二十八日，遷工部侍郎知吏部選事。

舊紀一三、貞元十三年五月，「壬子，以庫部郎中翰林學士鄭餘慶爲工部侍郎知吏部選事，」壬子是二十七日，與此差一日，舊傳作十三年六月誤。

衞次公貞元八年四月二十四日自左補闕充。

次公、舊書一五九新書一六四有傳。舊傳云，「貞元八年，徵爲左補闕，尋兼翰林學士，」載之集三五崔衞二侍郎詩集序，「從周以本官入爲翰林學士，」從周次公字。

二十一年二月二十二日，加司勳員外郎賜緋魚袋。

補闕階從七品上，員外階從六品上，次公需次十三年，至德宗崩始遷，此即翰林志所謂「有守官十三考而不遷」者。

三月十七日知制誥。

舊傳云。「轉司勳員外郎，久之，以本官知制誥，賜紫金魚袋，仍爲學士，」此却失載賜紫。又假本記之年月不誤，則加勳外與加知誥相去未及一月，久之疑應作頃之也。載之集三五云，「從周復以外郎掌誥。」

元和三年正月，拜權知中書舍人出院。

舊傳云，「權知中書舍人，尋知禮部貢舉，……眞拜中書舍人，仍充史館修撰，遷兵部侍郎知制誥，復兼翰林學士，」又載之集崔衞二侍郎詩集序，「從周以本官入爲翰林學士，處仁累以尚書郎知制誥，旣而處仁西垣卽眞，從周復以外郎掌誥，洎處仁遷小宗伯而從周卽眞，俄掌貢舉，實爲之代，元和三年秋，處仁爲吏部侍郎，從周爲兵部侍郎，」處仁崔邠字，西垣、中書也。次公以貞元二十一年(卽永貞元)三月由勳外掌誥，(見前文)邠則元和元、二兩年知舉，(登科記考一七)元和元年知舉者永樂大典載蘇州府志作中書舍人崔邠，登科記考一六云，「按是年豐陵優勞德音有禮部侍郎崔邠，見唐大詔令集，當以本傳爲是。」按舊紀一四、元和元年七月十一日壬寅，始葬順宗於豐陵，知舉是歲初事，安知邠遷小宗伯不在元年知舉之後？況廣卓異記引登科記云，元和二年崔邠爲禮部侍郎，連放二榜，不云元年爲禮侍，亦邠元年知舉時未遷禮侍之證。據此以論，余謂蘇州志未必誤，而邠遷小宗伯應介乎元年初知舉與同年七月豐陵優勞之間也。

復次依載之詩集序，次公應元和三年知舉，但唐例翌年知舉者率於上年八九月除出，(可於舊宣、懿、僖紀見之。)又由翰林知舉者不復留院，(可於本文見之。)使如記文謂次公元和三年正月始拜權知中書舍人出院，則與三年知舉一事不能相容，是知三年字之必有悞也。唯據前條推論，邠於元年中遷禮侍，次公於二年正月拜權知中書舍人，斯合乎權序「處仁遷小宗伯而從周卽眞」之語矣。(知制誥卽拜中舍之先聲，故曰卽眞。)次公以二年秋命知貢舉，斯合乎權序「俄掌貢舉」之語矣。次公三年知舉後，於其秋遷兵部侍郎，斯合乎本記下文三年六月自權知兵侍復充翰林之題壁矣。若以爲三年正月方出院，固違權序，知舉事尤無從安插，故知今記三年字必爲二年之訛。

⑱李程貞元二十年九月二十七日自監察御史充。

程、舊書一六七新書一三一有傳。舊傳云，「二十年，入朝爲監察御史，其年秋，召充翰林學士，」與此符。舊紀一三、貞元二十年下云，「十一月丁酉，以監察御史李程、祕書正字張聿、藍田縣尉王涯並爲翰林學士，」丁酉乃二十六日，在九月亦然，則未知本記之九月與紀之十一月孰正也。因話錄宮部，「德宗嘗暮秋獵于苑中，是日天色微寒，上謂近臣曰，九月衣衫，二月衣袍，與時候不相稱，欲遞遷一月，何如？左右皆拜謝。翌日命翰林議之而後下詔，李趙公吉甫時爲承旨，——李相程初爲學士。獨不署名，——由是與吉甫不協。」唐語林二略同，此妄說也，吉甫永貞元年末方入翰林，程之入先餘一年，新程傳亦採因話錄此節，唯删去吉甫不提。然德宗翌年正月卽崩，程以翰林事德宗，不容有兩季秋，豈舊紀此節果錯簡歟。（參下王涯條）

二十一年三月十七日，加水部員外郎。

舊傳云，「順宗卽位，爲王叔文所排，罷學士，」今據本記，則程幷未罷，然翰林院故事祇記至水外而止，何也？

元和元年九月，加朝散大夫，賜緋魚袋。二年四月二十一日，轉司勳員外郎。

新傳云，「再遷司勳員外郎，」與此合，舊傳作三遷爲員外郎，小異，加散官亦得謂之遷也。

三年七月二十三日知制誥。其年出院，授隨州刺史。

知制誥一事，舊、新傳皆缺。

張聿貞元二十年九月二十七日自祕書省正字充。

聿、舊、新書均無傳。舊紀作十一月二十六日授，說見前李程條。建中進士，見全詩五函七册。

二十一年三月十七日，遷左拾遺。元和元年十一月，加朝散大夫，賜緋魚袋。二年正月，出守本官。

已上均無考。聿後來由中散大夫行尙書工部員外郎上柱國吳縣開國男食邑三百戶出除衢州刺史，見白氏集三一中書制誥；又同集二〇歲暮枉衢州張使君書幷詩因以長句報之注，「張曾應萬言登科，」詩爲在杭州時作，張卽張聿也。又同集三八翰林制誥，授張聿都水使者制云，「前湖州長史張聿，頃以藝文，擢升朝列，嘗求祿養，出署外官，……喪期既畢，班序當遷，俾領水衡，以從優秩。」又杭州永福寺經石，長慶四年建，輸錢者有衢州刺史張聿，見元氏集五一。又「張聿，寶歷□年□月□日，自屯田郎中拜，」見嚴州圖經一。

㊽王涯貞元二十年九月二十七日自藍田縣尉充。

涯、舊書一六九新書一七九有傳，本記失載，玆據翰林院故事及舊紀補入；紀作十一月，說見前李程條，程、聿、涯三人是同時授充，玆故依本記李程條月日書之。舊傳云，「貞元二十（此字據沈本補）年十月，召充翰林學士，」又與舊紀異，然十月內無丁酉，如非「九」之訛，即「十一」之奪。

全文六〇八劉禹錫王涯先廟碑，「貞元中德宗聞其名，自藍田尉召入禁中視草。」

全詩六函三册，劉禹錫逢王十二學士入翰林因以詩贈注，「時貞元二十二年以藍田尉充學士，」按年上之「二」字衍，貞元無二十二年也。

全詩四函十册，竇庠冬夜寓懷寄王翰林，（一作翰林王補闕。）此王翰林當即涯。

拜右拾遺、左補闕、起居舍人、並依前充。

據舊傳補，故事祇云「補闕供奉又充。」右拾遺，新傳作左。

昌黎集一赴江陵途中寄贈王二十補闕李十一拾遺李二十六員外翰林三學士詩注云，「王二十補闕名涯，李十一拾遺名建，李二十六員外名程，……詩永貞元年秋作，」則永貞元年秋前涯已改補闕；考建改拾遺，程改員外，均在元年三月十七，涯其亦同時受命歟。

元和三年四月十三日，守都官員外郎出院。

舊傳、「元和三年，爲宰相李吉甫所怒，罷學士，守都官員外郎，再貶虢州司馬；」又登科記考一七引會要云，「四月乙丑，以起居舍人翰林學士王涯爲都官員外，吏部員外郎韋貫之爲果州刺史，先是策賢良，詔楊於陵、鄭敬、李益與貫之同爲考官，是年牛僧孺、皇甫湜、李宗閔條對甚直，無所畏避，考官考三策皆在第，權倖或惡其詆己，而不中第者乃註解其策，同爲唱誹，又言涯居翰林，其甥皇甫湜中選，考覈之際，不先上言，故同坐焉，居數日，貫之再黜巴州司馬，涯虢州司馬。楊於陵遂出爲廣州節度使，裴垍時爲翰林學士，居中覆視，無所同異，乃爲貴倖泣訴情罪於上，上不得已，罷垍翰林學士，除戶部侍郎，」新傳略同舊傳，乙丑是十三日，此皆言涯先守都外再貶司馬者也。唯是今聚珍本會要七六此條，祇云其年四月，無乙丑字，而舊紀一四則云，「乙丑，貶翰林學士王涯虢州司馬，」以爲自學士逕貶司馬，無中間出守都外一節。試詳以當日情事，於陵除廣州節度，在四月二十三日乙亥，（舊紀）垍除戶侍在四月二十五日，（本記下文）應以十三日涯先除都外，越數日再貶司馬爲近是，舊紀特從省文敍之耳，茲故依登科記考書之。

舊書一七六李宗閔傳，「憲宗中不獲已，罷王涯，裴垍學士，垍守戶部侍郎，涯守都官員外郎，吏部尙書楊於陵出爲嶺南節度使，吏部員外郎韋貫之出爲果州刺史，王涯再貶虢州司馬，貫之再貶巴州刺史，」所敍情節先後，似有顚倒，當是先貶涯等，及涯等再貶而於陵，垍乃同出也。

李建貞元二十年十二月二十二日自祕書省校書郎充。

建、舊書一五五新書一六二有傳。舊傳云，「選授祕書省校書郎，德宗聞其名，用爲右拾遺，翰林學士，」新傳云，「貞元中補校書郎，……帝喜，擢左拾遺、翰林學士，」依下文則擢拾遺乃在順宗卽位後，舊、新傳均失實。元龜五五〇祇云，「選授祕書省校書郎，德宗聞其名，擢充翰林學士。」全文六三一、呂溫祭座主顧公文，貞元（二）十年甲申作，稱祕書省校書郎李建。「二十」，鄧本奪「十」字。

二十一年三月十七日，遷左拾遺。

新傳同，舊傳及元龜五一三作右，按白氏集二四、李建碑，「公官歷校書郎，左拾遺，詹府司直，」疑舊傳誤。

改詹事府司直。

白集李建碑云，「翰林時以視草不詭隨，退官詹府，」不言何時。新傳云，「順宗立，李師古以兵侵曹州，建作詔諭還之，詞不假借，王叔文欲更之，建不可，左除太子詹事，」據舊紀，永貞元年二月十二日壬子，李師古以兵寇滑之東鄙，二十二日壬戌，（據沈本改）叔文爲翰林學士，新傳倘不誤，則建之出院，當在遷拾遺後不久，顧考諸元氏集五四，則新傳所云，似屬誤會。元稹李建誌，「使居翰林中，就拜左拾遺，會德宗皇帝崩，鄆帥拉師於曹，詔歸之，公不肯與姑息，時王叔文恃幸，異公意，不隨，卒用公意，鄆果怗，後一年司直給（詹之訛）事府，會朝廷以觀察防禦事授路恕治於鄜，恕卽日就，公乃自貳降拜，」明師古之詔，卒用建意，非以是降官也。誌之後一年，似應指元和元年，路恕節度鄜坊，據舊紀一四爲元和三年二月；今舊傳云，「元和六年坐事罷職，降詹事府司直，」岑刊校記五二云，「張本元和六作永貞元，云據新書坐忤王叔文事改，按下文云，高郢爲御史大夫，奏爲殿中侍御史，今考高郢傳云，元和元年冬，復拜太常卿，尋除御史大夫，數月轉兵部尙書，……六年七月(卒)，是郢爲御史大夫在元和元年二年之間，至六年則已卒矣，安得有奏建爲侍御史之事，當從張本。」按舊書六年字誤無疑，但行寫元、六二字，筆勢相近，疑舊書或作元和元年，則與元集暗合。忤王叔文事祇據新書，新書似將白碑之覗草不詭隨，元誌之不肯姑息，混爲一譚，不足據也，太子詹事正三品，詹事府司直正九品上；新傳乃謂「左除太子詹事，」豈非文省之過歟。

淩準貞元二十一年正月六日自侍御史充。

準、新書一六八附見王叔文傳。舊紀一三、貞元二十一年正月，「丙子，以浙東觀察判官淩準爲翰林學士，」丙子卽六日：此作侍御史者，節度判官率帶檢校內職，侍御史其卽檢校之官歟。

三月十七日，改都官員外郎。五月九日，出守本官判度支。

準改官兩事均無考。

王叔文貞元二十一年二月二十二日自起居舍人充。

叔文、舊書一三五新書一六九有傳。舊紀一四、貞元二十一年二月壬戌，（據沈本改）「以前司功參軍翰林待詔王叔文爲起居舍人，充翰林學士，」壬戌，二十二日也，順宗實錄亦稱壬戌，（洪慶善云，史作寅誤。）「蘇州司功王叔文可起居舍人、翰林學士，」

全文六〇五、劉禹錫子劉子自傳，「至是起蘇州椽，超拜起居舍人，充翰林學士。」

三月十六日，以本官加度支鹽鐵轉運副，依前充。

舊紀一四、貞元二十一年三月戊子，「以翰林學士王叔文爲度支鹽鐵轉運使副，」戊子是十九日，順宗實錄則作景戌，十七日也，本記副下應補使字。實錄云，「起居舍人王叔文……可度支鹽鐵副使，依前翰林學士本官，餘如故，」翰林院故事謂出爲度支副使，非是。

禹錫自傳云，「遂陰薦丞相杜公爲度支鹽鐵等使，翊日，叔文以本官及內職兼充副使。」

五月二十四日，遷戶部侍郎，餘依前。

順宗實錄云，「辛卯，以王叔文爲戶部侍郎，職如故，賜紫；初叔文欲依前帶翰林學士，宦者俱文珍等惡其專權，削去翰林之職，叔文見制書，大驚，謂人曰，叔文日時至此商量公事，若不得此院職事，即無因而至矣，王伾曰諾，即疏請，不從，再疏，乃許三五日一入翰林，去學士名，」辛卯，二十三日，舊紀一四同。按學士是職，旣去學士名，雖許三五日一入翰林，然已無是職矣，實錄之「職如故」三字，殊犯語病，當云仍許三五日一入翰林以昭其實也。本記謂「餘依前，」亦非是。元龜一五三載永貞元年八月貶制云，「前守尙書戶部侍郎、充度支及諸道鹽鐵（轉）運等副使、賜紫金魚袋王叔文等，……叔文可守渝州司戶參軍員外置同正員，」曰「前，」則知貶官時叔文方丁憂：銜內無翰學，知其職早已開去也。

丁憂，貶渝州司戶參軍。

按此係已罷學士後之事，不應書。

王伾貞元二十一年二月二日自散騎常侍充。

伾、舊新書均附見叔文傳。順宗實錄云，「壬戌，制殿中丞、皇太子侍書、翰林待詔王伾可守左常侍，依前翰林待詔，」舊紀一四、貞元二十一年二月壬戌，（依沈本改）「以太子侍書，翰林待詔王伾爲左散騎常侍，充翰林學士，」與實錄異。按實錄三月下又云，「辛未，以翰林待詔王伾爲翰林學士，」蓋左常侍與翰學非同日授充，舊紀省併爲一也。辛未乃三月二日，由是知本記之二月，應正作三月。翰林院故事云，「改常侍賜紫，」本記亦失書賜紫。

貶開州司戶。

順宗實錄、「壬寅，制王伾開州司馬，」舊紀一四、永貞元年八月，「壬寅，貶右散騎常侍王伾爲開州司馬，」舊、新傳均作司馬，叔文始貶司戶耳，此戶字誤，壬寅，八月六日也。舊紀前文作左散騎常侍，順宗實錄及舊、新傳均同，此作右訛，岑刊校記亦失校。元龜一五三載貶制云，「銀青光祿大夫守散騎常侍、翰林學士、上柱國，富陽縣開國男王伾，……伾可開州司馬員外置同正員。」

翰林學士壁記注補五 順宗

永貞後二人

按李、裴兩人，皆憲宗嗣位後所除授。

㊽李吉甫永貞元年十二月二十四日自考功郎中知制誥充。二十七日，遷中書舍人，賜紫金魚袋。

吉甫、舊書一四八新書一四六有傳。舊紀一四、永貞元年八月三十日，「丙寅，以饒州刺史李吉甫爲考功郎中，……並知制誥，」又同年十二月二十七日壬戌，「以考功郎中知制誥李吉甫爲中書舍人，……並充翰林學士，」今據本記，則先入翰林乃遷中舍，舊紀蓋併而一之。舊傳云，「憲宗嗣位，徵拜考功郎中知制誥，旣至闕下，旋召入翰林爲學士，轉中書舍人，賜紫，」是也。據承旨學士記及舊裴垍傳，遷中舍加承旨，此失載，錢氏考異六〇云，「李吉甫傳不云爲承旨　」未詳考也。

元和元年十二月，加銀青。二年正月二十一日，拜中書侍郎平章事。

舊紀一四、元和二年正月己卯，「以中書舍人侍郎學士李吉甫爲中書侍郎同平章事，」是年正月己丑朔，月內無己卯，岑刊校記七云，「沈本作己酉，依新紀改，張氏宗泰云，己卯正月二十一日，」張說誤，前文有乙巳，乙巳後應是己酉也。全文五六、憲宗授李吉甫中書侍郎同平章事制，「銀青光祿大夫行中書舍人、翰林學士，上柱國李吉甫，……可守中書侍郎同中書門下平章事。」

㊷裴垍永貞元年十二月二十五日自考功員外郎充。二十七日，遷考功郎中知制誥，賜緋魚袋。

垍、舊書一四八新書五六九有傳。舊傳云，「轉殿中侍御史、尙書禮部考功二員外郎，……元和初召入翰林爲學士，轉考功郎中知制誥，」新傳亦云元和初，蓋概言之，實永貞末也。舊紀一四、永貞元年十二月二十七日壬戌，「以考功員外郎裴垍爲考功郎中知制誥，並充翰林學士，」亦併合兩事記之，與前李吉甫條同。

千唐孫夫人盧氏誌，以永貞元年十一月五日葬，撰人結銜爲「裴氏甥將仕郎守尙書考功員外郎垍撰，」時垍猶未入內禁也。

元和元年十一月，加朝散大夫，賜紫。二年四月十六日，遷中書舍人。

舊傳云，「尋遷中書舍人：」下文又云，「初垍在翰林承旨，屬憲宗初平吳、蜀，勵精思理，機密之務，一以關垍，垍小心敬愼，甚稱中旨。」承旨記亦稱四月十六爲承旨，此記漏去。

三年四月二十五日出院，拜戶部侍郎。

舊傳云，「三年詔舉賢良，時有皇甫湜對策，其言激切……垍居中覆視，無所同異，及爲貴倖泣訴，……罷垍翰林學士，除戶部侍郎。」

翰林學士壁記注補六 憲宗

按永貞之裴、李，已是憲宗所除，玆姑依記以紀年別之，下倣此。

元和後二十四人

按併余所補王涯計之，應二十五人。

㊸李絳元和二年四月八日自監察御史充，加主客員外郎。

絳、舊書一六四新書一五二有傳，夢得集二三唐故李相國集紀云，「擢拜監察御史，未幾，以本官充翰林學士居中，轉尙書主客員外郎，」舊傳云，「元和二年，以本官充翰林學士，未幾，改尙書主客員外郎，」又全文六八四蔣偕李司空論諫集序，「公元和二年四月，以監察御史選充翰林學士，未幾，改主客員外郎，依前充學士，」合三說觀之，當非入充之日，卽加主客員外，記文加主客上當有漏奪，翰林院故事作「水外又充」者誤。

四年四月十七日，加司勳員外郎知制誥。五月十九日，賜緋。五年五月五日，加司勳郎中，依前充。

舊傳云，「踰年轉司勳員外郎，五年，遷本司郎中知制誥，皆不離內職，」據承旨壁記、四年四月十七加承旨，此失書。郎中下亦應補知制誥三字。舊書一四八裴垍傳，「垍因從容啓言，從史暴戾，有無君之心，今聞其視承璀如嬰孩，往來神策壁壘間，益自恃不嚴，是天亡之時也，若不因其機而致之，後雖興師，未可以歲月破也。憲宗初愕然，熟思其計，方許之。垍因請密其謀，憲宗曰，此唯李絳、梁守謙知之，時絳承旨翰林。」按舊紀一四、盧從史以元和五年四月被執。

舊一六六白居易傳，「(元)稹自監察御史謫爲江陵府士曹掾，翰林學士李絳、崔羣上前面論稹無罪，」按稹被貶在五年春。

故李相國集紀云，「歷司勳郎中知制誥，遷中書舍人，」略去勳外一轉；論諫集序則云，「逾年轉司勳員外郎，來年，改本司郎中，依前充學士。」

十二日遷中書舍人，賜紫。

會要五七云，「五年十二月，以司勳郎中知制誥李絳爲中書舍人，依前翰林學士，……翌日，又面賜紫衣金魚，」承旨壁記亦云「十二月正除，」此之十二日乃十二月之訛。

論諫集序云，「自始直內署，周旋凡五年，……是時因抗言論事，面命授中書舍人，賜之金紫。」元龜一〇一云，「憲宗元和五年，翰林學士司勳郎中知制誥李絳面論吐突承璀用兵無功，合加顯責，又承璀於軍中立聖政碑，非舊制，不可許，帝初甚怒，色變，絳前語不已，辭旨懇切，因泣下。上徐察其意直，色稍和，卒大開悟，遂以絳爲中書舍人，學士如前，亟命軍中曳去所立碑，曰、微絳言、不知此爲損我。翼日，又面賜絳紫衣金魚，親爲絳擇良笏，勉之曰，爾他時在南面，無易此心。」又同書五四九，「李絳元和二年爲司勳郎中充翰林學士，嘗因浴堂北廊奏對，違忤上旨，指切時病及論中官縱恣方鎮進獻事宜。……上遽宣宰臣，命與改官中書舍人，依前翰林學士，翌日面賜金紫，帝親爲絳擇良笏。」按謂絳始充翰學在元和二年，可也，若以勳中充翰學時言，則應在五年後，引一條之二年，乃五年之訛。

六年二月二十七日出院，拜戶部侍郎。

舊紀一四、元和六年二月癸巳，「以中書舍人翰林學士李絳爲戶部侍郎，」癸巳、二十八日。故李相國集紀云，「一旦召至浴堂門，與語半省，曰、將柄用子，大宜稔熟民聽，遂出爲戶部侍郎，」舊傳則云，「六年，猶以中人之故罷學士，守戶部侍郎判本司事。」

⑱崔羣元和二年十一月六日自左補闕充。

羣、舊書一五九新書一六五有傳。舊傳云，「累遷右補闕，元和初召爲翰林學士，」新傳略同，此作左，未詳孰是。

三年四月二十八日，加庫部員外郎。五月五日，加庫部郎中知制誥。

按加庫外後未及旬而遷郎中知誥，加知誥後足四年而乃正除舍人，頗背遷轉常例，疑五月上或奪年分。尤可證者，羣以二年十一月六日與居易同日入，同以三年四月二十八日初次改官，而居易二次改官在五年五月五日，羣亦同日二次改官，斷無可疑，是五月上奪「五年」兩字也。由是越兩年乃正除中舍，斯不爲太緩矣。

十二月賜緋。七年四月二十九日，遷中書舍人。

舊傳云，「歷中書舍人。」白氏集三七除崔羣中書舍人制係僞文，說見拙著白氏長慶集僞文篇。

據承旨記、羣於六年二月四日加承旨，此失書，唯月分恐訛，參承旨記校注。

九年六月二十六日出院，拜禮部侍郎。

舊傳云，「遷禮部侍郎。」

白居易元和二年十一月六日自盩厔縣尉充。

居易、舊書一六六新書一一九有傳。故事云，「盩厔尉授集賢校理充，」舊傳云，「授盩厔縣尉集賢校理，……二年十一月，召入翰林爲學士，」白氏集三〇云，「元和二年十一月四日，自集賢院召赴銀臺侯（候）進旨、五日召入翰林，奉勅試制詔等五首，翰林院使梁守謙奉宣，宜授翰林學士，」蓋五日宣旨，六日入院也。全文七八〇李商隱居易碑云，「元年，補盩厔尉，明年，……帖集賢校理，一月中詔由右銀臺門入翰林院，試文五篇，明日，以所試制加段佑兵部尙書領涇州，遂爲學士，」此記略去集賢校理。

紀事三九，「憲宗元和元年，……冬十二月，尉盩厔爲集賢校理，……是月，召入翰林爲學士，」謂元年十二月入翰林誤。

元氏集一二詩註，「元和四月爲監察御史，樂天爲翰林學士，」「爲」猶云方爲，非始爲也。全詩七函三册、白居易代書詩一百韻寄微之注，四年微之復拜監察，予爲拾遺學士也，」文義一同。

三年四月二十八日，遷左拾遺。

舊傳云，「三年五月，拜左拾遺，」考白氏集四一初授拾遺獻書云，「五月八日翰林學士將仕郎守左拾遺臣白居易，……臣伏奉前月二十八日恩制，除授臣左拾遺前（兼之訛）充翰林學士者，臣與崔君（羣之訛）同狀陳謝，」同集四二謝官狀內列「新授朝議郎守尙書庫部員外郎、翰林學士、雲騎尉臣崔羣」之名，前條崔羣下亦作四月二十八日，舊傳作五月者誤。

白氏集二三祭楊夫人文，「維元和二年歲次戊子，八月辛亥朔，十九日己巳，將仕郎守左拾遺翰林學士白居易，……」二年應作三年，全文六八一同誤。

紀事三九，「元和二年爲拾遺，」亦誤。

居易碑云，「右拾遺滿，將擬官，請掾京兆以助供養，授戶曹，」作右誤。

五年五月五日，改京兆府戶曹參軍，依前充。

白氏集四二奏陳情狀云，「右今日守謙奉宣聖旨，以臣本官合滿，欲議改轉，知臣欲有陳露，令臣將狀來者，……伏以自拾遺授京兆府判司，往年院中曾有此例，資序相類，俸祿稍多，」又謝官狀云，「況前件官位望雖小，俸料稍優，臣今得之，勝登貴位，」此卽余謂外官祿亦較厚也。（參前姜公輔條）舊傳云，「五年當改官，上謂崔羣曰，居易官卑俸薄，拘於資地，不能超等，其官可聽自便奏來，」與陳情狀小異。

丁憂。

舊傳云，「六年四月，丁毋陳夫人之喪，退居下邽。」

居易碑云，「在職三年，……五年會憂，掩坎廬墓，」「三年」「五年」字均誤。

紀事三九，「五年以母喪解還」誤。

居易丁憂出院，與今本白氏長慶集羼入僞文多篇，饒有關係，余已別爲「白氏長慶集羼文」論之，茲不贅。

衞次公元和三年六月二十五日自權知兵部侍郎充。

次公已見前，此再入也。載之集三五崔衞唱和詩序，元和三年秋，處仁爲吏部侍郎，從周爲兵部侍郎，六月二十五日已在夏末，故概言曰秋也。承旨記云，「衞次公、元和三年六月二十五日，以兵部侍郎入院充，」舊傳祇云，「遷兵部侍郎知制誥，復兼翰林學士，」與本記均漏卻承旨一節，記文充下應補「承旨」兩字，新傳則並再入亦略之。

七月二十三日，加知制誥。

承旨記同。

四年三月出院，除太子賓客。

承旨記亦失日。舊傳云，「與鄭絪善，會鄭絪罷相，次公左授太子賓客，」按元龜三三三、鄭絪以是年二月丁卯（二十一日）罷。

錢徽元和三年八月二十六日自祠部員外郎充。

徽、舊書一六八新書一七七有傳。此記入充之職，與翰林院故事異，說見後故事摘校。

六年四月二十五日，加本司郎中。八年五月九日，轉司封郎中知制誥。

白氏集三八有授祠部郎中翰林學士錢徽司封郎中知制誥制，係僞文。

十一月，賜緋。十年七月二十三日，遷中書舍人。

舊書本傳、「九年拜中書舍人，」與此異。新書本傳，「三遷中書舍人，加承旨，」按承旨學士院記、崔羣以九年六月二十六日出院，王涯以十一年正月十八日入院，承旨一職，中間空懸年餘，則疑新書之有據而元丁兩記殆漏也。

十一月，出守本官。

舊傳「十一年，王師討淮西，詔羣臣議兵，徽上疏，……憲宗不悅，罷徽學士之職守本官，」舊紀一五、元和十一年正月十四日，「庚辰，翰林學士錢徽、蕭俛各守本官，以上疏請罷兵故也，」韓子年譜亦稱十一年罷，鄧本正作年，此作十一月誤，且漏記月日。元龜一八一云，「除右庶子罷內職，」新傳云，「徙太子右庶子，出虢州刺史，」是也。若元龜四五八云，「錢徽爲翰林學士，上疏請罷兵，忤旨，出爲虢州刺史，」其文側重再降刺史，故略去庶子之授（香山詩集一八有錢虢州以三堂絕句見寄因以本韻和之，係居易十三年底改忠州刺史後作。）非謂徽出內署後即授虢刺，讀史者若以辭害意，斯失之泥矣。

全詩六函三册、劉禹錫途次華州，陪錢大夫登城北樓春望，因覩李、崔、令狐三相國唱和之什，翰林舊侶，繼踵華城，山水清高，鸞凰翔集，皆忝宿眷，遂題此詩；詩有云，「壁中今日題詩處，天上同時草詔人，」按錢、錢徽、李、李絳、崔、崔羣、令狐、令狐楚、皆嘗任華州，見本傳。

韋弘景元和四年七月一日自左拾遺集賢院直學士充，九日轉左補闕。

弘景、舊書一五七新書一一六有傳，鮑本鄧本皆諱改宏。舊傳云，「元和三年，拜左拾遺，充集賢殿學士，轉左補闕，尋召入翰林爲學士，」新傳云，「以左補闕召爲翰林學士，」依此記則先充翰林，乃轉補闕。

全詩七函五册、白居易喜與韋左丞同入南省因敍舊以贈之詩，「早年同遇陶鈞主，利鈍精粗共在鎔，」注、「憲宗朝與韋同入翰林。」

七年二月五日，遷司門員外郎。八年十月二十三日，出守本官。

舊紀一五、元和八年十月戊戌，「翰林學士司封員外郎韋弘景守本官，以草（蘇）光榮詔漏敍功勳故也，」岑刊校記七云，「司封員外郎、册府（五五三）封作門，」郎官考六云，「案舊傳……罷學士改司門員外郎，……紀作司封誤。」余按今郎官柱封外之憲宗時員名，大致完善，并無弘景，亦足供一證。又舊紀之戊戌，乃十九日，與記差數日，考紀、光榮授官在戊戌，蓋制下後發覺漏敍，弘景始出貶，舊紀特省敍於一日之內耳，後檢元龜五五三果云，「是月辛丑，詔弘景守本官落職，」辛丑二十二日，紀作二十三，即詔下之翌日，義亦可通，又或許是二十二之訛。復次弘景遷司門，在罷學士前一年有八月，既罷之後，乃出守司門本官，舊傳之「罷學士改司門員外郎，」一若至八年十月始遷門外者，殊犯語病。

獨孤郁元和五年四月一日自右補闕史館修撰改起居郎充。

郁、舊書一六八新書一六二有傳。昌黎集二九獨孤郁誌云，「四年遷右補闕，……五年，遷起居郎爲翰林學士，」册府五四六作左補闕，當訛。

九月，出守本官。

郁誌云，「權公既相，君以嫌自列，改尚書考功員外郎，復史館職，」舊紀一四、元和五年九月三十日，「丁卯，翰林學士獨孤郁守本官起居，以妻父權德輿在中書避嫌也，」十七史商榷七四云，「居下脫郎字，」是也。

白氏集一四有翰林中送獨孤二十七起居罷職出院詩。

蕭俛元和六年四月十二日自右補闕充。

俛、舊書一七二新書一〇一有傳。舊傳云，「遷右補闕，元和六年，召充翰林學士，」舊紀一四、元和六年正月下亦稱右補闕蕭俛。惟白氏集三七除蕭俛起居舍人制云，「左補闕翰林學士蕭俛，……記事之官，一時清選，俾膺是命，以弘勸奬，」謂俛自左補闕改官起居，與本記異；考補闕從七品上，起居與員外同是從六品上，疑六、七年間俛並未經此改官而制是僞作也，別於拙著白氏長慶集僞文內詳之。

舊書一七二令狐楚傳云，「楚與皇甫鎛、蕭俛同年登進士第，元和九年，鎛初以財賦得幸，薦俛、楚俱入翰林充學士，」按俛入翰林在六年，鎛猶未得勢，舊傳誤。

七年八月五日，加司封員外郎。

按前引白氏集之制，係自補闕遷起居舍人，此云加封外，異，如謂轉舍人在封外之後，則制不應敍前官補闕也，可見此制僞撰，舊傳亦云「七年轉司封員外郎。」

九年十一月二十四日，加駕部郎中。

翰林院故事謂俛自駕中充學士者誤。

十二月十日，加知制誥。十二日，賜緋。

十二日，鄧本訛十二月。俛以十一年正月十四罷守本官，引見前錢徽條，此失載。舊傳云，「九年改駕部郎中知制誥，內職如故，坐與張仲方善，……憲宗怒，貶仲方，俛亦罷學士，左授太僕少卿，」按舊紀一五、元和十二年三月戊辰，貶度中張仲方為遂州司馬，是仲方貶時俛出院已年餘矣，想必因仲方之故左授太僕少卿，非因仲方罷學士也。

白氏集二八答戶部崔侍郎書，「又知兵部李尙書同在南宮，錢、蕭二舍人移官閑秩，」侍郎卽羣，錢、蕭卽錢徽蕭俛，篇首云，「奉八月十七日書，」則十二年八月也，知制誥得稱舍人，自郎中知制誥改太僕少卿，故曰閑秩。

劉從周元和八年正月二十七日自左補闕充，卒。

從周、舊新書均無傳，元和姓纂，劉子玄生餗，河南功曹，生贊，贊生從周，左補闕，卽此人，蓋知幾曾孫也。白氏集三八有除盧士玫劉從周等官制云，「前監察御史劉從周頃佐宣城，奉公守政，……從周可右補闕，」當係僞文。若劉沔子從周，見唐文拾遺三二劉氏幼子葬銘，時代不同。

全詩八函一册，李紳過吳門詩注，「貞元中，余以布衣多游吳郡中，韋夏卿首為知遇，常陪宴席，段平仲、李季何、劉從周、綦毋咸十餘輩日同杯酒，及余以大和七年領鎮會稽，則當時賓客、羣吏、樂徒、里客無一人存者，」

獨孤郁元和八年十二月二十二日自駕部郎中知制誥充。

郁已見前，此復入也。郁誌云，「八年，遷駕部郎中，職如初，權公去相，復入翰林，」舊傳云，「其年十月，復召為翰林學士，」與此差兩月，昌黎集二九注云，「元和八年，德輿罷相一月，復以郁為翰林學士，」按德輿八年正月罷相，一月之「一」字必誤。

昌黎集二八王適誌，「中書舍人王涯獨孤郁、吏部郎中張惟素、比部郎中韓愈日發書問訊，顧不可強起，不卽薦，明年九月疾病，輿醫京師，其月某日卒，年四十四，十一月某日卽葬京城西南長安縣界中，」據朱校集傳，誌係

元和九年作，然郁初未眞除舍人，因知制誥卽主舍人事，故亦稱舍人耳。（參下文王涯條）

病免，改祕書少監。

誌云，「九年以疾罷，尋遷祕書少監，」舊傳云，「九年以疾辭內職，十一月改祕書少監，卒。」

徐晦元和九年七月二十三日自東都留守判官都官員外郎充。

晦、舊書一六五有傳。翰林院故事云，「都外充，賜緋，」此失記賜緋。

十年七月二十三日，轉司封郎中。

令郎官柱封中題名，徐晦正繼錢徽，據上文徽以七月二十三日自封中遷中書舍人，故以晦代徽也。

十二年二月十一日，出守本官。

舊傳祇言「歷殿中侍御史、尙書郎，出爲晉州刺史。」

㈣令狐楚元和九年七月二十五日自職方員外郎知制誥充。

楚、舊書一七二新書一六六有傳。舊紀一五，元和九年十月，「甲寅，以刑部員外郎令狐楚爲職方員外郎知制誥，」甲寅十一日；又同年十一月戊戌，「以職方員外郎知制誥令狐楚爲翰林學士，」戊戌，二十五日，此作七月，殆誤。至下文賜緋或轉本司郎中之月日上，疑有奪去某年字樣之處，今未易確考矣。

全文六〇五、劉禹錫唐故相國贈司空令狐公集序，「未幾，改職方知制誥，……適有旨選司言高第者視草內庭，宰臣以公爲首，遂轉本司郎中，充翰林學士，」謂楚自職中入充，亦病後先略倒。元龜五五〇、「令狐楚爲職方員外郎知制誥，撰元和辯謗略，書成，帝嘉其該博，轉職方郎中知制誥，充翰林學士，」謂楚自職中入充，與壁記及舊紀、傳異，與劉序同。復考舊紀、元和十二年十月，「癸酉，內出元和辯謗略三卷付史館，」會要三六、元和「十二年十二月，翰林學士沈傳師等奏元和辨謗略兩部各十卷，一部進上，一部請付史館，從之，」今本會要之年月，訛舛頗多，十二月之二字殆衍文，然無論爲十月或十二月，楚已早出翰林，謂楚以此書獲知，其誤顯然。

又元龜一七二、「令狐楚爲職方員外知制誥，善於牋表制誥，……憲宗聞其名，召見，擢爲翰林學士，」亦固謂自職外入充也。

涉於辨謗略一書，有可附言者；崇文總目云，「元和辨謗錄三卷，李德裕等撰，憲宗時命傅師楚等撰元和辨謗錄十卷，太和中德裕以其文繁，刪爲三卷（據錢繹所見舊本。）錢繹云，「按舊本太和譌作元和，今據玉海所引及宋志校改，書錄解題。錄作略，傅師楚作令狐楚，讀書志亦作略。」余按舊紀固作元和辨謗略三卷，卷數雖與會要不符，然德裕之書，如係刪存，人或追溯始原，仍稱元和，未嘗不可。總言之，則五代及宋初似有元和辨謗三卷之說，其當否自爲別一問題，不定是總目傳鈔之訛也，傅師應正作傅師。

舊書一九〇下唐次傳了（次）乃採自古忠臣賢士遭罹讒謗放逐，遂至殺身，而君猶不悟，其書三篇，謂之辨謗略，上之，德宗省之……。憲宗即位，……嘗閱書禁中，得次所上書三篇，覽而善之，謂學士沈傅師曰，唐次所集辨謗之書，實君人者時宜觀覽，朕思古書中多有此事，次編錄未盡，卿家傳史學，可與學士類例廣之。傅師奉詔，與令狐楚，杜元穎等分功脩續，廣爲十卷，號元和辨謗略。其序曰，……乃詔掌文之臣令狐楚等，上自周漢，下洎隋朝，……編次指明，勒成十卷。」蓋此書本傅師、楚、元穎等合撰，及書成而楚已出院，由傅師領銜上之，故會要三六專署傅師名，崇文目作傅師、楚，固較解題爲詳確。若如元龜六〇七、「令狐楚爲翰林學士，憲宗以自古賢臣多受讒謗，以至危亡，因詔楚纂集歷代名臣受謗者爲十卷，名爲元和辨謗略，書成，帝嘉其該博，」不過片面之辭耳。

書錄解題五云，「大和辨謗略三卷，唐宰相李德裕撰，初憲宗命令狐楚等爲元和辨謗略十卷，錄周、秦、漢、魏至隋忠賢罹讒謗事迹，德裕等刪其繁蕪，益以唐事，裁成三卷，太和中上之，集賢學士裴潾爲之序，元和書今不存，邯鄲書目亦止有前五卷。」考舊紀一七下、大和八年九月，「己未，宰臣李德裕進御臣要略及柳氏舊聞三卷，」同書一七四德裕傳，「記述舊事，則有次柳氏舊聞、御臣要略、伐叛志、獻替錄行於世，」初無大和辨謗略之撰進，可疑者一。反之而德裕記述四部，著錄於崇文總目、書錄解題者，祇有柳氏舊聞、（解題有次字。）會昌伐叛記、文武兩朝獻替記（解題無文武二字，新志有。）三部，獨缺御臣要略，可疑者二。大和中牛李黨爭方盛，忠賢罹謗，正是御臣要規，顧名思義，可疑者三。柳氏舊聞、各家著錄均止一卷，舊紀所謂三卷，疑專指御臣要略言之，而解題著錄之大和辨謗略亦適三卷，可疑者四。根此四疑，余謂大和辨謗略實卽舊書之御臣要略，御臣要略又卽德裕删削元和辨謗略而成者，新志五九謂御臣要略卷亡者，純因其不能滙合考定。斯說果不誤，則大和辨謗乃北宋人命名，（見新書五九）無寧稱爲元和辨謗略三卷之尙協乎始，錢繹校改元和爲大和，殊未見其愜當也。

草前說旣竣，繼檢全唐文七〇七李德裕太和新修辨謗略序，中云，「伏維皇帝陛下……惡淫哇之亂聽，疾紫色之眩目，聖其讒說，常詠格言，臣等將順天聰，綴緝舊典，發東觀藏書之室，得元和辨謗之文，辭過萬言，書成十卷，以其廣而寡要，繁則易蕪，方鏡情僞之源，尤資詳略相當……使播揚有所消其象，萋菲無以成其文，忠臣得納其誠，武臣得盡其力矣，於是徵之周秦，覃及聖代，必極精簡，有合箴規，特立新編，裁成三卷，謹繕寫封進。臣等上奉宸謀，竭其鑽仰，敢不虔序聖旨，冠於篇首云。」文之忠臣得納誠，武臣得盡力，卽御臣也，删繁緝要，卽要略也，由是益知後人所謂大和辨謗略，卽御臣要略無疑。夫曰「謹繕寫封進，」顯是上書之表，而後人顧以「序」名之，足見其上之「大和新修辨謗略」七字，亦不過後人依文義標署，今表中並未擬定書名。御臣要略大約進上後由文宗所錫，故舊紀——實錄——及德裕傳以此名著於篇也。郡齋讀書志二上云，「大和辨謗略三卷，右唐李德裕撰，先是唐次錄周秦迄隋忠賢罹讒謗事，德宗覽之不悅，後憲宗以爲善，命令狐楚等廣之，成十卷，至大和中文成，上之，」以爲楚等所廣，至大和始成，已是隔閡，且旣云廣爲十卷，何以文成時祇三卷，亦說不通，則晁氏於德裕之序，似亦未嘗涉獵而妄言之也。

十一月十一日，賜緋。十二月七日，轉本司郎中。

此兩柱月日，——尤其是後一柱——疑有奪誤，說見前。郎中下似應補「知制誥」三字。十一月、鄭本作十二月，又十二月、鄭本作十一月，亦不合。

十二年三月，遷中書舍人。

舊傳云「遷職方郎中、中書舍人，皆居內職，」承旨記楚以是年二月二十四日加承旨，三月二十日正除中舍，此漏敍承旨事及遷官日期。

劉禹錫令狐公集序，「滿歲，遷中書舍人，專掌內制，」全文五四三令孤楚盤鑑圖銘記，「元和十三載二月八日，予爲中書舍人、翰林學士，」按楚十二年八月出院，斷無疑義，則十三載或十二載之訛；十二載二月八日楚雖未眞除中書舍人，然旣知制誥，或得以是自稱，否則二月字亦有誤。又據舊傳，「元和十三年四月，出爲華州刺史」在十三年二月，楚雖仍是舍人，然已非學士矣。

八月四日，出守本官。

舊傳云「楚草（裴）度淮西招撫使制，不合度旨，度請改制內三數句語，憲宗方責度用兵，乃罷逢吉相任，亦罷楚內職，守中書舍人，」按逢吉以九月二十一日丁未始罷相，楚出院在先也。元龜五五三云，「十二年七月丙辰，以中書侍郎平章事裴度爲門下侍郎平章事，充彰義軍節度、申光蔡等州觀察、淮西宣慰處置等使，其制翰林學士中書舍人令狐楚所草也，度以是行兼招撫，請改其辭中未翦其類爲未革其志，又以韓弘爲都統，請改更張琴瑟爲近輟樞軸，又改煩我台席爲授以成算，憲宗皆從之，乃罷楚學士，」丙辰，即楚出院前五日也。

令狐公集序云，「會淮右稽誅，上遣丞相仰戎以督戰，公草詔書，詞有涉嫌者，相府上言，有命中書參詳竄定，因罷內職歸閣中：」

紀事四二、「楚自翰林學士拜相」誤。

郭求元和十一年十一月六日自藍田尉史館修撰充。

求、舊新書均無傳，唯元和姓纂京兆望下云，「求校書郎，」蓋元和七年時見官也。求之事迹，略見勞格讀書雜識六；勞云，「案壁記年月有誤，」蓋壁記係依入院先後爲序列，今下文張仲素、段文昌二人均於十一年八月十五日入院，使求是同年十一月入，何爲居張、段之前，如謂是傳刻錯簡，則翰林院故事亦次求於令狐楚後，王涯、段文昌、張仲素前也。況京縣尉下於拾遺一階，（舊書四二）求旣十一月由藍田尉充，下文之「八月遷左拾遺，」當不是同年事，再下之「十一月八日出守本官，」更不應是同年事，否則求入院衹一日耳。是故勞氏之說雖未詳，而其所言固可信。今試以拙補王涯（見後）一條推之，涯之復入，在十一年，此處之「十一年，」殆「九年」之誤，而下文「八月」之上，殆奪「十年」二字也。

八月，遷左拾遺。十一月八日，出守本官。

新書一六九韋貫之傳云，「故能爲吏部侍郎，於是翰林學士左拾遺郭求上疏申理，詔免求學士，出貫之爲湖南觀察使，不三日，韋顗、李正辭、薛公幹、李宣、韋處厚、崔韶坐與貫之厚善，悉貶爲州刺史。」按舊紀一五、貫之於十一年八月九日壬寅能爲吏侍，九月十四日丙子再貶湖南，同月十九日辛未韋顗等外貶，則求罷學士，似當在八九月間而不能遲至十一月也；職是之故，余疑遷左拾遺在十年八月，而「十一月八日」則十一年八月之訛，姑記其疑，以待徵實。

◎王涯元和十一年正月十八日自中書舍人入充承旨。

涯已見前，此復入也，本記亦有意削去，茲據翰林院故事及承旨記補，可參承旨記校注本條。舊書一六九本傳、「七年，改兵部員外郎知制誥，九年八月，正拜舍人，十年，轉工部侍郎知制誥，加通議大夫、清源縣開國男，學士如故」所云「學士如故，」不知自何時計起。新書一七九則云，「以兵部員外郎召知制誥，再爲翰林學士，」又似在知制誥後。翰林院故事次涯名於郭求之下，段文昌之前，然李記郭求一條，已有訛文，頗難專據；約言之，總當比令狐楚入院（九年七月二十五日）較後，則可斷也。故事又云，「中書舍人充，」考舊紀一五、元和七年七月（月依沈本補）九日，「乙丑，以兵部員外郎王涯知制誥，」九年閏八月十八日，「壬戌，以中書舍人王涯、屯田郎中韋綬爲皇太子諸王侍讀，」又元和姓纂序末稱「元和七年壬辰十月，中大夫行兵部員外郎知制誥王涯述，」均未帶翰林學士，新傳特敍事簡括，涯復入翰林，應爲九年閏八月後也。

舊傳「正拜舍人」一句，張宗泰校云，「據上文能學士之語及下文學士如故之語，參以新書所言，當作復拜學士。」(岑刊校記五六)殊不知知制誥者試用舍人之謂，正拜緊承知制誥而言，涯曾正授中舍，有舊紀九年閏八月一條可憑，(引見前)若依張氏所改，仍是漏敍一遷，無救乎捉襟肘見也。故謂舊傳漏敍復拜學士則可，謂應改正拜舍人爲復拜學士則不可。

英華九八七韓愈祭虞部張員外文，稱元和十年中書舍人王涯。昌黎集九、酬王二十舍人雪中見寄詩注，「或云王涯爲舍人，見王適墓誌，本傳略之，今作仲舒非。」陳景雲韓集點勘云，「按題下注皆方氏語，其說良是。至涯爲舍人本傳略之二語，初疑其未諦。按王適誌文云，中書舍人王涯、獨孤郁，考二人本傳皆止以郎官知制誥，未嘗官舍人，而誌文與詩題云爾者，蓋唐代凡知制誥官例得稱舍人，以制誥本舍人典之，而以佗官兼知，卽職與之同，故亦得稱之，如劉夢得哭郁詩亦稱舍人，此尤可證。然韓集中祭虞部張員外文，文苑英華詳具年月日，下幷列同祭姓名六人，首云中書舍人王涯，次云考功郎中知制誥韓愈，未嘗以二人俱掌外制並稱舍人，則方云涯爲舍人而本傳略之者，其說亦是也。」又云，「涯傳無爲舍人事，而仲舒官詳見碑誌及史傳，或本題誤注仲舒蓋由此。又柳子厚集中稱仲舒爲舍人，(獻弘農公詩自注。)而仲舒除此官在子厚歿後，此又知制誥得稱舍人之一證也。」余按陳氏之說，亦未盡澈。彼謂通常行文中得稱知制誥爲舍人，自是不易之論。至涯官舍人，新傳雖略而舊紀、傳則見之，注之本傳，專指新書，陳氏未免沿而失考。王適誌雖作於九年，然所說王涯、獨孤郁是八年事，於時涯未眞除，而誌合郁同稱爲中書舍人，此普通文字代用之慣例也。若祭虞部文所列是具官，近於應制文字，不能妄以「典稱」代入，故涯書中書舍人，愈書考功郎中知制誥，此具官文字正稱之必要也。旣知兩種文體之攸別，卽知愈萬不能以同掌外制自稱舍人，陳說於體裁流判，似尙未了澈。再就酬雪中見寄詩題言之，則屬普通文字一類，在涯知制誥時或正拜巳後，皆得稱爲舍人，故詩爲何年所作。尙難約定也。

二十四日，賜紫。

據承旨記補，故事作賜緋誤，亦有下引拜相制可證。

同年十月十七日轉工部侍郎知制誥，依前充。

據承旨記補，舊傳作十年，當誤。

十二月十六日，守中書侍郎平章事。

據舊紀及英華四四八補，紀作丁未，卽十六日。王涯先廟碑云，「厥後三典書命，再參內庭，憲宗器之，付以國柄。」

英華四四八王涯拜相制稱，「通議大夫、尚書工部侍郎知制誥、翰林學士、上柱國、清源縣開國男、食邑三百戶、賜紫金魚袋王涯。」

廣記一五五引續定命錄云，「唐吏部侍郎衞次公早負耿介清直之譽，憲宗皇帝將欲相之久矣，忽夜召翰林學士王涯草麻，內兩句褒美云，雞樹之徒老風烟，鳳池之空淹歲月，詰旦將宣麻，案出，忽有飄風墜地，左右收之未竟，上意中輟，令中使止其事，仍云麻已出卽放，未出卽止，由此遂不拜，終於淮南節度。」按舊一五九次公傳「改尚書左丞，恩顧頗厚，上方命爲相，已命翰林學士王涯草詔，時淮夷宿兵歲久，次公累疏請罷，會有捷書至，相詔方出，憲宗令追之，遂出爲淮南節度使，」是次公不得相，由於累諫用兵，時官左丞，非吏侍。據舊紀一五、次公出除淮南，在十二年十月甲申（二十八日）所謂捷書，或卽是月壬申（十六）李光顏、田布敗賊之役。但涯先於上年底入相，續定命錄及舊傳乃謂是翰學，大誤。

張仲素元和十一年八月十五日自禮部郎中充。

仲素、舊新書均無傳、其事迹略見郎官考五。翰林院故事郎中作員外郎，勞考祇於禮中補仲素，禮外不補，考全詩五函九册、楊巨源張郎中段員外初直翰林報寄長句云，「秋空如練瑞雲明，天上人間莫問程，」張郎中卽仲素，段員外卽文昌，秋空如練，言其以八月入充也，則作郎中者可信。

新書一六九韋貫之傳云，「帝以段文昌、張仲素爲翰林學士，貫之謂學士所以備顧問，不宜專取辭藝，奏罷之。」按貫之十一年八月九日罷相，同月十五日張、段兩人始充，奏罷二字，殊嫌語病；蓋帝初欲有是命，貫之阻之，及貫之罷，乃申命耳。舊書一五八貫之傳云，「同列以張仲素、段文昌進名爲學士，貫之阻之，以行止未正，不宜在內庭，」又一六七文昌傳云，「憲宗欲召文昌爲學士，貫之奏曰，文昌志尙不修，不可擢居近密，」是也，宋氏臆改舊文，遂致以辭害意，益見修史不易易。

十三年正月十二日，加司封郎中知制誥。二月十八日，賜紫。

承旨壁記，二月十八日賜紫充承旨，此漏「加承旨。」會要五七、「十三年二月，上御麟德殿，召對翰林學士張仲素、段文昌、沈傳師、杜元穎、以仲素等自討叛奉書詔之勤，賜仲素以紫，文昌等以緋，」又舊紀一五、元和十三年，「二月乙亥，御麟德殿，宴羣臣，大合樂，凡三日而罷，頒賜有差，」乙亥二十一日，仲素等賜紫，即大合樂前之事也。

十四年三月二十八日，遷中書舍人。

承旨壁記、三月二十八日正除，又翰林志云，「元和十二（三）年，肇自監察御史入，明年四月，改左補闕，依舊職守，中書舍人張仲素……在焉。」

卒官，贈禮部侍郎。

承旨壁記稱其年卒官，而文昌、元穎二人又於十五年閏正月一日同承旨，則仲素之卒，似在十四年年底。承旨壁記又云，「至於張則弄相印以俟其病閑者久之，卒不興，命也已，」張指仲素也。

㈩段文昌元和十一年八月十五日自祠部員外郎充。

文昌、舊書一六七新書八九有傳。舊傳云，「元和十一年，守本官充翰林學士，……至是貫之罷相，李逢吉乃用文昌爲學士，」據舊紀一五、貫之以八月九日壬寅罷也。

十三年正月十二日，加本司郎中。二月十八日，賜緋。

舊傳云，「轉祠部郎中賜緋，依前充職，」賜緋又見會要五十七，引見前張仲素條。

十四年四月，加知制誥。

舊傳亦云，「十四年加知制誥。」

十五年正月二十三日，遷中書舍人。

舊傳云，「穆宗即位，正拜中書舍人，」按舊紀一五、憲宗以正月二十七日庚子崩，依此，則穆宗尙未即位也。

閏正月二日，賜緋。

按舊紀一六，「丙午，卽皇帝位於太極殿東序，是日，召翰林學士段文昌、杜元穎、沈傳師、李肇，……對於思政殿，並賜金紫，」丙午是三日，（參岑刊校記八）與此差兩日。廣記一五四引續定命錄，「元和十五年春，穆宗皇帝龍飛，命二公入相，段自翰長中書舍人拜，」按翰長卽承旨，承旨壁記亦稱文昌與杜元穎閏正月一日同承旨，本記失書。

八月，拜中書侍郎平章事。

舊紀一六，「辛亥，……守中書舍人、翰林學士、武騎尉、賜紫金魚袋段文昌爲中書侍郎同平章事，」辛亥、閏正月八日，八月乃八日之訛。英華四五〇杜元穎授制稱，「朝散大夫守中書舍人、翰林學士、武騎尉揚（衍文）賜紫金魚袋段文昌，……自掌文苑，列籍金門，出入五年，恭勤一致，……可守中書侍郎同中書門下平章事。」（全文七二四無揚字，但奪金字。）

沈傳師元和十二年二月十三日自左補闕，史館修撰充。

舊書一四九本傳，「遷司門員外郎知制誥，召充翰林學士，」新書一三二本傳亦云，「遷司門員外郎知制誥，召入翰林爲學士，」一似自司門員外入充者。惟樊川集一四吏部侍郎沈公行狀云，「授太子校書、鄠縣尉、直史館、左拾遺、左補闕、史館修撰、翰林學士，」則簡而不失其序矣。

十三年正月十三日，遷司門員外郎。

依此，則官司門員外時並未知制誥，舊傳（引見前）誤，新傳又承舊傳而誤也。

二月十八日，賜緋。十五年正月二十三日，加司勳郎中。閏正月一日，賜紫。

會要五七記賜緋，見前張仲素條。舊紀一六作三日丙午賜紫，見前段文昌條。

二十一日，加兵部郎中知制誥。

知制誥自此始，非自司門員外始也。郎中，樊川集及舊傳同，翰林學士記誤侍郎。

長慶元年十二月二十四日，遷中書舍人。二月十九日，出守本官判史館事。

集古錄跋八，「按穆宗實錄、長慶元年二月，傳師自尙書兵部郎中翰林學士罷爲中書舍人史館修撰，其九月，愈自兵部侍郎遷吏部，」（黃本驥本）按愈於二年九月自兵侍遷吏侍，絕無可疑，「其九月」是承上而言，則前文當爲「長慶二年，」黃本作元年，訛也。（昌黎集三一注，「按穆宗實錄，長慶二年二月傳師爲中書舍人史館修撰，」可證。）但傳師遷中書舍人，早在元年二月，二年不過出守本官，歐跋謂自兵中罷爲中書舍人，亦悖事實。考元稹長慶集四五、沈傳師授中書舍人制云，「守尙書兵部郎中知制誥、充翰林學士、上護軍，賜紫金魚袋沈傳師，……可守中書舍人，依前翰林學士，」非罷爲中舍，一也。依本記長慶元年初穎方充翰林行內制，然其年十月便已遷工部出院，可見此制斷非二年所行，二也。傳師於元年二月二十四日遷中書舍人，既認爲不誤，則出守本官應在其後，今接云「二月十九日，」豈非尙在遷中舍之前，由前引穆宗實錄觀之。乃知二月十九日之上，固奪「二年」兩字也。

舊書一四九本傳，「時翰林未有承旨，次當傳師爲之，固稱疾，宣召不起，乞以本官兼史職。」樊川集一四、「歲久當爲其長者凡再，公皆逡巡不就，上欲面授之，公奏曰，……臣以死不敢當，願得治人一方爲陛下長養之，因出稱疾，特降中使劉泰倫起之，公稱益篤，故相國李公德裕與公同列友善，亦欲公之起，辭說甚切，公終不出，因詔以本官兼史職，出歸綸閣。」考承旨學士記，元稹以長慶元年十月十九日拜工部侍郎出院，即缺承旨，維時官學士者，依重修壁記有沈傳師、李德裕、李紳、庾敬休、韋處厚、路隋、柳公權等，而以傳師資歷爲最久，（元和十二年起充。）故謂次當傳師也。

㈩杜元穎元和十二年□月十三日自太常博士充。

舊書一六三本傳，「元和中，爲左拾遺、右補闕、召入翰林充學士，」新書九六本傳，「稍以右補闕爲翰林學士，」與此記及故事自太博起充不相合。考白氏集二六代書云，「予佐潯陽三年，……爲予謁……翰林杜十四拾遺，——三月十三日樂天白，」居易十年貶江州，如謂計至十二年爲三年，又假定元穎於二月十三日入充，則驛使往來，至居易發書之日，消息當已達到。

如謂計至十三年爲三年，則元穎早巳改官，其稱謂更與記文不合。循此詳之，元穎殆以拾遺（從八品上）改太博（從七品上）召入，隨復改官補闕，居易於時尚未得其詳，故仍稱曰拾遺也。舊新傳皆出以概括之文，本記殆最得其實。文饒別集七、掌書記廳壁記云，「丙申歲，丞相高平公始自樞衡以膺謀帥，以右拾遺杜君爲主記，明主惜其忠規，復拜舊職，尋參內庭視草之列，」丙申卽元和十一年，舊紀一五、是歲正月三日己巳，弘靖自中書侍郎出守太原，可以互證。

白氏集一六有初到江州寄翰林張、李、杜三學士詩，按居易以十年秋貶江州，數年間張、李、杜、三姓學士，唯張仲素十一年八月充，杜元穎十二年充，李肇十三年七月充，是冬居易亦改忠州刺史矣，未知是「初到忠州」之訛否？不然，則「張杜李」之姓有誤。

二十日，改右補闕。□月十八日，賜緋。

舊傳，「吳元濟平，以書詔之勤賜緋魚袋」，按會要五七、張仲素段文昌沈傳師杜元穎於十三年二月同日分賜緋紫，（引見前張仲素條）而本記張、段、沈三人均稱十三年二月十八日賜，此條日期亦同，然則月上奪去「十三年二」四字無疑矣。舊紀一五、元和十二年十月二十三日己卯，李愬入蔡州，淮西平，由此知元穎之入，總在十月巳前，沈傳師以十二年二月十三入，年日相同，二人蓋同時授，翰林院故事元穎次傳師前，亦可作證，（例如仲素、文昌同日入，故事以文昌居前，本記以仲素居前）。前□月上所空當爲「二」字也。余作上考證旣五年，始檢對鄧本，果作十二年二月，是亦考訂家一小小快意事，惟賜緋鄧本作「四月」則非。

十四年三月二十一日，加司勳員外郎。

舊傳云，「轉司勳員外郎知制誥，」新傳同，唐制率先知制誥乃正拜中舍，今元穎十五年遷中舍，知此處奪「知制誥」三字，承旨壁記亦然。

十五年閏正月一日，賜紫。

舊紀一六作三日丙午，見前段文昌條。又元稹承旨壁記云，「杜元穎元和十五年閏正月一日，以司勳員外郎翰林學士充，賜紫金魚袋，」是賜紫同時加承旨;惟舊傳則云,「其年冬拜戶部侍郎承旨,」舊傳特撮敍其事耳。然無論先後,此記要漏載加承旨一節。

二十一日遷中書舍人。

卽元稹記所謂「二十一日正除」也。

正月十七日,遷戶部侍郎知制誥。

英華三八四、元穎授制稱朝散大夫守中書舍人、充翰林學士、護軍、賜紫金魚袋杜元穎,可守尙書戶部侍郎知制誥,依前充翰林學士。

白氏集三五杜元穎等賜勳制、稱「中書舍人杜元頴等,(頴全文六五八正作穎。)按元穎十一月已遷戶侍,居易十二月丙申(二十八日)方知制誥,疑此項賜勳,有司據元穎之前官開列也。

長慶元年二月十五日,以本官拜平章事。

按元穎之相,舊紀一六作二月十日壬申,新紀八、新表六三俱作二十日壬午,舊傳又作元年三月,均與此異;舊傳之三月當誤。

全文六四、穆宗授元穎平章事制,「朝散大夫守尙書戶部侍郎知制誥、翰林學士、上柱國、建安縣開國男、食邑三百戶、賜紫金魚袋杜元穎,……可守尙書戶部侍郎平章事,散官勳並如故。」

新傳,「自帝卽位,不閱歲至宰相,縉紳駭異」,糾謬九云,「今案本紀穆宗以元和十五年閏正月丙午卽帝位,至次年長慶元年二月壬午,元穎以翰林學士戶部侍郎爲相止,踰年矣,閱之言歷也,更也。」

李肇元和十三年七月十六日自監察御史充。

肇、舊新書均無傳,據新表七二上,則華之子也。翰林志云,「元和十二年,肇自監察御史入,」十二乃十三之訛,於下引文「明年」字見之。

十四年四月五日,遷右補闕。

翰林志云,「明年四月,改左補闕,依舊職守,」字作左,未詳孰是。明年承上十三年言,故知作十二者非。

五月二十四日,賜緋。十五年閏正月一日,賜紫。

舊紀一六作閏正月三日,說見前段文昌條。

二十一日，加司勳員外郎。長慶元年正月十三日，出守本官。

此均無考。新表書肇大理評事，乃元和七年修姓纂前見官。廬山記一，「經藏碑，元和七年歲次壬辰，九月丙辰朔十五日庚午，朝請郎試太常寺協律郎李肇撰，」同書五、東林寺經藏碑銘并序下略同，協律比評事高三階，當是七年新改之官。後終舍人，見下文李德裕條。

舊紀一六、長慶元年十二月戊寅。貶司勳員外郎李肇澧州刺史，又白氏集四三論左降獨孤朗等狀，長慶元年十二月十一日奏封還司勳員外郎李肇授澧州刺史詞頭，按是歲十二月甲子朔，戊寅十五日，蓋白居易先封還詞頭而後來卒予黜降也。

㊷李德裕元和十五年閏正月十三日自監察御史充。

德裕、吉甫子，舊書一七四新書一八〇有傳。舊紀一六、元和十五年閏正月，（依張宗泰補）甲寅，「以監察御史李德裕、右拾遺李紳、禮部員外郎庾敬休並守本官充翰林學士，」甲寅是十一日，小異。

全文七三一，賈餗贊皇公李德裕德政碑，「釋褐，詔授校書郎，累至監察御史，元和十五年，以本官召充翰林學士。」

二月一日賜紫。

舊傳云，「穆宗卽位，召入翰林充學士，……是月召對思政殿，賜金紫之服」，承旨壁記作賜緋疑，德政碑亦云，「時穆宗皇帝初嗣位，對見之日，卽賜金紫。」

二十日，加屯田員外郎。

舊傳云，「踰月，改屯田員外郎。」舊紀一六、長慶元年正月，翰林學士司勳員外郎李德裕上疏云云，郎官柱考八卽引舊紀、（見下文）傳、本記及賈餗贊皇公李德裕德政碑「遷屯田員外郎、考功郎中，」以紀作司勳爲誤，按今郎官柱勳外題名尙完好，並無德裕，勞說是也。

德政碑，「遷屯田員外郎，考功郎中知制誥，其侍從如故。」

長慶元年三月二十三日，改考功郎中知制誥。

舊紀三月二十三日，「己未，以屯田員外郎李德裕爲考功郎中，……並依前知制誥翰林學士」「並依前」三字誤，說見下李紳條。

二年正月二十九日，加承旨。

承旨壁記作元年誤，此蓋沈傳師力辭不就，故以德裕充也。

二月四日，遷中書舍人。

舊紀一六、長慶二年二月，「丁卯，以考功郎中知制誥李德裕爲中書舍人，依前翰林學士，」丁卯五日，舊傳亦云，「二年二月，轉中書舍人，學士如故。」

德政碑，「又遷中書舍人，專承密命，」密命者承旨之謂。

十九日，改御史中丞出院。

舊紀、二月辛巳，「以翰林學士中書舍人李德裕爲御史中丞，」辛巳即十九日，舊傳云，「而逢吉之黨深惡之，其月罷學士，出爲御史中丞。」

德政碑，「會邦憲任缺，帝難其人，乃拜御史中丞。」

㊓李紳元和十五年閏正月十三日自右拾遺內供奉充。

紳、舊書一七三新書一八一有傳。舊紀一六作閏正月十一日甲寅充，引見前李德裕條，白氏集七〇李紳家廟碑，「拜右拾遺，歲餘，穆宗……召入翰林，」舊傳略同，新傳省文爲「穆宗召爲右拾遺，翰林學士，」稍失實。

全詩八函一册，李紳南梁行注，「元和十四年，故山南節度僕射崔公奏觀察判官，蒙以書奏見委，常戲拙速，」又云，「是歲五月，蒙恩除右拾遺，」又趨翰苑遭誣搆注，「穆宗聽政五日，蒙恩除右拾遺，與淮南李公召入翰林也，」崔公、山南西崔從，淮南、德裕也；十四年所除乃右拾遺內供奉，入翰林時始眞授，故注兩言除右拾遺。

紀事三九、載紳南梁行詩注，十四年五月蒙恩除左拾遺，左字訛，又詩注如不誤，則家廟碑之歲餘召入翰林，亦弗盡合。

文饒別集七懷崧樓記，「元和庚子歲，予獲在內庭，同僚九人，丞弼者五，數十年間零落將盡，今所存者惟三川守李公而已。(已殁者西川杜公，武昌元公，中書韋公，鎭海路公，吏部沈公，左丞庾公，舍人李公，」其記開成元年作，舊紀一七下，是歲四月李紳爲河南尹，即三川守李公也。已卒者則杜元穎、元稹、韋處厚、路隋、沈傳師、庾敬休、李肇七人，皆與德裕同時居內署者。嘉定赤城志八、大中七年八年李肇爲台州刺史，如非傳述之誤，即是姓名偶同耳。

二月一日，賜緋。二十日，遷右補闕。

賜緋見承旨壁記。舊傳亦云，「尋轉右補闕，」舊紀一六作左，（見下文）小異。

長慶元年三月二十三日，加司勳員外郎知制誥。

舊紀一六、元年三月二十三日，「己未，以屯田員外郎李德裕爲考功郎中，左補闕李紳爲司勳員外郎，並依前知制誥翰林學士，」據本記則德裕與紳均至此始加知誥，不得云「並依前知制誥，」應乙爲「並知制誥依前翰林學士」方合，李公家廟碑又作「特授司封員外郎知制誥，」郎官考八云，「司封、司勳之誤，」按今郎官柱封外題名、穆宗朝無李紳，勳外有之，合觀元氏壁記及舊傳，勞說是也。

二年二月十九日，遷中書舍人承旨。

舊紀、二月十九日辛巳，「司勳員外郎知制誥李紳爲中書舍人，依前翰林學士，」承旨壁記亦云二月十九日充承旨。

全詩八函一册、紳憶夜值金鑾殿承旨注，「二年，」指長慶二年也。

全詩八函六册、朱慶餘上翰林李舍人詩，「記得早年曾拜識，便憐孤進賞文章，免令汨沒慙時輩，與作聲名徹舉場，一自鳳池承密旨，今因世路接餘光，雲泥雖隔思長在，縱使無成也不忘，」由末句觀之，時慶餘未得第，（慶餘寶歷二年進士。）第五句似舍人充承旨者，苟此詩與上蔣防同時，（見後蔣防條。）則其人應是李紳，紳早年曾至越，於首句情勢亦合。

二十三日，賜紫。

同承旨壁記。

三月二十七日，改中丞出院。

承旨壁記作三年三月二十七日：按舊傳云，「二年九月，出德裕爲浙西觀察使，乃用僧孺爲平章事，以紳爲御史中丞，」僧孺於三年三月七日壬戌始入相，（據新紀、表。）若紳出院在二年，與傳不合，一也。韓子年譜七引實錄云，「三年六月辛卯，吏部侍郎韓愈京兆尹兼御史大夫，勅放臺參，後不得爲例，時宰相李逢吉與李紳不協，及紳爲中丞，乃除愈京兆尹兼御史大夫，仍放臺參，」如紳二年已爲中丞，則與逢吉亟亟相排之情不合，二也。故知本記月上實奪「三年」二字，若李公家廟碑「俄拜御史中丞戶部侍郎」之「俄」字，乃撮敍文字，不必泥。全詩八函一册、紳憶春日太液池（一作東）亭（一作亭東）候對注，「長慶三年，」尤爲強證。

舊書一四九于敖傳云，「昭愍初卽位，李逢吉用事，與翰林學士李紳素不叶，遂誣紳以不測之罪，逐於嶺外，紳同職駕部郎中知制誥龐嚴、司封員外郎知制誥蔣防坐紳黨，左遷信、汀等州刺史，」按紳等之貶，雖在敬宗卽位後，但紳已於上年出禁林，不應仍稱學士，否則須作前翰林學士方合。

庾敬休元和十五年閏正月十三日自禮部員外郎充。

敬休、舊書一八七下新書一六一有傳。舊紀一六作十一日充，引見前李德裕條。

二月一日，賜緋。二十一日，加左司郎中。

舊傳云，「俄遷禮部員外郎，入爲翰林學士，遷禮部郎中，罷職歸官，又遷兵部郎中知制誥，」罷職歸官者罷學士之職出守本官也，中間並無嘗遷左中之文。白氏集三六云，「朝散大夫尙書禮部郎中上柱國庾敬休，……可尙書兵部郎中知制誥，」此記「左司」兩字蓋誤文，應正言曰「禮部，」郎官考一以庾敬休入補遺內，蓋承訛不察也，應移入附存目下。尤可旁證者，元氏集五〇贈韋審規父漸等制云，「朕嗣立之二月五日，在宥天下，澤被幽顯，……而守尙書左司郎中韋審規父大理卿漸等，」郎官考一云，「蓋元和十五年也，」余按舊紀一六、是歲二月五日丁丑，大赦天下，勞考甚確，然則十五年二月初旬審規固官左中矣。又白氏集三一、韋審規可西川節度副使御史中丞等制云，「故吾命文昌爲帥長，俾鎭撫專，次命審規爲上介，俾左右焉，是審規於長慶元年二月始外除。今郎官柱左中審規之後爲樊宗師，中間亦無闕渺，（參拙著郎官署題名新著錄。）皆足表示記稱左司之誤者也。

長慶元年十月二十一日，出守本官。

卽舊傳所謂罷職歸官也，引見前。

㊸韋處厚元和十五年二月二十四日自戶部郎中知制誥充侍講學士。

處厚、舊書一五九新書一四二有傳。其所爲翰林學士記云，「處厚與司勳郎中路隋職參侍講，」夢得集二三韋公集記云，「徵拜戶部郎中，至闕下，旬歲間，以本官知制誥，穆宗新卽位，注意近臣，召入翰林充侍講學士，」此外舊紀一六、元龜五五一及舊、新傳均作侍講，元龜五五〇、六〇七及鮑本學士記題銜作侍讀者誤。昌黎集二一有韋侍講盛山十二詩序云，「及此年韋侯爲中書舍人，侍講六經禁中，」而集注引唐史翻作侍讀，亦誤。

三月十日，賜緋。

舊紀一六、是月十日壬子，與路隋同賜緋，引見後路隋條。

二十二日，遷中書舍人。

韋公集紀云「初授諫議大夫，續換中書舍人，侍游蓬萊池，延問大義，退而進六經法言二十編，優詔答之，賜以金紫，」舊傳云，「換諫議大夫，改中書舍人，侍講如故，」此言先授大諫而次改中舍也。舊紀一六、長慶二年四月二十三日癸未，「翰林侍講學士韋處厚，路隋進所撰六經法言二十卷，賜錦綵二百疋，銀器二百事，處厚改中書舍人，隨改諫議大夫，並賜金紫，」（按元龜六〇一引此事誤長慶三年，銀器二百事，元龜六〇一，六〇七作二事，可信舊紀之「百」字當衍。）則無初授大諫之說。復次依紀所載，遷中舍與賜紫二事，相去甚近，今記以遷中舍爲十五年三月，賜紫爲長慶二年五月，非特與舊紀不符（本記路隋遷諫議在二年，與舊紀略合，所差祇日數耳。）揆諸前後各條賜紫之例，亦云未合。大抵下文「長慶二年」四字，乃此處所錯簡，其下復脫「四月」兩字，依此改正，則處厚以二年四月二十二日遷中舍，越半月而賜紫，事制允合，記與紀前後相差一日，各條中往往見之，不足異也。繼檢昌黎集二一韋侍講盛山十二詩序注云，「（處厚）長慶二年四月爲中書舍人，」益證長慶二年四字今本錯簡，南宋人見本當不爾也。

長慶二年五月六日，賜紫。

長慶二年四字乃上文所錯簡，說見前。元龜六〇一亦云，「處厚賜紫金魚袋，錫服遷官，皆以撰六經法言獎之。」

閏十月八日，加史館修撰。

舊紀一六作十二日己亥，引見下文路隋條。

全文四八二路隋上憲宗實錄表，「長慶二年，詔監修宰臣杜元穎命翰林侍講學士臣處厚、臣趙暨史官沈傳師、鄭瀚、宇文籍等分年編次實錄，」臣趙乃臣隋之訛，觀下路隋條知之，又瀚，應作澣，見下鄭澣條。

三年十月二十三日，權兵部侍郎知制誥，依前侍講學士兼史館修撰。

韋公集紀云，「尋遷權知兵部侍郎知制誥、翰林侍講、史館修撰，」權下當補知字，承旨記亦作權知。

四年十月二十三日，加承旨。

「十」字衍，「月二」兩字乙，依承旨壁記應正書曰四年二月十三日也。如謂不然，下文何須重言十月十四日，且何以十四日敍於二十三日之後。韋公集紀云，「長慶四年春，敬宗踐祚，內署故事與外庭不同，凡言內翰學士，必草詔書，有侍講者專備顧問，雖官爲中書舍人或他官知制誥，第用其班次爾，不竄言於訓詞。至是上器公，且有以寵之，乃使內謁者申命去侍講之稱，慮未諭於百執事，居數日，降命書重舉舊官，以明新意，」觀此，知唐制學士與侍講學士之別，又知處厚中間曾一度改學士，與後條路隋同，而本記失書也。

又元龜五五〇云，「韋處厚爲翰林侍讀學士、權知兵部侍郎兼史館修撰，敬宗初卽位，以侍讀及修撰書詔事繁，不可兼他職，乃龍侍讀爲翰林學士，」同書五五一，「韋處厚穆宗時爲中書舍人侍講學士，敬宗嗣位，詔以本官充翰林承旨學士。」

十月十四日正拜兵部侍郎。

與承旨壁記同。集紀云，「尋眞拜夏官貳卿，」舊本傳云，「處厚正拜兵部侍郎，謝恩於思政殿，……處厚因謝從容奏曰，……上深感悟其意，賜錦綵一百匹，銀器四事。」

廣記三〇八引唐統紀，「穆宗有事於南郊，將謁太清宮，……帝至宮朝獻畢，赴南郊，於宮門駐馬，宰臣及供奉官稱賀，遂命翰林學士韋處厚撰記，令起居郎柳公權書於寳井之上，名曰聖瑞感應紀，」據文似是長慶元年正月事。復次御覽一八九引唐書，「長慶中長安主簿鄭翦主役太清宮御院，忽於院前西序見一白衣老人云，此下有井，正直皇帝過路，汝速實之，……有詔命翰林學士韋處厚紀述以表其異，」舊唐書逸文三云，「册府二十六，長慶中作敬宗寳歷元年正月乙卯，……會要五十敍此事亦在寳歷元年，新書敬宗紀，寳歷元年正月己酉朝獻於太清宮，舊書敬宗紀、寳歷元年正月乙巳朔，以是推之，己酉乃正月五日，乙卯乃正月二十一日，疑御覽長慶乃寳歷之誤。」余按穆宗在位四年，唯長慶元年正月己亥朔始親薦獻太清宮及赴南郊，若二年則罷元會，三年則以疾不受朝，四年祇御殿受朝，（均據舊紀一六。）今御覽引文既云「長慶中」鄭翦見白衣老人，則言外非長慶元年正月朔以前之事，公權長慶四年出翰林猶是補闕，（從七品上）舊、新本傳雖未著其曾經起居郎（從六品上）一遷，然見舊紀一七上寳歷二年十二月下，況會要五〇即著「遂命翰林學士兵部侍郎韋處厚撰記，」若在長慶元年，則處厚是翰講學士，非翰林學士，且更未遷兵侍，循此推之，逸文以屬寳歷元年，說當不誤。唯御覽之長慶，無須改作寳歷，統紀之穆宗，則敬宗之誤也。

寳歷二年十二月十七日，拜中書侍郎平章事。

舊紀一七上、二年十二月十七日，「庚戌，以正議大夫尚書兵部侍郎知制誥、充翰林學士、柱國、賜紫金魚袋韋處厚爲中書侍郎同中書門下平章事，」全文六九授制略同，唯勳官作上柱國，非柱國，小異。

集紀云，「由是內庭詞臣無出其右者，凡密旨必承乎權輿，故號承旨學士，」按處厚加承旨，早在長慶之末，禹錫敍事，嫌後先倒置。集紀又云，「寳歷季年，宮闈間一夕生變，人情大駭，雖鼎臣無所關決，惟內署得預參晝，羣議閧然，俟公一言而定，戡難纘服，再維乾綱，今上繼統，策勳第一，拜中書侍郎同中書門下平章事。」

全文六三三韋表微翰林學士院新樓記，「樓成之月，學士韋公秉國鈞，」韋公、處厚也。

全文六四〇李翱祭中書韋相公文卽處厚也，文云，「君居翰林，遭屬之病，建立詔制，所頒未定，決危疑於一言，討纂逆以從正，橫兵刃以森列，述王心而革命，伏羣情於頃刻，咸屬目以生敬，旣名遂而衆安，乃登庸而輔聖，」

⑲路隋元和十五年二月二十四日自司勳員外郎史館修撰充侍讀學士。

隋、舊書一五九新書一四二均有傳，舊傳作隨。唐人於隋朝之隋，亦常寫作隨也。韋處厚翰林學士記，「處厚與司勳郎中路隋職參侍講，」舊傳、「與韋處厚同入翰林爲侍講學士，」（新傳略同。）此外如舊紀一六（引文見下）元龜五五六、五五七、五九九及郎官考七引本記均作侍講，此作侍讀訛。

三月十日，賜緋。

舊紀一六、元和十五年三月，「壬子，召侍講學士韋處厚、路隋於太液亭講毛詩關雎、尙書洪範等篇，旣罷，並賜緋魚袋」壬子、十日也。

二十二日，轉本司郎中。

舊傳云，「穆宗卽位，遷司勳郎中、賜緋魚袋，與韋處厚同入翰林爲侍講學士，」若以事之先後次之，應云，「穆宗卽位，與韋處厚同入翰林爲侍講學士，賜緋魚袋，遷司勳郎中，」方合。

長慶二年五月四日，遷諫議大夫。

舊傳云，「拜諫議大夫，依前侍講學士，」舊紀一六系於四月二十三日癸未之下，（引見前韋處厚條。）與此異，殆終言之也。元龜六〇一云，「隋自司勳郎中爲諫議大夫，依前充侍講學士，……皆以撰六經法言獎之。」

閏十月八日，加史館修撰。

舊傳云，「自補闕至司勳員外，皆充史館修撰，」蓋充侍講之日、解修史職，至是復加也。舊紀一六長慶二年閏十月，「己亥，勅翰林侍講學士、諫議大夫路隨、中書舍人韋處厚，充史館修撰憲宗實錄，仍更日入史館，實錄未成，且許不入內署，仍放朝參」己未乃十二日，與此差四日。又元龜五五四，「長慶二年十月，勑隨處厚嘗在史館，才行可稱，伏以憲宗實錄未修，切資論撰，宜兼充史館修撰，仍分日入史館修實錄，未畢之間，且許不入內署，仍放朝參。」（此條同卷中凡兩見，文字小異。）

元龜五五七，「唐路隋爲翰林侍講學士，與中書舍人韋處厚同撰憲宗實錄，內永貞元年九月書河陽三城節度使元韶卒，不載其事迹，隋等皆立議曰，凡功臣不足以垂後而善惡不足以爲誡者，雖當貴人第書其卒而已。」

四年四月十四日，改充學士。五月二十四日，賜紫，二十七日，拜中書舍人。

英華三八四李虞中（仲）制，朝議郎守諫議大夫，充翰林學士、上輕車都尉、賜紫金魚袋路隋可守中書舍人，依前翰林學士，可見隋改學士及賜紫在拜中舍之先，舊傳云、「敬宗登極，拜中書舍人、翰林學士、仍賜紫，」（新傳略同。）以先後律之，翰林學士四字，應乙在中書舍人之上爲合乎事實也。

寶歷二年正月八日，遷吏部侍郎知制誥。

依此、則隋轉兵侍，在寶歷二年之初，舊傳以「轉兵部侍郎知制誥」在文宗即位後，新傳以「遷兵部侍郎」在進承旨後，與此均不合。

舊紀一七上，寶歷二年十二月十七日，「庚戌，以正議大夫尚書兵部侍郎……韋處厚爲中書侍郎同中書門下平章事，以翰林學士路隋承旨，」舊傳亦云，「文宗即位，韋處厚入相，隋代爲承旨」均非正月。考學士院新樓記，「樓成之月，學士韋公秉國鈞，……明年正月，學士路君遷小司馬爲承旨，」是隋遷兵侍加承旨，在大和元年正月。復考舊、新紀，大和改元在二月十三日乙巳，（舊紀據沈本）就當時人書壁記，正月時固仍稱寶歷三年，記文「二年」實三年之訛，後世淺人不察，以爲寶歷無三年，遂妄改三作二也。幸有表微之記，不然，寶歷二年正月處厚方任承旨，何復用隋耶？承旨缺出，往往不即補，可於承旨記見之，依此校證，本文應云「寶歷三年正月八日遷兵部侍郎知制誥加承旨，」原脫加承旨三字，舊紀敍隋代承旨於十二月，乃終言之之詞。元龜五五〇、「路隨爲翰林學士承旨，文宗大和元年四月晡後，召隨已下對於太液殿，各賜錦綵銀器。」

大和二年二月二十七日，拜中書侍郎平章事。

舊紀一七上、大和二年十二月，「戊寅，詔以兵部侍郎知制誥、充翰林學士路隨爲中書侍郎同平章事，」新紀八、新表六三同，戊寅、十二月二十七日也，二月上奪「十」字。全文六九有授制。

柳公權元和十五年三月二十三日自夏州觀察判官太常寺協律郎拜右拾遺賜緋，充侍書學士。

公權、舊書一六五新書一六三有傳。舊傳云，「李聽鎮夏州，辟爲掌書記，穆宗即位，入奏事，帝召見，謂公權曰，我於佛寺見卿筆蹟，思之久矣，即日拜右拾遺，充翰林侍書學士，」按舊紀一五、元和十四年五月，庚辰，以李聽爲夏綏銀宥節度。

錢氏考異六〇謂侍書學士始柳公權，非也，元和姓纂陸東之崇文侍書學士，則唐初固有之，惟崇文、翰林異耳；張懷遠又嘗爲翰林侍書學士，見下翰林供奉輯錄。

長慶二年九月，改右補闕。

舊傳云，「遷右補闕。」

四年，出守本官。

舊紀一七上、寶歷二年十二月九日癸未下稱起居郎柳公權，則其出翰林在此已前。

翰林學士壁記注補七　穆宗

長慶後七人

㊟元稹長慶元年二月十六日自祠部郎中知制誥充，仍賜紫。十七日，拜中書舍人。

英華三八四白居易授制，朝散大夫守尚書祠部郎中知制誥、上柱國、賜緋魚袋元稹，去年夏拔自祠曹員外，試知制誥，可守中書舍人，充翰林學士，仍賜紫金魚袋云云，是翰林、中舍二職同授，故制有「一日之中三加新命」之語，此分列兩日，小異。又稹所著壁記同日加承旨，白氏集六一稹墓誌亦云，「擢授中書舍人，賜紫金魚袋，翰林學士承旨，」今記漏載此節。

全詩七函五册、白居易餘思未盡詩注，「予除中書舍人，微之撰制詞，微之除翰林學士，予撰制詞。」

十月，遷工部侍郎出院。

舊紀一六、十月壬午，以稹爲工部侍郎，罷學士，壬午、十九日也，可補入。

高釴長慶元年十 月八日自起居郎史館修撰充，二十八日，賜緋。

釴，舊書一六八新書一七七有傳。元氏集四七高釴授起居郎制云，「釴可守起居郎，依前充史館修撰，」舊傳云，「累遷至右補闕，充史館修撰，……十五年，轉起居郎，依前充職，……長慶元年，穆宗憐之，面賜緋於思政殿，仍命以本官充翰林學士。」

釴、舊書一五五崔郾傳作鉞，岑刊校記五二云，「張本鉞作釴，云依本傳及新書改，按御覽作釴，會要（五十七）敍此事亦作高釴對曰，張氏所改，固非無據，然册府（四百六十）作中書舍人高越曰，越卽鉞字之誤，高釴、本傳諸書所引亦有作鉞者，未可定以鉞字爲誤也，」余按今郎官柱戶中題名固作釴，鉞之誤似無可疑，元龜殊多訛文也。舊紀一七下、大和七年四月，吏侍高鉞爲同州刺史，八年六月同州刺史高鉞卒，又舊紀一八下、大和二年十月刑部侍郎高鉞、鉞、沈本皆作釴。白氏集三一授起居郎高釴亡母滎陽郡太君鄭氏等制作鈛，亦非，同集二四李建碑正作釴。此外如舊一五六于頔傳右補闕高鉞上疏，元龜一〇一、元和十四年四月右補闕高鉞上疏，同卷長慶四年十二月鉞諫敬宗，御覽五六八引唐書補闕高鉞上疏、均誤鉞，不復枚舉。

二年五月二日，加兵部郎中。

舊傳云，「二年遷兵部員外郎，依前充職，」此記作郎中誤，起居郎雖與員外同階，而員外率爲起居換轉之官，如柳公權、宋申錫長慶四年均官起居郎，（見舊紀一七上。）其後均換員外，是也。

三年十一月七日，遷戶部郎中知制誥。

舊傳云，「四年四月，禁中有張韶之變……翌日賊平，賞從臣，賜釴錦綵七十匹，轉戶部郎中知制誥，」與本記遷戶中在變前者異：但舊傳中轉戶中一語，未必卽承上翌日而言，新傳乃云，「張韶變興倉卒，釴從敬宗夜駐左軍，翌日進知制誥，」則更失於呆實矣。

四年五月二十四日，賜紫。十二月十二日，拜中書舍人。

舊傳云，「十二月，正拜中書舍人，充職如故，」與此合。唯會要五七云，「其年(長慶四)十月，……中書舍人高釴於思政中謝，」十月必十二月之奪，蓋依記、傳，十月倘未正拜中舍也，參下文崔鄲條。

寶曆二年三月四日，出守本官。

舊傳亦云，「寶歷二年三月，罷學士守本官。」

蔣防長慶元年十一月十六日自右補闕充。

防、舊新書均無傳。舊書一六六龐嚴傳，「嚴與右拾遺蔣防俱爲(元)稹(李)紳保薦，至諫官、內職，」以前蓋自拾遺遷補闕也。

英華四五〇收蔣防授李鄘門下侍郎平章事制，末署元和十二年十月。按元和防未入內署，英華當誤收。

二十八日，賜緋。

與上文高釴同日賜。

全詩五函五册、王建和蔣(一作滕)學士新授章服云，「五色箱中絳服春，笏花成就白魚新，……翰林同賀文章出，驚動茫茫下界人，」翰林學士無滕姓，以時代計之，殆賀蔣防賜緋之作。

二年十月九日，加司封員外郎。三年三月一日，加知制誥。

文粹六五、防撰連州靜福山廖先生碑銘云，「長慶末，余自尙書司封郎中知制誥，翰林學士得罪，出守臨汀，尋改此郡；」余按舊紀一七上、長慶四年二月，「丙戌，貶翰林學士、駕部郎中知制誥龐嚴爲信州刺史，翰林學士、司封員外郎知制誥蔣防爲汀州刺史，皆(李)紳之引用者，」與此記同作封外，不作封中。又吳興志、刺史張仕偕，長慶三年三月六日自司封郎中拜，是三年三月前張士階固官封中，不容防與同官，且今郎官柱封中題名，自孟簡至張士階一段尙完好，無防名，而封外則有之，由此可決文粹之司封郎中，應是司封郎之衍或司封員外郎之訛奪也。後檢全文七一九此文，果無「中」字。

全詩八函六册、朱慶餘上翰林蔣防舍人詩，「淸重可過知內制，從前禮絕外庭人，看花在處多隨駕，召宴無時不及旬，馬自賜來騎覺穩，詩緣得後意長新，應憐獨在文場久，十有餘年浪過春，」防加知制誥，故稱舍人。（此詩亦收九函四册賈島。）

四年二月六日，貶汀州刺史。

舊紀作丙戌，（引見前）卽六日也。

韋表微長慶二年二月二日自監察御史充。

表微 舊書一八九下新書一七七均有傳。舊傳云，「元和十五年，拜監察御史，逾年，以本官充翰林學士。」

四日，賜緋。五月三日，遷右補闕內供奉。三年九月三十日，拜庫部員外郎。四年五月二十四日，賜紫。二十七日，加知制誥。

舊傳云，「遷左補闕、庫部員外郎知制誥，」此作右，未詳孰是。英華三八四、李虞中（仲）制，朝議郎、尙書庫部員外郎、充翰林學士、上柱國、賜紫金魚袋韋表微，可守本官知制誥，依前翰林學士。

寶歷元年五月二十五日，拜中書舍人。

舊傳云、「滿歲擢遷中書舍人，」是也，新傳作「久之，」語未洽。

二年正月，遷戶部侍郎知制誥。

舊傳云，「俄拜戶部侍郎，職並如故，」似與記符。新傳獨云，「文宗立，獨相處厚，進表微戶部侍郎，」則以爲寶歷二年末或大和元年初之事。考表微學士院新樓記，「明年正月，學士路君遷小司馬爲承旨，表微洎王、宋二舍人皆遷秩加職，」前路隋條之寶歷二年，應作寶歷三年，經余證明如上，此處之二年正月，亦應準前文作三年正月，同是後世妄人所誤改也。又此處缺日，疑與隋同是正月八日所命，（據叢編七，碑記立於大和元年十二月。）說見下王源中條。

大和二年二月二十八日，加承旨。

按路隋以二年十二月二十七日相，而記訛爲二月，余已校正如前，處厚相而隋代承旨，隋相而表微翌日代承旨，事適銜接，可斷此處二月乃十二月之奪文。

三年八月二十日，以疾出守本官。

新傳云，「以病痼罷學士。」

龐嚴長慶二年三月二日自左拾遺充。

嚴、舊書一六六新書一〇四有傳。舊傳云，「長慶元年，……拜左拾遺，……明年二月，召入翰林爲學士，」作二月，小異。全文六四有穆宗授龐嚴等左右拾遺制。

四月賜緋。十月九日，遷左補闕。

舊傳云，「轉左補闕。」

三年三月一日，加知制誥。十月十四日賜紫。

舊書一六、長慶三年十月，「召翰林學士龐嚴對，因賜金紫。」元龜四八二、「李紳爲戶部侍郎，與龍（龐）嚴友善，長慶中穆宗召嚴爲翰林學士，又賜以金紫，皆紳引之也，」今舊紀敍嚴賜紫，正在紳改戶侍之後。

十一月九日，拜駕部郎中知制誥。

舊傳云，「再遷駕部郎中知制誥。」

四年二月六日，貶信州刺史。

舊紀一七上同，（引見前蔣防條。）舊傳作「出爲江州刺史，」殆誤。

崔鄲長慶四年六月七日自給事中充侍講學士。

鄲、舊書一五五新書一六三有傳。樊川集一四崔鄲行狀云，「遷給事中，敬宗皇帝始卽位，旁求師臣，今相國奇章公上言曰，非公不可，遂以本官充翰林侍講學士，命服金紫，」此記失載賜紫。又鄲與高重頗疑同日遷授，今本條稱六月七日而後文重條稱六月四日，使兩均不誤，則以入院先後爲次，高重應列於崔鄲之前也。（參下高重條。）

侍講、元龜四六〇、五四九、五五〇及玉海二六均作侍讀，玉海所謂寶歷初應正作敬宗初。

十二月十一日，改中書舍人。

杜牧撰行狀云，「旋拜中書舍人，仍兼舊職。」又舊紀一七上、寶歷元年七月、「乙丑，侍講學士崔鄲、高重進纂要十卷，賜錦綵二百匹，」可見鄲與高重至出院時仍是侍講學士，未嘗改學士，故高承簡等三碑均特命制詞也，承簡碑云，「乃詔翰林侍講學士中書舍人臣鄲俾纂述其績，刻於貞珉。」

舊傳云，「轉中書舍人，入思政殿謝恩，奏曰，陛下用臣爲侍講，半歲有餘，未嘗問臣經義，今蒙轉改，實慚尸素，有愧厚恩，」自六月至十二月，故曰半歲有餘也。顧會要五七乃云，「其年（長慶四）十月，翰林院侍講學士諫議大夫高重、侍講學士中書舍人崔鄲、中書舍人高釴於思政殿中謝，崔鄲奏陛下授臣職以侍講，已八箇月，未嘗召問經義」（八箇月、元龜五九九作八望。）按自六月起至十月祇前後五月，今觀本記，重、鄲、釴三人均於十二月遷除，故同時入謝，是會要之十月，斷爲十二月奪文之證，但雖如此，仍不得云「已八箇月，」（是歲無閏。）則會要又不如舊傳「半歲有餘」之翔實矣。復次釴以十一日除中舍，重、鄲以十二日遷除，同日入謝，釴因得進言，新傳竟謂「高釴適在旁因言……」云云，殊不知思政召對，於制釴不應旁侍，宋氏肊改舊文，往往出乎事理之外，謂當正作高釴適同入謝因言……」也。

杜牧行狀又云，「侍帝郊天，加銀青光祿大夫，」按舊紀一七上、敬宗以寶歷元年正月朔南郊，加銀青記亦失載。

寶歷二年九月四日，出守本官。

行狀云，「歷歲，願出守本官，懇懇而遂。」舊傳云，「其年轉禮部侍郎，」按傳前文敍鄲進諸經纂要，乃寶歷元年事，而舊紀一七上、寶歷二年十月壬戌，以鄲爲禮部侍郎，傳之「其年，」乃二年或明年之誤。

全文六三三韋表微翰林學士院新樓記，「經構之始，侍講崔學士出拜小宗伯。」

高重長慶四年六月四日自司門郎中充侍講學士。

重祇新書附見九五士廉傳，云，「進累司門郎中，敬宗愼置侍講學士，重以簡厚惇正，與崔郾偕選，」是郾、重二人似同日授，今一作七日，一作四日，而四日授者反序列在後，意「七」「四」兩字任一當譌，今不可考矣。

十二月十一日，遷諫議大夫。寶歷二年正月六日，出守本官。

重遷諫議大夫，引見前崔郾條。元龜六〇七、「崔郾爲翰林侍講學士，寶歷元年七月，與高重進纂要集十卷，各賜綵錦二百疋，銀器五事。」

翰林院新樓記，「樓成之月，學士韋公秉國鈞，旬日，侍講高學士拜文郎，」按處厚以十二月十七拜相，記於處厚相後稱旬日，則似重非十一遷大諫者，豈「旬日」字只就相距言之，非含先後之意耶。

翰林學士壁記注補八 敬宗

寶歷後二人

王源中寶歷元年九月二十四日自戶部郎中充。十一月二十八日，賜紫。

源中祇新書一六四有傳，「元年」字疑，參下宋申錫條。

二年正月二十八日，權知中書舍人。

英華三八四李虞中(仲)制，守尙書戶部郎中、充翰林學士、上柱國、賜紫金魚袋王源中，可權知中書舍人，依前翰林學士。「二年」及「二十八日」字，余早疑其誤，說辨見下宋申錫條，後得學士院新樓記讀之，更決所疑不妄，記有云「，明年正月，學士路君遷小司馬爲承旨，表微洎王、宋二舍人皆遷秩加職，」明年爲寶歷三年，路君卽隋，說明具見前路隋、韋表微兩條，王、宋二舍人者，源中、申錫也，源中權知，申錫加知制誥，故皆稱舍人；路加承旨，韋、王、宋各遷秩，同是一日恩制，故本文應正云「三年正月八日權知中書舍人。」

大和二年二月五日，正拜。十一月五日，遷戶部侍郎知制誥。

英華三八四、李虞中(仲)制，翰林學士、中散大夫、中書舍人、上柱國、賜紫金魚袋王源中可尙書戶部侍郎知制誥，依前翰林學士。

叢編七引集古錄目，「唐左威衞將軍李藏用碑，唐禮部侍郎翰林學士王源中撰……，碑以大和四年立，」按禮侍爲知舉之官，遷此者卽須出院，據石林燕語，源中之結銜，實爲中散大夫、守尚書戶部侍郎知制誥、翰林學士，集古目作禮部誤。

十二月，加承旨。

唐摭言一五、「王源中、文宗時爲翰林承旨學士。」按前引藏用碑係大和四年立，而不稱承旨，如謂碑撰於二年十二月已前，似去立碑時稍遠；尤可疑者，此柱有月無日，頗露脫文之迹，又韋表微充承旨至三年八月二十方以疾出院，更不應同時承旨二人。合此以推，余謂十二月上最少當奪「三年」二字。

八年四月二十日，出院。

舊紀一七下、八年四月，「乙巳，翰林學士兵部侍郎王源中辭內職，乃以源中爲禮部尚書，」乙巳爲廿四日，此作二十，先四日。又記、傳均不言轉兵侍，未審其漏略抑舊紀之訛也。御覽八四六亦云，「王源中爲戶部侍郎翰林承旨學士，……遂終不得大用，以眼病求免所職，」出院上應增「遷禮部尙書」五字。

㊽宋申錫寶歷元年九月二十四日自禮部員外郎充侍講學士。

舊書一六七本傳「寶歷二年，轉禮部員外郎，尋充翰林侍講學士，」按記下文之「三年，」如是二年之訛，（說見下文。）則此處作元年似不誤，而舊傳之「二年」或應正作元年，但此問題並非如是單簡，說詳後。

新書一五二本傳，「以禮部員外郎爲翰林學士，敬宗時拜侍講學士，」大誤，蓋申錫初拜侍講學士，後乃改充學士，學士比侍講職較要也。

十一月二十八日，賜紫。十二月十九日，改充學士。

李虞仲授申錫之制，（見下節）不云侍講學士而云翰林學士，是申錫之改充學士，應在遷戶中之前。舊紀一七上、寶歷二年十二月十七日庚戌，「侍講學士宋申錫充書詔學士，」十七或十九相差二日，記與紀、傳間往往見之，據記爲寶歷元年，據紀爲二年，相差一年，而紀則與舊本傳相應也，究竟癥誤所在，將於下節再申肊見。

三年正月八日，遷戶部郎中知制誥。

英華三八四李虞中（仲）制，朝議郎行尚書禮部員外郎、充翰林學士、上柱國、賜紫金魚袋宋申錫，可守尚書戶部侍郎知制誥，充翰林學士如故，制無侍講字，可見其轉學士在此前，英華之侍郎，應是郎中之訛，蓋員外上去侍郎九階，必無超遷之理，而誤郎中為侍郎者書本上不少見，如禮部侍郎韓雲卿其著例也。（拙著唐集質疑。）

復次、申錫遷戶中知制誥，與王源中權知中書舍人同制，（此等文章，未必兩篇相混。）據前源中條，源中以寶歷二年正月二十八日權知中書舍人，似此處之「三年」或「二年」之訛，特「二十八日」或「八日」未審孰是耳。但果如上考定，則與舊傳之寶歷二年轉禮外不符，尤與舊紀之二年十二月庚戌充學士、舊本傳之「文宗卽位拜戶部郎中知制誥」不相容，因依授制具官，改學士應在遷戶中之前也。

余思之久，頗以為源中條及本條之寶歷元年（因其月日全同。）均二年之訛，（如承旨學士壁記，韋處厚確以寶歷二年相，而今本作元年，可為比例。）又源中條之二年是三年之訛，如是則源中、申錫同制，與英華合，申錫二年自禮外充侍講，三年（卽大和元年）拜戶中，與舊傳合，二年十二月改充學士，與舊紀合，而源中權知中舍，越年正拜，（非越兩年。）亦不過遲也。（參下文）文宗以大和元年二月乙巳始改元，故當日題名稱寶歷三年正月，殊不足怪，苟非如上校改，則諸書之說，殊難調協矣。

後讀學士院新樓記，知余前此所疑，絲毫不妄，此文之三年正月八日，並未有誤，知誤在王源中條也，說見前；玉海二六亦記寶歷二年禮部員外宋申錫充侍講學士。

大和三年六月一日，遷中書舍人。

舊傳云，「太（大）和二年，正拜中書舍人，復為翰林學士，」作二年，與此異。按初入中書者往往試以知制誥，既試之後，乃實授中書舍人，如依記作三年，是申錫試用幾二年半而後正拜也。考舊紀一六、長慶三年七月二十七日，」乙卯，勅員外郎知制始（誥之訛，岑刊失校）二年後轉郎中，又二年後轉前行郎中，又一年卽正除；諫議大夫知同前，郎中、給事中並翰林學士別宜知者不在此限，」同書一七下、大和四年七月，「乙酉，勅前行郎中知制誥者，約滿一周年卽與正授，從諫議大夫知者亦宜準此，餘依長慶二年七月二十七日勅處分，」又一八九下韋表微傳，「時自長慶寶歷，國家比有變故，凡在翰林，遷擢例無滿歲，」源中、申錫皆以翰林學士前行郎中知制誥，自不須待至二年始行正授，三年應依舊傳正作二年。余前謂源中條寶歷二年乃三年之訛，得此益可多獲一旁證矣。

至舊傳所云「復爲，」卽授制「充如故」之意而擇詞不明，新傳失其旨，遂有「以禮部員外郎爲翰林學士、敬宗時拜侍講學士、……再轉中書舍人、復爲翰林學士」之一誤再誤，其實申錫初拜侍講，次改充學士，直至正授中舍時未嘗出院，觀本記甚明也。

四年七月七日，遷尙書右丞出院。

舊傳云，「未幾拜左丞，踰月加平章事，」新傳略同。按舊紀一七下、「秋七月癸酉朔，癸未，詔以……尙書右丞……宋申錫……同中書門下平章事，」新紀八及新表六三同，舊傳作左訛，岑刊亦失校。又癸未是十一日，如記之「七月七日」不誤，則相隔只四日，非踰月也。

翰林學士壁記注補九　文宗

大和後二十人

按倂余所補李仲言、鄭注、顧師邕計之，應二十三人。

鄭澣大和元年四月二十三日自中書舍人充侍講學士。

澣、舊書一五八新書一六五有傳。舊傳云，「餘慶子瀚，瀚本名涵，以文宗藩邸時名同，改名瀚」。岑刊較記五三云，「案册府（八百五十二）瀚作澣，考上文目錄正作澣，册府他卷（四百五十九、五百四十九、六百一、六百二、六百七、六百五十一。）所引之文，大率與此傳合而皆云鄭澣，然則瀚爲誤字明矣」。按舊紀一七下，開成四年作鄭澣，今郎官柱題名封中，考中兩曹均作鄭涵，元氏長慶集四六有鄭涵授考功郎中制，蓋其時尚未改名也。舊傳又云，「累遷中書舍人，文宗登極，擢爲翰林侍講學士」。新書五七上，「澣本名淳」，亦誤。文饒別集四和德裕題劍門詩稱兵部侍郎鄭澣，廣記一六五引闕史「鄭澣以儉素自居，尹河南日，………」皆作澣。白集三八翰林制詔有鄭涵等太常博士制，或非僞文。

廣記一七〇引芝田錄，「劉瞻之先，寒士也，十許歲在鄭絪左右主筆，十八九、絪爲御史巡荆部，……比迴京闕，戒子弟涵、瀚已下曰，……」按舊書一七七瞻傳，「瞻太和初進士擢第」，登科記考二二引作大中，由傳下文「咸通初登朝、累遷太常博士」觀之，則作大中爲可信。絪未嘗爲御史，貞元八年已入翰林，惟大和二年曾官御史大夫，三年卽卒，距瞻登第亦幾二十稔矣，且瀚當澣訛，涵澣卽一人，澣餘慶子，絪與餘慶南北異房，而曰子弟，皆讕言也。

元龜五九九、「大和元年三月，文宗召張(仲)方與給事中高重、中書舍人鄭澣、度支郎中許康佐對，並以將選侍講學士故也，是月，以澣守本官，康佐爲駕部郎中，並充翰林侍講學士」，按是月卽三月，與本記作四月不符；學士院新樓記，「夏四月，中書鄭舍人、駕部郎中皆以鴻文碩學爲侍講學士，有詔賜宴，始觴於斯」，舍人卽澣，玉海二六稱「大和元年三月中書舍人鄭澣駕部郎中許康佐」，「三」字訛。

二十八日，賜紫。

舊傳云，「上命撰經史要錄二十卷，書成，上喜其精博，因摘所上書語類，上親自發問，瀚(澣)應對無滯，錫以金紫」，新傳略同(元龜六〇一作十二卷。)按二十三加侍講，二十八賜紫，中間數日，豈能成二十卷之書，賜紫或與成書無關也，參下康佐條。

二年六月一日，遷禮部侍郎出院。

舊傳云，「太(大)和二年，遷禮部侍郎」，澣蓋未嘗改學士者。

許康佐大和元年四月二十三日自度支郎中改駕部郎中充侍講學士。

康佐、舊書一八九下新書二〇〇有傳。舊傳云，「累遷至駕部郎中，充翰林侍講學士」。又元龜五九九、自度中改駕中充，（引見前鄭澣條。）均與記合，新傳所云「以中書舍人爲侍講學士」者誤。

學士院新樓記，「夏四月，中書鄭舍人，駕部郎中皆以鴻文碩學爲侍講學士」，駕部下脫許字，卽康佐也。（說見勞格英華辨證補。）玉海二六訛三月，見前鄭澣條。

其月二十八日賜紫。

舊傳云，「仍賜金紫」，康佐與鄭澣同日充講學，又同日賜紫，可見此賜特隆其典制，非因澣編書告成而特賜也。

二年六月一日，遷諫議大夫。

舊紀一七上、二年五月下云，「帝與侍講學士許康佐語及取蚺蛇膽生剖其腹，爲之惻然」。

三年八月二十三日，改充學士。四年八月二十七日，改中書舍人，充侍講學士兼侍講。

兼侍講之「侍講」兩字殊可疑，余以爲「學士」之訛也。蓋旣充侍講學士，無取乎兼侍講之職，惟康佐前已改爲學士，此時若不兼學士，則有如劉禹錫所云「不宜言於訓詞」矣，舊傳云，「歷諫議大夫、中書舍人、皆在內庭」，記下文言加承旨，故知康佐仍兼學士也，元龜六〇七，「許康佐爲翰林學士，太（大）和九年進纂集左氏傳三十卷」，可證。

七年七月十五日，改戶部侍郎知制誥。八年五月八日，加承旨。九年五月五日，改兵部侍郎出院。

舊傳云，「爲戶部侍郎，以疾解職，除兵部侍郎」。

唐語林，「文宗……乃詔兵部尙書王起、禮部尙書許康佐爲侍講學士，中書舍人柳公權爲侍讀學士，……時謂三侍學士」。按舊康佐傳，由兵侍轉禮尙後，未嘗再充侍講，起以兵尙充講學，是開成四年三月後事，上距康佐出院已四年，侍讀應侍書之訛，公權加舍人兼侍書，在大和九年九月，亦康佐出院之後，此段筆記雜亂書之，不足據爲典要也。同書二又有文宗時王起、許康佐爲侍講一條。

㊵李讓夷大和元年十二月二十二日自左拾遺改史館修撰。

舊書一七六本傳，「太(大)和初，入朝爲右拾遺，召充翰林學士，轉左補闕，」新書一八一本傳，「與宋申錫善，申錫爲翰林學士，薦讓夷右拾遺，俄召拜學士，」與此作左異。改字疑兼字之誤，緣史館修撰是事務，非實職也。末亦應補「充」字。

六月二十七日，賜緋。

前文著元年十二月，下文著二年二月，中間不應有六月，「六」殆「其」或「同」之訛。

二年二月五日，遷左補闕。三年十一月五日，加職方員外郎。

英華三八四李虞中(仲)制，翰林學士朝議郎行左補闕賜緋魚袋李讓夷，可行尙書職方員外郎，依前充翰林學士，舊傳亦云，三年遷職方員外郎。

五年九月十六日，守本官出院。

舊紀一七下、五年九月下云，「翰林學士薛廷老、李讓夷皆罷職守本官，廷老在翰林終日酣醉，無儀檢，故罷，讓夷常推薦廷老，故坐累也，」按記下文廷老以九月四日出院。至舊傳之「左司郎中充職」六字，應有奪誤，讓夷進左中當五年後事，且已出翰林，充職不得指仍充翰林而言也。

元龜九二五、「先是薛廷□□林，以終日酣醉，不事檢密，達於上聽，故轉官罷職，讓夷與之友善，廷老之入，讓夷實推拔之，故坐是爲累，罷守本官」，所空兩格，當補「老在翰」三字。

柳公權大和二年五月二十一日自司封員外郎充侍書學士。

公權已見前，此再入也。舊傳云，「遷右補闕，司封員外郎，」余按舊紀一七上、長慶四年十二月，王播厚賂貴要，求領鹽鐵，起居郎孔敏行、柳公權、宋申錫等抗疏論之，則中間歷官，舊傳從略也。

三希堂帖公權題王大令送梨帖，末署「大和二年三月十日司封員外郎柳公權記，」此爲未再入前所記。

二十三日，賜紫。十一月二十一日，改庫部郎中。五年七月十五日，改右司郎中出院。

舊傳云，「公綽在太原，致書於宰相李宗閔云，家弟苦心辭藝，先朝以侍書見用，頗偕工祝，心實恥之，乞換一散秩，乃遷右司郎中，累換司封、兵部二郎中弘文館學士。」余按舊紀一七下、大和四年三月，公綽自刑尙出河東節度，六年三月，還爲兵尙，又五年時正宗閔執政，傳之所記，時事相符。惟傳載封中，不載庫中，考今郎官封中雖有殘泐，惟大和開成之際，碑尙完好，並不見公權之名，集古錄目昇元劉先生碑，大和七年四月立，結銜仍是右司郎中，寶刻類編四彙輯公權結銜，亦但有庫中、兵中、右中、無封中、則余信司封實庫部之訛，公權官庫中本在右中前，傳又錯敍於右中後也。

復次集古錄目、「唐王播碑，……翰林學士承旨柳公權書，……碑以大和四年正月立，」金石錄九 、建立年月同 ；按依此則公權充承旨應在大和四年初，（舊紀一七下、播四年正月十九日甲午卒，新表失書。）但據本記、王源中自大和二三年起充承旨，直至八年，中間未嘗隔斷，不合者一。公權再入，猶是侍書，充承旨者必先改學士，而記、傳均無其文，不合者二。且承旨，亞相也，使公權曾充者，何來公綽恥偕工祝乞換散秩之請，不合者三。由是可斷集古必誤，惜播碑已亡 ，不能引作見證耳 。否則應在開成四年，（如同目元錫碑，開成四年七月立，翰林學士承旨工部侍郎柳公權書。）方與本記相合，顧何以金石錄亦同作大和四年也。

丁公著大和三年四月二十六日自禮部尙書充侍講學士 。改正戶部尙書 、浙西觀察使。

公著、舊書一八八新書一六四有傳。按舊紀一七上、大和二年五月十一日乙未，公著自吏侍爲禮尙，三年七月二十七日乙巳，自禮尙、翰林侍講學士出爲檢校戶尙浙西觀察，「改正」二字，應有誤奪，餘見拙著唐史餘瀋新丁公著傳之紕繆條。

元龜五九九、「丁公（著）爲禮部尙書，大和三年四月，充侍講學士」，同書六七一，「文宗以浙西災疫，詢求良帥，命公著檢校戶部尙書爲浙西觀察使。」

㊽崔鄲大和三年五月七日自考功郎中充。

鄲、舊書一五五新書一六三有傳。舊傳云，「三遷考功郎中，大和三年，以本官充翰林學士」。

鄲、鄾（見前文）之弟也，全文六一〇，劉禹錫崔公神道碑云，「崔氏之門六人，……二翰林學士」。

八月十二日，加知制誥。四年九月十六日，拜中書舍人。

舊傳云，「轉中書舍人」。

六年，以疾陳請，出守本官。

舊傳云，「六年罷學士」。

㈹鄭覃大和三年九月二十一日自右散騎常侍充侍講學士。

覃、舊書一七三新書一六五有傳。舊傳云，「文宗卽位，改左散騎常侍，三年，以本官充翰林侍講學士」，按舊紀一七，與此記同作右散騎常侍，（引見下文）傳作左殆訛，元龜五九九及玉海二六作大和五年充，亦訛。

四年三月三十日，改工部尙書。

舊紀一七下、大和四年四月，「丙午，以右散騎常侍、翰林侍講學士鄭覃爲工部尙書」，丙午二日，與此差兩日。唯舊傳云，「四年四月，拜工部侍郎，……五年，李宗閔、牛僧孺輔政，宗閔以覃與李德裕相善，薄之，時德裕自浙西入朝，復爲閔、孺所排，出鎭蜀川，宗閔惡覃禁中言事，奏爲工部尙書，罷侍講學士，」（新傳略同）則以爲覃四年先改工侍，五年乃改工尙，與記及舊紀均不符。考宗閔三年相，僧孺四年相，傳稱五年閔、孺輔政，猶可諉曰揭指當年情事，若德裕自浙西入朝在三年，去五年更遠，舊傳此節常有不盡信之處。復次。元龜五五〇云，「鄭覃爲翰林學士，大和四年七月，文宗於太液亭召覃巳下對，賜之錦綵」，使元龜之月分不誤，又可與舊傳五年罷講學之說相印證，孰非孰是，未能遽決，然覃是講學，元龜稱翰林學士，要有誤處。

六月十七日，出守本官。

舊傳與此異，說見前。

路羣大和三年九月二十一日自右諫議大夫充侍講學士。

羣、舊書一七七新書一八四均附見其子巖傳。舊傳云，「太(大)和二年，遷諫議大夫，以本官充侍講學士，」蓋二年遷大諫而三年充講學也，覃、羣同日授，以前後各條年月次第檢之，知本記之三年不訛。

四年八月二十七日，改充學士。

舊傳云，「四年罷侍講爲翰林學士」。

五年九月五日，改中書舍人。

舊傳云，「五年，正拜中書舍人，學士如故」。

七年十二月十七日，出守本官。

舊傳云，「八年正月病卒，」羣殆以疾罷者。新傳云，「累官中書舍人、翰林學士承旨」，按依上文王源中條，源中以大和二年十二月加承旨，至八年四月二十始出院，中間不容有兩承旨，且本記及舊傳均無此說，新傳當誤。

薛廷老、大和四年自御史充。

廷老見舊書一五三及新書一六二。舊傳云，「文宗卽位，入爲殿中侍御史，大和四年，以本官充翰林學士」，御史上當據補「殿中侍」三字。

卓異記、「唯廷老翰林時座主庾公拜兗海節度，廷老爲門生，得爲麻制，時代榮之」，按舊紀一七下、大和四年十一月，「癸巳，以左丞庾承宣爲兗海沂密等州節度使」，癸巳二十三日，則廷老入內廷當在是日已前。

五年九月四日，改刑部員外郎出院。

舊紀一七下、五年九月甲辰，「翰林學士薛廷老、李讓夷皆罷職守本官，廷老在翰林，終日酣醉無儀檢，故罷」，甲辰爲九日，與此小異。舊傳云，「五年罷職守本官，……尋拜刑部員外郎」，以爲出守本官後始改刑外，與此謂改官出院者亦復不同。

元龜九一四、「薛延(廷)老爲殿中侍御史、翰林學士，因飲酒沉醉，文宗聞之，以爲失於敬愼，遂罷翰林。」

㊷李珏大和五年九月十九日自庫部員外郎知制誥充。

珏、舊書一七三新書一八二有傳。舊傳云，「大和五年，李宗閔、牛僧孺爲相，與珏親厚，改度支郎中知制誥，遂入翰林充學士」，新傳云，「僧孺還相，以司勳員外郎知制誥爲翰林學士」，東觀奏記上云，「李宗閔爲相，……擢掌書命，改司勳員外、庫部郎中，文宗召充翰林學士」，四書所記各異。郎官考一三云。「案舊傳度支當從奏記、壁記作庫部，壁記員外郎當從舊傳、奏記作郎中」，余按員外率賜緋，郎中乃賜紫，且由員外超拜中舍，不合唐代升轉之制，勞謂員外郎當作郎中，是也。唐語林三李珏「擢知制誥，改司勳員外郎，庫部郎中，文宗召充翰林學士，……累遷戶部侍郎承旨，天子屢欲以爲相，鄭注以方術爲侍講學士，李訓自流人入內廷，……訓、注交譖，貶江州刺史，」卽本自奏記者。

其月二十三日，賜紫。二十八日，拜中書舍人。

舊傳云，「七年三月，正拜中書舍人」，二十八日之上，當有脫文。「其」鄭本作「三」非，如非逾年，九月後不應敍三月。

全文六三六、李翺與翰林李舍人書，「翺思逃後禍，所冀全身，惟能休罷，最愜私志，……王拾遺是桂州舊僚，頗知此志，若與往來，伏望問之」，按舊書一六〇翺傳、大和五年，出爲桂管觀察，七年改湖南觀察，審閱書詞，當作於離桂之後，又舊傳謂翺會昌中卒於山南東道任所，據沈炳震說會昌中應是開成初之誤，大和末李姓以舍人居翰林者惟珏一人，而珏又以九年八月外貶，合此推之，其書殆七八年間湖南任內未徵拜刑侍前所發，不然，同居京華，乞休之意，儘可面晹，不必請李翰林便問王拾遺也。書又云，「年已六十有一，比之諸叔父兄弟爲得年矣」，今假七年是六十一，則翺享年六十四，假是八年，則爲六十三，大約不出此數，翺之年齡，諸書均無所記，故特及之。

九年五月六日，加承旨。十九日，遷戶部侍郎知制誥。

舊傳云，「九年五月，轉戶部侍郎充職。」

八月五日，貶江州刺史。

舊紀一七下、大和九年八月戊寅，「貶翰林學士守尙書戶部侍郎知制誥李珏爲江州刺史」，戊寅五日，與此合。舊傳云，「七月，宗閔得罪，珏坐累出爲江州刺史」，七月似改作八月更合；蓋宗閔六月首貶明州，七月再貶虔，八月三貶循，傳云七月，亦非始言之也。

元龜四〇、開成元年十一月，「翰林學士李班奏疋之名」，余按舊書一六八馮定傳，「太(大)和九年八月，爲太常少卿，文宗每聽樂，鄙鄭衞聲，詔奉常習開元中霓裳羽衣舞，以雲韶樂和之，舞曲成，定總樂工閱於廷，定立於其間，文宗以其端凝若植，問其姓氏，翰林學士李玨對曰，此馮定也」，依此則元龜之李班乃李玨訛，疋爲定訛。但開成元年十一月玨不在翰林，若依舊傳八月定爲常少，則同月五日之前，亦不能遽成樂曲，況定又未必五日前已授常少乎。此節如非事跡失實，即屬時月錯誤。

㊊鄭覃大和六年三月十四日自工部尚書充侍講學士。

覃已見前，此復充講學也。舊傳云，「六年二月，復召爲侍講學士」，與此作三月異。

七年六月十六日，改御史大夫出院。

舊紀一七下、大和七年六月壬申，「以工部尚書翰林侍講學士鄭覃爲御史大夫」，壬申十六日，與記合。舊傳云，「七年春，德裕作相，五月，以覃爲御史大夫」，五月誤，應正作六月。

㊋陳夷行大和七年□月自吏部員外郎充。

夷行、舊書一七三新書一八一有傳。舊傳云，「四年獻上，轉司封員外郎，五年遷吏部郎中，四月召充翰林學士」，以爲自吏部召充也。新傳云，「以勞遷司封員外郎，凡再歲，以吏部郎中爲翰林學士」，殆據舊傳而簡言之者。郎官考三云，「案壁記失載遷吏中事」，勞氏蓋確信舊、新傳之不誤也。余按今郎官柱吏中題名，大和朝尚完好，惟無夷行，而吏外，封外則有之，可疑者一。舊、新傳歷官有吏中，無吏外，依題名柱、亦失記吏外一轉，可疑者二。使五年已遷吏中，七年時不應降爲吏外，如確話誤左降，傳何不書，可疑者三。著作郎與郎中雖同階而吏中之職較重，苟非左授，不應反轉著郎，可疑者四。合而參之，本記所謂吏外，實與舊、新傳所謂吏中相當，待決者孰是孰非耳，依記則有郎官柱石刻可據而袪上述之四疑，是知舊、新傳之郎中，乃員外之誤也。在文吏外得稱吏部郎，舊傳誤加中字；新傳復承之，不足怪也。

復次舊傳以爲五年四月入充，而新傳遷封外後著「凡再歲」三字，新傳之文，余以爲撮自舊傳，若然則宋氏見本舊書，似不作五年，因四年至五年非再歲；循是而思，復疑夷行六年轉吏外，七年以本官入充學士，月上所空月分，或卽舊傳之「四」也。鄧本漏「□月」兩字。

八月二十三日，授著作郎知制誥兼皇太子侍讀。八年九月六日，賜緋。

舊傳云，「八年，兼充皇太子侍讀，詔五日一度入長生院侍太子講經，上召對，面賜緋衣牙笏」，謂八年始兼侍讀，與此異，依本記則侍讀年餘後始賜緋，似非尊重東宮師傅之禮，故疑「八年」兩字應乙在八月上也。

七日，遷諫議大夫。

舊傳云，「遷諫議大夫知制誥。餘職如故。」

九年二月十六日，罷侍讀。開成元年五月二十二日，改太常少卿。二十九日，兼太子侍讀。

舊傳不載一度罷侍讀事。又記旣言大和九年，下文復有開成元年五月二十三日，則兩「開成元年」中必任一爲衍誤也。考舊傳云，「九年八月，改太常少卿知制誥，學士侍講如故」，按前文祇稱侍讀，講乃讀之訛，舊紀一七下、九年七月十五日戊午，貶工部侍郎充皇太子侍讀崔侑爲洋州刺史，考功郎中皇太子侍讀蘇滌忠州刺史，夷行復兼侍讀，似在崔、蘇旣貶之後，舊傳作九年八月或近是，而此記月分有訛也，書以俟考，（參下文）草前文數月後，檢得元龜七〇八云，「王起爲兵部尚書判戶部事，大和九年七月，以起及翰林學士、太常少卿知制誥陳夷行並充皇太子侍讀，仍每五日一入長生院對皇太子」，知推測尙不謬。考舊紀一七下、大和九年八月甲戌朔，以起爲兵部尚書判戶部事，太子侍讀或不至缺員月餘，則元龜之七月更爲可信。依此以校，開成元年四字衍，五月應正作七月，夷行兼侍讀在七月底，舊傳書八月，所差一兩日，固本記與史文比較時常見之事也。

開成元年五月二十三日，加承旨。

依本記夷行係繼歸融爲承旨，（參拙著補承旨學士記。）此處年月日當不誤，由此又可推前文「開成元年」之爲衍文也。

六月二十四日，遷工部侍郎知制誥。八月七日，賜紫。二年四月五日，出守本官平章事。

舊紀一七下、二年四月五日，「戊戌，詔將仕郎守尙書工部侍郎知制誥、充翰林學士兼皇太子侍讀、上騎都尉、賜紫金魚袋陳夷行可本官同中書門下平章事，舊傳云，「開成二年四月，以本官同平章事」，張宗泰云，「據上文則本官係太常少卿，然考唐時同平章事罕有以太常少卿爲之者，據新書、通鑑，本官當作工部侍郎」，按夷行本官爲工侍，觀本記及舊紀甚明，不煩引新書、通鑑也，今舊傳蓋有奪文。全文七〇授制亦云，「翰林學士、將仕郎守尙書工部侍郎知制誥、兼皇太子侍讀、上騎都尉、賜紫金魚袋陳夷行，……可守本官同中書門下平章事」，唯學士下脫承旨字，又將仕郎係散官最低之級，此及舊紀必有誤。

使相 鄭涯大和七年四月八日自左補闕充。八年九月七日，加司勳員外郎。十六日，賜緋。九年十一月十九日，加知制誥。十二月十五日，守本官出院。

涯、據新表七五上，覃之從兄弟也，舊、新書均無傳，郎官柱勳外題名有之，其事迹略具郎官考八。舊紀一七下、覃於九年十一月二十二日癸亥入相，涯之出院，豈避親歟。

高重大和七年十月十二日自國子祭酒充侍講學士。

重已見前，此復充講學也。新傳不詳，唯元龜五九九云，「高重、開成七年十月，以國子祭酒充翰林侍講學士，詔令每月一日十日入院，不絕本司常務」，開成、大和之訛，開成無七年也。

九年九月十八日，改御史大夫、鄂岳觀察使。

舊紀一七下、九年七月，「辛酉，以鄂岳觀察使崔鄲充浙西觀察使，以國子祭酒高重爲鄂岳觀察使」，辛酉、十八日也，若在九月、則辛酉爲十九日，然則記之九月必七月之訛。

元晦大和八年八月九日自殿中侍御史充。

晦、舊新書均無傳，其事迹略見郎官考三。

九月十六日，賜緋。九年八月二十日，加庫部員外郎。九月十一日，出守本官。

郎官考三、「案李德裕授元晦諫議大夫制云，往在內庭，常感先顧，奮發忠懇，不私形骸，俯伏青蒲，至於雪涕，數共工之罪，不蔽堯聽，垣平之詐，益彰文德云云，蓋忤李訓輩故罷內職也。」(垣上奪一字。)

柳公權大和八年十月十五日自兵部郎中弘文館學士充侍書學士。

公權已見前，此三入也。舊傳云，「累換司封、兵部二郎中、弘文館學士，文宗思之，復召侍書」，封中辨見前。

九年九月十二日，加知制誥，充學士兼侍書。開成元年九月二十八日，遷中書舍人。

舊傳云，「遷諫議大夫，俄改中書舍人，充翰林書詔學士」，據記則先改學士知誥，繼眞除舍人，末乃改大諫，並非由大諫改舍人，舊傳誤也；(新傳不誤。)且下文又云，「極知舍人不合作諫議，……翌日降制，以諫議知制誥，學士如故」，然則公權嘗兩除大諫乎，遷諫議大夫五字應刪却。抑舊傳之書詔學士，意謂侍書兼草詔之學士也，但唐代並無此官稱，且令讀者或誤會書詔爲寫詔，究不如依本記作「充學士兼侍書」，新傳此處沿用舊傳，亦欠斟酌。

舊傳又云，「從幸未央宮，苑中駐輦，謂公權曰，我有一喜事，邊上衣賜久不及時，今年二月給春衣訖。」按舊紀一七下、開成二年正月庚寅，戶部侍郎判度支王彥威進所撰供軍圖略序曰，「……今計天下租賦一歲所入，總不過三千五百餘萬，而上供之數三之一焉，三分之中，二給衣賜，自留州留使兵士衣食之外，其餘四十萬衆仰給度支焉」，二月給春衣訖，疑卽二年之事。

二年四月，改諫議大夫知制誥。

舊傳，「便殿對六學士，上語及漢文恭儉，帝舉袂曰，此澣濯者三矣。學士皆贊詠帝之儉德，唯公權無言，帝留而問之。對曰，人主當進賢良，退不肖，納諫諍，明賞罰，服澣濯之衣，乃小節耳。時周墀同對，爲之股慄，公權辭氣不可奪。帝謂之曰，極知舍人不合作諫議，以卿言事有諍臣風彩，卻授卿諫議大夫。翌日降制，以諫議知制誥，學士如故」。依本記公權以四月改大諫，是便殿對六學士應爲四月事也，然以本記勘之，則兩書不符者二：（一）在二年四月五日已前，充學士者祇有陳夷行、柳公權、丁居晦、黎埴四人，五日已後，夷行出相，存者更祇三人，並無六學士之數。（二）周墀入充學士，在二年十二月二十五日，四月時不應在學士同對之列。至元龜五五三載此節，以「大和中爲中書舍人翰林書詔學士」揭起，亦不合，因其事明屬開成，且大和年間公權未遷中舍也。考元龜五六〇、「周墀開成二年二月爲考功員外郎集賢殿直學士，兼權知起居舍人事，文宗每御紫宸殿，與宰臣決事，多召左右史問所宜施行，墀屢承顧問，旣改尙書郎，復兼左史」，則意所謂六學士者不盡是翰林學士，兼集賢等學士言之也。

舊傳所載問答一節，通鑑二四五敍在開成二年四月甲辰，卽十一日也，今記失日，可依通鑑補之。

三年九月十八日，遷工部侍郎知制誥，加承旨。

居晦之記，作於開成二年五月十四日，公權本條自此已下，乃後來所續題也。舊傳云，「開成三年，轉工部侍郎充職，……累遷學士承旨」，新傳略同，依本記則遷工侍與加承旨同時，非累遷也。

墨藪云，「文宗開成三年，以諫議大夫柳公權爲工部侍郎，依前翰林侍書學士」，謂其以翰學仍兼侍書則可，謂所充祇翰林侍書學士則非也。

雲麓漫鈔收上柳學士書、上柳侍郎書各一首，唐文拾遺六一跋云，「案雲麓漫鈔云，柳公權親筆啓草，前輩俱跋爲柳筆，但啓中有箄諫之語，豈他人上柳啓而自書之耶。愚案公權歷官工部侍郎、學士承旨，雲麓以爲他人上誠懸啓，是也，今收入缺名」。余按後書有「潤飾洪猷、承迎中旨」語，顯指承旨言，承旨往往出相，故書又云「今則行執陶鈞，坐登台輔」也。

元龜四〇、開成「三年，帝夏日與學士聯句，……柳公權曰，薰風自南來，殿閣生微涼」，同書五五一、「柳公權爲翰林學士，文宗嘗因夏日與學士聯句，……公權續曰，薰風從南來，殿閣生微涼，時丁、袁五學士皆屬繼」，注云，「臣欽若等曰，時丁居晦、袁郁竝爲學士」。按如依元龜四〇是開成三年夏日事，則袁郁（都訛。）已以二年三月十一日丁憂出院，（據本記）

不得屬和。倘謂袁學士與其列，則唯開成元年初夏，始足學士五人之數，——卽陳夷行、丁居晦、歸融、黎埴、袁郁（都訛。）——因大和九年十二月二十七日袁始入院，而歸融又於開成元年五月五日（說見下歸融條。）出院也。

五年三月九日，加散騎常侍出院。

舊傳云，「武宗卽位，罷內職，授右散騎常侍。」

公權書撰之碑如

李有裕碑　工部侍郎知制誥柳公權書，開成四年立，見集古錄目。

柳尊師誌　翰林學士諫議大夫柳公權撰并書，開成二年立，見集古錄目。

其結銜均與記符。

⑬李仲言大和八年十月十七日自國子監四門助教改國子周易博士充侍講學士。

仲言後改名訓，舊書一六九、新書一七九有傳。按大和一朝專充侍講者，如鄭澣、丁公著、鄭覃、高重諸人，本記均已著錄，獨李訓、鄭注不收，於例不純，且舊、新傳固謂訓改學士也，豈丁氏畏宦官之勢故削其名歟，玆特補入。

舊紀一七下、八年十月（據沈本補）甲午，「以助教李仲言爲國子周易博士，充翰林侍講學士」，甲午十七日也。舊傳又云，「大和八年，自流人補四門助教，召入內殿，面賜緋魚，其年十月，遷國子周易博士，充翰林侍講學士」，元龜五九九作翰林侍講周易博士，唐語林六，「鄭注以方術進，舉引朋黨，薦周易博士李訓，召入內署爲侍講周易學士，……時鄭注任工部尙書、侍講學士。」

二十五日，賜宴，宣法曲。

舊紀、「壬寅，翰林院宴李仲言，賜法曲弟子二十人奏樂以寵之」，壬寅。二十五日。

十一月三十日，奏請改名訓。

舊紀、十一月，「丙子，李仲言奏請改名訓，從之。」

元龜八二五、「李仲和大和八年爲翰林侍講學士、周易博士，奏以名與堂叔祖下字同，請改名訓，從之」，仲和、舊新傳均作仲言。

九年七月二十一日，加兵部郎中知制誥。

舊紀、七月二十一日，「甲子，以周易博士李訓爲兵部郎中知制誥，依前充翰林侍講學士」，此謂依前充也。舊傳則云，「九年七月，改兵部郎中知制誥，充翰林學士」，新傳略同，此謂改充學士也。二說未詳孰是，余則頗以紀爲可信。（參下文。）

九月二十七日，守禮部侍郎同平章事。

舊紀、九月，「己巳，詔以……朝議郎守兵部郎中知制誥、充翰林侍講學士、賜緋魚袋李訓，（依沈本改。）可守尙書禮部侍郎、同中書門下平章事，仍賜金紫」，己巳、二十七日，仍作講學，與紀前文相符，故余頗信紀也。新紀八作翰林學士、兵部郎中，與新傳同；若新表六三作兵部侍郎，必郎中涉筆之誤，因郎中一級，殆升轉所必經，且兵要於禮，由兵改禮，近乎降矣。

全文六九授李訓同平章事制亦稱，「守兵部郎中知制誥、充翰林學士、賜緋魚袋李訓，……往者朕究大易，皆訓之義也，倘未終卷，政事之暇，宜三兩日一度入翰林，……訓可守尙書禮部侍郎、同中書門下平章事，仍賜紫金魚袋，」但兵中之上不署散官，（同制舒元輿署朝議郎。）則文必有奪。

丁居晦大和九年五月三日自起居舍人集賢院直學士充。十月十八日，賜緋。十九日，遷司勳員外郎。

居晦、鄧本訛君晦，舊、新書均無傳，郎官柱勳外、封中有題名。丁記作於開成二年五月十四日，已後之事，皆各人所續題也。

全文七五七、丁居晦「大和中官起居舍人集賢院直學士，擢拾遺，改司勳員外郎」，按起居舍人、員外郎均從六上，拾遺止從八上，乎添擢拾遺三字於起人、員外間，大誤。

開成二年九月十一日，加司封郎中知制誥。三年八月十四日，遷中書舍人。十一月十六日，拜御史中丞出院。

舊紀一七下、三年十一月，「庚午以翰林學士丁居晦爲御史中丞」，庚午、十六日。又元龜一〇一、「十一月庚午，帝於麟德殿召翰林學士柳公權、丁居晦對，因便授居晦御史中丞，翼日制下。」

全文七七六李商隱爲濮陽公賀丁學士啓，年譜會箋一云，「案丁學士、丁居晦也，此賀其轉司封郎中知制誥，故有墨丸赤管、豈滯於南宮、黃紙紫泥、聊過於禁掖、鳳池甚邇、鷄樹非遙語，在未拜御史中丞前。」按南宮、尙書省，不滯南宮，言其自郎中遷去也，知誥已是準中舍，聊過禁掖，言其自知誥授中舍也；況前文有「允謂當仁、果從眞拜」語，眞拜恰切知誥改中舍，如由勳外遷封中，何所謂眞拜乎，張釋誤。

歸融大和九年八月一日自中書舍人充。

融、舊書一四九新書一六四有傳。舊傳云，「六年，轉工部郎中，充翰林學士，八年，正拜舍人」，郎官考一〇云，「案六年上脫紀年，蓋是太(大)和六年也，又案重脩承旨學士壁記，……則融以九年入翰林，非六年。」余按前條丁居晦以九年五月入，後條黎埴以九年十月入，由其序列觀之，記稱九年八月入充殆不誤。

□年□月五日，加承旨。

據余考證，融應以九年八月五日加承旨，(參拙著補承旨學士記。)又上文之「九年八月一日」字樣，殆可信其不誤，是旣充翰林後數日卽加承旨矣，「□年□月」當衍，鄭本作十年五月，更是淺人妄塡，大和無十年也。

八月二十日，遷工部侍郎知制誥。

上文均是九年八月事，此處「八」字疑誤，否則「八月」字亦是衍文矣。舊傳云，「九年轉戶部侍郎」，新傳同，郎官考一〇云，「又戶部作工部，疑傳誤」，余按舊紀一七下、開成元年十二月丙申朔，「以戶部侍郎兼御史中丞歸融爲京兆尹」，亦稱戶侍，則「工」字之誤無疑，非傳誤也。

二十四日，賜紫。開成元年五月十五日，出守本官兼御史中丞出院。

舊傳亦云，「開成元年，兼御史中丞」，舊紀一七下、五月，「癸卯，以翰林學士歸融爲御史中丞」，癸卯是五日，則十五日之「十」字衍。

㊋鄭注大和九年八月四日自太僕卿改工部尙書充侍講學士。

鄭注一條原缺，茲新補，說見前李仲言條注，舊書一六九、新書一七九有傳。舊紀一七下、九年八月，「丁丑，以太僕卿鄭注爲工部尙書，充翰林侍講學士」，丁丑四日。

九月二十五日，出爲檢校右僕射、充鳳翔隴右節度使。

舊紀、九月丁卯，「以翰林侍講學士、工部尙書鄭注檢校右僕射充鳳翔隴右節度使」，丁卯、二十五日。

黎埴大和九年十月十二日自右補闕充。

埴、舊新書均無傳，據姓纂乃黎幹之孫，熠之子，彼訛作植，事迹略見郎官考八。九年、鄧本訛元年。

開成二年二月十日，加司勳員外郎。

今郎官柱勳外有埴名。

拓本唐故河南府士曹參軍黎公(燧)墓誌銘幷序，係開成二年丁巳二月乙未朔廿日葬，仍題「第七姪翰林學士、朝議郞、右補闕內供奉、上輕車都尉埴撰」，蓋燧葬洛陽，寄題在前，故未稱勳外也。

新一八。李德裕傳，「起爲浙西觀察使。後對學士禁中，黎埴頓首言，德裕與宗閔皆逐而獨三進官。帝曰，彼嘗進鄭注而德裕欲殺之，今當以官與何人。埴懼而出。」按德裕以開成元年十一月除浙西。

三年正月十日，加知制誥。其年十二月十八日，賜緋。其月二十一日，加兵部郎中。四年十一月六日，遷中書舍人。五年二月一日，賜紫。三月十六日，拜御史中丞出院。

自「三年」已下，皆居晦作記後各人所續題也。會要、開成五年見御史中丞黎埴。後官右常侍，見元和姓纂。曾出福建觀察，淳熙三山志在大中八年。

㊉顧師邕大和末自水部員外郎入充。

新紀八、大和九年，「十二月壬申，殺左金吾衞將軍李貞素、翰林學士顧師邕。」按師邕名、舊紀一七下及同書一六九甘露諸臣傳均不載，唯新書一七九云，「顧師邕，字睦之，少連子，……累遷監察御史，李訓薦爲水部員外郎、翰林學士，訓遣宦官田全操、劉行深、周元稹、薛士幹、似先義逸、劉英訓、按邊，旣行，命師邕爲詔賜六道殺之，會訓敗，不果，師邕流崖州，至藍田，賜死」，兹據補。

九年十一月二十五日，下獄。

通鑑二四五、大和九年十一月下云，「丙寅，以師邕爲矯詔，下御史獄」，丙寅、二十五日。通鑑又云，「十二月壬申朔，顧師邕流儋州，至商山，賜死」，按新傳云，「李貞素……流儋州，至商山，賜死」，今通鑑不著貞素，或誤貞素之罰爲師邕之罰歟。

李訓、鄭注之題名，余謂爲宦官所惡，故被削去，師邕亦猶是也。然千載而後，余猶得掇而補之，可見公論終有伸張之一日，小人之勢，不足畏也，書竟，不禁色然喜。

復次全文四七八、杜黃裳顧少連碑，貞元二十年作，云，「有子曰師閔，……以拔萃甲科歷咸陽尉，次曰師安，太常寺太祝，次曰宗彧、宗憲」，無師邕，豈爲後來改名歟，抑少連之姪行而新傳誤曰子歟。登科記考一九云，「永樂大典引蘇州府志，長慶三年顧師邕登第。」

袁郁大和九年十二月二十七日自禮部員外郎集賢院直學士充。開成元年正月十四日，轉庫部員外郎。二年三月十一日，丁憂。

兩唐書無袁郁，考元和姓纂四，「生滋，中書侍郎、鄭滑節度，生都、郊」，舊書一八五下滋傳，「子都，仕至翰林學士」，若依舊書，則郁乃都之訛也。（郁都易於互訛，如元龜九九〇郁射設作都射設。）新書一五一滋傳，「子均，右拾遺，郊、翰林學士」，若依新書，則郁又郊之訛也。新表七四下滋五子，「烱、江陵戶曹參軍，寔、河中功曹參軍，均、太子典膳郎，都字之美，右拾遺，郊字之乾，虢州刺史」，與新傳稱均右拾遺亦異。假使表上所錄皆各人終官，拾遺卑於員外郎，充學士者自以郊爲近是，顧新表往往參用誌、狀之文，或不過一時之職，非必其人之終官也。最末、新書五八藝文志、袁郊二儀實錄衣服名義圖下注云，「字之儀，滋子也，昭宗時翰林學士」，持此亦可主張郁爲郊訛。但考舊紀一五、滋卒於元和十三年六月，去昭宗初元七十二年，其子安得至昭宗時官學士，是昭宗顯文宗之訛，謂字之儀，復與表異，寥寥十餘字而舛異者已兩處，志之言寧盡可恃乎。總之「郁」字必訛，論字形則舊傳之「都」近，將以俟徵實也。

寶刻叢編八引京兆金石錄，「唐內侍少監第五從直碑，唐袁郁撰，……開成元年立」，諒即其人，而字亦作郁，與本記同，類編五作袁郃撰，郃字顯誤。溫庭筠詩集五經故翰林袁學士居云，「劍逐驚波玉委塵，謝安門下更何人」，庭筠歿於咸通初，（楊收執政時。）而郊九年尚生存，（見下文）則此故翰林袁學士殆非指郊。同集六又有「開成五年秋，以抱疾郊野，不得與鄉計偕至王府，將議遐適，隆冬自傷，因書懷奉寄殿院徐侍御、察院陳李二侍御、回中蘇端公、鄠縣韋少府、兼呈袁郊、苗紳、李逸（四）三友人一百韻」，徐、陳、李、蘇、韋諸人皆稱其官，唐代翰林最爲淸貴，使先數年郊已居翰苑，此題斷不直斥其名，由是可斷本記之袁，斷非袁郊也。

全詩八函八册、許渾有寄袁校書詩，一作袁都校書，今檢千唐禮記博士趙合直墓誌，葬大和九年四月，題「將仕郎守右補闕，集賢殿直學士袁都撰」，斷爲此人無疑，都郊之孰是孰非，得此誌乃一言而決，眞快事也。因話錄三、「李宗閔知貢舉，門生多淸秀俊茂，唐冲、薛庠、袁都輩時謂之玉筍班」，時爲長慶四年。

元龜五五一、「文宗嘗因夏日與學士聯句，……時丁、袁五學士皆屬繼」，同書四〇以爲開成三年之事，與本記袁二年三月出院不符，已辨見前柳公權條。

書錄解題六、「服飾變古元錄，唐翰林學士汝南袁郊之儀撰，郊、宰相滋之子，唐志作一卷」，蓋沿新志言之。

都郊舊籍旣常互訛，故幷撮記郊之事跡如後。

紀事六五、「（袁）郊咸通時爲祠部郎中，有甘澤謠九章，與溫庭筠酬唱，庭筠有開成五年抱疾不得預計偕時寄郊云，逸足皆先路，窮蛟（郊）獨向隅，是也」。

書錄解題一一，「甘澤謠一卷，唐刑部郎中袁郊撰，……咸通戊子自序」，所題刑中，如是咸通九年見官，則去開成元年官庫外時已三十二載，亦可爲官翰林者非袁郊之旁證，但作刑中，又與紀事祠中異。

開成後十四人。

自此已下，皆居晦作記後各人續題，非丁氏原文所有，讀者當分別觀之。

柳璟開成二年七月十九日自庫部員外郎知制誥充。

璟舊書一四九新書一三二有傳。舊書目錄作「柳登弟冕子璟」，依他目比勘，璟如是冕子，似應作「冕子璟」方合。惟傳文先敍登，次敍冕，冕傳之末，繼云，「子璟，登進士第，亦以著述知名，璟、寶歷初登進士第，……」又似璟爲冕子者。岑刊校記五一云，「張本但有登子璟三字，云璟自有傳，不應於冕傳末預言，今據新書删改」。按北宋人見本舊書，當較今完善，新傳稱璟爲登子，似可信也。舊傳云，「開成初，換庫部員外郎知制誥，尋以本官充翰林學士。」

全詩八函八册、許渾有贈柳璟馮陶二校書詩。

二年四月十四日，加駕部郎中知制誥。二月九日，遷中書舍人。

按二年七月之後，不應敍「二年四月」，二年當三年之訛，如是，則加駕中後約經兩年(參下文)正除中舍，與長慶二年七月之勅(見前宋申錫條)相符矣。又四月之下，不應敍二月，考舊傳云，「五年，拜中書舍人充職」，則疑二月上本有「五年」字而今誤錯於下文也。玉谿生年譜會箋二、開成三年云，「二月，翰林學士承旨駕部郎中知制誥柳璟遷中書舍人，……案壁記作二年，然其上已云開成二年七月自庫部員外郎知制誥充矣，則此二年必三年之訛，今改正」，按璟並未加承旨，張引大誤。以二年爲三年訛，尙有見地，但三年四月之後可書三年二月乎，是得一而失一矣。

册府元龜六二一、開成「四年閏正月，翰林學士柳璟奏，今月十二日面奉進止，以臣先祖所撰皇宗永泰新譜，事頗精詳，令臣自德宗皇帝至陛下御極已來，依舊式脩續，伏請宣付宰臣，詔宜令宗正寺差圖譜官與柳璟計會脩撰，仍令戶部量供紙筆，璟續成十卷，以附前譜」。(參同書五六〇)因話錄宮部，「文宗對翰林諸學士，因論前代文章，裴舍人素數道陳拾遺名，柳舍人璟目之，裴不覺。上顧柳曰，他字伯玉亦應呼陳伯玉。」(語林三略同。)

又因語錄商部，「尙書（公權）與族孫璟開成中同在翰林，時稱大柳舍人、小柳舍人。自祖父郎中芳以來，奕世以文學居清列，舍人在名場淹忽，及擢第，首冠諸生，當年弘詞登高科，十餘年便掌綸誥、侍翰苑，……記錄此書後二年，柳公方知舉。」（語林四前文略同。）

全文七七八李商隱獻舍人河東公啓，玉谿年譜會箋二云，「案舍人河東公，柳璟也」，據令狐綯傳、綯服闋復爲左補闕，而璟五年十月改禮侍，張編此啓於開成五年，良合。

五年十月，改禮部侍郎出院。

「五年」字疑是上文所錯簡，說見前。舊傳云，「武宗朝轉禮部侍郎，再司貢籍，時號得人。」

⑱周墀開成二年十二月二十五日自考功員外郎知制誥充。

墀、舊書一七六新書一八二有傳。舊傳云，「轉考功員外郎，仍兼起居舍人事，開成二年冬，以官知制誥，尋召充翰林學士」；樊川集七周墀誌，「數月，以考功掌言，謝日，帝曰，就試翰林，公辭讓堅懇，帝正色，以手三麾之，遂兼學士。」

唐摭言三，「周墀任華州刺史，武宗會昌三年，王起僕射再主文柄，墀以詩寄賀，……曾忝木雞誇羽翼，又陪金馬入蓬瀛，（墀初年木雞賦及第，常陪僕射守職內庭。）」言開成三年五月至五年正月間，起與墀同居翰林也。

三年十一月十六日，加職方郎中。

依制、郎中下應補「知制誥」三字。舊傳云，「三年，遷職方郎中。」

四年□月十二日，賜緋。

□月、鄧本作九月。依制、必遷舍人而後得轉侍郎，墓誌云，「遷職方郎中、中書舍人」，舊傳云，「四年十月，正拜中書舍人，內職如故」意賜緋當在遷舍人前，（月上祇空一格而遷舍人在十月，此亦小小旁證。）賜緋下奪去十月遷舍人事及「五年」字樣也。

五月十三日，改工部侍郎知制誥。

四年十月，始遷舍人，改工侍應在其後，斷知三月上奪「五年」二字。

六月十日，守本官出院。

墓誌云，「武宗卽位，以疾辭，出爲工部侍郎、華州刺史」，由此亦見前文必奪「五年」字。

全文七七四、李商隱爲河東公與周學士狀，「某自領藩條，屢蒙朝奬，皆因學士每於敷奏，輒記姓名」，按河東公、柳仲郢也。仲郢於德裕貶後，始外典州郡，而翰林學士周姓者惟墀、敬復兩人，均早已出院，未審學士之姓誤否？舊書一六五仲郢傳稱郢治鄭州，周墀過境，甚奬其能，及入輔政，遷河南尹，豈卽與周墀之狀歟。繼閱玉谿年譜會箋二，則同書所題爲河東公上楊相公等八狀，張氏決河東皆濮陽之訛，且皆開成三年作；再勘之狀文「學士時仰高標、世推直道」語，頗切墀之爲人，而「深憂李廣之不侯，……方限征行」等句，又近於茂元之身世，然則此篇之河東，亦可例推爲濮陽訛無疑矣。

㊉王起開成三年五月五日自工部尙書判太常卿事充皇太子侍讀充侍講學士，依前判太常卿事充。

起、舊書一六四新書一六七有傳，未嘗爲相，特使相耳，應依前鄭涯條改正。舊紀一七下、開成元年十一月十七日，「壬午，以兵部尙書皇太子侍讀王起兼判太常卿」，舊傳云，「轉兵部尙書，……乃兼太子侍讀判太常卿，……三年，以本官充翰林侍講學士」，新傳略同，均作兵尙，此稱工尙，疑誤。又文旣云「充侍講學士，」則末句之「充」字當衍。

四年三月十二日，授太子少師兼兵部尙書。

舊傳云，「四年遷太子少師判兵部事，侍講如故。」

四月二日，賜給少師俸料。五年正月七日，加金紫光祿大夫守本官出院。

舊傳云，「以其家貧，特詔每月割仙韶院月料錢三百千添給」，按起在院時始終充講學，未爲學士。

元龜九七、「武宗嘗私撰數字，以示侍講王起，起曰，臣書中所不識者唯八駿圖中三五字而已，今此字臣未知出於何書，武宗笑而奇之，故待如師友，因（目？）曰當代仲尼」，按文宗正月四日崩，武宗卽位，七日起卽解侍講，武宗或文宗之誤。

高元裕開成三年五月五日自諫議大夫充侍講學士。

元裕、舊書一七一新書一七七有傳。蕭鄴元裕碑云，「（鄭）注方倚恩自大，恚不能堪，遽出公爲□（閬）州刺史，注敗，復入爲諫大夫兼充侍講學士」，（萃編一一四）舊傳云，「復徵爲諫議大夫，開成三年，充翰林侍講學士」，元裕亦始終充講學未改學士者。

八月十日，出守本官兼光祿大夫。

碑有「尋兼太子賓客，……未幾擢拜御史中丞」之殘文，舊傳亦云，「乃兼太子賓客，四年，改御史中丞」，考舊紀一七下、四年閏正月甲申朔，「以諫議大夫高元裕爲御史中丞」，不稱講學，則信乎於上年解去此職矣。又全詩八函三册、姚合和高諫議蒙兼賓客時入翰苑詩，「紫殿講筵鄰御座，青宮賓榻入龍樓」亦和元裕兼賓客之作。按唐制兼字只對實官用之，（初唐間有用兼讀如古念反者，亦對實官立言，見舊志四二及拙著唐史餘瀋。）光祿散階，言兼不可通。況光祿是最高散官，（從二品）非重臣不授，今元裕碑只題銀青光祿大夫□（守）吏部尙書，銀青爲從三品散階，散階非有罪不至降，是知「兼光祿大夫」實「兼太子賓客」之誤文也。抑由詩題「時入翰苑」字樣詳之，元裕雖出院，當仍有類乎王叔文「仍許三五日一入翰林」之後命，惜史傳簡略，不可考矣。

裴素開成三年十二月十六日自司封員外郎兼起居郎史館修撰充。

素、舊新書均無傳，其事迹略見郎官考六。舊紀一七下、開成二年十二月，「丙申，閤內對左右史裴素等」，左史卽起居郎，今郎官柱封外亦有素名。

四年七月十三日，加知制誥。五年二月二日，賜緋。六月，遷中書舍人。其年十一月，加承旨，賜紫。

郎官考六云，「按素當卒於會昌年，壁記六月上、十七日上俱有脫文。」按英華七九七裴素唐重修漢未央宮記末云，「臣素任當承旨」，又云，「時會昌元祀霈大澤之明月」，據舊紀一八上、會昌元年正月「庚戌，有事於郊廟，禮畢，御丹鳳樓，大赦，改元」，霈大澤者卽大赦也，是會昌元年二月素已任承旨之證。假如勞說六月上有奪文，而上文旣有開成五年，則最早不過會昌元年，（因開成止五年）。但謂會昌元年十一月素始加承旨，則與碑文不合，故知六月上並無脫文。

十七日卒官，贈戶部侍郎。

勞格氏謂素當卒會昌，十七日上有脫文，（引見前）是也。蓋依修未央宮記，則會昌元年二月素尙生存，素卒斷在此巳後，復依本記下文、李褒以元年十二月加承旨，素卒又似在此巳前，豈素卒於會昌元年十一月十七日，因涉上文十一月以致脫去會昌元年字歟？寶刻叢編七引復齋碑錄、唐修漢未央宮碑，裴素撰，會昌二年十一月六日建，按此當卽英華所收之文，蓋元年作記而二年始立也，不足爲素二年尙生之證。

丁居晦開成四年閏正月自御史中丞改中書舍人。

居晦巳見前，此再入也。舍人下應補「充」字。元龜五一五云，「丁居晦爲御史中丞，頗銳志當官，不畏強禦，然而措置或乖中道，執政請移易，遂復舊官，帝疑與當軸者不叶，故復舊職。（居晦前爲中書舍人、翰林學士。）」全文七七三、李商隱爲濮陽公與丁學士狀，「自學士罷領南臺，復還內署」，言居晦自中丞改中舍也。後檢玉谿生年譜會箋二所釋略同，不備引。

五年二月二日，賜紫。其年三月十三日，遷戶部侍郎知制誥。其月二十三日卒官，贈吏部侍郎。

全詩八函十册、劉得仁有上翰林丁學士，山中舒懷寄上丁學士、（自注，「學士有禁中詩，早春曾命和」。）又哭翰林丁侍郎詩，皆居晦也。

高少逸開成四年閏正月十一日自左司郎中充侍講學士。

少逸、舊書一七一新書一七七有傳，元裕（見前）之兄也。舊傳云，「遷諫議大夫，代元裕爲侍講學士」，（新傳略同。）元龜七七一、「開成四年，遷諫議大夫，代元裕爲翰林侍講學士」，今據記。則先充講學而後遷大諫也。復次元裕於三年八月出守本官，少逸以四年閏正月入，亦相距半載。

其年八月一日，遷諫議大夫。五年正月二十七日，賜紫，守本官出院。

說見前。

李褎開成五年三月二十日自考功員外郎集賢院直學士充。

褎、舊新書均無傳，其事迹略見郎官考一〇，今郎官柱考外有褎名。全文七三六、沈亞之旌故平盧軍節士文，「（元和）十四年，余與李褎、劉濛宿白馬津，俱聞之於郭記室」，當即此李褎。

其年六月，轉庫部郎中知制誥。十二月十二日，賜緋。會昌元年五月，拜中書舍人。十二月，加承旨。六日，賜紫。二年五月十九日，出守本官。

王彥威代李紳鎮宣武，方鎮年表二系開成五年九月；樊南文集六爲絳郡公祭宣武王尚書文，「公昔分茅，愚當視草，」吳氏考證上注，「此謂李褎爲翰林學士在彥威出鎮時」，是也。

全文七七七、李商隱爲舍人絳郡公上李相公啓，「遂俾南憲、中臺，屢承闕乏，內庭、西掖，比辱昇遷，……竟使禍因福過，疾以憂成，外雖全人，中抱美疢，……及正名綸閣，收跡翰林，……旋屬虜帳夷氛，壺關叛伐，絳臺北控，有元戎大集之師，鄭國東臨，過列鎮在行之衆，……周旋三郡，緜歷兩霜，……今幸四海無塵，六州嚮化，……直以攝生寡妙，舊恙無全。」按舊書一七六李讓夷傳、開成元年，起居舍人李褎以痼疾請罷，與啓言美疢舊恙合，比觀前證褎蓋出歷絳、鄭等三州刺史，此李相公當德裕也。同卷又有爲絳郡公上史館李相公啓，「況又此州管叔舊國，帝鴻遺墟」，亦鄭州任內所上，考舊書一七三李紳傳，累遷門下侍郎監修國史，此李相公殆紳也。其後更有爲絳郡公上崔相公啓，即鉉也。數書皆約會昌四年作。（樊南文集詳註三說略同，見本在後，不復引。）玉谿年譜會箋三云，「又按英華有授李褎虢州刺史制，當是褎後所歷官」，按此制見英華四一一，署名錢珝，郎官考一〇「疑標題之誤」，是也。余疑褎刺虢在絳、鄭前，故狀云「周旋三郡」，會箋引作二郡，遂生在後之說耳。

唐文續拾五、李潛尊勝經幢後記，末署「唐會昌四年歲次甲子十二月己卯朔十九日丁酉孤子李潛泣血長號書」，記有云，「若先君志行盛業，先妣懿德門風，具在鄭州刺史李公褎所撰石誌」，此會昌四年褎已轉知鄭州之證。後檢千唐各拓，知潛所謂李褎撰誌，即會昌四年十二月十九日立之李正卿誌，正卿是年四月十一日卒於綿州，至十二月返葬，誌題「朝散大夫使持節鄭州諸軍事守鄭州刺史上柱國賜紫金魚袋李褒撰」，恰爲上證得一碻據。

全文七七六李商隱與陶進士書，「前年乃爲吏部上之中書，歸自驚笑，又復懊恨周、李二學士以大法加我，夫所謂博學弘辭者豈容易哉」，李亦當是褒，周則墀也。繼檢馮浩樊南文集詳註八云，「按周，周墀也，見代爲表，李未知何人，疑爲讓夷，舊書傳、讓夷太和初爲右拾遺，充翰林學士，轉左補闕，三年遷職方員外郎、左司郎中充職，九年拜諫議大夫，開成元年以本官兼知起居舍人事，二年拜中書舍人，讓夷既先充翰林學士，則轉郎官必如周墀之兼內職，開成時爲舍人，亦與學士同職也。」按周爲墀抑敬復，余初未有所擇，及觀馮註，商隱旣有爲汝南公華州賀赦諸表，則周爲墀斷無誤。至馮疑李當讓夷，卽不能不加以辨正。讓夷早於大和五年出翰苑，有學士壁記等可憑，至舊傳之「左司郎中充職」句，實有奪誤，已於前讓夷下辨正，馮未及比較諸書而誤信也。或曰，馮著年譜，以開成三年爲商隱舉弘詞不中，亦卽與陶書之「前年」，當無異議，於時墀固翰學，褒則非也，吾子何以解此。余對曰，褒五年三月帶集賢直學士入內署，此其充職，殆可上推於三年，舊文「學士」字不定指翰林，（參補翰學記。）是褒得膺此稱也。讓夷於商隱有所扶助，玉谿詩文中未獲片證，吾人既可因代汝南公諸表，決周之爲墀、非敬復，安見不可因代絳郡公諸啓及其上李舍人狀，而決李之爲褒、非讓夷耶。玉谿年譜會箋二則認李爲李回，商隱上李相公狀稱回爲座主，回蓋於開成三年充弘詞考官，又回以庫部郎中知制誥而文稱學士，必係兼翰林或集賢學士，然傳旣不載，無可徵實云云；以李學士爲回，說頗近似，尚缺確證，當懸以俟考。若張駁馮註謂讓夷已拜舍人，不得渾稱學士，殊未能難馮也，丁居晦旣遷舍人，集亦祇題學士，(見前)何不可之有。

全文七七五李商隱上李舍人狀云，「伏承已卜江南隱居，轉貼都下舊宅，道心歸意，貫動昔賢」，按褒自舍人出院，大中三年由禮侍知舉，(語林七。)又晚年修道居陽羨川石山，（語林四。）事迹與上狀所言相類，則李舍人卽褒。全詩八函九册、李商隱鄭州獻從叔舍人褒詩，「蓬島烟霞閬苑鐘，三官籙奏附金龍，茅君弈世仙曹貴，許掾全家道氣濃，絳簡尙參黃紙案，丹爐猶用紫泥封，不知他日華陽洞，許上經樓第幾重」，見褒之早好修道也。

周敬復開成五年三月三十日自兵部員外郎知制誥充。十二月十一日，賜緋。

敬復、舊新書均無傳，其事迹略見郎官考四。

會昌元年二月十三日，轉職方郎中知制誥，中書舍人。

按知制誥卽中書舍人之試用，試用而可者約周年乃正除舍人，唐制如是，可於各條見之，斷無同日授知誥復授中舍之理，此處中書舍人四字是衍文，抑其上有奪文，今難確定，然二者必居其一則無疑矣。抑敬復曾歷中舍。見下引杜牧文，但未知在院時所遷抑出院後乃遷也。

二年九月十八日，守本官出院。

此亦無考。

全文七三三楊紹復授周敬復尙書右丞制，「振風績於南宮，奮華輝於翰苑」，同書七五〇杜牧代人舉敬復自代狀，有掌綸言於西掖，參密命於內庭，珥貂代侍，主鑰東門等語。

同書七七八李商隱謝鄧州周舍人啓，據余考證，應是敬復，說詳玉谿年譜會箋平質。

㊷鄭朗開成五年四月十九日自諫議大夫充侍講學士。

朗、舊書一七三新書一六五有傳，覃之弟也。舊傳云，「四年，遷諫議大夫」，略講學事，新傳則云，「累遷諫議大夫，爲侍講學士。」

其年五月四日，賜緋。十一月二十九日，出守本官。

此無考。

盧懿開成五年四月十九日自司封員外郎充侍講學士。

懿、舊新書均無傳，其事迹略見郎官考三，今郎官柱封外有懿名。

其年四月，賜緋。

按懿與前條鄭朗同日入爲講學，則其賜緋似亦同時，今朗以五月四日賜而懿以四月，殆任一有誤，四月近於四日之訛，其誤或在本條也。

會昌元年二月九日，出守本官。

無考。

李訥開成五年七月五日自左補闕充。

唐有兩李訥，一開元時人，見郎官柱勳外；此則建（見前）之子也，舊書一五五、新書一六二均附見建傳，惟本記所載歷官均從略，可以補闕。

會昌二年四月十六日，遷職方員外郎，十一月二十一日，賜緋。三年四月□日，出守本官。

均無考，鄧本作四月五日，亦未詳。

英華四五五有李納授盧弘正章讓等徐滑節度使制及授薛元賞昭義軍節度使制，唐方鎮年表均引作李訥，據表二及三，弘正（止）讓之授在大中三年，據表四，元賞之授亦在三年，此兩制下接授陳君從鄭州節度使寨門行營使制，不署撰人，表一亦引爲訥作，（據全文四三八。）且著其除授於大中六年，（？）但本記訥以會昌三年出，大中三至六年間未嘗再入內署，蓋此等命將之制，大中時曾一部移至中書起草，而訥是時方官中舍也。（參下沈詢、蔣伸條。）訥自禮中知制誥晉中書舍人，見英華三八二崔嘏行制。

玉谿年譜會箋三云：「又案補編，鄭州李舍人狀及上李舍人狀皆爲李褒也，惟上李舍人第一狀云。及二十三叔歸闕之時，又云：去冬二十八叔拜迎軒騎，已託從者附狀起居，又云：自春又爲鄭州李舍人邀留比月，考諸狀皆稱李褒爲十二叔，此稱二十三叔，且有鄭州李舍人語，則此李舍人必非李褒，褒由舍人出刺鄭州，罷官居洛，見第七狀，此舍人則實官舍人也，狀云：今則假道選曹，復登綸閣，可以互證，其先云：固辭內廷，屈典外郡者，乃述其從前歷歷耳。」按張所辨甚精，余嘗再求之，竊謂舍人必訥，訥曾入內廷，以會昌三年四月出，而此狀是四年作，舊書四三，吏部員外郎一人，掌判南曹，曹在選曹之南，故謂之南曹，又一人掌判曹務，訥後來官吏外見郎官柱，所謂假道選曹也，訥至大中初尙掌制誥，具詳前引，所謂復登綸閣也，合此推之，訥當於會昌三年冬，自郞官出守外郡，（即拜迎軒騎之時，）四年復召爲吏部員外郎知制誥者，唐人同姓，便稱翁叔，故狀曰二十三叔。狀末又云：「況某早奉輝光，猥至成立，」是訥於商隱有舊恩也。

㊷崔鉉開成五年七月五日自司勳員外郎充。

鉉、舊書一六三新書一六〇有傳。舊傳云，「會昌初，入爲左拾遺，再遷員外郎知制誥，召入翰林充學士」，依此，當云開成末入爲左拾遺，再遷司勳員外郎，召充翰林學士也。郎官柱勳外有鉉名。

會昌二年正月十二日，加司封郎中知制誥。其年九月二十七日，加承旨，賜紫。十一月二十九日，遷中書舍人。

舊傳云，「累遷戶部侍郎承旨」，新傳云，「遷中書舍人、學士承旨」，舊紀一八上作兵部侍郎，新紀八、新表六三與新傳同，均祇稱中書舍人，待考。

集古錄目「唐左神策軍紀聖德碑，唐翰林學士承旨崔鉉撰，……武宗嘗幸神策軍，勞閱軍士，兼統三軍，上將軍仇士良請爲碑以紀聖德，鉉等奉勅書撰，碑以會昌三年立。」

三年五月十四日拜中書侍郎平章事。

新紀、新表均作五月戊申，二十日也，通鑑二四七作壬寅，與本記同，舊紀則書於四年八月十八日戊戌之下，云，「以兵部侍郎翰林學士承旨崔鉉爲中書侍郎同平章事」，與此記及新書紀、表、傳迥異，據本記下文，白敏中以三年十二月加承旨，疑舊紀誤。玉谿年譜會箋二云，「舊紀在四年八月誤，考濮陽公遺表稱宰相已有鉉名。」（茂元卒三年。）

唐摭言一五，「李石相公鎭荆，崔魏公在賓席，未幾，公擢拜翰林，明年登相位，時石猶在鎭」，魏公即鉉後來進封者，今依記，鉉以開成五年入翰林至會昌三年始拜相，摭言謂明年登相，乃傳聞之誤。

敬皥開成五年十一月十六日自兵部員外郎史館修撰充。

皥當作暭，依姓纂，其昆仲昕、晦、煦均從日旁也。姓纂以昕、晦、暭、煦爲序，新書一七七則云晦兄昕、暭，弟昈、煦，又祇稱暭終右散騎常侍，餘均不詳。

會昌二年八月六日，出守本官。

亦未詳。

翰林學士壁記注補十 武宗

會昌後八人

㊅韋琮會昌二年二月十五日自起居舍人史館修撰充。

琮，新書一八二有小傳，祇云「世顯仕」，不詳所出，按通鑑唐紀六三，琮、乾度之子也，乾度爲韋肇三從弟，見元和姓纂，是琮固逍遙公房世康之後也。錢氏考異五〇云，「又宰相表有韋琮相宣宗，此表失載」，（此表指世系表。）今得此證，又知琮應補入逍遙公房矣。

新傳又云，「進士及第，稍進殿中侍御史，坐訊獄不得實，改太常博士」，今精舍碑不見琮名。復按殿史、太博皆從七品上，起居舍人從六品上，則充翰林當在官太博之後。

其年十月十七日。加司勳員外郎。

今郎官柱著琮名，新傳不載。

三年五月二十九日，轉兵部員外郎知制誥，四年四月十五日，轉兵部郎中，九月四日，拜中書舍人，竝依前充。

於制、郎中下當補知制誥三字。已上歷官，新傳俱不載，抑此處不言琮以何時出院，顯有脫文。考舊紀一八下、大中元年三月丁酉朔，（原作二月丁酉，據岑刊校記九改。）詔令翰林學士承旨戶部侍郎韋琮重考覆堪放及第三人，會要七六及元龜六四一、六四四敍於元年正月之下，（徐松主從正月，見其所著登科記考二二。）今無論正月、三月孰是，然大中元年初琮已進充承旨及戶部侍郎，則可斷也。至琮約以何時進充承旨，別詳拙著補唐承旨學士記。

舊紀一八下、大中元年，「秋七月，制以正議大夫尙書戶部侍郎知制誥、翰林學士承旨，柱國，賜紫金魚袋韋琮以本官同中書門下平章事」，新紀八及新表六三均以爲三月事，且云拜中書侍郎，（萬氏唐將相大臣年表誤琮爲悰。）新傳亦云，以中書侍郎同平章事，新、舊書不符之處，前人均未校及，今別無他證，亦未能定其是非（通鑑二四八，琮自戶侍爲中書侍郎，附敍於二月後。）本記韋琮之上固著㊅，琮之入相，亦無可疑。

集古錄目、唐商於驛路記，翰林學士承旨韋琮撰，碑以大中元年正月立。全文七六六薛逢上翰林韋學士啓，「嘗聞通義相公爐冶新開，陶甄是切」，按同書七七四、李商隱有爲滎陽公上通義崔相公狀云，「門下相公出鎭坤維，相公進扶宸極」，滎陽公，鄭亞也，大中元年門下李回出守西川，是歲崔元式爲門下，通義殆指元式，說果不誤，則韋學士卽韋琮，琮之入相，由逢書觀之，當在元式後，非如新表爲同時，通鑑以數事附敍二月後，正見未得其確月，故有此從權之書法耳。後檢玉谿年譜會箋三引錢氏云「此崔相公別無事迹可尋，惟篇首云門下相公出鎭坤維，相公進扶宸極，考大中元年八月李回出鎭西川，崔必代其位者，維時崔鉉尙鎭河中，崔鄲自西川移鎭淮南，獨元式於是年同平章事，此時繼爲首相，理爲近之，北夢瑣言有云，唐通義相國崔魏公鉉鎭揚州，鉉卽元式兄子」，乃知狀上元式，說確不易，錢猶未檢及新表也。門下侍郎在唐爲首相、定制兩員，回以會昌五年除，資在元式之上，回既去斯元式代居首揆，故曰進扶宸極也。長安志九、西二街通義坊、荆南節度使同中書門下平章事魏國公崔鉉宅。

綜上考證，則本文約當補「後加承旨、賜紫、遷戶部侍郎、大中元年□月，同中書門下平章事」等字。

魏扶會昌二年八月八日自起居郎充。

按扶後亦入相，見下文，故魏扶上應補㊊字以示一律。扶、兩唐書無傳，郎官柱封外有名，員外郎與起居郎同爲從六品上，扶官封外，或在三年五月。

三年四月二十五日，賜緋。五月二十九日，加知制誥。四年四月十五日轉考功郎中。

今郎官柱考中有扶名，末應補知制誥三字。

九月四日，拜中書舍人，竝依前充。

此未言何時出院，漏也。考舊紀一八下、大中三年四月，（新紀、表作乙酉。）「正議大夫行兵部侍郎判部戶事、上柱國、鉅鹿縣開國男、食邑五百戶、賜紫金魚袋魏扶可本官平章事」，不稱翰林學士，則其出院應在此前。

㊊白敏中會昌二年九月十三日自右司員外郎充。

敏中、舊書一六六新書一一九有傳，居易從父弟也。新傳云，「再轉左司員外郎」，左字誤，勞氏郎官柱考二已辨之。舊書一六六本傳，「會昌初爲殿中侍御史，分司東都，尋除戶部員外郎還京」，元龜五五○、「開成末爲戶部員外郎」，應在此前。

劇談錄，「白公以庫部郎中入爲翰林學士，未踰三載，卽掌鈞衡」，據記，敏中非以郎中入翰林，且亦未歷庫中一職，自入翰林至作相，已逾三年。語林七云，「（李衞）公曰誰，曰倉部郎中崔駢作酒錄事，不容倉部員外白敏中，……衞公不悅，遣馬屈白員外至，曰，公在員外藝譽時稱，久欲薦引，今翰林有闕，三兩日行出，尋以本官充學士」，依記敏中亦未嘗官倉外。（郎官考倉外補遺無敏中。）說部多誤，往往類此，不可輕信。

其月十五日，改兵部員外郎。十一月二十九日，加知制誥。

舊傳云，「卽日知制誥召入翰林充學士」，據此記則先充學士而後知制誥也。

三年五月二十九日，轉職方郎中。十二月七日，加承旨，賜紫。四年四月十五日，拜中書舍人。

職中一官，舊、新傳均略。郎中下應補知制誥三字。舊傳云，「遷中書舍人」。

九月四日，遷戶部侍郎知制誥，竝依前充。

未言何時出院，漏也。敏中此後轉兵部侍郎，仍依前充，六年四(五？)月，同中書門下平章事出院，參看拙著補承旨學士記。

封敖會昌二年十二月一日自左司員外郎兼侍御史知雜事充。

敖、舊書一六八新書一七七有傳。舊傳云，「會昌初，以員外郎知制誥召入翰林爲學士」，依記，則敖入翰林時未知制誥，新傳作「以左司員外郎召爲翰林學士」，是也。

其月三日，改駕部員外郎。三年五月二十五日，加知制誥。四年四月十五日，遷中書舍人。

舊傳云，「拜中書舍人」。

九月四日，遷工部侍郎知制誥，依前充。

新傳云，「三遷工部侍郎」。

五年三月十八日，三表陳乞，蒙恩出守本官。

舊傳云，「德裕罷相，敖亦罷內職」，按五年三月德裕尚未罷相，舊傳當誤，新傳云，「未幾，拜御史中丞」。

英華四六六收敖批宰臣賀下誅迴鶻德音表，四六七收批宰臣賀石雄破賊陣表，批宰臣賀正月一日河中陳許行營破迴鶻表，批宰臣賀太原破迴鶻奪得太和公主表，均會昌三年初所行，（參拙著會昌伐叛集編證上二〇五——六頁。）同卷批百寮賀王宰破陽城縣賊表，亦三、四年事，又批敬昕謝上表，在三年九月戊申昕除河陽節度（通鑑二四七）後，批盧鈞謝上表，在四年八月劉稹平後，皆敖居內署時事。惟批鄭涯謝上表，據方鎮年表五，涯授荊南節度約會昌四年，時期亦合。

樊南文集爲山南薛從事傑遜謝辟啓云，「尚書士林圭臬，翰苑龜龍」，馮浩詳注三云，「此府主曾職翰林也。細檢翰林諸人，王源中太和八年辭內職，十一月出鎮，九年十月爲刑部尚書，見紀文，鄭澣（澣訛，下同。）開成二年十一月出鎮，四年春卒，王起會昌四年秋出鎮，大中元年卒，封敖大中三年正月出鎮，十一年拜太常卿，皆見紀，傳。……今思王源中似太早，澣爲宰相餘慶子，餘慶曾鎮山南，澣來復繼前美，起四典貢舉，此啓中皆無其意，則似封敖無疑也。」余按起以僕射出除，此稱尚書，則必非王起。若敖則大中六年蓬果平寇後始加尚書，（參方鎮年表四及拙著全唐文札記。）亦難確定其爲敖。澣自刑尚出除，然啓文不頌先德，誠如馮云弗類。源中自禮尚出，於時商隱已歷居令狐、崔戎之幕，徒曰太早，未克祛疑：惟啓有云，「其後從事梓潼，經塗天漢，……自爾以來，懷恩莫極」，則府主在任，似總一年已上，源中官山南不足一年，殆非是也。此外曾充翰林而鎮興元者尚有鄭涯，其時期當爲大中元至四年，（方鎮年表迄三年不確。）惜涯以何官除授，未有所知，（涯、舊新書都無傳，啓祝頌詞少，亦頗相類。）封敖之證，猶有存疑也。

㈩徐商會昌三年六月一日自禮部員外郎充。

商，舊書一七九新書一一三有傳，彥若之父也。舊傳云，「大中十三年及第，釋褐祕書省校書郎，累遷侍御史，改禮部員外郎，尋知制誥，轉郎中，召充翰林學士」，登科記考二一云，「李騭徐襄州碑、公名商，字秋卿，始舉進士，文宗五年春考登上第，……按大中十二年商已爲襄州刺史，本傳誤」；又依本記，舊傳之「召充翰林學士」句，應乙在「改禮部員外郎」下方合。

徐襄州碑又云，「會昌二年，以文學選入禁署」，按前條封敖之入，已是二年底，疑碑之「二」字誤。碑又云，「嘗任殿中侍御史，丞入中書白事，執政因問徐殿中果何如人，丞曰，今之賢人也，執政曰然，禮部員外郎缺，……卒以禮部與公」，是商由殿中改禮外，非由侍御史改禮外。

四年八月七日，加禮部郎中知制誥，其年九月四日，遷兵部郎中，竝依前充。

兵中之遷，舊傳略去，祇云拜中書舍人，戶部侍郎判本司事。徐以何時出院，記亦漏去，考徐襄州碑，「宣宗以北邊將帥，儒弱不武，戎狄侵叛，公時爲尙書左丞，詔以公往制置安撫之，歸奏稱旨，尋授河中帥節」，據方鎭年表四、商約大中八年帥河中，又左丞官比戶侍高，戶侍判本司者似須出院，豈商從戶侍出院歟，亦姑妄言之而已。

孫穀會昌三年九月二十八日自左拾遺充。四年九月十日，遷起居郎，依前充。

穀、舊新書均無傳，據新表七三下，乃孫逖弟遹之曾孫也，祖會，常州刺史，(亦見姓纂。)父公乂，睦州刺史，穀字子相，河南尹。

因話錄商部，「開成三年，余忝列第，考官刑部員外郎紇干公，崔相國羣門生也，……是年科目八人，繼昇朝序，……勅頭孫河南穀先於雁門公爲丞」，(語林四略同。)登科記考二一云，「疑穀當作穀」，是也。千唐會昌元年十二月孫府君繼夫人裴氏誌，撰人結銜「第九姪孫將仕郎守京兆府鄠縣主簿直弘文館穀撰」。

六年二月二十三日，加兵部員外郎。

舊紀一八上、六年二月，「壬辰，以翰林學士、起居郎孫穀爲兵部員外郎充職」，壬辰、二十一日，穀乃瑴之訛。

其年四月十五日浴殿賜緋。其月十七日，守本官知制誥。六月十日，遷兵部郎中。大中元年十二月七日，加承旨，思政殿賜紫。其月二十六日，拜中書舍人，二年七月六日，特恩遷戶部侍郎知制誥，竝依前充。其年十二月二十四日，除河南尹兼御史大夫。

大中、鄧本誤大和，二十六作二十一，未詳。郎中下應補知制誥字。

全文七七五、李商隱上孫學士狀，「纔逾壯室，榮入禁林，況自近年，仍多大政，藩方逆豎，夷虜餓戍」，末兩句正會昌時事，且同時孫姓學士止有瑴，此爲上瑴書也。玉谿年譜會箋三說同，惟訛瑴爲穀。

同人(七七五)賀翰林孫舍人狀，「伏承榮加寵命，伏惟感慰，舍人文苞稚誥，道叶皇猷，……載遷星次，爰奉夏官，……聊用望郎，以爲假道」(唐詩望郎字，郎中、員外都可用，)玉谿年譜會箋三以爲瑴改兵部員外時，且云，「此狀有某厚承恩顧，未獲趨承，欣賀莫任，瞻戀斯極語，豈義山是時尙未至京耶，抑祕閣事繁，未由趨賀，故先之以狀耶，抑或代人之作而題首闕書爲某某耶。」

唐語林一、「孫侍郎瑴在翰林，父爲太子詹事分司東都，瑴因春時遊宴歡，忽念溫凊，進狀乞省覲，……自內廷徑出，時皆稱之，至華陰，拜河南尹」，據記是十二月除河南，則非春遊時也，小說不可盡信，依新表瑴似官終河南尹，然表亦不可確恃。

㊷劉瑑會昌六年六月二日自殿中侍御史充。

瑑、舊書一七七新書一八二有傳，新傳云，「鎭國陳夷行表爲判官，入遷左拾遺，……大中初擢翰林學士」，按會昌六年六月宣宗雖已卽位，然尙未改元，舊傳且漏充學士一節。廣記一九九引鄭處誨所撰瑑碑云，「大中初爲翰林學士，是時新復河湟，邊上戍事稍繁，會院中諸學士或多請告，瑑獨當制，一日近草詔百函，筆不停綴，詞理精當」，蓋新傳所本，然碑祇帶言之，求其實則應云會昌末也。

七月九日，三殿賜緋。大中元年閏三月十二日，加職方員外郎，十一月二十七日，加知制誥。

舊傳云「會昌末，累遷尙書郎知制誥」，會昌末三字誤。

雍錄四云，「三殿者麟德殿也，一殿而有三面，故名三殿也，三院卽三殿也。」

二年七月六日特恩加司封郎中。

今郎官柱封中有瑑名，郎中下當補知制誥三字。

三年六月十四日，拜中書舍人。

舊傳云，「正拜中書舍人」，惟記於大中初之前則誤。

金石錄補二一、「唐王巨鏞碑，右碑翰林學士中散大夫守中書舍人劉瑑撰，先石林公燕語云，唐翰林學士結銜或在官上，或在官下，無定制，如太（大）和中李藏用碑云，中散大夫守尙書戶部侍郎知制誥、翰林學士王源中撰，則在官下，與此碑異，而瑑不稱知制誥，殊不可曉，不應當時官名升降，龐雜乃爾也」，余按知制誥猶云司制起草之事務，是中書舍人本職，惟以他官代執舍人事務時用之：一爲官卑於舍人者，如員外、郎中等皆曰知制誥，旣眞除舍人，則知制誥正其本務，故不復用此三字。二爲官高於舍人者，舍人旣擢諸司侍郎等而仍命執行舍人事務，則不曰兼中書舍人而以知制誥字易之，其實一也，葉氏不明舍人本職，故以不稱知制誥爲訝矣。復次葉氏著錄此碑，尙有可疑者二；侍郎正四品下，中散大夫正五品上，源中稱守戶侍，宜也，舍人正五與中散同階，不應言守，考散階名稱與中散近者有朝散，葉氏轉錄誤否，存疑者一。觀瑑之結銜，王碑約應撰於大中三、四年、今葉錄以次大中十四年法雲禪院碑之後，咸通二年范隋告之前，則以錄不著建碑年月，未知編次合否，存疑者二。因及此碑，並附言之。

十二月二十七日，三殿賜紫，竝依前充。四年十一月二十八日，守本官兼御史中丞、充西討伐党項行營諸寨宣慰使，依前充。

新傳云，「會伐党項，詔爲行營宣慰使」，又新書二二一上党項傳、「宣宗大中四年，內掠邠寧，詔鳳翔李業、河東李拭合節度兵討之，宰相白敏中爲都統，……不閱月，羌果破殄」，瑑之宣慰，殆不久卽回也。

舊傳云，「大中初刑部侍郎，瑑精於法律，選大中以前二百四十四年制勅可行用者，……議其輕重，別成一家法，書號大中統類」。又元龜六一三，「(大中)五年四月，刑部侍郎劉琢（瑑）等奏勑修大中刑法總要勑六十卷，起貞觀一年六月二十日，至大中五年四月十三日，凡二百四十四年」。（新傳則云「由武德訖大中」按高祖以武德元年五月二十日甲子卽皇帝位，元龜作貞觀及六月者訛。又由武德元年起，計至大中五年，恰二百三十四年，舊傳及元龜作二百四十四，舊紀一八下作三百四十四，均誤。）故如本記瑑出院之日不誤，則未出院前應經刑部侍郎知制誥一轉，而本記爲漏奪。

瑑以何時遷刑侍，亦約有可推者；據舊紀一八下，「五年四月癸卯，刑部侍郎劉瑑奏」癸卯朔日，是瑑遷刑侍必在四月已前。又新傳敍遷刑侍於行營宣慰之後，而舊紀四年八月有刑侍魏蕃，蕃似繼令狐綯爲戶侍，瑑或卽繼蕃爲刑侍，則其遷轉當在四年年底也。

五年五月，守本官出院。

瑑在五年四月以前，應經刑侍一轉，具如上說，故本記之出院月分苟不誤，則守本官者非守中書舍人也。東觀奏記中「河東節度劉瑑在內署日，上深器異，」上指宣宗言。

裴諗會昌六年六月二日自考功員外郎充。

諗、舊書一七〇新書一七三均附見其父度傳。新傳云，「藉蔭累官考功員外郎，宣宗訪元和宰相子，思度勳望，故待諗有加，爲翰林學士」。

八月十九日，加司封郎中。

英華三八四崔嘏制，翰林學士、考功員外郎裴諗授司封郎中依前充職。

大中元年二月三十日，加知制誥。

英華三八二有崔嘏授裴諗知制誥制。

二年七月二日，三殿賜紫。其月六日，特恩加工部侍郎知制誥。

英華三八二有崔嘏授裴諗中書舍人制，稱「翰林學士、司封郎中知制誥裴諗」，中舍位侍郎下，是元年二月三十至二年七月六日之間，諗尙經一遷，此記漏載也。

新表七一上、度子「譔，字宜業，翰林學士、工部侍郎」，「諗、權知刑部侍郎」，按本記無裴諗名，舊傳祇云長慶元年進士，而翰學、工侍皆諗所歷官，蓋新表誤析諗之歷官爲諗之歷官也，應删正。

復次新表之權知刑侍，當本自舊傳：傳云，「大中五年，自大中大夫、檢校右散騎常侍御史大夫、宣州刺史宣歙觀察使、上柱國、河東男、食邑三百戶、賜紫金魚袋，入朝權知刑部侍郎」，舊紀一八下、五年九月作左散騎常侍、權知兵部侍郎。考樊川集一七授制，與舊紀同，（牧以五年入知制誥，見後曹確條。）即同一事，而制中有「官副夏卿、舉以授之、予亦何怪」之語，則「刑」字——推而右字——是誤，抑新傳有云，「後爲太子少師」，則權知兵侍亦非諗之終官也，表應改補。

十二月二十六日，加承旨。三年五月二十三日，守本官出院。

唐語林七，「宣宗多追錄憲宗卿相子孫：裴諗、度之子，爲學士加承旨」。

唐方鎮年表以爲裴諗即於大中三年出官宣歙，待考，

東觀奏記上，裴諗爲學士，一日加承旨，上幸翰林諗寓，値便中謝，上曰，官加之喜，不與妻子相面，得否，便放卿歸，諗跽謝卻召？上以御盤果實賜之，諗即以衫袖張而跪受，上顧一宮嬪領下。」

翰林學士壁記注補十一　宣宗

大中後二十九人

㊶蕭鄴大中元年二月二十六日自監察御史裏行充。

英華三八四崔嘏制，監察御史蕭鄴授翰林學士，新書一八二本傳，「累進監察御史、翰林學士」，舊書無傳。

十一月二十一日，遷右補闕。十二月二十七日，三殿賜緋。二年七月六日，特恩遷兵部員外郎。十一月十三日，加知制誥，竝依前充。

已上均無考，前之「十一月」，鄧本誤十二月。

二年九月十四日，責授衡州刺史。

按上文二年十一月加知制誥，則不應九月外除，況上文已提二年，亦不應複述，準此，知二年殆三年之訛也。（參下崔愼由條）新傳云，「出爲衡州刺

史」。

宇文臨大中元年閏三月七日自禮部員外郎充。

臨、舊書一六〇附見其父籍傳，云，「大中初登進士第」，按唐人登進，率循資遞升，臨如爲大中初——極其量元年——進士，必不能於元年閏三月之前官至禮外，（登科記考亦不著臨何時進士。）殆翰林學士之訛，否則大中二字必誤也。英華三八四崔嘏行制云，「是用輟自儀曹，置於翰苑」，卽言自禮外充也。

其年四月，守本官出院。

沈詢大中元年五月十二日自右拾遺、集賢院學士充。

詢、舊書一四九新書一三二皆附見其父傳師（見前）傳。英華三八四崔嘏制，右拾遺、集賢殿直學士沈詢可守本官充翰林學士。同卷有沈詢授曹確充翰林學士制（大中五年），又四五六有沈珣授紇干㮚嶺南節度使等制，皆沈詢之訛。

舊一七八鄭畋傳，「尋加知制誥，又自陳曰，臣會昌二年進士及第，大中首歲書判登科，其時替故昭義節度使沈詢作渭南縣尉」此爲詢拾遺前所官。

二年正月二日，思政殿召對，賜緋。其年七月六日，特恩遷起居郎，竝依前充。十月二十日，守本官知制誥出院。

已上舊、新傳均從略。

按紇干㮚嶺南節度使制係大中五年，（吳表七）白敏中邠寧節度使制末署大中五年十月，康季榮徐州節度使、鄭渭昭義節度使制係六年，（吳表四及三）杜悰淮南節度使制係六年，（吳表五）白敏中西川節度使制係六年，（吳表六）李景讓襄州節度使制係六年，（吳考證）韋損鄆州節度使制係六年，（吳表三。按景讓移山南東，損代爲天平，今吳表前作七年，此作六年，殊自衝突。）盧鈞太原節度使制係六年，（吳表四）李業鄭滑節度使、契苾通振武節度使制係六年，（吳表二及一）畢誠邠寧節度使制係六年，（吳表一）韋慤鄂岳節度使制係六年（吳表六）李彥佐鄜坊節度使制、據吳表一係大中二年？崔珙鳳翔節度使制係六年，（吳表一）韋博淄青節度使制係六年，

（吳表三）裴休汴州節度使制末署大中十年六月七日，李玭鳳翔節度使制係三年，）吳表一）除彥佐、休兩制外，皆詢出守知制誥後所行，是大中時授除節鎮由中書起草之又一例也。（參李訥、蔣伸兩條。）復次大中九年詢已自中舍知舉，見南部新書，同年自禮侍授浙東觀察，見嘉泰會稽志，裴休十年之制，非詢所行，英華誤系。

宇文臨大中元年十二月八日自禮部郎中充。

臨已見前，此復入也。英華三八四有崔嘏授禮中宇文臨翰林學士制，依唐代遷轉法，臨任禮外，當在會昌之末，益證舊傳大中初進士之不確矣。

其月二十八日，加知制誥。二年正月二日，思政殿召對，賜緋。其年六月七日，特恩遷中書舍人，竝依前充。三年九月十四日，責授復州刺史。

已上皆無考。

㊶令狐綯大中二年二月十日自考功郎中知制誥充。

綯、舊書一七二新書一六六有傳，楚（見前）之子也。舊傳云，「會昌五年，出爲湖州刺史，大中二年，召拜考功郎中，尋知制誥，其年召入，充翰林學士」，余按舊紀一八下、大中元年六月，「以中散大夫，前湖（據沈本改）州刺史，彭陽縣開國男、食邑三百戶令狐綯行尙書考功郎中知制誥」，合下綯表及吳興志觀之，舊紀書元年六月誤，自湖州赴闕，固不需半年已上也。東觀奏記上、「上延英聽政，問宰臣白敏中曰，憲宗遷坐景陵，龍轜行次，忽値風雨，六宮百官盡避去，唯有一山陵使胡而長，攀靈駕不動，其人姓氏爲誰，爲我言之。敏中奏景陵山陵使令狐楚。上曰，有兒否？……敏中曰，緒小患風痺，不任大用，次子綯見任湖州刺史，有台輔之器。上曰，追來，翌日授考功郎中知制誥，到闕，召充翰林學士，間歲遂立爲相」。依此及舊紀、綯表，考中、知誥是同時授，舊傳分作兩截殆非。

唐語林二、「令狐綯自吳興除司勳郎中，入禁林」，司勳字誤；大中十三年綯爲其子滈求應進士舉表，固云「至大中二年、猶未成名、臣自湖州刺史蒙先帝擢授考功郎中知制誥、尋充學士」（見舊傳及元龜六五一）也。吳興談志一四，「令狐綯、大中元年三月二十一日自右司郎中授，二年四月二日，除翰林學士，十日拜相」，「四月二日」與本記不合。又「十日」字誤，綯之入相，可參下文。抑志謂大中元年拜湖州，復與舊傳弗符，都難確考。

三年二月二十一日，特恩拜中書舍人，依前充。

舊傳云，「三年，拜中書舍人，襲封彭陽男，食邑三百戶」，新傳略同，按依舊紀所書，元年綯已襲封矣。

其年五月一日，遷御史中丞，賜紫，出院。

舊傳云，「尋拜御史中丞」。

鄭顥大中三年二月二日自起居郎充。

顥、舊書一五九新書一六五附見鄭絪傳，絪（見前）之孫也。舊傳云，「遷右拾遺內供奉，詔授銀青光祿大夫，遷起居郎」，不言爲學士，考異五五云，「史之略也」。

其年四月十日，加知制誥。閏十一月四日，特恩遷右諫議大夫知制誥。

舊傳云，「歷尙書郎、給事中」，誤也，新書一七三高璩傳，「近世學士超省郎進官者，惟鄭顥以尙主而璩以寵升云」。

四年十月七日，拜中書舍人，依前充。五年八月二日，授□庶子出院。

傳均從略。

鄭處誨大中三年五月二十日自監察御史裏行充。

處誨、舊書一五八新書一六五有傳，餘慶之孫，澣之子也，（均見前）兩傳均略去學士一節。舊傳云，「轉監察、拾遺、尙書郎，」按拾遺從八品上，監察正八品下，今依記則處誨自監察遷屯外，其官拾遺當在此前，傳拾遺兩字謂應乙在監察上，方昭其實，且正官序也。

七月十八日，遷屯田員外郎，依前充。閏十一月九日，三殿召對，賜緋。四年八月五日，守本官出院，

舊紀一八下、大中三年十一月，「以職方員外郎鄭處誨兼御史知雜」，據記、處誨是時官屯外，非職外，且未云兼侍御知雜事，樊川集一七鄭處晦守職方員外郎兼侍御史知雜事制云，「朝議郎行尙書職方員外郎上柱國賜緋魚袋鄭處晦，御史中丞韋有翼上言曰，……乞爲副貳，以佐紀綱，以爾處晦常

居內庭，草具密命，自以疾去，於今惜之」，杜牧大中五年末始入爲知制誥，則此當五、六年事，同集又有韋有翼除御史中丞制，今舊紀與處誨之遷同書於三年，誤也。處誨以病出院，亦得於此制知之。誨、集作晦，當非是。

全詩八函七册杜牧詩引，「道一大尹、存之庭美二學士簡於聖明，自致霄漢，皆與舍弟昔年還往，牧支離憔悴。竊於一麾，書美歌詩，兼自言志，因成長句四韻呈上三君子」，按存之、畢諴字，庭美、鄭處誨字，鄭以四年八月出，畢以四年二月入，則牧此詩約作於是年春、夏間。（道一當是鄭魯字，觀東觀奏記中及新書一六〇崔鉉傳知之。）

處誨後來官歷，可參方鎭年表考證上宣武條。

㈣崔愼由大中三年六月八日自職方郎中知制誥充。

愼由、舊書一七七新書一一四有傳。舊傳云，「大中初，入朝爲右拾遺、員外郎知制誥，正拜舍人，召充翰林學士」，依本記當云「員外郎、郎中知制誥，召充翰林學士，正拜舍人」也。新傳云，「入爲右拾遺，進翰林學士」，蓋甚略言之。

唐語林三，「崔愼由以元和元年登第，至開成巳入翰林，……愼由尋以疾出翰林，遂金滕其事，付其子垂休」，登科記考二〇據舊傳「大和初擢進士第」，謂「元和卽大和之誤」，余按依本記則愼由大中始入翰林，開成又大中之誤也。

新書二〇七仇士良傳，「始士良、弘志憤文宗與李訓謀，屢欲廢帝。崔愼由爲翰林學士，直夜未半，有中使召入，至祕殿，見士良等坐堂上，帷帳周密。謂愼由曰，上不豫巳久，自卽位政令多荒闕，皇太后有制更立嗣君，學士當作詔。愼由驚曰，上高明之德在天下，安可輕議，愼由親族中表千人，兄弟羣從且三百，何可與覆族事，雖死不承命。士良等默然，久乃啓後戶，引至小殿，帝在焉。士良等歷階，數帝過失，帝俛首。旣而士良指帝曰，不爲學士，不得更坐此。乃送愼由出，戒曰，毋泄，禍及爾宗。愼由記其事，藏箱枕間，時人莫知，將沒，以授其子胤，故胤惡中官，終討除之」。按此與前引語林實同一史源，元和、開成，已辨正見上，愼由入內署，去文宗崩餘九年矣，說者無非因爲討宦官，故生肊造，宋氏好採小說，恆不加考覈，遂至大中學士，移作開成，無怪爲世所詬病也。

九月六日，拜中書舍人，依前充。

舊傳云，「初愼由與蕭鄴同在翰林，情不相洽」。故知前文蕭鄴條之「二年九月十四日」乃三年之訛。否則兩人無由同居翰苑也。

十二月九日，守本官出院。

語林謂以病出，見前引文。

㊈令狐綯大中三年九月十六日自御史中丞充承旨。

綯已見前，此復入也。新傳云，「再遷兵部侍郎，還爲翰林承旨」，依記則還爲承旨後乃遷兵侍。

其月二十三日，權知兵部侍郎知制誥，依前充。四年十一月三日，守本官同中書門下平章事，

舊紀一八下、綯相在十一月，與此同；新紀八、新表六三、通鑑二四九均作十月辛未，二十七日也。又新紀、表均稱兵侍，與此同，舊紀云，「以戶部侍郎判本司事令狐綯爲兵部侍郎同平章事」，又舊傳云，「四年，轉戶部侍郎判本司事，其年，改兵部侍郎同中書門下平章事」，均謂中經戶侍一轉，未詳孰是，

唐摭言一五，「令狐趙公大中初在內庭，恩澤無二，常便殿召對，夜艾方罷，宣賜金蓮花送歸院，院使已下謂是駕來，皆鞠躬街下，俄傳吟（令？）曰，學士歸院，莫不驚異，金蓮花燭柄耳，唯至尊方有之」。趙國公，綯後來進封也，此事新傳採之。東觀奏記上則云，「上將命令狐綯爲相，夜半幸含春亭召對，盡蠟燭一炬，方許歸學士院，乃賜金蓮花燭（一作炬）送之，院吏忽見，驚報院中曰，駕來，俄而趙公至，吏謂趙公曰，金蓮花乃引駕燭，學士用之，莫折事否，頃刻而聞傳說之命」，所記大同小異。

雁剎題名一則云，「後十六年與緘、絢同登，忽見前題，黯然悽愴，時方忝職禁署，大中四年二十三日，」劉承幹玉谿生年譜序云，「考令狐綯大中三

年九月充翰林承旨知制誥，大中四年十一月始同中書平章事，與題名忝職禁署合」。余按新表七五下、緘是定子，絢不著。

鄭薰大中三年九月十八日自考功郎中充。

薰祇新書一七七有傳，事甚略，云「歷考功郎中、翰林學士」。

薰大和二年進士，見拙著唐史餘瀋。張公洞壁記有「前檢校戶部郎中兼興元少尹攝御史中丞賜紫金魚袋楊漢公，嶺南監察推官試秘書省校書郎鄭薰」題名，（古刻叢鈔）按舊書一七六、漢公「為李絳興元從事，絳遇害，漢公遁而獲免」，據舊紀，絳被害在大和四年二月，此題名似在大和四、五年，（參郎官考一一）知其時薰佐幕嶺南也。

閏十一月二十七日，特恩加知制誥。

朔閏考三大中三年云，「按通鑑目錄……閏十一作閏九，並不合，今推閏十一，與通鑑合，宋本目錄並不譌」，今記作閏十一，尤強證也，

四年十月七日，拜中書舍人，竝依前充。十三日，守本官出院。

此無考。

⑱畢誠大中四年二月十三日自職方郎中兼侍御史知雜事充。

誠、舊書一七七新書一八三有傳。按前條鄭薰三年九月入充，後條蕭寘四年七月入充，以序列觀之，此作四年二月殆不訛。顧舊紀一八下，大中二年下云，「八月戊子，朝散大夫、中書舍人、充翰林學士、上柱國、平陰縣開國男、食實封三百戶、賜紫金魚袋畢誠為刑部侍郎」，是二年已自學士改刑侍，與此記前後差四年。考舊傳云，「宣宗卽位，德裕得罪，凡被譴者皆徵還，誠入為戶部員外郎分司東都，歷駕部員外郎、倉部郎中，……改職方郎中兼侍御史知雜，期年，召為翰林學士、中書舍人」，宣宗卽位至二年八月不過二年餘，減去期年之後，更不過年餘，謂誠已歷戶外、駕外、倉中、職中數遷，殊非升轉之常，今舊宣宗紀多闕略，六年七月已後，無隻字記載，此必六年之文而誤錯簡於二年者也；惟六年八月戊子為二十五日，亦與記不符。舊唐書疑義三云，「按誠為刑部侍郎在宣宗大中二年，（……）至四年八月，居是職者為魏謩，（紀刑部侍郎御史中丞魏謩云云。）五年四月為劉

瑑，（紀刑部侍郎劉瑑奏云云。）則瑑已擢他官，特紀，傳均失書」，其誤良由過信舊紀，忽略本傳及未參壁記之故。

全文七七六李商隱爲度支盧侍郎賀畢學士啓云，「伏以振域中之綱紀，屬在南臺，極河內之文章，歸於西署，……郎中學士……纔端風憲，俄上雲衢，昨暮繡衣，尙遣蒼鷹出使，今晨綵筆，遂令丹鳳銜書」，皆言諴自侍御史知雜入充也。玉谿年譜會箋四云，「啓有坎軻藩維及徒用映淮之月語，是義山大中四年徐幕作，則（舊）傳紀疑誤。惟盧弘正（止）由度支侍郎除義成節度使，又徙武寧，而題猶稱其京銜，殊不可解，豈義山追錄時肊記之訛歟」。余按度支侍郎當尙書之誤，張氏所疑是也。

六年正月七日，三殿召對，賜紫。

舊紀稱賜紫，引見前。

其年七月七日，授權知刑部侍郎出院。

舊傳云，「遷刑部侍郎」。按舊紀、傳於職中刑侍之間，均謂諴曾歷中舍一遷，（引見前）蓋郎中從五上，中舍正五上，侍郎正四下，歷比各條，揆諸官制，均甚合理；新傳雖不記舍人，但彼以省文之故，常略歷官，不能依據，故余謂此記於諴之升轉，必有奪文也。樊川集一七畢諴除刑部侍郎制云，「翰林學士、朝散大夫守中書舍人、上柱國、平陰縣開國男、（食邑三百戶）賜紫金魚袋畢諴，……可權知尙書刑部侍郎，散官、勳、封、賜如故」，又千唐刑部郎中盧就誌，以大中六年二月二十三日立，撰人結銜題「翰林學士、朝散大夫守中書舍人、上柱國畢諴撰」，均爲強證。誌不書賜紫，則撰文或在此前，但由誌可知諴曾晉舍人，乃授權知刑侍，宣宗用人，素以循資稱，如未經舍人一階，當不超授侍郎也。

舊傳云，「自大中末党項羌叛，屢擾河西，懿宗召學士對邊事，諴即援引古今，論列破羌之狀，卽用諴爲邠寧節度、河西供軍安撫等使」，通鑑考異二二，「（大中）六年六月，畢諴除邠寧節度使，舊傳懿宗召問邊事，今從實錄」，謂懿宗爲宣宗訛，司馬之說是也。依此而推，大中末三字亦不可通。考舊書一九八党項羌傳，「至大和、開成之際，……遂相率爲盜，靈鹽之路小梗，會昌初，上頻命使安撫之…… 久而無狀，尋皆罷之」，舊唐書疑義三云，「考宣宗紀……五年五月有白敏中充邠寧節度觀察東面招討党項等使之文，則党項叛已久，不俟至大中末明矣，……故新書傳文去大中末而以懿宗召對爲宣宗，誠是也」，故大中當作大和，（或開成、會昌。）否則末字改作初字方合。抑通鑑二四九又云，党項復擾邊，上與翰林學士、中書舍人畢諴論邊事，諴具陳方略，六月，壬申，先以諴爲刑部侍郎，癸酉，除邠寧節度使，亦堪證今本壁記之脱漏中舍。然六年六月丙申朔，（朔閏考三）月內無壬申，壬申乃七月七日，於此又見壁記七月七日授刑侍之不誤，而通鑑作六月之誤前一月也。舊籍中往往互有得失，擷長補短，是在乎讀而通之者，必偏主一方，烏乎可。

會要五七，「（大中）十年，党項屢擾河西，上召翰林學士問邊計，學士畢諴即援引古今，論列破羌之計」，依前所論，「十」應正作「其」，因前條是大中六年也，若十年則諴已自邠寧移昭義節度矣。

文苑英華四五六沈珣（詢）授畢諴（誠）邠寧節度使制，亦稱權知刑部侍郎畢諴。

舊唐書疑義三云，「至邠寧授節，當替白敏中，在大中七年，（……敏中傳云，……七年，進位特進成都尹劍南西川節度副大使知節度等使，則諴替敏中，當在是時也。）」，按諴以六年六月除邠寧，敏中以同年四月移蜀，除通鑑外尚有盧求成都記序可據，序云，「大中六年四月，詔以丞相太原公有驅制戎羌之成績，由邠寧節度拜司徒同平章事鎮蜀」，舊敏中傳甚簡，殆因七年進位特進而連類書之。

⑱蕭寘大中四年七月二十四日自兵部員外郎充。

寘、舊書無傳，新書祇附見一〇一復傳之末，云，「復子湛，湛子寘，咸通中位宰相，無顯功，史逸其傳」，然苟從本記撮其仕履，尚可得數十字，何修書諸臣竟未一翻閱也。英華三八四崔瑤制、朝議郎行尚書兵部□□□蕭寘可守本官充翰林學士，依此記則所空之格乃員外郎三字，朝議郎正六品上，員外郎從六品上，故曰行。（全文七五七有員外郎三字。）

十月七日，加知制誥、五年□月十四日，加駕部郎中，六年五月十九日，拜中書舍人，七年十月十二日，三殿召對，賜紫，八年五月十九日，遷戶部侍郎知制誥，竝依前充。九年二月十七日，加承旨。十年八月四日，授檢校工部尚書，浙西觀察使。

郎中下應補知制誥三字。寘官浙西至十二年止，入判戶部，可參唐方鎮年表，餘無考。□月、鄧本作十月，未詳。

全文七七七有李商隱爲舉人上翰林蕭侍郎啓，按寘、鄴二人同時在內庭，且均遷戶侍而後出院，未詳所上者某人也。後檢馮浩樊南文集詳注四云，「新書蕭鄴傳，……必卽此人，……此亦爲柳璧作，而以兄珪得第考之，則當在大中七、八年矣」，余按鄴七年六月遷戶侍，八年十二月出，寘八年五月遷戶侍，十年八月出，以遷戶侍言之，則鄴在先，然亦難必其爲鄴而非寘也。玉谿年譜會箋四云，「若蕭鄴則八年十二月已守本官判戶部出院矣，此啓是應舉時代作，似於寘較合」。按鄉貢進士例於上年十月二十五日集戶部，生徒亦以十月送尚書省，正月乃就禮部試，（見登科記考凡例）則干薦行卷之文，早應於秋、冬間試爲之，柳璧九年登第，此啓最遲是八年作，又未見於寘較合，張說仍未有以難馮氏也。

東觀奏記下，「晁美人薨，上震悼久之，美人上在藩邸時承恩遇，實生鄆王、萬壽公主焉，薨後，詔翰林學士蕭寘爲志文，皆刻其事」，按美人之卒，史未詳某年，依奏記則應在大中四至十年。

東觀奏記中，「上聽政之暇，多賦詩，多令翰林學士屬和，一日賦詩，賜寓直學士蕭寘、曹確令繼和。寘手狀謝曰，陛下此詩，雖湘水日千里，因之平生懷，亦無以加也，明日，召學士韋澳問此兩句。澳奏曰，宋太子家令沈約詩，寘以睿藻淸新，取方沈約耳。上不悅曰，將人比我，得否。恩遇漸衰，執政乘之，（闕文）出爲浙西觀察使。

蘇滌大中四年十二月二十四日自右丞入。

滌、舊新書均無傳，據元和姓纂，冕之子也，事迹略見郎官考九。按樊川集一七及舊紀一八下均稱滌學士承旨，（引見後）疑滌卽於四年十二月入充承旨而本記失書者，說詳拙著續承旨學士記。

其月十八日，加知制誥。五年六月五日，遷兵部侍郎知制誥，並依前充。六年六月九日，上表病免。□年十一月，守官出院。

樊川集一七滌除左丞制云，「翰林學士承旨、銀青光祿大夫行尚書兵部侍郎知制誥、武功縣開國男、食邑三百戶蘇滌，……近以微恙，懇請自便，……滌可行尚書左丞，散官、封如故」，舊紀一八下，大中七年七月，「以銀青光祿大夫行兵部侍郎知制誥、充翰林學士蘇滌爲尚書左丞」，是滌出爲左丞，非守本官出院也。紀系出院於七年七月，記作□年十一月，月分不符，（鄧本作七年）。如謂六年六月已上表告病，延至七年十一月乃允其請，亦未合乎除制「近以微恙」之意。惟是滌除左丞，與崔璪刑尚、崔璵兵侍同制，依舊書一七七，璪、璵均以七年除是官，則舊紀之作七年，亦未能遽疑其錯簡也。

舊紀八年五月下又云，「以戶部侍郎、翰林學士承旨、上柱國、武功縣開國子，食邑三百戶蘇滌檢校兵部尚書兼江陵尹御史大夫、充荊南節度管內觀察處置等使」，按前引樊川集無仍充學士之文，則滌嘗出院無疑，今紀八年仍稱學士承旨，如謂滌後來復入，則與後條蕭鄴充承旨之時期不相容，余謂此特舊紀誤敍其前官，且訛兵爲戶耳。又封爵稱子，亦與樊川集稱男異。

㊵蕭鄴大中五年正月二十八日自考功郎中充。二月一日，加知制誥。七月十四日，遷中書舍人。

鄴已見前，此復入也。新傳云，「大中中，召還翰林，拜中書舍人。」

集古錄目、「唐嶺南節度韋正貫碑，唐翰林學士中書舍人蕭鄴撰，……碑以大中六年立」。

全詩八函七册、杜牧早春閣下寓直、蕭九舍人亦直內署、因寄書懷四韻，按蕭九是鄴抑寘頗難定，疑前者近是，牧詩則六年春作也。（六年春寘官駕中知誥，亦得稱舍人。）

六年正月七日，三殿召對，賜紫。七月二十七日，加承旨。七年六月十二日，遷戶部侍郎知制誥，並依前充。

金石錄一〇高元裕碑，「蕭鄴撰，柳公權正書，大中七年七月」，中州金石記三及萃編目錄均作七年十月，然萃編一一四錄其文則作「廢朝□日□□□□□□□年十一月十日歸葬於□南府□□縣□□之南原」，姑先舍年不論，而葬月爲十一月，固與目錄異矣。金石補正七五又考定石刻爲「廢朝一日，贈尚書右僕射，其年十一月十日，歸葬於河南府伊闕縣白沙之南原」，因定碑之立年爲大中六年十一月十日，考撰人蕭鄴之結銜，補正作「翰林學士承旨朝散大夫守尚書戶部□□□□□□□上□□□□□□開國男食邑三百戶賜紫金魚袋」，以鄴歷官推之，戶部下闕兩字當爲侍郎無疑，然依本紀則七年六月始遷戶侍，其碑似不得立於六年十一月也，本記載鄴之升轉，由六年七月順遞到七年六月，似無訛誤痕跡。碑文前稱元裕卒大中六年，（據補正訂，萃編訛四年。）究以何年葬立，著要在「年十一月十日」上所闕之一字，陸氏定爲「其」，故曰六年，然金石錄之作七年，亦必據此一字，依是而思，恐趙氏認「其」字爲「七」字而陸氏轉錄有誤也，余所見拓本，此字甚泐，但不類「其」而或得爲「八」，

八年十二月十八日，守本官判戶部出院。

舊書一一七崔慎由傳云，「十年，以本官同平章事，……及慎由作相，罷鄴學士，」余按新紀八、慎由以大中十年十二月壬辰相，（新表六三訛十一月，月內無壬辰也。）今鄴以八年底罷學士，事隔兩年矣。況繼鄴爲承旨者在九年二月，尤足證鄴確於八年出院，舊傳當傳聞之誤。

章澳大中五年七月二十日自庫部郎中知制誥充。

澳、舊書一五八新書一六九有傳。舊傳云，「墀輔政，以澳爲考功員外郎，……不周歲，以本官知制誥，轉召充翰林學士」，與新傳均未載庫中一轉。

六年五月十九日，遷中書舍人。八年五月十九日，遷工部侍郎知制誥，竝依前充。

舊傳云，「累遷戶部、兵部侍郎學士承旨」，新傳云，「累遷兵部侍郎，進學士承旨」，此作工部，未詳孰是。又大中八、九年間蕭鄴、蕭寘繼爲承旨，澳已罷而寘猶未出，舊傳之承旨殆誤，元龜五五三及新傳則沿訛不察也。

七月二日，三殿召對，賜紫。十年五月二十五日，授京兆尹。

舊紀一八下、八年「五月，以中書舍人、翰林學士韋澳爲京兆尹」，按依記及本傳，澳係由侍郎出尹京兆，舍人乃其前官，舊紀誤。全文八三一錢珝爲集賢崔相公論京兆除授表，「宣宗皇帝求理之切，常輟翰林學士韋澳，授以此官」，東觀奏記中，「而召翰林學士韋澳，授京兆尹，便令赴，上賜度支錢二萬貫，令造府宅」。同卷，「上每孜孜求理，焦勞不倦，一日，密召學士韋澳，盡屏左右，謂澳曰，朕每便殿與節度、觀察使、刺史語，要知所委州郡風俗物產，卿宜密採訪，撰次一文書進來，雖家臣輿老，不得漏洩。澳奉宣旨，卽與十道四蕃志傳更採訪，撰成一册，題曰處分語，自寫而進，雖子弟不得聞也」，按此事通鑑二四九附書大中九年。同書下又云，「韋澳在翰林，極承恩遇」。

㊽曹確大中五年八月十一日自起居郎充。

確、舊書一七七新書一八一均有傳。英華三八四沈(詢)詢制，起居郎曹確可守本官充翰林學士，舊傳云，「歷聘藩府，入朝爲侍御史」，侍御史比起居郎低一階，蓋在此前。

全詩九函七册、曹鄴將赴天平職書懷寄翰林從兄；按曹姓翰林惟確，此必確無疑。

十月十六日，三殿召對，賜緋。六年五月十九日，加兵部員外郎，七年四月十一日，加知制誥。

舊傳云，「以工部員外郎知制誥」，與此作兵部異。

八年五月十九日，加庫部郎中。

郎中下應補知制誥三字。八年、鄧本訛八八。舊傳云，「轉郎中，入內署爲學士」，不著其曹，若承上讀，類於工部之郎中矣，至此始著學士，亦先後失實，竊謂翰林學士四字應記於「入朝爲侍御史」下。

九年閏四月六日，拜中書舍人，依前充。十年五月十三日，三殿召對，賜紫。

舊傳云，「正拜中書舍人，賜金紫。」

十一年八月二十一日，授河南尹出院。

舊傳云，「權知河南尹事，入爲兵部侍郎，」舊紀 八下、十一年八月，「以翰林學士、朝散大夫、中書舍人、賜紫金魚袋曹確權知河南尹。」

庾道蔚大中六年七月十五日自起居舍人充。

道蔚、舊新書均無傳。舊紀一八下、大中三年九月，「以起居郎庾道蔚、禮部員外郎李文儒並充翰林學士」；勞洛郎官考八云「，案與壁記不合。樊川文集十七有庾道蔚守起居舍人充翰林學士等制，稱將仕郎守起居舍人庾道蔚，與壁記正同。又考杜牧於大中五年冬始自湖州刺史拜考功郎中知制誥，則道蔚之充年月，亦當從壁記爲定，舊紀誤。又案杜牧制云，自侯府升爲諫臣，蓋□由方鎭從事入爲御史遺補者」。按庾李同制授學士，今下文李淳儒條亦著六年七月十五日，舊紀之誤無疑。

全詩八函九册、李商隱贈庾十二朱版，原注，「時庾在翰林，朱書版也」，十二當卽道蔚，朱鶴齡註亦疑然。

其年十二月十九日，召對，賜緋。七年九月十九日，加司封員外郎。

今郎官柱勳外有道蔚名；勞考八謂封疑勳誤，是也。

九年八月十三日，加駕部郎中知制誥，並依前充。十年正月十四日，守本官出院，尋除連州刺史。

東觀奏記中，「翰林學士、駕部郎中知制誥庾道蔚勑曰，以藝文擢居近密，□乖檢愼，難處禁林，宜守本官。續連州刺史。鄭朗爲御史大夫，道蔚以事干之，乞庇罪人者，朗銜之，朗旣大用，積前事盡聞於上，故及此罪。」

李淳儒大中六年七月十五日自禮部員外郎充。

舊新書均無傳，舊紀一八下作文儒，（勞考二〇引作淳儒，未審何據。）英華三八四同；樊川集一七作汶儒，唐詩紀事五三同，大和五年進士，按憲宗後唐人諱淳，此作淳，當誤。杜牧制：朝議郎、行尚書禮部員外郎、上柱國、賜緋魚袋李文儒，可守本官充翰林學士，與庾道蔚同制。

七年十二月五日，加禮部郎中知制誥。九年十月十二日，拜中書舍人，依前充。十年十月十六日，三殿召對，賜紫。十一年正月五日，守本官出院。

已上均無考。

孔温裕大中九年二月二十九日自禮部員外郎、集賢院直學士充。

温裕、舊書一五四新書一六三祇附見其父戣傳，事迹略見郎官考六。新書一○一蕭倣傳，「宣宗力治、……侍講學士孔温裕曰」云云，按本記及舊紀一八下(引見後。)均不稱温裕是侍講，此殆因懿宗未曾充侍講而誤，參拙補孔温裕條。

其年三月三日，加司封員外郎知制誥，十二年正月十八日，遷中書舍人。

舊紀一八下、十二年正月，以「翰林學士、朝議郎守尙書司勳郎中知制誥、賜緋魚袋孔温裕爲中書舍人充職。」郎官考六云，「東觀奏記中，孔温裕自禮部員外改司封員外入內廷，二十五箇月改司勳郎中知制誥，與紀正合，壁記失載，蓋有脫文。」余按官制、員外郎不能超遷舍人，其爲脫文無疑，賜緋亦然。依奏記二十五箇月計算，温裕遷勳中似在十一年二、三月也。唐語林二，「宣宗厚待詞學之臣，於翰林學士恩禮特異，……皇甫珪自刑部員外郎召入改司勳，計吏員二十五箇月，轉司封郎中知制誥，孔温裕自禮部員外郎改司封召入，二十五箇月改司勳郎中知制誥，」當本自東觀奏記，但訛吏部爲刑部。

其年八月三十日，除河南尹出院。

此無考。

于德孫大中十年正月三十日自職方員外郎知制誥充。其年十一月二十八日，三殿召對，賜紫。十一年四月十五日，加駕部郎中充。

德孫、舊新書均無傳，據元和姓纂，邵生人聞，人聞生德孫：新表七二下、人聞作人文，德孫字承休，吏部侍郎。駕部之駕，舊紀作工，參下文。郎中下當補知制誥三字。

十二年閏二月，遷中書舍人，竝依前充。

舊紀一八下、十二年二月，「以工部郎中知制誥于德孫、庫部郎中知制誥苗恪、並可中書舍人，依前翰林學士，」是德孫、恪二人同日遷，今下文苗恪條作閏二月十三日，此處當奪十三日二字，紀附二月下，亦不如記作閏二月之可信，非特因德孫、恪兩條相同，且以今舊宣紀最爲陵亂也。又紀作工中，與記異。

其年十月十四日□□□□□□□充。十三年四月二十九日，授御史中丞出院。

闕七字，未詳。咸通十、十一兩年，德孫官吏侍，見舊紀一九上。咸通初鄂岳觀察，見拓本咸通五年王譚誌。

皇甫珪大中十年六月五日自吏部員外郎充。其月七日，改司封郎中。

珪、舊新書無傳，據新表七五下，宰相鎛之子也，字德卿。東觀奏記中，「皇甫珪自吏（唐語林二吏訛刑。）部員外召入內廷，改司勳員外，計吏員二十五箇月限，轉司封郎中知制誥，……動循官制，不以爵祿私近臣也」，郎官考四云，「案壁記前司封郎中，當從奏記作司勳員外郎」。余按今郎官柱勳外有珪名，且記下文稱加司封郎中，一官不應再授，勞說是也。依二十五箇月推計，珪殆於九年九月授吏外者。

十一年正月十一日，三殿召對，賜緋。其年十月二日，加司封郎中知制誥。

至此始加封中，足證前文司封郎中之誤。

十二年八月十二日，拜中書舍人，依前充。

元和姓纂，「鎛、宰相，生煥，中書舍人、福建觀察使」，庫本注云，「又鎛子珪，字德卿，此作生煥誤」，證諸本記，則中書舍人是珪所歷官。

十三年八月二十六日，賜紫。其年八月二十九日，加朝請大夫。其年十一月，遷工部侍郎知制誥，依前充。

末「其年」字可衍。

十四年十月，改授同州刺史。

此無考。

㊵蔣伸大中十一年八月二十六日自權知戶部侍郎充。

伸、舊書一四九新書一三二有傳。按前條皇甫珪十年六月入院，後條苗恪十一年正月入院，以序次言之，此不應為十一年八月，可疑者一。此既書十一年，下文不應再用十一年字樣，可疑者二。加承旨似繼蕭寘之後，而寘以十年八月出院，可疑者三。合此三點，余謂十一年應正作十年也。新傳云，「入知戶部侍郎，九年，為翰林學士，進承旨」，則與蕭寘之承旨衝突，亦不可據。

舊傳云，「歷佐使府，大中初，入朝右補闕、史館修撰，轉中書舍人，召入翰林爲學士，」岑刊校記五一，「張氏宗泰云，上已云入朝，下又云召入，疑中脫爲邠寧副使事，當以新書補。」余按前之入朝，對歷佐使府言之也，後之召入，對外廷言之也，唐人常稱翰署曰內廷，張說殊昧昧。

英華四五五及四五六收伸所行節鎭制多通，茲據唐方鎭年表，分考其年分如下：

授李珏揚州節度使制　　表五、大中三年。

授鄭涓徐州節度使制　　表三、大中四年。

授孫範青州節度使制　　同上。

授王宰河陽節度使李拭河東節度使制　　表四、大中四年。

授幽州留後張元伸充節度使制　　同上，

授田牟靈州節度使制　　表一、大中五年。

授鄭光河中節度使、鄭朗汴州節度使制　　表四、河中大中五年，表二、宣武大中四年：按二人同制，除授不應後先差一年，吳氏誤。

是伸行此等制詔，在大中三至五年，然其時伸未入內廷，前引舊傳既云大中轉中舍，新本傳亦云，「轉駕部郎中知制誥，白敏中領邠寧節度，表伸自副，」敏中領邠寧在五年三月，然則伸知制誥固當與上舉時期（三至五年）相當，授命節鎭之制，於時蓋有一部由中書起草者，（參前李訥沈詢條。）此亦考翰林、中書分權所應知者也。

九月二日，拜戶部侍郎知制誥。

前祇權知，此正拜也，

十月二日，加承旨。

蕭寘以十年八月四日自承旨出院，故余疑此是十年十月。

十一年十二月二十九日，拜兵部侍郎知制誥，竝依前充。

鄧本脫拜字。此如與入院同是十一年事，依各條書例，當云「其年，」今特書十一年，益見前稱十一年爲十年之訛。

舊紀一八下，十一年十二月，以「翰林學士承旨、通議大夫守尙書戶部侍郎知制誥、上護軍、賜紫金魚袋蔣伸爲兵部侍郎充職。」

十二年五月十三日，守本官判戶部出院。

鄧本脫日字。新傳作「十年改兵部侍郎判戶部，」與記不符，殆誤。又記例、出院後遷轉不復書，後一節當爲羼文。

十二月二十九日，守本官同中書門下平章事。

依記、此是出院後事，不應書。新紀八、新表六三及通鑑二四九，伸以二十七日甲寅相，與此小異。舊紀一八一下、十三年，「四月，以翰林學士承旨、兵部侍郎知制誥蔣伸本官同平章事，其結銜及年月當均有誤。

苗恪大中十一年正月十五日自庫部郎中充。

恪、舊新書均無傳，新表七五上、恪字无悔，不著歷官。宣宗時曾自司勳員外除洛陽令，見東觀奏記中。昌黎集二五有苗蕃誌，樊汝霖云，按「世系表苗襲夔生延嗣，延嗣生含液，含液生穎，穎生蕃，蕃生著，著生愔、惲、恪、愔生台符，惲生廷義。又按登科記。愔長慶二年，惲大和五年，恪八年，台符大中八年，廷義乾符三年，皆相踵登第。然有可疑者，世系表以愔、惲、恪爲蕃之孫，誌謂蕃卒於元和二年，男女皆幼，自元和二年至長慶二年甫十五年，豈遂有孫登第耶？然則世系表蕃之下所謂著者誤矣。疑愔、惲、恪卽蕃之子，而執規、執矩、必復者蕃死時幼而未名，特其小字云爾，其後遂名愔、惲、恪也。」(著、百衲本同，殿本作署，又廷義、兩本均作廷乂。)余按樊氏所疑甚合，誌有云，「男三人，執規、執矩、必復，其季生君卒之三月，」季卽必復，亦卽恪，生元和二年丁亥，大和八年甲寅登第，則二十八歲也。尤有證者，千唐咸通十二年、「長兄鄉貢進士義符撰」之苗景符誌，「唐揚州錄事參軍諱穎，卽君曾大父也，太原參軍贈禮部尙書諱蕃，卽君大父也，先大夫諱惲，與伯、季、鱗射進士策，著大名於世，」碻見惲爲蕃子。誌又云，「吾與仲弟廷乂，」則作乂者是。

千唐殿中少監苗弘本誌，結銜稱「姪朝議郎行尙書司勳員外郎、充集賢殿直學士、柱國恪撰，」誌立於大中九年閏四月。恪名亦見郎官柱勳外。

四月十五日，加知制誥。十二年閏二月十三日，遷中書舍人，竝依前充。

舊紀一八下作二月遷舍人，引見前于德孫條。

十三年八月二十六日，賜紫。其月二十九日，加朝請大夫兼戶部侍郎知制誥。其年十二月十三日，加承旨。十四年十一月八日，改檢校工部尙書、山南西道節度使兼御史大夫。

已上均無考。

楊知溫大中十一年九月八日自禮部郎中充。

知溫、舊書一七六新書一七五附見其父汝士傳。舊紀一八下、十一年九月，「以禮部郎中楊知溫充翰林學士。」

十二月十九日，加知制誥。

舊紀同年十二月，「禮部郎中楊知溫本官知制誥，充翰林學士，」舊傳云，「累官至禮部郎中知制誥，入爲翰林學士，」概言之也。

十二年五月十二日，三殿召對，賜緋。十月十一日，拜中書舍人，依前充。十三年九月十三日召對，賜紫。十四年十月，拜工部侍郎知制誥，依前充。

舊傳未載舍人一遷。傳又云，「戶部侍郎轉左丞，」則未詳戶、工孰正，抑後來由工侍轉戶侍也，此云依前充，是知溫未出院。其下顯有奪佚。考舊紀一九上、咸通六年五月，以左丞（依沈本改）楊知溫爲河南尹，未言翰林學士，或於轉左丞時出院歟？咸通元年十一月始改元，故此書大中十四年十月也。

全詩十一函一册徐夤經故翰林楊左丞池亭詩，當指知溫。

嚴祁大中十二年五月二十一日自左補闕內供奉充 。其年九月十二日，加駕部員外郎。十三年七月八日，加知制誥。八月二十九日，加新野縣開國男、食邑三百戶。十四年六月十三日，改庫部郎中，餘如故。咸通二年四月，改中書舍人出院。

祁、兩唐書均無傳，餘亦未詳。此特書封爵，與各條異，蓋居晦重修而後，續入者各隨己意書之，故體例幷不畫一。鄭本供奉下脫充字。

會要六、宣宗女西華公主降嚴祁，新書八三祁爲刑部侍郎，主薨大中時，卽此人。

舊紀一九上、咸通十三年五月，工部尚書嚴祁貶郴（據聞沈本改）州刺史，岑刊校記九云，「沈本祁作郊誤，通鑑亦作祁。」

⑭杜審權大中十二年自刑部侍郎充。

審權、舊書一七七新書九六有傳。舊傳云，「十年，權知禮部貢舉，十一年，選士三十八，後多至達官，正拜禮部侍郎，其年冬，出爲陝州大都督府長史、陝虢都團練觀察使，加檢校戶部尙書、河中尹、河中晉絳節度使，懿宗卽位，召拜吏部尙書，三年，以本官同平章事，」一若十一年冬出察陝虢後至懿宗立而後召回者。沈炳震云，新書紀在大中十三年十二月拜，舊書紀在咸通元年二月，此三年誤。岑刊校記五九云，「按册府與舊紀合，通鑑（二百四十九）與新紀合。」余按唐大詔令五〇、授杜審權平章事制，「洎司文柄，……號爲得士，甘棠廉問，衆著謳謠，秋卿恤刑，事無枉撓，先皇帝……擢處禁林，」司文柄、知貢舉也，甘棠廉問、觀察陝虢也，秋卿恤刑。充刑侍也，先皇帝擢處禁林，則宣宗生時召入翰署也，由是知本記十二年自刑侍充學士之不訛而舊傳敍事爲蒙混。唐方鎭年表四、陝虢觀察大中十三年下仍系審權，則更疎於考證矣。依前條嚴祁以十二年五月二十一日入院，審權入充當在五月或五月已後，下文曰「其月，」則原文年下有月分可知，其爲傳刻脫誤無疑。

涉河中節度一節，舊紀一九上、大中十三年，「十二月，以戶部侍郎翰林學士杜審權爲檢校禮部尙書、河中晉絳節度等使，」與舊傳不同者戶尙作禮尙，又自戶侍出除，非由陝虢遷轉，得此、足徵舊傳失載入充學士也。然紀咸通元年二月下又云，「以河中節度使杜審權爲兵部侍郎判度支，尋以本官同平章事，以門下侍郎守司徒同平章事令狐綯檢校司徒同平章事出鎭河中，」考新表六三、大中十三年十二月丁酉。綯爲河中節度，舊紀十二月一節，或中有漏奪，合綯、審權二事而一之歟？且前文旣誤，故復於咸通元年二月下作解鈴語歟？

其月二十八日，轉戶部侍郎知制誥承旨。

此稱其月，則前文顯脫去月分，蔣伸承旨以五月十三出院，審權入內署，頗疑非五月卽六月也。

十三年八月二十九日，加通議大夫、兵部侍郎知制誥，依前充承旨。其年十二月三日，守本官同平章事。

新紀九、新表六三均作甲申相，卽三日也，關於舊紀傳之同異，說已見前。授制云，「翰林學士承旨、通議大夫守尙書兵部侍郎知制誥、上柱國、賜紫金魚袋杜審權，……可守本官同中書門下平章事」。

唐語林四，「杜相審權，……在翰林最久，習於愼密」，按審權十二年入，十三年底卽出相，處翰林不過年餘，非最久也。

㈩高璩大中十三年四月二十三日自右拾遺內供奉充。

璩、元裕（見前）之子，舊書一七一新書一七七均附見元裕傳。新傳云，「以左拾遺爲翰林學士」，與此作右異。

其年九月三日，召對，賜緋。十一月三日，特恩遷起居郎知制誥，依前充。

拾遺從八品上，起居郎從六品上，故曰特恩。

十四年十月六日，特恩拜右諫議大夫，依前充。

新傳云，「以左拾遺爲翰林學士，擢諫議大夫，近世學士超省郎進官者惟鄭顥以尙主而璩以寵升云」，中間略起居郎一轉。考異五五云，「拾遺官從八品則上，諫議大夫則正四品下，計超七階」，（應作十七階，奪「十」字。）因盲從新傳，未考本記，其實自起居遷諫議，祇超九階耳。

二十六日，召對，賜紫。咸通二年七月十九日，加承旨。八月七日，遷工部侍郎，依前充。三年二月二十日，特恩加朝散大夫、兵部侍郎，依前充。八月十九日，加檢校禮部尙書、□川節度使。

新傳云，「懿宗時拜劍南東川節度使」，英華四五三有授高璩劍南東川節度使制，知所缺一字是東字也。制云，「翰林學士承旨、朝議大夫守尙書金部侍郎知制語、上柱國、賜紫金魚袋高璩……改命廷臣，俾嗣仁化，按節而去，自春徂秋，旣以疾聞，則宣（宜）代用，……可檢校禮部尙書、兼梓州刺史御史大夫、充劍南東川節度副使知節度事、管內觀察處置等使」，合觀之，知本記工部侍郎及兵部侍郎之下，各脫「知制誥」三字。制又云，「俄參起部之榮，遂陟夏官之貴」，則制中金部乃兵部之誤。惟記稱朝散大夫，制稱朝議大夫，後者比前者高兩階，不詳孰正，（觀下文楊收條，似朝議不誤。）抑後再加恩而記失載也。制之「徂秋」，亦與記八月外除相符。

李眖大中十二年十二月二十四日自權知右拾遺內供奉充。十四年五月十二日，召對，賜緋，加右補闕。十月二十六日，召對，賜紫。咸通二年三月十一日，加左補闕，依前充。三年二月二十日，加職方員外郎知制誥充。九月十四日，守本官出院。

眖、兩唐書均無傳，籍貫亦不詳。惟前條高璩以大中十三年四月入，此之十二年疑十三年之訛，否則眖應移在璩前矣。賜緋、鄧本誤賜紫，賜紫不應有兩次。

舊紀一九上、咸通十三年五月，給事中李眖貶蘄州刺史，又一九下、乾符二年十月，以祕書少監李眖爲諫議大夫，皆眖出院後可知之事。

⑱劉鄴大中十四年十月十二日自左拾遺充。

鄴、舊書一七七新書一八三有傳。舊傳云，「咸通初，劉瞻、高璩居要職，以故人子薦爲左拾遺，召充翰林學士」，依記下文，咸通六年劉瞻猶是太常博士，舊傳所記瞻薦當誤。大中十四年十一月始改元咸通，故此仍稱大中也。舊紀一九上、咸通元年二月，「以右拾遺劉鄴充翰林學士」，會要五七又云，「（大中）十四年三月，勑左拾遺劉鄴充翰林學士」均與此小異。唐摭言六，「永寧劉相鄴，……咸通中自長春宮判官召入內廷，特勑賜及第，中外賀緘極衆，唯鄆州李尚書種一章最著」，登科記考二三以鄴賜第附咸通十年下，且注云，「按新、舊書本傳，咸通初劉瞻、高璩居要職……，宰相表、十年六月劉瞻同平章事，故附於此」，徐氏卽爲舊傳「劉瞻」兩字所誤者。殊不知咸通十年，鄴已久居侍郎，豈尙以區區賜第見輕重，誠以鄴非自進士出身，故於初入翰林時特賜以重之。長春宮判官、卽未授拾遺已前所職，傳作咸通初，時代正合，摭言之「咸通中」，特傳聞未的之混詞耳。唐方鎮年表考證李種下引摭言，并云，「按當在柳仲郢前、裴識後」，其年表則系種於咸通三、四年之間，比諸徐考，較爲近傍，但余以爲賜進士必在初入翰林之際，穜正應繼裴識後系於咸通元、二年之間也。

其月二十六日，召對，賜緋。咸通二年九月二十七日，遷起居舍人，依前充。

通鑑考異二三，「裴旦李太尉南行錄載咸通二年九月二十六日右拾遺內供奉劉鄴表，……則上此表在咸通元年，非二年也。……李太尉南行錄鄴此時未爲翰林學士，因上此表，敕批便令內養宣喚入翰林充學士，餘依奏」。按南行錄作右，與本記、舊傳及會要異，與舊紀同，然多內供奉字，復同中有異也。二年九月二十六日，正是遷起人之前一日，時鄴入內廷已一年，南行錄傳聞小誤。依考異改元年，則正在入充翰學之前矣。

三年二月二十一日，加兵部員外郞知制誥，依前充。七月二十九日，召對，賜紫。十一月八日，遷中書舍人充。

舊傳云，「轉尙書郞中知制誥，正拜中書舍人、戶部侍郞、學士承旨」，岑刊校記五九云，「按册府（八一四）無中字」，以記勘之，册府是也，鄴蓋超郞中一階，乃唐末官制漸亂之故。

五年九月五日，遷戶部侍郞，依前充知制誥。

按「依前充」三字應乙於「知制誥」之下，蓋依前充者指學士言，中書舍人旣進侍郞而仍掌制誥，則加知制誥字樣，官制然也。

十一年十一月二十二日，加承旨。十二月二十三日，守本官充諸道鹽鐵等使。

舊傳云，「鄴尋以本官領諸道鹽鐵轉運使」。

翰林學士壁記注補十二 懿宗

咸通後三十二人

張道符咸通元年十一月二十五日自戶部郞中賜緋充。

道符、舊新書均無傳，可參閱郞官考五。今郞官柱戶中有道符名。

二年二月六日，加司封郞中知制誥，依前充。

今郞官柱封中有名。

四月二十一日卒官。至五月二日，贈中書舍人，仍賜賻布絹及賜絹三百匹。

無考。

㈩楊收咸通二年四月十八日自吏部員外郞充。

收、舊書一七七新書一八四有傳。舊傳云，「時故府杜琮、（悰之訛，岑刊校記未改正。）夏侯孜皆在洛，二公聯薦收於執政，宰相令狐綯用收爲翰林學士，」按令狐綯之出鎭河中，（舊紀一九上、咸通元年二月，新表六三、大中十三年十二月。）杜悰之相，（舊紀咸通二月，新表 、二年二月。）舊、新書雖有不同，然收入翰林時固悰執政而綯居外也，傳文不盡信。

其月二十一日加庫部郞中，依前充。七月八日，加知制誥。

舊傳云，「以庫部郞中知制誥。」

十月十六日，三殿召對，賜紫。三年二月二十日，特恩遷中書舍人充。

舊傳云，「正拜中書舍人，賜金紫，」今觀此記，賜紫在先。

九月二十三日，加承旨。其月二十六日，遷兵部侍郞充，兼知制誥。

舊傳云，「轉兵部侍郞、學士承旨。」

四年五月七日，以本官同中書門下平章事。

英華四四九、咸通四年五月楊收加恩（按似應作「入相」）制，「翰林學士承旨、朝議大夫守尙書兵部侍郞知制誥、柱國、賜紫金魚袋楊收，……可守本官同中書門下平章事，」（全文八三作上柱國。）新紀、新表稱五月己巳，卽七日也，通鑑作戊辰。

㈪路巖咸通二年五月二十八日自屯田員外郞入。

巖、舊書一七七新書一八四有傳，父羣已見前。新傳云，「咸通初，自屯田員外郞入翰林爲學士。」此處下當補充字，後倣此。

玉泉子「初（崔）鉉以巖爲必貴，常曰，路十終須與他那一位也，自監察入翰林，鉉猶在淮南，」謂鉉猶在淮南，是也，謂自監察入則誤。

十一月二十八日，三殿召對，賜緋。三年二月二十一日，加屯田郞中知制誥充。四年正月九日，遷中書舍人充。五月九日，賜紫。其月十六日 ，加承旨 。九月十八日，遷戶部侍郞知制誥充。

舊傳云，「累遷中書舍人、戶部侍郞。」

五年九月二十六日，遷兵部侍郞知制誥充。十一月十九日，以本官同中書門下平章事。

新紀九、咸通五年十一月，「壬寅，翰林學士承旨、兵部侍郎路巖同中書門下平章事，」新表六三同，壬寅、十九日也。舊傳、「咸通三年，以本官同平章事，年始三十六，在相位八年，」岑刊校記五九云，「沈本三作五，張氏宗泰云，『據新書宰相表及通鑑，三當作五，一本作七亦非，』按册府（三百二十二）與一本同。」余按本記作五，可證；況巖以十二年罷，由五年起計，方符八年之數，作三者顯傳刻之訛矣。舊紀一九上、咸通七年十一月，「以翰林學士承旨、戶部侍郎路巖爲兵部侍郎同平章事，」卽張氏所謂一本作七也。

趙隲咸通二年八月六日自右拾遺充。

隲、舊書一七八有傳，新書一八二亦附見其兄隱傳。（新傳之「與兄隲，」據舊傳乃「與弟隲之訛。」）

十一月二十六日，三殿召對，賜緋。三年二月二十日，遷起居舍人充。四年八月七日，改兵部員外郎，特恩知制誥。

舊傳云，「咸通初，以兵部員外郎知制誥，」失載充學士一節。

五年正月十七日，三殿召對，賜紫。七月八日，加駕部郎中知制誥，依前充。九月十七日，加朝散大夫、戶部□□、依前充。其月三十日，改禮部侍郎出院。

舊傳云，「轉郎中，正拜中書舍人，六年，權知貢舉，七年，選士多得名流，拜禮部侍郎，」又舊紀一九上、咸通六年，「九月，以中書舍人趙隲權知禮部貢舉，」依此、知本記九月十七日上奪「六年」二字。（七月八日一節，仍是五年事，其理由見下文。）否則舊紀五年「十月丙辰，以中書舍人李蔚權知禮部貢舉，」舊書一七八李蔚傳，「咸通五年，權知禮部貢舉，六年拜禮部侍郎，」使隲於五年九月改禮侍出知貢舉，何能與蔚相容耶。抑五年九月小建、六年九月大建（朔閏考三）五年九月安得有三十日。登科記考二三引壁記而不正其誤，實不能自完其說也。

登科記考引此記所空兩字作「侍郎，」（鄧本同。）且云「是隲以禮部侍郎知舉，傳以爲中書舍人、誤也」，徐氏對於本記，未嘗深切討究，故有誤會。

按前條路巖、四年之間，自員外郎躐登揆席，升轉之速，當莫彼若，而屯中之後，猶轉中舍，始改侍郎；今徐氏謂隲由駕中超遷戶侍，與官制不合。況假是戶侍，其下尤應有「知制誥」三字，今記僅空兩格，更屬可疑。余以爲「戶部」字誤，原文當云「加朝散大夫、中書舍人、依前充，」蓋五年七月加駕中知制誥，依制一年後可正除中書舍人，（此卽前文所云七月是五年七月之證。）且旣除舍人，則不用知制誥字樣，與記文合，與官制合，尤與舊紀、傳合，紀、傳所謂權知貢舉者卽隲以中書舍人權知禮侍，記文特省權知字耳。

劉允章咸通三年九月二十七日自起居郎入。

允章、舊書一五三新書一六〇均附見。入下可補充字。

其年十一月二十七日，三殿召對，賜緋。四年三月二十四日，授歙州刺史。

此無考。

獨孤霖咸通三年九月二十七日自右補闕賜緋入。

霖、舊新書均無傳，可參閱郎官考八。唐文粹七四、咸通十二年十二月，霖稱宣州刺史，亦見寶刻叢編一五引復齋碑錄，此則勞氏所未徵者。

四年閏六月十九日，特恩加司勳員外郎充。

今郎官柱封外有名。

十二月二十一日，加知制誥。五年五月九日，三殿召對，賜紫。七月八日，加庫部郎中知制誥，依前充。六年六月五日，遷中書舍人，依前充。九月十七日，加朝散大夫、工部侍郎，依前充。

侍郎下應補知制誥三字。餘無考。

七年三月十七日，三殿召對，面宣充承旨。八年正月二十七日，改戶部侍郎知制誥，依前充。十一月四日，遷兵部侍郎知制誥，依前充。十年九月八日，守本官判戶部出院。

此亦無考，參補承旨記。

李瓚咸通四年四月七日自荆南節度判官、檢校禮部員外郎、賜緋充。

瓚、舊書一七六新書一七四均附其父宗閔傳。舊傳云，「令狐綯作相，特加奬拔。瓚自員外郎知制誥歷中書舍人、翰林學士，」由本記觀之，翰林學士四字應乙於員外郎上也。新傳云，「令狐綯作相而瓚以知制誥歷翰林學士，」其顛倒與舊傳同。復次綯以大中十三年十二月出爲河中節度，瓚入翰林時綯罷相久矣，新傳亦承舊傳之誤而不察。

今郎官柱祠中第八行有李纘，次錢徽後，(參拙著郎官石柱題名新著錄。)依本記、徽於元和六年四月二十五日自祠外加本司郎中，八年五月九日轉封中　纘官祠中，自是元和八年事，郎官考二一認爲李勉之子，時代本合。顧勞氏又引「新傳咸通中制誥」一條，殊不知纘從系旁，瓚從玉旁，前者勉子，後者宗閔子，名字、時代，均不相同，勞氏誤矣。

其月十日，遷右補闕內供奉充。九月十八日，加駕部員外郎充。十二月二十八日，加知制誥。

覿此，知舊、新傳先敍知制誥之不合官序。又瓚入充時祇是檢校禮外，非實職，故先遷補闕而後再加駕外也。

五年六月一日，改權知中書舍人出院。

舊傳云，「綯罷相，出爲桂管觀察使，」新傳云，「綯罷，亦爲桂管觀察使，」按綯既罷相而後瓚得內職，具辨如前，據唐方鎮年表，瓚觀察桂管在僖宗乾符二、三年，距其離去翰林時餘十年矣，舊、新傳皆誤。又瓚咸通六年觀察福建，可參方鎮年表六。

㊵于琮咸通四年六月七日自水部郎中賜緋入。

琮、舊書一四九新書一〇四有傳，肅(見前)之孫也，舊傳略其歷官，新傳云，「咸通中，以水部郎中爲翰林學士。」入下可補充字。

八月七日，加庫部郎中知制誥充。五年七月八日，遷中書舍人充。

新傳云，「遷中書舍人。」

九月二十七日，改刑部侍郎出院。

新傳云，「閱五月，轉兵部侍郎判戶部，」蓋先遷刑侍而後轉兵侍也。

侯備咸通五年六月五日自吏部員外郎賜紫充。

備、舊新書均無傳，今郎官柱吏外有名。

其月八日，加司勳郎中充。

今郎官柱勳中有名。

九月五日，加知制誥。十二月二十六日加承旨。六年二月二十三日，遷中書舍人，依前充。五月二十□日，遷戶部侍郎，依前知制誥充。九月十七日，加朝散大夫、兵部侍郎知制誥充。七年三月九日，授河南尹出院。

已上均無考。「二十□日，」鄭本二十一，未詳。

裴璩咸通五年六月六日自兵部員外郎入。

璩、舊新書均無傳，可參看郎官考一一。入下可補充字。

六年正月九日，加戶部郎中知制誥充。

今郎官柱戶中有名。

五月九日，三殿召對，賜紫。九月十七日，加朝散大夫、中書舍人充。八年正月二十七日，遷水部侍郎知制誥，依前充。

水部侍郎當卽工部侍郎，前後各條都無此稱法，應正作工部。

其年九月二十三日，除同州刺史。

無考。北夢瑣言、裴司徒璩廉問江西，此事郎官考未徵及。

劉允章咸通五年十一月二十七日自倉部員外郎守本官再入。

允章已見前，故書再入。入下可補充字。

六年正月九日，加戶部郎中知制誥。

今郎官柱倉外、戶中均見允章名。

五月九日，三殿召對，賜紫。八年十一月四日，遷工部侍郎知制誥，依前充。其年十一月十六日，改禮部侍郎出院。

舊紀一九上、八年十月，「以中書舍人劉允章權知禮部貢舉，」與此作十一月小異。於制、郎中知制誥必正除舍人而後遷侍郎，記由戶中超遷工侍，可疑者一。前旣題八年十一月，後又題其年十一月，於義爲複，可疑者二。咸通朝以舍人出知舉者居多數，改禮侍者猶云權知禮侍也，與前趙騭例同，登科記考二三云，「按丁居晦承旨學士壁記、……是允章以禮部侍郎知舉，並未爲中書舍人也，本紀誤，」蓋猶未達乎官制，且更不知壁記之常有訛舛也。若夫咸通壁記，已在居晦死後二十餘年，猶署爲丁氏之文，則淸儒失檢者比比皆是，不必獨責徐氏矣。

舊傳云，「累官至翰林學士承旨、禮部侍郎，咸通九年知貢舉，」據記前文，咸通七、八年充承旨者爲獨狐霖，舊傳承旨字殆衍文。

鄭言咸通六年正月十日自駕部員外郎入。

言、兩唐書無傳，事迹略見郎官考一九，入下可補「充」字。

四月十日，加禮部郎中知制誥，依前充。其月十九日，中謝賜紫。八年十一月四日，遷工部侍郎知制誥，竝依前充。

按郎中知制誥，依敍遷之法，應經舍人一轉，言由禮中超升工侍，疑有脫文。九年六月十八日，守戶部侍郎出院。

新書五八，「言字垂之，……咸通翰林學士、戶部侍郎。」

㊍劉瞻咸通六年十月八日自太常博士入。

瞻、舊書一七七新書一八一有傳。舊傳云，「咸通初升朝，累遷太常博士，劉瑑作相，以宗人遇之，薦爲翰林學士，」按新紀八及新表六三，瑑卒於大中十二年五月，下去咸通六年已七年，謂瑑薦爲學士誤，新傳誤同。錢大昕糾謬案語云，「傳稱劉瑑執政，薦爲翰林學士，考瑑以大中十二年拜相，次年卒，而瞻於咸通六年方入翰林，則非由瑑薦，其不合四也」按瑑卽於入相之年卒，錢氏引爲次年卒，亦誤。

其月二十六日，加工部員外郎，依前充。

舊傳云，「轉員外、郎中，」岑刊校記五九，「沈本外下有郎字，張氏宗泰云，未言司名，俟考，」依此，則轉下可增「工部」字，惟合觀下文復入條注，瞻未歷郎中，豈彼條有缺文歟，抑衍「中」字歟。

七年三月九日，授太原少尹出院。

通鑑考異二三，「(玉泉子)聞見錄又曰，(楊)玄翼爲鳳翔監軍，瞻卽出爲太原亞尹，鄭從讜爲節度使，殊不禮焉，洎復入翰林而作相也，……按舊傳，瞻自戶部侍郎承旨出爲太原尹、河東節度使，瞻爲學士，若非以罪謫，恐不爲少尹。」錢大昕糾謬案語云，「傳稱河東節度，記稱太原少尹，則非節度之職，其不合二也。」勞格讀書雜識一云，「考北夢瑣言三、劉瞻授河中少尹，有命徵入、以水部員外知制誥，相次入翰林，以至大拜，與壁記大致略同……據舊紀，從讜節度河東，在咸通七年三月，壁記瞻授少尹，正是同時，可證非誤。」三說中、考異過信舊傳，錢又所辨未盡，勞說最爲得之。

李隲咸通七年三月二十四日自太常少卿，弘文館直學士入，

隲、舊新書均無傳，郎官考二二祠外李隲下引新表七二上、吏部員外郎華子隲，不詳歷官云云，誤也。如新表之行序不誤，則隲長於肇，而肇已於四十餘年前（元和末）入禁林，不合一也。據新書二〇三、華大歷初卒，是隲觀察江西時最少已期頤之歲，不合二也。隲題惠山寺詩序，大和五年四月，予自江東將西歸涔陽，路出錫邑，因肄業於惠山寺，居三歲，隲果華子也者，年儘在周甲外矣，而猶曰肄業，不合三也。繼檢曲石藏唐志「進士清河崔曄撰並書」之「亡室姑臧李氏墓誌銘幷序」云，「亡室姓李氏，諱道因，其先隴西成紀人，……曾王父僑，官終相州成安令，娶清河崔庭曜女，王父應，官終岳州巴陵長，累贈戶部尙書，娶清河崔少通女，顯考隲，自中書舍人、翰林學士出拜江西觀察使，薨于位，贈工部尙書，夫人清河崔氏之出，外王父名鄲，終于浙西觀察使；」（夫人乾符三年丙申卒，葬於戊戌，墓祔北邙大塋。）此李隲與李華子同姓名，不待辭而決矣。

英華八七〇李隲徐襄州（商）碑，咸通六年二月，襄之父老請詞於公之舊軍副使、太常少卿、弘文館學士李隲，則先年隲已官常少也。常少、正四品上，依會要六四、長慶三年七月，弘文館奏請准集賢史館元和中定例，其登朝五品以上充學士，六品以下充直學士，是隲之結銜，應如碑稱學士，本記直學士之「直」衍。

二十七日，加知制誥。七月，遷中書舍人。

中書舍人正五品上，比常少尙低四階，而曰遷者，正如考異五四所云，唐中葉以後，寺監爲散地也。

十月二十五日，三殿召對，賜紫。九年五月十六日，除江西觀察使。

全文七二四、題惠山寺詩序，末署「咸通十年二月一日，江南西道都團練觀察處置等使、中散大夫、檢校左散騎常侍、使持節都督洪州諸軍事兼洪州刺史、御史中丞、上柱國、賜紫金魚袋李騭題記，」序有云，「去年蒙恩，自禁職出鎮鍾陵；」又麟角集黃璞王郎中棨(棨)傳、「李公騭時擅重名，自內翰林出為江西觀察使，辟為團練判官。」

盧深咸通七年三月二十四日自起居郎入。

深、舊新書均無傳。

七月一日，加兵部員外郎充。十月二十五日，三殿召對，賜緋。八年正月二十四日，加知制誥。其年八月八日，召對，賜紫。八年十一月十一日，加戶部郎中知制誥，依前充。

今郎官柱戶中有深名，但前文既見八年，則十一月上之八年字衍。

九年十月二十六日，拜中書舍人，依前充。十年十一月十一日，遷戶部侍郎依前知制誥。

應云「遷戶部侍郎知制誥依前充」也，蓋既眞除中舍，便銷去知制誥字，安得云依前知制誥。

其年十二月卒官，贈戶部尚書。

深、除戶中一官外，餘俱無考。

崔珮咸通八年十月二十三日自監察御史入。二十五日守本官充。

珮、舊書一五五新書一六三附見其父鄲(見前)傳，新書七二下則云，鄯子珮，字聲諫，是認珮為鄲姪。既珮自監察御史入，越兩日又云守本官充，題記殊不明，豈珮本檢校監察，既入內署，乃改眞除，故曰守本官充歟？

九年正月二十一日，賜緋，其年七月二十　日，加工部員外郎，依前充。十二月七日，賜紫。十年三月十三日，改考功郎中出院。

舊傳祇云，「瓌、珮、璆官至郎署給諫，」新傳祇云，「瑰、珮俱達官，」今郎官柱考中殘缺，未見珮名，餘亦無考。

⑭劉瞻咸通八年十一月二十二日自潁州刺史不赴任，再入，召對，其月二十六日，三殿召對，賜紫。

瞻已見前，此再入也。依前文七年三月授太原少尹，殆由少尹改潁州者，本傳未載。又瞻既留京再入，且至九年五月乃拜中書舍人，中間必當改授別官，如北夢瑣言所記之水外知制誥，且尤須經過舊傳所謂郎中一級，方能上躋中舍，今記文不詳，顯有漏奪，未知究是某司郎中耳。

九年五月二十六日，拜中書舍人，依前充。九月十二日，遷戶部侍郎知制誥、承旨。

舊傳云，「正拜中書舍人，戶部侍郎承旨，出爲太原尹、河東節度使，入拜京兆尹，復爲戶部侍郎、翰林學士，」新傳亦云，「拜中書舍人，進承旨，出爲河東節度使。」按舊紀一九上、咸通七年三月，以鄭從讜兼太原尹充河東節度使，十年十二月，詔從讜赴闕，以康承訓兼太原尹、充河東節度使，十一年正月，承訓貶，復以崔彥昭代之，丁此數年間，瞻安得有充河東節度之事，蓋涉前文太原少尹而誤會也。據此以推，「入拜京兆尹」諒亦烏有，舊傳文當云，「出爲太原少尹，逾年，復入充學士，正拜中書舍人、戶部侍郎承旨，」新傳文當云，「出爲太原少尹，復入翰林，拜中書舍人，進承旨。」

糾謬九云，「今按懿宗紀……並無爲河東節度使一節。」大昕案語云，「據壁記則出尹河東西（時？）尚未爲承旨，及再入翰林，乃進承旨，旋即拜相，又無出鎮河東之事，其不合一也。」勞格讀書雜識一云，「吳鎮（縝訛）糾謬九疑瞻無爲河東節度使一節，雖未考之舊書，有入拜京兆尹、戶部侍郎、翰林學士一節，因疑紀、表與傳不合，然瞻未鎮河東，壁記年月甚明，實足爲證。」

十月十七日，以本官同中書門下平章事。

舊紀一九上、咸通十年正月，「以翰林學士、戶部侍郎劉瞻守本官同平章事，舊傳稱十年以本官同平章事，不著月，新紀九、新表六三皆系瞻入相於十年六月十七日癸卯下，並無作九年入相者。合勘之，乃知記文之「十月」，殆「十年六月」之奪文，如是，則記與新紀、表全符。若新傳「咸通十一年」之「一」字亦衍文。鄧本作「十年十七日」則又奪去月份，然可證余謂當作「十年」之不妄。

錢大昕糾謬案語云，「記（紀訛）瞻拜相在十年六月，傳作十一年，據壁記乃是九年十一月十七日，其不合三也，」似頗信壁記月日，殊未中肯；引記九年十月爲九年十一月亦誤。繼讀勞格讀書雜識一云，「惟壁記瞻相在咸通九年十月十七日，則字有脫誤，新紀、宰相表瞻入相在咸通十年六月癸卯，按長歷十年六（月）丁亥朔，十七日正是癸卯，壁記當作十年六月，脫二字耳，」知余所考證之一節，勞氏已先見之。

㊸鄭畋咸通九年五月二十日自萬年令入。

畋、舊書一七八新書一八五有傳。舊傳云，「劉瞻鎮北門，辟爲從事，入朝爲虞部員外郎，……畋復出爲從事，五年，入爲刑部員外郎，轉萬年令，九年，劉瞻作相，薦爲翰林學士。」按瞻於入相前止爲太原少尹，未嘗鎮北門，（卽太原）具辨見前劉瞻條，此一誤也。畋如隨瞻赴太原，當在七年三月，（見前劉瞻條。）何下文又謂咸通五年入爲刑外，是知先後不合，此二誤也。劉瞻十年入相，非九年作相，其說亦詳前文，詳其情，特瞻再入翰林薦畋同升耳，此三誤也。末一誤新傳亦沿之。復考劉瑑於大中十、十一兩年間曾爲河東節度（唐方鎮年表四。）與畋「外困賓筵」時正合，前一瞻字當瑑訛。

勞格讀書雜識一云「舊鄭畋傳、咸通中令狐綯出鎮，劉瞻鎮北門，辟爲從事，下又有五年云云，如果劉瞻鎮太原，則當在五年之前，然據懿記、（紀訛）鎮河東者大中十三年爲裴休，咸通元至四爲盧簡求，四年爲劉潼，不應又有劉瞻，或疑是劉潼之誤，因下文有劉瞻作相云云，因亦誤作瞻耳。」按余謂劉瞻是劉瑑訛，似與傳咸通中不合，但居朝與入幕異，綯縱得君，謂畋不克仕於朝，可也，能一手遮天，並衆諸侯之路而絕之乎。瑑於大中十、十一年間鎮河東，綯以十三年底出除，時代相近，則傳述或訛。且「咸通中令狐綯出鎮」二句，以事理測之，謂應放在「辟爲從事」之下，「入朝爲虞部員外郎」之前，如是，則綯出畋入正遙遙相應，史文事實倒敍，固數見之，此舊傳咸通中一語之不必過泥者也。畋既自從事入爲虞外，遭鄭薰之拒而出，至五年復入，似已經過數年，若劉潼則四年始任，中間似不敷安排時間，此瞻為潼訛之略違事實者也。職此兩因，故余仍主劉瑑之說。

英華四五七收畋授李師望定邊軍節度使制，據通鑑二五一，是咸通九年六月事。

二十四日，改戶部郎中充。

舊傳云，「轉戶部郎中，……因授官自陳曰……咸通五年，方始登朝，……臣任刑部員外郎日，累於閤內對敭，去冬蒙擢宰萬年，又得延英中謝，……陛下過垂採聽，超授恩榮，擢於百里之中，致在三清之上，纔超翰苑，遽改郎曹，」傳前文之「五年入為刑部員外郎，」當據畋陳狀，然敍於劉瞻鎮北門（實太原少尹）之後，則後先不合，可見劉瞻字之有誤也。

八月十一日，守本官知制誥，依前充。十年六月四日，遷中書舍人，依前充。

舊傳云，「尋加知制誥，……俄遷中書舍人。」

其年十一月十一日，遷戶部侍郎。

舊傳云，「十年，王師討徐方，禁庭書詔旁午，畋灑翰泉湧，動無滯思，……尋遷戶部侍郎，」按侍郎下當加「知制誥」三字，參下舊紀引文。

十一年四月二十六日，加承旨。

舊傳云，「龐勛平，以本官充承旨，……因謝承旨自陳曰，禁林素號清嚴，承旨尤稱峻重，……今之宰輔四人，三以此官騰躍，」按是時四相為路巖、于琮、劉瞻、韋保衡，除琮外皆由承旨拜相也，勛以十年九月平。陳狀又云，「再周寒暑，六忝官榮，由郎吏以至於貳卿，自末僚而遷於上列，」由九年五月至十一年四月，再周寒暑也，自萬年令入充學士，改戶中，加知誥，遷中舍，擢戶侍，進承旨，六忝官榮也。

九月二十七日，授梧州刺史。

舊紀一九上、十一年九月丙辰，「翰林學士、戶部侍郎知制誥、上柱國、賜紫金魚袋鄭畋為梧州刺史，」丙辰是七日，與此差二十日。舊傳載其責詞云，「且居承旨，合體朕懷，一昨劉瞻出藩，朕豈無意，爾次當視草，過為美詞，……徒知報瞻欬唾之惠，誰思蔑我拔擢之恩。」又賜紫當在入翰林後，記失書。

寰宇記一六四，「咸通末，鄭畋自翰林承旨學士謫官蒼梧太守。」

舊紀一九下、咸通十四年九月，「前戶部侍郎知制誥、翰林學士承旨鄭畋為左散騎常侍，」蓋由梧州刺史召還而追書其前官者。唐語林七、「劉瞻自丞相出鎭荆南，鄭畋為翰林承旨，草制云……路巖謂畋曰，侍郎乃表薦劉相也，出為同州刺史，」作同州誤。

英華四五九有畋所行與韓君雄書、與張文裕及魏博軍書兩通是同時發，書末均言秋涼，前書云，「何全皞……致三軍之怨怒，乘馬匹以奔逃，」後書云，「若合羣情，權可主其留事，更俟奏報，當有指揮，」依新紀九、全皞被殺在十一年八月。又依通鑑二五二、九月庚戌朔，以君雄為留後，此兩書蓋發於八月者。

張裼咸通九年六月十三日自刑部員外郎入。

字書無裼字，依郎官柱及通鑑，其名應作裼，今舊書一七八本傳从昜，鄭本作褐从亓，皆非也。舊傳云，「大中朝（于）琮為翰林學士，俄登宰輔判度支，琮召裼為司勳員外郎判度支，尋用為翰林學士、」據記前文，琮至咸通四年始入翰林，大中乃咸通之誤。郎官考八以本記不云勳外，疑舊傳不實，按琮八年七月自鹽鐵使相，則勳外亦可為裼未入翰林時所官，惟是今郎官柱勳外題名全體完好，並不見裼，勞氏所疑近是也，元龜七七一所云，「張裼以宣宗大中中宰相于琮判度支，召為司勳員外郎判度支，尋用為翰林學士，」顯係撮自舊傳，故其誤亦同。

十五日加祠部郎中。

今郎官柱祠中有裼名。

九月十七日，知制誥，依前充。十月十六日，召對，賜紫。十年七月十日，遷中書舍人，依前充。

舊傳云，「轉郎中知制誥，拜中書舍人，」依前文則郎中上可補「祠部」字。

其年十月遷工部侍郎，依前充。

侍郎下應加「知制誥」字。鄭本「十月」與下「十一月」互倒。

十一月二日，加承旨。十二年正月二十六日，遷戶部侍郎知制誥，依前充。十一月十八日，遷兵部侍郎知制誥，依前充。

十一月二日五字疑誤，説詳拙著補承旨學士記。

舊傳祇云「戶部侍郎、學士承旨，」未載工、兵二侍郎。

十三年五月十二日，貶封州司馬。

舊紀一九上、五月十二日辛巳「翰林學士承旨、兵部侍郎知制誥張裼貶封州司馬，……皆于琮之親黨也，爲韋保衡所逐。」又一九下、十四年九月，「前兵部侍郎知制誥、翰林學士張裼爲太子賓客，」乃書其前官。

崔充咸通九年□月十七日自考功員外郎入守本官充。

充、鞏子，鞏已見前，舊書一五九附見鞏傳，祇云，「子充，亦以文學進歷三署，終東都留守。」考前條張裼六月十三日入，依次序推之，月份上所缺字殆是六或七至九月也。鄭本奪「□月」字。今郎官柱考外充名已泐。

十月十六日，召對，賜緋。

依此，知充入應在十月已前。

閏十二月二日，三殿召對，賜紫。十年五月二十五日，加庫部郎中知制誥，依前充。其年十一月十一日，遷中書舍人，依前充。十二年正月二十六日，遷戶部侍郎知制誥，依前充。十三年六月十日，宣充承旨。

已上均無考。

九月二十八日，加檢校工部尚書東川節度使。

舊紀一九下、乾符二年四月，「以東川節度使檢校戶部尚書崔充爲河南尹，」與此作工部異，或後來改授歟。方鎮年表考證云，「薛能送崔學士赴東川詩，羽人仙籍冠浮丘，欲作酇侯且蜀侯，導騎已多行劍閣，親軍全到近綿州，文翁勸學人應戀，魏絳和戎戍自休，惟有夜鐏歡莫厭，廟堂五日少閑遊；此充由翰林學士鎮東川之證，薛能以十四年去京兆鎮徐，充鎮東川在其前。」

㊸韋保衡咸通十年三月十三日自起居郎、駙馬都尉入，守左諫議大夫知制誥、充承

旨。

保衡、舊書一七七有傳，新書一八四附見路巖傳。舊傳云，「累拜起居郎，十年正月，尙懿宗女同昌公主，……尋以保衡爲翰林學士，轉郎中，正拜中書舍人、兵部侍郎承旨，」記祇稱直入充承旨，無郎中、舍人兩遷，不審有脫文否，抑舊傳誤否。通鑑二五一咸通十年，「三月辛未，以起居郎韋保衡爲左諫議大夫充翰林學士，」（辛未卽十三日，）不言承旨，余因是疑充承旨之上必有奪文，說詳補承旨學士記。

通鑑考異二三、咸通十四年六月韋保衡斥王鐸蕭遘云，「舊傳曰，保衡以楊收、路巖在中書，不加禮接，媒孽逐之，按收獲罪時保衡未爲相，蓋保衡雖爲學士，懿宗寵任之，故能譖收也。」又通鑑二五〇咸通八年云，「右拾遺韋保衡復言收前爲相，除嚴譔江西節度使，受錢百萬，又置造舩務，人訟其侵隱，八月庚寅，貶收端州司馬，」其考異亦辨舊傳之誤；今據記則保衡入爲翰學，更在收長流驩州（十年二月）之後，其尙主得寵應是十年正月已後事、舊傳固誤，考異所云，猶失諸未參本記也。

其年十一月十日，遷兵部侍郎，依前充。

侍郎下似應有「知制誥」三字。

十一年四月二十五日，以本官同中書門下平章事。

舊紀一九上於十一年正月後、四月前，稱「以兵部侍郎、翰林學士承旨、扶風縣開國子食邑五百戶、駙馬都尉韋保衡本官同平章事，」不著何月何日，新紀九、新表六三、通鑑二五二均作四月丙午，卽二十四日也，與記後先差一日。

韋蟾咸通十年六月□日自職方郎中充。

蟾、表微子，表微已見前，舊書一八九下蟾附見表微傳，祇云，「咸通末爲尙書左丞」而已。蟾爲左丞，亦見舊書一七七豆盧瑑傳。「□日」鄧本作「十日，」未詳。

其年九月七日，加戶部郎中知制誥。

今郎官柱戶中有蟾名。

其年十一月十一日，遷中書舍人，依前充。其年十二月二十八日，三殿召對，賜紫。

兩「其年」字均可省。

十二年正月二十六日，遷工部侍郎知制誥，依前充。十三年十月十五日，加承旨。十一月十五日，改御史中丞兼刑部侍郎出院。

舊紀一九上有十四年春正月丙寅朔御史中丞韋蟾奏云云。

杜裔休咸通十一年正月十八日自起居郎入守本官充。

裔休、新書一六六附見其父杜悰傳，云，「懿宗時歷翰林學士、給事中。」據唐摭言一三，裔休嘗官拾遺，蓋在咸通九年。

五月二十七日，三殿召對，賜紫。九月十一日，加司勳員外郎知制誥，依前充。

今郎官柱勳外有裔休名。

十三年二月九日，守本官出院。

舊紀一九上、十三年五月六日乙亥，「給事中杜裔休貶端州司馬，」出院後改官給諫也。

鄭延休咸通十一年五月十八日自司封郎中知制誥遷中書舍人充。

延休、涯（見前）之子也，舊、新書均無傳，事迹略見郎官考五。今郎官柱封中有名。

十二年正月二十八日，三殿召對，賜紫。十一月十八日，遷工部侍郎知制誥，依前充。

按工部侍郎祇一員，今前文韋蟾條於十二年正月遷工侍知制誥，至十三年十一月十五始改中丞出院，同時焉得有兩工侍？唐制雖常設同正或員外置之官，然不過位置閑員，非所以待禁林要職也，故知兩條中必任一有誤。

十三年正月四日，宣充承旨。

按前韋蟾條十三年十月十五加承旨，十一月十五改中丞出院，苟非兩人同充承旨，必任一有誤。

七日，遷兵部侍郎，依前充。

侍郎下應補知制誥三字。

十四年八月二十二日，加金紫光祿大夫、尙書左丞知制誥，依前充。十五年正月十三日，除檢校禮部尙書充河陽三城節度使。

延休官河陽節度，見新書二二五下黃巢傳。

薛調咸通十一年十月十七日自□部員外郎加駕部郎中充。

調、舊新書均無傳，新表七三下、薛苹子膺，婺州刺史，生調，不詳歷官，以時考之，當卽其人。空格、郎官考一二疑卽戶字，今郎官柱戶外有調也，鄧本作工部，不實。

十二年正月二十六日，加知制誥，依前充。十三年二月二十六日，卒官。三月十一日，贈戶部侍郎。

唐語林四，「調爲翰林學士，郭妃悅其貌，謂懿宗曰，駙馬盡若薛調乎，頃之暴卒，時以爲中鴆，卒年四十三。」

韋保乂咸通十二年二月十三日自戶部員外郎入守本官充。

保乂、舊書一七七新書一八四附見其兄保衡傳。唐摭言九云，「韋保乂咸通中以兄在相位，應舉不得，特敕賜及第，擢入內庭，」登科記考二三系於咸通十二年下，且注云，「按韋保衡於咸通十一年四月同平章事，十三年十一月拜司空，應附此年。」余按記十二年二月前，保乂已官尙書郎，安復應舉，摭言所聞，殆不實不盡，大抵保乂以兄有寵而賜第，非以應舉不得而賜第也。今郎官柱戶外有保乂。

三月十六日，特恩賜紫。五月十日，加戶部郎中知制誥，依前充。

舊傳云，「弟保乂，進士登第，尙書郎知制誥，召充翰林學士，歷禮、戶、兵三侍郎學士承旨，」新傳亦云，「弟保乂，自兵部侍郎貶賓州司戶參軍。」錢氏考異五五云，「按唐承旨學士壁記，……是保乂未嘗爲兵部侍郎。」余按唐制郎中知制誥約一年便可轉中舍，況以唐末官賞之濫，而謂保乂越兩年餘而一無升遷乎。今記文末幅大多殘闕，此處之下，顯有佚奪，錢氏徒抱殘文以疑史書，見殊淺矣。今郎官柱戶中有保乂。至保乂曾否充承旨，以佐證太乏，尙難斷定。(參補承旨記)

十四年十月，貶賓州司戶。

新表六三、「九月癸亥，保衡貶賀州刺史，」癸亥朔日也，表如不誤，（通鑑不著日。）保乂以緣坐而貶者，似不應遲至十月，通鑑二五二則於十月下書云，「韋保衡再貶崖州澄邁令，尋賜自盡，又貶其弟翰林學士兵部侍郎保乂爲賓州司戶。」

劉承雍咸通十四年十月貶涪州司戶。

承雍、禹錫子，舊書一六〇禹錫傳附見，不詳歷官。通鑑二五二咸通十四年十月，貶韋保衡所親翰林學士、戶部侍郎劉承雍爲涪州司馬，郎官考二云，「重修承旨學士壁記司馬作司戶，又失載戶侍及入充學士年月。」按前條保乂是十二年二月十三入，承雍之入，非同時卽在其後。舊紀一九下、乾符三年七月，刑部侍郎劉承雍在汝州，爲草賊王仙芝所害，則承雍又嘗起復也，餘不得而詳。

唐文拾遺楊檢楊公女子書誌，「子書之諸姊，皆託華冑，如戶部侍郎、翰林學士劉公承雍五朝達，皆子書之姊壻，」可與通鑑稱戶侍相佐證。

崔璆

原注全闕。新表七二下有三崔璆；一屬博陵大房，武后相玄暐之子，一屬博陵二房，隋左武衞大將軍弘昇之曾孫，時代均不相合。惟鄲子璆字致美，相黃巢，正與其兄珮（見前，此依舊、新傳言之。）之入禁林，相去無幾年，應卽其人，但舊、新傳於璆之歷官，均從略也。（引見前）舊紀一九下、乾符六年五月，黃巢圍廣州，仍與廣南節度使李巖、（迢）浙東觀察使崔璆書求保薦乞天平節鉞，（此事亦見一七八鄭畋傳。）又舊鄭畋傳，廣明元年，賊自嶺表北渡江浙，虜崔璆，又舊紀、廣明元年十二月壬辰，巢以崔璆爲中書侍郎平章事，皆璆事迹可見者。據嘉泰會稽志，璆於乾符四年十二月自右諫議大夫授浙東，璆之出院，應在此前。至崔璆被虜，新紀九在五年九月，（惟誤璆爲琢，新二二五下黃巢傳固作璆。）時序與新黃巢傳合。新黃巢傳又謂巢脅璆言于朝，正應在被執之後，是舊紀敍璆薦巢於六年，亦不相背。惟此事與鄭畋、盧攜之罷相相關，通鑑考異二四徒因宋敏求多書，遂主張實錄之說，置諸五年五月，殊失考證之價值。若舊畋傳以被虜爲廣明元年，誤殆無疑，因會稽太守題名記乾符六年十一月柳韜授浙東知之。

曲石藏唐志有唐故宿州長史博陵崔璆誌，卒長慶四年，享年七十二，乃河陽節度崔弘禮之兄，非此人。

李溥

原注亦缺。兩唐書又無傳。舊紀一九下、廣明元年十二月，黄巢陷京師，刑部侍郎李溥遇害，當卽其人。

㈱豆盧瑑

原注全闕。瑑、舊書一七七新書一八三有傳，玆約略補之如下。

自戶部郎中知制誥充。遷中書舍人。乾符中、累遷戶部侍郎知制誥，加承旨。

舊傳云，「咸通末，累遷兵部員外郎、轉戶部郎中知制誥，召充翰林學士，正拜中書舍人，乾符中、累遷戶部侍郎 、學士承旨 。」今郎官柱戶中有瑑題名。

六年五月八日，轉兵部侍郎同平章事出院。

舊紀一九下、六年五月，戶部侍郎，翰林學士豆盧瑑本官同平章事，岑刊校記一〇云，「册府（七十四）在四月，」舊傳亦云，「六年，與吏部侍郎崔沆同日拜平章事，」惟新紀九、新表六三系於五年五月二日丁酉之下。又新書三六五行志三，「乾符六年五月丁酉，宣授宰臣豆盧瑑崔沆制，殿庭氛霧四塞，及百官班賀於政事堂，雨雹如鳧卵，大雷雨拔木。」糾謬九云，「今案僖宗紀、乾符五年五月丁酉，翰林學士承旨戶部侍郎豆盧瑑爲兵部侍郎，吏部侍郎崔沆爲戶部侍郎同中書門下平章事，是日雨雹・大風拔木，宰相表亦同，又五行志第二十五卷（按卽卷三五）常風門云，乾符五年五月丁酉大風拔木、又崔沆傳云、乾符五年，以戶部侍郎同中書門下平章事，昕旦告廡，大霧塞庭中，百僚就班脩慶，大風雨雹，時謂不祥，又豆盧瑑傳云，歷翰林學士、（不言承旨。）戶部侍郎，與崔沆皆拜同中書門下平章事，是日宣告於庭，大風雷雨木，然則本紀、表、傳及五行志第二十五卷皆以爲乾符五年五月丁酉，獨五行志二十六卷以爲六年則誤也。」考瑑、沆入相，卽盧攜、鄭畋二人罷相後之補充者、二事應爲同時、攜、畋罷相、或謂六年，或謂五年，前說見舊紀及舊書攜、畋兩傳，後說不外出宋敏求所補實錄。（參通鑑考異二四。）但考異引實錄宋氏自注云，「舊史洎雜說皆云畋、攜議黄巢節制忿爭賜罷，而鄭延昌撰畋行狀乃云議蠻事，无可證之，然當時所述恐不謬，」使攜、畋果因議黄巢事而罷，則其罷應依舊書在巢圍廣州之年，——即六年——推言之，瑑、沆入相亦當在六年也。宋氏置諸五年，似不過據延昌行狀，然一則曰無可證，再則曰恐不謬，是攜、畋究因何事而罷，尚難取決，安見其必在五年乎，抑舊史與雜說又安知非本自當時人所記乎。考異徒謂宋氏多書，必有所據，殊乏考證價值，質言之，攜，畋罷相或瑑、沆入相之爲六年或五年，須取斷乎新書已外之別證，則因新紀、志、表、傳之五年說，諒同出於宋補實錄之一源也。玆故仍依舊紀、傳書之，丁酉即六年五月八日。

舊傳稱瑑以戶侍本官同平章事、同書一六三稱沆以禮侍本官同平章事、與新紀、表異；考晚唐制度，多以戶、兵二侍入相，帶吏侍，禮侍者極少，原爲戶侍者或轉兵侍，今瑑充承旨時已是戶侍，新紀表、謂其改兵侍入相，沆自吏侍改戶侍入相，中帶蟬聯之迹，比較可信，故從之。若舊紀稱沆自吏侍改兵侍，則紀、傳之間已相矛盾矣。

崔湜咸通十四年十一月二十三日自殿中侍御史改司封員外郎充。

唐書有崔湜，然是中宗之相，世系表亦別無名湜者，郎官攷六趙氏因疑湜爲涓之誤。按今郎官柱封外崔涓之前兩人爲高湘、封彥卿，（參拙著郎官柱新著錄。）據舊紀一九上、咸通十一年九月，湘已自右諫議大夫貶高州刺史，又十三年五月彥卿已自前中書舍人貶湖州司戶，是涓授封外，斷在十三年五月已前，而此崔湜則十四年十一月始改封外，其不能爲一人明矣。況現封外題名，崔涓之後，張讀之前，泐去五人，（參拙著郎官柱題名新著錄。）烏知此崔封外不即在其中乎。

㉟盧攜咸通十四年十二月自左諫議大夫充承旨學士。十五年拜相。

攜、舊書一七八新書一八四有傳。舊紀一九下，乾符元年五月，「戶部侍郎知制誥、翰林學士、賜紫金魚袋盧攜本官同平章事，」新紀九書攜相於同年十月而不著日，新表六三作十月朔丙辰，舊傳云，「召拜諫議大夫，乾符初，以本官召充翰林學士，拜中書舍人，乾符末，加戶部侍郎學士承旨，四年，以本官同中書門下平章事，」新傳云，「累進戶部侍郎、翰林學士承旨，乾符五年，進同中書門下平章事，」除新紀、表外，數說之中，互有同異。沈炳震云，「按（攜相）僖宗紀在元年，兩書傳皆誤。」錢氏考異五五云，「按宰相表、攜以乾符元年十月拜相，（舊僖宗紀在五月。）……舊史本傳，……其書入相差一（？）年、且乾符紀元終於六年，既乾符末矣，而其下乃書四年，其踳謬較之新傳尤甚也。」岑刊校記五九云，「按新書宰相表及通鑑（二百五十二）與僖宗紀合。」余按本記稱十五年入相，乾符元年十一月庚寅始改元，此亦足爲攜相在元年之證。攜以十二月入院，舊傳之「乾符初，」不過小小同異，無足深論，「乾符末」三字衍，「四年」謂應正作「其年，」（鄭畋與攜同時相，而舊畋傳亦作乾符四年，此殆本自同一之錯誤史料。）新傳之「五年，」又或沿舊紀元年五月而訛倒爲五年也。所未確知者，舊紀之五月，與新紀，表之十月，兩者孰是耳。

依舊、新書所載，攜入翰林後再歷中舍、戶侍兩遷，記文簡略，顯非完璧，承旨之上，當有奪文。

唐翰林供奉輯錄附

翰林院故事云，「其外有韓翃、閻伯璵、（璵之訛）孟匡朝、陳兼、蔣鎮、李白等在舊翰林中，但假其名而無所職，」翃、翰林志作紘。志又云，「至德宗已後，翰林始兼學士之名，代宗初李泌爲學士，而今壁記不列名氏，蓋以不職事之故也。」按

韓紘、舊書九八、韓休子汯，上元中爲諫議大夫。元和姓纂，汯，諫議大夫知制誥。全文三六七、賈至行制「襄陽太守韓洪、左補闕韓紘等，令德之後，象賢而立，……紘可考功員外郎知制誥，」紘、紘之訛，此制蓋奬敍韓休之後，郎官考一〇以韓汯、韓紘爲同人，是也。汯、紘草寫相近，但休諸子之名皆从氵，當作汯爲是。宋僧傳一九、無相傳，「乾元三年，資州刺史

韓浤　撰碑，」浤亦汯訛。會要五七訛韓雄。

閻伯璵　崔湛誌撰人，題起居舍人翰林院待制閻伯璵，其事迹可參拙著姓纂四校記。

孟匡朝　封氏聞見記八，「拾遺孟匡朝貶賀州，」今郎官柱左外及精舍碑有其名。

陳兼　新書二〇〇陳京傳，「父兼，爲右補闕、翰林學士，」河東集八陳京行狀，「父某，皇右補闕、翰林學士，贈祕書少監，」即指兼。

蔣鎮　舊書一二七有傳。

李白　舊書一九〇下、新書二〇二有傳。新傳云，「天寶初，南入會稽，與吳筠善，筠被召，故白亦至長安，往見賀知章，……言於玄宗，……有詔供奉翰林。」

李泌　舊書一三〇、新書一三九有傳。舊傳云，「代宗即位，召爲翰林學士，頗承恩遇。」

大抵開元已後，書畫僧道九流之輩，供奉（或稱待制待詔。）翰林者爲數頗多，觀順宗即位，便罷翰林陰陽星卜醫相覆碁諸待詔三（或作四）十二人，（昌黎外集六順宗實錄。）即可想見，今就所見聞，比彙於下，惟中葉已後明稱「翰林待詔」如戴少平、韓秀實、程修己等不復入錄焉。

東方顥　新書二〇〇、趙冬曦傳，「開元初，遷監察御史。坐事流岳州，召還復官，……入集賢院脩譔，是時……翰林供奉呂向、東方顥爲校理，」此約開元十年事，見拙著金石證史一五頁。

張懷瓘　新書五七、「張懷瓘書斷三卷，開元中翰林院供奉」，又述書賦注云，「張懷瓘兄弟懷瓌，盛王府司馬，並翰林待詔。」

張懷瓌　即懷瓘之弟，曾充翰林集賢兩院侍書侍讀學士，見古刻叢鈔張中立墓誌、及全文四四七述書賦下自注。

張均　均、張說子，曾供奉翰林院，見舊唐書九七。孟浩然集二上張吏部詩，「公門世緒昌，才子冠裴王，自出平津邸，還爲吏部郎，……夜直南宮靜，朝趍北禁長，……翰苑飛鸚鵡，天池待鳳凰，」當即上均之作，河岳英靈集下作盧象詩，其題正爲贈張均員外也。今郎官柱吏外有張鈞，郎官考四云，「格案鈞疑當作均，張均見左外，」接會要七四、開元「十三年十二月，……宇文融上策，請吏部置十銓，……當時榜詩云，員外御題銓裏榜，尙書不得數中分，（尙書裴漼、員外郎張均。）」均本傳雖略去歷吏外之職，然合孟詩與會要觀之，勞氏之疑，可釋然矣。北禁卽翰院，然則均供奉翰林，固早在開元中矣。

權同光　全文五○一、權德輿契微和尙塔銘，「考同光，皇河南縣尉、長安縣丞、翰林詳定學士，」按下文又云，「翰林府君旣捐館，母兄竟不能抑，遂以初笄之年，被服緇褐，至天寶元年，始受具於福先寺定賓律師，」是同光之爲翰林詳定學士，在開元時。

吳筠　待詔翰林，見舊書一九二本傳。陳舜俞廬山記五「簡寂先生陸君碑，中岳道士翰林供奉吳筠文並書，」據同記二，碑以上元二年九月建。

韓擇木　天寶元年翰林學士韓擇木，見集古錄目桐柏觀碑：又古逸叢書、徐靈府天台山記，天寶六載，郡守賈公長源立碑，翰林學士韓擇木書。

李荃　安天王銘，天寶七載五月建，題「左羽林軍兵曹參軍、直翰林院學士供奉、上柱國李荃撰、」（萃編八八）

蔡有鄰　章仇元素碑，天寶七載十月建，題「翰林院學士內供奉、左衞率府□□□東（勉按東必軍之訛，此猶前條李荃之爲兵曹參軍，軍上可補曹參兩字，但未知是某曹耳。）蔡有鄰書。」（萃編八八）

元庭堅　太平廣記四六○引紀聞，「唐翰林學士，陳王友元庭堅者，昔能遂州參軍，……在翰林撰韻英十卷，未施行而西京陷胡，庭堅亦卒焉，」南部新書戊亦云庭堅天寶翰林學士，新書五八，「玄宗韻英五卷，天寶十四載撰，詔集賢院寫付諸道採訪使傳布天下，」蓋庭堅主撰而以玄宗名頒行者也。惟十卷、五卷，兩書所記小異。

劉秦　天寶十三載供奉，引見前翰學張漸條。

包晁　全文五二九、顧況華亭縣令包公壁記，「惟皇六葉，鴻臚宣力於皇室，著作垂名於當代，起居祭酒聲隱部野，與翰林供奉晁析其流派，」則晁亦玄宗時翰林供奉。

何思遠　杜光庭道德經注序有「直翰林道士何思遠作指趣二卷，玄示八卷」，次尹愔（開元翰學）後二人，但其下又著高宗時之太子司議郎楊上善，則光庭所引，固不盡循年代先後，惟翰林供奉實始玄宗，故附於此。

張學士　工部集一〇送翰林張司馬南海勒碑（相國製文詩），司馬本或作學士，錢注引黄鶴云，「翰林無司馬，玄宗置翰林院，延文章之士，下至僧道書畫琴棋數術之士，皆處于此，謂之待詔，今云勒碑，或鐫刻之流也。」按此卷詩注謂「避賊至鳳翔及收復京師在諫省出華州轉至秦州作，」年分未知是否一一無誤，肅宗時翰林無張學士，張涉則爲時較後，唯天寶時張垍、張埱、張漸，其官似非司馬。復次復齋碑錄、「唐張九臯祭南海册，天寶十載三月刻，」（叢編一九）事頗影響，然九臯未嘗入翰林，於時官或不止司馬。據全文九八七册祭廣利王記，「逮天寶十載三月庚子，册爲廣利王，明盛禮也，分命義王府長史范陽張九章奉玉簡金字之册，……」。元龜三三亦云，「竝取三月十七日庚子一時致祭，申命……儀（義）王府長史張九章祭南海，」是九臯似九章之訛，然亦非翰林或司馬。唯全詩五函四册、司空曙亦有送翰林張學士嶺南勒聖碑詩云，「使者翰林客，餘春歸灞陵，」翰林供奉不定限何官，張周便是司馬充翰林，則或肅宗時直翰林者之一歟。

黎幹　舊書一一八黎幹傳，「始以善星緯數術進，待詔翰林，」拓本宇文邈撰黎幹誌，「河朔初梗，天下徵兵，詔求非常之材，召公詣乘駉行在，肅宗師焉，初拜左驍衛兵曹參軍，旋拜太子通事舍人，翰林學士。」

張志和　唐才子傳三、張志和「嘗以策干肅宗，特見賞重，命待詔翰林，以親喪辭去。」

唯光　田尊師頌，寰宇訪碑錄以爲大歷六年十月立，平津續記據新表以爲廣德二年，題「翰林院內供奉唯光書並題額，」唯光當是道流。

武少儀　全文六一三少儀王處士引水記，「少儀忝公門客，竊跡翰苑，」則元和初年，少儀似曾入直翰林。

孫準　元龜五四、寶歷「二年三月戊辰，命興唐觀道士孫準入翰林。」

僧惟眞　元龜一八〇、寶歷「二年十一月己卯，賜翰林僧惟眞絹五十疋。」

開元至咸通間翰林學士辨疑附

唐、宋、元舊籍記唐代翰學，有未拜者，有疑似者，有謬誤者，玆循其時序，逐一分辨如後。

姚元崇

開元天寶遺事，「明皇在便殿，甚思姚元崇論時務、……上令侍御者擡步輦召學士來，時元崇爲翰林學士，中外榮之，」容齋隨筆一云，「按元崇自武后時已爲宰相，及開元初三入輔矣。」按姚崇時未有翰林學士，具見韋執誼、李肇各撰著中，此之謬說，不值一辨。

錢起

唐才子傳四，「大歷中爲大淸宮使、翰林學士，」按舊書一六八、新書二〇三均未言起爲翰學，豈因其子徽而涉誤會歟，才子傳所云，當不可據。

嚴綬

白氏長慶集一三、春送盧秀才下第遊太原謁嚴尙書詩結聯云，「墨客投何處，并州舊翰林，」此詩編入爲畿尉時作，卽元和初居易官盩厔尉時作也。據舊紀一三、貞元十三年，「八月戊午，以河東行軍司馬嚴綬檢校工部尙書、兼太原尹、御史大夫、河東節度使，」則嚴尙書卽綬無疑，并州舊翰林云者亦指綬無疑。顧考之元氏長慶集五五嚴綬行狀暨舊書一四六、新書一二九綬本傳，綬在元和已前所歷歷，除嘗一度召充刑部員外，皆任外職，唐代嚴姓曾充翰林者亦止有晚唐嚴郝，此詩翰林兩字，乃一般藻釋之辭耳。

蘇景胤

張元夫

唐摭言七，「大和中，蘇景胤、張元夫爲翰林主人，」按柳宗元奉酬楊侍郎丈詩，「翰林寂寞誰爲主，鳴鳳應須早上天，」翰林字是泛用，蘇、張兩人當日炙手可熱，此但言登科者多經其玉成耳，揚雄傳，「故藉翰林以爲主人，子墨爲客卿以風，」全文七七三李商隱爲滎陽公上弘文崔相公狀，「伏見制書，伏承天恩榮加崇文館大學士，某竊尋舊史，常仰清門，魏齊以來，閥閱相繼，皆當代才子，翰林主人，」翰林主人之義，大概如是。

王直方

元龜四六四、「王直方爲右補闕，大和八年三月，爲鎮州册贈副使，因令中使宣詔對於浴堂門，使令充翰林學士，辭讓不受，賜以錦綵，卻令進發，」又同書四八一，「大和九年，出爲興元府城固縣令，」按直方舊、新唐書均無傳，據文是口宣面辭，並未下詔也。

韋温

温、綬（已見前）之子也。舊書一六八本傳，「鄭注誅、轉考功員外郎、尋知制誥、召入翰林爲學士，以父職禁廷，憂畏成病；遺誡不令居禁職，懇辭不拜，」又新書一六九本傳，「注誅，由考功員外郎拜諫議大夫，未幾爲翰林學士，先是綬在禁廷，積憂畏病廢，故誡温不得任近職，至是固辭，帝怒曰，寧綬治命邪，禮部侍郎崔蠡曰，温用亂命，益所以爲孝，帝意釋，換知制誥，」其敍命官之次序，互有小異，然除翰林學士而不拜，則兩書同也。樊川集八温誌云，「當大和九年文宗思拔用德行超出者以警儆天下，故公自考功不數月拜諫議大夫，召爲翰林學士，遂欲相之，公立銀臺外門下，拜送疏入，具道先常侍遺誡子孫不令任密職，言懇志決，乃命掌書舍人閣下，公復堅讓，」因話錄宮部，「文宗欲以韋宣州温爲翰林學士，韋以先父遺命懇辭，……上曰，温父不令其子在翰林，是亂命也，豈謂之理乎，崔(蠡)曰，凡人子能遵理命，已是至孝，況能稟亂命而不改者，此則尤可嘉之，陛下不可怪也、」即新傳所本。温命而不拜，與王直方同。

裴諆

新表七一上諆稱譔翰學，已辨詳裴諗條。

朱景玄

書錄解題一四，「唐朝畫斷一卷，唐翰林學士朱景元撰，」崇文總目亦作景元，新書五九作景玄，則作玄者是。總目、新志均不著其官，唯新志云，會昌人，今壁記不見景玄名，當是翰林待詔，如程修己之流耳。全詩八函十册云，「朱景玄，會昌時人、官至太子諭德，」酉陽雜俎稱諮議朱景玄，叢編七引京兆金石錄千福寺碑，朱景玄撰，大中五年，同書八駱奉先碑，朱景玄撰，大和五年立，又唐朝名畫錄景玄自序不著年，其吳道玄條云，「景玄元和初應舉，住龍興寺，」程脩己條云，「大和中文宗好古重道，」文宗稱謚，則其書最早爲會昌作，今假應舉時年二十，則至會昌末年可六十，稱曰會昌人，殆因其書作於此時耳。(新志六〇又有朱景元詩一卷，當是同人。)

孫弘

唐摭言一五，「韋澳、孫弘大中時同在翰林，盛暑上在太液池中宣二學士，」按記孫姓充學士者祇孫㲄一人，大中二年十二月已出院，澳則五年七月始入，亦不同時，兩書列傳及郎官柱、世系表均無孫弘其人也。

王歸長

馬公儒

東觀奏記中，「上每命相，盡出睿旨，人無知者，一日制詔樞密院，兵部侍郎判度支蕭鄴可同中書門下平章事，仰指揮學士院降麻處分，樞密學士王歸長、馬公儒以鄴先判度支，再審聖旨，未識下落爲復仍舊，」王、馬二人，中官也，懿宗卽位後誅死，見同書卷下，此應正云學士院使，今本當有闕文。

王鐸

舊書一九〇下薛逢傳，「旣而沈詢、楊收、王鐸由學士相繼爲將相，皆同年進士，」據舊書一六四、新書一八五，鐸未嘗爲翰林學士，新傳云，「累遷右補闕、集賢殿直學士，」乃集賢學士耳。

李蔚

元龜五五三，「李蔚爲翰林學士承旨、禮部侍郎，懿宗咸通十二年，……」按舊書一七八蔚本傳，「大中七年，以員外郎知臺雜，尋知制誥，轉郎中，正拜中書舍人，咸通五年，權知禮部貢舉，六年，拜禮部侍郎，轉尚書右丞，」與新書一八一均無嘗充學士且加承旨之說，元龜殆誤。

楊嚴

舊書一七七本傳，「咸通中，累遷吏部員外，轉郎中，拜給事中，工部侍郎，尋以本官充翰林學士，兄收作相，封章請外職，拜越州刺史御史中丞，浙東團練觀察使，」新書一八四亦云，「累遷至工部侍郎，翰林學士，收知政，請補外，拜浙東觀察使，」殆卽據舊傳删削成篇，不足以證舊傳之無誤也。郎官考三云，「重修承旨學士壁記，咸通後翰林學士三十二人，無楊嚴名，又考唐會稽太守題名記，楊嚴、咸通五年九月自前中書舍人授浙東觀察使，六年二月二十四日追赴闕，嘉泰志同，亦不云工部侍郎、翰林學士也，兩傳疑誤。又按舊懿宗紀、咸通六年二月，以給事中楊嚴爲工部侍郎，尋召爲翰林學士，則嚴入翰林又在觀察浙東之後；然九年十月書貶前浙東觀察使、越州刺史、御史中丞嚴爲韶州刺史，則觀察浙東似又在六年之後，互相抵牾，未知孰是。」按重修壁記固有脫漏，勞引題名記作六年二月追赴闕，似又與舊紀相符，若唐方鎭年表五引會稽志作八年二月赴闕而列嚴鎭浙東於咸通五至八年，實吳氏肊改，其考證固仍引作六年也。惟志嚴之後爲王渢，以八年二月授，如果渢代嚴任於楊收罷相之後，亦符事理，吳之肊改，不爲無因。兄相而弟避嫌，止與權德輿相其壻獨孤郁出內署同例，（韋保衡旣相，其弟保乂仍入內署，此是保衡專擅行爲，不可相比。）況據舊傳收臨死時上書，有「臣頃蒙擢在台衡，不敢令弟嚴守官闕下、旋蒙聖造，令刺浙東」之語，舊紀六年所書，當必有誤，假嚴曾爲學士，亦在收相已前也，事應存疑。韶州、舊新傳均作邵州。（舊紀一九下、咸通十四年九月，「前宣歙觀察使楊嚴復爲給事中，」亦誤，貶宣歙乃收，非嚴也。）

大歷已前翰學，近於侍從，茲自德宗起迄懿宗止，列爲統計比較表觀之。

德宗至懿宗翰學與宰相統計比較表

	翰學	翰學位至宰相者	百分數	宰相	宰相中曾充翰學者	百分數
德宗	21	7	33	35	5	14
順宗	2	0	0	7	1	14
憲宗	20	9	45	26	9	35
穆宗	11	5	45	12	5	42

敬宗	4	1	25	5	1	20
文宗	27	7	26	20	10	50
武宗	13	6	46	12	7	58
宣宗	26	10	38	22	13	59
懿宗	30	8	27	20	16	80
總計	154	53	32	159	67	42

表例除授所屬，皆由每帝即位日起至崩日止計之，故原記貞元後之王叔文、王伾，屬諸順宗，永貞後之李吉甫、裴垍，屬諸憲宗，餘類推。（宰相亦然。）德宗補王涯，故翰學二十一人，憲宗亦補王涯，去同朝再入之獨孤郁，故二十人。文宗補李訓、鄭注、顧師邕三人，去同朝再入之鄭覃、柳公權、丁居晦三人，故二十七人，宣宗去同朝再入之宇文臨、令狐綯、蕭鄴三人，故二十六人，懿宗去同朝再入之劉允章、劉瞻二人，又崔璆，李溥，豆盧瑑三人，不知入在懿宗崩前抑僖宗即位後，故假定爲三十人。若宰相計算之法，具詳補承旨記表例說明，茲不複。

翰學之任，貞元始重，故兩項比率均不著。順、敬兩宗在位甚促，亦無明顯之表示。文宗翰學二十七人，登揆席者僅七，其最弱也。憲、穆、武三朝數幾及半，則最盛者矣。若論宰相中翰學，文宗而後，日趨騰達，咸通之際，文學丞輔，乃至什八，可謂宰相須用讀書人。然卒無補於唐室之亡，海宇崩隳，夫豈呼唔呫嗶者所能爲力哉。百年中兩項平均比率，均近三分一或稍強，是足與承旨記之比較表合觀也。

韋執誼翰林院故事摘校附

執誼所爲記文，今祇得全唐文（四五五）可校。又故事所敍各翰學歷階，實爲後來丁居晦重修壁記之先河，時足互相發明，亦間與他書見同異，茲故摘出校注之，不一一錄入也。

開元初，中書令張說等又有集仙之目。

集仙、鄧本同，全文集賢；按曲江集一六，「集賢殿者本集仙殿也，」集仙是溯厥初名，全文蓋有不知而妄改者。

自後給事中張淑。

淑應作埱，下同，說見注補。

其外有韓翃、閻伯璵。

翃誤，應作汯，說見供奉輯錄。璵訛，鄧本、全文作璵是。

其後又置東翰林院於金鑾殿之西。

翰林、雍錄四引作學士。又翰林志，「德宗……又嘗召對於浴堂，移院於金鑾殿，」雍錄四引作「移院於金鑾坡西。」合璧事類、翰苑新書均作坡。

洪荒以還。

以、鄧本訛一。

況此院之置，

此院、雍錄四引作北苑非，

右瞻彤樓，……夕宿嚴衛。

按翰林志，「東屋三院西廂之結鱗樓，南西竝禁軍署，」雍錄四引作「其東當三院、結鄰樓、鬱儀樓，卽三院之東、西廊也，其西北並禁軍營，」同書又引道書登眞隱訣及九眞中經謂鱗應作鄰。

備侍顧問。

侍、鄧本待非。

雖心有之。

心訛，全文必。

自立院已往，五紀於玆。

按執誼記作於貞元二年丙寅，逆數六十年，應爲開元十五年丁卯，但記前文云，「學士院者開元二十六年之所置，」又翰林志，「開元二十六年，劉光謹、(謙)張垍乃爲學士，始別建學士院於翰林院之南，」皆謂二十六年置，則至貞元初止五十載耳。惟今翰林志又有一條云，「入門直西爲學士院，卽開元十六年所直(置)也，」復作十六，與前引兩文異。

其先後歲月，訪而未詳，獨以官秩名氏之次，述於故事。

據文知翰林故事，貞元初已多失考，無怪乎丁居晦記之間有缺誤矣。

貞元二年龍集景寅冬十月記。

二年、全文誤元年。觀此文，知執誼編述，僅至貞元二年冬止，今本故事敍至元和末者，乃後人編繼也，說詳下。

劉光謙〇累改司中又充。

司中應作封中，因刑部倘有司門郎中也。

張周自太常卿充。貶盧谿郡司馬。

前記文作太常少卿，說詳注補。重修記不著貶盧谿。

張淑自給中充。

淑應作埱，說見前。鄧本給中二字倒。

董晉〇出爲汾州司馬。

重修記無汾州句。

于可封自補闕充，出爲司業。

重修記補闕下多禮外知制誥一轉。

蘇元明。

元應作源。

趙昂自太博充，祠外又充，卒於駕外。

重修記失載昂。據余所考，則昂官左金吾衞倉曹參軍時已充翰林學士，故事未盡詳也，說見注補。

潘炎自左驍衞兵曹充。

左、重修記作右。

常袞自補闕充，遷考中又充。

依舊一一九本傳，補闕後倘有起居郎、考外 兩遷。

柳伉〇出鄠縣尉改太博又充，兵外又充，大諫又充，尋丁憂。

出鄠尉、遷兵外及因丁憂出院，重修記均失書。

于益自駕部員外充，大諫又充，卒。

按白道生碑永泰元年立，撰人題朝議郎、禮部員外郎、翰林學士，賜緋魚袋于益，駕部疑禮部之譌，否亦脫禮外充一節也，今重修記失書益官歷。

張涉靖恭太子廟丞充，遷左省常侍又充，卒。

太子廟丞官不過從九品下，散騎常侍乃正三品，（舊志四四及四二）不能一蹴而幾也。重修壁記作「累遷左散騎常侍，」是矣。（參看注補。）又依舊書一二七本傳，涉以受辛京杲金見廢，元龜一七二所載同，重修壁記亦云「敕停，」此作卒誤，緣涉非終於翰林任內也，「卒」字應改爲「免」字方合。

重修記有李翰，此失書，據余考訂，翰似次張涉後，于肅前，說詳注補。

于肅○給中又充卒。

重修記失書卒官。

張周○改河南縣丞又充。

此轉官重修記失書，但據余考訂，河南縣丞乃河南府洛陽縣丞之誤奪，且已賜緋，說見注補。

歸崇敬○戶曹又充，工書又充。

依重修記曹字誤，應正云「檢校戶書又充，」六部尙書雖同階，但以班言，則戶先於工，若自「戶書」改「工書，」是降官矣。

陸贄○權兵侍又充。

此與舊紀一三及舊一三九本傳合，重修記作遷兵侍，小誤。又依重修記，此下應云「出守本官。」

吳通微金外充，職中又充，知誥又充，賜紫、改大諫又充，與通元是兄弟。

金外、重修記誤金中。職中、知誥、改大諫三事，重修記均漏。但舊傳所載禮中一遷，重修記所載中舍一遷，本文復失敍，詳審之，「禮中又充」似應補於知誥之下。又依下吳通玄條「竝同年月日授，」知通微改大諫當在貞元八年通玄外謫前，而貞元十三、四年通微官中舍，則有碑刻及權德輿文可據，故「中舍又充 、卒官」二句應補改大諫之下也。通元字淸人諱改，下同，餘參注補。

吳通元○又知制誥。

亦見舊一九〇下本傳及會要五五，重修記失載。

顧少連〇禮中充，又中人充。

依重修記，禮中下應補「又知制誥。」

吳陟

奚陟之訛。

韋執誼〇又起人充。

此下 依重修記補「丁憂」字。

執誼之記作於貞元二年，記云，「庶後至者編繼有倫，」可知其記存內署，今本乃記至元和十三年李肇止，去執誼之貶已多年，是今本執誼已下，乃後人編繼也。肇居翰林日(元和十四)著翰林志，依此揣之，續編疑出自肇手，但乏確據。

梁肅補闕兼太子侍讀充。

自肅已下所敍多疎略，尤其是各人出院之故率弗詳，可參看重修記，今不具補，祇拈其較要者論之。

鄭絪封外知誥充。

依重修記，封外、勳外譔，今郎官柱勳外有絪名，封外無之，郎官考六云，「案舊傳，重修承旨學士壁記是勳外，此譔，」是也。

衞次公補闕內供奉充。

今重修記無內供奉字，或先爲內供奉而後正除歟。

王涯藍田尉充，補闕供奉又充。

今重修記無涯，是宦官當日特意刊去，說見卷首自序。

王叔文〇出爲度支副使。

叔文之加度支副使，並未出院，可參注補。

李吉甫〇裴垍。

今兩名下均無官歷，蓋傳鈔脫落者。

李絳〇水外又充，中人又充。

水外譔，應依重修記作主外，今郎官柱主外有絳名。復次依記未擢中舍已前，尙經勳外知誥、勳中知誥兩遷。

白居易

居易後有衞次公，自權兵侍再入，此失書。

錢徽左補闕充，祠外又充。

按學士壁記「元和三年八月二十六日自祠部員外郎充，」舊書一六八本傳，「元和初入朝，三遷祠部員外郎，召充翰林學士，」新書一七七本傳，「入拜左補闕，以祠部員外郎爲翰林學士，」均不言自左補闕充，疑其自補闕改祠外入充也。

韋宏景

宏應作弘，淸人諱改。下闕官歷，與前吉甫、垍同。

獨孤郁補闕充，病、拜祕書少監，卒、贈絳州刺史。

依重修記，郁自右補闕改起居郎充，出守本官，此初入也。復次劉從周後，自駕中知誥充，改祕書少監卒，此再入也。故事誤合書之。昌黎集二九郁誌亦云贈絳刺。

蕭俛駕中充。

據重修記，俛自右補闕充，遷封外又充，（今郎官柱封外有俛名。）其後乃加駕中。

劉從周○贈禮部員外。

重修記不著贈官，此下應補獨孤郁再入。

徐晦都外充，賜緋。

重修記失敍賜緋。

郭求藍田尉授集賢校理充。

重修記云，「自藍田尉、史館修撰充，」不著集賢校理。

王涯中書舍人充，又賜緋。

重修記不著涯再入，亦係宦官特意削去。賜緋、賜紫誤，涯時散官已逾五品，緋不必賜也，可參注補。此下復漏書轉工侍知誥及改中書侍郎平章事二事。

段文昌，祠部員外充。

此以文昌次仲素前，重修記則先仲素，因二人同日入也，就官階論，禮中高於祠外，先仲素爲是。又文昌至李肇，(除杜元穎。)均不記其再遷，故事之贖貂，尤類李肇成之。

張仲素禮部員外充。

重修記作禮中，依楊巨源詩，禮中當不誤，(引見注補。)豈自禮外改禮中入充歟？今郎官杜禮外一欄泐，無以證成其說也。

杜元穎太博充，遺又充。

遺上奪「拾」字，鄧本不奪。此以元穎先傅師，重修記則先傅師，因二人同日入也，就官班論，補闕前乎太博。

姓名檢索

玉谿生年譜會箋平質

岑仲勉

導言

余草此篇，不禁發生兩種感想。

其一、史乘多誤，人皆知之，然常有本來不誤而後人疎於領會，遂以不誤爲誤者。晚近辨史之習，風起雲湧，余亦不能脫俗，三思而後行，竊願與今世考據家共勉之者也。

其二、史之爲學，不外摹寫實狀，故必先明瞭古今之社會實況，然後可以論史。英國憲法不成文，而民治爲舉世冠，我國文字無定規，其奧妙亦爲舉世冠；失句誤解，以余涉獵，則古今來著名之舊學家時或犯之，糟粕文言者更勢在不免，離乎事實之外而欲求其通，難矣。故欲明瞭古前社會者，必須先了解古人文字，早挾成見，（主觀）復憑參悟，（演繹）皆論史者所當懍戒。

唐集韓、柳、杜之外，後世治之最勤者莫如李商隱，三百年來可十餘家。（釋道源石林，朱鶴林長孺，程夢星午橋，姚培謙平山，徐逢源湛園，陳許廷鑑茂，李世熊元仲，許昂霄蒿廬，徐德泓武源及陸鳴皐士涯，徐樹穀藝初及徐炯仲炯，多不傳。）自馮浩兩詳註出，世以爲崔頊題詩，然樊南遺文二百篇未得見，揣測自不無舛誤。錢振倫補編毀譽參半，（馮寶圻稱箋註精善，劉承幹序及會箋四均謂不逮馮氏。）惜書藏缺收，難爲衡量。張采田氏玉谿生年譜會箋四卷，民國初刊入求恕齋叢書，近取覽一過，其年譜部分，應有而有，弗蔓弗枝，誠不愧譜之正宗。史文每條下鈎稽條貫，曲達旁通，唐集人事之討究，自今已前，無有若是之詳盡，豈徒愛商隱詩文者須案置一册，亦讀文、武、宣三朝史者必備之參考書也。劉序稱其學故長於史，不爲溢美。雖然，考訂方法，分應注重歸納，篇中如江鄉，巴蜀之遊，皆編年詩大關鍵，張乃因沿舊說，取途參悟，遂使將次顯明之事實，復被層霧所翳陰：得毋令人生瑕瑜互見之感乎。

論商隱身世者，其誤導源於舊唐書，舊傳云，「商隱既爲茂元從事，宗閔黨大薄之，時令狐楚已卒，子綯爲員外郎，以商隱背恩，尤惡其無行，——而俱無特操，恃才詭激，爲當塗者所薄，名宦不進，坎壈終身。」按晚唐諸傳，率取材野史，其書又多爲牛黨所編撰或傳述，（詳拙唐史餘瀋牛李之李無黨條。）商隱全傳不過五百三十五字，而爲馮氏所糾謬者已八事，彼之詆譏，未可盡信也。新傳大致承舊書而略有修補，修補之中，「又自有誤者；」（馮說）即如「綯以爲忘家恩，放利偷合，謝不通，」馮云，「未至謝不通也，三字誤，」宋氏好自逞文筆，專改字句，「放利偷合」殆「惡其無行」之改本，亦即宋氏意中對商隱之責辭，後之論者輒曰無怪乎綯責其「放利偷合，」何盡信至於此極耶。論者又謂商隱一生有關黨局，夫德裕會昌秉政五年餘，商隱居母喪已超其三分之一，德裕微論無黨，（見同前引文。）就謂有之，然商隱二年書判拔萃，官止正九品下階之秘書正字，無關政局，何黨之可言。抑開成前王茂元四領方鎮，（邕、容、嶺南及涇原。）均非德裕當國時所除，會昌一品集請授王宰兼攻討狀云，「王茂元雖是將家，久習吏事，深入攻討，非其所長，」德裕又非曲護茂元如黨人所爲者。若曰德裕素厚遇，則白敏中與綯何嘗不爲德裕所厚，是不特商隱非黨，茂元亦非黨。（徐逢源說略同）善哉馮氏所云，「下此小臣文士，絕無與於輕重之數者也。」馮又云，「舊傳必先敍德裕與李宗閔、楊嗣復、令狐楚大相讎怨，乃修史者於一時朝局，心手熟習，贅及之耳，」蓋已洞達舊傳之無聊牽敍矣。

與陶進士書推功於令狐綯，然綯亦藉父廕者，是商隱得第，楚之力也。（見上令狐相公狀。）楚既去世，綯復居喪，且官不過補闕，無如何提挈力，商隱孤貧，一家所托，（祭姊文。）自不能不憑其文墨，自謀生活；擇婚王氏，就幕涇原，情也，亦勢也。然論者必曰「心懷躁進，遽託涇原，」（馮、張說）然則將令商隱全家坐而待斃，以俟乎渺無把握之令狐提挈，是責人出乎情理之外者也。「義山少爲令狐楚所賞，此適然之遇，原非爲入黨局而然，」（馮說）論誠破的，何張必謂一與入黨無異」耶。「箋三）箋詩之流常自詡得玉谿三昧，詳其實，則毀辱之，謾罵之而已。依其所言，乃爲一患得患失輩，念念不忘子直，（綯字。）無絲毫自樹力量，「一不得當，則煩冤莫訴，如醉如迷，偶假顏色，則又將喜將懼，急自剖白，」（箋四）直如小孩哭笑，刻畫得不成樣子，商隱何取乎後世之「鄭箋」。豔情綺語，唐世不嫌，毋寧採朱熹「此亦淫奔」之例之尙近乎人情矣。張氏固云，「同一詩也，此解之而通，彼解之而亦通，則無爲定論，」（箋四）上之所述，余不敢斷商隱不如此，尤不敢信商隱必如此，與其唐突前賢，何若寧從蓋闕。夫史實之具在，散文之易通，張氏考據又其表表者，然下所列舉舛謬、疑誤、漏略之處，尙如此種種，況夫感觸百變，韵語多歧，今謂生千載後，一句一字，深得其情，恍曾鑽入當日玉谿心坎中，誰將信之。

商隱曾與往還之顯要人物，除茂元及令狐父子外，見現存詩文中者，計有

任　畹	任　憲	宇文鼎	李　璟	李　回
李執方	李景仁	李　褒	李　訥	李貽孫
杜　悰	杜　牧	周　墀	周敬復	封　敖
韋　溫	韋有翼	韋　琮（？）	柳　璟	柳仲郢
孫　穀	高元裕	契苾通（？）	崔　戎	庾道蔚
崔龜從	楊　倞	楊虞卿	鄭　亞	盧　貞
盧簡辭	盧弘止	盧　鈞	蕭　澣	魏　謩
李郎中（璟兄）	李郎中（戶部）	馬郎中（水部）		
賀拔員外（惎？）	劉舍人	鄭州天水公		

大多不著牛黨色彩。其稟性也，詆之者曰「恃才詭激，」（舊傳）恕之者曰「負才傲兀，」（朱序）其賦感也，「於劉蕡之斥，則抱痛巫咸，於乙卯之變，則銜寃晉石。」（朱序，參邵氏聞見後錄引爲鄭州天水公言甘露事表）由是進推其爲人，太牢諸輩碌碌尸位，必素所弗滿，故非萬不得已時，不願依令狐爲活。此而日曰放利偸合，則必將朋比奸邪，擾亂朝政，如八關十六子所爲，然後得免於咎戾也。（酌用朱序語。）在綯則或特惡茂元，因而幷及商隱，要之背恩云云、「僅一家之私事，」（馮說）兩人後半生交情落落，大抵如此。余不能詩，詩意尤難妄測，然愛玉谿者苟能循此軌以量之，則非爲過褒，亦不至甚貶，庶幾免乎「詩魂飮恨」也。

（箋二語）

箋中所擬爲舛誤諸事，玆約分六類質之。

糾謬　專就商隱生年立論。

承訛　沿襲舊文而誤者，計十五條。

欠碻　考訂之大可疑者，十九條。

失鵠　所釋不中的者九條。

錯會　錯解舊文因而舛誤者，十六條。

缺證　未能證定或有漏略者，十七條，如蘄州李郎中名播，鄧州周舍人名敬復，李舍人名訥，河南崔尹名璪，京兆李尹名拭，弘農公爲楊倞，於江陵府見除書狀應改題」賀□□□(或周學士)狀，」上張雜端狀應加「爲濮陽公」四字，爲河東公與周學士狀，河東應作「濮陽」，爲弘農公上兩考官狀之「爲弘農公」四字衍，其著要者也。

(甲)　糾　謬

(1)商隱疑年　朱鶴齡譜以爲生貞元十一、二年間，徐樹穀以爲楚鎮河陽時甞十六歲，（約生貞元十九）其妄不待辨。自馮浩以還，猶分三說：

元和八年　馮浩玉谿生年譜。

元和六年　錢振倫樊南文補編注。

元和七年　本箋。

檢其所根據，如驕兒詩，馮編大中四年，張編三年，詩云，「顏頷欲四十，」則不定爲三十八歲。又云，「況今西與北，羌戎正狂悖，」可兼用於三、四兩年。袞師之生，馮只云約會昌六年，張乃引蔡寬夫詩話袞師是樂天後身以實證之，齊東野說，果可據乎。（獻相國京兆公啓，「男小於稽康之男，」未知所小若干。）次裴氏仲姊誌狀曰，「至會昌三年，商隱受選天官，正書祕閣，將謀龜兆，用釋永恨。會允元同謁，又出宰獲嘉，距仲姊之殂，已三十一年矣。神符夙志，卜有遠期，而罪釁貫盈，再丁艱故，且兼疾瘵，遂改日時。明年冬，以潞寇憑陵，擾我河內，懼罹焚發，載軫肝心，遂泣血告靈，攝縗襄事，卜以明年正月日爲我祖考之次滎陽之壇山。」錢氏補箋，「據舊書紀、澤潞之亂，在會昌三年四月，是年冬命將進討，四年八月平，此文既言會昌三年，至明年冬劉稹已平，不當更云潞寇憑陵。因改會昌三年爲二年，並引曾祖妣誌狀曾孫商隱以會昌二年由進士第判入等授祕書省正字爲證，由會昌二年逆溯三十一年，仲姊當歿於元和七年。」（據張氏節引。）考「二」、「三」僅差一畫，書本最易傳訛，如會要孟簡元和十三年罷浙西，箋一據太守題名記作十二年正之；全唐文李磎崔龔傳，會昌二年劉稹據上黨反，箋二謂係三年之訛；全唐文七七七爲絳郡公上李相公啓，「周旋三郡，」箋三引作「二郡：」求諸張氏本箋，已不乏厥例，錢氏據改，實此狀最正軌之解釋。詎張竟妄逞肊見，強詞奪理，云，「此文會昌三年至距仲姊之殂已三十一年矣爲一段，罪釁貫盈至卜以明年正月爲一段，三十一年句直承會昌三年。中間商隱受選天官正書祕閣等語乃追敍之詞，罪釁貫盈謂丁母艱，義由丁母艱在會昌二年，所謂明年冬者承上文仍指三年而言。至卜以明年正月云云，始實指會昌四年也。三十一年若由會昌三年數之，則仲姊之歿，實爲元和八年。」其前、後兩截，尚無可議，惟通常所謂「承上文」自指會昌三年，三年之「明年」應是四年，今乃曰仍指三年，古來都無如此「承上」之解釋。年下追敍，史例極多，但商隱二年丁母艱，苟如此寫法，人將謂其奪情起復，商隱能文者，當不冒犯語忌也。（曾祖妣誌狀，「曾孫商隱以會昌二年由進士第判入等授祕書省正字，……尅以來年正月日啓夫人之櫬，」箋三云「來年謂後年。」殊不知「來年」係就請盧尚書代撰誌文時立言，箋三固編此狀於會昌三年，則「來年」亦作「明年」解；請人撰誌，須將葬期通知以免延誤，必不作模稜語。總由張氏先誤解「明年，」遂不惜多生枝節矣。）然則由會昌二年上溯卅一年，裴氏姊其卒於元和七年乎？余曰，是又不然，若如此解，則與後證斷斷不能相合也。原文之意，卅一年係從最初卜改葬期時上數之，此改葬期之時當在會昌三年，所可知者：（一）狀云、「卜有遠期，」遠字從會昌二年言，亦以便允元履任後從容辦理也。（二）李丁母艱在二年冬暮，（據箋二考定。）如卜在二年，或早已改葬，惟其在三年，故母卒之後，遂改日時。狀文會昌三（二）年至已三十一年矣一段，係指會昌二年而暗遞到三年，惟明年冬字仍指二年之明年，此與箋四所釋乙集敍，例同而小異，視張氏釋「明年冬」之說，遠爲自然矣。

裴氏姊卒元和八年，既如上說，次與此有關者爲祭裴氏仲姊文。文云，「靈有行於元和之年，返葬於會昌之歲，光陰迭代，三十餘秋，……奄忽凋違，時先君子以交辟員來，南轅已轄，……淛水東西，半紀漂泊，某年方就傅，家難旋臻，……亦以靈寓殯獲嘉，向經三紀，……靈沈緜之際，殂背之時，某初解扶牀，猶能記面。」箋釋之云，「是姊亡未久，義山之父即赴淛辟，在淛六年，旋丁父憂也。義山之父赴淛，當在姊歿後一年，數至六年，義山九歲，與年方就傅語合。（方、將也，謂將及就傅之年也，不必泥看。）由此推之，姊歿時義山必已周歲，——扶牀記面，非周歲無此情景。義山既周歲姊歿，姊歿於元和八年，則義山之生，必在元和七年壬辰無疑矣。」余按常人兩歲已前事，長時恆不能記憶，又生八九月便可扶步，扶牀識面，直言之即及見其生，「不必泥看。」張曾云，「仲姊之歿，不詳何月，安知非八年冬暮，」（箋一、十三頁下）吾今敢以同樣語調答張氏曰，「商隱之生，不詳何月，安知非八年春初，」僅挾典藻之詞，無以證李必生七年也。抑依張說，李父於裴氏女歿後一年赴淛，從此起數六年，李亦祇八歲，非九歲。依馮說從元和八起數六年，李祇七歲，然馮譜固云，「三紀舉成數，不必細拘，」推之「半紀」亦舉成數（箋一、長慶元年下云，「在淛約六年有奇，」即所以自圓前說。）是「年方就傅」之文，依馮說生八年，同一可通也。

凡上所引，皆不涉商隱出生之碻年，故上移下移，都可牽就。求諸見存樊南詩文中，其直接記商隱年歲者實僅上崔華州書一事，今試先徵其文而後論之。書曰：

> 「愚生二十五年矣，——凡爲進士者五年，始爲故賈相國所憎，明年病，不試，又明年，復爲今崔宣州所不取，居五年間，未曾衣袖文章，謁人求知。」

錢說未有以證「二十五」之必誤，乃欲改爲二十七，強文從己，則元和六之擬，根本不能成立。所待論者，元和七或八之兩說耳。崔華州即龜從，宣州即鄲，衆無間言，其樞紐乃在乎此書爲某年所上。馮譜云，「崔龜從爲華州，紀在開成元年十二月，崔鄲爲宣州，在二年正月，書爲其時所上，而云愚生二十五年，今自元和八年至開成二年，數乃正符，此尤其朗然者，故斷以是年爲生年。」解釋純正，本無可訾，而張則獨生曲說曰，「舊紀，大臣除拜，往往據赴任時月，如令狐楚傳，十一月除天平而紀書十二月，崔鄲當是開成二年正月赴宣歙觀察使任，其被命實在元年十二月，文所以稱令崔宣州也。」然「一」、「二」之差，與「二」「三」同，安見楚傳非「十二」之譌。張爲維持其曲說，不惜再三申言，如舊紀，元和十三年十一月丁未令狐楚爲河陽　箋一云，「按傳云元和十三年四月出爲華州刺史，其年十月，皇甫鎛作相，其月，以楚爲河陽懷節度使，較紀所書差一月，蓋據被命時言也；」按鎛之入相，舊紀、新紀、表及通鑑皆在九月，舊傳庸可盡據乎。又大和三年楚除天平，箋說略同前文，不再引。及解至舊紀大和八年三月丙子以崔戎爲兗海觀察使，六月庚子崔戎卒兩條，而箋說窮矣。爲安平公兗州謝上表「即以今月五日到任上訖，」丙子二十五日，非五日也。箋一春游詩注云，「舊紀、崔戎移兗海在三月，詩又云五月至止六月病，蓋三月奉詔，五月到任，其起程當春杪，」何此處獨書其上任時耶？如曰赴任指起程之日，則歷檢唐人文集，祇有謝除、謝上兩表。（例如本集爲兗海公兩表。）並無起程之表。今試再舉唐例反證之；舊紀一六，長慶二年七月，「壬寅，出中書舍人白居易爲杭州刺史，」白集四四，杭州刺史謝上表「去七月十四日蒙恩除授杭州刺史，——今月一日到本州，當日上任訖，」壬寅即十四日，何嘗是赴任時耶。且歷朝實錄之纂修，必以每日詔令爲基礎，外臣除授，有不拜者，有未赴改官者，有中途追還或轉調者，有路上暴卒或賜死者，苟不依詔下之日，試問如何追書？張爲此說，非徒武斷史文，抑亦昧於史荿規律，見笑大方矣。箋又云，「若開成二年義山已得第，安用上書求舉者，」其言若甚辨。考唐時進士，正月就禮部試，通於二月放牓，四月送吏部，（見登科記考凡例，然放牓日似無一定，上令狐相公狀，「今月二十四日禮部放牓，某儌倖成名，」又「前月七日過關試訖，——即以今月二十七日東下，」則開成二年放牓似在正月。）唐人視進士甚重，苟猶有一線之望，當不惜竭力干求，戎除華州在開成元年十二月十五庚戌，鄲除宣歙在二年正月十一乙亥，安見上崔華州書不在正月中旬？白集二七與陳給事書，「正月日，鄉貢進士白居易謹遣家僮奉書獻於給事閣下，——今禮部高侍郎爲主司則至公矣，而居易之文章可進也，可退也，切不自知之，欲以進退之疑取決於執事，」登科記考一四以爲即登第年之正月，是李正月上書，大有前例。張不審乎人情，考乎舊制，計乎時日，遂來安用上書之妄辨矣。

前引華州書之末節，尙有須辨釋者。考唐進士科，舉子先就府試，取錄則登於朝。謂之鄕貢進士；再就禮部試，得雋則曰登第，曰進士。然「鄕貢進士」時亦省稱「進士」，(參拙唐史餘瀋)如白居易與陳給事書首署鄕貢進士白居易，(見前引)而文有云，「大凡自號爲進士者，無賢不肖皆欲求一第成一名，」又云，「迨今十年，始獲一貢，每見進士之中，有一舉而中第者，——又見有十舉而不第者，」所謂「進士，」皆鄕貢進士之省。唐文常稱「舉進士不第，」卽舉鄕貢進士而不第也，曾被鄕貢而不第者自稱曰「前鄕貢進士，」(淸制之舉人，略類唐之鄕貢，故淸人亦或稱舉人曰鄕貢進士，然舉人有大挑、改教等出身，唐鄕貢無之，淸代一舉便可屢貢，唐制則否，其所異也。)華州書「凡爲進士者五年，」其「爲進士」與白書之「爲進士」同，猶云自初被鄕貢，於今已五年也。此一句是總揭，下三句是分疏，玆將此五年中商隱赴舉之經過，表列如次：

大和七年鄕貢，知舉賈餗，不取。

大和八年病，不試，知舉李漢。

大和九年鄕貢，知舉崔鄲，不取。

開成元年無明文，當是府試已不取，知舉高鍇。

開成二年鄕貢，知舉高鍇，登第。

七年之鄕貢，府試雖在六年，然禮部試仍在七年正月，(說見前。)餘類推，馮譜不察，竟於六年下書「是年應舉，爲賈餗所斥，」八年下書「是年應舉、爲崔鄲所不取，」殊未知賈餗、崔鄲之不取，實七、九兩年春間事，若曰八年，則與知舉李漢忤矣。(參登科記考二一。)張譜尤而甚之，八年下竟書「義山應舉，爲崔鄲所不取，隨崔戎自華至兗掌章奏，」殊未知商隱隨戎至兗，係八年春、夏間，及六月戎卒，除赴府試，(八、九月。)獲得鄕貢，九年春間始爲禮試崔鄲所黜，張譜直倒亂事序之後先矣。此五年中商隱得貢者凡三，故獻相國京兆公啓曰，「鄕舉三年，纔霑下第。」華州書之「居五年間未曾衣袖文章謁人求知，」卽蒙上凡爲進士者五年言，謂在此五年中未嘗行卷以干荐也，全節文義本甚明。張竟不能理會，乃云，「據此則義山應舉始於大和二年，大和二年至六年正得五年，下云居五年間，則統計大和六年至開成元年也，」則不知未登鄕貢，弗得稱進士，且「始爲」之始字無着，果大和六年之前既均不售，奚得曰「始爲。」在被擯數年內未嘗袖文求知，正是提高自己身分，若云兩擯已後，始不復干謁，然則前五年中固屢屢干謁而卒被擯乎？如斯說法，豈復是自重語氣。況前之「五年」爲大和二至六，後之「五年」又重自大和六起數至開成元，其計法複沓，苟非自加箋注，他人應莫之明，上長者書而謂商隱肯作是晦昧語乎。箋一東還詩注云，「義山自大和二年應舉，至此將十年矣，故云十年常夢采華芝也，」「十年」舉成，數與前「三紀」同 若必作「五年」……「九年」，非復詩人之詩矣。謂李大和二年始應舉，純是影響之說。

又商隱撰梓州道興觀碑銘云，「陸平原壯室之年，交親零落，」箋四大中五年下云，「用陸機歎逝賦序語，歎逝賦序云，余年方四十，而懿親戚屬，亡多存寡，昵交密友，亦不半在，隸典取此，時義山正四十矣，」張意蓋以影響其元和七年之說，顧編年文又編大中七年（四十二歲）下。按商隱在梓，後先五歲，大中五赴梓幕時有散關遇雪詩，則抵梓在秋末冬初，歲底復上西川，若擬爲五年作，其可能性殊甚少也。

討論既畢，是非漸明，依張說則可攻之隙甚多，依馮說，則仲姊誌狀之「會昌三年，」張與余雖主張不同，而由會昌三逆數至元和八爲三十一年，其結果無異，且馮說並無可抵之隙。故余敢一言以判之曰，涉商隱生年，在未有新佐證提出以前，仍應推馮說爲定案，卽生元和八年卒大中十二，享年四十六歲也。

（乙）承訛

（1）文宗時翰林學士崔愼由 箋一謂文宗廢立之危，間不容髮，是也。但引新書仇士良傳愼由一事爲證，則承新傳之誤而不察，愼由當日固非翰學也，辨見翰學壁記注補愼由條。

（2）五松驛 玉谿生詩詳註一云，「朱（鶴齡）曰：白氏長慶集有自望秦赴五松驛詩，此驛在長安東，」箋一承其說，編此詩入開成元年，云「義山東還過此所賦也。」余按白集八、長慶二年七月自中書舍人出守杭州路次藍溪作詩，「東道既不通，改轅遂南指，自秦窮楚越，浩蕩五千里，」同集四四、杭州刺史謝上表，「屬汴路未通，取襄漢路赴任，水陸七千餘里，」試彙合集八各詩題，宿清源寺（在輞溪）。

自望秦赴五松驛馬上偶睡。

鄧州路中作。

登商山最高頂。

初下漢江舟中作。

自蜀江至洞庭湖口。

便見其當日所取之約略路徑。又初貶江州司馬時前段路程與上同，據白集一〇及一五，則有

初貶官過望秦嶺。

藍橋驛見元九詩。

初出藍田路作。（朝經韓公坂，夕次藍橋水）。

韓公堆寄元九。

仙娥峯下作。（商山）

發商州。

武關南見元九題山石榴花見寄。

題四皓廟。

再到襄陽。

襄陽舟夜。（下馬襄陽郭，移州漢陰驛）。

登郢州白雪樓。

考通典一七五商州，「上洛、漢舊縣，有秦嶺山，」史記封禪書正義引括地志，「灞水、古滋水也，亦名藍谷水，卽秦嶺水之下流，在雍州藍田縣，」是望秦嶺及五松驛在赴襄鄧路中，居長安東南，張顧採朱說以爲東還所經，里地、考史，兩俱失之。

（3）祭韓氏老姑文　箋二云，「玩文用鼂父趙母故實，韓威當更有獲罪賜死事，其得罪未必因覊延赴鎮之故，考舊紀　易定軍亂，不納新使李仲遷，立張璠子元益爲留後，則韓威赴鎮，或卽討元益，因兵敗被貶死，惜史傳無可徵實也，」此乃拾馮說而衍之者。馮之誤，余已辨正於方鎮表正補，鼂父、趙母，無非表其有先

見，謂韓氏姑幸止威不令赴鎮，否則早如君賞之被逐，此等隸事，不易恰切，故爲斷章取義，猶之姑是女性而乃用畺父典實耳。張箋常以不可泥看爲辭，此處反躬蹈其弊。

（4）李德裕入相月　箋二系開成五年四月，云「案德裕入相之月，舊書傳曰，武宗卽位，七月，召德裕於淮南，九月，授門下侍郎同平章事，舊紀亦同，新書亦無異辭，本集會昌一品集敍，唐葉十五帝謚昭肅，始以太弟茂對天休，旣三四日，乃詔曰，淮南伯父，汝來輔予，四月某日入覲，是月某日登庸，據此，則入相當在四月，非九月。考會昌一品集有宣懿太后祔廟制云，朕因載誕之日，展承顏之敬，又有宣懿皇后祔陵廟狀云，臣等伏以園寢已安，神道貴靜，光陵因山久固，僅二十年，福陵近又修崇，足彰嚴奉，今若再因合祔，須啓二陵，或慮聖靈不安，又以陰陽避忌，亦有所疑，臣等商量祔太廟不移福陵，實爲允便；宣懿祔廟事在六月，舊書武帝紀云，五月中書奏，六月十二日皇帝載誕之辰，請以其日爲慶陽節，祔宣懿太后於太廟，又云，初武宗欲啓穆宗陵祔葬。中書門下奏曰云云，其文卽節錄會昌一品集此篇，則其時德裕已登台席矣。若使七月內召，九月登庸，祔廟大禮，非所躬遇，安得有此等制狀哉。然則紀、傳時月，洵不足信也。」余按張氏所持最強之據，爲李商隱集序，但考通鑑二四六、「召淮南節度使李德裕入朝，九月甲戌朔，至京師，丁丑，以德裕爲門下侍郎同平章事，庚辰，德裕入謝，言於上曰，……」到京、入謝，各有的日，他書未之見；又下敍進言一段，與新德裕傳互有詳略，宋及司馬當日尚見德裕自著之文武兩廟獻替記，（考異曾引之。）上所云云，必本自此記，其爲強證，遠勝於商隱之序也。張引舊紀初武帝欲啓穆陵一節，今會要二一敍於開成五年二月追謚宣懿之下，可見各書記載有異，舊紀自武宗以後，失次者甚多，安見「紀傳時月洵不足信」之不可適用於此節耶。抑懿后祔廟制、會要一六又書在會昌元年六月，舊紀之紀年，亦難專信。「展承顏之敬」係針對下文太皇太后言，載誕之節，歷年皆有，尤不限於開成五年。合此以觀，所稱四月入相，殊未敢信。德裕入相先後，於牛黨之造謠排擠，極有關係，不可不詳審也。

（5）開成末江鄉之遊　創自徐氏，馮氏而馮自疑之，余嘗力辨其非，（唐史餘瀋）箋二亦云，「要之此段行蹤，篇什獨多，最難索解。」夫使本有其事，苟得綱領，自易收迎刃之功，惟以無爲有，斯索解難矣，皆張氏之先入不悟也。馮所誤編，張原多所辨正，如云，「文集獻相國京兆公啓，京兆公爲杜悰，啓在東川時上，所謂東至泰山，空吟梁父，指大中四年幕遊徐州事，南游郢澤，徒和陽春，指大中二年留滯荆門事，皆詳補箋中，江東、隋宮、南朝諸詩，則大中十一年充柳仲郢鹽鐵推官時詠古之作，懷求古翁詩則大中元年寓使南陵之跡，更與本年江鄉之遊無涉矣。」又云，「寄成都高苗二從事詩自注，時二公從事商隱座主府，座主指李回，……義山方隨鄭亞桂管，詩卽寄於是時。」凡斯持論，皆足掃除紕謬，奈何其拒虎復進狼耶。以燕臺四章爲因嗣復而作，此種解釋，可任人安置，說各自圓，不値絮辨。嗣復出除湖南，張既定爲八、九月間，李赴湘幕，又據與陶進士書謂九月三日東下，則楊、李啓行約同時。使令狐綯果荐李於楊者，李何不與使節偕程？又何故李行如是遲遲，竟至抵湘之日，楊已再貶離去也。集有任弘農尉獻州刺史乞假歸京詩，明李雖忤孫簡，並未解職；「明日東去，」（陶進士書）正蒙上「今太守憐之催去復任」言，故仍自署弘農尉，張乃以此書爲在洛所作，大失厥指。抑唐代交通視今異，張意若謂由陝赴湘，循隴海、平漢之軌躅也；稽諸唐史，則自關中之荆楚，率取道商、鄧、江陵，之江西亦然，（參上五松驛條）如李遊江潭，當云南去，不當云東去。箋二有言，「唐時洛東乃相、澶等州，湘、潭皆江南地，卽安、黃、襄、鄧亦伊洛之南，不得言東，況可遠及池、昇、楊、潤耶，」夫洛東猶秦東也，同一「東」字而數頁之內所釋乖違，此張說之仍不能通者一。箋二復云，「唐時內外官從調者，不限已仕未仕，選人期集，始於孟冬，終於季春，……至會昌四年祭姪女寄寄文所謂赴調京下移家關中者，則罷尉後求調者也，由寄瘞泉骨五年於玆溯之，當爲開成五年。」夫移家而後從調，移家，箋系於五年之夏，則從調應在開成五之冬會昌元之春，明矣，顧又系南遊於開成五之冬，豈眞商隱學仙具分身術耶。倘謂因南遊而輟從調，則後來會昌四年祭寄寄文，不應復以從調爲辭，此張說之仍不能通者二。箋又云，「潭州距京約二千五百里，而爲華、陝賀郊赦表，至遲亦當在正月之杪，然則春雪黃陵與司戶送別之時，其在正初歟，」今假日行百里，到京已在正月之杪，華、陝送遞，來去總需半月，賀表能閣筆以俟李返乎？且亦焉知李不中途留滯而延誤及時之申賀乎？此張說之仍不能通者三。此外如謝鄭州周舍人啓，強爲編傳，無怪情景弗符。（別見）總之讀史方法，重在句稽，（歸納）若徒出以參悟，（演繹）空中樓閣，安在而不時生枘鑿耶。

（6）王茂元爲陳許　箋二依馮譜系會昌元，且云，「案祭張書記文在本年四月，時張氏喪夫，茂元尚在京，則陳許之除，或當在是年秋冬間歟？」據方鎮年表及考證，茂元代王彥威，彥威代李紳爲宣武，而紳去宣武在開成五年九月，則茂元除陳許當同年事。爲外姑祭張氏女文，「忽爾孀殘，旋移許下」，張卒時茂元雖在京；但祭張書記祭文，「今則列樹開封，揲蓍得吉，……將歸宿莽之庭，欲閉青松之室，」是葬前致祭，無茂元尚在京師之迹也。祭外舅文，「公在東藩，恐當再調，」東藩指忠武，再調在開成五年冬，（見前）亦一旁證。

（7）盧尚書　請盧尚書撰誌之盧尚書，箋二以爲簡辭，且云，「簡辭檢校工部尚書爲忠武節度使，在大中初，補編有請盧尚書撰誌文狀，事在會昌三年，時必已例加尚書矣，」謂是簡辭，初無片證。按唐制，尚書如非實授，則必外官雄鎮，始加檢校之銜，據方鎮年表，會昌三四年簡辭廉問浙西，樊川集祇稱盧大夫，又舊一六三本傳，「會昌中入爲刑部侍郎，轉戶部，」是簡辭當日非尚書，「例加」兩字，不能囫圇說過。揣錢氏之下此解釋，無非因商隱曾受弘止辟（簡辭弟）而云然，其實則不足徵也。據余所見，疑似者尚有兩人：（1）盧鈞，據舊一七七本傳，會昌初遷山南東節度，山南雄鎮，常帶檢校尚書。請撰曾祖妣誌文狀自注，「故相州安陽縣姑臧李公夫人范陽盧氏，北祖大房」文又云，「閣下我祖妣之族子，」依新表七三上，鈞固隸北祖大房，且又商隱弟羲叟之外舅也。（2）盧弘止，請撰故處士姑臧李某誌文狀云，「閣下獨執文律，首冠明時，頃於篇翰之間，惠以交遊之契，」按偶成轉韵詩，「憶昔公爲會昌宰，我時入謁虛懷待，衆中賞我賦高唐，迴看屈宋由年輩，」是李與弘止以詩文相投契。會昌三年弘止雖非尚書，然固許編乙集時追稱也。之兩人者尤以弘止近信，錢釋簡辭，殊未敢苟同，上漢南盧尚書狀，「今幸假途奧壤，……豈期此際，獲奉餘恩，而又詢劉范之世親，問欒郤之官族，優其通舊，降以言談，」李與簡辭交誼如此生疏，豈四年前曾屢請代撰文之人歟。

（8）李執方爲陳許　馮譜系會昌四年，謂代王宰，箋三從之，且云，「上許昌李尚書……第二狀又述茂元喪事云，王十二郎十三郎扶引靈筵，兼侍從郡君，今年八月至東洛訖，則執方之遷鎮，正當澤潞初平時，」此緣未參劉沔碑也。(方鎮年表二)茂元喪歸洛，或許遲至五年耳。

(9)孫學士　箋三沿舊紀作孫穀誤，應作瑴，參璧記注補。

(10)終身　玉谿詩註二岳陽樓云，「借慨一自婚於茂元，遂終身不得居京職也，」箋三採之。按是時商隱未及四十，安得知「終身」事，此等語病，編中間見，聊一發之。

(11)自桂林奉使江陵途中感懷寄獻尚書　箋三沿馮說，謂「節鎮例兼尚書，史多不具，」「例兼」固非是，且桂管祇觀察，亞又是初授及外貶，無緣帶尚書也，辨見唐史餘瀋。又此詩應去江陵時作，若在歸途，似當題「江陵歸途，」惟去時表明己之不抱衾別向，則意深言重。若如箋言「南郡使歸途次所作，」人旣遄歸，似無須多此一舉矣。

(12)大中二年往來巴蜀　承誤之甚者江鄉之遊而外，莫如往來巴蜀，斯二者皆編年詩之關鍵，不可不詳審也。馮謂返至東都，旋又出而行役，張已辨之。張最注意荆門西下一首，(「一夕南風一葉危，荆門迴望夏雲時，人生豈得輕離別，天意何曾忌嶮巇，骨肉書題安絕徼，蕙蘭蹊徑失佳期，洞庭湖闊蛟龍惡，卻羡楊朱泣路歧。」)箋三云。「案荆門詩而謂之西下，明指下蜀而言，……回望夏雲則指前此留滯荆州之迹，荆州在荆門西南，」說詩執滯，遂多誤解。馮氏原註二云，「則西下者自西而下也，迴望二字，一章之主，洞庭蛟龍，亦從迴望及之，此解近似，惟中四句不兼桂管罷貶之嗟，轉類初經別離之態，此則可疑也，」已大概得此章三昧，惜後來補注反別趨歧途耳。其實荆門卽「荆州」用典，猶云舟發荆州向東而下，以東向爲西下，古人自有此種語法，洞庭蛟龍則預計來途之嶮巇，並非迴望，鄭亞除桂管在二月，抵任在五月，過荆時約當四月，故云迴望夏雲。簡言之，此詩乃隨亞赴桂途次作。若入歸塗，方不日相會，何須「骨肉書題安絕徼，」可證馮、張兩說之窮也。更如北禽詩，「爲戀巴江暖，無辭瘴霧蒸，縱能朝杜宇，可得值蒼鷹，石小虛塡海，蘆銛未破矰，」巴江隸東川管下，杜宇是兩川典故，不專限西川，尤非影射杜悰之姓，(箋三)詩起聯言隨仲郢來東川以求託庇，三、四言雖得仲郢辟置，恐仍難免牛黨排擊，五、六言仲郢力量不敵牛黨，安見爲說不見杜悰之故。梓潼望長卿山至巴西復懷譙秀詩，果州由巴西分置，爲河東公復相國京兆公啓，「今遣節度判官李商隱侍御往渝州及界首已來，備具儀牽，指揮館遞，」（全文七七六）果州正由梓赴渝所必經，詩應此時之作。箋三云，「巴西、閬州也，蓋義山先赴東川謁杜悰而悰已遷鎮，故又欲南向成都，及折回巴西而有此詩，」按詩題景況是由梓州向東南行，若謂商隱從湘至梓謁悰，則來時先已經果州，其事勢適相逆。箋又云，「玩詩意當是義山先至梓州往謁而悰已離鎮矣，故更欲徑向成都，及巴西而始折回也，」殊不知梓州今三台縣，西南爲成都，東北爲閬，由梓州赴成都而向東北，正無異南轅北轍。況既至閬州，取漢中還長安，非特通途，尤屬捷徑，（李有赴東蜀辟至散關遇雪詩。）胡爲北旋之日，仍道荊襄，（陸發荊南始至商洛詩，馮、張均編桂管歸途。）迂路數千，無乃勞費，作此設想者直未曾揭開輿圖一閱矣。望喜驛在今廣元縣南，梓州在閬州西南，自長安赴東川任，係從漢中來，至廣元後則離嘉陵江而折向西南，望喜嶧別嘉陵江水二絕，馮註二列入梓幕，極其貼切，張反以爲誤。夜雨寄北詩，「君問歸期未有期，巴山夜雨漲秋池，何當共剪西窗燭，却話巴山夜雨時，」巴山亦泛指東川，當梓幕時作，未見必留滯巴閬；若曰詩題或作寄內而商隱業賦悼亡，則唐人多姬侍，張固謂梓幕未攜家，不必其寄妻也。更有出乎情理外者，李回自西川責授湖南，東川杜悰徙代，箋三謂與鄭亞貶循同是二年二月事，說極可信。（參舊紀）若然，則悰遷鎮西川，商隱在桂時早於除書見之，（此種除書，性質與清之邸鈔相類。）何爲越四五月後猶向東川尋杜悰耶？凡此諸章，各有所從，牽強比傅，遂致捘㩧。今試依上辨論，則商隱是年行蹤，大概得如下述；卽鄭亞二月貶循，（史不著日，爲滎陽公與前浙東楊大夫啓云，「以今月二十三日南去，」箋三謂是二月二十三日，然桂州去西京四千七百里，詔命之傳，最速需十餘日，職是之故，或得爲三月也。）維時商隱方攝守昭平，如其須待替人，則去桂在三、四月。（箋三謂涖昭不過數日，恐未必然。）由是五月至潭，節序相合，流連湘幕，當滯旬時，夫故有賀馬相公登庸啓之代撰。李回降湖南，以二月命，不容五月尚未抵任，箋三謂潭州詩爲「桂管歸途暫寓湖南遲望李回之作，」無題詩，黃鶴沙邊亦少留爲「與李回相遇荊州爲之少留」「而回並未攜赴任所，」可謂無一字有來歷。（黃鶴沙在江夏，如可作荊州典用，則前文之荊門，安見必指江陵巳酉。）風詩來鴻別燕，歸舟天外，其續發已入秋令。夷晉接下牢只言境地鄰接，並非巴、閬水程。再北而靑辭木奴橘，（陸發荆南始至商洛詩。）鄧橘未全黃，（歸墅詩。）正深秋景象，是以有九月於東逢雪之什。箋三云，「舉家忻共報，是攜家赴選時，」夫深秋猶在商洛，（今商縣）由此東達洛陽，復由洛陽赴京，（此殊可疑，姑依箋說。）以古代陸程遲滯，時日豈敷分配。箋又云，「唐時自洛入京有兩途，一經潼關，商州爲間道，題曰於東，當是由洛道武關所經」，夫函潼迄今爲陝、豫往來大道，商州秖用兵間道，張竟有此嚮壁之「參悟，」眞匪夷所思矣。（商於新開路詩、蜂房春欲暮，馮註一疑元年赴桂時作，設想甚合，惜又泥於新道早開，不能堅其信。箋四疑游江東時作，殊未知往江東者逕出洛陽，循淮域，無需假途至商於也。）是歲萍蹤，大端如是，其他枝節猜擬，勿庸細辨。夫今古情事，本無異致，離乎情事之外，欲求史迹之實，難乎其有中矣。陳寅恪兄曾謂「巴蜀遊蹤之說，實則別無典據，」「過李回於荆州之說，亦非有佐證，」（集刊五本二分）但彼處秖就無題一詩設解，今故詳闢之。

(13)盧弘止　箋三作弘正云，「新傳弘正皆作弘止，世系表仍作正，」按郎官柱題名吏中，金中均弘止，作正誤。

(14)河南尹劉瑑遷宣武　箋四承舊紀系大中九年十一月，按瑑遷宣武，方鎭年表二正爲七年，已無可疑。啓之「去歲洛陽獲陪良宴，」正恰如馮註所謂瑑尹河南約在大中六年。啓又云，「一昨伏承擁節浚郊，建牙隋岸，將求捧幣中好，裂裳就途，」應是聞宣武命後不久所上，「樹有何依之鵲」，或因室家遠離，故欲改就，不得謂馮說小疏也。

(15)令公　天平公座詩之令公，箋四襲馮註以駁蛾術編，已於唐史餘瀋李溫詩注條辨正。

(丙) 欠　稿

(1)王茂元臨邕管年　舊紀、大和二年四月壬午，以邕管經略使王茂元爲容管經略使，箋一云、「舊紀於大和元年四月書以前亳州刺史張遵爲邕管經略使，余疑遵卽代茂元者，而舊紀年歲必有一誤。」按官署一歲易三四人者事常有之，元年四月授張遵，安見二年四月茂元改授之可疑，此論未免無的放矢。箋又云，「檢本紀、長慶二年十一月，以前安南都護桂仲武爲邕管經略使，而罷任年月無考，大要在長慶、寶曆之間，意者茂元之授邕管，卽代仲武爲使者耶。」按箋下文引劉禹錫祭桂尙書文，於仲武之爲邕或容，未能決定，余則斷爲仲武除容管、非邕管（方鎭表正補）是茂元代仲武之猜擬，亦復蹈虛也。

（2）崔珙非李黨　箋一引唐語林、李德裕擠崔珙於嶺外，駁舊珙傳德裕與珙厚之不信。按語林此文本東觀奏記，余作唐史餘瀋別有辨，據舊書一七七、珙明爲崔鉉所擠，非德裕也。

（3）喜聞太原同院崔侍御臺拜兼寄在臺三二同年　箋二編開成四年，云，「馮編會昌四年，似未審，惟義山開成二年登第，同年縱早達，未必兩年中卽擢中臺，此則不無可疑耳，詩似夢得，恐非玉谿手筆，故附此。」余按令狐綯固早達，且藉先蔭，然舉大和四年進士，猶五六年後始官從八品之拾遺，如謂登第兩年，卽授正八已上之職，在唐制殆不可能，況復兩三人乎。馮編會昌，遠較張爲穩。箋又云，「先生柳用陶令故事比縣尉，」此實張之根據，（箋一亦云，陶潛五柳，唐人往往用爲尉令典故，此詩必義山辭尉求調時作。）然大鹵平後移家到永樂詩亦有「依然五柳在」句，箋三固云「依然五柳在者以陶令閒居自比，」安見其必指縣尉乎（僧孺子蘩、商隱同年，然據大中三年杜牧所作僧孺誌，其見官猶不過正八上之浙南府協律郎耳。）

（4）四皓廟　集有兩首，均七絕；其一羽翼殊勳棄若遺，馮編開成三年，其二本爲留侯慕赤松，馮編會昌六年，張皆從之，前者謂爲莊恪太子發，後者謂爲李德裕發。但今集已編次無序，縱使分咏兩人，獨不許事後同時追感乎。長安志一三，「四皓廟在（咸陽）縣東二十五里，」此種詩無寧同入不編年一類，勿強作解人也。

（5）李紳入相年　箋二據舊紀參傳書會昌元年二月壬寅，然余以爲紳入相在二年，固別有較強之證據，詳唐史餘瀋。

（6）楊嗣復貶湖州司馬　箋二據舊紀。按沈本湖作潮，東觀奏記上謂五相擠嶺外，湖非嶺外，亦非遠竄之所，舊新本傳均作潮，近是。

(7)湖中　箋二云，「次章湖中實指貶湖之事，……吳歎點湖州，」按嗣復非貶湖州，說具前條，傅會而已。下文代贈云，「起用楊柳、湖上，是雙關法，」其誤同。

(8)王茂元移河陽節度　通鑑書會昌三年四月，箋二云，「考祭外舅文云，赤狄違恩，晉城告變，假三齊之餘醜，犯神州之近甸，懷邑營匝，河橋旆轉，知茂元之移鎮爲討劉稹也，五月朝廷方會議可誅可宥之狀，非四月。再合之會昌一品集、六月十九日請賜澤潞四面節度使狀，已有茂元名，則移鎮當在五月也。新傳云，徙河陽討劉稹，最得其實。爲濮陽公遺表敍移鎮事，但云當上黨阻兵之始，是孽豎拒詔之初，乃略文，不及祭文先敍劉稹拒命事爲分明矣。」按討伐澤潞，廟堂必早有成算，預爲佈置，五月朝議可誅可宥，特官樣文章鄭重其事而已(討回紇時亦嘗令公卿集議，見一品集。)新傳敍事往往抹却後先之迹，張必揣爲五月，書生之見，未免太深，箋屢以「無庸泥看」爲解，不意躬蹈其弊也。

(9)戶部李郎中　馮詩註一以爲李丕，引一品集授丕晉州刺史充冀代行營攻討副使制，因詩題云送充昭義攻討也。箋二云，「考會昌一品集，授丕汾州刺史制已云忻州刺史兼御史中丞李丕，……豈丕出刺晉州又換郎中耶。」余按丕是昭義新降大將，本一武人，今詩云，「將軍大旆掃狂童，詔選名賢贊武功，……遠含雞舌過新豐，……早勒勳庸燕石上，佇光綸綍漢庭中，」所送明是文人，且非檢校官，當日贊助軍幕帶攻討銜者當不止李丕，不得因同是姓李而遽行傅會也。戶部戊籤作吏部，待考。

(10)宣武王彥威卒　箋三系會昌四年，似不如方鎮年表系五年之可信。

(11)李褒虢州刺史　箋三謂在會昌四年後，不碻，參拙著翰學壁記注補。所引狀文周旋二郡，全文七七七固作三郡也。

(12)令狐綯出湖州　箋三據舊傳系會昌五年，但吳興志一四則書大中元年三月，應考。

(13)大中二年由桂歸洛陽　其說馮譜發之，以戊辰會靜一篇作證，然道家會靜，何地不可，誠如箋三云豈必定在洛中也。張雖駁其證，不駁其說，別提上韋舍人狀，「某淹滯洛下，貧病相仍，去冬專使家僮起居，今春亦憑令狐郎中附狀，」

以爲是桂管府罷返洛之確據。考會昌五年綯已爲郎中，（箋三書於會昌四年，云，「寄令狐郎中詩有嵩雲秦樹語，係會昌五年義山病居東洛時作。」）附狀不必其賀拜考中，欠碻者一。張氏之意，固主舊傳會昌五年綯出湖州，然不知吳興志固有駁文，（見前）欠碻者二。審閱狀文，通篇都無萬里歸來之意，而「無田可耕，有累未遣，蓽門晝永，或曠日方餐，蓬戶夜寒，則通宵罷寐，」純見久廢情景，欠碻者三。歸途商於，已屆秋深，（見前）赴選須以冬集，而狀云「淹滯，」中間時日，實不相容，且篇末何不預露入京趨見之辭乎？欠碻者四。余尤所注意者，狀有云，「今者運屬長君，理當哲輔，」此種口氣，應屬會昌六年三月宣宗卽位後不久之時，若在大中二年秋，則卽位已逾兩載，不應如此行文，故余絕不敢傅會爲大中二年作也。商隱入京，張固據上鄭州李舍人狀定爲五年，然亦嘗舉出可疑之點，箋三、會昌六年賀翰林孫舍人狀注云，「舊書紀，穀（轂）爲兵部員外郎充職書於本年二月，而義山入京則在去歲，上鄭州李舍人狀可證，此狀有某厚承恩顧，未獲趨承一語，豈義山是時尚未至京耶？」五年之譜，雖書「十月服闋入京，」大中二年之說，又謂「服闋入京則武宗已崩，」合觀上章之狀，斯五年至京說大有可疑，或後來行期有變，至五年春末尚滯洛陽也。章舍人，箋三疑有翼，然有翼是否二年官舍人，史無明文，苟依余所指，狀作於會昌六年，則章舍人殆是章琮；翰學壁記、琮於會昌四年九月拜中書舍人，惜下文闕佚，姑假其六年四月仍是中舍，不爲無理（參壁記注補。）總之，不論舍人確否爲琮，其狀斷不類大中二年作，此說果成立，則是年先返洛後赴京之主張，完全失其根據矣。上范陽公啓，「去年遠從桂海，來返玉京，」未及洛陽，可旁證也。

(14)大中三年京兆尹　箋四云，「馮氏曰，尹稱牛僧儒曰吾太尉，當是牛氏宗黨，與宏正（止）必不合；案舊紀，大中五年有京兆尹韋博罰俸事，或卽其人歟。」余按嘉泰會稽志，李拭大中二年二月自京兆尹授浙東。又劉沔碑，關中石刻文字二著爲大中二年十一月，撰人韋博結銜曰「朝請大夫守左諫議大夫，」新一七七博傳，「因行西北邊商虜彊弱，還奏，有旨進左大夫爲京兆尹，」舊紀一八下除前引外，尚有五年十月己亥京兆尹韋博奏京畿富戶爲諸軍影占一條，但細閱沔碑，沔卒大中二年十一月七日，其立碑斷應在後，寶刻類編作十二月。故苟會稽志年月不誤，拭、博之間，尚有一人，博固許郎樊南文之京尹，然仍待確證也。

(15)李珏召爲吏尙 箋四系大中四年，云「考舊紀，是年河陽節度使已有李拭，則珏之內召，必在三，四兩年間也，以補編有爲范陽公賀吏部李相公啓，姑載是年。」余按方鎭年表四，河陽大中三年著珏及拭，說當不誤，但所引樊南，樊川兩文，仍非碻證。考會稽太守題名記，拭在浙東三年十月追赴闕，當卽代珏，故四年九月拭又自河陽遷太原也。(後一節見舊紀一八下。)賀珏啓又云，「有手足凋零之痛，」應是簡辭卒於三年，此可補舊、新傳之略。

(16)山南薛從事傑遜之府主 箋四從馮說定爲封敖，但鄭涯亦有可能，參翰學壁記注補。

(17)韓瞻以員外兼內職 迎寄韓魯州瞻同年詩，箋四依馮說改果州，系大中五年，云，「據留贈畏之詩自注，時將赴職梓潼，遇韓朝迴，有中禁詞臣尋引領句，證以赴職梓潼留別畏之員外同年詩，佳北聯翩一首，是韓瞻未出刺時當以員外郎而兼內職。東觀奏記載夏侯孜爲右相，以虞部郎中韓瞻聲績不立，改鳳州刺史，夏侯孜入相在大中十二年五月，則瞻早由果州還朝遷郎中矣。」余按中禁詞臣尋引領者，頌其有詞臣希望，應著眼「尋」字，翰學壁記既無瞻名，若是知制誥，又當稱舍人，故知張所揣不合也。今郎官柱勳外見韓瞻，當未出守時所官；又嚴州重修圖經刺史題名，韓大中十二年四月七日自□州刺史兼本州鎭遏使拜，復據新表，孜於大中十三年八月方改中書侍郎(卽右相。)由此觀之，瞻或屢歷外郡，至大中十二年四月後方入朝爲虞中也。箋謂大中十年春畏之必亦由果州還朝，殆不碻。

(18)檢校工部郎中 爲河東公上西川相國京兆公書，「今謹差節度判官李商隱侍御往，」馮氏詳註八云，「本傳檢校工部郎中，此專曰侍御，是舉憲銜稱之，」是也。箋四乃云，「案補編爲河東公復京兆公啓，事在六年，亦稱節度判官李商隱侍御，疑檢校工部郎中或當在七、八兩年間，此時尙未奏加也。」余按白氏集三一有韋審規可西川節度副使御史中丞，李虞仲崔戎姚向溫會等並西川判官皆賜緋，各檢校省官兼御史制，省官卽郎中或員外郎，可見商隱亦當爲檢校工中兼侍御史，猶諸節度使常檢校京官兼大夫，觀察使常檢校京官兼中丞，其帶憲銜者所以持法臨民也，張氏闇於官制，故而生疑。

(19)王母廟兩詩　華嶽下題西王母廟，馮編會昌六年，箋從之，又華山題王母祠，馮不編年，箋四編大中五年。余按兩詩皆七絕，安見不同時作？若曰舊本已分，且題目小異，則須知集非原面目，多由後人掇拾來也。與陶進士書，「正以往年愛華山之爲山，——間者得李生於華郵，爲我指引巖谷，列視生植，僅得其半；又得謝生於雲臺觀，暮留止宿，旦相與去，愈復記熟；後又得吾子於邑中，至其所不至者，於華之山無恨矣。」則早年華山游踪甚密，竟無一首留題詩，吾斯未能信。詩意拙於參悟，不欲多論，姑一發之。

(丁) 失　鵠

(1)三十六　舊本傳，「與太原溫庭筠，南郡段成式齊名，時號三十六，」因三人俱行十六，故有是稱，易言之卽「李溫段」之綽號耳。自新傳改爲「號三十六體，」添一「體」字，易指人而指事，已失原意。箋更云，「三十六體亦指文言，」謂其稱限於文，尤誤中之誤。

(2)代諸郎中祭太尉王相國文　箋一云，「案此篇全唐文與劉禹錫互見，……論文格似近夢得，或非義山之文也。」按文云，「維大和四年月日某官等敬祭於……，元亮等，」元亮卽趙元亮，見郎官柱左中，諸郎中左中最高，故由元亮領銜，覈其時代正合。四年初禹錫方以郎中充集賢，必在與祭之列，所以由其秉筆。若商隱則是歲方居天平幕，無緣捉刀。倘謂千里外求教於年未弱冠之書生，南省中袞袞諸公，其能堪耶。故就事實論，可斷必非李文。

(3)令狐楚卒日　舊紀書十一月丁丑，箋一云，「案劉禹錫楚集敍，開成二年十一月十二日薨於漢中官舍，享年七十，紀書十一月辛酉朔，則丁丑非十二日，疑誤，俟考。」按此不誤也，唐實錄書法於外臣之卒，率以報到日爲準，固因追書不便，尤與廢朝有關，據通典一七五，興元去西京取駱谷路六百五十二里，快行五日自可達，丁丑、十七日也。

(4)河陽李執方移易定　箋二書會昌元年；按方鎭年表四及考證，王茂元鎭河陽代執方，據通鑑在三年四月，應從之。

(5)獻劉舍人啓狀　錢云，「文稱聖政維新，似會昌初作」是也。箋二誤繫爵尉求調爲武宗初卽位時，（辨見前）因同編於開成五年，非是。箋又云，「狀有因緣一命，羈屑三年語，自開成二年登第數之，至開成五年辭尉求調，正三年，狀爲是年所作無疑。」按二年數至五年是四年，張謂是三年，古人無此計數法。且登第尙未入仕，惟開成四年釋褐後補弘農尉，始是一命之官，由四年至會昌元年求調，故曰羈屑三年也。張短於注釋駢儷，遠不逮其中表吳（廷燮）矣。抑德裕以五年九月至京，商隱以是月東去，而啓云，「卽日補闕令狐子直顧及，伏話恩憐，……方今聖政維新，朝綱大舉，徵伊皋爲輔佐，用褒向以論思，」狀云，「違闕稍久，結戀伏深，前月獲望門牆，値有賓客，」皆是商隱入居京邸口氣，殊不容系諸五年也。依此推之，獻舍人河東公啓亦應同改編會昌元年方合。

（6）嗣復自湘竄潮必過桂林　此箋河內詩，八桂林邊九芝草二句之辭也。按韓愈貶潮，經商鄧、宜城（襄州，）昌樂瀧（樂昌）、始興江口等地（參韓子年譜七，）謂必經桂，乃闇於里地者之言也。

（7）爲濮陽公上白相公杜相公崔相公馬相公鳳翔崔相公賀正啓　箋三，大中元年下，「錢氏云，濮陽當作滎陽，案馬相公當係追稱，杜相公上當有西川字。」余按鄭亞居桂管先後只一年，則賀正必二年之正，今據新宰相表，元二年間之宰相，尙有韋琮，不應缺漏，馬植二年五月始相，相公雖可追稱，然試問啓中「伏惟相公……小廿茂之十官，倅叔敖之三相，」能適用於致植之箋乎。馬字直是「韋」訛，崔相公則兼門下之元式及河中之鉉也，時悰方在東川，作西川亦誤。

（8）未敍朝散　杜牧有新轉南曹未敍朝散初秋暑退出守吳興書此見志詩，李詩「人間惟有杜司勳，」馮註一云　「惟既轉南曹，何以仍稱司勳，豈以新轉未敍故耶。」箋四謂馮註似未確，但於未敍朝散語弗能加以詮釋。余按唐制章服依散階論，五品始得服緋，故散階未及者常有賜緋之舉，朝散大夫從五品下，一加朝散，便可服緋，無需乎特賜；散階之轉，除特恩外，常於改官時行之，牧所由云旣轉南曹未敍朝散也。白氏集一八，初除尙書郎脫刺史緋詩，「親賓相賀問何如，服色恩光盡反初，頭白喜拋黃草峽，眼明驚拆紫泥書；便留朱紱還鈴閣，却著靑袍侍玉除，無奈嬌癡三歲女，繞腰啼哭覓銀魚，」同集一七又有初除官蒙裴常侍贈鶻銜瑞草緋袍魚袋因謝惠貺兼抒離情，及初著刺史緋答友人見贈兩詩，蓋刺史例得假緋以重其臨民，解刺史後如散階未至，仍返衣綠，故曰刺史緋也。同集一九、重和元少尹詩，「白頭俱未著緋衫，……朝散何時得入銜，」酬元郎中同制加朝散大夫書懷見贈詩，「青衫脫早差三日，……五品足爲婚嫁主，緋袍著了好歸田，」初著緋戲贈元九詩，「那知垂白日，始是著緋年，」又有初加朝散大夫又轉上柱國詩，合觀之，足見唐官對朝散著緋之重視。至馮註所云牧「出刺江鄉，自有失意之歎，」則又不然，牧刺湖州，蓋力求而始得者也，參拙會昌伐叛集編證一一二頁。

（9）鄭畋罷渭南尉　箋四云，「畋加知制誥自陳表云，臣會昌二年進士及第，大中首歲書判登科，其時替故昭義節度使沈詢作渭南縣尉，兩考罷免，楊收以結綬替臣……惟罷尉年月未詳。畋既與楊收相替，檢舊書收傳云，悰移鎮西川，管記室，宰相馬植奏授渭南尉充集賢校理，改監察御史，杜悰鎮西川在大中二年後，而三年義山正在京，則畋之罷尉，必在其時。」余按唐制一歲爲一考，兩考罷免，則畋表已明言大中三年罷矣。詢於大中元年五月已自拾遺充翰學，又馬植三年三月罷相，其奏授楊收應在前，兩合之而畋官渭南之期間益躍然矣。

（戊）錯　會

（1）馬總贈僕射　箋一、長慶三年云，「案總二年已加左僕射矣，而新、舊傳皆云卒贈右僕射，補編爲馬懿公郡夫人王氏黃籙齋文書故戶部尙書贈左僕射臣馬總，紀、傳文疑互誤。」按舊紀一六，長慶二年十二月，「以前天平軍節度使馬總檢校左僕射，守戶部尙書，」所加者祇僕射虛銜，卒後所贈乃僕射實官，張未會檢校字，故云然，惟左、右必任一訛耳。箋三固知辨崔鄲檢校右僕射與眞除有別，何竟明於彼而闇於此。

（2）王茂元衣朱　祭外舅文，「旋衣朱紱，入謁皇闈，」箋一云，「參以（陳情）表中旋帶銀章，似有入爲京職之事，當是於元和十三年由河中入朝，十四年出刺歸州也。」按唐文「銀章朱紱」卽「賜緋魚袋」之典語，此謂賜緋後入朝，非言充京職也。入朝亦得爲十四年，不定在十三年。

（3）招國李十將軍　馮詩註一，「初疑執方本金吾衞將軍也，然開成二年六月出鎭河陽，與秋塵之字不合，且執方德望，豈宜瀆以狂言，當別是一人。」箋一附開成二年，仍持執方之說以實羨婚王氏之解。余按上河陽李大夫狀及上忠武李尚書狀均稱執方二十五翁，是執方非行十，李十既非執方，則羨婚王氏云云，純出小人之腹矣。

（4）爲濮陽公上陳相公第一狀　箋一云，「案狀爲陳夷行初入相時作，……惟是年義山實未入茂元幕，豈爲人所憑倩而作耶。」按狀云，「伏見今月某日制書，奉承相公顯由顯部，光踐黃樞，唯彼秦宮（官），必加漢相，」據通典二一，「門下侍郎秦官有黃門侍郎，漢因之，……凡禁門黃闥，故號黃門，」門下侍郎，玄宗時亦嘗一度改稱黃門，黃樞卽黃門也。次狀又云，「昔荀悅榮登，止通左氏，張華寵拜，空對建章，」據後漢書六二及晉書三六，悅、華均曾拜黃門侍郎。凡此皆頌祝夷行進門下侍郎之詞，故狀下文復有「爰從正位」語，蓋前以工侍同平章事，猶是準相而已。新表六三，開成三年，「九月己巳，夷行爲門下侍郎，」此正三年入涇原幕後作，張氏殊疎於數典。

（5）濮陽公賀丁學士啓　箋一誤爲開成二年賀居晦轉司封郎中知制誥作，已於學士壁記注補辨正。據壁記，開成三年八月十四日居晦遷中舍，與前條賀夷行正是同時後先之作，張兩失其的，無怪乎有「本年爲濮陽代作表狀，或者議昏時藉此爲媒贄」之想入非非矣。

（6）開成三年二月翰林學士承旨柳璟遷中舍　箋二謂據壁記，但壁記璟並未加承旨，張引誤。璟遷中舍殆在五年二月，說見拙著壁記注補。抑璟此遷與商隱詩文無關，殊覺無緣闌入。

（7）霜憲及風憲　箋二云，「再據官告狀云，榮假冬卿，顯分霜憲，官後狀云，往在番禺，已分風憲，及臨安定，又假冬卿，是茂元出鎮嶺南已加御史中丞。」余按唐制雄藩例兼御史大夫，觀察率兼中丞，此指大夫言，非中丞也。

（8）韋溫除陝虢觀察　箋二附開成五年，云，「文集有爲京兆公陝州賀南郊赦表，……當太史撰日之際，猶立漢庭，及宗伯相儀之時，已辭魏闕，則溫之赴陝，當在會昌元年正月間，姑附此。」余按會昌元年正月九日辛巳南郊，大禮之預卜，儘在一月已前，溫之出陝，可決爲五年歲底也。

（9）魏博節度何進滔卒　箋二云，「舊紀則書於十一月，考義山移家從調，以贈別令狐補闕詩證之，事在本年夏初。補編有上河陽李大夫二狀，上李尚書一狀，皆移家時執方沒驟馬賜物致謝之作，惟中一狀云，昨者故侯，實有逆子，敢因微策，密有他圖，人得而誅，天奪之魄，盡窮餘黨，半在中權，此際誠合絕洹水之波，腥長平之草，二十五翁曲分蘭艾，大別淄澠，飛魂不寃，枯骨猶媿，……所言卽指弘敬事，使弘敬盜位果在十一月，則與義山移家之時不合，且十一月義山正留滯江潭，安得如此。……玩狀白露初凝朱門漸遠二語，寫景乃秋時，則弘敬事必更在前，斷非十一月，舊紀書此於本年之末，蓋亦不詳其爲何月耳。」余按通鑑二四六，進滔卒於十月，差雖一月，要不在秋前。狀文故侯一段，實承上執方處分河陽亂事言，故侯指李泳；通鑑云，「節度使李泳奔懷州，軍士焚府署，殺泳二子，」當卽狀之逆子，史文過略，未得其情耳。故侯猶前侯，非已故之謂，如曰不然，狀方敍河陽亂事，如轉入魏博，自應特提，今云「昨者故侯，」於語安乎。重霸自知留後，朝廷且賜兩鎮使相勸，未敢討叛，商隱可遽稱曰逆子乎。執方，劉約之勸，重霸均不聽命，則蘭艾淄澠，更屬無着，試問執方有力處分魏博事乎。狀文本與移家不相觸，惟誤解故侯爲進滔則相觸；若夫江潭之遊，純是空中樓閣，前已辨之。

(10)何重順　箋二云，「又案舊紀，何重霸賜名重順，新傳則重順乃本名，賜名弘敬，考會昌一品集諸詔敕皆作弘敬，舊書進滔傳亦同，則紀文疑誤。」按一品集六固見重順名，餘參拙著唐史餘瀋。

(11)韋潘前輩　箋二云，「集有十字水（期）韋潘侍御同年，此稱前輩，未知是一人否。」余按唐人用「前輩」、「先輩」字甚泛，黄御史集有二月二日宴中貽同年封先輩渭詩，此稱同年爲先輩之例也。劉禹錫有送李庚先輩赴選詩，是開成末作（參拙著續貞石證史，）時禹錫年將七十矣。兩韋潘應是同人。

(12)裴休爲宣歙觀察　箋三系會昌六年誤，應依方鎮年表考證作大中元年，爲滎陽公上宣州裴尚書啓作於元年之初，所云李處士十一月初離此訖，係追述六年底事，其時休當在湘任，「託之好幣」者託致湖南，非託致宣州也，如此說法，情事便通。若張氏所據「唐語林載裴相爲宣州觀察、朝謝後閒行曲江、遇廣德令事、下云宣宗在藩邸聞之、常與諸王爲笑樂，」則說部不經之談，蓋休從湖南調宣歙，安得有朝謝閒行曲江之事？如謂追赴闕而後外除，亦與啓「辜負明時優游外地，」及

「託之好幣十一月初離此訖，」情節不相合也。

(13)東郊非洛陽　偶成轉韻詩，「明年赴辟下昭桂，東郊慟哭辭兄弟，韓公堆上跋馬時，迴望秦川樹如霧，」箋三代元城吳令暗爲答云，「時赴桂管，先至洛下，追感舊歡，假以寫怨，偶成轉韵詩所謂東郊慟哭辭兄弟，正此時矣，」以東郊爲洛陽，誤甚。唐人自關中至荆湘通道，具詳前五松驛條；卽就商隱此行言之，上度支盧侍郎狀稱「某行已及鄧州，」上漢南盧尙書狀稱「假途奥壤，」「前騰郢路，」可見是道出商鄧、襄郢。玉谿詩註二亦云，「白香山集，韓公堆在藍橋驛南，商州北，長安志，韓公堆驛在藍田縣南，」自長安視藍田爲東南，故自東郊出發，詳言之則長安東郊耳。箋上文釋隋宮守歲詩消息東郊木帝迴云，「蒲在西京東北三百里，亦可謂之東郊，」何此處竟泥是洛陽。(東郊木帝是聯系語，張實指永樂，亦不可信，姑執矛以攻盾耳。)更有強反證焉，商隱弟羲叟登大中元年進士，進士通於二月放牓，(見登科記考凡例。)則是時羲叟當仍在京，乃以爲赴洛走辭，直同夢囈矣。

(14)周墀入相月　箋三系大中二年正月，云，「案樊川集，周墀墓誌，今天子卽位二年五月，以本官平章事，新紀同，舊紀則在三月。考牧之內召在大中二年，而上周相公啓有伏奉三月八日敕除司勳員外郎史館修撰語，其時已稱相公，則墓誌五月疑係正月之誤。」余按牧上周相公啓，「不意相公拔自污泥，昇於霄漢，」則牧轉官斷在墀拜相後。墀相、新紀及通鑑均不著日，是啓之三月八日，亦得爲正月八日訛，所誤在彼不在此也。(新表書正月己卯，己卯上當奪五月字。)況樊川集三除官歸京睦川雨霽詩，「秋半吳天霽，……時節到重陽，」如果三月下詔，何至八、九月間始離睦任，「三」爲舛文，可無疑矣。

(15)翰林學士承旨　與一般翰林學士異，略見前柳璟條，元稹承旨學士院記，「始命鄭公絪爲承旨學士，位在諸學士上，」其文甚明，承旨猶諸淸之軍機章京領班，今之祕書長。與章京、祕書不能混視也。今箋四、大中三年「二月翰林學士承旨令狐綯拜中書舍人，」此時綯實未加承旨；抑翰學是差非官，謂由翰學拜中舍，亦屬不辭，應正云翰林學士考功郎中知制誥……也。後此如四年二月之畢誠，六年七月之庾道蔚，八年五月之蕭寘，十年正月之庾道蔚，均誤翰林學士爲翰林學士承旨，參拙著翰學壁記注補自序。

(16)柳仲郢兵部侍郎充鹽鐵轉運使　舊傳、徵為吏部侍郎，入朝未謝，改兵部侍郎、充諸道鹽鐵轉運使，通鑑二四九系大中九年十一月，箋四據新宰相表裴休罷相出宣武在十年十月，謂仲郢代領鹽鐵，必在其時；然又引新表八年十一月休罷使，英華韋有翼授東川制結銜曰兵部侍郎鹽鐵使，唐語林韋有翼尚書判鹽鐵，疑仲郢入朝卽代有翼，其論矛盾殊甚。余按休之罷相年月，諸說紛紜，(參拙著方鎮年表正補)今且勿論，但宰相中間罷判，事所常見，會要之文，不可泥解。(參箋大中十年注。)唐制、戶部、度支、鹽鐵稱三司，皆以他官判，(說亦見箋三大中元年)舊傳之「改兵部侍郎充諸道鹽鐵，」依常例自應一氣連讀，㮣張氏先入為主，必謂「入朝未謝改兵部侍郎是一事，充諸道鹽鐵又是一事，」己之失句而反譏馮氏誤讀，更諉於史家歧文，多見其捉襟見肘耳。

(己) 缺 證

(1)平陽之郡　請撰處士李誌狀，「時重表兄博陵崔公戎，表姪新野庾公敬休、平陽之郡等，」箋一云，「句有譌脫。」察其文義，平陽是郡，與博陵、新野相對舉，則「之郡」當為姓名之譌奪。元和姓纂、平陽路姓望，路羣、大和三年充侍講學士，累遷中書舍人，卽懿宗相路巖之父，由此校之，應正云「平陽路公羣等」也。

(2)上張褉端狀　文有保定賢弟昨至語，箋二云，「錢氏謂後有為濮陽公補保定尉張鴻巡官牒，疑卽其人，是涇原時作。」按狀又云，「是觀玉季，如對金昆，……况不羞小官，無辭委吏，一枝桂旣經在手，五斗米安可折腰，侯館屈才，固難維縶，前籌佇美，卽議轉遷，端公厚賜眷知，又聯姻好，」與補保定尉張鴻巡官牒，「過蘭成射策之年，誠思屈跡，當陸展染髭之日，難議折腰，屬賓榻方施，使車旁午，假其候館，聊免沒階，」語氣正合。然「維縶」、「轉遷，」不切商隱身分，是此狀亦代茂元作，應補「為濮陽公」四字也。祭張書記文列名「安定張某，」馮註六疑皆茂元壻，以「又聯姻好」句覘之，張某殆褉端子弟，惜皆缺其名矣。褉端余頗疑卽曾充牛僧孺淮南副使之張鷺，但乏碻證。

（3）蘄州李郎中　爲汝南公與蘄州李郎中狀，錢氏補編以汝南爲濮陽訛，箋二編開成五年，皆是也。唐詩紀事四七，李播登元和進士第，以郎中典蘄州，廣記二六一。唐郎中李播典蘄州，又劉夢得文集二八有送蘄州李郎中赴任詩，余嘗薈合數證，謂播初典蘄應在會昌二已前；（參方鎮表正補荆南盧弘宣）今參此文，又知開成五年播已出守，與余前說合，此李郎中即播，更無疑矣。樊川集九，進士龔軺誌，「會昌五年十二月，某自秋浦守桐廬，路由錢塘——時刺史趙郡李播曰，」同集一〇杭州南亭子記，「趙郡李子烈、播，立朝名人也，自尙書比部郎中出爲錢塘，」知播系出趙郡，字子烈，惟比中是典蘄已前所官，抑典蘄後又入爲比中，無可確考矣。

（4）鄧州周舍人　箋二編謝啓於會昌元年，云，「義山大中元年隨鄭亞赴桂管，上盧侍郎狀有某行已及鄧州語，二年自巴蜀歸，陸發荆南詩有鄧橘未全黃語，一正春夏之交，一在秋，皆與此啓孤燭扁舟寒更永夜寫景不符，則當是開成五年湖湘歸途作矣。是時義山方赴嗣復幕，至則嗣復已貶，失意而歸，所謂始邂逅於江津，又差池於門字也，惟黃陵相別，乃係春雪之時，而文中所敍又似冬令，要無庸泥看矣。」余按鄧橘一句是歸墅詩，非陸發荆南詩，張引誤。橘至仲冬始全黃，不限於秋景，集有九月於東逢雪，於鄧相近，寒更句亦不定表冬深。啓冠鄧州，是時周當官州刺，舍人者稱其前此之內官要職也，考翰學壁記，周敬復會昌二年九月守中書舍人出院，大中四年十二月自華州刺史授江西觀察，中間七年歷官不詳，余信此周舍人必即敬復。蓋自西掖出歷數州刺史，邂逅江津，即追溯李與周相識之始，於烏有之赴幕無關；循此推之，啓作於大中二年歸途，可無疑也。江鄉南遊，本是杜撰，何怪寫景不符。

（5）李舍人　箋三謂上李舍人第一狀之李舍人非李褎，其說甚碻。據余考證，舍人名訥，詳翰學壁記注補。

（6）爲裴懿無私祭薛郎中袞文　箋三系會昌四年，解懿字爲戚懿，謂「裴與薛是戚懿或與義山亦有戚懿」云云，說極矯強，不可從。文本不著年，箋因疑薛郎中與劉稹將薛茂卿爲兄弟，又裴涉稹妻裴氏，故系之此年。余按郎官柱左外祠中有薛褎，（集刊八本一分拙著）浙西觀察使苹子，吳興志一四，「薛褎會昌六年八月十日自安州刺史拜，卒官，」其下一人爲令狐綯，大中元年三月授，則褒卒官似在二月。考祭文云，「漢榮出牧，晉議州兵，」言薛郎中之出守也。「橘稅旣集，茶征是親，鷁度雪而去遠，鵠下亭而唳頻，……終自膏肓，傳於骨髓，」征茶，雪水皆湖州用典，（元和志二五，「貞元以後，每歲以進奉顧山紫笋茶役工三萬人，累月方畢，」又雪溪一名苕溪。）言薛郎中之守湖而卒也。唐人重內官，故稱郎中，合比之，知袞爲褒之壞字，斷無疑矣。唯文言「翟㢋氛興，殷楹夢起，」與大中元年不符，意吳與志之除授年月及接替，或不實不盡歟。文內殄灌宗，傾王氏二句，弗可泥看，至「將獻宋子，俄放湘南，……今則言去彬（郴）江，當移灃浦，稍脫疑網，猶罹罪罟，」不過言初謫郴州，今雖量移澧州，尙未還我本原耳，張謂因稹妻牽累，恐未必然。

（7）於江陵府見除書狀　按此題不合，應云賀某某狀；其「於江陵府見除書」係狀內之詞，接下伏承「榮兼史職」而言，後人旣佚其題，遂截狀首七字以代耳。十三丈（全文訛十三大）錢氏謂指周墀，箋三云，考周墀監修國史在二年拜相後，豈是年即已兼領史館乎，傳無可證，或別是一人也。」余意錢說頗可信，墀或帶集賢學士，史館修撰，與拜相後之監修國史小異也。

（8）河南崔尹　方鎮年表陝虢考證，「杜牧（崔）璪授刑部尙書制，……分憂陝服，尹茲東郊，……此璪鎮陝在河南尹之前之證，以樊南文集補爲滎陽公與河南崔尹狀考之，璪於大中元年爲河南尹。」按璪是宰相珙介弟，故狀文稱十五丈。舊一七七本傳，「會昌初，出爲陝虢觀察使，遷河南尹，入爲御史中丞，轉吏部侍郎，大中初，……」其紀年不足據也。（參下條）

（9）京兆李尹　爲滎陽公與京兆李尹狀，箋三系大中元年，亦云未詳。余按狀云，「伏承榮膺新命，……然五歲之中，二都咸歷，東京圭表，已肅於殷頑，西雍山河，佇奔於晉盜，」據新一四六李拭傳，「仕歷宗正卿，京兆尹，河東鳳翔節度使，以祕書監卒，」又通鑑二四八，會昌五年，「夏四月壬寅，以陝虢觀察使李拭爲册黠戛斯可汗使，」然拭並未行，（拙著會昌伐叛集編證二三六——七頁）又唐會稽太守題名記，「李拭大中二年二月自京兆尹除檢校左散騎常侍授，」是商隱文之京兆李尹，斷是李拭。但會昌五年正月河南尹尙爲盧貞，（見本箋）合觀上引通鑑，拭尹河南應在同年四月後，由會昌五年數至大中二年，亦不過四年，則疑狀「五歲之中」應正作三歲，（三，五互訛，例如前舉樊川集。）簡言之，則拭因册黠戛斯未行，同年改授河南尹，越兩歲卽大中元年改京兆尹，新傳甚略，故不詳河南尹也。拭去河南，瑑繼其任，此狀與前一狀蓋同時發矣。

(10)義成周墀入爲兵侍　箋三據舊紀系大中元年，云「案杜牧之所撰墓誌云，遷禮部尙書，鄭滑節度使，九歲入拜兵部侍郎度支兼戶部吏曹事，今天子卽位二年五月，以本官平章事，九歲九字必譌。惟誌敍今天子卽位於判度支後，又似判度支在宣宗卽位之前者，考墀遷義成在會昌六年十一月，若如誌文，不應內召如是之速，豈史文有誤耶。」余按墀於大中元年行取入京，除「江陵府見除書狀」外，尙有一證：大中二年商隱賀相國汝南公啓云，「而契闊十年，流離萬里，」（全文七七八）商隱會昌二年之初，尙留連華幕，有爲汝南公賀慧星不見復正殿等表可證，三年東下，或因母喪未曾入謁，此後四年墀自華遷江西，六年改義成，均與商隱不相値，由會昌二數至大中二，前後七年，十年契闊或爲七年之訛，否則舉其成數亦可通。假如墀於會昌六年召入，則商隱未赴桂管前儘能相見，此墀大中元年二月後內召之旁證也。牧所爲墓誌，側重入相，故以「今天子卽位」冠於作相之年，其實入拜兵侍，已在今天子卽位之元年矣，讀古人文字，宜兼顧筆法，不能徒就表面泥解也。（古人撰文幷非備爲我輩考訂之用。）九歲，文苑英華注九一作暮，然暮歲亦不可通，以余參之，當是「一歲，」「一」寫作「乙。」「乙」又轉訛「九。」如是則恰與會昌六年改義成大中元年召入相符矣。

(11)李回賀州之貶　箋四云，「似在大中二年，與衞公貶崖相先後，」按通鑑二四八，大中二年九月甲子同書德裕貶崖回貶賀，史有明文也。（王秉恩序曾引大詔令爲證。）

(12)李德裕歸櫬年　箋四始附大中九年，陳寅恪兄據晚近出土李濬撰郴尉李燁及燁自撰亡妻鄭氏兩誌，斷在大中六年，且釋無題詩「萬里風波一葉舟」爲此時作，說頗可信。今再由德裕自撰妻（非妾，別有說。）劉氏誌燁所附記「壬申歲春三月，扶櫬帷裳，陪先公旌旐發崖州，……首涉三時，途徑萬里，其年十月方達洛陽」推之，則過江陵當是秋中，（是歲閏七月。）惟無題詩若是活看，正不定商隱親至江陵耳。

(13)爲河東公與周學士狀　箋四云，柳幕作，不能詳其何年。余按箋三，開成三年下爲河東公上楊相等八狀，經張氏考定河東爲濮陽之訛，已無疑問，獨此一篇猶成漏網，其實亦代茂元作也，說詳翰學壁記注補周墀條。

(14)上考功任郎中狀　箋四云，「案錢氏據華省名曹南臺雜事語，謂卽本集上崔相國啓之任侍御憲，詳彼啓似爲幕僚，此狀所言確爲京職，唐郎官石柱題名戶部郎中度支郎中祠部郎中皆有任憲名，而考功郎中未載，其前後涖官無考，不能定爲何年作也。余按全文七七五收此篇，題無考功字，然今郎官柱考中欄甚殘泐，不能斷其誤否也。據柱題名憲歷官祠外，祠中（非度中，參拙著郎官柱題名。）戶中，勳中，狀之「華省名曹，南臺雜事，」謂任氏以郎中兼侍御史知雜事也，其爲憲可無疑，循題名次序，狀應晚年所作。

(15)弘農公　集有爲弘農公上虢州後上中書狀云，「伏奉某日制書出守，以某日到任上訖，……某因緣儒術，塵汙郡符，」又爲弘農公虢州上後上三相公狀云，「豈意相公拔自曲臺，致之近郡，」錢氏補編疑楊知溫，箋四謂其未的，是也。箋云，「劉夢得集有寄楊虢州與之舊姻詩，首云「避地江湖知幾春，今來本郡擁朱輪，」必卽其人，夢得外集又有祭虢州楊庶子文云，維大和六年月日，中敍楊之仕履甚詳，云歷佐侯藩，拾遺君前，克揚直聲，不愠左遷，五剖竹符，皆有聲績，南湘潛化，巴人啞啞，比陽布和，戰地盡闢，壽春武斷，姦吏奪魄，滎波砥平，士庶同適，朝典陟明，俾臨本州，靜治三載，臥分主憂，……則楊於大和六年卒於虢，而祭文言靜治三載，其出刺當在大和三、四年間，惜名無考耳。檢夢得詩集又有寄唐州楊八歸厚詩，合之祭文比陽布和二語，似虢州卽爲歸厚也，……惟第二狀拔自曲臺語不符，或楊尙有入涖京職事，祭文所敍從略歟。」按夢得集之楊虢州爲歸厚，誠屬無疑，（余別有考）然唐人重郎官，歷典五州，曾未省略，何此獨不言，是知李集弘農公之必非歸厚也。以余求之，此弘農公殆什九爲名傳於今而曾注荀子之楊倞；沈亞之送韓北渚赴江西序，「北渚賓仕於江西府，其友相與訊其將處者而誰歟，曰有弘農生倞耳，」倞爲汝士族子，（非汝士子，說見拙唐史餘瀋。）曾官主客郎中，其前一名爲高少逸，（郎官柱）約在開成中，則與曲臺（禮部）合。

倞元和末注荀子，則與因緣儒術合。會昌四年葬之馬紓誌，撰人題汾州刺史楊倞，合諸郎官題名之時代，刺汾已前，當曾典守他州。循此推之，倞自主中出刺虢州，約當開成四、五年，（據新表、四年七月甲辰至五年八月庚午期內，宰相三人。）即商隱守弘農尉時代作，弘農虢州郭下，宜乎有此代勞矣。若在大和三、四年，則商隱猶未及冠，僅露頭角，今大和六年已前，尙無編年文可考，（代諸郎中一篇非李作，辨見前。）謝上表狀，詎竟委諸後生小子乎。考訂既竟，欣然有得，蓋由此知儒家之楊倞與詩人之商隱，曾發生一段因緣，前頭史家所未道及也。

(16)爲弘農公上兩考官狀　狀云，「伏見前月十九日恩制座主相公登庸，某科等受恩，伏增榮忭，閣下同德比義，契重交深，載惟爰立之榮，佇見彙征之吉，下情不任迎賀踴躍之至，伏惟照察。」按前條兩表狀余旣得厥解，唯對此狀頗涉惶惑，蓋以唐代制科常特派考官三、四人，與其選者率是清要，（如舊紀一七上，寶歷元年考官中舍鄭涵，吏中崔琯，兵中李虞仲三人。）倞於元和，長慶間已入仕則在開成中較爲前輩，而開成四五年新入相者如崔鄲、崔珙，當憲、穆兩朝並未躋清要，何忽來座主登庸也。忽悟樊南文題目，今多訛衍，狀末述己之地位，爲舊禮書啓應有之義，今狀末無典守州條語，況求諸新表，開成四五年鄲、珙均非十九日登庸，惟新紀、表書李回入相於會昌五年五月乙丑，即十九日也，然則此狀乃商隱與其同年等所上，故曰「某科等，」商隱稱回曰座主，連張氏所舉兩例，合此而三矣。商隱是時尙居洛陽，故曰「前月恩制。」與回同爲開成三年弘詞等制科考官之兩人，惜姓名無可考，（登科記考二一亦漏書回是歲爲考官，可補入。）然一考官登庸而賀及其同寮，得此可略見唐人書牘酬應之繁瑣也。「爲弘農公」四字應衍，並改編會昌五年。

(17)赤狄及翟虜　箋曾言唐文虜字或用指叛將，余按祭外舅文，「赤狄違恩，晉城告變，假三齊之餘醜，犯神州之近甸，」又祭薛郎中文，「翟虜氛興，殷檻夢起，」翟與狄通，皆指劉稹之反。從諫本漢人；史記匈奴傳正義引括地志，「潞州本赤狄地，」是指其地，非指其人，唐人隸事頗寬，義取斷章，若在後世，則譏其不切矣，箋未之及，故申述之。

卅一年九月中旬稿成，偶檢得近人朱偰氏李商隱詩新詮一文，（武漢文哲季刊六卷三號）所附商隱年表，無非據張譜簡寫，不必覆論。朱云，「惟張氏解詩，往往以意逆之，牽強附會，在在皆是，故其編年詩所列，多由曲解間接推之，未足爲憑，」又云，「實則除詩題標明年代或實有事實可資證明外，編年詩頗不易爲，寧闕無濫，斯爲得耳，」所論碻中張氏之失。顧同人於無題等數十首，（同前引四號）又別掀一莫須有之獄，斷爲商隱與宮女言情而作，猶是五十步笑百步耳。「寧闕無濫，」竊願釋李詩者謹之。同年十一月下旬仲勉再識於南溪。

抄明李英征曲先(今庫車)故事並略釋

岑仲勉

余為明初四衞考，太息於藍玉、李英征西諸役，無紀行以貽後，遂令偉績豐功，湮沒不著。（金陵學報六卷二期二二頁）既來本所，見明實錄，意或可得較多之史料，然試檢之，則藍玉一行，仍乏細敍，惟涉李英者視明史較詳。宣宗實錄卷七洪熙元年下云：

（八月戊辰）陝西行都司土官都指揮李英討安定、曲先寇，敗之，以捷報聞。永樂末，朝廷遣中官喬來喜、鄧成等使西域，道經安定、曲先之地，番寇五千（或作十）餘人邀刼之，掠所齎賜幣，來喜、成皆被害。仁宗皇帝臨御，命英與必里衞土官指揮康壽等討之。英等率西寧諸衞及隆奔國師賈失兒監藏、散丹星吉等十二番簇之兵，至罕東問故，罕東衞指揮綽里加言實安定衞指揮哈三孫散哥及曲先衞指揮散卽思、卜答（一作哈）忽等所為。英等遂進兵討賊，賊驚走，英追擊，踰崑崙山西行數百里，至雅令闊之地，與安定寇黨鎖南等戰，敗之，斬首四百八十（或無八十字）餘級，生擒七百餘人，獲駝馬牛羊十四萬有奇。曲先之賊，聞風遠遁，英欲窮追，以道險遠，遂還，至是以聞，且俟後命。安定王桑兒加失夾等躬詣闕請罪，上謂侍臣曰，安定本畏兀兒之地，我朝置衞設官以安集其人，待之素厚，夷狄見利忘義，今之敗實其自取。然朝廷馭夷，叛則討，順則撫，彼能悔過歸誠，朕何吝寬貸。〇己巳，勅諭都指揮李英、指揮康壽、魯失加曰，爾等祇事我皇祖太宗文皇帝，攄忠竭誠，奮志效力，屢著勳勞，洊加爵秩。我皇考仁宗昭皇帝嗣承天位，以安定等處番官殺害朝使，刼奪財物，勅爾等勦戮，除害安民。爾等能敬恭朝命，率衆深入，多所俘獲，使兇醜滅跡，良善安居，道路往來，永無患害，眷爾忠勤，深用嘉悅。朕嗣位之初，方任將帥以清邊境，使皆如爾等盡心盡力，何寇不滅，何功不成，雖古名將，又何過也。今特遣禮部主事楊鏞宴勞爾等，所獲人口馬駝，悉送京師，牛羊以賞隨征將士，爾等馳驛來朝。

此段前半，明史略同，惟永樂末作二十二年，鄧成作鄧誠，使西域作使烏斯藏，然使藏似不必取道天山南路，則實錄較明史可信。道經安定、曲先，史作次畢力求江黃羊川；斬級亦作四百八十，惟生擒作七十餘小異，下文進番童固祇十五人也。魯失加是莊浪衛土官，實錄卷十同年有云：

（十月甲申）行在右軍左都督李英言、莊浪衛土官指揮同知魯失加所部土軍士民二百六十八人，舊隸隨駕三千之數，今從征安定還，請仍令魯失加管領訓練，遇有邊警，易於調用，從之。

李英本作李洪，觀下賞功條知洪字誤。實錄卷七又云：

（八月壬申）鎮守西寧都督史昭奏、昨陝西土官都指揮李英征西番還，安定王桑兒加失夾來朝，爲臣言刼殺使臣首惡，乃曲先衛指揮散即思、安定衛指揮哈咎土滅禿等，皆未就擒；又奏罕東衛土官指揮卻里加諸族從英征討還者，今皆移近西寧以居，臣意其畏散即思等攻剽，故遠徙以避，宜令復居罕東。上曰，居近西寧則易於制馭，遠人當因其所欲而懷之，遂勅昭聽居西寧，但加意撫綏未僉餘寇，待英至問故而後處置。及英至，言餘寇畏威遠遁矣，上曰，既遁則不必窮追。

此言安定指揮哈咎土滅禿，與前文哈三孫散哥異。卻里加卽前綽里加之異譯。抑明人往往誤明初四衛爲地近青海者，實因各衛人民逐漸有若干東徙，其先威力西及，猶得知原衛所在，迨邊勢日蹙，則祇能就其移居內地者綏撫之，無怪乎四衛之移來西寧矣。史昭所奏，卽四衛人民漸有內移之實證，曰「遠徙以避」，更見罕東原部相去之遠。涉內徙事，更有實錄卷十一同年一條可相佐證，玆並引如下：

（十一月己未）罕東衛土官指揮那那奏、所屬番民桑思塔兒等一千五百人例納差發馬二百五十疋，數年多逃居赤斤，近都督李英等率兵捕寇，逃者驚愕，欲聚衆還歸，（本作攻）乞爲招撫復業。上謂行在兵部尙書張本曰，此初失於撫綏，致其逃竄，彼雖獷悍，我能安之，則彼亦安矣，其令費瓛等差人同那那往招撫令歸，無責其過，舊所負差發馬悉免之。

由罕東逃赴赤斤，是東移之一證。若李英推賞功，則實錄卷十同年云：

（十月己巳）陝西行都司土官都指揮同知李英至京，進所獲安定番童一十五人及馬駝。上謂兵部臣曰，番人作過，不得已征之，得其首惡足矣，童子何罪，卽遣還本土，無父母可依者付各衞令善養之，馬駝付御馬監。

辛未，以征安定、曲先功，陞陝西行都司都指揮同知土官李英爲右軍都督府左都督，食祿不視事，給世襲誥命，並賜織金紵絲襲衣鈔銀綵幣表裏。其從征有功將士在陝西者，遣官以鈔銀幣等物往賜之。陞罕東衞土官指揮使卻里加、必里衞土官指揮同知康壽、莊浪衞土官指揮同知魯失加、俱爲陝西行都司都指揮僉事，不理司事，給世襲誥命。其餘有功官軍，悉次第陞秩。

明史謂「英以此封會昌伯」，實錄未見。

以上所抄各節，雖無如何特殊消息，然（1）出使西域——非烏斯藏——則安定、曲先不當在西寧、青海。（2）宣宗謂「安定本畏兀兒之地」，回紇勢力從未南及青海。余前謂四衞本不在青海，可於明人著述字裏行間得之，（同前引文二一頁）今得此，則其說益確定，無煩乎旁徵博引矣，故亟存之。三十一年八月下旬順德岑仲勉識。

頃得讀新西北月刊第二期（三十一年十二月二十日）陳秉淵青海李土司世系考，言英爲李南哥之子，宣德二年封會寧伯，並敍其後事頗詳，可以參觀，卅二年一月中旬仲勉附識。

續貞石證史

岑仲勉

余前曾撰金石證史（中山大學史學專刊一卷四期）貞石證史（集刊八本四分）兩篇，續於唐石有得，足盈一卷，因并以泛論貞石文字及集本碑誌數條附其中，仍概名曰貞石證史云。三十一年六月，順德岑仲勉識。

田雍文　寇章

李晝李庚　李共華非李華

孫讜誌立年考　輿地碑記目刊複

金石祛僞跋附　爨龍顏碑跋附

周齊王憲碑附　鄭常遷州刺史附

唐誌對曆祖之稱例

誌文所謂五代祖、高祖等，皆就誌主言之，此通例也。然亦間有就嗣子立言者，茲舉一爲例；如唐高岑誌，「府君諱岑，……高祖諱品，……曾祖諱崇禮，……祖諱元琮，皇遂州司戶參軍，……府君則司戶公之元子也，」(芒洛四編六)通例祖之下自應是誌主之父，顧此誌「父」之地位，乃爲祖司戶之子，亦卽誌主高岑，故文中遂無父之一代，蓋就其嗣子幼成立言也。

去本身四世稱高祖，此通例也。然亦有稱四代祖者，如權德輿叔父華州司士參軍誌，「以至四代祖平涼公諱文誕，……曾祖滑州匡城縣令諱崇本，」(全文五〇三)又再從叔咸陽縣丞誌，「曾祖崇本，……自十二代祖……至四代祖平涼公，」(同上五〇四)今按新表七五下，平涼公文誕卽崇本之父，是高祖稱四代祖也，此種稱法，唐人文字中祇有數例，然德輿文人，在當時必非不經見之語也。

唐誌對兄之稱例

千唐咸通十一年孫景裕誌，題「第二弟朝議郎前守尙書刑部員外郎杜國孫徽撰，」又「第五弟鄉貢進士孫綗書，」余按唐人習慣，以同高曾所出爲行次，如孫讜誌徽自稱第十九弟，書人孫綮稱第二十五弟，(芒洛四編六)其行次應合高祖逖所出以計算也。然則所云「第二弟、」「第五弟」者，專就同父昆弟計算歟？是又不然。讜、景裕均徽親兄，則徽不得爲第二；新表七三下、簡八子，長景蒙，二景章，三讜，四景裕，五紓，六徽，七綠，八繼，景裕誌，「司馬府君卽太師第四子，」(誌不著景裕名字，余據新表證爲景裕誌也。)表、誌相合，依次數之，徽實第六。唯景裕之下尙有紓，第二弟云者，謂同父昆弟中論長幼，徽下於景裕二人也，表無綗，當簡之第九子，依前例、下於景裕五人，故云第五弟也。如此計稱，與通俗異，在唐人文字中亦未見相似之例，故特拈出之。

父子同名例

匋齋藏石記一九馬君之墓誌，「公諱珎，……父諱珎，隨開皇十九年任益州別將，」（馬珎卒顯慶二年，春秋八十六。）跋云，「珎父亦諱珎，不應父子同名，亦不應書寫錯誤至此，然……率略如此，則父名當亦出誤書。」今按余所見者，如

「君諱仁，字弘贍，……祖達，隨鷹揚郎將，……父仁，唐朝上護軍、游擊將軍，……後任舒王府典軍。」千唐龍朔三年唐故舒王府典軍王君墓誌銘。

「君諱葵，字義，……顯考葵，仕隨爲相州長史，琅耶郡公，……君資神月秀，……春秋八十有二，粤以麟德二年十二月二十五日奄然遷化。」同前乾封二年唐故上開封府董君墓誌銘并序。

「君諱恭，字懷信，……父信，皇朝虢州閿鄉縣丞，……君據道依仁，……龍朔三年，改授虢州閿縣丞。」同上乾封二年唐故虢州閿鄉縣丞孫君墓誌並序。

「君諱通，字豐仁，……父通，任衞州黎陽縣令，……君稟性（下泐）。」同上咸亨元年唐故齊州歷城縣令庫狄君墓誌銘並序。

「□諱和，字才，……父和……□君（？）雅量貞朋。」同上永淳元年唐故上柱國張君墓誌銘並序。

「公諱瑛，字思亮，……父瑛，皇朝左衞勳一府勳衞，……春秋六十有七，以長安三年……。」同上長安三年周故左衞勳一府勳衞上柱國元思亮墓誌銘並序。

「公諱政，……曾祖覽，祖爽，父政，並家世淸白，頗聞詩禮，公行高於時。」同上天寶三載唐故處士皇甫府君墓誌銘並序。

上舉王仁、元瑛兩誌，由文義觀之，所云父某，應屬前文就嗣子立言之例。董葵、孫恭兩誌，頗有疑問，前誌因葵生開皇四年，後誌因父子官同縣（誌之閿縣乃閿鄉縣之奪。）縣丞非必無之事，且父名信而恭字懷信，又不盡同也。若庫狄通、張和、皇甫政三誌，就文面論，似是父子同名，匋齋遽斷馬誌爲誤，所見猶未廣耳。

石刻記載雷同踳駁之又兩宗

山西通志九一論唐上元南溪縣令孟貞墓誌多與鄉正馬惲墓誌雷同云，「初唐誌

銘，率用駢儷一種通調，輾轉沿襲，而未有若此其甚者，且又生同地，葬同時，而千載後俱流散於世，豈不奇哉，」其說可與拙論安師誌與康達誌一條參看。（集刊八本四分五〇一頁）

曲石藏大周洺州肥鄉縣尉慕容昇誌，卒天穫二年，春秋三十三，誌云，「十三代祖、前燕武宣皇帝，十二代祖太祖文明皇帝，……十一代祖，前燕太宰太原王，高祖，魏尙書左僕射武威郡王紹宗，……曾祖三藏，隋淮南郡太守、和州刺史，祖𤨲言，唐朝請大夫、行衞州長史、兗州都督府司馬，……父知敬，唐絳州司戶參軍事。」同前開元五年肥鄉尉慕容昇合葬誌云，「十一祖、燕太祖文明帝，十代祖恪，燕太原王，……高祖紹宗，北魏尙書令，……曾祖三藏，隨金紫光祿大夫、芳疊等七州諸軍事、河內郡公，……祖正言，皇朝兗州都督府司馬、衞州長史，」又云，「春秋叁拾伍。」碑誌敍先代官歷，互有詳略，殊不足怪，然前誌以皝（文明皇帝）爲十二代，後誌曰十一，前誌以恪爲十一代，後誌曰十，即謂有連本身不連本身之分，然爲子孫者對於世數多寡，豈容隨時變更其計法；若曰操筆者之過，子孫獨不一察書乎。考慕容知禮誌云，「前燕高祖武宣皇帝之十一代孫，」知禮爲知敬親弟；（知禮卒顯慶四年，年十九，知敬卒總章□年，年三十二，亦有誌存。）其計世同後誌，合參姓纂，（見拙著校記）則前誌似不可信，此涉於世數之誤者一。前誌言春秋三十三，後誌叁拾伍，「伍」字顯與「三」異，則其一必訛，此涉於享年之誤者二。是亦可補入於余前論碑誌之信値者也。（集刊八本四分四九八頁）

唐高祖造象記

寰宇訪碑錄二著錄三碑：

一、鄭州刺史李淵爲子造象記，正書，大業元年五月，河南滎（滎）陽。

二、李淵爲子祈疾疏，正書，大業元年十一月，陝西鄠縣

三、大海寺造象記，正書，大業元年，浙江仁和趙氏拓本。

按舊書一七一張仲方傳，「滎陽大海佛寺有高祖爲隋鄭州刺史日，爲太宗疾，祈福於此寺，造石像一軀，凡刊勒十六字以誌之，歲久刓缺，滎陽令李光慶重加修飾，仲方再刊石記之以聞，」（元龜五二略同，惟光慶作元慶。）則唐代所見祇十

六字，似卽勒於像上者，今所傳大海寺唐高祖造象記，據金石萃編四〇著錄，乃百四十二字，字數迥不侔。又萃編「大業元年」下泐三格，孫錄定爲五月，豈見本獨完歟。趙氏拓本，孫錄不著字數，若依題目，似卽與（一）碑同是一種，豈文字有不同歟。

金石錄三、「第五百十九、唐高祖造象記，太宗造像記附，大業二年三月，」又寶刻叢編五鄭州下引訪碑錄「隋鄭州刺史李淵造石像記，大業二年三月造，在滎陽縣，」均作二年三月，與萃編著錄之大業元年異。若（二）種則朱楓雍州金石記一有云，「李淵爲子祈疾疏，行書，今在鄠縣草堂寺，經宋人翻刻，」按祈疾疏共七十六字，亦與舊仲方傳異。疏云，「蒙仏恩力，其患得損，」與造象記之「故就寺禮拜，其患乃除，」語意相同，疑卽宋人好事，酌採造象記語而創刻於其地者，未必是翻刻原有之本也。

總言之，依舊傳所云十六字及歲久剜缺，則今傳（一）本亦當非原刻，復齋碑錄，「唐大海寺玉像碑，唐張仲方撰，韓齊申分書并篆額，長慶四年正月立，」（叢編五）此碑惜已亡，未得詳知原刻之本來面目也。

萬年宮銘碑陰補闕

永徽五年五月萬年宮碑陰，題名四十八人，太半完好，稍泐損者亦都經前人考定，惟尙有兩名：

左驍衞大將軍上柱國隴西郡王臣□□。

左武候大將軍檢校右屯營上柱國鴈門郡開國公臣□達□。（萃編五〇）

跋者都未之及。余按前一名，李博乂也，宗室例不書姓，當補「博乂」二字。舊書六〇，「隴西王博乂，高祖兄子也，……武德元年受封，」又同卷神通傳，「初高祖受禪，以天下未定，廣封宗室以威天下，皇從弟及姪年始孩童者數十人，皆封爲郡王，」是博乂之爵祗郡王，舊、新唐書傳表於郡王往往略郡字，非徒博乂然也。博乂仕歷，拙著唐史餘瀋已略爲考訂，此碑之官勳，亦可補傳文所略者。

後一名，梁建方也，小校經閣藏本梁字尙可見，建、達字肖，故萃編誤「達。」建方史無傳，惟舊紀四，永徽二年七月，武候大將軍梁建方爲弓月道總管，通典一九九，永徽三年，左武候大將軍梁建方破賀魯，會要二六，顯慶五年三月，左武候大將軍梁建方爲右軍，在立碑前後，其官均與此條同，復有「達」「建」之連系，則可補正作梁建方無疑。唯新書二一五下訛稱左武衛，余已於突厥集史七揭之。建方封爵，舊史似未嘗著錄。

考訂學與全史

近人有謂考訂之學無關全史者，然考訂史之部分者有之，考訂一史之全體者亦有之。吾人讀書，常發見若干資料之間，或且同史之內，互爲矛盾者，如曰闕疑，則不可勝闕，如曰擇善，則究何適從，是知整理全史之功，要不能離考訂而獨立也，今試以韓昭誌爲例，曲石藏「唐國左驍衛萬歲府折衝都上柱國韓府□□銘並序」云，「公諱昭，字炅，洛州河南縣人也，……祖□，周驃騎大將軍、開府儀同三司、青廣二州諸軍事二州刺史、新義郡開國公，祖雄，周開府儀同三司，左衛大將軍、洛宜華□陝五州諸軍事五州刺史、新義郡開國公，父擒，隨本郡太守、金紫光祿大夫，和永二州諸軍事二□刺史、盧雲慶涼四州總管，上柱國、新義郡開國公，……以大唐咸亨三年十月□六日終於東都□□里第，春秋七十有一，卽以其年十一月十五日□□河南縣之北郊芒山之陽，禮也，」誌題折衝都下漏一尉字。新書三八、陝州有萬歲府，羅氏折衝府考補拾遺云、「唐高德墓誌，俄遷陝州之萬歲府折衝，」今據此誌，萬歲屬左驍衛，新出諸石，其可補勞、羅、谷三家所未及者尚多也。

敍祖之前，應爲曾祖，今誌「祖雄」之上，又有「祖□」，考隋書五二韓擒(虎)傳「父雄，以武烈知名，仕周官至大將軍、洛廣等八州刺史，」誌之雄當雄之殘泐。「祖□」是否曾祖之略，因擒虎傳不敍厥祖，無可質證。誌稱祖□爲青廣二州刺史，」傳載雄爲廣州刺史，又誌稱祖雄爲洛宜華□陝五州，傳載雄爲洛廣等八州，因廣州之相同及五、八之互異，似「祖□」與「祖雄」得爲一人之誤析。但六朝身後榮典，往往兼贈數州刺史，史傳簡略，常合贈官於實官，此可於拙著隋書州郡牧守編年表見之，是傳之洛廣八州，或兼贈官，不能據以說誌稱五州之不合也。傳又言擒虎「稍遷儀同三司，襲爵新義郡公，」誌稱雄新義郡開國公，與傳合。

傳又云，「後家新安，……周太祖見而異之，令與諸子遊集，後以軍功拜都督新安太守，」卽誌之本郡太守。傳云，「武帝伐齊，……進平范陽，加上儀同，拜永州刺史，……高祖作相，遷和州刺史，」（和原訛利，參拙著牧守編年表三二頁。）卽誌之和，永二州刺史。但據傳，擒虎官新安、永州，實當周代，誌稱曰「隋」，此則後人未經詳考，亦不足以疑傳。

據本傳，擒虎祇曾官廬、涼二總管，（參牧守編年表一四七及八二頁。）誌之盧應作廬，亦許中間曾作雲、慶兩總管（慶州應參牧守編年表一二八頁。）而本傳略去，然傳不記卒後贈官，則亦難言其全是實官也。

誌之最可疑者莫如昭之享年；昭卒咸亨三年，（六七二）春秋七十一，上推則生於隋文帝仁壽二年。（六〇二）但隋書一、開皇十二年（五九二）十一月下，固明書「己未，上柱國新義郡公韓擒虎卒，」是擒虎卒後十年而始生，誌何以稱「父擒？」就此點論，可得下數種之猜度：

1. 誌既有「祖□、」復有「祖惟，」「父擒」或應爲祖擒，昭是擒虎之孫，非擒虎之子。

2. 本傳云，「子世諤嗣，……楊玄感之作亂也，……世諤因得逃奔山賊、不知所終，」或因擒虎失嗣，後人別以他人子嗣之，然誌未之言。

3. 本誌既有訛漏，（如前舉「尉」字）。「七十有一」可爲八十有一之訛，如此則昭恰生於擒虎卒年。

4. 本紀所書擒虎卒年或有誤，然擒虎當年名將，唐初人物曾與晉接者諒不乏人，況本紀承隋開皇起居注爲書（六十卷，見隋書三三。）所差當不至十年之遠。且本傳云，「因寢疾數日竟卒，時年五十五，」又云，「僧壽字玄慶，擒母弟也，……（大業）八年，卒於京師，時年六十五，」是擒虎長僧壽十年，仁壽二年（卽昭生年）僧壽已五十五，就令擒虎只長一歲，昭猶未必擒虎子，況不止此乎。傳又云，「洪字叔明，擒季弟也，……俄而萬昌弟仲通復叛，又詔洪討平之，師未旋，遇疾而卒，時年六十三，」曰季弟、則比僧壽更少，洪之卒年雖不碻知，要當在大業七、八年間，（參牧守編年表九二頁。）有此兩人互相參核，傳記擒虎年歲、殆無可疑，如必信誌，則隋書紀、傳當同時有誤，竊以爲隋紀不必疑也。

至於1、2、3、三條，孰爲徵信，殊難斷言，吾人處此，其能無條件而接受昭爲掄虎子乎，史書類此者多，則不能不加以考訂，整理全史者果能脫離考訂而獨立乎。餘意未盡，今姑揭其凡耳。

長子縣宰朝散大夫

授堂文鈔一書白鶴觀碑後云，「案碑文下載垂拱二年，長子縣宰，朝散大夫高同營創基宇，造立尊容，百官志縣皆稱令，此獨云宰，亦異文也。又京縣令正五品，畿縣令正六品，考長子並不在京畿而稱朝散大夫，與志載從五品者同。」余按唐人行文，當稱州守曰岳，牧令之稱宰，厥例從同，乃文字上別稱，非官書中作是名謂，不得曰異文也。武氏引百官志，縣令祇有正五、正六品，乃曰「與志載從五品者同，」殊爲憒憒。復考舊書四二職官志，萬年八縣令、正五品上，京兆等畿縣、正六品上，諸州上縣令、從六品上，諸州中縣令、正七品上，諸州中下縣令、從七品上，諸州下縣令、從七品下，又新書三九長子是緊縣，應從六品上，其相當之散官爲奉議郎，然唐代之散官、實官常不相當，故高同結銜本應稱朝散大夫行長子縣令（行、守二字，卽專爲散官、實官不相當者而設。）但文字中「行」「守」字可省，故碑文內不復著也。武氏從高同之實官以求高同所授之散官，蓋未諳唐代散官制度者。

蔣孝璋

新書五九藝文志本草所注蔣季璋，余曾證其應從東本作孝璋。（聖心二期讀書記二四——二五頁。）千唐長安四年立「唐故尙藥奉御蔣府君夫人劉氏墓誌銘并序」有云，「儀鳳三年二匝十一日，奉御府君俄先朝露……有子越府功曹參軍義弼，」按孝璋授尙藥奉御員外同正，在永徽六年八月，遣尙藥奉御蔣孝璋專看玄奘法師，在顯慶元年夏：此尙藥奉御蔣府君卒儀鳳三年，殆卽孝璋。

公士餘譚

唐之公士，余前有說，（集刊八本四分五一八頁）續得資料，并記如下。

「大周故朝請大夫行陳州司馬上輕車都尉公士成公（循）墓誌銘并序。」萬歲通天元年立。（千唐）

「大周故中大夫使持節上柱國會州諸軍事守會州刺史公士尉之神柩。」（名不詳）萬歲通天二年立。（千唐）

「大周故滄州東光縣丞公士王府君（進）墓誌銘并序。」聖曆二年立。（千唐）

「大周故朝請大夫行陳州司馬上輕車都尉公士成君夫人平陽縣君耿氏□誌銘並序。」長安三年立。（千唐）

匋齋藏石記二一云：「右唐故公士安令節墓誌，……新唐書、乾封元年正月，封泰山，禪社首，賜文武官階勳，民年七十以上至八十，賜古爵一級，又神龍元年九月，祀天地於明堂，賜文武官勳爵，民爲父後者古爵一級，安君爲公士，蓋曾賜古爵一級者也，」可補前引史料所未及。

明嗣子之義因錄富吳體

余在貞石證史中，曾辨羅振玉氏釋嗣子爲入嗣之誤，今得讀安平崔公誌，則祐甫稱嗣子者嫡子也，成甫稱長子者庶子也，使早見此刻，無勞乎余之詞費矣，因亟錄之。

有唐朝散大夫守汝州長史上柱國安平縣開國男贈衛尉少卿崔公墓誌。

初安平公之薨也，以神龍元年十有一月二十四日假葬於邙山，晉陽縣尉吳少微、富□謩同爲誌曰：

伊博陵崔公諱暟，歲十有八，㠯門胄齒太學。明年，精春秋左氏傳登科，冠曰慈明。首□雍州參軍事，次左驍衛兵曹，次蒲州司法。中書令李敬玄、侍中郝處俊，國之崇也，時□元良監守，朝於李而暮於郝，㠯率更職典刑禮，咨公爲丞，俾輯宮事。沛王府功曹曦，公之仲昆，京兆杜續，公之姊聟，以主客郎中終而兄亦早歿，公奉嫂及姊，盡祿無匱。其後相次淪亡，公家貧，庀喪莫給，迺鬻僮馬以葬，摯甥呱呱，開口待哺，公之數子咸孺稚，□彼餐而馱以餉予子。時咸通歲關輔大飢，闔門不粒，幾乎畢斃，朝廷嘉之，遷尙書□部員外郎，時年三十八。帝有恤人之命，特除公爲壽安令，日給都苑，大走關逵，郵軿無留，賦訟咸理，使徽教不辱，故人頌石而德之。有後宰杜玄演及繼演者皆嫉我惠能，□我圖篆、舉邑號護，訶怒驟撻而不能禁焉。會江介郡縣吏多貪慝，潭州司馬樂孝初、永州司馬夏侯彪之、暴猾之魁，黷賄無紀，憲詳紊發，皆不敢劾、公以剛直受命，南軺□罪，親數二墨於朝，咸伏其咎。姦祿者因憚公嚴正故直，徙爲醴泉令，而縣之義倉□多積穀，朝貴與州吏爲謀僦饟，以傾我敖庾，公正言於朝，多所訐忤，遂左爲鄮唐令。故老懷愛而憤寃、號訴而守闕者千有餘人，朞而得直。復爲舊黨所搆，卒以是免，閉門十年，寢食蓬藋，終不自列之。乃事白，授相州小黃令，遷洛州陸渾令。南山有銀冶之利□監鼓者不率，公董之，復爲鑛民所閔，免歸，人交奔訴而又獲理焉。登除澠池令，遷潤州司馬，加朝散大夫、汝州長史，范陽盧弘㦗，雅曠之守也，旣舊旣僚，政愛惟允，及盧公□亡，公哭之慟，因有歸歟之志。無何，張昌期迺莅此州，公喟然嘆曰，吾老矣，安能折膂□此豎子，遂抗疏而歸，惡權兇也。皇聖中興，舊德咸秩，邑安平之三百戶爵公爲開國男焉。初公皇考維縣府君儼在蜀之歲，公年始登十，而黃門郎齊璿長已倍之，與公同受春秋三傳於成都講肆，公日誦數千言，有疑門異旨不能斷者，公輒爲之辯精，齊氏之氏未嘗不北面焉。由是博考五經，纂乃祖德，則我烈曾涼州刺史大將軍詵、烈祖銀青光祿大夫弘峻之世業也，累學重光，於赫萬祚，公尤好老氏、道德、金剛、般若，嘗誡子監察御史渾、陸渾主簿沔曰，吾之詩、書、禮、易，皆吾先人於吳郡陸德明、魯國孔穎達，重申討覈，以傳於吾，吾亦以授汝，汝能勤而行之，則不墜先訓矣。因修家記，著六官迴時論。神龍元年公七十有四，秋七月季旬有八日，終於東都履道里之私第。公病之革也，命二子曰，吾所著書，未及繕削，可成吾志，伯殞季盂，敢守遺簡。乃於緘笥中奉春之遺令曰，吾家尙素薄，身歿之後，歛以時服，吾死在今歲，不能先言汝知之。公博施周睦，仁被衆艱，是以有文昌之拜，大惠不泯，是以有宜陽之歌，守正不回，是以有三塗之歸，海浙之遠。昔十歲，執先夫人之喪，十五、執先府君之喪，禮童子不杖而公柴病，孝也。嘗與博士李玄植善，植無所居，公亦寠陋，分宅與之，義也。性命之分，人莫之測，而公先之知，命也。銘曰：

古先聖宗，莫大乎炎農，今日世祿，莫盛乎禁族。中有齊子，受邑命氏，裔德明明，夏里長岑，瑷實洪懿之英英，以暨乎安平。北山莽蒼兮封㝘㙇，蒿棘榛榛兮狐兔悲，城闕傾合兮洛逶迤，金歌劍蓋兮相追隨；嗟嗟大夫兮獨不偶，已焉已焉終何爲。

安平公之元子渾，字若濁，居喪不勝哀，旣練而歿。御史之長子孟孫，仕至向城縣令。嫡子衆甫，仕至朝散大夫、行著作佐郎，嗣安平縣男。少子夷甫，仕至魏縣令。天寶之末年，夷甫卒，乾元之初年，孟孫卒，寶應之初年，衆甫卒，衆甫之子滿籯、貞固，並先衆甫卒。貞固之子公度又殀。今有孟孫之子兟，仕爲大理評事兼澧州錄事參軍事。夷甫之子契臣，未仕。安平公之次子洌，字若沖，服闋，授左補闕，累遷御史、尙書郎、起居、著作、給事中、中書舍人，祕書少監，左庶子、中書侍郎，魏懷二州刺史、左散騎常侍、祕書監、太子賓客，薨贈禮部尙書、尙書左僕射，謚曰孝。僕射之長子成甫，仕至祕書省校書郎，馮翊、陝二縣尉，乾元初年卒。成甫之長子伯良，仕至殿中侍御史，次子仲德，仕至太子通事舍人；少子叔賢，不仕，並早卒。今有伯良之子詹彥，仲德之一子未名，並未仕。僕射之嫡子祐甫，仕爲中書舍人，開元十七年，玄宗親巡五陵，謁九廟，將廣孝道，申命百辟，上其先人之官伐，悉加寵贈，僕射孝公時爲常侍，是以有衞府之命。初安平公之曾祖涼州刺史自河朔違葛榮之難，仕西魏，入宇文周，自涼州以降，三代葬於京兆咸陽北原。安平公之仕也，屬乘輿多在洛陽，故家復東徙。神龍之艱也，御史，僕射以先妣安平郡夫人有羸老之疾，事迫家窶，是以有邙山之權兆。自後繼代家於瀍洛，及安平公之曾孫也，爲四葉焉。況屬兵興，道路多故，今之不克西遷也，亞於事周之不諧北葬，通人曰，禮非從天降，非從地出，人情而已矣，此不用情，又惡乎用情。越以大曆十三年歲次戊午，四月丁丑朔，八日甲申，嫡孫婦隴西縣君李氏、介孫中書舍人祐甫奉安平公之櫬，還窆於邙山之平樂原，以安平郡夫人王氏祔焉，禮也。

以九日乙酉窆

右誌凡兩石，一千七百餘字，敍系裔之詳，晚近出土所僅見者也。兩石各二十八行，行三十三字，前石標題占一行，引起占兩行，餘錄吳富兩家所爲誌文，至「公病之」字止。後石接前，由「革也」起至誌末共六行，銘占三行，餘十九行，自「安平公之元子渾」起，乃大曆十三年改葬時後記。蓋曖初卒時倩吳、富爲誌，及祐甫遷窆厥祖，轉錄舊誌而又附爲之記，近所出石往往見此體也。誌文分書，第一石行末頗有漫泐，適余見本紙尾不敷，工墨欠善，故闕泐十餘字待補。富下泐一字是嘉字，嘉謨，舊書一九〇中有傳，少微附見，傳云，「長安中累轉晉陽尉，與新安吳少微友善同官，」與引起符。傳又云，「先是文士撰碑銘，皆以徐、庾爲宗，氣調劣，嘉謨與少微屬詞，皆以經典爲本，時人欽慕之，文體一變，稱爲富、吳體，」今讀其文，誠繼陳拾遺而起之一派，韓、柳不得專美於後也。序、銘分作，初唐遺文間見之，此則兩人合作，亦是特例。依誌計歲，噔父儼應卒貞觀二十年，噔登科則永徽之元，遷員外郎則總章之二。咸通卽咸亨，避肅宗諱，總章二年之翌歲，始改咸亨，誌先提咸亨而後言年三十八，則前後差一年，豈計歲略有誤歟。舊紀五、總章二年，「十一月庚辰，發九州人夫轉發太原倉米粟入京，」似總章末已見荒象，誌舉咸亨，或概言之歟。新表七三上、盧弘澤汝州刺史，全文七八四穆員刑部郎中李府君墓誌，府君諱澥、卒上元元年，春秋四十三，以貞元三年合葬，誌末云，「夫人(盧氏)皇朝刑部郎中瀛汝二州刺史弘懌之孫，吏部員外郎汝州刺史僎之子，」其文蓋錄自英華九四三，郎官考四引新表七三上，「盧氏三房、汝州刺史弘懌，(一本澤)子僎、汝州長(一本刺)史，」作弘懌及僎刺史者與英華同，由誌觀之，弘懌卒汝州刺史任，表作澤及長史者均訛。後記本言以八日甲申遷窆，嗣又改期，故末行別刻「以九日乙酉窆」六字。誌文遇敬稱處空一至三四格不等，今均略去。

誌言渾之長子孟孫，嫡子衆甫，衆甫嗣安平男，是嗣子之嚴義，嫡子應嗣封者之謂也。由是而沔之長子成甫，嫡子祐甫，其名別益明，祐甫或自稱嗣子，卽嫡子之異文也。

新表七二下記崔家世系，以此誌比之，誤漏頗多，說別見拙著唐石補新表。

抑祐甫上宰相牋，「祐甫天倫十人，身處其季，……長兄宰豐城閒歲，遭罹不淑，仲姊寓吉郡周年，繼以鞠凶，……宗兄著作自蜀來吳，……今茲夏末，宗兄辭代，」余嘗引之，以謂「天倫十人者同胞之謂也，合男女言之，」(集刊八本四分五五六頁)今審茲誌，同胞兩字誤，應是同祖。蓋安平之孫，孟孫最長，據誌仕至向城(山南道鄧州)令，又據千唐大曆十三年行著作佐郎崔衆甫誌，題「從父弟中書舍人祐甫述，」衆甫自蜀之吳，卒洪州豐(卽豐)城，時爲寶應元年，春秋六十五，兄子儹弟子契臣等，則孟孫顯視衆甫長，然孟孫所宰向城，非豐城也。宗兄著作卽本誌所云「嫡子衆甫仕至朝散大夫行著作佐郞嗣安平縣男，」衆甫襲嗣祖爵，是爲大宗，故曰宗兄。渾子孟孫、衆甫、夷甫，沔子成甫，均比祐甫長，兼有衆甫(引見前)夷甫(文錄後)兩誌，均稱從父弟祐甫述可證，然則同祖之兄弟姊妹十八，男女各居其半，「天倫」兩字，前人用之，不專限同胞，又與後世異也。衆甫卒寶應元年夏末，㦷上在同年夏末之後，依新書六二中宰相表求之，其時元載行中書侍郎，苗晉卿爲侍中，裴遵慶爲黃門侍郎也。

㦷之仲姊，卽千唐大歷四年魏州冠氏縣尉盧招夫人崔氏誌其人，誌有云，「益州維縣令儼之曾孫，衞尉少卿暟之孫，右僕射孝公沔仲女，……屬中夏不寧，奉家避亂於江表，弟祐甫爲吉州司馬，以乾元二年九月七日寢疾，終於吉州官舍，春秋卌有三，……弟吏部郞中兼侍御史祐甫勒家人啓殯還洛，以大歷四年……。」按顏眞卿崔孝公陋室銘記，嗣子祐甫，「累登臺省，至吏部郎中、充永平軍節度使倘書李公勉行軍司馬兼侍御史中丞，」又據舊紀一一及舊書一三一李勉傳，勉以大歷八年(沈本)始授永平節度，中隔多年，則祐甫官吏中當非檢校。復依勞氏郎官考三次之，其吏中題名，應在韋元曾至房宗偃之間，但今石柱此段完全無闕，不見祐甫名，殊不可解，然石柱亦常有錯誤，卽如祐甫官勳外，其前二名乃爲開元時之張九齡，兩經改刻，時代顯多顚倒，則罣漏亦未必能免矣。

訥之

匋齋藏石記二一神龍二年四月五日門下省行倘書省文刻石，有「正議大夫、行給事中、杜國、文安縣開國男臣訥之，」跋云，「訥之之名，不見史傳。」余按同書二五張璬誌，「曾祖淵，隨開府儀同三司、江南遼東二道行軍總管、衞尉卿、上大將軍、文安縣開國公，……祖孝雄，唐倘輦直長、湘源縣令、鄯府司馬，……孝敬之，侍御史、司勳郎中、乾封縣令、漢州刺史，太府卿、禮部侍郎，」太平廣記四三五引朝野僉載，「德州刺史張納之，……父雄，爲數州刺史，……雄薨，子敬之，爲考功郎中、改壽州刺史，……敬之薨，弟納之，從給事中、相府司馬改德州刺史，入爲國子祭酒，出爲常州刺史，」歷職給事中與爵號文安均相同，時代亦恰當，然則納之即訥之，(寶顏堂祕笈本僉載作弟訥之。)廣記傳本訛也。依誌雄未爲刺史，祕笈本數州作荆州，更誤。敬之勳中非考中，又漢州刺史非壽州，今郎官柱勳中固見敬之，僉載記事常不實不盡，未可以其爲同時人而泥信也。匋齋跋又云，「其子孝雄、又與籥傳有子孝廉爲同輩行，」余按孝廉、孝雄固同輩行，僉載祇稱雄，或由隋、唐人常省二名爲一名之故，但誌下文之「孝敬之」，顯是「考敬之」之訛舛，非敬之與父同名也。

金隣

匋齋藏石記二一、大唐故廣府兵曹賈(黃中)墓誌銘並序云，「秩滿，補廣府兵曹參軍，……遂表奏攝韶州長史，……常以金隣地遐，石門天末，枌榆軫念，桑梓勞思，因訃入朝，謝疾罷職，」跋云，新唐書地理志，金隣唐羈縻州，儀鳳元年置，隸安南都護府，據誌則當開元時金隣曾隸韶州，可補史志之闕。」(誌開元六年立。)按金隣地方，余曾作詳細考證，(聖心二期南海崑崙二一一四又三〇——三一頁。)此之「金隣地遐，」正余所謂「摛藻屬辭、無關考據」者，(同前引三一頁注。)直言之，猶云「南荒地遠，」金隣州與韶風馬牛不相及，跋乃謂曾隸韶郡，諺云「讀書入迷，」其是之謂歟。漢書七八上、揚雄傳校獵賦，「武義動於南鄰，」師古曰，「南方有金鄰之國，極遠也，故云南鄰，一曰鄰邑也，」南鄰自當作南方之鄰解，若以爲南方之金鄰，亦是望文生義。新唐書二〇七楊思勗傳，「開元初，安南蠻渠梅叔鸞叛，號黑帝，舉三十二州之衆，外結林邑、眞臘、金鄰等國，據海南，衆號四十萬」，舊書一八四叔鸞作玄成，且祇云「與林邑眞臘國通謀，陷安南府」，無金鄰字。已上兩事，舊文未引及、並補附於此。

錄安平王夫人誌并校原誌異同

有唐安平縣君贈安平郡夫人王氏墓誌

潁陽縣丞徐珙書

初夫人之終也，以開元九年十月二十二日權窆於邙山，族孫監察御史頲爲誌曰：

夫人姓王氏，諱瑗，字正一，太原晉陽人也。周儲慶靈，舊德光於百代，魏后宂姓、高門冠於四海，勳賢必復，史牒與能，夫人卽後魏征虜將軍廣業之五代孫也。曾祖寶倫，北齊汾州司馬，祖仁緒，隨文林館學士，父惠子，不事王侯，德音孔昭，奕葉彌茂。夫人福履幽贊，靈和秀澈，孝敏自衷，寬明達禮，婦道檢身以柔立，家人宅心以潛化，周防無忝，含章幼成，乃歸我安平公博陵崔府君諱暟，時年十有三矣。貞純內炳，緝宣中教，夫人不逮事舅姑，府君友于兄弟，將順其美，率由好仁，刻意躬行，服勤利博，衣必命而後襲，膳有嘉而先饋，若奉所尊焉。久之，府君頻有天倫之感，夫人視養生姪，曲任惠和，宗族斂袵以歸仁，兒童易衣而莫辨。咸通之歲，關輔阻飢，府君爲率更寺丞，素業淸約，位纔非隱，祿未充家，孤遺聚居，稚孺盈抱，夫人於是劬勞自嗛，推美分甘，至樂融而且康，衆心飫而無怨。府君利用進德，雖容禮闈，睦親行成，內舉義直，夫人次兄曰溫之，山東儒藝，國庠遊學，府君感夫人誠敬克家，益盡心推薦于代，向非輔佐有力，庇宗得所，孰能使六親邕邕，二儀交泰，故君子韙之。尋以外戚專朝，忠臣削跡，府君因事而退，拂衣就閑，夫人淸靜無欲，聽從有裕，卽荊布而安，舍丘園而逸，是知德曜有隱居之具，於陵聽箕帚之言，高義充符故也。抑嘗深見淳薄，不慕榮盛，胄實稱美，姻則惟親，皆山東素門，罕涉權右，亦夫人雅志也。府君後起爲汝州長史，以安平縣開國男加朝散大夫，累踐通班，載榮中饋，受封安平縣君，昭寵命也。長子監察御史渾直指淸立，慶長運短，丁安平府君憂，渾居喪孝聞，旣練而歿。夫人雅好釋理，會通衆妙，雖哭無晝夜，而心照玄空，情禮外敷，道精深入，爰□孤弱，濟於艱難，文伯之母，言不踰閾，展禽之妻，誄足旌行，古今有之矣。初□子沔除殿中侍御史，職多皇華，慮闕溫凊，辭不拜職，夫人誨之曰，汝門緒不昌，令兄夭喪，宜恭恩命，以承家業，朝廷孝理，亦將及於汝也。俄而大君歎美，有命憲曹，俾都留臺，兼遂忠孝，孝子懷含肉之賜，母師遇登臺之渥，彰慈教也。前年、沔自祕書少監遷左庶子，加朝散大夫，夫人當進封太君，亟請申敍，夫人喟然而言曰，汝以我故也，國恩寬假，從容祿養，外無汗馬行役之勞，內無危言謇謇之節，而亟致榮進，將何以安之，吾承先大夫餘蔭，舊封縣君，不願有所加也，卒不許敍，天下稱仁焉。故宜爾子孫，行光邦國，咸肅膺閫訓，允若家聲，教之咊也。門閭可式，鄉黨稱悌，安土忘貧，滿堂常樂，咊之至也。中表聞義而相睦，吉凶習禮而錄仰，德廣所及，豈止於燕翼哉。夫人本宗清貧，禮葬未戸，每撤甘旨，損服用，封葑二尊，洎乎亡姊，奮喪畢舉，備物飾終，此又夫人之孝也。嘗於禪誦組紃之暇，精陰陽曆算之術，知來以數，自刻諱年；及初遘疾也，便命具湯沐，易衣裳，發篋屮縑綵，遺親親告別，不營醫療，精爽自如，兒女進藥，銜悲固請，曰，強爲汝飲之，知無益也。寢疾凡二十六日，以開元九年四月二十一日，終於東都崇政里第，春秋七十有四，知命不憂，德全終始矣。銘曰。

帝子登僊，王家有後，秀生淑德，懿哉慈母，言歸有初，倘柔無逸，惟明言理，□晦元吉，大夫食邑，內主命朝，姬姜族配，禮樂榮昭。嗟我高行，永終茂祉，祭有仁粟，膳餘孝鯉，京兆蒼阡，蒸言遠日，邙山宿草，權封此室。

安平夫人亥子沔，服闋，拜中書侍郎，開元十一年冬至，玄宗有事南郊，制詔侍從登壇官加一階，侍郎上言，請以加階之恩，追贈邑號，制贈夫人安平郡太君。至十七年，又以陵廟巡謁之禮，申錫類施及之私，侍郎時已還爲左散騎常侍，故有安平郡夫人之命，越以大曆十三年歲次戊午，四月丁丑朔，八日甲申，嫡孫婦隴西縣君李氏、介孫中書舍人祐甫奉安平郡夫人之櫬，祔於安平公，禮也。　　　　以九日乙酉窆。

右誌亦兩石，與安平崔公誌同。石各二十四行，行二十九字。前石題書一行，引起二行，原誌文二十一行；後石原誌文十五行，銘三行，後記六行，此其大概。引起所云族孫監察御史頲，考今精舍碑監察御史欄有崔頲，勞氏題名考二曾徵兩事，其一，「顏眞卿崔孝公陋室銘記，開元二十七年十一月崔公薨，故吏前監察御史博陵崔頲爲公行狀，」孝公卽沔，此崔頲系出博陵，與族孫符，又曾爲沔作行狀，則爲沔母作誌者當必此人。其二。「張九齡有司馬崔頲和晨出郡舍林下詩，」按詩有云，「天雲抗直意，郡閣晦高名，坐嘯應無欲，寧辜濟物情，」疑曲江貶荆時作，則在崔沔薨略前，亦必同一人，司馬比御史階高，眞卿不稱司馬者，唐人重內官故也。若新表清河小房崔頲，係酆之曾孫，生在唐末，別爲一人。

廣業爲太原王氏二房之祖，見新表七二中，云後魏太中大夫，誌書征虜將軍，兩可並存。若寶倫、仁緒，惠子，表皆未著。咸通卽咸亨，說見安平崔公誌跋及下文，厥後懿宗又改號咸通，由不悟前此已有諱改之名在也。

禮葬未亨，集韻云，亨古克字，字形小異，原誌（說見下）卽作克。

崔頲所爲原誌，今亦出土，惜略漫漶，試就其明碻者校之，知徐珙所書，時有改竄原文處，錄如後：

舊德光於百代，原誌光乎魏后。宊姓、宊是定字。乃歸作迺歸。貞純內炳作內則。友于兄弟作兄姊。生姪作甥姪。曲任惠和作曲成惠和。咸通之歲作咸亨，可證徐爲肅宗諱。利用進德作德進。向非作嚮非。二儀交泰作二族交泰。充符作充苻，不从竹。渾居喪孝聞，無渾字。爰□孤弱是爰撫。初□子所渺是少字，尙隱約可識。俾都留臺是俾留都臺。舍肉作捨肉。夫人喟然而言曰無然字。汝以我故也作汝之以我故也。垩作坐。未亨作未克。損服用作損諸服用。姊作姉。此又夫人之孝也，按備物飾終下祇餘一格，便是行底，夫人二字齊次行行頂，則「夫人」之前似非容「此又」兩字，況誌文於「夫人」字上皆空一格，知「此又」字是珙所增也。嘗於禪誦組紃之暇，暇作閑。及初遘疾原作及初不豫，珙書於大歷十三年，爲代宗諱，故特易之。發篋中縑綵，作篋从竹。強爲汝飲之汝下有等字。寢疾凡廿六日原作寢疾世有六日，其「世」字與原誌下文廿二日之「廿」字廣狹互異，此則改易而嘗失其眞者。德全終始矣原作始終。此下原誌尙有「□其年歲次辛酉、十月乙亥朔、廿二日景申，權窆於都城□□五？里邙山南原、須後期、禮也，族孫頲纂述懿德，勒銘爲請，其詞曰」等四十九字，珙書刪去，易以「銘曰」二字，且以引起「初夫人之終也、以開元九年十月廿二日權窆於邙山、族孫監察御史頲爲誌曰」概括之。銘詞惟明言理似非言字。□晦元吉作用晦。膳餘孝鯉作泉餘，京兆蒼阡作舊阡。其餘舊誌漫渺者或尙有異同之處，夫徐珙固謂轉錄崔頲文者也，而所異者已如此之多，夫安怪古本傳流之輒多參錯哉。余之校此，一以存頲誌之眞，亦以使事校勘者知傳本不同，有許多實經前人肊改也。頌誌之題署，原作「□(?)唐故朝散大夫汝州長史安平縣開國男□□(崔公?)夫人安平縣君太原王氏墓誌銘並序」云。

越州參軍李堂造牟尼像龕專

開元十二年甲子，閏拾｜貳月吉日，節度使判官｜越州司參軍李堂敬｜造 牟尼仏一龕於越｜稽山永安寺，雕鐫已就，｜色相星開，當願見在｜長幼無災，大界蒼生｜竝同受福，以存長壽。

專高十六公分，上廣十五公分，下廣十五公分半，厚四公分，陽文，右行，凡八行，行八九字，共六十七字，隸書。專左側刻「開元十二年閏十二月吉日造」十二字，右側殘存「年四月作」四字，年上字已削平，亦隸書。按開元十二年閏在歲底，見舊新本紀。州字專刻作㠵，敦煌唐寫本尚書釋文、舜典十有二㠵，古文州字，今本㠵改州，吳氏士鑑謂說文㠵、古文州字，隸變作㠵、汗簡4部引尚書正作㠵云。越州爲中都督府，貞觀元年、督越、婺、泉、建、台、括六州，(舊書四〇)依制設司功、司倉、司戶、司兵、司法、司士六曹參軍事各一人，竝從七品上，(舊書四四)景龍三年，諸州加置司田參軍，開元中省，(通典三三)司下書刻時顯誤落一字，因連空格計之，前五行行九字，後三行行八字，頗整齊也。

李堂既知爲越州參軍，所云節度使判官，應亦指越州而言，或疑此時未聞浙江東道節度使之設，則不得不先略說節度使之沿革。

節度使原唐初都督所嬗化，其實同，而其末則參差互見。考州官之制，魏、晉爲刺史，任重者曰使持節都督諸州軍事，輕者曰持節，使持節得殺二千石以下，持節殺無官位人。梁之刺史，行皆持節。後魏亦有都督諸軍事之稱。後周改都督諸軍事爲總管，凡總管刺史——刺史帶總管者曰總管刺史——則加使持節諸軍事。(通典三二)隋承周業，厥制從同，州置總管者列爲上、中、下三等。(隋書二八)煬帝集中權力，悉罷總管。唐興復舊，亦加號使持節，武德七年，改總管曰都督，(通典三二)大都督從二品，中都督正三品，下都督從三品，竝爲職官，(舊書四二)其員別階級，一名稱，此初唐制度之較爲條理者也。新書四九下云，「其後都督加使持節則爲將，諸將亦通以都督稱，唯朔方猶稱大總管，」則未知(一)初唐總管、都督除制，靡不曰使持節總管或都督某某州諸軍事某州刺史，並無加使持節或不加之分。（二）貞觀之際，靈州亦稱大都督，朔方大總管云者，即通典三二謂有征伐則置於所征之道，以督軍事，新書五〇謂行軍征討曰大總管，在其本道曰大都督，非朔方一處，獨存總管之名，此須附帶聲辨者。

睿、玄繼統，官制漸紊，差遣尤繁，天寶之末，楊國忠身領四十餘使，（舊書一〇六）可以類觀。終唐之世，節度使未列品秩，故其除制猶曰，可使持節定州諸軍事兼定州刺史充義武軍節度使，（元氏長慶集四三）或曰，可靈州大都督府長史充朔方靈鹽定遠城節度副大使知節度事管內支度、營田、觀察、處置、押蕃落等使（白氏長慶集三七）與無品秩之翰林學士言充者同例；嚴義言之，是差遣，非正官也。既非如總管改都督，爲一律之易稱，復廢置無恆，缺釐定之條制，是以追溯其朔，往往書說不同。（參十七史商榷七八）新書五〇云，「自高宗永徽以後，都督帶使持節始謂之節度使，然猶未以名官，」按初唐都督無不加使持節，具如前辨，然則依新兵志之言，固謂永徽以後，節度使爲都督之流行稱呼而已。如斯稱呼，是否起自高宗初期，無可確考，唯觀太極元年二月有令幽州都督裴懷古節度內發三萬兵赴大武軍之詔，（元龜二五九）於時幽州未設節度使：（會要七八）開元二年三月十八日制，有姚崇可持節靈武道行軍大總管管內諸軍咸受節度語，（文苑英華）又三年四月庚申詔，有郭虔瓘可持節充朔州鎮軍大總管和戎、大武及幷州以北緣邊州軍咸受節度語，（元龜一一九）姚、郭之官，均非節度使；足知節度一詞，先、開前已爲流行術語，而新兵志之說當不謬。由是、節度使之通名漸彰，都督之正官愈晦，其實則本都督所嬗化，故杜佑以節度使當古之持節都督及近代之行軍總管也。（通典三二）然使是差遣，都督是官，其後來不置節度使者，仍常存都督之名，如開成三年齊君誌，題越州都督府戶曹參軍，（寶刻叢編一三）終唐勿廢，故前文謂其末參差互見也。明乎此，則越州之稱節度使，無庸以未見書說致疑矣。

或又謂節度使判官與越州司□參軍，可分作兩截，此更不然。節度使判官無品秩，與節度使同，差遣必帶官，參軍其官也。下文既著越稽山之越，此處便得省書，猶諸青城山常道觀勅，前文既有勅益州長史張敬宗，下文就簡寫爲節度使判官彭州司倉參軍楊譸，（金石續編七）明其是本士也。

李堂、新書宗室、宰相兩表均不見，里貫難以猜擬。仏即佛字，六朝石刻已見之。

越稽山者，越之會稽山也，括地志、會稽山一名衡山，在越州會稽縣東南一十二里，(史記封禪書正義)水經注四〇漸江水云，「秦始皇登稽山，刻石紀功，尙存山側，」朱、趙本同，全校有會字，然寶刻叢編一三引文亦作稽山；且如慧皎高僧傳七釋超進傳兩稱會稽爲稽邑，會稽可略作稽邑，則會稽山略作稽山，要不爲異。末行並同受福四字，右偏各泐去多少，以餘迹及文義觀之，信如是也。廿七年秋九月，跋於昆明靑雲街靛花巷三號。

右專係滇中某公所藏，往歲囑本所爲之考訂，於時所中藏籍未啓，窮一日之工，草上跋以應，今乘整理之便，略補數事，以足其意云。

李邕懷亮碑，「復拜公朔川(州?)軍副大使、節度河東道諸軍州兵馬，」(全文二六五)此見開元九、十年頃，「節度」字猶有用作術語而不入使銜者。

趙瑩論修唐史奏，「唐初守邊，則有都督、總管之號，開元命將，即有節度、按察之名，故刺史多帶於使銜，郡閣(國?)，更兼於軍額，」(全文八五四)此見節度使即總管、都督之化身。

李肇國史補云「開元已前，於外則命使臣，否則止。自置八節度、十採訪，始有坐而爲使。後其名號益廣，於是有爲使則重，爲官則輕，故天寶末有佩印至三十者，大曆中請俸有千貫者。今在朝，太淸宮、太微宮、度支、鹽鐵、轉運、知匭、閑廐、左右巡、分察、館驛、監倉、監庫、左右街，外任則節度、觀察、諸軍、押蕃、防禦、團練、經略、鎮遏、招討、推覆、水陸運、營田、給納、監牧、長春宮，有時而置者，則大禮、禮儀、會盟、刪定、三司、黜陟、巡撫、宣慰、推覆、選補、禮會、册立、弔祭、供軍、糧料、和糴，此其大略，經置而廢者不錄。宦(宮)官內外悉謂之使，舊爲權臣所綰，州縣所理，今屬中人者有之。」此見節度本是差遣，非實官。十七史商榷八一以爲六典不載節鎮，因開元時情形與肅代以下大不同，說亦未諦。

李華衢州刺史廳壁記(寶應元年建寅月作。)云，「元惡天討，餘凶稔罪……乃分諸州，置節度以鎮之，州有防禦軍、刺史，俾與夫持節某州諸軍事名實副焉，」(全文三一六)同人常州刺史廳壁記云，「古有銅獸竹使符，太守不假節，刺史臨兵則持節；今雖無事亦稱使持節，戒不虞也，」(同前)「今」對「古」言，謂唐制如是，此見唐制刺史已無持節或不持節之區別。

全詩八函一册李紳龜山詩引，「在鏡湖中，形如龜，山上有寺名永安，則元相所移置者、」詩有云，「舊深崖谷藏仙島，新結樓臺起佛扃，」則永安寺長慶已前不在龜山，其所在地未能確考。

陳孝義寺碑暨徐嶠之

金石錄六，「第一千七十五、唐孝義寺碑，陳徐陵撰，徐嶠之正書，開元二十二年正月；第一千七十六，唐孝義寺碑陰記，徐嶠之撰并正書；」其下第一千七十七爲景陽井銘，開元二十二年三月立；金石錄目以年次先後編列，是知趙氏固謂孝義寺碑并陰立於開元廿二年。寶刻類編三則云，「開元二十三年正月十五日立，」（粤雅本）唯寶刻叢編一四引復齋碑錄亦作二十二年。

金石錄二六又云，「右唐孝義寺碑陰記，初陳徐陵爲孝義寺碑，至開元二十三年，徐嶠之爲湖州刺史，再書而刻之，因記其事於碑陰，」（三長物本）惟寶刻叢編一四引此作十三年。（十萬卷本）依前節所引，碑既立於二十二（或三」年，則作十三年者似誤，惟嶠之刺湖州，果在十三年歟，抑二十二年歟？

金石錄下文又云，「按陳書、陵以後主至德元年卒，距開元二十三年才百五十餘年，不應已有十世孫，」按至德元年（五八三）下去開元二十三年，（七三五）確先後百五十三年，若爲開元十三年，（七二五）則僅百四十三年耳，由此觀之，金石錄稱開元二十三年嶠之刺湖，似非刊本之訛。今考嘉泰吳興談志一八陳孝義寺碑下，雖祇題「唐銀青光祿大夫使持節湖州諸軍事湖州刺史上柱國常侍十代孫嶠之書，」（據下文開元二十年後散階尙係中大夫，又左散騎常侍係廣德元年贈官，嶠之開元中結銜不應有此。）而同書一四郡守題名固云，「徐嶠之，開元十三年自吉州刺史授，遷洺州刺史，統記闕，」其下又歷記皇再從兄祈，開元十六年授，（統記二十二年。）韋明敭，開元十八年授，（統記二十四年。）張景遵，開元二十一年授，（統記二十七年。）徐惲，開元二十三年授，不之任，（統記二十九年。）則嶠之官湖乃十三年，非二十年，又似叢編所引爲可信。況徐氏山口碣石云，「廣德元年八月二十一日，制復贈公嗣子故銀青光祿大夫洺州刺史上柱國嶠之左散騎常侍，洺州府君歷典趙、衢、豫、吉、湖、洺六州，開元二十四年薨，」（古刻叢鈔）

又元龜一二八、開元二十三年十二月，採訪使舉洛(洺訛)州刺史徐嶠之，則金石錄之年分，未能認爲必合。萃編八四跋金仙長公主碑，據舊徐浩傳及兩唐書張守珪傳，謂「浩之丁父憂，亦距二十三年在前不遠，」今得山口碣口，知王氏所猜不符。復次金仙公主卒開元二十年五月，(見證史五〇四頁)碑題「中大夫守大理□(少)卿徐嶠之撰，」文又云，「筮年尚遠，權窆伊洛，今龜言既□，陪葬(下缺)，」其改葬在二十一至二十四年，故嶠之歷官，是否由湖州入爲大理少卿再出刺洺州，抑自大理出刺湖、洺，抑自洺州入爲大理，史闕有間，殊難蘄言。但吾人由此又知談志自吉州授湖州遷洺州之次序接續，亦未可據。考證之難，有如此者。

本願寺銅鍾銘撰人

本願寺銅鍾銘碑之撰書人題名，常山貞石志九擬爲「東京大福□寺沙□□□撰幷書，」金石補正五六錄爲「東京大福寺シ□□□撰兼書，」且以沈氏爲多空一口，余所見拓本極模糊，不能決其孰是。

貞石志又云，「碑立於開元二十六年，……案此文載唐文粹第六十七卷，獨孤及撰，案新書本傳……計其卒年，當在大歷四五年間，立碑時及年僅弱冠，當是居鄉時爲沙門所捉刀者。」余按及應生開元十三年乙丑，卒大歷十二年丁丑，說見拙著唐集質疑之獨孤通理系年錄條，沈氏謂卒大歷四五年間者誤。依沈推算，立碑之年，及約二十，故曰年僅弱冠，但依拙所推算，則及纔十四耳。況碑有云。「皇十有八年春仲月八日，是鍾也旣成，卽其秋孟月上弦，玆臺也復構，」碑陰又云，「皇唐開元十七年，……爲國敬造神金之鍾，以十九年二月八日鑄成，其秋七月上旬，鍾樓亦就，至二十六年龍集景寅，春三月十五日，□碑方建，」(參據貞石志及補正)是鍾成樓就，又在建碑前七載，碑文未必卽撰於二十六年，而及之齡更稚也。梁肅毗陵集後序「文粹九三)未舉此碑。繼檢本所所藏文粹宋本，前篇爲及洪州大雲寺鍾銘，此篇則缺名，蓋後刻本誤蒙前人以爲及作耳。

蕭李遺文拾

(一)有唐開元二十九年六月甲寅，故大洞法師齊國田仙寮謝世，春秋五十有九，嗚呼哀哉。門人議曰，先生生十年而從道，自後十五歲而通易象、老、莊，隸景龍觀，名雄上國。開元初、天子御白馬樓，請先生昭宣道德章句，賜幣二十五兩，兩十尋，綸言降於九霄，霎座臨於四逵，振希聲之武勺，發至道之珠璣，惟皇帝尊祖而貴眞，惟先生言善而光大也。國家肇開王迹，受神册於玄元，攻位山川，爰圖象設，閟宮何許，瞻洛偩邙，擇仙侶之疏明，奉祖廟之禋潔，以先生爲大德，實綱統之。天子遐想汾陽，閒遊玆嶺，拜手壇上，歸誠洞中，贄禮攝衣，祗承睿問，惟先生而已。若夫窮江湖之灝渺，盡日月之明白，言且有極，道其無倪，猗先生遺烈，天下所聞知也。豈衞賜能論仲尼，子方敢稱東郭哉。仙子蔡瑋、楊景春、王景晉、敬□昌者，久遊大道之藩，嘗入先生之室，思備豫於爲谷，痛何仰於隤山，趙郡李華請謚爲玄達先生而銘其墓曰，適道遺德，達生忘年，年無彭殤，任化者仙，德無堯桀，保眞者賢，況我先生，名崇實全，默默則靜，謷謀則玄，年長匪壽，生也空然，翹舉瓊山，遠遊芝田，神去體留，光煌九泉，洞靈何有，雲鵠翩翩，曷日來歸，鳴簫紫煙，門人望泣，松深嶺顚。　　銘一章，章二十二句。

范陽盧肅書。

右李華、遐叔文也。原無題識，凡二十一行，行二十二字，銘低一格，書人占一行。會要五〇，「元眞觀、崇仁坊，半以東左僕射高士廉宅，西北隅左金吾衞。神龍中爲長寧公主宅，……韋氏敗後，公主隨夫外住，（依長安志八隨夫爲外官，住當任訛。）遂奏爲景龍觀，……天寶十三載，改爲元眞觀。」又元龜五三，「（開元）九年三月，置石柱於景龍觀，令天台道士司馬承禎依蔡邕石柱三體書寫老子道德經，」卽田道所隸之景龍觀也。天子遐想汾陽，閒遊玆嶺，當卽開元十年玄宗幸東都時事。其大洞地位，則文云背邙面洛也。白馬樓在西京何許，宋志、徐考都未著錄，宜經一節，可補唐代尙玄史料。

（二）唐故沂州承縣令賈君墓誌銘幷序。

登仕郎守河南府參軍蕭穎士撰。

君諱欽惠，字　　，蓋周之裔也。唐叔少子別封於賈，因而氏焉。厥後漢有梁王傅誼，魏有太尉詡，文章謀猷，名冠二代。其間或自洛陽遷武威，後家長樂，史諜詳矣。曾祖隨太學博士演，祖太學博士崇文館學（士）公彥，考大學博士詳正學士玄贇，儒雅弈世，令聞彰著，故君少以經術自命，不改其道。叔父禮部侍郎大隱特器之，目爲瑚璉，寄以門戶。解褐參汴州軍事，歷相州司戶，遷沂州丞令。其從事也，細無不理，自微之著，本乎仁明寬惠，加之以正直，保此美？德而綏懷百里，農商安業，禮讓斯闡，宜蹤彼卓魯，高步台槐。道之將廢，胡寧天閼，以開元二載四月四日終於位，春秋卌有一。於戲，良宰云逝，誰其嗣之，聯寮雨泣，庶甿昂仰，輟舂罷市，斯謂然矣。夫人、河東裴氏，隨御史大夫蘊之玄孫，皇貝州刺史閻喜公之第三女也，明懿淑愼，司南姻族，蕣英搖落，先君即世。長子司農主簿怡，茂才異行，覿光聖代；次曰雍縣尉勵言，連華名昆，亦克用譽，秀而不實，尋踋雙隕，故周公之禮，未云舉也。勵言有子曰勝，與從父弟收，無念爾祖，聿追來孝，永惟先志，其不可諼也，克圖嗣之，以天寶十二載歲次戊（癸）巳，十月戊辰朔，十七日甲申，啓殯□平樂里，葬於河南縣梓澤鄉邙山之北原，君子曰，孝子其加□□也歟。銘曰，匡彼大漢，文雄惟誼，實傳於梁，□忝厥位，文和籌畫，亦佐有魏，謀之孔臧，克掌太尉。代不曠德，慶鐘於君，孝仁允元，休有斯文。參佐汴相，宰於丞邑，存遺惠愛，沒有餘泣，曷云喪之，逝矣安及。我有令子，金友玉昆，命乎罕言，□是天昏，□祔之禮，施於孝孫，在洛之陽，於邙之原，卜云其吉，□□宅魂，猗嗟令名，萬古斯存。

姪棲梧書。

右蕭穎士，茂挺文也。誌凡二十六行，行二十五字，題識、撰、書人各占一行。「字」下原空兩格未刻，餘泐七字。「崇文館學」下奪「士」字，癸巳訛戊巳，則書者之草率也。舊書一八九上敍賈公彥甚略，稱「洺州永年人，」芒洛四編三錄賈玄贊殯記作「廣川人也，」考洺州即漢廣平國，姓纂亦著廣平爲公彥郡望，殯記石本未見，不知羅錄訛否，此云長樂，又追溯其遠望也。演、玄贊記稱齊王府文學；又稱公彥弘文館學士，然上元二年始改崇賢曰崇文。(會要六四)與弘文各有淵源，公彥仕太宗及高宗初，應以作弘爲是，且開元七年已復弘文，（會要六四）亦不得曰諱避也。玄贊殯記爲妄人改刻，余已於貞石證史（集刊八本四分）詳辨之，今知其子欽惠實生上元元年，更不攻而自破矣。姓纂只著公彥子玄贊，大隱及大隱子幼知、日新，得此誌而其系益詳。開天之際，作者鵲起而蕭，李獨並稱，崇文總目錄蕭穎士文集十卷，新書六〇錄蕭穎士游梁新集三卷，文集十卷，今全唐所收不過二十七篇，陸氏拾遺李華補一篇，蕭亦無有，全唐收蕭文闕碑誌一類，此篇尤其片鱗隻爪之可貴者矣。涉穎士之穎字寫法，年前曾寫日記一則，今再附案數語，錄諸後方。

顧廣圻致鮑廷博書論所刻新唐書糾謬云，「圻家向有一何義門校本，……（九卷）蕭頴士，文藝傳蕭頴士，（今本二頴字俱作穎。）何校改穎爲頴，……似有徵長。」盧文弨復鮑書論之云，「顧君以義門蕭穎士改穎爲頴，殆以晉書祖納傳有汝頴之士利如錐語耳，案穎字茂挺，則明是吝穎脫穎之穎，即楊汝士字慕巢，亦無取乎利錐之語也。」（兩書均附刊糾謬後）按盧以蕭字茂挺，斷其文當從禾，雖屬近信，而引汝士作駁，則未免牽扯。須知汝士牽從有名頴士者，（別見拙著唐史餘瀋楊頴士條）既同本一語以爲名，斯不能同採其語以爲字，楊名應從水，斷無可疑，蕭此名誌當不致誤書，字固作穎，何、顧之疑，可以釋矣。

天寶元載

金石文字記三，「御史臺精舍碑，……有自天寶元載以後七年，按天寶三年始改年爲載，不當云元載，恐是追書，」關中金石記三襲其說，謂「當亦因追書致誤。」按金石文字記同卷跋涼國長公主碑又云，「其文有云開元十二載八月辛丑，……按唐書天寶三年正月丙辰朔改年爲載，而此在其前二十年，已云載矣，蓋文字中偶一用之，後乃施之詔令符牒耳，」一疑追書，一謂偶用，豈因前碑去改載之年較近，故兩歧其說歟。考蘇頲張良娣碑、「粵景龍二載，」（全文二五七）程行諶碑，「以開元十四載春之孟，」（同前二五八）李邕鄧天師碣、「開元二十三載，」（同前二六五）韓賞告嶽神文又稱，「開元二十七祀，」此皆當日文人用字偶異而適逢其會耳，安用疑爲，（前條蕭文亦稱，開元二載。）

王之渙誌

唐故文安郡文安縣尉太原王府君墓誌銘并序

宣義郎行河南府永寧縣尉□河靳能撰。

才人者自然冥數，軒冕者儻來寄物，故有修聖智術，講仁義行，首四科而早世，懷公輔道，蘊人倫識，官一尉而卑棲，命與時與，才與達歟，不可得而偕歟。公名之渙，字季陵，本家晉陽，宦徙絳郡，即後魏絳州刺史隆之五代孫。曾祖信，隋朝請大夫、著作佐郎，　　皇蒲州安邑縣令。祖表，　　皇朝散大夫、陽翟丞、瀛州文安縣令。父昱，　皇鴻臚主簿，雍州司士、汴州浚儀縣令。公即浚儀第四子，幼而聰明，秀發穎晤。不盈冠，則究文章之精，未及壯年，已窮經籍之奧，以門子調冀州衡水主簿，氣高廿　時，量過於衆，異毛義捧檄之色，悲不逮親，均陶潛屈腰之恥，□於解印。會有誣人交搆，公因拂衣去官，遂優遊青山，滅裂黃綬，夾河數千里，籍其高風，在家十五年，食其舊德，雅淡珪爵，酷嗜閑放，密親懿交，惻公井渫，勸以入仕，久而乃從，復補文安郡文安縣尉。在職以清白著，理人以公平稱，方將遐陟廟堂，惟兹稍漸磐陸。天不與善，國用喪賢，以天寶元年二月十四日遘疾，終於官舍，春秋五十有五。惟公孝聞於家，義聞於友，慷慨有大略，倜儻有異才，嘗或歌從軍，吟出塞，曒兮極關山明月之思，蕭兮得易水寒風之聲，傳乎樂章，布在人口，至夫雅頌發揮之作，詩騷興喻之致，文在斯矣，代未知焉，惜乎。以天寶二年五月二十二日，葬於洛陽北原，禮也。嗣子炎及羽等哀哀在疚，欒欒其棘，堂弟永寧主簿之咸泣奉清徽，託誌幽壤，能忝疇舊，敢讓其詞。銘曰：

蒼蒼窮山，塵復塵兮，鬱鬱佳城，春復春兮，有斐君子，閟兹辰兮，于嗟海內，涕哀辛兮，矧伊密戚，及故人兮。

右之渙誌，曲石精廬李根源先生所藏，九十三種之一也。凡二十四行，題，撰各占一行，序銘占二十二行，行二十四字，有界格，末行不足四字。之渙旗亭佳話，早布藝林，然舊、新唐書未列專傳。唐詩紀事二六云，「之渙　幷州人，與兄之咸、之賁皆有文，天寶間人，」今觀誌則之咸乃其堂弟，之渙卒天寶元年二月，更不得謂爲天寶間人矣。才子傳三云，「之渙、薊門人，」由誌則首稱徙絳，殁乃殯洛，薊門之籍，亦難信據。靳文駢儷，未脫六代窠臼。夫文章之道，窮乃益工，斷非腦滿腸肥所能涉想，誌首「才人者自然冥數，軒冕者儻來寄物，」可爲古今來鬱鬱才子滌盡不平之氣，且可以補唐詩人傳也，玆之錄其全文，與前撰金石證史之錄程脩己誌同。

金石錄九有「唐長安尉王之咸碑，于邵撰，韓秀榮八分書，貞元十年正月，」當即之渙之堂弟。

左奉宸內供奉　供奉　檢校　攝

李楷洛碑，「授玉鈴衞將軍，左奉宸內供奉，」（補正六二）古泉山館金石文編云，「左奉宸亦是衞名，而下云將軍，云內供奉，蓋又自有別，爲史所未詳矣。」補正六二云，「案百官志、左右翊中郎將府中郎將掌供奉侍衞，凡千牛、備身、左右以御刀仗升殿供奉者，皆上將軍領之，中郎將佐其職，……然則內供奉者卽升殿供奉者之稱，千牛、備身、左右之類也，奉宸衞卽左右千牛衞，云左奉宸內供奉者，左千牛衞所掌供奉之官也，其品在將軍下，故不云將軍也。」余按舊書四四左右千牛衞，「中郎將昇殿侍奉，凡侍奉禁横過御前者，……」全條無供奉字樣，是新志所用「供奉」字，不過通用之詞，非此衞之職務專名也，所釋未合者一。

通典二八，左右領軍衞云，「各置大將軍一人，掌宮掖禁備督攝隊伍，……將軍各二人以副之，」楷洛旣授玉鈴（卽領軍）衞將軍，自有職掌，何爲更煩以刀仗事務，且受成於將軍（從三品）下級之中郎將，（正四品下）所釋未合者二。

尤不然者，依舊書四四，千牛備身及備身左右，在中候，（正七品下）司戈，（正品八下）執戟（正九品下）之下，是直不入品流之衞卒而已，以三品將軍等夷衞卒，殊擬不於倫，所釋未合者三。

舊書六，聖曆二年二月，「初爲寵臣張易之及其弟昌宗置控鶴府官員，尋改爲奉宸府，班在御史大夫下，」新書六一，長安元年六月，「夏官侍郎右奉宸內供奉李迥秀同鳳閣鸞臺平章事，」允奉宸供奉者且可入相，以文例武，李楷洛之左奉宸內供奉，應屬於下舉第二義。

夷考唐制，太宗令馬周直門下省，直猶差遣，非正官也。其後又有裏行，供奉之別稱，而義無大異。然唐人所用供奉字，究有兩義，如舊紀一四，元和二年二月，「己巳，起居舍人鄭隨次對，面受進止，令宣與省供奉官，自今已後有事卽進狀，次對官宜停，」此之供奉，帶値班之義，次對者替班也，謂値班人事假應進狀陳明，不必自取替班也。

他如舊紀七，神龍元年三月，「罷奉宸府官員，以安北大都護安國相王旦爲左右千牛大將軍，每大朝會內供奉，」又四三職官志註，「兩省自侍中，中書令已下盡名供奉官，」意與前同，皆屬執事之別稱，無等級之差，此一義也。

制詔集九，元巽崔益孫會均以侍御史內供奉授侍御史，（巽制原脫侍字，然唐無單稱御史者。)巽制云,「宜從職員之正,式光風憲之選,」益制云,「宜正臺綱,以明朝獎,」會制云,「允是公選,正其命秩,」又全文四九七權德輿盧坦碑,「殿中侍御史內供奉眞爲殿中侍御史,」皆以除去內供奉字爲正授。

封氏聞見記三,「高宗朝王本立,余衎始爲御史裏行,則天更置內供奉及員外試,御史有臺使,裏使,皆未正名也,」太平廣記二五四引國朝雜記云,「武后初稱周,恐下心未安,乃令人自舉供奉官,正員外多置裏行,」會要六〇,「侍御史四員,長安二年始置內供奉,在正員之外,」廣記二五〇引御史臺記云,「唐開元中置裏行,無員數,或有御史裏行,侍御史裏行,殿中裏行,監察裏行,以未爲正官,臺中詠之曰,柱下雖爲史,臺中未是官,」則內供奉非正職也。玄宗詔李白供奉翰林,世稱李供奉,又永仙觀田尊師頌之書人唯光,(疑亦道流)亦稱翰林院內供奉,是內供奉者無所專掌。猗覺寮雜記下云,「本朝御史資淺者爲裏行,唐有尚書裏行,太宗時張昌齡敕於通事舍人裏供奉,肅宗時元結爲監察御史裏行,本朝因之,」此又一義也。

含有兩義與供奉相類者,倘有「檢校」字樣。二十二史考異六〇云,「唐初檢校官、乃任職而未正授之稱,故新史宰輔表,開元以前,檢校左右僕射、侍中,中書令者皆與正官同列,肅、代以後,檢校但爲虛銜,故檢校之三師三公,不入於表,」如說之集二五楊執一碑,「進檢校右金吾大將軍,尋而即眞,」又金石錄二五姚璹碑跋,「而碑云……檢校定州刺史,尋即眞,」即屬第二例。

梁谿漫志二云,「檢校官蓋唐制,本以爲武臣遷轉之階,」是又不然。檢校字樣,六朝已見之,(參拙著隋書牧守表二七頁)如就唐末言,藩鎮武臣固帶檢校,然藩鎮幕下之文職,亦無不帶京官檢校,略翻碑誌,觸目皆是,固非專屬武臣也。

檢校字亦有只作料理解者,如通典一九八云「在單于檢校降戶部落,……曾骨咄祿入寇,元珍請依舊檢校部落、」其例也。

此外更有稱「攝」者,殆猶淸制所謂署理,如全文四一二常袞行制,有攝寧海軍副使周若冰,又魯公集一〇杜濟神道碑,攝殿中侍御史,尋正除殿中,則「攝」亦未眞除之謂。

僞竹山聯句厚誣顏眞卿(湯衡李觀附)

魯公集七、杼山妙喜寺碑，黃本驥考證云：「舊刻魯公文集載杼山寺碑，有評事湯衡，清河丞太祝柳察二人，留元剛撰公年譜，引此條作湯某、柳察，檢湖州府志進士表，代宗朝有烏程楊衡，注云，杼山集作湯衡，字仲師，大理評事，又石刻竹山連句凡十有八人，中有湯清河，一人也而姓名互異，一云湯衡，一云湯某，一云楊衡，一云湯清河。以杼山記文法論，柳察既以太祝書其官，即不應又加清河丞於其上，則清河二字應是湯君之名，故竹山連句適與之合，然則碑內衡丞二字皆衍文也。湖志所謂楊衡字仲師者，當另是一人。湯君之名，偶與清河縣名相同，傳寫者誤加丞字於下，校公集者以評事下僅存湯姓，因移烏程楊衡之名以實之，元剛撰譜，知衡字有誤，因以某字代其名。」按楊衡字中師，別是一人，黃說甚碻。（參拙著全唐詩札記一〇九及一一三頁。）然謂衡非湯名則不爾，皎然詩題以潘丞述與湯評衡並舉，（全詩十二函二）源流各異，名姓恰符，此湯名衡之強證。黃又引石刻竹山連句，證似甚強，第據弇州續藁，雲泉安氏記，虛舟題跋等，此係絹本，明始出世，康熙間眞定梁刻入秋碧堂法帖，雖載宣和書譜，但無祐陵御題及宣和瓢印，王世貞已揭其疑，徒謂經米友仁鑒定，遂信是眞本，則不知市玩投人所好，或并鑒定而亦僞也。即如魯公年譜稱大歷八年潘丞聯句，安記言詩後書大歷九年，詩前書竹山聯句，今石刻顧作連句：其他多首皆云聯句，何此獨作連？（黃引謝世基謝朓有連句以解，要不能掩其僞跡。）絹本必頗鄭重，何以題潘氏書堂之題目，竟至脫氏堂兩字，變爲義不可通之「題潘書？」卞山志言蠶頭鼠尾碑已刻在明月峽，何以猶留絹本？（參同集二七）凡此種種疑難，都非容易解辨，最足證其必僞無疑者，厥爲前題「光祿大夫行湖州刺史魯郡公顏眞卿敍並書」之結銜。按：

1. 干祿字書，大歷九年正月書，題「第十三姪男金紫光祿大夫、行湖州刺史、上柱國、魯郡開國公眞卿書。」

2. 李元靖先生碑，大歷十二年五月建、題金紫光祿大夫、行湖州刺史、上柱國、魯郡開國公顏眞卿撰并書。」

3. 殷府君夫人碑，官湖刺時撰書，題「第十三姪男金紫光祿大夫，行湖州刺史，上柱國魯郡開國公眞卿撰文并書，」據河南府志著錄，有「開國」二字，萃編一〇一奪。

又據同集一七大歷十二年授眞卿刑部尙書告云：

「金紫光祿大夫，使持節湖州諸軍事前湖州刺史……可刑部尙書，散官勳封如故。」

眞卿由正三品散官金紫光祿大夫晉從二品光祿大夫，雖無確年，（揣意在德宗卽位後。）但依上所舉數證，則斷在大歷十二年遷刑尙後，已甚明瞭，故無論竹山聯句在八年抑九年，都不得有光祿大夫之結銜，謂眞卿九年眞蹟自署光祿大夫，是誣眞卿以僭竊也，其必僞者一。

眞卿遺跡之可信者，除上舉外，如

4. 郭氏家廟碑，廣德二年建，題「金紫光祿大夫、檢校刑部尙書、上柱國、魯郡開國公顏眞卿撰並書。」

5. 李光弼碑，同上年建，題「金紫光祿大夫、檢校刑部尙書、上柱國、魯郡開國公顏眞卿撰。」

6. 與郭僕射書，同上年，自稱「金紫光祿大夫、檢校刑部尙書、上柱國、魯郡開國公顏眞卿。」

7. 臧懷恪碑，大歷三至六年，題「金紫光祿大夫、行撫州刺史、上柱國、魯郡開國公顏眞卿撰並書。」

8. 大唐中興頌，大歷六年建，題「金紫光祿大夫、前行撫州刺史、上柱國、魯郡開國公顏眞卿書。」

9. 宋璟碑，大歷七年立，題「金紫光祿大夫、行撫州刺史、上柱國、魯郡開國公顏眞卿撰並書。」

10 八關齋會記，同上年，題「金紫光祿大夫，前行撫州刺史、上柱國、魯郡開國公顏眞卿撰並書。」

11 元結碑，同上年，題「金紫光祿大夫、行湖州刺史、上柱國、魯郡開國公顏眞卿撰並書。」

考唐制「國公」「開國郡公」等同爲封爵名稱，「開國」兩字，題銜時必不可缺，試觀郭氏家廟碑陰凡十柱，均不略開國字便見，今認自題「魯郡公」者爲眞跡，是誣眞卿以自己封爵名稱之未明也，其必僞者二。

余嘗思之，或者竹山聯句，留有殘搨，市賈牟利，遂添合以僞作眞跡，彼惟知建中元年所立之顏氏家廟碑，署銜光祿大夫，因緣加入，而不知大歷九年之散官，尙未晉階也。又見夫舊、新唐書本傳只稱封魯郡公，便復沿用，而不知史傳可從略，在當日如此題法則不通也。絹本作僞者於史實猶是一知半解，無如肉食諸公，盲其心且盲其目，乃奉作奇寶，不徒惑後世，且重誣顏氏矣。湯衡必殘搨已失其名，淺人無術，強取「清河」字足之，黃援此以證，適反映竹山今本之僞而已。

黃氏較強之證，厥爲柳察書其兩官，在碑中無同例，但唐人重內輕外，今使察初與是役時官止清河丞，後乃行取入爲太祝，因而兩官並書，非無故也。

此本今見李觀名，弇州續藁云，「如處士陸羽、僧皎然、李觀、房夔輩皆知名士，」黃云，「李觀字元賓，趙郡贊皇人，洛陽丞，遷太子校書郎，」皆以爲卽元賓李觀。按本旣僞造，則李觀姓名猶在存疑之列：就令不誤，其時猶八九歲耳，（集刊九本一分拙著內中唐四李觀條。）必非元賓其人，若強求以實之，或得爲御史李觀。

華嶽題名之李益

趙宗儒等華嶽題名稱，「弘文館校書郎趙宗儒，……前鄭縣主簿李益，」萃編八〇云，「唐有兩李益、一宰相揆族，官禮部尙書，一官太子庶子，此未知孰是。」平津記七云，「李益，宰相揆族子，兩唐書本傳俱不言爲鄭縣主簿，唯全唐詩小傳言大歷四年登進士第，授鄭縣尉，久不調。」余按唐才子傳四李益，「大歷四年齊映榜進士，」蔣防霍小玉傳，「大歷中，隴西李益年二十，以進士擢第，」會要七六，大歷六年李益諷諫主文科及第。趙宗儒以何年登第，史無明文，舊書一六七本傳但云，「宗儒舉進士，初授弘文館校書郎，滿歲，又以書判入高等，補陸渾主簿，數月，徵拜右拾遺，充翰林學士，」據翰林學士壁記，宗儒「建中元年自左（右）拾遺充，」則其舉進士，約可假定爲大歷十年前後。又唐摭言一五，「長慶中，趙相宗儒爲太常卿，……衆論其精粹，有常侍李益笑曰，僕爲東府試官所送進士，」據舊書一三七李益傳，益在大和初致仕前官右散騎常侍，則摭言之李益，當爲「文章李益」無疑，主簿祗高尉一階，旣嘗爲鄭尉，便可爲鄭主簿，況同是文人，題名之李益，亦可決是「文章李益，」因宗儒官校書，益官鄭縣同爲大歷末事，時代恰相當也。依才子，小玉兩傳計，益生天寶九載，(七五〇)又依舊宗儒傳計，(卒大和六年八十七)宗儒生天寶五載，(七四六)比益略長，且題名先宗儒而後益，摭言益爲宗儒試官之說，或未盡信也

益從軍詩並序云，「君虞長始八歲，燕戎亂華，出身二十年，三受末秩，從事十八載，五在兵間，」按祿山以天寶十四載反，如謂是年八歲，則益應生於天寶七載，(七四八)比上所推算早兩年。

寶刻叢編八引京兆金石錄，「唐滎陽鄭氏墓誌，唐李益撰，大歷六年，」維時益祇二十二或二十四歲，故小玉傳謂其少有才思也。

崔夷甫及其子契臣

唐朝議郎攝魏郡魏縣令□□(崔公？)墓誌銘□□。

從父弟朝散大夫守中書舍人上柱國賜紫金魚袋祐甫述。

於戲，仁義之道，如或試者，必於字甿類，正風俗，是以前史言循吏皆牧宰焉。以之觀忠愛，以之辯條理，聖人之教行矣，君子之風見矣。天寶中承平歲多，寓縣豐侈，吏有徇於利者，單車述職，捆載而歸，有徇於名者，立威肆亟，視人如草，齧百姓而不謂之暴，掛法令而不罪其荒。於斯時也，崔公自左千牛衛錄事參軍事，出爲滄州東光令。滄州僻在海甸，東光卽其南鄙，控水津陸道，郵軺攸出，近魚鹽蒲葦之藪聚，耕桑之外，又多業焉，由是富人通於濁吏，傒役貧困，浸以爲常。公潔身而淸其本源，端本而壹其度量，明識內斷，沉幾外發，一之歲而傜賦平，獄訟息，二之歲而惸嫠有養，逋竄言旋，三之歲而市不二價，地無遺力，由是吏拱而待命，人蘇以得性，雖上有急征暴賦，風馳電集，我皆閑暇以應之，淸明以濟之，是使國與人交暢也。於時安祿山爲河北採訪使，雖內苞兇慝，而外獎廉平，精擇能吏，唯日不足，遂奏公攝魏州魏縣令。惟玆大邑，萬商所聚，財雄氣使，玉食武斷者，自昔難禦之，公鋒刃所用，不見有盤根錯節，提其宏綱，衆目咸舉，下車未幾，有恥且格。旣而祿山幕府之吏，以推薦之故，固求交結，公曰，「吾之盡心理人也，行道而已，非有媚焉，進退之分，所稟於朝也，消長之時，所關於命也，焉皇皇於其閒哉，吾將居易而已。」由是執權者不悅，公受代焉。君子謂公爲政之方，鄭子產、密子賤、卓茂、魯恭之儔疋也。公諱夷甫，字平孫，博陵安平人。漢

魏以來，文章正直之業，布在惇史。曾祖儼，皇朝維縣令，王父暟，汝州長史，安平縣男，贈衛尉少卿；考渾，右臺監察御史，咸有明德至行，遠圖高躅，位屈於時，功業不著。公生而警晤，氣和以整，機權幹略，見於童孺，好學懿文，卓爾有立。少以門蔭爲太廟齋郎。年未二十，調補澤州參軍事，轉陝州河北縣尉，丁艱去職，服闋，授千牛衛錄事參軍。旣去魏縣，屬祿山肆逆，陷洛陽，公提家族避地南遷，遘疾於路，以天寶十五年三月十一日歿於汝陽溱水之上，春秋五十有三，卽其所而野殯，難故也。仁而不壽，才不大展，天之報善，其有耶，其無耶。爰以大曆十三年歲次戊午，十月癸酉朔，二十五日丁酉，返葬於邙山平樂原，從先塋，以夫人隴西李氏祔焉，禮也。夫人諱喬仙，字摩訶衍，皇朝倉部員外郎稚川之曾孫，元氏丞思言之孫，考城丞實之仲女。瓊華生於崐嶠，丹鳳鳴於朝陽，貞實高明，綽有餘地，養脅閑家，其儀不忒。享年卌一，以天寶十一年七月十五日先終於東光縣之私館。嗣子契臣，生三歲而失慈母，七歲而違嚴父，克和克劭，遊藝踐言，孝因於心，喪致其感，楚塞遐遠，邙阜荒涼，綳纓匍匐，泣血埏墜。祐甫生之不幸，煢煢獨立，陟彼崗兮，亦何及也，茹痛操筆，以銘幽戶。其詞曰：

敬以立身，惠以庇人，吾兄所履，教義之純。天其若何，作坎作羅，亂離瘼矣，嬰我□□。華宗淑德，薄言奉帚，貞明簡諒，約以自牖。百歲有歸，九泉無日，哀哀嗣子，此焉銜恤。

右崔夷甫誌一石，共三十二行，標題及撰人各一行，誌序二十八行，行三十二字，唯享年卌一「卌一」兩字合占一格，乃三十三字，銘兩行到脚，亦一小小循吏傳也。夷甫，新表不著，可與安平崔公誌合觀。祐甫所爲文，雖可示代宗時散文之一格，然亦無他奇。初余在滇閱本所庋藏唐誌，將竟而有遷川之行，以崔頌撰安平王夫人誌及此誌尚有考訂之資，特提置書篋，不期竟免宜賓之漬，抵川後書庫未啓，因假錄之，難原拓下偏碻從艸，考康熙字典非部𩏂云，「玉篇同𩏂，」又𩏂字下云，「按說文𩏂從非次朿，朿古朿字，玉篇別作䪢，廣韻別作𩏂，竝非，」誌之難，斷卽𩏂之別體，蓋取細切之義（音蹟。）本、今俗書常作本，廣韻、本土刀切，與本字異，誌文本源作本源，是唐人已有此寫法。近年高本漢氏嘗考左傳「于」「於」字用法不同，誌之「于斯時也，」「于時安祿山。」「返葬于邙山，」都用「于」字，則似此種區別，在唐雖已失傳，要未完全消滅也。至夫人李氏之世系，別於唐石補新表篇記之。

夷甫子契臣，千唐亦藏其誌，文頗簡，用並錄下方。

唐貞元十五年歲次乙卯，四月二十九日，有文儒之雅胤博厚之君子曰崔府君，卽堋於玆。府君名契臣，字充符，博陵安平人，年終五十，位至朝議郎，太子文學。汝州長史安平公皚之曾孫，監察御史諲之孫，魏州魏縣令夷甫之元子。不幸無嗣，自始歸全，至于反壤，實從父兄之子輔卿哀以莅事。必誠必信，罔愧詞焉。

誌凡十行，行十二字，輔卿別見拙著唐石補新表。契臣所撰文，有拓本「唐朝散大夫行著作佐郎嗣安平縣男（博陵崔）公夫人隴西縣君李氏墓誌銘并序，」題「安平公第子朝議郎行太子文學契臣述，」李氏以貞元十一年葬，卽安平公誌後記所謂嫡孫婦隴西縣君李氏，」乃衆甫之妻，衆甫是嫡，契臣自稱「第子」者，殆對大宗言之。

樊宗師遺文并糾昌黎集注

大唐故朝散大夫太子左贊善大夫南陽樊府君墓誌銘并序

從孫宗師撰上

公諱況，字況，南陽郡高陽里姓樊氏。其先仲山甫以不吐剛不茹柔，光輔周宣，食采於樊，因地建氏，遂著樊氏，其來尚矣。祖弘，皇太中大夫，金州刺史。父元珍，皇太中大夫光州別駕。公，弟二子也，率性沉深，雅尙易簡，立事惟精，發言惟微，見賢思齊，剋己復禮，勞勤磨革，研覈心力，所以窮理盡性也。於勞勤之中，賂規矩之奧，於研覈之際，析去就之機，規矩去就，時流標準，立本生道，揚名益榮，可謂加於人一等矣。外削去其浮華，內包含其坦蕩，不惑趨於勢利，不馳馳於怔迂，被於櫟之休嘉，稟不廢之醇醲，蓄爲智謀，播爲文章，言談光明，識見清淨，議者奇公若開雲霧而覩靑天也。解褐，授簡州金水縣尉，繇金水尉調授蜀州唐安縣丞，靑城縣丞。時觜參之分宜安，戎蠻之心將化，故連帥高公適思彼率下，辟公賢能，公籌策刀筆，當時居冣，魏絳之功再舉，文翁之理復振，公有力焉。由是恩賜朝散大夫，太子左贊善大夫。凡歷理人之官者三，所屆之邑，皆以信謹節儉恆其上，慈仁明察莅其下，上懷其德，下敢其恩，剽狡不斥而遁去，敦厚不召而員來，可謂上下和矣，神祇孚矣。夫縣尉處部，仰承縣令，俯佐縣事，事劇位卑，務繁權輕，徇令則廢事，守事則忤令，其或徇令廢事，則下人胥怨，得無咎乎。其或守事忤令，則上情憤惋，得無咎乎。虐下，不仁也，違上，非禮也，公上重下愛，不其難乎。縣丞雖加尉之二等也，下監上承，猶不得顓斷，遇利不得而便致，遇屈不得而特伸。當清平之時，俗尚肆奢，人惟弃本，飲公化者廉潔。及艱虞已來，俗罕土著，時而狼顧，飲公化者泰寧。厥後升階遷官，賞勞績也。夫人富春孫氏，以蘭芬玉炳，姸姿淑德歸於我，夭桃無實，朶繁不永。公少而恭恪，長而敦敏，先人後己，尊賢容衆，宜其胤嗣繁昌，不幸無子。以大曆十年五月三日遘疾，終於青城縣之私第，享年七十，家無十金，篋有萬卷，著文凡三百篇。洪範嚮用五福，公荷其一者攸好德，獲其一者考終命，其壽、富、康寧三者不知去公而適誰。書曰，天道福善、公貞明剛簡、獨遭不惠，又曰天命不僭，公密察精微，獨罹不吊。公始被病，常謂其左右曰，吾聞夫樂者樂其所自生，而禮反其所自始，遲暮遠宦，不克旋歸，存既不獲以歲時而洒掃，歿又長恨乎道途之遼遠，吾今且死，魂魄長恨恨終，天地其誰知之。今則離乎蜀都，歸乎洛師，以貞元九年歲次癸酉，十月丁未朔哉生明之吉時，安厝於邙山，夾輔其先塋，夫人孫氏永合祔焉，叶成周之禮，契孝思之至也。從孫宗師奉命上紀，彿徊悱惕，敢述銘曰：禮智義仁，以潔其身，孝敬恭恪，以奉其親，秉心方正，莅事精純，昊天不傭，介福不臻，雄文否塞，不典綸言，直躬長隘，不登史官，昔之旅殯，蜀都岷嶓，今也歸祔，洛師邙原，崇邙邐迤，洪河屈盤，拱木蔓草，壽宮斯安。

右樊宗師、紹述文也。誌共三十一行，題識及撰人各占一行，銘三行，行三十三字。序中且敢恩爲感恩，似無所承。玉炳作王炳，則古體也。樊況與宗師祖樊泳爲兄弟行，說見拙著姓纂校記。貞元九年澤方鎭山南東道，奉命上紀者奉父命也。昌黎集三四南揚樊紹述墓誌銘不著卒年月，集注曰，「歐陽文忠公云，退之與樊紹述作銘，便似樊文，誠不虛語。據宗師元和九年尚爲前太子舍人，未使南方也，見公與鄭相公書，元和十二年因（固）在京師，未出刺絳州也，見示郊（兒）詩及薦狀；自絳還朝，當在長慶初年，序不載其卒之年月，或法不必載邪。」按卒葬月日，無不必載之法，此語自是肊測。韓與鄭相公（餘慶）書稱太子舍人樊宗師，與袁相公(滋)書稱朝議郎前太子舍人樊宗師,前書說孟郊卒後事,應是九年末,後書說袁賓位尚闕,似在八年。(據方鎮年表,袁以八年除山南東道,九年九月調。而前書又言宗師「比持服在東都,今已外除,」則其官太子舍人,應是持服前。新書一五九言宗師元和三年擢軍謀宏遠科,授著作佐郎,舍人比佐郎高兩階,則三年後之升轉也。至韓集三八薦樊宗師狀,件官爲「攝山南西道節度副使,朝議郎,前檢校水部員外郎兼殿中侍御史,賜緋魚袋樊宗師,」副使是外差,水外、殿中是檢校,時宗師尚未登朝,則薦狀當上於授著作佐郎已前。(員外亦是從六上階,但檢校非實官。)集注乃云,「宗師字紹述,公薦之屢矣,因東野之葬,稱其經營如己,薦之鄭餘慶,後又薦之於故相袁滋,謂伏聞賓位尙有闕員,今又以狀薦於朝,」將此三事之時序,恰相倒置,誤矣。復次郎官柱左中,宗師名次韋審規後,審規係長慶元年二月隨段文昌出成都,(參勞考一)樊誌謂「一年徵拜左司郎中」者,此其時也。出絳未詳何年,然絳守居園池記明署「長慶三年五月十七日記,」則最遲出在是年,卒更在後,集注何未一參園池記而妄謂還朝在長慶初耶!韓氏卒四年十二月,頗疑樊卒亦同歲,誌爲韓晚作,故享齡卒時未及塡入也。與袁相公書約在元和八年,書言其「年近五十」則樊之享齡,僅及六十,亦可約略推得。紹述誌,「從其家求書,得書號魁紀公者三十卷,曰樊子者又三十卷,春秋集傳十五卷,表牋狀策書序傳記紀誌說論今文讚銘凡二百九十一篇,道路所遇及器物門里雜銘二百二十,賦十,詩七百一十九。」集注,「今以藝文志考之,皆有其目,獨銘、賦,詩亡焉,所謂表箋狀策等文凡二百九十一篇,曰樊宗師集二百九十一卷,數同而以卷爲篇,疑誌(志)之字誤也,」以篇爲卷,殆新志誤無疑。然新志所著錄,崇文目未之見,書錄解題一六云,「樊宗師集一卷絳守園池記,唐諫議大夫南陽樊宗師紹述撰,韓文公爲墓誌,稱魁紀公三十卷,樊子三十卷,詩文千餘篇,今所存纔數篇耳,讀之殆不可句,有王晟者天聖中爲絳倅,取其園池記章解而句釋之,猶有不盡通者;孔子曰,辭達而已矣,爲文而晦澁若此,其湮沒弗傳也宜哉,」樊文失傳,誠如陳論,新志所錄,殆轉韓文,未必曾見其書也。(今全文四三〇只收園池記一篇)騈驪之品,極於唐初四傑,逮武后而漸變,今存陳拾遺,燕國曲江兩丞相,獨孤常州諸集,都可覆按,韓柳後起,獨享大名,樊雖以澁著,猶爲韓所樂道，玆誌早歲作，循規蹈矩，無晦澀語，或奉命上紀之體如是歟，因亟存之。

李翺韋氏墓誌疑僞

金石補正六七所錄大唐故朔方節度掌書記殿中侍御史昌黎韓君夫人京兆韋氏墓誌銘，謂當陳留出土，李翺文也，見文公集一五。玆取叢刊景明成化本及南海馮刻，記其木石之異同者如次：

執婦道於昌黎韓氏，成本婦作婦，又於、二本均作于。

自後魏尚書令安定恒王，恆、兩本及新表均作桓，豈唐宋人諱改歟？

六世生禮部雲卿郎中，雲卿二字、兩本均移郎中下，此以雲卿居中，唐文罕見此體，疑是僞刻。

禮部寔生府君　寔，兩本作實。

進士及苐　苐、兩本作第。

朔方莭度　莭從廾，兩本均從竹作節，下同。

夫人時年始十有七矣　兩本均無時字，又年始二字乙。

歸於其父　於、兩本于。

歸於隴西　李翺　於、兩本于。

依於李氏焉　於、兩本于。

卒於汴州開封新里鄉之魚村　於、兩本于，魚作某。

李氏以其喪　李氏上兩本有隴西字。

葬於河陽　於、兩本于，但前文「葬之於」又同作「於」也。

惟君之歿　歿、兩本沒。

是以不克葬於河陽　於、兩本于，已下三於字同；但出於時、於是，及職於，又同作於。

殿中君文行甚脩　脩、成本同，馮作修。

於是敍其弱女之悲　弱、兩本作孤。

全文六三九載此文，除「於」字外，大致與兩本同，故不再附校。

玄堂

韋端玄堂誌，元和十五年立，古泉山館金石文編云，「此志不稱墓而稱玄堂，爲自來墓志所未見，淳化閣帖、唐宗敕，亦有使至知玄堂已成之語 ，想當時稱墓爲玄堂，猶滕公墓石之言佳城也，」金石續編一〇說略同。余按全文七八四、穆員祕書監致仕穆（公）玄堂誌，立於貞元十一年，同書七八五同人祕書監穆公夫人裴氏玄堂誌，立於貞元十三年，均遠在端誌前二十許年，當是依原誌錄出，則墓誌稱玄堂誌，尙非創見。端誌玄堂，當猶幽宅之義，今唐石拓本有開元十五年之「□君玄堂刻石記，」記猶誌耳。

行

金石補正七〇跋韋端誌云，「唐書宰相世系表中山王氏有眞，葉令，眞之子怡，戶部侍郎，當卽夫人之曾祖、祖也，夫人志稱眞行有唐汝州葉縣令，與表合，惟其名不同，表載眞之兄名子景，以子景例之，則此志稱子眞者爲是 ，意夫人志眞行之行，當屬下讀，言行葉縣令耳。」按唐人往往名字互用，名與字亦時有相重者，則子眞、眞行，可一爲名而他爲字。若官制中之「行」，應緊冠於官職之上，祇可作「有唐行汝州葉縣令，」並未見「行有唐某官」之書例：況「行」「守」字與散官爲對舉，今誌未言散官，厥義安着。如主陸說，應云行字倒互，但恐未必然也。

張弘靖碑

萃編一〇二張延賞碑跋云，「寶刻類編載張延賞子宏靖碑，亦登所書，宏靖卒於長慶四年，距書此碑又三十八年，則登亦躋高年矣。」匋齋藏石記二七延賞碑頌跋云，「登傳載登元和十五年卒，年六十七，顯有明文，而王氏䄂謂……云云，不知登之卒尙在弘靖之前，王氏既引登傳，何以未見此文，殊不可解。大約寶刻類編所稱宏靖碑，當是生存時頌德碑之類耳。」余按類編四歸登下只云「張弘靖碑，八分書，洛，」不記年分及撰人，則所見當是殘碑。舊紀一七上、長慶四年六月，「癸卯太保張弘靖卒，」弘靖卒年，亦無可疑。若弘靖碑則歐、趙兩家均未著錄，唯金石錄入於登所書延賞碑後，又著「唐張延賞碑，正書，元和八年十二月建，附，」豈類編誤此爲弘靖碑，因而彙錄於歸登所書之下耶？但八分書與正書亦異，當闕疑耳。

鄭準世系及其同名者

鄭準誌，大和四年立，云，「曾王父璿，河南少尹，王父溥，尚書右部郎中，歷青、邢、相、衞，兗、幽、懷七州刺史，入爲左庶子。皇考華膳部郎中，吉州刺史。」（古刻叢鈔）古誌石華一七云，「唐書宰相世系表，……華官太常博士，華官雖與誌異，其爲準之三代無疑，然表載華父子在璿右一行，不系於本行之下，以誌證之，知其誤矣。」余按新表七五上璿、溥、華相承一行，百衲本、殿本同，黃氏所據，當是誤本。顧太博祇從七品上，與刺史相差多階，誌、表互異，其必有故也。考準誌，準卒大和四年，春秋六十三，是生於大曆三年戊申，溥則玄宗初已仕，由蘇頲授溥殿中侍御史制（英華三九五）而知之，如謂華個晚達，元和初年尚官太博，新書據元和姓纂以入表，亦難置信，因誌稱準爲華之少子也。抑新表七五上溥別有弟平，官吉州刺史，此平當卽李林甫之壻，仕天寶時，豈叔姪嘗同刺吉州歟？余深疑表必有誤，意平實溥子而表誤爲弟，又字體「平」，「華」相肖，（例如薛平，薛苹常相混，苹甚與華近。）準誌錄自明人陶宗儀，顧今傳本尚極完好，顯由翻刻無疑，卽如唐制祇有右司郎中，未聞「右部」，平之誤華，許始自宗儀，翻刻者遂更貤謬，固意中事矣。

崇文總目五，鄭準渚宮文集十卷，新書六〇則云，「鄭準渚宮集一卷，字不欺，乾寧進士第，」唐詩紀事六一亦作渚宮集一卷。考北夢瑣言，「唐滎陽鄭準以文筆依荆州成中令，常欲比肩陳阮，自集其所作爲三卷，號劉表軍書，」似作一卷者非，新書所錄，或其殘存之本矣。全詩十八函八册稱準「爲荆南成汭推官，後與汭不合，爲所害，」同書十二函三册貫休有送鄭準赴舉詩，同函五册尙顏峽中酬荆南鄭準詩，末聯云，「每喜沂流賓客說，元瑜刀筆潤雄軍。」又寄荆門鄭準云，「珍重荆門鄭從事，十年同受景升恩，」此皆唐末之詩人鄭準，與前人同姓名者。

張孝子常洧勅記銘贊

集古錄目四，（黃本）唐張常洧孝行碑並門閭勅旌表碣贊云，「貞元五年旌表張常洧門閭勅一道，并紀孝行碑，前許昌主簿高宇撰，旌表碣贊，句容主簿承瓌撰，皆同時刻，不著書人名氏。常洧字巨川，句容人，居父喪廬墓過期，有芝草生墳上，故見旌表。」黃氏注云，案集古錄作貞觀五年，此作貞元，未詳孰是。」余按全文七四七高宇小傳，」宇、文宗時人，官許昌縣主簿，」名下收大唐吳郡張君紀孝行

銘一首，云「君名常洧，字巨川，句曲人也，

表上聞，優詔允答，復其徭役，旌其倚廬，三紀於茲，情不一異，」顯與集古所記爲同人。由其文觀之，則旌表三十餘年後乃作紀銘也。文末又有「孚雖庸愚，備知盛美」語，謂撰文者高孚，與集古稱高宇異。

全文同卷承瓌小傳，「瓌、太（大）和中官潤州句容縣主簿，」名下收張孝子旌表碑贊一首，略云，「況吳郡張生，……寢處苫塊，棄絕人事，凡三十一年，號泣終身，……又太（大）和六年，姪孫公琁繼亦廬于墓，時職留務於金陵日，御史譚公爲清時名士，深用褒焉，曰張家至孝，已傳三世，……會其諸兄之孫曰琢，……序滿歸鄉，經先人之舊廬，……咸取敕旨，勒于貞石，」其文當大和六年後作，於時常洧先卒，姪孫琢乃取旌敕等同刻之石，瓌爲作贊，故集古曰「皆同時刻」，然旌、刻並不同時，集古所記未詳，故黃氏遂誤編於貞元之下。

全文同卷李哲小傳，「哲官潤州句容縣令，」名下收吳郡孝子張常洧廬墓記，略云，「今年八月，觀察使御史中丞王公錄上尚書省，明詔未及，幽魂已慶。」余按自貞元至大和末，王姓官浙東觀察者兩人，（唐方鎮年表五。）一王緯，二王璠。舊紀一七下，大和六年八月，璠以檢校禮尚出除，則兼官不同。惟舊書一四六緯傳，「貞元三年，泌爲相，擢授緯給事中，未數日，又擢爲潤州刺史兼御史中丞，浙江西道都團練觀察使，十年，加御史大夫，……」王公當指緯言之：舊紀貞元三年八月「壬申，以給事中王緯爲潤州刺史，江西觀察使，」壬申應依沈本作壬辰（十二日。）

新表七二上趙郡東祖有李哲，常州錄事，時代可相當，未知卽同人否。

全文九八六，貞元五年二月旌張孝子牒，「准式令旌表門閭，孝子潤州句容邑人張常洧、居父喪廬墓，所生芝草一十二莖，……右禮部奏，得史館牒稱，得浙西觀察使牒，得句容縣申，得耆宿樊泌等狀前件人云，建中四年七月丁父憂，其年十月，便被髮徒跣，廬於墓側，哀毀過禮，號慟將絕，去八月中有前件芝草生，……勅旨宜付司，」牒之去八月，殆貞元三年八月，因至是常洧廬墓已逾三年也。由是而展轉申詳，哲記之今年八月，斷是四年八月，如曰三年八月，則王緯當未上任，如曰四年以後，則五年二月已得禮部旌牒，不得曰明詔未及，故知哲記作於貞元四

年。

繼檢景定建康志四九云，「張常洧，句容人，建中四年父歿，廬墓三年，墓側產瑞芝十二莖，太守樊泌表奏旌表，大和六年，姪孫公珽亦以孝聞，」此節故事，當由銘贊等輯出，足證予謂碑贊作於大和不妄，唯耆舊作太守，與旌表牒異，當誤。

輿地碑記目建康府下，「唐張孝子旌表碣，咸通十三年，」不署撰人及孝子名。考叢編一五、建康府引諸道石刻錄云，「唐孝子張府君旌表碑，唐王承福書，雷珍題，咸通十三年，」類編六作咸通十四年，（粵雅堂本。續古文苑注所引寶刻類編，乃叢編之訛。）續古文苑一九注云，「集古錄有唐孝子張常洧旌表碣，……以明年貞元五年己巳立此碑也，別有咸通十三年碑，予在句容張氏等義臺得其殘石一片，後有潤州句容縣令呂僅及咸通十□等字。」按旌表碣非立於貞元，業如前辨，孫氏既稱曰咸通十三年碑，何彼所著訪碑錄四、又列張常洧殘碑於咸通十年下也？嚴觀江寧金石記云，「此碑殆建中時縣令呂僅所立，故中有其名，碑側又有咸通時題名也。」金石補正七六云，「集古錄目張常洧……貞元五年旌表，是跋尾作貞觀者誤也。續古文苑……注云，孝子父建中四年癸酉歿，廬墓六年，以明年貞元五年己巳立此碑，案紀孝行碑云，三紀於茲，情猶一日，此碑亦有墓三載字，孫謂廬墓六年，未知所據。……此碑前半所載，卽係紀孝行碑之文，後半所述，或重建祠宇而作也。江寧金石志謂建中時縣令呂僅所立，恐未必然。」余按嚴、陸兩跋均因未見承壞碑贊，故立說不諦。

據旌牒言之，常洧父以建中四年卒，計至貞元四年地方申請旌表，恰先後六年：孫云廬墓六年，就請旌時言之則不誤，就終身言之則非，若殘碑「墓三載」字乃引原涉事，（說見下）於常洧無關也。

碑贊云，「而張氏世傳儒素，家唯四壁，大唐之璽書，文人之麗藻，雖傳諸子孫而未鎸於金石，」則知李杳之記，高宇之銘，雖撰作在先，而大和前並未刊勒：謂貞元五年上石，固失過早，若建中時則常洧父剛去世，地方且未上申，爲誤更不待辨矣。

此殘碑，補正存十七行，並據江寧金石志補注之，云，「高廣不計，存十七行，行字不等，字徑五分，行書，在句容，」今據補正所錄行列測之，每行約自四十七字至六十字不等，前存六行，補正謂卽紀孝行碑之文，是也。

第七行、補正著錄爲「□州眞寧縣□□□□□刱立□□，」按通典一七三寧州羅川縣，天寶初改爲眞寧，元和志三、新書三七同，唯舊書三八誤貞寧，則州上之字當爲寧字。碑贊云，「會其諸兄之孫曰琢……邠帥知之，辟主印眞寧，……秩滿歸鄉，……咸取敕旨勒於貞石，」則此行蓋寧州眞寧縣主印張琢出資刱立石刻也。曰「刱立，」尤　余謂大和前未嘗刊石不妄。

第八行、「墓三載人到□□稱之□吳郡生，」卽碑贊之「昔原涉廬于墓三載、人至于今稱之，況吳郡張生」也。

第九行「□其道，佷戾者爲之恭恪，悖謾者爲，」卽「鄉里仰其道、狠戾者爲之恭恪、悖慢者爲之孝慈」也。第十行「□職是務□金□□□□御史譚□爲淸時」，卽「時職留務於金陵日、御史譚公爲淸時名士」也。第十一行「□□□□□□□□淮泗大君之□□文人之嘉□，」卽「而張氏世傳儒者、家唯四壁、大唐之璽書、文人之麗藻」也。第十二行「□□□□□□□□親愛以順交朋友以信□師知」，卽「有貞介之行、有恭懿之德，事親愛以順、交朋友以信、邠帥知之」也。第十三行「□□□□　□長□喟然咲息□□□□□□出琴」，「卽經先人之舊廬、悼盛事之未樹、喟然嘆息，潸然涕洟、乃出琴書車馬以鬻焉」也。第十四行「□□□□□□□□□惟孝有□□□□乎不朽君□，」卽「使永不泯、夫建邦立家、唯忠與孝、有一於此、宜乎不朽、君斯舉也」也。第十五行「□□□□□□□□□傾之□□百行□先　□□，」卽「天經地義、其惟孝焉、六順之始、百行之先、哲人斯難」也。第十六行「□□乃立貞石　是昭是□　豎碑旣□　□□，」卽「深用惘然、乃紀貞石、是昭是宣、豐碑旣樹、厥美方傳」也。兩兩比讀，全文所錄，諒非盡合，但江寧志與補正之謬誤，要自不少；如八行之「吳郡生，」十行之「職是務」及「御史譚，」十一行之「淮泗大君，」十二行之「□師，」十三行之「長□，」十四行之「惟孝，」十五行之「傾之，」十六行之「豎碑，」當各有錯漏。又依補正行列攷之，贊文四字一句，每句下空一格，果若是，則十五行之第二、第七、第十二（卽「百行」上），十六行之第二□格，皆應是空格，不是泐字也。

第十七行、補正著錄爲「潤州句容縣令呂偅□奉義郎行丞，」金石志行首尙有「朝□郎」三字。按此行是承上碑贊，全唐文著錄碑贊爲承瓌作，謂大和中瓌官句容縣主簿，此其仕歷，必前人自碑上錄出，非徐氏別有依據。「承」雖古姓，在後世則極少見，况唐人常寫丞爲承，「承」是否所官，（此行有「行丞」字。）可疑者一。贊有云，「吾儕感此，深用惘然，」則題名贊後者似不一人，可疑者二。惜「瓌」字今不見著錄，呂僅非建中縣令，已可確定，承瓌果沿行丞而誤者，更可爲大和縣令，非咸通縣令也。

此後金石志又著錄「句容領副史裴斌錄，」「咸通十」二行，據諸道石刻錄說及殘存第七行之文觀之，又似張琢碑既立而壞，後四十年復上石者。今可決者，歐陽棐所見仍是此碑，非有別本，蓋彼祇讀碑首之勅，故謂立貞元五年，集古錄中常有此失矣。

全文所收李哲廬墓記，當亦錄自此碑。由此以推，全碑必首錄旌牒，次李哲記，次高孚銘，又次碑贊，末乃題咸通刊勒事，今碑毀其前半段，故旌牒，廬墓記不可復見，如此說法，正與余所考定合。

總揭言之，李哲之廬墓記，作年最先，——即貞元四年——維時未奉旌牒也。次旌牒，下於貞元五年二月。旌表之後，再逾三紀，應當長慶、寶歷間，高孚(字)作紀孝行碑（銘）之時也。凡此皆贊所謂大唐之璽書，文人之麗藻者也。約後數年至大和六年，常洊兄孫琢始斥貲盡取而勒諸石　瓌爲贊以美之。更閱四十年，至咸通末復立石，王承福書之。張孝子碑之經過，大概如是。上稿成於二十一年居滇之日，來川後檢得小校經閣殘拓，知第七行文爲「寧州眞寧縣主簿張琢撰立，」是琢所官乃主簿，其職監印，（通典三三）故贊稱主印。此外第八行至吳張三字，九行慢字，十行時陵日御史譚公七字，十一行素家唯四壁麗六字，十二行郱字，十四行泯夫斯三字，十五行地義兩字，十六行紀是宣三字，均頗明顯及可比較而確定者也。又九行佷戾，似以狠戾爲是。十行御史　，十一行大唐上，均空二格。十五行義焉始先四字下，與十六行然字下，各空一格，蓋空格以當銘詞之斷句者。十七行朝□郎是朝議郎，正六品上階，比縣令高，故曰行；推此，行丞之丞斷指句容縣丞，奉義郎即奉議郎，從六品上階，比丞高，故亦稱行，不著句容字者，承上縣令言也。承瓌之承，必非其姓，於是可以斷言。

復次紀孝行碑之殘文，今以拓本及全文參勘之，一行之前行尚有「鄉」字，卽「鄉黨稱其孝，」補正未著錄。一行補正「勸令飲，」二行「之憂匪唯一，」均不誤。三行當爲「兄之賢非仁兄，」四行「雖庸愚備知盛美稱，」五行「我唐篤生張君令名是，」唐下君下，均非空格。六行當爲「行不忒二節彼高墳巍然如崗，」忒下空一格，但墳下又不空，蓋書法弗齊一也；崗從山，非岡。(卅一年再識。)

落星石題名

落星石題名云，「□□石者晉穆帝昇平元年正月丁□□于□西南皇甫村□□□□爲石至大和□□□□百九年是年正月□五日因移在縣之後□長城元錫記，」(萃編一〇八)石今在興平。張塤吉金貞石錄(自序於乾隆四十五年庚子。)一云，「凡以大和改元者有三；晉帝奕，後魏之孝文帝，唐之文宗。此之大和，後魏之改元也。升平元年至後魏大和九年，是一百二十九年，此題名九字上當有脫字。」萃編云，「自晉穆帝升平元年丁巳歲至唐文宗大和九年乙卯歲，凡四百七十九年，而此記大和下缺四字，下有百九年字，數不能合，所未詳也。」王以此石入唐，與張說異，與關中金石記同，然皆無以合乎百九年之數。余嘗思之，紀號近乎大和者尚有北周之天和，天和元年爲丙戌，如由升平元年之翌年計起，至天和元年，恰二百九年，倘石刻漫爛，固可誤解天和爲大和也，頃未見拓本，先書所見以俟之。

韓琮詩序又有「興平縣野中得落星石移置縣齋」之語(全詩九函三册)考琮以大中十二年官湖南觀察，疑其移石在前，上去大和末不過十許年耳，元錫既移於縣，豈如此短促時間，便又失在荒野，余不敢信唐大和爲是者，亦以有玆疑竇也。

再記宋州刺史崔倬

宋州刺史崔倬，余曾據蒿里遺文目錄續編邢州南和令崔渙誌，決其爲崔隱甫曾孫及崔溉子，又謂米芾書史之故祭酒崔綽，卽此崔倬，綽字訛寫；(集刊八本四分五八四頁)及今泛覽唐誌，更得數碻證。

(一)千唐開成元年正月試左淸道率府兵曹參軍崔洧誌云，「太保忠公之孫，南和府君之子」，題稱「堂姪前祕書省著作佐郎倬書」，南和卽渙，倬之祖與渙爲親昆仲，故對洧稱堂姪。

(二)千唐大中六年江陵縣尉崔芑誌云，「公皇考諱渙，忠公第□(七?)子，官至南和縣令」，題稱「堂姪通議大夫前守宋州刺史上柱國倬撰」，芑是湑親弟，故亦稱堂姪。誌立於六年二月，已罷宋州，而顏魯公石幢事立於五年正月一日，時猶未罷宋州也。

（三）千唐乾符元年（卽咸通甲午）楚州盱眙縣令鄭濆誌云，「夫人淸河崔氏故國子祭酒倬之次女」，余前謂祭酒爲倬後來歷官，（同前引文）卽亦不妄。

（四）千唐大和九年八月會稽縣尉崔夫人鄭氏誌，題「崔氏堂姪宣德郎守祕書省著作佐郎集賢修撰倬撰」，試與（一）署銜校，知倬以是年罷去著作佐郎也。

郎官柱戶中有崔卓，勞格云，「無考」。余按戶中兩員，卓前二人之鄭薰，據翰學壁記應在大中三年九月已前任，後二人之韓琮，據玉谿年譜會箋四係大中五年任此官，又後四人之韓賓由杜牧行制除授，當大中六年任，合此推之，卓是大中初任戶中無疑，實卽宋州刺史崔倬，特重刻時誤落亻旁耳。郎中常出典外郡，倬守宋州在戶中後也。

劉希仁文集佚文

唐故朝議郎行陝州硤石縣令上柱國侯公墓誌銘並敍。

朝議郎行尙書膳部員外郎史館修撰上柱國劉軻撰。

公諱績，字夏士，上谷人。六代祖安都，陳司空，桂陽郡公。高祖稜，皇密州高密縣令。曾祖元皓，皇杭州司倉參軍。祖諱愉，皇進士出身，幽州固安縣令。父諱潤，皇京兆府三原縣尉，累贈左僕射。妣高陽許氏，贈潁川郡太夫人，皇兵部侍郎孟容之姊也。公生於士林，中外顯榮，冠蓋組黻，輝暎鄉里，里人謂之禮樂侯家。公稟冲和之氣，恬澹寡欲，初習黃老之道，以存神守一，靜專動直，次入金人止觀之境，融治眞性，日誦（？）數千言，雖雪霜風雨，未嘗輒懈。此外讀書甚有文學，長於詩詠，每良辰美景，雅韻淸發，忽有所得，便驚衆聽。公兄繼以文科入仕，公方以退靜爲意，不事趍競，故不取進士，時論高之。貞元十二年，明經出身。十五年，丁先府君憂，柴毀骨立。元和三年，釋褐授常州義興縣尉。十五年，授宣州宣城縣主簿。長慶四年，京兆胡公證奏授京兆府好畤縣尉。大和元年，爲福建觀察使張公辟授監察御史裏行，充觀察推官。五年，勅授陝州硤石縣令；縣當大路，公以淸白守官，儉恪始屬，政尙寬簡，人用寧息，應奉親朋往來公子，未嘗不竭具所有，以充其欲，雖冠蓋憧憧，星使落驛，公處之有術，人忘其勞，此亦公之善政也。公方雅厚重，雅副名實，知之者以長者目之，其踐履教義，不落小人之穽，不罾浮薄之口，眞守道君子也。九年夏，自硤石移疾於洛陽，八月四日竟不起，嗚呼哀哉，春秋六十六。夫人高陽齊氏，皇吏部侍郎，汴常潤濠等五州刺史，河南江東兩道採訪使，平陽郡太守，襲高陽公之曾孫也，皇大理司直掄之幼女，姊姑臧李氏，故太尉公逢吉之姑。柔明□（見本撕破一字）哲，毋儀婦道，得（或傳？見本此字撕破）自家法，凡卅年作配君子，夫婦之道，恩敬兩極，自公之□，（見本撕破一字）夫人已骨立矣。及奉公喪，哀殞慟絕，感慟行路，長子寀，次子菜，並挽郎出身，恭順端謹，頗極子道。以其年十二月十一日歸葬於河南府洛陽縣清風鄉張方里，從舊塋也。其孤以軻嘗陪公閬州同僚，情契頗至，故走僮來京師，俾余論譔，軻悲涕且久，敢無辭乎。文曰，自古皆有，聖狂共盡，莊蹻柳跖，各該其分，允矣侯公，堅白無磷，位未充德，壽逾耳順，閟於幽泉，友生孤憤，執筆酸惻，莫追風韻。

右拓本誌凡廿九行，行廿九字，題識及撰人各一行，銘三行，全誌只漫漶字，餘則見本剛撕破，待覓完補。張公卽張仲方。吏部侍郎齊卽齊澣。

田雍文

近世唐誌出土，盈千累百，閱其文多按步就班，求能負卓犖不羈之材氣者甚鮮，有之則唯田在卞誌。

大唐故北平田府君墓誌銘幷序。

延陵季子葬子於嬴博之間，其墳高可隱，仲尼注觀而歎曰，季子於禮中載。君諱在卞，字楚臣，盧龍北平人也。因我大父太尉公南河北，蕩東平，致德，棣等廿餘州，先文皇帝初卽位，勸諸樹勳庸足以銘刻者，卽日詔受河陽懷州武德縣尉，以其年尚幼，不復從事。後至開成二年，甲授鳳翔府寶雞縣主簿，由其適其珉繇□歟乎渝乎，建其□躢蹨而將其十一乎，吾疇之不息，公將其雲□乎。俄有獄訟，決於介不可，其徒因趨入，將有說，公乃指曰，大道千里，百轍必由，其出列者爾其骨肉乎，四海乎，必將有出吾大道者，子其反之，無以感是，苛其刑，迫其毒，吾將不忍出吾大道者也，其徒於是頓首負愧，俱不復言。其後以上黨寇平之明年，公率然有北思，抵于魏，魏帥何公因問曰，吾近以屬郡獻天子，版籍抵于貢，天下人謂我何。公闢色對曰，天下人爲非也，公當氣其軍，勁其守，橫兵以南指則已矣；燕趙間聞其言，馳風以出位，愛君親以惡其後也。公爲人恢度少弄，九歲入大學，十三誦易，十五能言詩，每大論及世事，憤然若有望，以爲天下無其人，久而不得伸，卒與疾會，吁乎遂至。會昌五年太歲乙丑，六月十日，卒於齊州濟南郡，春秋三十二。噫，余聞敬仲大於齊，卒爲田氏先，今公復歸其故地，榮市閭角之徒，果申於□而矣。遂以其年八月廿一日，葬于東都　　縣　　鄉　　里，其壙□不輪，封不廣，除不破刈，鑿不及泉，終季子之則，仲尼之志，禮也。於是季弟雍奉筆以指事書于石，俾公之德，載于億萬年。其銘曰：

> □赫田氏，肇乎中古，於姬漢間，函秦掉楚，其後千載，英聲莫追，泱𡇾大風，不能四注，秩然我宗，枝于北封，俾熾其德，以皷于公，休美（？）□□，和言克融，妙若神出，默與道冲，天發其粹，靈合其聰，將九漢（？）□□□路窮，嗚呼，自古令名，川也不終　，陵谷將（？）盡　，淸風殁振。（？）

右千唐誌之一，凡二十六行，題識一行，銘四行，行二十五字，漫泐十餘字，前赫字，後泱字均以意補，縣鄉里上原各空兩格，唐藩鎮田氏生加太尉者有承嗣，卒贈太尉者有季安，唯弘正以六州請吏，又助平李師道有功，所謂南河北，蕩東平，致德棣廿餘州也，其卒亦贈太尉，故曰太尉公。據新表七五下，弘正孫有名在宥，在賓者，在卞以在聯名，其爲弘正孫可知　，唯表缺不備　，未知在卞與雍父何名耳。舊書一四一弘正子布，羣，牟，新書一四八同，新表以早、牟、布、章爲次。舊紀一七下，大和九年正月，「以前棣州刺史田早爲安南都護，」沈炳震云，「新書作田羣，」則只據新傳言，未知表有異文，方鎮年表七圭從舊傳作羣。

考白集三五，田羣可起復守左金吾衛將軍員外置兼澶州刺史制云，「前左武衛將軍田羣，……而燕薊之間，澶爲要郡，公侯之後，羣有令名，俾分符竹之榮，佇濟弓裘之美，宜奪情禮，起而用之，」是元和，長慶間羣已官澶刺。今舊傳云，「羣，大和八年爲少府少監，充入吐蕃使，歷棣州刺史，安南都護，」又新傳云，「羣，會昌中歷蔡州刺史，」敍其仕歷，皆後十許年，故是非尙待考定。新傳復言羣有兄肇，是又舊傳、新表所未見者。澤潞平於會昌四年，魏帥何公指弘敬。田氏累世忠義，史家高之，燕趙古多悲歌慷慨士，雍之行事不可知，讀其文當與在卞鳫行媲美者，故亟表而出之。

寇章

余嘗引米芾書史「故祭酒崔十八丈綽常與寇章，賀拔惎皆以鑒賞相尋，……自會昌以來，時覩斯帖」，證綽當作倬，（集刊八本四分五八四頁）而於寇章未有所知。今考千唐大中四年正月立之唐朝散大夫守陝州大都督府左司馬寇章墓誌，（原目訛冠章，茲校正。）係前曹州刺史崔耿撰文。章系出名家，（見拙校姓纂。）卒大中三年，年七十五。誌稱「衆藝中尤嗜筆札，古今法書遺跡，見之迎辨眞僞，二篆八分飛帛聯綿之流亦兼通」，足以證書史鑒賞相尋之說。又有拓本大和七年「（上泐）故鄭氏夫人墓誌銘並序」，題「前湖南觀察推官監察御史裏行寇章撰。」

李晝李庚

匋齋藏石記三四，「唐故萬年縣尉直弘文館李君墓誌銘，再從叔朝議郎行殿中侍御史分司東都庚撰並書」，（大中十年）誌云「庚季父程，……晝卽其孫也。……又明年春，授祕書省校書郎，……未幾丁家禍，持喪於洛汭，至性毀哀，爲親族敬。三年服除，大梁率劉公八座辟爲掌書記，改試協律郎，每成奏記，公曰，愈我頭風。宰相崔公器之，大中八年，擢授萬年尉，直弘文館。……曾祖鶡，尙書虞部員外，贈司徒。……君乃長子也，……有子男六人，女二人，其季男曰八翁山，韋氏出。君字貞曜，……其弟弘舉、玄玉等泣以請銘」。跋云，「程父鶡伯，亦附見舊書程傳，誌作鶡，與傳異。程從子庚，晝弟弘舉，玄玉，史竝無徵，據誌晝官至萬年縣尉，直弘文館……舊書但言其登進士第而不著其官」。余按舊書校勘記五六云，「父鶡伯，張本作祖柏父鶡，云據新書世系表，柏官太僕卿，鶡官滁州刺史」誌當不誤：誌稱虞外者唐人重內官也。新表七〇上、柏子鶴，鶴孫「湖南觀察使兼御史大夫庚，字子虔」，其事跡亦略見方鎮年表湖南及考證，初非於史無徵。又唐語林「李相石從子庚，少擢進士第，石之力也」，依新表則庚爲石之從姪，比程尙疏，程石皆曾作相，不知果誰之力也。新表廓子首著濟，次著「萬年尉直史館書字貞耀」，依誌則「書」「耀」兩字皆訛，晝爲長子，非次子，表亦誤，第未知弘舉或玄玉是否濟字耳。

跋又云，「據通鑑，大中朝崔氏作相者有鉉、龜從二人、三年四月，鉉以御史大夫爲中書侍郎同平章事，四年六月，龜從以戶部尙書判度支同平章事，而龜從於五年十一月出鎭宣武，是時晝在洛汭，辱蒙賞拔，則崔爲龜從無疑」，非也。龜從旣能相而鉉仍相，擢直弘文，專屬居朝者之力，況據方鎭年表二，劉公卽劉瑑，瑑代龜從鎭宣武，晝旣佐瑑幕，應居汴梁，亦非如持喪時居洛汭，代端方作跋者頭腦殊未淸。

全詩六函三册、劉禹錫送李庾先輩赴選詩，「一家何啻十朱輪，諸父雙飛秉大鈞，曾脫素衣參幕客，却爲精舍讀書人，離筵維水侵杯色，征路函關向晚塵，今日山公舊賓主，知君不負帝城春」，雙飛秉鈞者謂程與石，石以大和九年末相，詩當作於開成時，庚、庾字近易訛，不知是同人否。（如舊紀一九上崔庾，新表作庾，白居易父季庚，集誤作庾是）。

未檢曲石藏會昌三年洪州武寧令于君夫人李氏誌云：「滁州刺史贈司空鸛之孫，太子洗馬贈金部郞僧之長女」，撰人題「再從弟荆南節度推官將仕郞試太常協律郞庾撰，」亦庾仕歷之可考者。

李共華非李華

匋齋藏石記三四、「唐故振武節度隨軍登仕郞試左武衛兵曹參軍上柱國李府君墓誌銘并序」云，「迄今累至隨軍之職」，隨軍與節度相去如霄壤，記竟題曰」振武節度李君墓誌」，失其名矣。誌又云「曾諱共華，曾任亳州司馬」，諱字並缺末筆，跋已舉出。顧跋又云，「曾祖諱華，曾任亳州司馬，按新、舊唐書並有李華傳，華字遐叔……大曆初卒，李君終於大中十年，上距遐叔之卒，約八十年，謂遐叔卽李君曾祖，時代尙合，唯遐叔未官亳州司馬，是否仍未敢定也」。余按李君之祖，誌明云諱「共華」，非諱「華」，名旣不同，更何時代之足論，作跋者乃妄以牽傅於文人之遐叔，殊顢頇。

與遐叔同時同姓名者，據余所知，有隴西李華，宗室也。拓本大曆十三年立李華誌云，「分自帝系，固其本技，曾祖景嘉，千牛大將軍」，又曲石藏前汝州司馬李華亡妻太原郭夫人墓誌銘并序云，「夫人太原郭氏……適前汝州司馬隴西李華，未遇中年，淹然長逝，以寶應二年六月二十一日構疾，終於常州晉陵之客舍，春秋三十有六，以大歷四年七月□日，遷窆於洛陽北原，……吾何不口，殃及於汝，臨櫬慟哭，汝其知之」，此妻誌固司馬李華所自撰者。

十七史商榷八三，「文藝傳華曾祖太冲，今世系表趙郡東祖下大冲，雖爲華曾祖一行，而華曾祖自名贊皇，太冲曾孫中無華，不合二也。文藝傳官祠部郎中，華官右補闕，而世系表太冲官雍王友，華無位，不合三也」。余按新表七二上，東祖之後，唐有兩李華，（其又一人屬北魏）。贊皇之曾孫華無位，大冲之曾孫華字遐叔，王氏既檢及大冲，顧於華字遐叔一格，竟若無覩，遂致混兩人而爲一，可謂失諸眉睫。若論入仕，則一人斷不止歷一官，傳言太冲太宗時擢祠中，不過舉其要者，（唐人重郎官）。表之雍王友或是其終官，（高宗太子賢曾封雍王。）不能以是訊表、傳之牴牾也。因論李華，故并及之。

孫讜誌立年考

孫讜誌題第十九弟朝議郎守左補闕內供奉柱國孫徽撰，但失其卒與立之年，祇云，「未幾，復爲故易定節度使李公公度奏職，轉銜兼監察御史，不赴命，蓋避賢也。歲抄，獲薦於朝籍之士，授河南府士曹參軍，考終赴調，復任新安令。……蒙恩拔授蓬州刺史，郡罷東歸，……以其年五月五日，終於東都會節里之私第，享年六十。……以其年七月三十日，遷窆於河南縣北邙山杜原村」。（芒洛四編六）按李公度節制易定，唐方鎮年表四列於大中二至八年。千唐孟州司馬孫景裕誌，咸通十一年六月八日卒，同年八月廿二日立，題「第二弟朝議郎前守尚書刑部員外郎柱國孫徽撰」，徽之散階，勳官，均與讜誌無異，補闕從七品上，員外郎從六品上，補闕於例一年便可遷員，故依此推測，徽之升轉若無別故罣礙，則讜之卒當在咸通十一年前不久。誌稱七月三十日，據朔閏考三，咸通七年，九年爲七月大，是讜之卒，似以咸通九年爲較近，惜景裕誌竟不著其享年若干，少去一重比覈耳。

輿地碑記目刊復

輿地碑目所載各地碑碣，常有複出，今未暇逐條勘校，姑就所見及者正之。

常州下唐賀蘭夫人墓誌云：

「集古錄云，正元九年唐陸贄撰，或云贄書也，題曰祕書監陸公夫人墓誌銘，而贄自稱姪曾孫。」

又寧國府下賀蘭夫人墓誌云：

「集古錄云，唐陸贄撰並書，碑以正元七年立。」

按集古錄跋七云：

「唐賀蘭夫人墓誌，貞元七年，……此石在常州」，

集古錄目四亦作七年。

鎮江府下武烈帝廟碑云：

「廟在城南一里，卽隋司徒陳果仁之廟也，唐封爲………命徐鉉作碑。」

又江陰軍下武烈大帝廟碑云：

「在天慶觀之西，有顧雲爲銘，南唐封爲武烈大帝，命徐鉉撰碑文。」

前條之唐，應作南唐，文見全唐文八八二，題册贈武烈帝碑，內著丙辰歲，卽南唐保大十四年。

又鎮江府下岑植德政碑云：

「集古錄云，唐張景毓撰，僧翹微書，碑以景龍二年立，在潤州」。

而建康府下云：

「唐句容令岑公德政碑，景龍二年」。

據集古錄目二，碑應在潤州句容縣。

紹興府下復禹袞冕並修廟記云：

「在禹廟，元和元年，碑陰有薛苹祈雨唱和詩。」

又薛苹唱和詩云：

「集古錄云，唐薛苹詩，不著書人名氏，崔述等凡十七首」。

此卽余貞石證史（五七二頁）之薛苹唱和詩，與修廟記應同作於元和三年。

道州下窊樽銘云：

「元結撰，瞿令問書。」

又壽昌軍下云：

「窊樽銘在武昌縣。」

按范成大驂鸞錄又云，「泊衡州……合江亭……西廊外石磴緣山，謂之西

溪，有窪尊，」窪卽窳，則謂在衡州。

岳州下夏侯宋客墓碑云：

「夏候宋客爲岳州刺史，墓碑見在華容鎮北一里，元次山文，事見鄂州舊圖經」。

又壽昌軍下云：

「夏侯宋客墓表，唐元結撰，在武昌縣」

南雄州下唐元傑開東嶺洞谷銘云：

「唐詩紀事云，元傑有湞陽果業寺開東嶺洞谷銘並序云。」

又英德府下云：

「果業寺開洞谷記，集古錄云，唐元傑撰，元和十一年立」。

據集古目四，此記應在廣州湞陽縣。

成都府下漢蜀太守何君造尊楗閣碑云：

「容齋隨筆云，在成都府，其末云建武中元二年。」

又雅州下云：

「尊楗閣記，建武中元二年，其碑在榮經縣西三十里景峪縣崖間巽巖，李燾有䟦以辨正年號，且言按後漢紀建武二十三年夏四月，改爲中元，無建武字，又按祭祀志，改建武二十三年爲建武中元元年，以此知記與志合而紀失之矣。」

合州下季札墓銘云：

「在巴川縣，相傳以爲孔子所書，張從申記云，舊石湮滅，玄宗命殷仲容搨本傳之，大歷中再刻，此從申所記也，此刻不知何人所模」。

又昌州下云：

「吳季子墓碑在北山，相傳以爲孔子書，開元中殷仲容奉詔模搨，大歷中籠定刊之潤州，有張從申題其後」。

按開元時仲容當已先卒，說有誤。

渠州下後漢車騎將軍馮緄墓誌銘云：

「墓在大竹縣古賓城雙石闕西南一丈二尺，按後漢書，馮緄，宕渠人也，墓銘碑尚在，碑額篆云車騎將軍馮公之銘，碑文作隸書，字猶可辨也。」

又達州下云：

「漢車騎將軍馮緄碑，蓬州志載在永睦縣之西八十里，緄薨於威帝之永康元年，其文瞭然可讀，其父煥亦有兩碑，斷裂不全，僅存大概。」

懷安軍下唐昌利觀記云：

「在昌利山延祥觀，開元中金堂尉沛國武捷撰。」

其後又云：

「金堂尉沛國武捷碑，在金堂縣東延祥觀，唐開元中立。」

閬州下顏魯公磨滅記云：

「在新政縣離堆岩下，歐陽公集古錄，唐顏眞卿撰并書，碑以寶應元年立，在閬州」。

蓬州下又云：

「顏魯公書碑刻，顏魯公爲蓬州長史，在蓬四年，往來新政縣鮮于氏家……又大書磨崖碑，廣數丈，今皆在崖石間，自書崖石，故書體尤爲精妙」。

磨滅，磨崖之訛。

金州下唐僖宗碑云：

「圖經云，今碑子渡有唐僖宗一碑，云乾符四年漢陰縣助修道施主云云。」

又洋州下云：

「碑子渡碑，乾祐，眞符兩界之間碑子渡，有唐僖宗時一碑二首，當中云乾符四年四月八日，餘題漢陽，長安兩縣施主名字耳。」

按唐漢陰縣屬金州，漢陽訛。

金石祛僞跋附

金石祛僞一卷，太倉陸增祥撰，增祥卒光緒八年壬午，民十四年乙丑、由劉承幹將其遺稿刊附八瓊室金石補正之後。編中如以薩字定北齊朱氏造象（十頁）及唐黃葉和尙墓誌（十五頁）之僞造，都能就細微處着目。然考證之處有未確者，如郭靈志謂隋無相州，（十七頁）而相州則固數見隋書。（參拙著隋書牧守編年表五二——五五頁）。犇馬銘謂武德中無越州刺史之稱，（二十九頁）殊不知總管武官、刺史文官，總管恆兼一州刺史，六朝已然，石刻稱「故越州刺史督都諸軍事」，非盡不合，特都督二字倒耳。陸氏又歷引哥舒沮，哥舒道元，(按均見元和姓纂五，)哥舒翰，以證哥舒府君及孤子季通，皆爲烏有先生：更不知姓哥舒者未必盡見於史。通典一九九永徽初西突厥之屬，已著哥舒闕俟斤及哥舒處半俟斤，王知敬旣高宗時人，烏知無哥舒府君暨季通者，是故石刻之僞不僞，尙有待於審訂，若徒憑是以成讞，則難乎間執他人之口矣。

蜀王祭酒蕭勝墓志，陸氏亦目爲贋作，(十八頁)然除末行書款外無確證。陸氏云，「蜀王，高祖弟湛所封爵」，余按湛追封耳，前乎永徽而曾封蜀者有高祖子元軌，(舊書六四，武德六年封，八年徙吳)。太宗子恪，(參據舊書七六及校記三七，貞觀二年封，十年徙吳。)迄永徽而仍王蜀者有太宗子愔，(舊書七六、貞觀十年改封。)則所謂故蜀王西閤祭酒者不定指湛也。

裴復誌、古誌石華一五著錄，陸氏以爲僞而未舉其說(二十四頁)殆因二歷字皆誤止從日而云然，余以爲此必作僞者據韓集上石也。石與集本之異處，祇充郎作克郎，無外無私作無外無色，石華云，「三四句離家二字無韻，又無外無色，色當是內字之僞」。考昌黎集二四、「支分族離，各爲大家」兩句注云，「此銘以家叶離，方言羅謂之羅，羅謂之羅，蓋古音通也」，僞人以韓集上石，黃、陸均不之知，又妄爲猜議，疎矣。

爨龍顏碑跋附

金石萃編補略 爨龍顏碑跋云，「劉宋篡晉以來。至大明二年，已三十八載矣，中年多故，寧州僻阻遠方，故祖爲晉寧，建寧二郡太守寧州刺史，父亦爲晉寧建寧二郡太守寧州刺史」。按碑有云，「舉義熙十年秀才，除郎中，相□西鎭，遷南蠻府行參軍，除試守建寧太守」，泐字金石續編一補作「征」，恐未必確。依下「歲在壬申」(元嘉九年——四三二)而譯其義，此句殆指義熙十一年(四一五)劉裕西討司馬休之於荊州，事平加領南蠻校尉之事。龍顏試守建寧，旣早在宋初，則其祖若父之守建寧，更在其前可知。碑又云，「考龍驤輔國將軍，八郡監軍，晉寧建寧二郡太守，追諡寧州刺史，邛都縣侯」，按龍顏嘗爲寧州刺史，邛都縣侯，追諡猶追贈也，龍顏之父固未嘗爲寧州刺史。(追贈卽追贈)

新唐書二二二下，「西爨自云，本安邑人，七世祖晉南寧太守，中國亂，遂王蠻中，梁元帝時南寧州刺史徐文盛召詣荆州」，南寧，丁謙以爲建寧之誤，余嘗證之。（見隋書州郡牧收編年表四二頁）。由龍顔出身觀之，其祖仕爲建寧太守，或當晉孝武（三七三——三九六）以前，（龍顔生於三八六）又依三十年一世推算，自梁元帝（五五二——五五四）上推七世，約當晉之康、穆，兩者紀年甚近。顧王言氏又云「唐書所謂七世祖晉者，當是龍顔之子孫也，」以晉爲名，謬矣。

周齊王憲碑附

子山集一三齊王憲碑，「後魏二年，封涪城縣開國公，時年五歲也。……武成二年授……益州刺史，……公時年十有六。……宣政元年六月二十八日薨，春秋三十有四。」由薨年上推，憲十六歲恰當武成二年，惟五歲則爲大統十五年，與後魏二年不合。

周書七本紀，記憲之卒年月日均符，唯一二本傳云，「武成初除……益州刺史，……憲時年十六，……乃縊之，時年三十五，」享年與集差一年，意史臣以武成元年作十六計，故被殺時乃爲三十五也。

鄭常遷州刺史附

英華辨證四云，「庾信宇文常碑，羅州刺史，又鄭常誌（即宇文常也，宇文蓋賜姓。）遷州刺史，按隋地理志西魏時于竹山縣置羅州，宇文後周于房陵郡置遷州，隋並號房州，碑誌蓋互言也。」余按子山集一四宇文常碑，「即日賜姓宇文，與國同族，」同集一五鄭常誌，「賜姓宇文，與國同乘之榮，」宇文常、鄭常同一人，彭說無誤。第考隋書二九房陵郡竹山縣云，「梁曰安城，西魏改焉，置羅州，開皇十八年改曰房州，大業初州廢，」是羅州西魏始置，直至開皇十八年乃改房州　此房州又於大業初廢也。又房陵郡云，「西魏置光遷國，後周國廢，置遷州，大業初改名房州」，是遷州後周始置，迨大業初旣廢原爲羅州之房州，乃將遷州改名房州也。然則羅、遷兩州之改房，並不同時，祇屬承繼，且在信卒（大定元卽開皇元，據疑年錄。）後十許至二十許年，焉能知其並號房州而碑、誌互言，彭氏之說，曲解甚矣。碑云，「保定三年，授都（督）羅州諸軍事羅州刺史，」誌云，「保定三年，授使持節都督遷州諸軍事遷州刺史，」六朝之制，當兼督數州，此云諸軍，意遷、羅接域，在常兼督之中，故碑、誌互言歟。鄭常附見周書三六鄭偉傳，云，「歷撫軍將軍，通直散騎常侍，司皮下大夫遷信東徐南兗三州刺史，」依文面讀之，信與東徐、南兗各爲一州，則「遷」乃遷轉之遷。顧由碑、誌觀之，常未嘗刺信州，信州之北即隋房陵郡，豈信亦常兼督之一，後人誤讀「遷」如遷轉，遂衍「信」字歟。果若是，則誌作遷州，更可信矣。周書常傳雖寥寥七十餘字，然視碑、誌互有異同詳略，可參比觀之；其最異者，常碑父名項，誌作項，（叢刊本）傳作頂。（余別有考證）碑、誌亦不盡齊一，如初封、碑云五百戶，誌作千，則或傳刻之訛也。

出自第十五本(一九四八年)

唐開元李堂造象龕專

（見續貞石證史越州參軍李堂條）

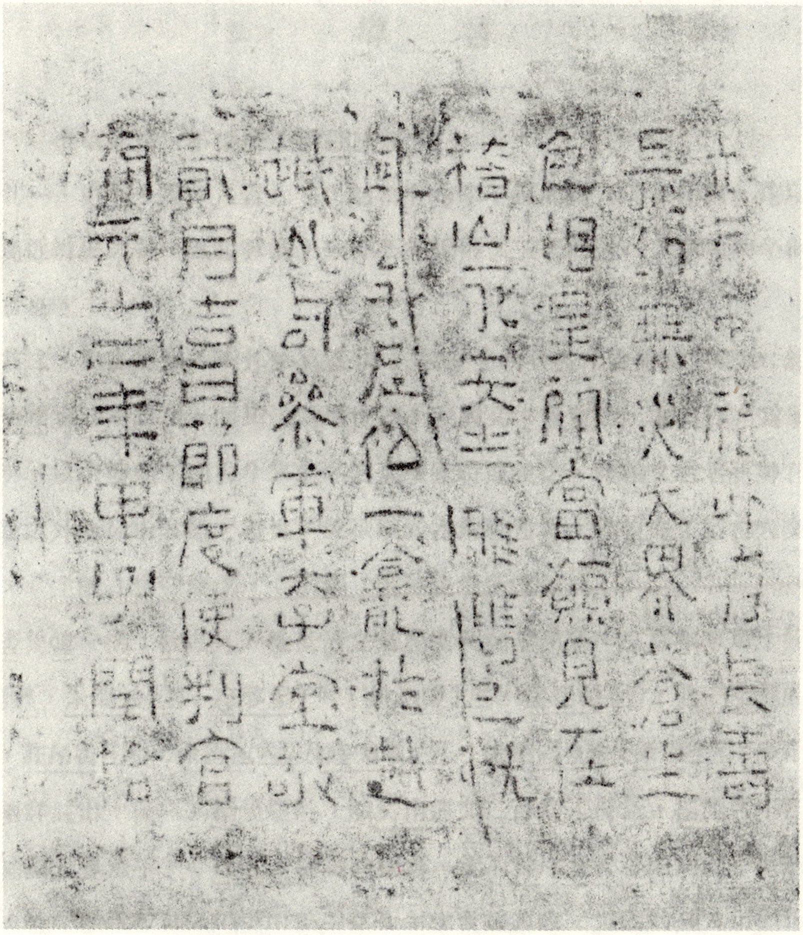

茆泮林莊子司馬彪注考逸補正

王叔岷

晉人注莊子，義理最佳者，當推向秀郭象。訓詁最佳者，當推司馬彪。陸德明釋文序錄稱彪注二十一卷，五十二篇。內篇七，外篇二十八，雜篇十四，解說三。惜於釋文所引者外，已不可多見。孫鳳卿雖有收輯(見問經堂叢書)，而疎略矛盾，可議者不少。茆泮林乃爲之更訂補苴，其彪注考逸（見梅瑞軒逸書十種），視孫書完善多矣。厥後黃奭黃氏逸書考中，所載莊子司馬彪注，蓋卽全本茆書。惟未錄茆氏所輯彪注莊子逸語十五條而已。至於郭慶藩莊子集釋中所舉彪注，亦幾全鈔襲茆書也。岷治莊子有年矣。素日參稽羣籍，所見彪注不少，又頗足以廣茆氏之證，補茆氏之漏，及漸有匡其紕繆者。虬龍片甲，亦可珍貴。恐其散逸堙沒，因輯錄若干條，將以附於茆書之後云。

莊子內篇。

逍遙遊第一。

北冥有魚。[冥，本亦作溟。]

溟謂南北極也。去日月遠，故以溟爲名也。[卷子本玉篇水部，一切經音義三一，六七。]

其名爲鯤。

鯤，大魚也。[一切經音義九九。]

海運，則將徙於南冥。

運，轉也。[大正藏續論疏部三論玄義檢幽集二。（案此引，未出司馬彪之名。證以釋文所引，蓋卽彪注也。凡引彪注略其名者，皆爲茆氏所忽。）]

齊諧。

人姓名。[玉燭寶典一。]

水擊三千里。[一切經音義八七，御覽九二七，引擊並作激。]

流急曰激。[文選盧子諒時興詩注。 一切經音義十四，十八，六八，七八，九十。]

搶枋榆。

搶，集也。[集韻三。]

適莽蒼者。

莽蒼，近郊貌。[白帖十。]莽蒼，近郊之色。[記纂淵海八。]

腹猶果然。

果然，飽貌。[釋文。(案釋文云:「衆家皆云飽貌。」則彪注亦作飽貌矣。)]

朝菌不知晦朔。

朝菌，大芝也。江東呼爲土菌。一曰馗厨。[一切經音義八四。]朝菌，大芝也。[一切經音義八七。]朝菌，大芝也，天陰生糞上。[一切經音義九六。]

惠蛄不知春秋。

惠蛄，寒蟬也。一名蝭蟧，春生夏死，夏生秋死。[六書故二十，分類補注李太白集五(惠作蟪)。]

上古有大椿者。

椿，木名。一名櫬。櫬，木槿也。[列子湯問篇釋文。]

摶扶搖羊角而上者九萬里。

風曲上行曰羊角。[洪興祖楚辭九懷補注。 天中記二(曰作若)。]

斥鷃

斥，小澤也。[北山錄註解隨函卷上。]

將旁礴萬物以爲一。

滂薄，猶混同也。[舊鈔本文選左太沖吳都賦注。(引正文亦作滂薄。)]

往見四子藐姑射之山，汾水之陽，窅然喪其天下焉。

王倪，齧缺，被衣，許由。[天中記十一。 又案御覽八十引云:「四子、許由、齧缺、披衣、王倪也。窅然猶幽然自失之貌，言堯以有事之心，至於無爲之人，故亦無所用也。」疑並是司馬注。]

則瓠落無所容。

瓠，布護也。落，零落也。[古逸叢書杜工部草堂詩箋六]

宋人有善爲不龜手之藥者。

龜手，裂若龜文。[御覽九八四。]

何不慮以爲大樽，而浮乎江湖。

腰舟。[北堂書鈔一三七。]縛于身，浮于江海，可以自渡，所謂腰舟。[雲谷雜記四。(引正文江湖亦作江海。)]

斄牛。

犛牛也。[六書故十七。]

齊物論第二。

嗒焉似喪其耦。

失其所故有，似喪偶也。[一切經音義八八。]

大塊噫氣。

大塊，自然也。[文選江賦注。]大塊，謂天也。[一切經音義九五。]

山林之畏佳。

嵔崔，山高下槃曲之形也。[卷子本玉篇山部。(引正文亦作嵔崔。)]

似注者。

注，曲也。[集韻二。]

夫吹萬不同，而使其自已也。

吹萬，言天氣吹煦，生養萬物。形氣不同也。已，止也。使物各得其性而止。[文選謝靈運九日從宋公戲馬臺集送孔令詩注。(茆書謝靈運誤作謝宣遠。黃奭郭慶藩並本之而誤。)舊鈔本文選江文通雜體詩注引而止下有也字。]

其發若機括，其司是非之謂也。

言生以是非臧否交接，則禍敗之來，若機括之發也。[舊鈔本文選鮑明遠苦熱行注。(茆書所引接誤校，發下脫也字。)]

眩而存焉。

眩，葡也。[六書故十一。]

狙公賦芧。

芧，橡子也。[草堂詩箋十七。]

朝三而莫四。

三升四升，數則不別，用時不同。[大正藏經疏部法華玄義釋籤卷九。]

故以堅白之昧終。

堅白，謂堅石非石，白馬非馬也。[荀子脩身篇楊注。]

天下莫大於秋豪之末。

兎豪在秋而成，[楚辭七諫洪興祖補注。]

蝍且甘帶。

帶，小蛇，蝍蛆喜食其眼。[事類賦三十蟲部注。　天中記五七，(蛇下有也字，蛆作且，喜作好)。]

猵，猵狙以爲雌。

狙，一名獦牂，似猨而狗頭。[六書故十七。]

見彈而求鴞炙。

鴞，小鳩，可炙者。[六書故十九。]

養生主第三

砉然。

皮骨相離聲。[集韻十。]

技經肯綮之未嘗。

綮，結處也。[六書故三十。]

人間世第四

瞻彼闋者。

闋，空也，止也。[劉子新論淸神篇袁注。]

絜之百圍。[趙諫議本絜作潔。]

潔者，匝也。[御覽五三二。]

求樿傍者斬之。

棺材之全一邊者。[錦繡萬花谷前集二六。]

挫鍼治繲。

繲，浣衣。挫鍼，縫衣也。[白帖四。]

德充符第五。

物何爲最之哉？

最，聚也。[集韻七。]

大宗師第六

箕子胥餘。

胥餘，箕子名。[左僖十五年傳疏。]箕子名曰胥餘。[史記鄒陽列傳索隱。]

夫藏舟於壑，藏山於澤，謂之固矣。然而夜半有力者負之而走，昧者不知也。

舟，水物。山，陸居者也。藏之於壑澤，非人意所求，故謂之固。有力者，或能取之。[舊鈔本文選江文通雜體詩注。]

伏戲氏得之，以襲氣母。

襲，入也。[一切經音義六一。]

乘東維，騎箕尾，而比於列星。

東維，箕斗之間，天漢津之東維也。[事文類聚前集五一。合璧事類前集六三。]

應帝王第七。

厭則又乘乎莽眇之鳥。

眇，高也。[一切經音義九八。(郭慶藩引此條於德充符篇「眇乎小哉」下，非是。)]

汝又何帠以治天下感予之心爲？

帠，法也。[集韻七。]

列子見之而心醉，歸以告壺子。

名林，鄭人也。[列子天瑞篇釋文。]

見濕灰焉。

氣如濕灰。[列子黃帝篇釋文。]

鯢桓之審爲淵。

蟠，聚也。[列子黃帝篇釋文。(案殷氏引此爲簡文注。但據莊子釋文引簡文云:

「審，處也」司馬云：「審當爲蟠。蟠，聚也。」則簡文乃司馬之誤也。）]

外篇

駢拇第八。

盜跖死利於東陵之上。

東陵，陵名。今屬濟南。[文選劉孝標廣絕交論注。]（案釋文云：「一云，東陵陵名，今名東平陵，屬濟南郡，」蓋卽司馬注，而略其名也。）]

雖通如俞兒。

俞兒，古之識味人。[集韻二。]

馬蹄第九。

編之以皁棧。

皁，櫪也。編（舊誤偏）木作欞床曰棧。以御濕。[敦煌本釋文殘卷。（藏巴黎圖書館。）]

我善治埴。

埴，土之可以爲器。[釋文殘卷。]埴者，土也，可以爲器者也。[大正藏論疏部百論疏卷下之上。]

齊之以月題。

月題，額上當顱如月者。[庶物異名疏廿七。]

縣企仁義。

企，望也。[一切經音義一百。]

胠篋第十。

萇宏胣。

胣，剔也，言幸死也云云。[釋文殘卷。（案幸字疑誤。或幸上有脫文。）]

殫殘天下之聖法。

殫，盡也。盡天下之法也。[釋文殘卷。]

昔者容成氏、大庭氏、伯皇氏、中央氏、栗陸氏、驪畜氏、軒轅氏、赫胥氏、尊盧氏　祝融氏，伏羲氏，神農氏。

此十二氏，皆古之帝王也。[釋文殘卷。]

惴耎之蟲。

蝡亦動也。[一切經音義五五。（引正文耎亦作蝡，三一引同。）]

而悅夫哼哼之意。

哼哼，少智之人也。[釋文殘卷。]

在宥第十一。

乃始臠卷獊囊而亂天下也。

臠卷，不申舒貌。[事文類聚别集六。]

其動也縣而天。

希高慕遠，故曰縣天。[釋文殘卷。]

聞廣成子在於空同之上。

空同，當北斗下山也。爾雅云：北戴斗極爲空同，一曰：在梁國虞城東三十里。[釋文。（茆書脱引一曰以下，黄奭本之。）雲笈七籤一百。（空同作崆峒，下下有之字。）]

吾與天地爲常。

常，久也。[文選謝靈運入華子岡詩注。（茆書於山木篇「夫子何爲頃間甚不庭乎」句引此條，妄謂文選注上脱頃字，黄書本之，郭慶藩則直於常上加頃字，大謬。）]

雲將東遊。

雲將，雲之主帥。[海錄碎事一。圓機詩學活法全書一。御覽三六四帥誤師，師下有也字。]

而適遭鴻蒙。

鴻蒙，自然元氣。[御覽三六四。]

大同乎涬溟。

涬溟，自然元氣也。[分類補注李太白集三。]

天地第十二。

殆哉圾乎！

殆，岌，皆危也。[卷子本玉篇山部。（引正文圾亦作岌。）]

執留之狗。

留，竹鼠也。[六書故十八。]

孔丘之徒。

徒謂弟子也。[一切經音義二三，七一。(茆書補遺引二三誤作二五，黃奭郭慶藩並本之而誤。茆書於天下篇「五侯之徒」句下，重引此條。黃奭亦本之而誤。)]

徒，弟子，謂門徒弟子。[翻譯名義集一。　大正藏續經疏部淨土三部經音義集四。]

則鳩鴞之在於籠也。

鴞，小鳩，可炙者。[六書故十九。]

天道第十三。

孔子西藏書於周室。

藏其所箸書於周者。[御覽六一八。]

由聞周之徵藏史。

徵藏，藏名也。[御覽六一八]。

百舍重跰而不敢息。

百舍，百日止宿也。[國策宋策吳師道注。]跰，胝也。[六書故十六。]

徐則甘而不固，疾則苦而不入。

甘，緩。苦，急。[北堂書鈔一四一。]

天運第十四。

北面而不見冥山。

冥山在朔州北。[史記蘇秦列傳集解。(茆書亦引此條，但誤集解爲索隱，黃奭郭慶藩並本之而誤。)　册府元龜八八六。]

仁義，先王之蘧廬也。

傳舍也。[御覽一九四。]蘧廬，猶傳舍也。[御覽四一九。]

秋水第十七。

望洋向若而歎。

若，海神。楚辭：使湘靈鼓瑟兮，令海若舞馮夷。[天中記九。]

尾閭泄之。

尾閭，水之從海外出者也。[御覽六十。(茆書六十誤爲六一，黃奭亦本之而誤。) 事類賦六地部一。] 尾閭，泄海水出外者也 。 尾者，在百川之下，故稱尾 。 閭者，聚也。水聚族之處，故稱閭也。[天中記九。]

梁麗可以衝城。

麗，小船也。[事類賦十六什物部二。 錦繡萬花谷續集七。]

捕鼠不如狸狌。

狌，鼬也。[六書故十八。]

夔憐蚿。

蚿，馬蚿也。[玉燭寶典六。]

今予動吾天機。

天機，自然也。[文選任彥昇爲范尚書讓吏封侯第一表注。]

子獨不聞夫埳井之鼃乎？

坎井，壞井也。鼃，蝦蟆類也。[荀子正論篇注。（茆書僅舉「鼃 ，蝦蟆類也」五字。黃奭，郭慶藩並本之，非是。）]

吾跳梁乎井幹之上。

井幹，井欄也，然積木有若欄也。[文選張衡西京賦注。]

商蚷馳河。

北燕爲且渠也。[御覽九四八。]

且子獨不聞夫壽陵餘子之學行於邯鄲與？

不應丁夫爲餘子，[國策秦策吳師道注。]

至樂第十八。

髐然有形。

髐，白骨貌。[御覽三五九。]

其葉爲胡蝶。

胡蝶，蛺蝶也。[一切經音義十四。]

羊奚比乎不箰久竹，生青寧。

羊奚，草名。根似蕪菁。與久竹比合，皆生非類。青寧，蟲名也。[列子天瑞篇釋文。]羊奚，根似蕪菁，其根比連于久不生筍之竹，則生青寧。青寧，蟲名。[庶物異名疏廿一。]

達生第十九。

聚僂之中則爲之。

聚僂，器名也，今冢壙中注爲之。[釋文。(茆書誤中爲滕，黃奭本之。)庶物異名疏五。(無也今二字，冢作塚。)]

竈有髻。

髻，竈神也。狀如美女，衣赤衣。[玉燭寶典十二。]髻，竈神名。箸赤衣，狀如美女。[集韻九。]

桓公𧢄然而笑。

𧢄，笑貌。[集韻九。]

邱有峷。

峷，獸名。狀如狗，有角，文身五彩。[庶物異名疏廿六。]

與齊俱入。

齊，洄水如磨齊也。[列子黃帝篇釋文。]

梓慶削木爲鐻。

鐻，似夾鐘也。[藝文類聚四四，御覽五七五。]鐻，樂器也。似夾鐘。[六書故四，稗篇四六。]

山木第二十。

子獨不聞假人之亡與？

假，國名也。[藝文類聚八四，御覽八百六。]

莊子遊乎雕陵之樊。

樊；藩也。遊於栗林園籬之內。[御覽九二一。]樊，藩也。[事類賦十九禽部二。御覽九六四]。

目大運寸。

周曲一寸。[御覽九二一。(周曲蓋可回之誤。)]可曲一寸。[事類賦十九禽部二。(曲亦回之誤。)]

執彈而留之。

宿留伺其便也。[御覽九四六。]留伺其便。[事文類聚後集四八。]

螳蜋執翳而搏之。

執翳,執草以自翳。[御覽九四六。]

見利而忘其眞。

眞,身也。[御覽九四六。]

虞人逐而誶之。

以周爲盜栗。[御覽三百五十。]

田子方第二十一。

吾所學者,直土梗耳。

土梗,土人。木梗,亦木人耳。土木相偶,謂以物像人形,皆曰偶耳。[一切經音義三三。(茆書三三誤爲二十,黃奭,郭慶藩並本之而誤。)]梗直土。[一切經音義八十。(疑此所引爲正文,梗字錯在直字上。若爲注文,亦當有脫誤。)]

若夫人者,目擊而道存矣。

擊,動也。[一切經音義十八。七二(動上多猶字)。]

丘之於道也,其猶醯雞與?

醯雞,酒上蠛蠓。[草堂詩箋五。]

雜篇

庚桑楚第二十三。

奔蜂不能化藿蠋。

藿蜀,豆中大青蟲也。[六書故二十。]

趎願聞衞生之經而已矣。

衞生,可衞護其生,全性命。[御覽三八七。]

不可內於靈臺。

心爲神靈之臺也。[大正藏續論疏部成唯識論述記集成編卷第一, 事文類聚後集二十, 翻譯名義集六。]

有長而無乎本剽。[本亦作摽。]

元本，摽末。[一切經音義八九。]

臘者之有膍胲。

膍，牛百葉也。[玉燭寶典十二。]

蹍市人之足。

蹍，蹈也。[一切經音義十九，九十，九八。]

知者，接也。

接猶持也。[大正藏續論疏部中論疏記卷第三。]

徐无鬼第二十四。

從說之，則以金版六弢。

周書篇名。[玉海百四十。]

以賓寡人。[賓，本或作擯。]

擯，棄也。[一切經音義十三、十五、十八、十九、三十(棄上多猶字。)，四五、五十、五一、六十、六二、六四、六九、七二、七七、八十(棄上多猶字)，八一、九五。]

黃帝將見大隗乎具茨之山。

具茨山，在滎陽縣。今名大隗山。[御覽四百九十。(據釋文所引，縣上脫密字，縣下脫東字。)]

張若謵朋前馬。

言二人先道馬。[御覽四百九十。]

昆閽滑稽後車。

言二人從後車也。[御覽四百九十。]

今予病少痊。

痊，除也。[文選張景陽七命注。]痊亦除也。[一切經音義六。]

勇敢之士奮患。

奮，武貌也。[一切經音義五。]

相拂以辭。

拂，違也。[舊鈔本文選王元長三月三日曲水詩序注。]

未嘗好田，而鶉生於宎。

宎，東北隅也。一曰：東南隅也。[六書故二五。]宎，東北隅。一曰：東南隅鶉火之地，故生鶉也。[玉海急就篇四注。（茆書脫引一曰以下，引釋文亦同，非是。）]

年齒長矣。

齒，數也。謂年壽之數也。[一切經音義二二。（茆書脫引「謂年壽之數也」六字，黃奭郭慶藩並本之，非是。）]

蓳也。

烏頭也。[記纂淵海九一。]

雞廱也。

雞頭也。[記纂淵海九一。]

豕零也。

木猪苓也。[記纂淵海九一。]

則陽第二十五。

則陽。

名則陽，字彭陽。[玉海急就篇卷一注。]

冬則擉鼈於江。

擉鼈，刺鼈也。[玉篇手部。]擉，刺也。[集韻九。]

是陸沈者也。

無水而沈也。[卷子本玉篇水部。]謂無水而沈之。[史記滑稽列傳索隱。]

漂，疽，疥，癰。[漂，本亦作瘭。]

浮熱爲瘭，不通爲癰。[一切經音義二、五、四十（瘭作漂），四一、六七、九五。]浮熱爲疽。[一切經音義十六、六四、六六。]浮腫爲疽。[一切經音義三十。]不通爲癰。[一切經音義二九、三七。]

外物第二十六。

而化爲碧。

碧，石也。[舊鈔本文選左太沖蜀都賦注。]

蠶蟳不得成。

蠶蟳，讀若沖融。怖畏之氣。[六書故二十。]

後世輇材諷說之徒。

輇，轉也。[卷子本玉篇車部。]

夫揭竿累。

累，綸也。[卷子本玉篇糸部。]

詩固有之曰：青青之麥，生於陵陂。

逸詩，刺死人也。[草堂詩箋二四。]

日夜無降。

降，帷也。[卷子本玉篇阜部。]

胞有重閬。

胞者，腹肉衣也。[一切經音義二。(肉蓋內之誤。)]胞，腹內兒衣也。[一切經音義十六、三十。]

荃者所以在魚。[荃，本作筌。]

筌，捕魚具也。[一切經音義八八。]

寓言第二十七。

而睢睢盱盱，而誰與居。

盱，視而無知之貌也。[一切經音義九五。]

煬者避竈。

對火曰煬。[列子黃帝篇釋文。 丹鉛雜錄五。]

讓王第二十八。

子其爲我延之以三旌之位。[司馬本作三珪。]

諸侯三卿皆執圭也。[御覽八百六。]

乃負石而自沈於廬水。[司馬本作盧水。]

盧水，在遼東也。[御覽四二四。]

說劍第三十。

皆蓬頭。

蓬頭，謂著兜鍪也。有毛故如蓬。[釋文。（據世德堂本。）]

周宋爲鐔。

鐔，劍珥也。[六書故四。]

韓魏爲夾。

夾，把也。[六書故四。]

漁父第三十一。

祿祿而受變於俗。

領祿也。[一切經音義四一。]

列御寇第三十二。

吾嘗食於十鬻。[本亦作漿。]

十家盡賣漿。[北堂書鈔一四四。]

達生之情者傀。

傀，美也。[一切經音義十九、六二（兩引。一引傀作瑰。），九三。]

河上有家貧，恃緯蕭而食者。

蕭，蒿也。[事文類聚續集十一，合璧事類別集四九。]

天下第三十三。

其道舛駁。[文選注引作踳駮。]

踳駮，不調一也。[一切經音義八四、八六、八八。]踳雜不同也。[一切經音義九六。]舛駁之言。[一切經音義八九。]

莊子逸語。

閼奕之隸，與殷翼之孫，遏氏之子，三士相與謀致人於造物，共之元天之上。元天者，其高四見列星。

元天，山名。[天中記七。]

尹儒學秋駕。

秋駕，法駕也。[白帖九。]

空門來風，桐乳致巢。

門戶空，風喜投之。桐子似乳，著葉而生，鳥喜巢之。[事類賦二五木部二。]

紼謳所生，必於斥苦。

紼，引柩索也。斥，疏緩也。苦，用力也。引紼所以有謳歌者，爲人有用力不齊，故促急之也。[事文類聚前集五九，合璧事類前集六八。]

莊子謂惠子曰：羊溝之雞，三歲爲株，相者視之，則非良雞也。然而時（一作數）以勝人者，以狸膏塗其頭也。

羊溝，鬭雞處。株，魁帥也。雞畏狸膏。[事類賦十八禽部一。 事文類聚後集四六（狸膏作狸故，故下有也字。）。天中記五八。]

宋桓公行，未出城門，其前驅呼辟。蒙人止之，後爲狂也。

呼辟，使人避道。蒙人以桓侯名辟，而前驅呼辟，故爲狂也。[天中記二四。]

商賈旦於市井以求其贏。

九夫爲井，井有市。[文選江文通從冠軍建平王登廬山香鑪峯詩注。 草堂詩箋十八。（有上有上字。）]

紾夫正陘。

陘，限。[卷子本玉篇阜部。]

湣鯁春日毀澝而蓋衢者，鱓也。

湣，水中也。鯁，澁。澝，池。蓋，僻。衢，道也。言冬日冰鯁澁不通。春日微温，毀池冰而爲道者也。鱓，魚也。[玉燭寶典一。]

以木爲舟，則稱衞舟太白。

太白，亦船名也。[一切經音義八九。]大舶，舡名也。[一切經音義四七。 北堂書鈔一三七。（舶作白）]海中大舩曰舶。[一切經音義六一。]

以下彪注三條，正文無可考者。

轞猶轉也。[一切經音義八一。]

煨，燙也。[一切經音義八六。]

馴，從也。[一切經音義八八。]

三十二年仲冬脫稿於西川李莊之栗峯

出自第十六本(一九四八年一月)

古讖緯書錄解題附錄(二)

陳　槃

（1）孫氏瑞應圖

（2）敦煌鈔本瑞圖殘卷

孫氏瑞應圖

敍　　錄

［馬國翰輯本序］瑞應圖一卷，孫柔之撰。隋志五行家有瑞應圖三卷，瑞圖贊二卷，注云，梁有孫柔之瑞應圖記，孫氏瑞應圖贊各三卷，亡。唐志雜家復出孫柔之瑞應圖記三卷，今佚。從諸書所引輯錄，凡一百二十一條，較舊多其一種，意神鼎、寶鼎，引者殊題，當同一瑞器也。諸引皆不言「記」，故止題瑞應圖，而圖實散亡，不可見矣。開元占經引有注語，未知誰作？觀其亟言宋事，又述及沈約宋書，則知梁陳間儒之所爲矣。

［葉德輝輯本序］隋書經籍志五行家載瑞應圖三卷，瑞圖贊二卷，無撰人，而注云，梁有孫柔之瑞應圖記，孫氏瑞應圖贊各三卷，亡。今唐以後書注類書稱引孫書甚詳，又別出熊氏瑞應圖一書，則隋志所云亡者，殆修志諸人未見耳。余觀漢武梁祠石室畫像中有祥瑞圖三十五榜與古聖賢列女並錄，足證此爲漢儒之學。孫氏生當梁代，其圖確有師承。同時顧野王有符瑞圖十卷，南史本傳列其目。孫書小鳥生大鳥下引野王按者，蓋即符瑞圖之文。沈約宋書符瑞志存九十餘目，其詞都與漢畫同，乃知若顧若沈，若孫，其學皆出一家，非無所依據也。但各書之目不全，無從考其原數。據崔豹古今注云，孫亮作流離屛風，鏤作瑞應圖，凡一百二十種，則三國時原目，當與漢畫相符。而今所輯多至一百四十餘種，疑其中有分合之異。觀于鳳、鸑、爰鶱之類，一物三名；寶鼎、神鼎之屬，異名同物；以及赤龍即是河圖；秬秠即是巨鬯，騰黃即是乘黃：足見傳寫異詞，其溢出之數，多不可据。又孫書于幽昌、鷫敬、發明、焦鳴，自云四鳥狀皆似鳳，亦非嘉應，今載者，將辯非鳳皇而已。其文當附見鳳皇之下，不應別出題目，列爲正文。至於梧桐、野鴨，乃極尋常之物而目爲瑞應，此亦後人徵引，以他書混雜其間，非原書所有也。外此文字異同如浪井，漢畫作狠井。巨鬯，漢畫作巨暢。白馬朱鬣，漢畫作白馬朱獵。騶騎，沈志作騶。延嘉，沈志作延嬉。周匝，沈志作周印。烏車，沈志作象車。碧琉璃，漢畫、沈志作璧流離。凡若此者，或同聲假借，或形近易譌。

槃按，瑞應說者，鄒衍之徒方士所託。其書結集，自西漢景帝以後，已有可考。別詳秦漢間之所謂符應論略第二三章。

「瑞應」一辭，讖緯及二漢書史習見，蓋二漢間常語也。讖緯書亦有以此爲名者，如古瑞應圖，春秋瑞應傳，禮瑞應圖等是也。亦或作「應瑞」，如孝經應瑞圖是也。以上別詳禮瑞應圖解題。孫氏此書雖後出，然其以瑞應圖爲名，則相沿有自。

葉氏以武梁祠畫象中有祥瑞圖三十五榜與古聖賢列女並錄，因謂此爲漢儒之學。按圖繪古列女，今可知者，最早見于西漢成帝世，劉向父子爲列女傳，卽在此時。別錄曰

臣向與黃門侍郎歆所校列女傳，種類相從，畫之於屏風四堵。初學記二五引。

劉向父子作列女傳，據錢穆劉向歆父子年譜次其事于成帝永始元年。作列女畫不知在何時？然以別錄此文勘之，蓋距其作傳時不甚遠。抑或卽在同時，亦未可知。至于武梁祠石刻，東京物也。二事不同時。葉氏並論之，以況孫圖思想產生之時代，未免籠統。卽令上推至成帝世，亦失之過晚。黃易曰：

武梁石室祥瑞圖題字其語句，孫氏瑞應圖及宋書符瑞志所載，約略相同。東漢崇尙圖讖，故圖刻乃爾。原書未見，據金石萃編二一引。

黃氏完全置西漢一段歷史于不顧，直以此爲東漢人之學，則其誤甚矣。

孫柔之，時代未詳。葉德輝據隋志注「梁有孫柔之瑞應圖記」之文，以爲「孫氏生當梁代」。然中興館閣書目云：

符瑞圖二卷，陳顧野王撰。初世傳瑞應圖一篇，云周公所製，魏晉間孫氏，熊氏合之爲三篇。所載叢舛。野王去其重複，益采圖緯，起三代，止梁武帝大同中，凡四百八十二目。時有援據，以爲注釋。玉海二百引。

據此則孫氏乃魏晉間人。中興書目此說，蓋有所本。隋志注云「梁有」，未必卽指其爲梁人，此理甚明。馬國翰以吳孫亮有瑞應圖屏風之作，以爲孫柔之蓋卽亮之族人，雖時代與中興書目說大致相合，然指實爲其爲亮之族人，未免肌測。

兩漢間瑞應之書，不止一種，詳秦漢間之所謂符應論略第一章。大抵巧立名目，互相剽襲。今孫氏書所載事物與見行輯存讖緯相校，儼若重規疊矩。雖詳略互有出入，然其淵原實無二致。然則孫氏書雖晚出，故不失爲古讖緯之遺文也。中興書目云，

本出于古瑞應圖，周公所製。此則依託之說也。至于孫氏此圖必有所本，此則無可疑者。

讖緯中瑞應，多兩漢間人之說。詳秦漢間之所謂符應論略第七章。孫氏此書，亦不能例外，如玉羊條云：

崔駰有玉羊之銘。

崔氏東漢明章間人，與班固同時。漢人之說，此其例也。「小鳥生大鳥」條又引顧野王按語。中興目云，孫氏、熊氏合古瑞應圖爲三篇，而野王又去其重複，益采圖緯爲符瑞圖二卷。時有援據，以爲注釋。則是野王之書雖由孫氏、熊氏書改編，而其名爲符瑞圖。顧何以孫書中乃有野王之說。蓋野王雖改編孫熊二氏之書爲符瑞圖，而二氏書猶自別行，參考下引直齋書錄解題。好事者又摭拾野王之說以附益孫書也。馬氏亦分別觀之，謂其「亟言宋事，迹及宋書」，知此爲「梁陳間儒之所爲」。此說是矣。日人小島祐馬祥以爲全書皆「梁以後之箸作」，支那學七卷一號敦煌遺書所見錄。是據其一端以概其餘，斯不然矣。

孫書有後人羼雜之說，此固矣。然葉氏以梧桐爲例則非也。禮斗威儀曰：

君乘火而王，其政平，梧桐爲常生。藝文類聚木部等引。

遁甲開山圖曰：

梧桐不生，九州異君。御覽九五六等引。

舊書瑞目之有梧桐，此其可驗者也。按詩大雅生民：

鳳皇鳴矣，于彼高岡，梧桐生矣，于彼朝陽。

周之詩人以梧桐與鳳皇並舉，卽視梧桐爲瑞應之意。禮斗威儀云君乘火而王則常生梧桐者，似亦卽以此詩爲其造說根據。周爲火德，鄒衍五德終始之序則如此。然則讖緯以梧桐爲瑞，故有所受之也。

孫氏此書，隋志注、新唐志及中興書目均作三卷。舊唐志作二卷。而李淑書目有瑞應圖十卷，亦題孫柔之撰。陳振孫直齋書錄解題十云：

瑞應圖十卷，不著名氏。案唐志有孫柔之瑞應圖記，熊理瑞應圖譜各三卷，顧野王符瑞圖十卷，又祥瑞圖十卷。今此書名與孫、熊同，而卷數與顧合，意其野王書也。其間亦多援孫氏以爲注。中興書目有符瑞圖二卷，定箸爲野王。又有瑞應圖十卷，稱不知作者，載天地瑞應諸物，以類分門。今書正爾。未知果野王否？又云，或題王昌齡。至李淑書目又直以爲孫柔之。其爲昌齡，或不可知，而此書每引孫氏，則決非柔之矣。又恐李氏書別一家也。

據此則十卷本之瑞應圖本不著撰人名，或亦題爲王昌齡，唯李淑書目作孫柔之。則不知是否另爲一書，所未詳也。

關于瑞應事數，葉氏據孫亮鏤作瑞應屏風凡百二十種，以爲此三國時原目，當與漢書相符。而今所輯多至百四十餘種，疑其中有分合之不同。今按，葉說未諦。西漢以上瑞應說，姑勿論。東漢章帝世，班固譔集白虎通，其中封禪一篇，言應德瑞物有：

斗極明。　日月光。　甘露。　嘉禾。　蓂莢。　秬鬯。　景星。　五緯順軌。　朱草。　木連理。　鳳凰。　鸑鳥。　麒麟。　白虎。　狐九尾。　白雉。　白鹿。　白烏。　景雲。　芝實。　巽丹。　萐莆。　器車。　神鼎。　黃龍。　醴泉。　龍圖。　龜書。　大貝。　明珠。　祥風。　佳氣時喜。　鍾律調。　音度施。　四夷化。　越裳貢。

共計都三十有六事。按章帝世無疑已有瑞應圖書。後漢書章帝紀論曰：

在位十三年，郡國所上符瑞合於圖書者，數百千所。

班固白雉詩曰：

啓靈篇兮披瑞圖，獲白雉詩效素烏。後漢書本傳。

又典引曰：

嘉穀靈草，奇獸神禽，應圖合諜。同上。

又漢頌論功歌靈芝歌曰：

因露寢兮產靈芝，象三德兮瑞應圖。初學記十五引。

曰「合於圖書」，曰「披瑞圖」，曰「應圖合諜」，曰「瑞應圖」，即瑞應圖書之謂矣。當時已有瑞書，而班氏又數數稱引之，則知白虎通所舉似瑞物如上引者，必以彼時瑞書爲根據。以校孫書，則其軼出孫書之外者有五緯順軌、白雉、佳氣時喜、鍾律調、音度施，四夷化、越裳貢七事。

吳禪國山碑曰：

踐阼初升，特發神夢，膺受籙圖；玉璽啓自神匱，神人指授金册，青玉符者四；日月抱戴，老人星見者弎十有弎；五帝瑞氣，黄旗紫蓋覆擁宫闕顯斗牛者弎十有九；麟鳳龜龍衡圖負書卅有九；青猊，白虎 ，丹鸞 ，彩□鳳廿有二；白鹿，白麏，白麑，白兔卅有二；白雉，白烏，白鵲，白鳩弎十有九；赤烏，赤雀廿有四；白雀，白燕廿有桼；神魚吐書，白鯉騰舡者二；靈絜神蠶彌被原野者三；嘉禾秀穎，甘露凝液六十有五；殊幹連理六百八十有三；明月，火珠，璧流離卅有六；大貝，餘蚳，餘泉桼十有五；大寶神璧，水靑穀璧卅有八；玉燕，玉羊，玉鳩者三；寶鼎，神鐘，神鑒，夏柷，神罌卅有六；石室山石闓，石印封啓，九州吉發，顯天讖彰，石鏡光者弎十有弎；神□頌歌 ，廟靈□示者三 ； 幾民惟紀，湖澤闓通，應讖合謠者五；神翁，神僮，靈母，神女告徵表祥者卅有桼；靈夢啓讖，神人授書，著驗□□者十；祕記，讖文，玉版紀德者三；玉人，玉印文彩明發者八 ； 玉□，玉琯，玉璜，玉玦，玉鉤，玉稱殊輝異色者卅有三；玉笋，玉鑵，玉盤，玉罌淸絜光眼者九；孔子，河伯，子胥，王□亹言天平隆成，天子出東門鄂者四；大賢司馬徽虞翻推步圖緯，甄匱啓緘發事與運會者二。其餘飛行之類，植生之倫，希古所覿，命世殊奇，不在瑞命之篇者不可稱而數也。全三國文卷七五。

按此孫皓天璽元年秋八月事，具詳吳志本紀。碑文所稱瑞應事物，云皆于圖書有徵，不錄其餘，故曰「不在瑞命之篇者，不可稱而數也」。瑞命之篇，即瑞應圖之類矣。持此以校孫書，則孫書所闕者有玉璽，金册青玉符，五帝瑞氣，黄旗紫蓋覆擁宫闕，青猊，白麏，白麑，按此即葉氏引沈志所謂銀麂者。白雉，白雀，白燕，神魚吐書，白鯉騰舡，神絜神蠶，火珠，餘蚳，餘泉，青穀璧，玉燕，玉鳩 ，神鐘 ，夏柷，神罌，石室山石闓，石印，石鏡光，神□頌歌，廟靈□示，湖澤闓通，神翁，神僮，靈夢，神人授書，玉人，玉印，玉琯，玉璜，玉玦，玉鉤，玉稱，玉笋，玉鑵，玉盤，及孔子，河伯，子胥，王□之宣言等四十餘事。

至于熊氏瑞應圖，則與孫書並由所謂周公瑞應圖者改編而成者也。說已前見。今熊氏圖有文璣稽瑞頁五六引。及蒼頡與黄帝南巡狩靈龜負圖同上頁五八引。二事，孫書皆闕。孫書不完，此又其明驗也。

古讖緯瑞目，今殘存可考者殆猶不下二三百事。但當時實數已不可知。章帝紀云，「郡國所上符瑞合於圖書者，數百千所」。此其數目，不審如何計算？如後漢安帝延光三年，潁川上言，麒麟一，白虎二見陽翟。本紀。計算之法，如以麟與白虎各爲一單位，以一單位爲一事，則其計數爲二。如以白虎二，麟一計，則其數爲三。二法所得結果，絕不相同。章帝時瑞物計數，如用前法，則彼時瑞書原目，當在千數以上。然吾人今無從證明其果用何法也。東觀漢紀章帝紀：鳳皇見百三十九，麒麟五十二，白虎二十九，黃龍三十四，青龍，黃鵠，鸞鳥，神馬……日月不絕。載于史官，不可勝紀云云。似是用後一種計法。

東漢人所作之太平經云，「瑞應善物」有「萬二千」。某訣第二百四。又闕題。此或不免近乎夸張。然葉云三國時原目不過百二十，孫書不得逾此，亦于事實爲遠，斷可知也。

孫書此輯，其爲不完故可知。葉氏校以宋書符瑞志，視孫書多出銀麑，玉女二事，以爲

按許書，麑卽麛。注云，大麋也。此與銀麛，白鹿，同是一類。玉女，或疑卽二美毋之神女歧出，然志云，「玉女，天賜妾也。禮含文嘉曰，禹卑宮室，盡力溝洫，百穀用成，神龍，女降」。其文迥然不同。因憶四十二章經有天神賜玉女于佛之語，則玉女別爲一種。此二事足以廣異聞，資博物，而該書未引及之，當據志文補入。

按，銀麛，玉女二事，可補孫書所未備，是也。然玉女，讖緯舊說有之。葉氏以爲出四十二章經，非也。右沈志所引禮含文嘉「神龍女降」，御覽皇王部七引作：

神龍至，靈龜服，玉女敬養，天賜妾。

體徵部引作：

神龍，靈龜馴伏，玉女降。

藝文類聚帝王部人事部，占經人瑞，說郛等引文並大同小異；而「玉女降」三字則完全一致。占經又引宋均注有曰：

玉女，有人如玉色也。

宋三國魏人。然則「玉女」云云，無疑其爲舊文也。

不特此也，王延壽魯靈光殿賦曰：

神仙岳岳於棟間，玉女闚窗而下視。圖畫天地，品類羣生。雜物奇怪，山神海靈，寫載其狀，託之丹青。

按魯靈光殿者，漢景帝子魯恭王所作。殿壁間瑞應圖象有玉女，故王賦云爾。又春秋繁露十七天地之行曰：

一國之君，其猶一體之心也。……致黃龍，鳳皇，若神明之致玉女，芝英也。

按繁露所言黃龍，鳳皇，玉英，芝英，玉女皆瑞應事物。以神仙玉女爲瑞應，秦漢間則然。別詳秦漢間之所謂符應論略第三章。魯靈光殿畫象與繁露之有玉女，猶此意也。然則讖緯瑞應說中之著玉女，其爲舊說必矣。葉氏乃牽引佛經，失之考矣。

復次，沈志原文首曰：

玉女，天賜妾也。

繼引禮含文嘉曰：

神龍，女降。

按以御覽，類聚，占經所引禮含文嘉說校之，知沈志此處故割裂其辭，最先拈出「玉女」者，便作標目。志書之體例則然也。末云，「神龍女降」者，神龍與玉女並降之謂也。首目已標出「玉女」，故複出則曰「女」。此則承上省文之法也。然則沈志自不誤。因論之。

孫氏此書，雖唐志以後未見著錄，李淑書目著錄十卷，以爲可疑。說見前。然太平御覽所引，軼出前人書注暨類書所引範圍以外者，不下二三十事，疑御覽所據，倘是原書，亡佚或在南宋以後。

輯本，今所知者有馬氏玉函山房，葉氏觀古堂兩種。葉本後出，所收視馬爲富。各書引文，分條排列，編次醒豁，亦于翻檢爲便。唯罣漏仍不免，例如引稽瑞，頁一三脫丹甑二事，頁一六脫九尾狐一事。——後知不足齋本。—引路史，于餘論沈璧篇脫一事。此外未收之書尚多，不具舉。須待補充。晚出敦煌「瑞圖」鈔本殘卷伯希和編目二六八三號。引二事四則，氏亦未及采集，則時代使然。氏之病，不在此也。

馬葉二氏輯本最可議者，爲其對于材料之處置。按孫氏所從出之本爲託名周公之瑞應圖。由此而產生者同時復有熊氏瑞應圖。詳上。此外名瑞應圖之書，又有下列六種：

(一)庾温一作蘊。瑞應圖。南齊書祥瑞志序。 槃按，類書間有徵引。

(二)瑞應圖二卷。佚名。隋書經籍志五行家。

(三)古瑞應圖二卷。佚名。 歷代名畫記卷三。 槃按，此與隋志所著錄者，殆是一事。

(四)瑞應圖十五卷。佚名。 日本國見在書目五行家。

(五)瑞應圖十卷。 中興書目。 稱不知作者。又云，或題王昌齡，而李淑書目則以為孫柔之。 槃按，孫氏瑞圖，諸家或云三卷，或云二卷，今李氏作十卷，未詳。

(六)瑞應圖十八卷。佚名。 宋史藝文志雜家類。

以上若第(二)(三)項為一事，則共為五種。若合孫、熊二家書計之，則有七種。加以託名周公之瑞應圖一篇，則共為八種。此類書，依見存材料驗之，連牀疊架，大同小異。古人引書，往往不繫名氏，如史記孝武紀集解，漢書武紀注，北堂書鈔卷百九又卷一三七並引瑞應圖而不著名氏，吾人何從而定其為誰屬？即如文選東京賦與王元長三月三日曲水詩序李善注引瑞應圖，並不著名氏。其間江賦注則引曰孫氏瑞應圖。若吾人據此一例，遂謂前二事均應屬孫氏。其不稱孫氏者，省文。豈非勇于決斷，無當于不知蓋闕之義？馬葉二書于此等處，都不注意，殆是一失。

余擬別為瑞應圖四種之輯，若孫，若熊，若庾，各隨引書所繫而加以分別。其不著名氏者，則姑以屬之佚名之瑞應圖。此雖復不能反古人之眞，至于杜譔專輒之譏，則庶乎免矣。

三十四年二月十四日，呵凍脫稿。

三十五年七月六日，重訂畢。

敦煌鈔本瑞圖殘卷(伯希和編目二六八三號)

敍錄

[王重民巴黎殘卷敍錄子部瑞應圖]瑞應圖殘卷，長可兩丈，上幅為圖，存二十有二。下幅為說。圖與說均有目，說或不盡具圖，故說較圖為多。

此殘卷書名已佚。存龜，龍，發鳴三類。校以宋書符瑞志首麒麟，次鳳凰，次龍，次龜，則卷首殘缺者或當為麒麟，鳳凰兩類。又校以開元占經所引瑞應圖，解說亦無大異。卷中引及孫氏瑞應圖及宋書符瑞志。又屢稱舊圖不載。所謂舊圖者，今不能知爲誰氏之圖，則作者應在梁陳之世，據舊圖而更張之耳。圖爲彩繪，字不避唐諱，殆猶爲六朝寫本。

第一圖及說均殘存者尚半。說云，「其唯龜乎。書曰龜從，此之謂也。靈者，德之精也。龜者，久也，能明於久遠事也 。王者不偏不黨，尊耆不失故舊，則神龜出矣」。開元占經卷一百二十引「此之謂也」句脫之字。然占經所引尚完整。「其唯龜乎」句上較卷子本可多得三十六字。又殘卷青龍條引孫氏瑞應圖曰，「青龍，水之精也，乘雲雨而上下，不處淵泉，王者有仁則出。又曰，君子在位不肖斥退則見」。開元占經引「雲雨」二字誤爲「龍」字。「不肖斥退」句缺一「肖」字。並當據卷子本校補。然卷後又複出青龍一條，說之不同者僅二三字，而不著出孫氏瑞應圖。又黃龍條云，「四龍之長也，不漉池而漁，（槃按，漁下蓋闕德字。）至淵泉則黃龍遊於池。能高能下，能細能精，（槃按，精疑當作粗。）能幽能冥，能短能長，乍存乍亡」。四字爲句，頗似讚語。與太平御覽卷九百三十引同。然卷後又複出一圖說稱「五龍之長也」，則又與開元占經卷一百二十引同。然則是書作者，當係雜採羣說，欲爲總匯，故爲圖則前後複出，爲說則或依舊書，或稍增飾。龍之一類，爲圖與說已三十有三事，則是書卷佚之繁巨，不難逆知。惜存者僅此。雖令人嘗鼎一臠，猶不能不悵然若失也。

至所引用書有尚書中候并注，春秋元命苞并注，春秋運斗樞，春秋演孔圖，蔡伯喈月令章句，禮稽命徵，禮斗威儀，孝經援神契，魏文帝雜事，括地圖并注，孫氏瑞應圖，并足資輯佚。又所引禮記，大戴記，文子，淮南子，亦足資校勘。

槃按此殘卷名稱作者均佚。以今考之，蓋與顧野王符瑞圖內容近似。野王此書來歷，中興書目詳之，曰：

符瑞圖二卷，陳顧野王撰。初世傳瑞應圖一篇，云周公所製。魏晉間孫氏，熊氏合之爲三篇。所載叢舛，野王去其重複，益采圖緯，起「三代」，止梁武帝大同中，凡四百八十二目。時有援據，以爲注釋。玉海二百引。

依中興目說，則野王符瑞圖之要點：（一）改編孫氏瑞應圖說；（二）兼改編熊氏瑞應圖說；（三）增采圖緯；（四）時復有所援引，以爲注釋；(五)起三代（？）；（六）止梁武帝大同中。

唐張彥遠歷代名畫記三：

符瑞圖。元注，十卷。行日月楊廷光。并集孫氏熊氏圖。　槃按，此據學津討原本。津逮本同。元注有譌誤。「楊廷光」，當作「揚光」。「行」字，以張書祥瑞圖條下注「起天有黃道」文例推之，當作「起」。「起日月揚光」者，此書以「日月揚光」說起首也。藝文類聚一等引孫氏瑞應圖文有「日月揚光」一條。張氏云，符瑞圖「并集孫氏熊氏圖」。然則符瑞圖「起日月揚光」，蓋其說本諸孫氏圖也。「楊廷光」本人名，吳道子高第。同書同卷屢見，傳刻之本因涉此而誤。王重民君引作「揚光」，猶得其眞，但不審所據何本？

按此符瑞圖與中興目所論之野王符瑞圖，書名固同，而取材于孫熊二氏瑞應圖一項亦合，殆是一書。唯卷數不同，又野王符瑞圖除根據孫熊二氏圖加以改編外，復增采圖緯，時有援引以爲注釋，而張氏所見之書，止言其「并集孫氏熊氏圖」而不及其他，此其微異。然余疑野王符瑞圖重要之點，唯在并集孫熊二氏圖，故張氏亦僅舉似此點，而忽略其餘者。至于卷數，張云十卷，而中興目乃云二卷。然以舊新唐志暨日本國見在書目之並作十卷，與張氏所記者不殊，則中興目作二卷者，蓋誤，抑其竟有他故，未可知也。詳下。

野王符瑞圖之內容，中興目如上所論述之六項，以殘卷校之，類似之處甚多：如殘卷「青龍」及「赤龍負圖授帝堯」二條引孫氏瑞應圖說，又有「瑞應圖」說二事，未明言其爲孫書，今不論。此與符瑞圖之第一項相應；「帝禹御二龍」條引括地圖，「交龍洮於河」條引禮斗威儀，如此之等，與符瑞圖之第三項相應；「帝禹御二龍」條引神靈記爲注，「蛟龍」條引山海經爲注，如此之等，與符瑞圖之第四項相應。唯符瑞圖第二項有熊氏瑞應圖說，殘卷今無其文；第六項，符瑞圖「止梁武帝大同中」，今殘卷唯「赤龍負圖授帝堯」條引及宋書符瑞志，知其不無後代之說，但宋以後事物，亦無可考。然殘卷不完，此二事當存疑，不可斷其必無。至于符瑞圖第五項「起三代」，而殘卷乃有黃帝、顓頊、帝嚳之等說，是不限于三代也。六項之中，獨此事似違異。其實不然。御覽八九六引符瑞圖曰：

> 車馬有節則見騰黃。騰黃者，神馬也。……出白氏之國。乘之，壽三千歲。元注，黃帝乘之。

按瑞書以符瑞圖名者，以今所知唯野王之書則然。野王此書北宋間尚存，御覽自得援用。符瑞圖已有黃帝乘騰黃之說，然則云符瑞圖「起三代」而不數三代以上者，中興目之誤也。起三代，殊無理由。所謂符瑞，諸書傳託，三代以前者居多。若謂三代以上不可考信，則不知此類物事根本妄誕。以符瑞圖十卷，諸家著目並同，而中興目以爲二卷；本起三代以上，而中興目則以爲「起三代」：就此二事推之，則中興目所據者，可能非足本。中興目此處已誤，是野王符瑞圖內容大要六事，以校殘卷，唯熊氏瑞應圖說及劉宋以後瑞物二項今無可考，原卷有無，在未可知之列。其餘諸事，無不切合。此何也？豈偶爾耶？將殘卷其果爲野王書耶？

王重民君曰：

> 陳直齋著錄瑞應圖十卷，解題云，「不著名氏。案唐志有孫柔之瑞應圖記，熊理瑞應圖譜各三卷，顧野王符瑞圖十卷，又祥瑞圖十卷。今此書名與孫、熊同，而卷數與顧合，意其野王書也。其間亦多援孫氏以爲注。中興書目有符瑞圖二卷，定著爲野王。又有瑞應圖十卷，稱不知作者，載天地瑞應諸物，以類分門。今書正爾，未知果野王否？至李淑書目又直以爲孫柔之，而此書多引孫氏，則決非柔之矣」。此殘卷與直齋所見者正相同，而其著者陳氏已不能指名。

此瑞應圖十卷，不著名氏，故直齋雖亦疑其爲野王書而不能定。按野王著祥瑞圖，符瑞圖二種，舊新唐志以下並見著錄。其中符瑞圖一種，與殘卷大都相應，鄙人上文所論是也。今直齋所見者爲瑞應圖，與野王之作符瑞圖者不合。御覽所引，雖亦有顧野王瑞應圖一種，卷五二。然其書結構，來歷，不得而詳。豈符瑞圖亦或題作瑞應圖耶？然余疑直齋止言其所見之瑞應圖「多援孫氏以爲注」，不及他事，則其內容與野王符瑞圖故不侔，與殘卷亦不相照。王君云，此殘卷與直齋所見之瑞應圖正同，恐誤。至于直齋所見瑞應圖之編制，有「載天地瑞應諸物，以類分門」一點，此與殘卷可謂符同。然此種編制，六朝唐宋書言瑞應者如宋書符瑞志，南齊書祥瑞志，唐劉賡稽瑞，宋王應麟玉海祥瑞門之等，大都相同，不爲特證。

殘卷雖可能爲野王之符瑞圖，然傳鈔出于俗手，故多鄙別譌誤之字；編次亦不倫，例如「青龍銜圖授周公」條，次在「赤龍負圖授帝堯」條之前。「黃龍負圖授黃帝」條，則在「帝堯」條之後。若謂依五行相生說以青木赤火黃土白金黑水爲序，則其「青龍」，「黃虯」蚪，「黑龍」，「白龍」，「黃龍」之第目又非也。抑且「黃龍」一條，前後三見，詳略不同，本是一事。諸如此類，蓋由展轉傳寫，久而失實；亦或好事者流時復隨意拼湊。原書面目，因之遂大遭破壞。獨其有圖有說，此處猶爲近古。按維書曰：

王者之瑞則圖之。陶穀述龍門重修白樂天影堂記引。

瑞應圖書之性質，此卽其說明。此事起原，可能甚早。然其成爲專門之瑞應圖書，則前漢景武以後始有可考。

此類書說，大抵皆繫以「圖」字，如漢武歌詩曰：

齋房產草，九莖連葉。宮童効異，披圖按諜。漢書禮樂志。

班固白雉詩曰：

啓靈篇兮披瑞圖，獲白雉兮效素烏。後漢書本傳。

按所謂「披圖」，「披瑞圖」；此圖卽瑞應圖之類矣。以上別詳秦漢間之所謂符應論略第三章及孫氏瑞應圖解題。其書以「圖」爲名者，以今所考則漢志易家有神輸五篇圖，讖緯有瑞應圖，禮瑞應圖，樂五鳥圖，孝經應瑞圖之等。蓋此等以「圖」名之書，大都皆附以圖繪，論衡講瑞篇曰：

考以圖象，驗之古今，則鳳驎可得審也。

應劭風俗通曰：

七日名爲人日，家家剪綵或鏤金箔爲人，以帖屛風，亦戴之頭鬢。今世多刻爲花勝像瑞圖金勝之刑。佚文。從古逸叢書影印玉燭寶典本卷一引。漢魏遺書鈔荀勖問禮俗三試略同。

王充由「講瑞」而考及繪畫，應劭言花勝刑制而舉例瑞圖，此瑞應書之有圖象可以稽諸記載者也。武帝獲麒麟作閣，圖畫其象，閣遂因以爲名。漢書蘇武傳注引張晏說。魯恭王作魯靈光殿，畫「神仙」，「玉女」，「雜物怪奇」。魯靈光殿賦。按玉女及怪奇物皆瑞應，別詳秦漢間之所謂符應論略第三章及孫氏瑞應圖解題。東京一代「開四夷之境，款殊俗之附」，「藏山隱海之靈物，沈沙棲陸之瑋寶」，皆「呈表怪麗，雕被宮幄」。後漢書西南夷傳論。濟陽故宮皆畫鳳皇。東觀漢紀光武紀。如此之類，無疑其卽爲此時代風氣之表徵。至于實物如武梁石室瑞應圖說，說存，圖已佚。又隸釋二，光和二年樊毅脩華嶽碑云，「圖珍琦，畫怪獸」。體例是否與武梁石室同，無可攷。此又其約略可驗之于今者也。

殘卷保存舊書舊說極多，讖緯材料尤富。日人小島祐馬祥首先迻寫全文，刊支那學報七卷一號，昭和八年，卽一九三四年版。承友人全漢昇先生檢示。圖則闕。小島復有序載書首，然而無所發明。國內學術界爲文介紹者，今唯知有王君。民國二十五年北平圖書館刊。鄙人曾于民國二十九年秋，爲本所函託王君影致此卷，郵經海防，竟淪敵手。王君敍錄，多所推闡，唯中間一二事，未敢苟同，輒據淺見草爲此文。殘卷體要亦不無可述者，因並論如上云。

中華民國三十五年八月十日，大暑中漫爲記

出自第十七本(一九四八年四月)

問答錄與「說參請」

張政烺

問答錄一卷，寶顏堂祕笈本，題「宋東坡蘇軾撰」，「明仲醇陳繼儒，九疑李日華校」。前有題辭云：

> 東坡以世法遊戲佛法。佛印以佛法遊戲世法。二公心本無法，故不爲法縛，而詼諧謔浪不以順逆爲利鈍，直是滑稽之雄也。彼優髡視之，失所據矣。刻東坡佛印問答錄。萬曆辛丑九月□日海虞清常道人趙開美識。

辛丑乃萬曆二十九年。趙開美嘗刻仇池筆記二卷，志林五卷，艾子雜說一卷，問答錄一卷，續雜纂一卷，漁樵閒話二卷爲「東坡雜箸」。流傳甚罕，頗不易見。此本前有趙氏題辭，知所據卽趙刻本，至趙氏根據何本則不可考。四庫全書總目子部小說家類存目二：

> 東坡問答錄一卷內府藏本　　舊本題宋蘇軾撰。所記皆與僧了元往復之語，詼諧謔浪極爲猥褻。又載佛印環疊字詩及東坡長亭詩，詞意鄙陋，亦出委巷小人之所爲。僞書中之至劣者也。

此據內府所藏卽寶顏堂祕笈本，觀次條漁樵閒話之提要可證祕笈本此二書同册，總目遂一併入錄。此書非東坡所撰凡讀書人皆能辨之，提要之言可為定論。孫楷第日本東京所見中國小說書目提要卷六，附錄，「子部小說」：

> 東坡居士佛印禪師語錄問答一卷內閣文庫　　日本舊抄本，半葉十行，行十六字。記東坡與佛印贈答詩詞及商謎行令，均俳調之詞。謂秦少游爲東坡妹壻。所載東坡妹與夫來往歌詩，馮夢龍蘇小妹三難新郎篇卽全採之，然詩實俚拙之至，無足觀也。書凡二十七則，與寶顏堂祕笈所收東坡問答錄爲一書，目亦全同，唯標目間異數字。祕笈本尙載萬曆辛丑趙開美序，亦不詳其來歷，蓋明以來好事者之所爲。此抄本第一則中「神廟」二字提行，「上」

字上空一格，第二十六則之「朝廷」二字上亦空一格，又似從舊本出者，今不能定其時代。或里巷相傳有此等語，後之俗人又造作詩詞從而增益之，因有此本，亦未可知耳。

此內閣文庫藏本今不可見，由孫氏所記可明以下數事：

1. 此書元名「東坡居士佛印禪師語錄問答」，趙開美等校刻時嫌其名不雅馴僭易今名。然觀其題辭云「刻東坡佛印問答錄」，去元名猶不遠也。

2. 元書不著撰人名氏，蓋趙陳重刻時增題「宋東坡蘇軾撰」一行。

3. 此內閣文庫所藏舊抄本乃自宋本出，故提行空格悉依宋式，孫氏云「蓋明以來好事者之所爲」殊屬無據。

此書向來未見舊本流傳，自孫氏發得於內閣文庫，撰爲提要記載詳明，今日遂得據以訂正寶顏堂本，使還舊觀，可謂書林之佳話矣。惟孫氏編目列之「子部小說」中，揆其意似仍從四庫總目之例以爲此乃「瑣語之屬」，則非能眞知此書者也。

然則此何書也？曰：此南宋瓦舍說話人中「說參請」者之話本也。吳自牧夢粱錄卷二十小說講經史條記當時瓦舍說話者有四家，一曰小說，二曰談經，三曰說參請，四曰講史書，其述說參請曰：

說參請者，謂賓主參禪悟道等事。

灌園耐得翁都城紀勝瓦舍衆伎條亦有同樣之記載。按「參請」禪林之語，即參堂請話之謂。說參請者乃講此類故事以娛聽衆之耳。參禪之道有類遊戲，機鋒四出，應變無窮，有舌辯犀利之詞，有愚騃可笑之事，與宋代雜劇中之打諢頗相似。說話人故借用爲題目，加以渲染，以作糊口之道。若其技藝流行於瓦舍既久，益舍本而逐末，投流俗之所好，自不免雜入市井無賴之語。此書託東坡居士佛印禪師爲賓主，以參禪悟道之體述詼諧謔浪之言，其事皆荒謬無稽，其辭多鄙俚猥褻，雖以「語錄問答」爲名，純屬小說舌辯一流，故知是說參請人之話本也。說參請者以說話爲主，觸景生情可增可減，其話本僅提供記憶，不必背誦元文，故可字句枯窘如此。觀宋人話本如大唐三藏取經詩話，半文言半白話，簡短生澀正復相類，不足異也。

張端義貴耳集卷上：

孝宗幸天竺及靈隱，有輝僧相隨，見飛來峯，問輝曰：「既是飛來，如何不飛去？」對曰：「一動不如一靜。」又有觀音像手持數珠，問曰：「何用？」曰：「要念觀音菩薩。」問：「自念則甚？」曰：「求人不如求己。」

此事西湖志靈隱寺志等書皆有記載，張氏之言當可信。問答錄中與佛印問答條演此爲文而託之東坡與佛印，則其成書至早不得在孝宗以前。王楙野客叢書卷十九以鳥對僧條：

賈島詩曰：「鳥宿池邊樹，僧敲月下門。」或者謂句則佳也，以鳥對僧無乃甚乎？僕觀島詩又曰：「聲齊雛鳥語，畫卷老僧眞。」曰：「寄宿山中鳥，相尋海畔僧。」薛能詩曰：「槎松配石山僧坐，藥杏含春谷鳥啼。」杜荀鶴詩曰：「沙鳥多翹足，巖僧半露肩。」姚合詩曰：「露寒僧出梵，林靜鳥巢枝。」曰：「幽藥禪僧護，高窗宿鳥窺。」曰：「夜鐘催鳥絕，積雪阻僧期。」陸龜蒙詩曰：「烟徑水涯多好鳥，竹窗蒲倚但高僧。」司空曙詩曰：「講席舊逢山鳥至，梵經初向竺僧求。」唐人以鳥對僧多如此，豈特島。然僕又考之，不但鳥也，又有對以蟲，對以禽，對以猿，對以鶴，對以鹿，對以犬者，得非嘲戲之乎？又有「時聞啄木鳥，疑是扣門僧。」出東坡佛印語錄。

此引「東坡佛印語錄」即東坡居士佛印禪師語錄問答之簡稱。按問答錄與佛印嘲戲條記東坡以計賺佛印披剃之下云：

……後東坡宴而戲之曰：「向嘗與公談及昔人詩云『時聞啄木鳥，疑是扣門僧，』又云『鳥宿池邊樹，僧敲月下門，』未嘗不嘆息前輩以僧對鳥不無薄僧之意，豈謂今日公親犯之。」佛印曰：「所以老僧今日得對學士。」東坡愈喜其辨捷。

玩王楙語意，知卽疏釋此文。王氏書中時辨證村書野語，如卷二十六劉夢得烏衣巷詩條辨摭遺小說王榭篇卽今本青瑣高議别集卷四風濤飄入烏衣國，卷二十八覆水難收條援證姜太公妻馬氏事，卷二十九俗語有所自條引姜子牙「賣漿值天涼」語，知其人不薄俗說，則偶爾涉及說參請者之話本亦固其所。據自序野客叢書寫定於慶元嘉泰間，是問答錄成書至遲不得在寧宗以後，然則定爲南宋中葉之作品可無疑也。

此書雖名東坡居士佛印禪師語錄問答，而其往復之語率嘲戲之辭，蓋特假借此二人爲「賓主參禪悟道」之形式而已，非有取於其禪理也。釋普濟五燈會元卷十六雲門宗，青原下十世，開先暹禪師法嗣，雲居了元禪師：

　　南康軍雲居山了元佛印禪師饒州浮梁林氏子。誕生之時祥光上燭，鬚髮爪齒宛然具體。風骨爽拔，孩孺異常。發言成章，語合經史。閭里先生稱曰神童。年將頂角，博覽典墳，卷不再舒，洞明今古。才思俊邁，風韻飄然，志慕空宗，投師出家。試經圓具，感悟夙習，即徧參尋，投機於開先法席。出爲宗匠，九坐道場，四衆傾向，名動朝野。神宗賜高麗磨衲金鉢以旌師德。……

此述佛印來歷當屬實錄，問答錄與佛印嘲戲條所記佛印剃度原委純係野言。五燈會元又記佛印住持潤州金山寺日留東坡玉帶以鎭山門事，坡詩三首今見集中，而問答錄則不采錄。東坡性躭禪悅，所至樂與釋子往還，爲文亦多闡發禪理明末淩濛初與馮夢禎嘗彙集評點此類文字爲東坡禪喜集十四卷，故五燈會元卷十七內翰蘇軾居士以爲臨濟宗，南嶽下十三世，東林總禪師法嗣。宋潘自牧記纂淵海卷八十五釋部參請條，元劉應李新編事文類聚翰墨全書癸集卷一釋教門參請條，並引東坡詩頗多，具見坡詩在所謂「參請」門之文獻中爲極有聲譽。翰墨全書且引佛印語錄知了元當日亦有語錄行世，惜今日不可見矣。東坡曠世天才游戲人間，佛印亦滑稽人也據宋朱彧萍洲可談卷一及陳善捫蝨新話卷十一，其往還事迹宋人筆記喜言之，必當時所樂聞，自是說參請者之絕好題目。及其說流傳既久，展轉傅會更不考究事實，兼爲迎合聽衆之低階趣味，益雜市井戲弄嘲罵之語，於是禪機少而惡謔多，遂成此書之形式，去「參請」之義遠矣。坡妹與秦少游諸詩及東坡長亭詩本與參請無關，大抵因其爲問答體且與佛印疊字詩同爲文字游戲，故錄中連類及之。秦少游與蘇小妹爲夫婦，小說及戲曲中常言之，明李詡戒菴漫筆卷六辨蘇小妹條已論其非是。東坡爲館伴以文字戲折虜使，岳珂桯史卷二東坡屬對條亦有類似之事，而皆未必是實，蓋在南宋時此類傳說固甚多也。

　　說參請在南宋瓦舍中並不佔重要地位，夢粱錄都城紀勝雖有其目而未著明以此專門名家者。西湖老人繁勝錄泗水潛夫武林舊事記瓦諸舍技皆不及此，其不爲人重視可知。蓋內容既單調，材料又窮乏，自不易產生偉大之藝術也。嘗謂宋代瓦舍諸色技藝歷元至明大抵歸併於戲劇與小說兩途，說參請似亦未能例外。即以東坡與佛印問答之體言之，元吳昌齡東坡夢雜劇 題目：雲門一派老婆禪。正名：花間四友東坡夢。第一折及第四折皆寫東坡佛印參堂請話事，蓋即摭拾說參請者之成說也。明馮夢龍醒世恆言卷十一蘇小妹三難新郎末段即敷演問答錄中之坡妹與夫來往歌詩，秦少游答歌並疊字詩，坡妹採蓮疊字詩，東坡疊字詩四條。卷十二佛印師四調琴娘亦采用與佛印嘲戲，納佛印令兩條，皆明白可驗。嘗推此意就涉獵所及悉心鈎稽，考得若干說參請之遺文，將別詳之，姑不贅焉。

出自第十七本(一九四八年四月)

說文序引尉律解

張政烺

班固漢書藝文志本於劉歆七略，所謂「今删其要，以備篇籍」者，具見於篇首，後世治目錄學者亦言之詳矣。許愼撰說文序遣辭命意往往與藝文志小學家說合，如引周易下繫之辭、夬卦之辭、周禮保氏、論語衞靈公篇語，其形迹顯然。然其文亦頗有出入。班書之成雖在許前，而許不必見班書，蓋兩者同本七略，各有删改也。藝文志小學家：

漢興，蕭何草律亦著其法，曰：「太史試學童，能諷書九千字以上，乃得爲史。又以六體試之。課最者以爲尙書御史史書令史。吏民上書字或不正輒舉劾」。六體者：古文、奇字、篆書、隸書、繆篆、蟲書，皆所以通知古今文字，摹印章，書幡信也。

說文序：

自爾秦書有八體：一曰大篆，二曰小篆，三曰刻符，四曰蟲書，五曰摹印，六曰署書，七曰殳書，八曰隸書。漢興有草書。尉律：「學僮十七已上，始試。諷籀書九千字乃得爲史。又以八體試之。郡移太史并課，最者以爲尙書史。書或不正輒舉劾之」。今雖有尉律不課，小學不修，莫達其說久矣。

兩者引漢律當係一事，雖詳略各有不同，而可互相補正。惟藝文志云「又以六體試之」，並列其目，當屬七略原文。說文序乃作八體，此則由於許氏之妄改。按說文序云：

及亡新居攝，使大司空甄豐等校文書之部，自以爲應制作，頗改定古文。時有六書：一曰古文，孔子壁中書也。二曰奇字，即古文而異者也。三曰篆書，即小篆，秦始皇帝使下杜人程邈所作也。四曰左書，即秦隸書。

五曰繆篆，所以摹印也。 六曰鳥蟲書，所以書幡信也。

蓋許氏以爲六體乃亡新時所立，漢初蕭何草律當沿秦八體耳。 然則，今考尉律原文，當以六體二字爲近古也。

古者學藝各有官守，疇人子弟轉相傳授。 秦代「若欲有學法令以吏爲師」，是其遺制。 漢興蕭何草律，多因秦法，故尉律載取人之制有太史試學童之說。學童十七以上爲成年，可以任事，故始試用。 漢書高帝紀「及壯試吏」應劭曰「試用補吏」是也。 惟所謂「能諷書九千字以上，又以六體試之」則頗費解。 按古者幼童入學先書後誦，學記云「呻其佔畢」是也。 顧所謂九千字者究爲何書，則絕無可考。 六體若八體由班志許序所記，今更參驗先秦兩漢古器物銘文，知乃種種職業不同之專門技術人材所習用之文字。 一人既不能兼精，卽精亦無所用之，以試弱冠之學僮，殊非所宜。 故余疑此乃劉歆竄改律文，以爲推行古文字學之論據，近人所謂「托古改制」之道也。 按「千字」二字合書則似章字，草書尤近。

漢書刑法志曰：

於是相國蕭何捃摭秦法，取其宜於時者，作律九章。

所謂九章者，盜、賊、囚、捕、雜，具六律沿襲李悝法經，蕭何更造戶律，擅興，廄庫三篇，總謂之九章之律。 學法令者以吏爲師，自必首諷書此九章之文，乃得爲史也。 漢吏讀律，記載甚多。 參考程樹德漢律考卷八律家考。 三國志魏志衞覬傳：

覬奏曰：九章之律，自古所傳，斷定刑罪，其意微妙。百里長吏皆宜知律。……請置律博士，轉相教授。 事遂施行。

書吏讀律轉相教授，漢代習慣如此。 衞覬此議，特設律博士以爲之準衡耳，故事易施行。 此制至元代始廢，然未有能知其淵源於漢之尉律者矣。

尉律云「又以六體試之」，六體原文疑當作六曹，曹與體字偏旁近似，劉歆遂有意妄改。 段玉裁注說文序云：

得爲史，得爲郡縣史也。 ……後漢書百官志郡太守，郡丞，縣令若長，縣丞，縣尉，各置諸曹掾史。

其說是也。 試卽試用，非考課之謂。 各曹職掌不同，會計之法亦異，故必歷試

六曹乃竟其術。 隋書經籍志子部歷數家有

九章六曹算經一卷。

此書不著撰人，唐以後佚。九章指方田，粟米，差分，少廣……等算術而言。 蓋以九章之術推六曹之事，故曰九章六曹算經。 此六曹之篇題不傳，今世傳有五曹算經五卷，爲田曹、兵曹、集曹、倉曹、金曹，每曹前有篇敍，今錄如下：

生人之本，上用天道下分地利，故田曹爲首。 既有田疇必資人功，故以兵曹次之。 既有人衆必用食飲，故以集曹次之。 衆既會集必務儲蓄，故倉曹次之。 倉廩貨幣交質變易，故金曹次之。

此文語意似未完，疑其末尙有功曹一卷，今本遺失。 宋中興館閣書目云：

或云五曹法出於孫武。 玉海卷四十四引。

畢以珣孫子敍錄頗申此說。 四庫全書總目云：

考夏侯陽算經引田曹倉曹者二，引金曹者一，而此書皆無其文 ……疑隋志之九章六曹其目亦同。 陽所引田曹倉曹金曹等名乃別爲一書，而非此書之文。

蓋此類算經古必甚多，雖其成書時代不易確定，其爲漢以來諸曹掾史運用之成法，疇人子弟轉相傳習者，斷無疑也。

尉律云「郡移太史幷課」，舊皆無解，今考卽漢代郡守歲盡遣吏上計之事也。 上計之制始自先秦，行於兩漢，貢稅之外兼以貢士。 太史受計疑是秦制，漢律因其舊文。 雖於漢書百官公卿表，續漢百官志無徵，顧漢代實存此傳說。 衞宏漢舊儀：

太史公武帝置，位在丞相上。 天下計書先上太史公，副上丞相。 漢書司馬遷傳如淳注引。 又西京雜記卷六有此文，云位在丞相下。

衞宏所說多不實，自來學者皆不信此數語。 然謂傳聞失實則有之，要不爲無因。 竊疑此秦與漢初之制，太史者柱下史之長也。 試以史記張丞相列傳釋之。 傳云：

張丞相蒼者，陽武人也。 好書律歷，秦時爲御史，主柱下方書。 索隱周秦皆有柱下史，謂御史也。 所掌及侍立恒在殿柱之下，故老聃爲周柱下史。 今蒼在秦代亦居斯職。

方書者:方,版;謂小事書於版也。或曰主四方文書也。姚氏以爲下云明習天下圖書計籍主郡上計,則方爲四方文書者是也。

此述秦時事,柱下史主四方文書,必有其長。傳續言蒼入漢以後之事云:

……遷爲計相。文穎曰能計故號曰計相。一月,更以列侯爲主計四歲。集解張晏曰,以列侯典校郡國簿書。如淳曰,以其所主,因以爲官號,與計相同。時所卒立,非久施也。索隱謂改計相之名更名主計也。此蓋權時立號也。是時蕭何爲相國,而張蒼乃自秦時爲柱下史,明習天下圖書計籍,蒼又善用算律歷,故令蒼以列侯居相府,領主郡國上計者。

計相主計不見漢書百官公卿表,續漢百官志,乃權時立號。史記漢興以來將相名臣年表「相位」欄內,高皇帝六年下,記丞相蕭何封爲酇侯及「張蒼爲計相」二事,索隱計相主天下書計及計吏。是其位縱不在丞相上,要亦伯仲之間。時去秦亡未久,張蒼之任此官乃繼續其秦代之職務,此卽漢舊儀之所謂太史公,亦卽尉律「郡移太史并課」之太史也。

上計兼以貢士,兩漢之制亦時有不同,然所傳史料尚多,有曰「計偕」者,如

漢書武帝紀 元光五年,徵吏民有明當時之務,習先聖之術者,縣次續食,令與計偕。師古曰計者上計簿使也。郡國每歲遣詣京師上之。偕者俱也。令所徵之人與上計者俱來,而縣次給之食。

漢書儒林傳 武帝元朔五年 爲博士官置弟子五十人,復其身。太常擇民年十八以上,儀狀端正者,補博士弟子 郡國縣官有好文學,敬長上,肅政教,順鄉里,出入不悖所聞,令相長丞上屬所二千石,二千石謹察可者,常與計偕,詣太常,得受業如弟子。一歲皆輒課,能通一藝以上,補文學掌故缺。其高第可以爲郎中。

後漢書明帝紀 永平九年,令司隸校尉,部刺史歲上墨綬長史,視事三歲以上,理狀尤異者,各一人,與計偕上

上計吏補官,今所見皆後漢事,蓋中興以來間復古制,故事之西漢已廢者,往往於東漢見之。如

後漢書和帝紀 永元十四年,是歲初復郡國上計補郎官。

後漢書楊秉傳　時郡國計吏多留拜爲郎。　秉上言……宜絕橫拜，以塞覬覦之端。自此終桓帝世，計吏無復留拜者。

漢郎中鄭固碑　弱冠仕郡吏，諸曹掾史，主簿，督郵，五官掾，功曹。……邦后珍瑋，以爲儲舉，先屈計掾，奉我□貢。　清眇冠乎羣彥，德能簡乎帝心，延熹元年二月十九日詔拜郎中，非其好也。　金石萃編卷十。

此皆以上計兼貢士，亦「郡移太史幷課」之比也。　應劭漢官儀　孫星衍輯本

世祖詔：方今選舉，賢佞朱紫錯用。　……自今以後，……刺史二千石察茂才尤異孝廉之吏，務盡實覈。選擇英俊賢行廉潔平端，於縣邑務授試以職。

有非其人，臨計過署不便習官事，政烺按：官字後漢書和帝紀注引作曹，是也。　此蓋淺人妄改　書疏不端正，不如詔書，有司奏罪名，並正舉者。

此詔示州郡舉吏之法，云「於縣邑務授試以職」卽尉律所謂「又以六曹試之」，蓋必如此始習於計簿，庶免「臨計過署不便習曹事」之弊。　此雖後漢之事，去蕭何草律且二百餘年，然在制度上旣不無沿襲之迹，其立法之意又相符合，持此以解尉律，宜可瞭然矣。

六藝本有小大之別。　古代小學學小藝，書數是也。　大學學大藝，禮樂射御是也。　書數爲生民日用所需，不可或缺，故至漢代禮樂射御雖微，而書數不廢。自劉歆撰七略始專以書學爲小學，藝文志小學十家四十五篇，無一非字書。　屛算術於不顧，其高深者入曆譜。　當非偶然之事。　尉律試學童之法，諷書九章演於書學，歷試六曹演於數學，與古代教育習慣既相符合，與近代幕吏之有刑名錢穀亦正相似。劉歆乃不惜詭更正文，以遂己志，舉九章六曹皆成寫字之道。　以新莽之六體當尉律之六曹，猶以四象轉假之條當周官之六書，雖於文字學之倡導不無功效，而便辭巧說破壞形體，非其正矣。

漢承秦弊，學法令者以吏爲師，既以文亂法，是非無正，人用己私，巧說邪辭使天下學者疑。　劉歆遂得窺間伺隙假借律文以傅會其一家之言。　觀廷尉說律「苛之字止句」，與改九章爲九千字，六曹爲六體，其荒誕亦無以異。　故班許諸儒祖述劉說，信而不疑。　學者安其所習，終以自蔽，雖有尉律，蓋莫達其說久矣。

三十四年十一月二十六日寫畢

出自第十七本（一九四八年四月）

孔子世家第十七　史記四十七

孔子生魯昌平鄉陬邑（徐廣曰陬音騶　孔安國曰陬孔子父叔梁紇所治邑）其先
宋人也曰孔防叔防叔生伯夏伯夏生叔梁紇紇
與顔氏女野合而生孔子禱於尼丘得孔子魯襄
公二十二年而孔子生生而首上圩頂故因名曰
丘云字仲尼姓孔氏丘生而叔梁紇死葬於防山
防山在魯東由是孔子疑其父墓處母諱之也孔
子爲兒嬉戲常陳俎豆設禮容孔子母死乃殯五
父之衢蓋其愼也（徐廣曰魯縣有闕里孔子所居也又有五父之衢也）郰人輓父之母
誨孔子父墓然後往合葬於防焉孔子要絰季氏饗

孔子世家之北宋原刊書葉

入于季氏之宮（服虔曰三子季孫孟孫叔孫也）登武子之臺費人攻
之弗克入及公側（服虔曰人有入及公之臺側）孔子命申句須樂頎
下伐之（服虔曰申句須樂頎魯大夫）費人北國人追之敗諸姑蔑（杜預
曰魯國卞縣南有姑蔑城）二子奔齊遂墮費將墮成（杜預曰泰山鉅平縣東南有成城也）公
斂處父（服虔曰成宰也）謂孟孫曰墮成齊人必至于北門且
成孟氏之保鄣無成是無孟氏也我將弗墮十二
月公圍成弗克定公十四年孔子年五十六由大
司寇行攝相事有喜色門人曰聞君子禍至不懼
福至不喜孔子曰有是言也不曰樂其以貴下人
乎於是誅魯大夫亂政者少正卯與聞國政三月

孔子世家之北宋原刊書葉在南宋時修補者

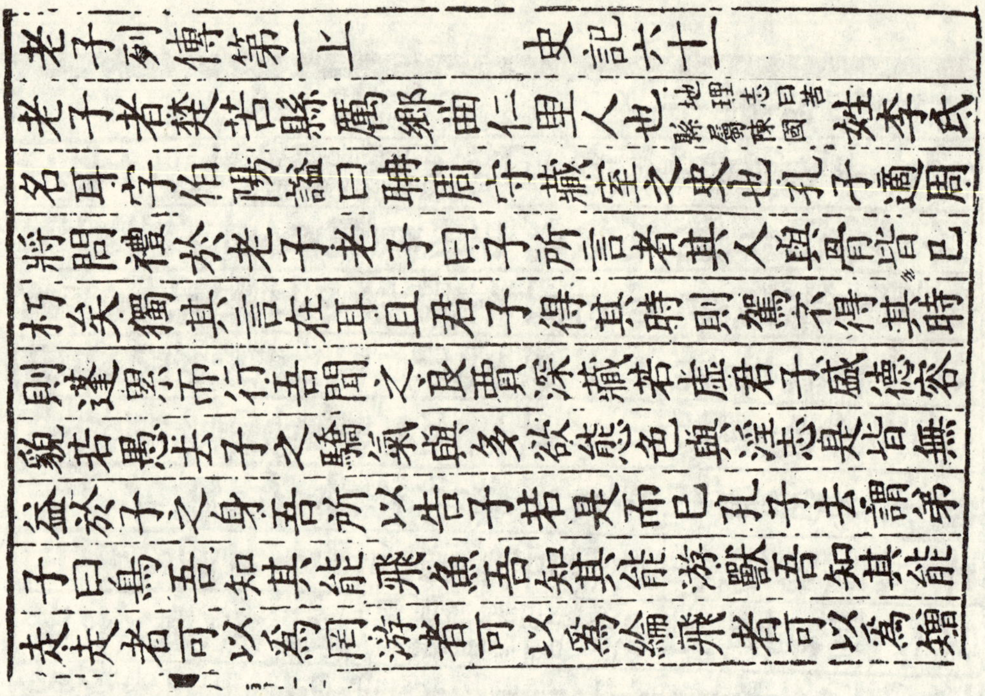
老子列傳第一上　史記六十一
老子者楚苦縣厲鄉曲仁里人也地理志曰苦縣屬陳國姓李氏
名耳字伯陽謚曰聃周守藏室之史也孔子適周
將問禮於老子老子曰子所言者其人與骨皆已
朽矣獨其言在耳且君子得其時則駕不得其時
則蓬累而行吾聞之良賈深藏若虛君子盛德容
貌若愚去子之驕氣與多欲態色與淫志是皆無
益於子之身吾所以告子若是而已孔子去謂弟
子曰鳥吾知其能飛魚吾知其能游獸吾知其能
走走者可以為罔游者可以為綸飛者可以為矰

老子列傳之南宋初年補版書葉刻工牛實此人曾在紹興四年刻吳郡圖經續記

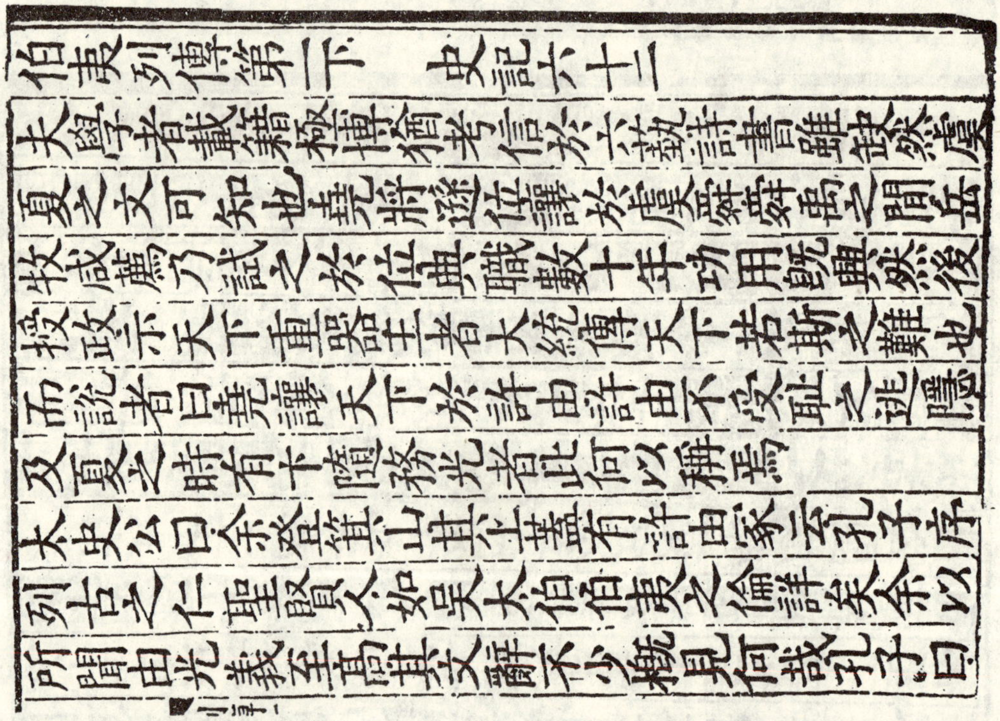
伯夷列傳第一下　史記六十二
夫學者載籍極博猶考信於六藝詩書雖缺然虞
夏之文可知也堯將遜位讓於虞舜舜禹之間岳
牧咸薦乃試之於位典職數十年功用既興然後
授政示天下重器王者大統傳天下若斯之難也
而說者曰堯讓天下於許由許由不受恥之逃隱
及夏之時有卞隨務光者此何以稱焉
太史公曰余登箕山其上蓋有許由冢云孔子序
列古之仁聖賢人如吳太伯伯夷之倫詳矣余以
所聞由光義至高其文辭不少槩見何哉孔子曰

伯夷列傳之南宋初年補版書葉

不稱焉賈子曰貪夫徇財烈士徇名夸者死權衆
庶馮生同明相照同類相求雲從龍風從虎[王肅曰龍舉而
景雲屬虎嘯而谷風興張璠曰猶言龍從雲虎從風也]聖人作而萬物覩[馬融曰作起也]伯夷
叔齊雖賢得夫子而名益彰顏淵雖篤學附驥尾
而行益顯巖穴之士趨舍有時若此類名堙滅而
不稱悲夫閭巷之人欲砥行立名者非附青雲之
士惡能施于後世哉

伯夷列傳第一

伯夷列傳之北宋原刊書葉

莊子韓非列傳第三　　史記六十三
莊子者蒙人也[地理志蒙縣屬梁國]名周周嘗為蒙漆園吏與
梁惠王齊宣王同時其學無所不闚然其要本歸
於老子之言故其著書十餘萬言大抵率寓言也
作漁父盜跖胠篋以詆訿孔子之徒以明老子之
術畏累虛亢桑子之屬皆空語無事實然善屬書
離辭指事類情用剽剝儒墨雖當世宿學不能自
解免也其言洸洋自恣以適己故自王公大人不
能器之楚威王聞莊周賢使使厚幣迎之許以為
相莊周笑謂楚使者曰千金重利卿相尊位也子

莊子韓非列傳之北宋政和補刊書葉

北宋刊南宋補刊十行本史記集解跋

傅斯年

宋刊史記百三十卷，存百十六卷，缺者十四卷，以宋元他本補之，江安傅沅叔先生舊藏，民國三十六年歸於中央研究院歷史語言研究所。

此書世稱北宋監本，今於運來南京之後，匆匆檢讀，知北宋之說爲無可疑，而北宋監本之說，則絕無其事也。夫北宋監本多奉詔鏤板於杭州，宋人記載甚詳，然書板實存汴京國學，靖康金虜之禍，遂不可問。

三朝北盟會編九十八引趙子砥燕雲錄：

靖康(元年)丙午冬，金人既破京城，當時下鴻臚寺取經板一千七百斤。是時子砥實爲寺丞，兼是宗室，使之管押隨從北行。丁未(二年)五月，至燕山府。

靖康要錄：

靖康二年二月二日，壞司天臺渾儀輸軍前，虜圖明堂九鼎，觀之，不取。止索三館文籍圖書，國子監書板。

終金之世，不聞修治，卽萬一在燕有其事，或在汴僞齊有其事，亦決無補版避欽宗諱之理。今補板最新一格中桓字缺末筆者不少見，且南宋越州刻工更不應有，今又有之（詳下），據此，知其有南宋人手跡矣，既有南宋人手跡，卽決無北宋監本之理，蓋北宋監本隨女眞滔天之禍而俱亡也。

此書原刊與歷次補板至少有下列七類可得分別。

一、原刊，無修補字。　此類不多，間有數卷無修補之跡者。

二、原刊，有因模糊而剜剔之字或因重校而改易之字。　此類最多，前者觸目皆是，後者如武帝紀一頁十五行刊落悲哀二字。伍子胥傳六頁七行增一字。封禪書十七頁十五十六兩行增四字（蓋『壽功神君』四字之重文）此類亦多。

三、原刊，其中一段爲補刊者。　補刊每自七八行至十三四行不等，似爲三片砌成，此中刻工卽爲補板之人。

四、補刊甚早者。　此格幾與原刊無多差異，如莊子申韓列傳。

五、補刊較早者。　筆畫已不甚新，此中恐不止一類，特不易辨別耳。

六、補刊之後者。　筆畫甚新，桓字仍不缺末筆。

七、補刊之最後者。　筆畫甚新，桓字已缺末筆。

今如以板之先後爲經，而排比其避諱與刻工，此書之層累或可斷定，然此非匆匆所能辦。逐字校理，宜必細心，且與此書有密切關係者，如世所謂景祐漢書與紹興二年越州通鑑。前者與本書行款悉同，字體絕似，刻工亦有同者，而補板之跡，則因影印描潤而不易審定，（看張菊生先生百衲本廿四史描潤記）。後者刻工亦有同於本書者，而其影印本在所謂百衲宋本通鑑中者糾存十之六，聞別有一全本在上海，兩者卽皆多補板，惟有據原書方可探其層次，而確定其刻工之時代，今欲借觀兩書，絕非易事，卽退而但據影本，小心從事，亦非幾日所能奏功。逝將去國，時不我與，姑就避諱一端，述我所臆想者耳。

此書必爲宋印，有一確證。五帝紀有人以朱筆寫五帝之稱於每段之上，其顓頊之頊字正缺末筆，是爲宋人筆跡無疑也。有宋人筆跡在上，必爲宋印無疑矣。又此書保存絕好，除缺十四卷外，甚少殘損，口均完整，有人因是疑其原非蝴蝶裝者。然若干卷有人以墨筆寫左耳，耳之爲制，始於宋末，絕於明初，其與本爲便於蝶裝，其絕卽因蝶裝之廢也。今有人寫左耳，必其在蝶裝時也。

今先言此書之『下至』卽最後補版之時。遍查高宗嫌名無闕筆者（如項羽紀河渠書等）。孝宗嫌名，慎字亦不避（六國表），光寧嫌名均不避，其可指爲南宋踪跡者，若干補版之桓字缺末筆耳。此書原刊中桓字絕不缺筆，通書皆然，補版有甚新而又桓字一頁數見不缺筆者，亦偶有甚新而一頁數見闕筆者。如魯世家九葉（補版刻工阮于）板甚新，桓字五見，不缺筆。十葉，（補版刻工宋俅）另一書體，板亦新，桓字七見，均缺末筆，十二葉，（補版刻工徐政）一至七行爲原刻，桓字一見不缺筆，八至十四行。爲補板，桓字一見缺末筆。又齊世家各補板表列如下。

五頁　　刻工呂堅　　桓字二見，不缺筆。

六頁　　刻工宋俅　　桓字五見，均缺筆。

七頁　　刻工孫詳　　桓字十見，均不缺筆。

八頁　　刻工呂堅　　桓字六見，不缺筆。

九頁　　刻工徐茂　　桓字五見，不缺筆。

十頁　　刻工兪忠　　桓字九見，皆缺筆

十一頁原版六行　　　　桓字二見，不缺筆。

補版　　刻工徐政　　桓字一見缺筆。補版下半葉桓字一見缺筆。

原版五行桓字一見不缺筆。

十二頁　　刻工宋俅　　桓字二見，缺筆。

二十一頁　　刻工胡滂　　桓字一見，缺筆。

據此，桓字缺筆似爲最後一次補版，字體刻工不特不可與原刊比，亦皆遠不逮早期中期補版，且一版中無或避或不避者（除一版有新舊砌合者外）缺則全缺，不缺則全不缺，如此整齊，與本書中北宋諱全不同，似刊書至此宋末或南宋初而避諱趨於嚴格者。然則補版桓字不缺筆者，當在北宋，其缺筆者如下說。

然徒據桓字之缺筆亦未可執謂此類補版即在南宋，靖康時汴京在幽辱中，固無補版之閑情，然欽宗於政和五年立爲太子，至於卽位，十一年矣。補版爲儲君諱缺末筆，雖無此紀錄，可有此理，則桓字之諱，非補版卽在南宋之證也。然吾另有說足證此書下至在南宋高宗或孝宗時者，曾元忠跋此書，以老子伯夷列傳證其曾經政和改定，是固然矣，然老子傳旣改，莊子申韓傳必隨之而改，以老子傳旣抽出，莊子申韓傳行款不復合於原書，必重刊也。莊子申韓傳初看頗不易定其爲重刊，然細諦其筆畫，知是翻刻，而五葉之中，一葉刻工署一祥字，一葉署一印字，三葉無字，多與原刊之例不合，知其爲補刊，特補刊頗早，有時近於漫漶，以之比甚新之補版，其中必有數十年之距離，卽政和八年之修改，猶下距最後版若干年也。曾君之說甚精闢，惜見其一不見其二也，此一證也。此書甚後或最後一次之補板刻工有毛諫，在紹興二年越州通鑑中，毛諫亦爲補板之刻工，彼爲紹興二年刊本補板，必上距紹興二年有若干年或數十年矣，此二證也。綜合上說，此書之最後補板與刷印，距紹興初亦不當太近矣。

然此書與越州紹興二年通鑑之關係，並非同時，乃大有先後者，本書中補板有章珍史彥吳圭徐政等刻工名，此數刻工在通鑑爲原刊之刻工，卽如通鑑前數葉，刻工正爲章珍，影印本已漫漶，同刻工之補板在史記中者，其筆畫若新發於硎，以之上較原刊之葉，至少有數十年之距離矣。此本書原刊在北宋之確證。此類補板，可爲北宋末，可爲南宋初，卽以越州通鑑證明之，旣以原板相差如是之鉅，則原板絕不能在徽宗時也。或謂其可在紹興中開雕，據此知其不然矣。

次談此書之『上至』卽原板開雕之時。今列本書中宋帝諸諱字狀況如下。（以原刊各葉爲據，補版有異者，著其異。）

始祖　軒轅　不避。此在宋代原不常避。

聖祖　玄字　全闕末點。

翼祖　敬字　不缺筆爲常，亦間有缺筆者，如表六，敬字十四見，僅一處缺筆，又三王世家三敬字，二不缺筆，一缺。其在甚新之補版則敬字缺末筆者轉多。

宣祖　弘字　全闕末點，殷字有時全卷缺筆，如殷本紀，亦有時全卷不缺，如管蔡世家，衞世家，宋世家（僅一例外）

太祖　匡字　全書作匩。

胤字　夏本紀兩見補版，不缺筆而作俗體。

太宗　嫌名耿字不避。

眞宗　恒字　漢諱恒故史記文帝紀集解一見，封禪書數見均缺末筆。

眞宗后父　通字　不缺筆爲常，偶有數處，通字作通，中末筆不下達。

仁宗　禎字未見。貞雖爲嫌名，然與正諱無殊，不避。如表六『貞侯』二見，均不缺筆，宋世家數見，均不缺筆。

英宗　曙字未見，嫌名不缺筆。

濮王　讓字　不缺筆。補版有缺末筆者。

神宗　頊字　全書不缺筆，補版亦然（五帝紀）

哲宗　諱字未見。嫌名煦字，不缺筆。

徽宗　諱字未見，嫌名均不缺筆。

欽宗　見上。

高宗　見上。

孝宗　嫌名愼字不缺筆。

因未檢全書，不能斷言其諱否之比例，然大致當如上表。

又太史公自序全卷避諱狀況，表之如左。

原刊：　一葉項不缺筆。二葉般缺筆。三。四。五。六。九葉般缺筆。十葉般缺筆。十一葉(愼不缺筆，讓不缺筆，桓三見不缺筆。)十二。十五。十六葉（諱不缺筆。）十八葉(讓不缺筆般缺筆。)十九葉(敬缺筆)。二十葉（弘缺筆，通字中末筆不下達。）二十一葉。二十二葉（通字二見中末筆不下達）二十三葉

兩端原刊中鑲補刊數行：七葉七至十四行補刊。十三葉（八至十六行補刊原刊中般字二見均缺筆）

補刊：　八葉。十四葉（桓字缺筆，刻工史彥見通鑑，敬字缺筆）

綜覽以上情形，幾無嚴整之結論可得，於是宋人刻書避諱之事傳統之說須根本加以檢討矣。世之藏書家每謂某書『避諱不嚴』，而學者作嚴格之論以此爲遁詞，即如錢曉徵，以某書之一頁不避宋某帝諱，指爲元人補版，此於南宋中葉後刊本固宜，若見此書，又何說耶？大凡宋人刻書避諱，愈後而愈嚴，今所見者，多南宋中葉以後刻版，而此刻版之在建陽杭州者，每爲科場之用，其與禮部韵略所載功令相合，亦理所應爾。今於此書所排比之諱字，雖無一定之式，然似已可看出愈後而愈嚴。最初竟如不諱。即如翼祖敬字不諱，在南宋以其爲已祧之廟，原無不可，若在北宋則無此理。異姓功臣表敬字十四見，僅一缺筆，貞字兩見，全不缺筆。貞字固爲嫌名，然此字自仁宗時已視若正諱。若謂此卷刻於翼廟旣祧之後，則貞字不應不避，（宋世家貞字亦不避）貞字旣不避，按之舊說，又須置之仁宗前。則敬字又必須避，兩者皆矛盾，安得謂北宋刻書避諱有常經耶？且上表所示，若每卷自成風氣者，殷本紀之殷字全避，宋世家則反之，兩者固皆原刻，不能指宋世家爲南宋刻也。此亦避諱無定之一例也。

避諱有定式，然後『上至』可以推定，今旣無定式，則此書㓻刊於何時，實難定論。（鐵琴銅劍樓小字本史記，瞿子雍以避諱定爲仁宗朝以前，恐亦大有問題。

故以避諱字鑒定此書，轉不若以其刻工，然此書原刊刻工可與比擬者，恐僅有所謂景祐漢書一物耳。

然亦有兩點可注意者：原板避諱字不及仁宗而及濮王，以下諸帝並無之。其及於濮王者，有時如刊落讓字末畫，要以不避爲主，而眞宗后父之諱，尤可注意。『太后之父如廟制』本屬不經，時人譏之。北宋亦不以爲典要。地名未改，神宗卽以此字錫名司馬涑水之書。然則宋刊之諱此字者，宜爲仁宗或稍後之時，時王之制令尙在耳目也。南宋刻書有如此者，又翻板者未察也。今原刊中通字有時中末畫不下達，此節未宜忽也。豈此書果琡刊於仁宗時，如曹元忠說之一半耶？此固不能斷言，亦不能證其必不然也。至於讓字之缺筆，只在補版，其在原刊，或爲後來刊削者耳。此兩事皆非正典，而書中可徵，廟諱反若不逮。大凡中國帝王於常命未必責人以必從，於荒命則嚴按之有司，世人亦玩於常命，而於亂命則懼不測之禍。如此者可徵於北宋刊書，亦可歎矣。

然則此書上至竟無可確斷，其在神宗前似可置信，亦未可必，若竟以爲在眞宗時亦可完其說，而未必信，若以爲徽宗時刊本，則嫌名不避猶可說，並神宗御名亦不避，殊難索解矣。此當俟之精硏板本者矣。

中國刊書之風，始於江南西蜀，元微之云：『楊越間多作書摹勒樂天及予雜詩，賣于市肆之中』。而五代監本之開雕，其刺激亦來自蜀越。後唐長興中馮道奏云：『嘗見吳蜀之人鬻印板大字。色類絕多。』北宋開雕經史，每於詔書之末云：『下杭州鏤板』。然則北宋之杭州刻工，在不爲官家勾當時，將如匏瓜繫而不食乎？劉之問所舉漢書各本，雖未可盡信，其中或多寫本。然北宋時江南自有其史漢刻本，亦爲理之所應有，古昔史事存者多而佚者少，旣見此書字體刀法，具北宋之狀貌神采，遂必於太宗至徽宗時監本求之，其說可甚美而未必甚信。老子曰：『信言不美，美言不信』。如吾之說，地則江南，時則北宋初雕，南宋補板，求之更深則僕病未能也。明知吾論大殺風景，然人與我具未多見，焉敢不愼言其餘乎？

張君苑峯壯年駿才，於金石板本每推翻公認之說以成不移之論。此書問題非單獨所能解決，若綜合宋刊羣書而論定，當有待於張君矣。

民國三十六年六月十二日傅斯年

後漢書殘本跋

傅斯年

後漢書殘本兩厚册中央圖書館藏。舊藏雲間韓氏。末有錢竹汀跋，迻錄全文如左：

後漢書淳化刊本止有紀傳，其志三十卷則乾興元年準。國子監孫奭奏添入。但宣公誤以爲劉昭所補，故云范作之於前，劉述之於後，不知志出於司馬彪續漢書，昭特注之耳，彪西晉人，乃在范前，非在范後也。

此本雖多大德補刊之板，而志第一至第三尙是舊刊，於朓、敬、恆、徵、等字皆闕末筆，而讓、勗、却不回避，知實係嘉祐以前雕本，雖屢修改，而故意猶存斷圭零璧終是席上之珍也。乾隆甲寅四月嘉定錢大昕假觀并識。

今案此兩册皆十行十九字本，與世所謂『淳化』史記『景祐』漢書同一式。審諦之，實爲四種不同之本，裝工合成者也。

其第一種僅存列傳第四（宗室四王傳）第一第二兩葉刻工唐□（下字不能辨似是慶字）厚棉紙，書體，刀法絕似所謂『淳化』史記，『景祐』漢書，當爲一時之製，字多漫漶。

第二種存列傳七十五東夷傳第六葉，列傳七十七西羌傳第三葉後半，第四葉，第五葉，第七葉，第八葉後半，第九葉，第十葉前半，第十一葉後半，第十二葉，第十三葉，第十四葉，第十五葉前半，第十六葉，第十七葉前半，第十八葉，第十九葉，第二十葉，第二十一葉後半，第廿二葉，第廿三葉前半，第二十五葉前半，第三十一葉，第三十二葉。字體介於南北宋之交，初印悅目，無漫漶字，棉紙，刻工有張□，楊□，徐簡，徐成，許宗（此刻工見所謂淳化史記）陳□，唐慶，其他半不可識，蓋因原爲蝶裝而受損也。徵字不諱，竟字缺末筆。

其三種卽世所謂南宋監本，存行在國子監，至元伏入西湖書院，明入南京國子監，所謂『三朝爛板』之祖也。朝野雜記甲集卷四所載紹興末年奉敕刊板國子監者，應卽是書。此一印本雖小有漫漶，並無補刊之葉，印刷似在南宋中葉，紙色較黑。存志一，十五至二十葉，志二，全；志三，一至二十三葉，二十五葉，二十六葉，二十八葉。（案此原是續漢書志也，而題後漢書志，與北宋監本誤以劉志爲范書之說合。此本蓋翻自北宋，與朝野雜記合）。上述第一第二兩種各葉，卽鑲入其中，不重複。

其四種爲元大德九年元統二年補刊，存傳四，第三葉起至末，傳五，全；傳七，第七八兩葉，二十一至二十五：傳八，全；傳九，第二葉至末；傳十，全；傳十一，第一至十二葉；傳十二，第二葉，第五葉至八葉，第十一葉至末；傳十六，第七至九葉。白棉紙印，字不漫漶。

以上第三第四兩本爲一系，元時在西湖書院，明時在南雍，大德補刊實等於重雕，今所見『三朝爛版』其中有無幾葉宋刻，大是問題，卽有，亦是南宋後葉補刻矣。

此書實僅第三第四兩種。其第一第二兩種之散葉均係易入者，有時一葉之中第二第三種各得半葉。有此怪現象，錢竹汀焉得不識，而不提及；此書新裝，意者竹汀時尙無前兩種散葉換入。後人裝書者得此散葉，遂以易入，其來源或出自內閣大庫或爲明初人改裝舊籍之襯紙，未可知也。

有人於甲年依其祖式製棉袍一襲，乙年易其裏，丙年易其絮，丁年易其表，戊年再易其裏，如此不已，至於十年，此第十年之衣與甲年之衣，關係如何？然南宋以來監本恰如此式也。此中第三種卽甲年之原物，乙丙年者應爲南宋之補板，此册無之，第四種則丁年物也。世所見弘治補刊則九年十年物也。至於甲年物所自仿之樣式是否卽此中第一種則不可推知矣。

北宋刊南宋補刊十行本史記集解後跋

勞榦

北宋刊十行本漢書即世稱爲『景祐本漢書者』，世多知之。而北宋刊十行本史記與『景祐本漢書』相關甚切者，則自江安傅沅叔先生庋藏之後（註一），始見於著錄，從知物之顯晦，事出偶然，固非有定數存乎其間也。

此書刊自北宋，經傅孟眞先生在『北宋刊南宋補刊十行本史記集解跋』審定其淵源之後，已成定論，書中紙墨均佳，除其中十四卷原缺，以南宋黃善夫刊本五卷及元九路刊本九卷補充以外，餘均爲南宋印本（註二）。此書至精，今世幾無第二帙可與並論者，誠乙部之冠冕，人間之至寶也。

此書自鐫刻以後，數有補版，已如孟眞先生所述，其版刻新舊，界別甚明，大略可分爲二組。若就刻工姓名以爲判別，統全書所有者悉數抄錄，計得如下。

版葉較舊之刻工：

屠式　屠聚　屠亨　屠宣　張珪　張宣　張安　張聚　張中　陳忠　陳信
陳言　陳惠　陳浩　陳吉　陳宥　陳擇　鄭璋　鄭安　許宗　許簡　許賢
許亮　許明　安明　安用　胡恭　趙昌　趙建　吳安　華連　孫安　孫立
何先　何立　何元　郎政　楊琪　楊守　洪吉　周成　石貴　朱宗　朱保
施元　衞玉　稽起　顧全　湯立　徐雅　徐眞　印貴　嚴端　呂吉　錢眞
沈誠　牛賢　蔣宗

版葉較新者之刻工：

徐忠　徐政　徐杲　徐興　徐高　徐昇　徐茂　徐從　黃暉　黃宇　毛諫

（注一）此書從不見著錄，傅沅叔氏購自山西書賈，今歸歷史語言研究所。

（注二）此書有朱子儋印記，據黃蕘圃藏書題識七跋魚玄機集，其人即以愛妾易宋版漢書者，然流傳之序已不可考矣。

毛諒　毛忠　史彥　章珍　章楷　陳彥　陳皙　陳迎　陳全　陳昌　顧忠

顧淵　劉中　劉閏　劉延　吳亮　吳圭　江道　江通　王惠　王受　王珍

王華　胡滂　林英　包正　宋榮　宋俅　印志　張敏　孫勉　孫祥　牛實

牛可道　姚臻　俞忠　阮于

以上版葉較舊者合得五十八人，版葉較新者，合得四十八人。故舊版較新版人數爲多。又舊版較富於一致性，而新版則不盡然，亦可知舊版爲一次之大規模鐫刻而成，新版則有隨時補版之痕跡也。

至於分別新舊之標準，則依下列各條定之：

(1)凡舊版大多模糊，而新者不然。

(2)凡舊版書體工整而筆畫較肥，新者反之。

(3)舊版有一部分版心曾被挖補，其挖補之跡甚爲顯著。挖補處之刻工題名亦更換新者，其刻工姓名與全新版之題名相同。

本書新舊之版相距時間甚遠，其分別可以一望而知，兩相比較，無所遁形。方抄刻工姓名之時，原未料及新舊之間，如此判若涇渭。及其既抄得所有人名之後，新人舊人之間無一重複者，然後知原刻補修之際相隔頻年，迄於補修之時，原有刻工已無一人逮及矣。

今先論原版創刻時間，黃善夫刊本史記老子伯夷傳前小注云：

『監本老子與伯夷同傳第一，莊子與韓非同傳第三。』

『索隱本伯夷傳第一，老子莊子韓非同傳第三。索隱云，二人教迹全乖，不宜同傳，先賢已有成說，今則不可依循。宜令老子，尹喜，莊周爲同傳，其韓非可居商君傳末。』

『正義本老子莊子伯夷居列傳之首。正義曰，老子莊子，開元二十三年奉敕升爲列傳首，處夷齊上。然漢武帝之時，佛教未興，道教已設，道則禁惡，咸致正理。制禦邪人，未有佛教可導，故列老莊於申韓之上。今既佛道齊妙，與法乖流，理居列傳之首也。〇今依正義本。』

吳曾能改齋漫錄十三云：

『政和八年，詔史記老子傳陞於列傳之首，自爲一帙。前漢古今人表敍列於上聖。其舊本並行改正。』

故史記各本於老子列傳之處置，凡有三類，伯夷自爲列傳，老莊韓非同傳，此索隱本也。老莊伯夷同傳，韓非自爲列傳，此正義本也。老子伯夷同傳，莊子與韓非同傳，此宋監本也。索隱本乃司馬遷之舊，正義本從唐玄宗開元十三年之勑令。而宋監本則從宋徽宗政和八年之勑令。開元之勑令升老而並升莊，政和之勑令則升老而不及莊，此其異也。黄善夫刊在南宋，雖從政和之令，實則並升老莊，乃從正義本之舊。此本則升老而不升莊，且從老子伯夷列傳編次言之，頗可窺其版本更改之跡。卽伯夷列傳前已標題爲伯夷列傳第一下，其書葉爲第一葉；老子列傳前又標老子列傳第一上，其書葉又爲第一葉，一卷中有兩標題，兩第一葉，修改之迹顯然。(註一)莊子韓非列傳則全屬補刻，除第一葉刻工名題一『印』字，第二葉題一『祥』字以外，餘葉悉未題刻姓名。按凡僅題一字者，前葉爲姓，則後葉爲名(註二)。此所題者，前葉爲印，後葉爲祥，而其後各葉無題署，則此各葉當悉爲刻工名『印祥』者所刻。今按全書刻工中，前期有印貴，後期有印志獨無印祥其人。則是印祥者，不屬於前期之始刻之時，亦不屬於後期大批補版之時，而在前期與後期間之一時期也。此一時期卽政和八年，此在曹元忠之跋早巳言之。今從修改之痕跡觀之，可以證政和所刻爲補葉。則原書之鐫刻，自在政和之前，亦卽此書原刊之時代爲北宋晚期以前，可無疑也。

原刊時期旣可斷爲北宋晚期以前，今再檢討屬於北宋之某一年代。此事至難論定，蓋惟有從避諱求之，而此書避諱殊不嚴。但有一事可說者，卽徽宗名佶，吉爲嫌名。吉字雖可臨文不諱，然人名作吉者有嫌於犯上。今觀本書刻工之名補版中無一人名吉者，而原刊刻工之名，則有陳吉，洪吉，呂吉三人。若在徽宗巳卽位之時，不應唐突至此。按自徽宗建中靖國元年，迄於政和八年，凡十有三年，則在此書原刊之時不應在此十三年中，亦可預想也。

(注一)今老子列傳第一係南宋補版，刻工王參，第二葉係政和補版，刻工仍爲一印字，伯夷列傳第一葉亦爲南宋補版，刻工牛實，然仍題伯夷列傳第一，仍舊刊原式，題史記六十二，與管晏列傳同，則南宋時誤字矣。

(注二)就本書言，如列傳十三，華達二字分寫兩葉，列傳十四楊守二字分寫兩葉，亦其例也。

此書之始刊旣不在徽宗時代，自當溯之徽宗以前，求之之道仍惟有刻工與避諱。然北宋所刊諸書，存於今者，希如星鳳，欲求在刻工題名上於時代有所弋獲，其事至難。求之於避諱雖不能完全準確，亦自有其相對之應用。此書原刊不諱英宗之嫌名樹字，濮王之名讓字，神宗之名頊字（補版則間諱樹字，讓字，而頊字則補版亦不諱）。至原刊避諱者，如，敬，驚，竟，弘，殷，等字（註一），則或諱或不諱；而玄字，匡字則全書皆諱；恆字全書則僅有一處不諱（註二），餘皆缺末筆；通字則中末筆不下達者屢見（註三）。其於貞字，則不諱爲常，僅有一處在列傳五十八第六葉缺末筆。故今可以置論者，就本書原刊部分大致而言，爲避諱不嚴，然避諱不嚴之情形，乃或諱或不諱，而非一律不避也。凡宋代之祖先至於各帝，即自聖祖以至仁宗，在原刊中皆可見其避諱之處（註四），自英宗以下則無避諱之痕跡（註五），則此種現象決非偶然，自應認爲有注意之價値也。

再就避諱情況而言，眞宗后父之避諱，此事本爲仁宗初年亂命，以前無之，以後亦不應有。此正與百宋一廛所藏天聖明道本國語相同，且此書亦偶有諱仁宗嫌名之事，則此書原刊時代，在仁宗初年之成分爲最大。趙萬里先生作『兩宋諸史監本存佚考』謂爲『此景祐覆刊本，以常熟瞿氏松江韓氏藏北宋景祐本前後漢書，乃翻刻淳化乾興監本者例之，蓋即出淳化本也。』庶乎近之。然北宋監本應隨女眞滔天之禍而俱亡，已如傅孟眞先生前跋所論，萬無至南宋尙有補版之理。若謂女眞所收者爲五經及淳化咸平刊本史書，而景祐覆刻之本實在杭州，尙未解京，故至南宋尙存，則文籍無徵，不可僅憑猜度（註六）。故最大可能，應爲江南州郡因景祐史漢最爲善本，因依監本原刊又在江南覆刻（註七），故得流傳至南宋尙存。觀容齋續筆三

(注一)此事至不一律，如同一刻工孫安，在列傳三十三諱敬字，而列傳六十七則不諱。刻工沈成在表示葉十三諱敬字又不諱敬字。

(注二)列傳三十三，葉八。

(注三)如世家四，葉三，表六，葉十六，世家二，葉十四，世家五，葉三，表六，葉六，傳六十八，葉三，然亦有若干處不諱者。

(注四)惟太宗嫌名耿字爲例外，因嫌名之避本不足爲據也。

(注五)濮王諱不避而眞宗后父諱則避，亦可見其時代也。

(注六)據趙萬里先生說。

(注七)南北宋時司庫，州，軍，郡，府，縣，書院，多有刻書之事，見葉德輝書林淸話三。

所稱『前紹興中命兩淮江東轉運司刻三史版』，則在此以前應有由漕司刻史之事，故此時可以詔令行之。蓋如此大書刻工如此衆多，決非書坊之力所能勝任也。若此揣度信然，則此書縱非北宋監本，亦是北宋官家力量所刻之書。今監本雖不可蹤跡，得此亦略可以當之矣。

補版最觸目之處爲諱欽宗名桓字，其中雖偶有不缺筆者，究以缺筆者爲多。有時亦將英宗嫌名樹字，濮王之名讓字缺筆。而高宗之嫌名構字亦有缺筆作購者。獨孝宗名眘之別體慎字則無一處缺筆，光宗以下各朝帝名亦無一處缺筆。又此書補版刻工多與紹興二年越州通鑑相合者。如史彥，王珍，徐昇，徐高，毛諫，宋俅，黃暉，陳彥，牛實諸名。而此諸名亦有見於紹興四年刊吳郡圖經續記者(註一)。故此書之補版時代應在南宋，而其下當不逮孝宗（其有新舊之分，或一在高宗初年，一在高宗末年耳）。而書頭朱批項字缺筆作項(註二)，則可證明此書仍爲宋印也。

又此書刻工有名陳浩者，與南宋刻工名陳顥者易於相混（陳浩之名屢見於此書原版中，及所謂『景祐本』漢書，陳顥之名則見於紹興二年本資治通鑑）。本文前已略爲考定，此書原刊當在仁宗時前後，則陳浩爲北宋時人；陳顥之名見於紹興刊本，則爲高宗時人。假令同爲一字，則或係偶然同名，今浩字與顥字本非一字，則陳浩與陳顥並非一人其事甚顯；而此書及漢書中陳浩之葉與資治通鑑所見之陳顥亦不應互相關涉矣。

此書與所謂『景祐本』漢書之關係雖深，然補版時當有先後。李心傳建炎以來朝野雜記甲集卷四監本書籍條：

『監本書籍者，紹興末年所刊也。國家多難以來，固未暇及。九年九月張彥實侍制爲尙書，卽始請下諸道州學，取舊監本書籍鏤版頒行，從之。然所取諸書多殘缺。故冑監六經無禮記，正史無漢唐。二十一年五月，輔臣復以爲言。上謂秦益公曰：「監中其他缺書亦令次第鏤版，雖重有所費蓋不惜也，由是經籍復全。」』

觀此節所言，具得以下各條事況：

(註一)紹興刊吳郡圖經續記今歸中央圖書館。

(注二)朱批之字朱色已變，可證非近代人所爲。又補版部分皆甚清晰，顯著初印。

1. 南渡以後，監中並無經史存版，故云『取舊監本書籍鏤版』，因此史漢雖有北宋刊版在江南，然並未在監中。

2. 史記自紹興九年時已有之，而漢唐乃遲至二十一年始有。則史記補版在前，漢書補版在後。

依此數事，今更論之。按此書及漢書在南宋實爲監本，除據南雍志中字本監本與此相合以外，又據漢書禮志後有『學生席珍，齋論何霆校勘』一行亦可知之(註一)。此葉版心刻工姓名爲余集，乃南宋補版。又按齋諭之制爲國子監所特有，宋會要崇儒一之三二云：

紹興十二年，以岳飛第爲太學，堂一曰崇化，齋十有二。

宋史一百十八職官志國子監：

凡諸生之隸於太學者，分三舍，……齋長諭月書其行藝於籍。……凡八十齋，齋置長諭各一人。

依宋史職官志府州軍監之學，並無齋諭之制，則此漢書刊於國學，事甚明著。史記與漢書爲姊妹本，自亦當同爲監本。據以上之證據，當補版之時代，地則國學，版則舊刊，此與朝野雜記所稱取舊書鏤版者並不完全相合。然則所謂鏤版也者，乃或據監本舊書補版，或爲全部鏤版。其全部鏤版者乃九行十九字之大字本，至於十行十九字之中字本（即此本史記及『景祐』本漢書），與十四行二十四字至二十七字之小字本則重刊與補並行也。當李心傳作朝野雜記之時，未必不知有此事；然古人敍事，行文之重過於析理，故就其大略言之，而不自料其言有所未盡也。

綜前所述，此本刊於北宋，南宋初年補版。與所謂『景祐本』漢書關係至深，然世傳之『景祐本』漢書，有南宋中葉以後補版，而此書無之，故此書之印本實在漢書以前，或竟是高孝時之印本矣。

(注一)此爲張苑峯先生相告者，又張苑峯先生云『漢書有南宋中葉修版，如刻工王震，王中，陳偉三名見開禧二年石林奏議（有飴心原覆本）；王震，蔣佘二名見紹定二年吳郡志（有擇是居叢書覆本），故定爲南宋中葉印本』。然此諸名，皆不見於史記補版中，故史記印時實較早也。

論太平經鈔甲部之僞

王　明

范曄後漢書襄楷傳楷疏稱于吉神書，或號太平清領書，卽道家太平經也。其經以甲乙丙丁戊己庚辛壬癸爲部，每部一十七卷，全書總計一百七十卷。明正統道藏所收之太平經，殘闕不全，僅存五十七卷，甲乙辛壬癸五部全佚，其餘諸部中各亡失若干卷。另有太平經鈔，係唐閭丘方遠節錄太平經而成甲乙丙丁等十部，每部一卷，共十卷。以鈔校經，多相符合，全書除鈔甲部可疑外，其餘經及鈔各部，固難免後人更寫增竄，然大體似係漢代之舊也。

太平經甲部已亡，今鈔甲部不知係何人所補。或經文早已散佚，唐閭丘方遠姑取他道書之文以抵補之，抑或原來太平經鈔甲部實閭丘氏依經節錄，後經及鈔甲部並亡，別有好事者據道典濫鈔抵補，以求其全，二者俱有可能，兹難偏斷。現查道藏太平部太平經鈔之葉數，以甲部爲最少，僅占七葉有半。今將鈔各部葉數，列表於下，以資比較。

部名	甲部	乙部	丙部	丁部	戊部	己部	庚部	辛部	壬部	癸部
葉數	7.5葉	16葉	27.5葉	17.5葉	15葉	30葉	42.5葉	19葉	19葉	13葉

鈔甲部之葉數雖少，而繕補者欲以僞冒眞，洵費一番苦心。今考鈔甲部文字之來源，以靈書紫文爲主，上淸後聖道君列紀並爲其采取之材料。鈔甲部所謂靈書紫文，似係一叢書之總名。今道藏中收有三書，一爲皇天上淸金闕帝君靈書紫文上經（以下簡稱靈書紫文上經），在洞神部本文類；二爲太微靈書紫文仙忌眞記上經（以下簡稱仙忌眞記上經），在洞眞部戒律類；三爲太微靈書紫文琅玕華丹神眞上經（以下簡稱華丹神眞上經），在洞眞部方法類。三書要略，均見於太平經鈔甲部。另有上淸後聖道君列紀，在洞玄部譜籙類。署方諸東宮青童君傳弟子王遠遊。青童君不知何許人，或云卽東王公。太平經卷末之太平經聖君祕旨，云係太平聖君傳上

相靑童君。靑童君治方諸山，在東海中，故曰方諸靑童君。（參閱歷世眞仙體道通鑑卷六木公）靑童君又爲太平帝君之上相，故曰上相靑童君，銜目雖異，其爲靑童君則一也。按太平經聖君祕旨係節鈔太平經文，宣揚守一之法，其成書年代，當在太平經書流行之後；道家以爲祕旨乃太平聖君傳上相靑童君者。而今上淸後聖道君列紀，道家稱靑童君傳弟子王遠遊。是聖君祕旨係靑童君傳受之書，後聖道君列紀迺係轉授之經。則道君列紀當在聖君祕旨之後，上距太平經書之出世，當愈久遠。上舉靈書紫文上經仙忌眞記上經及華丹神眞上經，疑三經原係一書，所謂靈書紫文是也。（註一）日後佚亂，各自成編。最易見斷章殘卷之舊痕者，爲華丹神眞上經。無端無緒，開卷忽來第一句曰：「先齋於山林之中四十日」，一見卽知與上文截斷。至上淸後聖道君列紀所載，多與靈書紫文相牽繫，紀中舉有上淸金闕靈書紫文之名，似後聖道君列紀成書之日，靈書紫文一經猶未散亂。茲先略陳靈書紫文及後聖道君列紀之成書時代，次述太平經鈔甲部竊取靈書紫文及後聖道君列紀之情形。

太平經鈔甲部所謂靈書紫文，至少包括靈書紫文上經仙忌眞記上經及華丹神眞上經（以下簡稱三經）。後聖道君列紀，並爲鈔甲部取材之來源。今欲知三經及後聖道君列紀之成書年代，試可能紬其共通之點而稽證之。余疑三經及後聖道君列紀當係晉以後之著作。其說如下：

(1) 靈書紫文上經云：「大過被考於三官，小過奪紀以促年」；上淸後聖道君列紀謂太山三官；華丹神眞上經云：「生則獲罪於水火，死則受考於三官」。此三官之名，已成慣語，故綴文時用之甚爲嫻熟。然三官之名，始見於張衡之五斗米道。魏志張魯傳注引典略曰，鬼吏爲病者請禱，「請禱之法，書病人姓名，說服罪之意，作三通，其一上之天，著山上；其一埋之地；其一沈之水。謂之三官手

（註一）太平御覽六六四引金闕聖君傳曰：〈靈書紫文或曰五老寶經，有之者尸解，行之者成道。」現檢道藏中無金闕聖君傳，但有五老寶經，名曰洞眞高上玉帝大洞雌一玉檢五老寶經，全書計五十八葉，在正一部，內容與靈書紫文上經仙忌眞記上經及華丹神眞上經不同，主要述大洞眞經，其九天太眞道德經篇目中有「金闕後聖太平李眞天帝上景君道經第三十」一行（見第十九葉）及第五十六葉有「此大洞金華雌一後聖九玄道君外記靈書紫文五老寶經琅玕五石華丹玄腴之法」兩行，略可與太平經鈔甲部相比究耳。又眞靈位業圖載五老上眞仙都老公撰靈書紫文云。

書」。張衡創五斗米道，當在東漢靈帝光和中（西元一七八——一八四）。張魯雄據巴漢，垂三十年。至獻帝建安二十年（西元二一五）魯降。閱五載，魏改黃初。三官之名，蓋魏晉之際，方漸流行。抱朴子爲晉代道教理論之鉅子，博覩羣籍，嘗著遐覽篇多誌道書名目，亦未見靈書紫文及後聖道君列紀。或三經及後聖道君列紀，爲晉以後道士之所作歟。

(2) 靈書紫文上經云：「一身有三元宮」。三元宮所在，上元宮泥丸中也，中元宮絳房中心也，下元丹田宮臍下三寸也。仙忌眞記上經第四忌穢慢不盛（淨），則精魂不居，三宮生蟲。上清後聖道君列紀中亦有三元宮之名。三元宮卽三丹田，丹田之說，見黃庭內景經。曰：「三田之中精氣微」，「廻紫抱黃入丹田」。上丹田爲泥丸，黃庭內景經云：「腦神精根字泥丸」。相傳黃庭經爲西晉魏華存自扶桑大帝所傳受，實卽魏夫人所撰述，抱朴子遐覽篇僅著錄黃庭經，亦無靈書紫文及後聖道君列紀，似三經及後聖道君列紀，爲晉以後之著作歟。

(3) 叩齒之法，似始見於東漢末年。千金方（八十一）載建安中方士皇甫隆上疏曹公曰：「言人當朝朝服食玉泉琢齒，使人丁壯有顏色，去三蟲而堅齒」。抱朴子雜應篇曰：「或問堅齒之道，抱朴子曰，能養以華池，浸以醴液，淸晨建齒三百過，永不動搖」。顏氏家訓養生篇亦云：「吾嘗患齒搖動欲落，飲食熱冷，皆苦疼痛。見抱朴子牢齒之法。早朝叩（宋本作建）齒三百下爲良，行之數日，卽便平愈」。按皇甫隆說是否係後人依託，不得而知。是顏之推記抱朴子叩齒法爲有效，定可信也。今靈書紫文上經中每用「叩齒三通」「叩齒九通」之法，其說自在抱朴子叩齒法通行慣用以後。

上文證說三經及後聖道君列紀爲晉代以後之著作，今更進論太平經鈔甲部竊取三經及後聖道君列紀之情形。案太平淸領書援引古經舊義，皆不注明出處。唯鈔甲部廼云：「靑童匍匐而前，請受靈書紫文口口傳訣在經者二十有四」。靈書紫文上經卷首所言，與太平經鈔甲部所載，二書文辭，亦大同小異。玆並錄於下：

皇天上清金闕帝君靈書紫文上經	太平經鈔甲部
方諸東宮東海青童大君，淸齋於靈樹丹闕黃房之內三年，時乘碧霞三靈流景雲	東華玉保高晨師青童大君，淸齋寒靈丹殿黃房之內三年，上詣上淸金闕，金闕有

輿，建帶飛青翠羽龍帔，從桑林千眞上詣上清金闕，請受靈書紫文上經。金闕中有四帝君，其後聖君處其左，居太空瓊臺丹玕之殿，侍女衆眞三萬人。毒龍雷虎，玃天之獸，備門抱關，蛟蛇千尋，衛於墻析。飛馬奔雀，大翅之鳥，叩啄奮爪，陳于廣庭。天威煥赫，流光八朗，風鼓玄旂，廻舞旄蓋。玉樹激音，琳草作籟，衆吹竇歌，鳳鳴青泰。神妃合唱，鸝舞鸞邁。青童旣到，匍匐而前，捧首北面而言曰。……

四天帝，太平道君處其左右，居太空瓊臺洞眞之殿，平玉之房，金華之內，侍女衆眞五萬人，毒龍電虎，玃天之狩，羅毒作態，備門抱關。巨蚪千尋，衛於墻垺，飛龍奔雀，溟鵬異鳥，叩啄奮爪，陳于廣庭，天威煥赫，流光八朗，風鼓玄旌，回舞旄蓋。玉樹激音，琳枝自籟。衆吹靈歌，鳳鳴玄泰，神妃合唱，麟儛鸞邁，天鈞八響，九和百會，靑童匍匐而前，請受靈書紫文口口傳訣在經者二十有四。……

較比前錄兩文，大體相同。最堪注目者，靈書紫文上經云：「金闕中有四帝君，其後聖君處其左」。至今本太平經鈔，依太平經義改曰：「金闕有四天帝，太平道君處其左右」。改換之迹甚顯，無待贅論。鈔甲部在文章上直錄靈書紫文外，更采後聖道君列紀之辭，玆分錄於下：

上清後聖道君列紀

(1) 年五歲，仍好道樂眞，言頌成章，常仰日欣笑，對月吟嘆，觀陽氣之煥赫，覩陰道以虧殘。於是斂魂研魄，守胎寶神，錄精鎮血，固液凝筋。乃學於呑光飲霞，咀嚼飛根。行年二十，而有金姿玉顏，遂棄家離親，超迹風塵。

(2) 後聖彭君，諱廣淵，一名玄虛，字大椿，一字正陽，亦爲李，或名彭光，李君學道，人皇時生位爲太微左眞保皇君，並嘗受命封校兆民，爲李君太師，治在太微北墉宮靈上光臺。彭君

太平經鈔甲部

(1) 五歲，常仰日欣初，對月歎終。上觀陽氣之煥赫，下覩陰道以虧殘。於是斂魂和魄，守胎寶神，錄精塡血，固液凝筋。七歲，乃學呑光服霞，咀嚼日根。行年二七，而金姿玉顏，棄俗離情，擁化救世。

(2) 後聖李君太師，姓彭，君學道在李君前。位爲太微左眞，人皇時保皇道君，並常命封授　兆民，爲李君太師，治在太微北墉宮靈上光臺，二千五百年轉易名字，展轉太虛，周遊八冥，

二千五百年輙易名字，展轉太虛，周遊八冥，上至無上，下至無下，眞官稀有得見其光顏者矣。	上至無上，下至無下，眞官希有得見其光顏者矣。
(3) 後聖李君上相方諸宮靑童君 後聖李君上保太丹宮南極元君 後聖李君上傅白山宮太素眞君 後聖李君上宰西城宮總眞王君	(3) 全同左文

上錄文中，第二節道君列紀與鈔文略有差異，然大旨無殊。第一節彼此異文甚少，意義相符。第三節四輔大相之名純全相同。杜光庭道德眞經廣聖義（卷五）言老君「當生之時，三日出於東方，九龍吐水，以浴其形，因李谷而爲姓，名玄元，字子光，乃高上之胄，玉皇之胤，位爲長生大主，太平正眞太一君金闕後聖九玄帝君」。凡此所云，均引見太平經鈔甲部第一第二兩葉，唯句次前後交錯，不盡同耳。按杜氏道德眞經廣聖義(卷五第三葉)曾引太平經文爲證，皆揭示太平經云云。若此老君降生傳說亦本於太平經，自必道其出處。今杜光庭不言出諸于吉神書，則鈔甲部可能襲用杜義。或此李君降誕之異迹，係隋唐間神仙家一般之傳說，而此傳說，頗似襲取釋迦傳記。蓋所謂「九龍吐水」，本爲佛陀降生瑞應之一（註二）。佛陀降誕之異迹，見於西晉竺法護譯之普耀經。是鈔甲部至早不能視爲西晉以前之文也。又鈔甲部所謂靈書紫文二十四訣者，今於三經中多見之。陶宏景眞誥亦有所引，皆曰「在靈書紫文中」，並未指明出於太平經書。可見鈔甲部竊取之材料，除後聖道君列紀外，當爲靈書紫文。今將鈔甲部所謂靈書紫文二十四訣，一一列名於下，並各標明見於某經，用便探源，至有不能考者闕之。

(1)眞記諦冥諳憶　仙忌眞記上經有仙忌

(2)仙忌詳存無忘　見仙忌眞記上經

(3)採飛根呑日精　見靈書紫文上經　華丹神眞上經

(4)服開明靈符　見靈書紫文上經　華丹神眞上經

(5)服月華　見靈書紫文上經　（漢武內傳：致黃水月華法）

（註二）參閱湯用彤先生漢魏兩晉南北朝佛敎史第五章。

(6)服陰生符	見靈書紫文上經	華丹神眞上經
(7)拘三魂	見靈書紫文上經	華丹神眞上經
(8)制七魄	見靈書紫文上經	華丹神眞上經
(9)佩皇象符	見靈書紫文上經	華丹神眞上經 眞誥
(10)服華丹	見華丹神眞上經	眞誥
(11)服黃水	見華丹神眞上經	眞誥
(12)服廻水	見華丹神眞上經	眞誥
(13)食鐶剛	見華丹神眞上經	靈書紫文上經 眞誥
(14)食鳳腦	見華丹神眞上經	
(15)食松梨	見華丹神眞上經	靈書紫文上經 眞誥
(16)食李棗	見華丹神眞上經	靈書紫文上經 眞誥
(17)服水湯	見華丹神眞上經	眞誥(註三)
(18)鎮白銀紫金	見華丹神眞上經(註四)	
(19)服雲腴		
(20)作白銀紫金(註四)		
(21)作鎮		
(22)食竹筍(註五)		
(23)食鴻脯(註五)		
(24)佩五神符		

靈書紫文,問題枝節。前錄二十四訣,或見於三經,或徵於眞誥,或未明出於何書。而鈔甲部顯言「靈書紫文口口傳訣在經者二十有四」。則必靈書紫文有所殘缺,今道藏中靈書紫文上經仙忌眞記上經華丹神眞上經,已各自離散,若合觀之,似三經原出一書,所謂靈書紫文是也,(註六)然三經猶非係靈書紫文之全,蓋鈔甲部所

(註三)華丹神眞上經作「水陽靑映液法」,眞誥卷五作「水陽靑映」。

(註四)華丹神眞上經曰「成眞銀」「成紫金」,或係指第二十訣「作白銀紫金」。

(註五)雲笈七籤卷二十三食竹筍鴻脯條云,服日月之精華者,當食此物氣總運之。

(註六)如上淸修行經訣引仙相十敗法,小注云「出上經靈書紫文」,查此仙相十敗法,不見於靈書紫文上經而見於仙忌眞記上經。

謂靈書紫文二十四訣，猶有不見於三經者（如服雲腴，作鎮，食竹筍，食鴻脯，佩五神符），此其一。眞誥甄命授第一列仙道十七條，云皆「在靈書紫文中」。但其中既不見於三經復不見於鈔甲部者有十：飛步七元天綱之經，七變神法七轉之經，大洞眞經三十九篇，大丹隱書八稟十決，天關三圖七星移度，九丹變化胎精中記，九赤班符封山壓海，金液神丹太極隱芝，五行祕符呼魂召魄，曲素決辭以招六天之鬼是也，此其二。綜此兩層情形，則知鈔甲部及三經所存之靈書紫文，尙未完全。靈書紫文者，疑係晉以後梁以前道教經典中之一叢書也。僅就眞誥中所舉之靈書紫文，已包括不少成帙之道書，如七元天綱經，神法七轉經，以及大洞眞經三十九篇等。可見採摭頗廣，內容繁富。然眞誥及他書所言之靈書紫文，皆不見於抱朴子，則靈書紫文之纂集也，殆當抱朴子之後；其中囊括道經，據今所見，或係晉以後梁以前一時期間之作品，不能早在抱朴子以前所著也。

靈書紫文爲晉以後之撰述，道藏中太平經鈔甲部乃後人據靈書紫文及後聖道君列紀所僞補，上文已約略言之。今更以金丹、符書、文體、暨所用名詞四點，證說鈔甲部不可信爲太平經之節文。

第一、　偏覽太平經文，並無外丹之說。鈔甲部云「服華丹」「食鐶剛」云云，與全書內容不符，蓋鈔自靈書紫文。華丹黄水廻水鐶剛等，已見于華丹神眞上經。眞誥又指華丹鐶剛等在紫文中，可以爲證。

第二、　太平經只有複文，鈔甲部所說諸符，亦鈔自靈書紫文。按兩漢史書中所言之「符」，如「虎符」，「符傳」，「銅虎符」，「竹使符」等，皆指符信符節之義。至緯候之部所言之符，如「河圖會昌符」，「河圖赤伏符」，悉屬符命。竊疑符之義有三變：初爲符璽符節，兩器合同，剖而爲二，係朝廷用以示信之具，上有印文書名，純爲實物，絕無抽象之神祕性。次爲符命，係人君受命之信號，尤爲君主禪代之詭術，如王莽劉秀皆託天命造作符籙而得天下者，此種符命，已屬天意，誑惑人心，然僅限于政治上之作用耳。最後至道教之符書，純託神意，既能卻鬼治病，又能通靈長生，其效至廣。抱朴子曰：「符皆神明所授」（遐覽篇）。宋蕭應叟曰：「符籙者，以有象而言，則文字也。以無象而言，則靈炁也」（元始無量度人上品妙經內義）。所謂以有象之文字言，與漢代符節符命，原無二致。其所以神祕詭奇者，在乎無象之「靈炁」。靈炁烘托，往往假似字非字之形以象之。湯錫予師以爲道教之符，來源有二，一爲複文，二爲符印。複文爲原始之符書，似篆非篆，尙可窺文字之迹，然已化爲非字之文，其形式無如後日符書之繁雜。查今太平經卷一百四至一百七純爲複文。而鈔甲部所謂開明靈符，陰生符，皇象符，均見於靈書紫文上經，華丹神眞上經並提及之，皇象符又見于眞誥，曰：「仙道有天皇象符，以合元炁，亦在紫文中」。則知鈔甲部諸符，皆非經中所本有也。經中又有所謂符者，如經卷一百九四吉四凶訣中短命符續命符，若有符文，殆皆係初期之符，如複文之類叠書而成。太上三十六部尊經玉淸境經（道藏洞眞部日字號下）所列道教經靈符，筆畫簡朗，如其中之一符文，上畫「中」字，中畫「西」字，下畫「用」字，合成一體，頗似太平經中複文。太平經鈔已部第二葉：「天符還精以丹書，書以入腹，當見腹中之文大吉，百邪去矣」。所謂天符，蓋係複文之類。丹書者，以丹爲字。天符丹書，疑卽太平經卷九十二洞極上平氣無蟲重複字訣及經一百八要訣十九條中所謂丹書呑字以除疾病也。道教中所傳之符書，始於張陵之造作（後漢書劉焉傳），繼而張衡張角因有符水以療病。太平經之複文，爲張氏符書之濫觴。但此項符書，愈演愈繁，愈繁賾而愈神祕也。（註七）

第三、 就內容言，鈔甲部之金丹符書，與經中思想不侔，已具上述。就形式言，鈔之文體，又與經書不類。鈔甲部云：

寶經符圖，三古妙法，祕之玉函，侍以神吏，傳受有科，行藏有候，垂謨立典，施之種民，不能行者，非種民也。今天地開闢，淳風稍遠。皇平氣隱，灾厲橫流。上皇之後，三五以來，兵疫水火，更互競興，皆由億兆。心邪形僞，破壞五德，爭任六情。肆兇逞暴，更相侵凌，尊卑長少，貴賤亂離，致

（註七）陳槃厂先生檢示姚振宗漢書藝文志條理執不祥劾鬼物八卷，梁玉繩瞥記據之則云符籙不始於張陵。按執不祥劾鬼物一書久佚，內容莫詳，似係一種神祕之咒術，蓋祝語之起源早於符書故也。梁說何無明據，未可深信。至後漢方術傳云，初章帝時，有壽光侯能劾百鬼。未知所施何法。迨順帝以降，符書流行浸盛。若麴聖卿爲丹書符劾鬼，費長房失符爲衆鬼所殺，均未知的當年代，或麴費二氏，係東京末葉之人歟。又列仙傳涓子「釣於荷澤，得鯉，腹中有符」，按列仙傳舊題漢劉向撰，前人有疑爲魏晉間方士爲之，假託於向。余嘗疑其書成於東漢桓靈之際，說詳拙撰周易參同契考證，茲不贅。

二儀失序，七曜違經，三才變異，妖訛紛綸。神鬼交傷，人物凋喪，眚禍荐至，不悟不悛，萬毒恣行，不可勝數。

是綴句聯辭，頗顯文藻，且尙駢偶，有似六朝人文字，反觀太平經文則不然。例如經卷三十六三急吉凶法云：

眞人已愁矣昏矣。子其故爲愚，何壹劇也。實不及，子尙自言不及。何言俗夫之人失計哉？其不及乎是也。唯天師願爲其愚暗解之。然蚑行俱受天地陰陽統而生，亦同有二大急，一小急耳。何謂乎哉？蚑行始受陰陽統之時，同髣髴噓吸含自然之氣，未知食飲也。久久亦離其本遠，大道消竭。天氣不能常隨護視之，因而飢渴，天爲生飲食，亦當傳陰陽統，故有雌雄。世世相生不絕，絕其食飲與陰陽不相傳，天下無蚑行之屬，此二大急者也。

又經卷百八災病證書欲藏訣云：

請問天師書以何知其欲見行，以何知其欲見逃也？子欲明之邪，以災病爲證也。出而病人卽天欲藏也，逃而病人卽天欲出行也。以何重明之？以天行四時氣生養萬物，隨天意也。凡物樂出而反逃藏之，大凶矣。凡物欲逃藏而反出之，亦大凶也。悉爲逆天命後皆有大災矣。子欲樂知吾天，天樂行，不以是爲占也。

諸如此類，信手翻閱，悉可觀之。其文詞鄙俚蕪蔓，字句蹇澀，以視鈔文之章偶句麗，相殊遠甚。故疑鈔甲部之文體，或出於魏晉後人之手歟。

第四、 鈔甲部所用道釋二家之名辭，亦與經他部不相類似 。 道家之名辭如「種民」，只見於鈔甲部，其言有曰：

昔之天地與今天地有始有終，同無異矣。初善後惡，中間興衰，一成一敗。陽九百六，六九乃周，周則大壞。天地混齏，人物糜潰，唯積善者免之，長爲種民 。種民智識，尙有差降，未同浹一，猶須師君 。君聖師明，教化不死，積鍊成聖，故號種民。種民，聖賢長生之類也。

上淸後聖道君列紀云：

聖君乃隨才署置，以爲大小諸侯，各皆有秩，以君種民也。

又云：

存慈善者已爲種民，學始者爲仙使，得道者爲仙官。

此所謂「存慈善者爲種民」，鈔甲部云天地淪壞之時，「惟積善者免之，長爲種民」，兩義相合。前已說上清後聖道君列紀爲鈔甲部所剽竊材料之一，於此更得印證。今見各書所載有關「種民」之文，如五岳眞形圖法釋玄光辨惑論陶弘景眞誥魏書釋老志等皆有「種民」之辭，除眞形圖法年代或稍早外，餘悉係晉宋以後之書。按五岳眞形圖「雖興於中古，然歷世方士，祖襲授受，東晉之世，輯而成書」。(註八)蓋眞形圖增竄改編，不止一次，故世間傳本不一，有圖，有圖序，有序論，舊悉題東方朔撰，未足置信，五岳眞形圖法并序(雲笈七籤卷七十九)係抱朴子自述其師鄭君傳授眞形圖之法，其中受圖祭文云「常捨穢率善，願爲種民」，與上清聖君列紀所謂「存慈善者已爲種民」之義相符合。是眞形圖法之授圖祭文及受圖祭文，似係晉代羽士所作也。

鈔甲部除用晚起之道家名辭外，又採佛教之名辭，如「本起」「三界」「十方」「受記」「精進」等，亦僅見於鈔甲部。又甲部敍老君降誕之異迹，頗似襲取釋迦傳記，已如前述。夫鈔甲部多取佛經名辭，與他部不同，而其所載故事，如采於竺法護之書，則甲部自不能視爲西晉以前之文也。大凡道經愈晚其抄襲佛經愈多。唐玄嶷謂于吉之書，不甚苦錄佛經，自爲當然之事。今獨鈔甲部釋教色彩最濃厚，則其較爲晚出，可推知也。

益有進者，雲笈七籤卷四十九九經所明三一圖表中「第六，太平三一，意神，志神，念神，出第一卷自占盛衰法」。案今道藏太平部首列太平經，卷一至卷十七原闕，明正統修道藏，誤以太平經鈔十卷抵補首十卷之闕經。不知鈔每部一卷，合經十七卷之文，今太平經第一卷已佚，鈔甲部亦非節錄原文。雲笈七籤收九經所明三一圖表，當有所本，而其言太平三一，「出第一卷自占盛衰法」，疑卽指出于太平經第一卷。所謂「自占盛衰法」，與經中題目如「合陰陽順道法」，「守一明法」，「分別貧富法」，「盛身卻災法」，酷相類似。但今鈔甲部絕無類此標題痕迹，與鈔中其他各部亦不相合。則九經三一圖表中所謂「第一卷自占盛衰法」，蓋徵引太平經甲部第一卷未佚以前之原文歟。

(註八)見廬山太平興國宮採訪眞君事實卷六奉安玉册記。

出自第十八本(一九四八年)

絳守居園池記集釋

（附降守居園池記句解書目提要）

岑仲勉

年來涉獵唐文，獨於絳守居園池記未敢問津。頃承樊漱圃先生盡舉四十年來所刻胡注，張（庚）注、七家注及手鈔筆記等稿，後先見示，諸家各抒偉論，正如山陰道上，應接不暇，然而理解各異，是非莫衷，將發先哲之幽光，乃深覺薈萃菁華，衡量輕重，爲後起者之急務。不揆檮昧，妄法始隗，初無一得之可矜，惟冀衆長之雜采。

原記石立於長慶三年，集古錄跋尾及金石錄九均著錄。但據孫冲咸平末目擊，「其石甚卑小，文字多摧缺，」又「惜其文字缺落，」因於景德元年，磨石別刊，歐陽所收，又後五十載，由於文苑英華及唐文粹均不著錄此記，則疑是孫刻新本，非樊刻原本，歐陽特未細辨，推之吳師道所見「集古清玩石刻，」可作如是觀也。次之、如成化末、言芳（字宗本）守絳州，見馬櫪一石，審爲記本，爰甃於新樓壁中，則亦孫刻之遺石也。

或曰，孫冲所見既缺落，彼將何據以重刊。余曰，此善問也。樊記既恢詭，當地士人，想多鈔傳成誦者，孫去長慶未二百年，採訪尚不難，序文或不願瑣屑言之。抑孫序又云，「□在京師得此文，頗與同人商榷，」是孫固藏有底本，可無疑也。

董逌廣川書跋八、園池記別本云，「園池記文既怪險，而人患難知，蓋紹述亦釋於後，自昔不知，故世不得考之。崇寧三年，余至絳州，乃剔刮劘洗，於其後刻回漣（亭名）、香（亭名）、薪（亭名）、槐（亭名）、望月（亭名）、柏（亭名）、鷗（白鷗亭）、鷺（白鷺亭）、白濱（亭名）、雅、（薛姓，絳人。）文安、（裴姓，聞喜人，與雅應漢王諒反。）軌、（梁姓，爲正平令。）蒼塘（亭名）、風（亭名）、蠶（亭名），如此而後可以識也。」所錄亭名，與孫冲序記及讀法，時有不同，景德至崇寧僅百年，樊石殆未全毀，但惟董親至其地，乃得摩挲洗刷，若市賈鬻售，當取其完好者，觀廣川書跋分題兩本，則未至絳以前所得本，殆爲重刊本無疑。

宋以後所見爲重刊之石，具如前說，則重刊時文字是否一符原刻，是最要之問題。據余年來所歷驗，自歐陽修以還，凡轉出石刻文字者，幾無一家能全免錯誤，錯誤之多少，又因人事不齊，或搨本漫漶，無一成標準，薛瑄敬軒集所云，「恐今石本中尚有舛誤，」其言不爲無見。

依據以上約略觀察，吾人解釋樊文時，務須認清下列三點：由於英華、文粹都未收樊記，知當日傳本甚稀，歐、趙所收及元人據以作注者，吾人極不敢信是樊刻原本，此爲第一點。後來注家既均宗孫刻，假孫刻有誤，吾人直無法是正，尤其樊文艱深，不可據常理而論，此爲第二點。天壤間未必有唐刻幸存，存亦必殘缺，今刊樊文、有難解者數處，祇可各貢所疑，未能執行斷定、此爲第三點。

國人引書，輕視時間觀念，爲世之學者姍笑．茲編約以孫（冲）序、董（逌廣川書）跋、（趙）仁舉注、吳（師道）注、許（謙）注、闕名（句讀）注、沈（銓）注、（趙）師尹注、胡（世安）注、孫（之騄）注、（張）庚注、（張）子特注（各略稱如上所示。）爲序。凡引或駁舊注，咸取其較先者，後說雷同悉略去，惟誤乃辨正。贅者删之，（如「絳」乃絳州之省，文意初未上溯曲沃之「絳、」是。）泛者實之，自明者略之，（如吳注所云「本文明白，不必沉引。」）未詳者申之，未愜者肊改之。其或諸家之釋終難明，則姑錄所見備一說，惟同好者共襄焉。記文頂格，注低一格。

絳即東雍，爲守理所，稟參、實沈分氣，蓄兩河潤，有陶唐冀遺風餘思，晉韓魏之相剝剖。

首二句依仁舉讀，闕名本作「絳、即東雍爲守理所，」子特謂「爲守理所」衍文，均非。孫注、「後魏置東雍州，……後周改曰絳州，兼置正平郡，隋初郡廢，煬帝初州廢，復置絳郡，大唐爲絳州。」師尹注，「絳治雍州之東、」誤。又吳注、「唐諱治字，故云理，」余按「治、」元和朝已不諱，（見陳景雲韓集點勘三及拙著翰林學士壁記注補五六頁。）此偶沿舊習耳。

稟參兩句，舊注皆誤平分五字爲一句，唯師尹獨於氣字斷句。仁舉註，「左傳、高辛氏有二子，伯曰閼伯，季曰實沈，堯……遷實沈於大夏，主參，」胡注，「實沈、晉之分野。」又爾雅「兩河間曰冀州，」師尹引郭注「自東河至西河，」是也，與下文「冀」對照，非近指汾、澮二水。抑宋書、謝靈運傳論，「稟氣懷靈，」又沈約爲長城公主謝表，「妾膺靈稟氣，」氣上浮於天，故言稟參分之氣；禮月令、「土潤溽暑，」潤下屬於地，故言蓄兩河之潤，若氣字屬下讀，則上句變歇後語矣。

吳注，「書、惟彼陶唐，有此冀方」。胡注，「吳季札聞唐之歌、曰，思深哉，其有陶唐氏之遺風乎。」

仁舉注，「史記、三家分晉而不言趙者，蓋韓、魏分平陽、安邑，趙分晉陽故也。」師尹以晉字至雜擾句，訓剝削、剖析，沈以有字至剝剖句，均誤。

世說。總其士田士人，令無磽雜擾，宜得地形勝，瀉水施灑，豈新田又蕞猥不可居。

吳注，「碑、總下滅一字，義不可知，其字漫刻。唐諱世爲代，諱民爲人，此諱民而不諱世，不知何謂。」余按胡聘之山右石刻叢編十一（後省稱胡編。）著錄孫刻，「總其」二字相連，又太宗曾令二名不偏諱，師道未之知也。

仁舉以宜字句，許以令字句，又云「令者善也，」皆非。孫注，「令、使也，」吳注，「令士田無磽，士民無雜擾。」余按「世說、」應依許釋「世之言者」，此兩字直貫段末，猶云世人之說以爲如此如此。

吳注，「考工記瀉水施法，又以澮瀉水，今用其語，」非如庚注施禮法，唯「以澮寫水」見地官稻人，吳誤引。

仁舉注，「左傳、晉遷新田，今絳縣是。」

州地或自有興廢，人因得附爲奢儉，將爲守悅致平理與，益侈心耗物害時與，自將失敎窮華，終披夷不可知。

吳注，「州屬上句不可通。」

子特注，「悅致平理者以致平治爲悅也。」余按張庚以將爲守句、非，此乃「爲守者將」之倒文，言爲太守者將出於某一途也；師尹「爲去聲，」亦謬。

仁舉注，「增益其淫侈之心，」各本同，唯胡注誤「抑。」增侈心，卽文末所云「至今過客尙往往有指可創起處」也。

敦，闕名本作暾，非，吳訓「窮陋，」亦誤，胡注，「從此喪敦朴，極靡麗矣。」

披分、夷滅，見仁舉注。子特注，「不可知，未必不然也。」

陴緬孤顚，跒倔，玄武踞。守居割有北，自甲辛苞大池，泓横，硤旁，潭中。癸次、木腔瀑三丈餘，涎玉沫珠。

首三句依仁舉讀；許於倔、居斷二句，闕名於顚、武、居斷三句，師尹於武、北斷二句，胡於顚、北斷二句，均非是。字書無緬字，吳、許疑湎，師尹疑緬，胡注，「緬，遠也，」子特云，「言城遠向北山也，」余按絳州志二，「馬首山、土人名馬頭山，在州西北四十里，亙數百里，……隸州境三十五里，一峯突出，山上山後、胥鄉寧界，」卽城上遠見孤峯也。子特注，「跒倔二字合爲竦立之貌，踞，占也，上當闕一園字，」釋義合，惟謂闕園字則非；此二句承上孤顚言，跒倔猶州志之「突出，峯約位州城之北。故曰「玄武踞，」歷來注家均以爲狀城垣，然城垣繇遶周環，絕不合於「跒倔玄武踞」之描寫。

次五句。仁舉、之騄、張庚於北、泓、旁、次斷四句，許於辛、泓、次斷三句，闕名以「泓横硤旁」連一句，均非。守居句與上文不連，許注，「割守居北之半以爲園，」是也，（吳云，「有北字本詩。」今州治實居城之西北隅。吳注，「甲東、辛西，中包含大池也」猶云自東而西有大池。胡注，「泓横謂畜積之深廣，」蓋守說文「泓下深」之義，余按郭璞江賦、「極泓量而海運，」則泓可訓大，據師尹注，池「縱二十丈，横四十八丈，」東西曰横，（沈注、「南北曰横，」誤。）泓横、謂横比縱大也，與下文「挾横埒」之横，同仁舉引「說文，横、闌木也，」不能適用於此處。仁舉又云，「硤、石也，言以木石甃其池之四旁，」不如師尹「硤其旁而潭其中、」及子特「硤同狹」之爲確，樊文好用名詞作狀況，硤、峽字通，水峽必狹淺，泓橫、硤旁、潭中皆兩字句，與下文鑿高、槽絕，竇墉同。

末節應依張庚於癸次讀，不應於木腔句。癸次、胡云，「於池北岸。」沈注，「木腔、激水之器，置於深處，激水高三丈餘，」此卽今世之噴水池；仁舉疑「餘」字自爲一句，又吳云「或是言長，」許云「蓋激渠水入池，」均誤。瀑、輟耕錄引仁舉作暴，訛。

子午梁貫，亭曰裙漣，虹蜺雄雌，穹鞠覷蹙，礙佷島坻，淹淹委委，莎靡縵，蘿薔翠蔓紅刺相拂綴。南連軒井陣，中踴曰香，承守寢睟思。

首句依師尹，次七句依張庚闕名於梁字斷句，虹至蹙八字一句，均非。裙、孫序同，仁舉、吳、許，孫注徊，胡注、二張及胡編洄。鞠或作鞠，字通。蹙下，子特謂闕一宮字，非。佷、胡編誤。限薔、輟耕錄及胡注誤蕃。董跋引「回漣、亭名，」仁舉注，「子北地，午南地，爲二橋貫裙漣亭。」又云，「爾雅、雄曰虹，雌曰蜺，」又「穹鞠、曲脊貌。」覷蹙、諸說都不了了，余謂猶云俯瞰蹙宮耳。礙佷二句，胡注，「池中點綴小山石，參差傲岸作勢，或淹淹然而出沒水中，或委委然而曲折積聚。」吳注，「莎靡不得言二草，靡縵當是靡曼，」張庚「靡縵，平布貌，」余按相如上林賦、「靡曼美色於後。」蘿薔句、仁舉云，「言藤蘿之翠蔓，薔薇之紅刺，相鉤連遶，」是也；吳駁謂「薔延緣而生，又非木類，與二物不合，當是止言薔，薔有翠蔓，故云蘿薔，」殊不知薔薇爲灌木，非蔓生，所駁誤，故師尹以莎靡縵蘿薔連讀亦誤，莎草無蔓刺也。師尹云，「梁以土爲之，今亭在梁左，」唯其爲土橋，故有莎、蘿、薔等布生，張庚謂「就橋摹寫，」最得其實，胡注專屬之池畔，殆非。

末三句依師尹及胡注讀。餘家井字斷句。胡注，此言梁迤南所接連者井陣，卽軒名。」孫序、「其亭爲今之所存者，惟香亭與望月焉，按其去處，又非舊也，」又董跋引碑釋，「香，亭名。」余按蜀都賦、劉注，「高軒、堂左右長廊之有牕者，」又後漢張奐傳注，「軒、殿欄闌板也」故能軒中復踴一亭。踴、子特作踊，古本字：胡作湧，湧、騰也，義相近。仁舉「承奉太守」謬，許注，「謂香亭前承守寢居之後，」承猶接也。「睟思、寢室名，」

唯胡、沈兩注得之。

西南有門曰虎豹：左畫虎搏立，萬力千氣底發，彘匿地，努肩腦口牙快抗，雹火雷風，黑山震將合。右胡人鬚，黃帑纍珠，丹碧錦襖，身刀，囊韡，檛縚，白豹玄斑，飫距掌胛意相得。

孫序、「西南有門曰虎豹，其門猶在。」

次六句約依闕名本及張庚讀。畫、輟耕錄引訛書。搏、師尹訛博。孫序，「鼓怒扶力呀而人立，」義未明，仁舉注、「言左壁畫虎立，若有所擊搏，」得之。萬力千氣底發，仁舉誤分兩句，又云，「言虎之力有千萬斤之大也，底、致也，發，奮怒也，」吳云，「言虎氣力之多，底、典禮切，下也，……此言虎之氣力從下而發也，」師尹注，「底，厲怒，發、忿，」其義反晦。余按底、至也，（胡編氏非。）至、極也，全句止謂出其全力。快、輟耕錄及胡注訛快，仁舉云，「說文、快不服也。」雹火二句。闕名本作電火，仁舉注，「此形容虎與彘鬬氣也，」師尹注，「將撼山欲合，極其猛鷙。」

又次八句、參酌諸家讀之。仁舉注，「鬚鬢、髮亂貌，」又云，「說文、帑幡也，……言幡上綴繫珠纍垂也，」余按帑當釋頭巾。不必泥說文。身刀六字、應各兩字爲句，仁舉疑縚或屬下句。吳云，「言韡皮似刀囊文，縚以擊（作繫訛。）檛，或是言胡人身有五者之物，」均不合。此記好用名爲動，身刀猶左傳之「手弓」也、連三句兩字，與前文泓橫、硤旁、潭中同。囊韡、仁舉注，「脂皮作韡似囊，」若文同詩、「舊門想已無韡撾，」不過摛詞趁韻耳，檛或作撾，唐人書、木旁扌旁，無嚴格區別。檛縚、上動下名，其例同「身刀，」仁舉注，「滔、土刀切，與絛同。」飫距、依吳七字爲一句，仁舉注，「飫距、言豹自以舌舐其距，」「掌胛、言胡人以手撫豹胛，」「意相得、言豹與胡人兩意相得。」胡謂「飽饜胡人之鉤距而不覺，」子特謂「戲相抗，」釋義未明。

東南有亭曰新，前含曰槐，有槐圓護，鬱鬱蔭後頤，渠決決緣池西直南折廡赴，可宴可衙。

此節依仁舉讀。董跋引「薪、亭名。」仁舉注，「言新亭門口又有一亭，名曰槐，含音頷，」董跋引「槐、亭名。」仁舉注，「屓、作力也，……言有槐若施力遮負，」吳以屓護屬下文，闕名本於霤字斷句，恐非。仁舉注，「摯虞槐賦曰，豐融藹霨，蓊鬱扶疏，言若黑雲气蔭亭之後簷也，」余按前含就新亭言，則後頤亦就新亭言，如此、方見槐蔭之廣，胡謂「亭居前頷，槐列後頤，」非是。「仁舉注，「泱泱、流行貌，」余謂此狀水聲也，今粤俗呼水流聲與「泱泱」相近，全句言渠水沿（緣、輟耕錄作綠誤，）池之西邊，一直南流，折東循廊廡而去，仁舉以爲「緣大池西來，到南折回，」是未明地勢之語。衙、仁舉訓「決事，」胡訓「閒適，」張庚訓「行遊，」都未切；玉篇，「衙、參也，」篇海、「早晚衙集也，」簡言之爲可宴可見。許注，「此記敍園池景物，自正北之池始，次言池上之橋及亭，遂言橋正南之亭，次及入園之門，於是循而東，由東南至東北，次正北，次西北，至西而終；自西南之門，循東爲新亭，又東爲槐亭，」其解析大有助於本記文義之領會。

又東騫渠曰望月。

「望月、亭名，」見董跋，宋初尚存，見前引孫序。吳謂「碑缺渠字，」殆誤。仁舉注，「騫疑騫，音軒，說文、飛過貌，……言堂（勉按當云「槐亭。」）東過渠有亭曰望月，」大致不妄；蓋渠水從此向東南流，故行須越渠，然後抵望月亭，有下句「又東騫窮角池」可以相比。吳乃云，「形容亭勢如鳥騫飛，」師尹云，「迤東騫舉過月渠」，子特云，「亭騫舉於渠上，」皆失詳考。

又東騫窮角池研雲曰柏，有柏，蒼官青士擁列，與槐朋友，巉陰洽色。北俯渠憧憧來，刮級迴西。

前五句依吳讀；許巉至北俯句，師尹又東騫窮角句，均非是。騫見前。吳云，「窮角池者極角之池。」仁舉注，「研、磨也，有亭名曰柏，言亭之高，故曰磨雲，」按柏亭見孫序、董跋。蒼官青士、胡作蒼青官士，仁舉注、「蒼官、松也，青士、竹也，」吳云，「蒼官青士指松、竹，據注云爾，不知樊意政如此否？後來王介甫之用蒼官，揚廷秀之用青士，皆出於此，劉斯立亦曰蒼官青士、列侍堂下云。」余按後者不定能證前，王、揚等亦許誤會樊意也，胡及師尹、張庚、子特皆專就柏言，較可信。曰官曰士，無非與「擁列」襯託，師尹「老者官，新者士，子特「大者如官，小者如士」，又失之太泥。蠛陰句、仁舉注，「言槐、柏陰高而松、竹之色相和合也，」吳正云，「陰色不必分屬，」張庚云，「總槐，柏言。」按色必和配，然後悅目，故曰洽色。

末兩句依張庚讀。余按柏亭位園之東南，渠則自州西北之鼓堆引入，文係寫遠望之景，柏亭特高，故曰「北俯渠，」此等眞境，注家都未領。會胡云，「渠繞槐、柏二亭之北，曲折循廡而來，」殊失其實。「憧憧往來，」仁舉引易，咸卦。刮級迴西之迴、輟耕錄及胡誤面。諸家都就槐亭或柏亭之階級言，蓋前既不能了解「北俯渠」之眞意，無怪其隔靴搔癢矣。吳云，「渠緣池西直南，又東，騫渠，又北俯渠，刮級迴西，蓋渠從西來，歷南、東、北而復西，故以迴言也，」殊不知前文一路從西寫來，渠已從西北入園，勢須出園，否則下流無歸。沈欽云，「渠在池南，亭又在渠南，及亭渠迴，不言所在，」就近處言之，渠固在南不在北；至沈謂渠迴不言所在，頗搔着癢處，然亦知前文「渠決決緣池西直南折廡赴」之來源無着否。渠本鑿高引來，其入園時應從上流落，故曰「刮級，」「迴西」卽下接「緣池西，」乃補點渠之來源，行文或先或後，絕不平鋪直敍，是在讀者之領會，余所以謂能依記補繪一圖，勝於多作注百十言也。

巽隅闓黃原玦天。汾水鉤帶白，言謁行旦艮間。遠岡青縈，近樓臺井闊點畫察。可四時合奇士，觀雲風霜露雨雪所爲發生收斂，賦歌詩。

首句依師尹讀。仁舉注，「言園池之東南、辰巳之間，隅疑隅，」又「黃原、絳南原也，其土赤色，故曰黃原，白虎通云，佩如環而缺處曰玦，言南原盤回掩映，見天如佩玦，」吳云，「黃原斷如玦見天也，」解玦字殊未刻畫盡致。余按黃原卽黃河流域有名之黃土層，平原一望無際，極處疑與天連，天邊恍如環玦之缺口，故曰黃原玦天也。

次兩句、仁舉及孫注於帶、謁、間斷三句，吳及闕名、師尹以「白言謁行」句，旦艮間連下，許於帶、旦斷兩句，艮間屬下，胡注「言」作「鹽」斷句，均難令人滿意，茲從張庚讀。首須辨者，旦、仁舉注，「言平旦日初出時，」吳云，「東北寅艮地，以旦言寅，如上言巽隅，趙誤，」胡云，「旦、卯方也，繇卯而艮，」余按寅爲五更，時尙未旦，自以胡說爲長，卯、正東也。其次、仁舉注，「汾水繞絳東南，」余按絳州志二，「汾河在城南門外，源出晋嵐州，一出靜樂縣北管涔山，東南入幷州，經靈石、趙城、洪洞、臨汾、襄陵、太平入州境，西流入稷山，注河津入河，」對近處言，汾固遶城南，但從遠觀言，則汾實由東北遶東而來，如鉤如帶者寫其遠景，苟謂汾水叱在東南方出現，於事實殊不符。職此兩因，「行旦艮間」斷就汾水言之。更次、胡釋鉤帶、白鹽二水名，求之輿書，絕無此稱，穿鑿太甚。今節取張庚說，白者「水色淸白，」惟同人謂「黄原外天光如玦者、乃汾河如鉤帶水色淸白映之也，」合兩事爲一事，則又不然。土黄、水白，正相映成趣。總言之，巽隅以下八句，總述園之全景，許謂「以園則在巽，以城言則在寅甲間，」殊不知州治處城内之西北，如果於城爲東南，斷無於園爲東北之理，立說直昧於方位。胡謂「謁行者疑朝宗本園，向東北方去，」則未知汾流經州城西入稷山，具詳前引州志，吾人祇能說汾從東北方來，不能說汾向東北方去。若張庚謂巽隅指柏亭東南，其說想益狹矣。所最難解者、「言謁」兩字，凡仁舉注「告言請謁，」許注「白言謁者旦於原上往來，」師尹注「以考言察行來告謁者亦於斯亭，」張庚注「言訪行於東北之地，」都無一當。蓋上截言汾水鉤帶，映出一條白線，下截言汾水行於東北及東方，中間無緣插入此不倫不類之語也。余重思之，孫刻未必無誤，薛瑄早已存疑，蠍尾如鉤，俗常書作「蝎，」石稍漫漶，便類於「謁，」又「言」與「延」今平、粵均同音，胡注旣訛「言」爲「鹽，」亦許孫刻先訛「延」爲「言。」揚雄甘泉賦，颮翠氣之宛延，」宛延、盤屈也，如是，則「延蝎行旦艮間，」正映照前文之鉤帶；再不然，則言蝎行、猶詩駕言出遊之言，（據張庚說。）兩解當否，雖不敢自決，惟訓爲謁訪之謁，則斷斷以爲不可。

再次兩句，依仁舉讀，係就遠、近對寫，許以艮至近爲句、妄。下句文本非深奥，然如仁舉注「近則樓臺井邑、點畫之間、皆可察見，」吳注「樓臺井閭、可點畫而察見，」胡注「近觀則景物歷數、環顧點綴、極其明析，」張庚「近則見樓臺井閭、按點畫察、歷歷分明，」都未十分妥貼；應云近景之樓臺井閭，皆如一點一畫之可以察別也，亦非點逗園內樓臺，如張庚所言。末三句依張庚讀。仁舉「所爲」之爲、去聲，吳已非之。

正東曰蒼塘，蹲瀕。西漭望，瑤翻碧潋，光文切鏤，梨深撓撓，收窮。

首二句依張庚讀。董跋、「蒼塘，亭名，」孫序乃云「有塘曰蒼塘；」按以下四節，均鋪敍池邊之亭，亭言立於池邊，(蹲瀕)可知非別有一塘，亭以蒼塘爲名者，與下之白濱相對也，孫沖固言，「凡爲宗師筆記處所者，雖與舊多徙移，」是知彼以蒼塘爲塘，徒從字面推測，不如董跋之可信。蹲、輟耕錄訛遵，胡沿之，張庚注，「蹲、踞也，亭蹲踞於池瀕之上，」係就亭立言，非如仁舉「言池邊蹲踞西望。」

末五句依師尹讀。漭、大水貌，張庚所云「西望則漭漭大水」也，胡注「繇西涯而東望，」恰得其反。胡注，「瑤翻碧潋者風波之動盪，光文切鏤者軟浪之鋪紋，」吳謂碑缺光字，或拓本不清。梨深、胡編同，胡注改梨爲劙，師尹讀梨如劙，吳以仁舉作深爲誤，改作壑，之驗、張庚從之，均非是。仁舉注，「撓撓、亂也，言梨樹深而趨下，撓撓亂動，收斂以至於盡也」則使已明者反趨於晦。沈裕云，「收窮者望所及也，」張庚云，「亦一望收盡也，」子特云，至極邊始收也，」釋窮爲盡、爲極，余殊不謂然。此處當以孟子「知其所窮」之窮解之，西邊之梨樹，旣深布撩亂，卽目光不能超越，事理本該如此，收窮者、言眼底所收至此而窮也。五句之大意，謂從池東向西而望，初見汪洋一片，波紋動盪，再遠觀西岸，則白濱亭一帶梨花深布，枝條撩亂，其外如何，不可復見，蓋寫景或盡或不盡，然後逼眞，黃原玦、天盡也，收窮、不盡也，閉目思之，確是文中有畫，奈詞義不易曉，使後世丹青家無從頁其所長，最爲可惜。

正北曰風，隄乘擔左右，北迴股努，增捩蹴墉，銜渠歆池。南楯楹，景怪燭，鮫龍鉤牽，寶龜靈鼊，文文章章，陰欱蟄噈，煙漬靄鞍，桃李蘭蕙，神君仙人，衣裳雅冶。可會，脫赤熱。

首句依董跋及吳讀，次四句依仁舉讀。北迴上、闕名本多隄執兩字。董跋引碑釋，「風、亭名；」吳說同，以隄字屬下句。闕名本首八字作一句、非是。若孫序之「有隄曰風隄，」則與上文擬蒼塘爲塘，同是肊想。乘攜句、仁舉注，「言隄高峻，左右可以乘攜，一說、登此隄，必用左右扶策則可上，」此外吳、許、胡及師尹、子特五家說乘攜字，同欠明白。余謂乘猶超躍，攜言提高，狀隄勢兩邊作陂陁之騰涌，揭起下句。師尹注，「旁隄返抱，大似兩髀努力，」按努力則突起，承上句言左右隄向北扭轉，如兩股之僨張也。墹、各家多訓隱蔽，詞意不連，唯胡注，「此句極狀北回股努之勢，」子特注「墹捩、股努貌，」尙談言微中。余按張衡西京賦，「直墹霓以高居，」墹、高貌，又捩、（闕名本訛拔。）拗也，紾也，墹捩合寫股努，「蹴、蹈也，」（依胡注。）言向北迴抱之陂陁，直上接城墉之足，張庚注，「此卽指下桃李蘭蕙，」大誤。銜、輟耕錄及胡注訛御，仁舉注，「銜、含也，歆、饗也，言隄勢高峻，下顧池渠，可含饗也，」胡訓歆羨，子特又謂歆當作歛，余按說文、歆，神食氣也，食氣可與包含對舉。許云，「北城之內卽渠，渠之南卽隄，隄之南卽池，銜渠歆池，指隄之南北也。」

次十句依張庚讀，內前兩句揭起，次八句分寫楯楹上所繪之怪景，固非眞有桃李蘭蕙、更非虛想蛟龍龜鼊，無一家能完全領會文意者。仁舉注，「言風亭中俯臨，見大池之闌檻與洄漣亭之棟楹，」吳云，「南闌楯、楹柱，指風亭也，本文明白，於大池、洄漣何與，」應從吳說爲。正景、如字，不當如師尹訓影。吳云，「此言景氣光怪相照燭。」（燭與燭同，仁舉說。輟耕錄訛爛。仁舉注，「鼊，說文、蚌屬。」陰欱蟄噈四字，頗難的解，陰蟄約當依吳指水中，欱噈義同翕吐，（如西京賦之欱澧吐鎬。）師尹謂指鱗介，差爲近之。輟耕錄引仁舉作煙漬靄聚，闕名本烟漬靄聚，但仁舉注徵詩衣錦鞍衣，則仁舉實不作「聚，」吳云，「漬、散也，」是吳見本作漬；唯烟、靄對言，漬、（有染義）鞍亦對言，若作漬散，則應與聚合相反映，（張庚作漬聚，卽此意。）職此之故，余頗主「煙潰竊發，」重刻石未必盡信也。治、閔見本作治、非。合言之，此十句描寫栖楹上所繪，前四句屬鱗介，次二句屬花卉，末兩句屬神仙，仁舉止以寶龜四句言雕刻，沈裕止以煙潰四句說畫壁，皆僅得其半。

會字應斷句。與下文可大客同，許云，「可會賓避暑氣。」

西北曰䶂，蝝原開哈，儲盧明茫，嵬眼顚耳，可大客，旅鐘鼓樂，提鵬挈鷺，俗池豪渠，憎乘連閣。

首三句呈義極晦，句讀最難，有於䶂、原、儲斷三句者，仁舉、胡、孫也，有於蝝、儲斷兩句者，吳、許也，有於原、儲斷兩句者，師尹、張庚也，余經再三思考，始決定如上之讀法。按蝝有豕掘地及蛸蠋兩訓，（仁舉作蝝，吳、許改爲蝝，與今碑不符，孫注竟云，「趙注、廣韻豕掘地曰蝝……吳注、蝝音灰，趙誤作蝝，」殊失檢。）如以䶂蝝爲亭名，則兩物不相屬，且董跋固引碑釋「䶂、亭名」也。如以「䶂蝝原」爲亭名，則園中各亭，曾無三字名，且宗師蘇州越王樓詩序亦著「原開見荊山」之句，持此相例，「原開」似是連用。如以爲原名，則與董跋忤，且䶂蝝不得連文，具見前說，孫序常不可信也。（彼亦云，「風隄、䶂蝝原，雖問老吏故氓，是非難校。」）更如以蝝原兩字句，又嫌文義未完。考茫、今碑作重言，唯吳謂碑缺一茫字，如採吳說，斯蝝原、儲盧相對，各爲四字句；然重茫字、義亦通，樊文固不沾沾於燕雀相稱也。蝝原謂亭際原野，經過墾闢。（略改胡說。）主「開哈儲」爲句者，則無論「開懷一笑、蓄積憂愁皆無有，」（仁舉）或「開懷哈笑、以散儲蓄之思，」（許）或「信開大饒儲蓄，」（師尹）或「原寬廣、爲開懷歡笑所儲之處。」（張庚）或「樂事聚於此，」（子特）說來均極勉強。按哈、笑也，笑則口張，故開哈猶開張，蝝原開哈、謂原野平治而開廣。由是推之，盧、大丘也，（諸家皆誤釋盧空。）與墟通，喬宇遊鼓堆泉記云，「幽村明墟，垂楊灌水」，卽盧明之的解，儲盧明茫、謂容物之處，光明而遠大，此兩句純爲下文可大客蓄勢。

尙有須於此辨正者，吳云，「此文甲辛以下言近，巽隅以下言遠，自分兩節。其言近者曰甲辛，曰子午，曰西南，曰東南，而不言東北、西北。其言遠者曰巽隅，東南，曰旦艮，東北，曰正東，曰正北，曰西北，曰正西，而不言正南、西南。豈亦但據所見乎？注者不察。」余按巽隅之黃原，旦艮之汾水，確指遠景，若東北蒼塘等四亭，固立在池濱，視甲辛等語，無遠近可別。「南連軒井陣，」則正南已見，「渠決決緣池西直南折廡赴，」又暗寫西南，吳氏均未理會，觀此，益見補圖之不可緩也。

嵬眼潰耳之解釋，諸家亦各有會心，仁舉云，「嵬、山峻貌，潰、大水聲，言原上眼中見山，耳內聞水，」（峻字據孫補。）吳正云，「聳動見聞也，」（餘弗詳引。）唯子特注，「山之崔嵬動目，水之潰洞駭耳，」與仁舉說最近，余從之。

張庚以可大客爲句，云，「旅、陳也，」仁舉、吳、胡均客旅連言，是誤解。樂如字，反吳說爲得，二趙、胡、張（庚）誤讀音洛；言可大會賓客，陳鐘鼓諸樂器也，正應上原開兩句。

提鷗挈鷺、或作鴎，字通，仁舉云，「二亭名也，在鼇亭南，漢書曰、左提右挈，……言原勢高峻，可以提挈卑飛之鷗鷺也，」吳云，「此文凡亭名上必有曰字，二亭說非，」則因未檢董跋「鷗曰鷗亭、鷺曰鷺亭」而誤辨。唯是本文之鷗、鷺，指亭言，非指鳥言，提挈猶謂左宜右有，胡注，「白鷗、白鷺二亭在鼇亭左右，有似提挈之狀，」深得其意，仁舉乃謂原勢高峻，可提挈卑飛之鷗鷺，未免穿鑿，吳、張（庚）則同承其失者。

佁從仁舉，今碑及師尹、子特作佁，（師尹云，「同必。」）然字書亦無佁字。仁舉云，「佁、五音篇音弼，威儀也，言池渠威儀雄大也，」吳謂佁字誤，應作倡，「言倡歌呼譟於池渠之間，」（張庚說略同。）然倡舞於池渠，殊乖事理。考元王惲絳州公廨即事詩，「水聲潡潡枕邊來，臥看倡池碧檻開，」知宋人已有「倡池」之釋，師道不過祖述舊聞，然惲詩又云，「三尺短碑樊記在，苦無多意發雄猜，」彼對樊記，非經縝密之研究，不能據爲信證也。他如師尹「佖滿乎池、豪視乎渠，」沈裕「蕭曠則言倡豪，」更強作解人，可無論矣。余按竹閉、弓檠也，柄也，金文師𣪘毀作必，此外尚有柴、鄗，驋三作，又秋毫、史記作豪，池譬柄而渠似毫，無非極寫原野之廣大耳。

憎乖憐圍，仁舉云，「園池內隨水土之形勢，乖者憎而削之，圍者憐而存之，」吳注，「形容鷗鷺驚擾之狀，」師尹、「故作向背，可嫌也，實亦可愛，」（胡略同。）張庚、「賓客團集則樂如是，故憐，若乖則失此樂，故憎，」所解無不走入魔道。余謂憎惡、不適也，憐愛、適也，乖者散處，圍者聚合也，此地適於會聚而不適於分散，合上提鷗兩句，係再就可大會作補足語。

正西曰白濱，菁深。梨素女，雪舞百佾。水翠披，𨞏𨞏千幅，迎西引東。土長崖，挾橫埒曰卯酉。樵途塢徑幽委，蟲鳥聲，無人，風日燈火之，晝夜漏刻詭䬉絢化。

董跋引「白濱、亭名，」孫序，「惟正西曰白濱，今無遺址，又疑其指水涯爲亭名也。」張庚、「菁深、總言白濱之上，樹木叢翳，不專指梨，」余按此與上文蒼塘所望「梨深」相映照，吳謂碑缺深字，今碑有之，輟耕錄引仁舉深下多憐字，涉上憐圍而衍，胡注沿誤。

梨素女爲句，與下水翠披、土長崖同例，蓋三排法也，諸家均梨字斷句，失之。（張庚謂趙注素女句，與今本及輟耕錄均不符。）仁舉、「言梨花似數百行素女、雪中舞也，」吳正云，「素、雪皆以梨花之白言也，」按女以喻花，猶謂梨花開時，如百行飛雪；胡以素女比月，大誤。

水翠披，仁舉云，「此說稻田也，」吳云，「田水、稻翠，披開也，」諸家均誤披爲動詞。余按翠披與素女、長崖相駢儷，檀弓、「孔子之喪，設披，」注、「披、柩行夾引棺者；」披卽紼之異寫，余曾證之，（圖書季刊新五卷四期二三——四頁。）披、猶條也，言水波動盪，如翠拂千條也。守居未必闢稻田，唯池水久積，色遂碧翠。揚雄蜀都賦，「龍睢𨞏兮䍡布列，」樊係用𨞏𨞏字代「布列，」不當如各注之訓驚視。「引而近之」之引，義與迎同，並無迎渠引池之意味，闕名本於東字斷句但乙爲「迎引西東，」與碑不合。）甚是。此三句專指所見池水言，許謂是城外之景，子特謂梨花影動，水翠爲開，皆不得其正解。

士長崖九字，應分兩句，自成一小節，仁舉連上「迎西引東」解下，不必緊辨，吳云，「不日長士崖而曰士長崖，語亦奇，」則仍未明行文之法。記固分描梨、水，士三事之狀，意猶曰士有長崖也，胡誤士爲「七，」說尤離奇，蓋沿輟耕錄。仁舉「橫埒、卑垣，」不適用於此處，埒、厓也，見廣雅、釋詁，（粵俗今尚稱長段曰埒。）挾橫埒、卽厓旁岐分小支。師尹讀日卯酉爲「曰卯酉，」胡編同，言埒之方向、東西走也，史記曆書，「正北冬至加子時，正西加酉時，正南加午時，正東加卯時，」「曰」不能讀「日，」說見後。

樵途已下五句，寫地之荒僻。途亦作塗，塢亦作隖，字通。子特云，「無人之無當作娛、」非，有黃庭堅送王郎詩（據吳引）可證。吳云，「風日爲燈火也，」極寫幽委，比諸仁舉「卯酉時雖有風日、亦必用燈火、」及胡注「風之、日之、燈之、火之，」自較穩當。但苟依吳注，「卯、日初出時，酉、日沒時，」則此時雖許有風，不應言日。（黃昏時日非正照。）又假依許注，「自日卯至酉常幽陰，惟風動林木而日射之，則僅若燈火之照，」然下文言晝夜漏刻時時變化，則此處不應限於日中。挾此疑問，余於「風日燈火之」一句，遂久不得其確解。繼檢師尹注、日卯酉之日作「曰，」與胡編同，始決他家皆誤，「曰卯酉」斷從師尹屬上讀，樵途已下、統晝夜言之，非遇風日，無可燭照，斯情文相生，毫無語病，且不必改碑從說矣。（前人寫曰字缺左上隅，與日字尙易區别。）輟耕錄或作自卯酉，閱見本或作日卯酉，蟲鳥作蟲鳴，均非。㛪、好也，絢、文貌，仁舉云，「言晝夜一漏一刻，美惡怪異，變化萬狀。」吳、許、張庚以末兩句屬下節，不可從，下節所言如亭、如障，皆固定之物，無所謂時時變化，揣吳等如此分截，殆因晝夜與卯酉衝突而然，但旣知「曰卯酉」屬上，則看法又自不同矣。

大小亭館池渠間，走池隄上，亭後前。陣乘墉，如連山羣峯擁。地高下，如原隰隄谿壑。

此節亦三排寫法，首亭，次障，次園地，諸家句讀，多未全通，胡謂全節總括諸亭，不盡然。

餖可依胡訓點綴，不必泥解貯置。上字應斷句。走、行也，許云，「言游行之人，」不必如仁舉讀去聲，亦非如師尹說渠水，張庚云，「走行池隄上，其亭或前或後，各占其勝，此總言池土之亭，」是也。後前兩字，閔見本及孫、張（庚）皆誤乙。

陴兩句、張庚云，「女墻乘於城墉之上，如連山，如羣峯相擁，此句應起陴綿孤顛」，闕名本以擁屬下句、非。

地高下、孫注云，「園地也，」張庚云，「地之高下如原、隰、堤、谿、壑，此句總言園之地勢。」堤、隄字通，原隰隄谿壑，當依仁舉分爲五事，吳以原隰統下三事，胡以如原隰句屬下節，均不合。

水引古，（或古自？）自（？）源三十里，鑿高，槽絕，竇墉，爲池溝沼渠瀑，潫潺終出，汩汩街衖畦町阡陌間，入汾。

張庚云，「此數句總言池水。」三十及衖，胡編同，仁舉及胡、張（庚）作州及巷。

水經注六，「汾水又西，與古水合，出臨汾縣故城西黃阜下，其大若輪，」元和志一二、絳州，「初義師將西入關，大將軍進次古堆，去絳郡十餘里。」諸家皆於古字斷句，但考說文，自、阜本字，其中間兩畫稍漫合，便與「自」字無異，因黃阜即古堆之舊說，余頗疑是「水引古阜」之訛，樊文簡，不好用虛字，既有「源，」可不必言「自」也。司馬光鼓堆泉記，「鼓堆在州西北二十五里，……堆之西山曰馬首，其東長陸纚屬，……其北水出澤掌，別名淸泉。堆、周圍四里，高三丈，穹窿而圓，狀如覆釜，水源數十環之。觱沸雜發，匯於其南，容爲深淵，……其南釃爲三渠，一載高地入州城，周吏民園沼之用，二散布田間，灌溉萬餘頃，所餘皆歸之於汾。」又喬宇遊古堆泉記，「泉有淸、濁二穴，淸在北，濁在南。北穴爲石，口尺五許，自匯而爲池，幅員一丈，其深稱是，……池溢而南，折而東流。南穴爲土，口尺許，亦匯池，溢而北，折而東，合於淸流。」

孫序云，「……因鑿山原，自北三十里，引古水，（圖經云鼓堆水。）地缺絕，經濠坎，則續之以槽，穿城墉入衙注池，別分走街衖阡陌，汩汩然鳴激溝渠，又灌溉畦町訖，入於汾，」讀其文，知鑿高六字，應依仁舉平分三句；闕名本槽字斷句、固非，許、張（庚）以竇墉屬下，亦未洽。

池、溝、沼、渠、瀑是五事，仁舉不誤，師尹於池句瀑讀，吳、張（庚）於渠句，闕名本及胡又增潨爲六事，均非。仁舉云，「潨、水會也，……潺、水聲也，」余按集韻、潨同淙，水聲，義亦通。張庚謂「瀑、懸流，以鑿高言，潨、水會，以槽絕言，」未協文意。闕名本改「爲」作「其」子特改潺爲淺，則近於庸人自擾。終出之終，卽孫序之「訖，」胡編作「衆，」殆涉上「潨」字而訛。

萬歷十六年辥國民、白公（璧）疏通水利記云，「州境鼓堆山峙城西北，山下出泉，水分三支，爲溉田用。……中流溉三林諸村。西流溉龍泉諸村。東流入城，名爲官河，自馮家莊經三泉、白村、孝陵、石村，王莊、磨頭、祁郭以抵北關，關地居下，搴里懸岸，砌爲陡門，以通水道。」（絳志一五。同卷、張與行絳州北關水利記，白村下多李村。）此卽所謂街衖畦町阡陌也，其詳可參絳志卷二。

巨樹木資土悍水沮，宗族盛茂，旁蔭遠映，錦繡交，菓枝香，晼麗，麗絕他郡。

師尹注，「土剛水洳，草木所由盛也，」闕名本以水祖（沮之訛）宗族茂盛爲句，非是。輟耕錄訛土爲士。映、胡作暎，字同。

錦繡交已下十一字，各家讀法不一，麗字唯胡編重，（輟耕錄引仁舉亦重，但今傳本趙注不重。）茲撮示如下：

錦繡交果枝香，晼麗，絕地郡。 仁舉。（訛他爲地。）

錦繡交果，枝香晼麗，絕他郡。 吳、張庚。

錦繡交，果枝香，晼麗絕他郡。 許。

錦繡交菓枝香晼，麗絕他郡。 闕名本。

錦繡交，菓枝香晼、麗絕地郡。師尹。（胡同，唯他字不訛。）

錦繡交褁（果是省文，）枝香晼麗，絕他郡。 沈。

余按旁蔭遠映，則枝葉必互相交錯，胡云，「花葉糾錯，如文繡之交加，」最是正解；錦文交加，狀枝葉則類，狀果實則不類，且枝香必有所綴，故斷菓字屬下讀，沈謂「果」爲「褁」省文，蓋未知今碑从「菓，」吾人殊難疑用菓以代褁也。

畹、仁舉疑婉，指稻田，吳引楚辭、滋蘭九畹，以爲畹畝，胡以「香畹」爲一詞。按守居未必有稻田，前已辨正，菓枝既爲連文，斯「香畹」不能成一詞，故斷菓枝香爲一句。畹麗、吳云，「謂畹畝之華麗也，」又自一句。

絕、應依胡訓「甲；」孫注、「他郡絕少，」誤。但甲於他郡，亦有美、惡之別，故以重麗字者爲是。前文亙樹木四句寫樹木，果枝香二句寫果與花，麗絕他郡則總承上三層言之。

考其臺亭沼池之增，蓋豪王才侯襲以奇異相勝，至今過客尙往往有指可創起處，余常退吁，後其能無，果有不補建者。

師尹云，「考唐刺是州，如徐王元禮、(武德中)鄭王元懿、(總章中)韓王元嘉、(咸亨元年庚午妃李氏薨，子訓等作碧落碑 文今存。)許王素節、(光宅元年)岐王範、(開元六年)絳王悟、(元和元年)及孔正、(高宗時)張錫、(景雲元年)趙彥昭、(景雲二年)嚴浚、(字挺之，開元中。)韋陟、(肅宗時)韋武、(德宗時)崔弘禮(長慶中)輩，或於園池不無增易。」余按絳王悟祇取絳爲封號，並未臨州。元禮刺絳，據舊書六四本傳，是貞觀十七，非武德中。孔正應作孔禎。據新表六一，趙彥昭、張錫同是景雲元年貶絳，彥昭六月，(非二年。)錫(絳志五訛賜。)七月。舊書九九、挺之傳，開元二十九年由洺州移絳州，乃開元末，非開元中。(絳志七誤分浚及挺之爲兩人。)又舊書一六三、弘禮傳及舊紀一六，長慶元年爲絳州刺史，二年八月遷河南尹，宗師刺絳，當卽繼弘禮之後。此外唐代絳刺，可參閱絳州志五，胡注遠引漢之周勃、華無害，殊不切題。襲、重也，繼也。

至今句、仁舉云，「言過客行人，往往指點尙有可增修之處，」是也；師尹、胡張(庚)三注，或欠明白，或有錯誤，吳乃譏仁舉之贅，則未免主觀太盛矣。

後其能無，是疑問之辭，言後此其果能無以奇意相勝者乎？吳及闕名本「後至者字一句、」非。

仁舉讀不如「缶，」以果有不爲句、非，應六字句，謂果有不增建臺亭者否也。（依張庚說。）

池由於煬，反者雅、文安、發土築臺爲拒，誅，幾附於汙宮。水本於正平，軌病井滷，生物瘠，引古沃澣，人便，幾附於河渠。嗚呼，爲附於河渠則可，爲附於汙宮其可，書以薦後君子，長慶三年五月十七日記。

首四句參仁舉及吳讀。許云，「此敍池之始，因雅、文安發土築臺，後人因以其坎爲池，」池由於煬，卽溯始煬帝之時也。反、今碑訛「及，」知孫刻不可盡信，胡云，「及者兼與之辭，謂益加深廣其池，」又云，「同應漢王諒友，」均妄，沈裕「煬反者謂反煬者，亦非。董跋引碑釋，「雅、薛姓、文安、裴姓，聞喜人，與雅應漢王諒，反」仁舉注，「隋書、雅爲粹字，蓋書之誤，」又「禮記、殺其人，壞其室，洿其宮而誅焉，」師尹「汙同洿。」輟耕錄引仁舉、無「誅」字，乃傳鈔誤奪，今見本有之，但非如閔見本在文安下。發土句、師尹注，「蓋刻北齊斛律光冢增築之，今冢連池東南。」

次六句參仁舉、闕名本及師尹讀。孫序云，「正平、帶郭縣也，隋開皇十三年，內軍將軍梁軌爲臨汾令，臨汾卽正平也，十八年改正平也。軌字世謩，材令也，……頃縣前有梁軌遺記，熟見其蹟。」董跋引碑釋，「軌、梁姓，爲正平令。」按梁軌遺記已佚，今絳志不載。宋治平元年、薛仲孺梁令祠記云，「絳居兩河間爲劇郡，領縣七，正平本漢臨汾，隋開皇十八年改正平，唐武德元年移於今治，山麓四擁，……開皇十六年，內軍將軍臨汾縣令梁軌以亢陽頻災，遂跡晉之故道，審勢逗絕，疏源分派，乃開渠十二，率灌田五百頃，貫刺史牙城，蓄爲池沼，迤邐閭落，浹洽園圃，歲無旱憂，邑民歌頌刻石、以戴其賜，其文與書、不紀名氏，故不甚彰著。」軌、吳作軓，非。（孫注謂軌、趙作軓，兩者適相倒，與前文蝝字同。）澣、仁舉浣，字通。其可、猶「其可乎，」不可之反語也。吳云，「其可字、用左傳襄二十六年子產語，」按子產之「其可，」是肯定語，引非其倫。

集釋旣竟，可以一言總括所見，卽記文除首末數段，文義較顯，其他任何一節，諸家句讀、注解，都罕有能令人完全滿意者，是知樊文之大不易讀。

本篇之旨，唯於前注未盡者申明之，如

稟參寶沈分氣，蓄兩河潤。

可宴可衙。

陂乘攜左右。

南楯楹十旬。

互樹木脊土悍水沮一節。

後其能無。

前注不確者求通之，如

將爲守悅致平理與。

踊偪，玄武踞。

泓横。

穹鞠覰蟸。

萬力千氣底發。

鬱鬱蔭後頤。

北俯渠憧憧披，刮級迴西。

西北曰鼇，蠓原開哈，儲盧明茫。（或茫茫）

佰池豪渠，愶乖憐圍。

水翠披。

或前注未愜而私見仍未敢自是者存疑之，如

吉謁行旦艮間。

水引古阜。

大柢衆說雜陳，酌理準情，孰得孰失，衡量自易，非敢謬駕軼前賢也。

民三十七年一月上旬　順德岑仲勉識

出自第十九本（一九四八年十月）

易林斷歸崔篆的判決書

——考證學方法論舉例——

胡　適

易林這部書，本來只是一部卜卦的繇辭，等於後世的神廟籤詩。他本身並沒有思想史料的價值。但這部書有兩點容易引起讀者的注意。第一，這些繇辭往往有很美的句子，讀起來頗像民間的歌謠，樸素裏流露着自然的俏麗。明朝的文藝批評家，如鍾惺，早就如此說過。鍾惺說易林：

其語似讖似謠，似諢似隱，似寓似脫，異想幽情，深文急響。

又說：

其筆力之高，語法之妙，有數十百言所不能盡，而藏裏回翔於一字一句之中，寬然有餘者。其鍛鍊精簡，未可謂無意爲文也。

這種贊美的話不能說是過分。這四千多首繇辭裏，至少有一百多首可以當作清新俏麗的小詩讀，其文學的趣味比司馬相如馮衍班固崔駰的長賦要高明的多多。

第二，這是一部很古的韻文。古代流傳下來的整部書籍太少了；這部書因爲許多人常用來卜卦，又因爲他有一種內部組織（六十四卦，每卦六十四課，繇辭重複的，一一注明某卦某繇與某卦某繇相同），所以不但保存的很久，還保存了整部的原來面目，不像有後人增添改竄的痕跡。四千多首有韻的文字，雖然不免傳寫的錯誤，但沒有經後人有意的改竄，這當然在文學史上，聲韻學上，都是很難得的材料了。

因爲這兩種原因，易林的作者問題，年代問題，內容問題，都曾引起近三四百年來學者的討論，可惜他們的結論往往有很重大的不同，叫初學的人不知道如何選擇判斷。單是易林的作者問題，就有四種說法：

(一)作者是焦延壽 (爲前漢昭帝宣帝時人)。

(二)作者是崔篆 (王莽時人,東漢光武帝時還在)。

(三)作者是許峻 (東漢後期人)

(四)作者是『東漢以後人』。(顧炎武如此說)

從焦延壽到東漢以後,這中間有三百年的隔離。所以作者的問題也就牽連到這書的年代的問題了。究竟這書是西曆紀元前一世紀的焦延壽的書呢?還是紀元後第一世紀崔篆的書呢?還是紀元後第二世紀的許峻的書呢?還是『東漢以後』——第三世紀以後——的人假託於焦延壽的書呢?這些大不同的說法,我們究竟如何決擇呢?

我把前代學者考據易林的議論,綜合起來研究,不能不承認他們的考據方法大部分不精細,所以他們的結論有那麼大的差異。最不幸的是易林這部書自從六朝以來,大家都咬定『焦氏易林』的題名,都相信焦延壽是作者。這一千多年的成見眞是根深蒂固的;若沒有精密的方法和明白無疑的證據,我們决不能動搖舊說,建立新說,使人心悅誠服。

我現在提議,把易林一案提出覆審,把所有一切人證物證完全調來重付偵查,偵查之後,根據那些重新整理過的證據,提出一個新的判决。證據差不多還是向來學者都知道的證據,只是排比解釋的方法不同。判决主文也不完全是新的——不過在那四種可能的判斷之中,决定一種——只是這新判决書是建立在一種比較細密的論證方法之上,所以比較的應該可以叫人心服,也許可以免掉再上訴的麻煩了吧?

× × ×

本案是一部書的著作權的爭執案。爭這部易林的著作權的,前後共有四批人。我現在先把這批人的脚色履歷,開列如下:

第一批,焦延壽。他的履歷見於漢書卷七十五的京房傳:

京房……治易,事梁人焦延壽。延壽字贛,贛貧賤,以好學得事梁王。(顧炎武日知錄十八說,此是梁敬王定國以昭帝始元二年「紀元前八五」嗣,在位四十年薨,當元帝之初元三年「前四六」。但余嘉錫先生在四庫提要辨證子部三,葉卅六,據太平御覽二六八引陳留風俗傳云,『昭帝時,蒙人焦貢爲小黃令』。余先生因此推斷此梁王是貞王勿傷,以武帝太始元年「前九六」嗣，在位十年薨，死時當昭帝始元二年）。王佚其資用，令極意學，旣成，爲郡史；察舉補小黄令。以候司先知姦邪，盜賊不得發。愛養吏民，化行縣中，舉最，當遷。三老官屬上書願留贛。有詔許增秩留，卒於小黄。贛常曰，『得我道以亡身者必京生也』。其說長於災變，分六十四卦，更直日用事，以風雨寒温爲候，各有占驗。房用之尤精。（焦延壽死在京房之前，京房死在元帝建昭二年「前三七」。余嘉錫先生「同書葉卅七」推斷焦延壽生當武帝中葉，當元帝初年已死在小黄了）。

漢書記焦延壽有兩處，一在京房傳，一在儒林傳，兩處都不提起他著有一部易林。漢書藝文志，依據劉向劉歆的七略，都不著錄焦延壽的易林。

直到五六百年後梁朝的學者編纂書目，方才著錄有焦贛的易林十六卷，又一本三十二卷。依據舊目的隋書經籍志就也記着：

易林十六卷，焦贛撰，梁又本三十二卷。

易林變占十六卷，焦贛撰。

從此以後，焦延壽就享有了易林的著作權，至一千幾百年之久，後來這部書就叫做『焦氏易林』了。

第二批，崔篆，他的脚色履歷附見於他的孫子崔駰的傳裏（後漢書列傳第四十二）：

崔篆，王莽時爲郡文學，以明經徵詣公車，太保甄豐舉爲步兵校尉。……投劾歸。……時篆兄發以佞巧幸於莽，位至大司空。（看漢書王莽傳）母師氏，能通經學百家之言，莽寵以殊禮，賜號義成夫人，金印紫綬，文軒丹轂，顯於新世。後以篆爲建信大尹，篆不得已，……單車到官，稱疾不視事，三年不行縣。門下掾倪敞諫，篆乃強起班春。……平理「縣獄」，所出二千餘人。……遂稱疾去。建武初，朝廷多薦言之者，幽州刺史又舉篆賢良。篆自以宗門受莽僞寵，慚愧漢朝，遂辭歸不仕。客居滎陽，閉戶潛思，著周易林六十四篇，用決吉凶，多所占驗。……篆生毅，以疾隱身不仕。毅生駰。

崔篆的事蹟又見於後漢書儒林傳的孔僖傳：

孔僖，……曾祖父子建，少遊長安，與崔篆友善。及篆仕王莽，爲建新大尹，嘗勸子建仕。[子建]歸終於家。僖與崔篆孫駰復相友善，同遊太學，習春秋。……元和二年(西曆紀元八五)……冬[僖]拜臨晉令。崔駰以家林筮之，謂爲不吉。(孔叢子的連叢子下卷作『其友崔駰以其家卦林占之謂爲不吉』。連叢子的孔僖一部分是根據後漢書的孔僖傳假造的。此可見後漢書原文大概也作『其家卦林』後來寫者誤省爲『家林』，就不可通了。章懷太子注孔僖傳云：『崔篆所作易林也』。也許唐人所見後漢書還沒有錯。)

我們看崔篆的履歷，明明記着他曾『著周易林六十四篇，用決吉凶，多所占驗』，又明記着他的孫子崔駰曾用『其家卦林』來替孔僖占卦。現在流行的易林十六卷六十四篇正是一部占卦的繇辭，也許這就是崔篆的周易林吧？也許這部『焦氏易林』本來就是『崔氏易林』吧？

舊唐書經籍志五行類有：

焦氏周易林十六卷，焦贛撰。

崔氏周易林十六卷(原文不注作者)。

唐書作於五代時，經籍志的目錄只是『錄開元盛時四部諸書』。這可見開元時代有一部十六卷的古寫本，分明題作『崔氏周易林』。到了北宋歐陽修宋祁等人重修唐書的時候，這種古寫本還存在，不但題爲『崔氏周易林』，並且明明白白的題爲崔篆所作。所以新唐書的藝文志有：

焦氏周易林十六卷(原注，焦贛)

崔氏周易林十六卷(原注，崔篆)

這是崔氏焦氏爭易林著作權的開始。但宋朝的學者好像都不肯拋棄『焦氏林易』的舊說。『崔氏周易林』的寫本，不久就被那『焦氏易林』的刻本(季滄葦宋版書目，『焦氏易林十六卷八本』)完全壓倒了，埋沒了。所以元代撰修的宋史藝文志只有

焦贛易林傳十六卷(在蓍龜類)，

就沒有提起『崔氏周易林』了。直到清代嘉慶時，才有學者牟庭出來替崔篆做辯護人，提出新訴狀，要替崔篆收回易林的著作權。(詳見下)

第三批，許峻。他的事蹟見於他的孫子許曼的傳裏(後漢書方術傳)：

許曼者，汝南平輿人也。祖父峻，字季山，善卜占之術，多有顯驗。時人方之前世京房。自云，少嘗篤病，三年不愈，乃詣泰山請命。行遇道士張巨君，授以方術。所著易林，至今行於世。

許峻的外孫董彥興和應劭相熟，應劭曾於桓帝延熹八年（西曆一六五）介紹董彥興去給橋玄占卜，事見風俗通義怪神篇。應劭也是汝南人，認識許峻一門，所以風俗通義又記着許峻爲魯相臧仲英家中怪異占卜的故事，又記着許峻的孫子許寧方（即許曼）爲車騎將軍馮緄占卜赤蛇的故事。可見許峻是東漢中期的人，死在第二世紀的前半，又可見他的一家和外孫都是『善占卜之術』的道士。他著有易林，後漢書說『至今行於世』。范曄死在劉宋文帝元嘉二十二年（西曆四四五）許峻的易林不但當范曄時還在，隋書經籍志也紀錄：

易新林一卷，後漢方士許峻等撰，梁十卷。

易災條二卷，許峻撰。

易決一卷，許峻撰。梁有易雜占七卷，許峻撰，又易要決三卷，亡。

舊唐書同新唐書也都記錄：

許氏周易雜占七卷，許峻撰。

宋史藝文志五行類有

許季山易訣一卷，

易林三卷，

諸家易林一卷，

易新林一卷。

大概許峻的新易林只有一卷，梁代目錄的十卷本是包括這些『諸家易林』的，所以隋志注『後漢方士許峻等撰』，其中也許有許曼董彥興諸人占卜的書。

但是許峻的易新林後來就失傳了。所以後世就有人疑心現行的易林也許是許峻做的。何焯的讀書記說：

今世所傳焦氏易林，疑即許峻所著，焦氏不聞有書也。

黃汝成日知錄集釋引同時（道光時）人涇縣左暄說：

崔篆易林不可考。許峻所著易林，范氏以爲『至今行於世』則後世所傳易林當即峻書，而人誤以爲焦延壽也。

第四批，『東漢以後人』。這一批人，沒有姓名籍貫，無從傳喚到案，只好看他們的辯護人顧炎武的訴狀如何說法：

易林疑是東漢以後人譔，而託之焦延壽者。延壽在昭宣之世，其時左氏未立學官，今易林引左氏語甚多。又往往用漢書中事，如曰，

彭離膠東，遷之上庸。（適按，此條在升之夬。黃丕烈刻的校宋本易林，『遷之』作『遷廢』）。

事在武帝元鼎元年。曰，

長城既立，四夷賓服。交和結好，昭君是福。（適按此條在萃之益）。

事在元帝竟甯元年。曰，

火入井口，陽芒生角，犯歷天門，窺見太微，登上玉牀。（適按，此條在大有之復，又鼎之臨）

似用李尋傳語。曰

新作初陵，踰蹈難登。（適按，此條在明夷之咸）。

似用成帝起昌陵事。又曰，

劉季發怒，命（黃本作禽）滅子嬰。（適按，此條在蠱之賁）

又曰，

大蛇當路，使季畏懼。（適按，此條在屯之升，又損之比。）

則又非漢人所宜言也。（日知錄卷十八）

顧炎武提出的理由總共有四組：（１）易林引左傳的語句甚多，不像是左氏傳未立於學官的昭宣時代的作品。（２）易林往往用漢書裏的故事，不像班固以前的書。（３）易林用元帝成帝的故事，焦延壽不會知道。（４）易林往往稱漢高祖爲『劉季』似乎不是漢代人應該說的，所以好像是『東漢以後人』做的書。

以上總檢查易林著作權爭執人四批的履歷資格。

× × ×

現在我要開審這案子了。

我的審判方法，分做三個步驟：第一步，要先證明現在流傳的易林確確是東漢

初期已經存在並且已經被人用來占卦的周易卦林。證明了這一點，我們就可以把第三批的許峻和第四批的『東漢以後人』都驅逐出法庭，把他們的訴狀駁斥不理了。第二步，要證明焦延壽決不能著作這部易林。第三步，要證明王莽時做建新大尹的崔篆最合於易林著作人的資格，所以『焦氏易林』應該歸還原主。改題爲『崔氏周易林』。

× × ×

先說第一步的審判。

東觀漢記有這一段最有趣味的故事：

> 永平五年秋（西曆紀元六二）京師少雨。上（明帝）御雲臺，召尚席取卦具，自卦，以周易卦林占之。其繇曰：『蟻封穴戶，大雨將集』。明日大雨。上卽以詔書問「沛王」輔曰：『道豈有是耶』？輔上書曰：『按易卦（適按，此處「易卦」似當作「易卦林」。）震之蹇，「蟻封穴戶，大雨將集」。蹇，艮下，坎上。艮爲山，坎爲水。山出雲爲雨。蟻穴居而知雨，將雲雨，蟻封穴。故以蟻爲興文』。詔報曰：『善哉王次序之』！（文選卷六十，任昉齊竟陵文宣王行狀的李善注引東觀記，參看聚珍版東漢記。惠棟後漢書補注，沛王輔傳注引東觀記此條，文字稍不同，不知他根據何本。）

今本易林（黃丕烈本，潮陽鄭氏翻黃本）卷十三震之蹇，果然有『蟻封穴戶，大雨將集』兩句繇辭。四庫全書的易林提要也引了這段東觀記，但是四庫提要的作者完全不懂得這一件重要證據的意義。提要的結論是：

> 今書蹇繇實在震林，則書出焦氏，足爲明證。

這就大錯了！東觀漢記的『蟻封穴戶』的故事並不曾說漢明帝沛王輔用的是『焦氏易林』，只說他們用了一部『周易卦林』，所以這個故事絲毫不能證明『書出焦氏』。然而這個故事兩次提到的兩句繇辭恰恰是今本易林的『震之蹇』的繇辭，所以能夠證明今本易林確是一千八百多年前漢明帝沛王輔用來占卜的『周易卦林』。這是最難得的鐵證。（牟庭也引東觀記此條，但他也不曾明白這種證據的作用。他因明帝有『善哉王次序之』之語，就說，『以是知沛獻王輔嘗受詔次序易林矣』。其實明帝詔報六個字，當做一句讀，謂『善哉王之次序之也！』）

這一條最可靠的證據使我們深信漢明帝永平五年確已有了這部易林了。從這一個判斷上，我們可以得到幾個自然的引申結論：

第一，許峻決不配爭易林的著作權。許峻的孫子和外孫都和應劭同時，他的著書年代遠在永平以後。他的占卦的書，范曄叫做易林，隋書叫做易新林，大概只有一卷，和那十六卷六十四篇的易林不同。所以我們可以判決許峻不是今本易林的作者。

第二，顧炎武提出的『東漢以後人』更不成問題了。顧氏說漢朝人不應該稱『劉季』，所以易林應該是東漢以後的作品。左暄曾駁他說：

史記高祖本紀言『劉季』者非一，則固漢人所常言也。(日知錄集釋十八)

這樣用避諱作考證的方法，根本就不能用來攷證兩漢文獻的時代，因為我們現在可以無疑的證明兩漢文人史家都有『臨文不諱，詩書不諱』的自由。史記周本記有『邦內甸服，邦外侯服』，封禪書有『五岳皆在天子之邦』。漢書韋賢傳有韋孟的諫詩，中有『實絕我邦』，與荒，商，光，同，協韻；又有在鄒詩，中有『于異他邦』，與恭協韻。此皆可證西漢不諱『邦』字，何況『季』字？史記又不諱『盈』字(惠帝名)，『恆』字(文帝名)，『啓』字(景帝名)。(看陳垣史諱舉例，頁五六)。漢書也屢用『恆』字，『啓』字，『徹』字(武帝名)。漢書不但不諱前漢帝名，並且不避『秀』字(光武帝名)『莊』字(明帝名)。(看陳垣同上書。)王充與班固同時代，論衡裏屢稱『莊蹻』，『莊公』，『楚莊王』，『莊子義』，是不避明帝諱。許慎說文解字也不避後漢帝諱。陳垣先生曾指出見存東漢諸碑均不避東漢帝諱。(看史諱舉例，頁一至二，又胡適兩漢人臨文不諱攷)。

顧炎武不曾詳攷漢人臨文不諱的風氣，所以他要把易林看作『東漢以後人撰』。我們現在駁斥這種證據，認爲不能成立。我們並駁斥一切根據後世避諱制度來攷證兩漢文獻著作年代的方法，認爲都不能成立。

我們現在既已斷定易林是東漢明帝初年已被人用來占卜的古書，那麼，凡是代表明帝以後的人爭易林著作權的訴狀和證物，都應該一律駁斥不理了。

× × ×

現在我要開始第二步審判了。

第二步審判的主要目標是要審問那死在京房以前的焦延壽（西曆紀元前一世紀的前期人）能不能著作這部易林。

明朝的鄭曉，明末清初的顧炎武，都曾提出證據，證明易林用的歷史事實有一些決不是焦延壽能知道的，所以他們不承認焦氏作易林的舊說。現在我們要研究他們提出的這些證據是不是正確的。

（1）鄭曉指出易林節之解繇辭『皇母多恩，字養孝孫，脫于襁褓，成就爲君，』似乎是指定陶傅太后撫養漢哀帝（卽位在西曆前六年）的事，是焦延壽不會知道的。（鄭曉古言，引見四庫全書易林的提要）

（2）鄭曉和顧炎武指出明夷之咸繇辭『新作初陵，踰蹈難登』，似是指成帝起昌陵的事，是焦延壽決不會知道的。（成帝建始二年「西曆前三一」以渭城延陵亭部爲初陵。到了鴻嘉元年「西曆前二十」又以新豐戲鄉爲昌陵。永始元年「西曆前一六」詔曰，『昌陵作治五年，天下虛耗，百性罷勞，客土疏惡，終不可成，其罷昌陵，反故陵。』劉向傳有諫造陵疏，述昌陵工程最詳。）

（3）顧炎武指出易林大有之復（蠱之臨同）繇辭的文字頗像是用漢書李尋傳的語句。李尋的政治活動在成帝晚年；他和夏賀良等同謀要造成一個大政變，是在哀帝建平二年（西曆前五年）。這都是焦延壽不會知道的。

四庫提要替焦氏易林辯護，說：

二家所云，某林似指某事者，皆揣摩其詞。

這就是說，這幾條繇辭都不夠明白清楚，不夠作證據。提要的批評，也有一部分的道理。例如李尋一條，實在有點『揣摩其詞』不能有證據的作用。又如定陶王欣立爲皇太子時，已是十七歲了，他做皇帝，已是十八歲了：這都不合於『脫于襁褓，成就爲君』的話。所以這一條也不夠明白無疑。只有『初陵』的工程是成帝一朝的一件大事，易林又明明說『初陵』的名稱，這一條可以算是一件證據。焦延壽決不會知道成帝起初陵的事。

（4）顧炎武又指出升之夬繇辭『彭離濟東，遷廢上庸』一條。

這一條的文字是最明白清楚的了。梁孝王的一個兒子彭離，封爲濟東王，後來因爲他指殺人，已發覺被他殺了的有一百多人，所以武帝把他廢爲庶人，徙居上庸。（看漢書卷四十七，文三王傳）但這一件大案子出在武帝元鼎元年（西曆紀元前一一六）是焦延壽可以知道的，焦延壽做小黃令是在昭帝時，他是梁國人，又是梁王提拔的人，當然可以知道梁王家門裏這件大案子。所以這一條的文字雖然十分明白，在本案裏沒有做證據的價值。

（5）顧炎武又指出易林用了許多左傳的典故和語句。左傳在昭帝宣帝時還未曾得政府的承認，不曾立博士。因此，顧炎武疑心易林不是前漢人的著作。

四庫提要答覆這一條說：

左傳雖西漢未立學官，而張蒼等已久相述說。延壽引用傳語，亦不足致疑。

史記用了無數的左傳材料，我們不能因此就疑心這些材料全是後人加進去的。（狹陋的『今文』學者，如崔適的史記探源，眞有這種說法！）大概左傳或左氏春秋是一部很古的史書，這是無可疑的。西漢經師所爭的只是左氏『不傳春秋』的一個問題。司馬遷作的是歷史，易林用的是典故，都不關左氏不傳春秋經的問題。所以這一大組的左傳典故都不夠做本案的證據。

（6）顧炎武指出『交和結好，昭君是福』一件史事是在元帝竟寧元年（西曆前三三），是焦延壽不會知道的。

王嬙，字昭君，出嫁匈奴呼韓邪單于，是在京房死後第五年，那時焦延壽早已死了。所以四庫提要也不能不承認這一條是『名字炳然，顯然爲延壽以後語』了。

我們還可以幫顧炎武添一條同類的證據：

（7）易林「萃之臨」

『昭君死國，諸夏蒙德。異類既同，宗我王室。』

昭君在匈奴，先嫁呼韓邪單于，生一男；後來呼韓邪死了（西曆前三一），她又配了復株絫單于，生兩女。昭君之死，大概在前漢末年，當然更不是焦延壽能知道的了。

以上七條之中，除了四條不夠作證據之外，我們可以承認『新作初陵』一條，『昭君』兩條，都是明白淸楚的證據。根據這三條證據，就儘夠判斷焦延壽決不是易林的作者了。

在一百年前，山東翟云升刻易林校略十六卷。他贊成牟庭的主張，說易林不是焦延壽做的，是崔篆做的。他提出了一條最重要的新證據，是鄭曉，顧炎武都忽略了的。翟云升說：

（8）同人之豫，鼎之節云：

『安民呼池』。

考漢書平帝紀，元始二年罷安定呼池苑，以爲安民縣。孝平正崔氏時，在焦氏後，皆是崔非焦之證也。

這是王莽的一件大德政，平帝紀有詳細的記載：

元始二年（西曆紀元二年），……罷安民呼池苑，以爲安民縣。起官寺市里，募徙貧民，縣次給食；至徙所，賜田宅什器，假與犂牛種食。（安定，顏師古說是中山王國的安定，池音沱。水經注於渭水下，敍略陽川水，述來歙攻隗囂時自安民縣，之楊城至略陽，並引『元始二年罷安定罅沱苑以爲安民縣，起官寺市里。』故沈欽韓謂『安民縣屬安定郡無疑，』全祖望曰：『案曰呼沱，則是中山，非關中，況平帝由中山王爲天子，故首加恩於潛藩。』適按，全說是也。）

易林鼎之節云：

安民呼池，玉杯大按，泉如白蜜，一色獲願。（一色當是一邑之誤）

同人之豫云：

按民呼池，玉杯文案，魚如白雲，一國獲願。

這件事有年月可考，最明白無可疑。這決不是焦延壽能夠知道的。此證還不夠證明易林作者『是崔』，（說詳下）但儘夠證明『非焦』了。主張焦氏易林的辯護人，如丁宴，如劉毓崧，也都明白這兩條新證據的重要，所以他們恐慌了，就决心要用掩眼法來抹煞這兩條文字！丁晏說：

按毛本同人之豫曰『按民湖池』，黃本作『按民呼池』，翟本又改『安民』，肊改遷就，不可從也。（丁晏『書翟氏牟氏易林校略後』）

這是大考據家擺出大架子來抹煞證據的掩眼法。黃本同人之豫作『按民呼池』，丁晏看見了，指出了。但鼎之節一條，黄本和一切本子都明白的作『安民呼池』，丁晏大律師何以假裝不看見了呢？這樣存心抹煞證據，是自欺欺人的行爲，是可恥的。丁晏的徒弟劉毓崧公然稱贊丁晏這條駁論爲『駁正詳審，洵足以釋翟氏之疑』。劉毓崧黨同伐異，也未免存心抹煞證據了。

這第二部分的審判，可以這樣判決：

審得易林十六卷，自蕭梁以來，相傳爲前漢昭宣時代人焦延壽的著作；現由反對各方提出本書的內容爲證，證明易林內提及（1）成帝時的初陵，（2）昭君的『交和結好』，事在元帝竟寧元年，（3）昭君之死，事在前漢末年，（4）安民呼池一事，在平帝元始二年；這四件史事，都遠在焦延壽死後，都可以證明焦延壽不是本書的作者。焦延壽的代理人始終不能提出有力的證據或反證。故本法庭判決：焦延壽此後不得再享受易林十六卷的著作權。以後本書不得再題作『焦氏易林』。

× × ×

現在本案的訴訟人，只剩下崔篆一個人沒有判決了。我們還得開第三步審判，要判斷崔篆是不是易林的作者。

我們先請崔篆的第一個辯護人山東棲霞牟庭（字陌人，號默人；乾隆乙卯『六十年，西曆一七九五』的優貢生，做過觀城縣的訓導，著有雪泥屋遺書五十一種）出庭宣讀他的訴狀——他的『校正崔氏易林序』。這篇文章是嘉慶二十一年（西曆一八一六）寫定的，因爲知道此文的人太少，所以我們請他摘讀其中最扼要的一部分：

今世所傳易林本有『漢時』舊序，曰：『六十四卦變占者，王莽時建信天水焦延壽之所撰也。』余每觀此而甚惑焉。據漢書儒林傳，京房傳，焦延壽是昭宣時人，何爲乃言『王莽時』？焦延壽，梁人也，何故而言『建信天水』王莽時改千乘郡曰建信，改天水郡曰塡戎。（適按，塡與鎭同。）則莽時有建信而無天水。且二郡不相屬，（適按，建信屬青州，在極東；天水屬涼州，在極西。）『建信天水』非可兼稱也。又其序假名費直，費直生於宣元間，豈知天下有王莽其人哉？

這是說這篇序的錯誤太不近情理了，倒引起了他的疑心，使他去研究為什麽這個作序的人會荒謬到這個地步。牟庭接着說他如何解答這些疑問：

一日，檢後漢書儒林傳，『孔僖拜臨晉令，崔駰以「家林」筮之。』又檢崔駰傳云，『駰祖篆，王莽時爲建新大尹，稱疾去。建武初，客居滎陽，閉戶潛思，著周易卦林六十四篇』。

余於是執卷惝怳，忽而笑曰，『余乃知之矣！易林者，王莽時建新大尹焦延壽之所撰也！新，信，聲同。大尹形誤爲天水。崔形誤爲焦。崔篆蓋字延壽，與焦贛名偶同。寫者知有焦延壽，不知有崔延壽，因復改篆爲贛，下文稱「贛」者再，本皆當作「篆」寫者妄改之。……』

余既以兩漢書訂正舊序，的知易林非焦贛書，文假當歸，改題曰『崔氏易林』。

我們現在秉公判斷牟庭的訴狀，先得指出他的推論，粗看去很像是根據薄弱，其實是值得我們平心研究的。他的最重要的貢獻是從那號稱焦氏易林的僞序裏，尋出一點線索，使他恍然明白所謂焦氏易林原來就是那後漢書崔駰傳和孔僖傳裏說的崔篆的周易卦林。那一點線索就是那僞序裏『王莽時建信天水』幾個字。

後漢書明說王莽時做過建新大尹的崔篆曾著周易卦林六十四篇。兩部唐書也都明明記錄着焦氏易林之外另有崔氏易林十六卷。但一千多年來，從沒有人提出訴狀，明明指出焦氏易林就是崔氏易林，並且應該正式改題作崔氏易林。牟庭研究那篇僞序，抓住了一個大破綻：焦延壽的年代事蹟，明明記在漢書的京房傳和儒林傳裏，爲什麽這篇僞序偏偏要特別大書『王莽時建信天水焦延壽』呢？牟庭大膽的提出一個假設：易林原本必是題着『王莽時建新大尹焦延壽』，後來在傳寫的過程上，被妄人誤寫誤改，竟成了『王莽時建信天水焦延壽』。牟庭從這一點線索上，就提出一個很大膽的結論，說易林是崔篆作的，應該改稱爲『崔氏易林』。

牟庭的推論陳序，我們替他分析起來，是這樣的：

（1）作僞序的人分明全不知道崔篆這個人，更不知道崔篆做過王莽時代的建信大尹。

（2）那麽，他爲什麽要在易林作者的姓名上面加上『王莽時建信天水』等字呢？

(3)凡錯誤必有引起錯誤的原故。這一行荒謬絕倫的題字，只有一個可能的解釋，就是易林原本(古寫本)必是題着『王莽時建信大尹崔某』，後來姓崔的錯成姓焦了，『大尹』也錯成『天水』了，但是那上半截『王莽時建信』等字還不曾磨滅，還留下線索，證明易林作者正是那做過王莽時建信大尹的崔篆。

(4)僞序全文足夠證明作序的人决不是有意的裝上『王莽時建信天水』等字，故不是有心作僞，只是無意之中留下了這一點痕跡。因爲不是有心作僞，故這幾個字有證據作用，有證據價值。

(5)因爲『王莽時建信天水』這幾字保留在一部所謂『焦氏易林』的舊序裏，所以牟庭推斷『焦氏易林』原來就是崔篆的易林。

這種推理方法，本來是很危險的，只有很精密的考據學者，十分嚴格的使用，才可以避免錯誤。牟庭的推論，照我們的分析，可算是大致不錯。他自己也曾很得意的說：

崔篆之書，嫁名焦贛，遙遙千餘年，遂無覺者。幸而誤序猶存，俾余得尋迹所由，復覩其眞。校書得此，曠然有發蒙之樂矣！古人遺蹟，信不可忽，雖譌謬猶足寶貴若此！使余向者視爲贅文，而棄置不思，何由得此樂哉？又使當時妄者稍知時地，將復改王莽爲宣帝，改『建信天水』爲『小黄令』，或爲『梁國』，則余今日亦茫然失據，無以證明；而主人失書，終不復還，豈不惜哉？賴其人不甚知書，乃留此誤證，以待余之尋究也，此天幸也！

這一般自述，是深知歷史考據的老手說的話。『古人遺蹟，信不可忽，雖譌謬猶足寶貴若此！』這句話眞是考據學的名言。牟庭的大功勞正在他能夠從這一篇僞序的幾個殘字裏尋出破綻，來替崔篆做第一篇伸寃狀子。

但是我們平心審查牟庭的訴狀，雖然佩服他『讀書得間』，究竟不能不指出：第一，他的推論本身也有點小錯誤，必須修正；第二，他提出的證據，無論如何聰明可喜，究竟還不夠叫人心服。

牟庭的錯誤有兩點：(1)他說，崔篆作王莽的建新大尹，而僞序作『建信』，是因爲『新信聲同』。這是他偶然失檢。孔僖傳章懷太子注：『莽改千乘國曰建信，又改曰建新。』朱一新說：『建新當是莽初改之名，後改建信，如十一公之改新爲信也。』東漢初期沿用建信之名，到和帝時才改爲樂安，這可證建新是初改，建信是後改。後漢書崔駰孔僖兩傳皆作『建新』而易林原書自作『建信』，都和『新信聲同』無關。（2）牟庭猜想崔篆『蓋字延壽』，絕無證據，並且不必要。大概古本原文題着崔篆，故兩唐書均著錄崔氏易林十六卷。自漢至唐，崔是中原名族，崔家始終認定易林是崔家卦林，但一般人都不知道那位曾做王莽大官的崔篆，故鈔本有誤題作『崔贛』的，後來又有通人強作解事，改作『焦贛』，故自梁至隋唐，目錄皆稱『焦贛』要不稱焦延壽。（知道崔篆的人太少，故崔篆的姓名最多錯誤，連叢子兩處提到崔篆，都誤作『崔義』，連叢子舊注又強作解事，說『義當作毅』！張懷瓘書斷云，『崔瑗曾祖蒙』，篆又錯成『蒙』了！數年後，我得見余嘉錫先生的四庫提要辨證，他在子部三，葉三十一，引鳴沙石室古佚書內修文御覽殘卷引易林謙之泰『白鶴銜珠』一條，作『崔贛易林』。太平御覽九一六引此條則已改爲焦贛了，余先生又引日本人所撰類書名祕府略者，其中卷八六八引易林謙之大過『被錦夜行』一條，亦題作『崔贛』。余先生說，『此必原作崔氏易林，後人妄改氏爲贛，而忘改崔字，遂致以崔篆之姓，冠延壽之名。』大概古寫本必有把『崔篆』錯到不可想像的地步的。第一個通人才改成崔贛，第二個通人又改成焦贛，第三個通人知道贛是字而延壽是名，故改爲焦延壽了。）

牟庭的推論，雖然修正了，還不過是一個聰明可喜的大膽假設，不能叫反對的人認爲充分證據。主張焦氏易林的人如丁晏劉毓崧都不肯接受牟庭的推論。丁晏有『書翟氏牟氏易林校略後』長文，其中駁牟庭原序，有幾個要點：

（1）牟氏『既知舊序之僞，猶據以爲莽時』。

（2）牟氏『且謂崔篆蓋字延壽。蓋者，疑辭。徧檢書傳，篆無延壽之字。肊說紛騰，疑誤後學，夫何取焉』！

（3）後漢儒林傳，孔僖拜臨晉令，崔駰以家林筮之。晏案，李賢此注，『崔篆所作易林也』……張衡傳李賢注又引焦氏易林。（適按，張衡傳『應閒』篇有『鼃鳴而鼈應也』李賢注，『焦贛易林曰，鼃鳴岐野，鼈應於泉』。

易林乾之井云：『鸑鳴岐山，鼇應幽淵』。王謨本作『鼉鳴岐山，鼈應山淵。』王謨本此條最近李賢所見本。淵改爲泉，是避唐諱。）明焦氏與崔氏各自爲書，章懷之注甚晰。

（4）『唐書藝文志，焦氏周易林十六卷，注云焦贛。崔氏易林（適按，當作崔氏周易林）十六卷，注云崔篆。焦崔志別爲二，未嘗溷爲一也。』

丁晏指出的幾點，第二點說徧檢書傳，崔篆無延壽之字，我們也說過了，這是小疵，不足討論。其餘三點，都是頗有力量的反駁。第一點說牟庭明知舊序是僞作的，豈可用作根據？我們在上文曾指出：這篇序雖是假託的，但其中『王莽時建信天水』等字必是因爲古寫本有『王莽時建信大尹』的題署；作序者不知崔篆的事實，故這幾個字不是有意作僞，而是無意中保存證據。但這個說法，只有熟悉考據方法的人才能了解，一般人決不能賞識，而有成見的學者如丁晏也決不肯承認。反對的人儘可以說：這僞序可以題『東萊費直字長翁』，這明明是假的；爲什麼不可以胡亂再加上『王莽時建信天水』等等字呢？我們無論怎樣替牟庭辯護，終不能叫反對的人心悅誠服。况且丁晏提出第三，第四兩點都是重要的論點，我們若不能把這兩點解答了，牟庭的推論只能供少數考據學者的賞玩，終不能恢復崔氏易林的著作權。

丁晏的最後兩點其實只是一點：就是說，唐人明明著錄一部崔氏周易林和另一部焦氏周易林；章懷太子李賢注後漢書，後來史家編唐書藝文志，都把焦崔兩家的書分別爲二，『未嘗溷爲一也』。劉毓崧『跋丁氏易林釋文』也說：

> 新舊唐志著錄，以崔氏易林與焦氏易林並列，判然爲二。焉得以崔氏之書既失，遂移焦氏之書補之？

本來牟庭的推理是說，正因爲焦氏易林的僞序裏保留着『王莽時建信天水』等字，所以我們可以推知那所謂焦氏易林正是王莽時建信大尹崔篆的易林。於今反對方不承認牟庭提出的證據，說他不應該把一篇僞序裏的幾個誤字提作證據，那麼，崔篆的辯護人就不能不另尋更有力的新證據了。

新證據從那兒去尋呢？要怎樣的證據才能夠證明崔篆是易林的作者呢？

這種證據可以有兩類。一類是本書的『內證』，如昭君的和親，如昭君之死，如安民呼池之事，都可以用來證明焦延壽決不會知道這些事，而崔篆生當前漢末年，做過王莽的官，這些事正合他的時代。這一類的『內證』，本法庭認爲不夠用。因爲和崔篆同時代的人至少有好幾千萬，崔篆可以知道這些史事，劉歆揚雄也可以知道這些事。故這些本書內容的史事，只夠證明焦延壽決不會作易林，而不夠證明崔篆曾作這部易林。例如翟云升提出「安民呼池」，一條年代最明白的史事，說『孝平正崔氏時，在焦氏後，皆是崔非焦之證也。』『這可見翟氏不完全懂得這一類史事內證的性質，此事『在焦氏後』，故可證易林『非焦』。但此事『正崔氏時』，却不夠證易林『是崔』，因爲崔氏同時人皆可知此事，我們不能證明只有崔篆一個人獨知此事。

所以我們現在需要的是另一類的證據，是本書以外的歷史材料，可以用來證易林的作者的。上次我們用東觀漢記的漢明帝永平五年用周易卦林占得『蟻封穴戶，大雨將集』一條記載，來證明今本易林確是一千八百多年前漢明帝用來占卦的古書。我們現在要尋的也正是像這一類的證據。

本法庭檢查本案各方提出的證據之中，有三件是合格的：

（1）舊唐書經籍志著錄

焦氏周易林十六卷（原注，焦贛）

崔氏周易林十六卷（原文無注）

舊唐書經籍志只是『錄開元盛時四部諸書』，故這條記載只能證明開元盛時的公家藏本之中有兩部同是十六卷的周易林，一部明題『崔氏』，一部明題『焦贛』。我們不知道這兩部書的內容是一樣，還是兩樣。

（2）新唐書藝文志著錄

焦周氏易林十六卷（原注，焦贛）

崔氏周易林十六卷（原注，崔篆）

新唐書修於北宋極盛時代（成於嘉祐五年，一〇六〇，修書共費十七年），藝文志著錄的書，包括唐朝三百年的著作，比舊書經籍志完備的多了（經籍志全抄開元時的書目，故集部僅到劉子玄盧藏用爲止，天寶以下的大文豪如杜甫李白，都不著錄。新書藝文志則著錄李唐一代的著作。）舊書雖收『崔氏周易林，』而不注作者。新唐書明注崔篆，可證北宋盛時的『祕府之藏』有兩部同是十六卷的周易林，一部明題焦贛，一部明題崔篆。但我們從這條記載上，還不能知道這兩部周易林的內容是同是異。

（3）趙璘因話錄卷六，有這一條：

崔相國羣之鎮徐州，嘗以崔氏易林自筮，遇乾之大畜，其繇曰：

典策法書，藏在蘭臺，雖遭亂潰，獨不遇災。

及經王智興之變，果除祕書監也。

崔羣是韓柳元白同時的文人，他拜相在元和十二年（八一七），罷相在十四年（八一九）他出鎮徐州在穆宗即位之年（八二〇）。王智興兵變，驅逐崔羣，在長慶二年三月（八二二）。崔羣因失守徐州，貶爲祕書監，當也在此年。他死在大和六年（八三二）。（以上參用舊唐書一五九崔羣傳，及穆宗本紀。）趙璘是宰相趙宗儒（大和六年死）的從孫，是開成年間（八三六至八四〇）的進士。趙璘記崔羣的故事，可算是同時人的記載。

這個故事說崔羣在元和十五年（八二〇）曾用『崔氏易林』自筮，筮得乾之大畜。今檢『典策法書，藏在蘭臺』一條繇辭正是今本易林的坤之大畜的繇辭。趙璘誤記爲乾之大畜，繇辭全文與今本相同。這條證據最可以證明兩唐書著錄的『崔氏周易林』，不但卷數相同，並且內容相同。這條記載最可以解答丁晏劉毓崧（因話錄一條最早是劉毓崧提出的，但他全不了解這一條記載的證據作用。）的疑問，無疑的證明唐書兩志著錄的兩部十六卷本周易林原來只是一部同樣的書。不過梁隋以來有題爲『焦氏易林』的寫本，故兩唐書的史官都不敢完全抹煞此另本的舊名。現今我們既然（1）證明了焦贛決不會作易林，又（2）證明了『開元盛時』有些易林寫本明題着『崔氏周易林』；又（3）證明了北宋盛時還有些易林寫本不但題着『崔氏周易林』，還注明作者是崔篆；又（4）證明了這部『崔氏易林』的內容和今本所謂『焦氏易林』相同，那麼我們現在可以正式判斷：古寫本易林十六卷，內容相同，而題名有兩種：那題作焦贛的，或焦氏的，實在是誤題；那題作崔氏的，或崔篆的，是古寫本的原題名，是不錯的。

我們現在可以說：

（1）漢明帝在永平五年（六二）用的是崔篆的周易卦林，即是今本易林。

（2）漢章帝元和二年（八五）崔駰用的『其家卦林』即是今本易林。

（3）梁隋兩代著錄的十六卷本和三十二卷本易林，和那十六卷本書易林變占，也都是崔篆的易林，都是今本易林。

（4）開元盛時著錄的兩部十六卷本周易林都是崔篆的易林，都是今本易林。

（5）唐元和十五年(八二〇)崔犖用來自筮的『崔氏易林』是崔篆的易林，也就是今本的易林。

（6）北宋嘉祐五年編成的新唐書藝文志著錄的兩部十六卷的周易林都是崔篆的易林。

（7）宋以後流行的各種本子的『焦氏易林』都是崔篆的易林。

（8）嘉慶二十一年（一八一六）牟庭從易林的僞序的『王莽時建信天水』幾個誤字上看出線索，大膽的提出『易林是王莽時建新大尹崔篆所撰』的結論，現在完全證明爲最大膽而不錯誤的結論。

×　×　×

我們在上面曾說過，易林本書內的歷史事實，如昭君兩條，如安民呼池一條，都只有反證作用和助證作用，但都不夠用來證明易林作者是誰。這些史事，可以考證本書的年代，而不一定可以考證本書的作者。因爲他們可以考證年代，故有反證作用，可以證明死在這些史事之前的某人決不會著作這部書。又正因爲他們可以考證年代，故這些史事又有助證作用，可以用來試驗作者的年代是否適合於本書的內容，又還可以用來幫助考定作者著書的年代。

現在我們已考定崔篆是易林的作者了。我們可以回到鄭曉顧炎武翟云升等人指出的易林內容的各項史事，看看(1)這些史事是否適合於崔篆的時代？(2)這些史事是否還可以幫助我們考定崔篆作易林的年代？(3)崔篆的易林著作權的恢復；是不是可以解決鄭曉顧炎武諸人指出的種種歷史困難了嗎？

崔篆的哥哥崔發在王莽早年就『以材能幸於莽』，後來封說符侯。地皇四年（二三），崔發做大司空；同年，王莽被殺之後，他投降了申屠建，後來終于被申屠建殺了。崔篆到光武帝時還活着。他的孫子崔駰死在永元四年(九二)。我們可以推算崔篆死在建武中期,約當建武十六年(四十)。易林裏的史事沒有王莽以後的事,所以我們可以說易林的內容很合於崔篆的時代。

崔駰傳說崔篆在東漢初年『客居滎陽,閉戶潛思,著周易林六十四篇』。易林全書總共有四千多首有韻的繇辭,也許不是一個短時期裏寫成的。但其中有些繇辭,頗使我們疑心是王莽時代寫的。例如節之睽和小畜之噬嗑:

方喙廣口,聖智仁厚。釋解倒懸,唐國大安。

這不是恭維王莽嗎?(看王莽傳描寫他『侈口蹶頤』當時有人說他『鴟目虎吻』。)又如明夷之蒙:

諷德誦功,美周盛隆,旦輔成周,光濟冲人。

這也很像王莽在篡國以前『四十八萬七千五百七十二人』上書歌頌他的功德一類的事,這又在崔篆的壯年時了。這一類的話,雖然不曾明說王莽,似乎不會是東漢革命成功之後寫的。所以我頗疑心這部書的著作不在東漢初年,而在西漢末年王莽專政還沒有做皇帝的時期,——就是漢平帝和孺子嬰的時期,——約在西曆紀元最初八九年之間。到了王莽被殺,光武帝中興之時,這部書早已流傳在人間,被人『用決吉凶』,所以其中頌美王莽的幾條也就無法删改了。從前鄭曉指出『皇母多恩,字養孝孫,脫于襁褓,成就爲君』一條,說是指定陶傅太后撫養哀帝的事。我曾指出哀帝即位時已有十八歲,不能說是『脫于襁褓,成就爲君』。如果我們考證崔篆作易林的年代大致不錯,那麼,這一條也許是指王太后(元后)和王莽同謀迎立漢平帝的事,或是指王莽假託王太后的意旨選立孺子嬰的事。平帝立爲皇帝時,年已九歲,也不是說是『脫于襁褓』。孺子嬰立時纔有兩歲,最合于『襁褓』之句。這等頌諛的話最合於崔發崔篆一家人的口氣。翟云升指出的『安民呼池……一國獲願』一條,是平帝元始二年的新政。崔篆決不會到了東漢初年還歌頌王莽在平帝時的德政。我們把這幾條合起來看,可以推想易林寫成的時代是王莽聲譽最高的時代。易林裏好像沒有王莽建國以後的史事,王莽始建國元年是西曆紀元九年,所以我推想,易林成書在西曆紀元最初八九年。到了王莽『新室』時代(西曆九至廿三),這書漸漸流行,所以漢明帝和沛王輔在永平五年(西曆六二)都用此書占卜了。

易林裏的『昭君』兩條，也可以幫助我們證明易林成書的年代：

(1)長城旣立，四夷賓服。交和結好，昭君是福。

(2)昭君死國；諸夏蒙德。異類旣同，宗我王室。

這兩條都歌頌昭君和親的成績，都可見那時期正是匈奴最恭順，北邊最太平，和親政策最有效的時期。漢書匈奴傳說：

> 北邊自宣帝以來，數世不見烽火之警，人民熾盛，牛馬布野。及莽撓亂匈奴，與之構難，邊民死亡係獲；又十二部兵久屯而不出，吏士罷弊。數年之間，北邊虛空，野有暴骨矣。

匈奴呼韓邪單于於宣帝甘露三年（西曆前五一）第一次來朝，明年又來朝。元帝竟寧元年（西曆前三三）呼韓邪又來朝，自言願做漢朝的女婿，元帝把後宮良家子王嬙賜給單于，呼韓邪號王昭君爲『寧胡閼氏』。從宣帝甘露初年到王莽初年（西曆十一）匈奴大入塞寇盜，其間共有六十多年的和平。昭君在匈奴幾十年，在中國民間的心理，她竟成了這和親政策的象徵。匈奴傳說：

> 漢平帝幼，太皇太后稱制，新都侯王莽秉政，（王莽號安漢公，在平帝元年。此事當指前一年九月以後，當西曆前一年）欲說太后以威德至盛，異于前，乃諷單于（烏珠留單于），令遣王昭君女須卜居次云入侍。太后所以賞賜之甚厚。

匈奴傳裏又屢次提到昭君的兩個姪兒王歙王颯。平帝初年，王歙和韓隆王昌等同出使匈奴。王莽建國的第一年，王颯和王駿等同出使匈奴。王莽後來封王歙爲『和親侯』，王颯爲『展德侯』。天鳳元年（西曆一四）王莽派王歙王颯出使匈奴。這時候昭君的女婿右骨都侯須卜當正當權，他的權力能推翻匈奴的傳位習慣，超越過匈奴諸王嗣立的名次，特別選立烏累單于。所以王莽特派昭君的兩個姪兒出使匈奴。後來王莽又封須卜當爲後安公，須卜當的兒子奢（昭君的外孫）爲後安侯。天鳳五年（西曆一八）王莽又把須卜當父子和昭君的少女的兒子醯櫝王都騙到長安，莽拜須卜當爲須卜單于，又把他的庶出女兒睦逯任（莽改公主爲『任』）嫁給昭君的外孫奢。但這些交驩的手段都不能恢復王莽以前『數世不見烽火之警』的和平關係了。

以上所引關於昭君的一家的事，可以表現兩點：第一，昭君的時代正當匈奴

『賓服』，中國北邊『數世無烽火之警』的時期。易林裏說到昭君的兩條都是那和平時期的情形，都不是王莽建國三年以後匈奴侵邊，北境空虛的景況。第二，那個時代是昭君的故事最流行的時代。昭君的兒子女壻在匈奴當大權，她的兩個姪兒在中國出使封侯，這是『昭君』故事所以成爲易林題材的歷史背景。

所以我們可以說，易林兩次用昭君故事的繇辭，也可以使我們推想崔篆作易林是在王莽篡國前的幾年，匈奴和好未破裂，昭君新死，而昭君和親的故事流傳最盛的時候。

顧炎武指出易林引用左傳典故甚多，這一點也可以幫助證明易林的年代。漢書劉歆傳說：

> 哀帝初卽位，大司馬王莽舉歆宗室有材行，爲侍中，太中大夫，遷騎都尉，奉車光祿大夫。貴幸，復領五經，卒父［向］前業……［先是］歆校祕書，見古文春秋左氏傳，歆大好之。……及歆親近，欲建立左氏春秋及毛詩，逸禮 古文尙書，皆列於學官。（前漢十四博士，春秋有公羊傳，分嚴氏，顏氏二家。宣帝時立穀梁傳博士，不在十四博士之數。但左氏不曾立博士。）哀帝令歆與五經博士講論其義。諸博士或不肯置對。歆因移書太常博士，責讓之。（原書載本傳）……其言甚切，諸儒皆怨恨。是時名儒光祿大夫龔勝以歆移書，上疏深自罪責，願乞骸骨罷。及儒者師丹爲大司空，亦大怒，奏歆改亂舊章，非毀先帝所立。……歆由是忤執政大臣，爲衆儒所訕，懼誅，求出補吏，爲河內太守。

這是經學史上第一次『今古文』的大爭論。劉歆雖然暫時失敗了，但哀帝不久就死了（西曆前一年），王莽和王太皇太后迎立了平帝。在王莽專政之下，劉歆的主張都實行了，所以漢書儒林傳之末，班固贊說：

> 平帝時（西曆紀元一至五）又立左氏春秋，毛詩，逸禮，古文尙書。

到王莽地皇二年（西曆二一）故左將軍公孫祿在大臣會議席上發言，彈劾當時最有權勢的大臣，其中有一段說：

> ……國師嘉信公［劉歆］顚倒五經，毀師法，令學士疑惑。……宜誅此數子，以慰天下。

公孫祿的話可以證明劉歆當時確曾利用政治的勢力來建立左氏春秋等書，列于學官。（王莽倒後，左傳又被廢了。故建武四年，又有韓歆，范升等的大爭論。）

崔篆作易林，正當左傳最時髦的時代，所以易林引用了無數左傳典故，是毫不足奇怪的。

此外，濟東王彭離的大案子，是崔篆出世以前的事；他家祖父崔朝在昭帝時做官，他父親崔舒做過四郡太守，崔篆記得這件大案子，當然不足奇怪。至於成帝起初陵和昌陵的絕大工程，是當時一件最荒謬，最引起天下人民怨恨的大事，有成帝永始元年（西曆前一六）和二年（西曆前一五）的兩次悔過詔書（漢書成帝紀）和劉向諫造陵疏（漢書卷三十六）爲證。假定崔篆死在建武中期（西曆紀元四十左右）年約七十歲左右，那麽成帝起初陵，又造昌陵，又回到延陵（初陵）的十多年的大工程，正當崔篆少年時代，在他著易林之前不過二十年光景；他記得這件大工程，用在易林裏，更不足奇怪了。

所以前人從易林內容引起的種種歷史困難，一經承認了王莽時建信大尹崔篆是作者，都可以完全解决了。

× × ×

我們覆審易林著作權的案子，現在可以判决了。判决書主文是：

審得今本易林確是一千九百多年前的古書；其著作人可以確定爲曾做王莽新朝的建信大尹的崔篆；其著作年代，據後漢書崔駰傳，是在東漢建武初期（西曆二五至三五）；但據本書內容推斷，此書的著作大概經過頗長的時期，而成書的時代大概在平帝元始二年（西曆二）之後，王莽建國初期匈奴大入塞寇掠（西曆十一年）之前。書中有歌頌王莽德政的話，不會是東漢初期寫定的書。一千多年來這書被人加上『焦氏易林』的題名，認前漢焦延壽爲作者；現在審判明白，易林斷歸原著作人崔篆，應該改題『崔氏易林』，或題『崔氏周易卦林』。又前人或認易林爲東漢許峻作的，或認爲『東漢以後人』作的，這些爭執，都絕無充分證據，一概駁斥不理。

民國卅二年二月廿八日改稿

卅二年九月十五夜半後重寫定

卅七年一月四夜又修改幾處

附錄　余嘉錫先生來函

適之先生史席：

曩者小兒承命以大作易林新考見示，伏讀兼旬，竊見編中所引證及其持論，果有與拙著辨證暗合者。豈意拙工之斧斲竟合公輸之準繩？私心用以自壯，亦自喜也。

拙著自印行後，續有增改。卽如此篇，除前所引修文殿御覽殘卷及祕府略外，後又檢得太平御覽卷三百四十七引崔贛易林曰『桃弓葦戟，除殘去惡』。卷七百四十引崔贛易林曰『癭瘤瘍瘃，爲身害傷』。蓋皆沿襲修文御覽，改之未盡者。藝文類聚卷九十，引崔顥易林曰『白鶴銜珠』，此又抄自修文御覽，而誤贛爲顥者也。（此當是唐宋時傳寫之誤）

可見易林舊本元題崔篆，至南北朝時，淺人妄改篆爲贛，以致非驢非馬。校者知其誤也，幷改崔爲焦。故唐時有題焦贛之本。（適謹案，隋書經籍志五行類易林十六卷，題焦贛撰，注云『梁又本三十二卷』，似梁錄已題焦贛了。）於是曾任僞建信大尹而有地下工作崔篆之財產，遂爲故小黃令焦延壽倚仗門徒京房之聲勢，將其刼收佔有矣。何幸貴委員不徇情面，嚴厲淸查後，卽行發還元主，該僞大尹宜如何感激涕零耶！呵呵。

伏惟大著精深博大，不惟判明易林之著作權，且進而製定考證法，如蕭何造律，後世莫能出其範圍。拙作中尙沿牟庭『新信聲同』之說，未加糾正，又妄謂漢人避諱不嚴，不知係臨文不諱，謹卽援引尊論重行改定矣。周行之惠，不啻百朋，甚謝甚感。

弟余嘉錫頓首。　三十六年四月一日。

出自第二十本上（一九四八年六月）

論早期讖緯及其與鄒衍書說之關係

陳　　槃

壹

讖緯之爲書，掇拾弘富，成分淆雜。從橫一方面言之，九流百家之說，交互錯出，靡不綜攬，從縱一方面言之，其沈澱凝聚又約略可分爲兩重要階段：蓋自戰國後期至秦皇世爲一階段。此一階段之讖緯，雖已由醞釀而始基，然而其書其說，若隱若顯。蓋其事詭秘，又俗尚尊師重道，故口耳相傳，鮮著竹帛。其次兩漢，三國爲一階段。此一階段爲讖緯極盛時代，風氣所趨，用增飾依託，剽竊矯稱，假之爲干祿取榮之工具，是其特色；於是而紛綸無數之卷帙，並出見於此時。吾人今日所見怪奇龐雜之讖緯篇目，卽此一階段之產物也。六朝以來之材料，亦往往而有，然而已屬不甚重要。

古讖緯之糾結雜糅，層次積累，大抵如此。

所謂『早期讖緯』，其面目果何如耶？討究此一目標，同時勢不能不觸及者復有二事：一者，孰爲讖緯之始託者？二者，何以有讖緯之稱，厥初是否亦名讖緯，是也。

此諸問題，實即讖緯起原之問題。向來各家對於此一問題，所見不同，今取其較有理致者，删要著於篇，因論焉。

汪繼培曰：

緯候之書，周季蓋已有之。……『失之毫釐，差以千里』，見易緯通卦驗，而禮記經解載之。『天道無親，常與善人』，後書郎顗傳稱爲易曰，而史記伯夷傳用之。『有一道，大足以守天下，中足以守國家，小足以守其身』，說苑亦稱易曰，而韓詩外傳引之。凡斯逸文，類本易緯。其證四也。（詁經精舍文集十二緯候不起於哀平辨。）

汪氏以讖緯之說，禮記，史記與韓詩外傳等載籍中往往見之，因謂其原於周季。

金鶚曰：

緯候所言多近理，可以翼經。本古聖遺書，而後人以怪誕之說纂入其中，遂令人不可信耳。其醇者，蓋始於孔氏，故鄭康成以爲孔子所作；其駁者，亦起於周末戰國之時。何以知之？秦始皇時已有『亡秦者胡』之讖，則讖緯由來久矣。孟喜漢初人也，而卦氣圖之用，本於易緯。司馬遷，武帝時人，而史記所載簡狄呑燕卵生契之事，本於尙書中候契握。大毛公，亦漢初人也，詩傳所謂『尊而君之則稱皇天，元氣廣大則稱昊天，仁覆閔下則稱旻天』，本於尙書帝命驗。伏生，秦時人也，所作尙書大傳言，『主春者張，昏中可以種穀；主夏者火，昏中可以種黍』，本於尙書考靈耀。所言『夏以十三月爲正，殷以十二月爲正，周以十一月爲正』，本於樂緯稽耀嘉。翼奉，宣帝時人也，元帝初，上封事言，『詩有五際』，本於詩緯汜歷樞。又易通卦驗云，『失之毫釐，差以千里』，禮記經解及太史公自序皆引之，言『差若毫釐，謬以千里』。中候摘洛戒云，『周公踐阼』，禮記明堂位引用其文。春秋漢含孳云，『三公，九卿，二十七大夫，八十一元士』，禮記王制引用其文。由是觀之，秦漢之間以至昭宣之世，已有其書，豈始於哀平哉！秦漢旣引其文，故知其起於戰國也。至若『失之毫釐，差以千里』，其言最精。又孝經鉤命決言，『孔子曰，吾志在春秋，行在孝經』。孝經援神契言，『日者，天之明；月者，地之理』，皆有精義，足以羽翼經訓。又若禮元命包言，『天子五廟，二昭，二穆，與始祖而五』，與禮喪服小記『王者立四廟』相表裏。春秋含文嘉言，『天子射熊，諸侯射麋，大夫射虎豹，士射鹿豕』，與鄉射，禮記相表裏。禮稽命徵言，『天子旂，九仞，十二旒；諸侯，七仞，九旒』，此類又足補禮經之缺。故知其始於孔氏也。（詁經精舍文集十二緯候不起於哀平辨。）

金氏以讖緯可以羽翼經義，故謂創始於孔氏。張惠言則以爲出於七十子之徒，曰：

緯者，其原出於七十子之徒相與傳夫子之微言，因以識陰陽五行之序，災異之本也。蓋夫子五十學易而知天命。（易緯略義序。）

胡寅則以爲原本於五經而失之，曰：

緯書，原本於五經而失之者也。（文獻通考經籍考引。）

又曰：

讖書，原於易之推往以知來。……易道旣隱，卜筮者溺於考測，必欲奇中，故分流別派，其說寖廣。要之，各有以也。（同上引。）

周治平則以爲與洪範，夏小正，周官，內經同其淵原，曰：

夫京房察六日七分之卦氣，與洪範之七卜同歸；翼奉辨六方五性之從違，與夏小正之月令相隸；（槃按，見大戴禮記。）周官十輝，郎顗演爲風角之占；內經五運，（槃按，黃帝內經素問有五運行大論。）譙贛因作納甲之例：誰云緯候起於哀平哉！尙書洪範疏云，……又云，鄭玄引春秋緯云，『月離於箕則風揚沙』。作緯在孔君之後，以前必有此說，孔依用之也。（詁經精舍文集十二緯候不起於哀平辨。）

俞正燮則以爲蓋出於古之太史，曰：

蓋緯書立義，博士隨事條附，取識天人之際，以合時應，非以爲天語。樂緯以五音配星二十八宿，山經以山配星，皆各守世業而已。……嘗論古緯書爲馮相，保章從太史所記靈臺候簿，故曰緯候，讖候。不然卽謂之妖書，亦無可辭也。（癸巳類稿十四書開元占經目錄後。 又緯書論略同。）

今按諸無論以時代，抑或以人物，抑或以載籍爲斷者，彼其皆有一共同觀念，卽以爲讖緯中若干思想，古已有之，是也。彼輩所據之人物，有孔子及其弟子，有古太史；載籍有易，書，洪範，周禮，禮記之經解，王制，明堂位，喪服小記，……及論語，黃帝內經素問，說苑，韓詩外傳，大戴禮夏小正，史記殷本紀，伯夷列傳，伏生尙書大傳，毛詩傳之等；亦或以五經屬之孔子。其實，此類載籍，有無後出之嫌疑？孔子，是否曾删定五經？問題非一。今無暇論。卽令其所舉似之例，確乎其爲古矣。然自古雖亦有此思想，不可謂此卽讖緯也。（孟眞師說。） 古籍散亡，遺文賸義賴讖緯而保存至今者，誠亦不少。然讖緯之產生，由於矯誕，或剽割盜襲，或怪迂能變。以其名爲讖緯而論，僞書也。以其鈔襲幸而有功古學論，則所謂僞書中往往有眞材料。讖緯定評，如此而已矣。今乃略去其展轉盜竊之跡，而謂古之讖緯有在於是，斯反客爲主矣。劉師培曰：

粵在上古，民神雜糅，祝史之職特崇，地天之通未絕。合符受命，乃御宇而作君。持斗運機，卽指天而立教。故禱祈有類於巫風，設教或憑乎神道。唐虞以降，神學未湮，玄龜錫禹，鳦鳥生商；降及成周，益崇術數，保章司占星之職，洪範詳錫疇之文。舊籍所陳，班班可考。王室東遷，巵言日出，貍首射侯於洛邑，雉鳴啓瑞於陳倉，趙襄獲符於常山，盧生奏圖於秦闕。推之三戶亡秦，五星聚漢，語非徵實，說或通靈。蓋史官失職，方技踵興，故說雜陰陽，仍出羲和之職守，而家爲巫史，猶存苗俗之遺風。是爲方士家言，實與儒書異軌。及武皇踐位，表章六經，方士之流，欲售其術，乃援飾遺經之語，別立讖緯之名，淆雜今文，號稱齊學，故玉帶獻明堂之制，兒寬草封禪之儀；卦氣爻辰，京氏援之占易；五行災異，中壘用以釋書。經學之淆，至此始矣。乃世之論讖緯者，或謂溯源於孔氏，或謂創始於哀平。吾謂讖緯之言，起源太古。然以經淆緯，始於西京；以緯儷經，基於東漢。（國粹學報六期讖緯論。）

按劉云，讖緯之言雖本諸古之巫史，然史官失職以後，方技踵興。讖緯之名，方士所立。此論誠甚允。若其云漢武表章六經以後始有讖名，則又非也。（說見後。）

復次，方士雜學，故自其手出之讖緯，亦無二致。如取其書而依班志爲之分類，則至少有如下各家數：

六藝 儒 道 陰陽 墨 雜 農 小說 歌詩 兵權謀 「兵」陰陽 天

文　歷譜　五行　龜著　雜占　形法　醫經　經方　房中　神仙

以上都二十有一家。其中唯墨與歌詩材料比較貧乏，其餘殆不能有所軒輊。如以秦與西漢間政治，社會，宗教方面影響之大者言之，自當推神仙，天文，歷譜，雜占，形法及陰陽五行之說。六藝與儒，雖亦重要，然其發生作用，蓋在西漢中葉以後。故謂讖緯源出於聖賢經傳者，未免失之偏。

復次，孔子『罕言命』，『不語怪力亂神』，不述『素隱行怪』；而讖緯乃適得其反，此其所以有『天書』之稱也。至於其中涉及經傳古義者，東鈔西襲，乃方士以儒學文飾，以爲阿諛苟合之一種作法，（別詳戰國秦漢間方士考論第三章。）並非與孔門之學有何等直接關係。桓譚以爲『後人妄復增加依託，稱是孔丘』；（詳下第貳。）張衡以爲『虛僞之徒以要世取資』，（後漢書本傳。）是矣。今云淵原於聖賢經傳，恐不免爲古人所笑。

復次，天文觀象之學，讖緯中誠連篇累牘。然方士傳鄒術，鄒衍自優爲此。史記歷書曰：『幽厲之後，周室微，陪臣執政，史不記時，君不告朔；故疇人子弟分散，或在諸夏，或在夷狄；是以其禨祥廢而不統』。又曰：『其後戰國並爭，在於彊國禽敵，救急解紛而已，豈遑念斯哉？是時獨有鄒衍，明於五德之傳而散消息之分，以顯諸侯』。以此知古天官之學，周衰以來，瀕於散亡，賴鄒衍明之，而方士復爲之傳。是則此一派學說，於古思想與方士讖緯之間爲承先啓後之爲者，不可無鄒衍其人，何必定推古之太史？劉師培氏雖亦知東遷以後方技代興，然而猶未審古史氏與力士之間乃有鄒衍之一層關係，蓋其疏忽。

復次，讖緯結集，大類淮南內篇。（即淮南鴻烈。）淮南王安集賓客著書，其中方士占重要地位，故其書內容，與讖緯最爲近似。唯不附經，此其稍異爾。自來稱淮南之書，必曰，出於方士；（論衡道虛篇。）或曰，賓客方術之士；（前漢書本傳。）或曰，「蘇非、李尙、……等八人及諸儒大山小山之徒」。（高誘淮南鴻烈解序。槃按，蘇非，李尙等八人，亦號八公，皆方士，說見論衡道虛，抱朴子仙藥等篇。）此即探原之論也。有如再加推求，則亦不妨謂，就方士論，此鄒衍之傳人也，以秦漢間海上燕齊方士，不可勝數，皆受鄒衍影響，封禪書已言之；又淮南地形篇有大九州說，明本鄒書：以此知之也。如其不然，以爲淮南書中思想，自古多有之，遂逕謂其書起原自古某代，或古誰某，或古某典籍，豈不大繆？然則於讖緯，抑何紛紛焉！

舊說亦有謂莊子中之金板六弢卽讖書者。此說如得實，則至晚當戰國中葉已有讖書矣。然而未能定者。考莊子徐無鬼曰：

徐無鬼因女商見魏武侯。……徐無鬼出，女商曰，先生獨何以說吾君乎？吾所以說吾君者，橫說之則以詩，書，禮，樂；從說之則以金板，六弢。

釋文曰：

金板，六弢，皆周書篇名。或曰，秘讖也。本又作六韜，謂太公六韜，文，武，虎，豹，龍，犬也。

按金版，六弢，據陸氏釋文有三說，而『秘讖』居其一。蓋皆推測之辭。余以爲周史六弢六篇，見於班志儒家。如爲『祕讖』，則班氏當依圖書祕記例（此讖書也。別詳解題。）入數術家。已以爲儒家，則似不當具方士怪迂意義。金版以類相從，蓋亦儒書也。其書久佚，劉歆七略云，『太公金版玉匱雖近世之文，然多善者』。（文選王文憲集序注引。）是劉氏已不知有金版舊書，何來『祕讖』之說？豈劉歆之後，復有此書邪？是不可以不存其疑也。

天道篇又有所謂十二經者，其文曰：

（孔子）往見老聃，而老聃不許。於是繙十二經以說老聃，中其說。曰，大謾，願聞其要。孔子曰，要在仁義。

釋文曰：

十二經，說者云，詩書禮樂易春秋六經，又加六緯，合爲十二經也。一云，易上下經並十翼爲十二。又一云，春秋十二公經也。

釋文引或說有以六經六緯合爲十二經者，此亦不免以肊度，故又有易上下經並十翼及春秋十二公經之二說。今按，讖緯一也，讖書之出，厥初皆託名河圖洛書。漢武以後，始有緯稱。蓋依附經名之讖緯，由是漸興。桓譚，王充王蕃之等已論之。（詳下第叁。又說讖緯命名及其相關之諸問題第三章之丙。）六緯之說，斷其爲誤。

顧炎武之論讖之起原也，則獨注意此『讖』之一字之出現，以爲：

史記趙世家，扁鵲言，秦穆公寤而述上帝之言，公孫支書而藏之，秦讖於是出矣。秦本紀，燕人盧生使入海還，以鬼神事奏錄圖書曰，亡秦者，胡也。

然則讖記之興，實始於秦人而盛於西漢之末也。（日知錄三十圖讖。）

按顧氏主張讖記之興，始於秦人，而其根據在於所謂秦讖。顧氏能拈出此『讖』字，因而推究其時間與空間。在方法上，誠然是一種進步。然其所引用材料，頗有問題。檢史記趙世家曰：

簡子疾，五日不知人。大夫皆懼。醫扁鵲視之。扁鵲曰，血脈治也而何怪？在昔秦繆公嘗如此，七日而寤。寤之日，告公孫支與子輿曰，我之帝所，甚樂。吾所以久者，適有學也。帝告我，晉國將大亂，五世不安。其後將霸，未老而死。霸者之子且令而國男女無別。公孫支書而藏之，秦讖於是出矣。獻公之亂，文公之霸，而襄公敗秦師於殽，而歸縱淫，此子之所聞也。今主君之疾，與之同。居二日半，簡子寤，語大夫曰，我之帝所，甚樂。有一熊欲來援我，帝命我射之。中熊，熊死。又有一羆來，我又射之，中羆，羆死。帝甚喜，賜我二笥，皆有副。吾見兒在帝側。帝屬我一翟犬，曰，及而子之壯也，以賜之。帝告我，晉國且衰，七世而亡。嬴姓將大敗周人於范魁之西。（正義曰，嬴，趙姓也。周人，謂衞也，晉亡之後，趙成侯三年，衞取都鄙七十三，是也。）而亦不能有也。今余思虞舜之勳，適余將以其胄女孟姚配而七世之孫。（索隱曰，即娃嬴，吳廣之女。姚，姓。孟，字也。七代孫，武靈王也。）董安于受言而藏之。他日，簡子出，有人當道，辟之，不去。當道者曰，吾有欲謁於主。從者以聞，簡子召之，曰，譆，吾有所見子晰也。（索隱曰，簡子見當道者，乃寤曰，嘻，是故吾前夢所見者，知其名曰子晰也。）當道者曰，主君之疾，臣在帝側，簡子曰，然，有之。當道者曰，帝主君射熊與羆，皆死。簡子曰，是且何也。曰，晉國且有大難，主君首之。帝令主君滅二卿。夫熊與羆，皆其祖也。（正義曰，范氏，中行氏之祖也。）簡子曰，帝賜我二笥，皆有副，何也。曰，主君之子，將克二國於翟，皆子姓也。（正義曰，謂代及智氏也。）簡子曰，吾見兒在帝側，帝屬我一翟犬，曰，及而子之長，以賜之。夫兒何謂以賜翟犬？曰，兒，主君之子也。翟犬者，代之先也。主君之子，且必有代。及主君之後嗣，且有革政而胡服，并二國於翟。簡子問其姓而延之以官，當道者曰，臣野人，致帝命耳。遂不見。簡子書藏之府。

按趙世家此處，豫言秦趙後事，皆中驗，明出後人皮傅。蓋方士之僞也。顧云此秦讖『實始於秦人』，命意未詳。如謂始於秦穆之世，則誤。方士喜依託秦穆故事以媚秦。始皇喜方士，此秦穆神話之託，可能卽在此時。又比傅趙簡，殆用爲陪襯。史公著書，多引方士之說，不足爲異。（別詳戰國秦漢間方士考論第四章。）讖之一名，始皇世亦可能已有之。以始皇早年卽已有豫言之綠圖卽河圖出現。（詳後第叁。綠圖卽河圖，別詳綠圖解題。）河圖有讖稱。讖之義爲驗，蓋本之鄒衍書說。（詳後第捌。）以此推之，讖名之出，固不必甚晚。然同書扁鵲傳乃不作『秦讖』而曰『秦策』，風俗通六國篇同。豈或作『讖』，或作『策』，於時則然，故史公亦不之拘耶？抑本自作『策』，史公於時習見讖書，以其同於讖，遂改『策』從『讖』；其亦或作『策』如扁鵲傳者，由改之有未盡耶？然考賈誼服賦云，『讖言其度』，亦史記本傳作『策』，而漢書作『讖』，則似『讖』『策』不拘之說近是。亦未可知也。

顧氏又引盧生奏錄圖書事。按錄圖卽河圖。『錄』亦作『綠』。方士託河圖，誠爲讖緯之先河。但此類書，呂不韋課集呂氏春秋時已有之，不當引盧生所上。是則顧氏雖能不隨諸家唯由讖緯思想以推究其書之起原，此處可謂有識矣，然則未解拈出方士之作僞，及始皇早年已有綠圖卽河圖之託，斯其猶不免有所未照。

貳

在一切舊說中，余甚同意桓譚之論。桓譚曰：

> 讖出河圖，洛書，但有兆朕而不可知。後人妄復增加依託，稱是孔丘。誤之甚也。（新論啓寤。　據嚴可均輯本。）

又曰：

> 今諸巧慧小才技數之人，增益圖，書，矯稱讖記。（疏。　後漢書本傳。）

桓說可注意者三：一者，古河圖，洛書，但有兆朕而不可識別；二者，技數之人假託之讖，亦稱河圖，洛書；三者，假託之河圖，洛書，並稱孔子所作。

按桓說是也。古傳說中之河圖，洛書，殆不過寶石之類，故尙書顧命云，『天球，河圖在東序』。天球亦寶石，故與河圖連類並列。此類寶石，蓋有紋理，似文非文，似圖非圖，在可識不可識之間。（南宋末，俞琰已有此說。）易繫辭雖極形其神，亦不過曰，『河出圖，洛出書，聖人則之』，以畫八卦。所則者固不止一事，蓋『仰則觀象於天，俯則觀法於地，觀鳥獸之文與地之宜，近取諸身，遠取諸物』。夫八卦已簡易矣，而其所取則於河圖洛書者，又如此微乎其微。然則所謂古河圖洛書之文之爲何物，可知也。（別詳河圖解題。）

洛書與河圖，並爲八卦所本，易繫辭之言甚明，卽易乾鑿度，禮含文嘉等亦至今倘保存此說；但對於洛書，西京末年復有相反之一說法。漢書五行志序曰：

初一曰，五行；次二曰，羞用五事；次三曰，農用八政；次四曰，協用五紀；次五曰，建用皇極；次六曰，艾用三德；次七曰，明用稽疑；次八曰，念用庶徵；次九曰，嚮用五福，畏用六極。……凡此六十五字，皆雒書本文。

據志序，此劉歆說也。按洛書如已有此六十五字，是之謂章明較著矣，桓譚何致云『但有兆朕而不可知』？此說與桓譚之言已距離甚遠，與易繫辭暨乾鑿度等讖緯義亦不合。非舊也。（別詳洛書解題。）

桓云，『巧慧小才技數之人，增益圖書』，『稱是孔丘』。此二事，可作一事觀之。蓋秦漢間作讖者皆方士，『技數之人』，卽方士也。託之孔子者，方士喜以儒學文飾，故爾言必稱孔子。（別詳戰國秦漢間方士考論第一四兩章。）

已云方士『增益圖書，矯稱讖記』矣，則此類讖記亦必託名河圖，洛書，此必然之事。但吾人須注意，舊說河圖與洛書，出於伏羲之世；而方士所託之河圖，洛書，則云出於孔子之手。前者爲文理單簡之寶物，而後者則文辭繁富之孔子讖記。二者故絕然不同。

方士已依託河圖洛書矣，然方士不止一人，作者亦不限一時，蓋層出而未有已。故王充曰：

讖記所表，皆效圖，書。（論衡實知篇。）

又王蕃曰

末世之儒增減河，洛，竊作讖，緯。（渾天說。晉書天文志引。）

按譚云方士『增益圖，書』；充云『皆效圖，書』；蕃云『增減河，洛』：三說義相發明。蓋已有早期方士初託之河，洛，後起之方士卽依據仿效，或加以增損，使成爲別一面目之篇章。此新出之篇章，或曰讖記，或曰讖緯，皆統名也。如依後世分類，則有所謂河圖，洛書，有所謂經讖，經緯。此類讖緯，皆由方士早期之河圖洛書衍變增損而來，故檢見存篇目，河洛之屬，不下數十；所謂經讖，經緯者，無慮數百。名目棊繁，而內容並無大差異，雖謂爲河圖洛書之派衍支分，信無不可。（以上別詳論讖緯命名及其相關之諸問題第二、三、四章。）桓譚二王之說，豈不然乎？

劉勰以下，頗亦不乏主張讖緯出於河圖洛書者。文心雕龍正緯曰：

夫神道闡幽，天命微顯。馬龍出而大易興，神龜見而洪範燿，故繫辭稱，『河出圖，洛出書，聖人則之』，斯之謂也。但世夐文隱，好生矯誕。眞雖存矣，僞亦憑焉。夫六經彪炳，而緯候稠疊；孝論昭晳，而鉤讖葳蕤。按經驗緯，其僞有四。……

隋書經籍志曰：

易曰，『河出圖，洛出書』，然則聖人之受命也，……則有天命之應。蓋龜龍銜負，出於河洛，以紀易代之徵。其理幽昧，究極神道。先王恐其惑人，祕而不傳。說者又云，孔子既敍六經，以明天人之道，知後世不能稽同其意，故別立緯及讖，以遺來世。……然其文辭淺俗，顚倒舛謬，不類聖人之旨。相傳疑世人造爲之後，或者又加點竄，非其實錄。

按謂讖緯出於河圖，洛書，劉氏與隋志立說相同。唯劉云，傳世之讖緯，眞僞糅雜；隋志則云，此類皆後人僞託，非聖人之旨。此其微異。

劉勰與隋志之說，乍看似與桓譚主張亦有同然處。其實不然。桓氏云，古河圖洛書，無文字義理之可言；而劉氏與隋志乃云，讖緯之眞，當在於是。二者故大相逕庭，不可以不辨。

叁

河圖之託，以今所知，蓋始皇早年已有之。呂氏春秋觀表曰：

人亦有徵，事與國皆有徵。聖人上知千歲，下知千歲，非意之也，蓋有自云也。綠圖幡薄，從此生矣。

按綠圖，河圖別稱。它書或稱錄圖。『錄』，亦或作『籙』，作『祿』，拙譔綠圖解題詳之。

傳說中之古河圖，本是『但有兆朕而不可知』之寶石，說已前見。今呂氏云，聖人能見知過去未來，綠圖由是而出。綠圖已爲河圖，是呂氏所稱說之河圖，與古河圖之但爲寶石者，其事迥殊，而與方士矯託之河圖無異。呂氏春秋序意有『維秦八年』之語，其成書，儻在此時。果爾，則綠圖卽河圖之託，至遲始皇早年已有之矣。

呂氏云『聖人』作綠圖，蓋卽指孔子，桓譚所謂依託河圖洛書，『稱是孔丘』者是也。讖緯附會之說又有曰：

孔子表河圖皇參持曰。……（逸書考本易辨終備頁一。）

命機之運由孔出，天心表際，悉如河洛命紀。（同上本易是類謀頁十一。）

按如此之類，或言孔子表章河圖，或言孔子精微天意，冥契河洛：是呂氏云聖人前知，『非意之也，蓋有自云也，綠圖幡薄從此生矣』者，卽此之謂矣。

『綠圖幡薄』，蓋是一辭。『幡』从巾，布帛作物也。（漢書藝文志：『六體者，……皆所以通知古今文字，摹印章，書幡信也』，是幡爲旗章符信之屬。）『薄』同『簿』，簿書之類。（養新錄三，簿：『經典無簿字，唯孟子有「先簿正祭器」一語。孫奭音義云「本或作薄」，則北宋本猶不盡作簿也』。）漢人二字不分。（漢簡簿作薄，如居延簡照片頁一二，又二一等。）然則『幡薄』者，圖書之所附麗。此圖書有綠圖之稱，故曰『綠圖幡薄』爾。春秋運斗樞曰：

舜與三公大司空禹等三十人集發圖，玄色而綈狀，可卷舒。長三十尺，廣九尺。（稽瑞頁一引。）

按此所謂『圖』者，卽河圖，亦卽綠圖。圖如綈，長某尺，廣某尺，『可卷舒』，自可擬之『幡薄』。曰『綠圖幡薄』，蓋此類是矣。

此綠圖幡薄已大似運斗樞所敍述之河圖，以其體製之閎鉅，可以料度其內容必甚豐贍。曰『人亦有徵』，曰『事與國皆有徵』，今雖無從懸擬其所云爲者究屬何等人物？何等情事與說法？然而其不失爲繁縟，則亦略可知矣。

方士洛書之託，始於何時？今未可知。然桓王等推究讖記根原，及讖緯書之引據典要，並以河圖與洛書內容相提並論。（別詳論讖緯命名及其相關之諸問題第三章乙。）

河圖之託已頗早，度洛書亦不能甚晚。漢武世已有堯舜河圖洛書之說，此堯舜之河圖洛書，當然方士所造作。（別詳西漢讖緯考。）然而非方士洛書此時始出之謂也。

穆天子傳卷一云：

天子西征，鶩行至於陽紆之山，河伯無夷之所都居，是惟河宗氏。河宗伯夭逆天子燕然之山。……天子命吉日戊午，天子大服冕禕，……曾祝佐之，……天子授河宗璧。河宗伯夭受璧，西向沈璧於河。……河宗囗命於皇天子。河伯號之。……河宗又號之，……示女舂山之珤。……乃至於崑崙之丘以觀舂山之珤。……己未，天子大朝於黃之山，乃披圖視典，用觀天子之珤器，曰，天子之珤，（舊注、曰、河圖辭也。）玉果，璿珠，燭銀，黃金之膏。天子之珤萬金。囗珤百金。士之珤五十金。……

莊子天運云：

天有六極五常，帝王順之則治，逆之則凶。九洛之事，治成德備，監照下土，天下戴之，此謂上皇。

按穆傳，河宗伯所示圖，舊注亦云河圖。天運『九洛之事』，自呂惠卿以下以爲洪範九疇，卽僞孔傳所謂：『天與禹，洛出書，神龜負文而出，列於背，有數至於九，禹遂因而第之，以成九類常道』者也。是則『九洛』卽洛書也。而其實河宗伯固人也，毫不帶神怪意味；若舊說所謂洛書者，止有數至於九，使未經禹手第錄，不可辨識，此桓譚所謂『但有兆朕而不可知』者也。『九洛之事』云云，度亦不過如此。至於方士之河圖洛書，神祕矣，詳贍矣。其術也，別有所受之。（以上並別詳河圖洛書兩解題。）名同實異，其別甚微，在乎學古之士辨之而已矣。

肆

桓譚言增益河圖洛書者爲『巧慧小才技數之人』。按『技數之人』卽方士。秦漢之世，矯託讖緯者，大抵皆方士，或受方士之影響。（別詳戰國秦漢間方士考論第四章。）桓譚統之以方士，推本言之，是也。

呂氏春秋所稱引之綠圖，不言誰作，然方士已爲詐造讖緯之始作俑者，桓譚之說如彼，而槃之所考，亦復如此，（別詳戰國秦漢間方士考論第五章。）知呂氏所稱綠圖之爲方士所託，蓋亦不能例外。

以言方士，則吾人斷不可忽略方士始祖鄒衍其人。鄒衍爲秦漢間方士所宗，史記之言甚明，（別詳戰國秦漢間方士考論第五章。）檢呂氏書亦常引用鄒衍書說，（詳後。）則呂氏著書之賓客，固有傳鄒衍之方士在。觀表篇所謂綠圖云云，殆卽此輩方士所稱道，不難知之也。

鄒衍書說與綠圖之關係，故甚明顯。劉師培氏於讖緯論中對於讖緯之言，雖謂其起原於太古巫史，而忽略鄒衍之位置，（見首章。）然而其西漢今文學多采鄒衍說考一文，則其中有極中肯綮之說。其言曰：

> 考圖讖之詞，神仙之術，大抵均出於衍書。史記三代世表引黃帝終始傳，有『漢興，百有餘年』諸語，（原注，褚先生補。）書雖僞託，然『終始』之說旣本於衍，則衍書必兼論圖讖矣。
>
> 漢代緯書，雖與六經相比傅，疑所采亦衍書。（元注：漢張衡謂，起於哀，平之際，非也。尹敏謂非聖人作，是也。）史記孟荀列傳集解引別錄曰：鄒衍之所言五德終始，天地廣大，盡言天事。今觀緯書所述，若易坤靈圖，尙書帝命驗，尙書中候，春秋元命苞，春秋命歷序，禮斗威儀，均言五德終始；若乾坤鑿度，尙書考靈曜，詩含神霧，河圖括地象，洛書甄曜度，則均天地廣大說。（元注：兪正燮癸巳類稿釐地海論謂，古緯書所述，多與衍說瀛海九州合，擧證至確。惟不知緯書出於衍，轉以衍說據緯書，失之。）其有緯而兼涉於讖者，則所陳均圖籙，兼及符瑞之詞，或與神仙家言相雜伺（廁）。雖衍書已亡，莫克悉證緯書所出；然取火之說又見於禮緯稽驗徵，禮疏所引地統書括地象與史記所載衍說同，則緯書均衍說。……（左盦集三西漢今文學多采鄒衍說考。）

按讖緯非二書，（別詳論讖緯命名及其相關之諸問題。）不當分別言之。劉氏此處猶不免拘泥。然其云衍書必兼論圖讖，（按當云兼論類似圖讖之說。詳下第柒。）云緯書所采亦衍書，則殊甚精闢。考讖緯之屬，河圖爲先，其次則洛書。欲明瞭讖緯與鄒衍書說之關係，觀於河圖，洛書，可以知之。卽呂氏春秋之所謂綠圖，河圖足以概之。河圖者，讖緯之家透露其消息曰：

> 河圖，命紀也，圖天地帝王終始存亡之期，錄代之矩。（文選永明十一年策秀才

文李注引尙書璇璣鈐。)

又曰:

河圖,帝王之階,圖載江河山川州界之分野。(水經河水一注引春秋命歷序。)

又曰:

舜與三公大司空禹等三十人,集發(河)圖,玄色而綈狀,可卷舒。中有七十二帝地形之制,天文宮序,位列,分度,若天日月五星變。(稽瑞頁一引春秋運斗樞。)

河圖內容,讖緯作者說之如此。然三說互有詳略,殆引書者不免任意删節,故詳略不侔,今不妨合而觀之。

洛書內容,蓋與河圖近似。河圖挺佐輔曰:

天老曰,河出龍圖,雒出龜書,紀帝錄州,(藝文類聚十一等作『列』。)聖人所紀(藝文類聚,古微書『所紀』作『之』。)姓號。(御覽七九引。)

按此云洛書亦『紀帝錄州』及『聖人』之『姓號』,同於河圖。所謂紀帝錄州及聖人姓號者,卽所謂:河圖載帝王之階,及江河山川州界分野之類是矣。(詳上。)拾遺記卷二亦曰:

禹盡力溝洫,導川夷岳,黃龍曳尾於前,玄龜負青泥於後。玄龜,河精之使者也。龜頷下有印文,皆古篆字,作九州山川之字。

又卷十曰:

員嶠山……西有星池千里,池中有神龜,八足,六眼,背負七星日月八方之圖,腹有五岳四瀆之象。

又述異記卷一曰:

陶唐之世,越裳國獻千歲神龜,方三尺餘,背上有文,科斗書,記開闢以來。(槃按,此下有脫文。)帝命錄之,謂之龜歷。

按龜圖,龜書,卽洛書。拾遺記與述異記此說,無疑本諸讖緯,故其所謂龜圖龜書,云有『九州山川之字』,與河圖挺佐輔所述,其事相應。又禹時出玄龜云云,尙書刑德放,中候考河命亦載之,但此龜書之內容,拾遺,述異所引獨詳,蓋讖緯已有脫佚故。員嶠山與越裳氏亦有龜書者,由洛出書一說分化而來。方士詭奇,多此類。（別詳洛書解題。）依此說，則洛書本亦有『七星日月』，『五岳四瀆』及『開闢以來』之帝王終始存亡之期，（按此句述異記所無，以其有『龜歷』之稱，今以意引申其說。）與河圖之有所謂『圖天地帝王終始存亡之期』，『中有七十二帝地形之制，天文宮序位列分度，若天日月五星變』者同符矣。抑讖緯作者之於河圖洛書，往往相提並論，例如：

故聖王觀河洛也。（逸書考引清河郡本河圖祿運法。）

河龍，雒圖龜書，聖人受道眞圖者也。（逸書考本易是類謀頁七。）

河以通乾出天苞，雒以流坤吐地符。（詩文王敍正義引春秋說題辭。）

河龍圖出，洛龜書威，赤文象字，以授軒轅。（清河郡本尙書帝命驗。）

如此之等，未可悉數。按讖緯作者於河圖洛書，二者同時舉似，蓋亦卽二者內容無大差別或竟完全相同之一種暗示矣。

方士之所謂河圖與洛書，已名異實同，今輒以河圖代表試與鄒書比較其關係。史記孟荀列傳附鄒衍傳曰：

鄒衍睹有國者，益淫侈不能尙德，若大雅整之於身施及黎庶矣，乃深觀陰陽消息而作怪迂之變，終始大聖之篇，十餘萬言。其語閎大不經，必先驗小物；推而大之，至於無垠。先序今以上至黃帝，學者所共術，大並世盛衰，因載其禨祥度制；推而遠之，至天地未生，窈冥不可考而原也。先列中國名山大川，通谷，禽獸，水土所殖，物類所珍；因而推之及海外，人之所不能睹。稱引天地剖判以來，五德轉移，而符應若茲。以爲儒者所謂中國者，於天下乃八十一分居其一耳。中國名曰赤縣神州，赤縣神州內，自有九州。禹之序九州，是也，不得爲州數。中國外，如赤縣神州者九，乃所謂九州也。於是有裨海環其外，天地之際焉。其術，皆此類也。然要其歸，必止乎仁義節儉，君臣上下六親之施。

按鄒子有五德終始，（據史記封禪書集解引如淳曰。漢志陰陽家作鄒子終始五十六篇。）史公以上所敍述者，其綱要也。余以爲此鄒書內容，與吾人現在所見之讖緯，並無二致。直謂此爲整部讖緯之大綱扼要，未嘗不可。朱彝尊曰：

河圖括地象其言雖夸，然大抵本騶衍大九州之說。（經義考讖緯二。）

頡剛師曰：

> 他(鄒衍)的書共有一百零五篇之多，關於這個五德問題的議論，必極詳細。可惜從隋書經籍志以下就不著錄了。失傳的緣故，當由讖緯的禁絕。因為讖緯是導源於騶衍一派的思想的，末流既不勝其弊，遂連這位老祖師的遺書也連根拔去了。(五德終始說下的政治和歷史第三章。)

按朱云，河圖括地象夸大之說，本諸鄒衍之大九州，是也。師言，讖緯導源於鄒衍一派之思想，其義界未之詳。但以文意推之，似即指鄒五德轉移之論。按師說亦是也。然其實讖緯與鄒書之關係，不止此二事而已也。

茲先論其與河圖之關係。按鄒書開宗明義言大聖之終始，而其書曰五德終始，即因是為名，而河圖亦圖紀『帝王終始存亡之期』。即此『終始』二字之拈出，河圖與鄒書之關係，可以思過半矣。然而不唯此也。鄒書『列中國名山大川』，而河圖亦『圖載江河山川』。鄒書言中國九州，而河圖亦有『州界分野』。鄒書載黃帝以來『禨祥度制』，而河圖亦言『錄代之矩』。『矩』者，規矩，法則，即『度制』矣。鄒書所謂『禨祥』者，星歷候望，吉凶占錄之謂。史記歷書言，『幽厲之後，史不記時，君不告朔，疇人子弟分散，禨祥廢而不統』，『獨有鄒衍明於五德之傳而散消息之分』。即其類也。鄒書明於『禨祥』，而河圖亦有『天文宮序，位列，分度，若天日月五星變』。檢見存篇目，其書復有稽曜鉤，考靈曜，考曜文之等。按『曜』者，日月五星。是河圖亦言『禨祥』矣。鄒書上推至於『天地未生，窈冥不可考而原』，而河圖之言『天地帝王終始』，謂天地與帝王之終始也。檢河圖如云，『易有太極，是生兩儀。兩儀未分，其氣混沌。清濁既分，伏者為天，偃者為地』：(古微書本河圖括地象。)又云，『天不足西北，地不足東南。西北為天門，東南為地戶。天門無上，地戶無下』。(同上古微書等引。)如此之等，是其天地窈冥之說也。

然河圖與五德終始說相應之處，實不祇如上所論之寥寥數事。驗見存河圖遺文，可以知之也。但有一事，必須加以說明者，即今茲所檢論者，本為河圖內容及其與鄒書之關係。但河圖今無全書。然河圖全書今雖不可得見，諸讖緯皆出河圖洛書，說具如上，則諸讖緯故河圖洛書之化身變象也。篇目雖自不同，以與河圖洛書等量齊觀，諒無不可。正爾，故以下比校鄒說，自當首採河圖本篇。其有河圖已闕，而他讖緯尚有存者，則亦不妨斟酌引用，使之首尾差具。合之則兩全，闕之則俱傷，故不嫌也。

準此範疇，以校鄒書，則其間二者可以互相照應之處，又有如鄒書言，『中國名山大川通谷禽獸，水土所殖，物類所珍』；而河圖亦曰：

少室之山，大竹堪爲釜甑。（御覽九六二引孝經河圖。）

崑崙之墟有五城十二樓，河水出焉，四維多玉。（古微書本河圖括地象。）

岐山在崑崙山東南，爲地乳。上多白金。周之興也，鸑鷟鳴於岐山。時人亦謂岐山爲鳳凰堆。（御覽四十引河圖括地象。）

鄒書由中國『推及海外，人之所不能睹』；而河圖亦曰：

玄州在北海中，地方三千里，去南岸十萬里。有芝著玄澗，澗水如密（蜜）味，服之長生。（御覽五九引龍魚河圖。）

囗州在南海中，地方三千里。多檀木，可治爲弓，鳥見之則號。弓之神，名曲張。（同上。逸書考引濟河郡本。）

按鄒子五德終始既已不傳，其所謂中國及海外『水土所殖物類所珍』之等，內容何如，無從考驗。遽引讖緯加以比校，謂其有何等關係，似乎近於武斷。然而讖緯與鄒書之淵原，實甚明顯，固不能不令人涉此遐想。所謂實甚明顯者，大體已如上述。以下數例，亦其類也。

按五德終始言『五德轉移』者，以五行相勝，卽土，木，金，火，水爲序。（詳後。）封禪書言，『鄒子之徒論著終始五德之運』，是一事。『五德之運』，蓋鄒書及其徒以爲常言，史公著之，而讖緯亦習用之。雒書摘六辟曰：

五德之運。（文選景福殿注引。）

春秋命歷序曰：

五德之運，同徵合符。膺籙，次相代。（同上華林園集詩注引。）

元命苞曰：

五德之運，各象其類。興亡之名膺籙，次相代。（同上運命論注引。）

按所謂『籙』者，謂讖緯書錄。此故神讖緯之說也。然曰『五德之運』云云，與鄒子之徒之所論著者，何其近似耶？主張五德相生之說者亦云：

五德之運，黃承赤而白繼黃。(後漢書公孫述傳引孝經援神契。)

按五德相生之歷史系統。蓋起於西漢中葉以後。上引摘六辟等三事，其文簡略，未知其果主張相勝，抑相生？然『五德之運』一辭，分明襲自鄒書，無可疑義。

鄒書所謂『五德轉移而符應若茲』，『符應』，謂何等耶？文選魏都賦注引七略曰：

鄒子有終始五德，從所不勝：土德後，木德繼之；金德次之；火德次之；水德次之。

七略稱引，仍語焉不詳。呂氏春秋應同曰：

凡帝王之將興也，天必先見祥乎下民：黃帝之時，天先見大螾，大螻。黃帝曰，土氣勝。土氣勝，故其色尙黃，其事則土；及禹之時，天先見草木秋冬不殺。禹曰，木氣勝。木氣勝，故其色尙青，其事則木；及湯之時，天先見金刃生於水。湯曰，金氣勝。金氣勝，故其色尙白，其事則金；及文王之時，天先見火，赤烏銜丹書，集於周社。文王曰，火氣勝。火氣勝，故其色尙赤，其事則火。

馬國翰曰，呂覽所述，蓋卽鄒子佚文。(玉函山房輯佚鄒子序。)今按，馬說不誤。劉向別錄曰：

鄒衍言，黃帝土德，有螻蛄如牛，大螾如虹。(竹書紀年統箋黃帝條引。)

按『螻蛄如牛』，卽呂氏所謂『大螻』。『大螾如虹』，呂氏無『如虹』二字。可謂大同小異。別錄引此以爲鄒衍說，則呂氏說本諸鄒衍，甚明。封禪書曰：

始皇已幷天下而帝，或曰，黃帝得土德，黃龍，地螾見；夏得木德，青龍止於郊，草木暢茂；殷得金德，銀自山溢；周得火德，有赤烏之符。

按此則方士援據鄒說以迷惑始皇者也。封禪書以爲『騶子之徒論著終始五德之運，及秦帝而齊人奏之，故始皇采用之』。此之謂也。

鄒書言五德轉移之『符應』如此，而河圖及諸讖緯亦曰：

黃帝起，大螾見。(古微書本河圖祕徵。)

夏道將興，草木暢茂，郊止青龍。(逸書考引淸河郡本中候考河命。)

檮杌之神見於邳山，有人見白狼銜鉤而入商朝。金德將盛，銀自山溢。

（古微書本雒書靈准聽。）

文王比隆興始霸，伐崇，作靈臺，受赤雀丹書，稱王制命，示王意。（詩大雅文王正義引易是類謀。）

按讖緯此處，無疑卽本鄒說。以上各家引鄒說，故互有出入詳略之不同。然古人引書，往往如此。孰爲近眞，今不能定。亦大較無害其爲出於鄒書而已矣。

鄒書之所謂『符應』，猶不止此。周禮春官鐘師疏曰：

按異義，今詩韓魯說，騶虞，天子掌鳥獸官。古毛詩說，騶虞，義獸白虎黑文，食自死之肉，不食生物。人君有至信之德則應之。周南終麟趾；召南終騶虞：俱稱嗟歎之，皆獸名。謹按古山海經，鄒書云，騶虞，獸。說與毛詩同。是其聖獸也。

按疏所謂鄒書，蓋卽鄒衍書。瑞應書曰：

義獸也。白虎黑文，不食生物。有至信之德，應之。一名騶虞。（六帖等引。）

按瑞應書，讖緯書也，其說騶虞，與鄒書同。亦有作白虎者，孝經援神契曰：

悳至鳥獸則白虎見。（藝文類聚祥瑞部等引。）

騶虞，一名白虎，故援神契云爾。讖緯『符應』之說與鄒書相應，此又一事也。

此外復有近似洪範之所謂休徵者，其說法實同於『符應』。讖緯中，其例屢見。據漢書藝文志五行家序云：『其法亦起五德終始』。

余更疑鄒書之所謂『禨祥』，所謂『陰陽消息』，與夫所謂中國乃至海外『水土所殖物類所珍』者，此其中殆必亦包含多量之『符應』事物。蓋讖緯『符應』之理論，隱然其所根據在此。

抑『符應』之說，影響於秦漢間之歷史者，至鉅，至深。倡導此說者，皆鄒衍之徒海上燕齊方士。考校其說，見微知著，實不似權時矯託，宜有所本。以此理由，余敢言鄒書『符應』之說，必不至如呂氏春秋與始皇時方士所引之單簡。今諸讖緯『符應』材料，雖多所遺佚，然歸納計之，殆猶無慮數百事。以方士之喜剽襲鄒說，則讖緯中此類學說與鄒衍之關係，亦略可知矣。

『符應』之說，自古有之，雖鄒衍亦不能無所承繼。然方士傳鄒術，史例明顯。抑鄒衍以前『符應』紀錄，似遠不如災異之說之繁冗。經秦漢間鄒子之徒之宣傳，其風始丕變。卽讖緯之形成，此類材料亦占重要地位。此又吾人研討讖緯史者，所應注意之一事也。(以上四節，詳秦漢間之所謂符應論略第二，七，八各章。)

河圖暨諸讖緯內容與鄒書相應，由『五德之運』一辭及『符應』之說證之，已甚明矣，而大九州之說尤顯。河圖曰：

凡天下有九區，別有九州。中國九州名赤縣神州，卽禹之九州也。上云九州，八柱，卽大九州也。非禹貢赤縣小九州也。(初學記五等引。)

天有九部，八紀；地有九州，八柱。東南神州，曰晨土；正南卬州，曰深土；西南戎州，曰滔土；正西弇州，曰开土；正中冀州，曰白土；西北柱州，曰肥土；北方玄州，曰成土；東北咸州，曰隱土；正東揚州，曰信土。(後漢書張衡傳注引。)

按上引見於初學記一條，似是注語，誤作正文。(本黃氏逸書考說。)然其釋九州爲鄒衍之大九州，甚允。河圖之說九州云，『東南神州曰晨土』。論衡談天篇引鄒說亦曰，赤縣神州在東南隅。是河圖之說出於鄒衍之證也。『八柱』之說，史記引鄒書無之。然鹽鐵論論鄒曰：

大夫曰，鄒子……於是推大聖終始之運，以喻王公列士：中谷(國)名山通谷，以至海外。所謂中國者，天下八十一分之一，名曰赤縣神州，而分爲九。川谷阻絕，陵陸不通，乃爲一州。有八瀛海圜其外，此所謂八極，而天下際焉。(論衡談天篇作，『鄒衍之書言，……禹貢九州，方今天下九州也，在東南隅，名曰赤縣神州；復更有八州，每一州者，四海環之，名曰裨海。九州之外，更有瀛海』。兩說不同。)

據是則鄒書蓋本有『八極』之說，而史遷略之耳。『八極』，河圖作『八柱』，本當作『八極』。『八柱』，『八極』，實是二事。因兩字形近，故易誤。(『八柱』，在崑崙地下，初學記五引河圖括地象：『崑崙山爲柱，氣上通天。地下有八柱，柱廣十萬里，有三千六百軸互相牽制，名山大川，孔穴相通』，〔御覽三六等引略同。〕是也。方士詭誕，云地上亦有『八柱』如御覽三八等引河圖括地象云：『崑崙之山爲地首，……橫爲地軸，上爲天鎭，立爲八柱』，是也。至於『八極』，淸河郡本河圖括地象云：『八紘之外，是爲八極。八極，東南頗母之山，名曰昌陽之門；南方南極之山，名曰煖暑之門。……八極之廣，東西之數，減於南北二十之五焉』，界說甚明。王氏讀書雜志九之四以爲『八極』當作『八柱』，是以二事爲一事，其說不然。）

河圖括地象之言曰：

地部之位，起形高大者有崑崙山。……其山中應於天，最居中，八十城布繞之，中國東南隅居其一分，是好城也。（博物志一。古微書。）

此亦大九州說，朱彝尊氏論之矣。（文已前見。）按鄒云：『在東南隅，名曰赤縣神州』，見於論衡談天篇；云『中國者，於天下乃八十一分居其一分』，見於史記本傳。今括地象云中國爲八十一分之一，云中國居東南隅，彼此之間，若合符節。

伍

河圖暨諸讖緯與鄒衍書說之關係，大體如上。余茲更提出秦漢間之甚主要思想一事，即五行之說是也。漢書藝文志五行家敍曰：

五行者，五常之形氣也。書云，初一曰，五行；次二曰，羞用五事，言進用五事，目順五行也。貌言視聽思心失，而五行之序亂，五星之變作：皆出於律歷之數而分爲一者也。其法亦起五德終始。推其極則無不至，而小數家因此以爲吉凶而行於世，寖以相亂。

按班志所謂『書云』者，尙書洪範說也。鄒子五德終始，據七略，以五行相勝爲說；（詳前章。）而其主運一書，則義取相生。（封禪書集解引如淳曰：『今其書有主運，五行相次轉用事，隨方面爲服』，是其說與『月令』爲近。周禮大司馬司爟注引鄭司農述鄒子春，夏，季夏，秋，冬取火云云，與主運書義相應，蓋即鄒子主運一書之遺文。）班志所論五行家說，當然兼具相勝相生二義。然獨云『其法亦起五德終始』，何耶？豈五德終始一書，亦兼有相勝相生二義耶？將其不舉似主運者，由偶有未照耶？要之，無論如何，秦漢間人思想行事之受五行學說之支配，鄒衍固應負其責任之大部分，班志此言不誣也。

於現存讖緯中，此等五行思想，如依班志所論而以形式求之，有類乎所謂洪範者，亦有非洪範形式所能包舉者，如河圖之篇曰：

帝貪則政暴而吏酷，酷則誅深，必殺，生蝗蟲。（續漢書五行志等引河圖秘徵。）

王無德則虎牛尾，無口目，名曰亂朝。（占經一百十六引河圖說徵。）

月蝕盡，女主當之。（占經十七引河圖帝覽嬉。）

此等處，卽洪範家所謂『貌言視聽思心失，而五行之序亂，五星之變作』者也。至如云：

月始出時，有雲居其中如禽獸狀，其名曰綦婁。甲乙見，東方受之；丙丁見，南方受之；戊己見，中央受之；庚辛見，西方受之；壬癸見，北方受之。受者，受其害。（占經十一引河圖帝覽嬉。）

山崩海竭，塡星受尅。金旺土衰，兵起國危。蓋土畏金尅，金自制土。兩不相生，久角必有一傷，故將軍見此，必加意愼之。（同上二二引河圖。）

埋蠶沙於宅亥地，大富，得蠶絲，吉利。以一斛二斗甲子日鎭宅，大吉，致財千萬。（古微書等引龍魚河圖。）

此類與所謂『貌言視聽思心』之事無關。豈果其有關者，淵原於洪範；而其無關如此之等者，則其說出於五德終始耶？然洪範之取材，有出於戰國末年者，時賢論之綦詳矣。（參考劉節洪範疏證。）班志雖首引洪範，復云『其法亦起五德終始』，是洪範之說，五德終始足以概之矣。史公之論鄒衍也，曰：『睹有國者，益淫侈不能尙德，若大雅整之於身，施及黎庶矣；乃深觀陰陽消息而作怪迂之變』。曰：『要其歸，必止乎仁義節儉，君臣上下六親之施』。卽此與洪範所謂『貌言視聽思心失，而五行之序亂，五星之變作』者，密合無間。洪範已有後出之嫌，則是讖緯中五行之說，無煩更數洪範，直謂之本於鄒書，可矣。

○　○　○

鄒衍對於秦漢間之又一影響，此於五行學說，有過之無不及者，卽神仙之說是也。據漢書劉向傳，鄒衍有書曰重道延命方。按讖緯，充滿神仙奇藥之說，以讖緯與鄒衍之關係例之，則讖緯中此類思想，亦淵原有自矣。拙譔戰國秦漢間方士考論第四五章，於此說爲詳。今姑從略焉。

陸

鄒衍爲方士魁首，秦漢間方士皆爲鄒之傳人；作讖緯者方士，其書由於方士所依託之河圖洛書衍變而出，內容與鄒衍之學說一一切合：具如上述。然則讖緯爲書，雖直接原於『海上燕齊方士』，謂間接出於鄒衍，或鄒衍學說之化身變象，無不可也。

初余之籀讀諸讖緯也，見其爲書，所包者至雜，至博，與夫所謂豫言吉凶禍福，聖人祕書微文云云，循名覈實，有極不相關係者。又每一事一說，往往諸書重出，辭費不已。頗不解其何以有此。今知其說襲自鄒衍，鄒書如此，則由於此而矯稱之讖緯，自無怪其然矣。至讖緯之所以多雷同者，封禪書曰：

> 騶衍以陰陽主運顯於諸侯，而燕齊海上之方士傳其術，不能通，然則怪迂阿諛苟合之徒自此興，不可勝數也。

按鄒衍有主運一書，說已前見。讖緯內容與其篇目之複沓繁瑣，封禪書云傳鄒術者不可勝數，是爲其最佳之說明。此其『術』，史公指出之，以爲『陰陽主運』，讀者不可執着，當兼五德終始論之。原鄒子之所以顯，本傳以爲由於終始大聖之篇，卽五德終始；而此處則云由於陰陽主運。其實二者均有關係，故史公行文，亦隨意舉似之耳。又所謂『傳其術不能通』者，但指某一階段言之。本傳曰：『王公大人初見其術，懼然顧化，其後不能行之』，可見鄒說確有一時期不免於衰落。然至少始皇早年已復興盛，故封禪書又曰：『騶子之徒論著終始五德之運，及秦帝而齊人奏之，故始皇采用之』。若夫秦漢間言求仙封禪致太平之說者，無非鄒子之徒，此又其顯而易見者。（別詳秦漢間之所謂符應論略第三章。）

方士夸誕，喜作僞。怪迂阿諛苟合者實繁有徒，則讖緯之產生宜亦層出不窮，或剽割互襲，或增飾效仿，不一而足。此類書之所以不免於大同小異，職是之由矣。

疑者曰，鄒子終始五德之傳，自呂氏，史遷以下，公私之家，頗亦著錄。（詳上第肆伍。）子言方士之徒剽襲鄒書，飾稱讖緯，十目所視，十手所指，方士之徒，其誰欺乎？曰，此風氣使然。先秦兩漢百氏之書，雷同互襲，其例非一。呂覽淮南，其集舊之大成者也。當時視之，曾不爲異，於讖緯乎何有？抑且歷史上一種新思想之發生曁其與時消逝，此思想本身之價値，初不居重要關係，唯視客觀之是否需要爾。如其需要，則臭腐亦神奇矣。不然，則雖復㓉通大道，無所用之。是故讖緯之在當日，彼其所以能惑人者，實政治，社會迫切需要有以使然，於此之時，只有迷信，初無理智。又況方士之徒巧於文飾，善能傅會，使見之者初不覺其詐僞。習非成是，積重難返，自非明智，孰能辨之？若夫在上者方利用此爲其統治工具，唯恐人疑之，『桓譚以不善讖流亡，鄭興以遜辭僅免，賈逵能附會文致，最差貴顯』。（後漢書賈逵傳論。）夫如是，則亦誰敢辨之。

柒

鄒子之徒方士，剽襲鄒書，矯稱讖緯，是則明矣。今須進一步檢討者，卽讖緯者，所謂『祕書微文』，具充分之神性，故復有『天書』之目。方士託此書，其思想之淵原何在？忽爾有此奇想耶？誰啓之耶？余意此其關係，仍可以於鄒衍學說中求之。按鄒衍『深觀陰陽消息而作怪迂之變，終始大聖之篇十餘萬言』；『其語閎大不經，必先驗小物』，則知鄒衍著論，勢必其中多有幽贊神明，與夫興亡禍福，推往知來之說。唯其如此，故爾『王公大人初見其術，懼然顧化』。卽此一端，已有甚穠厚之讖緯意味矣。劉師培氏論西漢中世黃帝終始傳之依託也，以爲『終始』之說已本於鄒，則鄒書必兼論圖讖矣。按鄒衍之世，未必卽有『圖讖』之目；然而可謂已有類似『圖讖』之說。劉氏此處，亦信乎其爲精論深識矣。

然余以爲尚有一事，不可不加以注意者，鄒書所謂『五德轉移』而有『符應』。所謂『符應』，其中有一事爲文王時之赤烏銜丹書。按丹書者，書作赤色。書文作何等？鄒書已亡，無可考者。墨子非攻下曰：

赤烏銜珪，降周之岐社，曰天命周文王，伐殷有國。

按墨子中頗不乏後人羼亂之說。非攻篇此文，其爲舊說，抑方士據鄒說竄入，今未可知。（方士中有墨家，別詳戰國秦漢間方士考論第二章『墨家』條。）卽使其確爲舊說，亦不足異。鄒衍著論，當然有創說，亦不能一無因襲。所謂赤烏丹書之內容，其見之於鄒書者，豈同於非攻篇所引者耶？讖緯書曰：

有鳳皇銜書，游文王之都。書文曰，殷帝無道，虐亂天下。皇命已移，不得復久。……（宋書符瑞志等引雒書靈准聽。）

周文王爲西伯。季秋之月甲子，赤雀啣丹書，入豐鄗，止於昌戶；乃拜，稽首受取，曰，姬昌，蒼帝子。亡殷者，紂也。（御覽二四引尙書中候。）

季秋之月甲子，赤雀銜丹書入於酆，止於昌戶。其書云，敬勝怠者吉，怠勝敬者滅。……(史記周本紀正義等引尙書帝命驗。)

子乙世，配醜子，予姬昌。赤丹雀書也。(易是類謀。逸書考本九頁。)

此類亦云文王所受丹書。銜書者，或曰鳳皇，或曰赤雀；雀所止處，或曰文王之都，或曰文王戶：似與呂氏春秋及封禪書引作赤烏銜書集周社者不類。然古書多賴口授流傳，不免於異辭。抑方士怪迂不經，不無隨意附會。上引四者，其文與見於墨子書者已異，卽讖緯書亦互不相照。孰與鄒書爲近？故未可知。然鄒書於此處必不能無說。蓋所謂『符應若茲』者，其例如黃龍，地符，銀自山溢之類，不假解說，可以推知其爲瑞異，至於丹書，所言何事？非賴文辭表見，不能明其意義。然則上引數事，孰爲鄒說原文？雖未可知，不可謂鄒書無說。

以此因緣，余敢謂方士之徒之矯託讖緯，蓋直接受鄒衍丹書之說之影響。顧其何以不曰丹書而曰河圖，洛書？又何必假諸孔子？此則與鄒衍及其徒方士之思想有關。蓋其實雜學而喜以儒學文飾，此方士之作風，自鄒衍以下皆然。(別詳戰國秦漢間方士考論第二，三章。)以鄒衍論，其『怪迂』雜舉，固方士之宗；而其歸『必止乎仁義節儉，君臣上下六親之施』，則儒教。史公使其附見於孟荀列傳者，以此故也。

已言儒家，自然令人聯想及經藝與孔子之說。尙書顧命曰：

天球，河圖在東序。

易繫辭曰：

河出圖，洛出書，聖人則之。(繫辭出於何時？未可知。但其言河圖，洛書，內容簡單，與方士之說絕異，蓋猶保留若干頗早之傳說。)

論語子罕曰：

鳳鳥不至，河不出圖，吾已矣夫。(世家引作，『河不出圖，雒不出書，吾已矣夫』。)

由已上三事觀之，所謂古太平『符應』之在經傳中，蓋以河圖洛書最爲著稱；(商周二代符應其實寥寥可數，別詳秦漢間之所謂符應論略第七章。)同時以其有『圖』『書』之目，亦於矯僞造託爲便：於是方士之河圖洛書出矣。

此謂鄒書言周『符應』有赤烏(一作雀。)丹書一事，足以爲其徒方士特開依託讖緯之方便法門也。然據鄭玄說，則赤雀丹書卽洛書。(別詳洛書解題。)此說極可注意。但鄭君此說，不知何本？鄭君精於『祕書緯術之奧』，其所著論箋釋，往往夾雜讖緯而不注其所從出。以此，余疑赤雀丹書卽洛書之說，蓋本讖緯。果爾，讖緯復何所本？豈鄒書舊說耶？將其徒方士之所傅會者耶？如爲鄒書舊說，則方士依託洛書與鄒衍書說之關係，更進一步矣。抑謂方士傅會，亦有可能。方士『怪迂』多『變』，由十足讖緯性之赤雀丹書，轉變而爲河圖洛書，何難之有？是則鄭君此說來原，雖無可深究，然方士河洛之託與鄒書之言丹書『符應』，有息息相通之處，亦斷可知矣。

方士河洛之託，何以依附孔子耶？此蓋由繫辭中有河洛之說也。繫辭曰：

> 是故天生神物，聖人則之，天地變化，聖人效之；天垂象見吉凶，聖人象之；河出圖，洛出書，聖人則之。易有四象，所以示也。繫辭焉，所以告也。

按舊說繫辭孔子所作。史記孔子世家，漢書藝文志敍並稱，孔子作彖，象，繫辭，文言之屬，蓋亦據相傳舊說。繫辭中又屢稱『子曰』，說者謂『子』卽孔子。已云孔子作繫辭，而繫辭中有河圖洛書之說，於是方士河洛之託，自然非依附孔子不可。讖緯書曰：

> 垂皇策者犧，卦道演德者文，成命者孔。(易正義序引易乾鑿度。)
>
> 蒼牙通靈；昌之成運；孔演命，明道經。——注，蒼牙則伏羲也；昌則文王也；孔則孔子也。(逸書考本易坤靈圖頁七。)
>
> 孔子表河圖皇參持曰，天以斗視，日發明；皇以戲招，始卦八卦談。——注，三皇伏戲始卦以示後世之人，謂始觀見之矣。(同上易辨終備頁一。)

核此等處，並方士飾說。然觀其或言孔子與易之關係，或言孔子與易與河圖之關係，則河圖之託之所以必依附孔子者，其中消息，亦可以於此焉見之矣。洛書與孔子之關係說，不妨以此類推。

捌

河圖洛書及由此而增益之篇卷，可以復有讖緯之目耶？余以爲此亦與鄒衍書說有關。孟荀列傳曰：

> 騶衍……乃深觀陰陽消息而作怪迂之變，終始大聖之篇十餘萬言，其語閎大

不經，必先驗小物；推而大之，至於無垠。稱引天地剖判以來，五德轉移，而符應若茲。

按鄒衍書說，上曰『驗』，下曰『符應』。此三字極關重要。所謂『必先驗小物』，所謂『符應若茲』，此卽後來讖緯性質及讖緯所由產生之說明。蓋方士一切怪迂之說，必侈張其明效大驗。內經素問舉痛論篇曰：

黃帝問曰：余聞，善言天者必有驗於人。

又氣交變大論曰：

余聞之，善言天者，必應於人；善言古者，必驗於今；善言氣者，必彰於物；善言應者，同天地之化；善言化言變者，通神明之理。

凡所言說，必侈陳其所謂徵應效驗，此可視爲方士之口頭禪矣。然不如此持論，亦不足以惑人。（大戴禮誥志曰：『人言曰，聽言之道，必以其事觀之，則言者莫敢妄言』。漢書武紀詔曰：『蓋聞善言天者，必有徵於人；善言古者，必有驗於今』。論衡實知篇曰：『凡論事者，違實不引效驗，則雖甘義繁說，衆不見信』。按中國人口頭上頗有此實驗精神，故古籍中不乏此類說法。）不唯不足以惑人，始皇時方士有所作爲，且『不驗輒死』。然則鄒衍欲以其說行世，使時君信之不疑，自不能舍此不論。方士讖緯已從鄒衍書說出，以此因緣，故讖緯書有卽以『驗』名者，如易通卦驗，尙書帝命驗之類，蓋是其遺意也。『驗』旋又轉作『讖』。趙世家所謂秦讖，可能出於始皇初年。（說見上章。）卽至晚亦不能後於漢武之世，以淮南說山篇既有讖書之目，可知也。

由『驗』轉而作『讖』者，蓋因二字音義接近，似甚明顯。按張衡疏曰：

立言於前，有徵於後，故智者貴焉，謂之讖書。永元中，清河宋景遂以歷紀推言水災，而僞稱洞視玉版。後皆無效。復采前世成事，以爲證驗。（後漢書本傳。）

此張氏以『徵』與『證驗』釋讖也。又說文言部：

讖，驗也。（段注：讖，驗，疊韵。）

二字義訓既同，而聲亦近，檢六書音韻表，從『僉』從『韱』之聲，同隸第七部。意者秦漢間，二字同聲通用，作『驗』者，同時亦或作『讖』，故讖緯家言徵驗運命之期，其書有易運期讖，『運期讖』云者，豫示君人受命時期之讖之謂也。讖已訓驗，故它書言徵驗運命之期者，辭或作『期驗』，蜀志先主備傳曰：

聖諱豫覩，推揆期驗，符合數至。

『期驗』與『運期讖』，義一也。春秋演孔圖曰：

孔子曰，丘作春秋，天授演孔圖，中有大玉，刻一版曰『璇璣』。一低，一昂，是七期驗敗毀滅之徵也。（古微書本。　槃按末二句有脫誤。）

此亦言『期驗』與蜀志同，又讖緯常辭也。

『讖』『驗』已通用，蓋積習久之，大都作『讖』不作『驗』，故『讖』遂專其稱矣。然方士之徒喜爲詭祕讔語，所謂『叢言隱怪』；（易通卦驗。）所謂『率多隱語，難可卒解』，（抱朴子內篇序。）是也。『讖』之名，蓋秦以前未有所聞。意此字之造作，或出於方士，亦未可知也。讖緯『多近鄙別字』，尹敏已譏之。（後漢書儒林本傳。）『驗』之轉爲『讖』，此豈亦其一端耶？

緯者，配經之名。其實先有讖稱，緯名後起。讖本亦依附經義，復以爲緯者，方士之詭也。（別詳論讖緯命名及其相關之諸問題第二章。）然此與方士之思想淵原及時代環境，並有關係。蓋燕齊方士與其所宗主之鄒衍，同爲雜學，而喜以儒學文飾，故其矯託之書，自河洛以下，無疑並依附經義，託之孔子。屬西漢自武帝之世，罷黜百家，儒爲一尊，非藉此自重，則不足以迎合人主而取榮寵。緯名配經，校之讖稱，實顯而易見。於是同一材料，復有緯稱。（別詳西漢讖緯考。）蓋自爾以後，所謂易，書，詩，禮，樂，春秋，論語，孝經諸直標經名之讖緯，遂紛紛出矣。然而河圖洛書固其祖本，故桓譚，王充之徒有增益河洛矯稱讖緯之論矣。（詳上第貳。）

○　　○　　○

讖緯產生與鄒書之關係種種，個人所見者如此。然余茲不妨重複申明一句，凡此者，所以爲初期讖緯言之也。方士詐僞，隨宜依託；故後出材料，寖多於前。其文其事亦有可資鉤驗者，則擬於西漢讖緯考及東漢三國讖緯考篇中詳焉。

附　　記

民國三十一年冬，鄙人譔讖緯溯原一文，（見本刊第十一本第三四分合刊本。）於讖緯與鄒衍思想之關係，曾反覆有所申論。頻年繼續留心此問題，雖見解無改，然而初稿疏陋，修正補苴，實感必要。玆篇之作，無論取材溢出以往者數倍，即組織亦不期而迥異從前，謂爲訂舊固可，即謂爲舊篇之續，亦無不可。至其所以別揩出今名者，則以討論中心固在此也。三十六年八月廿二日，識於本所之南樓。

出自第二十本上(一九四八年六月)

南宋蜀本南華眞經校記

王叔岷

蜀本南華眞經十卷，南宋初刊本也。半葉九行，行十五字。注雙行，行三十字。卷末有牌子二行云；「安仁趙諫議宅一樣□子。」子上挖去一字，乃江安傅沅叔先生舊藏。三十六年夏，歸中央研究院歷史語言研究所。宋諱玄，弘，殷，匡，貞，構，愼，皆爲字不成。沅叔先生跋語，斷爲孝宗時所梓，是也。惟謂讓，敬，完三字，亦並爲字不成，則失檢。全書三字無一缺筆者。字體古勁，閱之驪然。所惜者，卷九讓王篇缺十四至十七四葉。不知何人抄世德堂本以補之，最爲無識。沅叔先生謂「是書卷帙完善」，蓋未詳加翻檢耳。孫毓修所校趙諫議本，此四葉未脫。觀其校記可知。惟所見是否卽此本，未敢輕斷。因其字句間，亦稍有出入。如此本德充符篇：「汜若而辭」，孫氏謂趙本無而字。在宥篇：「僊僊乎歸矣」，孫氏謂趙本僊作仙。天地篇：「而南望還歸」，孫氏謂趙本還作旋。天運篇：「又奚傑然若負建鼓，而求亡子者邪」？孫氏謂趙本傑下重一傑字。山木篇：「是以免於患」，孫氏謂趙本患作意。庚桑楚篇：「簡髮而櫛」，孫氏謂趙本櫛作櫛，讓王篇：「顏回釋菜」，孫氏謂趙本釋作釋，列御寇篇：「萬物爲齎送」，孫氏謂趙本齎作齎。皆與此本異。孫氏所校，恐有脫略。玆據續古逸叢書影宋刊本卷一至六南宋本。卷七至十北宋本。詳加比勘，撰爲校記。卷七以下，卽達生篇以下。大都與北宋本合。沅叔先生謂：「是書雖刊於南渡，而其源仍出北宋善本」，是也。昔年岷撰莊子校釋，惜未見此本。今此校記，可以補校釋之未備，誠快事也。至於郭注，別有詳校專稿，玆暫從略。

莊子內篇逍遙遊第一。

搏扶搖而上者九萬里。

蜀本搏作摶。是也。

蜩與學鳩笑之曰：

蜀本學作鸒。

搶榆枋。

蜀本搶作槍。是也。

背若泰山。

蜀本泰作大。

予無所用天下爲。

蜀本無作无。下多此例。作无是故書。

而年穀熟。

蜀本穀作穀。下多此例。俗。

是其塵垢粃糠，

蜀本糠作糠。俗。

今一朝而鬻技百金。

蜀本椂今字。

莊子內篇齊物論第二。

夫吹萬不同，而使其自巳也。

蜀本巳作己。是也。

汝皆說之乎？

蜀本說作悅。下多此例。作說是故書。

曰：朝三而莫四。

蜀本莫作暮，下同。作莫是故書。

而大山爲小。

蜀本大作太。下多此例。作大是故書。

巧歷不能得，而況其凡乎？

蜀本歷作曆，況作况。下多此例，並俗。

且吾嘗試問乎女。

蜀本女作汝。下多此例。作女是故書。

民溼寢，則腰疾偏死。

蜀本寢作寑，俗。

爲其脗合。

蜀本脗作肳，是也。

與王同筐牀。

蜀本筐作匡，同。

莊子內篇養生主第三。

所見无非牛者。

蜀本牛上有全字。

莊子內篇人間世第四。

名實者，聖人之所不能勝也。

蜀本梲之字。

外曲者，與人之爲徒也。

蜀本無之字。

有而爲之，其易邪？

蜀本梲之字。

絜之百圍。

蜀本絜作潔。潔當作潔。潔亦借爲絜

柰何哉，其相物也？

蜀本柰作奈。下多此例。俗。

莊子內篇德充符第五。

吾與夫子遊十九年矣。

蜀本梲矣字。

氾而若辭。

蜀本而若作若而，是也。

莊子內篇大宗師第六。

受而喜之。

蜀本受誤愛。

相濡以沫。

蜀本濡作濡。下文「而色若孺子」，亦作孺。當從之。孺，俗字。

南伯子葵曰：道可得而學邪？

蜀本捝道字。

浸假而化予之左臂以爲雞。

蜀本雞作鷄。鷄卽籀文雞。

我則悍矣。

蜀本悍作捍。捍，悍，古通。

瞽者无以與乎青黃黼黻之觀。

蜀本黼黻誤黻黼。駢拇篇：「青黃黼黻之煌煌，非乎」？亦同誤。

皆在鑪捶之間耳。

蜀本捶作錘。錘，捶，古通。

鳌萬物而不爲義。

蜀本鳌作螯。知北遊篇：「故以是非相鳌也」，列御寇篇：「而鳌其所患」，子爲鳌粉夫」，蜀本亦並作螯。天道篇：「鳌萬物而不爲戾」，蜀本作鳌。鳌。螯，鳌，螯，鳌，並鳌之誤。鳌又齏之隸省。

而霖雨十日。

蜀本霖作淋。淋，霖，古通。

莊子內篇應帝王第九。

有虞氏其猶藏仁以要人。

蜀本藏作臧。臧，藏，古通。

接輿曰：是欺德也。

蜀本接輿上有狂字。

以避熏鑿之患。

蜀本熏作熏，是也。熏壞爲熏，因誤爲熏耳。

鄉吾示之以地文。

蜀本鄉作曏，下同。曏，鄉，古通。

雕琢復朴。

蜀本雕作彫。彫，雕，古通。

莊子外篇駢拇第八。

臧與穀二人相與牧羊。

蜀本穀作穀，當從之。

莊子外篇馬蹄第九。

鳥鵲之巢，可攀援而闚。

蜀本鳥作烏。

莊子外篇胠篋第十。

然則鄉之所謂知者，不乃爲大盜積者也？

蜀本鄉作向，同。

闔四竟之內。

蜀本竟作境。下多此例。作竟是故書。

昔者龍逄斬。

蜀本逄作逢。

萇弘胣。

蜀本胣作胣。

則內弃其親。

蜀本弃作棄。下多此例。作弃是故書。

鉤餌網罟罾笱之知多，

蜀本網作罔。罔，網並或网字。

惴耎之蟲。

蜀本惴作喘。惴卽喘之借。

莊子外篇在宥第十一。

而萬乘之君，憂慄乎廟堂之上。

蜀本無乎字。

鴻蒙方將拊脾雀躍而遊。

蜀本脾作髀，雀作爵。下同。脾卽髀之借。爵卽雀之借。

而民隨予所往。

蜀本予誤子。

飄及止蟲。

蜀本止蟲作昆蟲。釋文引崔本作正蟲。止卽正之壞字。正蟲猶昆蟲也。淮南墬形篇:「萬物貞蟲,各有以生。」大戴禮易本命作昆蟲。貞與正同。老子:「侯王得一,以爲天下貞,」玉篇一部,唐釋湛然輔行記二二,引並作正。卽其證。

意,治人之過也!

蜀本意作噫。下文「意毒哉!」「意,心養!」亦並作噫。作意是故書。

夫以出乎衆爲心者,

蜀本挩夫字。

譬之於嚮。

蜀本嚮作響。下文「處乎无嚮」,亦作響。響,嚮,古通。

莊子外篇天地第十二。

若愚若昏。

蜀本昏作昬。昬之从氏,唐人諱民所改也。

夫子問于老聃曰:

蜀本于作於。同。

執留之狗成思。

蜀本留作狸。留,狸,一聲之轉。

蔣閭葂見季徹曰:

蜀本將作蔣,下同。

季徹局局然笑曰:

蜀本局局作局局,是也。局,俗字。

且若是,則其自爲遽,危其觀臺。

蜀本遽作處,是也。

爲圃者卬而視之。

蜀本卬作仰。卬仰古今字。作卬是故書。

四海之內，共利之之謂悅。

蜀本謂作爲，爲猶謂也。作爲是故書。

上如標校。

蜀本校作枝，是也。

則不謂之道諛之人也。

蜀本道作導。下多此例。作道是故書。

是故高言不上於衆人之心。

蜀本上作止，是也。

困慘中顙。

蜀本慘作㥽，是也。

五味濁口。

蜀本濁作噣。

莊子外篇天道第十三。

平中准。

蜀本准作準，是也。准，俗字。

鐘鼓之音。

蜀本鐘作鍾。作鍾是故書。

世雖貴之哉？猶不足貴也。

蜀本無哉，也，二字。

敢問公之所讀爲何言邪？

蜀本爲作者。

莊子外篇天運第十四。

徵之以天。

蜀本徵作徽。

建之以太清。

蜀本太作大。

夫至樂者，先應之以人事，順之以天理，行之以五德，應之以自然。然後調理四時，太和萬物。

蜀本無此三十五字，是也。此乃成疏竄入正文者。

苞裹六極。

蜀本苞作包。苞，包，古通。

尸祝齊戒以將之。

蜀本齊作齋。作齊是故書。

相吻以濕。

蜀本吻作呴，是也。吻，誤字。

余語女三王五帝之治天下。

蜀本王作皇。皇，王，古通。

丘治詩，書，禮，樂，易，春秋，六經。

蜀本棁六經二字。

雖應於下風而化。

蜀本化上有風字。

有弟而而兄啼。

蜀本不疊而字，是也。此誤衍。

莊子外篇刻意第十五。

尊主彊彊國之人。

蜀本彊作強。作彊是故書。

莊子外篇繕性第十六。

古之存身者。

蜀本存誤行。

危然處其所，而反其性己。

蜀本己作已，是也。

莊子外篇秋水第十七。

兩涘渚崖之間。

蜀本崖作涯，下同。崖，涯，古通。

以天下之美，爲盡在己。

蜀本己誤巳。

至於北海。

蜀本於作于。

井鼃不可以語於海者，拘於虛也。

蜀本鼃作蛙。下同。虛作墟。並俗。

吾在於天地之間。

蜀本無於字。

泛泛乎，其若四方之无窮。

蜀本泛泛作汎汎。汎，泛，古通。

雜而下者，不可勝數也。

蜀本棁也字。

而弦歌不惙。

蜀本惙作輟。輟，惙，古通。

謂東海之鱉曰：

蜀本鱉作鼈。下同。是也。鱉，俗字。

仰而視曰：嚇？

蜀本視下有之字，是也。此誤棁。

莊子外篇至樂第十八。

亦未之不樂也。

蜀本之作知。

是之謂條達而福持。

蜀本條達二字誤到。

若果養乎？

蜀本若作汝。

予果歡乎？

蜀本予誤子。

莊子外篇達生第十九。

養形必先之物。

蜀本物上有以字，是也。

物何以相遠？

蜀本物上有物與二字，是也。

以黃金注者殙。

蜀本殙作𢈊，是也。

丘有峑。

蜀本峑作峯，是也。峑，誤字。

白：未也，猶應嚮景。

蜀本白作曰，是也。白，誤字。

黿鼉魚鼈之所不能游也。

蜀本游作遊，俗。

器之所以疑神者，其是與？

蜀本疑作凝，俗。

彼固惑而來矣。

蜀本矣上有者字。

莊子外篇山木第二十。

市南子曰：君之除患之術淺矣。

蜀本君之作君子，涉上子字而誤。

雖有惼心之人不怒。

蜀本惼作褊，褊，惼，古通。

子惡死乎？曰：然。

蜀本棁此六字。

王獨不見夫騰猿乎？

蜀本騰作螣。螣，騰，古通。

莊子外篇田子方二十一。

至人之於德也。

蜀本棁於字。

屨句屨者，知地形。

蜀本句作方。

於是且而屬之夫夫曰：

蜀本且作旦。夫夫作大夫。旦卽旦之誤。

履侻石。

蜀本侻作危，是也。

故萬物一也。

蜀本萬作万。俗。

莊子雜篇庚桑楚第二十三。

子胡不南見老子？

蜀本胡上棁子字。

不仁則吾人。

蜀本吾作害，是也。吾，誤字

偏不在外也。

蜀本偏作徧。徧，偏，古通。

甲氏也。

蜀本也誤者。

莊子雜篇徐无鬼第二十四。

有況乎昆弟親戚之謦欬其側者乎？

蜀本有作又。作有是故書。

其欲干酒肉之味邪？

蜀本干誤于。

察士无淩誶之事則不樂。

蜀本淩作凌。淩，凌，古通。

而哀不已若者。

蜀本巳作已，是也。

市南宜僚受酒而祭。

蜀本僚壞作𠉀，下同。則陽篇：「是其市南宜僚邪」？亦壞作𠉀。

大與國君同食。

蜀本大作夫，是也。大，壞字。

而巳與豕俱焦也。

蜀本巳作已，是也。

闔不亦問是巳。

蜀本不亦二字到。

莊子雜篇則陽第二十五。

犀首聞而恥之。

蜀本犀首下有公孫衍三字。據釋文引司馬注：「犀首，若今虎牙將軍。公孫衍爲此官。」成疏：「犀首，官號也。如今虎賁之類。公家之孫名衍，爲此官也。」似所見本並有公孫衍三字。

然後抶其背。

蜀本抶作拔。涉上「然後拔其國」而誤。

是陸沈者也。

蜀本沈作沉。俗。

莊子雜篇外物第二十六。

蒼梧巳北。

蜀本巳作以。

未解裙襦。

蜀本裙襦壞作裙𧝓。

夫地非不廣且大也。

蜀本夫誤天。

然則廁足而墊之。

蜀本廁作厠。俗。

故曰：至人不留行焉。

蜀本挩故字。

眥搣可以休老。

蜀本眥誤眥。

荃者所以在魚，得魚而忘荃。

蜀本荃作筌。作荃是故書。

莊子雜篇寓言第二十七。

如觀雀蚊虻相過乎前也。

蜀本觀作鸛。

莊子雜篇讓王第二十八。

顏回擇菜。

蜀本擇作釋。御覽四八六引同。

如此者，可許窮矣。

蜀本許作謂，是也。許，誤字。

霜雪既降。

蜀本雪作露。

強力忍垢。

蜀本垢作垢，是也。垢，誤字。

乃自投椆水而死。

蜀本椆作稠。

知者謀之。

蜀本知作智。作知是故書。

二人相謂曰：

蜀本挩曰字。

至於岐陽。

蜀本岐誤歧。

莊子雜篇盜跖第二十九。

我將以子肝，益晝餔之膳。

蜀本餔誤脯。

丘得幸於季。

蜀本幸下有然字。疑涉上文「不然」而衍

據軾低頭。

蜀本軾作軾，是也。

慘怛之疾。

蜀本怛作怛，是也。

計其患。

蜀本計誤許。

莊子雜篇說劍第三十。

莊子曰：請治劍服。治劍服三日，乃見太子。

蜀本「請治劍服」下，挩「治劍服」三字。乃作而。而猶乃也。

四封之內。

蜀本封作方。疑涉上文「下法方地」而誤。

元異於鬬雞。

蜀本元作无，是也。

莊子雜篇漁父第三十一。

被髮揄袂。

蜀本揄誤榆。

莊子雜篇列御寇第三十二。

列御寇之齊。

蜀本御作禦。禦，御古通。

祇三年而緩爲儒。

蜀本儒下有也字。疑涉注「祇，適也，」而衍。

宵人之離外刑者，

蜀本之誤支。

莊子雜篇天下第三十三。

黃帝有咸池。

蜀本黃作皇。皇，黃，古通。

以觭偶不仵之辭相應。

蜀本仵作忤。同。

時恣縱而不儻。

蜀本儻作黨。黨，儻，古通。

此其柢也。

蜀本柢作抵。抵，柢，古通。

南方有倚人焉，曰：黃繚。

蜀本繚壞作繚。

三十六年仲夏，時客金陵。

出自第二十本上(一九四八年六月)

陶淵明年譜稾

逯欽立

序

陶譜之作，始自南宋人。王質栗里譜，吳仁傑陶靖節先生年譜是也。其後清丁晏楊希閔梁起超及近人古直等，均有專撰。可謂盛矣。

譜中如世系、出處、名字、居里等，皆犖犖大端。上舉諸人，於斯皆致其勤。而梁古二氏且就淵明年歲，各立高論，以破古六十三歲之說。經此諸家撰論，淵明之事行志節，庶乎其可彰明較著。然猶各有偏執，未能圓融。清陶澍靖節年譜考異之作，意在彙通王吳，用成美備；以今觀之，亦徒事繁博，而於陶公心迹，終鮮領悟獨到之處。

欽立淺學，於此年譜之作，深感論述之難。求於短紙，罄其一生行狀，故於詩文繫年，頗費苦心。又年歲出處居里等問題，及涉諸釋子言論友朋往來者，皆須重爲斷之，徵引之繁，遂不可免。惟私心固求扼要出之，而不至以辭害義也。

諸家譜，凡有創見，茲率表出；凡謬誤者，什九略之。此尙不僅省煩之意。所繫詩文，均擇有涉者錄之，如欲賞奇析疑，尙乞更檢原集。此譜之作，非僅以彰陶公之景行，亦擬爲好陶者作參考也。

譜

晉孝武帝太元元年丙子，陶淵明一歲。

淵明字元亮，入宋更名潛。

宋書本傳（以後簡稱宋傳）：陶潛字淵明 。或云：淵明字元亮 。蕭統陶淵明傳（以後簡稱蕭傳）：陶淵明字元亮。或云：潛字淵明，晉書本傳（以後簡稱晉傳）：

陶潛字元亮。南史本傳(以後簡稱南傳):陶潛字淵明。或云字深明,名元亮。各史互異者如此。吳仁傑陶靖節年譜(以後簡稱吳譜)云:案先生之名淵明,見於集中者三。其名潛,見於本傳者一。集載孟府君傳,及祭程氏妹文,皆自名淵明。又案蕭統所作傳,及晉書南史載先生對道濟之言,則自稱曰潛。孟傳不著歲月。祭妹文晉義熙三年所作。據此,即先生在晉名淵明可見也。此年對道濟,實宋元嘉,則先生至是蓋更名潛矣。本傳當書曰:陶淵明字元亮,入宋更名潛。如此爲得其實。

潯陽柴桑人。

宋傳蕭傳及南傳,皆稱淵明潯陽柴桑人,顏延之陶徵士誄(以後簡稱顏誄)同。然柴桑一地,究在何處,後世記載,約有二說:一謂在潯陽縣西南二十里,此說出元和郡縣志。一謂在廬山西南之面陽山,此說出於明李夢陽,而李氏實根據杜佑通典以下之說而附會之。請先言後一說。通典百八十二潯陽郡潯陽條下云:潯,水名也,漢舊縣在江北,今蘄春界。晉溫嶠移於此。隋改爲彭蠡縣,又改爲湓城縣。有湓水,浪井,彭蠡湖,匡廬山,今縣南楚城驛,即舊柴桑縣也。宋樂史太平寰宇記百十一江州德化縣條下云:楚城驛在縣南,即舊柴桑縣也,又云:柴桑山近栗里原,陶潛此中人。又云:栗里原在廬山南,當澗有陶公醉石。欽立案:通典僅謂柴桑在縣之南,寰宇記則已謂在廬山之南,此一變也。王象之輿地紀勝卷三十江州條下云:柴桑山,在德化縣西南九十里。寰宇記云:柴桑山在德化縣近栗里原,陶潛此中人。又大明一統志五十二,九江府德化縣山川條下云:柴桑山,在府城西南九十里。是至王象之始定柴桑在德化西南九十里,而大明一統志從之,此二變也。李夢陽空同集四十七遊廬山記云:自康王坂又西北行,則古柴桑地曰鹿子坂面陽山者,陶公宅與墓處也。陶澍靖節年譜考異云:案先生墓,在德化縣楚城鄉之面陽山,東距星子縣二十五里,蓋廬山之南麓也。明李夢陽爲江西提舉求得之,置田以奉其祀,至今代有祀生,見江西通志。是至明李夢陽始定柴桑在廬山南之面陽山,以爲面陽山即古之柴桑山。此三變也。案通典謂柴桑舊址,在潯陽縣南。此與元和郡縣志即吾人所謂前一說者,本無大異。俱見唐人去古未遠，猶得其實。自樂史認定柴桑必近栗里，而又謂栗里在廬山南，於是王象之據之，而有西南九十里之說。至李夢陽則更因王說，就其方向里數，以測今地，遂又創面陽山卽古柴桑之說也。何以知其爲創？李空同集四十九，陶淵明集序云：予既得淵明墓山封識之矣，又得其故屋祠址田，令其裔老人璵領業焉。然其山並田，德化縣屬，而老人璵、星子民，會九江陶亨來信，本淵明裔，亨固少年粗知字義者，於是使爲郡學生焉。又云：初淵明墓失也，越百餘年無尋焉。予既得其山並田，遂遷諸竊據而葬者數塚而封識之，然仍疑焉。及覽淵明集有自祭文曰：不封不樹，豈其時眞不封不樹，以啓竊據而葬者耶？墓在面陽山，德化縣楚城鄉也。是李氏於其臆定之淵明田墓，俱爲不能無疑，何得據「不封不樹」一語，遁辭自解？顧自李氏創此說以後，明淸以來之江西地志或廬山記等，遂沿用不辨，以至於今；柴桑古地與所謂面陽山，竟合而爲一地矣。夫由唐人坐落縣南之說，進而謂其毗近山南之栗里原，再進而謂其在縣西南九十里，終而謂爲卽山南之面陽山，時代愈後，記載愈詳，亦愈固定，其迭經粉飾附會之迹，顯然可見。此一系統之說，雖源自杜佑通典，實已漸乖其實，輿志家固不可輕易據信之也。此一地望何所在乎？請言前一說，李吉甫元和郡縣志，江州尋陽縣條下云：柴桑故城，在縣西南二十里。洪亮吉三國疆域志從之。謝鍾英爲洪補注。今錄洪謝之文如下：柴桑，兩漢志屬豫章。陸抗傳：赤烏九年，與諸葛恪換屯柴桑。元和郡縣志：故城在尋陽縣西南二十里。鍾英案：今德化縣西南二十里。宋白曰：在江州瑞昌縣。今不取。欽立案：元和郡縣志此說，與宋明各志，迥乎不同，似甚異者。然經考稽，知此說實最可信。晉書地理志云：永興元年，分廬江之尋陽，武昌之柴桑兩縣，置尋陽郡，屬江州。(略)安帝義熙八年，省尋陽縣入柴桑縣，柴桑仍爲郡。是徵東晉所謂尋陽者，卽指柴桑。元和郡縣志又云：晉惠帝元康二年，於豫章郡理立江州。東晉元帝時，江州自豫章移理武昌郡。自後或理湓城，或理尋陽，或理半洲。並在湓城附近。案此言湓城尋陽爲相近之二處，亦極可信。南齊書胡諧之傳稱：世祖頓盆城，使諧之守尋陽城。可爲佐證。又輿地廣記二十四江州德化縣云：本尋陽縣。二漢屬廬江郡，吳柴桑郡，晉復屬廬江，永興元年，置尋陽郡。咸康六年，江州自豫章徙治尋陽縣，本在江北，溫嶠移置江南，後省入柴桑，柴桑縣二漢屬豫章郡，曹公攻劉備於夏口，時孫權擁兵柴桑，以觀成敗。(略)故城在今縣南，所謂楚城鎮是也。宋齊梁陳皆爲尋陽郡，及江州治焉。(略)有廬山，柴桑山，彭蠡湖。又陳舜俞廬山記，總序山水第一云：江州本在大江之北，潯水之陽，因名潯陽，今蘄州之蘭城，卽其故址。咸和九年，刺史溫嶠，始自江北移於湓城之南，義熙元年，刺史郭昶，移居江夏。八年孟懷玉還潯陽。太淸二年，蕭大心因侯景之亂，欲依險固守，乃移於湓口城。仍號懷玉舊城曰故州。據此則柴桑故址，且在湓城之南。此其一。溫嶠移鎭柴桑，實以此爲濱江重鎭，當時須據之以爲城守。吳志陸抗傳云：赤烏九年，遷立節中郎將，與諸葛恪換屯柴桑。(略)太平二年，(略)拜抗爲柴桑督。又同書諸葛恪傳云：赤烏中，魏司馬宣王謀欲攻恪，權方發兵應之。望氣者以爲不利，於是徙恪屯於柴桑。又同書周瑜傳，亦有「黃祖遣將入據柴桑」之文。又晉書溫嶠傳：陳豫章十郡之要，宜以刺史居之。尋陽濱江，都督應鎭其地。又南齊書州郡志上：江州鎭潯陽，中流襟帶。(略)庾亮領刺史，(略)臨終表江州宜治尋陽，以州督豫州新蔡西陽二郡治湓城。接近東江諸郡，往來便易。其後庾翼又還豫章，義熙後，還尋陽。(略)今九江在州鎭之北，彭蠡在其東也。俱徵柴桑所以重要，乃以濱江之故，斷乎不容其坐落窮鄉僻壤之廬山西南。此其二。又案漢書地理志云：柴桑，莽曰九江亭。又晉書地理志云：元帝渡江，(略)江州又置新蔡郡尋陽郡，又置九江上甲二縣。尋又省九江縣入尋陽。則由柴桑之改九江亭，及九江縣之省入尋陽二文，亦可證柴桑之距九江，必不甚遠。其去今日之九江，亦必不遠。此其三。總之，古柴桑坐落今九江縣西南二十里附近。元和郡縣志之說，斷可信也。

曾祖侃，晉大司馬，長沙公。

宋傳：曾祖侃，晉大司馬，晉傳南傳同。欽立案：淵明命子詩，於桓桓長沙下，卽接以肅矣我祖，愼終若始。又贈長沙公詩序云：余於長沙公爲族祖，同出大司馬。（此從文館詞林引文，他本率作長沙公於全爲族祖。）顏誄謂淵明韜此洪族，蔑彼名級。俱證淵明爲長沙桓公之後。自洪亮吉（曉讀書齋二錄。閻詠（左汾近稿），始有非侃後說，其言無據，錢大昕於閻說已詳駁之，（見潛研堂文集）茲不贅。惟檢贈長沙公詩，迭次呼族，且有昭穆旣遠，禮服遂悠之句。案禮，五世以後，始有族稱，則此長沙公，雖與淵明同出大司馬，必較淵明行輩晚，而非從祖昆弟可知。楊時偉謂：「長沙公於余爲族一句，祖同出大司馬一句」。（陶澍注陶淵明全集引。以後簡稱陶注。）　亦誤矣。考晉書陶侃傳及宋書高帝紀，侃五世至玄孫延壽，襲長沙公爵。宋受禪降爲醴陵侯。又據晉書桓玄傳，宋書高祖紀及何承天傳，延壽之平亂禦侮，皆在晉義熙年間，淵明所贈，當卽此人。然論以世次，淵明於延壽爲族父，與詩序亦不合。吳譜謂此長沙公爲延壽之子，而此詩作於宋，稱以長沙，蓋從晉爵。此說最通。

祖茂，武昌太守。

晉傳。淵明命子詩云：肅矣我祖，愼終若始，直方二臺，惠和千里。欽立案：漢官儀，刺史治所爲外臺。陶侃以後，庾亮等皆曾兼任荆江二州刺史，二臺者殆指此。茂爲武昌，武昌屬江州。其時刺史領兩州，故曰直方二臺也。或據此詩，謂茂曾任京秩作臺郎云云，恐非是。又案陶侃傳，侃有子十七人，其有名者，洪、瞻、夏、琦、旗、斌、稱、範、岱九人，皆附見之。茂旣武昌太守，不爲無名，史竟失載。此可異者。李公煥引陶茂麟家譜，謂淵明祖名岱。此殆以侃傳有岱名而附會之，不足據。

父某，母孟氏，征西大將軍長史孟嘉第四女。

李公煥命子詩注引陶茂麟家譜，以淵明父名逸，爲姿城太守。案此皆難據信，且晉亦無姿城一地。陶集載孟府君傳云：淵明先親，君之第四女也。又稱：嘉娶大司馬長沙桓公第十女。是淵明外王母，卽其祖姑。其父母中表爲婚也。（從梁任公陶淵明年譜。）

淵明生於是歲，卒於宋元嘉四年，享年五十有二。

淵明卒於宋元嘉四年丁卯（西紀四二七）。宋傳蕭傳，晉傳南傳，及顏誄，所志悉同。與淵明自祭文所謂歲惟丁卯，陶子將辭逆旅之館者亦合。卒年蓋無問題。惟各傳六十三歲之說，皆相沿而誤。梁任公撰陶淵明年譜（以後簡稱梁譜。）列舉八事，證淵明壽數不及六十，而重定淵明爲五十六歲。其言曰：先生自二十歲至五十四歲之事蹟，既屢見於詩文中，若壽過六十，不應無一字道及。此其一。與子儼等疏，歆詞意當是遺囑。而僅云吾年過五十。此其二。挽歌云：早終非命促。若壽六十三，不得言早終。此其三。游斜川一詩，序中明記辛酉正月五日，又云：各疏年紀鄉里，以記其時日，而其詩發端一句爲開歲倏五十，則辛酉歲行年五十，當極可憑信，此其四。閑居三十載之詩，題中標明辛丑歲七月，與辛酉之五十正合，此其五。奄出四九年之詩，題中標明戊申歲六月，時先生年正三十七。此其六。先生作令彭澤，旋復棄官，實義熙元年乙巳事，年月具見歸去來兮序，時先生年三十四也。飲酒詩：是時向立年，志意多所恥，遂盡介然分，終死歸田里。卽敍此事。若先生得年六十三，則彼時已逾四十，不應云立年。此其七。顏誄云：年在中身，疢惟痁疾。此用無逸文王受命惟中身成語，謂五十也。若六十以外，不得言中身，此其八。吾據以上八事，惟定先生得年五十六。先生既卒於元嘉四年丁卯，則追溯生年，當在咸安二年壬申也。欽立案：梁譜諸證，足破史傳六十三歲之說。惟謂淵明壽五十六，則仍未的。辛丑七月詩云：閑居三十載，遂與塵世冥。則三十載者，指出仕以前年歲。然檢梁譜，隆安二年戊戌，淵明爲鎮軍參軍。並謂三年己亥，四年庚子，皆在軍幕。則至五年辛丑，卽淵明三十歲時，不得云閑居三十載矣。又游斜川詩，固淵明五十之作。惟序中所記甲子，或作辛酉，或作辛丑，若無確證，何以知其應作辛酉。故不足以定淵明之年壽。又梁謂：義熙元年乙巳，淵明棄彭澤令，時年三十四，舉飲酒詩是時向立年者證之。夫三十四歲，不得再云向立，蓋「向立」不得過三十也。其後古直改訂梁譜，作陶靖節年譜，定淵明壽年五十二歲，可謂妙手偶得。惜論證有欠妥處，未能見信於世。朱佩弦師謂其「堅壘不足據」，而欽立往著陶淵明行年簡考，所以再有五十一歲之說者，皆以此也。及近讀游斜詩，反復參證，始覺五十二歲說最近實，因就古說，改訂如次：飲酒詩第十九首云：疇昔苦長飢，投來去學仕。將養不得節，凍餒固纏己。是時向立年，志意多所恥，遂盡介然分，終死歸田里。冉冉星氣流，亭亭復一紀，世路廓悠悠，楊朱所以止。案此詩盡分歸田之言，即指義熙元年乙巳彭澤棄官事。有四證：(一)淵明秉耒躬耕，始自癸卯（元興二年癸卯。癸卯始春懷古田舍詩首章云：在昔聞南畝，當年竟未踐。證癸卯以前，尚未秉耒。次章云：秉耒歡時務解顏勸農人。證秉耒之事，實始癸卯年也。）又癸卯年中，始終家居。（癸卯十二月中作與從弟敬遠詩云：寢迹衡門下，邈與世相絕，可爲證)則投耒學仕，至早在次年甲辰，（元興三年甲辰）甲辰次年，即義熙元年乙巳。而彭澤棄官，適在乙巳。（二）歸去來辭序略云：耕植不足以自給。親朋多勸余爲長吏。脫然有懷，求之靡途。會有四方之事，諸侯以惠愛爲德，家叔以余貧苦，遂見用於小邑，彭澤去家百里，故便求之。及少日，眷然有歸歟之情，何則，質性自然非矯厲所得，飢凍雖切，違己交病。於是悵然慷慨，深愧平生之志。自免去職。此文與飲酒詩之言合，明指一事也。且史敍淵明爲彭澤令，亦在耕躬自資以後，又言恥接督郵，因而解官，則此詩之言多所恥拂衣歸田者，亦必指棄彭澤令事。（三）飲酒詩所謂歸田，自另一面言之，亦必指彭澤棄官事。詩云：冉冉星氣流，亭亭復一紀，明示此後十年，未再出仕。與史敍彭澤令以後終身退隱者合。若如吳譜，謂向立歸田指辭州祭酒，時太元十八年癸巳，至隆安四年庚子，爲鎮軍參軍，僅七年。隆安五年辛丑有赴假江陵之事，才八年，與此十年賦閒之語不合。知向立歸田之必指彭澤棄官事。（四）歸園田居詩云：誤落塵網中，一去三十年，案三十年者，指歸田時之歲數，言誤入仕途，去而復反，已年至三十矣。此一遣辭，與連雨獨飲詩自我抱茲獨，僶俛四十年，語法正同。抱茲獨指棄官遁隱，四十年指當前歲數，否則義熙元年棄官，元嘉四年壽終，其間僅二十二年，斷無四十之說也，三十始脫塵網，與向立歸田亦合。據此四證，知淵明義熙元年乙巳棄彭澤令，時年向立爲三十歲，則上溯生年太元元年，至宋元嘉四年卒，得五十二歲。

太元二年丁丑，淵明二歲。

太元三年戊寅，淵明三歲。

太元四年己卯，淵明四歲。

程氏妹生，

祭程氏妹文云：慈妣早世，時尙乳嬰：我年二六，爾纔九齡。淵明長程氏妹三歲，故知爲是年生。

太元五年庚辰，淵明五歲。

太元六年辛巳，淵明六歲。

從弟敬遠生。

祭從弟敬遠文云：歲在辛亥，月惟仲秋，旬有九日，從弟敬遠卜辰云窆，永寧后土。又云：年甫過立，奄與世辭，以辛亥年敬遠三十一歲者推之，知生於是年。

太元七年壬午，淵明七歲。

太元八年癸未，淵明八歲。

太元九年甲申，淵明九歲。

太元十年乙酉，淵明十歲。

太元十一年丙戌，淵明十一歲。

太元十二年丁亥，淵明十二歲。

淵明父卒。

淵明兩次丁憂，皆見祭程氏妹文。其詞曰：慈妣早世，時尙乳嬰，我年二六，爾纔九齡。又云：昔在江陵，重罹天罰。似淵明喪母在此年。然顏誄云：老母子幼，就養勤匱。又淵明庚子從都還阻風規林詩云：凱風負我心，戢枻守窮湖。是淵明出仕後尙有母。廿二歲爲丁外艱無疑。梁譜謂：慈妣當是慈考之誤，蓋近實。李公煥注慈妣爲庶母，然文中重罹天罰之語，明示前後父母大故，若爲庶母，則不相應。

太元十三年戊子，淵明十三歲。

太元十四年己丑，淵明十四歲。

太元十五年庚寅，淵明十五歲。

太元十六年辛卯，淵明十六歲。

是年王凝之爲江州刺史。

欽立案：晉書王羲之傳，僅附次子凝之歷江州刺史左將軍會稽內史，而不著在任年歲。檢出三藏記集卷十阿毗曇心序第十云：以晉泰元十六年，歲在單閼，貞於重光。其年冬於尋陽南山精舍，提婆自執胡經，先誦本文，然後譯爲晉語。至來年秋，復重與提婆校正，以爲定本。地主江州刺史王凝之，優婆塞西陽太守任固之，爲檀越。並共勸佐而興立焉。據此，凝之自茲以降，連任江州刺史。又案晉書王愉傳及安帝紀，王瑜隆安元年，始爲江州，二王之際，未聞更有他人。則自太元十六年至二十一年，皆凝之爲刺史時乎？

太元十七年壬辰，淵明十七歲。

太元十八年癸巳，淵明十八歲。

太元十九年甲午，淵明十九歲。

太元二十年乙未，淵明二十歲。

淵明爲州祭酒。

宋傳：家貧親老，起爲州祭酒。案淵明年三十致仕。而其雜詩云：荏苒經十載，暫爲人所羈。指明宦途共十年，知始仕必在是年。

居住上京。

上京蓋尋陽（即柴桑，詳前）之一里。淵明此年已居之。欽立曩作陶淵明行年簡考一文，曾就陶公居里附而論之。茲節要於此：淵明居宅共有三處。義熙元年自彭澤返居之宅，與義熙十一年作飲酒詩所居之宅，（作飲酒詩時，淵明四十歲，所謂行行向不惑者是，據譜，是歲爲義熙十一年乙卯，詳後。）爲同一處，此宅中植松，淵明詩文皆實紀之。（歸去來辭云：撫孤松而盤桓，飲酒詩云：青松在東園，又：因植孤生松。關此，容齋三筆卷十二有說，可以參看。）此即上京。還舊居詩云：疇昔家上京，十載去還歸。蓋言自爲祭酒，又兩作參軍，一爲縣令，其間並曾使都及赴假江陵，十年之間，來去無常也。古田舍，（癸卯始春懷古田舍。）園田居，（歸園田居。）爲同一處，此宅窮巷草廬，僻在南畝。（懷古田舍詩云：在昔聞南畝，當年竟未踐。寒竹被荒蹊，地爲罕人遠。歸園田居詩云：曖曖遠人村，依依墟里煙。又云荒宅十餘畝，草屋八九間，榆柳蔭後簷，桃李羅堂前。又云開荒南畝際。又云：野外罕人事，窮巷寡輪鞅。）此宅即西廬，當距西林不遠。（淵明義熙二年，即棄官之次年，還園田居，作歸園田居詩云：誤落塵網中，一去三十年，久在樊籠裏，復得返自然，自幸退隱之辭也，至義熙五年（詳後）有和劉柴桑詩，此時尙在園田居，而詩曰：攜杖還西廬，是園田居卽西廬之證。又此時劉遺民隱居西林（詳後）而和詩又云：山澤久見招，胡事乃躊躇，只爲親舊故，未忍言索居，則淵明並未與劉氏同住一處可知。）而義熙八年壬子，淵明又曾移居南里。（淵明與殷晉安別詩云：去歲家南里，薄作少時鄰。又此詩序云：殷先作晉安南府長史，因居潯陽。後爲太尉參軍，移家東下，作以贈之。案殷卽殷景仁，宋書景仁傳，稱其初爲劉毅後軍參軍，高祖太尉參軍云云，其間未聞再事他人，據晉書劉毅傳及安帝紀，劉毅義熙六年降爲後將軍，景仁事毅自此始。又晉安屬江州，據宋書庾悅傳，毅於義熙七年，爲江州刺史，殷之爲晉安，當始於此年。又劉毅八年四月遷爲荊州，至十月爲太尉劉裕所殺，詩序云云，當是此時，殷已謝職，故居潯陽，劉裕九年二月，自荊返都，而詩序謂：移家東下，詩云：興言在茲春，是景仁至此始隨劉裕入都也。此詩又云：去歲家南里云云，詩故定淵明遷居南里在義熙八年，又淵明移居詩云：昔欲居南村，非爲卜其宅，聞多素心人，樂與數晨夕。南村當卽南里也。）故前後共有三宅，淵明仕宦期間，居住上京，至義熙二年，（彭澤致仕之次年）春，還居西廬，作歸園田居詩，至義熙八年，又移居南里，作移居詩。義熙十一年，復還上京，作還舊居詩。

太元二十一年丙申，淵明二十一歲。

是年，晉孝武帝暴崩。安帝卽位。

晉書孝武帝紀。又宋書五行志：太元二十一年，四月丁亥，天雨雹。是時張夫人專幸，及帝暴崩，兆庶尤之。欽立案：自武帝崩後，內亂頻仍，典午衰亡自此始。淵明怨詩楚調示龐主簿鄧治中云：弱冠逢世阻云云，當卽追述此年大事。

安帝隆安元年丁酉，淵明二十二歲。

晉有內亂。

是年，王恭殷仲堪興師內犯，司馬道子殺王國寶以謝恭，始罷兵。

隆安二年戊戌，淵明二十三歲。

晉有內亂。

是年，王恭殷仲堪桓玄庾楷等，以除譙王尙之及王愉爲辭，再次內犯。八月，桓玄等次於湓口。江州刺史王瑜就擒。司馬元顯密使劉牢之圖王恭，恭死；遂罷兵。十月，殷仲堪與桓玄，盟於尋陽，桓玄自爲江州刺史。

隆安三年己亥，淵明二十四歲。

晉有內亂。

是春二月，桓玄襲殺殷仲堪，自爲荆江二州刺史。又孫恩作亂，自海入會稽，殺害長史。吳中八郡應之。

隆安四年庚子，淵明二十五歲。

淵明是年仕於桓玄，曾作庚子歲五月中從都還阻風規林詩二首。

篇中有云：自古歎行役，我今始知之。又云：久遊戀所生。又云：人間良可辭。又云：戢枻守窮湖。皆久遊倦於宦途之言。案次年辛丑，淵明赴假江陵，已爲桓玄僚佐（詳下），則此次都中之行，亦當因公而往。檢晉書桓玄傳，玄自爲荆江二州刺史以後，屢上表求討孫恩，詔輒不許。恩逼京師，復上疏請討之，會恩已走云云，據安帝紀，恩之逼近京師，在五年春，知玄之屢上表者，當在是年，或淵明以此銜命赴都，至五月中返還也。

隆安五年辛丑，淵明二十六歲。

淵明是年曾返原籍，至七月赴假還荆州，作辛丑歲七月赴假還江陵夜行塗口詩。

朱佩弦師曰：葉夢得謂：荆州刺史自隆安三年桓玄襲殺殷仲堪，卽代其任。至於篡，未别授人。淵明之行在五年，疑其嘗爲桓玄仕也。古譜從陶說，（原注陶考。案卽陶澍靖節先生年譜考異。）而釋赴假爲急假。輾轉引證，以成其說。然其箋陶，（案古直有陶靖節詩箋。）引世說引陸機赴假還洛，以明赴假之義。此文見自新篇，云：陸機赴假還洛，輜重甚盛。此寧類急假耶？抑機吳人，若云假還，何得向洛耶？足知赴假當卽今言銷假意。淵明正是銷假赴官，故有投冠養眞等語耳。（朱著：陶淵明年譜中之諸問題。）因定淵明曾仕桓玄。所見良是。仕玄而非在玄篡之後，又何諱乎！又此詩發端云：閑居三十載，遂與塵世冥。古直以爲三乃二之譌字，亦是。

冬，母孟氏卒。

祭程氏妹文云：昔在江陵，重罹天罰。又云：黯黯高雲，蕭蕭冬月，白雪掩晨，長風悲節。李公煥注：隆安五年秋七月，赴假還江陵。是冬母孟氏卒。梁譜云：庚子年有欣侍溫顏語，乙巳賦歸去來辭，僅言稚子候門，以後詩中亦不復見言侍養事。則先生丁艱，必當在此數年中，然則何年耶？祭程氏妹文云：昔在江陵，重罹天罰，兄弟索居，乖隔楚越，伊我與爾，百哀是切。黯黯高雲，蕭蕭冬月，白雪掩晨，長風悲節，感維崩痛，興言泣血。所謂重罹天罰者，對上文慈妣早世言，若妣爲考之誤，則此文所述爲喪母也。江陵其地也，冬月其時也。蓋七月赴假還江陵，不數月遂遭大故也。知必爲本年而非次年者，先生以元興三年甲辰，應辟爲建威參軍，若次年壬寅冬月丁憂，服未闋，不容出仕也。

是年劉遺民爲柴桑令。

詳義熙十年。

元興元年壬寅，淵明二十七歲。

是年劉遺民棄官，隱於廬山之西林。

詳義熙十年。又唐釋法琳辨正論七引宣驗記云：劉遺民，彭城人。家貧，卜室廬山西林中。多病，不以妻子爲心。

與廬山釋慧遠，建齋立誓，共期西方。作誓願文。

誓願文曰：維歲在攝提格，七月戊辰朔，二十八日乙未。按元興七月朔爲戊辰，知立誓在此年，前人謂在太元十五年者不合。（參看陳垣二十史朔閏表。）

元興二年癸卯，淵明二十八歲。

是年淵明始躬耕，作癸卯始春懷古田舍詩二首。

詩第一首云：在昔聞南畝，當年竟未踐，屢空既有人，春興豈自免。第二首云：秉耒歡時務，解顏勸農人，雖未量歲功，卽事多所欣。耕種有時息，行者無問津。

農穫所得，不足自給。冬作癸卯歲十二月作與從弟敬遠詩。

歸去來兮辭序云：余家貧，耕植不足以自給，幼稚盈室，缾無儲粟。卽指此年事。與從弟詩云：寢跡衡門下，邈與世相絕，顧盼莫誰知，荆扉晝常閉。

淒淒歲暮風，翳翳經日雪，勁氣侵襟袖，簞瓢謝屢設，蕭索空宇中，了無一可悅。歷覽千載書，時時見遺烈，高操非所攀，謬得固窮節。

自茲遂抱羸疾。

朱傳：親老家貧，起爲州祭酒，不堪吏職，少日自解歸。州召主簿不就，躬耕自資，遂抱羸疾。

元興三年甲辰，淵明二十九歲。

是年，桓玄篡位。劉裕等擧義誅玄，京師克復，裕行鎭軍將軍，淵明赴義東下，因參其軍。有始作鎭軍參軍經曲阿作詩。

朱佩弦師云：陶集卷三，首列始作鎭軍參軍經曲阿作詩。鎭軍卽鎭軍將軍，稱鎭軍者省文。集中以衞軍將軍爲衞軍（答龐參軍詩序，陶澍注。）左軍將軍爲左軍（贈羊長史詩序，陶澍注。），皆同此例。曲阿，今江蘇丹陽縣。始作鎭軍參軍詩，要當以史事證之。陶考亦云：東晉爲鎭軍將軍者，郗愔以後，至裕始復見此號。其時又在乙巳（西紀四零五）淵明棄官之前，則淵明之仕裕，豈不信而有徵乎？陶澍靖節先生爲鎭軍建威參軍辨，以隆安三年己亥（西紀三九九。）至義熙元年乙巳（西紀四零五。）當還舊居之六載。謂其所以知參軍不始庚子（西紀四零零）而始己亥（西紀三九九）者，以庚子從都還詩，有久遊戀所生，及一欣侍温顏，再喜見友于等語，若其年始出，五月卽還，是離家不過數旬，安得云久遊，而一再歡喜若渴耶？時劉牢之以鎭北將軍開府鎭京口，其不稱鎭北而稱鎭軍者，晉書王恭傳載：都督以北爲號者，累有不祥。恭表讓軍號（平北將軍。）而實惡其名。牢之正當王恭之後，而鎭北適有時忌。淵明爲其僚佐，不稱鎭北而稱鎭軍，正禮所謂從俗爲宜云云。然據晉書安帝紀，牢之爲鎭北將軍，實在隆安四年庚子（西紀四零零）。陶考於是改定其說，謂己亥（西紀三九九。）牢之爲前將軍，東討孫恩於會稽，先生從之。而晉書職官志有左右前後軍將軍，左右前後四軍爲鎭衞軍，牢之爲前將軍正鎭衞軍，卽省文曰鎭軍，亦奚不可云云。案是年牢之爲前將軍討孫恩，見宋書武帝紀。晉書安帝紀作輔國將軍，次年始以前將軍爲鎭北將軍。吳士鑑、劉承幹晉書斠注十，引丁國鈞晉書校文一云：以牢之傳考之，則進號前將軍在破孫恩後，此紀所書官職，爲得其實，宋書誤。然則乙亥（西紀三九九。）牢之不爲前將軍矣。抑左右前後四軍爲鎮衞軍一語，亦誤。案晉書職官志五，校尉條下有云：後省左軍右軍前軍後軍爲鎮衞軍。意卽省併爲一軍。陶考引此，截去後省二字，義便大異，欽立案：朱師所論精確，足解衆紛。淵明之爲劉裕鎮軍參軍，殆無疑矣。又史敍作鎮軍參軍，在躬耕以後而建武參軍以前。淵明癸卯始躬耕，其年冬且未外出。至乙巳年三月，又已參建威軍。則爲鎮軍參軍在甲辰年，而劉裕舉義及行鎮軍將軍，均始於是歲，亦足爲朱師說之佐證。又晉書安帝紀，是年二月，帝在尋陽。乙卯，建武將軍劉裕等起義兵。三月乙未，桓玄衆潰，庚辰，推劉裕行鎮軍將軍。辛未，桓玄逼帝西上云云。知安帝西遷，淵明東下，皆自尋陽出發，詩所謂：登涉千里餘，卽自江州赴京之記載也。檢淵明擬古第二首云：辭家夙嚴駕，當往志無終。問君今何行，非商復非戎。聞有田子春，節義爲士雄；生有高世名，旣沒傳無窮。不學狂馳子，直在百年中。當卽追敍此行、蓋安帝被逼西遷，與漢獻略同。淵明東下就劉氏、與田疇相類。故詩云云也。

義熙元年乙巳，淵明三十歲。

是年三月安帝復位。淵明爲建威參軍，銜命使都。作乙巳歲三月爲建威參軍使都經錢塘詩。

晉書安帝紀：乙巳正月，帝在江陵，改元義熙，二月，留臺備法駕迎帝於江陵。三月，帝至自江陵。晉書劉牢之傳附子敬宣傳：敬宣與諸葛長民破桓歆於芍陂，遷建威將軍江州刺史，安帝反正，自表解職。案安帝反正，與敬宣自表解職，皆在是春三月。淵明使命，蓋可知也。

八月爲彭澤令，十一月去職。程氏妹卒於武昌。

俱詳歸去來兮辭序。

是年並遭妻喪。

怨詩楚調示龐主簿鄧治中詩云：弱冠逢世阻，始室喪其偏。禮二十曰弱冠，三十曰壯有室。左傳：齊崔杼生成，及彊而寡。杜注：偏喪曰寡。故知淵明喪妻在是年。又淵明與子儼等疏曰：汝等雖不同生，當思四海兄弟之義。他人倘爾，況同父之人哉！淵明蓋又繼娶。南傳稱：其妻翟氏，志趣亦同，能安苦節。夫耕於前，妻鉏於後云云，則繼室或翟氏也。

義熙二年丙午，淵明三十一歲。

淵明還住園田居。作歸園田居詩。

詳前。

作歸去來兮辭。

欽立案：序雖著明爲乙巳年冬，然辭中有云：農人告余以春及，將有事於西疇云云。則至是春始寫定此辭也。

又歸鳥詩亦當爲是年之作。

詩有云：豈思天路，欣反舊棲。又云：矰繳奚施，已卷安勞。皆自幸隱居之語也。

義熙三年丁未，淵明三十二歲。

淵明作祭程氏妹文。

文云：義熙三年，五月甲辰，程氏妹服制再周，淵明謹以少牢之奠，俛而酹之。欽立案：歸去來兮辭序云：彭澤去家百里，公田之利，足以爲酒，故便求之。及少日，眷然有歸與之情。猶望一稔，當斂裳宵逝，尋程氏妹喪於武昌，情在駿奔，自免去職，仲秋至冬，在官八十餘日，據此，程氏之卒，値淵明十月棄官之頃。此文旣云服制再周，而時次五月，倘有牴牾。按陳垣二十史朔閏表，本年之十月七日爲甲辰日。疑序文五字乃十之訛。

義熙四年戊申，淵明三十三歲。

義熙五年己酉，淵明三十四歲。

淵明和劉柴桑及酬劉柴桑兩詩，當作於是年。

和詩云：山澤久見招，胡事乃躊躇，直爲親舊故，未忍言索居，良辰入奇懷，挈杖還西廬，茅茨已就治，新疇復應畬。又酬詩云：榈庭多落葉，慨然知已秋，新葵鬱北牖，嘉穗養南疇。按：歸園田居詩云：榆柳蔭後簷，桃李羅堂前，開荒南畝際，守拙歸園田。淵明丙午開荒，至此三年，故曰：新疇復應畬。畬者，三歲田，見爾雅，而新疇者，卽南疇，亦卽南畝也。

九月作己酉歲九月九日詩。

詩云：靡靡秋已夕，淒淒風露交，蔓草不復榮，園木空自凋。萬化相尋繹，人生豈不勞。何以稱我情，濁酒且自陶。

義熙六年庚戌，淵明三十五歲。

淵明作庚戌歲九月中於西田穫早稻詩。

詩云：人生歸有道，衣食固其端，孰是都不營，而以求自安。晨出肆微勤，日入負禾還。山中饒霜露，風氣亦先寒，田家豈不苦，弗獲辭此難。四體誠乃勤，庶無異患干。盥濯息簷下，斗酒散襟顏，遙遙沮溺心，千載乃相關。

欽立案：九月所穫，不爲早稻，九早二字，必有一誤。據詩中風氣先寒語，九月或當作七月也。

義熙七年辛亥，淵明三十六歲。

淵明作祭從弟敬遠文。

文云：歲在辛亥，月維仲秋，旬有九日，從弟敬遠，卜辰云窆。

義熙八年壬子，淵明三十七歲。

是年，淵明移居南里，作移居詩二首。

詳前淵明居里考證。詩第一首云：昔欲居南村，非爲卜其隣，聞多素心人，樂與數晨夕。懷此頗有年，今日從茲役。敝廬何必廣，取足蔽牀席，隣曲時時來，抗言談在昔，奇文共欣賞，疑義相與析。第二首云：春秋多佳日，登高賦新詩，過門更相呼，有酒斟酌之。農務各自歸，閒暇輒相思，相思則披衣，言笑無厭時。

義熙九年癸丑，淵明三十八歲。

淵明不應著作郎詔，與雁門周續之，彭澤劉遺民，見稱「尋陽三隱」。

晉傳：義熙元年，解印去縣，乃賦歸去來兮。頃之，徵著作郎不就。欽立案：劉遺民不應辟召，在此年(詳義熙十年。)淵明不應著作，當與同時。宋書周續之傳：既而閑居讀老易，入廬山事沙門釋慧遠。時彭澤劉遺民遁迹廬山，陶淵明亦不應徵命，謂之「尋陽三隱」。

殷景仁爲太尉參軍，移家東下。淵明作與殷晉安別詩。

年代考證詳前。詩云：去歲家南里，薄作少時鄰。語默自殊勢，亦知當乖分，未謂事已及，興言在茲春。才華不隱世，江湖多賤貧，脫有經過便，念來存故人。宋書殷景仁傳：景仁，陳郡長平人。學不爲文，敏有思致，口不談義，深達理體。至於國典朝儀，舊章記注，莫不撰錄，識者，知其有當世之志也。淵明詩所謂：「才華不隱世」者，指此。

形影神詩，當作於是年或是年後。

詩序云：貴賤賢愚，莫不營營以惜生，斯甚惑焉，故極陳形影之苦，言神辨自然以釋之，好事君子，共取其心焉。形贈影云：吾無騰化術，必爾不復疑，願君取吾言，得酒莫苟辭。影答形云：身沒名亦盡，念之五情熱。立善有遺愛，胡爲不自竭？酒云能消憂，方此詎不劣？神釋云：甚念傷吾生，正宜委運去：縱浪大化中，不喜亦不懼，應盡便須盡，無復獨多慮。欽立案：此詩當針對釋慧遠形盡神不滅論及佛影銘而發，示其不同於佛法之見解。慧遠於元興三年著形盡神不滅論（弘明集五，沙門不敬王者論之一章）而是年則又因立佛影作萬佛影銘（其後序云：晉義熙八年，歲在壬子，五月一日，共立此基。至於歲次星紀，赤奮若貞於太陰之虛，九月三日，乃詳檢別記，銘之於石云云。則基在八年，銘石在九年也。）銘云：廓矣大象，理玄無名，體神入化，落影離形。至此並形影神三者連言之。淵明命題之意，於此可以顯見。又案慧遠元興元年，與劉遺民等建齋立誓，共期西方。元興三年作形盡神不滅論，又嘗作釋三報論及明報應論，皆恍於生死報應而爲者，抑所謂營營惜生也。故此以自然辨之。

作五月旦作和戴主簿詩。

詩有云：星紀奄將中。知作於是年癸丑。又云：卽事如已高，何必升華嵩。此與形影神詩所謂：誠願遊崑華，邈然茲道絕。爲同一旨趣，皆致疑當時丹鼎派道家之語也。

義熙十年甲寅，淵明三十九歲。

是年，劉遺民卒。

唐釋元康肇論疏云：廬山遠法師作劉公傳云：劉程之，字仲思。彭城人。漢楚元王裔也。承積慶之重粹，體方外之虛心，百家淵談，靡不遊目。精研佛理，以期盡妙。陳郡殷仲文，譙郡桓玄，諸有心之士，莫不崇拭祿尋陽柴陽（欽立案：崇下當有闕文），以爲入山之資。未旋幾時，桓玄東下，格稱永始。逆謀始，劉便命孥，考室林藪。義熙公侯咸辟命，皆遜辭以免。九年，太尉劉公，知其野志冲邈，乃以高尙人望相禮，遂其初心。居山十有二年卒。有說云：入山以後，自謂是國家遺棄之民，故改名遺民也。欽立案：隋志：梁有柴桑令劉遺民集五卷，錄一卷。欽立又案：晉書安帝紀，桓玄起兵於元興元年，知遺民爲柴桑令，在隆安五年，棄官入山，在元興元年。居山十二載而卒，卽爲是年。

義熙十一年乙卯，淵明四十歲。

淵明還居上京。作還舊居詩。

還居上京年代詳前。詩云：疇昔家上京，十載去還歸。今日始復來，惻愴多所悲。常恐大化盡，氣力不及衰，撥置且莫念，一觴聊可揮。又云：履歷周故居，鄰老罕復遺。鄰老卽下云故老。

是年，顏延之以後軍功曹住尋陽，淵明與作鄰，甚情款。

宋傳：顏延之爲劉柳後軍功曹，在尋陽與潛情款。陶考云：劉柳爲江州刺史，晉書劉柳本傳不紀年月。考宋書孟懷玉傳，義熙十一年，卒於江州之任，晉書安帝紀，義熙十二年六月，新除尙書劉柳卒。南史劉湛傳，父柳卒於江州。是柳爲江州，實踵懷玉之後。以義熙十一年到官，十二年除尙書令，未去江州而卒。延之來潯陽，與先生情款，當在此兩年也。欽立案：顏誄云：自爾介居，及我多暇，伊好之洽，接閻鄰舍，宵盤晝遊，非舟非駕。又宋書顏延之本傳，稱其疏誕好酒，居身清約，布衣蔬食，獨酌郊郭，當其爲適，旁若無人。其自得任眞，與淵明同，宜其情好相投也。

淵明作停雲，時運，榮木等詩三章。

榮木云：先師遺訓，余豈云墜，四十無聞，斯不足畏。故知此詩爲本年作。欽立又案：停雲時運榮木三詩，皆冠小序，而序文結構句法悉同，疑爲同時之作，故若是之晝一也。停雲詩云：靜寄東軒，春醪獨撫。良朋悠邈，搔首延佇。又云：有酒有酒，閒飲東窗，願言懷人，舟車靡從。又云：東園之

樹，枝條載榮，競用新好，以怡余情。所謂東軒東園，與後飲酒詩所云者同，

作連雨獨飲詩。

詩云：故老贈余酒，乃言飲得仙，試酌百情遠，重觴忽忘天。自我抱茲獨，僶俛四十年，形骸久已化，心在復何言。

詔徵著作佐郎，不就。作飲酒詩二十首。

宋傳：義熙末，徵著作佐郎，不就。吳譜系之十四年戊午，陶澍謂：不必定其在十四年。欽立案：飲酒詩二十首皆同年作，此有序文可證。其第十六首云：行行向不惑，淹留遂無成。不惑言四十歲，並知爲是年作。（論語：三十而立，四十而不惑。此云向者，謙辭。又飲酒詩是時向立年語，與此同例。）而其第八首云：清晨聞叩門，倒裳往自開。問子爲誰歟？田父有好懷。壺漿遠見候，疑我與時乖：繿縷茅簷下，未足爲高棲，一世皆尚同，願君汨其泥！深感父老言，稟氣寡所諧；紆轡誠可學，違己詎非迷？且共歡此飲，吾駕不可回。又第十二首云：一去便當已，何爲復狐疑，擺落悠悠談，請從余所之。皆爲推却徵命之辭，不應著作，當在是年。（此上從古譜。）又第六首云：日入羣動息，歸鳥趨林鳴，嘯傲東軒下，聊復得此生。又第七首云：青松在東園，衆草沒其姿，凝霜殄異類，卓然見高枝。東軒東園及青松，皆紀實語。

義熙十二年丙辰，淵明四十一歲。

淵明作示周續之祖企謝景夷三郎時三人共在城北講禮校書詩。

蕭傳：刺史檀韶，苦請續之出州。與祖企謝景夷三人，共在城北講禮，加以講校。所住公廨，近於馬隊。是故淵明示其詩曰：周生述孔業，祖謝響然徵，馬隊非講肆，校書亦已勤。案宋書檀韶傳，韶，十二年遷江州刺史。詩當作於此年。詩又云：負痾茅簷下，終日無一欣。知淵明痁疾，此年又劇。

作丙辰歲八月中於下潠田舍穫詩。

詩云：曰余作此來，三四星火頹。案二句言歸耕已十二年，三四星火頹，謂火星西流，已越一十二次。淵明義熙元年乙巳棄官歸田，至此年丙辰爲十二年。又詩云：姿年逝已老，其事未云乖。此十二年中，淵明勤於耕植，言未

菅輟也。

劉裕迎周續之館於安樂寺講禮，月餘，還山。

宋書周續之傳。

義熙十三年丁巳，淵明四十二歲。

淵明作贈羊長史詩。

序云：左軍羊長史，銜使秦川，作此與之。詩云：九域甫已一，逝將理舟輿；聞君當先邁，負痾不獲俱。案晉書安帝紀，劉裕是年七月克長安，執姚泓。詩作於此年可知。

顏延之奉使至洛，道中作詩二首。

文選載北使洛一首，還至梁城作一首。

義熙十四年戊午，淵明四十三歲。

淵明作戊午歲六月中遇火詩。

詩題原作戊申，各本陶集同。惟陶考引江州志作戊午。欽立案此詩云：總髮抱孤介，奄出四十年，形迹憑化往，靈府常獨閒云云，則詩之作也，當與丙辰詩所謂「委年逝已老」者，時期相近，而必非四十以前之作，因前此作，尙無言老之語也。又詩又明言「奄出四十」，若任戊申淵明三十三歲時，亦不合。茲姑繫此。

是年王弘爲江州刺史。

宋傳：江州刺史王弘欲識之，不能致也。潛嘗往廬山，弘令潛故人龐通之齎酒於半道栗里要之。潛有脚疾，使一門生二兒舉籃輿。旣至，欣然，便共飲酌。俄頃弘至，亦無忤也。嘗九月九日無酒，出宅邊叢菊中坐久，值弘送酒，卽便就酌，醉而後歸。案王弘爲江州，始於此年，宋書王弘傳有明文。弘至元嘉三年，方調他任，在柴桑者凡八年。爲政省賦簡役，人稱之。淵明曾作於王撫軍坐送客詩，蓋頗從之遊宴也。

劉裕迎周續之至彭城。尋聽南還。

宋書周續之傳。

十二月，劉裕弑晉安帝。

晉書安帝紀。

恭帝元熙元年己未，淵明四十四歲。

宋武帝永初元年庚申，淵明四十五歲。

淵明由此年始，所著文章，唯書甲子，不稱宋氏年號。

吳譜：夏六月，晉禪於宋。按沈約宋書，潛自以曾祖晉世宰輔，恥復屈身異代。自高祖王業漸隆，不復肯仕，所著文章，皆題年月，義熙以前，則書晉氏年號，自永初以來，唯云甲子而已。嘗考集中諸文，義熙以前書晉氏年號者，如桃花源詩序云：昔太元中。又祭程氏妹文云：惟晉義熙三年是也。至自祭文，元嘉四年作，則但稱歲在丁卯，史氏之言，爲不誣矣。然其祭從弟敬遠文，在義熙中，亦止云歲在辛亥。要之，集中詩文，於晉年號，或書或否，固不一概，卒無一字稱宋永初以來年號者，此史氏所以著之也。欽立案：仁傑是說，足破衆惑，故錄於此。

並自改名曰潛。

說見前。又此改名潛，與劉程之改名遺民，用心蓋同。

作讀史述九章。

吳譜：晉禪於宋，宋高祖改元永初。讀史述九章自注曰：余讀史記有所感而述之。首章述夷齊云：天人革命，絕景窮居，采薇高歌，慨想黃虞。二章述箕子云：去鄉之感，猶有遲遲，矧伊代謝，觸物皆非。當是革命時作。

周續之應徵詣京，宋爲開館東郭郊外。高祖問以禮記，傲不可長，與我九齡，射於矍圃三義。續之辨析精奧。然連爲顏延之所挫。

見宋書周續之傳，及顏延之傳。

是年，顏延之爲太子舍人。作直東宮答鄭尚書詩。

事見延之本傳，詩見文選卷二十六。

永初二年辛酉，淵明四十六歲。

淵明是秋作於王撫軍坐送客詩。

詩云：秋日淒且厲，百卉俱已腓。爰以履霜節，登高餞將歸。李公煥注：案年譜，此詩永初二年辛酉作也。宋書，王弘（字元休）爲撫軍將軍江州刺史。庾登之爲西陽太守（今黃州）被徵還。謝瞻爲豫章太守（今洪州）將赴郡，王弘送至湓口（今潯陽之湓浦）三人於此賦詩敍別。是必元休要靖節預席餞行，故文選載謝瞻集別詩，首紀坐間四人。陶考云：案今文選，瞻序僅記三人，無先生名字。豈宋本有之，今本奪去耶？通鑑，永初二年，謝瞻爲豫章太守，則此詩決當作於是歲，明年則瞻死矣。

是年九月，晉恭帝爲宋所弒。淵明因作述酒詩。

詩云：豫章抗高門，重華固靈墳，流淚抱中歎，側耳聽司晨。峨峨西嶺內，偃息得所親。天容自永固，彭殤非等倫。吳譜於元熙二年下，引韓子蒼曰：余反復觀之，見山陽歸下國之句，蓋用山陽公事，疑是義熙以後有所感而作也。故有流淚抱歎中，平王去舊京之語。湯漢注陶此詩云：案晉元熙元年六月，劉裕廢恭帝爲零陵王。明年，以毒酒一甖授張禕，使酖王，禕自飮而卒。繼又令兵人踰園進藥，王不肯飮，遂掩殺之。此詩所爲作，故以酒名篇也。欽立案：韓湯二說均是，又此題下，淵明原注云：儀狄造杜康潤色之，則又示此詩兼斥桓玄劉裕，以痛述東晉之兩次篡局也。

顏延之作三月三日詔宴西池詩。

見文選。

永初三年壬戌，淵明四十七歲。

淵明是冬，與龐參軍爲隣。

見元嘉元年。

少年景平元年癸亥，淵明四十八歲。

是年，周續之卒。

宋書周續之傳。

文帝元嘉元年（景平二年）甲子，淵明四十九歲。

淵明久疾。是春，作五言答龐參軍詩，冬，作四言答龐參軍詩。

五言詩序云：吾抱疾多年，不復爲文。本旣不豐，復老病繼之。又云：自爾鄰曲，冬春再交。人事好乖，便當語離。知五言爲春日之作，四言詩云：昔我云別，倉庚載鳴，今也遇之，霰雪飄零，知四言詩爲冬日之作。又四言詩序云：龐爲衞軍參軍，從江陵使上都，過尋陽見贈。而詩云：大藩有命，作使上京，豈忘晏安，王事靡寧云云，知龐爲衞軍，乃事荊州刺史。案宋初以衞軍爲荊州者，僅謝晦一人，又宋書文帝紀云：元嘉元年八月癸卯，撫軍將軍荊州刺史謝晦，進號衞將軍，知龐氏此春乃以撫軍參軍，赴江陵之任，淵明以五言詩送別。至冬則以衞軍參軍，銜命使都，淵明又有四言之贈遺也。詩序云：自爾隣曲，冬春再交，知龐與淵明結隣，在前年冬卽永初三年，至此已兩度冬春矣。又五言詩序云：吾抱疾多年，不復爲文。淵明自永初二年，至此已三年無所作，故有此言也。陶考謂二詩作於景平元年，時衞軍將軍王弘鎭尋陽，宋文帝方爲宜都王，以荊州刺史鎭江陵。參軍奉弘命使江陵，又奉宜都王之命使都，故曰：大藩有命，作使上京。非宜都不得稱大藩也。又謂：乃王弘兄弟與徐傅等密謀廢立之事，故使參軍往來京都。欽立案：此說牽強，不足據。四言詩序，明言從江陵使上都，過潯陽云云，不得曲爲之說。且謝晦鎭江陵，已進封建平郡公，與大藩云者亦無不合。

是年顏延之爲始安太守，道出尋陽，以錢二萬貽淵明，以爲飲酒之資。

宋傳：延之後爲始安郡，經過，日日造飲，每往必酣飲致醉。臨去留二萬錢與潛，潛悉送酒家，稍就取飲。宋書顏延之傳：少帝立，始出爲始安太守。延之之郡，道經汨羅潭，爲刺史張邵作祭屈原文。今案文曰：惟有宋五年月日云云。宋五年卽景平二年而元嘉元年。

元嘉二年乙丑，淵明五十歲。

淵明作游斜川詩。

詩序云：辛丑(一作酉)正月五日，天氣和澄，風物閒美，與二三鄰曲，同游斜川，欣對不足，率爾賦詩。悲日月之遂往，悼吾年之不留，各疏年紀鄉里，以紀其時日。詩云：開歲倏五十，吾生行歸休，念之動中懷，及辰爲茲游。提壺接賓侶，引滿更獻酬。中觴縱遙情，忘彼千載憂。欽立案：詩中五十者，淵明自紀其年。五十或作五日，作五日則與下句吾生行歸休句不屬，當爲後人所臆改，不足據。惟序中辛丑辛酉皆與五十不合。（依舊譜，辛丑爲四十七，辛酉爲五十七，亦不合也。）欽立竊謂，序文應作辛酉，辛酉乃干支紀日之字，今本以爲紀年字者，後人所朊改。正月五日逢辛酉者，據陳垣二十史朔閏表。自晉康帝永和元年至宋文帝元嘉中，八十餘年中，僅元嘉二年如此。而元嘉二年，淵明適五十歲，此之相合，儻非偶然？原序應作正月五日辛酉云云。何以知辛酉當爲紀日之字。具證如次：（一）陶集凡記甲子諸詩，皆在三卷，以次列之。此自宋元各本均同。陶集自昭明太子陽休之以至宋庠思悅等，累加編訂，求有倫貫。若此詩原有紀年甲子，必已列入三卷，而不至獨在二卷。（二）第三卷詩之紀甲子者，皆干支下有歲字承之，無一例外，如辛丑歲云云，丙辰歲云云，皆是也。此詩止作辛酉或辛丑而無歲字，（明清刊本，如古詩紀陶詩彙注始加歲字。）亦證辛酉非紀年之字。（三）隸續卷四，晉右將軍鄭烈碑，有「太康四年七月十日辛未造」語，徵晉人僅紀日用甲子者，有其例。（四）宋書曆志：晉武帝太始元年有司奏：晉於五行之次，應尙金。金生於巳，事於酉，終於丑，宜祖以酉日，臘以丑日。又晉嵇含祖賦序云：祖之於俗尙矣，自天子至於庶人，莫不咸用。有漢卜日丙午，魏氏擇用丁未。至於大晉，則祖孟月之酉日，各因其行運，三代固有不同。淵明斜川之游，値宋元嘉，所以擇孟春酉日而始以爲「及辰」者，暗含奉行晉朝正朔之意，與史稱：「自永初以來，唯云甲子」者，爲同一用心。（五）晉石崇等祖餞於金谷，有金谷詩序紀其事。其文云：感性命之不永，懼凋落之無期，故具敍時人官號姓名年紀云云。此會「凡三十人。吳王師關中侯始平武功蘇紹字世嗣，年五十居首」。金谷之會，東晉人所樂道，王羲之蘭亭之集，卽效爲之。淵明此游，飲酒賦詩，並疏年紀鄉里，與金谷同，而年適値五十，與蘇紹年五十爲首者尤合，知淵明擇先朝之良辰，取先朝之雅事，而規爲此遊，有以遺老自居之意也。

作怨詩楚調示龐主簿鄧治中。

詩云：結髮念善事，僶俛五十年。五十一作六九非。欽立案：龐主簿遵亦卽龐通之。宋書裴松之傳：太祖元嘉三年，誅司徒徐羨之等，分遣大使，巡行天下。司徒主簿龐遵使南兗州，案宋書王弘傳：羨之等誅，徵弘爲侍中司徒揚州刺史。是遵爲司徒主簿，乃王弘僚佐。晉書陶潛傳：其鄉親張野及周旋人羊松齡龐遵等，或有酒邀之，或要之共至酒坐，雖不識主人，亦欣然無忤。宋書陶潛傳，則曰龐通之，是遵卽通之之證。

雜詩之第六首作於是年。

詩云：昔聞長者言，掩耳每不喜，奈何五十年，忽已親此事。

元嘉三年丙寅，淵明五十一歲。

是年正月，王弘入爲司徒。五月，檀道濟爲江州刺史。

參看宋書文帝紀。

淵明貧病愈劇。檀道濟往候之，饋以粱肉。淵明麾而去之。

蕭傳：江州刺史檀道濟往候之，偃臥瘠餒有日矣，道濟謂曰：賢者處世，天下無道則隱，有道則至。今子生文明之世，奈何自苦如此！對曰：潛也，何敢望賢，志不及也。道濟饋以粱肉，麾而去之。

有會而作詩。

詩云：常善粥者心，深恨蒙袂非，嗟來何足吝，徒沒空自遺。

及乞食詩，皆當作於是年。

元嘉四年丁卯，淵明五十二歲。

是年十一月，淵明卒。

此從朱子綱目。

卒前，於九月作自祭文。

文云：歲維丁卯，律中無射，陶子將辭逆旅之館，永歸本宅。識運知命，疇能罔眷，余今斯化，可以無恨。

作挽歌三首。

歌云：有生必有死，早終非命促。又云：嚴霜九月中，送我出遠郊。

作與子儼等疏。

疏云：吾年過五十。少而貧苦，每以家弊，東游西走，疾患以來，漸就衰損，自恐大分將有限也。汝等雖不同生，當思四海皆兄弟之義，况同父之人哉。

顏延之著文誄之，謚曰靖節先生。

誄云：年在中身，疢維痞疾，視化如歸，臨凶若吉，傃幽告終，懷和長畢，又云：其寬樂令終之美，好廉克己之操，有合謚典，無愆前志，詢諸友好。宜諡曰靖節云。

民國三十四年夏寫於西川之栗峯

出自第二十本上(一九四八年六月)

釋傖楚

余嘉錫

『傖』『楚』之名，大要起於魏晉之閒，蓋南朝士大夫鄙夷江淮以北之人，而爲之目者也。

說文無『傖』字。玉篇人部：『「傖」，士衡切。晉陽秋云，「吳人謂中國人爲傖」。』廣韻下平十二庚：『「傖」，楚人別種也，助庚切。』集韻十二庚：『「傖」，鋤庚切。吳人罵楚人曰「傖」。』慧琳一切經音義卷六十五引晉陽秋曰：『吳人謂中國人爲「傖」人，又總謂江淮閒雜楚爲「傖」。』

嘉錫案：晉陽秋所謂『中國人』，指長江以北言之，猶之中原人耳。世說雅量篇注引作『吳人以中州人爲「傖」』，此必劉孝標所改。以其時中原爲拓跋氏所據，故不欲以中國稱之也。

晉陽秋之文，以慧琳所引爲最詳，知楚人亦可名傖，不獨指中原人矣，然不言所以名『傖』之義。考漢書賈誼傳：『國制搶攘』，注引晉灼曰：『「搶」音「傖」，吳人罵楚人曰「傖」，「傖」，攘亂貌也。』然則『傖』與『搶』音義並同。類篇卷八人部云：『「傖」，千剛切。「傖」，囊亂貌，又鋤庚切。吳人罵楚人曰「傖」。』『傖囊』即『傖攘』一聲之轉，義並本之晉灼，而分爲二音，非也。

余謂『傖』字蓋有六義。『傖攘』本釋亂貌，故凡目鄙野不文之人皆曰『傖』，原無地域之分。太平廣記卷二百六十二引笑林曰，『傖人欲相共弔喪，各不知儀。一人言粗習，謂同伴曰，「汝隨我舉止」』云云。此但極言鄉愚之粗俗，不必其楚人中國人也。今人謂事之可鄙笑者曰『寒傖』，蓋猶六朝之遺語。『寒』者寒族，『傖』者傖父也，一也。

中國爲聲名文物之邦，彬彬大雅，本不當有『荒傖』之稱。但自三國鼎峙，南北相輕。吳人負其山川之美，物產之豐，起居被服，自命風流，尤以陸氏爲之眉目。及歸命街壁，機雲入洛，厭北人之厚重少文，嗜羊麥而噉酥酪，不如南方之蓴羹魚膾，輒目之爲傖父。藝文類聚卷七十二引笑林曰：『吳人至京師，爲設食者有酪蘇，未知是何物也，強而食之，歸吐，遂至困頓。謂其子曰，「與傖人同死，亦無所恨，然汝故宜愼之。」』笑林，隋唐志皆題『邯鄲淳撰』，淳在漢末事曹操，魏黃初中，官至給事中（見魏志王粲傳注），未嘗入吳，而類聚卷八十五引有張溫使蜀與沈峻相別事，似非淳所能知。宋釋贊寧以爲陸雲所著，（贊寧筍譜卷下云，『陸雲，字士龍，爲性喜笑，著笑林論。）其說當有所本。（宋人五色線卷下亦引作陸雲笑林。）士龍嘗著笑林，故此書名笑林，類聚所引吳人條蓋記於入洛之後。觀其所言，知吳人之厭惡北俗深矣！世說排調篇云，『陸太尉詣王丞相，王公食以酪，陸還遂病，明日與王牋云，「昨食酪小過，通夜委頓，民雖吳人，幾爲傖鬼！」』（亦見晉書陸玩傳。）其事竟與笑林所載不謀而合。玩於王導之前，直言『幾爲傖鬼』，其輕侮北人，無分貴賤，蓋陸氏之家風然也。晉書左思傳曰：『陸機入洛，與弟雲書曰，「此間有傖父，欲作三都賦，須其成當以覆酒甕耳！」』此時士衡尚未見太沖之文，度其必非通才，遂以傖父目之，其於尋常北人，蓋可知矣。此晉陽秋所謂『吳人謂中國人爲傖』也，二也。

西晉之末，中原雲擾，五馬南浮，元帝立國建康，北方士大夫，紛紛過江，吳人猶呼爲傖父，如今蜀人之輕下江人耳。如褚裒本河南陽翟人，其祖碧始徙丹徒，（見唐書宰相世系表。）裒少有盛名。世說雅量篇稱其『名字已顯，而位微，人未多識。嘗投錢塘亭住。縣令吳興沈充以間亭吏。吏云，「昨有一傖父來寄亭中，令有酒色，遙問傖夫欲食𩞄否？」』此必裒之風度，望而知爲北人，故亭吏直呼爲傖父，沈充已醉，亦不辨爲何等人，遂以食𩞄調之。可見東晉初年，吳人猶歧視北人矣。然中原舊族，居吳旣久，習其土風，輒效吳人口吻，目後來南渡者爲『傖』，忘其己亦傖人也。史册所記，數見不鮮。宋書杜驥傳載驥兄坦對太祖（文帝）曰：『臣本中華高族，（坦，杜預玄孫。）亡曾祖晉氏喪亂，播遷涼土，直以南渡不早，（坦於晉末始隨劉豫南還。）便以荒傖賜隔，』其明證也。晉楊佺期，太尉震之後，本傳言其自云，『門戶承籍，江表莫比，時人以其晚過江，婚宦失類，每排抑之。』婚宦失類者，蓋其祖父久居北土，不免與寒門胡族通婚，又臣事僞國，論入雜流也。杜驥先世，殆亦如此，宜其被人視爲荒傖矣。楊杜諸氏，與王謝高門，同是北人僑居南土，而以過江之先後，遂有清濁之分，此與吳人概稱中國人爲傖者，其義又別，三也。

孫權初都武昌，旋遷建業，所謂『龍蟠虎踞帝王之宅也』。其風土之美，人物之秀，財富之豐，皆遠勝武昌。吳志陸凱傳曰：『皓時徙都武昌，揚土百姓，泝流供給，以爲患苦。凱上疏曰：『武昌土地，實危險而塉确，非王都安國養民之處，船泊則沈漂，陵居則峻危。且童謠言，「寧飲建業水，不食武昌魚，寧還建業死，不止武昌居。」童謠之言，生於天心，乃以安居而比死，足明天意，知民所苦也。」』傳雖不言皓之從否，然甘露元年十一月甫至武昌，明年（寶鼎元年）十二月卽還都建業，是已納其言矣。吳楚之輕重不同如此，故吳人以上國自居，鄙楚人爲荒陋，亦被以此目。沿及晉代，相承未改。晉灼著書於典午中朝，（見漢書序例。）而云『吳人罵楚人爲傖』，是未渡江以前語也。四也。

揚徐之地，江淮之間，本屬楚境。永嘉喪亂，幽冀青并兗州及徐州之淮北流民，相率過淮，亦有過江者，於是僑立郡縣以司牧之。（見宋書州郡志）其地多中原村鄙之民，與楚人雜處，謂之『雜楚』。吳人薄之，亦呼『傖楚』，別目九江豫章諸楚人爲傒，（見世說容止篇及南史胡諧之傳。）而於荊州之楚，以其與揚州脣齒，爲上游重鎮，獨不受輕視，無所指目，非復如東渡以前，統罵楚人爲傖矣。晉陽秋云：『吳人總謂江淮間雜楚爲傖』，梁書鍾嶸傳云：『僑雜傖楚，應在綏附，』皆其義也。五也。

『傖』之爲名，本吳人罵中國人及楚人之詞。然南北旣分，北人不肯自承爲傖也，而以吳人之所謂『傖楚』皆在江南，於是效吳兒之語，統指南朝爲『傖楚』，并吳人而亦罵之。北史王昕傳：『文宣下詔曰，「元景（昕字）本自庸才，素無勳行，僞賞賓郎之味，好詠輕薄之篇，自謂模擬傖楚，曲盡風制。」』夫以賓郎消食，及詠齊梁體詩，皆吳下風氣，而橫被高洋罵爲傖楚，南人同類相輕，致爲黠虜所笑，亦吳兒輕薄之報也。六也。

由此觀之，傖之爲言，特罵人之詞，本無定地，但於其所鄙薄者，則以此加之。今人但知吳人謂北人爲傖，不知更罵僑雜之人爲傖，尤不知胡人亦謂吳人爲傖也。要之，吳人之語，乃亂世之徵，絕非南渡以後之所宜出。使果欲發憤圖強，則地利不如人和，固當合四海爲一家，戮力同心以禦外侮，惡有一國之中，互相歧視，出以謾罵者乎。覽南北之史，於『傖』之一字，有以知國人當危急存亡之秋，猶不能無畛域之見，宜其分崩離折，治日少而亂日多也。悲夫！

章炳麟新方言卷二云：『尋方言「壯」「將」皆訓「大」。「將」「倉」聲通，如「鶬鸖將將」「鳥獸蹌蹌」，是傖人猶言壯夫耳。昔陸機謂左思爲傖父，蓋謂其粗勇也。今自鎮江以下至於海濱無賴相呼曰老傖。』按章氏以傖爲壯夫，與六朝人語氣未能盡合，且其說頗近迂曲，非確詁也。

六朝人於『傖』『楚』二字，每喜聯用，已具見於前，其或單舉一字，則其義不同，傖以指其形容動作，楚則指其語言也。

顧炎武日知錄卷二十九方音條引宋書：『高祖雖累葉江南，楚言未變，雅道風流，無聞焉爾。』又『長沙王道憐，素無才能，言音甚楚，舉止施爲，多諸鄙拙。』世說：『王大將軍年少時，舊有田舍名，語音亦楚。』又引梁書儒林傳：『陸倕言孫詳蔣顯曾習周官，而音革楚夏，學徒不至。』（見沈峻傳。）文心雕龍云：『張華論韻，謂士衡多楚，可謂銜靈均之聲餘，失黃鍾之正響也。』（案雕龍聲律篇云：『詩人綜韻，率多淸切，楚辭辭楚，故訛韻實繁，及張華論韻』云云。）

嘉錫案：此數書所稱之楚，雖名稱無異，而區域不同，則其語音亦當有別，未可一概而論也。宋高祖兄弟先世爲彭城綏里人，自其曾祖混始過江，居晉陵郡丹徒縣。彭城於春秋屬宋，戰國時屬楚。自項羽爲西楚霸王，以及前漢之楚元王交楚孝王囂，後漢之楚王英，並都彭城。宋書所謂『楚言』者，指彭城郡言之也。其地爲今江蘇銅山縣，以其越在江北，密邇胡虜，僑人雜處，號爲傖楚，故南朝人鄙夷之如此。王敦爲琅琊臨沂人，其地屬魯，當作齊魯閒語；陸機吳人，當操吳語，並不得忽用楚音。然戰國魯爲楚所滅，吳先滅於越，而越并於楚，故諸國之地，皆得蒙楚稱。史記貨殖傳云：『自淮北沛陳汝南南郡，此西楚也。彭城以東，東海吳廣陵，此東楚也。衡山九江江南豫章長沙，是南楚也。』臨沂於漢屬東海郡，吳縣屬吳郡，並是東楚。世說謂『王敦語音亦楚』，張華論韻，謂『士衡多楚者』，指戰國時楚地言之也，其爲楚雖同，而實非一地。琅琊之方音不與吳同，則其語言聲韻必不同，此乃西晉全盛之時，洛下士大夫，鄙視外郡，故用秦漢舊名，概被以楚稱。至於陸倕所謂音革楚夏，則又別是一義，梁書儒林盧廣傳云：『時北來人儒學者有崔靈恩孫詳蔣顯，並聚徒講說，而音辭鄙拙；惟廣言論淸雅，不類北人』云云。陸倕者，吳中舊族，（本傳云：『晉太尉玩六世孫』。）仕事南朝，故以江左爲華夏，而又區別三吳以外，目之爲楚，此乃吳人鄉曲之見，猶之目中國人爲傖耳。孫詳蔣顯來自北朝，並是傖父，倕謂其『音革楚夏』者，言北方之音，非楚非夏，人所不解也。任昉作王儉集序云：『以本官領丹陽尹，公不謀聲訓，而楚夏移情，』意與倕同；言丹陽居民，雜有楚夏之人，而皆能服儉之教化也。李善引史記貨殖傳『潁川南陽夏人之居』爲注，則與丹陽奚與焉。六朝人之所謂楚，因時因地，互有不同，而其立言之意，亦區以別矣。顏氏家訓音辭篇云：『古今言語時俗不同，著述之人，楚夏各異。』此以南爲楚，北爲夏與陸倕之語又異。蓋之推身處周隋之間，其立言不得不如此爾。

家訓之論音辭也，其言又曰：『共以帝王都邑，參校方俗，考覈古今，爲之折衷。搉而量之，獨金陵與洛下耳。』此可爲夏字注脚。由是觀之，自西晉以前之語言，必以洛陽爲準，南渡以後，更以建康爲歸。但中原士大夫，居吳已久，旣未忘其土風，亦漸效爲吳語，如謝安之爲洛下書生詠，王導之以吳語爲劉惔所笑（均見世說）是也。於是建武以後之建康，自成一種南北相參之音調，如後世之所謂官話然者。士人如不解此，則無以應對周旋。劉裕兄弟，身爲將相，而未改其方音，故謂之『雅道無聞』。大抵晉宋以後，凡南人而不能操建康語者，則皆目之爲楚云。

六朝南人，除傖楚之外，又有『楚子』之稱。宋書黃回傳云：『回拳捷果勁，勇力兼人，在江西與諸楚子相結，屢爲劫盜。』殷琰傳亦云：『回（卽黃回）所領並淮南楚子，天下精兵。』梁書陳伯之傳云：『幼有膂力，年十三四，伺鄰里稻熟，輒偸刈之。嘗爲田主所見，呵之云：「楚子莫動！」伯之因杖刀而進，將刺之，曰：「楚子定何如！」田主皆反走。』夫以南朝版圖，較其廣袤，所及除梁益以外，不出三楚之境，然則舉朝皆楚也。此所謂楚子者，何等人耶？陳伯之爲濟陰睢陵人（屬徐州），其鄰里田主，亦必濟陰人，何爲獨以楚子呼伯之耶？推尋事理，蓋南朝以三吳爲京畿，故自春秋時故吳地以外，皆謂之楚。及其用以稱人，則又有貴賤之分。凡士大夫之有田舍氣者，但笑其語音之楚而已。至於閭里小人，田夫牧豎，少年輕剽勇悍者，皆謂之楚子，乃甚賤之之詞。其富貴之家，衣冠之倫，率雍容華貴，自命風流，雖楚而不自以爲楚也。自吳人觀之，雖同是楚人，亦不以楚子呼之矣。

總之，無論爲傖爲楚爲楚子、或混而稱之爲『傖楚』，爲『雜楚』，要不外內外之分，門戶之見而已。故凡三吳之人及中原高族之從龍過江者，皆不蒙此稱。此固分裂之朝，文人士夫之惡習，錮結而不可破者。然自古及今，時無論治亂，畛域之紛歧，統不能盡免。果欲一道德而同風俗，以臻於郅治，則於此等語言文字，不可以爲鄙物細故，而不加之意也。

出自第二十本下(一九四八年十二月初版,一九六四年一月再版)

說文引祕書爲賈逵說辨正

丁聲樹

說文解字兩引「祕書」。四篇目部：

瞋，張目也。从目，眞聲。賊，祕書瞋从戌。

又九篇易部：

易，蜥易，蝘蜓，守宮也。象形。祕書說，日月爲易，象陰陽也。一曰，从勿。凡易之屬皆从易。

自來注說文者大都以「祕書」爲緯書。近人無錫丁福保氏乃據慧琳一切經音義引說文，謂「祕書」當作「賈祕書」，以「賈祕書」爲賈逵。其說似是而非，學者易爲所惑，不得不糾正之。

丁氏說文解字詁林後敍云：

說文「易」下引祕書說，日月爲易。段氏玉裁桂氏馥王氏筠皆以祕書爲緯書。余攷許書之例，凡引書當用「曰」字，如詩曰，易曰，虞書曰，春秋傳曰等。引各家之說當用「說」字，如孔子說，楚莊王說，韓非說，左氏說，淮南王說，司馬相如說等。此許書之通例也。今段桂王三家以祕書爲緯書，終覺於許書之例未合。然亦別無其他佐證可以證明其誤。洎見〔慧琳〕大般若經音義（自注，六卷七頁）「易」注引說文，「賈祕書說，日月爲易」，始知徐說文脫「賈」字。考後漢書賈逵傳，逵兩校祕書。賈祕書卽賈逵也。許君古學正從逵出，故說文引師說或稱賈祕書，或稱賈侍中，而不名也。「瞋」之重文「賊」下云，「祕書瞋从戌」，亦爲「賈祕書說」，而脫「賈」，「說」二字也。段注以爲緯書，非是。

其說又見於說文解字詁林第九下，易部「易」字下案語，又醫學書局印正續一切經音義提要，又一切經音義通檢序，不備引。今案丁說之謬有五。

說文引賈逵說例云「賈侍中說」，全書凡十七見：

1. 犧，宗廟之牲也。从牛，羲聲。賈侍中說，此非古字。（二篇牛部）

2. 尟，是少也，尟俱存也。从是少。賈侍中說。（二篇是部）

3. 䟕，前頓也。从辵，枼聲。（此字舊本作䟕，解云，从辵，市聲。今依段本。）賈侍中說，一讀若拾，又若郅。（二篇辵部）

4. 蹢，蹢躅（此二字依段補），住足也，从足，啻聲。或曰，蹢躅，賈侍中說，足垢也。（二篇足部）

5. 謓，恚也。从言，眞聲。賈侍中說，謓，笑。一曰，讀若振。（三篇言部）

6. 橢，木橢施也。从木，旖聲。賈侍中說，橢卽椅也（「也」字依段校），可作琴。（六篇木部）

7. 稽，稽𥟖而止也。从稽省，咎聲。讀若皓，賈侍中說，稽，𥞌，𥡴三字皆木名。（六篇稽部）

8. 囧，窗牖麗廔闓明也。象形。凡囧之屬皆从囧。讀若獷。賈侍中說，讀與明同。（七篇囧部）

9. 𥄉，到首也。賈侍中說，此斷首到縣𥄉字。凡𥄉之屬皆从𥄉。（九篇𥄉部）

10. 卮，科卮，木節也。从卩，厂聲。賈侍中說以爲卮，裹也。一曰，卮，蓋也。（九篇卩部）

11. 豫，象之大者。賈侍中說，不害於物。从象，予聲。（九篇象部）

12. 嬃，女字也。从女，須聲。楚詞曰，女嬃之嬋媛。賈侍中說，楚人謂姊爲嬃。（十二篇女部）

13. 毒，士之無行者。从士毋。賈侍中說，秦始皇母與嫪毐淫，坐誅，故世罵淫曰嫪毐。讀若娭。（十二篇毋部）

14. 隉，危也。从𨸏，从毀省。徐巡以爲隉，凶也。賈侍中說，隉，法度也。班固說，不安也。周書曰，邦之阢隉。讀若虹蜺之蜺。（十四篇𨸏部）

15．亞，醜也。象人局背之形。賈侍中說以爲次弟也。凡亞之屬皆从亞。（十四篇亞部）

16．㠯，用也。从反巳。賈侍中說，巳，意巳實也。象形。（十四篇巳部）

17．酏，黍酒也。从酉，也聲。一曰，甛也。賈侍中說，酏爲鬻淸。（十四篇酉部）

凡此十有七條皆云「賈侍中說」。許愼受學於賈逵，故稱其官以尊之。段玉裁於牛部「犧」字下注曰，「他皆偁名，獨賈逵偁官者，尊其師也」，是也。考說文引通人之說，如董仲舒司馬相如楊雄杜林譚長官溥等，未有一人而二其稱謂者，何獨於其師而異之？且易部與象部緊相比次，易部「易」下引「祕書說」，象部「豫」下引「賈侍中說」。易部祇一「易」字，象部部首「象」字之下卽是「豫」字。若「祕書」卽賈侍中，則數行之內，稱引一人，忽云「祕書」，忽云「侍中」，庸人著述猶不至此，況許君之稱其師乎？丁說之謬一也。

後漢書六十六，賈逵傳：

[永平中]，拜爲郎，與班固並校祕書。

又：

和帝卽位，永元三年，以逵爲左中郎將。八年，復爲侍中，領騎都尉，兼領祕書近署，甚見信用。

此兩言「祕書」並謂中祕圖籍，前後漢書之所習見，初非官名。祕書監之設始於漢桓帝。後漢書七，桓帝紀，延熹二年，「始置祕書監官」。自此已前未有以「祕書」名官者。魏武帝建國乃有祕書令，祕書丞，祕書郎之職。❶凡此皆非賈逵許愼之所及聞。賈逵卒於和帝永元十三年（公元 101），下距桓帝延熹二年（159）祕書監之初置，五十八年，烏得預爲「祕書」？許愼說文作於永元十二年（100），安帝建光元年(121)其子許沖奏上，又烏得稱其師爲「賈祕書」耶？至謂賈逵「兩校祕書」，

❶ 通典二十六，職官八，祕書郎條云：「後漢馬融爲祕書郎，詣東觀典校書。」案後漢書九十上，馬融傳，融爲校書郎中，非祕書郎，通典誤。通典同卷下文校書郎條有注云：「馬融爲校書郎中，詣東觀典校祕書。」此云校書郎中，不誤。

故稱「賈祕書」，尤支離可笑。兩漢名儒典校祕書者衆矣，劉向劉歆傅毅班固之倫畢可稱之爲「祕書」乎？是「賈祕書」三字當賈許時直不能聯綴成詞。丁氏習於後世祕書之名，任臆曲說，而不知其不可通。其謬二也。

慧琳一切經音義卷六，大般若波羅蜜多經第四百九十三卷，「無易」條解「易」字云：

> 盈益反。賈注國語云，變易也，異也。……古文作易，象形，如蜥易蟲形也。說文，賈祕書說，日月爲易字。一云，从勿省。

此卽丁氏說之所本。今旣知「賈祕書」之名不能成立，則「祕書」上不當有「賈」字。上文引「賈注國語」，此「賈」字蓋卽涉上文而衍。考慧琳一切經音義卷四十三，大方廣圓覺修多羅了義經第一卷，「易處」條云：

> 上盈益反。顧野王云，易謂交換也。賈逵注國語云，易猶異也，變也。廣雅，轉也。說文，易，象形字也。祕書，日月爲易。一云，从勿。

此條亦引說文「祕書，日月爲易」，「祕書」上正無「賈」字，可據以校删卷六「無易」條之衍文。慧琳音義，書盈百卷，傳寫旣久，譌衍滋多，卽丁氏亦知其「衍文誤字觸目皆是」(亦說文解字詁林後敘語)。其本書宜先校定，乃可持以校他書。丁氏於此顧欲援彼衍文羼入許書，且欲並「瞋」字下「祕書」亦改爲「賈祕書說」，皆所謂以不狂爲狂也。其謬三也。❶

丁氏謂說文通例，凡引書當用「曰」字，引各家之說當用「說」字。此亦率爾不考之言。今詳說文引書固多用「曰」字，然非盡用「曰」字也。有言「云」者，有言「有」者，有言「所謂」者，有言「以爲」者，其例不一；而亦有言「說」者，如一篇艸部「莒」下云，「周書所說」，「芸」下云，「淮南子說」，七篇日部「㬘」下云，「虞書說」，鼎部「鼏」下云，「魯詩說」。「易」下云，「祕書

❶ 「瞋」下云，「䁾，祕書瞋从戌」。此如「蚍」下云，「蠙，夏書蚍从虫賓」，「返」下云，「彼，春秋傳返从彳」，「鬲」下云，「𤮍，漢令鬲从瓦，厤聲」，「胄」下云，「𩊚，司馬法从革」，皆著重文所出之書。

說」，與此一例。祕書者緯書之統稱，非特指某一書名「祕書」也。禮記檀弓下疏引鄭志：

張逸問：禮注曰，書說。書說，何書也？答曰：尙書緯也。當爲注時，時在文網中，嫌引祕書，故諸所牽圖讖皆謂之說。

此漢人以祕書稱緯書之明證。❶「日月爲易」之說，亦見於魏伯陽周易參同契。參同契卷上：

言不苟造，論不虛生。引驗見效，校度神明。推類結字，原理爲證。坎戊月精，離己日光。日月爲易，剛柔相當。

觀其「推類結字」之語，知所謂「日月爲易」者亦言「易」字之形爲「日」下著「月」。周易釋文卷一，「易」字條引虞翻注參同契云：

字從日下月。

彭曉周易參同契分章通眞義序謂魏伯陽「通諸緯候」。朱熹周易參同契考異卷末附記謂參同契「篇題蓋放緯書之目」。參同契之言「日月爲易」當亦本於緯書。吾友陳槃庵先生檢示易緯乾坤鑿度卷上云：

易名有四義，本日月相銜。

注云：

日往月來，古日下有月爲易。

是緯書遺說之可徵者。說文言「祕書說，日月爲易」者，若曰祕書之流有此說耳。丁氏不察，乃謂凡引書卽當用「曰」字，其謬四也。

說文引各家之說亦不盡用「說」字，言「曰」者亦屢見不一見。丁氏所稱「孔子說，楚莊王說，韓非說，左氏說，淮南王說，司馬相如說」，驗之說文，「說」字卽大都作「曰」。說文引孔子者十二見，皆作「孔子曰」：

孔子曰，一貫三爲王。（一篇王部「王」下）

孔子曰，美哉璵璠，遠而視之，奐若也，近而視之，瑟若也。一則理勝，二

❶ 緯書有祕書，祕記，祕學等名，參考桂馥說文解字義證易部「易」字下所引，今不繁舉。

則孚勝。(一篇玉部「璠」下)

孔子曰，推十合一爲士。(一篇士部「士」下)

孔子曰，牛羊之字以形舉也。(四篇羊部「羊」下)

孔子曰，道不行，欲之九夷，乘桴浮於海。(同上「羌」下)

孔子曰，烏，盱呼也。(四篇烏部「烏」下)

孔子曰，㮚之爲言續也。(七篇卤部「㮚」下)

孔子曰，黍可爲酒，禾入水也。(七篇黍部「黍」下)

孔子曰，在人下，故詰屈。(八篇儿部「儿」下)

孔子曰，貉之爲言惡也。(九篇豸部「貉」下)

孔子曰，視犬之字如畫狗也。(十篇犬部「犬」下)

孔子曰，狗，叩也，叩氣吠以守。(同上「狗」下)

引楚莊王一見，亦作「楚莊王曰」：

楚莊王曰，夫武，定功戢兵，故止戈爲武。

引韓非兩見，並作「韓非曰」：

韓非曰，背厶爲公。(二篇八部「公」下)

韓非曰，蒼頡作字，自營爲厶。(九篇厶部「厶」下)

引淮南王及司馬相如亦有用「曰」字者各一見：

淮南王曰，玄田爲畜。(十三篇田部「畜」下)

司馬相如曰，䆃一莖六穗。(七篇禾部「䆃」下)

此外，一篇王部「王」下引「董仲舒曰」，艸部「蓳」下引「杜林曰」，九篇頁部「頪」下，十二篇手部「擧」下並引「楊雄曰」，八篇人部「佚」下，十篇火部「熮」下並引「呂不韋曰」。凡此引人而用「曰」字不用「說」字者亦難枚數。丁氏乃謂凡引諸家之說卽當用「說」字，豈其然乎？其謬五也。

丁氏所舉又有「左氏說」。案說文叙雖言，其稱「春秋，左氏」，而五百四十部中凡引左氏傳皆曰「春秋傳」。徧檢說文無言「左氏說」者，未知丁氏何據。蓋不考其全書而臆爲之說，固宜其言之多謬也。

自丁氏「賈祕書」爲賈逵之說出，學者不察，或襲其謬，如北京大學研究院文史部所編慧琳一切經音義引用書索引以「賈祕書」，「祕書」並附於「賈逵」名下，卽爲丁說所誤，故不憚繁言而詳辨之。

*　　*　　*　　*　　*

附記：　此篇成後曾請吾友陳槃庵先生指正，承檢示易緯乾坤鑿度說「易」字條，心感無似。昨槃庵收到許敬武君說文引祕書說質疑稿，持以見示。許君之文微傷簡略，引證解釋亦有小誤，然其謂說文之「祕書」不得爲官名，慧琳音義「賈祕書」之「賈」字爲衍文，均與愚說暗合。許君文未刊布，附記於此，以告讀者。

中華民國三十七年十一月五日，舉樹識。

出自第二十一本(一九四八年十二月初版，一九六四年一月再版)

莊子校釋後記

王叔岷

拙著莊子校釋去歲九月出版後，朋輩間雖多許爲名山盛業，岷自視則等糟粕耳。豈敢敝帚千金邪？付印之時，復偶有創獲，足以佐證前說，兼有前說所無者得如干條。玆特分別記之，以供同好之參考焉。

一 佐證前說者

內篇逍遙遊第一

北冥有魚

案開元占經一，法苑珠林十，韻府羣玉四，七，引冥並作溟。

其名爲鯤。

案韻府羣玉四，七，引爲並作曰。

海運，則將徙於南冥。南冥者，天池也。

案開元占經一，法苑珠林十，韻府羣玉二，七，九，十五，二十，引冥並作溟。

摶扶搖而上者九萬里。

案韻府羣玉七引摶作搏。

而後乃今培風，背負青天。

案韻府羣玉十四引從背字絕句。

蜩與學鳩笑之。

案韻府羣玉十五，十七，引學並作鷽。七引作鸒。

摶扶搖羊角而上者九萬里。

案埤雅八引摶作搏。

斥鴳笑之曰：

案韻府羣玉十五引鴳作鷃。

鷦鷯巢於深林，不過一枝。

案韻府羣玉二引無於深二字。

而遊乎四海之外。

案埤雅十九引四海作六合。

則瓠落無所容。

案韻府羣玉十三，十九，引瓠落並作濩落。

內篇齊物論第二

苶然疲役。

案韻府羣玉二十引苶作薾。

曰：朝三而莫四。衆狙皆怒。曰：然則朝四而莫三。衆狙皆悅。

案埤雅十四，爾雅翼二十，引莫並作暮。

蝍且甘帶。

案埤雅十，爾雅翼二六，引且並作蛆。

見彈而求鴞炙。

案韻府羣玉十，十五，引求並作思。

內篇養生主第三

恢恢乎其於遊刃，必有餘地矣。

案韻府羣玉八，十二，引遊並作投。

內篇人間世第四

適有蚉寅僕緣。

案埤雅二引寅作蝱。

內篇德充符第五

自其異者視之，肝膽楚越也。自其同者視之，萬物皆一也。

案盧重元列子黃帝篇注引肝膽上，萬物上，並有則字。皆一作一體。

內篇大宗師第六

墮枝體。

案韻府羣玉六引枝作肢。

內篇應帝王第七

鄉吾示之以地文。

案韻府羣玉二引鄉作向。

外篇駢拇第八

是故鳧脛雖短，續之則憂。鶴脛雖長，斷之則悲。

案白帖二九，韻府羣玉十，十七，引上二句憂並作悲。疑所據本憂悲二字並互錯。

則挾筴讀書。

案韻府羣玉六引筴作册。蘇軾顧愷之畫黃初平牧羊圖贊：『挾册讀書羊不亡。』即用此文，字亦作册。

外篇馬蹄第九

含哺而熙，鼓腹而遊。

案韻府羣玉二引熙作嬉，十三引作嘻。十六引上句熙作遊，是所據本熙遊二字互錯。

外篇在宥第十一

鴻蒙方將拊脾雀躍而遊。

案韻府羣玉十九引脾作髀，雀作爵。

外篇天地第十二

折楊皇荂。

案埤雅十三引荂作華。

外篇天道第十三

曰：然則君之所讀者，古人之糟魄已夫！

案韻府羣玉四，十九，引魄並作粕。

得之於手，而應於心。

案韻府羣玉四引應下有之字。

外篇天運第十四

故西施病心而矉。其里其里之醜人見而美之，歸亦捧心而矉。其里其里之富人見之，堅閉門而不出。貧人見之，絜妻子而去之走。

案韻府羣玉八，十二，引矉並作顰。上其里字並不疊。四引兩其里字皆不疊。翰苑新書六五引兩其里字亦皆不疊。

夫鵠不日浴而白。

案修文御覽殘卷引鵠作鶴。

孔子曰：吾乃今於是乎見龍。

案修文御覽引曰下有『龍如飛鴻者，吾必矰而射之』十一字。（龍乃人之譔，矰下挩繳字。）

其知憯於蠆蠆之尾。

案爾雅翼二六引蠆蠆作蠆蠍。

蟲，雄鳴於上風，雌應於下風而化。

案爾雅翼十九引『而化』作『而風化』。

烏鵲孺。

案埤雅六兩引此文，一引烏作鳥。

魚傅沫。

案埤雅六引傅作傳。

外篇刻意第十五

熊經鳥申。

案埤雅三引申作伸。

外篇秋水第十七

不辯牛馬。

案韻府羣玉九引辯作辨。

落馬首。

案韻府羣玉十三引落作絡。

吾以一足趻踔而行。

案爾雅翼十八引跉作踸。

吾跳梁乎井幹之上。

案韻府羣玉十八引幹作榦。

是猶使蚉負山，商蚷馳河也。

案韻府羣玉十八引蚉下有虻字。

寧其生而曳尾於塗中乎？

案韻府羣玉二，三，引塗上並有泥字。九引泥字在塗字下，蓋誤到也。

吾將曳尾於塗中。

案韻府羣玉二，九，引尾下並略『於塗中』三字，而有矣字。

外篇至樂第十八

不亦甚乎？

案韻府羣玉四引亦作已。

外篇達生第十九

夫醉者之墜車，雖疾不死。

案列子黃帝篇車下有也字。

見痀僂者承蜩。

案韻府羣玉四引僂作瘻。（道藏白文本，林希逸口義本列子黃帝篇，亦並作瘻。）瘻亦借爲僂。

吾將三月豢汝。

案韻府羣玉五，九，十四，引豢並作豢。

紀渻子爲王養鬬雞。

案韻府羣玉三，十六，引王上並有宣字。

十日而問：雞已乎？

案韻府羣玉十六引問下有曰字，『雞已乎，』作『雞可鬬乎。』三引『雞已乎，』作『可鬬乎。』（可上挩雞字。）並可證今本雞下挩『可鬬』二字。

方虛憍而恃氣。

案韻府羣玉三，十六，引憍並作嬌。

外篇山木第二十

舍於故人之家。

案韻府羣玉十五引無於字。

豎子請曰：其一能鳴。

案韻府羣玉十五引『其一』下有鴈字。

今主人之鴈，以不材死。

案韻府羣玉三，十五，引並無今字。

先生將何處？

案韻府羣玉三，十五，引處下並有焉字。

莊子笑曰：周將處夫材與不材之間？

案韻府羣玉三，十五，引間下並有乎字。

孔子問子桑雩曰：

案玉海姓氏急就篇下引雩作雽。

外篇田子方第二十一

夫子奔逸絕塵，而回瞠若乎後矣。

案韻府羣玉四引逸作軼，後上有其字。

則解衣槃礴臝。

案韻府羣玉十九引槃作盤。

措杯水其肘上。

案韻府羣玉十二引水下有於字。

外篇知北遊第二十二

曰：在瓦甓。

案荊川稗編自序引甓作礫。

雜篇庚桑楚第二十三

步仞之丘陵。

案韻府羣玉十四引無陵字。

雜篇徐无鬼第二十四

藜藋柱乎鼪鼬之逕。

案韻府羣玉八引藋作藿，鼬作鼲，逕作徑。十六引鼬亦作鼲，逕亦作徑。

有況乎昆弟親戚之謦欬其側者乎？

案韻府羣玉八引欬下有於字。

食芧栗。

案韻府羣玉十二，十三，引芧並作芓。

委蛇攫搔，見巧乎王。

案韻府羣玉二引搔作搔。

之狙也，伐其巧，恃其便以敖予。

案韻府羣玉二引敖作傲。

以至此殛也。

案韻府羣玉二引殛作極。

雜篇則陽第二十五

芸而滅裂之。

案韻府羣玉四引芸作耘。

雜篇外物第二十六

君豈有斗升之水而活我哉？

案韻府羣玉十七引斗升作升斗。

自制河以東。

案玉海通鑑地理通釋五，韻府羣玉二，十八，引制並作淛。

漁者余且得予。

案韻府羣玉二引余作預。

對曰：且之網得白龜焉，其圓五尺。

案韻府羣玉二引無焉其二字。

不能避刳腸之患。

案韻府羣玉四引患作禍。

眥搣可以休老。

案玉海急就篇三補註引㓕作摵。

雜篇寓言第二十七

後仕三千鍾不洎。

案韻府羣玉十引不上有而字。

雜篇讓王第二十八

子華子見昭僖侯。

案韻府羣玉十九引『昭僖侯』作『韓侯』。下同。

顏闔守陋閭。

案韻府羣玉六引閭作廬。

恐聽者謬,而遺使者罪。

案韻府羣玉六引謬作繆。

子其爲我延之以三旌之位。

案韻府羣玉三引旌作珪。

原憲華冠縰履。

案韻府羣玉十六引華作樺,樺與樗同。

曳縰而歌商頌。

案韻府羣玉兩引。一引縰作履,一引縰作屣。

湯又因務光而謀。

案玉海姓氏急就篇上引務作瞀。

雜篇盜跖第二十九

編虎須。

案韻府羣玉十引須作鬚。

幾不免虎口哉!

案韻府羣玉十,十二,引免並作脫。

雜篇說劍第三十

韓魏爲鋏。

案韻府羣玉二十引鋏作夾。

以豪桀士爲鋏。

案韻府羣玉二十引桀作傑。

雜篇列御寇第三十二

單千金之家。

案埤雅一引單作殫。

河上有家貧，恃緯蕭而食者。

案韻府羣玉八引『而食者』作『以爲業』。

子爲蟄粉夫！

案韻府羣玉三引蟄作齏。

萬物爲齎送。

案韻府羣玉十九引齎作賫。

吾恐烏鳶之食夫子也。

案韻府羣玉四兩引。一引食作餐，一引食作湌。湌乃飡之俗，飡餐同字。

莊子逸文

人而不學，謂之視肉。（庶物異名疏四引『謂之視肉』作『命之曰視皮』。）學而不行，命之曰撮囊。法苑珠林六七。騰水上溢故爲霧。開元占經百一。

易姓而王，封於泰山，禪於梁父者，七十有二代。其有形兆垠堮勒石，凡千八百餘處。天中記八。

尹儒學秋駕。白帖九。

空閱來風，桐乳致巢。埤雅十四。爾雅翼九。

鵲上高城之垝（原壞作危），而巢於高榆之顛。城壞巢折，淩風而起。故君子之居世也，得時則義行，（埤雅十引義作蟻。）失時則鵲起。事文類聚後集四四（榆作枝）。合璧事類別集五三。天中記五九（榆亦作枝）。

葉公子高好畫龍。天龍聞而下。窺頭於牖，曳尾於屋。葉公遠走。非好龍者，好似龍也。魯非好士，好似士者也。韻府羣玉一，九。

夢者，陽氣之精也。心之喜怒，則精氣從之。天中記二三。

陰氣伏於黃泉，陽氣上通於天，陰陽分爭故爲電。開元古經百二。

海水三歲一周。流波相薄，故地動。天中記七。

莊子謂惠子曰：羊溝之雞，三歲爲株。相者視之，則非良雞也。然而數以勝人者，以狸膏塗其頭。爾雅翼十三。

象見子皮，無遠近而泣。合璧事類別集七六。

田鼠化爲鴽。韻府羣玉四。

蛣蜣之智，在於轉丸。古今註中。埤雅十。爾雅翼二五。韻府羣玉六。

干將補履，不如兩錢之錐。韻府羣玉九，十。

鳳，羽族之美。錦繡萬花谷後集四十。

二　前說所無者

內篇逍遙遊第一

世世以洴澼絖爲事。

案韻府羣玉二十引絖作纊。絖卽或纊字。

內篇應帝王第七

南海之帝爲儵。北海之帝爲忽。

案韻府羣玉十七引爲並作名。十八引並作曰，下同。

外篇胠篋第十

然而巨盜至。

案韻府羣玉二十引巨盜作大盜，與下文一律。疏：『然大盜旣至。』疑成本亦作大盜。

外篇天地第十二

行不崖異之謂寬。

案韻府羣玉十三引崖作厓。厓與崖通。秋水篇：『兩涘渚崖之間。』釋文：『崖，亦作厓。』(韻府羣玉九引亦作厓。)卽其比。

且渾沌氏之術，予與汝何足以識之哉？

案路史前紀四引予上有若字，識作知。

外篇天運第十四

不至乎孩而始誰。

案韻府羣玉三引不作未。

外篇秋水第十七

晝出瞋目而不見丘山。

案爾雅翼二六引出作日。淮南主術篇同。

謂東海之鱉曰：

案韻府羣玉十八引鱉作鼈。

子非魚，安知魚之樂？

案韻府羣玉二兩引『安知』並作『何以知。』下文『子非我，安知我不知魚之樂？』亦作『何以知。』十九引同。

外篇達生第十九

猶掇之也。

案韻府羣玉四引猶上有則字。

藉白茅，加汝肩尻乎彫俎之上。

案韻府羣玉五引藉下有之以二字。九引加上有乃字。

曰：亡，吾无道。

案御覽三九五引無亡字。疏：『我更無道術。』疑成本亦無亡字。列子黃帝篇釋文亦云：『本無此亡字。』

雜篇庚桑楚第二十三

魯雞固能矣。

案韻府羣玉三，十，引固能下並有之字。

雜篇徐无鬼第二十四

跫然而喜矣。

案韻府羣玉九引跫然上有則字。

黃帝見大隗乎具茨之山。

案韻府羣玉三引大隗下有至人二字。

解之也悲。

案韻府羣玉十六引也作則。疏：『故解去則悲。』疑成本亦作則。

雜篇外物第二十六

漁者余且得予。

案韻府羣玉二引漁者上有被字。

心无天遊，則六鑿相攘。

案釋文引司馬云:『六鑿相攘,謂六情攘奪。』韻府羣玉八引六鑿正作六情。

雜篇讓王第二十八

復來求之，則不得已。

案韻府羣玉六引『不得已』作『不復見已。』

顏回擇菜。

案趙諫議本擇作釋。御覽四八六引同。

莊子逸文

物所齊有者爲神。盧重元列子黃帝篇注。

韋以衰椒，雖踰絺綌，然久則臭椒。埤雅十四。

百醫守痛，適足致疑，而不能一愈也。記纂淵海五九。

跂方企踵。韻府羣玉九。

堯以天下讓巢父。巢父曰：『君之牧天下，亦猶予之牧孤犢。焉用惴惴然以所牧而與予？予無用天下爲也。』牽犢而去。韻府羣玉十七。

此外如第一册第二十七頁下三行至四行之『注：「非由無分也」，疏：「亦不無崖分也」，疑郭成本並作也』二十字，第三册第二十五頁上四行至五行之『天中記五七引拘作軥。（引列子亦作軥。）軥亦與拘通。荀子榮辱篇：「軥錄疾力。」注：「軥與拘同」。即其證』三十七字，二十六頁下七行之『所出本作彊』五字，說或未安，或有誤，並當刪去。又如第三册第四十頁上一行『昌卽猖之省，倡與猖通』九字，當改爲『本字作俍。說文：「俍，狂也。」昌，倡，並借字。猖，俗字。』第六册附錄一第十五頁上十行注『今本列子莞誤莧』，當改爲『今本列子莞作莧。莧亦借爲莞。』亦並補正於此。至於有數筆誤字，則已別有勘誤表附於第六册之後，玆不贅述矣。　三十七年孟春，時客金陵。

出自第二十一本(一九四八年十二月初版,一九六四年一月再版)

讖緯命名及其相關之諸問題

陳　槃

壹　讖緯分類舊說敍錄

讖緯之稱，不一而足。統而言之則曰讖緯。讖出在先，緯實後起，讖書之別名也。蓋自隋唐以來，治此學者，始此甲彼乙，紛挐其辭。古無是也。

隋志以十六篇附經者爲緯，曰：

又有七經緯三十六篇，並云孔子所作。

按梁阮孝緖七錄術伎錄內篇亦著：

讖緯部，三十二種，四十七帙，二百五十四卷。

七錄雖旣標讖與緯爲統目，但其是否釐別讖之與緯，究竟如何釐別，今俱無可考。隋志分類之說，豈其本諸此耶？抑其非耶？

所謂七經緯之目，隋志闕。李賢於後漢書樊英傳注中詳之。傳曰：

（英）善風角，星算，河洛，七緯。

注曰：

七緯者；易緯，稽覽圖，乾鑿度，坤靈圖，通卦驗，是類謀，辨中備也；書緯，璇璣鈐，考靈耀，刑德放，帝命驗，運期授也；詩緯，推度災，氾歷樞，含神務也；禮緯，含文嘉，稽命徵，斗威儀也；樂緯，動聲儀，稽耀嘉，叶圖徵也；存經緯，援神契，鉤命決也；春秋緯，演孔圖，元命包，文耀鉤，運斗樞，感精符，合誠圖，考異郵，保乾圖，漢含孳，佐助欍，握誠圖，潛潭巴，說題辭也。

按賢注七緯之目，未審何本？數目旣止三十有五。持校隋志之說，亦顯有出入。隋志曰：

其書出於前漢，有河圖九篇，洛書六篇，云自黃帝至周文王所受本文。又別有三十篇，云自初起至於孔子，九聖之所增演，以廣其意。又有七經緯三十六篇，並云孔子所作。幷前合有八十一篇；而又有尙書中候洛罪級，五行傳；詩推度災，氾歷樞，含神務，孝經鉤命決，援神契，雜讖等書。

按孝經鉤命決，援神契，詩推度災，氾歷樞，含神務，以上五事，隋志敍在七經緯三十六篇之外，而李賢注均納之七經緯中。豈讖云緯云，去取之間，彼此漫無標準，各以意爲，故隋志雖有七緯三十六篇之說，賢注七緯，東拼西湊，無以充其數，故止於三十五篇耶？抑其闕文耶？

隋志雖亦如七錄以讖緯爲統目，然尋繹上引文，除讖與緯外，又有河圖洛書一類。是其分類凡爲三，一者緯；（即七經緯三十六篇。）二者讖；三者河圖洛書也。

李賢後漢注亦然。後漢書本有『祕經』，『內學』，『靈篇』之說，李注云：『祕經』卽緯；『內學』卽圖讖；『靈篇』卽河圖洛書。北宋楊侃兩漢博聞（此書承友人丁梧梓先生檢示。）彙列其辭，於參考爲便。今輒依原書行款，迻錄如下。卷十一云：

祕經。蘇竟傳二十上。

注云：謂幽祕之經，卽緯書之類也。

內學。方術傳序七十二。

自王莽矯用符命；及光武尤信讖言：自是習爲內學，尙奇文，貴異數，不乏於時矣。

注云：內學，謂圖讖之書也。其事祕密，故稱內。

卷十二云：

靈篇。班固傳。

注云：靈篇，河洛之書也。

按李賢以范書所稱引與隋志所主張，二者不同之說，牽合爲一。如李注果得其實，則是讖與緯與河圖洛書三分之說，由蘇竟以至范書已然，於隋志爲有本矣。然而不然。范書所謂『祕經』者，西漢末年蘇竟語；『靈篇』者，東漢明帝世班固語；（宣帝時，王褒作九懷，其株昭篇云：『神章靈篇』。王逸注以爲，河圖洛書讖緯文。此其說，與班氏同。）唯『內學』一辭，爲范書所拈出。『內學』亦舊稱，說見後。顧三辭者雖不出一人一時，然實一事之異稱。蓋『祕』者，神祕，幽祕；『經』者，聖人之書之尊稱。然託讖緯者故詭稱河洛諸讖緯壹是皆聖人所譔祕書微文，故桓譚新論曰：

讖出河圖洛書，後人妄復增加依託，稱是孔丘。（嚴可均輯本。）

按讖出河圖洛書，皆託之孔子，與所謂緯書者同，可見讖亦得稱聖人之書。讖書既出於河圖洛書，可見河圖洛書亦稱聖人之書，稱聖人之讖。河圖洛書不特稱讖，亦且稱緯。（詳下章。）既以爲聖人所作之讖緯，自得稱經。今其目可考者，河圖類猶有內元經。易類有萬形經、萬名經、地靈母經之等。此類書，隋志以下，已不以爲緯，今姑定之爲讖。是讖書固有『經』稱矣。河圖洛書曁諸所謂讖書，並得稱『經』，然則『祕經』固一切讖緯之通稱也。

『內學』者，『內』之義同於『祕』。『內學』即『祕』學矣。

『靈篇』者，『靈』即神靈。讖緯有『天書』之稱，本此。

『祕』『內』與『靈』，義得連繫，正爾如此，故『祕』『內』『靈』之稱，可偏施於一切讖緯；檢見存讖緯目，其以『祕』名篇者，河圖類有祕徵；易類有雌雄祕歷；春秋類有祕事等。以『內』名篇者，河圖類有內元；河洛合篇類有河洛內記；易類有內篇，內傳。詩類有內傳等。以『靈』名篇者，河圖類有天靈；洛書類有靈准聽；易類有制靈圖，靈緯；雜讖緯類有靈命本圖等。『祕』『內』『靈』云云，此其遺義也。『祕』『內』『靈』『經』已可普偏應用於所有之讖緯，然則或曰『祕經』，或『內學』，或曰『靈篇』，其實一矣。

復次魏志常臨傳注引魏略曰：

先是科禁內學及兵書。

按此亦以『內學』代讖緯之稱。阮孝緒之編目則改曰『內篇』。(例已前見。)『內學』『內篇』,其着重之點全在一『內』字,是魏略與范書作『內學』,阮氏作『內篇』,一也。以讖緯爲『內學』或『內篇』,本相承舊義。孝緒生當梁代,猶能理會其意。李賢之注後書,特以私肌區分,直是強作解事。

明以後學人對於隋志及李賢注說,雖從違頗有不同,分類各有所云,但於釐別讖緯爲二,則甚一致。胡應麟曰:

世率以讖緯並論,二書雖相表裏,而實不同。緯之名,所以配經,故自六經語孝而外,無復別出。河圖洛書等緯,皆易也。讖之依附六經者,但論語有讖八卷,餘不概見。以爲僅此一種。偶閱隋經籍志注,附見十餘家,乃知凡讖皆託古聖賢以名。其書與緯,體制迥別,蓋其說尤誕妄,故隋禁之後,永絕。類書亦無從援引,而唐宋諸藏書家絕口不談。(四部正譌上。)

胡氏以爲河圖洛書應歸易緯,此與隋志及李賢注之說異。又隋志於七經緯外附見之書如孝經鉤命決,援神契,詩推度災,氾曆樞,含神霧,李賢以爲並在七經緯以內。胡氏則以爲讖,本隋志說也。

徐養原曰:

讖緯圖此三者同實異名,然亦微有分別。蓋緯之名所以配經,故自六經、論語、孝經而外,無復別出。河圖洛書等緯,皆易也。若讖之依附六經者,惟論語有讖八卷,餘皆別自爲書,與緯體制迥別。(詁經精舍文集卷十二,緯候不起于哀平辨。

按徐云讖緯圖三者同實異名,是也。又以附經者爲緯。論語讖八卷亦附經,乃云體制與緯迥別。是主讖緯分家之說也。河圖洛書爲緯,胡應麟巳言之。然則徐氏但依據舊說,兩可其辭,其實無所見解。

孫穀曰:

今讀其文,(按謂洛書。)大類讖詞。豈河圖主緯,洛書主讖邪?(古緯書,洛書類。)

孫氏疑河圖主緯,而洛書主讖,與胡應麟河圖洛書皆緯之說異。與隋志李注之分讖與緯與河洛爲三者亦有別。然古微書河圖緯條又云：

> 賁居子曰：自前漢世有河圖九篇，洛書六篇，云自黃帝至周文王所受本文。又別三十篇，云自初起至於孔子，九聖增益，以演其意。蓋七緯之祖本也。

按以河洛爲七緯祖本，是也。河洛已爲七緯祖本，是河洛亦自得有緯稱。（並詳第三章之乙。）復疑河圖主緯，而洛書主讖。游移無定，非也。

四庫總目提要易類六曰：

> 按儒者多稱讖緯，其實讖自讖，緯自緯。讖者詭爲隱語，預決吉凶，緯者經之支流，衍及旁義。蓋秦漢以來，去聖日遠，儒者推闡論說，各自成書．與經原不相比附，如伏生尚書大傳，董仲舒春秋陰陽，核其文體，即是緯書，特心顯有主名，故不能託諸孔子。其他私相譔述，漸雜以術數之言，既不知作者爲誰，因附會以神其說。迨彌傳彌失，又益以妖妄之詞，遂與讖合而爲一。然班固稱，聖人作經，賢者緯之；楊侃稱，緯書之類謂之祕經，圖讖之類謂之內學，河洛之書謂之靈篇；胡應麟亦謂讖緯二書，雖相表裏，而實不同：則緯與讖別，前人固已分析之。

提要謂緯與經義相關，而讖但爲預決吉凶之書。末流之弊，讖緯始不分。推其意，是亦謂讖緯不同性質，而緯先於讖。按此於史事，可謂適得其反。（說詳下章之丙。）又引班固楊侃語。按班氏此說，本諸託讖緯者之妄言，其實何嘗可信？（詳下章之甲。）楊侃之說，見於兩漢博聞，（已前見。）其所采集者，李賢後漢書注。（丁邦伴先生語我。）提要此處，全轉錄經義考二八九說緯條删要之文。蓋未見原書，遂不免誤會其爲楊氏創說。提要於古微書條又曰：

> 劉向七略，不著緯書，然民間私相傳習，則自秦以來有之，非唯盧生所上。

按盧生所上者，名錄圖書，即河圖。（別詳拙圖錄題。）其性質，即上引提要所謂，『讖者，詭爲隱語，預決吉凶』者也。然提要論緯書，乃舉似河圖，是以河圖爲緯書矣。與其所自作之讖緯定義，自相伐。

讖緯之屬，除讖緯二辭外，復有圖、候、符、書、錄之稱。阮元曰：

> 七緯之外，復有候，有圖，最下而及於緯，而經訓愈漓。不知緯自爲緯，緯自爲緯，不得以讖病緯也。自賈公彥周官疏造爲漢時禁緯之說，後儒不察，

并爲一談，以爲古人讖緯同諱，此謬論也。今以隋書經籍志證之，云『孔子既敍六經，以明天人之道，知後世不能稽同其意，故別立緯及讖』。『及』者逮事之辭也。觀下文，『王莽好符命，光武以圖讖興，遂盛行於世』，則讖者特緯之流弊也。（七緯序。任道鎔緯候序略同，今不錄。）

隋志與李賢注分讖緯，河洛爲三。胡應麟云，河洛當併爲易緯，則其分止讖與緯爲二。孫瑴與四庫提要，分合取捨有異，而其區別讖緯爲二則同。唯阮云，緯之外有候，有圖、讖最下：是其分有四，卽緯、候、圖、讖是也。

今按讖、緯、圖、候、符、書、錄，雖稱謂不同，其實止是讖緯；而緯復出於讖。故讖、緯、圖、候、符、書、錄，七名者，其於漢人，通稱互文，不嫌也。蓋從其占驗言之則曰讖；從其附經言之則曰緯；從河圖及諸書之有文有圖言之則曰圖，曰緯，曰錄；從其占候之術言之則曰候，從其爲瑞應言之則曰符；同實異名，何拘之有？抑余又有一種感覺，以爲讖緯篇目，自來視爲幽隱譎奇，不易理解。見存之書，殘盤不齊，詳略各異。然若取其見存之文，參互而鉤驗之，類次而排比之，則其遣辭造意，不居於此，卽屬於彼。通而觀之，膠而續之，條理本末，差得端緒。（別詳古讖緯書錄解題各篇。）以是知讖緯諸書，名義雖亦各殊，其實一家之言。屈此申彼，徒爲自擾。蓋諸爲是分類之說者，祇見其末，不明其本，久矣。是不可以無辨。

貳　讖緯互辭考

讖緯不可區分，前人有論之者矣，王鳴盛曰：

緯者，經之緯也。亦稱讖。（蛾術編說錄。）

俞正燮曰：

緯固在讖。讖、舊名也。（癸巳類稿十四緯書論。）

又顧師頡剛曰：

這（讖緯）兩種，在名稱上好像不同，其實內容並沒有什麽大分別，不過讖是先起之名，緯是後起的罷了。

又因爲有圖　有書，有讖，有緯，所以這些書的總稱或是圖書，或是圖讖，或是讖緯，或是讖記，或是緯書。又因尙書緯中有十數種爲中候，亦總稱爲緯候。（漢代學術史略一九讖緯的造作。）

按師言：圖書讖緯候，名異實同，不過先起後起有別。說特精審。讖先緯後，余於下章中復有說。此處所欲申論者，厥爲古人於讖緯二辭通稱互文之例。昔廖平氏以爲，『緯與讖，不可強分優劣。今既知其一原，又苦無明文可據』云云。（公羊推證昭十七年。）廖氏蓋猶不知讖緯之名古人固隨意施用。謂『苦無明文可據』，此未考之言也。

讖緯互辭，其例多矣。荀悅申鑒俗嫌曰：

世稱：緯者，仲尼之作。

易是類謀鄭注曰：

能思孔子所作讖書之修以責己，帝王逢依此道，則可以自正也。（殿本頁八。）

按猶是此書也，或曰孔子之緯，或曰孔子之讖。申鑒又曰：

世稱：緯書，仲尼之作也。臣悅叔父故司空爽辨之，蓋發其僞也。（同上。）

後漢書荀爽傳曰：

（荀悅）又作公羊問及辨讖。

按荀悅也爲公羊多涉怪誕說，故已作公羊問，連類復作辨讖：是悅所辨之對象，止是一事。同一事也，申鑒以爲緯，而爽傳乃以爲讖。

東觀漢記郊祀志曰：

謹按河洛讖書。

楊震碑曰：

明尙書歐陽，河洛圖緯。

後漢書儒林景鸞傳曰：

兼受河洛圖緯。

王蕃渾天說曰：

末世之儒，增減河洛，竊作讖緯。（晉書天文志引。）

按『河洛讖書』，『河洛圖緯』，固可以解作河圖洛書及其他讖與緯。然王氏云增減河洛而竊作讖緯，是謂讖緯有由河洛出者。桓譚，王充亦曰，讖出於河圖洛書。（文引見下章之乙。）蓋讖緯名異實同，譚以爲讖緯，譚充以爲讖，一也。然則河洛乃讖緯之母本，當然亦得有讖緯之稱。曰『河洛讖書』，曰『河洛圖緯』，自可以釋作河洛之類之讖書，河洛之類之圖緯。唯然，故晉成公綏故筆賦曰：『訓河洛之讖緯』；（藝文類聚五八引。）李顒龜賦亦曰：『浮洛川，見緯書。』（初學記三十引。）案河洛之以讖名者，如老子河洛讖，雒書錄運期讖等，是也；以緯名者，如易緯河圖是也。河圖洛書之稱讖或緯，此其可驗者也。

後漢書蘇竟傳曰：

善圖緯。……與（劉）龔書，曉之曰：……圖讖之占，衆變之驗。

按蘇氏所善者圖緯，而其作書乃引圖讖。實則二稱皆統名，不可謂其舍所善之圖緯而別據圖讖也。前曰圖緯，下曰圖讖，互文也。以圖緯與圖讖互文，是謂圖緯圖讖，一也。

後漢書袁術傳曰：

又少見讖書，言代漢者當塗高。自云名字應之，遂有僭逆之謀。

三國志孫策傳曰：

時袁術僭號，策以書責而絕之。——注：吳錄載策使張紘爲書，有云：世人多惑於圖緯而牽非類，合文字，以悅所事。

按袁氏所惑者，一事也。本傳以爲讖書，而孫策書以爲圖緯，是讖與圖緯一也。

魏志文帝丕紀注曰：

獻帝傳載禪代衆事，曰：左中郎將李伏表魏王曰：昔先王初建魏國，在境外者，聞之未審，皆以爲拜王。武都李庶，姜合謂臣曰：必爲魏公，未便王也。定天下者，魏公子桓。神之所命，當合符讖。魏王侍中劉廙、辛毗、劉曄等言：臣伏讀左中郎將李伏上書事，考圖緯之言，以效神明之應。

按李伏上表，本言符讖，而劉辛之等以爲圖緯，是符讖，圖緯，一也。

假曰，上引諸例，其文其書，作者不同，未免各自爲說，難保傳聞異辭，則請觀一家之言。後漢書張衡傳曰：

初光武善讖，及顯宗、肅宗，因祖述焉。自中興之後，儒者爭學圖緯，兼復附以訞言。衡以圖緯虛妄，非聖人之法。

按衡傳以讖與圖緯互文，是讖與圖緯，一也。

鄭玄傳曰：

戒子益恩曰：時覩祕書緯術之奧。五年春，夢孔子告之曰：起起，今年歲在辰，來年歲在巳。旣寤，以讖合之，知命當終。

按鄭玄所覃精者緯術，而其占夢乃以讖。鄭注易讖緯，固屢以讖爲說；又云，孔子作讖。李賢以爲緯者，鄭亦以讖名之；（並詳下章之丙。）然則其所謂『時覩祕書緯術之奧』者，讖緯互通，偶爾名之爲緯，非固定辭也。范書以鄭占夢者爲讖，是亦可以名緯也。或曰緯，或曰讖，互辭也。

儒林薛漢傳曰：

尤善說災異讖緯，建武初爲博士，受詔校定圖讖。

按光武欲以讖說經，（詳下章之甲。）薛亦善說讖緯，故光武使之校定此類書說。此類書，經義攸關，如隋志李賢等之論，以羽翼七經者爲緯，則薛所校定者，緯也。今乃曰圖緯，是謂緯與圖讖一也。

假曰：著後漢書者范，范爲宋人，離於東京之世，亦已遠矣，其於讖緯之分，或致茫昧，比於直接材料，殆有間焉，則請觀三國時人之說。蜀志先主備傳曰：

太傅許靖，……軍師將軍諸葛亮……等上言：羣下前後上書者，八百餘人，咸稱述符瑞圖讖明徵。今上天告祥，羣儒英俊並進，河、洛，孔子讖記咸悉具至。考省靈圖，啓發讖緯，神明之表，名諱明著，宜卽帝位。

按劉豹向舉等勸進，其所引證有河圖，洛書與五經讖緯。（文見後。）今許靖諸葛之等則以爲圖讖，或讖記，或讖緯，是圖讖卽讖記，亦卽讖緯也。東漢三國，無疑爲讖緯極盛時代，而諸葛復爲深湛學問之儒臣，其言必不誤。然則范書如此，亦必有據矣，夫必其書有二名，而後可以上下互辭，此行文常法，固人盡知之，有不待言者。

復次讖緯一書二名。而其書故多有可以指實者，蜀志先主傳，劉豹向舉等上言曰：

臣聞：河圖、洛書、五經讖緯，孔子所甄，驗應自遠。謹案洛書甄曜度曰，……洛書寶號命曰，……洛書錄運期曰，……孝經鉤命決錄曰，……圖書曰。……

按所謂河圖洛書五經讖緯，試將原文通上下而讀之，復準以諸家讖緯目錄，則知甄曜度，寶號命，錄運期三書，屬洛書類；得列於五經讖緯類者，爲孝經鉤命決；是鉤命決一書而兼有讖緯之稱也。晉摯虞決錄注曰：

辛繕，字公文，治春秋讖緯。光武徵，不至。（御覽九一六引。）

讖緯之稱，同時施於一書，此亦其例也。

或疑一經之中，有讖，有緯，故統之以讖緯。按此疑非也。讖緯之別，以今所知，蓋莫先於隋志；（說見前章。）學者信焉，則不知其非舊也。以三十六篇爲緯，隋志以前，未有聞焉。三十六緯之篇目，（詳首章。）李賢以前，亦未有聞焉。張衡云：

河洛五九，六藝四九。（後漢書本傳注引衡集上事。）

按六藝四九，四九三十六，與隋志及李賢所言，雖數目相應，然張氏固未始以此爲緯也。鄭玄乾鑿度下注且以爲讖，曰：

孔子將此應之而作三十六讖。（殿本頁九。）

按張衡云六藝之篇三十有六，鄭云孔子作三十六讖，當然是一事。隋志以下，以三十六篇爲七緯非讖之說，實無據。樊英傳雖云『七緯』，其實，七緯未嘗不可稱『七讖』，張純傳曰：

迺案七經讖。

按純於前漢哀平間爲侍中，其案七經讖，則在光武建武之二十六年，蓋早於樊英者五世。可知東京早年卽已有七經讖之說，不必拘拘於定其爲七經緯如後世之所云也。

或疑七經緯與七經讖，蓋非一事，必當時於七經緯外復有所謂七經讖者。應之曰，經緯，經讖，是一非二。如春秋演孔圖曰：

公羊全孔經。（初學記文部引。）

春秋說題辭曰：

傳我書者，公羊高也。（公羊敍疏引。）

按演孔圖，說題辭，李賢以爲春秋緯也。所謂春秋緯者，以爲傳孔義全孔經者公羊；又檢所謂春秋緯者，同於公羊之說之處甚多，例如公羊隱元年傳曰：

元年者何？君之始年也。

所謂春秋緯元命苞則曰：

元年者何？元宜爲一。謂之元何？曰：君之始年也。（文選東都賦注引。）

公羊曰：

莊十年秋九月，荆敗蔡師於莘，以蔡侯獻舞歸。荆者何？州名也。州不若國，國不若氏，氏不若人，人不若名，名不若字，字不若子。蔡侯獻舞何以名？絕。曷爲絕之？獲也。曷爲不言其獲？不與夷狄之獲中國也。

所謂春秋緯運斗樞則曰：

春秋設七等之文，以貶絕錄行，應斗屈伸。（公羊莊十疏引。）

抑楚言荆，不使夷狄主中國。（同上。）

按所謂春秋緯者，與公羊傳說信多密合，是可云公羊善於緯矣，而鄭君六藝論乃曰：『公羊善於讖』。然則所謂春秋緯者，固又名春秋讖也。

後漢書明帝紀曰：

詔曰：朕以無德，奉承大業，而下貽人怨，上動三光。日食之變，其災尤大，春秋圖讖所爲至譴。

按所謂春秋緯者，其中多有日食之說，例如運斗樞曰：

人主自恣，不循古，逆天暴物，GB起，則日蝕。（占經，日占五引。）

保乾圖曰：

日蝕，主行蔽明壅塞。改身修政，乃黜不法。（同上。）

日蝕，治亂。（同上。）

感精符曰：

日蝕晝，則王者郊祀不時，天下不和，神靈不享，小臣不忠，責在大臣。（同上日占六引。）

潛潭巴曰：

丙戌日蝕，臣憎主，獄不理，多冤訟。（同上。）

按明帝所指，不知何篇？但其爲所謂春秋緯，蓋甚明；然明帝詔乃以爲春秋圖讖，是所謂春秋緯者，又可以名圖讖也。

如以爲，讖緯之書，彼此互襲，無由斷定上引書說之確爲所謂經緯之原文，則請觀其顯有篇目可資考實者。續漢書祭祀志上曰：

(建武三十二年，封禪刻石，文曰)河圖赤伏符曰，……雒書甄曜度曰，……孝經鉤命決曰：……河雒命后，經讖所傳。

按文引河圖、洛書與孝經鉤命決，則其所謂經讖，蓋指孝經鉤命決而言。鉤命決，李賢以爲孝經緯也，而光武及其臣下乃以爲讖。

尙書璇璣鈐，李賢以爲書緯也，然漢明帝則以爲圖讖，東觀漢記明帝紀曰：

詔曰：尙書璇璣鈐曰：有帝漢出，德洽，作樂名予。其改郊廟樂曰太予樂；樂官曰太予樂官，以應圖讖。

按詔前引尙書璇璣鈐說，下云『以應圖讖』，是以尙書璇璣鈐爲圖讖也。鄭玄通人，亦以尙書緯爲圖讖，鄭志曰：

張逸問：禮注曰『書說』者，何書也？答曰：尙書緯也。當爲注時，在文網中，嫌引祕書，故諸所牽圖讖，皆謂之『說』。(禮檀弓下疏引。)

如鄭志，亦以書緯爲圖讖。此其所謂書緯，當不止一事，故曹褒以尙書緯之璇璣鈐及帝命驗爲讖記。後漢書曹褒傳曰：

(明)帝問：制禮樂云何？(褒父)充對曰：河圖括地象曰：有漢世，禮樂文雅出；尙書璇璣鈐曰：有帝漢出，德洽，作樂，名予。帝善之，(章帝)元和二年，下詔曰：河圖稱：赤九會昌，十世目光，十一目興；尙書璇璣鈐曰：述堯理世，平制理樂，放唐之文。予末小子，託於數終，曷目纘興，崇弘祖宗，仁濟元元？帝命驗曰：順堯考德，題期，立象。每見圖書，中心恧焉。(章帝)章和元年，令小黃門持班固所上叔孫通漢儀十二篇，敕褒曰：今宜依禮條正，使可施行。褒既受命，迺次序禮事，依準舊典，雜以五經讖記之文，撰次目爲百五十篇。

按詔書前引尙書璇璣鈐及帝命驗說，下云『五經讖記之文』，是以尙書緯之璇璣鈐及帝命驗爲五經讖記之類也。

魏志文帝紀注引獻帝傳曰：

輔國將軍清苑侯劉若等百二十八人上書，曰：伏惟陛下（五），違經讖之明文，信百氏之穿鑿，非所以奉答天命。

按此所謂經讖明文，蓋卽指太史丞許芝等所奏上者。注引獻帝傳詳之曰：

太史丞許芝條魏代漢見讖緯於魏王曰：春秋漢含孳曰：漢以魏，魏以徵；春秋玉版讖曰：代赤眉者，魏公子；春秋佐助期曰：漢以許昌失天下；佐助期又曰：漢以蒙孫亡；孝經中黃讖曰：日載東，絕火光，不橫一，聖聰明。四百之外。易姓而王：此魏王之姓諱，著見圖讖。

按春秋漢含孳，春秋佐助期，李賢固以爲春秋緯也，乃劉若等以爲經讖，而許芝等則以爲圖讖。

蜀人周羣亦謂春秋佐助期爲春秋讖，蜀志周羣傳曰：

巴西閬中人也，父舒。時人有問：春秋讖曰，代漢者，當塗高。此何謂也？

按上引春秋讖云云，春秋佐助期之文也。（據魏志文帝紀注。）李賢以此爲春秋緯，今周羣乃以爲春秋讖。

合誠圖，亦所謂春秋緯也，然易乾鑿度下云：

欲所按合誠。（殿本頁一四。）

鄭注：

此人心之合誠，春秋讖卷名也。

按鄭云『合誠』爲春秋讖卷名，當然是指春秋合誠圖。李賢以此爲春秋緯，而鄭玄乃以爲春秋讖。

蔡邕曰：

元命苞，乾鑿度皆以爲開闢至獲麟二百七十六萬歲；及命曆序積獲麟至漢，起庚子蔀之二十三歲，竟己酉，戊子及丁卯蔀六十九歲，合爲二百七十五歲。漢元年，歲在乙未，上至獲麟，則歲在庚申。推比以上，上極開闢，則不在庚申。讖雖無文，其數見存。（蔡中郎外集卷貳曆數議。）

按蔡氏首敍元命苞、乾鑿度、命曆序說；繼曰，『讖雖無文，其數見存』云云：則所謂讖者，卽指元命苞等三書而言，不容疑義。元命苞，命曆序者，李賢以爲春秋緯；乾鑿度，則所謂易緯也。李以爲緯，而蔡乃以爲讖。

以春秋元命苞爲讖，又不獨蔡邕而已，安順朝之張衡已然，衡傳曰：

衡乃上疏曰，春秋元命包中有公輸班與墨翟，事見戰國，非春秋時也。聖人之言，埶無若是。宜收藏圖讖，一禁絕之。

按衡已指摘元命苞之不第，繼乃主張禁絕圖讖，則所謂圖讖，元命苞當然在其中矣。

由以上數事推之，李賢以爲緯者，東漢三國間之學人則以爲讖。然則所謂七經緯三十六篇者，蓋自隋志倡之；其篇目，蓋目李賢樊英傳注著之。隋志李注以前，或讖、或緯、或讖緯兼施，無乎不可也。

他人之稱，不拘壹是，固如此矣；而讖緯作者自名其書，亦何莫不然？如易類旣有易緯矣，又有易九厄讖；詩類旣有詩緯矣，又有詩讖；春秋旣有春秋緯矣，又有春秋讖；論語旣有論語緯矣，又有論語譔考讖、陰嬉讖等。將曰，同爲託經，或曰讖，或曰緯，蓋純駁有別，故立名亦異。此望文生義之說也。託經讖者，無非亦欲取信於人，豈有自承其爲誕妄而示人以劣名之理？讖緯是一非二，無嫌無疑，故或曰讖，或曰緯爾。

叁　讖緯作者問題及讖於經義與緯書關係之檢討

讖緯不分，而隋志以下有甲乙高下之說者，推其意，蓋謂緯之名，所以配經；讖者，但詭爲隱語，預決吉凶，復有聖賢作緯之說，鼓吹其間：坐此盲從，信之不疑，於是而緯讖純駁優劣之議，由是興焉。今分辨如下。

甲　讖緯作者辨

緯者，對經而言，鄭玄注易乾坤鑿度乾鑿度篇以爲，『經之與緯，是從横之學』，（逸書考本頁九一。）是也。緯名雖配經，但其材料實一本諸讖。託讖者方士，（別詳戰國秦漢間方士考論第四章。）然方士狡詐，乃託之孔子，藉此自重。蘇竟曰：

孔丘祕經，而漢赤制。（後漢書本傳。）

王充曰：

孔子作春秋，删五經；祕書微文，無所不定。（論衡効力篇。）

荀悅曰：

世稱：緯書，仲尼之作也。（申鑒俗嫌。）

此類卽託緯書者之說，而諸氏引之也。亦有謂爲仲尼與其門弟子所共作者，論語讖曰：

子夏六十人，共譔仲尼微言。（文選王仲宣誄李注引。）

按旣曰緯書出於孔子，抑或其門弟子，自然其價值僅次於六藝。自來學人之所以致誤，以爲緯純粹而讖踳駁，緯附經而讖妖妄者，則類此之說有以啓之也。豈知此類矛盾荒唐，悉是杜譔。考桓譚曰：

讖出河圖洛書，後人妄復增加依託，稱是孔丘。（新論。嚴可均輯本。）

據桓氏說，則凡讖書皆託之孔子。隋志曰：

河圖九篇，洛書六篇，云自黃帝至周文王所受本文；又別有三十篇，云自初起至於孔子，九聖之所增演，以廣其意。

隋志謂，河洛之作，出於黃帝周文孔子等九聖。比又一說也。

按河洛讖書，李賢以爲不在緯書之數；然舊說固以爲作自孔子，或云九聖：則讖書亦聖人所定，何必緯？又尙書緯曰：

孔子求書，得黃帝元孫帝魁之書，迄於秦穆公凡三千二百四十篇。斷遠取近，定可以爲世法者百二十篇：以百二篇爲尙書，十八篇爲中候。（僞古文尙書敍正義引。）

按尙書中候，如據李賢說，則亦七經緯以外書也；而尙書緯乃以爲黃帝元孫之書，孔聖之所删定。儻如向來說法，則已經孔子之手，自當爲緯；而隋志以下，乃以爲讖，何也？張衡曰：

聖人之言，執無若是。殆必虛僞之徒，以要世取資。（後漢書本傳。）

按張氏辨之，是矣。『子不語怪力亂神』，亦『弗爲』『素隱行怪』。孔子所『不語』，所『弗爲』，則游夏之徒何述焉？至於黃帝文王等之不能爲，或不爲，以讖緯內容多有秦漢間名物，此復常識可以判斷者也。

讖出於河圖洛書。河圖別稱綠圖，始皇早年，已有託之者。讖之稱，亦至遲武帝世已見著錄。至於緯名，以今所知，大抵至多可早推至於昭宣之世。（別詳西漢讖緯考。）

緯之稱雖亦可能早見於西漢中世，然稱謂猶未固定也，故王莽朝尚有經讖之目，後漢書郅惲傳曰：

上書莽曰：臣聞，天地重其人，惜其物，故顯表紀世，圖錄豫設。漢歷久長，孔爲赤制。莽大怒。猶以惲據經讖，難卽害之。

按方士化之儒生以讖附經，因名爲緯。今乃曰經讖，不曰經緯，可知是時緯稱猶未甚著，故或以爲緯，或以爲經讖。卽中興以後，緯之一名，猶未約定俗成，故章帝建初四年，詔諸儒會白虎觀，講論經義，令班固撰集其書。班於諸讖緯，或直稱其篇目，（白虎通爵篇引援神契曰，鉤命決曰，中候曰，含文嘉曰。五行篇引元命苞曰。災變篇引春秋潛潭巴曰，樂稽耀嘉曰。情性篇引樂動聲儀曰。姓名篇引刑德放曰。天地篇引乾鑿度曰。崩薨篇引禮稽命徵曰。）或曰傳，（聖人篇引傳曰。疏證，所引傳曰，蓋兼用元命苞，援神契諸緯文。五刑篇引傳曰。疏證，鉤命決之文也。五經篇引傳曰。疏證，書璇璣文也。喪服篇引傳曰。疏證，援神契文。槃按，三代世表褚先生引詩緯亦曰傳。）或曰說，（考黜篇引禮說。疏證，此禮含文嘉文也。聖人篇引禮說曰。疏證，皆含文嘉文。）或曰讖，（誅伐篇引孝經讖曰，春秋讖曰。辟雍篇引論語讖曰。日月篇引讖曰。）無稱緯者：蓋讖之稱謂，流傳既久。緯名後起，普遍使用，故非一朝一夕之效也。

乙　論讖亦附經

讖已託之孔子，故其書說亦依附經藝，是以郅惲傳有經讖之稱。（文引見上。）又後漢書桓譚傳曰：

譚復極言讖之非經，帝（光武）大怒曰：桓譚非聖無法。

儒林尹敏傳曰：

帝（光武）以敏博通經記，令校圖讖。

樊鯈傳曰：

（永平元年）目讖記正五經異說。

東觀漢記明帝紀曰：

帝尤垂意經學，删定擬議，稽合圖讖。（同書樊準列傳亦曰：『孝明皇帝尤垂情古典，游意經藝。删定乖疑，稽合圖讖』。）

沛獻王傳曰：

王性好經書，論集經傳圖讖，作五經通論。

按或稱經讖，或以經記校圖讖，或以讖記正經說，或言讖非經。今茲無暇論其義理之是否允當，至於讖與經關係緊密，吾人不難於此等處見之。

復次，所謂以讖書證合經義者，如班固之誤集白虎通一書，亦其比。白虎通故屢引讖說，（詳後。）是其顯證也。讖之附經，此其一也。

河圖洛書，論者以爲讖，或則以爲別於讖緯。（詳首章。）然尙書帝命驗曰：

順堯考德，題期立象。——宋均注曰：堯巡省於河洛，得龜龍之圖書；舜受禪後，習堯禮得之；演以爲考河命，題五德之期，立將起之象；凡三篇，在中候也。（後漢書曹褒傳注引。經義考毖緯引宋均注曰：堯得圖書，舜禪後，演以爲考河命，題期，立象三篇。）

按考河命等三篇，屬中候。而中候則屬尙書，考中候之篇，如曰：

曰：若稽古帝舜曰重華。（宋書禮志一高堂隆議引。）

如此之等，確爲摹擬尙書者。別有中候握河記、中候雒予命、中候雒師謀、中候擿雒戒等，曰『河』，曰『雒』，則河圖洛書也。中候屬尙書類，乃今有河洛之說，是則河圖洛書並與尙書有關也。易乾坤鑿度乾鑿度曰：

古有先文，未析眞冥。先元皇介而後有垂皇策，而後有萬形經，而後有乾文緯，而後有乾鑿度，而後有考靈經，而後有制靈圖，而後有河圖八文。（殿本頁三。）

按乾鑿度所引篇目，其中有河圖八文；此外易讖緯類牽涉河圖之篇，今可考者復有易河圖數。蓋『河出圖洛出書』，『聖人則之』，『始作八卦』，由是有易，此本舊說。（可能是戰國以來舊說。）方士篤依此說，故易讖緯多言河圖，是河圖與易經有關也。春秋類中有春秋錄圖，錄圖者，河圖別稱（詳綠圖解題）；又有河圖揆命篇，是河圖與春秋有關也。樂類中有叶圖徵。『圖』，亦謂河圖：是河圖與樂經有關也。孝經類有孝經河圖，是河圖又與孝經有關也。尙書中候類有雒罪級、雒予命、雒師謀等；詩類中有摘雒謠。雒，雒書。（洛書之洛，或作雒。）是洛書與尙書，詩經有關也。所謂讖書亦附經，此其二也。

張衡嘗有春秋讖與詩讖之稱，後漢書本傳曰：

上疏曰：春秋讖云，共工理水。凡讖皆云，黃帝伐蚩尤；而詩讖獨以爲蚩尤敗然後堯受命。

又有所謂七經讖者，同書張純傳曰：

案七經讖。

按經讖之目，今可考者則有春秋讖、孝經讖、（白虎通卷四誅伐。）易運期讖、春秋玉板讖、（三國魏志文帝紀注。）孝經圖讖、（歷代名畫記卷三。）易九厄讖、洪範讖（古微書本）之等；是不獨張衡、張純等以左右七經者爲讖，卽讖書作者亦未嘗不自以爲讖也。諸經並有經讖，是讖亦附經，三也。

讖亦依附經義，世乃謂，讖但爲預決吉凶之驗書。何徧蔽之甚耶？

丙　讖緯先後說

讖緯之屬，莫先於河圖，亦作綠圖，錄圖，（別詳綠圖解題。）秦始皇早年，方士輩之所託也。（別詳論早期讖緯及其與鄒衍書說之關係者。）蓋河圖、洛書，往往相提並論。河圖已託，因復有洛書。讖緯之等，由此滋生焉。桓譚曰：

讖出河圖洛書，但有兆朕而不可知；後人妄復增加依託，稱是孔丘。誤之甚也。（新論。據嚴可均輯本。）

今諸巧慧小才，技數之人，增益圖書，矯稱讖記。（同上。）

王充曰：

讖記所表，皆效圖書。（論衡實知篇。）

王蕃曰：

末世之儒，增減河洛，竊作讖緯。（渾天說。晉書天文志引。）

按諸此所謂圖、書，卽河圖、洛書。桓譚、王蕃之言甚明。桓譚以爲讖出河圖、洛書，是止言讖；而王蕃則以爲讖緯並從此出。蓋讖緯是一事，或曰讖，或曰讖、緯，其實無殊也。以此言之，鄭玄注乾鑿度云：孔子因河圖洛書而作讖三十六卷，

（逸書考本頁五十。）此亦卽後世所謂三十六緯。（說已前見。）旣已由河洛作讖緯，然則讖緯出於河洛，舊說如此，是不可謂爲一人之私言矣。

讖緯所從出之河圖、洛書，桓譚以爲『但有兆朕而不可知』．此謂傳說中之古河圖、洛書，初無文字，但有介於文字與圖繪之間之紋理，若可識，若不可識。（別詳戰國秦漢間方士考論第四章。）而後人矯飾之，亦曰河圖洛書；讖緯之屬效此，而轉益滋多。此所謂『妄復增加依託』也。

讖緯出於後世所依託之河圖、洛書，桓譚二王之所說如此。孝經鉤命決曰：

丘乃授（受）帝圖，掇祕文。（文選顏延之曲水詩序注。）

易是類謀曰：

命機之運由孔出，天心表際，悉如河洛命紀，通終命苞。（逸書考本頁十一。）

按鉤命決所謂圖，卽河圖；祕文，卽讖緯；是類謀言，天道運命之數，出於孔子，而與河圖洛書悉合，是亦言孔子與河洛關係密切，二說可互相發明。鉤命決、是類謀，李賢以爲緯書也，而緯書乃稱說孔子作讖緯與河洛之關係。然則桓譚二王之言，不爲無本。又檢春秋緯曰：

河圖有九篇，洛書有六篇。（易繫辭上正義引。）

易通卦驗曰：

河出龍圖，授帝，戒曰，帝迹術感，其與侯房精謀。（殿本頁三。）

易是類謀曰：

雒書靈准聽曰：天以變化，地以紀州，人以受圖。（殿本頁一。）

又曰：

河龍、洛圖、龜書，聖人受道眞圖者也。（殿本頁三。）

易乾鑿度下曰：

洛書摘六辟曰：建紀者，歲也。（殿本頁九。）

又曰：

洛書靈准聽曰：八九七十二，錄圖起。（殿本頁十四。）

尙書運期授曰：

河圖曰：倉帝之治。（詩文王敍正義。）

尙書璇璣鈐曰：

孔子曰：五帝出受錄圖。(文選功臣頌注引。)

按易是類謀，固所謂緯書；易通卦驗、乾鑿度、尙書運期授、璇璣鈐並同。緯書乃肯引河洛之說，可注意。

以下數例，則所謂緯書者以河圖爲讖而引之，乾鑿度下曰：

孔子曰：丘按錄圖讖，論國定符。(殿本頁十五。)

是類謀曰：

重瞳之新定錄圖，有白顓頊帝紀世讖。(殿本頁三。)

錄圖世讖易嘗爽。(同上頁八。)

按以上所謂錄圖，卽河圖也。

亦有止言讖者，乾鑿度下曰：

自然之讖，推引相拘。(殿本頁十六。)

復有雖未明言引讖，而鄭注直以讖解之者，乾鑿度下曰：

別序聖人，題錄興亡，州土，名號姓輔叐符。——鄭注：言孔子將此應之而作讖三十六卷。(殿本頁九。)

是類謀曰：

攝提招紀格，如別甲子，寅歲，離書推以卻步，歷試自苞者。——鄭注：離當歷樞，卒卻步，謂推來歲之數，讖自苞在其中矣。(殿本頁二。)

通卦驗曰：

叢言隱怪。——鄭注：隱怪，相率爲讖也。(逸書考引淸河郡本。)

按準以如上所謂緯書者之喜稱引河圖洛書，又稱河洛爲讖，則其所引讖說，雖未明言何讖，以理文推之，當卽河洛之讖。乾鑿度下云：『別序聖人，題錄興亡，州土，名號姓輔叐符』。鄭云：『孔子將此應之而作讖』。所謂孔子據而作讖之底書，卽河圖。尙書璇璣鈐曰：

河圖，命紀也，圖天地帝王終始存亡之期，錄代之矩。(文選永明十一年策秀才文李注引。)

河圖內容，讖緯託者說之如此，與上引乾鑿度之言正合。乾鑿度、通卦驗、是類謀引所謂讖說，其中有河圖說，此其證矣。

夫已云其爲緯書矣，而緯書乃數數稱說河圖洛書；又云孔子作讖，與河洛命紀冥合：是其在意識上必據河洛諸讖爲典要；加之以桓譚二王及鄭氏讖緯出於河洛之說爲之佐證：然則讖緯之類，先有河圖洛書，然後有由此而出之讖，然後始有緯。但名義雖有先後之不同，而實質則一而已矣。古人不拘，義各有取：仍其本名，則曰河圖洛書；由其爲驗書，則曰讖；從其附經，則曰緯。然卽但舉讖緯二名，亦足矣賅其稱矣，故著稱讖緯。讖緯不殊，通辭互文，斯乃其當然，何怪？

肆　圖候符書錄之稱謂

讖緯不分，辨已如上。圖與候，阮氏以爲應別出於讖緯之外，亦誤。今識之如次，而符書錄之稱謂，因附論焉。

圖　圖之屬，最先出者爲河圖，簡稱則曰『圖』。書史之所謂『圖書』，其牽涉祕文者，厥初本爲河圖洛書之簡稱，（如桓譚，王充之稱，引見前章之乙。）然讖緯書，大都附以圖繪，故其書多以『圖』名者，如易類有易統驗玄圖、通卦驗玄圖、稽覽圖；尙書中候類有中候勅省圖；詩類有詩緯圖；禮類有瑞應圖；樂類有協圖徵、五鳥圖。如此之等，不可悉數。又洛書亦有圖，後漢書方術傳序曰：

河洛之文，龜龍之圖。

按龜圖，卽洛書。洛龜負圖，舊說如此。『圖』已可泛稱，然則史書所謂『圖書』、『圖錄』、『圖候』、『圖緯』、『圖讖』之等之所謂『圖』，或指河圖，或泛指諸讖緯，不能定其爲誰屬也。卽河圖矣，河圖故可以兼有讖緯之稱，前二章詳之矣。

候　候可以兼有緯或圖讖之稱，續漢書百官志一注曰：

應劭曰：自上安下曰尉，武官悉以爲稱。前書曰秦官，鄭玄注月令，亦曰秦官。尙書中候云：舜爲太尉。束晳據非秦官，以此追難玄焉。臣昭曰：緯候衆書，宗貴神詭。圖讖紛僞，其俗多矣。

按以中候與緯候及圖讖互文，是候可以名緯，又可以名圖讖也。

書史每稱『圖候』、『緯候』，學者多謂『候』卽指尙書中候，殆不然。兪正燮曰：

嘗論古緯書爲焉和，保章從太史所記靈臺候簿，故曰緯候、讖候；不然卽謂之妖書，無可辭也。(癸巳類稿十四書開元占經目錄後。)

按兪云，候爲通名，不專指中候一種。讖甚卓。京房有易飛候。疑古讖緯以候名者，猶不祇此。然檢讖緯內容，言望候之術者，所在多有，卽此可以稱候，不必計校書名，無不可也。

符 符，本徵信之物。字從竹，蓋初以竹爲之，後或代之以木或金屬。讖緯之屬，皆可稱『符』，謂其爲天人感應之瑞符也。緯候之書曰：

河洛之符，名字之錄。(書堯典疏引。)

按河洛之符，謂河圖洛書符應也：是河圖洛書可以名『符』也。唯然，故河圖之書有卽以『符』名者，如赤伏符、會昌符、聖洽符、紀命符等，是也。不獨河圖洛書而已，他讖緯並得有此稱，如尙書類有中候合符后，春秋類有感精符、春秋符等，是也。

書 洛書，或簡稱『書』，桓譚王充等之稱『圖書』，(文引見二章之乙。)『書』，卽謂洛書。此專名也。然『書』之一辭，應用最廣，一切篇籍皆書也，故河圖亦稱圖書，蜀志先主傳曰：

(劉豹向舉等上言曰)臣聞：河圖、洛書、五經讖緯，孔子所甄，驗應自遠。謹按洛書甄曜度曰……；洛書寶號令曰……；洛書錄運期曰……；孝經鉤命決錄曰……；圖書曰……。

按詳審原文，圖書，卽指河圖。謂之圖書者，有圖有字也。是河圖亦有『書』稱也。說文往往引祕書，(如目部眓字條等。)注家以爲緯書。是也。然則讖緯之類，均可稱『書』，不必定其爲洛書，可也。

錄 河圖有錄圖之稱，始皇世，盧生入海還，因奏錄圖書，是也。錄，呂氏春秋作『錄』，蓋其本字也。方士之徒，矯託河圖，云文字圖繪，皆作綠色，故曰綠圖矣。然『錄』、『綠』，義亦自通。亦或作『祿』，蓋形聲相近而訛也。讖緯紛雜，又有河圖之錄之說，則『錄』又爲簿錄著記之義。已有此義，於是『錄』亦或作『錄』。（別詳綠圖解題。）書史所謂圖錄，大抵皆屬此一義；而從顏色作『綠』之義，遂晦矣。

讖緯書之言錄圖者，大抵皆指河圖，（易乾鑿度尙書璇璣鈐等，文引見前章之丙。）但止言『錄』者，則不能定其必爲河圖。蓋已兼有書錄著錄之義，河圖自不能專其稱也。今讖緯篇目，洛書類猶有錄運法、錄運期讖；春秋類有錄運法、孔錄法等，是諸讖緯並得稱『錄』之證也。

『錄』已可爲諸書通稱，故『錄』亦或稱讖，後漢書郅惲傳以經讖與圖錄互文，（引見前章之甲。）是也。經讖已可以稱經緯，是錄亦可以稱緯也。

綜之，『圖』『候』『符』『書』『錄』並可以有『讖』『緯』之稱，亦可以通辭互稱。今復約示數事，統而觀之。後漢書公孫述傳曰：

述亦好爲符命鬼神瑞應之事，妄引讖記，以爲孔子作春秋，爲赤制，而斷十二公，明漢至平帝十二代，歷數盡也。

按公孫氏本好『符命』，而史乃稱其引據『讖記』，是謂『符』『讖』一也。光武以河圖赤伏符相號召，而後漢書本紀或作赤伏符，或作讖記。本紀曰：

赤伏符曰：劉秀發兵捕不道。

又祝文曰：

讖記曰：劉秀發兵捕不道。

按河圖簡稱則曰『圖』。今或曰『符』，或曰『讖』，是『圖』『符』『讖』一也。即緯書作者之說亦同，易緯乾鑿度下曰：

洛書靈准聽曰：八九七十二，錄圖起。（殿本頁一四。）

又曰：

丘按錄讖，論國定符。（同上頁一五。）

易緯是類謀曰：

錄圖世讖易嘗喪。——鄭注：錄圖讖之言，何嘗可法？（同上頁八。）

按或曰『錄圖』，或曰『錄圖讖』，或按『錄讖』而定『符』，是『錄』,『圖』,『讖』,『符』一也。

漢書王莽傳曰：

哀章見莽居攝，卽作銅匱爲兩檢，署其一曰，天帝行璽金匱圖；其一署曰，赤帝行璽某傳予黃帝金策書。書言：王莽爲眞天子，皇太后如天命。圖書皆書莽大臣八人；又取令名王興、王盛。章因自竄姓名，凡爲十一人，皆署官爵，爲輔佐。王興者，故城門令史。王盛者，賣餅。莽按符命，求得此姓名，從布衣登用；以視神焉。

按莽之所託書曰『符命』，而其事有『金匱圖』，有『策書』，有『圖書』，是『圖』，『書』，『符』，一也。後漢書竇融傳曰：

竇等於是召豪傑及諸太守計議，其中智者皆曰：今皇帝姓號見於圖書，觀符命而察人事，它姓殆未能當也。

前曰『圖書』，後曰『符命』，以『圖』『書』『符』爲一，此復其一例矣。至於後漢書方術傳敍曰：

河洛之文，龜龍之圖，箕子之術，師曠之書，緯候之部，鈐決之符，（槃按讖緯之書，今可考者，『鈐』，有尙書璇璣鈐等；『鉤』，有河圖眞紀鉤，孝經鉤命決等。）皆所以探抽冥賾，參驗人區，時又有同者焉。

按范氏以河圖洛書暨緯候諸書，時有同焉者。今從而推演其意是亦謂『圖』『書』『緯』『候』『符』爲類似之書說也。此則就其內容而言之也。語其實，此類書，壹是皆方術之士之一造託。（別詳戰國秦漢間方士考論第肆章。）展轉互襲，雷同非一。（別詳論早期讖緯及其與鄒衍書說之關係貳、叁、肆、伍、陸、柒章。）范云『時又有同者焉』，未始以爲等量齊觀，是其論猶有所未盡。

夫讖緯諸篇，其稱謂如是無拘；而其性質，復如是名異實同。後世之學者，乃強欲爲之分門別戶，不憚煩乃爾，毋亦未之思也？

附　　記

槃往識讖緯釋名，（本刊十一本三四分合刊本。）發揮有所未至。今茲之作，以視舊篇，材料或益或損，體製頗亦變易。原本三章，今增闢爲四章。大指依前，但敍述差詳，條理容亦稍勝爾。

篇中又嘗提及舊拙作論早期讖緯及其與鄒衍書說之關係一文。（集刊第二十本。）案關於讖緯之起原，及其得名之由來，此二文詳略互見，誠關係密切。讀者如不吝賜教，可以參合觀之。三十七年十二月五日，人世艱難之夜。

出自第二十一本(一九四八年十二月初版,一九六四年一月再版)

跋日本高山寺舊鈔卷子本莊子殘卷

王　叔　岷

日本高山寺舊鈔卷子本莊子，僅存七卷（雜篇庚桑第二十三，外物第二十六，寓言第二十七，讓王第二十八，說劍第三十，漁父第三十一，天下第三十三）。七卷皆完好。其中佳勝處，岷昔年撰莊子校釋時，悉已收入。惟有數事，尚須申論，庶幾同好之士，益知此七篇之可珍也。

（一）鈔　本　原　本

鈔本來源甚早（說詳後），鈔者無識，每據後出之本妄加改竄，原本之眞遂失矣。此極當留意者。

如外物篇：

神能見夢於元君，而不能避余且之网；智能七十鑽而無遺筴，不能避刳腸之患。

鈔本原本如此，後又將神下能字改爲龜字，復於龜下右旁補能字。今本竝作『神龜能見夢於元君，』與鈔本改後之本同。但龜字乃衍文，奚侗莊子補註云：『神下不應有龜字，蓋涉上文神龜而衍。神與知（鈔本作智，同。）相對，下文：「知有所困，神有所不及，」卽分詮此文，藝文類聚夢部、龜部，引此文竝無龜字，可證。』其說是也，劉子新論言苑篇：『知能知人，不能自知；神能衞人，不能自衞。』卽本此文，亦以神、知對言，可爲旁證。敦煌唐寫本殘卷（藏巴黎圖書館）亦作『神能見夢於元君，』與鈔本原本同。鈔者妄加改竄，遂失原本之眞矣。

魚不畏网，而畏鵜胡。

鈔本原本如此，後又將胡字塗去，而改爲鶘。鵜胡本單呼鵜（六帖九八引此文卽無胡字，劉子新論去情篇同。），以其頷下胡大能抒水（詳詩曹風候人正義引陸璣疏。），故又名鶘胡，則作鶘鶘者非也。唐寫本亦作鶘胡，與鈔本原本同。寫者妄加塗改，遂失原本之眞矣。

草木之到植者過半，而不知其然也。

鈔本原本如此，到字後補筆作倒。到倒古今字，易到爲倒，遂失原本之眞矣。狩野直喜鈔本校勘記，徑出倒字，蓋忽其原本也。

荃者所以在魚也，得魚而忘荃。

鈔本原本如此，後又改荃爲筌。狩野直喜校勘記徑出筌字，且云：『宋刻注疏本，趙諫議本作筌，與鈔本同。』蓋忽其原本也。

漁父篇：

兩容顏適。

鈔本原本如此，後又删顏字，而於欄上出頰字，下注『或作顏』三字，遂失原本之眞矣。

天下篇：

已之太循。

鈔本原本如此，後又删循字，而於欄下出順字，下注『或作循』三字，遂失原本之眞矣。

輪行不蹍於地。

鈔本原本如此，後又將行字點去，但據釋文引司馬彪注：『地平輪圓，則輪之所行者跡也。』成玄英疏：『是以輪雖運行，竟不蹍於地也。』似所見本並有行字，與鈔本原本同（今本無行於二字）。狩野直喜校勘記徑略行字，蓋忽其原本也。

（二） 鈔本與宋元嘉本

鈔本中已有成疏竄入（如漁父篇：『孔子愀然自竦也曰：請問何謂眞也？』『自竦也』三字，乃成疏竄入正文者。），其鈔寫年代，不可塙考，惟其來源，尚略可探索，檢陸德明釋文所引宋元嘉本，常與鈔本暗合。如庚桑篇：

正得秋而萬實成。

釋文本萬實作萬寶，云：『元嘉本作萬實。』是鈔本與元嘉本合。

夫函車之獸，分而離山。

釋文本分作介，云：『介，一本作分，謂分張也。元嘉本同。』是鈔本與元嘉本合。惟鈔本分字，後又抹去，而改爲介，尙隱約可察，原本之眞幾失矣。

因失吾聞。

釋文本聞作問，云：『元嘉本問作聞。』是鈔本與元嘉本合。

若有不卽是者，天鈞則之。

釋文本則作敗，云：『敗，或作則。元嘉本作則。』是鈔本與元嘉本合。

兵莫憯乎志。

釋文本憯作憯，云：『元嘉本作憯。』是鈔本與元嘉本合。

寓言篇：

如三鸛蚊相過乎前者也。

釋文本『如三鸛蚊』作『如鸛蚊虻，』云：『元嘉本作「如鸛蚊，」無虻字。鈔本三字乃涉上文『三釜三千鍾』而衍，蓋本作『如鸛蚊，』與元嘉本合。後又刪三字，蚊下補虻字。刪三字是也，補虻字（與釋文本合）則失原本之眞矣。

讓王篇：

七日不食。

釋文本不下有火字，云：『元嘉本無火字。』是鈔本與元嘉本合。惟鈔本後又於不下右旁補火字，遂失原本之眞矣。

漁父篇：

下以化於齊民。

釋文本無於字，云：『元嘉本作：化於齊民。』是鈔本與元嘉本合。

天下篇：

寂漠無形。

釋文本寂作芴，云：『元嘉本作寂。』是鈔本與元嘉本合。惟鈔本後又刪寂字，而於欄上出芴字，遂失原本之眞矣。

上舉諸例，咸可證鈔本卽從元嘉本出。惟當留意原本，若爲改竄處所欺，則其來源不可探索矣。

(三) 鈔本與唐寫本

敦煌唐寫本與鈔本可資比勘者，僅巴黎圖書館所藏殘存之外物篇。此篇與鈔本頗爲接近，相同之處甚多，上文論鈔本原本時，已有二例，玆再廣其證。如：

柰何哉，其載焉矜爾！

今本矜上有終字，唐寫本無終字，與鈔本同。

且之㓙，得白龜，員五尺。

今本作『得白龜焉，其圓五尺。』(元纂圖互注本，世德堂本，其並作箕。箕與其同。)唐寫本無焉其二字，與鈔本同。鈔本龜下右旁有焉字，蓋據後出之本所補也。

七十鑽而無遺筴。

今本七十下有二字，下同。唐寫本無二字，與鈔本同。鈔本十下右旁有二字，蓋據後出之本所補也。

去小智大智明，去而善而善矣。

今本作『去小知而大知明，去善而自善矣。』唐寫本與鈔本同。鈔本『大智』上右旁有而字，『善矣』上左旁注：『一本有自字。』皆非原本之舊也。

意其非至知厚得之任與？

今本意作噫，得作德。唐寫本與鈔本同。鈔本意字左旁注：『一本作噫。』得字左旁注德字，皆非原本之舊也。

雖相爲君臣。

今本相下有與字，唐寫本無與字，與鈔本同。鈔本相下右旁有與字，蓋據後出之本所補也。

故至人不留行焉。

今本故下有曰字，唐寫本無曰字，與鈔本同。鈔本故下右旁有曰字，蓋據後出之本所補也。

爲且以狶韋之流，觀今之世。

今本無爲字，狶韋下有氏字。唐寫本有爲字，無氏字，與鈔本同。

惟至人能遊於世而不僻。

今本能上有乃字，唐寫本無乃字，與鈔本同。鈔本能上右旁有乃字，蓋據後出之本所補也。

嘎而不止則跡，跡則衆生。

今本兩跡字並作跈，衆下有害字。鈔本上跡字左旁有注云：『女展反，或作蹍。』是跡字原本作跈，鈔者誤爲跡耳。唐寫本與鈔本原本同。

天之穿之也，日夜无降。

今本無也字，唐寫本有也字，與鈔本同。

室无空，則婦姑勃谿。

今本空下有虛字，唐寫本無虛字，與鈔本同。

亦神者不勝也。

今本無也字，唐寫本有也字，與鈔本同。鈔本不下右旁有能字，蓋據後出之本所補也。

草木之到植者過半，而不知其然也。

今本無也字，唐寫本有也字，與鈔本同。

由上所舉諸例，可證唐寫本與鈔本最爲接近。然亦非卽同一來源，因其中尚有不同之處也。此不可不辨者。如：

不如兩忘而門其所與。注：門者，門塞之也。

唐寫本（兩字以上闕）門作閉，注同。與作譽，與鈔本異。（今本門亦作閉，與亦作譽，與唐寫本同。惟注無之也二字。釋文：『閉，一本文、注並作門。』作門，與鈔本同。疑所稱一本，卽元嘉本，蓋鈔本從元嘉本出也。鈔本譽作與，與疑與之誤，與譽古通，禮記射義：『則燕則譽，』注：『譽或爲與，』卽其比。說互詳莊子校釋四。）

嬰兒生无石師而能言。

唐寫本石師作碩師，與鈔本異。鈔本石字左旁注：『一本作碩，』作碩雖與唐寫本同，但非鈔本之舊也。

然則仄足而墊之。

唐寫本仄作廁，（墊誤蟄，）與鈔本異。

背臧可以已沐，老寧可以已遽。

唐寫本背臧作揃搣，老字屬上絕句，與鈔本異。

雖然，若是，勞者之務也。

唐寫本若是下有者字，(者字以下闕。)與鈔本異。鈔本是下左旁注：『一本有者字。』有者字雖與唐寫本同，但非鈔本之舊也。

(四)　鈔本天下篇末郭象後語與今本郭象序

鈔本天下篇末有二百二字云：

夫學者尙以成性易知爲德，不以能政異端爲貴也。然莊子閎才命世，誠多英文偉詞，正言若反。故一曲之士，不能暢其弘旨，而妄竄奇說。若閼亦，意脩之首；尾言，遊易，子胥之篇，凡諸巧雜，若此之類，十分有三。或牽之令近；或迂之令誕；或似山海經；或似夢書；或出淮南；或辯形名。而參之高韻，龍蛇並御。且辭氣鄙背，竟無深澳，而徒難知，以因後蒙，令沉滯失乎流，豈所求莊子之意哉！故皆略而不存。令唯哉取其長達致全乎大體者，爲卅三篇者。太史公曰：莊子者，名周，守蒙縣人也。曾爲漆園史，與魏惠，齊王，楚威王同時者也。

此二百二字，他本無之，最爲可貴。據釋文序錄引郭子玄云：『一曲之才，妄竄奇說，若閼奕，意脩之首；危言，游鳧，子胥之篇，凡諸巧雜，十分有三。』則此二百二字，爲郭象所記，殆可無疑。惜鈔者無識，挩誤特多。狩野直喜校勘記引武內義雄莊子考云：『此文政異端當作攻異端，閼亦當作閼奕，尾言當作巵言，遊易當作遊鳧，夢書釋文敘錄作占夢書，鈔本偶脫占字，深澳當作深奧，因後蒙當作困後蒙，失乎流誤衍乎字。令唯哉當作今唯裁，爲卅三篇者，者宜作焉。守蒙縣人也，守當作宋，齊王王上脫宣字。』岷案閼亦不必作閼奕。亦奕古通，猶奕世亦作亦世也。深澳不必作深奧，澳奧古通，詩衞風淇奧，禮大學及左昭二年傳竝作澳，卽其證。失乎流不必衍乎字，疑流上有挩文。又狩野直喜云：『起句「夫學者尙以成性易知爲德，」尙當作當，是猶奕之誤亦。末段魏惠下脫王字，敘錄作魏惠王可證。』岷案尙不必作當，尙當古通，莊子說劒篇：『悝尙何敢言？』陳碧虛闕誤引張君房本作當，卽其證。

武內義雄謂此二百二字爲郭象附於書末目錄之序，狩野直喜謂此二百二字爲郭象後語，自述其刋芟莊子輯爲三十三篇之意也。岷謂此二百二字，措辭草率，不似一完整之序，當是郭象注莊子畢，偶記於篇末者。至其注莊大旨，則篇首之序已盡之矣。其文云：

夫莊子者，可謂知本矣。故未始藏其狂言。言雖無會，而獨應者也。夫應而非會，則雖當無用；言非事物，則雖高不行。與夫寂然不動，不得已而後起者，固有閒矣。斯可謂知無心者也。夫心無爲，則隨感而應，應隨其時，言唯謹爾。故與化爲體，流萬代而冥物，豈曾設對獨遣，而游談乎方外哉？此其所以不經，而爲百家之冠也。然莊生雖未體之，言則至矣。通天地之統，序萬物之性，達死生之變，而明內聖外王之道，上知造物無物，下知有物之自造也。其言宏綽，其旨玄妙，至至之道，融微旨雅，泰然遣放，放而不敖。故曰：不知義之所適，猖狂妄行，而蹈其大方。含哺而熙乎澹泊，鼓腹而游乎混芒。至人極乎無親，孝慈終於兼忘，禮樂復乎已能，忠信發乎天光。用其光，則其朴自成，是以神器獨化於玄冥之境，而源流深長也。故其長波之所蕩，高風之所扇，暢乎物宜，適乎民願，弘其鄙，解其懸，灑落之功未加，而矜夸所以散。故觀其書，超然自以爲已當經崑崙，涉太虛，而游惚怳之庭矣。雖復貪婪之人，進躁之士，暫而攬其餘芳，味其溢流，彷彿其音影，猶足曠然有忘形自得之懷，況探其遠情，而玩永年者乎？遂綿邈清遐，去離塵埃，而返冥極者也！

郭象之注莊子，常以冥字會其極，在此序中，已先作啓示。所謂冥者，即泯然無迹之意。其立論也，重在物之自生自化，物之外無所謂主宰，欻然自爾，各冥其分。序中所謂：『上知造物無物，下知有物之自造也』二語，實爲全書綱領。如齊物論篇注：『故物各自生，而無所出焉，此天道也。』『故造物者無主，而物各自造。物各自造，而無所待焉，此天地之正也。』在宥篇注：『夫莊老之所以屢稱無者，何哉？明生物者無物，而物自生耳。自生耳，非爲生也，又何有爲於已生乎？』知北遊篇注：『誰得先物者乎哉？吾以陰陽爲先物，而陰陽者，即所謂物耳。誰又先陰陽者乎？吾以自然爲先之，而自然即物之自爾耳。吾以至道爲先之矣，而至道者，乃至無也。既以無矣，又奚爲先？然則先物者誰乎哉？而猶有物無已，明物之自然，非有使然也。』庚桑楚篇注：『死生出入，皆欻然自爾，未有爲之者也。』厥例甚多，皆本此義而發，此治郭注所當致意者也。（說互詳拙著郭象莊子注校記序。校記共五卷，三十七年秋交上海商務印書館，久未印出，稿之存亡，已不可知矣!）王雱南華眞經新傳拾遺有云:『故郭象以周爲知本者，所謂知莊子之深也。』蓋卽據此序起句『夫莊子者，可謂知本矣』而言，其知重視此序，是也。宋人亦有謂此序非郭象之文者，蓋淺稚之見矣。岷謂欲窺郭象注莊大旨，則當致意前序；欲明郭象刪定莊子爲卅三篇之意，則當致意後語。然後語措辭草率，必郭象偶記於篇末者也。

(五)　郭象後語與莊子逸文

昔年收輯莊子逸文，得一百五十餘條，已見莊子校釋附錄一。郭象後語所稱閼亦(同奕)，意脩，危言(從釋文序錄)，遊鳧，子胥五篇，皆已刪略，其中閼亦，遊鳧二篇之文，今尙有可考者，至足珍貴。玆迻錄於下:

閼奕之隸，與殷翼之孫，遏氏之子，三士相與謀致人於造物，共之元天之上。

元天者，其高四見列星。

見文選顏延年侍游蒜山詩注，白帖二，天中記七。此蓋閼亦篇之文也。

游鳧問於雄黃曰:今逐疫出魅，擊鼓呼噪，何也?雄黃曰:昔黔首多疾，黃帝氏立巫咸，敎黔首，使之沐浴齋戒，以通九竅;鳴鼓振鐸，以動其心;勞形趍步，以發陰陽之氣;春月毗巷飲酒茹葱，以通五藏。夫擊鼓呼噪，非以逐疫出魅，黔首不知，以爲魅祟也(一作禰)。

見玉燭寶典一，荆楚歲時記注，藝文類聚八二，白帖一，御覽二九、五百三十，路史後紀五、餘論三，記纂淵海二(諸書所引，詳略不一，且有訛挩，隨文補正。)，此蓋遊鳧篇之文也。

牧馬小童謂黃帝曰:熱艾宛其聚氣。雄黃亦曰:燔金熱艾，以炙其聚氣，令以點爲炙，直取其名。

見玉燭寶典七。此與上文相照，疑亦遊鳧篇之文也。

後語所稱『或似山海經』及『或出淮南』之文，亦尙有可考者，玆分別述之。

(1)似山海經者:

一切經音義四五引云:

龍伯國人釣鼇。

一切經音義八六引云：

鷦螟巢於蚊睫。

一切經音義九三引云：

夸父與日角走，渴死於北地。

凡此逸文，皆似山海經。又見僞列子湯問篇，列子八篇中鈔襲莊子甚多，莊子逸文賴以保存者亦不少也。

（2）出於淮南者：

御覽三，記纂淵海五八竝引云：

陽燧見日則燃爲火。

淮南天文篇有此文。

淮南俶眞篇高誘注，列子天瑞篇張湛注，文選班孟堅幽通賦注竝引云：

生乃徭役，死乃休息也。（乃一作爲。）

淮南精神篇有此文。

御覽三六九引云：

盧敖見若士，深目鳶肩。

淮南道應篇有此文。

文選左太沖魏都賦注，王元長三月三日曲水詩序注，白帖九竝引云：

尹需（一作儒）學御三年，而無所得。夜夢受秋駕於其師。明日往朝其師，其師望而謂之曰：吾非獨愛道也，恐子之未可與也，今將教子以秋駕。

淮南道應篇有此文。

事類賦八地部三引云：

老槐生火，久血爲燐，人弗怪也。

淮南氾論篇有此文。

御覽三六四引云：

亡羊而得牛，斷指而得頭。

淮南說山篇有此文。

藝文類聚九一引云：

嫗雞搏狸。

淮南說林篇有此文。

淮南鈔襲莊子至多。類此逸文，彌足珍貴。又如玉燭寶典三，藝文類聚八八，初學記二八竝引云：

槐之生也，入季春五日而兎目，十日而鼠耳。

御覽九五四，埤雅十四，爾雅翼十一，記纂淵海九五，事文類聚後集二三，天中記五一，竝引淮南亦有此文，『十日而鼠耳』下，更有『更旬而始規，二旬而葉成』二句（困學紀聞十引莊子亦有此二句，不知何據。），此則不惟不見於今本莊子，更不見於今本淮南矣。

○ ○ ○

上擧五端，鬱積於懷者久矣。常思寫出爲快，苦無閒暇。深宵援筆，乘興疾書，返本探源，析疑發覆，宿願初償，怡然忘倦也！一九五〇年四月二十日深夜跋訖，時客臺北。

出自第二十二本(一九五〇年七月)

洛陽伽藍記補注體例辨

徐高阮

目錄

引 言

洛陽伽藍記有作者楊衒之自爲補注，事載史通補注篇。然此記今以明本最古，則補注盡屬入正文，無復分別，蓋其由來已久。近百餘年中有吳若準集證本，唐晏鈎沈本，各爲此記厘別文注，惜二氏於原書補注之體未詳稽考，所定均難稱碻當，故不廣行於世。余以民國二十八年得聆陳寅恪先生論伽藍記補注之體，乃本先生之意，再事稽求，遂重爲此記厘別文注，冀復其舊觀，而姑名所定曰“重定本”。計稿成以來，亦歷十載，遭時多難，付刊未遑，中間見者無多，除三十六年荷錢鍾書先生，三十八年荷胡適之先生見許其意而外，往往疑信參半，蓋以爲此亦不過集證，鈎沈以後又一懸揣之作而已。余有感於斯，乃取此重定本義例與集證，鈎沈二本詳爲比訂，蓋非欲論此三者之優劣，實欲辨明伽藍記補注之體例果如何耳。

核伽藍記補注與三國志，世說注體類似，劉氏史通補注篇叙之甚詳。昔年寅恪先生論此諸書注體淵源，以爲出於“佛徒合本子注”。蓋佛經譯本往往重出，遂有合數譯爲一本者，以一譯爲母，他譯爲子，凡有異同之處，以子注母，夾行細書，藉資參證，是爲合本子注。魏晋以降史家作注，略同此意，而於參證異同之外，尤以增述事緒爲重，此則又與佛徒合本有其區別，是以寅恪先生又謂之爲“廣義之合本子注”。凡劉氏記述一代史注流類之大旨，及寅恪先生考證伽藍記製裁淵源之議論，均詳見余重定本自序及寅恪先生爲重定本所撰序言。要之洛陽伽藍記乃伽藍列傳，叙事詳備，辭氣暢然，復別有取材，夾行細書，以爲子注，雖其牽連附合甚多，而正文完整可讀，文注界限厘然不混。試循此義以檢全書，則重爲分別文注，復其舊觀，本非難事。然吳若準，唐晏二氏均未明乎此書製裁原旨，其集證，鈎沈二本並以戴震所定水經注爲型式，正文注文分條書寫，正文僅略具綱目，凡叙事之文槪列爲注，致全書碎裂，無復文章可觀，故與原本體製全無相合之處。至二者所定文注繁簡去取又有不同，亦以體例未明，意擬爲之，無有準繩故也。

以下首錄重定本自序，陳序及凡例，以見伽藍記補注體例之大旨；次就重定，鈎沈，集證三本擧其要例，互爲比較，以明伽藍記原本之眞相。

（一） 洛陽伽藍記重定本自序

洛陽伽藍記五卷，據史通補注篇稱，有作者楊衒之自注，然今所存以明如隱堂本最古，則其自注俱已羼入正文，無復分別。自顧千里議論此事以來，吳若準，唐晏各爲此記厘別文注，遂有集證，鈎沈二本問世。惟二氏於原書補注之體未深稽考，故所厘定，各憑臆必。近人張宗祥君洛陽伽藍記合校本跋，已言二氏之失，謂若吳氏所定，則正文寥寥，是衒之作注而非作記，至若唐氏所定，雖正文較繁，然叙事稍詳亦即入注，顚倒之迹亦甚顯著。故張君以爲伽藍記既無古本可求，不宜師心自用，强爲厘別，是其愼也。去歲陳寅恪先生講常緒言，始論楊衒之自注之體，可參照其同時注書通習以事考定。蓋劉氏史通補注篇於魏晉以降史傳小書補注之流類，已著其涯略曰："旣而史傳小書，人物雜記，若贄虞之三輔決錄，陳壽之季漢輔臣，周處之陽羨風土，常璩之華陽士女，文言美辭，列於章句，委曲叙事，存於細書，此之注釋，異夫儒士者矣。次有好事之子，思廣異聞，而才短力微，不能自達，庶憑驥尾，千里絕群，遂乃綴衆史之異詞，補前書之所闕，若裴松之三國志，陸澄劉昭兩漢書，劉彤晋紀，劉孝標世說之類是也。亦有躬爲史臣，手自刊補，雖志存賅博，而才闕倫叙，除煩則意有所恡，畢載則言有所妨，遂乃定彼榛楛，列爲子注，若蕭大圜淮海亂離志，楊衒之洛陽伽藍記，宋孝王關東風俗傳，王邵齊志之類是也。"桉"異夫儒士"云者，浦起龍釋云，"正文以外，增述事緒"之謂。觀知幾所言，此蓋所擧三輔決錄以次三類注體之通旨，且知幾顯謂伽藍記一類補注之體，與三國志一類係屬同流，特松之輩乃爲前人作注，而衒之輩乃手自刋補而已。然則大圖，王，宋之作雖俱殘佚，無由直接參證，而衒之輩"除煩則意有所怪，畢載則言有所妨，遂乃定彼榛楛，列爲子注"云云，必其書之正文已備，叙事已完，又復別有取材，各隨事類，夾行細書，以爲子注，要非無由測度者也。若吳氏集證，唐氏鈎沈二本，雖其文注之分略有繁簡之別，然其正文注文截然爲二，分別書寫，所取爲正文者寥寥無幾，有如斷爛朝報，則又二者之所適同，而與知幾所述一代注書通旨及伽藍記製裁大意了無相合矣。陳寅恪先生又揭出伽藍記卷五惠生西行求法一節係合惠生行紀，道榮傳，宋雲家記爲一篇，因謂衒之自注之體卽係倣"佛徒合本子注"（見所著讀洛陽伽藍記書後，載本所集刋第八本，第二分）。蓋合本子注者，合一經數譯爲一本，以一譯爲母，他譯爲子，凡各譯辭句出入，先後異同，訓詁紛歧，文義疑似之處，各隨事類，以子注母，夾行細書，要使本經無毁，而收兼通之效。此與知幾所述三國志一類注體"綴衆史之異詞，補前書之所闕"本極近似，惟佛徒編纂合本，以參證異同爲旨。而史家爲前書作注，兼以增述事緒爲重，然而一代著述方法相通之迹，固仍灼然可見。是則劉氏記叙魏晉以降史注流類之篇，與寅恪先生考證洛陽伽藍記製裁淵源之論，正可互相參合，而楊衒之自爲子注之體遂亦不難推定。余旣得聆寅恪先生之論，乃取此記，詳核文理，知其卷五惠生求法一節最肖佛徒合本而外，其全書注體則與三國志，世說新語一流至爲近似。惟衒之旣係手自刋補，故其列舉故籍，參照異同之處，就全書論已不多見，而其牽連附合，枝蔓横生，亦較裴劉之作俱爲遠過。然體例旣得確考，文注果經區別，遂亦整然可讀，無復羼雜之病。爰卽爲厘定，重寫一編，冀復其舊，亦以結顧千里以來久懸之案，並完寅恪先生對此書殷殷之意云爾。

一九四〇年九月徐高阮自序於昆明。

（二） 重定本陳寅恪先生序

寅恪昔年嘗與徐君高阮論六朝人合本子注之書，因擧洛陽伽藍記爲例證，徐君謂鄙說不謬，遂校定楊記。近得來書云，將刋行之，以質諸世之通識君子，並徵序言。寅恪請更推論，以復徐君，不知徐君於意云何。裴世期受詔采三國異同以注陳志，其自言著述之旨，以爲註記紛錯，每多舛互，凡承祚所不載而事宜存錄者，則罔不畢取，以補其闕。又同說一事而辭有乖雜，或出事本異而疑不能判者，則並皆抄內，以備異聞。據此言之．裴氏三國志注，實一廣義之合本子注也。劉孝標世說新書注經後人刪略，非復原本，幸日本猶存殘卷，得藉以窺見劉注之舊，知其書亦廣義之合本子注也。酈善長之注水經，其體製蓋同裴劉，而此書傳世久無善本，雖清儒校勘至勤，蔚成顯學，惜合本子注之義，迄未闡發。然則徐君是本之出，不獨能恢復楊記之舊觀，兼可推明古人治學之方法。他日讀裴，劉，酈三家之書者，寅恪知其必取之以相參證無疑也。

一九四八年三月十五日陳寅恪書於北平清華園。

(三) 重定本凡例

一、明如隱堂本洛陽伽藍記大體以佛寺爲綱，逐寺鋪敍，凡一寺之名稱，所在，創建由來，殿堂佛事之況，興廢盛衰之迹，以及見何神驗，有何名僧，勝景如何，撰碑何人，敍之井然，能詳則詳，雖其間羼雜注文，有難讀之病，然段落分明，文章宛在，伽藍記本來面目當不過如是，故此本段落，盡量遵如隱堂本；分條書寫，每條首行高出一字，亦悉如之。

二、伽藍記凡敍一寺涯略而牽及城坊故蹟，里巷舊聞，人物事略，文章辭采，則爲子注，今悉夾行小字書寫。惟亦有敍城坊故蹟，里巷舊聞而及伽藍記事者，則此等故蹟舊聞亦在正文之列，蓋皆中小之寺，涯略不著，賴此以傳，亦卽衒之自序所謂“取其詳世諦事因而出之，”是其取材既非齊等，製裁亦未可視同一律也。

三、伽藍記每條各敍一寺，或並敍兩寺，或由一寺而牽及他寺，或由城坊里巷之事而及佛寺，惟明如隱堂本見此未一類似非以佛寺爲綱，遂不知所措置，或以之與他條連寫而不可通，或雖使獨立爲一條而首行不高出一字，今皆使獨立爲一條，首行皆高出一字。

四、伽藍記卷一及卷四之末各有一節敍城坊故蹟，無涉伽藍，實乃各爲本卷前文之子注作注者，如隱堂本一則獨立爲一條，一則與他條連寫，今並改爲卷末之附注。

五、伽藍記卷五之末敍宋雲家宅引出惠生西行求法故事，雖曰無涉伽藍，實亦有關佛教，如隱堂本以之與他條連寫而實不可通，今亦使爲獨立之一條。

六、此本所定段落文注有略須說明處，分别附記於一卷之末。

七、書中誤字闕文悉依如隱堂本之舊。

（四） 重定本鈎沈本集證本之比較

壹

伽藍記敘一寺之方位四鄰，輒不厭其繁，然牽及城坊里巷之事，則列於子注。鈎沈，集證二本每將此等牽及之事列爲正文，而直接關係一寺本身者反入於注，顚倒之迹顯甚。

例一

〔重定本〕

永寧寺熙平元年靈太后胡氏所立也在宮前閶闔門南一里御道西其寺東有太尉府西對永康里南界昭玄曹北鄰御史臺閶闔門前御道東有左衞府府南有司徒府司徒府南有國子學堂內有孔丘像顏淵問仁子路問政在側國子南有宗正寺寺南有太廟廟南有護軍府府南有衣冠里御道西有右衞府府南有太尉府府南有將作曹曹南有九級府府南有太社社南有淩陽里卽四朝時藏冰處也中有九層浮圖一所架木爲之擧高九十丈有剎復高十丈合去地一千尺去京師百里已遙見之……

〔鈎沈本〕（此本正文注文分行書寫，字體一律，正文每行高出注文一字）

永寧寺熙平元年靈太后胡氏所立也在宮前閶闔門南一里御道西

其寺東有太尉府西對永康里南界昭玄曹北鄰御史臺

閶闔門前御道東有左衞府府南有司徒府司徒府南有國子學堂

內有孔丘像顏淵問仁子路問政在側

國子南有宗正寺寺南有衣冠里御道西有右衞府府南有太尉府府南有將作曹曹南有九級府府南有太社社南有淩陰里

卽四朝時藏冰處也

中有九層浮圖一所………

〔集證本〕（此本文注排列法同鈎沈本，惟注文又往往分段）

永寧寺熙平元年靈太后胡氏所立也在宮前閶闔門南一里御道西

其寺東有太尉府西對永康里南界昭玄曹北鄰御史臺閶闔門前御道東有左衞府府南有

司徒府司徒府南有國子學堂內有孔丘像顏淵問仁子路問政在側國子南有宗正寺寺南有太廟廟南有護軍府府南有衣冠里

御道西有右衛府府南有太尉府府南有將作曹曹南有九級府府南有太社社南有凌陰里即四朝時藏氷處也

中有九層浮圖一所………

〔按〕永寧寺爲伽藍記第一大寺，楊衒之列之卷一之首，叙之亦最爲詳備，首載寺名，次寫何人所立，次寫位於何所，次寫東西南北四鄰，然後及於寺內浮圖佛殿工程，層次井然，銜接緊湊，皆爲正文無疑。於四鄰之下，補錄閶闔門前御道東及御道西各府署廟社，亦可槪見此寺環境之整肅，然如入正文，則殊嫌冗贅，且令文氣全失，前後不相連屬，故顯應在子注之列。鈎沈本將永寧寺四鄰置於注文，而閶闔門前御道東西一大段反爲正文。若然則不成爲伽藍記，但爲城坊錄耳。且若"中有九層浮圖"一語接於"社南有凌陰里"之下，則浮圖在凌陰里，不在永寧寺矣，亦不可也。集證本擧寺之四鄰，左近地理，寺內建築，悉雜然並列爲注文，更無章法可言。

例二

〔重定本〕

建中寺普泰元年尚書令樂平王爾朱世隆所立也本是閹官司空劉騰宅………在西陽門內御道北所謂延年里劉騰宅東有太僕寺寺東有乘黃署署東有武庫署卽文王府庫東至閶闔宮門是也 西陽門內御道□有永康里里內復有領軍將軍元乂宅掘故井得石銘云是漢太尉荀彧宅………

〔鈎沈本〕

建中寺普泰元年尚書令樂平王爾朱世隆所立也本是閹官司空劉騰宅………在西陽門內御道北所謂延年里

劉騰宅東有太僕寺寺東有乘黃署署東有武庫署卽文王府庫東至閶闔宮門是也

西陽門內御道□有永康里里內復有領軍將軍元乂宅掘故井得石銘云是漢太尉荀彧宅

〔集證本〕

建中寺普泰元年尚書令樂平王爾朱世隆所立也

本是閹官司空劉騰宅………

東西陽門內御道北

所謂延年里劉騰宅東有太僕寺寺東有乘黃署署東有武庫署卽文王府庫東至閶闔宮門是也

西陽門內御道□有永康里里內復有領軍將軍元叉宅掘故井得石銘云是漢太尉荀彧宅

〔梭〕建中寺卽劉騰宅址，在西陽門內，其東隔太僕寺，乘黃署，武庫署，卽是閶闔宮門，此皆寺之方位環境，寫來文氣一貫，不可分割。而西陽門內永康里元叉宅故井得石銘，則爲牽及之事，不可雜入正文。鈎沈本以建中寺毗鄰地理入注，而以永康里元叉宅軼聞爲正文，是以直係之事爲輕，而以附錄之事爲重，顯屬不可。集證本僅“在西陽門內御道北”一語爲正文，餘悉入注，又分數段，仍無義例可言。

例三

〔重定本〕

出建春門外一里餘至東石橋南北而行晉太康元年造橋南有魏朝時馬市刑嵇康之所也橋北大道西有建陽里 大道東有綏民里里內有河間劉宣明宅神龜年中以直諫忤旨斬於都市訖目不瞑尸行百步時人談以枉死宣明少有名譽精通經史危行及於誅死 魏昌尼寺閹官李次壽所立也在里東南角卽中朝牛馬市處也……（梭，自魏昌尼寺以下，如隱堂本不與上文接，今併入上文。）

〔鈎沈本〕

出建春門外一里餘至東石橋南北行晉太康元年造橋南有魏朝時馬市刑嵇康之所也橋北大道西有建陽里大道東有綏民里里內有河間劉宣明宅

神龜年中以直諫忤旨斬於都市訖目不瞑屍行百步時人談以枉死宣明少有名譽精通經史危行及於誅死

魏昌尼寺閹官瀛州刺史李次壽所立也在里東南角卽中朝牛馬市處也

〔集證本〕

（瓔珞寺條）

…………

出建春門外一里餘至東石橋南北而行晉太康元年造橋南有魏朝時馬市刑嵇康之所也

橋北大道西有建陽里大道東有綏民里里內有河間劉宣明宅神龜年中以直諫忤旨斬於都市訖目不瞑屍行百步時人談以枉死宣明少有名譽精通經史危行及於誅死

魏昌尼寺閹官瀛州刺史李次壽所立也在里東南角卽中朝牛馬市處也

〔按〕魏昌尼寺非大寺，衒之僅記其所在，蓋位於建春門外，東石橋北，大道西，建陽里之東南角，此皆屬於正文。而建陽里東綏民里內劉宣明枉死故事，則爲牽及之文，自應入於子注。鈎沈本以綏民里內劉宣明宅爲正文，則下有魏昌尼寺"在里東南角"一語卽不得當，因據伽藍記他條所載，此魏昌尼寺乃在建陽里，不在綏民里也。且伽藍記每條雖枝蔓甚多，而體例未嘗不嚴，若此節正文內獨加入一綏民里劉宣明宅，亦殊不倫。集證本以瓔珞寺條敍及魏昌尼寺，乃並列"出建春門外"及"魏昌尼寺"兩節爲瓔珞寺條注，仍無義例可言。

貳、

伽藍記於一寺構造之奇，佛事之盛，雖鋪敍繁麗，皆以爲正文。鈎沈，集證二本將此等文字盡入於注，致華言美辭裂爲片斷，神氣全失矣。

例

〔重定本〕

景明寺宣武皇帝所立也景明年中立因以爲名在宣陽門外一里御道東其寺東西南北方五

百步前望嵩山少室却負帝城青林垂影綠水爲文形勝之地爽塏獨美山懸堂光觀盛一千餘間交疏對霤青臺紫閣浮道相通雖外有四時而內無寒暑房簷之外皆是山池竹松蘭芷垂列階墀含風團露流香吐馥至正光中太后始造七級浮圖一所去地百仞是以邢子才碑文云俯聞激電旁屬奔星是也妝飾華麗侔於永寧金盤寶鐸煥爛霞表寺有三池萑蒲菱藕水物生焉或黃甲紫鱗出沒於繁藻青鳧白雁浮沈於綠水磨磑舂簸皆用水功伽藍之妙最爲稱首時世好崇福四月七日京師諸像皆來此寺尚書祠曹錄像凡一千餘軀至八月節以次入宣陽門向閶闔宮前受皇帝散花於是金花映日寶蓋浮雲旛幢若林香煙似霧梵樂法音聒動天地百戲騰驤所在駢比名僧德衆負錫爲群信徒法侶持花成藪車騎塡咽繁衍相傾時有西域胡沙門見此唱言佛國至永熙年中始詔國子祭酒邢子才爲寺碑文

〔鈎沈本〕

景明寺宣武皇帝所立也景明年中立因以爲名在宣陽門外一里御道東

其寺東西南北方五百步前望嵩山少室却負帝城青林垂影綠水爲文形勝之地爽塏獨美山懸堂光觀盛一千餘間交疏對霤青臺紫閣浮道相通雖外有四時而內無寒暑房簷之外皆是山池竹松蘭芷垂列階墀含風團露流香吐馥

正光年中太后始造七級浮圖一所

去地百仞是以邢子才碑文云俯聞激電旁屬奔星是也妝飾華麗侔於永寧金盤寶鐸煥爛霞表

寺有三池萑蒲菱藕水物生焉

或黄甲紫鱗出沒於繁藻青鳧白雁浮沈於綠水礱磑舂簸皆用水功伽藍之妙最爲稱首

時世好崇福四月七日京師諸像皆來此寺尚書祠曹錄像凡一千餘軀至八月節以次入宣陽門向閶闔宮前受皇帝散花

於是金花映日寶蓋浮雲旛幢若林香烟似霧梵音法樂聒動天地百戲騰驤所在駢比名僧德衆負錫爲群信徒法侶持花成藪車騎塡咽繁衍相傾時有西域沙門見此唱言佛國

至永熙年中始詔國子祭酒邢子才爲寺碑文

〔集證本〕

景明寺宣武皇帝所立也

景明年中立因以爲名

在宣陽門外一里御道東

其寺東西南北方五百步………含風團露流香吐馥

至正光年中太后始造七級浮圖一所………西域沙門見此唱言佛國

至永熙年中………

〔按〕景明寺精妙冠當時，故伽藍記於此寺景物叙之獨詳，首寫地勢，次爲堂閣，次爲園林，次爲浮圖，次爲池沼，次爲佛像，次爲法會，而以胡僧頌讚，及學士撰碑爲結。蓋全篇只寫寺之佳景盛況，不及其他，一氣呵成，無分本枝。試觀鈎沈，集證二本，只是將一整段文字，裂爲數段，可謂未知原文作法。

叁、

伽藍記每涉及世變，詳其始末，或涉及人物，詳其事略，則列入子注。然此等文字若直接關涉一寺創建由來，盛衰之迹，或寺內神驗者，又皆爲正文。鈎沈集證二本凡詳細叙事皆入於注，遂失其當。

例一

〔重定本〕

建中寺普泰元年尙書令樂平王爾朱世隆所立也本是閹官司空劉騰宅屋宇奢侈梁棟逾制一里之間廊廡充溢堂比宣光殿門比乾明門博敞弘麗諸王莫及也在西陽門內御道北所謂延年里劉騰宅東有太僕寺寺東有乘黃署署東有武庫署卽文王府庫東至閶闔宮門是也西陽門內御道□有永康里里內復有領軍將軍元乂宅掘故井得石銘云是漢太尉荀彧宅正光年中元乂專權太后幽隔永巷騰爲謀主乂是江陽王繼之子太后妹婿熙平初明帝幼冲諸王權上太后拜乂爲侍中領軍左右令總禁兵委以腹心反得幽隔永巷六年太后哭曰養虎自齧長虺成蛇至孝昌二年太后反政遂誅乂等沒騰田宅元乂誅日騰已物故太后追思騰罪發墓殘屍使其神靈無所歸趣以宅賜高陽王雍建義元年尙書令爾朱世隆爲榮追福題以爲寺………

〔鈎沈本〕

建中寺普泰元年尙書令樂平王爾朱世隆所立也本是閹官司空劉騰宅屋宇奢侈梁棟逾制一里之間廊廡充溢堂比宣光殿門比乾明門博敞弘麗諸王莫及在西陽門內御道北所謂延年里

劉騰宅東有太僕寺寺東有乘黃署署東有武庫署卽文王府庫東至閶闔宮門是也

西陽門內御道□有永康里里內復有領軍將軍元乂宅掘故井得石銘云是漢太尉荀彧宅

正光年中元乂專權太后幽隔永巷騰爲謀主乂是江陽王繼子太后妹婿熙平初明帝幼冲諸王權上太后拜乂爲侍中領軍左右令總禁兵委以腹心反得幽隔永巷太后哭曰養虎自齧長虺成蛇至孝昌元年太后反政遂誅乂等沒騰田宅元乂誅日騰已物故太后追思騰罪發墓殘屍使其神靈無所歸趣以宅賜高陽王雍建義元年尙書令爾朱世隆爲榮追福題以爲寺………

〔集證本〕

建中寺普泰元年尙書令樂平王爾朱世隆所立也

本是閹官司空劉騰宅屋宇奢侈梁棟逾制一里之間廊廡充溢堂比宣光殿門西乾明門博敞弘麗諸王莫及也

在西陽門內御道北

所謂延年里………東至閶闔宮門是也

西陽門內一里御道□有永康里………爲榮追福題以爲寺

〔按〕衒之寫建中寺卽是寫劉騰歷史也。開端卽寫屋宇梁棟，以見權閹之奢；次寫地近宮門，以見宅址之優；次寫騰助元乂，幽隔太后，及太后反政，誅奸懲罪，沒騰田宅，以明建寺由來；以下更叙改寺之規模，猶追叙劉騰避暑之堂，以寓感慨之意（此節省略未引），此皆正文，章法具在，無待懸揣，中間元叉宅石銘事，爲夾叙之筆，太后幽隔經過，爲求詳而作，此爲子注，亦不容疑。鈎沈本以西陽門内元叉宅是荀彧宅爲正文，而自太后幽隔以至改宅爲寺，均入注文，是以建中寺歷史附於西陽門瑣聞，自不可也。集證本凡建中寺歷史地理及補注之文，悉入於注，顯亦不合。

例二

〔重定本〕

平等寺………所謂孝敬里也堂宇宏美林木蕭森平臺複道獨顯當世寺門外金像一軀高二丈八尺相好端嚴常有神驗國之吉凶先炳祥異孝昌三年十二月中此像面有悲容兩目垂淚遍體皆溼時人號曰佛汗京師士女空市里往而觀之有比丘以淨綿拭其淚須臾之間綿溼都盡更換以它綿俄然復溼如此三日乃止明年四月爾朱榮入洛陽誅戮百官死亡塗地永安二年三月此像復汗士庶復往觀之五月北海王入洛莊帝北巡七月北海大敗所將江淮子弟五千盡被俘虜無一得還永安三年七月此像悲泣如初每經神驗朝夕惶懼禁人不聽觀之至十二月爾朱兆入洛陽擒莊帝崩於晉陽在京宮殿空虛百日無主唯尚書令司州牧爾朱世隆鎮京師商旅四通盜賊不作建明二年長廣王從晉陽赴京師至郭外世隆以長廣本枝疏遠政行無聞逼禪與廣陵王恭是莊帝從父兄也（以下尙有一千〇八十三字叙廣陵王事略盡爲注文）永熙元年平陽王入纂大業始造五層塔平陽王武穆王少子詔中書侍郎魏收等爲寺碑文至二年二月五日土木畢功帝率百僚作萬僧會其日寺門外有石象無故低頭復舉竟日乃止帝躬來禮拜怪其詭異中書舍人盧景曰石立社移上古有此陛下何怪也帝乃還宮七月中帝爲侍中斛斯椿所使奔於長安至十月終而京師遷鄴焉

〔鈎沈本〕

平等寺………所謂孝敬里也

堂宇宏美林木蕭森平臺複道獨顯當世

寺門外金像一軀高二丈八尺相好端嚴常有神驗國之吉凶先炳祥異

孝昌三年十二月中此像面有悲容……〔直至"逼禪與廣陵王恭"句，下再接是莊帝從父兄以下一千〇九十字，咸爲注文〕

永熙元年平陽王入纂大業始造五層塔一所

平陽王武穆王少子

詔中書侍郎魏收等爲寺碑文………土木畢功帝率百僚作萬僧會

其日寺門外有石像無故低頭………至十月終而京師遷鄴焉

〔集證本〕

平等寺………

所謂孝敬里也………〔直至"逼禪與廣陵王恭，"下再接是"莊帝從父兄"以下一千〇九十字爲一段注文〕

永熙元年平陽王入纂大業………而京師遷鄴焉

〔按〕衒之撰洛陽伽藍記屢及爾朱榮以來迭次巨變，蓋廣邦家之慨，至再至深。平等寺一節以金佛落淚及石象低頭二事爲經，以爾朱榮至斛斯椿數變爲緯，歷敘孝昌三年，永安二年，永安三年，每見佛泣，卽有大難，次敘長廣，廣陵相繼，終則平陽入纂，修塔建碑，方期寧處，復見石象之異，遂有遷鄴之事，一代盛衰，洛京興廢，盡在於斯。凡此皆是本條正文，然俱以一寺神驗爲依歸，只見貫串，絕無枝蔓。惟間錄廣陵王事迹計一千〇九十字，凡廣陵出處，長廣王禪文，廣陵王讓文，及廣陵卽位，當爾朱世隆專擅之下，猶能斥爾朱榮之往罪，抑世隆之聲燄，誠皆明喻褒貶，爲楊衒之所不忍捐棄，然純爲節外之文，自應列爲子注，繫於"逼禪與廣陵王恭"之下。鈎沈本以金佛落淚及石象低頭均爲注文，是直將平等寺故事根蒂删除，且正文如無孝昌三年以次諸變，則下文遽有"平陽王入纂大業"，亦殊嫌突兀。集證本正文只二語敘寺之所在，而自"所謂孝敬里也"以下悉皆入注，分爲兩段，仍無義法，可不置論。

肆、

伽藍記所載各寺，大小不一，其大寺每條以寺事爲正文，旁及故蹟舊聞則列入子注，中小之寺，涯略不著，每由城坊里巷，微細之節而得傳世，則此等細節亦在正文。衒之自序所謂"取其詳世諦事因而出之"是也。鈎沈 集證二本於此皆未置意，任意區別，咸不得當。

例

〔重定本〕

出西陽門外四里御道南有洛陽大市周迴八里市南有皇女臺漢大將軍梁冀所造猶高五丈

餘景明中比丘道恒立靈僊寺於其上臺西有河陽縣臺中有侍中侯剑宅市西北有土山漁池亦冀之所造………市東有通商達貨二里里內之人盡皆工巧屠販爲生資財巨萬有劉寶者最爲富室（以下尚有七十六字叙其致富之由奢侈之狀）市南有調音樂律二里里內之人絲竹謳歌天下妙伎出焉有田僧超者善吹笳（以下尚有二百四十字叙超善爲壯士謌，及領軍將軍崔延伯用超吹曲以佐征戰，並二人俱死於軍事）市西有退酤治觴二里里內之人多醞酒爲業河東人劉白墮善能釀酒（以下尚有一百〇七字叙白墮作酒使人經月不醒及青州刺史毛鴻賓行路用酒擒賊之事）市北慈孝奉終二里里內之人以賣棺槨爲業賃輀車爲事有輓歌孫巖（以下尚有一百十三字叙巖娶妻爲狐所魅被逐之後復變婦人截人頭髮之事）別有準財金肆二里富人在焉凡此十里多諸工商貨殖之民千金比屋層樓□□重門啓扇閣道交通迭相臨望金銀飾繡奴婢緹衣五味八珍僕隸畢口神龜年中以工商上僭不聽金銀錦繡雖立此制竟不施行準財里內有開善寺京兆人韋英宅也〔以下述韋英寡妻捨宅之由，以次復述準財里因多怪異，改名齊諧里之事，均屬正文〕

〔鈞沈本〕

出西陽門外四里御道南有洛陽大市

周迴八里

市東南有皇女臺

漢大將軍梁冀所造猶高五丈餘景明中比丘道恒立靈仙寺於其上

臺西有洛陽縣臺中有侍中侯剑宅市西北有土山漁池

亦冀之所造………

市東有通商達貨二里

里內之人盡皆工巧屠販爲生資財巨萬有劉寶者最爲富室………

市南有調音樂律二里

里內之人絲竹謳歌天下妙伎出焉有田僧超者善吹笳………

市西有退酤治觴二里

里內之人多醞酒爲業河東人劉白墮………

市北慈孝奉終二里

里內之人以賣棺槨爲業賃輀車爲事有輓歌孫巖………

別有準財金肆二里富人在焉

凡此十里多諸工商貨殖之民………不聽金銀飾繡雖立此制竟不施行

準財里內有開善寺京兆人韋英宅也

英早卒………

〔集證本〕

(法雲寺條)

……………

出西陽門外四里御道南有洛陽大市………

市東有通商達貨二里里內之人盡皆工巧屠販爲生資財巨萬有劉寶者………

市南有調音樂律二里里內之人絲竹謳歌天下妙伎出焉有田僧超………

市西有退酤治觴二里多醞酒爲業河東人劉白墮………

市北慈孝奉終二里以賣棺槨爲業賃輀車爲事輓歌孫巖………別有準財金肆二里富人在焉

凡此十里多諸工商貨殖之民………

準財里內有開善寺………

〔按〕此節記靈仙寺，開善寺也。此皆甚小之寺，本寺渥略，足稱者寡，靈仙寺以皇女臺而顯，故詳其臺之地勢史乘，開善寺立閭巷之間，故采其左右編戶之民風，而又俱繪於洛陽大市，故遍述市南之古臺，市西北之山池，市東之十里。然寫皇女臺卽是寫靈仙寺，寫工商貨殖之家卽是寫開善寺，故此等文字，仍是伽藍本傳，當在正文者也。唯寫工巧屠販，而及素封魁首；寫絲竹妙伎，而及吹笳壯士；寫醞酒之家，而及春醪可以捕盜；寫賣棺賃車，而及狐魅剪人之髮，此則旁生枝蔓，應爲子注。鈎沈本列洛陽大市，河陽縣，通商，達貨等十里，及開善寺卽韋英宅諸地名，以爲正文，謂之爲“洛陽大市地誌”，亦嫌全無綱維。又其通商，達貨迄準財，金肆十里，命名各有所由，均在正文，鈎沈本俱以之入注，而獨準財，金肆二里之下“富人在焉”一語留爲正文，是不知十里叙法一律也。十里之下復有一筆總叙奢富之狀，緊接“富人在焉”一語之後，不可分離，鈎沈本以之爲注，亦不可也。集證本以“出西陽門”以下盡爲注文，雜列數條，繫於法雲寺條之下，蓋以如隱堂本“出西陽門”句上接法雲寺條，然實與法雲寺無關，應獨立爲一條也。“出西陽門”以下，集證本分爲數段，亦全無義法。

伍、

比丘故事亦是伽藍記重要文字。有時一寺但記一比丘，是亦此寺之詳世謡事，故在正文。鈎沈，集證並以此等文字爲注，均未爲當。

例

〔重定本〕

崇眞寺比丘惠凝死七日還活經閻羅王檢閱以錯免惠凝具說過去之時有五比丘同閱一比丘云是寶明寺智聖坐禪苦行得升天堂有一比丘是般若寺道品以誦四涅槃亦升天堂有一比丘云是融覺寺曇謨最講涅槃華嚴領衆千人閻羅王云講經者心懷彼我以驕凌物比丘中第一麤行今唯試坐禪誦經不問講經其曇謨最曰貧道立身以來唯好講經實不闇誦閻羅王敕付司卽有青衣十人送曇謨最向西北門屋舍皆黑似非好處有一比丘云是禪林寺道弘自云敎化四輩檀越造一切經人中象十軀閻羅王曰沙門之體必須攝心守道志在禪誦不干世事雖造作經象正欲得它人財物旣得它物貪心卽起旣懷貪心便是三毒不除具足煩惱亦付司仍與曇謨最同入黑門有一比丘云是靈覺寺寶明自云出家之前嘗作隴西太守造靈覺寺成卽棄官入道雖不禪誦禮拜不缺閻羅王曰卿作太守之日曲理枉法刼奪民財假作此等非卿之力何勞說此亦付司青衣送入黑門太后聞之遣黃門侍郎徐紇依惠凝所說卽訪寶明寺城東有寶明寺城內有般若寺城西有融覺禪林靈覺等三寺問智聖道品曇謨最道弘寶明等皆實有之議曰人死有罪福卽請坐禪僧一百人常在殿內供養之詔不聽持經象沿路乞索若私有財物造經象者任意凝亦入白鹿山居隱修道自此以後京邑比丘悉皆禪誦不復以講經爲意

〔鈎沈本〕

崇眞寺

比丘惠凝死七日還活〔自此句起咸爲注文〕

〔集證本〕

（瓔珞寺條）

崇眞寺比丘惠凝死七日還活〔自此句起咸爲注文〕

〔按〕崇眞寺條乃以一寺引出五寺，以比丘惠凝見閻羅引出寶明，般若，融覺，禪林，靈覺等寺五比丘，復因五比丘引出徐紇探訪五寺，而仍以惠凝入山爲結。蓋以一人繫此六寺，寺皆小寺，故崇眞寺所在已見瓔珞寺條，更不復叙，其他五寺更小，僅錄其方位而已。然惠凝死去所見亦足以明禪誦之由來，斥經象之無益，崇眞等六寺即賴此以顯，故此卽正文也。鈎沈本以此悉爲注，遂令正文只餘崇眞寺三字矣。集證本以崇眞寺條爲瓔珞寺條之注亦未爲是。

六

伽藍記復有一二條叙寺事頗寡，而牽連甚遠，似皆枝節，當爲子注，然細審之，均屬正傳。鈎沈，集證均未置意於此。

例

〔重定本〕

高陽王寺高陽王雍之宅也在津陽門外三里御道南雍爲爾朱榮所害也捨宅以爲寺正光中雍爲丞相給輿葆鼓吹虎賁班劍百人貴極人臣富兼山海居止第宅匹於帝宮白殿丹楹窈窕連亘飛簷反宇轇轕周通僮僕六千妓女五百隋珠照日羅衣從風自漢晋以來諸王豪侈未之有也出則鳴騶御道文物成行鐃吹響發笳聲哀轉入則歌妓舞女擊筑吹笙絲管迭奏連宵盡日其竹林魚池侔於禁苑芳艸如積珍木成陰雍嗜口味厚自奉養一日必以數萬錢爲限海陸珍羞方丈於前陳留侯李崇謂人曰高陽一日敵我千日崇爲尚書令（以下尚有七十字爲崇富傾天下而性奇儉）雍薨後諸妓悉令入道或有嫁者美人徐月華善彈箜篌能爲明妃出塞之曲歌聞者莫不動容永安中與衛將軍原士康爲側室宅近青陽門徐鼓箜篌而歌哀聲入雲行路聽者俄而成市徐常語士康曰王有二美姬一名脩容二名艷姿並娥眉皓齒潔貌傾城脩容亦能爲綠水歌艷姿善赤鳳舞並愛傾後室寵冠諸姬士原聞此遂常令徐鼓綠水赤鳳之曲焉高陽宅北有中甘里里內有荀顥子文（以下尚有一百八十五字叙子文幼而聰辨人難之不倒有口利如錐之謂）

〔鈎沈本〕

高陽王寺高陽王雍之宅也在津陽門外三里御道西雍爲爾朱榮所害也捨宅以爲寺

正光中雍爲丞相………………令徐鼓綠水火鳳之曲焉

高陽宅北有中甘里

里內有荀顥子文………

〔集證本〕

高陽王寺高陽王雍之宅也在津陽門外三里御道西

雍爲爾朱榮所害也捨宅以爲寺………………令徐鼓綠水火鳳之曲焉

高陽宅北有中甘里里內有荀穎子文………

〔按〕此節有兩大段，前敍高陽王生前窮極耳目之欲，後敍高陽王既逝，猶存愛姬之艷。觀徐月華爲原士康（如隱堂本一處誤爲士原）鼓綠水火鳳之曲，似非伽藍記正文應有矣，然無論寫徐月華，原士康，均只是寫高陽王，而寫高陽王，即是寫高陽王寺也。伽藍記各條繁簡格調，隨寺而異，此哀艷之作，自成一格，亦可視爲應有。卷四壽丘里河間王琛婢朝雲吹篪爲團扇歌一節，與此例同。且本節有注兩段，一錄李崇行逕，一錄神童聰辨，方爲附及之文，與正文不容相混。故本節文注界限亦甚明劃，可無疑惑。鈎沈本以高陽王傳爲注文，而宅北中甘里爲正文，斯顚倒矣。集證本以高陽王傳及中甘里荀穎子文故事，並列爲注，亦任意爲之耳。

結　論

由上擧六條九例可見洛陽伽藍記爲各寺列傳，繁簡不等，取材各異，或涯略周備，或僅寫一端，或獨詳地勢，或歷敍史乘，或讚其勝景，或記其異事，或略伽藍而述閭里，或因人物而志軼聞，變體甚多，固難盡錄。然凡此皆是列傳本文，且莫不文體整然，不容增減，唯更有牽連之筆，參證之文，捨之可惜，存之過冗，始列爲注，而亦不可任意移奪。集證，鈎沈二本非只文注取捨不合，其尤誤者，在以伽藍列傳易爲洛陽地誌，遂致處處皆失。去此一項誤解，則原書體例立見，重事厘別文注，以復其舊，自非不可矣。其間尙多細目，均有義例可尋，玆未悉擧也。

一九五〇年三月八日，臺灣，楊梅。

出自第二十二本（一九五〇年七月）

古讖緯書錄解題(四)

陳　槃

拙撰古讖緯書錄解題一至三組、並陸續載本所集刊。今茲編號『四』者，繼集刊編號言之也。　作者志。

河圖玉版　孔子玉版　『河圖玉版龍文』

槃按『玉版』,『版』或引作『板』，古字通。

河圖玉版，書佚。今有古微書，黃氏逸書考，緯攟諸輯本。

書以『玉版』名者，謂以玉為版，刻文字其上。舊說，古文書之珍貴者，皆以玉版書刻之，如云：

素成胎教之道，書之玉版，藏之金櫃。（新書胎教。大戴記保傅篇同。）

陛下（文帝）之德厚而得賢佐，皆有司之所覽，刻於玉版，藏於金匱。（漢書鼂錯傳。）

明堂石室，金匱玉版，圖籍散亂。(史記太史公自叙。)

讖緯家謂河神亦往往出玉版圖書，如河圖考靈曜云：

趙王政以白璧沉河，有黑公從河出，謂政曰，祖龍來。授天寶。開，中有尺二玉牘。(初學記六等引)

按『牘』者，版牘。『玉牘』，即玉版矣。

拾遺記一云：

帝堯在位，聖德光洽，河洛之濱得玉版，方尺，圖天地之形。

此云堯得玉版于河洛之濱，亦讖緯遺說。讖緯之書，所佚者衆，此說猶賴拾遺記引用，得保存至今耳。

所謂河圖玉版之來歷，大略蓋如此。

此書自明孫瑴，清朱彝尊以下，並以讖緯視之。獨文廷式補晉書藝文志據張湛列子周穆王篇注引河圖玉版，有『西王母居崑崙山』之說，因著其目于神仙家之列。槃桉書中神仙之說，固不止此，如言湘夫人何神(山海經中山經郭注引)；龍伯國人生萬八千歲而死(同上大荒東經注引)；少室山有白玉膏，一服卽仙(同上西山經注引)之等，是也。神仙家之書，誠亦往往喜託之玉版，如晉書載記慕容儁傳言，石虎使人搜策於華山，得玉版文云：

歲在申酉，不絕如綫；歲在壬子，眞人乃見。(又見十六國春秋二七。)

拾遺記八云：

周羣，妙閑筭術，讖說。遊岷山採藥，見一白猿，……化爲一老翁，握中有玉版，長八寸，以授羣。羣問曰，公是何年生？答曰，已衰邁也，忘其年月。猶憶軒轅之時，始學歷數。風后，容成皆黃帝之史，就余授歷術。……羣服其言，更精勤筭術，及考校年歷之運。……

范曄後漢書方術傳敍云：

神經怪牒，玉策金繩，關扃於明靈之府，封縢於瑤壇之上者，靡得而闚也。

江總陶貞白先生集序云：

至如紫臺青簡，綠帙丹經，玉版秘文，瑤壇怪牒，靡不貫彼精微，殫其旨趣。(藝文類聚五五。)

桉諸如此類或曰『玉策』，或曰『玉版』。『策』者簡札，其形制同于版，是『玉策』亦卽『玉版』矣。此諸『玉版』與河圖玉版不必是一事。然而神仙家喜僞託『玉版』，此與讖緯家之傅會河圖玉版，則誠有其極相似處。

謂河圖玉版爲神仙家言，未始不可。然其中亦不乏讖緯舊說，如上引堯、舜與秦皇世河神出授玉版之說，是其例。卽後來神仙家所傅會之玉版文字，其言天運，曆數，亦讖緯遺意。尙書璇璣鈐言：『禹開龍門，導積石，玄圭出，刻曰，延喜玉受，德天賜佩』(藝文類聚帝王部等引)；河圖言：『禹旣治水，功大，天帝以寶文大字(槃桉，卽上文所謂玄圭，亦卽玉版。)賜禹佩，渡北海弱水之難』(初學記九等引)，卽其比。語其實，讖緯之書，本戰國末年以來之方士所造託。方士，雜學，自神仙以至于儒家思想，無所不包，(別詳拙戰國秦漢間方士考論。)故讖緯爲書，其內容皆如此，又不獨河圖玉版而已。

此書，東晉人郭璞注山海經，張湛注列子，並已引之，而其始出于何時，今已莫可尋究。書又有所謂孔子玉版者，出于魏初文帝之世。朱彝尊以爲卽河圖玉版，曰：

> 桉酈道元水經注引此。(桉謂河圖玉版。)又裴松之注魏志云：左中郞將李伏表魏王，曰，昔先王初建魏國，武都李庶，姜合羇旅漢中，謂臣曰，定天下者，魏公子桓。臣以合辭語鎭南將軍張魯。魯問合，知書所出？合曰，孔子玉版也。天子曆數，雖百世可知。合長於內學，關右知名。所云孔子玉版者，當卽是書也。(經義考毖緯。)

槃桉河圖玉版兼言曆運天命，今孔子玉版亦言天子曆數；抑讖緯之書，大都託之孔子。然則河圖玉版，亦未嘗不可稱爲孔子玉版。朱說蓋其是矣。然而『玉版』之託，其事匪一。吳孫皓天璽元年禪國山碑，其紀瑞應也有云：

> 祕記讖文，玉版紀德者三。(全三國文七五。)

此亦一『玉版』也。此玉版紀著吳之德運，與河圖玉版，孔子玉版之紀歷數天命者，同符性質。顧其爲吳國之君臣所僞飾以欺世惑衆者，可無疑義。孔子玉版則出于魏氏，其爲依託，一也。此亦一僞『玉版』，彼亦一僞『玉版』。豈本舊有所謂河圖玉版，魏文，孫皓之流，隨宜增飾其書，以故神其國命邪？將互不統屬，各因玉版刻書，故著『玉版』之目，而其實不過書名相偶合邪？此故未可知。唯後漢書張衡傳言：

永元（章帝年號。）中，清河宋景遂曰歷紀推言水災，而僞稱洞視玉版，或者至於棄家業入山林，後皆無效；而復采前世成事，目爲證驗。至於永建復統，則不能知。（注，永建，順帝即位年也。復統，謂廢而復立。言讖家不論也。）

桉宋景託稱洞達玉版，推歷紀，知有水災。而讖緯家之稱說『玉版』者，亦不離歷紀，或言禹治水，說具如上。然則宋景之所謂玉版，倘即是河圖玉版。果爾，則河圖玉版之書，東京早年已有之矣。又題作焦贛之易林，屯之蒙云：

山崩谷絕，大福盡竭。涇渭失紀，玉歷盡已。

此亦由玉歷而推及水災與歷運，與宋景之所謂玉版者，性質類似。果其玉歷即玉版，亦即河圖玉版，則河圖玉版之託，可以早推至于西京晚季，因易林已提及玉歷，而此易林，固王莽新朝崔篆之所作也。（據余季豫先生著四庫提要辨證子三，易林；胡適之先生著易林斷歸崔篆的判決書。 搜神記八：『虞舜耕於歷山，得玉歷於河際之巖。舜知天命在已，體道不倦。按此玉歷，與易林之所謂玉歷，不知是否一事？然云舜得玉歷，無疑爲讖緯家妄說。）

黄氏逸書考輯本，于河圖玉版之外，又別立一河圖玉版龍文之目。考河圖玉版與河圖龍文，內容故頗有雷同之處，例如『龍伯國人長三十丈』一事，初學記十九引作河圖龍文，而山海經大荒東經郭注則引作河圖玉版。桉此類互剽相襲，本讖緯諸書通有之現象，不足爲異。豈黃氏以爲本自一書，當作河圖玉版龍文。簡稱，故或曰河圖玉版，或曰河圖龍文邪？將別有所據而云爾邪？

河圖叶光紀

（叶、一作汁、一作汗、一作抃、或汴。紀、一作圖、一作篇。）

敍錄

〔朱彝尊經義考說緯〕河圖有叶光篇。……大都此等多係漢人僞作，東漢人所著錄。如參同契之名，皆三字。其爲假託者多，難可斷決也。

槃桉河圖叶光紀，河圖汗光篇，河圖汴光篇，黃氏逸書考本所收，凡爲四事，統歸一編，題作河圖叶光紀。緯攟本所輯存者，有河圖抃光篇，文止一則。審二氏所錄，覈其義類，知篇目雖小不同，而其實是一書。蓋本當作河圖叶光紀。『叶』『汁』字通，（周禮鄉士：『汁日刑殺』。鄭司農注：『汁、叶也』。又大行人『協辭命』，康成注云：故書，『協』作『叶』，司農云：當爲『汁』。御覽八八一引河圖：『黑帝名叶光紀』；文選明堂詩注引『叶』作『汁』；隸釋一史晨碑同。史記天官書：歲在未曰『叶洽』，漢書作『協』，一作『汁』。『樂叶圖徵』，史記孝武本記索隱引作『汁』，而古逸叢書本玉燭寶典及緯略等作『叶』。二字古通，其例多矣。）或作『汗』，或作『汴』，作『抃』者，並形近而譌。前人引書，漫不經意，故『紀』又或作『圖』，或作『篇』。經義考于毖緯類引『叶光圖』，而其說緯則『圖』作『篇』，是其例。

『叶光紀』本黑帝名，河圖：『北方黑帝，神名叶光紀，精爲玄武』，（御覽八八一引。）是也。託河圖者，謂其書演自黑帝，故以黑帝『叶光』名名其篇矣。『紀』者，記錄其文若義，與河圖帝通紀，河圖握河紀之『紀』義同。黑帝叶光紀，省稱作叶光，漢人有此例，如史晨碑云：『昔在仲尼，汁光之精』（隸釋一），是也。有如『紀』連上『叶光』作帝名，則若曰『河圖黑帝』，斯其義爲不完矣。唯其『紀』爲紀錄，故或曰叶光之紀，或曰叶光之圖，或篇，可以無拘礙。

讖緯書說云，孔子者，黑帝叶光紀之精，春秋演孔圖曰：

血飛爲烏，化帛書。烏消，書出，署曰孔演圖。帝叶光紀制予精也。（稽瑞頁三一引。）

此言孔子自承其爲黑帝之所制精，卽黑帝之子也。論語撰考讖云：『叔梁紇與徵在禱尼邱山，感黑龍之精，以生仲尼』。（禮檀弓上疏等引。）其義同也。（春秋繁露三代改制質文篇亦云，孔子王魯尙黑。）

孔子演陳河圖，讖緯亦有說，如易辨終備曰：

孔子表河圖皇參持曰。……（黃氏逸書考本頁一。）

易是類謀曰：

命機之運由孔出，天心表際，悉如河洛命紀，通終命苞。（同上本頁十一。）

易乾鑿度曰：

孔子曰：洛書摘六(亡)辟曰：建紀者，歲也。成姬倉有命在河，聖孔表雄德。庶人受命握麟徵。（同上本頁五十。）

桉曰孔子表聞河圖，洛書；曰孔子冥通河，洛，則孔子與河圖關係之密切，可知。

復次漢人云，孔子固爲漢制作，後漢書 郅惲傳：

上書（王）莽曰：臣聞，天地重其人，惜其物，故顯表紀世，圖錄豫設。漢歷久長，孔爲赤制。

桉圖錄者，河洛讖緯之屬。孔，孔子。漢爲火德，故曰赤。曰『孔爲赤制』者，謂孔子豫陳河洛讖緯爲漢制法也。班固 典引云：

先命玄聖，使綴學立制，宏亮洪業。（後漢書本傳。）

玄聖，卽黑帝之精，卽孔子。書史（後漢書蘇竟傳等。）孔廟碑（孔廟置守廟百石卒史，韓勑造孔廟禮器，魯相史晨等碑，見隸釋一。）及讖緯中（春秋演孔圖，孝經右契等。）類如此說者，屢見，不具舉。

由于此等處，吾人可知河圖而以黑帝叶光之紀名其篇者，由附會孔子爲『叶光之精』也。其所以附會孔子者，由『孔爲赤制』故也。『赤制』，何必託之孔子？時君尊經，尊孔，（此一切讖緯之所由託，當于西漢讖緯考中詳之。）故也。

河圖叶光紀之書已亡佚矣，輯本所有，徒寥寥數事，而又皆言緯象，與所謂黑帝叶光者無與焉。幸其遺義，猶時時見于他說，余輒考而論之如此。

河圖握矩記（記、一作起。一作矩起、無握字。）

叙　錄

〔孫瑴 古微書 河圖緯〕曰挺佐輔，曰握矩記，皆以闡運歷之要。

〔朱彝尊 經義考 說緯〕河圖有握矩起。……大都此等多係漢人僞作，東漢人所著錄。如參同契之名，皆三字。其屬假託者多，難可斷決也。

〔侯康 補三國藝文志 讖緯類 朱均 河圖注〕河圖握矩記卽河圖矩起。

槃桉此書佚。今有古微書，逸書考，緯攟輯本三種。

『握矩』，『矩』，蓋卽規矩之『矩』。孫瑴曰：

五運，三正，安有常期？謂之『握矩』者，明乎皇，帝，王之迭興，各有禎符，若春規，夏準，秋矩，冬權，可象鑑而不謬也（古微書河圖握矩記。）

孫解可注意。此其說，本諸淮南 天文篇曰：

何謂五星？東方木也，其帝太皞，其佐句芒，執規而治春；……南方火也，其帝炎帝，其佐朱明，執衡而治夏；……中央土也，其帝黄帝，其佐后土，執繩而治四方；……西方金也，其帝少昊，其佐蓐收，執矩而治秋；……北方水也，其帝顓頊，其佐玄冥，執權而治冬。……(按據漢書魏相傳，此易陰陽說。)

桉此云規、衡、繩、矩、權五者，皆常用之器物，工具。謂五帝執之者，象徵其法度類此，以此治平天下爾。此曰『執矩』，而河圖之篇曰『握矩』，蓋其取義一矣。

帝王握持衡矩之等以平治天下，其見于書記者，如上述。考漢武梁祠石室畫象，其第一石第二層，有伏羲，(象之左榜，題『伏羲倉精』云云。)女媧，(依瞿中溶武梁祠堂畫象考卷一說。)人首蛇身，交尾之象。伏羲右手持方尺，(附圖。)容庚氏疑以爲矩。(武梁祠畫象考釋。)桉由兩漢人書說考之，作矩是也。帝王握矩而治，是又漢人意識，今猶可以于遺物中目驗而得之者也。

顧槃于此，猶有未能釋然者，考尚書琁機鈐云：

河圖，命紀也，圖天地帝王終始存亡之期，錄代之矩。(文選永明十一年策秀才文注引。)

又河圖會昌符云：

赤帝九世，巡省得中，治平則封。誠合帝道孔矩，則天文靈出，地祇瑞興。(續漢書祭祀志上引。)

此亦並言『矩』，而又皆出于河圖。槃因之頗疑此與河圖握矩記之所謂『矩』，儻可能是一事。果爾，則此『矩』字，非如上述之方尺，實物，而爲法矩，道矩。——據上引琁機鈐之文推之，則此法矩，道矩，當是五德終始之曆運；據會昌符之文推之，則是指封禪致太平瑞應之法矩。謂受命帝王則握法矩而治，猶陸賈之言『君子握道而治』，(新語道基。)而曹植魏德論之言『踵帝王之靈矩』(全三國文一七。)，乃至魏明帝詔之言『握皇靈遷興之運』(宋書禮志一引。)云云，抑亦引申之有自矣。——已可引申，亦可通借，故『握矩』不定指帝王，司隸從事郭究碑，『握巨綜(缺)規步履方』，(全後漢文一百五)，『規』『柜』對稱，『握柜』即『握矩』矣。

河圖握矩之『矩』，作如此解釋，固義亦可通。然而遺圖故記，則又明明是指方尺，此何邪？豈厥初本指方尺，厥後漸變爲抽象之治法，治道，復並行不悖，各是其是邪？

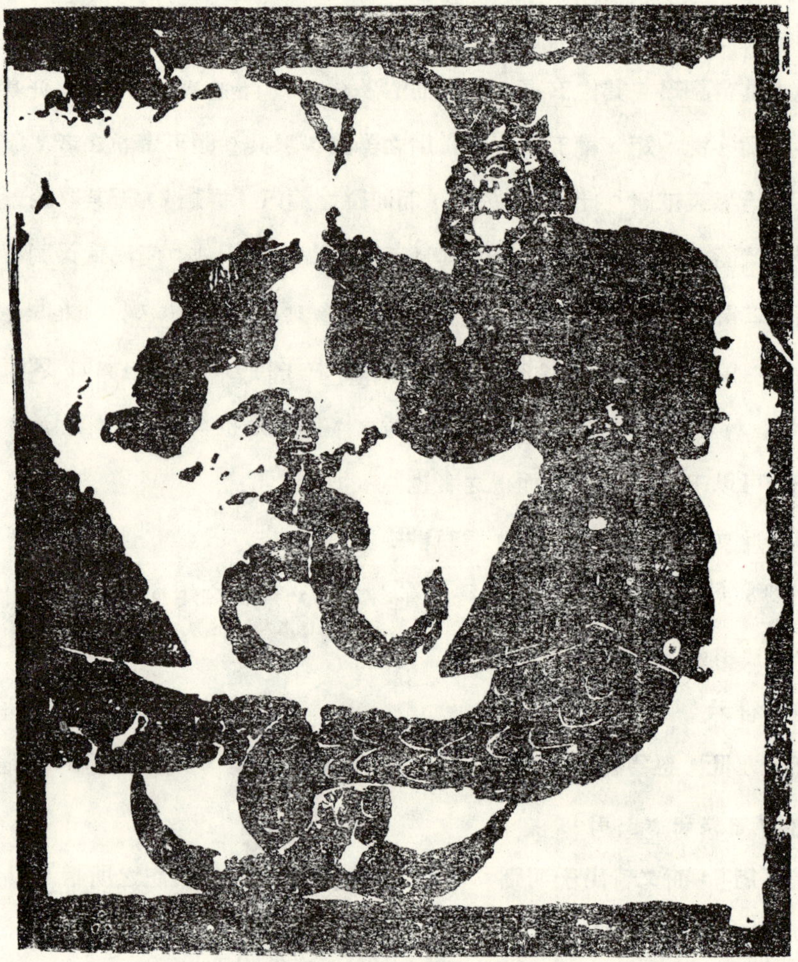

（據容氏漢武梁祠畫象錄本複製）

朱彝尊經義考毖緯 河圖類 河圖握矩記下引易通卦驗云：

遂皇始出握機矩。——或作握拒，傳寫誤爾。（槃案朱氏此處誤。『握機矩』，鄭玄注云，『矩，法也』。易是類謀殿本頁一，『坤拒謀』，鄭注，『拒亦法』。是『拒』『矩』古通矣。亦或作『柜』，已見上。）

朱氏之意，蓋謂河圖握矩記之『矩』，其義與所謂遂皇『握機矩』之『矩』同符其義。此又一解也。今按遂皇此條，以易坤靈圖之說為完，坤靈圖于『握機矩』下，尚有『是法北斗，而成七政』（古微書本。又逸書考本頁七。）兩句，鄭玄注之云：

矩，法也，言遂皇持斗機運轉之法，指天以施政教。

依此，則『握機矩』者，握璇機齊七政之矩法也。然言『握機矩』，人知其爲『璇機』之『矩』也。不然則曰『握機』，（漢人有此辭例，如續祭祀志上引建武三十二年封禪刻石文曰：『昔在帝堯，聰明密微。讓與舜庶，後裔握機』。）或曰『執機』，（逸書考本通卦驗頁三：握合元斗，執機運元』。）或曰『握璇機』，（黃香九宮賦：『握璇機而布政』。見全後漢文四二）亦自昭晳。但曰『握矩』，安見其必爲『璇機』之『矩』乎？（逸書考本易通卦驗頁二：『燧人之皇沒，虙戲生，本尙芒芒，開矩聽，八蒼靈』。此『矩』字，鄭玄注亦以『握機矩』解之。然此蒙上『燧皇始出握機矩』之句，故辭義始不隔耳。）朱說豈其然耶？

河圖括地象圖（一無象字，一無圖字。）

叙　錄

〔鄭玄 注〕廣被不遺之謂『括』。『象』，猶貌也。審諸地勢，措諸河圖。（逸書考引淸河郡本。）

〔宋均 注〕括地象者，窮地儀也。（同上。）

〔朱彝尊 經義考 毖緯〕梂河圖括地象，其言雖夸，然大抵本鄒衍 大九州之說。今節錄之，文云……

〔同上〕又梂禹受地統書。考禮 正義，天子祭天地山川文疏曰：案地統書括地象云，崑崙者，地之中央，東南地方五千里，名曰神州。此即括地象之文。然則括地象又名地統書也。

〔黃奭 逸書考 河圖括地圖〕梂括地圖即括地象，故諸書所引多相同。

槩梂讖緯書說，括地象圖，夏禹所得，尙書刑德放：

禹長於地理水泉，九州，得括地象圖，故堯以爲司空。（藝文類聚職官部引。）

得圖之地點則有二說，易乾鑿度 鄭玄 注：

得括墜象圖於會稽。（逸書考本頁七三引淸河郡本。）

梂此言禹得圖于會稽。吳越春秋下越王無余外傳亦云：禹于『宛委山發金簡之書，案金簡玉字，得通水之理』。所云宛委山，即會稽山之支峯也。

其又一說則云得之河中，尙書中候曰。

伯禹在庶，……握括命，不試爵。……（古微書本。）

舊注：

禹握括地象，天已命之。……

同書又曰：

伯禹曰，臣觀於河伯，面長，人首魚身，出曰，吾河精也。授臣河圖。

舊注：

河圖，謂括地象。

按禹所得之圖，或曰括墬（古地字。）象圖，或曰括地象，其實是一事。或云得之會稽，或云黃河，此則神話附會，不足辨。得自會稽之說，已鄭注與吳越春秋並同，而河精授禹河圖之說，亦見于尸子。（廣博物志十四引。）吳越春秋，東漢末趙曄所作。尸子卽尸佼，本秦孝公時人。二氏之書，固多譔集先秦以來之遺文舊事，然而亦比附讖緯。讖緯之興，當溯原于戰國晚季。（別詳拙譔論早期讖緯及其與鄒衍書說之關係。）但禹得括地象圖之說，究未審起于何時？金鶚氏據此書有鄒衍大九州說，因謂或卽鄒衍之徒爲之。（詁經精舍文集十二，緯候不起於哀平辨。）今按書有云：

十代，禮樂文雅並出。（後漢書章帝紀注引。）

九代爲光武（後漢書光武紀，高祖九世之孫也），十代則明帝，是不無頗晚之說矣。豈其書本出于早年，後人加以增竄，遂爾有此邪？經義考說緯直以爲『大都此等多係漢人僞作，東漢所所著錄』，余恐其有未允者。

書舊有圖畫，東晉裴秀曰：

今秘書旣無古之地圖，又無蕭何所得秦之圖籍，唯有漢氏輿地，及括地諸雜圖，各不設分率，又不考正準望，亦不備載名山大川。其所載列，雖有麤形，皆不精審，不可依據。或稱引外荒迂誕之言，不合事實。（湯球九家舊晉書輯本五，裴秀。）

按裴氏所謂『括地』之『圖』，卽讖緯及鄭注等所謂河圖括地圖，（文廷式補晉書藝文志著其目，止題括地圖，又不詳其至晚亦當出于東漢之世，並失之考。）亦卽河圖括地象圖。唐張彥遠歷代名畫記三，述『古之秘書珍圖』，有河圖括地象圖十一卷。此與裴氏所論者，當是一書。自此而後，不見著錄。今唯有古微書，（輯本題河圖括地象。)逸書考(于河圖括地象外，又别出括地圖一種。)緯擴(題河圖括地象。)諸輯本。圖則全佚矣。

河圖挺佐輔(佐，或作左。佐輔，或作輔佐。)

叙録

〔朱彝尊經義考毖緯〕按挺佐輔文：百世之後，地高天下，山陵消去。不風不雨，不寒不暑。民復食土。皆知其母，不知其父。如此千載之後，天可倚杵。洶洶隆隆，曾莫知其始終。亦用韻語，頗與易是類謀相似。

槃桉『佐輔』，漢人常辭，例如：

陰藏於虚，而爲陽佐輔。(鹽鐵論論菑。)

佐輔斗樞，功冠帝庭。(全後漢文一百，山陽太守祝睦後碑。)

神武之王，亦須佐輔。(全三國文三三，蔣濟關名篇。)

而『左』有『手相左助』之義，(說文左部。)古與『佐』通，故亦或引作『左』。(路史後紀黄帝紀注引。)

稽瑞引『佐輔』，倒書作『輔佐』(頁五四)。桉賈誼新書有輔佐篇。又書傳：

天子有公，諸侯有卿，……以相輔佐也(左氏襄十四年傳)。

唐虞以上，帝皇有號謚輔佐(漢書古今人表)。

身爲儒宗，輔佐之純(同上蕭望之傳)。

易姓代出，輔左應期。(逸書考本易是類謀頁三)。

『輔佐』亦常辭。然則作『輔佐』，未嘗不可。

『挺』之義同于出。『河圖挺佐輔』者，謂河圖著錄佐輔者名氏，出示受命之帝王也。建安廿一年綏民校尉熊君碑云：

河雒挺錄，爲國毗輔(全後漢文一百五)。

桉『毗輔』卽『佐輔』。云校尉熊君，國之佐輔，其名字嘗著見于河圖，雒書。此其作者，有見于河圖挺佐輔之類之書說，故其造辭命意則如此也。

以河出圖爲『挺』圖，此固亦讖緯常辭：

黄帝……召天老而問焉：余夢見兩龍挺白圖卽帝，以授余於河之都。(古微書本河圖挺佐輔。)

孔子表洛書摘亡辟曰,……丘以推秦,白精也。其先星感,河出圖挺白,以胡誰亡(逸書考本易通卦驗頁九)。

桉曰河龍『挺白圖』,曰『河出圖挺白』,熊君碑云『河雒挺錄』,此與河圖挺佐輔之所謂『挺』,其義一矣。

河圖挺佐輔已亡佚矣,今存古微書,逸書考,緯攟諸輯本,零殘不過數事。所謂『佐輔』者,不知是何等名錄?檢諸他讖,言漢輔者,獨數見不鮮,例如張良:

黃石公謂張良曰,讀此爲劉帝師。(文選李蕭遠運命論注引河圖。)

帝劉季,日角戴勝。……期之興,天授圖,地出道,予張兵鈐。(影宋本後漢書,班彪附班固傳注引河圖)。

代者赤兑,……七傑仁出。黃佐命,蒼輔術。——鄭玄注:此赤兑者,謂漢高帝也。代周蒼,故爲赤。赤,火色也。黃者,火之子,故左命,張良是也。蒼,火之母,故輔術也。(逸書考本易通卦驗頁七。)

易姓代出。輔左應期。——鄭玄注:輔相應期者,若赤王,則黃佐命,(蒼)輔術也。(同上本易是類謀頁十二。)

聖人受命必順斗。張握命圖授漢寶。——宋均注:張良授兵鈐之圖命,以授漢爲珍寶也。(御覽珍寶部等引詩含神霧。)

此外又有蕭何:

蕭何感昴精而生,典獄制律。(史記蕭相國世家索隱引春秋佐助期。)

曹參,(史記曹相國世家索隱引春秋緯:『參,字敬伯』。)樊噲(御覽人事部一引春秋演孔圖注:『樊噲,感狼精』。桉舊注必有據,但讖緯原文已佚。)之等。

桉上述附會張良之文,連注讀之,則知其說雖散見各篇,而其實淵原則一。于此吾人有應注意者:其一,或曰張良爲漢『佐』,或曰爲漢『輔』,(或曰爲『帝師』,義一也。)此卽河圖之篇之所謂『佐輔』;其二,此傅會張良之文,適有二事見于河圖;因之,槃以爲所謂河圖挺佐輔其書,今雖已無完帙,不詳其所擧似,然至少,張良必是其所謂『佐輔』者之一,蓋可無疑義。

是書之託,不審始于何時?考後漢書文苑下酈炎傳云:作詩二篇,其二篇曰:

富貴有人籍，貧賤無天錄。通塞苟由己，志士不相卜。陳平敖里社，韓信釣河曲。終居天下宰，食此萬鍾祿。

章懷注曰：

富貴者，爲人所載於典籍也；（集解引惠棟曰：『人籍，謂引籍也，言富貴得通籍禁中也』。義亦可通。）貧賤者，不載於天錄。天錄，謂若蕭、曹見名於圖書。

按章懷注以『天錄』爲『圖書』，卽讖緯。謂蕭，曹之名見于讖緯，固矣。推酈詩之意，則陳平，韓信，殆亦讖緯中人物，故詩終言之耳。蕭、曹、陳、韓之見名于讖緯，余信其亦必如張良之見名于讖緯，由讖緯作者爲阿諛漢氏之受命，製造神話，因連類附會其『佐輔』。此其『佐輔』，上引易通卦驗云，有『七傑仁出』。然則謂其間有陳韓在，亦不失爲意中事矣。

如余推測爲不誤，則酈氏作此詩時，亦必如上引熊君碑之作者，曾見及河圖挺佐輔之類，故其言云爾矣。據酈氏本傳，此詩之作，在靈帝之世。後因風病，其妻因以驚死。妻家訟之，酈氏繫獄，遂死獄中。時熹平六年也。今姑假定其詩作于熹平之初，然而亦甚晚矣。謂此時已有挺佐輔一類之書則可，謂其書之出亦必在此時則不可。考新朝以至光武中興之世，假託圖書，竄名『佐輔』之事，不一而足，漢書王莽傳：

地皇二年，魏成大尹李焉與卜者王況謀，況……因爲焉作讖書。……莽以王況讖言：荆楚當興，李氏爲輔，欲厭之。……

又後漢書儒林上尹敏傳：

建武二年，……帝以敏博通經記，令校圖讖。……敏因其闕文，增之曰：君無口，爲漢輔。帝見而怪之，召敏問其故。敏對曰：臣見前人增損圖書，敢不自量，竊幸萬一。

按此類詭託讖緯之事，蓋亦可能曾受河圖挺佐輔之類之暗示。以此書已云，漢氏功臣，並于圖書有徵，是其事誠乃天授，前定。時君信讖，遂足以啓狡猾者之奸心，從而作僞，以售其術。尹敏云，嘗見『前人增損圖書』，可見光武之世，尹敏以前，類如此事，已匪一端。然而不可謂卽始于光武之世。王莽季末，李焉已爲之于先矣。然李焉亦必有所受之。謂挺佐輔一類書說，前于此卽已有之，豈不然乎？

雒書摘六辟（六，一作亡，一作三。）

槃按此書佚，今有古微書與黃氏逸書考輯本。

『六』，易通卦驗，（見後。）路史循蜚紀注並作『亡』。路史前紀二泰皇氏紀引作『三』。

今按『摘』同『擿』，發也。（詳後中候擿雒戒解題。）『六』，蓋當作『亡』。（作『六』或『三』者，並形近致誤。）『辟』者，君。（爾雅釋詁。）『摘亡辟』者，舉發卽表著亡國之君也。易通卦驗：

> 孔子表洛書摘亡辟曰，亡秦者，胡也。丘以推秦，白精也；其先星感河出圖，挺白，以胡誰亡。胡之名行之，名行之萌，秦爲赤驅，非命王。（殿本頁四）。

此讖緯作者依託孔子摘發雒書摘亡辟之辭也。可注意者：㈠洛（同雒。）書摘亡辟，『亡』不作『六』或『三』；㈡摘亡辟云，『亡秦者胡』；孔子摘讖之辭曰，『河出圖、挺白，以胡誰亡』。此二『亡』字，與書題摘亡辟之『亡』字互應；㈢『摘亡辟』，義卽摘發亡君。而易乾鑿度下云：

> 孔子曰：洛書摘六辟曰，建紀者，歲也。成姬倉，有命在河。聖孔表雄德，庶人受命握麟徵，易厤曰陽紀天心。別序聖人，題錄興亡，州土，名號姓，輔叐符。亡殷者紂，黑期火代。（一作戊。殿本頁十。）

按此亦依託孔子之說，與上引通卦驗文是一事而微異其辭。曰『題錄興亡』，曰『亡殷者紂』，此亦摘發亡君也。然而其引摘亡辟也，『亡』乃作『六』，是其誤。

復次雒書靈准聽曰：

> 洛水地理，陰精之官，帝王明聖，龜書出文，天以與命，地以授瑞。按河合際，居中護羣，王道和洽，吐圖佐神，逆名亂教，摘亡弔存，故聖人觀河，洛也。（古微書。初學記六引作河圖。

易是類謀上曰：

> 命機之運由孔出，天心表際，悉如河洛命紀，通終命苞。乙錄摘亡，去惡降災。——鄭注：摘其辟君，爲惡君之名。（殿本頁五。）

按此亦言河圖，洛書，言『摘亡』，然則洛書有『摘亡』之篇，似無可疑義。上述通卦驗一節，亦見于河圖祿運法，（逸書考引清河郡本。）而『摘亡弔存』則作『弔亡摘存』，蓋誤倒。桉，『摘亡』，常辭，例已如上。又易通卦驗中屢見，如云，『七九摘亡』，（殿本頁二，頁三，頁四，凡三見。）『摘亡據興』，（同上頁五。）是也。孝經鉤命決云，『引興摘暴』，（文選博弈論注引。）此『摘暴』，卽摘發暴惡之辟君，其用意與『摘亡』同，因論之。

前人亦有誤信『摘亡』當爲『摘六』者，孫瑴之言曰：

此蓋祧諸帝矣，而耑於茫渺之代，間取其道德尤元者，靳于六君云。（古微書摘六辟。）

毛奇齡曰：

『辟』者，君也，主也，謂摘主十二月之卦，以立歲紀。止言『六』者，陽該陰也。（毛西河全集，河圖洛書原舛篇。）

桉毛說殊紆曲。摘主十二月之卦而云『摘六辟』，不辭，且無佐證。孫氏之所謂『六君』，蓋指『六皇』。摘六（亡）辟曰：

次是民沒六皇出，天地（初學記二九引春秋命曆序，無『地』字。）命易以第絕。（路史前紀三，循蜚紀注引『絕』作『地』。）——宋均注，次民沒，民始穴處之世終也。六皇，此下人數者也。（古微書本。）

依宋均注，自次是民以下六代，爲『六皇』。今據春秋命曆序，其名錄當爲：

辰放，六頭四乳，號曰皇次屈地勃（古微書本摘六辟，『屈』下有『出』字。）駕六飛麟，從日月飛。治二百五十年。離光次之，號曰皇談，銳頭日角，駕六鳳皇，出地衡，在位五百六十歲。次後有人，五色長肘，號曰有巢，治五百九十歲。燧溫次之，號曰遂皇，冬則穴居，夏則巢處，燔物爲食，使民無腹疾，治五百三十歲。忽彰次之，號曰庖羲。（逸書考引清河郡本。）

玆所述共五皇，合上引辰放計之則六皇。何以知『六辟』卽『六皇』？又何以知『六辟』非『亡辟』之譌？孫說未周，今亦只可存而不論。

中候擿雒戒（擿，一作摘。戒，一作貮。）

槊桉書佚。今有古微書，通德遺書，玉函山房，緯讖，黃氏逸書考諸輯本。

擿雒戒者，尙書中候之一篇，故系以『中候』。『中候』之解，別詳專篇。

『擿』或引作『摘』，古籍中有此比，如論語擿輔像，『擿』或作『摘』；(詳解題。)論衡程材篇：『儒生擿經，窮竟聖意』；別通篇：『若董仲舒，唐子高，谷子雲，丁伯玉，策旣中實，文說美善，博覽膏腴之所生也。使四者經徒所摘，筆徒能記疏，不見古今之書，安能建美善於聖王之庭乎』？或曰『擿』，或曰『摘』：是其例。考『摘』，『他歷切』(集韻錫二三)；『擿』，『吐歷反』(漢書楚元王附劉向傳注)，二字音同；又並有『發』義：

乃著疾讒，擿要，救危及世頌，凡八篇。(師古曰：擿，謂指發之也。同上劉向傳。)

其發姦擿伏如神，皆此類也。(漢書趙廣漢傳。)

臣謹擿出左氏三十事尤著明者。(後漢書賈逵傳。)

步變擿微，通洞密至。(同上天文志上。)

桉『擿』之訓發，由上例觀之，固已甚明。

天地寥宲，精皇炳辟，河雒摘靈。散六制二，百生師經。(隸釋一，韓勑修孔廟後碑。)

摘隱取伏(伏)，訓承賢良。(隸釋七，祝睦後碑。)

包洞典籍，刊摘沈祕。(蔡邕琅邪王傅蔡君碑。本集。)

此作『摘』。桉廣韻：『摘，發也』。(錫韻。)然則曰『河雒摘靈』，猶言『河龍圖發』；(路史黃帝紀注引龍魚河圖。又詩文王敍正義引春秋說題辭。)言『河出圖，洛出書』。(易辭繫上。)原舊說以爲神靈則使河洛出圖，書。以言其神，故曰『靈』；直言其所出事物，故曰『圖』，曰『書』。或曰河洛發靈，或曰河龍發圖，其實一矣。至云『摘隱取伏』，云『刊摘沈祕』，訓『摘』爲發，義亦得通。然則『摘』之與『擿』，音義並同，故古籍多通作矣。古微書本乃于擿雒戒之外，又別立摘雒戒之目，分一書爲二事，是其誤甚矣。

『擿』(或摘。)之義已爲『發』，是擿讖緯，卽擧發讖緯，同時亦可作爲發明讖緯之大義。此本漢人常辭，上引『河雒摘靈』云云，已是一例矣，玆復揭示三事：

鈎河擿雒，却揆未然。(隸釋一，史晨碑。)

高祖初起，運天符命，斥秦，擿楚，遂定漢基。（隸釋九，北軍中候郭仲奇碑。）

陛下宜開石室，陳圖書，招會羣儒，引問得失，指擿變象，以求天意。（後漢書李固傳，奏對。）

按上引文言『天符命』者，天授之瑞應，受命之徵符，讖緯圖書自亦包括其中。『斥秦擿楚』，『斥秦』，蓋如言『秦失金鏡，魚目入珠』；（白帖鏡引尚書考靈曜。宋均注：『金鏡喻明道也。魚目入珠，言僞亂眞也。莊襄王納不韋之妻，生始皇也。』）『亡秦者胡也』（錄圖書，見史記始皇本紀。）之類是也。『擿楚』，蓋如言『(孔)子曰，天下已有主矣，爲赤劉。陳，項爲輔』；（黄氏逸書考引清河郡本孝經右契。）『項羽，陳勝，胡亥爲三猾國』（開元占經龍魚蟲蛇占引春秋考異郵。）之類是也。言『開石室，陳圖書』，『指擿變象』，此『圖書』，亦讖緯。至云『鈎河擿雒』，則不待解說自明矣。

擿發雒中所出圖書，豫爲訓戒，書以擿雒戒爲名，其義當在此。檢書辭有曰：

成王觀於洛，沈璧，禮畢，王退，有玄龜，青純蒼光，背甲刻書，止躋于壇，赤文成字。（初學記鱗介部引。）

其文言周世之事，五百之戒；與秦漢事。（古微書引。）

按本書此處拈出『戒』字，正與書題『戒』字緊應。書又云，成王禮于洛，（同雒。）洛龜出書。是則『擿雒戒』者，擿發此雒書，垂爲訓戒耳。所謂『五百之戒』，本于孟子公孫丑章之所謂『五百年必有王者興』；而秦漢間言帝王歷運者，以爲口語。（封禪書：『周太史儋見秦獻公，曰，秦始與周合，合而離。五百歲當復合。合十七年而霸王出焉』。新書數寧：『聖王之起，大以五百爲紀』。古微書引尚書考靈曜：『五百載，聖紀符』。逸書考本易乾鑿度頁四七引清河郡本鄭注：『人正百年，地正五百年，天正千年』。）然則書以『五百』爲戒者，意亦謂天命無常，唯德是輔耳。雒書摘六(亡)辟之言曰：

六月辛酉，月犯心，亡，君子戒也。（占經十三引。）

易通卦驗曰：

河出龍圖，授帝，戒曰，帝迹逃感，其與侯房精謀。（殿本頁三。）

張衡思玄賦曰：

嬴擿讖而戒胡兮，備諸外而發內。(注：謂始皇發讖云：亡秦者胡。後漢書衡本傳。)

是則作讖垂『戒』，『擿』讖豫『戒』，又漢人常言，讖緯常例。而郭仲奇碑『鉤河擿雒，却揆未然』云云，雖其未括出『戒』字，而『戒』之義，亦已顯甚。復考隋書經籍志一，梁代所傳，又有堯戒舜禹一卷。然則讖之以『戒』名者，固不惟洛書此篇而已。載籍亦或稱擿雒貳，引『戒』作『貳』，余斷其爲形近而誤。

此書之託，不知昉于何時？擿讖豫戒，既是漢人常辭，而書中又言及『秦漢事』，則是漢人之作可知矣。朱彝尊則疑其爲王莽居攝時所獻書，曰：

桉擿洛戒文見於載紀者，有云，若稽古周公旦，欽惟皇天，順踐阼，卽攝七年，鸞鳳見，蓂莢生，龍銜甲。又云，周公踐阼理政，與天合志，萬序咸得。疑是王莽居攝時所獻書。(經義考，毖緯。)

迮鶴壽蛾術編讖緯之言亦云然。槃桉莽傳，元始二年，太師孔光，大司徒馬宮等，咸稱，莽功德比周公。莽旋奏書太后，盛稱其所謂應時而出之瑞應云：

今幸賴陛下德澤，閒者風雨時，甘露降，神芝生，蓂莢，朱草，嘉禾休徵，同時並至。

桉擿雒戒言，周公攝政，休徵之應則有『蓂莢生』，而王莽欲比德周公，亦有『蓂莢』之託。擿雒戒又云，『鸞鳳見』，『龍銜甲』。桉『龍銜甲』者，謂河龍出圖，而元始五年，王莽作策亦曰：

太皇太后臨政，有龜龍麟鳳之應，五德嘉符，相因而備。河圖，雒書，遠自昆侖，出於重壄。古讖著言，肆今享實。此迺皇天上帝所以安我帝室，俾我成就洪烈也。(漢書翟方進附翟義傳。)

桉此衆多祥瑞之應，莽實以爲己功，故終之以『俾我成就洪烈』。可注意者，擿雒戒言周公所致瑞物中，有『鸞鳳』與河圖，而王莽所託之符應，亦有『鳳』，有河圖，雒書。莽又嘗放周書作大誥，(翟義傳。)而今擿雒戒曰，『若稽古周公旦』云云，則爲摹擬堯典，與王莽之喜于依古制作者亦切合。然則朱，迮二氏疑此書爲王莽居攝時所獻，理或然歟？

中候勑省圖 (勑，一作敕。)

槃按『勑』，『敕』古通。書佚，今有古微書，通德遺書，緯攟，玉函山房，黄氏逸書考諸輯本。

『勑省』，義卽誡省，自責。亦作『省勑』，易是類謀曰：

帝世者，必省勑維躬，是類參當於閼。——鄭注，帝世，當世處帝位者，維思言若能自勑省以責其躬，是別其可行之類，參錯其所當爲之際，則所以閼絶亂謀，消息將來之禍。(殿本頁十。)

按讖緯曰『省勑』，鄭曰『勑省』，一也。此本五行家『變復』之說，(論衡感虛篇：『變復之家曰，人君秋賞則溫，夏罰則寒』。黄暉校釋引沈濤銅熨斗齋隨筆七，變復家：『……後漢書郎顗傳，臣伏見光祿大夫江夏黄瓊，明達變復；楊賜傳，……圖變復之道。……』)謂災變之起，由于政失；消復之道，人君當自誡省。後漢書郎顗傳：『詣闕拜章曰，易內傳曰，凡災異所生，各以其政變之，則除；消之，亦除』。是也。

輯本勑省圖遺文，變復之說，今則無可考者。然他讖緯中，可以鉤驗互校，資以發明之處固甚多，唯『勑省』，或作『省勑』，已前見。又或作『自勑』：

故君明聖，天道得正，則日月光明，五星有度。日明則道正，不明則政亂，故常戒以自勑厲。(後漢書明帝紀注引春秋感精符。)

日久不明，天子蔽塞，各以其類自敕以消之。(同上書，占經日占引。)

或曰『敕躬』：

敕躬未濟，汲汲孳孳者。(文選顔延之拜陵廟作詩注引孝經鉤命決。)

或曰『省己』：

朔日食，正臣陰，退后妃，以內過省己。(占經日占六引春秋感精符。)

亦或曰『責躬』：

日大色黄，最所極甚，則衆陰惡；氣近傍，則賊度上心；爲刺在左，爲欲諫惡；在右，爲欲立王；在上，爲欲撫主；在下，爲欲易君。若此之變，君急責躬自悔，考過執事，愼其是非，以洽王治也。(占經一引孝經雌雄圖。)

義一也。

此類思想，淵源頗早。尙書洪範言『五行』，言『咎徵』，『休徵』，言『王省惟歲，卿士惟月，師尹惟日』。按其言『咎徵』，『休徵』，皆繫于人之貌言視聽思心，貌言視聽思心失，則『咎徵』應之；得，則『休徵』隨之。『王省』，『省』卽誠省，亦卽『勑省』矣。依漢書藝文志五行家叙云：『其法亦起五德終始』。按五德終始則鄒衍書也。考秦漢間讖緯之託，大都不出鄒衍之徒海上燕齊方士。（別詳拙譔論早期讖緯及其與鄒衍書說之關係。　又秦漢間之所謂符應論略第貳、參、柒、捌章。）然則變復家『勑省』之說，蓋亦不能外是。（變復說與春秋災異，易陰陽，明堂陰陽諸等思想，實亦不無關係。今因中候勑省圖屬尙書讖緯，余故上推洪範之說。讀者辨之可矣。）變復家之說曰：

消復之術，莫大於節儉。（三國魏志和洽傳。）

又曰：

凡異所生，災所起，各以其政變之，則除；其不可變，則施之亦除。——鄭玄注曰，改其政者，謂失火令，則行水令；失土令，則行木令；失金令，則行火令，則災除去也。不可變，謂殺賢者也。施之者，死者不可復生，封祿其子孫，使得血食，則災除也。（後漢書郎顗傳注引易稽覽圖。）

按變復家云，『莫大於節儉』，與鄒衍『止乎仁義節儉』之說相應。鄭玄覃精讖緯，而其申述變復之說，迂闊難施，而鄒衍之術，初亦能使王侯大人『懼然顧化』，而其後竟『不能行之』。彼此之間，較若畫一。非謂惟其有之，是以似之邪？

讖緯變復說，與鄒衍書說之關係如此，而沈濤云：

史記日者傳數諸占家之名，有五行家，堪輿家，建除家，叢辰家，厤家，天文家，太一家，而無變復家。後漢書郎顗傳。……（傳文已前見，今略。）

按日者傳雖不數變復家，然而變復之說，實早已存在。論具如上。卽以漢世言之，新語卷下思務曰：

聖人因其勢而調之，使大小不得相（缺一字。）方圓不得相干。分之以度，紀之以節，星不晝見，日不夜照，雷不冬發，霜不夏降。臣不凌君，則陰不（缺二字。）陽，盛夏不暑，隆冬不霜。黑氣苞日，彗星揚（缺二字。）虹蜺冬見，蟄蟲夏藏，熒惑亂宿，衆星失行，聖人因天變而正其失，理其端而正其本。

又孝武即位初，董仲舒對策曰：

臣謹案春秋之中，視前世已行之事，以觀天人相與之際，甚可畏也。國家將有失道之敗，而天迺先出災害以譴告之；不知自省，又出怪異以警懼之；尚不知變，而傷敗乃至。（漢書本傳。）

又漢書夏侯勝傳曰：

（宣帝本始）四年夏，關東四十九郡，同日地動，或山崩，壞城郭室屋，殺六千餘人。上迺素服避正殿，遣使者弔問吏民，賜死者棺錢。下詔曰，蓋災異者，天地之戒也。朕承洪業，託士民之上，未能和羣生。曩者，地震北海，琅邪，壞祖宗廟，朕甚懼焉。其與列侯，中二千石博問術士，有以應變，補朕之闕，毋有所諱。因大赦。勝出爲諫大夫，給事中。

此其言『變』，言『正其失』，言補闕，言『自省』，無疑卽變復『剌省』之說。沈氏泥于變復字面，故不能不求之于東京之世。蓋昧于是矣。

中候苗興

槃桉『苗興』者，謂苗裔或苗胄興起也。『苗裔』『苗胄』，自西京末至東漢間人屬文多省稱『苗』，如曰：『紹少典之苗』，（楊雄劇秦美新。）『漢雖唐之苗』，（聚珍本東觀漢記光武皇帝。　御覽五二七引同。　全後漢文九七引『苗』下有『裔』字，疑誤衍。）『帝堯之苗』，（隸釋五，漢成陽令唐扶頌。）『忠臣之苗』，（同上七，楊統碑。）『蓋堯之苗』，（同上八，衞方碑。）『出自箕子之苗』，（同上九，李翊碑。）『出自帝顓頊之苗』，（同上十一，高頤碑。）『遺苗后稷』（同上，樊敏碑。）之等，是也。今云『苗興』，亦其比。

此書佚，通德遺書，玉函山房，緯攟，黄氏逸書考諸本所輯，都不過如下數事：

契之卵生，稷之迹乳。（詩生民疏引。）

堯受圖書，已有稷名在錄，言其苗裔當王。（詩昊天有成命疏引。）

皋陶之苗爲秦。（詩秦譜疏引。）

孔廣林曰：

三王之祖，並立堯庭，並有異徵，故（中候蓋明之後）繼之以苗興。苗興者，沂三王之自出也。(通德遺書中候注苗興篇。)

王鳴盛曰:

苗興者,聖人苗裔興起也。(蛾術編,讖緯。)

桉二氏說是也。然王云『聖人苗裔』,究不免空泛;孔云『三王』,固矣。然旣已推及諸秦;秦以後,蓋亦當有漢,故漢爲唐堯苗裔(或曰苗,或曰苗胄,或曰胄。)之說,自西京之末,以至東京一代,隨在可徵。光武世郊祀帝堯議『漢雖唐之苗』云云,已前見;此外又例如:

蓋在高祖,其興也有五:一曰,帝堯之苗裔。(文選班彪王命論。)

案經考典,河洛祕奧,漢感赤龍,堯之苗胄。(隸釋一,成陽靈臺碑。)

赤精之胄,爲漢始別。(同上,孟郁修堯廟碑。)

又有作堯後,或赤帝後,或直稱漢曰赤漢,曰赤劉之等者。其辭煩多,不備舉。

復次宋書符瑞志上曰:

(堯)歸功於舜,將以天下禪之,乃潔齋,修壇場於河雒,擇良日,率舜等升首山,遵河渚。……乃有龍馬銜甲,赤文綠色,臨壇而止,吐甲圖而去。……檢文曰『闓色(苞)授帝舜』,言虞夏殷周秦漢當授天命。帝乃寫其言,藏於東序。

桉此言堯所受河圖闓色(苞)授,其書言虞夏殷周秦漢,並當受天命以有天下也。闓色授,文選孫子荆爲石苞與孫皓書李注引作河圖闓苞授,其文有曰:

弟感苗裔出應期。

桉此闓苞授,卽符瑞志所謂闓色授。『弟』,當爲『帝』誤。謂堯帝也。『苗裔出應期』,卽夏殷周秦漢次第迭興也。易是類謀鄭玄注:

孔子生蒼之際,應爲赤制。有堯有盛德,其苗應期。(殿本頁六。)

此亦言堯之苗有赤劉應期,句法與闓苞授密合。闓色(苞)授,據託者云是堯所受河圖。中候苗興亦然。夫同爲堯所受圖書,而內容言堯之苗裔當王亦同,然則闓色(苞)授謂秦以後有漢,則中候苗興自亦不應例外矣。

由西京末葉至中興之世,宣揚漢爲堯苗者,讖緯之力爲多,故東觀記光武皇帝紀曰:

自帝（桉指光武。）卽位，按圖讖，推五運，漢爲火德，周蒼，漢赤。木生火，赤代蒼。

又郊祀志曰：

（建武）三十二年，太常奏儀制詔曰，今予小子，巡祭封禪，一則以喜，一則以懼。喜于得承鴻業，帝堯善及子孫之餘賞。蓋應圖讖當得是。

賈逵曰：

五經家皆無目證圖讖明劉氏爲堯後者，而左氏獨有明文；五經家言，顓頊代黃帝，而堯不得爲火德，左氏目爲少昊代黃帝，卽圖讖所謂帝宣也。如令堯不得爲火，則漢不得爲赤。其所發明，補益實多（後漢書本傳。）

讖緯之說，影響亦至鉅，是以光武推五運，定漢火德（漢書郊祀志贊注引鄧展云，劉向父子雖有此議，時不施行。至光武建武二年，乃用火德，色尙赤。）及巡祭封禪諸措施，並與圖讖堯後之說有關。圖讖此說，已人主所崇信，賈逵欲張左氏，遂亦不得不牽引比傅于其間，以求自申矣。

何以圖讖堯後之說，竟爾能使當時人主如此信奉？曰，藉此以維繫天下人心，時勢使之，有不得不然耳。後漢書竇融傳曰：

融等遙聞光武卽位，而心欲東向。……時隗囂先稱建武年號。……融等從受正朔。……囂外順人望，內懷異心，使辯士張玄游說河西。……融等於是召豪傑及諸太守計議，其中智者皆曰，漢承堯運，歷數延長。今皇帝姓號，見於圖書。自前世博物道術之士谷子雲，夏賀良等建明漢有再受命之符，言之久矣。

桉堯後之說，爲維護漢氏而託，融傳所謂『歷數延長』者，是其重要消息之一端。至其所以上溯唐堯者，則讀班彪王之命論可以知之。論曰：

劉氏承堯之祚，氏族之世，著于春秋。唐據火德，而漢紹之。始起沛澤，則神母夜號，以彰赤帝之符。由是言之，帝王之祚，必有明聖顯懿之德，豐功厚利積累之業，然後精誠通於神明，流澤加於生民，故能爲鬼神所福饗，天下所歸往。未見運世無本，功德不紀，而得倔起在此位者也。……

彪與融生同時。作此論時，適當王莽之敗，光武中興之際。其論漢爲堯後，有『明聖顯懿之德，豐功厚利積累之業』，與融傳『歷運延長』之說，合而觀之，則一承上，一啓下。堯後之說，於斯爲首尾具備。彪論雖未提及圖讖託說，然其用意亦必在此，無疑也。

復次王莽自以爲舜後，紹有土德。火德銷盡，土當代興。矯僞圖書符命，班示天下。莽敗之後則有公孫述，妄引讖記，自以爲西方金德。五德之運，黃承赤而白繼黃。黃者土德，謂王莽也。（別詳拙譔秦漢間之所謂符應論略弟肆，伍，陸章。）圖讖之說漢爲堯後也，曰有豐功厚利積累之業，歷數延長，則其爲針對莽述之說而發，所以收拾人心，杜絕奸猾覬覦之念，實甚著明矣。

首先提出堯後之說者，本爲昭帝時之眭弘。漢書本傳稱：

孝昭元鳳三年正月，泰山萊蕪山南，匈匈有數千人聲。民視之，有大石自立，高丈五尺，大四十八圍，入地深八尺，三石爲足。石立後。有白烏數千，下集其旁。是時，昌邑有枯社木臥復生，又上林苑中大柳樹，斷枯臥地，亦自立。有蟲食樹葉成文字，曰，公孫病已立。孟推春秋之意，以爲石柳皆陰類，下民之象；而泰山者，岱宗之嶽，王者易姓告代之處。今大石自立，僵柳復起，非人力所爲，此當有從匹夫爲天子者。……孟意亦不知其所在，即說曰，……漢家堯後，有傳國之運。漢帝宜誰差天下，求索賢人，（注，孟康曰，『誰』，問，『差』，擇也。問擇天下賢人。）禪以帝位，而退自封百里，如殷周二王後，以承順天命。

眭孟者，眭弘字孟。依弘此論，則漢氏值此災異之興，當效法其祖唐堯之禪讓天下，以承順天意。宣帝神爵二年蓋寬饒及元帝時京房之奏對，亦主以天下讓賢。（並詳漢書本傳。）雖其未指出漢爲堯後，然大抵與弘同符其意。按此與圖讖之說，完全異趣。圖讖固謂漢承堯祚，積累功德，故歷運延長也。

劉向，歆父子于『發明』漢堯後火德之說，至有關係。漢書郊祀志贊云：

劉向父子以爲帝出于震，故包羲氏始受木德；其後以母傳子，終而復始。自神農，黃帝，下歷唐虞三代，而漢得火焉；故高祖始起，神母夜號，著赤帝之符，旗章遂赤，自得天統矣。

又高帝紀贊云：

春秋，晉史蔡墨有言，陶唐氏既衰，其後有劉累，學擾龍，事孔甲，范氏其後也。……范氏爲晉士師，魯文公世奔秦。後歸於晉，其處者爲劉氏。劉向曰，戰國時，劉氏自秦獲於魏。秦滅魏，遷大梁，都於豐。……是以頌高祖云，漢帝本系，出自唐帝。降及於周，在秦作劉。涉魏而東，遂爲豐公。豐公蓋太上皇父。……由是推之，漢承堯運，德祚已盛。斷蛇著符，旗幟尙赤，協於火德。自然之應，得天統矣。

按劉氏父子附會漢氏世系，及其所以爲火德者，其事綦詳，其用意亦與眭弘不類，而與圖讖及班氏王命論之說，則當必一致。（莽傳，劉歆初無意助成莽篡，終乃懼而從之云。）圖讖之託，較劉氏父子之說爲晚，但其思想之淵原，則固在此。

尙書刑德放

（放，一作倣，一作攷，一作收。刑德放，亦或作刑將得放。）

叙 錄

〔侯康補三國藝文志 讖緯類〕 宋均書緯注。（元注，璇璣鈐，考靈耀，帝命驗，運期授。）康案書緯五篇，今宋注可考者四，而無刑德放。其爲亡佚無疑，非宋注有所闕也。然今亦不敢擅增。

榮按書佚，今有古微書，七緯，玉函山房，緯攟，逸書考諸輯本。

『放』一作『倣』者，字通，而古籍多作『放』。作『攷』（五行大義論刑引。）作『收』（官本後漢書樊英傳注引。）者，並形近致譌。刑德放又誤作『刑將得放』，則盧文弨氏已辨之。（十三經注疏校勘記，周書呂刑篇引。）

云何『刑德放』？『刑』者，殺罰。反面爲『德』。德者，惠愛。二者治國之大端，故古人往往『刑』『德』並擧，如左氏僖二十五年傳：

德，以柔中國，刑以威四方。刑，詳，（祥）戰之器也。

佚周書酆保解：

旦拜手稽首曰，商爲無道，棄德刑範。

計倪子內經：

諛者反有德，忠者反有刑。去刑就德，人之情也。

莊子天地：

德自此衰，刑自此立。後世之亂，自此始矣。

商子說民：

刑生力，力生强，强生威，威生德，德生於刑。

韓非子二柄：

明主之所導制其臣者，二柄而已矣。二柄者，刑德也。何謂刑德，曰，殺戮之謂刑，慶賞之謂德。

說苑貴德：

晉平公春築臺，叔向曰，不可。古者聖王貴德而務施，緩刑辟而趨民時。

兩漢人亦然，如路溫舒上書宣帝曰：

改亡秦之一失，遵文武之嘉德，省法制，寬刑罰以廢煩獄。（說苑貴德。）

說苑政理曰：

治國有二機，刑德是也。

法言先知篇：

民可使覿德，不可使覿刑。

潛夫論忠貴：

譬猶始皇之舍德任刑。……

桉以上諸例，其所謂『刑德』者，純據政理立場，其言平易易曉。而陰陽五行家亦有『刑德』之說，如佚周書小開武解：

九紀：……三，日以紀德；四，月以紀刑。

管子四時：

刑德者，四時之合也。刑德合於時，則生福；詭則生禍。德始於春，長於夏；刑始於秋，流於冬。刑德不失，四時各一。刑德離鄉，時乃逆行。作事不成，必有大殃。

莊子說劍：

制以五行，論以刑德，開以陰陽，持以春夏，行以秋冬。

大戴禮四代：

子曰，有天德，有地德，有人德，此謂三德。三德率行，乃有陰陽。陽曰德，陰曰刑。

桉以上所謂『刑德』者，謂『天官時日，陰陽向背』，非謂政理，治道。然舊說以爲『人法天』，治道之有『刑德』，本取則乎天行之有『刑德』，故鶡冠子王鈇曰：

天者誠其日，德也。日（或無日字。）誠出誠入，南北有極，故莫弗以爲法則；

天者信其月，刑也。月信死信生，終則有始，故莫弗以爲政。

尙書大傳曰：

天立五帝以爲相，四時施生，法度明察。春夏慶賞，秋冬刑罰。帝者任德設刑以則象之。（風俗通義，五帝篇引。）

春秋繁露基義曰：

王道之三綱，可求於天。天出陽爲暖以生之，地出陰爲清以成之。不暖不生，不清不成。然而計其多少之分，則暖暑居百，而清寒居一。德教之與刑罰，猶此也；故聖人多其愛而少其嚴，厚其德而簡其刑，以此配天。

又陽尊陰卑曰：

是故天數右陽而不右陰，務德而不務刑。刑之不可任以成世也，猶陰不可任以成歲也。爲政而任刑，謂之逆天，非王道也。

桉曰以天之『刑德』爲政，爲『法則』；曰『以此配天』；曰『逆天』『非王道』：諸如此類，卽『法天』，倣效天則之說。『刑德放』之取義，蓋亦在此。趙在翰釋曰：『書道政事，是放天行。陰刑陽德，六合化成』。（七緯，刑德放篇題辭。）其說不誤也。

朱彝尊氏則曰：

桉書名刑德倣者，其辭有云，『涿鹿者，竿人頭也；（桉黃氏逸書考本引酉陽雜俎竿作鑿，頭作額。）黥者，馬黥，竿人面也；（同上本引酉陽雜俎及御覽刑法部，黥作騞；馬黥作馬蠫。）臏者，脫去人之臏也；宮者，女子淫亂，執置宮中，不得出也；割者，丈夫淫，割其勢也。劓象七政，臏象七精，墨象斗華』。蓋法家爲之。（經義考毖緯。）

桉周書中有呂刑一篇。讖緯之家固謂讖緯爲聖人之秘書微言，經之羽翼；故由呂刑，遂託刑德放。刑德放曰：『周穆王以呂侯爲相』。（呂刑正義引。）桉書序：『呂命。穆王訓夏贖刑作呂刑』。（僞孔傳『呂侯以穆王命作書訓，暢夏禹贖刑之法，更從輕，以布告天下』。)呂刑有『五刑』，刑德放亦然。(占經月占七引。)呂刑云：『惟敬五刑，以成三德』；『大辟之屬，其罰二百』。刑德放亦云爾。(同上引。又北堂書鈔死刑等引。)諸如此類，並可見刑德放與呂刑之關係。至其所以名刑德放者，此由呂刑屢屢『刑』『德』並論，如曰：『上帝監民罔有馨香，德刑發聞惟腥』；曰：『罔不惟德之勤，故乃明于刑之中』；曰：『有德惟刑』。復因『刑德』一辭，從來習用，故讖緯家遂亦以命其書耳。雖然如此，但『刑德』而繫之以『放』，謂『刑德』『放』效天則，從而附會之以陰陽五行，如曰：『大辟之屬二百，象天之刑』；(書鈔死刑等引。)曰：『剕象七政。日月五星，應政變易。臏象七精宿。變易，即氣色生也』(同上。)云云，此則方士慣技，非復呂刑舊義矣。託讖緯者方士。方士雜學，中有法家其人，不足爲異。然此法家已同化于方士，故刑德放之說乃如此。朱氏云疑法家託之，其說未盡。

『刑德』之書，據漢書藝文志五行家又有刑德七卷，五音奇胲刑德二十一卷。王先謙補注引王念孫曰：『兵略訓，明於刑德奇賅之數。此卽所云奇胲刑德』。是五音奇胲刑德，兵五行書也。按『刑德』之說，自先秦以來盛行，小數家以爲吉凶，不獨兵家則然，故計倪子內經曰：『陰陽萬物，各有紀網。日月星辰刑德，變爲吉凶。是故聖人能明其刑而處其鄉，從其德而避其衡。凡擧百事，必順天地四時，參以陰陽之用。不審，擧事有殃』。淮南天文訓曰：『北斗之神有雌雄，十一月始建於子，月徙一辰，雄左行，雌右行。五月合午，謀刑。十一月合子，謀德。雌所居辰爲猒，猒日不可以擧百事』。(依劉家立氏集證本。)又五行論曰：『月德合者，五行之精，符會爲合也。所理之地，衆惡皆消，百福並集，利於出師命將，上冊受封，祠祀星辰，營建宮室』。(曹振圭歷事考原引。)

刑德放之託，不知始于何時？白虎通姓名日月二篇俱引之，則其書最晚自西京季末以來有之矣。錢大昕曰：

> 淮南天文訓言，刑德合四歲而分，十六歲而復合。刑不得入中宮而遷于木。則其說自漢初已有之矣。今依其法衍之，甲己之歲，德在東宮；乙庚之歲，德在西宮；丙辛之歲，德在南宮；丁壬之歲，德在北宮；戊癸之歲，德在中宮：故王莽傳云，蒼龍癸酉，德在中宮；張純傳云，蒼龍甲寅，德在東宮也。申子辰之歲，刑在東方，子刑卯也。亥卯未之歲，刑在北方，卯刑子也；寅午戌之

歲，刑在南方；巳酉丑之歲，刑在西方，午酉自刑也。翼氏風角云，金剛火彊，各守其鄉。卽午酉自刑之謂也。又云，二陰竝行，是以王者忌子卯，卽子卯相刑之謂也。蘇竟傳云，德在中宮，刑在木。謂建武四年，戊子之歲也。此（朱穆）傳云，丁亥之歲，刑德合于乾位。乾位，謂北方也。（廿二史攷異，後漢書二，朱穆傳。）

桉錢氏推衍『刑德』之法，良便于參考。云其說漢初已有之，亦是也。然不可謂其卽始于漢初。佚周書，管子，莊子，鶡冠子等並有其說；（已前見。）又其法子卯相刑，而左氏昭九年傳：『辰在子卯，謂之疾日，君徹宴樂，學人舍業，爲疾故也』；禮檀弓下，杜蕢謂晉平公曰：『子卯不樂』；玉藻：『子卯，稷食菜羹』；漢書翼奉傳，上封事曰：『王者忌子卯也。禮經避之，春秋諱焉』：此類卽子卯相刑之迷信禁忌，（詳翼奉傳王先謙補注。）是不可謂其不早。豈謂此等處皆後人增竄之說邪？將錢氏之說，考之有未審邪？

春秋佐助期（佐，一作佑。一期下有占字。）

槃桉書佚，今有古微書，七緯，玉函山房，逸書考，緯攟諸輯本。

『佐』，諸書引同，而後漢書樊英傳注引作『佑』。蓋形近而誤。李淳風乙巳占引占候諸家有春秋佐助期占，則『期』下又多一『占』字。蓋佐助期有占候之說，因之漫衍一字爾。

『佐助』，常辭：

耳目者，心之佐助也。（鬼谷子權篇。）

以佐助邊費。（鹽鐵論本議。）

以佐助百姓。（同上復古。）

（張）博曰，……今欲令（淮陽憲）王上書求入朝，得佐助房。（漢書京房傳。）

佐助琁機。（同上律歷志上。）

神光佐助。（易林屯之升。）

佐助鴻業。（新論譴非。）

皇太后詔曰。……朕且佐助聽政。（後漢書和帝紀。）

皇太后詔曰，……朕且權理，佐助聽政。（同上殤帝紀。）

上疏曰，佐助諸軍。（同上皇甫規傳。）

而刑罰爲之佐助焉。（全後漢文八八，仲長統闕名篇。）

如上例，『佐助』之辭，其在先秦，唯鬼谷子中一見，餘皆出於兩漢。鬼谷子駁雜，然則『佐助』者，豈漢人之常辭邪？

『佐助期』云者，易乾鑿度下曰：

帝王始起，河洛龍馬皆察其首；蛇亦然。其首黑者，人正；其首白者，地正；其首赤者，天正。謹其爰生之甲乙丙丁戊己庚辛壬癸，各居應其國中以動靜逆順。此天地神靈佐助之期，吉凶之應。（殿本頁九）

按『佐助之期』，省稱則曰『佐助期』矣。依乾鑿度此說，則所謂『佐助期』者，天地神靈佐助受命帝王之期會。此期會有吉凶徵兆焉，卽河，洛出龍馬之屬，其首有赤白黑之分；方位則甲乙丙丁之等，各居其國，如甲乙屬東，若甲爲齊，乙爲東夷，王者卽起於此國中。（參考鄭注。）此主卦之說也。今檢春秋佐助期遺文，則星占爲多，蓋讖緯作者以爲，帝王之起，天地神靈所以佐助之者，其道匪一，天垂象見吉凶，是亦一佐助之謂也。而孫瑴則曰：

此主爲炎漢佐命，豫讖其籙，故蕭何之狀現于圖文。當時必併及諸傑，後不傳耳。（古微書，春秋佐助期題辭。）

趙在翰亦曰：

聖王代出，輔佐應期。麟徵漢代，星精勳垂。（七緯，春秋佐助期題辭。）

二氏釋『佐助』，專指漢氏輔臣，以其書有蕭何爲昴精諸等說故。此固亦可備一說。

易是類謀曰：

易姓代出。輔佐應期。（殿本頁五。）

冀州從事張君碑曰：

天挺留侯，應期佐治。（隸釋八）

謂帝王受命，輔佐挺生以應期，時人本亦有此一種觀念。然天地神靈佐助之期，不止一端，已如上述。卽以春秋佐助期之書論，其星占吉凶之兆，如云：『虞舜之時，景星出房』；（御覽休徵部一等引。）云『五星有入軫者，皆爲兵大起』（續漢書五行志等引。）之等，則『佐助』之事，誠亦多矣。何必定限于炎漢輔佐乎？然則孫，趙之論，未免失之于隘。檢佐助期書中又有曹魏之託說，曰：

漢以許昌失天下。（三國魏志，文帝紀注等引。）

按許昌于漢爲許縣；魏氏簒漢，徙都于此，始名許昌耳。書又曰：

漢以蒙孫亡。（同上引。）

按『蒙孫』，易是類謀鄭注以爲『童蒙之孫』，說者謂指孝獻帝。而章炳麟氏管子餘義大匡篇條，謂『蒙孫』亦稱『曹孫』，故讖以『蒙孫』寓曹氏。其說甚博辯。又引華陽國志世祖與公孫述書曰，『漢家九百二十歲，以蒙孫亡』，謂『世祖時嵩兆未箸，故誤解爲漢帝之名蒙孫者，當亡漢室』；又云，『作讖時去春秋近，人人知蒙孫之即曹孫，故以此寓意』。此則非也。讖本自託于曹氏之黨，春秋佐助期此說亦爾。世祖之與公孫述書，必經曹魏史臣之竄亂，（後漢書述本傳載世祖與述書，無此讖文。）常璩乃不能辨而引之。章氏主古文家說，素不信讖，今乃云『蒙孫』之讖世祖之世已有之，何邪？夫佐助期之爲書，已有蕭何星精之傅會，是必其讖作于漢世；乃復贅此曹氏之讖，則其書非一人一時之託，亦可知也。然則孫趙二氏以爲主爲漢劉豫著佐命之勳臣，而忽略其有曹魏之增飾，亦誤也。

孝經援神契（援一作爰。一無神字。契一作挈，一作契，一作嬰。一無契字。）　孝經古祕援神

槃按『契』一作『挈』，張平子碑云，『讖挈圖緯之文』（隸釋一九），此『挈』與讖圖緯文並稱，即援神契之類。（玉燭寶典，稽瑞引援神契，契亦或作『挈』。）是『契』亦假作『挈』。又有作『挈』者，史晨碑，『孝經挈神』（隸釋一），即援神契。玉燭寶典引有神契音義，亦省『援』字。亦有省『契』字者，翟酺譔援神解詁（詳下。）是也。道藏本山海經大荒西經『白丹青丹』下郭傳則引作『爰神嬰』。（畢氏校刊本已改正。）蓋『援』字脫壞，誤作『爰』；『契』『嬰』形近，故易譌也。

『契』之本義爲書契，易繫辭下，『上古結繩而治，後世聖人易之以書契』。謂之書契者，古人之書以木札，書而刻之，故字亦作『栔』，說文刀部，『栔，刻也』，是也。亦假作鍥，或挈，或楔，或契，詳段氏注。

符信之物事亦曰『契』，說文刀部：『券，契也。券別之書，目刀判之，刻其旁』；曲禮上：『獻粟者執右契』，鄭注：『契，券要也』。疏，『契謂兩書一札，同而別之』：此謂兩家各一之書札，分刻其旁，使可兩合而驗，荀子 君道，『合符節，別契券者，所以爲信也』，是也。

由上言之，『契』本爲物事，厥後則亦訓爲契合。蓋契所以合信，凡合信之事理亦有契合之稱者，引申假借之辭也。

神乎言之則曰『神契』，此漢人常辭：

是謂氣神合道，契符上天。(素問遺篇刺法論。)

占天知地，與神合契(後漢書方術謝夷吾傳，班固爲文薦夷吾。)

惟皇太后聖德通靈，與神合契。(袁宏後漢紀十六，永初五年劉珍上言。)

(宋)均曰，衆巫與神合契，知其旨。(風俗通神怪，九江條。)

瓌辭麗說，奇技偉藝，磊落煥炳，與神合契。(崔瑗張衡碑銘，全後漢文四五。)

明略兼洞，與神合契。(蔡邕，太尉李咸碑。　文選，陸機漢高祖功臣頌注引。)

知機達要，通含神契。(蔡邕本集，琅邪王傅蔡朗碑。)

桉曰『神氣』『契符上天』，曰『與神合契』，簡言之則曰『神契』矣。孝經援神契之所謂『神契』，豈其取義于此邪？

孝經緯則何爲而有取于『神契』？檢其書有曰：

元氣混沌，孝在其中。天子孝，天龍負圖，地龜出書，妖孽消，景雲出游。(初學記人事部等引。)

天子行孝，四夷和平。(後漢書謝弼傳等引。)

庶人孝則澤林楙，浮珍舒怪，草秀，水出神魚。(初學記人事部等引。)

諸如此類，謂孝道與天地神明合契，故神則報之以禎祥也。此其義亦有所本。孝經曰：

子曰，昔者明王，事父孝，故事天明；事母孝，故事地察。……天地明察，神明彰矣；……宗廟致敬，鬼神著矣。孝悌之至，通於神明。……(感應章。)

桉『孝悌之至通於神明』，此即孝與神契古義。後漢 蘇順和帝誄辭云：

大孝備矣，閟宮有侐。由昔姜嫄，祖妣之室。本枝百世，神契唯一。(藝文類聚十二引。)

此亦言『大孝』，言『神契』，似可爲孝經援神契名義作一注脚。趙在翰云:『孝通神明，天人契合。援引衆義，山藏海納』。(七緯，孝經援神契題辭。)蓋其說是也。而孫㲄云:

此言孝道之至，行乎陰陽，通乎鬼神，上下古今，若執符契也。(古微書，孝經援神契題辭。)

桉孫氏云『若執符契』，此符契是實物，似與『神契』之解作契合者有別。考楊雄劇秦美新云:

逮至大新，受命上帝。……天剖神符，地合靈契。

『靈』卽神，『靈契』亦卽『神契』。此『契』與『符』對稱，亦如韓非子主道之言『言已應則執其契，事已增則操其符』，二事無疑皆爲實物。大新『靈契』者，由王莽曾矯託符命，故楊氏阿諛之辭云爾也。

復次讖緯之書以『契』名者，援神契以外，更有孝經左契，右契，中契，有詩含握契之等。此其『契』，卽契券，符信，固名辭也。然則援神契之『契』，卽解作名物，使同于『靈契』，左右契之類，似亦未嘗不可。讖緯詭異，用意果何在?今竟不能明也。

援神契之出頗早，『西太守乙卯金』;『五德之運，黃承赤而白繼黃』之文，公孫述引之，(後漢書本傳。)是其書王莽末年已行于世矣。然又云，『十世升平，至德通神』。(文選勸進表注引。)十世者，孝明帝，(易乾鑿度鄭注。)是不無增竄之說矣。又有神仙家言，如云:『椒薑禦濕，菖蒲益聰，巨勝延年，威喜辟兵』。抱朴子仙藥篇引之，以爲『上聖之至言，方術之實錄』。又威喜，巨勝本金丹之一種，用爲盤椀，飲食其中，令人不死。同上書金丹篇詳之。考史記封禪書，李少君亦言，『丹沙可化爲黃金，黃金成以爲飲食器則益壽』。然則此類金丹之說，漢武世已有之。讖緯本方士化之儒者所託，是則援神契中此類神仙思想，流傳有自，此則恐未可遽以晚託之說目之矣。

隋志經籍一，箸錄此書云七卷;日本國見在書目九異家說;通志藝文略孝經讖緯類;焦竑國史經籍志二孝經緯類並同。(阮氏七錄箸孝經古祕援神二卷，蓋卽援神契，省『契』字。各家書目七卷，此獨二卷者。蓋分合有不同也。）其佚，不審始于何時？四庫提要經總義古微書提要云：

顧炎武日知錄又稱見孝經援神契。然援神契則自宋以來不著於錄。殆炎武一時筆誤，實無此書。

今桉明焦竑國史經籍志亦著此書，則不可謂宋以來不著於錄矣。焦志多依舊錄，非全由目驗，豈于援神契亦無例外邪？

又此書隋志以下並云宋均注。宋均，康成弟子。（孝經御製序注正義引宋均詩譜序。）均以前有翟酺者，嘗于安順間譔援神鉤命解詁十二篇。（後漢書本傳。）蓋援神即此援神契；鉤命，孝經鉤命決也。（姚振宗後漢藝文志云：『桉七經緯，孝經有此二篇，而隋志言，七緯之外又有此二篇，似漢時孝經緯有兩本：一在七緯中，一別本單行，其文或不同。翟氏所解詁者，或別本也』。）據華陽國志廣漢人士贊則云，酺著援神經說，而朱彝尊則又引益部耆舊傳，謂此乃酺弟子緜竹杜眞字孟宗者所譔。（經義考二六七，毖緯。）未渠詳也。

與宋均同時有宋衷者，（劉表五等從事，見藝文類聚三八等引王粲荆州文學記。經典釋文序錄，宋衷字仲子，南陽章陵人。　後漢書表傳有宋忠，集解引惠棟曰，衷與忠通。）亦注援神契。均，衷氏同，故二人注易相亂，『如神靈滋液則犀駭雞』一條，注云，『角有光，雞見而駭驚也』，舊輯本並據文選蜀都賦注引作宋衷注。槃檢唐劉賡稽瑞頁三七引『其角光，雞見駭之，今之通天犀也』云云，與蜀都賦注所引雖詳略不同，却正是一事。然彼乃作宋均，不云宋衷。

玉燭寶典五引有神契音義；日本國見在書目九異說家有孝經援神契音隱一卷，不審誰作。

以上諸書，並不傳，唯宋均所注，今有古微書，七緯，玉函山房，逸書考，緯攟諸輯本。逸書考本所得獨多，而槃以易緯乾鑿度鄭注，大戴禮注，（盧辯。）玉燭寶典，稽瑞，燉煌瑞圖殘卷，緯略，張淵觀象賦注，列仙傳，（郭元祖。）五雜俎（謝肇淛。）等校之，所補亦數十事。（巴黎圖書館藏敦煌卷子二六八三號亦引是書，今無由見之。）然未遽即以爲備也。

孝經左契　孝經右契　左右契　孝經左右契圖　左契圖　孝經中契

槊梭諸書佚。左契，右契，中契並宋均注，今有古微書，玉函山房，逸書考，緯擴諸輯本。

左右契圖，隋書經籍志一孝經內事下注云：『梁有孝經左右契圖一卷，亡』。鄭樵通志藝文略孝經讖緯類著錄二卷。蓋梁代已亡，唐以後復出。焦竑國史經籍志二孝經緯類著錄與通志同，但是否此時其書尙存，未詳。

左契圖，唐張彥遠歷代名畫記三：『古之祕畫珍圖，今粗擧領袖則有孝經左契圖』。

以上諸家所據，蓋卷帙有分合之不同，故卷目亦互異。又古籍多有圖，故箸『圖』字。古人省稱，或則其圖已亡，則亦略去『圖』字。如左契，右契圖，當是一事，非二書也。

此云『契』者，指契券。契券者，符信之物事，分爲左右，各執其一，以爲信約，故有『左契』『右契』之目。韓策三，『或謂韓公仲曰，安成君東重於魏而西貴於秦，操右契而爲公責德於秦』。契以右爲尊，左爲下。言執右契，則知其有執左契者矣。亦或作『券』，史記田敬仲完世家，蘇代說陳軫曰，『公常執左券以責於秦，韓』，是也。亦或作符，易林二，大畜之未濟，『符左契右，相與合齒』，是也。然古亦但有左右契，無所謂『中契』。孝經中契云云，其名義未詳。意者其書有三卷，左右之外復有其一，則亦漫曰『中契』歟？

讖緯書說則亦何爲而取義于左右契券邪？易林頤之井曰，『言無要約，不成契券』。蓋託讖緯者神其書說，謂其效驗如左右契之不失要約耳。太平經曰：

> 古有聖賢，但觀可得天敎勅，卽自知優劣矣。願聞敎者，使誰持往（經）文，然或（？）爲其生賢，輔助其治。此若人家將興，必生賢子也。或河洛爲其出應文圖，以爲券書，卽是也。（卷四七）

又曰：

> 吾言乃天明券書，不失也。（卷一一五）

案此經言，信奉天道，則天或應以河圖，洛書，以爲劵書；又以神言『乃天明劵書』。劵書卽『契』書。然則孝經此緯以『契』爲名，則其義可知矣。

由太平經爲東漢間道書，於是槃復連類而憶及神仙家言之抱朴子。考其書遐覽篇，言諸道書有左右契一種，與玉歷經等並列；又袪惑篇記，五原蔡誕言從崑崙還。崑崙有五城十二樓，中有毒獸惡鬼，不帶老君竹使符，左右契者，不得入；又登涉篇云，『道士常帶天水符及上皇竹使符，老子左契……者，鬼不敢近人也』。依此則左右契者，託者以爲老子書也。孝經左右契者，舊以爲經之緯，則是推本孔子之書也。二事似不得相提並論。然而問題有可以提出者，讖緯書，方士所託，多道家言，（別詳拙撰戰國秦漢間方士考論肆。）卽以孝經緯論，援神契中卽不乏道家之說，如抱朴子云，左右契可辟邪神惡鬼，而援神契亦云：

欲去惡鬼，須具五刑，五人持大斧，著鉄兜鍪驅之，常使去四十步，不可令近人。（書鈔兜鍪等引。）

此文不見于今輯本之孝經左右中契中。然援神契與左右中契之說，大都重複互剿，因之槃疑此必左右中契中舊文，左右中契已佚之，而援神契獨得保存至今耳。果爾則所謂老君左右契，與孝經左右契，實關係密切。豈其書本出道家，方士化之儒者竊襲其說，附之孝經，故以爲孝經緯邪？將其書本依託孝經以行，道家割裂其說，特託之老子，故又有老君左右契之目邪？考袁宏後漢紀二六，紀王允奏太史王立說孝經六隱事，令朝廷行之，消卻災邪，有益聖躬。靈帝詔曰：

聞王者當修德爾，不聞孔子制孝經有此而卻邪者也。

案孝經左契云：

元氣混沌，孝在其中。天子孝，天龍負圖，地龜出書，大孽消滅，景雲出遊。（藝文類聚一等引。）

云『大孽消滅』，此所謂『消災』也；前擧『欲去惡鬼』之例，此所謂『卻邪』也。然則孝經六隱事，似與孝經左右契之內容無殊。果爾則孝經緯中之有此類思想，至遲自東京晚季已來則旣然矣。

得家報，生慈旣于一月廿五日（農曆去臘初八日）晚見背矣。天地間，槃今遂爲無父無母之孤兒矣。父兮生我，母兮鞠我，生不能事之以禮，沒不能葬之以禮。南北東西，轉徙流寓，守闕抱殘，徒空文自託。欲報之德，此德罔極。哀哉已矣，雖有百身，亦何贖矣。民國卅八年三月十七日稿竟，因泣志。

出自第二十二本(一九五〇年七月)

故宮藏拳亂史料註釋

吳 相 湘

庚子（光緒二十六年公元一九〇〇年）義和團之亂，爲中國近代史上一大關節，亦慈禧政治生命史上禍國達於極峰之紀錄，女主一念之差，幾陷我民族於萬劫不復之境，其影響固尙及於今日也。

抑就歷史之研究言，此不僅爲一重大事件，更爲一困難問題。蓋其事關係九國，各國之立場觀點與政策各異，又以七八種語言文字記述出之，其分歧差異，固在意中。復因若干國家史料，迄未完全公開，故今日欲求排比此役之史料，不僅難以爬梳，抑且不足引證；而其最爲困難者，卽事件主角之清庭，爲諉卸責任，曾大事改竄史料是也。

就同治光緒兩朝實錄所記，吾人已知每遇重大事件，慈禧輒喜用改竄起居注之方法，以掩亂天下後世人之耳目。今玆拳亂，旣爲共一生最荒謬之罪行，當然更難例外，故光緒二十六年十二月二十六日上諭：「着內閣將五月二十四日以後，七月二十四日以前諭旨，彙存聽候查明矯擅各旨提出銷除」。以是淸代之官書中均諱莫能明矣。

官書旣失之諱，私家記載遂不免失之誣，卽如此項銷除之上諭，敎會刋行之拳時上諭，拳禍記，與其他書籍所載，時日文字，又不盡相同，其他更可想見。

抑不特此也，自乾隆以後，淸庭輒喜改削前朝實錄以爲祖先諱，此習相沿至淸亡國後而未改——余曾以北平故宮博物院現藏紅綾大字本德宗實錄寫本（下簡稱紅本）與溥儀在滿洲僞國影印行之黃綾本（下簡稱黃本），互相校讎，結果發現兩本又有若干差異。其有關拳亂部份，余曾撰「淸德宗實錄本紀的正本」一文，刋於大陸襍誌第二卷第十二期（中華民國四十年六月三十日在臺灣出版），此不贅陳。簡言之，卽紅本中於拳亂眞像有時尙顯露一二，而黃本則經再三之改竄，早非本來面目矣。

故宮藏本實錄雖較勝於他本，但五月二十四日以後銷除之諭旨以及有關摺件，仍付缺如，欲明眞相，是惟有求之故宮檔案——但不幸自民國二十二年，宮中檔案及軍機處檔案因避寇南運保存以來，二十年中，數千檔箱，東遷西運，迄未暇一加整理，以是發佈檔案之權威刊物『故宮博物院文獻叢編』，除於第八、九、三十四至四十六輯中刊佈軍機處檔卷之光緒庚子辛丑電報外，他無文件發佈。抑此項電報，又係起自光緒二十六年八月初八日西狩太原途中，以及辛丑議和時期；至反映庚子歲初夏拳亂始作時宮庭應付處置眞相之各種諭摺，仍未之見，斯誠治近代史者一大憾事。

抗戰勝利以後，民國三十六年，三十七年，余兩次赴平，訪晤故宮文獻館諸君，藉悉抗戰八年中整理文獻工作，未嘗稍輟，遺留宮中之各種零星凌亂檔案，經初步整理後，發現頗多珍貴史料；余聞言大喜，亟請檢閱目錄卡片，竟發現有關拳亂之密諭密摺頗多，因主事者之熱心協助，調閱借抄，迄三十七年冬，北平圍城時，所得近二十餘件，乃挾以南飛，又輾轉携來臺灣，今所發表者，卽其中一部份也。三年以來，余雖曾利用各種機會以尋求有關參考資料，但因臺省各處藏書類多日文者，中文書刊尤其近年出版物多付缺如，故有若干抄件，因參考書之缺乏，無法引證註釋未克公開，卽今所發表者，亦自知註釋未必完備，但今年爲拳亂五十周年，撫今思昔，感慨良多，特就所知分成數題，以成此篇，藉示紀念；拾遺補正，當有俟於他日矣。中華民國四十年七月吳相湘記於屏東旅邸。

本文目錄：

一　庚子軍務檔與劉家模等密摺

有關拳亂諭旨，旣自官書銷除，其因此而發生之最大問題，卽各種事件發生之時日，野史筆記均多紛歧錯雜，事件眞相，遂益掩亂。今幸故宮文獻館發現庚子軍務檔一冊（檔字八三四號），乃抄集庚子歲五月二十日以後各種有關拳團諭旨者，就其內容觀察：如五月二十七日，命各省地方迅卽編練義和民團上諭七件，其中「民團」上首「義和」二字均加增於行外，並於眉端註「硃添」二字、意卽表明此二字乃硃筆增加。

由此可見當時慈禧迷信義和團之深，不以北數省受其擾亂爲滿足，尙有意將「紅拳」普遍於全國也，抑此軍務檔乃當時據上諭原件抄輯而成，亦由此得其確證。

王希隱淸季外交史料後附西巡大事記，編者自謂乃隨扈當時所抄輯，論者頗有謂共誇張炫人者，今以庚子軍務檔一與此對，則益見大事記中各事件之繫日多所錯誤，如其卷一第六十九頁載有五月二十八日因直督裕祿二十三日諱敗爲勝誇言拳團力量奏報而頒發激勵拳民之上諭——「所有助戰之義和團人民，不用國家一兵，不糜國家一餉，甚且髫齡童子，亦復執干戈以衞社稷，該團民萬衆一心、有此義勇，著先行傳旨嘉奬，爾團民等惟當同心戮力，禦侮效忠，終始勿懈，有厚望焉」——據軍務檔載乃五月二十五日之事，同時並又諭：「前諭令馬玉崑攻勦拳民，現經國家招撫，而又連日協助官軍得獲勝仗，此類義勇，馬玉崑當聯絡一氣，切勿誤會前旨，是爲至要」。對外宣戰詔亦於同時發表，大事記中未見諭馬玉崑之旨，而將激勵拳民之諭繫作五月二十八日，宣戰詔列六月初一日，實大誤，蓋五月二十五日實爲拳亂一劃時期之重要時日，宮庭態度從此堅決而毫無回顧，此中關鍵均在裕祿一奏也。

抑據軍務檔知五月二十五日：「軍機大臣面奉諭旨，着派左翼總兵英年，署右翼總兵載瀾會同剛毅辦理義和團事宜欽此」，是爲欽派人員辦理拳團之始，而二十七日又有諭云：「義和拳駐京師天津未便無所統屬，着派莊親王載勛協辦大學士剛毅統率並派左翼總兵英年右翼總兵載瀾會同辦理，印務參領文瑛着派爲翼長，督飭團衆努力王室，同仇敵愾，總期衆志成城，始終勿怠欽此」——先是，二十五日已派載勛任步兵統領，今又以之統率拳民，蓋更進一步以求兵團合一矣。——西巡大事記於此諭旨未列月日，教會編行之拳禍記繫此諭於「六月初六日」，崇陵傳信錄作「六月詔莊王」云云均誤。

宮中又有密摺多件，足以說明親王出任統率拳團之由來者，因爲他書所未見，特錄存於下：

「爲拳教搆難，擬請招集各團申明紀律，官爲節制，以扶兵力而順輿情，恭摺仰祈聖鑒事：竊臣維天下意外之變，雖聖哲不及防，人心義憤之存，雖懦夫必求洩，如近日各國教堂林立，原夫傳教之始，亦託名勸人爲善，而今之入教者，直不啻倚勢作惡，平民受其欺凌，訴於官而官不能伸，以此民教相仇，至有今日拳團之警，始於戕武員燒鐵路，焚敎堂屠殺敎民敎士，屢奉嚴旨查拿，飭令解散，猶復衆人洶洶，並將城內各敎堂敎民居房。迭次焚燬，最甚者二十日正陽門外一炬，市面精華盡爲焦土，但無搶殺良民之案，又難遽以匪之名加之。嘗有自鄉團來者，臣詳加詢問，進以踩訪略得其大概情形，敬爲我皇太后皇上縷析陳之：聞義和拳由僧授法，本神道設敎之意，取八卦方位分立各門，敎人立壇供奉，練習拳術，誦其咒語若有神附，至一百零八日而成，其法如掩槍砲避刀矛，煉光爲火，幾疑於怪誕不經，然以武侯借風，蚩尤作霧之類推之，亦未必毫無憑信；况夫心者人之神明，神依人而行，隨心爲用，至誠故能相感，方今天下强鄰虎視，中土已成積弱之形，人心憤激久矣，每言及中東一役，愚父老莫不愴然泣下，是以拳兵倡義，先得人和，爭爲投鏤輸粟，倡始山東，盛於直隸，現傳及各省，所至之處人多贏糧景從，父兄莫可拴束，妻子不能阻挽，獨悻悻以殺敵致果爲心，固知怪力亂神，聖人不語，特念當今時局，利權在外，庫帑中虛，餉絀兵單，自强非易，伏思深宮宵旰，正不知若何憂勞，而議賑蠲租殷殷愛民之心，尤有加無已，其或天祐下民，集衆力以圖報耶？所慮拳團四散，人無統屬，官乏稽查，設游匪奸民，冒名作亂，貽害恐非細小，臣聞彰義門永定門外，久有充義和團殺掠行路者，城內各街巷亦有夜間叫門，托名捕敎擾害居民者，且良莠不分，將來亦難收拾，相應奏請密旨，特簡王公大臣一員爲督辦民團大臣，官督民辦，已練成者點名入冊，發給名牌，四路各立團紳，每路擇一領帥，俾資專閫，各直省責成督撫推廣辦理，務使聲氣聯絡，互相貫注，有事聽朝廷徵調，酌賞錢糧，無事悉遣歸農，免其徭役，如此寓兵於民，强國之道在是，臣愚昧之見，是否有當，謹恭摺密陳，伏乞皇太后皇上聖鑒訓示」。

按上摺爲山東道監察御史劉家模於五月二十七日奏上，同日浙江道監察御史攀桂亦上奏：「請收撫拳團，並更名爲神武軍」，其疏曰：

「竊自咸豐十年庚申歲洋人五國來京，城下之盟，迄今庚子垂四十年矣，中國允其傳敎，而敎民仗勢欺民，於是民敎爲仇，結不可解，此人事也。若論神道，中華三敎亘古於玆，固無所謂天主敎者。我朝定鼎以來，卽奉儒釋道三敎，今奉天主敎，則三敎不幾乎息矣，於是上帝震怒，飭下神兵，附於衆民，焚毀敎堂，戕戮其教民，雖然洋人逞刁，豈能於我國家甘心？奴才愚見，就此收撫義和團，更其名爲神武軍，卽請旨飭派委員督帥經理，分按八卦結爲營制，乘此暇豫，及時操練，免得雜亂無章，以備洋人秋日必犯中原，爾時兵勇大集，正可與之大戰，勝負雖不可預知，大概有此臂助，總可與之抗衡。如遇三省有事，亦可以留一半拱衛京畿，分一半與俄人交戰。幸邀神助天津海口水退沙現，外船不得進口，洋兵莫能登岸，此天意也。時令如此，請皇太后皇上勿庸憂心，執此一定之見於上，而諸臣等操持於下，庶可有濟，若能由此將洋人驅逐淨盡，各省海口除通商而外，別無所事，豈不甚善！奴才管見所及，是否有當謹恭摺具陳伏乞聖鑒」。——宮中摺包中同此意義之摺件甚多，此不贅陳，劉疏所謂「人無統屬，官乏稽查」，請「特簡王官大臣一員爲督辦民團大臣」，適正合宮廷主意，故奏上，卽日詔派莊親王等統率也。

二　宣戰詔原文

五月二十五日，清廷發佈之對外國宣戰詔書，旣於事後彙案銷毀，不見於官書實錄，京報邸抄又因戰亂損毀而少保存。各家筆記所錄，措辭文字遂不免歧異百出：陳恭祿中國近代史下册第十一章附註一曰：「嘗校所見詔文，措辭頗有出入，此據六十年來中國與日本第四册七八頁所載，該書未註明其錄自何書，然據作者觀察較爲忠實」，陳恭祿同書第十九篇史料之評論又云：「吾人現無邸抄官書校正，宮中當有原諭，疑亦遺漏」。今按「庚子軍務檔」載有當時詔諭原文，玆錄於下：

「上諭：我朝二百數十年，深仁厚澤，凡遠人來中國者，列祖列宗罔不待以懷柔。迨道光咸豐年間，俯准彼等互市，並乞在我國傳教，朝廷以其勸人爲善，勉允所請，初亦就我範圍，遵我約束，詎三十年來，恃我國仁厚一意拊循，乃益肆梟張，欺凌我國家，侵佔我土地，蹂躪我人民，勒索我財物，朝廷稍加遷就，彼等負其兇橫，日甚一日，無所不至，小則欺壓平民，大則侮慢神聖，我國赤子仇怨鬱結，人人欲得而甘心，此義勇焚燬教堂殺教民所由來也。朝廷仍不肯開釁如前保護者，恐傷吾人民耳，故再降旨申禁，保護使館，加恤教民，故前日有拳民教民皆吾赤子之諭，原爲民教解釋夙嫌，朝廷柔服遠人至矣盡矣。乃彼等不知感激，反肆要挾，昨日公然有杜士蘭照會，令我退出大沽口炮臺，歸彼看管，否則以力襲取，危詞恫喝，意在肆其披猖，震動畿輔；平日交隣之道，我未嘗失禮於彼，彼自稱教化之國，乃無禮横行，專恃兵堅器利，自取決裂如此乎？朕臨御將三十年，待百姓如子孫，百姓亦戴朕如天帝，況慈聖中興，宇宙恩德所被，浹髓淪肌，祖宗憑依，神祇感格，人人忠憤，曠代所無；朕今涕泣以告先廟，慷慨以誓師徒：與其苟且圖存，貽羞萬古，孰若大張撻伐，一決雌雄！連日召見大小臣工，詢謀僉同，近畿及山東等省義兵，同日不期而集者不下數十萬人，下至五尺童子，亦能執干戈以衞社稷，彼仗詐謀，我恃天理，彼憑悍力，我恃仁心，無論我國忠信甲冑，禮義干櫓，人人敢死，即土地廣有二十餘省，人民多至四百餘兆，何難翦彼凶焰，張國之威。其有同仇敵愾，陷陣衝鋒，抑或尙義捐資，助益餉項，朝廷不惜破格懋賞，獎勵忠勛。苟其自外生成，臨陣退縮，甘心從逆，竟作漢奸，朕即刻嚴誅，決無寬貸。爾普天臣庶，其各懷忠義之心，共神人之憤，朕實有厚望焉，欽此」。

今以此與陳氏所引錄認為比較忠實之詔文相校讎，仍可發現下列八點差異：①俯准彼等互市句，陳錄無「俯」字。②並乞在我國傳教句，陳錄乞字作求字。③初亦就我範圍句下，陳錄無「遵我約束」四字。④此義勇焚毁教堂屠殺教民句，陳錄無義勇二字而多一則字。⑤朝廷仍不肯開衅句陳錄無肯字，衅字作釁字。⑥百姓亦戴朕如天帝句，陳錄帝字作地。⑦彼憑悍力我恃仁心句，仁字，陳錄人字。⑧抑或尙義捐資句，尙字陳錄作仗字——雖差異不過一二字，然其輕重份量固大有別也。

宣戰詔中有「昨日公然有杜士蘭照會」云云，陳恭祿中國近代史第十一章附註第二有云：「杜士蘭原名 Du Chayeard 時為法國天津總領事，要求大沽口炮臺交出，為列强海軍大將採取之行動，直向守將提出，蓋與之無關，朝廷似無正確報告，抑杜士蘭亦向直督要求耶？尙待證明」。以今論之，此一疑問實易解答，蓋故宮藏庚子軍務檔記載有云：

「軍機大臣字寄直隸總督裕，直隸提督聶新疆喀什噶爾提督羅，光緒二十六年五月二十日奉上諭：現在各國使館已飭榮祿派武衛中軍認眞保護，明降諭旨矣；此後各國如有續到之兵，仍欲來京，應即力為阻止，以符張翼等與杜士蘭約定原議；如各國不肯踐言，則釁自彼開，該督等須相機行事，朝廷不爲遙制，萬勿任令常驅直入，貽誤大局，是爲至要，欽此，遵旨寄信前來」。

又五月二十三日，總理衙門致各國公使照會云：「爲照會事，現據直隸總督奏報稱：本月二十一日法國總領事杜士蘭照會，內稱各國水師提督統領，限至明日早兩點鐘將大沽口各砲臺交給伊等收管，逾此時刻，卽當以力占據等語，聞之殊爲駭異，中國與各國向來和好，乃各水師提督遽有佔據砲臺之說，顯係各國有意失和，首先開衅，現在京城拳會紛起，人情浮動，貴使臣及眷屬人等在此使館情形危險，中國實有保護難周之勢，應請於二十四點鐘內帶同護館弁兵等，妥爲約束，速卽起行前赴天津，以免疏虞，除派撥隊伍沿途保護，並知照地方官放行外，相應照會貴大臣査照可也」。

由此一例證，足見庚子軍務檔等之史料價值，設若早日整理刊行，當可節省學人若干不必要考證之時間精力也。

三　欽命統率義和團王大臣佈置團務情形咨奏

五月二十七日，朝旨旣派莊親王統率義和團矣，莊王受命以後之措施部署如何？又其用以對外之名義如何？凡此種種，因官書失之諱，私籍流於濫，故迄今仍爲硏究拳亂史實者注意之問題，玆幸故宮文獻館在內閣大庫舊檔中發現庚子六月二十六日「欽命統率義和團王大臣」咨內閣公文一件粘附其布置義和團大概情形原奏，當時眞相乃得顯露一部份。

按該咨原件首頁銜名「欽命統率義和團王大臣」十字，係用一英寸寬五英寸長正楷黑油墨木刻條戳鈐印，下鈐一三英寸寬四英寸長之長方形關防，紅油墨色模糊，印模不淸晰，似爲漢滿文合璧者，由此可見此一銜名卽爲莊王等用以對外之正式名義，蓋「團由義集」不能「官派過重」也。玆錄其原文於下：

欽命統率義和團王大臣　　爲

知照事

本王大臣具奏布置義和團務大概情形等因一摺，於光緒二十六年六月初四日奉

旨知道了欽此，相應抄錄原奏咨行

貴衙門査照可也

計粘連原奏一紙

右咨

內閣

光緒二十六年六月二十六日

奏爲遵辦義和團務，謹將布置大概情形，恭摺具陳仰祈

聖鑒事：竊奴才等奉

命會同辦理義和團務，當於五月三十日奏派翌長桂斌摺內聲明督飭該員會同

翌長文瑞，迅將團務悉心經理，俟妥定章程，即行詳細

奏陳在案。伏思義和團之興，雖由

神道，實出輿情，奴才等受

命統率，懼弗克勝，惟有各盡天良，和衷共濟，期堅衆城之志，略紓宵旰之

憂，至統率之方，惟有因民之所欲，寓以兵法，部勒之而已，若概以成例拘

之，則蔑有濟矣，奴才等現集之團計有數萬之多，剴經設法拊循，幸均

就範，當飭該團等隨同官兵，先行攻剿住京洋館，一俟洋館肅淸後，再

由奴才等妥籌良策

奏明辦理。此外未集之團，應即聽其自練，守衛鄉里，不便强爲招致，以

順衆志，而免拘牽，至應立章程，飭由翌長桂斌文瑞悉心酌定，奴才等復

加査核，尙屬簡易可行，謹將現擬章程四條，敬爲我

皇太后

皇上陳之

一、總壇宜設也：査義和團之興，始自山東，徧及各省，敎由神道，團

各請壇，均於本地選人守壇，是其通例，現在奴才載漪府第添設一壇，

爲各團總會之所，擇外團之學力素優者參以在團官員派令守壇，以資聯

絡，而便調遣，新團投到者，自應責令詳査，分別收錄，其有練拳未久，

輕率團結藉端滋事，或游手匪類詐冒義勇，意圖乘變取財者，亦應分別

嚴拿解散，庶群情易達，而膺鼎自分矣。

一、五鎮宜分也：團民衆集，聚居既無便地，分置又難周查，現按東西南北中分立五鎮，由奴才等分領之，無事卽便分管，有事仍應合辦，庶鈐制較密而呼應亦靈矣。

一、捐輸宜勸也：京外各團，向係自備資斧，惟外團來京者，裹糧有限，人地生疏，自籌口食，似多未便，若請款計授，不惟後難爲繼，且無以副義舉而伸衆志，現由奴才等勸捐銀米，以供軍糈，倘有不敷，再行請旨設法籌辦，庶軍食有資，而士氣亦奮矣。

一、文案宜設也：凡治軍以文案營務糧餉爲重，此次辦團既與向來軍務不同，自未便拘執成法，致涉舖陳，且團由義舉，費係公捐，若必處處求備，官派稍重，勢無以激發民心，現擬先設文案一處，其營務糧餉均於文案統之，俟團有增益，或出軍攻剿，再行隨時增設，其各項委員卽由奴才等調取，以資臂助，並不支給薪水，庶同心努力，而群情洽矣。

以上四條，均係團務目下切實辦法，現旣集團剿洋，惟有動之以忠義，不以勢力決其防，感之惟情，不以意見敗乃事，冀以下齊衆力，上播

皇威，除未盡事宜俟奴才等隨時妥籌另行

奏明辦理外，所有義和團務布置大概情形，理合恭摺具陳，伏乞

皇太后

皇上聖鑒

訓示遵行。謹

奏請

旨。奉

旨：「知道了欽此」

按莊親王等受命統率義和團後之文件今見諸記載者，有崇陵傳信錄一件：『載勛誣奏立山家有地道通西什庫，潛爲接應，故教堂久不下，矯詔率拳匪至酒醋局第中，大索無所獲，乃囚之，詔文荒誕鄙俚，官文書所不載，特錄存之，以爲此詔非出宮廷之證，其文曰：「欽命義和團王大臣奉懿旨，聞戶部尙書立山藏匿洋人，行踪詭秘，

著該大臣查明辦理，該大臣至該尙書宅搜查，並無洋人，當將該尙書拏至壇中，焚香拜表，神卽下壇，斥以勾通洋人，行踪詭秘，該尙書神色倉皇，着卽革職交刑部牢圈監禁，倘有疏虞，定爲該王大臣是問』。又當時外國使臣似亦曾收集一件——據光緒二十六年十一月初四日，全權大臣奕劻寄軍機處電云：「俄格使來密談……其會銜出示統率拳匪之莊剛英瀾曾出有賞格徧貼衢，殺洋人一賞五十兩，洋婦四十兩，洋孩三十兩，其告示爲各館揭去，尤深痛心」。(文献叢編二十六年第一輯)，是欽命統率義和團王大臣之告示曾經外使揭去，然同月十四日，奕劻等電又謂：「查步軍統領六月初二日懸賞告示，生擒洋人分别給銀，自係莊王主持」(同書第二輯)，似發佈懸賞告示者之銜名乃步軍統領，前後互有矛盾——然深究之，則外使之言殊不誤，蓋其時莊王原職爲步軍統領，又奉欽派統領拳團，一人兩職，奕劻爲圖諉卸宮廷指使拳團擾亂之責任，避實就虛，乃故意著重其原來職稱，外交辭令不得不爾也。

今以咨文原件與崇陵傳信錄引錄文件相比對，卽可見傳信錄所記銜名顯有錯誤，而奕劻電報外使所指告示銜名又含混不明，且兩者內容又僅及單一事件而無關全局，是其史料價値如何，無待煩言；此一咨文則係當時原件，且爲載勛等佈置團務全局之概述，其區分調度餉項措施等一切規模均縷析可見，謂爲載勛等受命統率拳團後之惟一存世原始文件，要非誇言，今玆公開刋佈，野史私籍中各種紛歧之記述，可據此更正矣。

按原奏謂「現集之團計有數萬之多」，「刻經設法拊循，幸均就範」，按之當時上諭，實粉飾之言，蓋據庚子軍務檔載六月初五日，(卽此奏上陳之翌日)，上諭卽對拳團無紀律嚴加誥誡，諭文曰:「前因義和團民皆以忠勇爲名，自應深明大義，原冀其戮力報効，藉資折冲禦侮之用，乃近日京師附近莠民，多有假托義和團之名，尋仇刼殺，無所顧忌，殊屬不成事體，如不嚴加分别，恐外患旣迫，內訌交乘，大局何堪設想？所有業經就撫之義和團民，卽着載勛等嚴加約束，責成認眞，分别良莠，務將假托冒充義和團藉端滋事之匪徒，驅逐凈盡，倘仍有結黨成群，肆意仇殺者，卽行拏獲，按照土匪章程懲辦，以靖地方，切勿因循寬縱愈滋紛擾」；而六月十九日上諭更以「義和團民爲國宣力，人數旣衆，良莠不齊，甚且有意尋仇，肆行無忌，本月竟有僞義和團戕殺副都統慶恒眷屬一案，當經該統率王大臣查明將該僞團正法五人，乃聞尙有人嘵嘵不已，竟將慶恒凌虐至死，殊屬不知法紀，着該王大臣確切查明，務將眞正義和團衆令其恪守戒規，義以合衆，其有匪徒僞托義和團之名，尋衅焚殺，着照土匪之例，卽行懲辦，經此次淘汰後，義和團之眞心向善者，益當愛惜聲名，同心禦侮，其僞託之匪徒，自無所逃於顯典，從此涇渭攸分，當亦該團之所深願也」爲言，可見當時眞相。而羅惇曧所謂「義和拳旣縱橫都下」，「專殺自如」，「載勛剛毅不敢問，載漪素暱慶恒，不能庇也」，足證玩火者自焚其身！

又原奏云：「當飭該團隨同官兵，先行攻剿住京洋館，一俟洋館肅清後，再由奴才等妥籌良策奏明辦理，此外未集之團……不便强爲招致」，尤足見載漪載勛輩之無遠大計劃——惲毓鼎有謂：「義和拳爲邪教……朝廷所以信之者，意固別有所在，邵陵高貴之擧，兩年中未嘗稍釋，特忌東西鄰責言，未敢倉卒行，載漪又急欲其子得天位，計非藉兵力懾使臣，固難得志也，義和拳適起，詭言能避火器，以仇教爲名，載漪等遂利用之以發大難」……「當宣戰之日，固逆計異時之必歸於和，使館朝夷，皇位夕易矣，大事旣成，盲風怪雨不轉瞬而月星明槪，雖割地以贖前愆，亦所不恤，無如一勝之不可倖邀也，天也」，（崇陵傳信錄），載漪輩心理如此，宜乎只計及攻剿使館而已。

勝利旣不可倖邀，聯軍且進陷京師，兵力旣未能「懾使臣」，故使臣仍欲干涉清廷內政，據光緒二十七年十月十四日張之洞致軍機大臣鹿傳霖電云：「九月內，德穆使自京來鄂晤談，擇密室屏人密語，問曰：大阿哥之本生父端王（載漪）經各國加以重罪，不知大阿哥將來究竟如何？言語甚多，大率深不悅而已，此事甚難對，當卽答曰：『此大事臣下不敢知，但聞皇太后近來因大阿哥不好學，深不喜大阿哥而已』，本擬卽行密陳，因近日道路傳聞，朝廷於此事將有擧動，則爲外臣者於此等事自不宜妄言，且上意已定，更不必再言，但恐朝廷或詢樞廷諸公疆臣中有所聞否，若不將德穆使此語奉達，朝廷萬一責疆臣以有聞不告，則更不能當此咎，故謹以密陳，如朝廷問及則請以此語轉奏，如不問則不必矣，敢請密告榮相，懇其妥酌至禱」（見西巡大事記，至庚子西狩叢談載與永曾爲大阿哥事面奏太后，似過於誇張，今不採錄），可見外使之態度而大阿哥又玩劣無狀，在西安且携數內監至劇院，其父戍邊亦無戚容，慈禧因下詔斥退出宮，回鑾後閒居京師（拳亂餘聞）；其結局如此，要爲幸事，然國族蒙羞，生靈塗炭，却無法補償矣。

四　鄭炳麟及長萃密摺

宮中密摺包內存有報告當時軍情之奏件甚夥，雖不免有誇張粉飾之作，然能說明眞相者亦不少，如庚子五月三十日江西道御史鄭炳麟之奏曰：

「爲甘軍玩誤軍情，遷延觀望，請飭剋期進攻，以除遺孽而靖人心，恭摺仰祈聖鑒事：竊洋兵進城，爲萬國公法所無，仰賴宸謨乾斷，協助義團先淸內患，同禦外侮，伏査洋兵入城者不過四五百人，西司庫教堂撥去五十名，孝順胡同教堂撥去二十五名，順治門內教堂撥去二十五名，所留不過四百餘人在東交民巷，乃自廿三四日甘勇卽在霞公府巷內放槍雕剿，廿五日辰刻義和團拳民衝鋒冒鏑，當子彈如雨之中，蜂擁齊入，趕至法國府門首，洋人婦女赤身露體，冲破神術，亡者無幾，受傷者約二三十人，均由二條胡同僱車拉同醫治，廿六日等日，甘軍盡夜施放槍砲，互有傷亡，目前洋樓洋房焚毀業已殆盡，洋槍洋砲日夕不聞響聲，此乃最好機會，如魚游釜中，燕巢幕上，窮蹙已極，若再退縮不前，遲延時日，困獸猶鬬，斷無延頸受誅之理，卽使援兵不至，一旦陡生神智，豕突狼奔，縱有兵勇堵禦，而遁逃四散，人民受害曷可勝言？自廿五六兩日，甘勇焚殺搶掠，情同叛逆，附近東交民巷一帶，假拏教民爲名，無一不被搶之家，臣寓二條胡同被搶者廿餘家，受傷而死者若劉姓董姓周姓三家共計十八名口之多，卽臣寓亦被踹門兩次，據理與爭，幸而得免；當此洋船在外，洋兵在內，若不速淸內患，任其徘徊觀望，此等兵勇，以之禦敵則不足，以之殃民則有餘，百萬身家性命，其將何以聊生耶？應請旨飭下統兵大員，剋期進兵四面兜圍，一鼓殲除，勿留餘孽　隨卽乘勝赴津，同禦大敵，早報捷音，生民幸甚，大局幸甚」。

又六月十三日，倉場侍郞長萃奏曰：

「爲遵旨籌辦通州防剿事宜，擬請派兵先淸城郊教民，並請添募練勇兩營，以輔團民而資防範，謹將籌議所及，恭摺具陳仰祈聖鑒事：竊奴才於六月初九日亥刻承准軍機大臣字寄，光緒二十六年六月初九日奉上諭：「劉恩溥奏通州地方緊要，請派員辦理防勦事宜一摺，通州爲入京水陸通衢，地方緊要，着卽派長萃就近招集義和團民扼要防範，如有敎民聚衆滋事，隨時勦捕，以靖地方，而固門戶，餘依議，將此各諭令知之欽此」。奴才欽奉之下，感悚莫名，伏念奴才一介書生，未嫻軍旅，當此時勢艱難，敢不竭盡駑駘以圖報効，當卽傳集在城地方文武，密切籌商，又復詳加斟酌，合以通州目下緊迫情形，有不能不先行勦捕以靖地方，並以後召集民團，亦不能不藉資兵力者，謹就見聞所及，爲

我皇太后皇上陳之：

奴才久聞東路敎民，各縣俱有，而寶坻縣屬之大日屯，通州屬之賈家疃兩處，築圩掘壕，防守甚固，實爲肘腋之患，近日大日屯敎民時出肆擾，焚燒村莊，居民異常惶駭，義和團民結隊往攻，復爲所敗，適分統武衞左軍右路等營李大川部領三營由薊赴津，道出寶坻，經地方百姓迫切攀留助勦，初六日已四面合圍，可期撲滅，而賈家疃附近州城雖跧伏不出，而深溝高壘，儼同敵國，實已不堪勸諭，近復有逃兵携帶軍器，竄入其中，已聚有數千人之多，誠恐將來或爲敵人內應，在奴才未經奉到寄諭之先，初九日淸晨，團民已聚衆萬餘進攻賈家疃，至晚紛紛敗歸，受傷者百餘人，據稱敎民槍砲甚多，不能進步，初十日復攻亦不得利，十一日雖將南面攻破，而洋樓巍然，其中污穢喪葬之物甚多，團民又無槍砲，斷難取勝，奴才以爲攻打洋人敎匪，必兵團相輔而行，事乃有濟，若不設法接應，團民一散，敎匪必出而相讐，州城守備空虛，爲害不可勝言，應請飭下大學士榮祿無論如何爲難，抽調砲隊一營，輔以步隊一二營，迅速來通助勦，得以淨絕根株，免生後患，一俟該疃蕩平，仍令該營回京，聽候調遣，近患旣除，奴才始可召集團民，扼要防範。惟師出以律，號令宜嚴，欲其守禦有效，必須訓練有素，團民以神道設敎，本不受官長之約束，招撫之初，亦第羈縻其衆，俾勿生意外之虞，往來悉聽其自由，粗率已成爲習氣，奴才惟有親赴各團開誠佈公，曉以忠義，因勢利導，或可就我範圍，現徑奴才設立團防總局，揀派官紳，會同辦理，以期聯絡一氣；但習氣旣深，一時亦未敢期其必化；而且拳勇必恃神道，利器毫無，紀律難言，步伐何有？若不輔以兵力，誠恐一旦遇警，終難恃以爲安。查通州協標只有官兵二百人、東路捕盤營兵馬步只有

六七十人，平時技藝尙經練習，惟以餉糈太薄，不能專意操防，現擬仿照武衛中軍馬步營制，添加口糧，汰弱留強，俾得認眞操練，此外再就義和團內挑選年力精壯，情願恪守營規者，編作步隊二營，如人數不足，再由附近招募，均照武衛中軍營制辦理；如蒙兪允，查有通州協副將史濟源秉性忠誠，久經戰陣，堪勝統帶之任，東路同知劉焌精明穩練，熟曉戎機，堪以參贊軍務，從此認眞訓練，扼要駐防，用團民以禁制洋人槍砲，用兵力以防洋人之禁制團民，庶可靖地方而固門戶，所有加餉薪餉並制辦旗幟號衣鑼鍋帳棚採買士藥及貼補團民行糧養傷等費，均擬遵照臣劉恩溥奏准之案，先由通濟庫挪用，俟軍務稍平，再由直隸督臣設法歸款以重庫儲，惟槍砲子藥爲行軍要需，現時天津製造局，悉爲洋人所據，無從籌備，應請飭下大學士榮祿直隸總督裕祿勻撥後膛開花克鹿卜砲八尊，格楞快砲四尊，洋槍八百桿，多配子藥，以備操防，又恐來源不繼，不得不藉資鄰省，聞湖北山西河南皆有自製洋槍，及後膛抬槍銅帽子藥等件，並請飭下湖廣總督張之洞，山西巡撫毓賢，河南巡撫裕長，速卽多籌槍砲子藥遴派妥員，解交通州西街團防總局，以資應用，所有奴才籌備議招團練勇，並請接濟軍火，以資剿捕各緣由，謹專摺具陳」。

按鄭炳麟爲力主利用民氣以抵抗「夷人」者，其上奏此疏之出發點，乃導源於希望過切，非因立場不同而故意誣陷甘軍，今以實地之見聞上奏御前，宜受重視，然而竟「留中不發」者，可見慈禧之執迷不悟——據崇陵傳信錄載五月廿日第一次御前會議情形有云：『大理少卿張亨嘉侍讀學士朱祖謀，見太后意仍右拳匪，今日之議未得要領，亂且未已也，亨嘉力言拳匪之當剿，但誅數人，大事卽定，祖謀言:『太后信亂民，敵西洋，不知欲使何人辦此大事」？太后曰:「我恃董福祥」！祖謀率然對曰:「董福祥第一卽不可恃」！太后大怒色變厲聲曰:「汝言福祥不足恃，汝保人來」！祖謀猝不能對』。可見事發之初，卽有犯顏力諫者，然太后竟倚甘軍作長城，且於五月廿五廿八日先後以銀十萬兩賞甘軍，並頒諭激勵「該軍士等當同力戮力共建殊勛」，宮庭之寄望如此，而甘軍之表現則「焚燒搶掠情同叛逆」，「禦敵不足殃民有餘」，鄭炳麟旣慨乎其言，慈禧閱摺時不知作何感想？庚子十二月廿五日罪已詔中所謂「有法不及衆之憂，尾大不掉之勢」眞耶？僞耶？要不免事後文過飾非之詞也。

又羅惇曧庚子國變記，記此次御前會議情形有云:「載漪等昌言以兵圍攻使舘盡殲之，太后召大學士六部九卿議，諸臣相顧逡巡，太常寺卿袁昶力言：拳匪不可恃，外衅必不可開，殺使臣悖公法，聲震殿瓦，太后怒目視之，太常寺卿張亨嘉力言：拳匪宜剿，亨嘉語襍閩音，太后未盡晰，姑置之，倉場侍郎長萃在亨嘉後，大言曰：此義民也，臣自通州來，通州無義民不保矣！載漪載濂均言長萃言善，人心不可失，次日復開御前會議，載漪請圍攻使舘殺使臣，太后許之」。

由是可見長萃之言，在御前會議中實具重要作用，而彼以一「未嫻軍旅」之人，竟膺「招集義和團民扼要防守通州」之任務者，要爲其「大言欺君」之結果，但說話容易做事難，所謂「拳勇自恃神道，利器毫無…終難恃以爲安」，可見長萃自感妄言不能兌現之矛盾心理，「用團民以禁洋人槍砲，用兵力以防洋人禁制團民」，雖善於說辭，但再三請撥洋槍洋砲多配子藥以備操防，實與拳團之恃神術足以滅洋之基本原則完全背道馳，不知長萃草此奏疏時，亦深悔當時一念之差發言太易否也？

私家書刊中於甘軍拳團之無紀律無戰力記述頗多，今證之以此兩奏，眞相當可大部明顯矣。

長萃摺奏爲六月十三日封發，其所請求事項之結果如何，文献無徵，但就七月初九日上諭觀之——「前因中外衅端未弭，各國商民教士之在華者，本與兵事無涉，諭令各督撫照常保護，現在近畿大兵雲集，各路統兵大員亦當仰體此意，凡洋商教士均當設法保全，以副朝廷懷柔遠人之意，至教民亦國家赤子，本無畛域可分，惟自拳教肇衅以來，該教民等多有盤據村莊，掘壕築壘，抗拒官軍者，此等跡同叛逆，自不能不嚴行剿辦，第念其究係迫於畏罪之心，果能悔過自新，仍可網開一面，昨據宋慶報稱："寶坻縣大薄淌教民經該軍剴切曉諭，該教士等均願呈繳軍械，平圩塡壕，自行解散，各就村屯居住"，是該教民等非盡甘心爲匪，亦可概見，所有各處教民，如有感悔投誠者，着該將弁及該地方官一體照此辦理，不得概加殺戮，其各處匪徒假托義民尋仇刦殺者，卽着分別查明隨時懲辦，以清亂源欽此」。足見拳團圍攻一小村莊亦不能克奏膚功，最後仍須用懷柔與分化之政治手段以求問題之解決，其力量之微弱不足道如此，而長萃竟誇張其辭以擾亂宮廷耳目，誤國禍民之罪可勝誅乎？

五　甘軍圍攻使館諭旨形式之研究

甘軍之圍攻使館，當時似只有「面諭」，而未着之文字，蓋按之故宮庚子軍務檔，無論明發或密諭均行記檔，前後均未見有攻使館之字樣，惟五月二十七日記云：『交甘肅提督董：本日軍機大臣面奉諭旨：「董福祥現在所辦之事，着趕急辦理，騰出兵力前赴天津助剿，並迅飭姚旺先往天津助戰欽此，相應傳知貴提督欽遵可也』。按之第四節所錄鄭炳麟密奏，可知董福祥「現在所辦之事」正爲圍攻使館，上諭何以諱言之？且上錄六月初四日，載勛奏布置義和團情形一摺中亦僅有「當飭該團隨同官兵先行攻剿住京師洋館，一俟洋館肅淸」等語，亦將「使館」二字，書作「洋館」——按此等史料均最原始未經改竄者，而其表現如此，是事發之初，宮廷卽力求於此不著痕跡矣——推考當道所以深諱之故，殆預爲事後諉卸責任計耶？然而，此一狡計，竟未得售：

光緒二十六年十一月初二日，各國共同商定議和大綱十二款總冒有云：「本年五六七八等月卽光緒二十六年四五六七等月間，在中國北方省分釀成重大禍亂，致羅窮凶極惡之罪，實爲史冊所未見之事，殊悖萬國公法，並與仁義敎化之道均相牴牾，玆將其情節尤重者開列於左：一、西曆六月二十日卽中曆五月二十四日大德國欽差駐紮中華便宜行事大臣內大臣男爵克因公前赴總署之時，被奉命官兵戕害。二、同日京師各使館被官兵與義和團匪勾通，遵奉內廷諭旨者圍困攻擊，直至西曆八月十四日卽中曆七月二十日聯軍救至方止，而彼時中國國家乃令使臣向各國政府宣傳擔承保全使館之旨」（文献叢編二十六年第一輯第八頁），一則曰「奉令官兵」，再則曰「遵奉內廷諭旨」；挾勝利之餘威，迫淸廷擔承首禍之責任，藉以「警戒」當道——尤其以對慈禧爲然一之顢頇昏謬，其用意頗爲顯明。

其時，湖廣總督張之洞曾爲此電樞廷曰：「查條款前總冒四條內第二條有遵奉內廷諭旨一語，此數字句中有眼，用意難測，請鈞處告全權婉商各使將遵奉內廷諭旨數字刪去，萬分緊要，此電已轉慶邸李相及江督，均望鈞處有電致全權方能得力，奏聞」（文献叢編二十六年第二輯第三頁）——張氏此言，雖非希旨而發，然正「恰合孤意」則爲事實，故奏上，卽日奉諭電奕劻李鴻章特別注意，然慶李之復奏竟對之洞大肆挺撞，極不以其言語爲然，奏文有曰：「至文電條款總目第二項內遵奉內廷諭旨一語，請飭删除，查各使圍困日久，但藉此空文洩憤，當面並非挑過，我若於字句間求之，未免自生枝節，不料張督在外多年，稍有閱歷，仍是廿年前在京書生之習，蓋局外論事易也」(同書第五頁)——蓋當拳亂初起時，鴻章即力斥其非，並表示不奉對外宣戰之矯詔，其於宮廷之昏謬行爲積憤已久，奕劻亦因榮祿之攬大權，早懷不滿，今茲藉題發揮，正爲大好機會，故廿日雖又有電旨諭奕劻等:「遵奉內廷諭旨一語，必須設法說明，期於必無後患，奉令官兵語句，亦須辯明爲妥」，廿三日盛宣懷亦上電軍機處及李鴻章以爲「將旨遵奉內廷諭旨一語，必須設法說明，期於必無後患，奉令官兵語句亦須辯明爲妥，慶邸李相雖指爲空文，然不辯則自認矣，查自五月至今上海與各國辯論，皆以朝廷不得已苦衷之諭旨爲準，圍館戕使皆非朝廷之意，外人深信不疑，故往來國書祇欲懲辦禍首，宣與李劉張共持此說，原從力杜後患起見，嗣後各使持武衛軍軍械爲攻館實據，又疑官兵受榮相命令所爲，經力辯若非榮相委曲保全，豈砲力不能及一巷耶，並撰說帖刊報始明」——其言亦頗可採，然鴻章個性素固執，「不受商量」，今茲又有意藉機洩憤，故始終堅持「不能一概抹煞」主見(見後李致張之洞電二)，故又覆奏曰:「將電旨敬悉，昨已將條款畫押，並將用寶諭旨條款說帖備文送交，遵奉內廷諭旨一語雖稍刺目，而下文即云中國既自表明悔過認責，並願挽回因此事變所生情勢等語，是以不辨自明，臣等敢保其必無後患，奉令官兵一節詢據德使面稱，神機營兵恩海被獲供稱戕害克使係端王傳令所爲，而令係何人所傳，亦無左證，恩海業經該使正法，可勿深究」(同書第三輯)，雖情勢逼迫，不容因此而影響和議大綱之簽字，然鴻章等意欲藉此刺激宮廷之心理亦可見一斑。

至電旨所謂「期其必無後患」云者，蓋可窺見慈禧之「心虛」，緣自戊戌以來，外人即頗不直慈禧之行爲，力主光緒帝親政；及拳亂發作，外人尤深惡女主之昏謬顢頇，乘聯軍入京强迫中國更換政府之言論，更瀰漫於中外，其事之原委曲折，非此短文所能詳，兹僅錄有關重要文件於下，以見一般:

一、光緒二十六年六月二十八日，湖廣總督張之洞致李鴻章劉坤一電云:「擬會中堂峴帥尊銜復上海英總領事一電，其文曰:昨接來電，承示沙侯電，不特英國無瓜分意，即他國亦未聞有此意，囑布告中國以安人心等語，深感貴國有安輯中國民心之美意；惟究近年亂萌之起，皆由康黨布散謠言，離間我兩宮，誣謗皇太后，滬上華洋各報爲之傳播，人心惶惑，致生種種事變，不利於中國，兼不利於各國；甚至近日或疑朝廷袒匪，不知我皇太后訓政三十餘年，素多善政，尤重邦交，豈有袒匪之理？不辯自明。朝廷種種爲難情形，各國未能深悉耳！我中國以孝治天下，臣民共戴兩宮，無稍異視，不特臣民尊敬皇太后，亦如英人之尊其后，皇上又加有母子之恩，尤極尊敬皇太后，我皇太后之心不安，則我皇上之心亦無以自安。現東南各省極力彈壓，遵旨保護洋人，然假使各國不尊敬我皇太后皇上，薄海臣民必然不服，以後事機實難逆料。昨遣委員與漢口英領事談論及此，英領事亦深以爲慮，並云："近年各國多聽上海各報訛傳，幾信以爲眞，不知中國眞情如此，已電達外部等語，英領事詞意甚爲眞切，務請貴總領事詳察：須知康黨謠謗，全非中國之實事，尤非中國臣民之公言，嚴禁上海香港及南洋各埠報舘凡有語涉謗毁我皇太后者，立飭查辦，並請於洋文報紙一律示禁。蓋我中國尊敬兩宮並無異視，亦望各國於我兩宮均必尊必敬，則中國人心，不至爲所激動，各國見聞不至爲所熒惑，禍亂之端或可稍戢；即望電達沙侯，並盼貴總領事示復。鴻章坤一之洞同電等語，此係因英總領事來電，迎機而導，惟措詞是否妥協，務祈中堂峴帥酌定速示，儉。

二、同年同月二十九日李鴻章復張之洞電云：

「儉電悉，昨過港，晤該督，談次極盼皇上親政，與俄主國書同意，告以太后仁慈明哲，此次誤聽人言，致拳匪猖獗，責有攸歸，此固中外共知者，尊電一概抹煞，專咎新聞紙，似未足取信，既經漢口領事轉達外部，不必再致英總領事，若將各使護送赴津，自任剿匪，尙有辦法，否則大禍將臨，非百喙所能解，請商峴帥酌辦」(以上兩電均見張文襄公全集卷一百六十二電牘第26至28頁)

三、同年八月二十六日，張之洞致李鴻章劉坤一袁世凱電：

頃滬電和使自京來密告傳相云云(按此電後附盛宣懷致之洞電：昨和使由京來滬密告傳相：各使欲請歸政，嚴辦庇匪諸人始肯開議，相答以皆非臣下所敢言，大約准第二節乃可删第一節云)。各洋人近日議論揣測之談，亦不外此；惟所云准第二節乃可删第一節，是否確有語氣，尋繹德穆使電語意雖堅，要求雖奢，大約第二節若辦得好，或可商删第一節。竊揣自洋兵入京，各使暢所欲言之後，各國頗含忿怒，其情形口氣較七月前似稍變，欲圖轉機，惟盼俄日極力排解…

…望傳相速電日李使俄楊使密詢外部，並在滬密叩小田詢其最要最難大端……

先與商約，是無開議之名，而有預行密商之實」。

四、同日張又有電到李劉袁盛（宣懷）云：

「竊擬一釜底抽薪之法，擬各省聯銜遵求直言之旨，條陳兩事：(一)力劾董福祥大言欺罔通匪開衅，該軍又不能出外禦侮，在京在外縱兵刦掠，誤國殃民，請立予罷斥治罪，解其兵柄，派董部下數營官分統其軍歸宋馬節制令駐劄直隸地方，附一密片言：朝廷如有爲難之處，或即念其扈從微勞，格外從寬，交部嚴加議處，飭令即日回提督本任，至其軍仍派人接統，不准帶往。(一)：請明旨痛剿拳匪，歷陳邪教惑人，橫開巨衅，在直在京糾衆藐法，脅制朝廷妄行殺戮，刦掠官商行旅與髮捻無異，畿輔人民恨之切骨，罪大惡極，若不剿平，直隸數千里良民將爲荼毒無遺，請飭直隸及各省督撫臣各省入衛之軍統兵大員分路認眞剿辦，並請諭旨內提明拳匪字樣等語，默揣行在情形，悔禍惧敵而無解法，厭董惡拳而無辦法，得各省公疏，以爲朝廷助，董或可罷，拳或可剿，且惧禍自危者將歸罪於董以謝外人，希冀此外即可不究，亦必力爲贊成，董軍散弱，則拳匪無依，拳匪竄匿，則朝廷得行其意，此舉實爲安兩宮起見，且亦略寓謝過之意，於時局不無小補」。

五、同月十七日李鴻章復張電：

「香帥銑電：用意細密，但謂惧禍自危者將歸罪於董以謝外人，希冀此外不究，各國主意要我換政府不自今始，今更挾持有具，非一董所能謝過也」！（以上三電見張文襄全集卷一六五電牘一至四頁）

六、同月二十一日張致李劉電：

「頃聞日本人密告述日本外部語云：議和大旨：剛董治罪，某王罷黜管束賠款改政四事，未提歸政，不必回鑾，不欲割地，但須諭旨明言此事爲某某二三人庇匪所致」

七、同年閏八月初七日張之洞致駐日公使李盛鐸電：

「勘電外部謂：中國須更換舊政府，另立一新政府，各國方能議和等語，請尊處

徑電傳相爲禱。(張集卷一六六電牘第六頁)

八、同年九月初七日張之洞致袁世凱劉坤一盛宣懷電:

「慰帥(世凱別號)江電所謂老去悲秋,強自寬耳,如此議和,斷不能止爭賠款,愈久愈難,中國不可爲國矣,惟第一難行之事,或可化去」。(張集卷一六七電牘第二十八頁)

九、同年九月初三日張之洞致劉袁盛電:

「上此時決無回鑾之意,且實不可回鑾,恐各國強我以必不能行之事耳,德報議論各國多有同者,第一難行之事,俄英日似可設法婉商,第二難行之事,外意內意皆難商矣」(張集卷一六七)

十、同年九月十二日張致劉坤一電:

「前因不久開議,各洋報紛紛猜擬,究不知各國政府實在要旨,恐其強我所難,必歸決裂,特於前月中旬約漢口英領事來見,囑其電達外部,探尋大指,有無萬不能行之事,閱數日,漢英領來出示外部英文復電云;英國並無傷犯皇太后之意,惟意相助兩宮除左右惡黨等語」(張集卷一六七電牘第三十頁)

十一、同年十一月初一日駐日公使李盛鐸寄軍機處電:

「昨詢日外部,條款內有無歸政一節,彼答雖無此款,然各國深願以後,皇太后頤養深宮,皇上專政,庶辦事劃一,彼此無猜!鐸謂即如此說,萬勿列入款內,有碍中國顏面,外部唯唯,合密陳」(西巡大事記卷四)

綜此十一宗文電,可知要求太后歸政,幾爲當時有關各國之共同意見,惟張之洞於此問題特別關切,努力分電中外各方辯解折衝——李鴻章始終不以之洞之辯護爲然,而之洞曉曉不已,故不惜譏之以「仍是二十年前書生之習」——又因各國相互間之利害關係,此一要求遂未明白著之條款文字,但若承擔首禍之責任,則商訂和約細目時,外使隨時可作進一步之要求,故太后惴惴於「後患」之有無也。而是年十二月廿五日特頒一長諭「表明朝廷一切委曲,難言之苦衷」,內有云:「數萬亂民胆敢紅巾露刃,充斥都城,焚掠教堂,圍攻使舘,我皇太后垂簾訓政將四十年,朕躬仰承慈訓,夙昔睦鄰保教,何等懷柔!而況天下斷無殺人放火之義民,國家豈有使匪敗盟之政體?當此之時,首禍諸人,叫囂隳突,匪黨紛紜,患在肘腋,朕奉慈聖既有法不及衆之憂,寖成尾大不掉之勢，興言及此，流涕何追，此則首禍王大臣之罪也。然當使館被圍之際，屢次諭令總理衙門大臣前往禁止攻擊，並至各使館會晤慰問，乃因槍砲互施，竟至無人敢往，擾攘紛呶，莫可究詰，設使火轟水灌，豈能一律保全？所以不致竟成巨禍者，實由朝廷竭力維持，是以酒果冰瓜，聯翩致送，無非仰體慈懷，惟我與國應識此衷！今玆議約不侵我主權，不割我土地，念列邦之見諒，嫉愚暴之無知，事後追思，慚憤交集，惟各國既定和局，自不致强人所難，着奕劻李鴻章於詳訂約章時婉商力辨，持以理而感以情，各大國以信義爲重，當視我力之所能及，以期其議之必可行，此全權大臣所當竭忠盡智者也」。詳繹旨意，慈禧之內心實仍惴惴不寧也。

六　張之洞等請撤董福祥兵柄奏

宮中密摺包內又有光緒二十六年八月十二日劉坤一張之洞等會銜請罷斥董福祥撤其兵柄密奏一件，其文曰：

「臣劉坤一臣張之洞臣魏光燾臣善聯臣王之春臣劉樹堂臣聶緝槼跪奏，爲任將不宜再誤，衛軍宜加愼選，以安兩宮而定危局，恭摺密陳，仰祈聖鑒事：竊臣等伏讀七月十八日上諭有云："庶幾不遠而復，天心之悔禍可期"，仰見聖明，虛懷克已，鑒於前事之失，力圖挽救之方，曷勝欽悚。謹按周易曰："不遠復無祗悔元吉"，又曰迷復凶，蓋凡事措置失宜，至生災患，早思變計則吉，終於不悟則凶，此久已在聖諭鑒照之中者也。竊惟此次召衅誤國之由，董福祥不能辭咎，平日大言欺人，自謂足以敵洋，五月半間首戕洋官，六月以後專攻使館，其軍半與拳匪勾通，拳匪焚奪，董軍刼掠，狼狽相依，殘毒京城，既不聽大學士榮祿節制，並不遵諭旨調遣，及外患日急，大沽天津北倉諸軍苦戰數旬，傷亡殆盡，河西務諸軍雖然潰敗，究屬見敵，惟有欺罔跋扈之董軍，並未出隊迎截，出城後卽大掠，滿載驅之而西，京畿人民言之切齒。聞該軍隨扈太原，尙有二十餘營，又聞車駕因欲幸陝，特調馬安良一軍，此必董福祥乘國家危急之時，妄言回軍能戰，冀以廣樹黨羽，挾制朝廷。査回性狠鷙，向不馴良，董福祥所部半係回兵，馬安良所部盡係回兵，西安回民素多，甘省向係回藪，猶憶五月三十日諭旨，有禍起肘腋，朝廷苦衷等諭，臣等至今思之，猶爲痛心。今若乘輿幸陝，而又多調回軍，養虎自衛，誠恐乘輿肘腋之間，無非回人，將來朝廷一切措置，皆不能徑行其意，是在京為拳匪所挾制，出京又為回軍所把持，誠如八月十五日諭旨所云：一誤而再誤矣。蓋董福祥自知罪惡多端，不僅為各國所深仇，實為天下士民所共憤，以故增兵自衛，便其私圖；似此欺罔肇禍，始終怙非，絕不為大清之宗社計，不為兩宮之安危計，若不及早慎防，誠恐後患難測，此臣等所以急迫不敢不披瀝直陳於皇太后皇上之前者也。竊謂洋兵未能盡撤，則回鑾實為險著，若回軍佈滿左右，則幸陝猶屬危機！總之無論駐蹕何處，扈衛諸軍，宜專選忠純篤實之將，可否請旨將董福祥交部議處，飭回本任，罷其兵柄，所部各營令宋慶馬玉崑岑春煊錫良四人分統之，分為四軍，其勢自戢，部署略定以後分別撤留，能守軍律者留之，桀驁擾民者裁之，其馬安良一軍尤懇不再徵調，兩宮既安，則天下臣民之心皆安，然後聖謨默運，可以熟計通籌，臣等合詞迫切密陳，謹繕摺馳遞，伏祈皇太后皇上聖鑒」。又附片云：「再董福祥罪惡甚多，本應即予褫黜，惟此時以罷其兵柄為先，俟該營有人分別接統，諸事部署妥帖，再請聖明裁奪酌辦，以免意外之虞，如此時鑾輿在途，或有不便，應請朝廷體察情形，從容辦理，是否有當，伏侯聖裁，臣等謹附片密陳，伏祈聖鑒」。

今按此摺全文明快剀達，歷數董福祥之罪過，可謂淋漓盡致，此在當時董之實力尚强大，宮廷寵信更加於往昔之際 ——德宗實錄：光緒二十六年八月二十一日上諭：「董福祥奏請將所部調集近郊以資整頓一摺，所陳甘軍多有散失軍裝，器械亦復不全，自應逐一清釐，重振軍威，惟所請全行調集近郊整頓，則該軍分紮各處頓行空虛，殊未妥洽，所有獲鹿井陘固關各要隘，着責成該提督認眞扼紮，毋稍疏虞，其應行整頓隊伍，只可更番抽調，分別淘汰募補，未便全行調集，該提督聲望素著，當此時勢艱難，務須殫竭血誠，實力振作用備緩急」。二十九日「諭軍機大臣等：武衛中軍各營潰逃不少，董福祥在甘添募七營旗，據魏光燾電稱，餉項難籌，着該大學士即將武衛中軍潰逃缺額之餉騰出，撥交董福祥應用」。閏八月初六日上諭：「現定閏八月初八啓鑾西幸長安，董禮祥所統馬隊，著於初八日先行開拔」——實為大胆之舉措，劉張等幾經猶豫以後終能不顧一切，坦白上言，其忠誠謀國之熱忱，實可欽敬！

按據張文襄公全集，劾董之議，之洞實爲首倡，蓋外使旣有要求太后歸政之意見，此「第一難行之事」「非臣下所敢言」，之洞苦思焦慮，因「竊擬一釜底抽薪之法」，主張疆臣合疏「力劾董福祥」「歸罪於董以謝外人，希冀此外卽可不究」，（見第五節中段引錄（四）張致李劉電），八月十六日致電各省徵求同意，翌日，李鴻章復電雖以「絕非一董所能謝過」，但「卽請香帥主稿會各省並挈敝銜密奏」則與劉坤一復電主意相同，坤一且以「劾董請解兵柄極要……事機甚緊，可勿再商」爲言。然二十日，之洞忽見「一旗籍守舊謬人致鄂省同寅舊人函，痛詆東南督撫，尤奇者竟指爲皆係新黨，語意甚險，久聞京官旗籍此議論甚多」，不可不慮，「設畏罪者以外臣挾制之語行其讒，更難轉圜」，因之主意稍稍遊移——之洞二十一日致李劉袁（世凱）電曰：「若諸帥欲論某某則必須劾董，各省公疏劾之極嚴，若朝廷稍予從寬，彼自不至爲亂，昨保定探：隨扈軍統領有岑（春煊）馬（玉崑）無董，或不在太原，昨錫藩電兩奉廷寄調原派駐正定之湘鄂兩軍赴行在，日內計已到，似有深意，如必慮董妄爲，頃已電詢晉陝得復再辦亦可」——而李鴻章領銜挈劉張袁請將統率拳團之莊親王載勛剛毅載瀾英年，及庇縱拳匪之端王載漪，與查辦不實之刑部尚書趙舒翹先行分別革職撤差聽侯懲辦以謝天下之電奏則由文忠親自草奏，「不及先將電稿會商」逕行發出矣，文忠文襄之氣魄胆識於此判然可見一般！

閏八月初三日，之洞致電福州將軍善聯曰：「近已有幸陝之旨，似議戰之臣又將以遠避爲可戰者」，「不知此輩傲很怙非之人，何苦必欲將大清二百數十年之宗社，廿二省數萬里之疆土擲之不顧，碎之不遺，此眞可爲憤懣氣塞痛哭流涕者也。惟此次會摺（湘按指八月二十一日鴻章領銜摺言）留中，內意實難揣測，鄙人實不便再瀆，恐取厭而無益，公忠忱篤至，可否由尊處與閩粵川陝及他省會銜將此時萬不可戰萬不能戰……透切陳明以冀啓悟聖聰」；蓋滿漢之畛域觀念，旗籍京官之誹語流言，竟使之洞趦趄不前而求借重旗籍疆吏也。

初五初六日，之洞連接袁世凱兩電——其一曰：「頃接晉探，馬會奏件，（卽廿一日鴻章等電奏）六人（湘按指莊王端王等言）皆知，某相二十八銷假，條陳幸秦，仍主戰，飭董添兵，調鄧增同赴前敵，馬玉崑程文炳守潼關，已飭多備車輛，有初八日幸秦說云」。其二曰：「前聞京津陷時回民著俄冠爲俄兵內應，以俄隊多蒙古人，甚相親密，近日直境鹽山慶雲東境海豐亦有回民被拳匪擾害，因聚馬步多名攻殺拳匪繼擾平民；是拳與回亦難相處。今將幸秦，調鄧增馬安良詣行在，西境空虛，而長安素多回民倘有拳匪煽動，回民群起相仇，俄人乘之，將進退維谷，似宜會奏，飭下陝甘新疆各督撫嚴防拳匪勾煽，撫回令各相安以杜生患……委婉諷勸，得阻幸秦，大局幸甚」——同時，善聯復電謂「聯處無可糾約，非憲臺乇稿與峴帥爲登高之呼，難望速成」，之洞心意遂復轉堅決，初七日遂以擬具之「開議可望，戰議不宜再誤，衛軍宜加愼選，以安兩宮而定危局」之密電奏稿分致劉（坤一）袁（世凱）盛（宣懷）請求詳審妥酌，「可用則用，不可用則止，能電寄津請傅相（鴻章）酌定領銜最善」。然翌初八日，之洞忽變計：「昨奏稿擬刪去阻戰，專言防回並劾董，先罷其兵，徐議其罪」。並另擬稿分致各方，坤一復電，對改稿同意，惟請將「實以董福祥爲禍首」八字改爲「董福祥不能辭咎」七字，「自謂能與洋戰」六字改爲「自謂足以敵洋」六字卽「速發不必再商」，嗣因處置福祥之法：「慰帥（世凱）擬令回任，峴帥（坤一）極言不可令回任」，之洞則以爲「不宜操之過蹙，先以能罷其兵爲主，只可姑請回任以羈縻之，俟以後酌辦」，蓋「乘輿在途，不能不格外愼重也」。初十日，因再擬附片分電劉袁「請妥籌酌」，同時將密奏及附片全文電致西安署陝西巡撫端方請其代繕摺，六百里加緊馳遞——先是，初八日世凱復電謂「傅相注意回鑾，此奏有回鑾固爲險著，及無論在晉在陝等語，恐未必盡合其意，似無須電傅相，致延時日」，盛宣懷復電亦以「傅相赴京，長電難達」爲言，故拜發密奏時未由鴻章領銜。同時袁世凱十一日又突電之洞謂「各國欲圖德州，是將截我運路，山東當有戰事，而各營大半在東路，調動甚難，恐難久支，貽人口實，劾董會奏如未發，請酌去賤名，請無瑕者承之」，因之會奏亦無世凱銜名，——十二日辰刻，端方遂將繕摺拜發。

按之德宗實錄，是月十八日，兩宮車駕在幸陝途中已進駐山西侯馬，以驛遞速度計，是日或其前，此一奏摺應可達到御前；是今所發現之密奏及附片原件，乃歷經西幸長安及回鑾長途而始入藏深宮者——拳亂初作時之文件，其最重要之發現已於上錄，今又發見有西幸途中之摺件，是可證明故宮所藏拳亂資料應尙完全，惟惜大部宮中及軍機處檔案因避寇南運閉鎖箱中未一整理公開刋佈耳。

之洞坤一動議劾董之經過旣於上述，宮廷對此反應如何？

據張文襄集卷一六七載：之洞致坤一世凱宣懷電云：「陝撫岑（春煊）電：「劾董上諭不以爲然」，又西巡大事記載九月十六日電旨寄奕劻李鴻章曰：「董福祥係統兵大員，開衅以後，戰事一切非其所得自主，碍難重議處分，一時亦未便撤其兵柄，須與各使極力磋商」，且謂「懲辦禍首，迭經諭令磋磨，迄未能就範，殊堪憤懣」——之洞倡議劾董，原爲對付外人要求太后歸政之「釜底抽薪」辦法，而宮廷之反應如此！「一切非其所得自主」，誠爲當時眞相，此一諭旨盖可謂太后之良心語，慈禧不願嫁禍，殆欲自身擔承責任耶？是其事之演變如何，要爲一有趣之問題，値得進一步之探究矣。

九月二十一日，清廷降旨嚴懲肇禍諸臣，既無一字及董福祥，二十六日上諭且升賞甘軍官兵，諭有云：「董福祥奏遵旨裁併營勇一摺，該提督所部新舊各營，業經切實裁併，惟甘勇素稱得力，着仍歸足廿五營之數，以資調遣，此外尙有前調武衛中軍馬隊兩營，並着該提督統領，應需餉項由榮祿撥給，並於河南截留京餉採買糧食下撥給米一萬石……甘軍分統馬福壽着賞加二品頂戴」（見德宗實錄），朝廷始終爲豪將所挾持，一何可哀！

九月二十九日奕劻鴻章再爲處分福祥事電奏云：「各使均以攻交民巷事，必欲誅戮禍首，且云歸還中國自辦，尙是還中國體面，又云搜出軍械，有武衛軍字樣，中國不辦董福祥，顯係榮中堂庇護，告以當日兵力豈不能破交民巷，所以不破者，賴榮彈壓也，該使語塞，而總以不辦董提督難開議，應速請旨」，以榮祿袒護爲言，殆故意以刺激之者。十月初四日鴻章更逕電榮祿謂：「十國公使照會，朝廷不辦毓董，和議斷難望成，且云董尙隨扈，必是公之包庇，伏乞顧念大局，速回天聽」（西巡大事記）。辭意坦率，毫無婉曲，實晚清官場所少見，而初五日山東巡撫袁世凱致榮祿電更道人所未道：其電有云：

「國勢危急，中堂竭力維持，宗社幸甚，惟聞各國仍嫌辦輕，尤恨毓董，將具哀的美敦書，如仍堅拒，和議從此決裂，再戰必亡，路人皆知，宗社生靈何堪設想？各國又有另立政府之說，使中國自相殘殺，無一寸淨土，計甚凶狡，現今要計，惟在保存宗社安全，兩宮當師勾踐屈以求伸，何可以宗社兩宮之重下殉諸謬？且宗社阽危，陵寢驚擾，兩宮播遷，百官流離，士夫破亡，生民塗炭，誰肇其端？卽令諸謬自擬罪名亦難未減，毓倡興拳匪，濫殺多命，董首戕日員，激成鉅衅，皆爲中外切齒，人以董蒙識拔，多疑中堂庇縱，時爲剖白，仍疑信參半，入直後董仍典兵，致危宗社，天下後世詎能相諒？請設法補救，力扶危局，列聖在天當亦感慰，薄海士庶更不待言」。又「從來敵國相爭，必有主名，著於史冊，且可考見，此次諸謬縱庇拳匪，構衅全球，義無可稱，名本不順，殃民誤國罪實難辭，如因優容罪人，再啓爭端，尤爲無名之甚，近聞直屬官民大半牛酒迎敵，甚有請敵保護者，人心已可概見，固由勢力難抗，亦由諸謬敗壞大局，尙未明正其罪，不足維繫人心耳」。（西巡大事記）

今按另立新政府，原爲拳亂發作後，德國等之主張，而當聯軍入京師時，道員賈景仁與日講起注居官惲毓鼎旣勾結美武官戴麗生立民政廳，又有意擁慶親王奕劻爲攝政，以希圖富貴——雖係小吏之無聊行動，且旋爲慶王所斥責（見飲冰室文集卷十五尺素五月二十五日）。但已人言嘖嘖，遐邇遍傳，而榮（祿）慶（王）之爭，早爲北京政海一大暗潮，世凱久隸榮黨，以此「另立政府」之說入告，應使榮有動於心也。

先是：宮廷雖不以劉張劾董爲然、但坤一之洞並未因此緘口不言，十月初二日，又急電軍機處曰：

「近日法副提督巴愛美等德提督蓋斯雷總領事克納貝等英領事孫德雅先後來坤一署相見，首問回鑾何日，繼以首禍未經嚴辦，毓賢董福祥情罪尤重，並須駢誅爲言，並疑由鄂運陝銀米及軍械均爲接濟董軍，微露阻截之意，經坤一再三議論，喻以親王永遠圈禁，無可再加，毓賢遠戍苦差，處置已重，並告以中國極願速和，兩宮昕夕憂勞，每至痛切之處，該洋員等相顧動色，愀然不安，因卽勸其迅速開議，撤退聯軍，由我肅淸京城，迎還車駕，該洋員等允卽電知公使及外部，而於嚴辦毓董始終不肯放鬆。近日漢口英領事法磊斯來之洞署問及回鑾日期，當告以聯軍未撤，京畿未靖如何遽能回鑾，臣下亦斷不能請，並詰以必請回鑾是何意？該領事云回鑾則可離開董軍，免其挾制宮廷之意。因喩之曰：必俟回鑾，爲期較遠，未免躭延和議，若只爲離開董軍，此時我若將董軍調至他處，能卽開議否？該領事詞氣似尙許可，答以當卽電告公使。英領事語意蓋欲先以董遠離聖駕以便懲辦，其餘與坤一所聞大率相同，察看該洋員等詞意，參以日來各處電報情形，圈禁四人雖未滿意，尙可磋磨，其餘降調革留非再行加重不可，毓賢董福祥最爲各國切齒，堅請必置重典，語氣尤爲決絕，聞慶親王大學士李鴻章正在商辦，各國已預備哀的美敦書，如所請再不允辦，和議必不能成，枝節橫生，禍速且烈，且八國師艦麕集吳淞，若併力進攻，沿江各省，實難抵禦，竊思馭遠之道非戰卽和，目前水盡山窮，萬無可戰，則和局勢難游移，愈久愈不可收拾，大淸數百年宗社，亦萬無因此數人坐致危亡之理，伏願皇太后皇上宸衷獨斷，立賜施行，縱或董福祥暫難嚴懲，亦懇設法奪其兵柄，遠離輦轂，以釋各國之疑，伏候聖裁」。

十一日，劉張更以「英提督西摩到鄂力言，各省運赴陝銀米軍械甚多，必係接濟董軍以爲拒守計，可見朝廷不願和，催將董福祥調開嚴辦，再不和卽斷江漢接濟，洋艦麕集吳淞，三水提督同時入江，意甚堅決」入告。而初八日奕劻鴻章亦將各國照會上奏：「據俄英日美德法義奧比十國公使先後照稱；聞董福祥尙隨扈，查從前圍攻使館，該提督實爲罪魁，應驅逐遠離，不得仍在朝廷左右，此舉實關貴國國家務請留意各等因。查各使以董爲禍首，屢經辯論，玆復先後照會，請將該提督遠離行在，若再稍事游移，必致事機決裂，應請旨嚴予處分，調離行在，明降諭旨，卽日電示，先釋各使之疑」。中外各方重重威脅下，淸廷不得不稍稍軟化，十二日乃頒諭曰：

「甘肅提督董福祥從前在本省辦理回務，歷著戰功，自調來京後不諳中外情形，於朝廷講信修睦之道，未能仰體，遇事致多鹵莽，本應予以嚴懲，姑念甘肅地方緊要，該提督人地嘗屬相宜，着從寬革職留任，其所部各軍現已已撤五千五百人，仍着帶領親軍數營尅日馳回甘肅，扼要設防以觀後效」。

就此諭旨觀察，既予革職留任之處分，又令馳回甘肅，似已符合劉張李等請求遠離董軍之原意矣，然旣不裁撤其兵柄，更未如外人之要求明正典刑，其難饜中外人士之心願，可以想見。故十三日，劉坤一張之洞又會銜電奏云：

「連接各處電報，外人總以懲辦禍首未能滿意，毓賢董福祥尤爲各國所切齒，聞已預備哀的美敦書，允之則必有爲難，拒之則立致決裂，時局至此，恐終歸於不能不允。坤一等竊謂此次議款當握定不失自主之權爲第一要義，賞功罰罪，中朝自有權衡，本非外人所得干預，肇禍諸臣縱匪滋擾，貽害國家，得罪於宗廟社稷，乘輿播遷備嘗艱險，得罪於皇太后皇上，大局阽危生靈塗炭，得罪於天下人民；圍攻使館，妄殺洋人，得罪於海外諸國；種種罪戾擢髮難數，即令諸臣自思，當亦無顏再生於堯舜之世，即無各國要索，當亦不能幸逃於祖宗之法，聖朝忠厚，兩宮仁慈，或念其隨扈微勞，不忍遽罪重典，似不宜令其再竊高位，再誤國是，擬請斷自宸衷，明降諭旨，……毓賢董福祥情節最重，法無可貸，請立正典刑，董福祥現在調回甘肅，或俟抵甘後再行治罪，伏候聖裁，一面速發國書，措詞務從謙婉，切懇各國迅發訓條，和平開議，或冀早就範圍，與其待彼書到迫以必辦，損我國體，何如趁書未到先行自辦，伸我大權，事機危急，諸臣罪有應得，坤一等不敢徇外人之好惡，不敢不爲朝廷整紀綱，謹冒死瀝陳」。

先是當八月中，我駐外各使臣即遵奉廷旨分別與各國政府洽談，以求和緩局勢，期歸舊好，嗣因美國顧及中美傳統友誼，主持正義，日俄又各懷鬼胎，故示好感，李鴻章及駐外使臣亦利用各國間相互之矛盾積極活動，於是德英初不以寬辦首禍償款數減爲然，堅持苛刻條件之原計，乃因美國之調停，日俄之不合作，氣沮而轉圜，接受美國意見，以爲懲治禍首，由中國自辦爲合國體，惟必須按中國極重之律迅速法辦後，各國始行撤兵爲條件（文獻叢編二十六年第一輯李鴻章電）。故十一月初三日和議開始，各國以公同擬定條款大綱十二項交我全權大臣奕劻李鴻章，其第二款乃關于懲辦禍首者，文有云:「西曆九月二十五日即中曆閏八月初二日上諭內及日後各國駐京大臣指出之人等皆須照應得之罪分明輕重盡法嚴懲以蔽其辜」等語，雖有日後如何一段，然固以清廷上諭所指出之罪人爲主，即所以採納美國主張中國自辦之義，但閏八月初二日上諭內並無董福祥毓賢二人之名，而和議開始前後，外使之堅持嚴辦董毓最力者，則清宮未予採納劉張之意見「先行自辦」整肅綱紀所招致也。

十月十二日上諭，予董革職留任之處分，未能平中外之憤，其情形略如上述，及各國和款正式交來後，十一月初四奕劻李鴻章電西安軍機處曰：「本頃俄格使來臣鴻章寓所密談．各國昨交條款，經再三斟酌，極爲持平，若中國不從速允從，或仍與磋磨，各國必謂中國非眞心修好，和局必致決裂。當答以懲辦禍首一節，强我所難，各國通例，懿親不加刑。格言西國王公從無如此昏謬，啓衅友邦謀危宗社，各國本擬在條款內說明，治以死罪，今留中國體面，令自行嚴辦，若中國仍庇護支吾，彼必併力要脅，無可商量。鴻與再四辯詰，並懇其轉商各國，格屏人密告：毓賢董福祥情節最重，無可赦免」。又言：「條款如蒙聖明從速核准，以後詳目甚多，可從容計議，仍盼兩宮早日定期回鑾，庶可催各國撤兵交還京師，宗社安危在此一擧，各等語，事關緊急，臣等不敢不據情上聞」。由是可見懲辦禍首與否實關係和議之成敗。

其時外人蓋挾必勝之勢，迫我作城下之盟，故奕劻鴻章將條款大綱十二條奏上，卽日奉電旨照允，對禍首並允加等懲辦，惟於福祥處分未有決定，蓋仍多所顧忌。十三日奕劻鴻章因再電奏：「董福祥難重辦情形，已迭與各使言及，皆不謂然，各國公論此次禍首端一董二莊次，蓋日本書記生實係董兵戕殺，圍攻使館尤係渠魁，各使總疑有人庇護，縱奸不辦，今此案卽將結束，能定罪名固妙，否則應如何嚴處隨後重辦，必須切實聲明，免其藉口生波」。十六日電諭：「董福祥受恩深重，卽使加以重處，該提督當亦無辭，惟素爲陝甘兩省漢回所傾服，設辦理稍涉操切，深恐激而生變，後患無窮，所難在此，實非有人庇護，應仍遵前旨不殫煩言，開誠婉告，以後仍隨時相機辦理，此時不難遽定，各國旣重修前好，當亦願中國之平安無事也」。是數月以來，疆臣之瀝血直陳，仍未能破深宮之成見，宜乎鴻章之徒呼奈何也——二十三日，盛宣懷上軍機處電有云：「傅相電董擬先行革職，聽侯查辦，各使尙不允，而樞意堅持奈何等語…今若欲爲董福祥開脫，徧思不得其法，深恐各使積忿不平，轉疑董亦有所奉令，爲將來伏後患，關係至鉅，務乞詳籌」。可見鴻章當時應付之困難。

朝旨旣囑全權大臣「不殫煩言，開誠婉告」，鴻章等惟有遵行而已，據清季外交史料卷一四五載十一月廿七日，鴻章與日本公使小村問答節略有云：

> 「小村云：送來說帖我已看過……我意十二條中最難者係辦禍首賠款二事，請問禍首貴國擬如何辦法？李云：政府擬將端王發往新疆遇赦不赦，莊王擬賜自盡。小村云：然則董福祥如之何？李云：此事頗爲難，董福祥本甘肅人，其部下多係甘肅人，若將伊正法，恐甘人生變作亂，不特中國人民遭難，卽西國之人寓居者亦難保護，是以頗難動手。小村云：此等情形，會議時可詳告各國公使，我必暗中代爲說明，我日本所注意者，莫過於東三省之事」。

日俄窺我東三省土地利權之野心，於此顯露無遺，而清廷始終頑固顢頇，輕重倒置，言念及此，實令人憤慨無已！

二十九日，奕劻鴻章再電樞廷曰:「辦首禍爲各國著重，迭探俄日美三使口氣，以所擬莊等罪名似可塞望，但以各使未必盡允爲詞，董未定罪斷難應允，篠電爲難情形實所深悉，屢與各使竭力磋磨，堅不可轉，再四籌商，擬先行革職聽候查辦，在我似尚易辦，彼縱未必愜意，而查辦可輕可重，似可據以解說，此條議定，各條始可宣佈」。蓋仍堅請將福祥革職查辦，以釋外人之疑。十二月三日盛宣懷又以鴻章冬電:「各使正爲此事會議，亦知急辦生變，但說留作後圖，聞德以禍首不辦，藉詞永不撤兵，恐生大變，若以密旨給看，或是緩辦釋疑一法，事關緊急，希問復云，現聞各國皆稱首禍賠款兩事不妥，必不撤兵，兩宮如欲俟回鑾後起程，則草約雖畫，事尚未已」入告；並另電榮祿等謂:「朝廷迭次諭旨歸咎肇禍諸臣，貽憂宗社，懿親如端莊兩邸已所勿卹，自足以折服人心，董福祥戕害日員，圍攻使館，各使尤深恨之，初以爲董雖構衅，而忠勇可嘉，近自北方來者，皆言董擁重兵，未與聯軍一戰，洋兵過通州，董卽出城沿城搶掠，騾馬盡爲所擄，京城內外財物，旗漢婦女滿載而行，衆所共見，其時聖駕蒙塵，並不隨扈，然則董罪不僅在外衅，實亦國法所難容，聖明旣允徐圖辦法，相機爲之，是朝廷並無袒縱之意，自古誅豪將全在出其不備，與其明示查辦，恐激變端，似不若僅予革職不加查辦字樣，如政府眞不欲開脫，仍密電全權允許各國從緩相機籌辦較爲省事」。其中「如政府眞不欲開脫」之語，可謂坦率。故初八日卽奉密諭曰:「董福祥帶兵無狀，獲咎甚重，朝廷不卽加以重罪者，特因其久綰兵符，爲陝甘兩省漢回兵民所嚮，若辦理稍涉操切，董福祥一人不足慮，而兩省愚民悍率罔顧大局，深恐一時鬨動，驟成巨禍，爾時平民旣遭慘刼，而兩省教堂必首受其害，不可收拾，所以不能不躊躇審顧者以此，否則朕與親郡王之在案者尚不肯稍有廻護，何獨袒庇董福祥一人，此情當可共諒也。前已撤去該部勇隊五千餘人，原期漸撤兵權，撫定人心，徐圖辦理，現擬明發諭旨，只含而不露，至革職爲止，此後如何嚴懲，斷自朕衷，總之此人斷無輕縱之理，惟事須相機辦理，不能尅期預定耳，着奕劻李鴻章將此密旨轉告各使以釋其疑」。是情勢所迫，朝廷不得不出此一着也。

十三日鴻章電行在曰:「辦董密旨擬俟會議時，如迫我尅期必辦，則出示釋疑」，「連日與各使密談，似已略知辦董之有害大局又注重端瀾耳」(指端王與載瀾，見文獻叢編二十六年第四輯)。蓋投鼠忌器，外使不得不轉移目標以洩憤。據廿一日奕劻鴻章致軍機處電云:「懲辦首禍，間與各使密談，並非公同會議，十七專議此事至三點鐘之久，伊等强詞奪理，毫不爲動，僅允將瀾公減死，會議時英法德爭之尤力，三國兵力最重，蓋有挾而求，德有殺使之辱，尤所痛心，伏乞鑒察請代奏」。可見事態之嚴重。廿五日，清廷因復頒明諭加重處分首禍諸臣，其文有曰:

「諸王大臣等信邪縱匪，上危宗社，下禍黎元，自問當得何罪？前者兩降諭旨，覺法輕情重，應再分別等差加以懲處: 莊親王載勛，縱容拳匪圍攻堂館，擅出違約告示，又輕信匪言，枉殺多命；端郡王載漪，倡率諸王貝勒輕信拳匪，妄言主戰，致肇衅端，革職留任甘肅提督董福祥，統兵入衛，紀律不嚴，又不諳交涉，率意鹵莽，圍攻使館，雖係由該革王等指示，究難辭咎，本應重懲，姑念在甘肅素著勞績，回漢悦服，格外從寬着卽行革職……經此降旨之後，凡我友邦當共諒拳匪肇禍實由禍首激迫而成，絕非朝廷本意，朕懲辦禍首諸人並無輕縱，卽天下臣民亦曉然於此案之關係重大也」。

按此一諭「語甚嚴厲」，在宮廷已爲甚大之讓步，然「各使猶多挑剔」，謂「意存開脫，措詞亦多未當」，蓋「各使館頗多通曉漢文之人，從旁唆聳」也(文献叢編廿六年第七輯)。故各國軍隊又揚言西進，奕劻鴻章因復懇切電軍機大臣謂:「事勢危急，似不得不曲徇所請，忍辱負重，外臣之責，亦樞軸之責，務望竭力維持，俾免決裂」，「姑息數人，坐令宗社危亡，殊爲不值」也。

聯軍旣大施壓力，清廷不得已，遂盡允所請，據光緒二十七年正月初三日奕劻電云:

「昨節錄卅電旨函知領銜大臣葛使轉致各國全權大臣查照，頃據出復: 奉旨以現存首禍諸人卽照前次各國照會辦理，當由本領銜大臣轉致諸國全權大臣查照，並將來函內所云擬初三日降旨，初六日懲辦會錄存案，除載勛毓賢懲辦業已議定，其載漪載瀾必應定以斬監侯罪名，如以爲應行戴其一死，則遣戍新疆永遠監禁，無論如何以後不得再行減免，英年趙舒翹絞立決，董福祥應從速先奪其兵柄，一俟機緣可行，卽當斬決，徐承煜啓秀交出自行正法，剛毅徐桐李秉衡應卽奪官職，查如此懲辦，諸國全權大臣似可允行，至英年趙舒翹擬由諸國全權大臣自行設法以便確知係其正身，囑請貴王大臣將所有餘人於何日何處處決逐一示悉等語。臣等查載漪載瀾既定以斬臨侯罪名，則遣戍新疆一層俟一月後降旨加恩亦無不可，英年趙舒翹如賜自盡似與絞立決無異，惟洋性多疑，彼擬自行設法確知係其正身，是前電所擬令附近教士往觀可勿庸議，各員於何日何處處決即望示悉以便轉告，請代奏」。

可見外人之絲毫不肯放鬆，而光緒廿七年正月初一日，公使團照會我全權大臣謂:「諸國全權大臣於董福祥獲罪一事，公同核定，照後開之條毫無異議，十二月十七日會議之時，由中國全權大臣特行言明：董福祥將來定擬必係死罪無移等語，本全權大臣等皆已記錄存案，今公共特行聲明，所有董福祥定罪後緩之故，僅有一端，係中國立行將其正法，聞有碍難之處故也，合行備文奉達即希查照備案」。外使承認緩辦董福祥，要爲一大讓步——自劉張首倡處分董酋，至此暫告段落，爲時將五閱月矣。

世傳福祥初聞聯軍逼其太甚，殊爲激昂，而宮中於其革職案已定，因其擁兵輦下，躊躇未敢發表，某日兩宮召見福祥，光緒帝問你認字否？福祥答不識，德宗出硃諭一紙，隨讀隨解隨泣，慈禧亦泣，福祥則伏地大慟（國聞周報第十一卷第廿三期第三頁「關於董福祥之免職」，作者方適謂其事乃聞之董軍幕府桐城方劍華者)。至德宗硃諭全文曰:「爾忠勇性成，英資天挺，削平大難，功在西陲，近以國步艱難，事多掣肘，朝廷不得已之苦衷，諒爾自能曲體，現在朕方曲已以應變，爾亦當降志以待時，決不可以暫時屈抑，遽厥初心，他日國運中興，聽鼓鼙而思舊，不朽之功，非爾又將誰屬？尙其勉旃」(國聞周報十一卷廿五期凌霄一士隨筆云聞此詔已收入甘肅通志及固原州志)。是太后光緒於董始終惓惓也。

福祥既解職家居，殊牢騷滿腹，不平之氣時爲往訪者所發見——葉昌熾爲甘肅學政時，曾於光緒二十八年十月初三日訪福祥，葉氏緣督廬日記載其經過云:

「初二日：署固原州事宋之章自城來迓，董帥寄語願見，允明日往。

初三日：董星五宮保罷官後寓戚家堡，距黑城五里，辰刻輕騎往，沿途所見，精壯勇丁，絡繹不絕，將至半里許，要路左右兩小土圍，一大土堡在其後，左枕高山，至堡門，但見健兒持白蜡桿子蜂擁而來，見從騎寥寥，皆趦趄而退，既見，絕無寒喧，即直陳無異志，大帥何以見疑？氣湧如山，忿忿不平，形於詞色，其語操土音，十不得二三，一幕府鄂人爲之傳譯，臨別贈言諷以逃禪」。

其所謂「自陳無異志」者，蓋當時有傳言謂福祥擁端王叛者，雖事實證明非確，然稍有責任感者早應自殺以謝國族，尙何「氣湧如山，忿忿不平」之有？而其後得全軀老死囘中（拳變餘聞），是亦拳亂禍首中最幸運之人矣。

七 蔣式芬請重用李秉衡摺

宮中摺包內又有戶科掌印給事中蔣式芬密奏一件，文曰：

「爲請旨舉措大員以救時局，恭摺仰祈聖鑒事，竊自戰事日棘，屢經降旨詔李鴻章來京，嗣又補授直督之命，該大學士一則以地方緊要未敢遽行北上爲辭，一則以水陸不通，老病艮難爲解，飾詞延宕，退縮不前，又復糾合十餘省督撫，保護外洋商務，使敵國無糧餉匱絕之虞，併力抗我，洋兵將盡萃於畿輔，何其忠於外洋，而不忠於朝廷也！且各省勤王之師，到者無幾，其觀望徘徊，皆由該大學士一疏之力，各爲保全身家之計，而不惜上貽君父之憂；若李鴻章者，戰不能戰，守不能守，徒擁高位，作漢奸而已！天下臣民無不切齒。臣愚以爲宜更擇才德兼備之員往代其任，若李秉衡公忠爲天下所諒，廉惠合婦孺而皆知，服官省分，士民至今言之猶爲感泣，前歲桂越之役，馮子才等克復文淵州，諒山省長慶府等處，皆由李秉衡之坚鎮龍州，力持危局，調和將帥，慰勞諸軍，苦心撙節，悉力供賞，激勵將士，糧餉軍火，不分東局西局，隨宜接濟，俾諸將得成大功，藉非李鴻章爲法求和，矇請電旨，法虜不至爲患若斯也。是李秉衡德足惠民，才堪定亂，諒在聖明洞鑒之中，若擢之樞要之地，使之總籌全局，進退人才，轉危爲安，當可立覩，大權畀則無能掣其肘，衆喙息則有以盡其材，實爲社稷生民之福，是立黜一漢奸之李鴻章，而小人不敢效尤，重用一公忠體國之李秉衡，而士氣因之以振，舉措之間，安危所繫，伏望聖明斷而行之，臣無任披瀝屛營之至，伏祈皇太后皇上聖鑒」。

按自光緒十年中法戰時，梁鼎芬疏請殺李鴻章以來，每遇對外交涉，合肥即遭時人之詬駡，甲午中日戰爭時尤爲衆矢之的，御史安維峻且疏請將其「正法」以食其肉寢其皮，甚至市井亦有「楊三已死無名丑，李二先生是漢奸」之語，今式芬摺中雖指斥其爲漢奸，然以與三十年來劾李之奏疏較，要爲心平氣和者。至羅惇曧庚子國變記謂「御史蔣式芬請戮李鴻章張之洞劉坤一以其貳於夷不奉朝命也」。今讀原件，可知羅氏所記不免道聽途說矣。

蔣式芬之斥合肥爲漢奸，主因在「各省勤王之師，到者無幾，其觀望徘徊，皆由該大學士一疏之力」，今按此疏原件尚未在宮中發現，亦不見於文忠全集及他書刊（聞北平圖書舘藏有李文忠公拳時奏牘鈔本一冊，惜借閱未獲）不知其詳。據庚子國變記，知此疏乃與劉坤一張之洞李秉衡王之春等會銜合奏，言亂民不可用，邪術不可信，兵衅不可開，言至痛切——朝廷之反應則可於當時之上諭見之，其文曰:「爾各督撫度勢量力，不欲輕搆外衅，誠老誠謀國之道，無如此次義和團民之起，數月之間京城蔓延已遍，其衆不下數十萬，自兵民似至王公府第處處皆是，同聲與洋教爲仇，勢不兩立，剿之則卽刻禍起肘腋，生靈塗炭，只可因而用之，徐圖挽救，奏稱信其邪術戰之保國，亦不諒朝廷萬不得已之苦衷矣，……此乃天時人事相激相迫，遂成不能不戰之勢，爾各省督撫勿再遲疑觀望迅，速籌兵籌餉，力保疆土」。（德宗實錄）蓋「朝廷意固別有所在，廷臣據理力爭，皆隔靴搔癢之談也」。（崇陵傳信錄）

鴻章當時原奏雖未得見，然其意見在庚子五月間寄劉坤一等電牘中固可窺其大要——「千萬秘密，廿三署文勒限各使出京，至今無信……以一敵衆，理屈勢窮…瓦解卽在目前，已無挽救之法，今爲疆臣計，各省集義團禦侮，必同歸於盡，欲全東南以保宗社，諸大帥須以權宜應之，以定各國之心，仍不背廿四旨，各督撫連絡一氣以保疆土乞裁示」。又有電復盛宣懷曰:「廿五矯詔，粵斷不奉，希將此電密致峴（劉坤一）香（張之洞）」——其後八月初二日鴻章由粵北上抵滬後復再具疏痛陳亟宜剿除義和團之種種理由曰:

> 直隸總督李鴻章奏爲義和團實匪而非民，亟宜痛剿以維大局事，竊維中外搆衅，自古有之，而制馭之方，要在審己量力，擇而處之，我朝自道光中葉以來，外禍日滋，漸成坐困，馴至庚申之變，入我京師，焚我園淀，乘輿北狩，迫致升遐，此固子孫萬世必報之仇，薄海臣民所當泣血椎心臥薪嘗胆者也；自是法擾越南，盡撤藩服，日爭朝鮮，喪師失地；尤無理者，德占膠州灣，俄佔旅順大連，英索威海衛九龍，並推廣上海租界內地商埠，法索廣州灣，侵入沿海之地

百餘里，種種要脅，萬難忍受，於此而不圖自强，是謂無恥；於此而不思報怨，是謂無心；臣受國家厚恩，負天下責望，豈不願大張撻伐，振我皇威，倘於衰邁之年，親見四國來賓，萬方歸服，豈非此生之大幸？無如熟審衆寡之不敵，細察强弱之異形，宗社所關豈可投鼠，卵石之敵豈待著龜！試以近事言之：紫竹林洋兵僅二三千人，拳匪他軍實盈數萬，以一敵十，鏖戰旬日，斃洋人僅數百，殺華人已及兩萬，而兵火傷夷又以數萬計，是兵與匪共戰寡弱之外人皆不敵矣！又京城使舘本非城郭，使臣隨參水兵，本非勁旅，拳匪及董軍攻之兼旬不克，爲所傷害又以數千計，是兵與團合攻孱怯之外人亦不敵矣！今各國之師連艅而至，快槍毒炮紛載而來，朝廷果有何軍堪以捍衛？天下果有何將堪以折衝？竊計子藥無多，糧餉將竭，若各國以十餘萬衆，直撲都城，固守不能，播遷不得，雖欲如木蘭之巡幸，而無滕保阻遏之師，雖欲如馬關之議和，而無伊籐延接之使，彼時拳匪四散，朝右一空，親賢誰倚，樞輔無材，此以皇太后皇上爲孤注之一擲耳！思之寒心，奚忍出口！夫拳匪假借神靈，妄言符咒，誣民惑世，本盛世所必誅，漢有三五里霧而漢已亡，宋有六甲神兵而宋以滅，此蓋白蓮餘孽，世宗憲皇帝先遏其萌，仁宗睿皇帝終平其難，累朝聖訓昭示子孫，豈容以宵小之讕言，棄祖宗之家法，臣年屆八旬，死亡無日，沐四朝之豢養深恩，若知而不言，言又不切，九泉之下，何面目見列祖之靈乎？用是瀝血敷陳，伏祈宸衷獨斷，速絀庸妄之臣工，立斬猖狂之妖孽，知義和團是匪非民，亟宜痛加剿洗，知扶清滅洋乃假托名號，不可姑息養癰，立簡重臣，先清內匪，善遣駐使，速送使軍。臣冒暑遄征，已臨滬瀆，屢奉敦促，豈惜扶疾一行，惟每讀詔書，則國是未定，認賊作子，則人心未安；而臣客寄江南，手無一兵一旅，卽使奔命赴闕，道途險阻，徒爲亂臣賊子作菹醢之資，是以小作盤桓，預籌兵食，兼覘敵志，徐議排解，仍俟布置稍齊，卽行星馳北上，謹奏」。（光緒諭摺彙存卷二十第二十六頁）

今按此疏情詞懇摯，字字血淚，雖其言不免激切，然所謂「孤注一擲」，實道破當時荒謬主戰者之眞實心理，重提庚申往事，太后讀之當更增感慨：四十年來之日常口頭語爲「雪恥復仇」，然宮廷種種措施，則背道而馳，甚至妨碍自强新政之推行，是乃鴻章最引爲痛心者，故危言力諫中時露憤憤不平之意氣，「客寄江南手無一兵一旅」，「卽使奔命赴闕，徒爲亂臣賊子作菹醢之資」，較之其寄劉坤一電所謂「榮（祿）慶（奕劻）尙不能挽回，鄙人何敢擔此危局，各國兵日內當抵城下，想有一二惡戰，乃見分曉」，尤見沉痛。蓋匪黨勢燄方張，「且揚言欲得一龍二虎頭而甘心，一龍謂光緒帝，二虎指慶親王與鴻章，奕劻時充總理衙門大臣，鴻章則時論所謂通番賣國者也」（庚子國變記）。鴻章言殆針對匪黨宣傳而發也。

至蔣奏所極推崇之李秉衡，當時職名爲「頭品頂戴巡閱長江水師降調四川總督」，五月廿一日，出巡至江寧，適奉上諭着各直省迅速挑選馬步隊伍赴京聽侯調用，秉衡當卽會商劉坤一等，由其暫統武衛先鋒左右兩軍及衛隊二百人起程北上，六月初三日馳抵揚州，又奉五月廿八日「着卽來京陛見勿稍刻延」之上諭，秉衡因卽趲程北行，其時江省士紳原擬「追說秉衡以安危大計，勿爲剛趙所誤，惜不及」（張季直嗇翁自訂年譜）。七月初一日，秉衡到京遂竟附和主戰，崇陵傳信錄記其事曰：

「六月十七日天津失守，寇氛日迫，朝廷始有講和意，廿二日詔保護教堂教士，除戰事外，所殺洋人及焚毁房屋什物，均侯查明辦理，以全權大臣畀李鴻章，詔已具，會有言李秉衡自清江入援，待其至徐議和戰者，后意稍移。七月初一日，李督師到京，朱學士祖謀馬編修吉樟先要諸途，述京師亂像，宗社之危如累卵，公入見，當力爲太后言拳匪恣謾狀，苟議和，大禍紓矣，督師深以爲然。迨入朝，徐相首迎之，大聲曰：「鑑翁，萬世瞻仰，在此一舉」，鑑翁者，督師字鑑堂也。復見剛相，知太后旨所在，意隨變，奏言：「外國多，不可滅，異日必趨於和，然必能戰而後能和，臣請赴前敵決一戰」，太后大喜，命統率武衛全軍及陳澤霖等各營」。

又庚子國變記云：

「李秉衡至自江南，太后大喜，召見寧壽宮，語移日，秉衡力主戰，且言義民可用，當以兵法部勒之，太后謂：「與李鴻章等公奏，何以主和」？秉衡言：「此張之洞入臣名耳，臣不與知也」，太后聞天津敗，方旁皇，得秉衡言，乃決戰，遂命總統張春發陳澤霖萬本華夏辛酉四軍，七月初四日，殺許景澄袁昶；秉衡有力焉，天下冤之」。

又拳變餘聞云：

「李秉衡自南京奉命帶兵入衛，載漪令其沿途搜捕奸諜，至清江浦北四十里，獲二人，自京來者，一爲許景澄致江督劉坤一書，一爲袁昶致鐵路督辦盛宣懷書，皆力詆端剛，及太后受愚，語極憤痛，秉衡縶之北上，以書呈載漪，載漪大恨，請旨捕逮」。

又張文襄公全集卷一六三附錄袁世凱二十六年七月初六日致張之洞等電有云：

「戰事初起顯貴謂人心可恃，天意默佑，故毅然決裂，今見日敗，頗痛悔，然仍有不戰必亡，戰未必速亡，及斷不可束手受縛拱手授人等語，前經相機委婉進言，始有轉機，現海城（秉衡）初一入覲，高談者氣復少振。」

綜此四則記載，可知秉衡蓋爲一無正確認識堅定意志之投機份子，而受主戰人士之重視如此，誠如合肥奏疏所謂「親賢誰倚，樞輔無材」也。七月十五日，秉衡秉命出都，至通州，聞聯軍將至，師潰，不可收拾，秉衡遂吞金自盡，通州失守，聯軍旋逼京師，七月廿日晨，帝后倉皇出宮西奔。

帝后既至太原，迭電全權大臣直隸總督李鴻章北上設法與外使議款，鴻章以情勢一時難以廻旋，仍在滬上「小作盤桓」，未肯北行，各方促駕之電紛至，上諭亦以「該大學士此行，不特安危繫之，抑且存亡繫之，旋乾轉坤，匪異人任」，温語勗勉。物望之隆，冠絕一時——自五月至此爲時不過三月，由漢奸之惡名一轉而爲救星之美稱，變化之奇突，足以反映當時朝政之紊亂——九月，鴻章北上，十月和議開始，迭經磋磨，辛丑六月，和約完成，九月鴻章薨，蓋棺論定，誠如羅惇曧所謂：「余編庚子國變記，極推李鴻章議和之功，繼編中日戰記，於鴻章深致貶詞，茲更編中法兵事本末，責鴻章尤嚴，蓋自海通以來，當外交之衝者，實惟鴻章，鴻章於庚子之役，折衝八國，終構大和，功不可揜，而甲午甲申兩役外交之巨謬，竟以弱中國而迄於亡，則邦人所言之痛心者也，大夫君子，寧忘前車之覆載」！而嚴幾道輓合肥聯曰：「若當時盡用其言，知成功必不止此；倘和議未成而死，則世論又當何如」？尤篤論也。

至李秉衡吞金身死後，庚子八月清廷曾下詔表揚其忠烈，然外使於此大不謂然，據奕劻李鴻章寄軍機處電云：

「據俄德英義奧日本日比八國先後照會稱：八月二十六日上諭加賞李秉衡之子

孫，以示篤念忠貞，查忠貞之臣加恩酬賞，自屬理所當然，但此次李秉衡故後恩卹，殊令輿情趨入歧途，政府諸臣雖明與各國重商結好，恐仍存如李秉衡顯恨泰西之心，李秉衡夙與西人爲仇，由南省北來途次，督拳民攻毁教堂，迨入京後圍攻使舘，極力加功，大臣有與泰西輯睦者附合僉人而陷害之，其死也乃與救使聯軍對敵所致，如斯忠烈，果爲國乎？必應力予駁辯，應請嗣後勿再降此項諭旨等語。查李秉衡在東撫任內虐待敎士，致有膠州之失，蒙恩降調不再起用，今復令帶兵自贖，徒有仇洋之志，實無勝敵之方，貽害君國死不足惜，兹因明詔優卹廕後，致騰衆謗，現將開議，和局萬不可敗，應否俟其條款到時撤銷李秉衡卹典以示大公，請代奏」。

由是可見是非終有公論，覆按式芬原奏，要不免妄言誤國之罪矣。

出自第二十三本上(一九五一年十二月)

校讎通例

王叔岷

淮南子精神篇云:『藏詩書，修文學，而不知至論之旨，則拊盆叩瓴之徒也。』治學固當以大義爲重，校讎之業，每爲翰墨之士所輕，如邢邵見人校書，輒笑曰:『何愚之甚！天下書至死讀不可徧，焉能始復校此？』（北史邢邵傳。）然校書雖爲愚事，此實治學之本也。何以明之？我國古籍，秦火以後，代有散亡，卽或求而復出，得之先後不同，存者多寡亦異，雖經先儒整理，又難免改文從意，其間錯雜竄亂，曷可勝紀！卽未經散亡之書，亦以鈔槧流傳，展轉致訛，如篆、隸、正、艸、俗書之相亂，六朝、隋、唐寫本之不同，宋、元、明刻本之各殊。淄、澠並泛，準的無依。鼠、璞同呼，名實相悖。夫研讀古籍，必先復其本來面目。欲復其本來面目，必先從校讎入手。昔人有謂盧文弨者曰:『他人讀書，受書之益；子讀書，則書受子之益。』已失其本來面目之書，經校讎而復其舊觀，豈非使書受其益哉？書受其益，然後可以進而明至論之旨，治學當有本末，求之有漸，字句未正，是非未定，惡足以言至論之旨哉！徵諸載籍，正考父校商之名頌十二篇於周大師（見魯語），已開校書之端；孔子知伯于陽爲公子陽生之誤（見昭十二年公羊傳），子夏知三豕爲己亥之訛，（見呂氏春秋察傳篇及家語弟子解），更啟校書之法；降及漢儒，劉向父子，專司厥職；晉、唐沿襲，益廣其學；清儒專工，遂極其則；餘風所播，日本士流，亦步亦趨矣。時運漸移，好古者稀，習尚旣殊，斯道寖微！卽有一二好學之士，又苦無門徑可尋，今避亂孤島，講習之暇，聊本所見，粗擬通例九十事，惜行篋乏書，幾等空箸，所擧例證，僅據拙著孟子校補、莊子校釋、呂氏春秋校補、淮南子校補、列子補正數種；偶有未備，再搜檢前賢成說。自度譾疏，未窺閎恉，尋行數墨之得，覬被採於初學耳。

一、形　　誤

列子天瑞篇:

而欲恆其生，盡其終，惑於數也。注：盡，亡也。

案釋文本盡作晝，云：『計策也，一本作盡，於義不長。』道藏林希逸本，元本，世德堂本，皆作晝；元本，世德堂本注，亦作晝，盡卽晝之形誤，林希逸云：『晝，止也。晝其終，欲止而不終也。』兪樾說同，並云：『張注曰：「晝，亡也。」疑本作「晝，止也。」以形似而誤。』其說甚塙。釋文訓晝爲計策，非是。

呂氏春秋去尤篇：

相其谷而得其鈇。

案畢沅校本據列子說符篇改相爲扣，是也。相卽扣之形誤（異用篇：『周文王使人扣池，』意林引扣誤作相，與此同例）。治要、長短經忠疑篇，引扣並作掘，扣卽古掘字。舊校云：『一作：拑其舌而得其鈇。』『拑其舌』亦『扣其谷』之誤。

形誤之例至多，古文、籀文、篆文、隸書、艸書、俗書，亦常相亂，玆附擧六例，以發其端：

①古文形近之誤。

莊子天道篇：

審乎无假，而不與利遷。

奚侗云：『利當作物。利，古文作𥝢，與物形似易誤，德充符篇：「審乎无假，而不與物遷。」可證。下文：「極物之眞，能守其本。」正說「不與物遷」之義。』

案奚說是也。淮南子精神篇：『審乎無瑕，而不與物糅。』文子守樸篇：『審於無假，不與物遷。』亦並可證此文利字之誤。

②籀文形近之誤。

莊子山木篇：

舜之將死，眞泠禹曰。

王引之云：『釋文曰：「眞，司馬本作直。泠音零。司馬云：『泠，曉也。謂以直道曉禹也。』泠，或作命，又作令。命猶敎也。」案直當作㐭。㐭，籀文乃字。隸書作迺。㐭形似直，故訛作直，又訛作眞。命與令古字通，作命作令者是也。「㐭令禹」者，「乃命禹」也。』

案籀文乃字訛作直，又訛作眞，王說至塙。唐寫本，覆宋本泠並作命，是也。

③篆文形近之誤。

列子湯問篇：

內則肝、膽、心、肺、脾、腎、腸、胃。

釋文本肺作胇。案胇乃㕘之重文，說文：『㕘，食所遺也。』作胇，義不可通。胇卽肺之誤，胇篆作𦙶，與肺形近，故致誤耳。

④隸書形近之誤。

莊子秋水篇：

鴟鵂夜撮蚤，察豪末；晝出瞋目而不見丘山。

釋文：瞋，本或作瞑。

案御覽九二七、記纂淵海五七、天中記五九，引瞋皆作瞑，與釋文所稱一本同。但作瞑，義不可通，說文：『瞋，張目也。』『瞑，翕目也。』翕目卽合目（爾雅釋詁：翕，合也），鴟鵂夜則眼明，故能撮蚤，察豪末；晝則眼暗，故雖張目而不見丘山。合目而不見丘山，何待言邪？（郭慶藩集釋以作瞑爲是，大謬。）瞑卽瞋之誤，隸書眞或作真，冥或作寘，兩形相近，故致誤耳。本書說劍篇：『瞋目而語難，』藝文類聚六十引誤瞑，與此同例。

⑤艸書形近之誤。

莊子天地篇：

執留之狗成思。

釋文：『一云：執留之狗，謂有能，故被留係成愁思也。』

應帝王篇作：『虎豹之文來田。』奚侗云：『執留之狗』當作『虎豹之文。』『成思』爲『來田』之誤，來、成草書極相似。

案奚氏據應帝王篇，謂『成思』爲『來田』之誤，是也。釋文引一說，釋『成思』爲『成愁思，』（成玄英疏同。）蓋不知其誤而强爲之說耳。來、成艸書形近，故來誤爲成。淮南子繆稱篇、說林篇，並作：『虎豹之文來射，』詮言篇作：『虎豹之彊來射，』咸可證此文成字之誤。

⑥俗書形近之誤。

莊子山木篇：

虞人逐而誶之。注：誶，問之也。

案爾雅釋詁：『誶，告也。』(今本誶誤訊。)說文：『誶，讓也。國語曰：誶申胥。』(今本國語吳語誶誤訊。)誶無問義，蓋訊之誤，釋文：『誶，本又作訊，音信。問也。』作訊者是也，說文：『訊，問也。』唐寫本誶正作訊，注同。六朝俗書卒作卆，與卂形近，故訊、誶常相亂，本書徐无鬼篇：『察士无淩誶之事則不樂，』成疏作訊，亦其比。

二、聲　　　誤

呂氏春秋重己篇：

其爲宮室臺榭也，足以辟燥溼而已矣。注：燥謂陽炎，溼謂雨露，故曰足以備之而已。

案舊校云：『辟，一作備。』與注『足以備之而已』合。俗讀辟、備聲相亂，故二字多互訛，本書節喪篇：『慈親孝子避之者，得葬之情矣。善棺椁，所以避螻蟻蛇蟲也。』舊校云：『避，一作備。』淮南子主術篇：『閨門重襲，以避姦賊。』文選張平子西京賦注引作備，脩務篇：『銜蘆而翔，以備矰弋。』六帖九四引作避，(辟、避，古、今字。)皆其比。

淮南子說山篇：

始調弓矯矢，未發，而蝯擁柱號矣。

王念孫云：擁柱當爲擁樹，聲之誤也。文選幽通賦注引此作抱樹，太平御覽兵部八十一引作擁樹。

案王說是也。類林殘卷九引此作抱樹，(六帖九七亦作抱樹，惟未言引何書。)與文選注引同；事文類聚後集三七引作擁樹，與御覽引同。御覽三百五十、事類賦十三引韓子有此文，亦並作擁樹，咸可證柱爲樹之聲誤。

三、涉上下文而誤

列子說符篇：

身也者，影也。

案身當作行，下文：『愼爾行，將有隨之。』卽承此言，今本作身，涉上文『身長則影長，身短則影短』而誤。御覽四百三十引尸子作：『行者，影也。』可爲旁證。

呂氏春秋適音篇

觀其音而知其俗矣。觀其政而知其主矣。

案上觀字當作聽，淮南子主術篇：『聽其音則知其俗，』（文子精誠篇作：聽其音則知其風。）卽本此文，字正作聽。今本作觀，蓋涉下觀字而誤。先初篇：『是故聞其聲而知其風（注：風，俗），』聞猶聽也，可爲旁證。

四、涉注文而誤

莊子知北遊篇：

大馬之捶鉤者，年八十矣，而不失豪芒。注：拈捶鉤之輕重，而無豪芒之差也。

案唐寫本豪芒作鉤芒，淮南子道應篇同（注：捶，鍛擊也。鉤，釣鉤也）。當從之。鉤芒，鉤之鋒芒也。今本作豪芒，蓋涉注『而無豪芒之差』而誤。

列子仲尼篇：

於外无難，故名不出其一道。注：道至功玄，故其名不彰也。

案道藏白文本、林希逸本，『其一道』並作『於一家，』其猶於也（湯問篇：『內得於中心，』六帖三二引作其，卽其比）。道藏江遹本、高守元本、元本、世德堂本，『一道』亦並作『一家，』釋文本同。云：『一本作「一道，」於義不長。』王重民校釋云：『北宋本家作道，近是，張注：「道至功玄」云云，可證。』盧重元本家亦作道，注：『是以得之於一心，成之於一家。』是所見本道原作家。『名不出其一家，』與下『名聞於諸侯』對言，意甚明白。作道者，卽涉張注道字而誤，王說非也。注所謂『道至功玄，故其名不彰。』正以釋『名不出其一家』之故耳。

五、涉上下文而衍

孟子梁惠王篇：

天下之欲疾其君者，皆欲赴愬於王。

兪樾云：『兩欲字異義，上欲字猶好也。孟子書每以欲惡對言，離婁篇：「所欲與之聚之，所惡勿施爾也。」告子篇：「所欲有甚於生者，所惡有甚於死者。」

所欲所惡，卽所好所惡也。中論夭壽篇引孟子「所欲有甚於生者，」正作所好，是好與欲同義。此文欲疾二字平列，欲其君者，謂好其君者也；疾其君者，謂惡其君者也。天下之好惡其君者，莫不來告，故曰：「皆欲赴愬於王。」』

案兪說未審，天下之所以『皆欲赴愬於王，』正由疾（惡）其君也。欲（好）其君者，尙何必赴愬於王邪？上欲字蓋涉上文『皆欲』或涉下文『皆欲』而衍，不必强爲之說。

莊子寓言篇：

終身言，未嘗不言。注：雖出吾口，皆彼言耳。

案不字涉下文『未嘗不言』而衍。日本高山寺舊鈔卷子本、道藏成玄英疏、林希逸口義、褚伯秀義海纂微、羅勉道循本諸本，皆無不字，文選孫興公遊天臺山賦注引同，當據刪。『終身言，未嘗言，』與下文『終身不言，未嘗不言』對言，意甚明白，審注：『雖出吾口，皆彼言耳。』是郭本原無不字，徐无鬼篇注：『則雖終身言，故爲未嘗言耳。』卽用此文，尤其明證。（焦竑莊子翼、王夫之莊子解、宣穎南華眞經解，所據本亦皆無不字。）

六、涉注文而衍

莊子德充符篇：

計子之德，不足以自反邪？注：計子之德，故不足以補形殘之過。

案不字疑涉注：『故不足以補形殘之過』而衍，『足以自反邪？』意卽謂其不足以自反也。若有不字，則文不成義。陳碧虛闕誤引文如海、成玄英、李氏、張君房諸本，皆無不字，當據刪。

淮南子脩務篇：

禹沐浴霪雨，櫛扶風。注：禹勞力天下，不避風雨　以久雨爲沐浴。扶風，疾風。以疾風爲梳櫛也。

王念孫云：『沐下本無浴字，此涉高注沐浴而誤衍也。「沐霪雨，櫛扶風，」相對爲文，多一浴字，則句法參差矣（劉本又於櫛上加梳字，以對沐浴，尤非）。藝文類聚帝王部一、太平御覽皇王部七、文選謝朓和王著作八公山詩注，引此皆無浴字。莊子天下篇：「禹沐甚雨，櫛疾雨。」此卽淮南所本。』

案王說是也。劉子新論知人篇：『禹櫛奔風，沐驟雨。』（又見僞愼子外篇。）路史夏后氏紀：『禹纚長風，沐甚雨。』文並相對，亦可證此文浴字涉高注而衍。

七、涉偏旁而誤

莊子天下篇：

常反人，不聚觀。

案舊鈔卷子本聚作取，取、聚古通，周易萃象傳：『聚以正也。』釋文引荀本作取，本書天運篇：『取弟子遊居寢臥其下。』覆宋本作聚，並其比。釋文本、元纂圖互注本、世德堂本，聚並作見，不詞，蓋涉觀字而誤也。（淮南子人間篇：『夫狐之捕雉也，必先卑體弭毛，』今本毛作耳，王念孫云：『毛字因弭字而誤爲耳。』亦同此例。）

八、涉偏旁而衍

御覽五百三十引莊子云：

游島（當作鳧）問雄黃曰：『今逐疫出魅，擊鼓呼噪，何也？』雄黃曰：『黔首多疾，黃帝氏立巫咸，使黔首沐浴齋戒，以通九竅；鳴鼓振鐸，以動其心；勞形趨步，以發陰陽之氣；飲酒茹葱，以通五藏。夫擊鼓呼噪，逐疫出魅鬼，黔首不知，以爲魅祟也。』

案『逐疫出魅鬼』句，鬼字涉魅字而衍，上文可照。玉燭寶典一引正無鬼字。

九、因偏旁而誤加

莊子外物篇：

魚不畏網，而畏鵜鶘。

案鶘當作胡，此因鵜字而誤加鳥旁也。六帖九八引無鶘字，劉子新論去情篇：『魚不畏網，而畏鵜。』卽用此文，亦無鶘字。唐寫本鵜鶘作鵜胡，此鳥本單呼鵜，以其頷下胡大能抒水（詳詩曹風候人正義引陸璣疏），故又名鵜胡，則作鵜鶘者，非也。舊鈔卷子本原亦作鵜胡，後又將胡字塗去，而改爲鶘，反失古本之舊矣。（淮南子道應篇：『臣有所與共儋纏（當作纆）采薪者九方堙。』今本共作供，王念孫云：『供當爲共，此因僭字而誤加人旁也。』亦同此例。)

十、由誤而衍

莊子天運篇:

仁義,先王之蘧廬也。止可以一宿,而不可久處。

案『止可以一宿,』不類莊子語,亦不類先秦語,止字蓋卽也字之誤而衍者也。唐寫本正無止字,御覽四一九引同。

徐无鬼篇:

是以一人之斷制利天下。

案斷制下有利字,不詞。蓋卽制字之誤而衍者也。唐寫本正無利字。注:『則其斷制不止乎一人。』疏:『恣其鴆毒,斷制天下。』是正文原無利字明矣。

十一、旣衍且誤

莊子盜跖篇:

申子不自理。疏:申子,晉獻公太子申生也。遭麗姬之難,枉被讒謗,不自申理,自縊而死矣。

釋文本作『勝子自理。』云:『一本理作俚,本又作:「申子自埋。」或云「謂申徒狄抱甕之河也。」一本作:「申子不自理,」謂申生也。』

案釋文:『一本作:「申子不自理,」謂申生也。』與成疏合。但審文意,當作『申子自埋』爲長,埋猶沈也,謂申徒狄抱甕之河者是也。『申子自埋,』與上句『鮑子立乾,』文旣相耦,事亦相類,皆下文所謂『廉之害也。』若以爲申生,則是孝也,非廉也。道藏王元澤新傳本、元纂圖互注本、世德堂本,申並作勝,與釋文本同。勝、申古通,史記酷吏周陽由傳索隱引風俗通義云:『勝屠卽申屠也。』(又見潛夫論志氏姓篇。)卽其證。申子下有不字者,蓋涉下文『孔子不見母,匡子不見父』而衍,理、俚,並埋之形誤。

十二、後人妄改

莊子秋水篇:

井鼃不可以語於海者，拘於虛也。

王引之云：『鼃本作魚，後人改之也。太平御覽時序部七、鱗介部七、蟲豸部一，引此並云：「井魚不可以語於海，」則舊本作魚可知；且釋文於此句不出鼃字，直至下文「埳井之鼃，」始云：「鼃，本又作蛙，戶蝸反。」引司馬注云：「鼃，水蟲，形似蝦蟇。」則此句作魚，不作鼃，明矣。若作鼃，則「戶蝸」之音，「水蟲」之注，當先見於此，不應至下文始見也。再以二證明之，鴻烈原道篇：「夫井魚不可與語大，拘於隘也。」梁張綰文：「井魚之不識巨海，夏蟲之不見冬冰。」（水經贛水注云：聊記奇聞，以廣井魚之聽。）皆用莊子之文，則莊子之作井魚益明矣。井九三：「井谷射鮒，」鄭注曰：「所生魚，無大魚，但多鮒魚耳。」（見劉逵吳都賦注。）困學紀聞（卷十）引御覽所載莊子曰：「用意若井魚者，吾爲鉤繳以投之。」呂氏春秋諭大篇曰：「井中之無大魚也。」此皆井魚之證。後人以此篇有「埳井之鼃」之語，而荀子亦云：「坎井之鼃，不可與語東海之樂。」（見正論篇。）遂改井魚爲井鼃，不知井自有魚，無煩改作鼃也。自有此改，世遂動稱井鼃、夏蟲，不復知有井魚之喻矣。』

案王說是也。惟御覽蟲豸部一引此作井蛙（蛙卽鼃之俗），王氏以爲井魚，失檢。天中記五六引莊子云：『用意若井魚者，吾鉤繳以投之。』與困學紀聞引御覽所載莊子合，並莊書稱井魚之證。大日經疏演奧鈔三云：『其猶井坎之魚，爭知東海之深廣也？』蓋用下文，而誤以井鼃爲井魚，與此文相涸，亦此文本作井魚之一證也。

十三、不明文義而妄改

莊子山木篇：

王獨不見夫騰猿乎？其得柟梓豫章也，攬蔓其枝，而王長其間。注：遭時得地，則申其長技。

釋文：『王，往況反。司馬本作往。長，丁亮反。本又作張，音同。司馬直良反，云：「兩枝相去長遠也。」』

兪樾云：『郭注曰：「遭時得地，則申其長技。」是讀長爲長短之長，然於本文之義，殊爲未合；司馬云：「兩枝相去長遠也。」則就樹木言，義更非矣。此當就猨而言，謂猨得柟梓豫章，則率其屬居其上，而自爲君長也。故曰：「王長其間。」釋文：「王，往況反。長，丁亮反。」頗得其讀。』

案兪說是也。德充符篇：『彼兀者也，而王先生。』釋文引崔譔云：『王，君長也。』此文王長，猶言君長耳。釋文：『王，司馬本作往。長，本又作張。』唐寫本長亦作張。藝文類聚八九、御覽九五七、記纂淵海九八，引王並作生。蓋皆不明王長之義而妄改耳。

十四、不審上下文而妄改

莊子讓王篇伯夷、叔齊往觀文王章：

今天下闇，周德衰。

陳碧虛闕誤引江南古藏本周作殷。劉文典云：江南古藏本是也。伯夷、叔齊試往觀周之時，不當言『周德衰。』

案劉說非也。『周德衰，』對上文『周之興』而言，『周之興，』謂文王有道之時；文王既歿，武王伐紂，推周之亂以易殷之暴，故曰『周德衰，』也。周之興，殷德已衰，此何待言『殷德衰』乎？呂氏春秋誠廉篇亦作『周德衰。』江南古藏本周作殷，蓋不審上文而妄改也。褚伯秀已誤以作殷爲是。

天下篇論關尹、老聃章：

可謂至極。關尹、老聃乎，古之博大眞人哉！

案『可謂至極，』舊鈔卷子本作『雖未至於極，』審文意，當從之。下章莊子自述其道術，實超關尹、老聃而上之，乃可謂至於極也。陳碧虛闕誤引江南李氏本、文如海本，『可謂』亦並作『雖未。』今本作『可謂，』蓋後人不審下文而妄改也。

十五、不識假借字而妄改

列子楊朱篇：

賓客在庭者日百往。

釋文本、元本、世德堂本，百往並作百住。兪樾云：『住當爲數，聲之誤也。黃帝篇：「漚鳥之至者，百住而不止。」張注曰：「住當作數。」是其證矣。此篇盧重元本作往，則是誤字。』

案列子書多假借字，黄帝篇及此文之『百住，』皆借住爲數（黄帝篇釋文：『住音數，』是也。藝文類聚九二、御覽九二五、爾雅翼十七、容齋四筆十四、記纂淵海五六、事文類聚後集四六、合璧事類別集六九、韻府羣玉八、天中記五九，引住皆作數），非聲誤也。北宋本、道藏各本此文，住皆作往，蓋後人不識假借字而妄改耳。記纂淵海九七引黄帝篇，亦妄改住爲往。

十六、因誤而妄改

莊子天地篇：

若然者，豈兄堯、舜之教民，溟涬然弟之哉？注：溟涬，甚貴之謂也。不肯多謝堯、舜，而推之爲兄也。

釋文：豈兄，元嘉本作豈足。

孫詒讓云：『兄當讀爲況（古況字多作兄，詩小雅桑柔篇：『倉兄填兮，』釋文云：『兄，本亦作況。』），謂比況也。弟當爲夷，形近而誤（易渙：『匪夷所思，』釋文云：『夷，荀本作弟。』）。左昭十七年傳云：「五雉爲五工正，利器用，正度量，夷民者也。」杜注云：「夷，平也。」正義云：「雉聲近夷。」此云：「溟涬然夷之，」溟涬，亦平等之義。前在宥篇云：「大同乎涬溟。」注云：「與物無際。」釋文引司馬彪云：「涬溟，自然氣也。」論衡談天篇云：「溟涬濛澒，氣未分之貌也。」此溟涬與彼義略同，郭本譌夷爲弟，遂釋「兄堯、舜」爲「推之爲兄，」又以溟涬爲「甚貴之謂，」殆所謂郢書燕說矣。』

案章太炎、奚侗，並從孫說，余謂弟爲夷之誤，誠是。惟兄當從元嘉本作足，於義爲長，兄蓋足之形誤。或由足誤爲兄，淺人乃妄改夷爲弟耳。

十七、因脱而妄改

淮南子時則篇：

若或失時，行罪無疑。

案吕氏春秋仲秋紀作：『無或失時，行罪無疑。』月令作：『毋或失時，其有失時，行罪無疑。』此文『若或失時，』當作『無或失時，』時下更當有『其有失時』四字，蓋由後人不知時下有脫文，乃妄改無爲若耳。呂氏春秋無字不誤，亦脫『其有失時』四字。（說互詳呂氏春秋校補。）

十八、依他書改

淮南子原道篇：

故橘，樹之江北，則化而爲枳。注：見於周禮。

王念孫云：『枳，本作橙，此後人依考工記改之也。不知彼言「橘踰淮而北爲枳，」此言「樹之江北則爲橙，」義各不同，注言「見周禮」者，約擧之詞，非必句句皆同也。埤雅引此作：「化而爲枳，」則所見本已誤。文選潘岳爲賈謐贈陸機詩：「在南稱甘，度北則橙，」李善注引淮南曰：「江南橘，樹之江北，化而爲橙。」藝文類聚、太平御覽果部橘下，並引考工記曰，「橘踰淮而北爲枳，」又引淮南曰：「夫橘，樹之江北，化而爲橙。」（御覽橙下引淮南同。）然則考工作枳，而淮南作證，明矣。晉王子升甘橘贊曰：「異分南域，北則枳橙。」此兼用考工與淮南也。』

案王說是也，記纂淵海九二引枳亦作橙。

十九、據注文改

呂氏春秋去尤篇：

魯有惡者，其父出而見商咄。注：惡，醜。

案意林引惡作醜，蓋據注文改正文也。

長利篇：

戎夷違齊如魯。注：違，去。

案意林引違作去，蓋據注文改正文也。

二十、因避諱改

①避君諱改。

莊子在宥篇：

聞在宥天下，不聞治天下也。

案白帖十三、初學記二十，引治並作理，蓋唐人避高宗諱改。

呂氏春秋有度篇：

通意之悖。

案通本作徹，此漢人避武帝諱所改也。莊子庚桑楚篇正作徹。

②避親諱改。

淮南子原道篇：

至無而供其求，時騁而要其宿，小大脩短，各有其具。

案脩短本作長短，淮南父諱長，故改長爲脩，莊子天地篇正作長。

天地之永，登丘不可爲脩，居卑不可爲短。

案脩本作長，淮南避父諱所改也。莊子徐无鬼篇脩正作長。

③避孔子諱改。

莊子田子方篇：

孔子出，以告顏回曰：丘之於道也，其猶醯雞與？

案御覽三九五、九四五，引丘並作某，蓋避孔子諱也。

列子湯問篇：

孔子不能決也。兩小兒笑曰：孰爲汝多智乎？

案意林、事類賦一天部一、天中記一，引孰上並有丘字，當從之。御覽三引孰上有某字，易丘爲某，避孔子諱也。

避諱字較難分辨者，莫如唐人所改。唐人避君諱所改之字，往往無定，如唐高祖諱淵，有時以川代淵（如莊子天地篇：『藏珠於淵，』白帖二、御覽八百三，引淵並作川）；有時以泉代淵（如莊子外物篇：『予自宰路之淵，』文選郭景純江賦注引淵作泉）。唐太宗諱世民，有時以君代世（如莊子馬蹄篇：『故至德之世，』御覽九二八引世作君）；有時以時代世（如莊子胠篋篇：『子獨不知至德之世乎？』文選干寶晉紀總論注、路史前紀六，引世並作時）；有時以俗代世（如莊子天地篇：『千歲厭世，』初學記一引世作俗）。唐高宗諱治，有時以理代治（如上所舉莊子在宥篇之例）；有時以調代治（如莊子馬蹄篇:『我善治馬,』文選司馬相如上諫獵書注引治作調)。此初學所當留意者也。

二一、後 人 妄 加

莊子達生篇:

知忘是非,心之適也。

案知字,後人所加也。『忘是非,心之適也。』與上文:『忘足,履之適也。忘要,帶之適也。』句法一律,義亦較長。陳碧虛闕誤引張君房本、文如海本,並無知字,當據刪。

淮南子俶眞篇:

水之性眞清,而土汩之。人性安靜,而嗜欲亂之。

王念孫云:『眞字於義無取,疑後人所加,太平御覽方術部一引此作:「夫水之性清,而土汩之。人之性安,而欲亂之。」於義爲長。呂氏春秋本生篇云:「夫水之性清,土者扣之,故不得清。人之性壽,物者扣之,故不得壽。」扣與汩同。』

案王說是也。孔叢子抗志篇:『夫水之性清,而土壤汩之。人之性安,而嗜欲亂之。』劉子新論防慾篇:『水之性清,所以濁者,土渾之也。人之性貞,所以邪者,慾眩之也。』亢倉子全道篇:『水之性清,土者滑之,故不得清。人之性壽,物者滑之,故不得壽。』咸可證此文眞字爲後人妄加。

二二、不明文義而妄加

莊子胠篋篇:

夫妄意室中之藏,聖也。

案『妄意室中之藏,』呂氏春秋當務篇作:『妄意關內中藏,』淮南子道應篇作:『意而中藏。』意與億同,中卽億中之中(論語先進:億則屢中)。此文中上室字,中下之字,疑皆淺人妄加,抱朴子辨問篇引作:『妄意而知人之藏,』亦卽『妄意中藏』之意。

列禦寇篇:

夫漿人特爲食羹之貨,多餘之贏。

奚侗云：『多餘上挩無字：「無多餘之贏，」言利薄也。列子黄帝篇多餘上有無字，闕誤江南李氏本、張君房本，並作：「無多餘之贏。」當據補。

案疏：『所盈之物，蓋亦不多。』疑成本多餘上亦有無字。但審文意，『多餘之贏，』卽薄利也，下文：『其爲利也薄，』承此而言，意甚明白，則多餘上有無字，必淺人妄加矣。盧重元本、北宋本、道藏高守元本列子，皆無無字，御覽八六一、事文類聚續集一七、合璧事類外集四三引，並同。（張湛注：『所貨者羹食，所利者盈餘而已。』是所見本原無無字。）奚氏失檢。

二三、不審上下文而妄加

莊子山木篇：

昨日山中之木，以不材得終其天年；今主人之鴈，以不材死。

案上文所言木與鴈，皆昨日之事，則『主人之鴈』上，不當有今字，蓋淺人妄加也。（大方廣佛華嚴經隨疏演義鈔二十、記纂淵海九七引，並作『今日主人之鴈，』於今下更妄加日字，尤非。）文選盧子諒贈劉琨詩注、藝文類聚九一、意林、御覽九一七、事類賦十九禽部二、事文類聚後集四六、合璧事類別集六六引，皆無今字。呂氏春秋必已篇同。當據删。

二四、不識假借字而妄加

莊子讓王篇：

上謀而下行貨，阻兵而保威。

王念孫云：『「上謀而下行貨，」下字，後人所加也。上與尙同，「上謀而行貨，阻兵而保威，」句法正相對。後人誤讀上爲上下之上，故加下字耳。呂氏春秋誠廉篇正作：「上謀而行貨，阻兵而保威。」』

案王說是也，舊鈔卷子本正無下字。

列子力命篇：

其爲人也，上忘而下不叛。注：居高而自忘，則不憂下之離散。

案『上忘而下不叛，』管子戒篇作：『上識而下問，』呂氏春秋貴公篇作：『上志而下求

(注：志上世賢人而模之也。求猶問也),』識與志同。此文忘字，乃志之形誤。不字，乃淺人誤以叛爲背叛字而妄加。莊子徐无鬼篇作：『上忘而下畔,』忘亦志之誤。畔、叛並借爲判，判與辨通，秋官朝士：『凡有責者有判書，以治則聽。』鄭注：『故書判爲辨。』卽其證。易乾卦：『問以辨之,』辨卽辨問之意，與管子作問，呂氏春秋作求，其義並同。(說本奚侗莊子補註。)張注云云，蓋不知此文原作『上志而下叛,』而强爲之說耳。

二五、因誤而妄加

莊子則陽篇：

不馮其子，靈公奪而埋之。

案元纂圖互注本、世德堂本，埋並作里。但『奪而里之,』不詞。釋文本埋亦作里，里下無之字，云：『而，汝也。里，居處也。』據注：『靈公將奪汝處也,』是郭本原作『靈公奪而里。』此爲銘辭，里與上文子爲韻，里誤爲埋，後人乃於埋下妄加之字以足其義耳。博物志七作：『不逢箕子，靈公奪我里。』可爲旁證。

列子黃帝篇：

子之先生坐不齋。注：『或無坐字。向秀曰：無往不平，混然一之，以管窺天者，莫見其崖，故似不齊也。』

案注謂『或無坐字,』釋文本齋作齊，酉陽雜俎續集四引，正作『子之先生不齊。』莊子應帝王篇同。當從之。無迹可相，故謂不齊。(說互詳莊子校釋。)蓋由齊誤爲齋，淺人因更於不齋上妄加坐字耳。莊子郭注作齊，與向注同。道藏本、元本、世德堂本向注，齊亦並誤齋。

二六、因脫而妄加

莊子至樂篇：

吾安能弃南面王樂，而復爲人間之勞乎？

案陳碧虛闕誤引張君房本，人間作生人，據上文『諸子所言，皆生人之累也。』則作生人者是也。疏：『誰能復爲生人之勞，而弃南面王之樂邪？』是成本亦作生人。(御覽三六七引作人生，蓋生人之誤到。）今本作人間，蓋由人上脫生字，後人乃於人下妄加間字耳。

二七、依他書加

淮南子覽冥篇：

以治日月之行，律治陰陽之氣。

陳昌齊云：『律下本無治字，「律陰陽之氣，」與上下相對爲文，讀者誤以律字上屬爲句，則「陰陽之氣」四字，文不成義，故又加治字耳。』

王念孫云：『文子精誠篇作：「調日月之行，治陰陽之氣。」此用淮南而改其文也。後人不知律字之下屬爲句，故依文子加治字耳。』

案陳氏知律下治字爲後人所加，而不知從何而加，王氏以爲依文子所加，是也。天中記六引律下正無治字。

列子天瑞篇：

望其壙，睪如也，宰如也，墳如也，鬲如也。注：見其墳壤鬲異，則知息之有所。

釋文：『睪音皋。』案荀子大略篇睪正作皋，墳作嗔，注：『皋當爲宰。宰，冢也。嗔與塡同，謂土塡塞也。鬲謂隔絕於上。列子作：宰如，墳如。』楊倞所見此文，蓋無『睪如也』三字，『睪如也』卽『宰如也，』不當重舉。家語困誓篇作：『自望其廣，則睪如也。視其高，則塡如也。察其從，則隔如也。』今本此文之有『睪如也』三字，疑後人依家語妄加也。家語鬲作隔，注：『言其隔而不得復相從也。』荀子楊注及此文張注，亦以鬲爲隔，並誤。鬲當爲鼎鬲字，釋文：『鬲音歷，形如鼎。又音隔。』謂『音歷，形如鼎，』是也。『音隔，』蓋以爲隔絕字，亦誤。

二八、據注文加

莊子達生篇：

善游者數能。注：言物雖有性，亦須數習而後能耳。

案白帖三、合璧事類外集五八引，並作：『善游者數習而後能。』『習而後』三字，疑據郭注所加。注釋正文『數能』爲『數習而後能，』若正文本作『數習而後能，』則何待釋乎？列子黃帝篇亦作：『善游者數能。』注引向秀云：『其數自能也，其道數必能不懼舟也。』是向所見本正文與郭本同。據下文：『善游者數能，忘水也。』亦可證白帖、合璧事類所引，乃據注文加。（昔岷於校釋三，謂郭本數下原有『習而後』三字，未審。）

山木篇：

執彈而留之。

釋文：『留之，司馬云：宿留伺其便也。』

案御覽九四六引留上有宿字，疑據司馬注所加。（校釋三云：『疑司馬本原有宿字，』恐非。）

二九、後人妄删

莊子至樂篇：

而皆曰樂者，吾未之樂也，亦未之不樂也。

陳碧虛闕誤引江南古藏本兩未字下並有知字。案江南古藏本是也。今本無兩知字者，後人妄删之也。『吾未知之樂也，亦未知之不樂也。』卽『吾未知其樂也，亦未知其不樂也。』之猶其也，河上公本老子：『何以知天下之然哉？』敦煌本之作其，呂氏春秋知度篇：『譬之若夏至之日，而欲夜之長也。』說苑尊賢篇作譬其，本書駢拇篇：『彼其所殉仁義也，則俗謂之君子。』道藏林希逸本、羅勉道本之並作其，皆其比。本篇上文：『何之苦也！』之亦其也。

三十、不明文義而妄删

淮南子道應篇：

得其精而忘其粗，在內而忘其外

王念孫云：『在下本有其字，後人以意删之也。爾雅曰：「在，察也。」察其內，卽得其精也。忘其外，卽忘其粗也。後人不知在之訓爲察，故删去其字耳。蜀志郤正傳注引此，正作：「在其內而忘其外。」列子同。白帖引作：『見其內而忘其外，」雖改在爲見，而其字尚存。』

案王說是也，北山錄四宗師議第七注引在下亦有其字。翻譯名義集二引作：『見其內而忘其外，』（錦繡萬花谷前集三七引同，惟誤爲列子文。）與白帖同。

三一、不識假借字而妄删

呂氏春秋重言篇：

荆莊王立三年。

王念孫云：立與涖同，新序雜事二作涖政，今本無政字者，後人不知立字之義而妄删之也。

案王說是也，韓子喻老篇作「莅政三年，』莅亦與涖同，本字作竦，說文：竦，臨也。

三二、因誤而妄删

莊子田子方篇：

吾固告子矣，中國之民，明乎禮義，而陋於知人心。

案『中國之民，』唐寫本作『中國之君子，』與上文『吾聞中國之君子』一律，當從之，今本君子作民，蓋由君誤爲民，後人因妄删子字耳。

三三、因脫而妄删

莊子天道篇：

廣廣乎其无不容也。淵乎其不可測也。

案道藏褚伯秀義海纂微本廣字不疊，與下句作『淵乎』相耦。陳碧虛闕誤引江南古藏本疊淵字，與上句作『廣廣乎』相耦，江南古藏本是也，褚本蓋不知下句脫一淵字，乃於上句妄删一廣字耳。

三四、依他書删

史記刺客列傳：

故嘗事范、中行氏。

王念孫云:『「范、中行氏,」本作「范氏及中行氏。」今本無「氏及」二字者,後人依趙策删之也。不知古人屬文,或繁或省,不得據彼以删此;下文言「范、中行氏」者,前詳而後略耳,亦不得據後以删前。索隱本出「事范氏及中行氏」七字,解云:「范氏,謂范昭子吉射也。中行氏,中行文子荀寅也。」則有「氏及」二字明矣。羣書治要引此,亦作「范氏及中行氏。」』

案王說是也,瀧川龜太郎會注考證引楓山本、三條本,亦並作『范氏及中行氏。』

三五、後人妄乙

莊子列禦寇篇:

凡人心險於山川,難於知天。

案文選劉孝標廣絕交論注、長短經知人篇、白帖九、御覽三七六,引『難於知天,』並作『難知於天。』(事文類聚後集二十引作『莫知於天,』莫乃難之誤。)疏:『人心難知,甚於山川,過於蒼冥。』是成本亦以難知連文,今本『知於』作『於知,』後人妄乙也。劉子新論心隱篇:『凡人之心,險於山川,難知於天。』卽本此文;意林引魯連子亦云:『人心難知於天。』並以難知連文。

三六、不識假借字而妄乙

呂氏春秋愛類篇:

且有不義。

案且有當作有且,有讀爲又,淮南子脩務篇作:『又且爲不義,』是其塙證。本書觀世篇:『有且以人言,』壅塞篇:『有且先夫死者死,』並與此同例。今本作且有,蓋淺人不知有與又同,而妄乙之耳。

三七、因誤而妄乙

列子力命篇:

臣奚憂焉?

王重民云:『吉府本臣作詎,疑本作「奚巨憂焉?」奚巨複詞,讀者不達其義,遂以意移於奚字之上也。』

案『道藏白文本臣亦作詎。林希逸本作巨，云：『巨與詎同，』是也。奚巨誤爲奚臣，後人乃妄乙爲臣奚耳。

三八、依他書妄乙

呂氏春秋觀世篇：

此吾所以不受也。其卒，民果作難殺子陽。受人之養，而不死其難，則不義。死其難，則死無道也。死無道，逆也。

案『其卒民果作難殺子陽』九字，當在下文『死無道，逆也』下，『受人之養』云云，正承上文『此吾所以不受也』而言，仍是列子之辭，新序作：『此吾所以不受也。且受人之養，不死其難，不義也。死其難，是死無道之人，豈義也哉？（也字據冊府元龜八百五引補。）其後民果作難殺子陽。』是其明證。今本『其卒民果作難殺子陽』九字，錯在『此吾所以不受也』下，疑後人據莊子、列子、高士傳諸書所妄乙，不知莊子、列子、高士傳諸書，本無『受人之養』以下之文也。

三九、轉寫誤字

列子天瑞篇：

易无形呼。

案呼當作眄，字之誤也。釋文本正作眄，云：『淮南子作形埒，謂兆朕也。乾鑿度作畔。今從乎者，轉謂誤也（轉謂疑轉寫之誤）。』其說是也。眄與埒同，盧重元本、世德堂本、道藏白文本、林希逸本、宋徽宗本、高守元本，皆作埒，與淮南子合（淮南原道、俶眞、精神、繆稱、兵略、要略諸篇，皆作形埒。繆稱篇高注：『形埒。兆朕也。』即釋文所本）。道藏江遹本作畔，御覽一引同、與乾鑿度合。（淮南子俶眞篇：『重九埶。』今本埶作熱（注同），王念孫云：『熱當爲埶，字之誤也。玉篇：「埶，古文垠字。」』亦同此例。）

四十、因誤而易字

莊子天地篇：

且若是，則其自爲遽，危其觀臺。

案注：『此皆自處高顯，若臺觀之可覩也。』疏：『猶如臺觀峻聳，處置危縣。』是郭、成本遽並作處，趙諫議本、覆宋本、世德堂本，道藏各本，皆作處。處俗作處，處誤爲豦，因易爲遽耳。

天下篇：

以操爲驗。

案釋文本、道藏王元澤本、趙諫議本、元纂圖互注本、世德堂本，操並作參，集韻平聲三引同。作參義長，韓子備內篇：『偶參伍之驗，』顯俗篇：『無參驗而必之者，愚也。』並可爲旁證。參、喿，隸並作叅，參誤爲喿，因易爲操耳。

四一、兩字誤合爲一字

莊子徐无鬼篇：

委蛇攫搔，見巧乎王。

奚侗云：『搔當作搔，說文：「搔，刮也。刮，掊杷也。」搔與抓同義，廣雅：「抓，搔也。」漢書枚乘傳：「足可搔而絕，」師古注：『搔謂抓也。」疑古本莊子作搔，亦或有作抓者，後人傳寫，遂誤合爲搔耳。

案奚說是也，釋文：『搔，本又作搔。』陳碧虛音義本亦作搔，御覽九百十、事文類聚後集三七、天中記六十引，並同。道藏王元澤本、元纂圖互注本、世德堂本，並作抓。搔即搔、抓二字之誤合也。(淮南子說林篇：『賊心亡也。』今本『亡也』二字誤合爲㐌，陳昌齊云：『㐌字當爲亡也二字之譌。』亦同此例。)

四二、兩字誤合入一句

呂氏春秋忠廉篇：

攣執妻子。

案此當作『摯其妻子，』或作『執其妻子。』摯、執古通，今本作『摯執妻子，』葢一本摯作執，寫者誤合之，又奪其字耳。文選鄒陽獄中上書注引，正作『執其妻子。』（莊子說劒篇：『待命令設戲請夫子。』古本無令字，葢一本命作令，亦寫者誤合入一句之例也。）

四三、兩字誤竄入一句

呂氏春秋審己篇：

君之賂以欲岑鼎也，以免國也。

俞樾云：此當作『君之賂以岑鼎也，欲以免國也。』欲字誤移在上句，則文不成義。

案俞說未審，舊校云：『賂，一作欲。』新序節士篇亦作欲。疑此文本作『君之賂以岑鼎也，以免國也。』因賂一作欲，寫者遂誤竄欲字於『賂以』下耳。

四四、一字誤分為兩字

孟子公孫丑篇：

必有事焉而勿正，心勿忘，勿助長也。

日知錄七引倪文節（原注：思）云：『當作：「必有事焉而勿忘。勿忘，勿助長也。」傳寫之誤，以忘字作正心二字。言養浩然之氣，必當有事而勿忘。既已勿忘，又當勿助長也，疊二勿忘作文法也。』

案倪氏謂忘字誤爲正心二字，其說至塙（亡、正形近易誤，淮南子精神篇：『若然者，亡肝膽，遺耳目。』今本亡誤正，猶此文忘字上半誤爲正也）。告子篇：『以紂爲兄弟，且以爲君，而有微子啓、王子比干。』今本弟字誤爲之子二字（詳俞樾說），亦孟子中一字誤爲兩字之證。

四五、傳　寫　誤　錯

莊子秋水篇：

於是逡巡而却，告之海曰：夫千里之遠，不足以舉其大；千仞之高，不足以極其深。

俞樾云：海字當在曰夫二字之下。

案俞說是也，藝文類聚八、御覽六十、九三二、事類賦六地部一、天中記九，引海字並在曰夫二字之下，今本誤錯在曰夫二字上，不詞。

呂氏春秋貴生篇：

惟不以天下害其生者也，可以託天下。

案御覽八十引無也字，僞愼子外篇同。也字當在下句『天下』下，今本誤錯在上句，不詞，莊子讓王篇作：『惟无以天下爲者，可以託天下也。』是其明證。

四六、傳寫誤脫

①誤脫一字

孟子盡心篇：

善政不如善敎之得民也。

注：善政使民不違上，善敎使民尙仁義，心易得也。

正義：善政使民不違上，又不若善敎之得民易也。

案得民下疑原有易字，注及正義可證。『善政不如善敎之得民易也，』與上文『仁言不如仁聲之入人深也』對言，今本誤脫，當補。

莊子列禦寇篇：

子見夫犧牛乎？

案見上當有不字，逍遙遊篇：『子獨不見狸狌乎？』天運篇：『且子獨不見夫桔槔者乎？』秋水篇：『子不見夫唾者乎？』山木篇：『王獨不見夫騰猿乎？』皆與此句法同。白帖二九、御覽八一五，引見上正有不字，史記莊子本傳、高士傳並同。今本誤脫，當補。

②誤脫數字。

莊子天地篇：

夫道，覆載萬物者也。

案古書無言『道，覆載萬物』者，鶡冠子學問篇注引覆載下有天地二字，大宗師篇言至道『覆載天地，』（又見天道篇。）淮南子原道篇亦云：『夫道，覆天載地。』疑此文本作：『夫道，覆載天地，化生萬物者也。』疏：『虛通之道，包羅無外，二儀待之以覆載，萬物待之以化生。』是其明證。今本脫『天地化生』四字，則文不成義矣。

呂氏春秋博志篇：

> 荆庭嘗有神白猿，荆之善射者莫之能中。荆王請養由基射之，養由基矯弓操矢而往，未之射，而括中之矣。發之，則猿應矢而下。則養由基有先中中之者矣。
>
> 孫志祖云：『藝文類聚引：「荆王有神白猿，王自射之，則搏樹而嬉。使養由基射之，始調弓矯矢，未發，猿擁樹而號。」與此不同。疑誤以淮南說山爲呂也。然文亦小異。』

案天中記六十引此文，與類聚同。疑今本『荆王請養由基射之』句，荆王下脫『自射之則搏樹而嬉』八字。御覽三百五十引韓子云：『楚王有白猿，王自射之，則搏矢而熙。使養由基射之 始調弓矯矢，未發，而猿擁樹號矣。』（事類賦十三亦引此文，熙作嬉，無始字。）淮南子說山篇同（今本擁樹誤擁柱）。並言『王自射之，則搏矢而熙。』則此文荆王下有脫文，明矣。楚史檮杌云：『楚庭嘗有神白猿，楚之善射者莫能中，莊王自射之，搏矢而熙。使養由基射之，矯弓操矢而往，未之發，猿擁樹而號矣。發之，則應矢而下，王大悅。』（天中記四一引淮南子同。）與此文較合，尤可證今本荆王下有脫文也。

③誤脫數十字

莊子天運篇：

> 孔子曰：吾乃今於是乎見龍。

案藝文類聚九十引曰下有『人如飛鴻者，吾必矰繳而射之』十二字；九六引有『人用意如飛鴻者，爲弓弩射之。如遊鹿者，走狗而逐之。若游魚者，鉤繳以投之』三十字；御覽六一七引有『吾與汝處於魯之時，人用意如飛鴻者，吾走狗而逐之。用意如井魚者，吾爲鉤繳以投之』三十四字；天中記五六引有『吾與汝處於魯之時，人用意如飛鴻者，吾爲弓弩射之。如游鹿者，吾走狗而逐之。用意若井魚者，吾鉤繳以投之』四十三字。據諸書所引，今本『孔子曰』下，蓋脫『吾與汝處於魯之時，人用意如飛鴻者，吾爲弓弩而射之。用意如遊鹿者，吾爲走狗而逐之。用意如井魚者，吾爲鉤繳以投之』四十八字。神仙傳一載此文作：『孔子曰：吾見人之用意如飛鳥者，吾飾意以爲弓弩而射之，未嘗不及而加之也。人之用意如麋鹿者，吾飾意以爲走狗而逐之，未嘗不銜而頓之也。人之用意如淵魚者，吾飾意以爲鉤繳而投之，未嘗不鉤而致之也。』當有增改。淮南子兵略篇：『是故爲麋鹿者，則可以罝罘設也。爲魚鼈者，則可以網罟取也。爲鴻鵠者，則可以矰繳加也。』史記老子列傳：『孔子去，謂弟子曰：鳥吾知其能飛，魚吾知其能游，獸吾知其能走。走者可以爲罔，游者可以爲綸，飛者可以爲矰。至於龍，吾不知其乘雲而上天。吾今日見老子，其猶龍邪？』（又見論衡龍虛、知實二篇。）並本此文，咸可證今本『孔子曰』下有脫文。

四七、旣 錯 且 脫

莊子天地篇：

厲之人，夜半生其子，遽取火而視之，汲汲然唯恐其似己也。

案『夜半生其子，』元纂圖互注本無其字，記纂淵海五十引同，有其字不詞。白帖七、御覽三八二引，亦並無其字，子下有其父二字，屬下讀，當從之。今本其字誤錯在子字上，又脫父字也。

淮南子人閒篇：

游俠相隨而行樓下，博上者射朋張中，反兩而笑。

案列子說符篇作『俠客相隨而行樓下（今本脫樓下二字，說詳補正四），樓上博者射，明瓊張中，反兩㩉魚而笑。』此文『博上者，』當作『樓上博者。』今本上字錯在博字下，又脫樓字，則文不成義。金樓子雜記下篇作：『樓下俠客相隨而行，樓上博奕者爭采而笑。』可爲旁證。

四八、旣 誤 且 脫

莊子秋水篇：

願以竟內累矣。

案文選潘安仁秋興賦注、藝文類聚九六、御覽九三一、事類賦二八鱗介部一，引『累矣』並作『累子。』疑『累矣』本作『累夫子，』今本夫旣誤爲矣，又脫子字，文意遂不完矣。御覽八三四引，正作『累夫子。』（世說新語言語篇注引作『累莊子。』蓋易『夫子』爲『莊子』耳。）

呂氏春秋察今篇：

嘗一脟肉，而知一鑊之味，一鼎之調。

畢沅本改一脟爲一脬，云：『一脬，舊本作一脟，訛。脬與臠同，意林及北堂書鈔百四十五、御覽八百六十三，皆作一臠。』

案畢本改脟爲脬，是也。淮南說山篇、說林篇，脬並作臠。意林引肉上有之字，當補。脬誤爲脟，旣失其義；肉下脫之字，又與上文文例不一律矣。

四九、旣 衍 且 脫

孟子離婁篇：

今有同室之人鬬者，救之，雖被髮纓冠而救之，可也。

俞樾云：『阮校勘記曰：「考文古本而下有往字。」愚案往字宜補，救之二字衍文也。上有救之字，此不必更言救之矣。本作：「今有同室之人鬬者，救之，雖被髮纓冠而往，可也。」涉下文「被髮纓冠而往救之」句，誤衍救之二字，考文古本是也；校者不删救之二字，而誤删往字，今各本是也。』

案此文本作『今有同室之人鬬者，雖被髮纓冠而往救之，可也。』與下文『鄉鄰有鬬者，被髮纓冠而往救之，則惑也』對言，句法亦一律。今本上救之二字，卽涉下文而衍，而下又脫往字。俞氏從考文古本補往字，是也。但以下救之二字爲衍文，則未審。

五十、誤　　　倒

莊子秋水篇：

予動吾脊脅而行，則有似也。

奚侗云：『似借爲以，邶風：「不我屑以，」鄭箋：「以，用也。」言予之行，必動吾脊脅，則是有所用也。以、似古通，易明夷：「箕子以之，」鄭、荀、向本，以皆作似，是其證。』

案『則有似也，』當作『則似有也，』與下文『而似无有』對言，意甚明白，今本似有二字誤倒，則義難通，奚氏强爲之說，非也。

淮南子人間篇：

　　家富良馬。

　　王念孫云：良馬本作馬良，與家富相對爲文，漢書後漢書注、藝文類聚、太平御覽引此，並作『家富馬良。』

案王校是也，記纂淵海九八、事文類聚後集三八、天中記五五引，亦並作『家富馬良。』今本馬良二字誤倒。

五一、互　　誤

莊子大宗師篇：

　　故曰：天之小人，人之君子。人之君子，天之小人也。

　　奚侗云：此文四句義複，下二句人字、天字互誤。

案奚說是也，舊鈔本文選江文通雜體詩注引下二句正作：『天之君子，民之小人。』今本民作人，唐人避太宗諱改。

山木篇：

　　尊則議。有爲則虧。

　　俞樾云：『議當讀爲俄，詩賓之初筵篇：「側弁之俄，」鄭箋云：「俄，傾貌。」尊則俄，謂崇高必傾側也。古書俄字，或以義字爲之，說見王氏經義述聞尚書立政篇；亦或以議爲之，管子法禁篇：「法制不議，則民不相私。」議亦俄也，謂法制不傾衺也；又或以儀爲之，荀子成相篇：「君法儀，禁不爲。」儀亦俄也，謂君法傾衺，則當禁使不爲也。』

　　奚侗云：『尊則議』一語，理不可通，俞樾以爲俄之借字，非是。

案此文當作：『尊則虧，有爲則議。』謂尊貴則遭虧損，有爲則被疑議也。呂氏春秋必己篇上句，正作『尊則虧。』淮南子說林篇：『有爲則議，』即用此文下句，是其塙證。今本虧字、議字互誤。俞氏不知，乃曲爲之說；奚氏雖知俞氏之非，然亦未能正此文之誤也。

五二、誤　　　疊

莊子繕性篇：

繕性於俗俗學，以求復其初。滑欲於俗思，以求致其明。

案陳碧虛闕誤引張君房本俗字不疊，章太炎、奚侗並云：『此耦語也，俗學之俗是賸字。』是也。道藏羅勉道本、焦竑本，並刪一俗字。

達生篇：

不幸遇餓虎餓虎殺而食之。

案文選班孟堅幽通賦注、江文通雜體詩注、白帖二六、御覽七百二十、北山錄八論業理第十三注，引餓虎二字皆不疊，疏：『忽遭餓虎所食，』是成本亦不疊餓虎二字。今本誤疊，當刪。淮南子人間篇作：『卒而遇飢虎殺而食之，』可爲旁證。

五三、誤　不　疊

呂氏春秋審爲篇：

不能自勝則縱之，神無惡乎！

畢沅云：縱之下當再疊縱之二字，文子下德篇、淮南子道應篇俱疊作『從之從之。』

案畢氏謂縱之二字當疊，是也。注：『言人不能自勝其情欲則放之，放之，神無所憎惡。』以放詁縱，而疊放之二字，則正文本疊縱之二字明矣。文子作：『猶不能自勝卽縱之，神無所害也。』不疊從之二字，畢氏失檢。莊子作：『不能自勝則從，神無惡乎！』從下脫『之從之』三字，並當據淮南子補。

列子天瑞篇：

不化者往復，其際不可終。

盧文弨云：『下句當疊往復二字。

陶鴻慶云：『張注云：「代謝無間，形氣轉續。」正釋往復之義，是其所見本未誤。』

王重民云：吉府本疊往復二字。

案諸說並是，『往復，其際不可終。』與下文『疑獨，其道不可窮』對言，今本不疊往復二字，文旣不耦，意亦不完矣。盧重元注：『四時變化，不可終也。』『四時變化，』正以釋往復之義，是所見本未誤。宋徽宗義解：『汎應而不窮，故不化者往復。往復，其際不可終。蓋莫知其端倪也。』所見本疊往復二字，尤爲明白。

五四、壞　　字

莊子人間世篇：

時其飢飽，達其怒心。

案淮南子主術篇心作恚，當從之，怒恚與飢飽對言，此文作心，卽恚之壞字。（列子黃帝篇亦壞作心。）

呂氏春秋愼人篇：

今丘也，拘仁義之道，以遭亂世之患。

畢沅云：拘，莊子、風俗通並作抱。

案冊府元龜八九五引拘亦作抱，拘卽抱之壞字。淮南子本經篇：『含德懷道，抱無窮之智，』今本抱壞爲拘，與此同例。

五五、因壞而誤爲他字

呂氏春秋君守篇

故曰天無形，而萬物以成。

兪樾云：曰乃昦字之誤，昦字闕壞，止存上半之日，因誤爲曰矣。

案兪說是也，治要引曰天正作昊天，昊卽昦之俗。

列子湯問篇：

碧樹而冬生。

王重民云：『生當作靑，字之誤也。蓋靑字闕壞爲主，因誤爲生。齊民要術十引作「碧樹而冬靑生，」雖衍一生字，而靑字尙不誤。類聚八七、御覽九七三並引，正作冬靑，可證。』

案王說是也，記纂淵海九二引生亦作靑。

五六、因壞而妄加他字

莊子山木篇:

此木以不材得終其天年。夫子出於山。

釋文本無子字，云：夫者，夫子。謂莊子也。本或卽作夫子。

案今本並作夫子。藝文類聚九一、意林、御覽九一七、事類賦十九禽部二、天中記五八引，並無夫子二字。釋文本無子字，是也。惟夫乃矣之壞字，當屬上絕句，『此木以不材得終其天年』下，御覽九五二引有矣字，是其明證。因矣壞爲夫，後人遂於夫下妄加子字，以之屬下讀矣。（大方廣佛華嚴經隨疏演義鈔二一、韻府羣玉一五，引夫子並作莊子，愈失此文之舊。）呂氏春秋必己篇正作：『此以不材得終其天年矣（此下疑脫木字）。出於山。』當據正。

五七、既 壞 且 衍

呂氏春秋誠廉篇:

阻丘而保威也。

畢沅云：阻丘疑是阻兵。

梁玉繩云：莊子讓王政作阻兵。

案册府元龜八百五引此文亦作阻兵，丘卽兵之壞字。也字疑衍，『阻兵而保威，』與上下文句法一律，文意一貫，莊子正無也字，上文多也字，故此句誤衍也字耳。

五八、既 壞 且 脫

莊子山木篇:

逆旅人，有妾二人。

案陳碧虛闕誤引劉得一本上人字作之，『逆旅之，』文意不完，疑逆旅下本有之字，之人當作之父，下文『逆旅小子』韓子說林上篇作『逆旅之父，』可爲旁證。今本作『逆旅人，』人乃父之壞字，又脫之字也。

五九、錯　簡

莊子齊物論篇:

化聲之相待，若其不相待，和之以天倪，因之以曼衍，所以窮年也。

褚伯秀義海纂微引呂惠卿注後附說云:『「化聲之相待」至「所以窮年也，」合在「何謂和之以天倪」之上，簡編脫略，誤次於此，觀文意可知。』

案此二十五字，與上下文意似不相屬，呂說是也。宣穎南華眞經解直迻此二十五字於上文『何謂和之以天倪』上，王先謙集解亦從之。

知北遊篇:

夫知者不言，言者不知，故聖人行不言之教。道不可致，德不可至，仁可爲也，義可虧也，禮相僞也。故曰:『失道而後德，失德而後仁，失仁而後義，失義而後禮。禮者，道之華，而亂之首也。』故曰:『爲道者日損。損之又損之，以至於无爲。无爲而无不爲也。』今已爲物也，欲復歸根，不亦難乎？其易也，其唯大人乎？生也死之徒，死也生之始，孰知其紀？人之生，氣之聚也，聚則爲生，散則爲死，若死生爲徒，吾又何患？故萬物一也，是其所美者爲神奇，其所惡者爲臭腐，臭腐復化爲神奇，神奇復化爲臭腐，故曰:『通天下一氣耳。』聖人故貴一。

案此一百九十九字，與上下文似不相涉，疑本在下文『狂屈聞之，以黃帝爲知言』下，簡編脫略，誤錯於此，審文意可知。

六十、脫　簡

莊子秋水篇:

爲大勝者，唯聖人能之。

案上文:『夔憐蚿；蚿憐蛇；蛇憐風；風憐目；目憐心。』共舉五事，而所述夔、蚿之問荅；蚿、蛇之問荅；蛇、風之問荅，僅及其三。此下疑尙有風、目之問荅及目、心之問荅，簡編脫略，其文已不可考矣。

六一、注疏誤入正文

呂氏春秋貴信篇：

丹漆染色不貞。

孫鏘鳴云：以上皆四字爲句，有韻之文。染色二字當是注文，轉寫者誤入正文耳。

案孫說是也，御覽四百三十引，正無染色二字。

莊子天運篇：

夫至樂者，先應之以人事，順之以天理，行之以五德，應之以自然；然後調理四時，太和萬物。

案唐寫本、趙諫議本、道藏成玄英本、王元澤本、林希逸本，皆無此三十五字，乃疏文誤入正文者也。見道藏本成疏『故曰：汝近自然也』下。上文『吾奏之以人，徵之以天，行之以禮義，建之以太淸，』與下文『四時迭起，萬物循生，一盛一衰，文武倫經』云云，本爲韻文，意亦一貫。書鈔一百五、玉海一百三引，亦並無此三十五字，宣穎本刪之，是也。

六二、旣脫且有注文誤入

呂氏春秋審時篇：

莖相若，稱之得時者重。粟之多。

案此文當作『量莖相若，而稱之得時者重粟。』與下文『量粟相若，而舂之得時者多米；量米相若，而食之得時者忍饑。』句法一律。量粟，緊承重粟而言；量米，緊承多米而言，文理粲然明白。今本莖上脫量字，稱上脫而字，重下脫粟字，當補。『粟之多』三字，蓋『重粟』二字之注誤入正文者，當正。

六三、正文誤入注文

莊子徐无鬼篇：

匠石運斤成風，聽而斲之。注：瞑目恣手。

案陳碧虛闕誤引江南李氏本以『瞑目恣手』四字爲正文，陳氏音義從之，云：『舊本作郭象注，非是。』今本亦並誤作郭注。

六四、旣脫且有誤入注文

呂氏春秋疑似篇：

故墨子見岐道而哭之。注：爲其可以南，可以北。言乖別也。

陳昌齊云：『淮南說林篇云：「楊子見逵路而哭之，爲其可以南，可以北。墨子見練絲而泣之，爲其可以黃，可以黑。」此墨子下，當是脫「見練絲而泣之，爲其可以黃，可以黑。楊子」十六字，而又以「爲其可以南，可以北」八字混入注內，當據增正。本書當染篇亦有「墨子見素絲而歎」之語。』

案陳說是也，墨子所染篇：『子墨子見染絲者而歎，』荀子王霸篇：『楊朱哭衢涂（注：衢涂，岐路也），』論衡率性篇：『是故楊子哭岐道，墨子哭練絲也，』藝增篇：『墨子哭於練絲，楊子哭於岐道，』咸可證此墨子下有脫文；孔德璋北山移文：『豈期終始參差，蒼黃翻覆，淚翟子之悲，慟朱公之哭。』亦謂墨翟悲練絲，楊朱哭岐道也；劉子新論傷讒篇：『墨子所以悲素絲，楊朱所以泣岐路，以其變爲青黃，廻成左右也。』『以其變爲青黃，廻成左右，』猶此言『爲其可以黃，可以黑，』及『爲其可以南，可以北』耳；今本高注：『爲其可以南，可以北。言乖別也。』僅『言乖別也』四字是注，『爲其可以南，可以北，』原爲正文，淮南子說林篇『爲其可以南，可以北』下注云：『閔其別也，』猶此文『爲其可以南，可以北』下注云：『言乖別也。』

六五、後人旁記字誤入正文

莊子逍遙遊篇：

之二蟲又何知？

陳碧虛闕誤引文如海本之上有彼字。案之猶彼也，之上復有彼字，不詞（之訓是亦通，知北遊篇：『知以之言也問乎狂屈，』釋文引司馬云：『之，是也。』徐无鬼篇：『之狙也，伐其巧、恃其便以敖予，』釋文：『之猶是也，本或作是。』本篇下文：『之人也，之德也，』田子方篇：『每見之客也，必入而歎，何邪？』之並與是同義。惟此文之訓是，上有彼字，亦不詞），疑後人以之義同彼，因記彼字於之字旁，傳寫遂誤入正文耳。

六六、後人據他書旁記字誤入正文

呂氏春秋誠廉篇：

今周見殷之僻亂也，而遽為之正與治。

案亂字衍，莊子讓王篇作：『今周見殷之亂，而遽為政。』疑後人據之記亂字於僻字旁，傳寫遂誤入正文耳。册府元龜八百五引，正無亂字。

列子黃帝篇：

覆却萬物方陳乎前，而不得入其舍。

案莊子達生篇方上無物字，疑此文本無方字，後人據莊子記方字於物字旁，傳寫遂誤入正文耳。莊子作萬方，此文作萬物，義並可通。莊子山木篇：『化其萬物，而不知其禪之者。』唐寫本作萬方，與此同例。（俞樾謂莊子萬下脫物字，大謬。）

六七、後人據注旁記字誤入正文

淮南子覽冥篇：

服駕應龍，驂青虬。注：駕應德之龍，在中為服，在旁為驂。

王念孫云：『「服應龍，驂青虬，」相對為文，故高注曰：「在中為服，在旁為驂。」服下不當有駕字，此後人據高注旁記駕字，因誤入正文也。不知高注「駕應德之龍，」是解「服應龍」三字，非正文內有駕字也。一切經音義一、太平御覽鱗介部二及爾雅疏引此，俱無駕字。』

案王說是也。海錄碎事十上引，亦無駕字。

六八、不達文意而失句讀

莊子德充符篇：

彼為已以其知（注：嫌王駘未能忘知而自存），得其心以其心（注：嫌未能遺心而自得），得其常心，物何為最之哉（注：夫得其常心，平往者也。嫌其不能平往而與物遇，故常使物就之）？

俞樾云：『「以其知得其心」句，「以其心得其常心」句，兩句相對。「彼爲已」三字，總冒此兩句，郭讀「彼爲已以其知」爲句，「得其心以其心」爲句，而以「得其常心」四字屬下讀，失之。』

案俞說是也，褚伯秀義海纂微引呂惠卿斷句已如此，羅勉道本同。

大宗師篇：

以善處喪蓋魯國，固有无其實而得其名者乎？

成疏從『以善處喪』絕句，『蓋魯國』三字屬下讀，以蓋爲發語辭。李楨云：『「以善處喪」絕句，文義未完，且嫌於不辭。下「蓋魯國」三字，當屬上爲句，不當連下「固有」云云爲句，蓋與應帝王篇「功蓋天下」義同，言孟孫才以善處喪名蓋魯國。爾雅釋言：「弇，蓋也。」小爾雅廣詁：「蓋，覆也。」釋名釋言語：「蓋，加也。」並有高出其上之意，卽此蓋字義也。』

案李說是也，天地篇：『於于以蓋衆。』亦與此蓋字同義。

六九、因字誤而失句讀

莊子應帝王篇：

以已出經式義，度人孰敢不聽而化諸？

釋文：『「出經」絕句，司馬云：「出，行也。經，常也。」崔云：「出典法也。」「式義度人」絕句，式，法也。崔云：「式，用也。用仁義以法度人也。」』

王念孫云：『釋文曰：「出經絕句，式義度人絕句。」引諸說皆未協。案此當以「以已出經式義度」爲句，「人孰敢不聽而化諸」爲句。義讀爲儀，義、儀古字通。儀，法也。「經式儀度，」皆謂法度也。解者失之。』

案王元澤、呂惠卿、陳詳道、羅勉道，皆從『出經』絕句，『式義度人』絕句，與釋文說合；林疑獨、趙以夫，並從度字絕句（褚伯秀從之），或卽王說所本。諸讀似皆未協，陳碧虛闕誤引張君房本度人作庶民，則當從義字絕句，疏：『必須出智以經綸，用仁義以導俗，則四方氓庶，誰不聽從？』是成本亦作庶民，正從義字絕句。（陳碧虛照張本，亦從義字絕句。）度蓋庶之形誤，民之作人，乃唐人避太宗諱所改（藝文類聚九七、御覽九四五，引人並作民，與成、張本合），庶誤爲度，遂失其句讀矣。

天道篇：

世雖貴之哉？猶不足貴也。

案覆宋本哉作我，屬下讀，疏：『故雖貴之，我猶不足貴者，』是成本哉原作我。我與世對言，文意較長，作哉者形誤。（外物篇：『我且南遊吳、越之王，』元纂圖互注本、世德堂本我並誤哉，與此同例。）我誤爲哉，因屬上絕句矣。

七十、因字脫而失句讀

莊子人間世篇：

願以所聞思其則，庶幾其國有瘳乎？

釋文：『「思其則」絕句，崔、李云：「則，法也。」』

案疏：『是以述昔所聞，思其稟受法言。』是成本亦從『思其則』絕句，陳碧虛闕誤引李氏本『思其』下有『所行』二字，則字屬下讀，『思其所行』絕句，『則庶幾其國有瘳乎』絕句，較他本完好，疑存莊書之舊。『思其』下脫『所行』二字，則字乃誤屬上絕句耳。

讓王篇：

不能自勝則從，神无惡乎！

釋文：『「不能自勝則從」絕句，一讀至神字絕句。』

俞樾云：『釋文曰：「不能自勝則從絕句。」此讀是也；又曰：「一讀至神字絕句。」則失之。呂氏春秋審爲篇亦載此事，作「不能自勝則縱之，神無惡乎！」文子下德篇、淮南子道應篇，並疊從之二字，作「從之，從之，」則「從神」之不當連讀，明矣。』

案疏：『若不勝於情欲，則宜從順心神。』是成本亦讀至神字絕句，俞氏謂『從神』不當連讀，是也。惟讀至從字絕句，文意亦不完，淮南子道應篇作：『不能自勝則從之。從之，神無怨乎！』句讀明白，文意完好，此文從下蓋脫『之從之』三字，遂失其句讀耳。（文子下德篇作：『猶不能自勝卽從之，神無所害也。』俞氏謂疊從之二字，失檢。惟從之二字當疊耳。呂氏春秋審爲篇縱之二字亦當疊，說已見前。）

七一、因妄加字而失句讀

莊子山木篇:

親而行之，无須臾離居，然不免於患，吾是以憂。

釋文:无須臾離絕句。崔本無離字。

兪樾云:『崔譔本無離字，而以居字連上句讀，當從之。呂覽愼人篇:「胼胝不居，」高誘訓居爲止，「無須臾居」者，無須臾止也。正與上句行字，相對成義。學者不達居字之旨，而習於中庸「不可須臾離」之文，遂妄加離字，而居字屬下讀，失之矣。

案兪說是也，褚伯秀本亦誤從離字絕句，而以居字屬下讀，『居然不免於患，』豈類莊子文邪?

七二、因誤疊而失句讀

莊子天運篇:

故西施病心而矉，其里其里之醜人見而美之，歸亦捧心而矉，其里其里之富人見之，堅閉門而不出;貧人見之，挈妻子而去之走。

釋文:而矉其里絕句。

兪樾云:『兩「其里」字，皆不當疊，「病心而矉，」「捧心而矉，」文義甚明，若作「矉其里，」則不可通矣。皆涉下句而衍。』

案兪說是也，唐寫本上『其里』字不疊，御覽三九二、七四一、記纂淵海五五、事文類聚前集一二、別集二四、合璧事類續集四四、錦繡萬花谷後集一五，引兩『其里』字皆不疊。釋文謂『而矉其里』絕句，蓋所據本已誤疊兩『其里』字，故失其句讀耳。

七三、誤斷句而失韻

莊子山木篇:

道流而不明(注:昧然而自行耳)，居得行而不名處(注:彼皆居然自得此行耳，非由名而後處之)。

奚侗云：『郭以「居得行」連讀，而釋居爲居然，非是。此當斷「道流而不明居」爲句，「得行而不名處」爲句，居與處相對，說文：「凥，處也。」（凥，今皆作居。）得與德通，易升象傳：「君子以順德，」釋文：「德，姚本作得。」名與明同，釋名：「名，明也。」此言道之流行而不顯然居之，德之流行而不顯然處之，兩句正相耦也。』

案奚說是也，呂惠卿、林疑獨、褚伯秀已並從居、從處絕句。此文上下文皆韻文，此亦以居、處爲韻，郭氏以居字屬下讀，旣失其義，又失其韻矣。

七四、因字壞而失韻

列子黃帝篇：

至人潛行不空，蹈火不熱，行乎萬物之上而不慄。

俞樾云：『張注曰：「不空者，實有也。至人動止，不以實有爲閡者也。」其說甚爲迂曲。釋文曰：「空，一本作窒。」當從之，莊子達生篇正作「不窒。」』

案俞說是也，空蓋窒之壞字，道藏江遹本、宋徽宗本並作窒，窒與下文慄爲韻，窒壞爲空，則失其韻矣。成玄英莊子疏亦云：『窒，本亦作空字。』蓋一本窒亦壞爲空也。

七五、因字誤而失韻

莊子天道篇：

休則虛，虛則實，實則倫矣；虛則靜，靜則動，動則得矣；靜則无爲，无爲也，則任事者責矣。

案『實則倫矣，』注：『倫，理也。』疏：『眞實之道，則自然之理也。』說並牽强。倫當作備，字之誤也。備與下文得、責爲韻，陳碧虛闕誤引江南古藏本正作備。『實則備矣，』文義明白，備誤爲倫，義旣難通，又失其韻矣。

淮南子人間篇：

故禍之所從生者，始於雞定。及其大也，至於亡社稷。

莊逵吉云：本或作『雞足，』或作『雞距，』唯藏本作定，定，題也。疑藏本是。

王念孫云：『雞定，當依劉本作雞足，字之誤也。上文云：「季氏與郈氏鬭雞，爲之金距。」故曰「禍始於雞足。」且足與稷爲韻（泰族篇：「獄訟止而衣食足，」亦與息、德爲韻。老子：「禍莫大於不知足，」與得爲韻），若作定，則失其韻矣。莊伯鴻以定爲「麟之定」之定，大誤。』

案王說是也，天中記五八引定亦作足。

七六、因字脫而失韻

莊子至樂篇：

天无爲以之清，地无爲以之寧，故兩无爲相合，萬物皆化。

案陳碧虛闕誤引江南古藏本化下有生字，當從之，疏：『而萬物化生，』是成本亦有生字，生與上文淸、寧爲韻，今本脫生字，則失其韻矣。

七七、誤倒而失韻

莊子山木篇：

純純常常，乃比於狂。削迹捐勢，不爲功名。

案功名當作名功，功（古音讀如岡）與上文常、狂爲韻，今本誤倒，遂失其韻矣。唐寫本正作『不爲名功。』（庚桑楚篇：『衛生之經，能抱一乎？能勿失乎？能无卜筮而知凶吉乎？』今本凶吉二字誤倒，王念孫云：『吉凶當爲凶吉，一、失、吉爲韻。』亦同此例。）

七八、互誤而失韻

莊子馬蹄篇：

夫赫胥氏之時，民，居不知所爲，行不知所之，含哺而熙，鼓腹而遊。

案『含哺而熙，鼓腹而遊，』當作『含哺而遊，鼓腹而熙。』熙與上文時、爲、之爲韻，今本遊、熙二字互誤，遂失其韻矣。淮南子俶眞篇正作『含哺而游，鼓腹而熙。』（游、遊，古、今字。又案淮南子詮言篇：『大寒地坼水凝，火弗爲衰其熱；大暑爍石流金，火弗爲益其烈。』今本熱、暑二字互誤，王引之云：『暑當爲熱，熱當爲暑，熱與烈爲韻。』亦同此例。）

七九、改字而失韻

莊子應帝王篇：

至人之用心若鏡，不將不迎。

案元纂圖互注本、世德堂本迎並作逆，天中記二三引同。逆亦迎也，說文：『逆，迎也。』但迎與上文鏡爲韻，作逆，則失其韻矣。蓋後人不知此爲韻文而妄改也。

列子說符篇：

爵高者，人妒之。官大者，主惡之。祿厚者，怨逮之。

兪樾云：『淮南子道應篇作「祿厚者，怨處之。」是也。「怨處之，」謂怨讎之所處也。猶曰：爲怨府也。處與妒、惡爲韻，若作逮，則失其韻矣。蓋由淺人不達處字之義而臆改。』

王重民云：『兪說是也，御覽四百五十九引逮正作處。意林引作：祿厚者，人怨之。』

案册府元龜七八八引韓詩外傳、藝文類聚三五引文子，亦並作『祿厚者，怨處之。』今本外傳七處作歸；文子符言篇『怨處之』作『人怨之，』愼子外篇同，與意林引此文合。蓋皆淺人所改也。

八十、妄乙而失韻

莊子山木篇：

一上一下，以和爲量。

兪樾云：『此本作「一下一上，以和爲量。」上與量爲韻，今本作「一上一下，」失其韻矣。古書往往倒文以協韻，後人不知而誤改者甚多，秋水篇：「無東無西，始於玄冥，反於大通。」亦後人所改，莊子原文本作「無西無東，」與通爲韻也。王氏念孫已訂正矣。』

案兪說是也。今本呂氏春秋必已篇亦作『一上一下，』亦後人不知倒文協韻，而將下、上二字妄乙者。

八一、據他書妄删而失韻

淮南子說山篇:

見一葉落，而知歲之將暮。睹瓶中之冰，而知天下之寒。

俞樾云:『寒下當有暑字，兵略篇曰:「是故處堂上之陰，而知日月之次序。見瓶中之冰，而知天下之寒暑。」彼以暑與序爲韻，此以暑與暮爲韻，今删暑字，則失其韻矣。上文曰:「嘗一臠肉，知一鑊之味。縣羽與炭，而知燥濕之氣。」味、氣爲韻，則此文亦必有韻可知，當據兵略篇補。

案俞說疑是，呂氏春秋察今篇:『見瓶水之冰，而知天下之寒，魚鼈之藏也。』此文寒下無暑字，或後人據呂氏春秋妄删也。

八二、據他篇妄改而失韻

淮南子精神篇:

故曰:其生也天行，其死也物化，靜則與陰俱閉，動則與陽俱開。

王念孫云:『「與陰俱閉，與陽俱開，」本作「與陰合德，與陽同波。」後人以原道篇云:「與陰俱閉，與陽俱開。」故據彼以改此也。不知波與化爲韻，若如後人所改，則失其韻矣。文子九守篇:「靜卽與陰合德，動卽與陽同波。』卽用淮南之文;莊子天道篇:「其生也天行，其死也物化，靜而與陰同德，動而與陽同波(刻意篇同)。」又淮南所本也。

案王說是也，僞子華子北宮意問篇:『靜與陰同閉，動與陽同開。』蓋襲用後人妄改之淮南文也。

八三、據他書妄改而失韻

淮南子詮言篇:

故不爲善，不避醜，遵天之道。

王念孫云:『善當爲好，「不爲好，不避醜，遵天之道。」猶洪範言「無有作好，遵王之道」也。今作「不爲善」者，後人據文子符言篇改之耳。好、醜、道爲韻，若作善，則失其韻矣。』

案王說是也。僞文子鈔襲此文，改好爲善，以善、醜相對，似亦本於淮南，主術篇：『是故得道者，不僞醜飾，不僞善極。』（僞與爲同，今本作『不爲醜飾，不爲僞善，』乃後人妄改，詳王念孫說。）卽其證也。惟此文自以好、醜相對，若從文子改好爲善，義雖無差，韻則失矣。

八四、注文誤入正文而失韻

淮南子俶眞篇：

所謂有始者，繁憤未發，萌兆牙蘖，未有形埒垠堮。

王念孫云：『覽冥篇：「不見朕垠，」高注：「朕，兆朕也。垠，形狀也。」繆稱篇：「道之有篇章形埒者，」高注：「形埒，兆朕也。」是垠堮與形埒同義，既言形埒，無庸更言垠堮，疑垠堮是形埒之注，而今本誤入正文也。且此三句，以發、蘖、埒爲韻，若加垠堮二字，則失其韻矣。』

案王氏以垠堮二字爲注文誤入正文者，是也。惟本書高注，無以垠堮注形埒者，此或爲許愼注與？

八五、既誤倒且脫而失韻

莊子山木篇：

功成者隳，名成者虧，孰能去功與名，而還與衆人？

奚侗云：『管子白心篇：「功成者隳，名成者虧，孰能去名與功，而還與衆人同？」房玄齡注：「君弃功名，則與衆不異。」管子以隳、虧爲韻，功、同爲韻，本書功、名二字誤倒，人下又挩同字，旣失其義，又失其韻矣。當據管子訂補。』

案奚說是也。

八六、既互誤又妄改而失韻

莊子徐无鬼篇：

故无所甚親，无所甚疏，抱德煬和，以順天下，此謂眞人。

案淮南子精神篇作:『是故無所甚疏,而無所甚親,抱德煬和,以順于天,』(又見文子守虛篇。)此文本以親、天、人爲韻,今本疏、親二字互誤,『以順于天,』又改爲『以順天下,』遂失其韻矣。唐寫本作:『故无所甚親,抱德煬和,以順天,此謂眞人。』韻尙未失,惟『无所甚親』上,脫『无所甚疏』四字,天上脫于字耳。

八七、習見字之誤

淮南子道應篇:

臣有所與供儋纏采薪者九方堙。注:纏,索也。

王念孫云:『纏字之義,諸書或訓爲繞(說文);或訓爲束(廣雅),無訓爲索者。纏當爲纆,字之誤也。說文作䌳,云:「索也。」字或作纆,坎上六:「係用徽纆,」馬融曰:「徽纆,索也。」劉表曰:「三股曰徽,兩股曰纆。」故高注云:「纆,索也。」若作儋纏,則義不可通矣。列子及蜀志郤正傳注、白帖九十六,纆字亦誤作纏,蓋世人多見纏,少見纆,故傳寫多誤耳。唯道藏本列子釋文作纆,音墨。足證今本之誤。

案王說是也,翻譯名義集二引纏作纏,纏卽纆之誤。北宋本列子亦不誤。

八八、習見連文之誤

淮南子覽冥篇:

鳳皇之翔至德也,雷霆不作,風雨不興,川谷不澹,草木不搖。而燕雀佼之,以爲不能與之爭於宇宙之間。注:『宇,屋簷也。宙,棟梁也。易曰:上棟下宇。』

案宇宙當作宇棟,高注本作『宇,屋簷也。棟,梁也。易曰:上棟下宇。』釋宇棟之義後,又引易以證之也。世人習見宇宙連文,罕見宇棟運文,傳寫遂誤爲宇宙,又於注文棟上妄加宙字耳。燕雀所適,在於宇棟,故輕侮鳳皇,以爲不能與之爭於宇棟之間也。若作宇宙,則不倫矣。

八九、習見人名之誤

淮南子原道篇:

是故鞭噬狗，策蹏馬，而欲敎之，雖伊尹、造父弗能化。注：伊尹，名摯。殷湯之賢相也。造父，周穆王之臣也。而善御。雖此二人，不能化之。

俞樾云：『伊尹不聞以善御名，何得與造父並稱？伊尹疑當作尹儒，呂氏春秋博志篇：「尹儒學御，三年，夢受秋駕於其師。」卽其人也。傳寫脫儒字，後人臆補伊字於尹字之上耳。道應篇作尹需。』

案俞說是也，文選左太冲魏都賦注、王元長三月三日曲水詩序注，並引莊子云：『尹需（一作儒）學御三年，而無所得，夜夢受秋駕於其師。明日往朝其師，其師望而謂之曰：「吾非獨愛道也，恐子之未可與也。今將敎子以秋駕。」』卽呂氏春秋博志篇及淮南子道應篇所本，道應篇作尹需，此文疑原亦作尹需，世人習見伊尹，罕見尹需，傳寫遂誤爲伊尹耳。高注云云，是所見本已誤矣。

九十、聯想之誤

莊子胠篋篇：

塞瞽曠之耳。

案此與下文『膠離朱之目』對言。但本書無瞽曠與離朱對言之例，下文『彼曾、史、楊、墨、師曠、工倕、離朱者』云云，所謂師曠，卽承此言，則瞽曠必師曠之誤。（駢拇篇兩以師曠、離朱對言，可爲旁證。）疑寫者因聯想師曠之瞽，遂誤書師曠爲瞽曠耳。鶡冠子泰鴻篇注引，正作『塞師曠之耳。』

讓王篇：

吳軍入郢，說畏難而避寇，非故隨大王也。

案道藏王元澤本、元纂圖互注本、世德堂本，說並作越，說乃屠羊說自稱其名，作越，則不可通，蓋寫者因聯想上文吳軍字，而誤書爲越耳。

出自第二十三本下（一九五二年七月）

先秦兩漢帛書考

（附長沙楚墓絹質采繪照片小記）

陳槃

東漢中葉以前，冊籍文書，竹木縑帛之用爲最廣，而竹木則又先于縑帛。蓋竹簡木牘雖價廉而取便，但究竟不免繁重而不適于用，帛書于是遂興焉矣。槃既爲先秦兩漢簡牘攷（學術季刊一卷四期），今連類作先秦兩漢帛書攷。

壹 先秦帛書

帛書之興，王國維曰：

帛書之古，見於載籍者，亦不甚後於簡牘，周禮大司馬：王載太常，（中略）各書其事與其號焉；又司勳：凡有功者，銘書於王之太常；士喪禮：爲銘，各以其物（註：雜帛爲物）。亡則以緇，曰某氏某之柩。皆書帛之證。墨子明鬼篇：古者聖王，必以鬼神爲其務，又恐後世子孫不能知也，故書之竹帛，傳遺後世子孫。咸恐其腐蠹絕滅，後世子孫不得而紀，故琢之盤盂，鏤之金石以章之。有（又）恐後世子孫不能敬莙以取羊，故先王之書，聖人一尺之帛，一篇之書，語數鬼神之有也，重又重之。墨子之書雖作於周季，然以書竹帛稱先王，則其來遠矣。晏子春秋（七）：昔吾先君桓公予管仲狐與穀，其縣十七。著之於帛，申之以策，通之諸侯；論語：子張書諸紳；越絕書（十三）：越王以丹書帛；韓非子安危篇亦云：先王致理於竹帛；則以帛寫書，至遲亦當在周季（簡牘檢署考）。

按在王氏以前如南宋趙彥衛之雲麓漫鈔（卷七），明李時珍之本草綱目（卷三八，紙）等，並謂縑帛寫書，自秦漢間始。蓋後人頗亦有輕信之者。王氏此說，可以理惑。據近年長沙發現之楚墓，出土物，其中有絹繪一種，附以文字，考其時代，至少當屬戰國（請參考附錄長沙古墓絹質采繪照片小記）。是則戰國時圖書或以縑帛，既有實物上之證據矣。抑槃檢漢書藝文志（兵）陰陽家著錄：

別成子望軍氣六篇。 元注：圖三卷。

右（兵）陰陽十六家，二百四十九篇。 元注：圖十卷。

又兵技巧家云：

鮑子兵法十篇。 元注：圖一卷。

五子胥十篇。 元注：圖一卷。

苗子五篇。 元注：圖一卷。

凡兵書五十三家，七百九十篇，圖四十三卷。

按上引書曰某『子』者，先秦書也。先秦尤其戰國晚期以前人之著述，徒有其篇而無其組織系統化之書，（說見孟眞師戰國文籍中之篇式書體。本集刊一本二分），故漢人著錄，但稱之曰某子。如云五子胥六篇，五子爲春秋間人，則更無論矣。鮑子在五子之前，則其先于五子，亦可知矣。此類書錄之可注意者，于書則曰若干『篇』，于圖則曰若干『卷』。篇之字从竹，無疑其爲竹簡書。至于卷，則縑帛固可卷，而編簡編牘亦未嘗不可卷（別詳先秦兩漢簡牘考篇卷附考）。唯圖繪之作，竹簡窄小，不適于用，實以縑帛爲宜。然則志于原目曰篇者，竹簡。于圖則曰卷者，縑帛也。

復次，前錄中有別成子望軍氣六篇，圖三卷，此作者亦稱某子，而其書則曰望軍氣。蓋其曰某子者，明其爲先秦間人。曰某書者，或者以篇名名其書，或者漢人望文而加之辭，如云鮑子兵法十篇，亦其例也。別成子原書久佚，內容無從考論。余所見有敦煌鈔本占雲氣書殘卷者（向達氏藏自墓本。三十二年冬，槃嘗從之假歸錄副），其書二章，曰觀雲，曰占氣。蓋合二章以爲一卷。觀雲，如云：

戊已日，青雲，不可攻。

庚辛日，赤雲，不可攻。

占氣，如云：

敵軍有五色氣與天連，此天應之，不可攻。

有氣赤如火，從天而下入軍城，軍亂，將死。

按『兵陰陽家』望雲望氣之說，自春秋以降，即旣有可考。占雲氣書殘卷之說，無疑其淵源自古。別成子之書雖未必即占雲氣書之所從出，然至少其性質類是。別成子書有圖，別爲三卷，而占雲氣書亦有圖，但其書以采繪爲主，而附解說其下，不另爲卷(如所附照片)，此其異也。蓋別成子六篇爲竹簡，簡小不便于圖，故圖別爲三卷。然則此其圖卷，必縑帛也。後世以紙爲册，便于圖繪，圖與書說無須各行，故占雲氣書則如此。以此推之，則上引諸兵書之篇與圖自成篇卷者，其故亦可知矣。夫既已有圖矣，則雖別自爲卷，亦必有字，然後可以解識。是則先秦圖書間施之縑帛，此等處亦不失爲一明示矣。疑者曰，此諸漢志所著錄之書，皆西京秘府之所校定者也。或以竹簡，或以縑帛者，漢人寫書則如此，未必悉仍先秦之舊也。應之曰，竹簡不宜于圖繪，縑帛之用，至晚戰國時代既有之，姑無論今日既有實物上之證據，卽文籍所記，豈必盡誣？然則上引諸書繪事之施之縑帛，卽以爲本乎先秦之舊，無不可也。如其尙有疑義也，則請更以山海經一事證之。按海內北經云:

犬封國曰犬戎國，狀如犬。有一女子，方跪進杯食。

大荒南經云:

有盈民之國，於姓，黍食。又有人，方食木葉。

有蜮山者，有蜮民之國，桑姓，食黍，射蜮是食。有人方扜弓射黃蛇，名曰蜮人。

有人名張弘，在海上捕魚。海中有張弘之國，食魚，使四鳥。

有人焉，鳥喙有翼，方捕魚于海。

大荒北經曰:

有人方食魚，名曰深目民之國，盼姓，食魚。

海內經云:

南方有贛巨人，人面，長臂。……

又有黑人，虎首，鳥足，兩手持蛇，方啗之。

如此之類，其言某『方』有某等動作，是必指圖繪而爲之辭，(山海經有圖，前人已有論之者，如海外南經昆侖虛條，文云:『羿持弓矢，鑿齒持盾』。郝懿行箋疏云:『亦謂圖畫如此也。』是也。畢沅校本亦有說，今從略)，則知山海經自始卽有圖矣。舊說，山海經夏禹伯益等所作(道藏本劉秀上山海經表，吳越春秋越王無余外傳第六)，考宣三年左傳云:

昔夏之方有德也，遠方圖物，貢金九牧，鑄鼎象物，百物而爲之備，使民知神姦，故民入川澤山林，不逢不若。

此言禹遠方圖物，使民知神姦，與禹作山海經之傳說，有淵源上之關係。如左傳說，則禹以遠方所圖物著之九鼎。如劉秀表及吳越春秋等說，則遠方圖物，斯山海經之所由作。此類傳說，今實無從加以深攷（此經必先秦舊籍，但如長沙零陵桂陽諸暨等郡縣，則後代所增入，非本文，當分別觀之耳）。唯遠方圖物一事，可信其有，但亦不必歸之禹益，亦未可謂山海經卽出于此。然山海經之性質，必近是矣。山海經與圖固不可分，甚至可說，無圖則亦無此經。顧漢志劉向所定著者，『山海經十三篇』（形法家）；而劉秀所校古本，則『凡三十二篇，』『定為十八篇』（上山海經表），並不云有圖。而其言『篇』，則是竹簡，亦不容其有圖。蓋其圖亡佚旣久矣。郝懿行云：『郭注此經，而云圖亦作牛形，又云在畏獸畫中；陶徵士讀是經詩亦云流觀山海圖，是晉代此經尚有圖也。……然郭所見圖，卽已非古，古圖當有山川道里，今攷郭所標出，但有畏獸，仙人形，而於山川脈絡，卽不能案圖會意，是知郭亦未見古圖也』（箋疏敍）。郝說是矣。

先秦縑帛之用，雖說為頗早，然普遍使用，今則無以見之。卽如前所引諸兵家書之竹帛兼施，可見其必于不得已時，始以帛代竹。又以汲冢之書為例，汲冢之所發見者，壹是皆竹簡舊籍，晉書束皙傳詳之，曰：

> 太康二年（？）汲郡人不準盜發魏襄王墓，或言安釐王冢，得竹書數十車。其紀年十三篇，記夏以來至周幽王為犬戎所滅，以事接之三家分□（晉），仍述魏事至安釐王之二十年，蓋魏國之史書。……其易經二篇，與周易上下經同。易繇陰陽卦二篇，與周易略同，繇辭則異。卦下易經一篇，似說卦而異。公孫段二篇，公孫段與邵陟論易。國語三篇，言楚晉事。名三篇，似禮記，又似爾雅，論語。師春一篇。……瑣語十一篇。……梁丘藏一篇，先敍魏之世數，次言丘藏金玉事。繳書二篇。……生封一篇，帝王所封。大曆二篇。……穆天子傳五篇。……西王母圖詩一篇。……又雜書十九篇：周書食田法，周書論楚事，周穆王美人盛姬死事。大凡七十五篇。七篇簡書折壞，不識名題。

按此未審為何一魏王冢，杜預春秋經傳集解後序祇泛稱『舊冢』，蓋至少當為貴臣之冢，則不成問題。此冢中藏書，包括不少高文典册，衛恆書勢云：

> 太康元年（？）汲縣人盜發魏襄王（？）塚，得策書十餘萬言，案敬侯所書，猶有

勞鬋。古書亦有數種，其一卷論楚事者，最爲工妙，恆竊悅之，故竭愚思，以贊其美（晉書衞瓘附恆傳）。

是並其書法亦有甚佳妙者，可知此類書，家中主人自始卽極珍視。然而何以其中竟無一帛書？豈帛之性，于竹爲易朽邪？（事實上並不然）。余疑自春秋以來，雖亦旣有所謂帛書，但用之者多屬君上，如王孜所引墨子云『古者聖王』，晏子云『先君桓公』，越絕書云『越王』，韓非子云『先王』，是也（墨子尚賢下：『古者聖王旣審尚賢，欲以爲政，故書之竹帛，琢之盤盂』；魯問：『子墨子謂魯陽文君曰，攻其鄰國，殺其民人，取其牛馬粟米貨財，則書之於竹帛，鏤之於金石』；吳越春秋外傳十：『越王樂師曰，君王……名可留於竹帛』：此亦並言君上用竹與帛。亦有但言用帛者，齊民要術三，御覽七百七引范子計然：『范子曰，堯、舜、禹、湯皆有預見之明，雖有凶年，而民不窮。〔越〕王曰善，以丹書帛，置之枕中，以爲國寶』。）然若謂自古以來，君上之所書，必以縑帛，抑或竹帛兼施，則亦不可。禮中庸言：

哀公問政，子曰，文武之政，布在方策。鄭注：方，板也。策，簡也。

可見文王武王爲政之道，亦祇著之竹簡、木牘、不聞書帛。至于殷之先王『有冊有典』，其不爲帛書，則旣明甚（別詳先秦兩漢簡牘考）。由是言之，則墨子之所謂古者聖王、韓非之所謂先王，史實上殆不能甚古。

墨子又言，『聖人一尺之帛』，若曰，聖人之言，爲世法則，故其說亦或被尊而書之于帛也。然管子宙合云：

故微子不與於紂之難而封於宋，以爲殷主。……故曰，大賢之德長。明乃哲，哲乃明，奮乃苓，明哲乃大行。……是故聖人著之簡筴，傳以告後進曰，奮盛，苓落也。盛而不落者，未之有也。

此謂聖人之言不著之于帛，而著之簡筴。孔子之讀易也，韋編三絕（世家）。書以韋編，定是竹簡木牘之類（史記留侯世家：『出一編書』。正義：『以韋編連簡而書之也』），決不是帛書。孟子曰：

吾於武成，取二三策而已矣（孟子盡心章下）。

漢書藝文志序云：

迄孝武世，書缺簡脫。

又書家曰：

武帝末（?）魯恭王壞孔子宅，欲以廣其宮，而得古文尙書及禮記，論語，孝經，凡數十篇，皆古字也。

按曰簡，曰篇，皆竹簡也。論衡正說曰：

說論者，皆知說文解語而已，不知論語本幾何篇，但「知」周以八寸爲尺，不知論語所獨一尺之意。夫論語者，弟子共紀孔子之言行，勑記之時，甚多數十百篇，以八寸爲尺。紀之約省，懷持之便也。以其遺非經，傳文紀識恐忘，故但以八寸尺，不二尺四寸也。

按經之策二尺四寸，論語八寸，亦見儀禮聘禮疏引鄭玄論語序。所謂策者竹簡，故論衡量知以爲：

截竹爲筒，破以爲牒，加筆墨之跡，乃成文字。大者爲經，小者爲傳記。

由以上諸例言之，則知書寫古經傳者，無非竹簡也。夫聖經賢傳書于帛者，漢以前不經見，而竹書則不皇悉數。然則墨子云『聖人一尺之帛』書者，其事可以致疑。意者先王之書，或書縑帛，曼衍其說，遂謂聖人亦有其一尺之帛書歟？將舊籍泯昧，有不可攷者在歟？

貳 兩漢帛書

由前之說，先秦雖亦既有縑帛圖書，然而其用未廣。蓋逮自西漢末以至東漢初期，則竹木縑帛三者之用，始可謂等量齊觀矣。王國維氏曰：

以帛寫書，至遲亦當在周季，然至漢中葉，而簡策之用尙盛，漢書公孫賀傳：朱安世曰，南山之竹，不足盡我辭。是獄辭猶用簡也。劉向序錄諸書，皆云定以殺青，是書籍多用簡也。漢書藝文志所錄各書，以卷計者，不及以篇計者之半。至言事通問之文，則全用版奏；少竹之處，亦或用以寫書。雖蔡倫造紙後猶然（簡牘考）。

按氏謂漢至中葉，竹木之用尙盛，是也。然而忽略當時帛書之亦有其相當位置，則其疏也。事實上，西漢末至東漢初期，是竹、木、縑帛三者並施。竹木之用，別詳先秦兩漢簡牘攷第一章，今玆但稽考兩漢縑帛之用。按漢書終軍傳：

從濟南當詣博士，步入關，關吏予軍繻（註：張晏曰，繻，符也。書帛，裂而分之若券契矣）。

說文糸部：

繒，帛也。……綷，籀文繒，从宰省。楊雄目爲漢律祠宗廟丹書告也。

此謂符傳與祠宗廟之告神丹書用帛也。楊雄答劉歆書曰：

故天下上計孝廉及內郡尉卒會者，雄常把三寸弱翰，齎油素四尺，目問其異語；歸卽目鉛摘次之于槧（全漢文五二）。

油素，素卽縑素。是楊雄書記方言亦以縑帛也。敦煌出土之漢殘帛，記『任城國亢父縑一匹』，並其廣狹長短價直（流沙墜簡考釋二，頁四三），是塞上簿記亦間用縑帛也。又有通訊之帛書二事（同上考釋三，頁六），是平常書問相遺，亦有用之者也。羅氏考釋曰：

漢書高帝紀：書帛射城上；蘇武傳：天子射上林中，得雁，足有係帛書；古詩：呼兒烹鯉魚，中有尺素書。則（漢時書記）簡牘之外，亦兼用帛作書。

按蘇武傳云雁足傳書者，詭辭。古詩云烹魚得書，亦不經。然亦藉此可知漢人必兼用帛書，故造事寓言，不覺遂託之爾。

上述楊雄常擕油素，從人寫方言；而于雄稍前之劉向，其校錄羣書，則竹素並用。世人皆能知劉氏寫書以竹，所謂『書已殺靑可繕寫』者，是也。實則氏亦曷嘗不用帛，風俗通佚文曰：

劉向爲孝成皇帝典校書籍二十餘年，皆先書竹，爲易刊定；可繕寫者以上素也。……今東觀書，竹素也（初學記二八。御覽六百六『爲易刊定』，爲作改。無『今東觀』以下句）。

劉氏所校書，先書竹然後上素，素者縑帛。蓋亦有止書竹而不復上素者，故云今東觀書（按卽西京中府遺書之庋藏處），竹與素兼有之也（王氏簡牘考：『劉向序錄諸書，皆云定以殺靑，是書籍多用簡也。』按謂多用簡則可，謂全用簡而不上素則不可）。又後漢書儒林傳序曰：

初光武遷還洛陽，其經牒祕書，載之二千餘兩。……及董卓移都之際，吏民擾亂，……其縑帛圖書，大則連爲帷蓋，小迺制爲縢囊。

此與風俗通之說可互證。序云經牒，牒卽簡牘之類。又有縑帛圖書，卽謂所上素者是矣。

復次范書云：『其縑帛圖書，大則連爲帷蓋，小迺制爲縢囊。』按所謂『縑帛圖書』者，其中有圖，有書，而縑帛亦大小不等。蓋其大者多爲圖，如輿地之圖，自非其邊幅相當廣闊，不適于用。考後漢書鄧禹傳云：

從至廣阿，光武舍城樓上，披輿地圖指示禹曰，天下郡國如是，今始乃得其一。

以情形度之，此圖畫天下郡國，且倥傯之中，攜用于軍旅之際，以云版牘(古人有以版爲圖者，周禮小宰:『聽閭里以版圖;』司書:『掌邦中之版，土地之圖』;如此之等，是也)，無此功能，故知此必縑帛之圖矣。唯其圖製以縑帛，故可云『披圖』矣。東晉裴秀曰:

今秘書既無古之地圖，又無蕭何所得秦之圖籍，唯有漢氏輿地及括地諸襍圖(湯球九家晉書輯本五，裴秀)。

按唐張彥遠歷代名畫記三云:『古之秘畫珍圖』，其中有『河圖括地象圖十一卷。』此與裴氏所謂漢氏舊圖『括地諸襍圖』者，蓋是一事，而張云『十一卷』，此亦當屬之縑帛。若編綴使可舒卷之簡牘，則固不宜于作輿地圖用也。

漢世讖緯大量出現，中興之際，中府所藏，依梁松所奏上者卽有:

河洛讖文以章句細微相況，八十一卷，明者爲驗。又其十卷，皆不昭晳(後漢書祭祀志上)。

而事實上可數倍于此(別詳古讖緯通纂序例)。此類讖緯之產生，呂氏春秋有其說曰:

人亦有徵，事與國皆有徵。聖人上知千歲，下知千歲，非意之也，蓋有自云也。綠圖幡薄，從此生矣(觀表)。

此『綠圖』卽河圖。『幡』者，縑帛。『薄』與『簿』通。『綠圖幡薄』者，綠圖之簿書以縑帛寫之也(別詳綠圖解題及論早期讖緯及其與鄒衍書說之關係第三章)。春秋運斗樞曰:

舜爲天子，東巡，至乎中月，臨觀，(註云:臨河觀望也。月或爲舟)至(槃按，當作五)采負圖，出置舜前。圖黃玉爲匣，如匱，長三尺，廣八寸，厚一寸。……舜與三公大司空禹等卅人發圖，玄色而綈狀，可卷舒，長卅二尺，廣九尺，中有七十二帝地形之制，天文分度之差(敦煌鈔本瑞圖殘卷。載日本支那學報七卷一號)。

又春秋元命苞曰:

唐帝遊河渚，赤龍負圖以出，圖赤色，如錦狀。……(開元占經龍魚蟲蛇占引)。

讖緯中，類此之說甚多，此無疑爲僞託讖緯者所飾說。然其云河圖書于縑帛，與呂氏春秋說相應，此則僞之中有眞。造託讖緯者喜用帛書，此外又有數事，史記陳涉世家:

吳廣……乃行卜，卜者知其指意，曰，足下事皆成，有功。然足下卜之鬼乎?陳勝吳廣喜念鬼，曰，此教我先威衆耳。乃丹書帛曰，陳勝王。置人所罾魚腹中。卒買魚烹食，得魚腹中書。……

又封禪書：

少翁……乃爲帛書以飯牛，詳不知，言曰，此牛腹中有奇。殺視得書，書言甚怪。

又漢書王莽傳：

天風起，塵冥，風止，得銅符帛圖於石前，文曰：天告帝符，獻者封侯。

此與僞託河圖讖緯者之用帛書，未知是否偶合？無論如何，讖緯之託，大都喜用縑帛，則固史實具在。

漢氏自中葉以至中興之世，縑帛之用于册籍文書者，其廣如此。然則謂之竹木縑帛兼施並重，豈不然乎？

附　　錄

長沙古墓絹質采繪照片小記（摹本附）

國畫眞蹟年紀之古，以今所知，此爲第一；帛書眞蹟年紀之古，以今所知，亦以此爲第一。出土情形未詳。原件爲湘人蔡季襄氏所得（氏有文考證，未見），今聞既粥與美某大學。寶物邈矣，展對留影，感慨系之矣。

畫與文多漫滅，文脫尤甚，頗不易屬讀。較略言之，文紀祀神，四正邊所畫者，蓋卽其所祀神及祀神之牲獸。正文左一章言『灾，』言『作兹，』言『電霆雨土；』右一章言『山陵倏洸』（蓋卽滌洸，同聲通用。云滌洸至于山陵，猶之言『蕩蕩褱山襄陵』矣），又屢言『遷，』蓋曾經水患。左一章亦言『寺（時字，不從日。右一章有云『四寺，』亦以寺爲時）雨，』則紀自天降祥也。唯天神能禍福人，是以有祀。神則有『羣神，』『炎帝，』『金帝。』又有所謂『四神』者，按右一章文有云：『□子之子曰母童，是生子四。』豈母童之四子後皆爲神，故曰四神歟？亦祭星。云『祭曑』者，祭參星也。參，說文作曑，魚鼎匕作曑。今文作曑，則其从日有如說文，日下不从人有如金文矣。

畫牲獸之可辨者，有羊兩足（側看，故止兩足），兩角。附文曰：

曰□□□□敺□□□姜于□。

按楚王酓肯鼎云:『目共戠棠。』謂以供蒸嘗也(蒸嘗二字,依兩周金文辭大系說)。畫文言戠,嘗亦有以肉祠祀之義。『姜』蓋假爲羊。正文左一章第九行言享『羣神』亦提及『羊』,是其本字。

畫像有一身三頭者,附文有曰:

□以金帝。

帝㪿(可)以含(啻)。

按可,金文亦或作『㪿,』如蔡大師鼎。楚王酓忎鼎,但勺肯並作肯,亦其例。『含』即啻,仲年父簋,楚王酓章鐘亦如此作。畫文云:『帝可以啻;』又一似獸畫之附文曰:『曰,可;』又一獸之下文曰:『曰,□可……。』蓋巫卜之徒,傳示神旨之辭如此,如甲骨文,春秋經等記卜祭,卜牲之例。正文左一章九行文云:『羣神乃喜。帝曰,繇,□之哉,毋弗或敬。』是謂神有思心喜怒,然則亦必有所示意,故其文云爾矣。

三頭畫象旁,雖有文曰金帝云云,然非謂此卽金帝。右角邊有止一手而其頭似戴角者,附文亦云『金帝可以,』可證。按中山經云:

苦山　少室,太室皆冢也。其祠之,太牢之具,嬰以吉玉。其神狀皆人面而三首。

海外南經云:

三首國在其東,其爲人一身三首。

海內西經云:

服常樹,其上有三頭人,伺琅玕樹。　郝氏箋:藝文類聚九十卷及太平御覽九百一十五卷引莊子曰:……老子歎曰:吾聞南方有鳥,其名爲鳳,所居積石千里,天爲生食,其樹名瓊枝,高百仞,以璆琳琅玕爲實。天又爲生離珠,一人三頭,遞臥遞起,以伺琅玕。

淮南墬形篇云:

凡海外三十六國。……自西南至東南方,結胷民,……三頭民。……

如上神話,是有三頭神,又有三頭民。但畫中之三頭者,余意其爲神。又畫右上一象止一臂,而海外西經亦有一臂國。墬形篇有一臂民。一臂國,據云其人『一臂,一目,一鼻孔。』此所畫今亦止一右目,但是否原有左目而因日久漫不可識,不可知矣。又畫下邊中間一戴角者。東山經云:『凡東次三經之首，自尸胡之山，至于無皋之山。……其神狀皆人身而羊角。』經云羊角，而畫則似牛角。又前所舉一臂之畫象，所戴不似頭髮（三首者之頭髮，與此不類），而似羊角。去年秋，友人饒宗頤先生寓書云:『近見長沙出土偶人，有滑石彫像僅刻單眼者，謂卽山海經所謂一目國之類;』又云:有『具雙角如鹿者。』按此二事與畫，同爲長沙出土物，而其造形亦或相同，但不盡同，蓋由神話傳說本變動不居之故。此畫造形與山海經等之古代神話，彼此間之關系，亦若卽若離者。蓋楚民族本有其豐富之神話，傳說，讀天問離騷九歌等辭可知。其神話，傳說，自有其民族性，但亦有其普偏性，故古史中之神話，傳說，可取證于楚辭者甚多，此則近代學者，類能言之矣。然則此畫與夫山海經等之古代神話，傳說，固不無相當關係，但亦不可謂完全剽襲。

以此畫徇葬，與以一目偶人角人爲明器，此事余初不甚解，繼思王逸天問章句序云:

> 屈原放逐，憂心愁悴，彷徨山澤，經歷陵陸，……見楚有先王之廟及公卿祠堂，圖畫天地山川神靈，琦瑋僪佹，及古聖賢怪物行事，周流罷倦，休息其下，仰見圖畫，因書其壁，何（呵）而問之，以渫憤懣，舒瀉愁思。楚人哀惜屈原，因共論述，故其文義不次序云爾。

楚之先王公以天地神靈，古聖賢怪物行事畫飾祠壁，則以神靈怪物之圖繪與造象入墓，何足異乎？

以畫與文經描摹然後付影，故今茲照片，旣非本來面目。就影片所見而論其文字結構，於兩周金文，大致實甚接近。以時代較之，謂至少當屬戰國。至于長沙，舊爲楚地，以爲楚物，又不待論巳。

此片爲友人所藏，而友人亦又由其友人輾轉寄贈者。慨承假觀，雅意至可感。承潘實君，黃慶樂兩先生依原片摹繪副本，因得附錄，今並志謝于此云。一九五三年三月廿一日，于楊梅鎮。

後　　記

上記脫稿後，請敎于董彥堂先生，猥承啓示二事，謹錄如下:（一）圖下邊左一人

(或神)口所銜者，蛇也。此神話，亦見山海經云。槃謹案大荒北經:『大荒之中有山，名曰北極天櫃。……又有神銜蛇，操蛇。其狀虎首，人身，四蹏，長肘，名曰彊良。』云『虎首』者，圖似亦近是。(二)四正角上有木，文右一章第五行云:『青木，赤木，黃木，白木，黑木之精。』蓋本有五木，東青，南赤，中黃，西白，北黑。今止有四木，則中央黃木，旣漫滅不見矣。槃謹案圖幅四正，東南西北四木，據理則應安置四邊正方之處，今乃置之角間，則非東南西北之謂矣，此其義未聞。五月廿二日。

出自第二十四本(一九五三年六月)

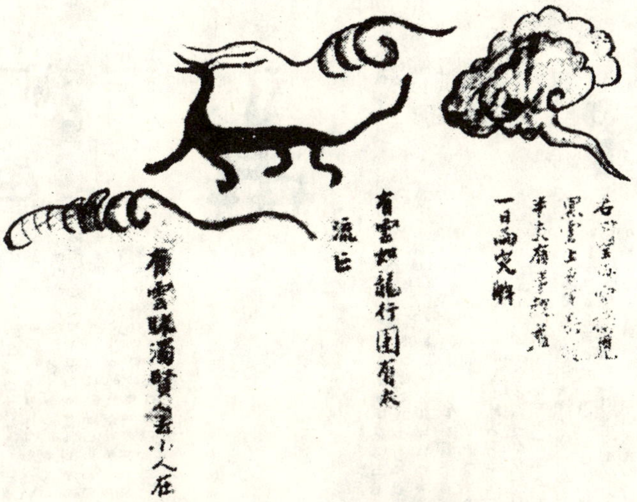

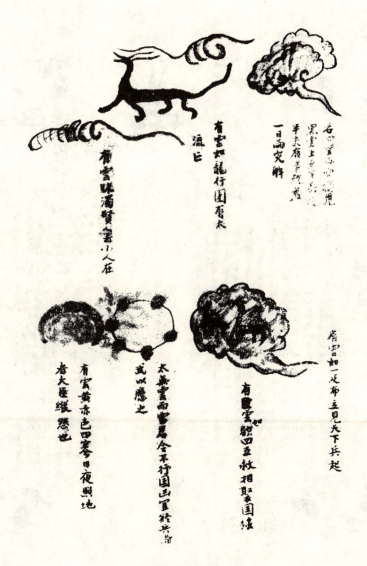

影鈔敦煌寫本占雲氣書殘卷書樣

長沙楚墓絹質采繪照片摹本

跋日本古鈔卷子本淮南鴻烈兵略閒詁第廿

王　叔　岷

王念孫斠理淮南，稱『余未得見宋本，所見諸本中惟道藏本爲優。』（讀書雜志九之二十二。）岷曾以四部叢刊影寫北宋本與道藏本詳加比證，知道藏本卽從北宋本出。閒有北宋本佳勝處爲道藏本所無者，是北宋本復優於道藏本矣。惜其中頗多訛誤耳！今夏整理淮南斠稿，繙舑羣籍，於臺灣大學國文系圖書室檢得日本影印古鈔卷子本淮南鴻烈兵略閒詁第廿，起『古之用兵者，』訖『國無守城矣。』雖僅存兵略篇之半，然其佳勝處又遠出北宋本之上，舊有所疑於心者，證此卷而釋然。洛誦摩挲，歡喜累日！玆擧數事論之。

一、鈔寫年代

淮南有許愼、高誘二家注，據宋蘇魏公文集校淮南子題敍，許本標淮南閒詁，下題記上。高本標淮南鴻烈解經，下題高氏注，每篇下皆曰訓，篇名注有『因以題篇』字。今本二十一篇，有高注十三篇——原道、俶眞、天文、墬形、時則、覽冥、精神本經、主術、氾論、說山、說林、脩務。（其中偶雜有許注。）許注八篇——繆稱、齊俗、道應、詮言、兵略、人閒、泰族、要略。考北宋本高注十三篇，首並題淮南鴻烈解，下題太尉祭酒臣許愼記上，末亦題淮南鴻烈解。許注八篇，僅繆稱、要略二篇首題淮南鴻烈閒詁，下題太尉祭酒臣許愼記上，末仍題淮南鴻烈解。餘六篇題與高注十三篇同。則是許、高相溷之本。道藏本高注十三篇及許注前七篇，首皆題淮南鴻烈解，下題太尉祭酒臣許愼記上，末亦題淮南鴻烈解。亦許、高溷而不分。惟要略篇首題淮南鴻烈閒詁，下題太尉祭酒臣許愼記上，末亦題淮南鴻烈閒詁。存許注本之舊。

兵略篇為許注本，獨鈔本首題淮南鴻烈閒詁，最為可貴。而下題高氏注，末題淮南鴻烈解，則仍是許、高相溷之本。錢塘淮南天文訓補注自序云：『淮南鴻烈解有許愼、高誘兩家注，隋書經籍志並列于篇。至劉昫作唐書經籍志，唯載高注，則許注已佚于五季之亂矣。』鈔本與北宋本出入頗大，就其內容證之，實遠在北宋本之前，則其鈔寫年代，至遲亦當在五季。據鈔本標題許、高已溷而不分，則許注至遲亦當佚於五季之初，或竟在唐末矣。

二、鈔本來源

淮南善本中，北宋本與道藏本同一系統，可無疑義。北宋本與鈔本出入頗大，明其來源非一。惟太平御覽所引兵略篇之文，則往往與鈔本相合，其來源似極接近。如：

非利土壤之廣，

案御覽二七一引土壤作壤土，鈔本正作壤土。

含牙帶角，

案御覽二七一、九四四引帶角並作戴角，帶卽戴之聲誤。鈔本正作戴角。

有毒者螫。

案御覽九四四引螫作蓋，鈔本正作蝵。

萬人搔動。

案御覽二七一引人作民，文子上義篇同。鈔本正作民。

自五帝而弗能偃也，

案御覽引弗作不，鈔本正作不。

故黃帝擒之。

案御覽引擒作禽，鈔本正作禽。

臨之威武而不從，

案御覽引威武上有以字，鈔本正有以字。

乃令軍師曰：

案御覽引師作帥，文子同。師卽帥之誤。鈔本正作帥。

毋扣墳墓。

王引之云：『扣，掘字之誤。廣雅：「掘，掘也。」』案御覽引扣作掘，文子同。鈔本正作掘。可證王說。

其國之君，

王念孫云：『其當作某，字之誤也。太平御覽兵部二引此正作某國。』案鈔本亦作某國。

此天之所以誅也。民之所以仇也。

案御覽引此無兩以字，文子同。俞樾謂兩以字爲衍文。鈔本正無兩以字。

東裹郯、淮。注：郯、淮，地名。

王念孫云：『郯、淮本作郯、邳，注同。太平御覽州郡部十三引此正作郯、邳。』案鈔本亦作郯、邳，注同。

山高尋雲，谿肆無景。

王念孫云：『太平御覽引作「山高尋雲霓，谿深肆無景。」是也。』案鈔本作『山高尋景雲，深谿肆无景。』景雲疑本作雲霓，涉下景字而誤也。

故民誠從其令，

案御覽二七一引此無其字，鈔本正無其字。

一人守隘，

案御覽引隘作險，鈔本正作險。

推其搶搶。

王念孫云：『搶當爲搖，字之誤也。搖，古搖字也。太平御覽兵部二引此正作「推其搖搖。」』案鈔本亦作『推其搖搖。』

敵人之兵，無所適備。

王念孫云：『太平御覽引此敵人上有使字。』案鈔本敵人上正有使字。

舉錯得失。

王念孫云：『失當爲時，太平御覽引此正作「舉錯得時。」』案鈔本亦作『舉錯得時。』

明於必勝之攻也。

王念孫云：『攻當爲數，太平御覽引此正作「必勝之數。」』案鈔本亦作『必勝之數。』

上舉十九例中，尤可注意者，『萬人搔動，』『乃令軍師曰，』『毋扣墳墓，』『此天之所以誅也，民之所以仇也，』四例，御覽所引與鈔本同者，文子亦同。文子一書，十九皆鈔襲淮南，往往可據以對正今本淮南之誤。其涉及此篇者，多與鈔本暗合，四例之外，更有：

而養無義之君，

案鈔本無作不，文子上義篇亦作不。

而復有德也。

案鈔本復作授，文子亦作授。

尅國不及其民。

案鈔本尅作克，文子亦作克。

為身戰者，不能立其功。

案鈔本戰作求，文子亦作求。

未至兵交接刃，

王念孫云：『兵交當作交兵，文子上義篇正作「交兵接刃。」』案鈔本亦作『交兵接刃。』

下畔其上，

案鈔本畔作叛，文子亦作叛。

謀慮足以知强弱之勢，

案鈔本勢作權，文子亦作權。

是故善守者無與御。

案鈔本御作禦，文子下德篇亦作禦。

德積而民可用。怒畜而威可立也。

案鈔本用下有也字，與下句句法一律。文子亦有也字。

故文之所以加者淺，則勢之所勝者小。

王念孫云：『當作「故文之所加者淺，則勢之所服者小。」今本加上衍以字，服字又誤為勝。文子下德篇作「文之所加者深，則權之所服者大。」』案鈔本作『故文之所加者淺，則權之所服者小。』文子鈔襲之淮南，必與鈔本同，特易淺為深、小為大，以掩其鈔襲之迹耳。

者倅，則有數者禽無數。

王念孫云：『劉（績）本改者倅爲勢倅，而莊（逵吉）本從之，非也。者當爲智，文子上禮篇正作「智同，則有數者禽無數。」』案鈔本者亦作智。

由此九例及前四例證之，則文子所鈔襲之淮南，當與鈔本同一來源。姚際恒疑文子爲北魏李暹僞託（古今僞書考），雖無塙據，然文子至遲亦不得出於李暹作注之後（李注已亡），則可斷言。卽此已可證鈔本來源之早矣。

三、鈔本最佳處

鈔本雖僅存兵略篇之半，而佳勝處甚多，卽就上述諸例已可證之。茲再擧其最佳者八事：

不至於爲炮烙。

案鈔本炮烙作炮格，當從之。呂氏春秋過理篇：『肉圃爲格，』高注：『格，以銅爲之。布火其下，以人置上，人爛墮火而死，笑之以爲樂。』是其義也。後人昧於古義，乃改格爲烙，古書中此例甚多，本書俶眞、道應二篇，亦並有『爲炮烙』之文，蓋皆後人所改也。

維枹綰而鼓之。注：綰，貫。枹，係於臂，以擊鼓也。

王念孫云：『「維枹綰而鼓之，」殊爲不詞。一切經音義二十引此作「綰枹而鼓之，」無維字，是也。枹字本在綰字下，故注先釋綰，後釋枹。因枹字誤在綰字上，後人又以注言「枹係於臂，」因加維字耳。不知綰字已兼維係之義，無庸更言維也。』案王校是也，鈔本正作『綰枹而鼓之。』

夫論除謹，動靜時，吏卒辨，兵甲治，正行五，連阡伯，明鼓旗，此尉之官也。

王引之云：『下言五官，而上祇有四官，寫者脫其一也。「兵甲治」下，當有「此司馬之官也」一句，自「論除謹，」至「兵甲治，」皆司馬之事，非尉之事。且句法亦與下不同。自「正行五」以下，乃是尉之事耳。司馬也，尉也，候也，司空也，輿也，所謂五官也。』案鈔本『此尉之官也，』作『此大尉之官也。』下更有『營軍辨，賦地極，錯軍處，此司馬之官也』十五字。並有注云：『軍司馬，司主兵馬者也。』正與下言五官合，最爲可貴！今本祗有尉、候、司空、輿四官，王氏謂『寫者脫其一，』是也。惟謂『兵甲治』下，當有『此司馬之官也』一句，則未審矣。

疾如錐矢。注：錐，金鏃箭羽之矢也。

王引之云：『錐當爲鍭，注內箭羽當爲翦羽，皆字之誤也。爾雅：「金鏃翦羽謂之鍭。」是其明證矣。下文云：「疾如鏃矢，」鏃亦鍭之誤。』案王校是也，鈔本錐正作鍭，注內箭羽正作翦羽。下文鏃矢正作鍭矢。

伐棘棗而爲矜。注：棘棗，酸棗也。

王念孫云：『棘棗本作橪棗，注同。此亦後人妄改之也。史記司馬相如傳：「枇杷橪，」索隱：「說文曰：『橪，酸小棗也。』淮南子云：『伐橪棗以爲矜。』」索隱引作橪棗，而「酸小棗」之訓，又與注合，則正文、注文皆作橪棗，明矣。』案王校是也。鈔本正作橪棗，注同。

而天下傳矣。

案傳字無義，鈔本作傅，是也。傅猶附也，謂天下親附也。傳卽傅之形誤。茅一桂本、漢魏叢書本、莊本並作得，蓋由不知傳是誤字而臆改耳。

莫能應圉。

案應字無義，鈔本作壅，是也。應卽壅之形誤。下文『莫之應圉，』應亦當爲壅。脩務篇：『破敵陷陳，莫能壅御。』亦可證應字之誤。

故紂之卒百萬之心。

案鈔本作『故紂之卒百萬，而有百萬之心。』是也。『之心』上脫『而有百萬』四字，則文意不完。書泰誓：『受有臣億萬，惟億萬心。』卽淮南所本。

上舉諸例，北宋本以下皆誤，惟鈔本存其舊，奚啻一字千金邪！

四、鈔本㬥亂處

鈔本雖爲最古最佳之本，然其中亦偶有㬥亂，玆舉數事正之：

喜而相戲，怒而相害。天之性也。

案鈔本作『喜而不相戲，怒而不相害。天地之性也。』文意乖舛，兩不字疑卽兩而字之誤而衍者，地字則因天字聯想而衍也。

故羣居雜處，

案鈔本雜誤離。雜、離形近，往往相亂，本書俶眞篇：『雜道以僞，』莊子繕性篇作離；鶡冠子環流篇：『離於名，』陸佃注：『離，或作雜。』並其比。

天下莫之敢當。

案鈔本之敢二字誤倒。

士卒殷軫。注：殷，衆。

作『殷軫殷衆。』既脫士卒二字，又誤以注文殷衆二字爲正文也。

手不麾戈。

案鈔本手誤乎，麾上衍指字。

動則淩天振地，抗泰山，蕩四海，鬼神移徙，鳥獸驚駭。如此，則野無校兵。

案鈔本脫此二十七字。

類此之例，雖尚不少，然皆易於辨正，固不足以掩鈔本之善也。今夏寫成淮南子斠證一卷，鈔本佳勝處悉已收入；天寒歲暮，重讀殘篇，略書所見，將以商諸同好云。

一九五三年殘臘，於臺北慕廬。

出自第二十五本(一九五四年六月)

文子斠證

王叔岷

顧觀光文子札記序，謂文子乃『以淮南子割裂補湊而成。其出淮南者十之九；取他書者不過十之一。』其說極塙。是書剽襲淮南，每據許愼、高誘注以改正文，如淮南原道篇：『陰陽爲騶。』高注：『騶，御。』文子道原篇騶正作御；（今本淮南騶作御，乃後人依文子所改。詳王念孫說。）俶眞篇：『地不定，草木無所植。』高注：『植，立也。』文子精誠篇植正作立；本經篇：『剛而不韇。』高注：『韇，折也。』文子下德篇韇正作折；主術篇：『而枹鼓爲小。』高注：『小，細。』文子道原篇小正作細；兵略篇：『淅米而儲之。』許注：『淅，漬也。』文子上義篇淅正作漬。皆其明證。則是書之晚出可知。蓋魏、晉好事之徒爲之也。唐志稱北魏李暹作文子註，暹註已失傳。文選注中偶引有張湛注，如班孟堅東都賦注、沈休文恩倖傳論注、陸士衡辯亡論注並引文子云：『羣臣輻湊。』（見上仁篇。）又並引張湛注：『如衆輻之集於轂。』（一引轂下有也字。）任彥昇奏彈曹景宗一首注引文子云：『起師十萬，日費千金。』（見微明篇。）又引張湛注：『日有千金之費。』蓋卽注列子之東晉張湛，此最可貴者也！齊民要術栽樹第三十二引文子云：『冬冰可折，夏木可結，時難得而易失。木方盛，終日採之而復生。秋風下霜，一夕而零。』（見上德篇。）並有注云：『非時者功難立。』則不知何氏注矣。是書剽襲淮南最多；次如老子、莊子、孟子、尸子、呂氏春秋、逸周書、孝經、韓詩外傳、說苑等，亦偶有竊取。正由其出於剽襲，往往與諸書可資比勘。其存淮南之舊者，尤美不勝收。惜既目爲僞書，遂見棄前賢，顧觀光、兪樾（兪樓襍纂）、孫詒讓（札迻）諸家外，鮮有討治者。鈔槧流傳，訛奪尙多，補闕拾遺，方期後學。今所見最早之本，有敦煌唐寫本，惜僅存道德篇百五十六行；蔣鳳藻鐵華館叢書有景宋本徐靈府注十二卷，靈府號默希子，惟與道藏本默希子注十二卷勘驗，道藏本實優於景宋本（景宋本有極繁之錯簡）。因據道藏本參覈羣籍，成斠證一卷云。四十四年仲春十一日，叔岷記於臺北慕廬。

道 原 篇

原流沺沺，沖而不盈。

案『不盈』當從淮南子原道篇作『徐盈。』高誘注：『原泉始出虛，徐流不止，能漸盈滿。以喻於道亦然。』是其義也。僞託者蓋據老子『道沖而用之，或不盈。』改徐爲不，失其旨矣。

以退取先。默希子注：自後而人先也。

兪樾云：退當作後。

案兪說是也。據注，則正文退本作後矣。

天常之道，

兪云：『天當作太，字之誤也。常當作上，聲之誤也。淮南子原道篇正作「太上之道。」』

案景宋本天作大，是也。『大常』猶『太上，』老子：『道可道，非常道。名可名，非常名。』兪云：『常與尙古通，尙者，上也。』於此則謂常爲上之聲誤，疏矣！

以地爲車。

案御覽七百二引車作輿，淮南子原道篇同。

四支不動，聰明不損。

案動當作勤，勤、損爲韻。說文：『勤，勞也。』勞、損義近。今本勤誤動，既失其義；又失其韻矣。自然篇：『四體不勤，』亦可證此文動字之誤。今本淮南子勤亦誤動，詳王念孫說。

除其貴欲。

顧觀光云：貴字誤，當依原道訓作嗜。

案治要、文選張茂先鷦鷯賦注引貴並作嗜。貴蓋耆之誤，耆與嗜同。

約其所守卽察。寡其所求卽得。

案治要引察下、得下並有矣字。

聖人忘乎治人，

案上人字涉下人字而衍，『聖忘乎治人，』與下『貴忘乎勢位，』『樂忘乎富貴，』文例一律。淮南子正無上人字。

至德天地之道。

案文選張平子南都賦注、賈誼鵩鳥賦注引德並作得。德、得古通。淮南子俶眞篇：『則至德天地之精也。』即此文所本，藝文類聚八三引德作得，與此同例。

形究而神杜。

顧云：杜字誤，當依俶眞訓作壯。

兪云：杜乃壯字之誤，淮南子俶眞篇正作壯。

案顧、兪說並是；惟『形究而神壯，』亦不可通，究乃菀之誤，仍當依淮南子訂正。高誘注：『菀，枯病也。』是其義也。

嗜欲害之。

案御覽三百六十引害作亂。

安而不傾。

案治要引傾下有也字。

一之嘏，察於天地。

顧云：原道訓嘏作解。

案管子內業篇嘏亦作解。淮南子察作際，察、際古通。

曲因其直，直因其常。

案二句義不可通。景宋本作『曲因其常。』是也。注：『各附所安，俱利其性，是曲因其常者也。』可證正文『曲因其』下本無『直直因其』四字。淮南子作『曲因其當，』常、當古通，道德篇：『故聖人常聞禍福所生而擇其道。』唐寫本常作當，卽其比。

夫喜怒者，道之邪也。

案景宋本邪作衺，衺蓋衺之誤，衺與邪同。

水爲道也：廣不可極，

案初學記六引水下有之字，廣作大。淮南子廣亦作大。御覽五八兩引此文，一引與初學記同;一引大仍作廣,『廣不可極』下有注云:『莫知其言。』言疑崖之誤。

息耗減益,過於不訾。

案御覽引此下有注云:『涌出日息煎乾曰耗。出川枝流曰減。九野注之曰益。過於不訾者,此過尾閭之大壑,入无底谷。』

下地爲潤澤。

案初學記引『潤澤』作『江河。』

藏於不取。

案取當作敢,字之誤也。老子:『勇於不敢則活。』可證。淮南子正作『藏於不敢。』(兪樾不得其義,謂當從文子作取,謬甚!)

齒堅於舌,而先斃。

案意林引而下有齒字。

堅強者死之徒。

案意林引堅作剛。

機械之心藏於中,卽純白之不粹,神德不全。

案『純白』下有之字,不詞,蓋涉上之字而衍。『純白不粹,神德不全。』文正相耦。淮南子原道篇正作『純白不粹。』泰族篇作『純白不備,』莊子天地篇同。亦其證。

欲害之心忘乎中者,

案害乃宍之誤,宍,俗肉字。欲肉者,欲食肉也。(本王念孫說。)景寫宋本淮南子原道篇正作宍。

夫任耳目以聽視者,勞心而不明。以智慮爲治者,苦心而無功。

案『勞心』本作『勞形,』涉下『苦心』而誤也。『任耳目以聽視,』此『勞形』之事。『以智慮爲治,』乃『勞心』之事。淮南子正作『勞形。』

鑿井而飲。

案景宋本鑿作立,意林引同。

不布施,不求德。高下不相傾,長短不相形。

顧云：齊俗訓德作得。

案意林引作『不布施以求德，不高下以相傾。此古人之德也。』御覽八百六引德作得（與淮南子齊俗篇同。德、得古通），餘與意林同。

精誠篇

故精誠內，形氣動於天，景星見，黃龍下，鳳凰至，

顧云：『精誠』下脫『感於』二字，當依泰族訓補。

案文選曹大家東征賦注引『精誠』下有『通於』二字。御覽七引『景星』上有則字，淮南子泰族篇亦有則字。意林引『景星』作『景雲，』『鳳凰』作『祥風，』風蓋鳳之誤，淮南子正作『祥鳳。』

故大人，與天地合德，與日月合明，

案初學記十七引『大人』作『聖人者，』兩合字下並有其字。據此，則下文『與鬼神合靈，與四時合信，』(初學記未引。)兩合字下亦當有其字，文乃一律。易乾文言作：『夫大人者，與天地合其德，與日月合其明，與四時合其序，與鬼神合其吉凶。』卽其證。淮南子『大人』下亦有者字。

萬物而不傷。

案『萬物而不傷，』文不成義，『萬物』當從淮南子覽冥篇作『萬化。』一本『萬物』下無而字，蓋不知物爲化之誤而妄删之耳。

枕石寢繩。

案景宋本石作方，是也。淮南子正作方。石卽方之形誤。

浮游汎然不知所本，自養不知所如往。

兪云：『本乃求字之誤，「汎然」二字，當爲衍文。「自養」當爲「罔養，」後漢書馬嚴傳注：「罔養，猶依違也。」莊子天地篇之「罔象，」楚辭哀時命之「罔兩，」並字異而義同。如字衍文，「浮游不知所求，罔養不知所往。」浮、求爲韵，養、往爲韻。淮南作「浮游不知所求，魍魎不知所往。」「罔兩」二字皆從鬼，此寫者誤增，「浮游、」「罔兩，」皆形容當時之民之不識不知。」』

案兪說是也，莊子在宥篇：『浮游不知所求，猖狂不知所往，』景宋本此文『自

養』作『罔養，』北堂書鈔十五引淮南子『魍魎』作『罔兩。』咸可爲兪說之證。『猖狂』與『罔養』義亦相近。

至黃帝，要繆乎太祖之下。

案『要繆』當作『宓繆，』淮南子作『宓穆，』繆與穆同。高誘注：『宓，寧也。』穆，和也。』是其義也。杜道堅纘義本作『要妙，』蓋不知要是誤字，而臆改繆爲妙耳。

積惠重貨，

案御覽四一九引貨作厚，淮南子俶眞篇同。

藏志意，

案御覽四百三引藏作滅，

知九竅四肢之宜，

兪云：『淮南子俶眞篇作「不知耳目之宣，」宣乃宜字之誤。句上有不字，當從之。』

案兪說是也，莊子德充符篇作『不知耳目之所宜，』亦可證此文知上脫不字。

民貧苦而分爭生，事力勞而無功。

案生字涉下文『智詐萌生』而衍，『民貧苦而分爭，事力勞而無功。』文正相耦。淮南子主術篇無生字，當據删。

夫水濁者魚噞，政苛者民亂。

案意林、御覽六二四引兩者字並作則，者猶則也。淮南子、韓詩外傳一、說苑政理篇皆作則。治要引下者字作卽，卽亦猶則也。御覽八引噞下有喁字，蓋由噞，一本作喁，傳寫因並竄入耳。韓詩外傳噞作喁，可證。

抱薪而救火。

案治要、文選枚叔上書諫吳王注引火下並有也字。淮南子同。

而莫之使，極自然。

案治要引作『而莫之使也。』無『極自然』三字，疑是舊注之竄入正文者。意林引作『而莫使。』亦無『極自然』三字。

弗召自來，不去而往。

案『而往』本作『自往，』涉上『而莫之使』而誤也。『弗召自來，不去自往。』相對成義。治要引此正作『自往。』淮南子同。

其於治難矣！

案治要引治上有以字，淮南子治上有爲字，爲猶以也。

臯陶瘖而爲大理，天下無虐刑，何貴乎言者也！

案御覽七百四十引『大理』作『士師。』二三一引『何貴』作『有貴。』淮南子亦作『有貴。』

師曠瞽而爲太宰。

案御覽七百四十引『太宰』作『太師。』

從其所行。

案治要引行下有也字。

而國家昏亂。

案治要引『國家』作『國多。』淮南子作『民多。』

故聖人精誠別於內，好憎明於外。

顧云：明字誤，主術訓作忘。

案別當作刑，字之誤也。刑與形同，治要引此正作形。淮南子同。明，當從淮南子作忘，涉下『發號以明指』而誤也。注：『外絕愛憎。』是正文明本作忘矣。

精至爲神。

顧云：主術訓『精至』二字倒，與治要引此文合。

案治要引作『夫至精爲神。』『精至』卽『至精』之誤倒。

秋氣之殺。

案治要引殺下有也字。淮南子同。

故理人者，愼所以感之。

案治要引作『故治人者，愼所以感也。』疑此文『感之』下本有也字，淮南子作『愼所以感之也。』可證。

不知道之所體一，

案『體一』乃『一體』之誤倒，淮南子本經篇正作『不知道之所一體。』

信君子之言，忠君子之意。

顧云：治要引言下、意下並有也字，於文爲順。繆稱訓文小異，然亦有兩也字。

案治要引信上更有夫字。

不如寡言。

顧云：言字誤，道應訓作也。

案注：『故多不如寡也。』是正文言本作也。言字涉上文『言有宗』而誤。

害衆者倕，而使斵其指。

顧云：『「害衆者倕，」此句誤，道應訓作「周鼎著倕。」與呂氏春秋合。』

案『害衆者』三字，卽『周鼎著』三字之誤。景宋本者作著，是也。淮南子本經篇亦作『周鼎著倕。』斵當作齕，字之誤也。呂氏春秋離謂篇、淮南子道應篇並作齕；淮南子本經篇作銜，義亦相符。作斵，則非其恉矣。

存亡定傾若一。

案治要引存上有其字。淮南子脩務篇同。

異聲而皆樂。

案景宋本聲作傳，御覽四六八引同。治要引聲作轉，淮南子同。傳猶轉也。聲字涉下文『異聲而皆哀』而誤。

夫歌者，樂之徵。

案治要引徵下有也字，與下文句法一律。淮南子亦有也字。

慉於中，發於外。

案慉當作憤，字之誤也。淮南子正作憤，注：『憤，發也。』是其義也。治要引『發於外，』作『而應於外。』淮南子作『則應於外。』而猶則也。

言則傷有神之神者。

案『言則傷有神，』當作『有言則傷其神。』承上『有言也卽傷』而言。言上脫有字，其誤爲有，(古書其、有二字往往相亂。)則文不成義。淮南子說山篇正作『有言則傷其神。』淮南子『之神者』三字，乃起下之詞，與『有言則傷其神』句，不當連讀。(陳觀樓有說。)此文『之神者』三字當刪，蓋僞託者誤讀淮南子『有言則傷其神之神者』爲一句，(王念孫有說。)而不知其不可通也。

昔南榮趎恥聖道而獨亡於己，

顧云：而字誤，脩務訓作之。

案景宋本南榮趎作南榮疇，淮南子同。賈子新書勸學篇而亦作之。

勤苦十日不食，如享太牢。

俞云：『勤字衍文，苦乃若字之誤，如讀爲而，此本云：「若十日不食，而享太牢。」淮南子脩務篇作「欣然七日不食，如饗太牢。」疑此文「十日」亦當從淮南作「七日。」』

案俞說是也，賈子新書作『若饑十日，而得太牢焉。』『十日』亦當作『七日，』七，古文作＋，與十形近，往往相亂。

怵若有喪。

案景宋本怵作憂，治要引同。

九守篇

窈窈冥冥。

案雲笈七籤九一引窈窈作窅窅，古字通用。

重濁爲地。

案七笈引重作凝。

骨骸根于地。

案七籤引骸作骼，下同。

萬物逆之者死，

案七籤引逆作失，淮南子精神篇同。

故靜漠者，神明之宅。虛無者，道之所居。

案七籤引宅下、居下並有也字，淮南子同。

沖氣以爲和。

案七籤引此下更有『故貴在守和』五字。

人受天地變化而生。

案七籤引作『人之受天地變化而生也。』

一月而膏。

案御覽三百六十引此下有注云：「初形骸如膏脂。」

二月血脈。

案血乃而之誤，孫詒讓已言之。淮南子亦作而。御覽引此下有注云：「漸生筋脈。」

三月而胚。

案御覽引此下有注云：「胚，胞也。三月如水龍狀也。」

四月而胎。

案御覽引此下有注云：「如水中蝦蟆之胎。」

五月而筋。

案御覽引此下有注云：「氣積而成筋。」

六月而骨。

案御覽引此下有注云：「血化肉，肉化脂，脂化骨。」

七月而成形。

案御覽引此下有注云：「四肢九竅成。」

八月而動。

案御覽引此下有注云：「動作。」

九月而躁。

案御覽引此下有注云：「動數如前。」

五藏乃分。

案景宋本分作形。御覽引同。

腎主耳。

案御覽十三、三七六引耳並作鼻，淮南子同。惟與下文「肺主鼻」複，未知孰是。

頭圓法天，足方象地。

案御覽三六三、七籤並引作「頭之圓以法天。足之方以象地。」淮南子頭下、足下亦並有之字。

天有四時、五行、九曜、三百六十日。人有四支、五藏、九竅、三百六十節。

案七籤引「九曜」作「九星。」御覽引人下有「亦復」二字，復字疑衍。淮南子人下亦有亦字。下文「人有取與喜怒。」御覽引人下有亦字，淮南子亦有亦字。

胥爲雨。

顧云：御覽十三又三百六十三並引作『胥爲電。』（據孫詒讓引。）

孫詒讓云：『今本淮南精神訓與此書同。高注云：「雨，或作電。」豈此書亦有別本，與淮南或本同與？』

案七籤亦引作『胥爲電。』

人與天地相類。

顧云：『七籤人作以，相下有比字。精神訓作「以與天地相參也。」』

案御覽三六三引人亦作以。

日月失行，薄蝕無光。風雨非時，毀折生災。

案七籤引失下、非下並有其字，淮南子同。

五星失行，州國受其殃。

案七籤引作『五星失其度，郡受其殃。』（郡上疑脫州字。）淮南子失下亦有其字。御覽引『州國』作『州土。』

至閎以大。

案七籤引作『至闊且大。』

人之耳目何能久燻而不息？精神何能馳騁而不乏？

顧云：七籤燻作勞，精神訓作『久熏勞。』下句『馳騁』上亦有久字。

案御覽引作『人之耳目何能久勤而不愛？精神何能久馳而不止？』燻當作勤，勤壞爲菫，因誤爲熏，復易爲燻耳。（淮南子作薰，亦勤之誤。孫詒讓有說。）七籤作勞，勤猶勞也。

聖人誠使耳目精明玄達，

顧云：七籤無『聖人』二字，與精神訓合。

案『聖人』二字，涉上文『聖人愛而不越』而衍。七籤引使下有其字。

禍福之間，可足見也！

案景宋本可作何，可、何古通。初學記十七、七籤引此亦並作何。

以言精神不可使外淫也。

案七籤引『精神』下有之字，淮南子同。

故嗜欲使人氣淫，好憎使人精勞。

顧云：七籤精作心，與精神訓合。

案七籤引作『故嗜欲使人之氣衰殺，好憎使人之心勞倦。』淮南子兩人字下亦並有之字。

吾處天下，亦爲一物。

案文選陸士衡豪士賦序注引作『譬吾處於天下，亦爲一物也。』淮南子作『譬吾處於天下也，亦爲一物矣。』矣猶也也。

而物亦物也。物之與物，何以相物！

案文選注引作『然則我亦物也；而物亦物也。物之與物也，有何以相物也！』淮南子『物亦物也』上無而字，餘與文選注引此文同。

守　虛

夫哀樂者，德之邪。好憎者，心之累。喜怒者，道之過。

案七籤引邪下、累下、過下，皆有也字。淮南子精神篇同。唐寫本莊子刻意篇：『悲樂者，德之邪也。喜怒者，道之過也。好惡者，德之失也。』(今本脫三也字。)淮南子原道篇：『喜怒者，道之邪也。憂悲者，德之失也。好憎者，心之過也。嗜欲者，性之累也。』並與此句法同。

是以聖人遵之，不敢越也。

兪云：『遵當作尊，言聖人尊重之，不敢越也。淮南精神篇作「是故聖人貴而尊之，不敢越也。」可據訂。』

案兪說是也。七籤引此作『是故聖人尊之，弗敢越。』可證。

守　無

齊生死，則意不懾。

案七籤引『生死』二字倒，淮南子精神篇亦作『齊死生。』

無之而不通。

案七籤引之作至，淮南子同。

可正以義，不可懸以利。

顧云：七籤正作止，與精神訓合。此正字誤。

案顧說是也。七籤引『不可』上有而字，與上文句法一律。淮南子亦有而字。

下考世俗之行，乃足以羞也。

案以字當在下字上，淮南子作『以下考世俗之行，乃足羞也。』可證。七籤引此作『以考世俗之行，乃足薄也。』以字未錯在足字下，惟以下脫下字。

守平

通內外之符者，

顧云：七籤符作府。

案七籤引通下有乎字，淮南子精神篇通下有于字，于猶乎也。

何往不遂？

案七籤引作『何往而不遂也？』淮南子『何往』下亦有而字。

守易

無益於性者，不以累德。不便於生者，不以滑和。

案七籤引性作情，生作性，淮南子精神篇同。

不縱身肆意，而制度可以爲天下儀。

顧云：精神訓不作故，故字是也。此卽『從心所欲不踰矩』之義。

案不字涉上文諸不字而衍，七籤引此正無不字。七籤引『制度』作『度制，』淮南子同。

制形而衣。

顧云：制字誤，七籤作度，與精神訓合。

案度之作制，涉上文『制度』字而誤。下守眞一目，亦有『度形而衣』之文，淮南子俶眞篇同。

守清

人受氣於天者，

案七籤引受上有所字，淮南子俶眞篇同。

所以爲制者異。

顧云：七籤有也字，與俶眞訓合。

案七籤引所上有其字，亦與淮南子合。

智者，心之府也。

案治要引府作符，符亦借爲府。上守平：『通內外之符者，不可誘以勢。』七籤引符作府，亦府、符通用之證。

人莫鑒於流潦，而鑒於澄水，

案治要、七籤引『流潦』並作『流水。』莊子德充符篇同。治要、七籤引『澄水』下並有者字，淮南子俶眞篇、說山篇、劉子新論淸神篇亦皆有者字。

乃能形物之情。

案治要引情下有也字。淮南子情作性，下亦有也字。

故用之者，必假於不用者。

顧云：『必假於不用者，』七籤作也，與俶眞訓合。

案七籤引之字在假字下，亦與淮南子合。景宋本下者字亦作也。

夫鑒明者，則塵垢不汙也。

案七籤引此無則字，與下文句法一律。淮南子亦無則字。

則消躁藏息矣。

顧云：躁字誤，七籤作爍，與俶眞訓合。

案藏字亦誤，七籤引作滅，亦與淮南子合。

守 眞

度形而衣。

案御覽四三一引形作身。

必無以天下爲也。

案七籤引也上有者字。

必不以越行求之。

顧云：七籤越作趨，之作也，並與假眞訓合。

案七籤引之作『者也。』與淮南子合。顧氏失檢。

誠達性命之情，仁義因附也。

顧云：七籤達下有乎字，因作自。

案淮南子達下有于字，（于猶乎也。）因作固。因卽固之形誤。因，俗作囙，遂更誤爲自矣。

勢利不能誘，聲色不能淫，辯者不能說，智者不能動，勇者不能恐。

案七籤引誘下、淫下、說下、動下、恐下，皆有也字。淮南子同。

此眞人之遊也。

顧云：七籤遊作道，與假眞訓合。

案道乃遊之誤。遊者，行也。淮南子道亦當作遊，詳王念孫說。

夫生生者不生，化化者不化。

案七籤引作『夫生生者不死，化物者不化。』淮南子同（今本淮南子『生生』誤『化生。』詳俞樾說）。

不達此道者，

案七籤引達下有乎字。

辭潤金石。

顧云：七籤辭作澤，與假眞訓合。

案澤乃辭之誤，『辭潤金石，』與上句『辯解連環，』義正相因。辭誤爲澤，則不倫矣。淮南子澤亦當作辭，詳王念孫說。

守靜

非譽不能塵垢。

案七籤引非作毁。

有其才不遇其時。

案七籤引才作人，淮南子俶眞篇同。

耳調金玉之音者，目不見太山之形。

案七籤引『金玉』作『玉石，』形作峻。淮南子『金玉』亦作『玉石，』形作高，高、峻義同。御覽十三引『金玉』作『金石。』

故小有所志，則大有所忘。

案七籤引志下有者字，則作必。御覽引則亦作必。

今盆水，若清之經日，乃能見眉睫。

案意林、七籤引『經日』並作『終日，』義同。淮南子亦作『終日。』七籤引『乃能』作『不能，』是也。『清之終日，不能見眉睫。』正以見其難清也。淮南子作『未能，』義同。作『乃能』者，淺人所改耳。

守　弱

損有餘，補不足。

案景宋本補作奉，七籤引同。

滿足者亡。

顧云：七籤足作溢。

案景宋本足亦作溢。

飄風暴雨不終日。

案七籤引『暴雨』作『驟雨，』下同。與老子合。

樂終而悲。

顧云：治要引此句在『物盛則衰』之下，此錯簡。

案治要引此句仍在『月滿則虧』下，顧氏失檢。惟淮南子道應篇此句作『樂極則悲，』則在『物盛則衰』之下。

是故聰明廣智，守以愚。多聞博辯，守以儉。武力勇毅，守以畏。

案七籤引『廣智』作『俊智，』『武力勇毅，』作『武勇驍力。』

此五者，先王所以守天下也。

案七籤引『先王』下有之字。

是以弊不新成。

顧云：道應訓『是以』下有能字，與老子合。

案七籤引此『是以』下亦有能字。

是內樂外，不以外樂內。

顧云：七籤是下有以字，與原道訓合。

案景宋本是下亦有以字。七籤引『樂內』下有『者也』二字。

卽有自志貴乎天下。

顧云：句費解，七籤作『卽至貴乎天下。』原道訓作『志遺於天下。』貴、遺二字形相似。

案此本作『卽志遺乎天下。』『有自』二字，涉上文『故有自樂也』而衍。七籤引此無『有自』二字，是也。七籤引志作至，至、志古通，（老子：『終日號而不嗄，和之至也。』敦煌卷子本至作志；莊子漁父篇：『眞者，精誠之至也。』文選嵇叔夜幽憤詩注引至作志；本書道德篇：『至德道行，命也。』淮南子俶眞篇至作志。皆其比。）貴乃遺之壞字，當據淮南子正。

一失其位，卽三者傷矣。注：此三者，謂形、神、氣也。精神卽逝，形、氣亦凋。一失其所，三者何依也！

案三當作二，注：『精神卽逝，形、氣亦凋。』（卽當作旣。）正所謂『一失其位，卽二者傷矣。』七籤引此正作二。淮南子同。（北宋本、道藏本、朱東光本及文選養生論注引淮南子皆作二。茅一桂本、漢魏叢書本二誤三，莊逵吉本從之，非也。詳王念孫說。）注文三，亦當作二。景宋本正作二。

以形爲主者，神從而害。

案景宋本主作制，七籤引同。是也。作主，涉上文『以神爲主』而誤。淮南子亦作制。

幾以過人之知，位高於世。

兪云：位當作立。

案七籤引位正作立。

是以時有盲忘自失之患。

案七籤引忘作妄，忘、妄古通，淮南子亦作妄。

守　　樸

性合乎道也。

案七籤引也上有者字。

治其內，不治其外。

案七籤引下治字作知，是也。作治，涉上治字而誤。淮南子精神篇作『不識其外。』識猶知也。

明白太素，無爲而復樸。

案七籤引太作入，是也。此本作『明白入素，無爲復樸。』相對爲文。太乃入之誤，而字涉上文而衍。莊子天地篇正作『明白入素，无爲復朴。』淮南子作『明白太素，無爲復樸。』太亦入之誤。說互詳淮南子斠證。

體本抱神，以遊天地之根。

顧云：七籤本作性，根作間。

案莊子本亦作性。根亦作間。

芒然仿佯塵垢之外，逍遙乎無事之業。

案『仿佯』下當有乎字，與下句一律。本書精誠篇、莊子大宗師篇、達生篇皆有乎字。淮南子俶眞篇、精神篇『仿佯』下、『消摇』下並有于字，(于猶乎也。)句法亦一律。七籤引『塵垢』作『塵埃，』淮南子俶眞篇、脩務篇亦並作『塵埃。』

通達禍福於一。

顧云：七籤作『通遠歸于一。』

案七籤遠乃達之形誤。

清靜而無。

案『清靜而無，』文意不完，七籤引無下有爲字，是也。淮南子精神篇作『清靖而無思慮。』亦可證此有脫文。

有神而不用。

案七籤引用作行，淮南子同。

使精神暢達，而不失於元。

案元當作充，字之誤也。七籤引此正作充。淮南子同。高注：『充，實也。』是其義也。

化者，復歸於無形也。不化者，與天地俱生也。

案七籤引兩也字上並有者字。

純粹之道也。

案七籤引作『純粹素樸之道矣。』是也。景宋本作『純粹素道。』亦有脫文。

符言篇

其角美者身必殺。

案御覽五九引必作見。藝文類聚二三引晏子同。

甘泉必竭。直木必伐。

案御覽五九引『必竭』作『先竭。』莊子山木篇、藝文類聚八八引淮南子亦並云：『甘井先竭。』御覽九五二引『直木』作『良木。』

山生金，石生玉，反自剝。

顧云：『說林訓云：「山生金，反自刻。」刻字與下食、賊韻。此一增、改，便失韻，而辭句亦多寡不倫。』

案意林、御覽九四九引此並作『山生金，反自刻。』與淮南子合。

木生蟲，還自食。

案文選王子淵四子講德論注、意林、御覽引蟲並作蠹，淮南子同。意林引食作蝕，食、蝕古通。

還自賊。

案文選注引還作因。

循其所已有，

案景宋本循作脩，是也。脩、循隸書形近，往往相溷。淮南子詮言篇亦作脩。

芒芒昧昧，從天之威，與天同氣。

案『與天同氣，』當作『與元同氣。』元、天形近，又涉上天字而誤也。呂氏春秋應同篇、淮南子繆稱篇、泰族篇皆作『與元同氣。』本書上仁篇有此文，元亦誤天。

故至德，言同輅。

案景宋本輅作賂。

退之於邪，開道之於善。

案景宋本『退之於邪，』作『退章於邪。』此本作『退障之於邪，』與『開道之於善』對言，章乃障之壞字。淮南子繆稱篇作『遏障之於邪。』可證。

人有窮，而道無通。

顧云：無下脫不字，當依詮言訓補。

案顧說是也。注：『道无爲而自周。』正以釋『道無不通』之義。是正文原有不字明矣。

故羽翼美者，傷其骸骨。枝葉茂者，害其根荄。能兩美者，天下無之。

孫云：『骸骨』當作『骨骸，』與荄、之爲韻。淮南子詮言訓正作『骨骸。』可證。

案孫說是也。文選張茂先鷦鷯賦注引此正作『傷其骨骸。』

隨時三年，時去我走。去時三年，時在我後。

顧云：走字誤，詮言訓作先。

案顧說非也。走與下文後爲韻，先乃走之形誤，宋本淮南子正作『時去我走。』與此文合。

爵高者，人妒之。官大者，主惡之。祿厚者，人怨之。

案藝文類聚三五、御覽八三引『人怨之，』並作『怨處之。』淮南子道應篇同。是也。處與上文妬、惡爲韻。作『人怨之』者，後人妄改之也。冊府元龜七八八引韓詩外傳七、御覽四五九引列子說符篇亦並作『怨處之。』（今本外傳處作歸，列子處誤逮。）

豈獨形骸有闇聾哉？心亦有之。塞也，莫知所通。此闇聾之類也。

案『塞也，莫知所通。』文意不明。『塞也』上當有『心之』二字，承『心亦有之』而言。淮南子泰族篇作『心之塞也，莫知務通也。』可證。

不聞與不問，

顧云：此句誤，秦族訓作「不學與學。」

案景宋本作「問與不問，」與淮南子作「不學與學」義近。

聖人同死生，明於分理。愚人同死生，不知利害之所在。

案御覽四百一引「聖人、」「愚人」下並有之字，「分理、」「所在」下並有也字。五四八引「聖人」下亦有之字，「分理」下亦有也字。

能勝不如己者，至於若己者而格。柔勝出於若己者，其事不可度。

案「能勝不如己者，」能本作强，强與下文柔對言。淮南子原道篇、詮言篇、列子黃帝篇皆作强。上文多能字，故强誤爲能。「柔勝出於若己者，」若字涉上「若己者」衍而，淮南子、列子皆無若字。

道德篇

舉事有道，

案唐寫本舉作舆，舆猶舉也，淮南子覽冥篇：「帝道掩而不興。」高注：「興，舉也。」即其證。

故帝者，天下之適也。王者，天下之往也。

案唐寫本「之適」作「適之，」「之往」作「往之。」

夫失道者，奢泰驕佚，慢倨矜傲。

案唐寫本失作背，傲作振。

小人行之，

案唐寫本「小人」作「小夫。」

末若使人无其意。

案唐寫本、景宋本无上並有本字。呂氏春秋順說篇、淮南子道應篇、列子黃帝篇皆同。

國家安寧。

案唐寫本寧作定。

故物生者，道也。

案唐寫本無物字。

無道不亡者，

案治要引不上有而字。

人民樂其業。

案唐寫本作『人人自樂其間。』

至德道行，命也。

顧云：『至德』二字誤，假眞訓作『志得。』

案唐寫本正作『志得。』惟至、志古通，德、得古通，作『至德』亦非誤字。

命得時而後能明。

顧云：時字誤，假眞訓作性。

案唐寫本時作生。生、性古通，本書多以生爲性。

无聞見者，愚迷。

案唐寫本『愚迷』作『愚也，』與上文『聖也、』『智也、』一律。也之作迷，涉注『眞謂愚迷也已矣。』而誤。

君好義，則信時而任己，棄數而用惠。

顧云：義當作智，信當作倍，詮言訓並不誤。惠字誤，詮言訓作慮。

案唐寫本作『君好知，則信時而任己，棄數而用思。』信亦當作倍，倍與背同。思猶慮也，不必從淮南子作慮。

財不足任，

顧云：財字誤，詮言訓作才。

案唐寫本正作才。惟作財，亦非誤字，財、才古通。孟子盡心篇：『有達財者，』與此同例。淮南子作『賢能之不足任，』顧氏謂財作才，蓋據上文『人之美才也』爲說。

守靜，能爲天下正。

案唐寫本能上有故字，『守靜，故能爲天下正。』與上文『見小，故能成其大。』句法一律。

具於此矣。

案唐寫本具作期，景宋本作其。具乃其之誤。其、期古通，易繫辭：『死其將至，』釋文：『其，亦作期。』韓非子十過篇：『至於期日之夜，』淮南子人間篇期作其，並其比。

民有道所同行。

案唐寫本行作道，淮南子詮言篇同。

下之任懼。

顧云：『任懼』二字誤甚，詮言訓作『徑衢。』

案唐寫本正作『徑衢，』與淮南子合。徑字或作徑，因誤而爲任。衢壞爲瞿，更誤爲懼矣。

誅暴救弱謂之義。

案唐寫本弱作溺，溺與弱同。

此天道也。

案唐寫本也上有然字。

王者得其歡心，

案唐寫本作『王天下，得天下之歡心。』

聖人者，應時權變，

案唐寫本『權變』作『偶變。』是也。淮南子齊俗篇作『耦變。』偶與耦同。齊俗篇又云：『夫以一世之變，欲以耦化應時。』本書道原篇：『萬物之化，無不應也。百事之變，無不耦也。』（本淮南子原道篇。）亦並以應、耦對文。

是故不法其已成之法，而法其所以爲法者，與化推移。

案此有脫文，唐寫本作『是故不法其已成之法，而法其所以爲法。其所以爲法者，與化推移也。』是也。淮南子作『是故不法其已成之法，而法其所以爲法。所以爲法者，與化推移者也。』亦其證。

文子問政。

案唐寫本問下有爲字。

廉而不劌。

案唐寫本不作無，無猶不也。

人爭，則輕爲非。

案唐寫本人作民，與上文作『民爭』一律。

戰戰兢兢，

案唐寫本『兢兢』作『怛怛。』

使桀、紂循道行德，

案唐寫本循作修，是也。修、循古多相亂。

諸侯背叛。

案唐寫本『背叛』作『倍畔，』同。

勿撓而已。

案唐寫本勿上有曰字。淮南子齊俗篇同。

猶逃雨。

顧云：齊俗訓有也字，於文爲順。

案御覽十引此亦作『猶逃雨也。』

故聖人體道反至，

顧云：至字誤，齊俗訓作性。

案唐寫本至作生，是也。至卽生之誤。生與性同。

吾聞子得道於老聃，

案唐寫本『得道』作『學道。』

振亂以爲治。

案御覽四百三引作『治亂以爲定。』

化淫敗以爲樸。

案唐寫本樸作貞。

蛟龍宿其沼。

案唐寫本沼作谷。

上德篇

老子曰：學於常樅。

案景宋本、杜道堅纘義本並無曰字。淮南子繆稱篇作『老子學商容。』商容卽常樅。

膏燭以明自煎。

案藝文類聚八十引作『蘭膏以明自銷。』御覽八百七十引煎亦作銷，三三八引作消。消、銷古通。

幽冥者，所以論道而非道也。

顧云：說山訓論作喻。

案論當作諭，字之誤也。淮南子作喻，喻與諭同。

以其內保之，止而不外蕩。

案文選謝靈運初去郡詩注引蕩下有也字。淮南子同。

淸之爲明，杯水可見眸子。濁之爲害，河水不見太山。

案御覽七五九引『可見』作『而見，』三九引淮南子同（今本說山篇無而字）。藝文類聚七三引『爲害』作『言闇，』御覽七五九引作『爲闇，』淮南子亦作『爲闇。』

川廣者魚大，山高者木脩，地廣者德厚。

案御覽四百三引『木脩』上、『德厚』上並有其字。據此，則上文『魚大』上亦當有其字，文乃一律。九三五引『木脩』作『獸脩。』脩亦有大義，淮南子脩務篇：『吳爲封豨脩蛇，』高注：『封、脩，皆大也。』卽其證。

園有螫蟲，

案御覽四百一引園作野。

得鳥者，羅之一目。

案文選禰正平鸚鵡賦注、王元長永明十一年策秀才文注、御覽九一四引『一目』下皆有也字。淮南子說山篇同。

則無時得鳥。

案文選禰正平鸚鵡賦注引作『卽無時得鳥也。』王元長永明十一年策秀才文注、御覽九一四引則亦並作卽，作卽是故書。御覽八三二引『得鳥』下有焉字。淮南子『得鳥』下有矣字。矣、焉、也，並同義。

狡兔得而獵犬烹，高鳥盡而良弓藏。

案藝文類聚六十引烹作死，『良弓』作『强弓，』御覽三四八引『良弓』作『强弩。』淮南子說林篇亦作『强弩。』

寒螿得木。

案景宋本得作洋，初學記三十引作『寒螿翔水。』淮南子同。洋亦借爲翔。

椎固百內，而不能自椽。

顧云：椽字誤，說林訓作椓。

案『百內』乃『有丙』之誤，淮南子作『有柄，』柄、丙正、假字。景宋本椽作椓，與淮南子合。

而不能見其背。

案意林引見上有自字，淮南子同。

泠泠之水清，

案北堂書鈔一二七、藝文類聚八、御覽五八引『泠泠』並作『青青。』

葯之爲縞也，

顧云：葯字誤，說林訓作鈞。

案顧說是也，御覽六九七引葯作均。鈞與均同。

冠則戴枝之，絑則足蹍之。

顧云：枝字誤，說林訓作致。

案枝非誤字，淮南子作致，致乃跂之誤，跂亦戴也。跂與枝聲近義同。詳王念孫說。又案御覽引蹍作履，蹍亦履也。

一掬不能塞江河。

案意林引作『一塊不能塞一河。』

一酌不能救一車之薪。

案意林引『一酌』作『一杓。』

與死同病者，難爲良醫。與亡國同道者，不可爲忠謀。

案御覽七三八引尹文子云：『與死者同病，難爲良醫。與亡國同道，不可爲謀。』所引蓋此文，而誤爲尹文子文也。淮南子『與死同病者，』者字亦在死字下，『與亡國同道』下亦無者字，謀上亦無忠字。

聾者不歌，无以自樂。盲者不觀，无以接物。

案御覽七百四十引此，亦誤爲尹文子文。

漠然無聲。

案意林引『漠然』作『寂然。』淮南子同。

農夫勞而君子養。愚者言而智者擇。

案意林引作『農夫勞而君子食之。愚者言而智士擇之。』

浮雲蔽之。

案景宋本蔽作蓋，文選古詩十九首注、劉孝標辯命論注、治要、藝文類聚三、八一、初學記二七、御覽四、二四、九八三引此皆作蓋。淮南子齊俗篇、說林篇並同。意林引蔽作翳。

叢蘭欲脩，

案文選劉孝標辯命論注、意林、御覽二四引脩皆作茂。劉子新論傷讒篇同。御覽四引脩作秀。

蒙塵而欲無眯，不可得絜。

絜，本亦作潔，同。顧云：潔字誤，說林訓作也。

案絜字涉注文『无以全其絜（一作潔）』而誤。治要引此作『不可得也。』與淮南子合。

故與弱者金玉，不如與之尺素。

顧云：弱字誤，說林訓作溺。

兪云：弱當作溺，素當作索，淮南子說林篇作『予拯溺者金玉，不若尋常之纆索。』

案意林引此，弱正作溺，素正作索。

足无千里之行，无政敎之原，

案『无政敎之原』上，當據淮南子補心字，『足无千里之行，心无政敎之原。』文正相耦。

若蚈之足。

案御覽九四八引蚈作蚿，引淮南子亦作蚿，(今本淮南子作蚈。)蚿、蚈一聲之轉。

華太早者，不須霜而落。

案意林引落上有自字。

夏木可結。

案文選陸士衡樂府從軍行注、張景陽雜詩注、御覽二七引『夏木』並作『夏條。』劉子新論言苑篇同。

必將以利溺之矣。

案續義本之作人，淮南子同。

不若歸而織網。

案御覽八三四引歸作退。白帖九八引淮南子、漢書董仲舒傳並同。(今本淮南子作歸。)

有榮華者，必有愁悴。

案文選左太沖詠史詩注引作『身有榮華，心有愁悴。』

鏡不沒形，故能有形。

案『鏡不沒形，』義不可通，沒當作設，草書形近而誤也。淮南子詮言篇正作『鏡不設形。』(今本設亦誤沒，詳王念孫說。)

不動不鳴。

案意林引動作扣，淮南子作叩。本字作攷，說文:『攷，擊也。』扣，借字。叩，俗字。

不吹無聲。

案意林引『無聲』作『不聲，』是也。白虎通義禮樂篇:『聲，鳴也。』『不吹不聲，』謂不吹不鳴也。作『無聲』者，淺人所改耳。淮南子作『弗吹弗聲。』弗猶不也。(今本『弗聲』亦妄改爲『無聲。』詳王念孫說。)

域中乃安。

案御覽二引作『然後能正萬物。』

微明篇

孰知形之不形者乎!

案此當作『孰知形形之不形者乎！』脫一形字，則義不可通。莊子知北遊篇正作『孰知形形之不形乎！』（今本脫孰字。）今本淮南子道應篇亦脫一形字，詳王念孫說。

夫爲無知，

顧云：爲字誤，道應訓作唯。

案顧說是也，纘義本作惟，惟與唯同。爲字涉上文『至爲去爲』而誤。

苛悄傷德。

案悄當作陗，字之誤也。纘義本作峭，峭卽俗陗字。淮南子泰族篇作削（治要引作峭），削猶陗也。

故察於刀筆之迹者，不知治亂之本。習於行陣之事者，不知廟戰之權。

案治要引兩『不知』上並有卽字，淮南子兩『不知』上並有而字，而猶卽也。纘義本陣作陳，治要引同，作陳是故書。淮南子亦作陳。

故仁莫大於愛人。智莫大於知人。

案治要引『愛人』下、『知人』下，並有也字。

愛人卽无怨刑。

顧云：怨字誤，泰族訓作冤。

兪云：怨當讀爲冤。

案兪說是也，治要引此，怨正作冤。淮南子作虐，顧氏失檢。

居知所以，

顧云：治要引以作爲，與人間訓合。

案景宋本以亦作爲。

事知所乘，

案乘當作秉，字之誤也。淮南子正作『事知所秉。』

不可禁於人。

顧云：治要引禁作止，與人間訓合。

案景宋本禁亦作止。禁字涉下文『不可禁於遠』而誤。

事者，難成易敗。名者，難立易廢。

案意林引『難成』下、『難立』下，並有而字。淮南子同。

故事或可言而不可行者；或可行而不可言者；

案『事或可言而不可行者；或可行而不可言者；』二句當依淮南子氾論篇倒置，下文可照。

而務施救於患。

顧云：句費解，治要無施字，『救於』二字倒。

案治要引作『而務於救之。』淮南子人間篇作『患生而救之。』

雖神人不能爲謀。

案治要引作『雖神聖人不能爲謀也。』(顧氏所據本神下有聖字，未知何據。)

聖人深居以避患，

案治要引『聖人』上有故字，淮南子有『是故』二字。

動而陷於刑。

案治要引動下有作字。

而不留心於已成之內。

案治要引『留心』下有『盡慮』二字。淮南子作『而不留思盡慮於成事之內。』

是以禍患無由生，非譽不能塵垢。

案治要引『禍患』作『患禍，』『塵垢』下有也字。淮南子『禍患』亦作『患禍。』

是非輻輳，

案治要引輳作湊，淮南子主術篇同。當以作湊爲正。

行不用巫覡，

案治要引『巫覡』作『巫祝，』淮南子同。

是以無爲而一之成也。

案治要引『而一之成』作『而有成，』是也。有作『一之，』涉上文『日愼一日，』及下文『愚人之智』而誤。今本作『而無不成，』蓋不知『一之』爲有之誤而臆改也。

其下病而亦勞。

案景宋本『亦勞』作『不勞，』淮南子繆稱篇同。

有罪有仁義者，必見信。

案治要引『有仁義』作『不失仁心，』淮南子人間篇作『不敢失仁心。』

百言百計常不當者，

顧云：人間訓作『百言百當。』此『計常不』三字並衍。

案顧說是也，治要引此亦作『百言百當。』

虐國樂所以亡。

案治要引『虐國』作『亡國，』淮南子繆稱篇同。

非求其報，

案治要引作『非求報也。』淮南子作『非爲報也。』

而必窮。

案治要引窮下有矣字。

則知其所終。

案治要引終下有矣字，淮南子同。

必先甘魚肉之味。

案治要引甘上有不字。御覽七三八引同，惟誤爲尹文子文。藝文類聚二三、御覽四五九引晏子有此文，甘上亦並有不字。

治國若不足，亡國囷倉虛。

案此有脫文，御覽四七二引作『治國若不足，亂國若有餘。存國囷倉實，亡國囷倉虛。』上下二句各相對成義，當從之。脫去『亂國若有餘，存國囷倉實』十字，則文意不完矣。

與民同欲則和，與民同守則固，與民同念者和。

案者當作則，與上文一律。治要引兩則字並作即，者亦作即，文亦一律。

人有五位。

案文選歐陽堅石臨終詩注、陸士衡謝平原內史表注引此並作『人有五情。』御覽三百六十引作『人有五伍。』下更有『五伍二十五』五字。

故天地之間有二十五人也。

案御覽引人上有等字。

上五有神人、眞人、道人、至人、聖人。

案御覽引五作伍，下同。

自 然 篇

故見不遠者，不可與言大。知不博者，不可與論至。

案纘義本見上、知上並有其字，淮南子齊俗篇同。

夫稟道與物通者，無以相非。

案『夫稟道與物通者，』本作『夫稟道與通物者，』與猶以也，淮南子正作『夫稟道以通物者。』淺人不知與、以同義，故妄乙『通物』爲『物通』耳。注：『自非博達通物者，莫能明至道之原。』則『物通』本作『通物』明矣。

聖人不辭其負薪之言，

案其字涉上下文而衍，纘義本無其字，是也。文選李斯上秦始皇書注引作『聖人不讓負薪之言，』亦無其字。

言不放魚於木，不沉鳥於淵。

案御覽九三五引此無下不字，淮南子同。

昔堯之治天下也，

案治要引昔下有者字。

林處者採。

顧云：治要引作『山處者木，』與齊俗訓合。

案初學記二二、御覽八三三引此，亦並作『山處者木。』

陵處者田。

顧云：陵字誤，治要引作陸，與齊俗訓合。

案顧說是也，纘義本陵亦作陸。

械宜其材。

顧云：治要引材作人。

案治要引此作『械便其人。』初學記、御覽引材亦並作人。

以所工易所拙。

案治要引作『以所巧易所拙也。』(一本此下更有『以所長易所短』六字，蓋後人所加。）

忽然而感之，

案治要引無而字，淮南子同。

故亂國若盛，

案治要引故作夫。

民鮮而費多也。

顧云：鮮字誤，齊俗訓作躁。

案顧說是也，治要引鮮正作躁。鹽鐵論本議篇作『嗜慾衆而民躁也。』亦其證。

生稼者，

案治要引生作產。

有其性，无其資，不可使遵道。

顧云：資字誤，泰族訓作養。

案治要引資正作養，『遵道』下有也字。

不可使向方。

案治要引方下有也字。

佛其性，

案佛，本亦作拂。治要引作咈。佛、拂並咈之借字，說文：『咈，違也。』

江海無爲，以成其大。窊下，以成其廣。

案初學記六、御覽六十引『以成其大，』成並作象。『窊下，』窊並作注。景宋本作『洼下。』注卽洼之誤，洼亦借爲窊。

帝者貴其德。王者尙其義。霸者通於理。

案治要引德下、義下、理下皆有也字，通作迫。景宋本通亦作迫。

因循任下，責成而不勞。

案景宋本無而字，上下句一律。治要引此亦無而字。

卽治國之所以明矣。

顧云：『所以』二字誤，主術訓作『治國之道明矣。』

案顧說是也，治要引此正作『卽治國之道明矣。』『所以』二字，涉上文『所以制臣、』『所以事君』而誤。

能勝其事，

案纘義本勝作稱，淮南子同。

故人無棄人，物無棄材。

案治要引作『故人無弃人，物無弃財矣。』弃，古棄字。財、材古通。

推之不去，

案治要引去作往。

捲握而不散。

案治要引散下有也字。

聖人踐位者，

案治要引『聖人』下有之字。

强陵弱，

案治要引陵作掩，淮南子脩務篇同。

百里奚傳賣。

案賣當作𧶠（賣之隸變），淮南子作鬻，𧶠、鬻古、今字。

孔子無黔突，墨子無煖席。

案文選班孟堅答賓戲云：『孔席不暖，墨突不黔。』與此互易，注引此文亦作『墨子無黔突，孔子無煖席。』長短經是非篇：『墨翟無黔突，孔子無煖席。』即用此文，與文選注所引合。

將欲事起天下之利，

顧云：治要引無事字。

案文選注引此亦無事字，長短經同。

天化遂，

顧云：遂字誤，兵略訓作『化育。』

案遂非誤字，此僞託者有意改之也。遂、育同義，禮記樂記：『氣衰則生物不遂，』史記樂書遂作育，即其證。

廟戰者，法天道。神化者，明四時。

案御覽三一三引『天道』下、『四時』下，並有也字。淮南子兵略篇同。

循己而動，

顧云：己字誤，兵略訓作道。

案顧說是也，纘義本已正作道。

下德篇

供嗜欲。

案治要、御覽七百二十引供並作開，

口惟滋味。

案惟當作嗺，嗺壞爲唯，復易爲惟耳。淮南子泰族篇作嚼，嚼卽嗺之重文。一本惟作肥；治要引惟作欲，皆不知惟是誤字而臆改耳。

非謂其履勢位、稱尊號。

案治要引『尊號』下有也字。淮南子同。

治人之亂，

案纘義本亂上有所字，是也。此承上文『爭者，人之所亂也』而言，淮南子道應篇、說苑指武篇並有所字。

以道本人之性，

顧云：『以道本』三字衍，當依齊俗訓刪。

案『以道』二字，涉上文『不以德，以道』而衍。本字非衍，淮南子作『原人之性，』此易原爲本耳。

夫先知遠見之，人才之盛也。

顧云：『遠見』下之字衍，當依齊俗訓刪。人字屬下讀。

案顧說是也。治要引『遠見』下正無之字。

而明主不求於下。

顧云：治要引不下有以字，與齊俗訓合。

案景宋本不下亦有以字。

不從流俗。

案治要、文選成公子安嘯賦注引此並作『不汙於俗。』淮南子同。

危爲其難而誅不敢也。

顧云：齊俗訓難作禁，無其字。

案淮南子難作禁，乃後人妄改，當從此文作難，危猶高也，謂高爲艱難之事而誅不敢爲者也。(詳王念孫說。)此文其字，當據淮南子删，乃與上文句法一律。

治要引此正無其字。

而未能有治之者也。

案『能有』當依淮南子本經篇作『有能，』此誤倒。

謂之天府。

案文選班孟堅荅賓戲注引『天府』作『天符。』

莫知其所求由出。

案出字乃後人據淮南子妄加，景宋本無出字，是也。惟『莫知其所求由，』亦不可通，此本作『莫知其所由來，』來誤爲求，(古籍中來、求相亂之例甚多。)『由求』又倒作『求由』耳。莊子齊物論篇正作『而不知其所由來。』纘義本作『莫知其所由出，』蓋據淮南子删求字，亦非此文之舊也。

止五道。

顧云：道字誤，本經訓作遁。

案顧說是也。纘義本道正作遁。

是任道而合人心者也。

顧云：主術訓合作釋，釋字勝。

案合當作舍，字之誤也。舍與釋同，周禮春官占夢：『乃舍萌于四方以贈惡夢，』鄭注：『舍讀爲釋。』呂氏春秋仲春紀：『命樂正入舞舍采，』禮記月令舍作釋。並其證。淮南子主術篇：『君人者釋所守而與臣下爭事，』(今本脫事字，詳王念孫說。)氾論篇：『是釋其所以存，』本書上仁篇釋亦並作舍。

一者，無爲也。百王用之，萬世傳之，爲而不易也。

顧云：主術訓無此文，其語意與上文大同，眞續貂也。

案景宋本、纘義本並無此十八字，此乃注文竄入正文者。『爲而不易，』爲字涉上『無爲』而衍。

夫人君不出戶以知天下者，因物以識物，因人以知人。

案治要引『人君』作『君人者，』『知人』下有也字。淮南子同。景宋本『人君』下有者字，當作『君人者』爲是。纘義本『知人』下亦有也字。

工無異伎。士無兼官。

案治要引異作二，下無字作不，淮南子同。

職事不慢也。

案治要、文選何平叔景福殿賦注引『職事』上並有而字，淮南子同。

帝者不體陰陽卽侵。王者不法四時卽削。霸者不用六律卽辱。

顧云：本經訓無三不字，以上文考之，帝者當體太一，故體陰陽卽侵。王者當法陰陽，故法四時卽削。霸者當則四時，故用六律卽辱。層遞說下，文義甚明。此增三不字，謬甚！

案顧說是也，景宋本、纘義本並無三不字，此淺人妄增者耳。

地廣民衆，不足以爲强。甲堅兵利，不足以恃勝。城高池深，不足以爲固。嚴刑峻罰，不足以爲威。

案治要引『爲强』下、『恃勝』下、『爲固』下、『爲威』下皆有也字，『峻罰』作『利殺。』利蓋刻之誤，纘義本作『刻殺，』是也。

爲存政者，雖小必存焉。爲亡政者，雖大必亡焉。

案治要引兩雖字並作無，無兩焉字。纘義本同。淮南子兵略篇亦無兩焉字。

而天下服。

案治要引作『而取天下也。』淮南子亦作『而取天下。』

上仁篇

百官修達。

案景宋本達作通，治要引同。韓非子難一篇、淮南子主術篇亦並作通。（劉績本淮南子通作同，莊逵吉本從之，非也。王念孫有說。）

耳目聰而不闇。

案景宋本聰作通，治要引同。淮南子作達，通猶達也。

乘舟楫者，不游而濟江海。

案治要引不下有能字，淮南子同。

其計可用，不羞其位。其言可行，不貴其辯。

案治要引位下、辯下，並有矣字。

所以託天下。

案景宋本『天下』下有矣字。淮南子道應篇同。

未嘗聞身治而國亂者也。身亂而國治者未有也。

案景宋本作『未嘗聞身治而國亂，身亂而國治也。』

自攻其君歸神農氏。

顧云：治要引『自攻其君』下有而字，與上句一例。

案淮南子、說苑政理篇亦並有而字。

不可不畏也。

案治要引作『亦不可以不畏。』

事煩，難治。法苛，難行。求多，難贍。

案文選枚叔上諫吳王書注引作『夫事煩，難治也。法苛，難行也。求多，難贍也。』淮南子泰族篇作『夫事碎，難治也。法煩，難行也。求多，難贍也。』

曲辯難爲慧。

案治要引慧作惠，惠、慧古通。

法雖少，足以治。

案治要引治下有矣字。淮南子作『足以化矣。』

無道以理之，法雖衆，足以亂。

案治要引作『無道以臨之，命雖衆，足以亂矣。』淮南子亂下亦有矣字。

有司枉法而從風。

案治要引風下有矣字。

君臣相怨。

案治要引怨下有矣字。

人臣愈佚。

案治要引作「人臣愈逸矣。」（淮南子主術篇佚亦作逸，古字通用。）

是代大匠斵。夫代大匠斵者，希有不傷其手矣。

案景宋本作「是以代大匠斵者，希有不傷其手。」治要引作「是代大匠斵者，希不傷其手也。」者上並無「夫代大匠斵」五字，此五字疑後人據老子所加也。

不伐之言，

案伐當作代，字之誤也。謂臣所當言者，君不代之言也。代誤爲伐，則不可通矣。呂氏春秋知度篇、淮南子主術篇代亦並誤伐，王念孫有說。

故人君者，

案「人君」當作「君人，」治要引淮南子正作「君人者。」今本淮南子「君人」二字亦誤倒，王念孫有說。

是以羣生以長，

案景宋本「以長」作「遂長，」淮南子同。是也。以字涉上「是以」而誤。

羅網不得張於皐。

案文選左太沖魏都賦注引皐作谷。淮南子作「谿谷。」

國之所以存者，得道也。所以亡者，理塞也。

案「得道」當作「道得，」與「理塞」對言，淮南子氾論篇作「道德，」兪樾云：「德當作得。」是也。

務於地廣，而不務於仁義。務在高位，而不務於道德。

案治要引「地廣」作「廣地，」「務在」作「務於，」是也。「務於廣地，而不務於仁義。」與「務於高位，而不務於道德。」句例一律。

造其所以亡也。

案治要引造上有而字，淮南子同。

上義篇

是貴其冠履，而忘其首足也。

案治要引首作頭，淮南子泰族篇同。

身不可離車輿之安，手不可失駟馬之心。

案治要引兩『不可』下並有以字。

故駟馬不調，

案『駟馬』當作『輿馬，』此兼承上文『車輿、』『駟馬』而言，治要引此正作『故輿馬不調。』淮南子同。

萬舉而不失矣。

案治要引不作無，淮南子同。

卽奇伎夭長，

案一本『夭長』作『逃亡。』淮南子作『佻長。』注：『佻長，卒非純賢也。』『夭長，』義亦近之。『逃亡，』蓋卽『佻長』之誤耳。

而令行爲古。

顧云：氾論訓古作右。

兪云：古字涉下文『不必法古』而誤，淮南子氾論篇作『令行爲上。』

案淮南子古作上，顧氏失檢。治要引此古作右，古卽右之誤，右猶上也。

故道可道，非常道也。名可名，非常名也。

案治要引『可道、』『可名』下，並有者字。淮南子『可道』下亦有者字。

故聖人所由曰道，猶金石也。

顧云：『道字下有脫文，治要引此文云：「故聖人所由曰道，所爲曰事。道猶金石也」云云，與氾論訓合。』

案顧說是也，道下當據治要及淮南子補『所爲曰事。道』五字。文選謝靈運從游京口北固應詔詩注引道下『所爲曰事』四字尙存。

曲終改調。

案景宋本曲作每，治要、文選陸士衡演連珠注引此並同。淮南子亦作每。

法制禮樂者，

案景宋本法上有故字，治要引同。淮南子亦有故字。

故曲士不可與論至道者，

案文選左太沖吳都賦注引論作言。

順於天地。

案纘義本『天地』作『天道。』

不可與達學。

顧云：氾論訓作『遠學。』

案景宋本、纘義本並作『遠學。』達卽遠之誤。

雖循終亂。

案循下當有古字，『循古』與上『應時』對言，脫一古字，則文意不明。淮南子正作『雖循古終亂。』

欲以爲治非此不治，

案爲下本無治字，此涉下治字而衍也。纘義本作『欲以爲治，』蓋不知治爲衍文，而妄刪『非此不治』四字耳。淮南子正作『欲以爲非此不治。』(今本欲誤教。)

禁於民者，不行於身。

案景宋本禁上有所字，治要引同，與上文句法一律。淮南子主術篇亦有所字。

卽令行於民。

案治要引民下有矣字，淮南子同。

故反樸无爲。

顧云：治要引樸作於，與主術訓合。

案纘義本樸作于，于猶於也。

處有其當。

顧云：有字衍，當依主術訓刪。

案顧說是也，治要引此正無有字。

所在甚大。

案景宋本、纘義本在並作任，治要引同。在卽任之形誤。一本在作利，蓋不知在爲任之誤而臆改耳。淮南子在作存，存亦當作任，王念孫有說。

順之者利。

案治要引順作從，淮南子同。

逆之者凶。

顧云：治要引凶作害。

案續義本凶亦作害。

成其大略是也，

顧云：成字誤，當依氾論訓作誠，下句同。

案顧說是也，景宋本成正作誠，下同。

博達而不訾，道德文武不責備。於人以力，自修以道。而不責於人，易賞也。自修以道，則无病矣。

案文有錯亂，幾不可讀。一本『於人以力，』改以爲而，『而不責於人，』改而爲故，愈失此文之舊。『道德文武不責備，』疑本作『道德文武而不責，』與上『博達而不訾，』相對爲文。『文武』下脫而字，責下涉上文『不責備於一人』衍備字，因有妄讀『道德文武不責備於人』爲句者，而下文『以力』二字遂無所屬矣。『而不責於人，』疑本作『於人以力，』而字卽上文『文武』下而字之誤錯，『不責』二字涉上文『不責』而衍，『於人』下又脫『以力』二字耳。『於人以力，易賞也。自修以道，則无病矣。』分承上文『於人以力，自修以道』二句而言，文理甚明。淮南子作『博通而不以訾，文武而不以責。求於人則任以人力，自修則以道德。責人以人力，易償也。自修以道德，難爲也。』文雖有異，尙可證此文之誤。(又案『易賞也，』各本賞皆作償，與淮南子合。賞、償古通，下德篇：『其責易賞也，』一本賞作償，淮南子齊俗篇同。與此同例。)

不能無瑕。

案御覽八百七引瑕作纇。

不以小惡妨大美。

案治要引『大美』下有也字，淮南子同。

忘人之所長。

案治要引忘上有而字，淮南子同。

夫衆人之見位之卑，身之賤，事之洿辱，

顧云：治要『衆人』下無之字，與氾論訓合。

案治要引賤上無『身之』二字，亦與氾論訓合。『位之卑賤，事之洿辱，』相對爲文。

而不知其大略。

案治要引『大略』下有也字。

窮卽觀其所受。

顧云：治要引所下有不字，與氾論訓合。下句同。

案纘義本此句及下句所下亦並有不字，呂氏春秋論人篇亦同。

如此，則人情可得矣。

案治要引此無可字，淮南子同。景宋本『可得』作『可知。』

聖人一以仁義爲準繩。

案景宋本無一字，治要、御覽四百一引此並同。治要引淮南子泰族篇亦無一字。

不中繩者，

案治要引作『弗中者，』淮南子同。

雖愚者不爲。身貴於天下也。

案治要、文選陸士衡演連珠注引此並無雖字，於並作乎。淮南子精神篇、泰族篇、御覽四七四引韓詩外傳、後漢書馬融傳亦皆無雖字。

視死如歸。

案治要、文選注引如並作若，淮南子泰族篇同。

義重於身也。故天下，大利也。

案『也故』二字當倒置，治要、文選注引此並作『義重於身故也。天下，大利也。』淮南子『天下』上亦無故字。

比之身卽小。

案景宋本無之字，治要、文選注引此並同。

身，之所重也。

顧云：之字衍，治要引無之字，與泰族訓合。

案顧說是也。文選注引此亦無之字。

比之仁義卽輕。

案治要、文選注引此並無『之仁』二字，淮南子亦無仁字。

教人以道。

顧云：兵略訓人作之，與下句一例。

案纘義本人亦作之。

此天倫所不取也。

顧云：『天倫』二字誤，兵略訓作『大論。』

案說文：『倫，一曰：道也。』『天倫』卽『天道。』淮南子作『大論，』大乃天之誤，論與倫同。(王念孫有說。)顧氏舍是從非，疏矣！

是以虎傅翼，

案御覽四九二引以作爲，淮南子同。以猶爲也。

挾義而動。

案挾當作扶，字之誤也。意林引此正作扶。淮南子作『以義扶之。』亦其證。

其國之君，

案其當作某，字之誤也。日本古鈔卷子本淮南子正作某。今本某亦誤其，王念孫有說。

百姓開戶而內之。

案意林引內作待，淮南子同。

羣臣同力。

案羣當作君，涉上『羣臣親附』而誤，淮南子正作『君臣同力。』

明苛政之變。

顧云：『苛政』二字誤，治要引作『奇正，』與兵略訓合。

案顧氏謂苛爲奇之誤，是也。惟政則非誤字，政、正古通，古鈔卷子本淮南子亦作政。

骨骸滿野。

案治要引滿作盈，淮南子同。

是故令之以文，齊之以武。

案令當作合，字之誤也。合與齊相對成義，淮南子正作『合之以文。』

上禮篇

當此之時，領理，隱密自成。純樸純樸未散，而萬物大優。

顧云：『領理』二字誤，假眞訓作『決離。』

案文有脫誤，『領理』上當有『莫之』二字，景宋本『純樸』二字不疊，是也。淮南子作『當此之時，莫之領理決離，隱密而自成。渾渾蒼蒼，純樸未散，旁薄爲一，而萬物大優。』可證此文之誤。此文鈔襲淮南子，『領理』下略『決離』二字，非『領理』爲『決離』之誤也。顧說失之。

昔者之聖王，

案者字衍，治要引此無者字。

分國而治之。

案治要引國作職，淮南子泰族篇同。

立大學以敎之。

案治要引以作而，淮南子同。與上文句法一律。

唯聖人可盛而不敗。

案治要引敗作衰，淮南子同。

各推其所與。

案治要引此無所字，淮南子同。

不可以治。

案治要引作『不可治也。』淮南子同。

智過萬人者謂之英。

案御覽三百六十引『智過萬人』作『智出於萬人。』

智足以決嫌疑。

案足當作可，與上下文句法一律。上文多足字，故可誤爲足。

目雖欲之，禁以度。

案御覽五二三引度作法。

屈節卑拜。

案御覽引作『屈節異儀。』

酒澂而不飲。

案御覽引澂作敗。

內愁其德。

案御覽引內作中。

鉗陰陽之和。

案御覽引鉗作汩，鉗乃錯之誤，宋本淮南子精神篇正作『錯陰陽之和。』(今本錯亦誤鉗。）錯、汩義近。

不知其所用，

案『所用』上當有無字，『不知其無所用，』與上文『知其無所用』對言，治要引此正作『不知其無所用。』淮南子同。

萬物變爲塵垢矣。

案治要引『萬物』上有則字，『萬物』下有之字，淮南子同。

故揚湯止沸，

案治要引揚作以，淮南子同。

而利不能誘也。

案治要引誘作動。

金石在中，

案治要、御覽六二引『金石』並作『金鐵，』淮南子道應篇同。

大敗大，裂之道也。

顧云：『道應訓云：「大則大矣，裂之道也。」此脫誤，不可讀。』

案顧說是也，治要引此作『大卽大矣，裂之道也。』與淮南子合。

坿　　記

御覽中所引文子之文，偶有爲今本所無者。細審之，乃誤以尸子、尹文子爲文子，如卷四百二引文子云：『虎豹之駒未成，而有食牛之氣。鴻鵠之翼未合，而有四海之心。賢者之生亦然也。』此尸子之文也。(詳汪繼培所輯尸子卷下。）又同卷引文子云：『國之所以不治者三：不知用賢，此其一也；或求賢不能得，此其二也；雖得弗能盡，此其三也。』此尸子發蒙篇之文也。六二六引文子云：『楚人擔山鷄。路人問曰：「何鳥也？」欺之曰：「鳳凰也。」路人請十金，弗與；倍，乃與之。將獻楚王，經宿鳥死。路人不惜其金，唯恨不得獻。國人傳之，咸以爲眞鳳，遂聞楚王，王感其貴買欲獻於己，厚賜之，過於買鳥之金十倍。』此尹文子大道上篇之文也。八百五引文子云：『鄭人謂玉未理者璞。周人謂鼠未腊者璞。周人懷璞，問鄭賈曰：「欲之乎？」出其璞視之，乃鼠璞。』此尹文子大道下篇之文也。（又見秦策。）此類皆非文子之文，乃御覽徵引之誤。恐閱者疑爲文子逸文，特辨白於此。

出自第二十七本（一九五六年四月）

尚書皐陶謨篇著成的時代

屈萬里

這裏所謂皐陶謨，是指今文本（卽伏生所傳之本）的皐陶謨而言；它是從『曰若稽古皐陶』開始，到『帝拜曰：俞，往欽哉』爲止。僞古文本（卽常見之尙書注疏本及蔡沈集傳本），把它腰斬了，因而變成了兩篇：從『思曰贊贊襄哉』以上，還叫做皐陶謨；從『帝曰：來禹』以下，另給它一個名子，叫做益稷。這種變亂舊章的把戲，在三百年前，已經被閻百詩揭穿了。

從文辭上看，任何人都可以覺察得到，皐陶謨不但不如西周初年的大誥、康誥、酒誥……等古奧，而且不如東周初年的文侯之命；不但不如文侯之命，亦且不如魯僖公時代的費誓（費誓爲魯僖公時書，從余永梁及楊筠如說。）那麼，單就文辭一點來看，皐陶謨之著成，也不會早到春秋中葉。

而且，皐陶謨中，有『撫于五辰』之語。『五辰』是什麼呢？楊筠如的尙書覈詁說：

> 古有謂四時爲五時之說。……按史記天官書：歲星主春、熒惑主夏、塡星主季夏、太白主秋、辰星主冬。此五辰當卽歲星等五星。夏小正傳：『辰也者，星也。』然則五辰之義，本爲五星；因此五星所主不同，引申而爲五時，此五時之說所由來也。

除了『撫于五辰』之外，還有『以出納五言』的話語。孫星衍的今古文尙書注疏說：『五言者，五聲之言。』卽是以宮、商、角、徵、羽五聲，配合信、義、仁、禮、智五常；所以五聲之言，也就是五常之言。這些（五辰和五言），以及五采、五色等，顯然地都是五行說盛行以後的產品。五行說的盛行，不會早到春秋時代；從而可知皐陶謨之著成，也不會早到春秋之世。

那麼，皐陶謨究竟作成在什麼時候呢？據我所知，來討論這一問題的人，似乎很少；鄭重其事地研究皋陶謨篇著成之時代的，除了李泰棻今文尚書正僞中的皋陶謨正僞之外，似乎再也沒有第二篇專文。皋陶謨正僞，雖然擧了二十七個證據，以證明皋陶謨之僞；但它所擧的，大部分都是「皋陶謨不會作成於虞舜時代」的證據。它的結論，以爲皋陶謨當作於戰國時期，而且在呂氏春秋之後（照它的說法，應該說皋陶謨著成在戰國末年，或秦統一天下之後。）然而所可惜的，它一口咬定了孟子、呂氏春秋等書中與皋陶謨有關的材料，全是皋陶謨抄襲孟子、呂氏春秋等書；但並沒說出何以不是孟子和呂氏春秋等書抄襲的皋陶謨。

皋陶謨不會是虞舜時代的作品，這已是用不着討論的問題。作於戰國末年的說法，我認爲也非確論。本文的目的，便是給它找出幾個比較可信的證據，來試圖判決這個案子（竊取胡先生的語意）。

皋陶謨之著成當在禹貢之後

皋陶謨中，有好幾處襲用禹貢的句子或承用禹貢的「典故」。『隨山刊木』，是整個地襲用禹貢的句子，不用說了；至於承用禹貢的「典故」的，則有以下二事：

（一）九川

皋陶謨說：『予決九川，距四海。』九川，解尚書的人，都說是九州之川。九州之川而謂之九川，單從字面上看，就知道是不可通的。這顯然地就是禹貢『九川滌源』的九川。不過，解釋禹貢「九川」的人，也把它說成了九州之川；他們似乎都沒注意到上文的導水。導水是把天下的水分爲九系，即：弱水、黑水、河、漾、江、沇、淮、渭、洛（雒）。九川也者，就是這九個系統之水，這是很顯然的。作禹貢的人，對於「九」特別的有興趣：土地旣分爲九州，水也分爲九系，山也分爲九脈（叫做九山），澤也只承認九個，田地釐爲九等，賦稅復定爲九級。九川、九山、九澤……這些「自我作古」的成語，在禹貢裏，都是由於歸納前文而來；都是言之有物的。很顯然地，禹貢便是這些「典故」的老家。那麼，皋陶謨的「九川」，是承襲的禹貢，而不是禹貢承襲皋陶謨，這是不爭的事實。

（二）五服

皋陶謨說：『弼成五服，至于五千。』這兩句話如果不詳細地給它作注脚，眞叫人不知道它那葫蘆裏裝得什麼藥。臯陶謨既然順口而出地用了「五服」、「五千」之說、那必然地，在作臯陶謨的人認爲「五服」、「五千」等語，在當時是共知共喩的；也就是說，在臯陶謨沒產生之前，「五服」、「五千」的說法，就先已流行了。這說法的「祖籍」是那裏呢？無疑地，還是出於禹貢。

禹貢既把天下分爲九州，同時又把它分爲五服。如果眞的實行過這種制度，那麼，擔任劃土分疆工作的人，眞也够爲難的了。這些，我們且不管它。我們只看五服是什麼。禹貢說：

> 五百里甸服：百里賦納總，二百里納銍，三百里納秸服，四百里粟，五百里米。五百里侯服：百里采，二百里男邦，三百里諸侯。五百里綏服：三百里揆文教，二百里奮武衛。五百里要服：三百里夷，二百里蔡。五百里荒服：三百里蠻，二百里流。

這甸侯綏要荒五個服，便是所謂五服。甸服是環王城之外，每面各五百里；也就是說，東西和南北兩兩合計，各共爲一千里。侯服是環甸服之外，每面各五百里。綏、要、荒三服，依此類推。那麼，五服合計，每面共爲二千五百里；也就是東西和南北總計，都是五千里。所以，「五服」弼成，就「至于五千」了。

單就『隨山刊木』一句話來說，我們固然不能够確然地斷定是誰抄襲誰；可是，再從「九川」和「五服」兩個證據看來，則臯陶謨之襲禹貢，是絕無疑義的。自然，臯陶謨之著成，必當在禹貢之後。

臯陶謨之著成當在堯典之後

臯陶謨承襲堯典的地方更多。它抄襲堯典的文句，它櫽括堯典的理論，它暗用堯典的故事。在行文方面來說，它的丰神，和堯典宛然相似。在習用的字和辭方面來看，它和堯典，更是一個鼻孔出氣。玆分說如下：

（一）抄襲堯典文句

在堯典裏，帝堯使四岳推薦治水的人時，說：

> 湯湯洪水方割，蕩蕩懷山襄陵，浩浩滔天。

在臯陶謨裏，禹自述他的功績時說：

洪水滔天，浩浩懷山襄陵。

像『懷山襄陵』和『滔天』這些新穎而漂亮的字眼，照理說，應該很難有「不謀而同」的可能。因而，它們的雷同，必然是由於因襲的關係。

其次，在堯典（僞古文本的舜典）裏，述舜代理天子時的政績說：

五載一巡守，羣后四朝，敷奏以言，明試以功，車服以庸。

而在臯陶謨裏，禹向帝進言，則說：

光天之下，至于海隅蒼生，萬邦黎獻，共惟帝臣。惟帝時擧，敷納以言，明庶以功，車服以庸。

『敷奏以言』以下三句十二字，堯典和臯陶謨幾乎完全相同；只有奏和納、試和庶兩字之異。這情形，也必然是出於因襲，而決不會是偶同。

單就這兩個抄襲的例子而言，我們誠然難以斷定究竟是臯陶謨襲堯典、抑是堯典襲臯陶謨。但由於下述〔(二)、(三)兩段〕的例子可以斷定是臯陶謨襲堯典，從而可知這兩個例子，也必然是臯陶謨抄襲堯典。那麽，其他雷同的句子，如：『曰若稽古』、『直而溫』、『寬而栗』之類（『夔曰於予擊石拊石百獸率舞』十二字，由於錯簡，此不論。），其爲臯陶謨之襲堯典，也就不問可知了。

（二） 隱括堯典的理論

臯陶謨在開首一段裏，有這樣幾句話：

都！愼厥身修，思永，惇敍九族，庶明勵翼，邇可遠，在茲。

『愼厥身修』是修身，『惇敍九族』是齊家。明，讀爲萌。萌和甿古時相通。庶甿卽是衆民（本兪樾羣經平議說）。勵，是奮勉的意思。翼，是輔佐的意思。那麽，『庶明勵翼』這句話言外的意思，就是『國治而天下平』了。

修身、齊家、治國、平天下，這一套理論的來龍去脈，在這裏我們姑且不談。但我們由於臯陶謨這些話語，卻很容易地就會想到堯典首段的幾句話。堯典說：

克明俊德，以親九族；九族旣睦，平章百姓；百姓昭明，協和萬邦。黎民於變時雍。

我們誠然可以說：修、齊、治、平這一套儒家的道理，堯典可以用它，臯陶謨也可以用它；因而臯陶謨的話，未必就是襲自堯典。但，我們要知道，眞正用修身、齊家、治國、平天下這些字樣，而又加上格物、致知、正心、誠意等物事，使這套理論整齊化的，是大學一書。而大學却引用了堯典的『克明峻德』一句話，這證明了堯典之著成在大學之前。臯陶謨沒用修身、齊家……等字樣，而且也沒有正心、誠意……等意味，可知它不會晚於大學。加以臯陶謨和堯典兩篇中的文句和習用語雷用的很多，知道它們倆必有密切的關係。然後再看談修、齊、治、平這一套道理而用到『九族』之字樣的，在孟子以前（臯陶謨著成於孟子之前，詳後。），似乎只有堯典和臯陶謨。如此說來，可知堯典和臯陶謨談修、齊、治、平的話，必有一個是竊取者。照文理說，則顯然是臯陶謨檃括堯典，而不會是堯典演繹臯陶謨。所以我認爲臯陶謨『愼厥身修……』這些話，是檃括堯典。

（三） **暗用堯典的故事**

在堯典裏，當帝堯打算找人來治理他的事的時候，驩兜便推薦了共工。帝堯很不贊成，說：『吁！靜言庸違，象恭滔天。』這固然是不放心共工；而驩兜和共工朋比爲奸，也就可想而知。

到了大舜代堯攝位的時候，對於驩兜這夥人就不客氣了。於是『流共工于幽洲，放驩兜于崇山，竄三苗于三危，殛鯀于羽山。』把這四凶，分別放逐到北、南、西、東四個極遠的角落裏。

驩兜使堯舜不放心的事，在較早的傳說中，似乎只有堯典所說推薦共工的這一案。由於「憂慮」他作奸犯科，於是就和共工同被放逐。竄三苗的竄字，是迫使他們遷徙的意思。堯典裏這兩個故事，就被臯陶謨給用上了。臯陶謨說：

> 禹曰：『吁！咸若時，惟帝其難之。……能哲而惠，何憂乎驩兜？何遷乎有苗？何畏乎巧言令色孔壬？』

我們固然不能斷定這『巧言令色』四字，是襲自論語；但憂驩兜、遷有苗這兩個故事是根據的堯典，應該不會有什麼問題吧？

（四） **習用的字及辭和堯典一致**

除了上述的三項之外，在習用的字和辭方面，臯陶謨和堯典，也顯然有因襲的關係。試看下面的例子：

第一，僉字作應對詞用。

兪字作應對詞用，在別的書裏是很少見的；而在堯典和皐陶謨裏，則數見不鮮。其見於堯典中的，如：

帝曰：『兪，予聞；如何？』

帝曰：『兪，咨禹！汝平水土，惟時懋哉。』

帝曰：『兪，咨垂！汝共工。』

帝曰：『兪，往哉汝諧。』(兩見)

帝曰：『兪，咨益！汝作朕虞。』

帝曰：『兪，咨伯！汝作秩宗。……』

帝曰：『兪，往欽哉！』

兪字這樣用法，在別的書中，眞是使人踏破鐵鞋無覓處（堯典以後的書而襲用堯典之用法的，不算。）；而在短短的一篇堯典中，竟出現了八次之多。這可以說明，它不但是某時某地所流行的一種稀有的方言；而且，作堯典的人，對它還具有偏好。恰巧作皐陶謨的人，也正有這樣無獨有偶的習慣。試看皐陶謨：

禹曰：『兪，如何？』

禹拜昌言曰：『兪。』

禹曰：『兪，乃言厎可績。』

皐陶曰：『兪，師汝昌言。』

帝曰：『兪。』

禹曰：『兪。』

禹曰：『兪哉帝！』

帝拜曰：『兪，往欽哉！』

不多不少，皐陶謨中也出現了八次。作堯典的人和作皐陶謨的人，同有「嗜痂之癖」，這豈不着實地使人奇異嗎？

然而，使人奇異的地方還多着哩！

第二，都字作應對詞用。

都字作應對詞用，在別的書裏，其稀罕的程度，也正和兪字相似。堯典雖然只用過它一次，但因爲前無古人，可知始作俑者，就是堯典。堯典的原文是：

驩兜曰：『都！共工方鳩僝功。』

而在臯陶謨裏，就得意揚揚地屢次用它了：

臯陶曰：『都！愼厥身修，思永。……』

臯陶曰：『都！在知人，在安民。』

臯陶曰：『都！亦行有九德。』

禹拜曰：『都，帝！予何言！』

禹曰：『都，帝！愼乃在位。』

這五個例子，關於都字的用法，完全和堯典相同。如果說它們沒有因襲的關係，誰能相信呢？

此外，如帝字用作人王的意義，而不把它當作上帝；在字當作察講，欽哉、亮采、厎可績等辭之運用，不但在在都可以證明堯典和臯陶謨有因襲的關係，甚至很像似出於一手。至於文章的丰神，雖然難於具體地說出來；但熟讀堯典和臯陶謨的人，自可以感覺到它們的氣息是相似的。

由於臯陶謨檃括堯典的理論、和暗用堯典的故事，我們知道臯陶謨的著成，必當在堯典著成之後。由於句子、習用的字和辭雷同的那麼多，以及行文之丰神相似，我很懷疑它倆是出於一手。

禹貢及堯典著成的時代

由前文所述，知臯陶謨之著成，當在禹貢和堯典兩篇之後。那麼，禹貢和堯典之著成，應當在什麼時候呢？現在就我個人的意見，分說如下：

（一） 禹貢著成的時代

來討論禹貢篇著成的時代，我們首當注意的，是梁州的貢品。禹貢說：

厥貢璆、鐵、銀、鏤、砮、磬……

我國究竟從什麼時候才曉得用鐵器，到現在還是一個懸而未決的問題。一般人認爲戰國時代，是鐵的發明時期；而鐵器之通行，則當在漢代。我對於這個說法，不能贊同。因爲從孟子許行章『許子以釜甑爨，以鐵耕乎』的話看來，似乎在戰國中葉，鐵器已甚流行。況且管子有鐵官之說。管子一書，雖出於後人的追述，而國語引管子的話，則有：『惡金以鑄鉏夷斤欘試諸土壤』之語。似乎在春秋時代，確已有鐵器之應用。再看詩秦風有駟驖之篇。驖，是馬的毛色像鐵。馬的毛色，既然取象於鐵而以驖爲名，可知那時必已有鐵。駟驖之篇，不知確實作成於何時；但總不會在秦襄公以前，也似乎不會在秦繆公以後。從這些證據來看，大約鐵之發現，是在東周以來，而或不至於早到西周。禹貢既說貢鐵、鏤（鐵之剛者），則顯然不是西周時代或其以前之人的口氣。

其次，禹貢談梁州的地理，雖不免有誤（如說黑水入南海）；但禹貢作者，對於巴蜀之地已具有那麼多的知識，這也決不是東周以前的人所能企及的。談到蜀地的，最早的材料，恐怕是尙書的牧誓。（甲骨文中的蜀，不是巴蜀之蜀。）而牧誓一文，從文辭來看，它和大誥、康誥……乃至和顧命康王之誥，相去絕遠，可知它決不是西周時代的產品。它的出生，卽使早於甘誓、湯誓，但也決不會早到春秋初葉。如此說來，牧誓雖然提到蜀，但不能就認爲它是西周時代中原和蜀已有來往的文獻。東周以來，最容易和蜀發生關係的國家，自然是秦國。而史記商君列傳趙良讚美百里奚佐秦繆公的功業說：

發教封內，而巴人致貢。

從趙良說這話時那種沾沾自喜的態度來看，可知巴人這時是首次入貢中國。而且，可以推知的，在這以前，中原人對於巴蜀的知識，一定很缺乏。其後，到了厲共公二年，史記秦本紀曾說：『蜀人來賂。』又後，到了惠文君改元九年司馬錯滅蜀之後，自然中原人對於巴蜀的知識要豐富得多了。梁州之域，包括了巴和蜀。作禹貢的人，對於巴蜀的地理知識，已知道得那麼多；則其人的時代，決不會在秦繆公之前。

從上述的兩點（梁州貢鐵鏤，及禹貢作者對於梁州之地理知識。）看來，可知禹貢之著成，不會早到春秋中葉。

現在，我們再看它能够晚到什麼時候。

在禹貢裏，有一些値得注意的現象：它在每一州裏既談到當地的山，而又有專門談導山的一段文章。但奇怪的是它竟沒提到『五岳』這個名詞。乃至對於岱、太華、恒山、衡等後世所謂岳者，在禹貢裏，對於這些山也並沒把它們叫做岳。禹貢裏誠然說到岳（又稱太岳）；但那只是霍山的專名；和用爲通名的五岳之岳，根本不同。尤其奇怪的是，它談到了六府，而竟沒談到五行。五岳，我以爲是五行說之下的產物。禹貢既不談五岳、又不談五行，可知當禹貢著成時，五行之說還沒有盛行。

其次，戰國時的鄒衍，有大九州之說。鄒衍的書雖然失傳了；但，他那大九州之說，在史記的孟荀列傳裏，還留着一個輪廓。從這輪廓看來，我們可以斷言大九州之說，必然出於禹貢之後。

基於上述的理由，我認爲禹貢之著成，早則不過春秋晚年，遲則不過戰國初葉。

也許有人說：孟子說『決汝漢排淮泗而注之江』，可見孟子並沒讀過禹貢；也就是說，在孟子的時候，禹貢尙沒出世。這話，並不能成爲決定性的理由。因爲孟子讀書並不細心，魯頌閟宮之篇，明明是頌魯僖公，因爲詩中明說『周公之孫，莊公之子』。而孟子兩引『戎狄是膺，荊舒是懲』之句，都以爲是頌周公。微子啓是紂的哥哥，王子比干是紂的老叔；孟子却說：『以紂爲兄之子、且以爲君，而有微子啓王子比干。』從這兩個例子看來，孟子把汝、淮、泗三水之下流弄錯，也不能就決然地說孟子沒讀過禹貢；更不能說那時禹貢還沒出世。

（二）堯典著成的時代

我在尙書釋義（卽將出版）裏，曾論到堯典一篇著成的時代。我認爲堯典篇之著成，當在孔子之後、孟子之前。我所持的理由是：

一、本篇開始卽云：『曰若稽古』，明爲後人述古事之辭。

二、本篇文辭平易，去佶屈聱牙之周誥絕遠。知其著成時代，決不能上至西周；更無論西周以前。

三、帝字爲人王之稱，在眞實可據之古籍中，僅周易及尙書有「帝乙」一例。帝乙之稱，由何而起，今不能詳。而謂古人王或時君爲帝，乃春秋晚葉及戰國時之風尙。本篇不但有「帝堯」之稱，且單稱帝字而不名：可知其決非春秋中葉以前之人所爲。

四、周易爻辭、詩雅頌等，以及甲骨文字與早期金文，皆祖妣對稱，無考妣對稱者。考妣對稱，蓋自東周初期始有之。本篇有『如喪考妣』之語，知其不古。

五、陰陽五行之學，荀子謂創自子思；卽或不爾，亦決不能早至西周。本篇述四宅觀日事，已隱然以東西南北四方，配春夏秋冬四時；述舜四時巡守四方事，此義尤顯。可知此篇作者，已受五行說之影響。

由上列諸證觀之，知堯典之著成決，不能早至西周。

六、論語述堯禪位之辭云：『堯曰：「咨，爾舜！天之歷數在爾躬；允執其中。四海困窮，天祿永終。」』今堯典無此語。似當孔子時，今本堯典，尚未出世。

七、本篇述堯之德，曰：『克明俊德，以親九族；九族既睦，平章百姓；百姓昭明，協和萬邦。黎民於變時雍。』實本儒家修身齊家治國平天下之思想爲說。知此篇之著成，不當在孔子之前。

八、本篇述堯崩後，『百姓如喪考妣。三載，四海遏密八音。』孟子謂此爲三年之喪，是也。然三年之喪，以孔門高弟如宰予者。且不肯行。至孟子時，滕人尚謂『吾宗國魯先君莫之行，吾先君亦莫之行也。』可見三年喪之制，至戰國時尚未通行。即或殷人有此制，然實不爲周人所尚（說見胡適之先生說儒）。至孔子時，始成爲儒家所提倡之禮。本篇既採用三年喪之禮，知其著成，不當在孔子以前。

由上列諸證觀之，知堯典之著成，當在孔子以後。

九、孟子萬章篇引『流共工于幽州，放驩兜于崇山，竄三苗于三危，殛鯀于羽山，四罪而天下咸服』五句。又同篇引『二十有八載，放勳乃徂落；百姓如喪考妣。三載，四海遏密八音』五句，而明著『堯典曰』。知當孟子時，本篇已傳世。

十、楚辭天問云：『不任汨鴻，師何以尚之？僉曰：「何憂？何不課而行之？」』此四句顯然爲檃括本篇：『僉曰：「於！鯀哉！」帝曰：「吁！咈哉！方命圮族。」岳曰：「异哉。試可，乃以」』等語之意爲之。是屈原亦已見今本堯典。

由上列諸證觀之，知戰國中葉時，今本堯典已傳世。

根據上舉的十個證據，大致可以斷定堯典的著成時代，約摸在戰國的初年。可是，除了上舉的例證之外，在文公十八年左傳裏，曾引過『愼徽五典』以下六句；僖公二十七年左傳，也引過『敷奏以言』以下三句。但左傳裏引述詩書的話，有無漢人孱入的，至今還是未決的問題。而左傳之著成，最早也不能前乎戰國初年。所以卽使左傳裏這兩段引尙書的話，眞的出於左傳作者之手；那也不至於影響了上述的結論。

臯陶謨篇著成的時代

近人考論先秦書籍（此指眞正傳自先秦的而言）之眞僞的，常常喜歡用閻百詩考證僞古文尙書的辦法，卽凡是本書與他書的句子或意義相同的地方，便以爲是本書襲的他書。以堯典爲例吧，孟子所擧的『二十有八載，放勳乃殂落……』，明明地是引自堯典；而近人却硬說是堯典襲自孟子。我們須知道，考辨有心作僞的書（如僞古文尙書之類），可以用閻百詩的方法；考論無心作僞的書，如果也用那種方法，就不免深文羅織，故入人於罪了。

有心作僞的人，不外下述的幾種動機：一、爲利祿；如張霸的百兩篇尙書是（因爲他的騙局如不被揭穿，輕則可以得奬金，重則可以得博士之位。）。二、爲替自己的言論造根據；如王肅的孔子家語、孔叢子等是。三、爲了自己可以暴享發現古書之名；如梅賾的僞古文尙書是。可是，這些壞的動機，在先秦時代都不會有。像堯典、臯陶謨等類的書，只不過是後人把傳說中的古事筆之於書，而不自覺地塗染上一些作者當時的時代色彩而已。堯典、臯陶謨之類，它們自己並沒有冒充唐虞時的作品；它們開頭就說『曰若稽古』，已明白地告訴大家它們都是後人述古之作。對於如此忠實坦白的「被告」，還要用閻百詩的方法去拷問它，豈不寃枉了它！

李泰棻說臯陶謨著成的時代，當在呂氏春秋之後，便是用得閻百詩的方法。所以他的論證，多半是我認爲不足取的。

照我上述的例證看來，臯陶謨之著成，旣在禹貢和堯典之後，而禹貢之著成，不能早到春秋中葉；堯典之著成，則約當戰國初年。那麼，臯陶謨之著成，也就不得前於戰國初年了。

臯陶謨的著成時代，其上至旣不能前於戰國初年；再看它的下至，究竟能到什麼時候？

孟子公孫丑篇讚美大禹的盛德，說：『禹聞善言則拜。』禹拜善言，這故事的出處，漢人趙岐，宋人朱熹，都以爲是根據尚書。他們的說法是可信的；因爲在孟子以前的典籍中，只有尚書的皐陶謨，談到禹拜昌言的事。皐陶謨說：

皐陶曰：『都！愼厥身修，思永。惇敍九族，庶明勵翼，邇可遠，在茲。』禹拜昌言曰：『兪！』

孟子旣用了皐陶謨的典故可知當孟子的時代，皐陶謨就已經傳世了。如此說來，皐陶謨之著成，也應該在戰國初葉，而稍後於堯典。

皐陶謨所敍述的史實，和堯典有連索的關係；皐陶謨的語句，許多是抄自堯典；皐陶謨習用的字和辭，和堯典一鼻孔出氣；皐陶謨的筆調，和堯典如出一手；它們的著成時代，又如此密邇。照這種種跡象看來，我覺得它們可能是一個人的作品：先作了堯典，又作了皐陶謨。

一九五六年六月三日，揮汗寫訖。時寓臺北。

本文承陳槃庵、勞貞一、周法高三位先生，多所指正；復承張秉權先生惠閱一過：併此志感。

槃庵先生云：『昭公二十九年左傳云：「冬，晉趙鞅、荀寅，帥師城汝濱，遂賦晉國一鼓鐵，以鑄刑鼎，著范宣子所爲刑書焉。」據此，可知春秋末葉，鐵器已頗通行。』此足以補本文之疏略。槃庵先生復惠示鐵雲藏龜第百五葉，有辭云：『貞，□弗其𢦏羌蜀。』囑核其說。按：此辭所謂「蜀」字者，原文作[illegible]形，與甲骨文他蜀字之作[illegible]者不類，而與[illegible]（龍）字相近。羅氏釋作龍，近是。藏龜據葉玉森說釋蜀，蓋非是也。

貞一先生以爲揚州之域，大部爲吳地，乃不曰吳州而曰揚州。因疑禹貢之著成，或當在越滅吳之後。蓋揚、越義通，揚卽越也。謹附識之。

六月二十九日，萬里又識。

出自第二十八本上（一九五七年五月）

DOCUMENTS ISSUING FROM THE REGION OF TUN-HUANG

by

HENRI MASPERO

Translated by L. Carrington Gooarich

TRANSLATOR'S NOTE

One cannot help but feel greatly honored to be one of those invited to contribute to a volume celebrating the 65th anniversary of Dr. Hu Shih's birth. It has been my pleasure to have known him since 1920 when I became a humble member of the Wên-yu hui 文友會 in Peking. From that time to this I have looked up to Dr. Hu both as an inspiring and productive scholar and as a wonderful human being. My contribution is not an original one, but I trust that it will be useful to those who do not read French or who do not have access to the original work of the late Henri Maspero, entitled *Les Documents Chinois de la Troisième Expédition de Sir Aurel Stein en Asie Centrale*, published by the Trustees of the British Museum, London 1953. Permission to publish a translation has been given me by the secretary of the British Museum, Mr. B. P. C. Bridgewater, in a letter dated 17th November, 1955. I have taken the liberty of incorporating some of the emendations proposed by Professor Lien-sheng Yang of Harvard University in his review in the *Harvard Journal of Asiatic Studies* 18 (1955), 142–158, and two or three of my own. These are indicated by square brackets except where there is an obvious misprint (such as the use of 侯 for 候).

It may be remarked in conclusion that in making a translation into English of this important introduction by Maspero of his full treatment of the Chinese finds of Stein's third expedition, I am following in the tradition of Mme. Edouard Chavannes and Mr. H. W. House, who gave an English rendering of the introduction to Professor Chavannes' *Les Documents chinois dècouverts par Aurel Stein dans les sables du Turkestan Oriental* (Oxford, 1913) in the *New China Review* IV, 1922, 341–359; 427–442.

INTRODUCTION

The northern and north-western frontier has been, almost up to the XIXth century, the only one which the Chinese empire had to guard against dangerous enemies: the barbarians of the north; nomads, great horsemen and pillagers, had a military organization and equipment which were equal to those of the Chinese; often they defeated the Chinese, sometimes contenting themselves with sudden raids, sometimes seizing a province and establishing themselves there in more or less permanent fashion. The means which appeared best to the Chinese for protection against surprise was the construction of a system of fortifications: in the course of the IVth century before our era, the northern frontier from the Gulf of Peichihli to the Yellow River was protected by walls thrown up little by little by the feudal states of the time; these the emperor Ch'in Shih-huang, after unifying the empire, repaired, completed, and reinforced towards the end of the IIIrd century B. C. Fortification of this type appeared so satisfactory as the best protection against the barbarians that in B. C. 127 the emperor Wu after the conquest of the Ordos, had a new wall erected which, between B. C. 121 and 108, he continued in order to defend present day Kansu after the occupation of this territory.

It is the most westerly portion of these Kansu fortifications whence issue the Han period documents found by Sir Aurel Stein in his archeological expeditions of 1913 to 1916, and published below; the places of the expedition are farther to the west than those of the expedition of 1906 to 1908, the documents of which were published, twenty years ago, by Edouard Chavannes under the title of "Les Documents chinois découverts par Aurel Stein dans les sables du Turkestan oriental."

Chavannes in the introduction of that volume assembled general information on the life of the garrisons of this Chinese Limes drawn as much from archeological documents as from literary texts. I shall not retrace his steps, but shall content myself with completing the general picture which he has sketched with the hand of a master by means of certain details on the civil and military administration of the region, necessary for the understanding of new documents brought back by Sir Aurel Stein and published here.

All the documents of the Han period are slips of wood deriving from the commandery of Tun-huang 敦煌郡, except for a very small number which come from the commandery of Chiu-ch'üan 酒泉郡 which is contiguous to it on the east. From the point of view of civil administration, the commandery of Tun-huang was divided in Han times into six sub-prefectures, ***hsien*** 縣, of which only three are localized in an exact or almost exact fashion.

1. Tun-huang, where the ***tu-wei*** 都尉 of the central section 中部 had his seat; it approximates Tun-huang of today; the town of the T'ang era was to the south-west of the present town, on the other side of the river.

2. Ming-an 冥安.

3. Hsiao-ku 效穀, situated thirty *li* to the north-west of Tun-huang of the T'ang (***Sha-chou chih*** 沙州志, in ***Tun-huang shih-shih i-shu*** 敦煌石室遺書): the sub-prefecture was extinguished in 385, but the name continued and was still that of one of the thirteen districts of Tun-huang in 750 (Bibl. Nationale, Ms. Pelliot no. 2805); it was almost half-way on the road from Tun-huang to present day An-hsi.

4. Yüan-ch'üan. 淵泉(1)

5. Kuang-chih 廣至, modern An-hsi where the ***tu-wei*** of I-ho 宜禾 resided.

6. Lung-lo 龍勒=Nan-hu of the present, where the ***tu-wei*** of Yü-mên 玉門關 and of Yang 陽關 had his seat.

The three sub-prefectures, the precise location of which is unknown, were in the region of Tun-huang, for they were detached from Tun-huang as in the case of Hsiao-ku, and were joined to the eastern part of the commandery of Chiu-ch'üan and to the oasis of Hāmi in order to make of them the new commandery of Chin-ch'ang 晉昌郡: one may say that in general the first and sixth sub-prefectures are the west part and the four others the east part of the commandery of Tun-huang. It would not be impossible to reach a localization, approximate at least, for all of them, but as their names do not appear in our documents, I shall not attempt this profitless research into their interpretation.

The slips of the Tun-huang region are, in the main, official documents, administrative correspondence, receipts from granaries or from pay-offices, etc.: a small number are private letters. All derive from the military, officers or privates of the garrisons of the Limes.

The Han had inherited from the Ch'in a system of militia, which they kept and developed. According to the Han Code, every man at the age of twenty had his name inscribed on the official registers for public service,

(1) The form Chên-ch'üan 眞泉 is a correction of T'ang times, made to avoid the personal name of the emperor.

both civil (statute labor) and military, except for those who had a rank in the hierarchy and those who were deformed, dwarfs, hunchbacks, etc. At the age of twenty-three they were summoned to military service and became soldiers of the first call, ***chêng-tsu*** 正卒: they were then guards, ***wei-shih*** 衞士, for a year, and, during a second year, cross-bowmen ***ts'ai-kuan*** 材官, or horsemen ***ch'i-shih*** 騎士, or soldiers who manned the light wheeled vehicles, ***ch'ing-ch'ê*** 輕車, or even boatmen, ***lou-ch'uan*** 樓船, depending on the region; they were freed at the age of fifty-six, and up to this point could be recalled as soldiers of the reserve, ***kêng-tsu*** 更卒. The service was not for a whole year in each class: it was only for an effective month, whether in the capital for the guards, or at the commandery for the cross-bowmen, horsemen, etc. The poor performed their service in person; the rich hired replacements, ***chien-kêng*** 踐更, at a tariff fixed at 2,000 ***ch'ien*** 錢 per month. In addition, there was a defense of the frontier service, ***shu-pien*** 戍邊, which theoretically amounted to three days a year, and was the duty of each man of the empire: it was what the Code called the distant guard, ***yao-shu*** 繇戍; actually, nobody was taken for a period of service, ***kêng*** 更, of less than a year at the frontier: those who did not wish to perform this duty redeemed themselves by paying a tax of 300 pieces of money. The yield was used to pay wages and to maintain true mercenaries, professional soldiers who performed a service of long duration; the Code calls them ***kuo-kêng*** 過更; on their liberation they returned to their original villages, and it is from their midst that the superintendents of police, ***t'ing-chang*** 亭長, were chosen.

On the other hand, there were soldiers recruited locally, such as Wang 王 of the village of Tung-wu 東武 in the ***t'ing*** of Tun-tê 敦德亭, that is Tun-huang, which had received this name under Wang Mang. The people of Tun-huang and of Chiu-ch'üan normally performed the service of the first call, just like the people of the commanderies of the interior. It is for this service that an order for a superintendent of police, to call together the young men (of his village?) for a kind of military court of appeal, refers.

But as the point in question has to do with commanderies of the frontier and our documents come from defense posts at the frontier, ***shu pien***, the majority of the soldiers should be mercenaries, ***kuo-kêng***. Also one finds among them others who hailed from various provinces of the interior of China: from the sub-prefectures of Fên-yin 汾陰 in the commandery of Ho-tung 河東, from that of T'un-liu 屯留 in the commandery of Shang-tang 上黨,

from Lo-yang the eastern capital, from Yang-ti 陽翟 in the commandery of Ying-ch'uan 潁川, etc. This should be the case even of soldiers of local origin, such as 王 Wang from the village of Tung-wu 東武. Finally there were likewise a certain number of convicts; men condemned to a punishment of four or five years of forced labor were deported to the Great Wall.

These soldiers of the frontier were charged above all with the protection of the fortification against barbarian attacks: the population was too thin and too dispersed for serious troubles ever to be feared in the interior. All the troops were stationed along the Great Wall. The defensive organization of the Limes appears to have been extremely complex.

Its fundamental element was the post, *t'ing* 亭[1], or fort, *t'ing-chang* 亭鄣[2], forming part of the wall, or independent of it; ordinarily it was called a "signalling tower," *sui* 隧, from the name of its apparatus for signalling by fire (a blaze by night, smoke by day) which was its most important piece of equipment. Chang Yen 張晏, in the first half of the IIIrd century, declared that *sui* 隧 was the word for a fire signal at night and *fêng* 烽 that of a smoke signal by day; and Yen Shih-ku 顏師古, in the VIIth century, affirmed the reverse[3]; it is clear that the two explanations are respectively only attempts to guess from the context[4] the exact meaning of words which were little understood. But before them, in Han times, Hsü Shên 許慎 in his *Shuo wên*, defined *sui* as "the most elevated structure of the fort, where the apparatus for signalling by fire is kept (*fêng huo*)" 塞上亭守熢火者[5], and *fêng* as "the signal of a watch tower (where there is a) *sui*" 隧候表[6] The documents of the Limes show that these definitions are quite in harmony with the usage current in this period: for them, the *sui* was the watch tower, military post, and garrison; the *fêng* was the apparatus for signalling itself. At the same time the commentators' definitions rest in part on fact: when one needs to distinguish daytime signalling by smoke from night-time signalling by fire, one uses *fêng* for the first; but it is *chü* 苣＝炬 "flame" that

(1) *Ch'ien Han shu,* 19/16a.
(2) *Shih chi,* 117/28a.
(3) *Ch'ien Han shu,* 48/13a.
(4) Their notes concern a passage in Ssŭ-ma Hsiang-ju 司馬相如 who wrote with much precision, but in a different sense: "when the warriors of frontier commanderies hear it said that someone has raised the apparatus for signalling and lighted the signal..." 烽擧燧燔. The two words are there employed exactly as all the writers of the Han employ them.
(5) *Shuo-wên chieh-tzŭ* 說文解字, 10 A/14a.
(6) *ibid.* 14 B/4a.

one uses for the second(1).

The watch tower with its signalling apparatus is described with precision by the writers of Han times. "In the frontier regions, against the Hu 胡 bandits, high towers of earth are built; on the towers they construct a well-sweep 桔槔; at the head of the well-sweep is suspended a basket in which straw and grass is put. (The well-sweep) is kept constantly lowered; if bandits appear (the straw) is ignited, and it is raised in order to give warning. That is what is called ***fêng*** 烽. On the other hand when a lot of straw is heaped up and it is set on fire(2) on the approach of bandits in order that the smoke may be seen, that is what is called ***sui*** 燧."(3) A detail is added to this already precise description by another writer of the same period: "The ***fêng*** is like a tray for drying rice 米簸 which would be turned upside down; it is hung at the head of a well-sweep..."(4) This well-sweep has a very long arm called ***kan*** 干 or 厈: at the tower of Chu-chüeh (T. XIX), it was not less than 30 feet in height(5), or seven meters, the Han foot being .24 meters. It is probably this same arm of the well-sweep which is called ***kan-piao*** 厈䟽 and which costs 120 (cash?).(6) The elevated earthen towers on which these sweeps were perched had their dimensions fixed by rules which had no variation in the course of centuries: in the T'ang period they were required according to regulations to be 50 feet in height and 20 wide at the base against 10 feet only at the top;(7) these are almost exactly the

(1) For an example, see document no. 42. [Professor Yang Lien-sheng makes this important comment: "The words ***feng*** 烽 or 蓬 is traditionally interpreted as a smoke signal. From the Chü-yen 居延 documents (found by the Sino-Swedish expedition), however, it is clear that *feng* also indicated a sail-like signal made of silk or other cloth, red and white in color. It was known as ***piao*** 表 or ***feng piao***. It was seven (Chinese) feet long and apparently was raised on a pole 30 feet high. Several sail-like signals were available at one beacon station. According to Lao Kan 勞榦, these sail-signals were used along with the smoke signal, the latter to sound the alarm and the former to determine the degree or grade of the alarm.

As observed by Lao in person, the Han beacon stations had one chimney each and therefore could send out only one smoke signal at a time."]

(2) It is useless to raise the apparatus for a signal by smoke, the smoke rising much higher than the flame.

(3) Wên Ying 文穎, commentary of the ***Ch'ien Han shu***, cited by Yen Shih-ku in his commentary of the same, 48/13a. Wên Ying lived at the end of the Later Han, during the Chien-an era (196-220).

(4) ***Han shu yin-i*** 漢書音義, according to P'ei Yin 裴駰, ***Shih-chi chi-chieh***, 117/28a. P'ei Yin, who wrote in the Vth century, could make use of three ***Han shu yin-i*** (lost today): those of Ying Shao 應劭, Wei Chao 韋昭, and Mêng K'ang 孟康; the first author lived in the first half of the IInd century, the other two in the middle of the IIIrd century.

(5) Chavannes, ***Documents***, no. 694 蓬干長三丈.

(6) See document no. 53.

(7) T'***ung-tien*** 通典, 152/7a.

dimensions of a *t'ing* dependent on Ling-hu 淩胡, of the Han period, the dimensions of which are provided in connection with repairs which were made: the east side of the t'ing was 14 feet wide and 52 feet high:[1] in sum towers of ten or so meters surmounted by sweeps whose arms were 6 meters long, such was the equipment for signalling at the frontier: it is what one document calls "the signal placed on the post," *t'ing-shang fêng* 亭上𤇯[2]. The towers, the ruins of which mark the Limes, were watch-towers, and, if not all, at least some among them carried sweeps, for signals. The ruin of that of T. X is still at this time 10 meters high and 7.5 meters wide at its base: it is built in the form of a "truncated pyramid" which corresponds to the difference between its side at the base and at the summit mentioned in old documents; that of T. XI is of the same type. The watch tower with its signalling apparatus was the fundamental element; but it did not make up the entire little fort: that had often an outer rampart,[3] "inner rooms" 內屋,[4] barracks for the soldiers of the garrisons, granaries, stockrooms, etc.

The number of soldiers forming the garrison of each small fort was necessarily variable, depending on the importance of the forts themselves. In every instance it had to be relatively high, for the duties of the garrison were numerous and minute; guarding the fort, signalling, patrols, postal service, maintenance of the fort, farming duties, etc. not to mention reports, correspondence, and registration which was the business of officers and scribes.

The most important service was the signalling which, by indicating to the authorities immediately the places of approach and the number of enemy, permitted the effective organization of defense. The regulating of optical signals in such a way as to form a kind of code giving precise information was ancient: there was already a system before the Han as may be seen from the military writings of the school of Mo-tzŭ:[5] "When in keeping a

---

(1) Chavannes, *Documents*, No. 111; Wang Kuo-wei 王國維, *Liu-sha chui-chien* 流沙墜簡 2/26b-27a; 二人削○亭東面廣丈四尺高五丈二尺. Cf. *ibid.*, No. 108, where there is a matter of plastering another side, of which a portion measuring 42 feet in height by 16 feet in width has been done. In its present state, the Ling-hu tower (T. vi, b) measures 16 English feet (at .305 m = 20 feet of the Han) in height and 21 English feet in width at the base; besides, placed behind a height it could not have been destined to serve as a signalling post (*Serindia*, v. II, p. 644). It is not then the one which we are concerned with here.

(2) See document no. 42.

(3) Chavannes, *Documents*, no. 66. [T. X and T. XI are illustrated in Stein, *Serindia* v. II, figures 174, 178. T. X is described on p. 572.]

(4) *Ibid.*, no. 198. In this case the garrison consisted of 145 men.

(5) *Mo-tzŭ*, 15/15a, Forke translation, p. 626; the technical terms are already exactly those of the documents of the Limes. 望見寇舉一𤇯 (=烽; the text has 垂: Sun I-jang 孫詒讓 [1848-1908] reads 表: I prefer 𤇯 which is the reading of the second passage; the sense remains in other respects the same).

watch one sees enemies, raise a signal; when they enter the frontier raise two signals; when they approach the outskirts, raise three signals; when they penetrate the outskirts, raise four signals; when they draw near to the wall raise five signals; in the night do the same with fire." In the Han period, the signals served to give two series of different types of intelligence: on the one hand regular signals at a fixed moment gave intelligence that all was well; on the other occasional signals gave word of suspicious activity. We are badly informed as to the first: in the T'ang era, they were given twice a day, at midnight and at dawn;(1) for the Han the documents say nothing precise; but there ought surely to exist some rule of this kind,(2) be it only so that the Chinese defense would not run the risk of being unaware for several days of the surprise seizure of a post by the enemy and of being unable to send a signal of alarm: in this case, the suppression of regular signals ought to inform neighbors and military authorities rapidly. We know more about the occasional signals; one slip has preserved a rule for the employment of signals to announce the number of the enemy: two signals if they are fewer than twenty, three signals if they are between twenty and a hundred.(3) It is without doubt a kind of circular giving precision for local use to a general regulation, unless it is simply a copy of a general regulation for the signal stations of the empire, destined specially to serve as an order to the watch towers of the post of Chih-chien 止姦 (T. XXII. e). Indeed, the fire signals were not just for the frontier region; they formed throughout the empire a vast network of optical telegraphy which permitted the rapid transmission in all directions and especially to the capital of news of local disturbances, and the organization of the Limes was only a special case appearing in this general category. The general regulation is the object of articles of the Han Code, ***Han-lü*** 漢律, which had a section entitled Apparatus for signalling, ***Fêng-sui*** 烽燧 under title VIII, ***Hsing-lü*** 興律, of Part I, ***Chiu-chang lü*** 九章律;(4) it had to be concerned above all, as later did the T'ang Code,(5) with faults committed by officers of the signal towers. We are not

(1) Tu Yu 杜佑, *T'ung-tien* 通典, 152/7a.
(2) Wang, 2/21a, à propos Chavannes, *Documents*, no. 84.
(3) See document nos. 42 and 154. Cf. an analogous rule, but less precise, of the T'ang period given in the *T'ang liu-tien*, cited by Chavannes, *Documents*, p. xii.
(4) *Han-lü k'ao* 3/8b.
(5) *T'ang lü shu-i* 唐律疏義, 8/10b-12b. In T'ang times the ancient sweep had disappeared. The round towers, height fifty feet, twenty feet in diameter at the base and ten at the top, were covered by a structure of wood, without walls, exceeding by three feet on each side the platform on which it rested. The signals were made under this structure (designed to shield them from the rain) by means of equipment which is not described. There were three fire places side by side and they were lit up one by one or all together, but not successively as in Han times (*T'ung tien* 152/70a).

informed as to arrangements, but certain Ordinances of the Tsin, ***Tsin-ling*** 晉令 (IIIrd-IVth centuries), have been preserved for us and they should not differ much from the Han Code: "He who raises the signals by mistake will be punished by a penalty of a pound and five ounces of gold. He who does not raise (the signal) when there is reason (to raise it), will be executed with exposure on the market place."[1]

The signals were necessarily always alike: one or several flames, a cloud of smoke; all were made with the signalling equipment which I have described above. The manoeuvre of this apparatus is described in exact fashion in a passage of a work of astrology of the IIIrd century B. C. lost today, "The Observation of the Constellations," ***T'ien-wen chan*** 天文占 by Kan Tê 甘德, à propos the constellation Kuan 爟[2]. "The four stars of Kuan are on the west side of the tail of (the constellation) Yüan 轅. When the chief of an earthly signal post observes the approach of bandits, he raises the fire signal. (It is) a sweep of a hundred feet, like that at a well, at the head of which fire may be set; if there is an alert, he lights the fire and releases (the sweep). The sweep is double*: the lower part inclines towards the ground and the other end is raised in the air in order that men may see the signal fire." If the length of the arm of the sweep is brought together with the fact that it remained lowered in normal times, it is clear that the basket filled with straw which constituted its head rested always at the base of the tower and that it had to be lit there before being raised; after that the signal was sent to lower it in order to extinguish the flame, or on the other hand to raise it once more if it were necessary to send several signals in succession. Thus was it possible to measure exactly the duration of each signal and to despatch on each occasion the customary number of signals without loss of time. Besides they avoided obstructing the top of the towers with combustibles and of having to maintain a little hearth there for the kindling of the signals. The comparison with the sweep of a well suggests the only detail which is lacking for a complete description of the apparatus, to wit: the existence of a counter-weight at the lower extremity, like that which one sees in the well-sweep in kitchen scenes engraved on the second slab of the inner chamber of the

(1) *Tsin-ling*, according to the *T'ai-p'ing yü-lan* 太平御覽, 335/5a.

(2) *Kan-shih t'ien-wen chan* 甘氏天文占, after *T'ai-p'ing yü-lan*, 335/6b [The latter has the character *ch'üan* 權]. According to Schlegel, *Uranographie chinoise*, I, 440, these four stars are λφχψ of Cancer.

* [The above is a faithful rendering of Maspero, but I think he has misread the words 權重 I would translate: "The weight (on the tower end of the pole) is heavy."]

seventh slab of the outer chambers of Wu-liang tz'ŭ in Shantung.(1)

The manoeuvre of a sweep as long, perched on the top of a tower quite high itself, was evidently a rather delicate business. The lookout-man by himself would not have been able to manage it, and besides, while he would have been occupied with it, he would necessarily have been obliged to suspend his job of scanning the environs of his post. The task was confided to a detail of five soldiers commanded by a subordinate officer.(2)

Despatching signals was not the only task; it was necessary to receive those of neighboring posts and pass them on: a post which has received a signal had to respond to it immediately in order that the sending post might know that it had been seen. The regulations are very clear: "Warning to put up a notice in an obvious spot of the post watch-tower, in order that all may learn it by heart and may know it. Observe with care: If there is a fire coming from a signal, the post watch-tower must raise (a signal) in response. Let there be no [mistake about this]."(3) The answering signal noticed by the next post is thus transmitted from place to place; at the same time, the signal received had to be registered: "Let the posts, ***t'ing*** 亭, in the sub-prefectures close to the Barrier watch attentively: as soon as the ***sui*** of the Northern Barrier raise a signal, all (posts) will do likewise up to the southern terminus, and the post chiefs, ***t'ing-chang*** 亭長, will inscribe on wooden slips the day and hour of the arrival of the signal."(4)

The chief of the post had then to write the day and hour of the arrival of the signals; the slips of registration in effect carry these indications, and in addition the direction from which the signal came,(5) and sometimes the name of the guard who saw it;(6) one slip even carries a number of an order

(1) Chavannes, ***Mission Archéologique dans la Chine Septentrionale***, pl. XLV, no. 76 (lower register, in the middle; pl. XLIX, no. 104 (lower register, at the right): in the last a bird is perched on the counterweight.

(2) ***Wu ling*** 吳令, according to the *T'ai-p'ing yü-lan*, 335/6b. This rule applies only to the kingdom of Wu in the IIIrd century of our era, but there is no reason to suppose that the emperors of Wu had modified the regulations of the Han whom they had succeeded in the south of China. The proof that we are not concerned here with a local rule, but a very general rule on the manipulation of signals in China, is that the T'ang regulations of the VIIIth century again mention the detail of five men under the command of a sixth (***T'ung-tien*** 通典 152/7a).

(3) Chavannes, ***Documents***, no. 432, Wang, ***op. cit.***, 2/20b (no. 37).

(4) Chavannes, ***Documents***, no. 273; Wang, ***op. cit.***, 2/20b-21a (no. 35). The technical sense of the word *ho* 和 "to make an identical signal in response to the one received" follows clearly from the general regulation for signals; see document no. 42.

(5) Chavannes, ***Documents***, nos. 86, 87.

(6) Chavannes, ***Documents***, no. 85; Wang, ***op cit.***, 2/20a (no. 38).

which no one has succeeded in interpreting in satisfactory fashion.[1]

Besides the signalling service, the garrison of the little forts performed a service of inspection of the neighborhood, not only by the look-out but also by patrols and reconnaissance. The posts had to send patrols several times a month on fixed days to survey their sector.[2] they had, moreover, to keep in liaison with each other, as three reports of patrols show:[3] in the most developed we see that "morning" parties opposite one another "met at the limit of each post's sector;" in order to indicate that the meeting had actually taken place, the two chiefs of patrol made a *ch'üan* 券,[4] i.e. wrote their report on the two sides of one slip which was then sawed lengthwise and each chief carried away his half. Another slip shows us not just simple liaison patrols, but a true reconnaissance beyond the lines, in the desert, by a detachment which went to reconnoiter a suspicious movement and carried a portable *fêng* in order to remain in communication by signals with the watchtowers.[5] It is only the application, besides, of a general rule for troops on campaign: when a detachment was obliged to turn away from the main body of the army, it took along vehicles furnished with signals as well as drums, in order to remain as much as possible in touch with the principal force.[6]

Another operation in reconnoitering, if not preventing, the passage of an enemy foray was the establishment of "heavenly fields" *t'ien-t'ien*[7] which were called literally "tiger snares" *hu-lo* 虎落 from a name which is not encountered in our documents. A writer of the third century Su Lin describes them thus: "*Hu-lo* are constructed at the foot of frontier forts: sand is

(1) Chavannes, *Documents*, no. 84; Wang, *op. cit.*, 2/21a. "6th month, *ting-ssŭ* day: (no.) 210 of (the year) *ting-hai* (probably 34 B.C.) A fire signal has come from the east side." Wang Kuo-wei presumes that the figure 210 indicated the number of signals erected in this post since the beginning of the year, and concludes from the number raised that there had to be a daily signal to indicate all was going well. If he is correct, as the year 34 B.C. had a fourth intercalary month and commenced on the day *ting-wei* (44th of the cycle), and as there were as a consequence 193 days up to the day *ting-ssŭ* (54th of the cycle) of the 6th month, there would have been registered in six months 16 [17?] signals for neighboring posts announcing warnings more or less serious in more than 193 daily signals.

(2) Chavannes, *Documents*, no. 670; Wang 2/21b, no. 42: "List of reconnaissances made on fixed days by the *hou-chang* 候長 of Chu-chüeh 朱爵 in the second month."

(3) See documents nos. 30, 62, 63.

(4) See document no. 62.

(5) See document no. 61.

(6) *Wei-kung ping-fa* 衞公兵法, according to the *T'ai-p'ing yü-lan*, 335/6b.

(7) I have adopted the conclusions of Haneda Akira 羽田明, Reflection on the word *t'ien-t'ien* 天田辨疑, *Tōyōshi kenkyū* 東洋史研究 I (1936), 543-546. Chavannes, *Documents*, no. 88, had supposed that it had to do with newly cleared lands, an explanation which ran up against the difficulty of finding cultivable soil in the vicinity of the forts.

spread outside (the fort), in the morning one looks for footprints and so one knows if the Huns have entered; another name given them is celestial fields" *t'ien-t'ien*.(1)

In the neighborhood of the posts, they cleared away the brushwood and dug away the soil: the ground had to be made softer so that it would take prints well. The soldiers of the post complained that this work added to service on the post, was an exhausting labor.(2)

It was done at the average rhythm of three paces a day per man or about 4.50 m. (6 feet of .24m. per pace) in length and about 6.50 square meters (1 pace at 1.48 m. wide) on the surface. The spaces thus prepared were, however, very small: one of them was 40 *mu*, or 1 *li* long by 32 paces wide, making approximately 1 1/2 hectares in size; its clearing had taken 100 days; another, still smaller, was only 6 paces wide by 1 *li* in length or approximately 1/2 a hectare(3). It is likely that their upkeep required continual care.

It was necessary also to insure the postal service. There was an important courier service which passed through the posts of the Limes. Each letter had to be registered with the names of the sender and the recipient, the name and the post of the soldier who carried it, the day and hour of arrival(4). It was not exclusively a local service; there were also orders received from the commandery(5): one slip relates to the transmission of two letters addressed to the *wu-wei-chiang* 五威將 Wang Chi 王奇 sent as envoy to Central Asia by Wang Mang in 9 A. D(6). The mail was carried by persons of every rank: employees of bureaux of the commandery or of the subprefecture, *li*(7), soldiers, former soldiers;(8) it appears also that the mail was forwarded from post to post, each detaching a soldier to carry it to the neighboring post, just like the official courier service by relays in the interior of the empire.

The *sui* was the base of the defensive organization of the Limes. Above it there was quite a series of echelons of command. These changed between the Former and Later Han.

---

(1) ***Ch'ien Han shu***, 49/13b; cf. Haneda Akira, ***op cit.***, 544.
(2) Chavannes, ***Documents***, 30, 495.
(3) Chavannes, ***Documents***, 89, 90.
(4) See documents nos. 52, 115; Chavannes, ***Documents***, nos. 275, 367, 614.
(5) Chavanneș, ***Documents***, no. 504; Wang 2/5b (no. 10).
(6) Wang, 2/12b.
(7) Chavannes, ***Documents***, no. 614; Wang 2/13a (no. 61).
(8) Chavannes, ***Documents***, no. 275.

Under the Former Han, in the Ist century before our era, the Tun-huang commandery was divided from the military point of view into four sections, *pu* 部:[1]

1. Section of I-ho 宜禾部 headquarters: post of K'un-lun. 昆侖鄣.
2. Section of the Center 中部 headquarters: post of Pu-kuang 步廣章.
3. Section of Yü-men 玉門部 headquarters: (post of the) barrier of Yü-men 玉門關.
4. Section of Yang-kuan 陽關部 headquarters: (post of the) barrier of Yang 陽關.

At the head of each section was a tu-wei 都尉,[2] officer of high rank, classed as "comparable to those who receive pay of 2,000 *shih* of grain," *pi-erh-ch'ien-shih* 比二千石.[3] Under his command he had an assistant *ch'êng* 丞,[4] and a secretary, *ssŭ-ma* 司馬,[5] who himself had an assistant, *ch'eng* 丞,[6] and in addition, two scribes of the (*tu*)-*wei*, *wei-shih* 尉史,[7] and two officers, *shih-li* 士吏[8] charged with inspection of the frontier."[9]

Each section, *pu*, was divided into sub-sections, *ch'ü* 曲,or *hou-kuan* 候官, each commanded by a *chün-hou* 軍候 or simply *hou* 候, officer "comparable to those who receive pay amounting to 600 *shih* of grain," *pi-liu-po-shih* 比六百石. He had with him an assistant, *hou-ch'êng* 候丞,[10] and a *tsao-shih:*[11] the functions of the last mentioned are well described in no. 574 of Chavannes, *Documents*, p. 124.

Below the *hou-kuan*, serving as intermediary between this post and the *sui*, stood another echelon which appears to have been called *kan-hou* 厈候 in the period of the Former Han, and *pu* 部 under the Later Han.[12] At its

(1) *Ch'ien Han shu* 28 B/3b.
(2) *Ch'ien Han shu*, 94 A/15b, commentary of Yen Shih-ku; Chavannes, *Documents*, nos. 136, 137, 275, 305.
(3) *Ch'ien Han shu*, 19 A/15b.
(4) Chavannes, *Documents*, no. 137.
(5) Chavannes, *Documents*, nos. 275, 438, 461.
(6) Chavannes, *Documents*, no. 461.
(7) Chavannes, *Documents*, no. 452.
(8) Chavannes, *Documents*, nos. 49, 138, 143, 145, 378, etc.; Wang, 2/5a, 3a, 14a, etc.
(9) Yen Shih-ku, Commentary to the *Ch'ien Han shu*, 94 A/17b. The documents are sufficiently numerous and clear to show that the *shih-shih* 士史 in this commentary ought to be corrected to *shih-li* 士吏.
(10) Chavannes, *Documents*, no. 150.
(11) Chavannes, *Documents*, no. 378, reads 玉門候造史龍勒周生萌 "The *tsao-shih* dependent on the *hou* of Yü-mên, Chou-sheng Mêng of Lung-lo...," cf. Wang, 2/14a.
(12) Chavannes, *Documents*, nos. 328, 356; Wang, 2/28b, gives the correct reading 厈 in place of *hsü* 序. Kan 厈 is the pole of the signalling apparatus: a *kan-hou* is a watch tower post, *hou*, with a pole for signalling.

head was a *hou-chang* 候長, a subordinate officer classed as a *yu-chih* 有秩,[1] i.e. one having a wage evaluated at 100 *shih* of grain, and occupying the lowest rank of the administrative hierarchy; he was assisted by a *hou-shih* 候史.[2]

We have documents that are quite precise on three of the districts, P'ing-wang 平望, Wan-sui 萬歲, and Pu-ch'ang 步昌; but as they are not all dated and several seats of *hou-chang* were, either at the same time, or later, *hou-kuan*, they are not always easy to interpret. The dependence of the *hou-chang* with reference to the *hou-kuan* is clearly shown by a document of the time of Wang Mang in which the *hou-chang* of P'ing-wang 平望 appears as dependent on the *ch'ü* of Pu-kuang 步廣曲.[3] But his relations with the *sui-chang* are less clear: Chavannes made him a subordinate of the *sui-chang*,[4] while Wang Kuo-wei, after having stated that there are some districts with *hou-chang* carrying the same name as certain *sui*, appears to draw the conclusion from this that the *sui* and *kan-hou* are alike.[5] The documents of P'ing-wang and of Wan-sui adduce nothing either in favor of or against these two hypotheses: they show clearly the *sui*, Ch'ing-tui 青堆[6] and Chu-chüeh 朱爵[7] dependent on P'ing-wang and three *sui*, Yang-wei 揚威,[8] Hsien-wu 顯武[9] and Kao-wang 高望[10], dependent on Wan-sui; but P'ing-wang and Wan-sui having been at a certain period *hou-kuan*[11] and the documents not being dated, it is impossible to know if it is as *hou-kuan* or as the seat of a *hou-chang* that they had subordinated *sui*. But the third series of documents, those of Pu-ch'ang, contradicts these two hypotheses and clearly shows the place of the *hou-chang*

(1) Chavannes, *Documents*, no. 592. According to the regulations of *yen-p'ing* (106 A. D.), for 100 *shih* a man received each month 48 *tou* of grain in kind and 800 cash.

(2) Chavannes, *Documents*, no. 62, where a *hou-shih* reclaims 2400 cash constituting four months' pay, or 600 cash per month, three quarters of the wage of the *hou-chang* his chief. It is only the half of his pay, the rest being in grain.

(3) Chavannes, *Documents*, no. 592. The *ch'ü* of Pu-kuang in the time of Wang Mang is the *hou-kuan* of Chung-pu 中部 of the Former Han.

(4) Chavannes, *Documents*, Introduction, p. xi. It is probably according to no. 377 which he considers a command of the *sui-chang* to the *hou-chang*: but the word 令 in it does not signify here "to give a command," but designates an individual "having the function of...;" the *sui-chang* is charged with performing temporarily the function of a *hou-chang*.

(5) Wang, 2/14a-15a.

(6) Chavannes, *Documents*, no. 274.

(7) Chavannes, Documents, nos. 484, 693.

(8) Chavannes, *Documents*, no. 572.

(9) Chavannes, Documents, no. 569; Wang 2/41a

(10) Chavannes, *Documents*, no. 377, Wang 2/19b.

(11) The *hou-kuan* of P'ing-wang is mentioned in Chavannes, *Documents*, no. 275, 1.2 (read 平望候官 in place of 平望隧內); on the other hand Wan-sui has surely been a *hou-kuan* also, although this term was never applied to it, since a *tsao-shih* is mentioned in it (no. 574).

between the commander of the ***hou-kuan*** and that of the ***sui***. Pu-ch'ang was the seat of a hou-chang,[1] and from this seat depended the ***sui*** of Ling-hu 淩胡;[2] this in itself would not be a decisive argument, for the documents of P'ing-wang and Wan-sui reveal that there were ***hou-kuan*** and ***hou-chang*** posts carrying the same name, and as a consequence Ling-hu could depend on a ***hou-kuan*** of Pu-ch'ang, unknown solely because the documents would not have yielded the name to us. But this argument, ***a priori*** admissible, cannot be sustained in this particular case: the ***sui*** of Ling-hu was actually the seat of the ***hou-kuan*** of Ta-chien-tu 大煎都;[3] it cannot at one and the same time have been the seat of a ***hou-kuan*** and depended on another; finally, all the slips from Ling-hu as well as from Pu-ch'ang, being of the first century B. C., one cannot interpose a difference of date. This case gives us the proof that the ***hou-chang*** was the superior of the ***sui-chang***.

At the very base of the organization was the ***sui*** of which I have already spoken in detail. It was commanded by the chief of the signal tower ***sui-chang*** 隧長 who was subordinate to the ***hou***. Two documents show us exactly the position of the ***hou***, commandant of the ***hou-kuan***, receiving orders from the ***tu-wei*** and passing them on to the ***sui-chang***:

Order of the ***tu-wei*** to the ***hou***:[4] 二日庚午，敦煌玉門都尉子光丞○年謂大煎都候，寫移書到○郡○言到日如律令.

"The 2nd day, ***kêng-wu***,...Nien, assistant of Tzŭ-kuang, ***tu-wei*** of Yü-men dependent on Tun-huang, says to the ***hou*** of Ta-chien-tu: when you copy a circular and send it on to the commandery, (you should) indicate the day of the arrival (of the circular to which you make response), in conformity with regulations."

Order of the ***hou*** to the ***sui-chang***:[5] 三月癸酉，大煎都候嬰○下厭胡守士吏方，奉書從事下當用者如詔書. 令史偃.

"The 3rd month, on the day ***kuei-yu***, the ***hou*** of Ta-chien-tu, Ying...orders

(1) Chavannes, Documents, nos. 58, 83.

(2) Chavannes, ***Documents***, no. 258. 步昌淩胡 means "Ling-hu (dependent on) Pu-ch'ang" and not "Pu-ch'ang and Ling-hu."

(3) Stein, ***Serindia*** II, 648, and see below p. 2/8.

(4) Chavannes, ***Documents***, no. 137; Wang, 2/3b.

(5) Chavannes, ***Documents***, no. 138; Wang, 2/3a. Ya-hu is not called a ***sui*** here, but see no. 49. This slip, bearing no date, is of the year 58 or 54 B.C.: in effect "Ying...., ***hou*** of Ta-chien-tu," appears in no. 51 which is dated 57 B.C.; on the other hand it is not likely that the tenure of office of the commandant of Ya had lasted very long, and the temporary officer may be noticed in no. 139, likewise dated 3rd month, the day being ***kêng-yin*** (27th of the cycle): now the years 58 and 54 B. C. are the only ones (around 57) in which the 3rd month contains at the same time both ***kuei-yu*** and ***kêng-yin***.

Fang, the officer (*shih-li*) charged temporarily with the command (of the *sui*) of Ya-hu: as soon as you receive this letter, etc...."

From the section, *pu*, to the signalling fort, *sui*, with all their intermediate echelons, *hou-kuan* and *kan-hou*, the defense of the Limes appears to have been very well articulated. One can appreciate better still the care with which this organization had been set up when one examines its dispositions on a map. The defense was secured by a wall, or rather, as Sir Aurel Stein very justly calls it, an *agger*, on the entire line facing the north: there is no interruption there save when such obstacles as a river, lake, etc. constitute a natural defense; and at various distances, but never very great, numerous towers situated not on the *agger* itself, but at some meters behind its line, which makes a circle before the towers so as to serve as the first line of defense. This *agger* proceeds to shoulder itself, at its western end, into the vast depression of salt marshes, the terminal basin of the Su-lo ho: this depression was by itself alone a defense, the marshes being quite impassable for the major part of the year;(1) but in order to anticipate every surprise, a line of isolated posts was established on the dunes which dominated it on the east or even, at certain points, at the bottom of the depression. Other isolated posts were installed more or less far away in front of the *agger* in spots which seemed particularly important; for example, the towers T. I and T. II on the dune of the right bank of the Su-lo ho on each side of the Lop-nōr road, doubtless to guard the passage of the river; or again T. IX,a on a spur of a dune in front of the wall, etc. The towers, connected or not between them by the *agger*, are the fundamental element of defense. Not all of them are towers for watching or signalling: certain ones among them were installed in places where they have no view to the fore, such as T. VI, b.(2) Still more, not all have been occupied in a permanent fashion and as a consequence were not distinct *sui*, but were towers dependent on one of the two *sui* situated to the east, and to the west, and they were provided with guards only in case of need, as for example T. IX, a.(3) This difference appears clearly in the statements of Sir Aurel Stein: certain towers are accompanied by buildings serving the quartering of troops, shops, etc., for example T. VI, c; T. VI, b; T. VI, a; T. V; T. IV, b; T. VIII; T. XI (?); T. XII, a; T. XIII; T. XXVII; etc.(4) but most stand isolated without any

(1) Stein, *Serindia*, II, 633 sq.
(2) Stein, *Serindia*, II, 644.
(3) Stein, *Serindia*, II, 662.
(4) Stein, *Serindia*, II, 644, 641, 636, 658, 667-8, 669, 681, 694, etc.

supplementary structure, or with just a guard house, and have yielded no document nor shown any trace of occupation, as, for example, T. IV, a; T. IV, c; T. VII; T. IX; T. IX, a; T. X; T. XVI; T. XVII; T. XVII, a; and the majority of the towers in the vicinity of T. XVIII up to T. XXVI.(1) The isolated towers which flank the Limes to the west are almost all *sui*; on the other hand, the isolated towers in front of the *agger*, such as T. I and T. II, are not posts, but receive their guards, when they have any, from a post of the Limes on which they depend.

On the other hand, even by taking account of the fact that many of the towers should not be *sui*, it is not likely that those, in more limited numbers, which constituted the *sui* had all been provided with an instrument as complicated and delicate as was the signalling apparatus which I have described above. One document (Chavannes no. 61) which enumerates the *fêng* of I-ho 宜禾部烽 appears decidedly to be the proof of it, for from I-ho to Pu-kuang it enumerates only 5 *fêng* and there were many more than 5 towers in this stretch. The name *kan-hou* 厈候 of the intermediate echelon between the *hou-kuan* and the *sui* suggests that these are the posts which had been provided with this equipment, for it means properly speaking a watch-tower (*hou*) equipped with a signalling pole; the increase at a certain period of the number of watch-tower chiefs, *hou-chang* (commandants of a *kan-hou*) would be due to the need of having information by signals less far apart than previously. Even if one does not adopt this hypothesis which I cannot prove, but which appears to me almost certain, it is necessary to admit that there was a selection amongst the posts charged with sending signals by fire and by smoke; with the custom of making a signal at a fixed hour to indicate that all was well, the towers placed on the rectilinear sections of the "Limes" would be mutually concealed and it would have been impossible or at least very difficult, even for neighboring ones, to ascertain if actually every post had signalled.

(1) Wang, 2/20 b, explains this small number by the difference in meaning which the lexicographers make between *fêng*, smoke signal by day, and *sui*, fire signal by night: the smoke during the day being less visible than the fire at night, fewer signals would have been made by day than by night; it is clear, on the contrary, that the less visible the signal the more was it necessary to bring the towers together, if one wished to see the signals, and on the other hand that, if the day and night signals had been separated, there would have been no need for fire signals, for it was necessary to raise the flame. Slip T. xxii. e. 03 (see document no. 42) indicates that, contrary to what Wang Kuo-wei thought, the smoke signals by day and the fire signals by night were made in the same post and the apparatus was indiscriminately used for one or the other.

What is best known of the Limes is its western extremity during the period of the Former Han: it is the part which has furnished the largest number of documents. It was the sector of the *tu-wei* of Yü-mên, ***Yü-mên tu-wei*** 玉門都尉. The person who had his seat at the little fort T. XIV(1), controlled two ***hou-kuan*** 候官, that of Ta-chien-tu 大煎都 and that of Yü-mên 玉門.

The ***hou-kuan*** of Ta-chien-tu was the westernmost: it comprised the end of the ***agger*** and the isolated towers which flanked its extremity on the west.(2) The ***kan-hou*** of Pu-ch'ang 步昌, which was subordinate to it, supervised the signal towers *sui* of Pu-ch'ang (T. VI, a), Ling-hu 陵胡 (T. VI, b), Ya-hu 厭胡 (T. VI, c), and Kuang-ch'ang 廣昌 (T. VI, d), i.e. the most southerly group of isolated posts which marked the western edge of the terminal basin of the Su-lo ho.

The seat of the ***hou-kuan*** was near the southern end of the sector, at the tower of Ling-hu 淩 (or 陵) 胡 (T. VI, b):(3) it was the last one built on the spurs of dunes which dominate the entire territory at their feet; there the chief of the sector, the ***hou***, resided, and near him the entire military administration with its bureaux, granaries,(4) shops, depots for weapons. At the northern extremity, on the contrary, at the point of departure of the ***agger***, at the tower Fu-ch'ang 富昌, the adjutant to the ***hou***, ***hou-ch'êng*** 候丞 had his "separate seat" 別治.(5) The sector of Ta-chien-tu was thus, between the chief and his adjutant, very much under control. The ***hou-ch'ang*** [correct to ***chang*** 長] had to have his residence originally in the middle of the line between these two posts, at the tower Pu-ch'ang (T. VI) which gave him his name; but it was soon recognized to be more practical to install him beside the ***hou*** so as to serve as its adjutant, since the titular adjutant, having his post farther north, could not fulfil the role of a true adjutant, and, since before the middle of the first century, he was likewise at Ling-hu (T. VI): his own adjutant, the scribe of the watch-towers ***hou-shih*** 候史, had also received a separate assignment and was at the tower Kuang-ch'ang (T. VI, d),(6) the final post, at that time the most southern and the most western of the entire defensive system, and the heads of post, ***sui-chang***, of Ling-hu and Kuang-

(1) Stein, *Serindia*, II,620 sq., 684-90; figs. 183, 184 (p. 685); plan 40.
(2) Stein, *Serindia*, II, 636.
(3) Chavannes, *Documents*, no. 42.
(4) Chavannes, *Documents*, no. 95.
(5) Chavannes, *Documents*, no. 150; Wang, 2/4a (no. 7)...大煎都候丞軍別治富昌隧...
(6) Chavannes, *Documents*, no. 62, where he carries the title *hou-shih* of Kuang-ch'ang.

ch'ang, were required respectively to serve as adjutants to the *hou-chang* and to the *hou-shih*. This system, which made each fulfil a function which was not his own, was undoubtely destined to place in the posts the most important of the officers of the highest ranks, a *hou-ch'êng* in place of a simple *hou-chang* at the vital point where the *agger* ends and where the network of tiny isolated posts begins, in order to command the salient of T. V (Kuang-wu) at T. VII; a *hou-shih*, in place of a simple *sui-chang*, at the extremity of the line of posts.

Farther to the east was the *hou-kuan* of Yü-mên, the seat of which was at T. XV quite near the residence of the *tu-wei*,[1] stretching from the tower of Hsien-ming 顯明 (T. VIII), or perhaps from one of the towers T. III, T. VI, or T. VII the name of which is unknown, up to the neighborhood of one of the numbered towers T. XXIII. On this extended front, several *kan-hou* were dependent: Yü-mên, commanding the *sui* of Hsien-ming 顯明 (T. VIII), as well as T. IX, T. X, and T. XI, the name of which is unknown, a *sui* called Kuang-hsin 廣新 (T. XVII) in the time of Wang Mang— —and which, if it were not a new creation, was probably called Kuang Han 廣漢 in the time of the Former Han[2], the *sui* of Tang-ku 當谷 (T. XIII) and perhaps another still farther east; next P'ing-wang 平望, the *hou-chang* of which lived at T. XXII, a[3] and on which the *sui* of Chu-chüeh 朱爵 (T. XIX) and of Ch'ing-tui 青堆 (T. XXII, b), as well as intermediate towers (T. XX, TXXI), depended. The part of the Limes situated to the north of Tun-huang formed the sector of the *tu-wei* of the Central Sector 中部都尉. We do not know exactly where the limit of the boundary of Yü-mên passed, but at least by stretching excessively the already considerable sector of the *tu-wei* of Yü-mên and by reducing the Central Sector to almost nothing, we can connect to this last only the *kan-hou* of P'o-hu 破胡[4] controlling the towers of Shou-kuan 受官 (T. XXII, c), Tsung-min 宗民 (T. XXII, d),[5] Chih-chien 止姦 (T. XXIX, e),[6] and probably some others closer by; as for the *sui* of Hsüan-wu 玄武 (T. XXIII, k), Wei-hu

(1) T. XV, a was a place of habitation, but no watch-tower stood there. Stein, *Serindia*, II, 693 sq.

(2) Wang Mang took Hsin 新 for his dynastic title, and put this word in place of Han in geographic names which bore the name of the dynasty which he had overthrown.

(3) The name of the *sui* where the *hou-chang* of P'ing-wang lived is written very clearly in Chavannes, *Documents*, no. 275, but the two characters of the name, written in abridged form, have remained undecipherable.

(4) See documents nos. 31, 44; Chavannes, *Documents*, no. 621.

(5) See document no. 31.

(6) See document no. 44.

威胡 (T. XXIII, 1),[1] and P'o-lu 破虜, which should be quite near, I do not know if they depend on the *kan-hou* of P'o-hu or on another, but it is certain that they were in the Central Sector, ***chung-pu*** 中部[2]. Besides, the ***kan-hou*** of Hu-mêng 虎猛,[3] with its ***sui*** Hu-mêng, I-ch'iu 宜秋,[4] Yung-kan 勇敢,[5] and that of Ta-fu 大福,[6] must still be placed in this region, but I am unable to localize it in precise fashion. The ***tu-wei*** had his residence at the ***hou-kuan*** of Pu-kuang 步廣, i. e. at T. XXVIII; subordinate to this ***hou-kuan*** were the ***sui*** of Yang-wei 揚威 (T. XXVI), Hsien-wu 顯武 (T. XXVII), and Kao-wang 高望; the ***kan-hou*** of this portion of the Limes are unknown.

Still farther to the east was the sector of the *tu-wei* of I-ho 宜和, which must have run to the east and west of present day An-hsi, including towers carrying the numbers XXXVII through XL. This portion of the Limes has furnished very few documents. But one of the slips published by Chavannes[7] supplies the list of signal towers, ***fêng*** 㷭, of the sector, ***pu*** 部[8] of I-ho and, as Wang Kuo-wei has demonstrated, they are lined up from east to west.[9] I have remarked above that in my opinion the ***sui*** did not possess the large apparatus of signalling called ***fêng***, which was installed only in the ***kan-hou;*** this list as a consequence gives us the names of the five ***kan-hou*** subordinate to the ***tu-wei*** of I-ho:

1. Kuang-han 廣漢 (which has no relationship to the Kuang-hsin dependent on Yü-mên), the easternmost, one of the towers numbered XL.

2. Mei-chi 美稷, probably beside the small ruined fortress called Po-ch' ang-tzŭ, [Stein, ***Serindia*** III, 1139, romanizes P'o-ch'êng-tzŭ, and styles it 'the old town.' No characters given.] where there is a fragment of the ***agger*** numbered *αβy*.

3. K'un-lun 昆侖, in the sub-prefecture of Kuang-chih 廣至, seat of the ***tu-wei*** of I-ho, near present-day An-hsi, perhaps the little "village of ruins" to which Sir Aurel Stein draws attention.

(1) See document, no. 62. T. XXIII, 1. i, was dependent on P'o-hu (See document no. 54); and T. XXIII was under the control of the *tu-wei* of the Central Sector; cf. document no. 60.

(2) See document no. 60.

(3) Chavannes, ***Documents***, no. 536.

(4) Chavannes, ***Documents***, nos. 482, 486, 535, 536, 541.

(5) Chavannes, ***Documents***, no. 482.

(6) Chavannes, ***Documents***, no. 309.

(7) Chavannes, ***Documents***, no. 61.

(8) Chavannes reads 郡 and Wang reads 郡, but recognizes that there was no commandery of I-ho under the Han. The character, which is quite abbreviated, is certainly *pu* 部, the name of the sector of a *tu-wei*.

(9) Wang, 2/15a (no. 17).

4. Yü-tsê 魚澤, in the sub-prefecture of Hsiao-ku 效穀, the former seat of the *tu-wei* in Emperor Wu's time, probably the little fortress (T. XXXVII, g).

5. I-ho 宜禾, the westernmost of the series, bordering on Wan-sui (which is the name of P'u-kuang under the Later Han) to which the *sui* of Lin-chieh 臨介, the one *sui* of which we know the name in this sector,[1] was subordinate.

Some documents deriving from the Commandery of Chiu-ch'üan permit us to state that this organization was not peculiar to Tun-huang but remained the same throughout the Limes. In the region where the Su-lo ho, coming from the south, makes the great bend which throws it back to the west, were the sub-prefecture of Kan-ch'i, where the *tu-wei* of the western sector, ***hsi-pu tu-wei*** 西部都尉 of Chiu-ch'üan,[2] had his residence. and the sub-prefecture of Yü-mên 玉門.[3] We find mentioned therein a ***hou-kuan*** 候官 of —— -wang ○望[4] and the *sui* of Chên-chung 槙中[5], (T. XLIV, b), Tsêng-hu 憎胡 (T. XLIII, k),[6] Chih-k'ou 止寇,[7] Shou-hsiang 受降,[8] .....-hu ○胡[9] in the towers numbered from T. XLI to T. XLVI, h.

After the Former Han, the documents appear to me to indicate a complete alteration in the organization of defense. The number of ***hou-chang*** increased enormously and the areas under their control took the name of a sector, ***pu*** 部; these sectors bear the names of the former *kan-hou* or *sui*, with determinations according to the cardinal points in order to distinguish them: this process gives a more curious aspect to the nomenclature because all the previous names are modified. In the central part, Pu-kuang had its name changed to Wan-sui 萬歲 and, concurrently, almost everyone of the *sui* became a sector under the command of a ***hou-chang***: the *sui* of Hsien-ming and of Yang-wei became respectively the eastern and western sectors of Wan-sui 萬歲東西部;[10] the former seat of the ***hou*** of Pu-kuang (T. XXVIII) with the neighboring ***sui*** (T. XXXIII) became the eastern and western sectors of T'un-wu 吞武東西部;[11] in like fashion, P'o-hu was divided into eastern and western sectors.[12] In the

(1) Chavannes, ***Documents***, no. 572; Wang, 2/17a.
(2) ***Ch'ien Han shu*** 28/3b.
(3) See document no. 134.
(4) See document nos. 86, 90.
(5) See document nos. 88, 137.
(6) See document no. 119.
(7) See document no. 138.
(8) See document no. 93.
(9) See document no. 159.
(10) Chavannes, ***Documents***, nos. 615, 618.
(11) Chavannes, ***Documents***, no. 615.
(12) Chavannes, ***Documents***, no. 621.

west part, there appeared analogous dismemberment: northern and western sectors of Yü-mên[1] and an eastern sector of Kuan-chi 官吉[2] are mentioned. This last name provides the date of this particular organization, for it was but a short time in use: it is that of Yü-mên in the time of Wang Mang (9–23 A. D.), and only during a portion of his reign since there is one document which bears "Post of Kuang-hsin 廣新 dependent on Yü-mên. . . ."[3] beside another "Post of Kuang-hsin dependent on Kuan-chi."[4] Thus, in the first quarter of the first century of our era, in the time of Wang Mang, probably in response to the stronger pressure exercised by the barbarians in these years, the signal posts commanded by ***hou-chang*** multiplied and, with the posts, naturally the density of troops committed to defense.

But this new organization was of brief duration. The documents of the Later Han show that an organization comparable to that of the Former Han then returned; certain names, such as that of Wan-sui which definitively replaced that of Pu-kuang, perhaps at certain points some new posts, exist only in the Wang Mang period. The major change in the time of the Later Han is the abandonment of the entire extremity west of the Limes,[5] that which formed the Hou-kuan of Ta-chien-tu, and the part west of that of Yü-mên: all this section of the Limes has yielded no document posterior to Wang Mang. One new wall, more rudely constructed than that on the north face, forms the new line of defense: it parts from the former wall near T. XV (the *wei* of Yü-mên, replacing the one-time *tu-wei*, put his residence there, a little to the east of T. XIV, at the former seat of the *tu-wei* of the Former Han) in order to proceed almost directly towards the oasis of Nan-hu which was then the sub-prefecture of Lung-lo. The transportation of everything, men, animals, provisions, weapons, and so forth, across the desert was too toilsome and above all too costly: the retreat of troops from this particularly difficult sector was necessary to ease the burden on the civil population.

(1) Chavannes, *Documents*, nos. 492, 487.
(2) Chavannes, *Documents*, no. 277.
(3) Chavannes, *Documents*, no. 598.
(4) Chavannes, *Documents*, no. 596. Cf. p. 132, containing Chavannes' explanation of the name Kuang-hsin "signifying Wang Mang's reign."
(5) Stein, *Serindia*, II, 698.

出自第二十八本上(一九五七年五月)

晏子春秋斠證

王叔岷

晏子春秋文多淺近，且有重複，其爲後人補綴成書，自可無疑；然其中亦多古字古義，猶存先秦之舊，不可因後人有所竄亂，遂一概渙泯也。晏子之行己無私，直言無諱，敏達公忠，名顯諸侯，於是書猶可概見。前賢治理是書者，孫星衍音義發其端；盧文弨拾補、王念孫雜志、洪頤煊叢錄繼之，審正漸多；厥後黃以周校勘記、俞樾平議、孫詒讓札迻、蘇輿校注，發正益廣；劉師培斠補、補釋、張純一校注、于省吾新證續出，尤臻完善矣。岷讀是書，時有謏記，足補前賢所略，因據吳鼒景元刊本，輔以子彙本、涵芬樓景明活字本及日本翻刻黃之寀本，並檢驗古注、類書，寫成晏子春秋斠證一卷。鯤島棲遲，忽復歲暮，日月離人，羈情靡寄，閉戶斠書，聊以自遣耳。四十四年殘臘，叔岷記於南港舊莊。

內篇諫上第一

有推侈、大戲。

劉師培云：黃（之寀）本推作椎。御覽四三六、路史夏紀注引作推移，與淮南子主術訓合。

案景寫北宋本、道藏本、朱東光本、漢魏叢書本淮南子主術篇推皆作椎，與黃本合。御覽三二五引呂氏春秋簡選篇作推移（今本脫推字），與御覽、路史注引此文合。

手裂兕虎。

案史記秦本紀集解引『兕虎』作『虎兕。』

不顧義理。

案御覽四三六引『不顧』下有乎字。

國治怨乎外，

孫星衍云：一本怨作怒，非。

劉師培云：黃本怨誤怒。

案明活字本、子彙本怨亦並誤怒。

令章遇桀、紂、者章死久矣！

劉師培云：黃本令作今。

張純一云：者字衍。

案明活字本、子彙本令亦並作今。者當爲則，屬下讀。古籍中者、則二字亦往往通用，老子：「知者不言，言者不知。」湛然輔行記十一引者作則；莊子天道篇：「動則得矣。」文選江文通雜體詩注引則作者；盜跖篇：「臥則居居，起則于于。」論衡自然篇、齊世篇則並作者；呂氏春秋精諭篇：「淺智者之所知則末矣。」淮南子道應篇、文子微明篇、列子說符篇則並作者；淮南子主術篇：「水濁則魚喰，政苛則民亂。」繆稱篇及文子精誠篇則並作者；列子湯問篇：「此不爲遠者小而近者大乎？」意林引者作則。皆其證。

而令吏必從。

劉師培云：治要無而字。

案治要引此有而字，劉氏失檢。

以義失則憂。

案黃之寀本、子彙本以下並有爲字，治要引同。黃以周云：「元刻脫爲字。」是也。明活字本亦脫爲字。

請齋而後登之。

劉師培云：黃本齋作齊，下同。

案御覽四五六引齋亦作齊，下同。

試嘗見而觀焉。

劉師培云：嘗卽試也，嘗、試義同。試蓋後人旁注之字，嗣併入正文。今當刪。

案同義字古多連用，試、嘗同義，連言之則曰試嘗；或曰嘗試。習見於古書。劉說非也。

寡人欲少賦歛以祠靈山，可乎？

盧文弨云：祠，御覽八七九作招。

王念孫云：作招者，誤字也。

案王說是也，招卽祠之形誤，景宋本御覽正作祠。

天久不雨，髮將焦，身將熱，彼獨不欲雨乎？

案御覽三五引天作今，下將字作且，『彼獨』作『豈山。』

君誠避宮殿暴露，

案御覽三五引誠作宜。

其幸而雨乎？

劉師培云：御覽三五引作『其索雨也？』

案御覽十一引作『其索雨乎？』

公喟然歎曰，

案治要引然下有而字。

景公遊于牛山。

孫星衍云：文選注作牛首山。

劉師培云：「音義云：「文選注作牛首山。」此指齊謳行注所言，祭顏光祿文注亦引作牛山。」

案文選潘安仁秋興賦注亦引作牛山。

北臨其國城而流涕曰，

案文選秋興賦注引作『北臨齊國，乃流涕而歎曰，』齊謳行注、祭顏光祿文注引此亦並無城字。

若何滂滂去此而死乎！

黃以周云 ：「文選劇秦美新注引作「將去此堂堂國者而死乎！」韓詩外傳十作「柰何去此堂堂之國而死乎！」」

案韓詩外傳十無『柰何去此堂堂之國而死乎』句，惟文選秋興賦注引此作『柰何去此堂堂之國而死乎！』黃氏蓋誤文選注爲外傳也。又案文選秋興賦注所引此句及下文云：「「使古而無死，不亦樂乎！」左右皆泣。晏子獨笑，曰 ：「夫盛之有衰，生之有死，天之數也。物有必至，事有當然，曷可悲老而哀死？古無死，古之樂也。君何有焉！」』又分見於外篇第七之第二、第四兩章，（劉師培於後有說。）而與此章之文不合。未知何據。

是不仁也。

案文選祭顏光祿文注引是下有曰字。

不仁之君見一，諂諛之臣見二。此臣之所以獨竊笑也。

劉師培云：『不仁之君見一，』文選注兩引並作『見不仁之君一。』

張純一云：齊謳行注作『見不仁之君一，諂諛之臣二，所以獨笑也。』

案文選祭顏光祿文注引此與齊謳行注引同。

昔者上帝以人之沒爲善。

黃之寀本沒作死。孫星衍云：死，一本作沒，非。

王念孫云：孫本改沒爲死，非。沒亦死也。元刻本及治要皆作沒，自是舊本如此。

案王說是也，明活字本、子彙本亦並作沒。

今誰責寡人哉？

孫星衍云：誰，一本作孰。

劉師培云：治要誰作孰，初學記十八、白帖三九引同。

案明活字本誰亦作孰。

睹死胔，

孫星衍云：胔，御覽作瘠，下同。

案御覽（四八六）引瘠下更有者字。

公被狐白之裘。

案記纂淵海二兩引此文，一引被作衣。

公曰，

案北堂書鈔一五二、文選曹子建贈丁儀詩注引此並作『謂晏子曰，』記纂淵海二兩引此文，一引亦作『謂晏子曰。』

雨雪三日而天不寒。

案記纂淵海引『而天不寒，』作『而天下不寒，何也？』

溫而知人之寒。

案記纂淵海兩引，一引溫作暖。

乃令出裘發粟，與饑寒。

案記纂淵海兩引，一引作『乃脫衣發粟，與饑寒者。』一引作『遂出衣發粟，以與饑貧者。』

公曰：『善。』行之三月，而熒惑遷。

案御覽七引作『公乃去冤聚之獄，振孤敬老。行之三日，而熒惑遷。』

公瞢見二丈夫。

孫星衍云：『說文：「瞢，目不明也。」古借爲夢字。』

案黃之寀本瞢作夢，下同。論衡死僞篇亦作夢。

癸上豐下。

案御覽三九九引『癸上』下有而字。

晏子曰：公伐無罪之國，

張純一云：元刻如此，浙局本脫公字。

案黃之寀本、子彙本並脫公字。明活字本公字錯在曰字上。

十有八日而不返。

案白帖三九引八作二。

則泰士子牛存矣。

案御覽三七六引矣作焉，下文『則申田存焉。』引焉作矣，『則吾子存矣。』引矣作焉。焉猶矣也。

與君言異。

孫星衍云：御覽作『言與君異。』

張純一云：鮑刻御覽四五六同此。

案景宋本御覽亦同此，孫氏恐失檢。

令四支無心，十有八日。

案御覽四五六引作『令四支無心也，十有八日矣。』鮑刻本今作令。

公怒，令人操刀解養馬者。

孫星衍云：操，御覽作持。

劉師培云：類聚九三引作『令人殺養馬者。』事類賦注（廿一）引作『令殺之。』

案藝文類聚二四引公上有景字，御覽四五六引此作『景公怒，令人持刀欲煞養馬者。』八九六引解亦作殺。

晏子數之曰，○或作『景公有馬，其圉人殺之。公怒，援戈將自擊之。晏子曰：「此不知其罪而死，臣請爲君數之，令知其罪而殺之。」公曰：「諾。」晏子舉戈而臨之曰，』云云。

案明活字本『晏子數之曰』下所標異文，與元本合。惟援下脫戈字，『此不』下脫知字。

爾罪有三。

劉師培云：治要及類聚九三引作『爾有三罪。』

張純一云：類聚二四引作『爾有罪三。』

案御覽四五六引作『爾有罪三，』與類聚二四引合。八九六引作『爾有三罪。』與治要及類聚九三引合。

當死罪一也。

孫星衍云：藝文類聚作『一當死也。』下作『二當死也。』『三當死也。』

劉師培云：類聚二四引無也字，下同。事類賦注引作『一當死也。』下作『二當死也。』『三當死也。』

案御覽四五六引無也字，下同。與類聚二四引合。八九六引作『一當死也。』下作『二當死也。』『三當死也。』與類聚九三及事類賦注引合。

百姓聞之，必怨吾君。諸侯聞之，必輕吾國。

孫星衍云：藝文類聚怨下有叛字，輕下有伐字。

劉師培云：事類賦注引怨作『怨叛，』輕作『輕伐。』

案御覽八九六引怨下亦有叛字，輕作『來伐。』

內篇諫下第二

景公藉重而獄多。

劉師培云：書鈔四五引藉作籍。

案御覽四八三、六四三引藉亦並作籍。籍、藉古通，問上第三：『爲君厚藉斂而託之爲民，』御覽六二七引藉作籍，外篇第七：『藉斂過量，』黃之寀本、明活字本、子彙本藉皆作籍，並其比。

君將使嬰勑其事乎？

孫星衍云：經典多用勑爲敕。

盧文弨云：勑通敕。

案黃之寀本勑正作敕，下同。

多者十有餘。

劉師培云：黃本餘誤余。

案明活字本、子彙本餘亦並作余。餘、余正、假字。

其折骨決皮可立得也。

王念孫云：得當是待字之誤。

案黃之寀本得作待，與王說合。

令吏謹守之。

劉師培云：類聚六八引作『令人守之。』白帖三九作『令使守之。』

案藝文類聚八八引作『使人守之。』六八未引此文，劉氏失檢。（下文劉氏所稱類聚六八亦當作八八。）御覽九五四引『吏謹守』亦作『使守。』

傷之者死。

案記纂淵海九五引之作槐。

醉而犯之者。

案記纂淵海引『犯之』作『傷槐。』

使吏拘之。

孫星衍云：藝文類聚作『君令收而拘之。』

案藝文類聚（二四）引作『君令吏收而拘之。』

且加罪焉。

案記纂淵海引罪作刑。

其子往辭晏子之家，託曰，

案事類賦注二五、御覽九五四、記纂淵海引此並作『其女懼而告晏子曰。』

不爲禽獸傷人民。

劉師培云：御覽五一九傷上有以字。

案御覽五一九引『傷人民』作『以殺人，』非引傷上有以字也。劉氏失檢。

吾君欲以樹木之故殺妾父，

案御覽四一五、五一九引『吾君』並作『今君。』

勇士不以衆彊淩孤獨，

案黃之寀本獨作弱。

皆謂吾君愛樹而賤人，

案事類賦注引樹作槐。記纂淵海引同，又引賤作殘。殘、賤古通。

明日蚤朝，

案黃之寀本蚤作早，藝文類聚二四、御覽四一五、五一九引此並同。早、蚤正、假字。

而復于公曰，

案御覽五一九引『而復于公，』作『而復其言於君，』四一五引公亦作君。

公曰自莅之。

案曰字黃之寀本同。明活字本、子彙本並誤曰。

令捨之。

案黃之寀本令作命。

是殺師之半也。

孫星衍所據本『殺師』作『師殺，』盧文弨云：元刻作『殺師，』是。

黃以周云：元刻本作『殺師，』淩本同。

案明活字本、子彙本亦並作『殺師。』

今日夫子爲賜，

案御覽四五六引爲作有，爲猶有也。

昔者楚靈王作傾宮，

案黃之寀本傾作頃，同。

今君不遵明君之義，

蘇輿云：治要遵作道，形近相亂。

案遵，當從治要作道。道者，由也。『不遵明君之義，』言『不由明君之義』也。作遵者，淺人所改耳。蘇說非。

吾聞相賢者國治，

孫星衍云：治，御覽作成。

案景宋本、鮑刻本御覽十九治字並同，孫氏恐失檢。

臣聞介胄坐陣不席。

黃之寀本、子彙本臣並誤吾，孫星衍云：御覽作臣。

案明活字本作臣，與元本同。書鈔一三三、藝文類聚六九引此亦並作臣。

故不敢以憂侍坐。

劉師培云：類聚六九、書鈔一三三、御覽七百九引故上並有臣字。

案御覽三九三、一千引此亦並有臣字，惟略故字耳。

又欲爲鍾。

劉師培云：意林作『欲復作鐘。』

案意林引作『復欲作鐘。』非作『欲復。』

飾以銀。

孫星衍云：銀，藝文類聚、文選注作組。

案類聚八三、八四兩引皆無『飾以銀』句，孫氏失檢。

僅能舉足。

劉師培云：黃本足作之。

案御覽八百十引足亦作之。

衣不務于隅肶之削，

孫星衍云：『肶，玉篇同膍，淮南本經訓：「衣無隅差之削，」高誘注：「隅，角也。差，邪也。古者質，皆全幅爲衣裳，無有邪角。削，殺也。」此作肶，蓋言連。』

王念孫云：『孫訓肶爲連，則下與削字不相屬，上與隅字不相比附矣。予謂肶當爲眦，字之誤也。眦或作眥，淮南齊俗篇：「衣不務於奇麗之容，隅眥之制。」是也。「隅眦」者，「隅差」也。隅，角也。差，邪也。幅之削者，必有隅差之形，故曰「衣不務于隅眦之削，」卽淮南所云「衣無隅差之削」也。原道篇又云：「隅䁟智故，曲巧僞詐。」「隅䁟」卽「隅差，」亦卽「隅眦」也。』

案王說是也，『隅眦』與『隅差、』『隅䁟』並同，本字作『齵齹，』說文：『齵，齒不正也。齹，齒參差也。』參差亦不正也。『齵齹』爲齒不正之名，引申之，爲衣之不正、人之不正、事之不正。荀子君道篇：『天下之變、境內之事，有弛易齵差者矣。』齵用本字，差亦借爲齹。

冠無觚羸之理。

孫星衍云：羸，淮南本經訓作蠃，羸當爲蠃。

案張純一校注本改羸爲蠃，羸與蠃通，羸古亦讀若蠃，無煩改字。

且古者嘗有紩衣攣領而王天下者。

劉師培云：初學記九引者下有矣字。

案荀子哀公篇、淮南子氾論篇者下亦並有矣字。

其義好生而惡殺，節上而羡下。天下不朝其服，而共歸其義。

蘇輿云：『「其義好生而惡殺，」「其義」疑當爲「其政，」今作義者，蓋緣下「其義」譌也。荀子哀公篇：「其政好生而惡殺焉。」恉正同此，亦義爲政誤之證矣。』

案義非誤字，兩『其義』字文正相應，淮南子作『其德生而不殺，予而不奪。天下不非其服，同懷其德。』（今本殺誤辱，又見文子上禮篇。）兩『其德』字相應，與此同例。蘇說非也。下文『其仁愛而不惡，予而不取，天下不朝其室，而共歸其仁。』（今本『而不惡』上脫『其仁愛』三字，據路史注引補。劉師培有說。）兩『其仁』字相應，亦同此例。

古者嘗有處橧巢窟穴，

孫星衍云：初學記、御覽『窟穴』下有『王天下者』四字，疑今本脫之。

案初學記引此『窟穴』下有『而王天下者也』六字，當據補。『古者嘗有處橧巢窟穴而王天下者也，』與上文『古者嘗有紩衣攣領而王天下者矣，』句法一律。

下之潤濕，

案記纂淵海七六引潤作溫。

木事不鏤。

案記纂淵海引『木事』作『木工。』

足乎以便生，

蘇輿云：乎字衍文。

案乎字涉上文『可乎』而衍，明活字本同。黃之寀本、子彙本並無乎字。

而公不得享也。

案黃之寀本、明活字本、子彙本享並作亨。孫星衍云：『亨卽享字。』是也。

景公與晏子登寢而望國，

案記纂淵海七四引寢上有路字，與標題合。

使後嗣世世有此，

案記纂淵海引『世世』作『代代。』

今公之牛馬老於欄牢，

孫星衍云：欄當爲闌。

張純一云：御覽八九九引作『牛老于闌牢。』無馬字，是。

案事類賦注二二引此亦作『今公之牛老於闌牢。』

車蠹於巨戶，不勝乘也。

劉師培云：事類賦注二二引『巨戶』作『瓦石，』御覽八九九引作『車尾而不服乘也。』並誤。

案景宋本御覽引『巨戶』亦作『瓦石，』與事類賦注合。

又厚藉斂於百姓，而不以分餒民，

盧文弨云：餒，御覽（四九二）作餧，乃本字。民，御覽作『人也。』下有『欲代之延，不亦難乎！』

案記纂淵海引此亦有『欲代之延，不亦難乎』八字，惟略『而不分餒民』句。

兆在路寢之臺牖下。

御覽五五五引牖作牖，黄以周云：牖字誤，元刻作牖，音義亦作牖，下同。

劉師培云：書鈔（九二）、治要並作『牖下。』

張純一云：明活字本作牖。

案黄之寀本、子彙本亦並作牖。

夫君子則有以，如我者儕小人。

盧文弨云：文有脫誤。

案『如我者儕小人，』本作『如我儕者小人。』者、則互文，者猶則也。『儕者』二字誤倒，則不可通矣。

遂入見公曰，

孫星衍云：見，御覽作白。

案書鈔引見亦作白。

生者不得安，

蘇輿云：『治要無得字，下同。』張純一云：書鈔同。

案御覽引此亦無得字，下同。

命之曰蓄憂。

案書鈔引作『命之曰畜憂也。』下文『命之曰蓄哀，』作『命之曰畜哀也。』蓄、畜古通，御覽亦引作畜，下同。

逢於何遂葬其母路寢之牖下。

盧文弨云：書鈔母下有于字，之下有臺字。

蘇輿云：治要亦有臺字。

劉師培云：書鈔寢作臺，治要寢下有臺字。

張純一校注本從盧說作『逢于何遂葬其母于路寢之臺牖下。』云：御覽亦有臺字。

案書鈔引此作『逢于何遂葬路臺牖下。』盧說不足據。此文本作『逢于何遂葬其母路寢之臺牖下。』御覽引之下有臺字，是也。治要引雖有臺字，而『之臺』二字誤倒。上文亦作『路寢之臺牖下。』

有術客與醫，

案意林引有上有外字。

行蕩則溺己。

案黃之寀本、子彙本蕩並作傷，黃以周云：『傷，元刻作蕩，誤。』是也。明活字本亦誤蕩。

失則害性。

案黃之寀本、子彙本失上並有哀字，黃以周云：『元刻脫哀字。』是也。明活字本亦脫哀字。

不留生事。

張純一校注本不下補以字，云：以字舊脫，據下二句補。留字義不可通，疑本作害，下文『不以害生養，』『不以害生道，』可證。今作留者，蓋涉下『朽屍以留生』而誤。

案留謂阻留也，與害義近，無煩改字，下文『今朽屍以留生，』卽承此言之，則留非誤字明矣。新序節士篇：『無留吾事。』與此留字同義。

晏子復，

案黃之寀本、子彙本復下並有曰字，黃以周云：『元刻脫曰字。』是也。明活字本亦脫曰字。

不若月之曀曀。

孫星衍云：『若月』意林作『若日月。』

案意林作『如日月。』文選陸士衡擬古詩注、崔子玉座右銘注引若亦並作如。

有司未能我共也。

案黃之寀本、子彙本共並作具。明活字本作共，與元本合。

謂之不嫉。

案黃之寀本、子彙本並無不字，黃以周云：『元刻誤衍不字。』是也。明活字本亦衍不字。

事父之道。

案黃之寀本、子彙本父並作君，黃以周云：『元刻君誤父。』是也。明活字本亦誤父。

景公走狗死，

案事類賦注二三引景公下有之字。

公令外共之棺。

張純一云：御覽九百五令作命。

案事類賦注引令亦作命。

田開疆、

案事類賦注二六、記纂淵海九二引疆並作强，下同。

因請公使人少餽之二桃。

孫星衍云：餽即饋叚音字。

盧文弨云：餽當作饋。

案事類賦注、記纂淵海引餽並作饋。

黿銜左驂，

孫星衍云：銜，今本作御，非。據藝文類聚（八六）、後漢書（馬融傳）注改。

張純一云：銜，元刻不誤。

案黃之寀本銜字亦不誤。

冶專桃而宜。

案黃之寀本專下有其字，黃以周云：『元刻無其字，其字衍文。』是也。明活字本、子彙本亦並無其字。

挈領而死。

案事類賦注、記纂淵海引挈並作契。

吾欲得天下勇士與之圖國。

劉師培云：黃本『天下』作夫。

案子彙本亦作夫。

內篇問上第三

君上享其民。

案黃之寀本、子彙本民並作名，張純一云：『元刻誤民。』是也。明活字本亦誤民。

不劫人以兵甲。

案黃之寀本、子彙本『兵甲』並作『甲兵，』黃以周云：『元刻作「兵甲，」是。』明活字本亦作『兵甲。』

敓曰，

洪頤煊云：敓，假借作對字。

劉師培云：元龜（二四二）作『對曰，』黃本同。

張純一校注本作『對曰，』云：對，從元刻。明本作敓，孫本同。

案子彙本亦作『對曰。』元本作『敓曰，』張氏失檢。

以干霸王之諸侯。

孫星衍云：此句疑脫誤。意林作『吾欲霸諸侯，若何？』孔叢（詰墨篇）作『可以霸諸侯乎？』

案此句有脫無誤，之猶於也，（詳釋詞。）『以干霸王之諸侯，』卽『以干霸王於諸侯。』『諸侯』下當據意林所引補『若何』二字。

不善政之所失于下、賈墜于民者衆矣。

案黃之寀本、子彙本『于民』並作『下民，』張純一校注本從元本作『于民，』是也。明活字本亦作『于民。』

則可謂官不具？

劉師培云：黃本同，他本作『何謂。』

案明活字本、子彙本並作『可謂，』與元本合。

左右多過。

劉師培云：黃本『左右』誤倒。

案明活字本、子彙本『左右』亦並誤倒。

景公問晏子曰，

案黃之寀本、明活字本、子彙本問下並有於字。藝文類聚九五引無於字，韓詩外傳七同，與元本合。

不誅之則爲亂。

案黄之寀本脫爲字。明活字本、子彙本並作『則爲亂。』與元本合。

用事者爲猛狗，主安得無壅，國安得無患乎！○或作『用事者爲猛狗，則道術之士不得用矣。此治國之所患也。』

案明活字本『國安得無患乎』下所標異文，與元本同。

景公問晏子曰，

案黄之寀本問下有于字。明活字本、子彙本並無于字，與元本合。

無偪山林。

案子彙本無上有以字。治要引同。是也。黄之寀本、明活字本亦並脫以字。

以無偪川澤。

蘇輿云：治要澤作浦，下同。

案治要無作毋。

其行如何？

劉師培云：治要及冊府元龜二四二作『何如，』與他本同。

案明活字本、子彙本並作『如何，』與元本合。

盡智導民而不伐焉。

案治要引導作道。

上下無所靡。

案黄之寀本靡作縻。明活字本、子彙本並作靡，與元本合。

以此謨者必得矣。

案謨字明活字本同。黄之寀本、子彙本並作謀。

夫逃人而謨，

黄以周云：謨，凌本作謀。

案黄之寀本、子彙本亦並作謀。明活字本與元本同。

未聞存者也。

王念孫云：今本作『未聞不存者也。』不字乃後人所加。

蘇輿云：元刻是，治要正無不字。

案明活字本亦無不字。

時問之君雖日危，

案黄之寀本、子彙本並脫『之君』二字。明活字本與元本同。

莅國治民，

案黄之寀本、明活字本、子彙本莅並作蒞。後同。

爲臣比周以求寸。

案黄之寀本、子彙本寸並作進，黄以周云：『元刻作寸，誤。』是也。明活字本亦誤寸。

故朝無奇辟之服。

案黄之寀本辟作僻。明活字本、子彙本並與元本同。

君裂地而封之。

盧文弨云：論衡（定賢篇）、說苑（臣術篇）俱無君字。裂，論衡作列。

案新序雜事五亦無君字，裂亦作列。

君有難不死，

蘇輿云：治要無君字。

案御覽六二一引此亦無君字。

若言不用，

盧文弨云：不下論衡、說苑俱有見字。下同。

案新序不下亦有見字。下同。

出亡而送之，

劉師培云：說苑無之字。

案新序無之字。說苑有之字，劉氏失檢。

不能與君陷於難。

劉師培云：治要引作『而不與君陷於難者也。』說苑作『而不能與君陷難者也。』

案新序『不能』上亦有而字。

求君逼爾，

案黄之寀本、子彙本爾並作邇。明活字本與元本同。

風雨不降虐。

蘇輿云：虐，各本作雪，形近而譌。治要正作虐。

案黃之寀本亦作虐，與元本合。

以邪莅國，以暴和民者危。

案『和民』疑『治民』之誤，前十三章：『莅國治民，善爲國家者何如？』後二十四章：『古之莅國治民者，其任人何如？』並以『莅國、』『治民』對言，與此同例。治誤爲和，則不可通矣。

好辯以爲忠。

王念孫云：治要作『好辯以爲智，刻民以爲忠。』是也。

案治要引辯作辨。

無信讒人傷其心。

孫本信作親，黃以周云：親，元刻作信。

劉師培云：黃本亦作信。

案明活字本、子彙本亦並作信。

內篇問下第四

尊海而南，

案尊字明活字本、子彙本並同。黃之寀本作遵，孟子梁惠王篇同。遵、尊正、假字。

師行而量食，

洪頤煊云：『量食』者，量限其食也。今本作糧，後人據孟子改。

案黃之寀本行作往，量作糧，子彙本量亦作糧。明活字本與元本同。

景公問晏子，

案文選李蕭遠運命論注引晏子下有曰字。張純一校注本補曰字，是也。

其淸無不灑除。

案黃之寀本『無不』字誤倒。

循之則堅。

案循借爲揗，說文：『揗，摩也。』

貨竭於晉。

劉師培云：黃本竭作謁。

案明活字本、子彙本亦並作謁。

夫儼然辱臨弊邑，

案黃之寀本弊作敝。

晏子使於晉。

張純一云：使，明本、孫本俱作聘。

案黃之寀本使亦作聘。明本作使，張氏失檢。子彙本亦作使。

晏子對曰，

案黃之寀本脫晏子二字。

豆、區、釜、鍾。

案明活字本、子彙本鍾並作鐘，下同。黃之寀本與元本同。

而老小凍餒。

案黃之寀本小作少。明活字本、子彙本並與元本同。

文王慈惠殷衆，

案黃之寀本殷作服。

其伯、

案黃之寀本、子彙本其並作箕，明活字本作其。

夸體貌以華世。

案體字明活字本、子彙本並同。黃之寀本作禮。

從上不敢隋，

張純一校注本改隋爲惰，云：從元刻。

案元刻亦作隋，張氏失檢。

世可正以則，

案黃之寀本、子彙本並作『世可以正則正。』黃以周云：『元刻作「世可正以則，」誤。』是也。明活字本與元本同誤。

以枯槁爲名則世，塞政教之途矣。

劉師培云：此文『以枯槁爲名則世』句。言以枯槁之行爲名而爲法于世也。『塞政教之途矣』句。與上『反天地之衰矣，』『倍先聖之道矣，』對文。

案『則世』二字疑衍，『以枯槁爲名，』承上文『以枯槁爲名』言之，則不當有『則世』二字明矣。張純一以『則世塞政教之途矣』爲句。與上『反天地之衰矣，』『倍先聖之道矣，』文不相對，亦非。

不諂過，

張純一云：諂，元刻作諂。

案元刻亦作諂，張氏失檢。

先其難乎而後幸。得之，時其所也。失之，非其罪也。

張純一校注本作『先其難乎，而後幸得之。得之，時其所也。失之，非其罪也。』云：『「先其難乎，而後幸得之。」論語雍也篇：「仁者先難而後獲。」義同。「得之」二字舊不重，語意不完，今校補。「得之」對「失之」言。』

案幸當作得，涉上文『不要幸』而誤也。『得之，時其所也。』緊承『而後得』而言。論語：『先難而後獲，』與此『先其難乎而後得』同恉。正可證幸字之誤。張氏以『而後幸得之』爲句，而臆補『得之』二字，不知既言『先其難，』則非『幸得之』矣。蓋未深思耳。

暴强不忠，

案黃之寀本作『强暴。』明活字本、子彙本並與元本同。

三心不可以事一君。

案黃之寀本『三心』作『二心。』淮南子繆稱篇亦云：『兩心不可以得一人。』記纂淵海四九引此作『百心。』

晏子曰，

案黃之寀本曰上有對字。明活字本、子彙本並與元本同。

內篇雜上第五

崔杼既弒莊公而立景公，

孫星衍云：弒，後漢書（馮衍傳）注、御覽作殺。

案書鈔一二四引弑亦作煞。

而弑其君。

孫星衍云：弑，後漢書注、新序（義勇篇）作殺。

案韓詩外傳二亦作殺。

嬰不革矣。

孫星衍云：新序作『嬰不之回也。』

案外傳作『嬰不之革也。』此文不下蓋脫之字。

鹿生於野，

孫星衍云：野，御覽作山；一作『山野。』

案野，御覽四百八十作山；三七六作『山野。』張純一謂『御覽兩引俱作山。』失檢。

命縣于廚。

孫星衍云：御覽作『庖廚。』

案御覽三七六作『庖廚。』四百八十無庖字。呂氏春秋知分篇亦無庖字。

嬰命有繫矣。

盧文弨云：『有繫，』御覽兩引皆作『有所縣。』

蘇輿云：韓詩外傳同御覽。

案御覽兩引皆作『有所縣，』呂氏春秋、外傳亦並作『有所縣。』

景公使晏子爲東阿宰。三年，毀聞於國。

案記纂淵海四三引阿上無東字，毀上有而字。

嬰知嬰之過矣。

案記纂淵海引作『嬰知過矣。』

景公說，召而賞之。

案治要、藝文類聚五十、記纂淵海引公上並無景字，下文『景公問其故，』亦並無景字。御覽二六六、四二四引下文同。又記纂淵海引『賞之』下有『辭而不受』四字。

而惰民惡之，

案意林引惰作墮，古字通用。

是以三邪毀乎外，二讒毀乎內。

案意林引乎並作于。明活字本、子彙本下乎字亦並作于，治要引同。

昔者嬰之所以當誅者宜賞，今所以當賞者宜誅。

案記纂淵海引兩宜字並作當，今上有而字，今下有之字。

晏子歸，負載。

張純一云：『負載』猶『負戴。』

案黄之寀本正作『負戴。』

景公探雀鷇，

張純一云：雀，說苑（貴德篇）作爵，古字通。

案御覽五四三引雀亦作爵。

鷇弱，反之。

劉師培云：說苑貴德篇反上有故字。

張純一云：北堂書鈔八五引反上有故字。藝文類聚九二引同。

案御覽五四三引反上亦有故字。

不待時而入見，景公公汗出惕然。

王念孫云：景公二字，乃涉上文而衍。

案景公二字非衍文，惟公字不當疊耳。說苑作『不待請而入見，景公汗出惕然。』可證。

晏子逡巡，北面再拜而賀曰，

張純一云：治要無而字，書鈔八五、類聚九二同。

案事類賦注十九、御覽五四三、九二二引此亦並無而字。

君探雀鷇，鷇弱，反之。

劉師培云：治要反上有故字，說苑同。

案御覽九二二引作『君探鷇而弱，故反之。』五四三及事類賦注引反上亦並有故字。

是長幼也。

孫星衍云：是，藝文類聚作道。

案藝文類聚引是作道，乃涉上文『聖王之道』而誤，不足據。

是無歸夫！

案黃之寀本夫作矣。明活字本、子彙本並與元本同。

使吏養，

劉師培云：黃本及各本下有之字。

案明活字本與元本同。

刖跪繫其馬而反之。

蘇輿云：治要無其字，與下文一律。

案御覽四二八引此亦無其字。

昔者君正晝，

蘇輿云：『晝，各本誤畫。拾補作晝，注云：「畫，譌。」』

案黃之寀本、明活字本、子彙本晝字並不誤，與元本同。

公慙而出反不果。

孫本作『公慙而反，不果出。』云：今本作『公慙而出反不果。』據御覽訂正。

黃以周云：元刻作『而出反，』誤。

劉師培云：說苑（正諫篇）作『公慙而反，不果出。』是也。

案御覽未引此文，孫氏所稱御覽，蓋說苑之誤也。黃之寀本、明活字本、子彙本出字皆誤錯在反字上，與元本同。

得百姓以守宗廟。

案黃之寀本、子彙本得下並有率字，治要引同。黃以周云：『元刻脫率字。』是也。明活字本亦脫率字。

臣聞，

蘇輿云：治要聞下有之字。

案說苑亦有之字。

君有驕行。

劉師培云：御覽四八八引驕作撟。

案御覽四二八引驕作矯，古字通用。四八八未引此文，劉氏失檢。

刖跪直辭禁之。

劉師培云：治要作『而刖跪禁之。』說苑作『而刖跪有直辭。』而字當補。

案御覽引作『而刖跪直禁。』亦有而字。

國家得微有事乎？

劉師培云：御覽八四四引作『國得無有故乎？』說苑事亦作故。

案御覽四六八引事亦作故。

臣不敢與焉。

案御覽四六八引與作預，下同。

公曰：移于司馬穰苴之家。

案御覽三五三、四六八、七百九引『公曰』並作又；八四四引作『公乃。』

公曰：移於梁丘據之家。

案書鈔一百十、御覽四六八引『公曰』並作又；御覽八四四引作『公復。』

行歌而去。

劉師培云：治要引作『而出，』說苑同。

案黃之寀本、子彙本亦並作『而出。』明活字本與元本同。說苑作『而至，』劉氏失檢。

微彼二子者，

案黃之寀本彼誤此。明活字本、子彙本並與元本同。

嬰非君奉餽之臣也。

劉師培云：書抄三七、一四三並引餽作餕。

案書抄三七引此餽字同，劉氏失檢。

嬰，社稷之臣也。

蘇輿云：治要無嬰字、也字。

案說苑臣術篇亦無嬰字。

可分布于四方。

蘇輿云：治要無分字。

案治要『四方』下有也字。

大夫以下，

孫星衍云：『大夫，』一本作『匹夫，』非。

案明活字本作『匹夫。』

晉平公欲伐齊，

孫星衍云：伐，後漢書（馬融傳）注作攻。

劉師培云：御覽五七四、事類賦注十一引作『晉欲攻齊。』孫子謀攻篇杜牧注引同。

案御覽七六一亦引作『晉欲攻齊。』

公曰：酌寡人之罇，進之於客。

劉師培云：此十一字元本挩，今據沈、黃各本。御覽五七四引作『公曰：「諾。」告侍者酌之。』事類賦注作『公曰：「諾。」告侍者酌樽進之。』

案明活字本亦脫此十一字。御覽五七四引作『公曰：「諾。」告侍者酌樽進之。』與事類賦注引同，劉氏失檢。

晏子曰：徹罇，

劉師培云：此五字元本挩，今據沈、黃各本。後漢書馬融傳注、文選雜詩注、連珠注並引曰作命。

案明活字本亦脫此五字。御覽五七四引曰亦作命。

冥臣不習。

孫星衍云：冥，韓詩外傳、文選注作盲。

案文選張景陽雜詩注、陸士衡演連珠注並引作『盲臣不習也。』

景公謂晏子曰，

案御覽五七四引謂作問，下文『景公謂太師曰，』謂亦作問。

欲舞天子之樂，

案新序雜事一欲上有而字，御覽五七四約引此文作『而舞之，』亦有而字。

齊未可伐也。

案御覽七六一引未作不。

臣欲試其君，

案文選注兩引臣並作吾，下文『臣欲犯其樂，』臣亦作吾，外傳八同。御覽五七四、七六一引此臣亦作吾。

而晏子識之。

案御覽七六一引識作知。

仲尼聞，

孫星衍云：仲尼，文選注作孔子。

案明活字本與元本同。文選孫子荊爲石仲容與孫皓書注、陳孔璋爲袁紹檄豫州文注、潘元茂册魏公九錫文注、潘安仁楊荊州誄注皆引作『孔子曰，』陸士衡演連珠注引作『孔子聞曰，』子彙本作『仲尼聞曰。』文選張景陽雜詩注、御覽七六一並引作『孔子聞之曰，』外傳同。黃之寀本作『仲尼聞之曰，』新序同。

夫不出於尊俎之間，

案御覽七六一引出作越。

公問焉，

案事類賦注八引焉作曰。

對：陰水厥，

孫本對下有曰字，云：今本脫曰字，據御覽增。

案書鈔一五六、白帖八一、事類賦注八引此皆作『對曰。

寒溫節。

案事類賦注、御覽六八引節下並有也字。

節則刑政平；平則上下和；和則年穀熟。

孫星衍云：御覽作『寒溫節則政平；政平則上下和；上下和則年穀熟。』

案白帖八一引作『寒溫節則政平；政平則上下和平；上下和平則穀熟。』今本有脫文，當據補。事類賦注、御覽六八並約引作『寒溫節則政平；政平則年穀熟。』亦可證今本有脫文。

請禮魯以息吾怨。

孫星衍云：怨，御覽作愁。

張純一云：鮑刻御覽三五作『君盍禮魯以息吾怨？』

案御覽兩引怨字並同，孫氏恐失檢。景宋本御覽三五亦作『君盍禮魯以息吾怨？』盍下並有注云：『盍，何不也。』鮑刻本亦有此注。

此諸侯之公患也。

案黃之寀本公作通。明活字本、子彙本並與元本同。

公遊於紀，

孫本公上有景字，云：今本脫景字，據御覽增。

案事類賦注二一引此亦有景字。

得金壺。

案黃之寀本、明活字本、子彙本皆脫壺字，孫本據御覽壺部（七六一）增壺字，與元本合。御覽八九六（獸部八）、事類賦注引此亦並有壺字。

發其視之，

王念孫云：『發其視之，』本作『發而視之。』御覽器物部六、獸部八、玉海十四引此並作『發而視之。』

案黃之寀本、子彙本並無其字，御覽七六一（器物部六）引同。王氏謂器物部六引作『發而視之，』失檢。明活字本與元本同。

中有丹書。

劉師培云：黃本丹誤月。

案子彙本丹亦誤月。孫本據御覽作丹，與元本合。明活字本亦作丹，事類賦注引同。

知若言，

案黃之寀本、子彙本若並誤苦。明活字本與元本同。

食魚無反，毋盡民力乎！

張純一云：御覽作『食魚不反，無盡民力也。』

案事類賦注引此與御覽同。

勿乘駑馬，則無置不肖於側乎！

劉師培云：則字衍。則蓋側字之訛文，後人又移置語首。

張純一云：御覽作『不乘駑馬，無致不肖於側也。』劉說是。御覽無則字，當據刪。

案事類賦注引作『不乘駑馬，無馭不肖於側也。』亦無則字。

紀有書，

劉師培云：御覽、事類賦注並引作『紀得此書。』

案事類賦注引作『紀有此書，』劉氏失檢。

紀有此言，注之壺，不亡何待乎！

孫星衍云：壺，一本作緘，一本作共，皆非。

劉師培云：御覽、事類賦注引作『紀有此書，藏之於壺，不亡曷待！』

案黃之寀本壺作共。明活字本、子彙本並脫壺字。事類賦注引『注之壺，』作『藏之金壺，』劉氏失檢。

魯昭公棄國走齊。

張純一云：御覽九九七作哀公，說苑敬愼篇作哀侯，並非。

案藝文類聚八二引此亦作哀公。

雖速，亦無及已！

劉師培云：治要引作『亦不及。』

案治要引作『亦無及，』說苑雜言篇無乃作不，劉氏失檢。

晏子旣已有事于魯君，

劉師培云：已卽旣也。蓋一本作旣，一本作已，後人併而一之。

案古書多複詞，旣、已同義，自可連用，莊子逍遙遊篇：『天下旣已治也。』寓言篇：『旣已縣矣。』並同此例。劉說非也。

嬰聞兩楹之間，

孫本楹作檻，云：檻，疑當作楹，字之誤也。

盧文弨云：檻，譌。元刻作楹。

案黃之寀本、明活字本、子彙本皆作楹，與元本合。

君子贈人以軒，

黃以周云：文選王仲宣贈蔡子篤詩注作『以財。』

劉師培云：御覽九八三引作『贈人以財。』

案文選王仲宣贈蔡子篤詩注引作『嬰聞贈人以財，』『嬰聞』下蓋略『君子』二字。御覽九八三引作『嬰聞君子贈人以財，』是也。荀子大略篇『君子』上有『嬰聞之』三字，說苑雜言篇有『吾聞』二字，家語六本篇有『吾聞之』三字，咸可證此文『君子』上有脫文。

井里之困也。

劉師培云：御覽八百六、希麟續音義六並引困作朴。

案續音義十引困作朴，續音義六未引此文，劉氏失檢。御覽八百二引困作璞，引荀子（大略篇）亦作璞。

則爲存國之寶。

孫星衍云：意林作『則成寶。』

案意林引作『則成國寶。』孫氏失檢。御覽八百二引存作薦，於義爲長。存疑荐之誤，荐、薦古通。

湛之苦酒，

案御覽九八三引酒作㴲。

所湛然也。

孫星衍云：湛，一本作蕩，非。

劉師培云：黃本湛作蕩。

案子彙本亦作蕩。

君子居必擇居，

孫本『擇居』作『擇鄰，』云：據藝文類聚（二三）、御覽（四五九）訂正。說苑作處。

案家語亦作『擇處。』

所以辟患也。

黃以周云：說苑『辟患』作『修道。』

劉師培云：御覽四五七作『可以避禍也。』

案家語『辟患』亦作『修道。』御覽四五九引所作可，四五七未引此文，劉氏失檢。

不可不愼也。

劉師培云：說苑雜言篇愼作惟。

案說苑愼字同，劉氏失檢。

晏子之晉，

案御覽六九四引之作適。

使人問焉，曰，

案史記晏子列傳正義、御覽四七五並引作「晏子問曰，」文選王子淵四子講德論注、御覽六九四並引作「晏子曰，」蓋所據本「使人」皆作「晏子。」今本則與呂氏春秋觀世篇、新序節士篇同。

我，越石父者也。

黃以周云：御覽四七五引無者字。

案史記正義、御覽六九四引此亦並無者字。

是以爲僕也。

案記纂淵海四八引「爲僕」作「爲人臣僕。」

可得贖乎？

案文選注引得下有而字。

遂解左驂以贈之。

案文選注引以作而，史記及正義、記纂淵海引贈並作贖。

因載而與之俱歸。

案御覽四七五引與作以，以猶與也。

吾未嘗得交夫子也，子爲僕三年。

劉師培云：呂氏春秋作「嬰未嘗得交也，」新序同。是也。晏子方輕視石父，安得遽稱爲夫子；且下文或稱爲子，或稱爲客，亦無稱爲夫子者，疑此文當作「吾未嘗得交子也，夫子爲僕三年。」夫者，語詞也。嗣「子也夫」三字互易，遂作「得交夫子」矣！

案夫猶乎也，「得交夫子，」猶言「得交乎子，」與下文稱子正合。劉氏未達，乃欲倒文以就己說，疏甚！

越石父對之曰，

黃以周云：盧校本去之字。

案文選注引此正無之字。

士者詘乎不知己，而申乎知己。

劉師培云：文選羊祜讓開府表注引詘作屈，曹植贈徐幹詩注引申作伸。

案呂氏春秋詘亦作屈，申亦作伸。

嚮者見客之容，

案文選注引者作也，呂氏春秋、新序並同。

從門閒而闚其夫，爲相御。

案史記晏子列傳疊『其夫』二字，是也。

然，吾失此，何之有也！

案此，指懷善之人。之，語助。也與邪同。言吾旣失懷善之人，尙何有邪！

願乞所以養母者。

孫星衍云：藝文類聚（八五）作『託以養母。』

案御覽八百四十引乞亦作託。

晏子使人分倉粟府金而遺之。

張純一云：類聚八五而作以。

案御覽四七九、八百四十引而亦並作以。

辭金受粟。

張純一云：類聚八五辭上有騷子。

案藝文類聚三三引辭上亦有騷字。呂氏春秋士節篇、苑說復恩篇『辭金』下並有而字。

出犇。

孫星衍云：犇，藝文類聚作奔。

案御覽四七九引此作『乃出奔。』八百四十引犇亦作奔，呂氏春秋同。

北子召其友而告之，

案黃之寀本、子彙本北下並有郭字，呂氏春秋、說苑並同。黃以周云：『元刻脫郭字。』是也。明活字本亦脫郭字。

養其親者，身伉其難。

孫星衍云：伉，說苑、藝文類聚作更。

案御覽四七九引伉亦作更。

造于君庭。

孫星衍云：藝文類聚作『遂造君廷。』

案藝文類聚（三三）引作『遂造公廷。』御覽八百四十引同。四七九引作『遂告公廷。』藝文類聚一本造亦作告。

晏子，天下之賢者也。

案御覽八百四十引『賢者』作『賢人。』

今去齊國，齊必侵矣。

劉師培云：類聚、御覽引作『今去齊，國必侵。』

案藝文類聚、御覽四七九引此並作『去齊，齊國必侵。』劉氏失檢。呂氏春秋、說苑『必侵』上亦並有國字。御覽八百四十引此作『去齊，敵必來侵。』

方見國之必侵，

案御覽八百四十引方作臣。

奉以託，退而自刎。

案黃之寀本、明活字本、子彙本『託退』二字並誤倒。孫星衍據呂氏春秋定作『奉以託，退而自刎。』與元本合。御覽四七九、八百四十引刎並作殺。

其友因奉託，

張純一本奉下有以字，云：以字舊脫，據上文補。

案呂氏春秋正作『奉以託。』

此北郭子爲國故死。

劉師培云：此字無義，乃北字之誤文而複衍者。呂氏春秋士節篇、說苑復恩篇均無此字。

案劉氏謂此字爲衍文，誠是。惟說苑復恩篇無此文。

嬰之亡，豈不宜哉！亦愈不知士甚矣！

孫星衍云：說苑作『嬰不肖，罪過，固其所也。而士以身明之，哀哉！』

劉師培云：御覽引作『晏子曰：士以身明人者也！』據說苑報德篇亦有『而士以身明之』句。疑御覽所引七字，或『甚矣』下挩文。

案劉氏疑御覽（四七九）所引七字爲『甚矣』下脫文，是也。惟御覽引作『士以身明人者哉！』劉氏誤哉爲也。又所稱說苑報德篇，乃復恩篇之誤。

吾聞高糺與夫子游，

孫本糺作糾，黃以周云：元刻作糺，下章同。

案黃之寀本、明活字本、子彙本皆作糺，與元本合。

特祿仕之臣也。

孫本無仕字，云：祿，說苑（君道篇）作進。

黃以周云：元刻祿下有仕字，當據補。

劉師培云：『特當作持，內篇問下云：「士者持祿，游者養交。身之所以危也。」而「持祿、」「養交」又見于荀子諸書，于諸子之書爲恒言。「持祿」者，保持祿養也。故晏子以高糾爲持祿之臣。及持誤作特，後人遂于祿下補仕字矣』。

案明本說苑進作祿，與此同。黃之寀本、明活字本、子彙本祿下皆有仕字，與元本合。說苑亦有仕字，孫本蓋誤脫也。『特祿仕之臣，』與上文『爲祿仕者，不能正其君。』相應；與標題『晏子辭以祿仕之臣，』亦符，（黃以周有說。）劉氏不察，乃據誤脫之孫本爲說，徒費辭耳！

高糺事晏子而見逐，高糺曰：臣事夫子三年，無得，而卒見逐，其說何也？

蘇輿云：『無得，』言無祿位也。外篇儐者諫詞可證。

案『無得』當作『無故，』故、得草書形近，故致誤耳。文子上德篇：『得之與失，』淮南子說林篇得作故，亦二字相亂之例。書鈔三二引此作『高僚仕於晏子三年，無故，晏子逐之。』辭雖微異，而『無故』二字尚可證『無得』之誤。蘇氏據誤字爲說，非也。書鈔引下文作『左右陳曰：「高僚事子三年，曾無以爵位而逐之，其義可乎？」晏子曰：「嬰，仄陋之人也。」』與此章不類，而與外篇七第二十三章較合。（說苑臣術篇載此文，與書鈔所引尤合，惟彼文首句『高繚仕於晏子』下，無『三年，無故』四字，與下文不相應，當據書鈔補之。）

曾子以聞孔子，

孫星衍云：聞，家語（子貢問篇）作問。

案聞、問古通，禮記檀弓：『問喪於夫子乎？』釋文：『問，或作聞。』莊子逍遙遊篇：『而彭祖乃今以久特聞。』釋文引崔譔本聞作問。荀子堯問篇：『不聞即物少至。』楊倞注：『聞，或爲問。』皆其比。張純一本據家語改聞爲問，非也。

內篇雜下第六

女子而男子飾者，

劉師培云：男下黃本無子字。

案御覽八二八引作『女子以男飾者，』男下亦無子字。

踰月，

盧文弨云：踰，御覽作『不踰。』

王念孫云：『踰月，』本作『不踰月。』言其速也。御覽引此正作『不踰月。』說苑作『不旋月。』

案景宋本御覽引此作『不環月，』鮑刻本作『不還月，』盧、王二氏恐失檢。環、還、旋古並通用。

齊人甚好轂擊，

張純一云：御覽七七三引作『齊人好擊轂。』

案藝文類聚七一、事類賦注十六引此亦並作『齊人好擊轂。』引下文『轂擊，』亦並作『擊轂。』

而曹有五丈夫，

案黃之寀本、明活字本、子彙本曹皆作夢，下同。曹、夢正、假字。文選江文通詣建平王上書注、御覽三六四、三九三、三九九引此亦皆作夢，說苑辨物篇同。

五丈夫罟而駭獸，

張純一云：文選注作『有五丈夫來驚獸。』

案文選注引『五丈夫』上有有字，是也。御覽三六四引此亦有有字。

命曰五丈夫之丘。

案御覽三九三引命下有之字。

此其地邪？

案『此其』乃『其此』之誤倒。說苑正作『其此邪？』御覽三九九引此作『豈此邪？』其猶豈也。

則五頭同穴而存焉。

張純一云：御覽三九九作『得五頭同穴而存焉。』

案御覽引此則字同，張氏失檢。

拜馬前，辭騫曰：爲禳君鴞而殺之。

盧文弨云：說苑作『辭曰：騫爲君禳梟而殺之。』此文誤。

黃以周云：元刻作『辭騫曰，』『拜馬前辭』句。晏子辭其拜也。今作『騫辭，』誤。

案明活字本與元本同。此當從說苑作『拜馬前，辭曰：騫爲君禳梟而殺之。』盧說是也。『騫曰』乃『曰騫』之誤倒，『禳君』乃『君禳』之誤倒。黃之寀本、子彙本『辭騫』並作『騫辭，』蓋後人不知『騫曰』二字之誤倒，乃臆乙騫字於辭字上耳。禮記檀弓：『使人辭於狐突，』注：『辭猶告也。』『辭曰』猶『告曰，』莊子秋水篇：『將甲者進，辭曰：以爲陽虎也，故圍之。』與此『辭曰』同旨。黃氏以『拜馬前辭』爲句，並云：『晏子辭其拜也。』失之遠矣！張純一本以『拜馬前』爲句，『禳君』二字從盧說乙正，並是。惟『辭騫曰』三字仍從元本，辭字之義取黃說，『辭』字句，『騫曰』二字句，亦未深思耳！

仰而對曰，

孫星衍云：仰，一本作抑，非。

案明活字本、子彙本仰並誤抑。

汝薄賦，

案黃之寀本賦作歛。明活字本賦字，與下章標題『景公成栢寢』之栢字互誤。

景公新成柏寢之室，

案室字明活字本，子彙本並同。黃之宷本作臺。

一陰不勝二陽，

案御覽七四三引二作兩。

占夢以臣之言對。

案黃之宷本『占夢』下有者字，臣誤占。子彙本臣亦誤占。明活字本與元本同。

如屨辨。

劉師培云：黃本辨作辦。

案明活字本、子彙本亦並作辦。

吾聞晏嬰，蓋北方辯于辭、習于禮者也。

案『北方』下當有之字，下第十章：『晏嬰，齊之習辭者也。』與此句法同。說苑奉使篇『北方』下正有之字。黃之宷本辯作辨。

晏子蹵然，

劉師培云：黃本蹵作蹙。

案黃本蹵字同，劉氏失檢。

見之以諸侯之禮。

案御覽七七九引見下無之字，說苑同。

晏子使楚。以晏子短，

劉師培云：類聚九四、御覽九百五、事類賦注二二並引作『晏子短，使楚。』據說苑奉使篇無以字，似此文以字當删。

案藝文類聚五三、記纂淵海九八引此亦並作『晏子短，使楚。』劉氏所稱事類賦注二二，乃二三之誤。御覽一八三引此無以字，與說苑合。太平廣記二四五引啓顏錄作『齊晏嬰短小，使楚。』

今臣使楚，

劉師培云：御覽九四引作『使楚王。』

案劉氏所稱御覽九四，乃藝文類聚九四之誤。藝文類聚五三引今作而。御覽四六六引今下有日字。

不當從此門入。

劉師培云：白帖（二四）引作『狗門。』與初學記十九、類聚二五、五三、御覽七七九所引（見音義）合。

案白帖二四引『此門入，』作『狗門而入。』御覽七七九作『狗門入也。』三七八、四六六並作『狗門入。』太平廣記引啓顏錄同。

臨淄三百閭。

黃以周云：御覽三七八又四六八並引作『齊之臨淄。』

案黃氏所稱御覽四六八乃四六六之誤。

何爲無人？

孫星衍云：爲，意林作容。御覽作謂。

黃以周云：御覽作『何謂齊無人？』

案意林引作『何容無人也？』景宋本、鮑刻本御覽四六六並引作『何爲齊無人？』

其賢者使使賢王。不肖者使使不肖王。

案御覽四六六、七七九引兩句使字並不疊。說苑及太平廣記引啓顏錄均同。

嬰最不肖，

案御覽三七八引作『以嬰爲不肖。』

故直使楚矣。

劉師培云：類聚二五引作『故使王耳。』御覽七七九作『是故使王也。』

案御覽三七八、太平廣記引啓顏錄亦並引作『故使王耳。』惟藝文類聚二五引作『故使王爾。』張純一所據是。景宋本御覽七七九引作『是故使王耳。』四六六引矣亦作耳。說苑同。

晏子將楚，

王念孫云：將下脫使字。本或作『晏子將至楚，』此因下文有『晏子至楚，』而以意加至字耳。意林及北堂書鈔政術部十四、藝文類聚人部九、果部上、太平御覽果部三，並引作『晏子使楚，』但省去將字耳。說苑奉使篇作『晏子將使荆，』今據以訂正。

案黃之寀本、子彙本將下並有至字。白帖九九、御覽九九二（藥部九）引此並作『晏子使楚，』王氏謂將下脫使字，是也。韓詩外傳十作『齊景公遣晏子南使楚,』亦有使字。御覽七七九引此作『晏子聘楚,』所據本異。

楚聞之,謂左右曰,

王念孫云:楚下脫王字。

劉師培云:書抄四十、類聚二五並引作『楚王謂左右曰。』

案王說是也,外傳正作『楚王聞之,謂左右曰。』說苑作『荆王聞之,謂左右曰,』亦其證。御覽九六六引此作『楚王謂其左右曰。』

晏嬰,齊之習辭者也。

劉師培云:書抄引無『齊之』二字。

張純一云:類聚二五省『齊之』二字。

案御覽九六六引此亦無『齊之』二字。

吾欲辱之,

劉師培云:類聚二五、御覽九六六並引辱作傷。

案太平廣記引啓顏錄辱亦作傷。

縛者曷爲者也?

張純一云:爲,類聚二五作謂,古通用。

案類聚引『曷爲』作『何謂,』太平廣記引啓顏錄同。

齊人固善盜乎?

劉師培云:御覽九九二引與此同。說苑無固字。

案御覽九九二引固作故(古字通用),說苑有固字,脫善字,劉氏並失檢。

橘生淮南,則爲橘。生於淮北,則爲枳。

案太平廣記引啓顏錄作『橘生於江南,至江北爲枳。』與此作淮南、淮北異。

葉徒相似,

案御覽九六六引作『枝葉徒似,』太平廣記引啓顏錄作『枝葉相似。』

其實味不同。

案白帖二四引作『而味不同。』

水土異也。

劉師培云:御覽七七九作『水土使然也。』

案景宋本御覽七七九引作『土地使其然也。』鮑刻本無其字，劉氏失檢。

今民生長於齊不盜，入楚則盜。

劉師培云：書抄及御覽九九二引無長字。

張純一云：類聚八六無長字。

案御覽九六六引此亦無長字。七七九引此作『臣察此人在齊不爲盜，今來楚而盜。』太平廣記引啓顏錄作『今此人生於齊不解爲盜，入楚則爲盜。』

得無楚之水土使民善盜邪？

劉師培云：白帖九九作『豈非楚之水土使然乎？』御覽九百六十引作『得無儆楚民善盜邪？』

案白帖九九引作『豈非水土之使然乎？』劉氏失檢。又所稱御覽九百六十，乃九百六十六之誤。七七九引作『亦土地使然也？』藝文類聚二五引『使民善盜』作『使爲盜。』太平廣記引啓顏錄作『其實不同，水土使之然也。』

聖人非所與熙也。

案子彙本熙作嬉。

景公使晏子於楚，

案御覽七七九、九六六、事類賦注二七、記纂淵海九二引此皆作『晏子使楚。』

楚王曰：橘當去剖。

劉師培云：御覽七七九引作『橘未剖。』

案景宋本御覽七七九引作『橘去剖。』蓋略當字。事類賦注引作『橘當剖。』蓋脫去字。記纂淵海引作『橘當去割。』割乃剖之誤。明活字本橘字錯在楚字下。黃之寀本、子彙本並脫橘字。

今者萬乘無教令，

案御覽九六六、事類賦注引此並無教字，說苑奉使篇同。

酌者奉觴進之，

案禮記投壺注引進上有而字，（詳音義。）是也。說苑亦有而字。

若美山然。

案御覽三九、記纂淵海六五引美並作華。

望之相相然，盡目力不知厭。

王念孫云：『相當爲相，說文：「相，高皃。」故山高皃亦謂之相。相與相字相似，世人多見相，少見相，故相誤爲相。此言「望之相相然，」下言「登彼相相之上，」則相爲相之誤明矣。』

案相爲爲扫，字之誤也。列子說符篇：『俄而扫其谷而得其鈇，』呂氏春秋去尤篇扫誤相，正同此例。扫與搰同，莊子天地篇：『搰搰然用力甚多，』釋文：『搰搰，用力貌。』（成玄英疏同。）是其義也。『扫扫』爲用力貌，故下言『盡目力不知厭。』下文『仡仡然不知厭，』與此相應，『仡仡』亦用力貌，（仡與勏同，廣韻：『勏，用力也。』詳蘇輿說。）則相爲扫之誤明矣。王氏謂下『登彼相相之上，』相爲相之誤，誠是。謂此文相爲相之誤，則未審矣。又案御覽、記纂淵海引『不知厭』上並有自字。

俛就則傷要。

案要字明活字本同。黃之寀本、子彙本並誤嬰。

君不能飭法，

案黃之寀本飭作飾，古字通用。

禁者，政之本也。

孫本禁作廉，云：今本作禁，非。

案黃之寀本，明活字本，子彙本禁字並同。下文『廉之謂公正。』承此而言，孫本禁作廉，蓋據下文改。

分其邑與晏子邶殿。

案黃之寀本作邶殿，下同。

所謂幅也。○或作『晏子對曰：「先人有言曰：『無功之賞，不義之富，禍之媒也。』夫離治闕求富，禍也。慶氏知而不行，是以失之。我非惡富也，諺曰：『前車覆，後車戒。』吾恐失富，不敢受之也。」』

案『或作』云云，明活字本同。

又好盤游翫好以飭女子。

孫星衍云：飭與飾通。

案黄之寀本飭正作飾。

未嘗聞者。

案黄之寀本、子彙本者並作之。黄以周云：『之，元刻誤者。』是也。明活字本亦誤者。

以若爲師也。

案若字明活字本同。黄之寀本、子彙本並作善。

晏子亦不飽。

案御覽四二四引作『嬰亦不飽。』

晏子之家，若是其貧也？

案說苑臣術篇晏子作『夫子。』後第二十六章亦云：『夫子之家，如此其貧乎？』

晏子辭，

案御覽引作『晏子不受。』

脫粟之食。

王念孫云：『「脫粟」上當有食字，後第二十六章云：「食脫粟之食，」卽其證。後漢書章帝紀注、北堂書鈔酒食部三、初學記器物部、太平御覽飯食部八，引此並云：「食脫粟之飯。」』

張純一云：御覽八四九、八六七引此『脫粟』上並有食字。

案王說是也。白帖十六引此作『食免粟飯。』二八引作『食脫粟飯。』亦並其證。御覽八四九、八六七所引乃後第二十六章之文，張氏失檢。

五卵、苔菜而已。

孫本卵作卯，蘇輿云：卯，疑當從元刻作卵。

案黄之寀本、明活字本、子彙本皆作卵，後第二十六章同。與元本合。

君歡然與子邑，

劉師培云：黄本子下有之字。

案黄之寀本子作之，非子下有之字也。劉氏失檢。

景公欲更晏子之宅。

孫星衍云：『欲更，』藝文類聚作『欲使更。』

劉師培云:玉海一七五引欲作使。

案藝文類聚引欲作使,與玉海引同。非引欲下有使字也,孫氏失檢。

公繁于刑。

案文選何平叔景福殿賦注引公上有景字,左昭三年傳、韓非子難二篇並同。

故對曰:踊貴而屨賤。

案文選注引『故對曰,』作『晏子對曰。』韓非子同。續一切經音義十引屨作履。

公爲是省于刑。

案文選注引作『公以是省刑。』

因陳桓子以請,迺許之。○或作『晏子使魯,比其反,景公爲毀其隣,以益其宅。晏子反,聞之,待於郊,使人復于公曰:「臣之貧頑而好大室也,乃通於君。故君大其居。臣之罪大矣!」公曰:「夫子之鄉惡而居小,故爲夫子爲之。欲夫子居之,以慊寡人也。」晏子對曰:「先人有言曰:『毋卜其居,而卜其隣舍。』今得意於君者,慊其居則毋卜。已沒氏之先人卜與臣鄰,吉。臣可以廢沒氏之卜乎!夫大居而逆隣歸之心,臣不願也。請辭。」』

案『或作』云云,明活字本同。

寡人欲朝昔見。

案昔字明活字本同。黃之寀本、子彙本並作夕。

維至賢耳。

案藝文類聚六四、御覽一七四引維並作唯,同。

趣召晏子,

案治要引趣作趍,趍乃俗趨字。趣、趨古通,說文:『趣,疾也。』廣雅釋詁:『趨,疾也。』

炙三弋、五卵、苔菜耳矣。

案御覽八六七引『耳矣』作『而已,』

寡人之罪也。

案御覽八四九引『寡人』上有乃字。

免粟之食飽,

俞樾云：『免卽脫也，廣雅釋詁：免，脫也。』

案御覽引免作脫。

而有參士之食，

案御覽引參作三。

子曰，

張純一本子上補晏字，云：元刻如此。

案子上當有晏字，惟元本無晏字，（黃之寀本、明活字本、子彙本並同。）張氏失檢。

謂其妻曰，

劉師培云：白帖十引作『謂妻子曰。』

案御覽一八七亦引作『謂妻子曰。』

楹語也。

孫星衍云：御覽作『書記曰也。』

案御覽一八七引作『楹記日也。』孫氏失檢。

外篇重而異者第七

景公飲酒數日而樂。

案治要、書鈔一二九、御覽四六八、六九六引此並無『而樂』二字，疑後人依新序刺奢篇所加。

人之所以貴於禽獸者，

案黃之寀本脫以字。明活字本、子彙本『以貴』二字並誤倒。

吾以彰晏子之教也。○此章與景公酒酣，願爲無禮，晏子諫。大旨同；但辭有詳略爾。故箸于此篇。

黃以周云：元刻每章之末，有箸定之語。

案『此章』云云，明活字本同。以後每章之末，此類箸定之語，明活字本皆同。

景公置酒于泰山之上。

孫星衍云：沈啓南本有此章，俗本皆删去。

案明活字本亦有此章，與元本合。

今日見怯君一，

案藝文類聚一九、御覽三九一引此並作『臣見怯君一，』疑見上本有臣字。

景公使祝禳之。

案白帖一引作『景公欲禳之。』

天道不謟，

案論衡變虛篇謟作闇。

且天之有彗，

案黄之寀本無之字。

以除穢也。

案白帖引以上有所字。

禳之何損？

劉師培云：論衡變虛篇損作益，新序雜事四何允中本亦作益。

案白帖引此損亦作益。

民卒流亡。

孫本流作㳅，云：一本作流，㳅卽流隸字。

案流字黄之寀本同。明活字本、子彙本並作㳅，下同。

若德之回亂，

張純一本無之字，云：據左（昭二十六年）傳刪。

案論衡亦無之字。

陳信不愧。

案黄之寀本信作言。明活字本、子彙本並與元本同。

其家事無情。

案黄之寀本、子彙本情並作猜，張純一云：『元刻作情，譌。』是也。明活字本亦誤情。

則虛以求媚。

案黄之寀本求作成，蓋草書形近之誤。明活字本，子彙本並與元本同。

澤之萑蒲，

案萑字明活字本同。黄之寀本，子彙本並作萑。

豈能勝億兆人之詛？

案白帖九三引詛下有邪字。

寡人之無德也甚矣！

案說苑至公篇甚上有何字，是也。『寡人之無德也何甚矣！』猶言『寡人之無德也何甚乎！』此文無何字，蓋淺人不知矣、乎同義，而妄刪之耳！

由偏之也。

案偏字明活字本同。黄之寀本作遍。子彙本作偏。

泰帶重半鈞。

案泰字明活字本同。黄之寀本、子彙本並作大。

景公宿于路寢之宮。

案黄之寀本路作露，古字通用。

因問其偪柎何所在。

孫本『偪柎』作『偪柎，』黄以周云：元刻作『偪柎。』

案黄之寀本、明活字本、子彙本皆作『偪柎，』與元本合。柎，當從孫本作柎；或古通用。

請數之以其罪而殺之。

孫星衍云：御覽而作乃。

案御覽（九一四）引此無『以其罪而殺之』六字，（藝文類聚九十引此同。）孫氏所稱御覽，蓋說苑（正諫篇）之誤也。下文『公曰：勿殺。』孫云：『御覽作「公曰：勿殺而謝之。」』所稱御覽，亦說苑之誤，御覽與今本同。

以成其大不誠。于中者，必謹小誠于外，以成其大不誠。

黄以周云：元刻『以成其大不誠』下，重衍『于中者』等十五字。

案明活字本亦重衍『于中者』等十五字。

然則夫子扐寡人止之。

案明活字本扐作助。

望見齊國，

案御覽七一引望上有公字。

則虞、夏當存矣。

案黃之寀本、明活字本、子彙本當並作常，古字通用。

臣聞：見不足以知之者，智也。

孫星衍云：言見所不足而能知之。

王念孫云：不字衍，下文『臣奚足以知之？』即其證。孫說非是。

案孫說固非；王說亦未審。『見不』乃『不見』之誤倒。『不見足以知之者，智也。』與下『先言而後當者，惠也。』相對成義。下文『臣奚足以知之乎？』亦正與此相應。

而無衰乎！

案而字明活字本同。黃之寀本、子彙本並作能。

無字之後無幾。

劉師培云：黃本『無幾，』無作何。

案黃本『無幾』作『無何。』劉氏失檢。

君令而不違厲。

案黃之寀本、子彙本並無厲字。明活字本與元本同。

蓋賊以優，

案說苑奉使篇優作慢。

臣聞之，

劉師培云：黃本臣作吾。

案子彙本臣亦作吾。

故退而野處。

案黃之寀本、明活字本、子彙本野並作埜。

不辟君所愛。

案治要引辟作避。

廢置不周於君前謂之專。

俞樾云：『不周』當爲『不由。』廢置不由於君前，故爲專也。

案『不周』義自可通，無煩改字。周猶信也，穀梁成十七年傳：『公不周乎伐鄭也。』注：『周，信也。』卽其證。『廢置不周於君前，』猶言『廢置不信於君前』也。

出言不諱於君前謂易。

案黃之寀本、子彙本謂下並有之字，黃以周云：『元刻脫之字。』是也。明活字本亦脫之字。

不擧曰維，將不正。

孫本曰作四，云：說苑作『有四維之，然後能直。』今本四作曰，非。

案黃之寀本、明活字本、子彙本皆作曰，與元本同誤。孫本作四，蓋據說苑（臣術篇）改。

晏子相景公，

案子彙本此章缺。

外篇不合經術者第八

欲封之以爾稽。

孫星衍云：爾稽，墨子（非儒下篇）作尼谿。

案史記孔子世家亦作尼谿。

今孔丘盛聲樂以侈世，飾弦歌鼓舞以聚徒。

孫星衍云：『盛聲樂以侈世，』墨子作『盛容修飾以蠱世。』

案『盛聲樂以侈世，』與下文『盛爲聲樂以淫愚其民』義複。當從墨子作『盛容修飾以侈世，』與下句『弦歌鼓舞以聚徒』相耦，今本飾字誤錯在下句『弦歌鼓舞』上；『容修』之作『聲樂，』又涉上文『聲樂繁充』而誤也。史記作『盛容飾，』亦不言『聲樂。』

趨翔之節，

案史記翔作詳，古字通用。

兼壽不能殫其敎。

案史記作『累世不能殫其學。』

也不可以示。

孫本作『其道也不可以示世。』云：今本脫『其道』字、世字。據墨子增。

黃以周云：元刻脫『其道』字、世字。

案黃之寀本、明活字本、子彙本皆脫『其道』字及世字。孔叢子詰墨篇引墨子作『其道不可以治國。』

魯孔丘之徒鞠語者也。

案黃之寀本、明活字本、子彙本鞠皆作鞫。

單事之敎也。

孫本單作道，黃以周云：元刻作『單事，』淩本同。

案明活字本、子彙本並作『單事，』與元本合。

不然，嬰爲三心，三君爲一心故。

王念孫云：『嬰上當有非字，言嬰所以事三君而得順者，非嬰爲三心，乃三君爲一心故也。上篇曰：「嬰之心非三心也。」是其證。』

案『不然，嬰爲三心，』疑本作『不嬰爲三心，』卽『非嬰爲三心』也。淺人不知不、非同義，乃於不下妄加然字耳。

誹譽爲類。

案譽字明活字本、子彙本並同，黃之寀本作謗。

孔子拔樹削迹，

案孔叢子詰墨篇作『今孔子伐樹削迹，』有今字較勝。

則固聖人之林也。

孫星衍云：林，一本作材。

案明活字本林作材。黃之寀本上方校語云：『林，疑材字。』與明活字本合。

景公問晏子曰：有臣而强，足恃乎？

案此下七章子彙本並缺。

景公爲大鍾，

案白帖六二引爲作鑄。

晏子、仲尼、柏常騫三人朝，俱曰，

案御覽五七五、記纂淵海七八引晏子並在柏常騫下，柏並作伯，下同。記纂淵海引『朝俱』二字倒。御覽同。劉師培已引。

衝之，果毀。

案記纂淵海引衝作撞。

公召三子者而問之。

案記纂淵海引作『公見三子問之。』

是以曰：鍾將毀。

案初學記十六、御覽、記纂淵海引此並無鍾字，下同。又記纂淵海引下文兩『是以曰，』並作『故曰。』

今庚申，雷日也。

案御覽、記纂淵海引今下並有日字。

音莫勝於雷，

案記纂淵海引音作陰。

有工女，

劉師培云：史記李斯傳索隱引作『有二女。』

案文選李斯上書秦始皇一首注亦引作『有二女。』

合色寡人也？

案合猶當也。淮南子原道篇：『心虛而應當。』注：『當，合也。』

華而不實，

案記纂淵海九二引華作花，下同。

昔者，秦繆公乘龍而理天下，

案文選陸佐公新刻漏銘注引繆作穆。記纂淵海引同；又引理作治。

至東海而捐其布。

案記纂淵海引捐作投。

吾詳問子，

案記纂淵海引詳作佯，下同。

景公問晏子曰，

案藝文類聚九七、記纂淵海九七引問並作謂。文選張景陽七命注引問下有於字。

天下有極大乎？

案記纂淵海引作『天有極大物乎？』

足游浮雲，

王念孫云：御覽羽族部十四鵬下，引此作『鵬，足游浮雲。』

案記纂淵海引此亦有鵬字，惟脫足字。

頭尾咳於天地乎。然而漻漻不知六翮之所在。

王念孫云：御覽引乎字在『漻漻』下。

案記纂淵海引『咳於天地，』作『該於天池，』乎字亦在『漻漻』下，六作其，在下有也字。

集於蝨睫。

案藝文類聚引蝨作蚊。一切經音義八六引莊子同。

再乳再飛，而蝨不為驚。

孫星衍云：藝文類聚作『飛乳去來，而蚊不覺。』

案孫氏所稱藝文類聚，乃文選張景陽七命注之誤。

命曰焦冥。

劉師培云：鷦鷯賦注引作『鷦螟。』御覽九五一又作『蟭螟。』

案文選七命注、藝文類聚、御覽九四五引命皆作名。一切經音義八六引莊子『焦冥』作『鷦螟，』與文選鷦鷯賦注引此文合。御覽九五一引列子（湯問篇）作『蟭螟，』(今本列子作『焦螟，』孫氏音義已引。）與御覽九五一引此文合。

皆摽長兵而立於閭。

案黃之寀本、明活字本、子彙本摽皆作操。黃本下文亦作操。

此一日之所為也。

案黃之寀本、子彙本此下並有非字。黃以周云：『元刻脫非字。』是也。明活字本亦脫非字。

公乘侈輿、服繁駔驅之。

案御覽四八七引驅上有而字。

而因爲遲。

孫星衍云：說苑、文選注、御覽俱作『自以爲遲。』蘇輿云：『治要同。』

案張純一本據孫、蘇說改『而因爲遲，』爲『自以爲遲。』是也。而字本在上文『驅之』上，誤錯在此句。因乃自之誤（因，俗作囙，與自形近，往往相亂），下又脫以字也。

寡人猶且淫泆而不收。

案治要引泆作逸，古字通用。

晏子沒十有七年，

案子彙本此章缺。

坿　記

劉師培晏子春秋逸文輯補，凡十四條。大抵皆由諸書誤引，劉氏已言之。其中藝文類聚二三、御覽四五九所引『人之將疾，必先不甘粱肉之味。國之將亡，必先惡忠臣之語』一條，記纂淵海六六亦引爲晏子文，惟『忠臣』作『忠直。』又記纂淵海六一引晏子春秋云：『師曠識爨薪，易牙別淄、澠。』亦不見於今本，姑記之以存疑。

出自第二十八本上(一九五七年五月)

舊唐書奪文拾補

嚴　耕　望

舊唐書之撰述本多謬誤；及新書問世，舊書湮沒不行達數百年之久；故致謬誤之外，復有奪譌，往往文義不屬，事制益乖。清人沈炳震（合鈔）、張宗泰（考證）、岑建功（校記）等相繼整理，傳刻奪譌補正逾半。今復就傳刻奪文爲前賢所未留意，或已留意而考論未精者，續爲拾補。至於字涉形譌與撰述之誤，姑置以俟。

按今日傳世之舊唐書，以涵芬樓百衲本爲最善。此篇卽據之以爲底本。涵芬樓此本係影印常熟瞿氏鐵琴銅劍樓藏宋紹興刋本，闕卷以明聞人詮覆宋本配補。就中宋本僅得三之一，皆爲志傳。據張氏後跋能補明本之奪譌者已甚多。考明本及殿本皆以本紀脫文爲最多，竟無宋本可據，爲之校補，殊爲惜憾。然就所存宋本諸志十二卷而言，此篇考證，斷爲脫文，非撰述之誤者，已有三處。而食貨志卷上鹽鐵節所奪，且多至二十字。（第二十八條。）參之册府，此條奪文，蓋北宋已然。甚矣，善本之不易得也。至於明本，雖已遠較殿本爲優，但以視宋本自又不逮。（皆詳張跋。）就此篇所考，殿本旣無，明本亦奪者，凡三十餘條，玆就明本之紀志傳各擧一兩要例如次：

玄宗紀：開元十七年八月乙酉，「尙書右丞相」下，奪「張說爲尙書左丞相」八字。（第十二）

德宗紀：貞元五年四月乙未，「以太子少師蕭昕爲」，「師」爲「傅」之誤，「爲」下又奪「太子少師，右武衞上將軍鮑防爲」十三字。（第十六）

禮儀志四：開元二十四年，「遣禮部侍郎」下，奪「掌之。十月，禮部侍郎」八字。（第二十七）

郭子儀傳附釗傳：「以釗兼司農卿」，「兼」上奪「爲刑部尙書」五字。（第三十二）

盧商傳：「三年，朝廷用兵上黨」上，奪「會昌」二字。（第三十九）

凡此宋本、明本奪文三十餘事，皆前賢未發之覆，益以前賢考論未精者數事，都爲四十條，謹列於次，質之同好。

一

卷四本紀四高宗紀上（明本）龍朔二年條云：

「九月，司禮少常伯孫茂道奏稱：八品九品，舊令著青，亂紫，非卑品所服。望令著碧。詔從之。戊寅，前吏部尙書（略）李義府……」

按：著青亂紫，文義不明。考會要三一：

「龍朔二年九月二十三日，孫茂道奏稱：準舊令，六品七品著綠，八品九品著青。深青亂紫，非卑品所服。望請改六品七品著綠，八品九品著碧。……從之。」

此有「深青」二字，於文爲順，於義爲醒。舊紀原文當有此二字，傳刻奪之耳。

又按：此事，舊紀有月無日，而「詔從之」下有「戊寅」。檢通鑑二〇一龍朔二年條云：

「九月戊寅，初令八品九品衣碧。」

戊寅卽九月二十二日，疑會要「二十三日」之「三」爲「二」之譌，而舊紀「戊寅」當乙在「司禮少常伯」之上。

二

卷五本紀五高宗紀下（明本）咸亨三年條云：

「十月……乙亥，……黃門侍郎甑山縣公•同中書門下三品郝處俊爲中書侍郎，兼檢校吏部侍郎•同中書門下三品李敬玄爲吏部侍郎，並依舊同中書門下三品。」

按：郝處俊此時爲中書侍郎，不誤。是則敬玄原官似僅爲「兼檢校吏部侍郎」者。書兼官而無本官，殊可疑。檢本書八一列傳三一李敬玄傳：

「總章二年，累轉西臺侍郎•兼太子右中護•同東西臺三品。兼檢校司列少常伯。……咸亨二年，授中書侍郎，餘並如故。三年，加銀青光祿大夫，行吏部侍郎，依舊兼太子右庶子·同中書門下三品。」

新書一〇六列傳三一李敬玄傳同。是咸亨三年此遷前原官中書侍郎·兼檢校吏部侍郎也。據新書六一宰相表上，敬玄原官亦爲中書侍郎。則舊紀此條「兼檢校吏部侍郎」上之「中書侍郎」四字當重，蓋淺人以爲重衍而删之歟？

三

卷五本紀五高宗紀下（明本）上元元年條云：

「十二月，……壬寅，天后上意見十二條，請王公百寮皆習老子，每歲明年一準孝經、論語例，試於有司。」

按：各本皆同。「每歲明年」不可解。檢通鑑作「每歲明經，準孝經、論語策試。」則舊紀此條「年一」乃「經」字脱奪「糸」旁，又離譌爲兩字耳。

四

卷五本紀五高宗紀下（明本）儀鳳元年條云：

「九月……癸丑，於北京置金鄰州。」

按：諸本皆同。北京即太原，何以有金鄰州？檢新書四三下地理志七下羈縻州條，有金隣州，隸安南都護府。本注：「儀鳳元年置。」則舊紀此條「北京」必「比景」之奪譌也。

五

卷六本紀六則天皇后紀（明本）延載元年條云：

「冬十月，文昌右丞李元素爲鳳閣鸞臺平章事。」

按：中書門下平章事，例曰「同」；此曰「爲」，非常例。合鈔於「爲」下補「鳳閣侍郎同」五字。檢新書六一宰相表上云：

延載元年「十月壬申，文昌右丞李元素守鳳閣侍郎……同鳳閣鸞臺平章事。」

新書四武后紀及通鑑二〇五同。又舊書八一列傳三一李敬玄傳附元素傳云：

「延載元年，自文昌左丞遷鳳閣侍郎·鳳閣鸞臺平章事。」

新書一〇六同傳亦同。是亦由尙書丞遷鳳閣侍郞•同平章事也。惟譌右爲左耳。復按：元素以神功元年誅，本紀書銜亦爲「鳳閣侍郞」。明此條「爲」下奪「鳳閣侍郞同」五字，非本誤也。沈氏所補是矣。

六

卷六本紀六則天皇后紀（明本）聖曆二年條云：

「春二月，……左肅政御史中丞魏元忠爲鳳閣侍郞，吉頊爲天官侍郞，並同鳳閣鸞臺平章事。」

按：吉頊無原銜，與本紀書事體例不合。檢新書四武后紀聖曆二年條云：

「臘月戊子，左肅政臺御史中丞吉頊爲天官侍郞，檢校右肅政臺御史中丞魏元忠爲鳳閣侍郞，同鳳閣鸞臺平章事。」

通鑑二〇六同。新書六一宰相表上亦同。其月日皆與舊紀不同。檢舊書一八六上列傳一三六上酷吏傳上吉頊傳云：

「擢拜右肅政臺中丞。……聖曆二年臘月，遷天官侍郞•同鳳閣鸞臺平章事。」

則新紀、新表、通鑑作「臘月」，是也；舊紀書於春二月，誤。而「吉頊」上又脫「右肅政臺御史中丞」官銜亦無疑。然二人「左」「右」與新紀、新表、通鑑亦互異。按元忠兩傳皆無左右，而前引舊書吉頊傳，頊爲「右」，新書一一七吉頊傳亦作「右」。似舊紀左右爲正。然左右形近，僅據兩傳不足明其是非，姑存待考。

七

卷六本紀六則天皇后紀（明本）長安三年條云：

「秋七月，殺右金吾大將軍唐休璟。」

按：唐休璟未嘗被殺，其卒亦非此時。此條必誤無疑。然本紀七中宗紀神龍元年條云：

「四月……甲戌，……右庶子唐休璟爲輔國大將軍，……依前知政事。」

「五月……甲辰，……輔國大將軍酒泉郡公唐休璟爲尙書右僕射，依舊同中書門下三品。」

是則天紀長安三年條亦非撰述之誤，乃傳刻之誤也。檢合鈔沈氏云：

「案本傳，休璟未嘗被殺，且未嘗爲金吾將軍。此云殺金吾大將軍下蓋屬闕文。」

殿本考證沈德潛云：

「按本傳，休璟未嘗被殺，且未嘗爲金吾大將軍。此于殺金吾大將軍下明有闕文，且並闕休璟之遷官，而以兩事混而一之也。」

校記引張宗泰亦云：

「唐休璟三字上下俱有脫文。」

耕望按：新書宰相表，長安三年七月「庚戌，檢校涼州都督唐休璟爲夏官尚書·同鳳閣鸞臺平章事。」新書武后紀同。舊紀此條卽書休璟爲夏官尚書入相事，故中宗紀神龍元年書事云「依舊知政事」也。諸家疑休璟下有闕文，甚碻。然舊書九三列傳四三唐休璟傳云：

「爲司衞卿·兼涼州都督·(略) 持節隴右諸軍大使。……擢拜右武威、右金吾二衞大將軍，……遷夏官尚書·同鳳閣鸞臺三品。」

新書一一一列傳三六唐休璟傳同。全唐文二五七蘇頲右僕射太子少師唐璿神道碑亦同。則休璟遷夏官前本官右金吾大將軍，明見兩傳。何以諸人皆云據本傳休璟未嘗爲右金吾大將軍耶？其實新書紀表書銜檢校涼州都督，乃其兼職；其本官則爲右金吾大將軍。舊紀此條所書正爲本官，無奪譌。故此條「唐休璟」三字下有奪文，此三字上則無奪文。至於「殺」字，或爲干支之譌文，或其下有奪文，則不可考矣。

八

卷七本紀七中宗紀（明本）景龍四年條云：

「四月……乙未，……幸禮部尚書竇希宅。」

按：合鈔「希」下補「玠」字。檢同卷睿宗紀景雲二年條云：

八月己巳，「禮部尚書竇希玠爲太子少傅。」

合鈔蓋據此條而補。復考本書六一列傳一一竇威傳，誕之孫希玠，「中宗時爲禮部尚書。」姓纂九及新書一一下宰相世表一下，竇氏「希玠，禮部尚書。」均作雙名「希玠」。且世表，希玠弟「希瓛，蓬州刺史。」又全唐文一〇〇滕王湛然賽希瑊神道碑，亦誕之孫。是希玠弟兄可考者三人，其名上一字皆爲「希」，下一字皆從「玉」旁，則本紀此條必奪「玠」字無疑，不可以唐人雙名往往稱單名爲解也。

九

卷八本紀八玄宗紀上（明本）開元二年條云：

「正月，關中（略）不雨，人多饑乏。制求直諫言，弘益政理者。」

按：「直諫言」明有奪誤。校記云：

「冊府一四四，言上有昌字。是。」

復考舊書一〇一列傳五一張廷珪傳云：

「開元初，……時久旱，下制，求直諫昌言、弘益政理者。」

云云。此卽舊紀二年正月事。則紀文奪「昌」字，必矣。

十

卷八本紀八玄宗紀上（明本）開元三年條云：

「十月甲寅，制曰（略）……。以光祿卿馬懷素爲左散騎常侍，褚無量並充侍讀。」

按此條「褚無量」上顯有奪文。十七史商榷七二云：

「左散騎常侍下脫與右散騎常侍六字。」

檢通鑑二一一書此事於九月戊寅，云：

「以（太常卿馬）懷素爲左散騎常侍，使與右散騎常侍褚無量更日侍讀。」

王氏蓋卽據此而增補。而舊書一〇二馬懷素傳、褚無量傳及新書二〇〇褚無量傳，謂無量此時官左散騎常侍。與舊紀、通鑑以馬懷素爲左、褚無量爲右者不合。考全唐文九九五馬懷素墓誌云：

「遷左散騎常侍，轉秘書監，……與右散騎常侍褚无量更日入內侍讀。」

同書二五一蘇頲授馬懷素秘書監制云：

「左散騎常侍·常山縣開國公·仍每日入內侍讀馬懷素……可秘書監，餘如故。」

則舊紀、通鑑是也，王氏所補甚碻。

十一

卷八本紀八玄宗紀上（明本）開元十一年條云：

「五月己巳，……王晙爲朔方節度兼知河北郡隴左河西兵馬使。」

按：合鈔改「左」爲「右」，是也。然「河北郡」仍不可通解，「隴」字上必有奪誤。檢新書六二宰相表中，作「兼知河北河東隴右河西兵馬使」通鑑二一二同。則舊紀此條「郡」爲「河東」之奪譌。

十二

卷八本紀八玄宗紀上（明本）開元十七年條云：

「八月……乙酉，尙書右丞相、開府儀同三司·兼吏部尙書宋璟爲尙書右丞相。尙書左丞相源乾曜爲太子少傅。」

按：據此書事，宋璟原官似爲「尙書右丞相·開府儀同三司·兼吏部尙書。」而下一「右丞相」當爲「左丞相」之譌也。然金石萃編九七（全唐文三四三）顏眞卿撰開府儀同三司行尙書右丞相廣平文貞公宋公碑云：

「(開元）八年，拜開府儀同三司。……十三年，駕幸東都，以公爲西京留守。……明年，又兼吏部尙書。十七年，拜尙書右丞相。」

檢舊書九六及新書一二四宋璟傳亦云，以開府儀同三司兼吏部尙書。開元十七年，遷尙書右丞相。與碑全同。則舊紀此條「宋璟」下「爲尙書右丞相」之「右」字不誤。而此遷前之原官銜只爲「開府儀同三司兼吏部尙書」。遍考唐籍，宋璟此前未嘗爲尙書右丞相也。且右丞相與吏部尙書爲官，而開府儀同三司爲散階，載籍中書人官銜亦決無以散階夾於兩官名問之事例。然則此條「尙書右丞相」蓋與宋璟無涉，而當另作解釋歟？

考會要二九云：

「開元十七年八月五日，左丞相源乾曜、右丞相張說等上表，請以是日爲千秋節。」

通鑑二一三云：

「(開元) 十七年……八月癸亥(五日)，上以生日，宴百官於花蕚樓下。左丞相乾曜、右丞相說帥百官上表，請以每歲八月五日爲千秋節。」

按：乾曜在前作「左」，說在後作「右」，字決不譌。其時下距舊紀本條書事僅二十二日，是其時張說在尚書右丞相任也。復檢新書一二五張說傳云：

「(開元) 十七年，復爲右丞相，遷左丞相。」

舊書九七張說傳云：

「(開元) 十七年，復拜尚書左 (右之譌) 相丞，集賢院學士。尋代源乾曜爲尚書左丞相。」

又舊書九六宋璟傳云：

「(開元) 十七年，遷尚書右丞相，與張說、源乾曜同日拜官。勅太官設饌，太常奏樂於尚書省，……玄宗賦詩褒述。」

新書一二四宋璟傳云：

「(開元) 十七年，爲尚書右丞相，而張說爲左丞相，源乾曜爲太子少傅，同日拜，……帝賦三傑詩，自寫以賜。」

據此，則乾曜由左丞相爲少傅，說由右丞相代乾曜爲左丞相，璟卽代說爲右丞相，三人遷官，事在同日。今舊紀此條「乙酉」下書璟及乾曜遷官而不及說，但璟原官銜「開府儀同三司兼吏部尚書」上有「尚書右丞相」五字無所屬，是必卽說之原官銜，其下奪「張說爲尚書左丞相」八字耳。

十三

卷九本紀九玄宗紀下 (明本) 開元二十九年條云：

「四月……丙辰，以太原裴廸先爲工部尚書，韋虛心卒。」

按：此條顯有奪文。龔道耕舊唐書札迻 (華西學報第六七期合刊) 云：

「裴廸先書郡，韋虛心不書官，非史例。廸先，絳州人，亦非太原也。新書裴炎傳，廸先歷官太原、京兆尹 (據玄宗紀，廸先於開元十八年已爲京兆尹，其爲太原尹在後，新書敍次小誤。) 終工部尚書。此太原下脫「尹」字，當重「工部尚書」字。壬午以裴寬爲太原尹，即代𣆀先也。」

耕望按：龔氏所補是也，然於韋虛心事無所論證。檢舊書一〇一韋虛心傳：「歷戶部尚書、東京留守，卒。」與新書一一八韋虛心傳作「工部尚書、東京留守」者異。且似卒於東京留守，非尚書，又無年代。凡此皆尚待考證。

考全唐文三一三孫逖東都留守韋虛心神道碑云：

「司會之府，允釐庶績。命公作倉部、左司二員外，（略）左右丞，兵部侍郎，以至於工部尚書。」

戶部地位視工部爲高，此不之及，是未官至戶部之明證也。故新傳爲正，舊傳則誤。又按：碑書銜爲東京留守，「以開元二十九年某月日薨於東都寧仁里之私第。」是以二十九年卒於東都留守任內。然書卒之前，又云：「疇若予工，實諧僉往，上方倚相，適會云亡。」似又卒於工部尚書任內。玄宗世常以工部尚書兼充東都留守，此其一例耳。

又册府元龜六七三：

「韋虛心爲工部尚書·東都留守。開元二十七年，詔贈揚州大都督，喪事官給，恩甚優厚。」

此「七」爲「九」之譌，又奪「卒」字。

十四

卷九本紀九玄宗紀下（明本）天寶三載條云：

「二月……。是月，河南尹裴敦復卒。」

按：本紀，六載正月，誅淄川太守裴敦復。此條書卒，必誤。合鈔云有闕文，是也。檢通鑑，天寶三載二月辛卯，「海賊吳令光等抄掠台、明，命河南尹裴敦復將兵討之。」四月，「裴敦復破吳令光，擒之。」則舊紀此條必書敦復討吳令光事。或者「卒」爲「率」之譌，又奪下文耳。否則，敦復下奪討吳令光事，卒乃另一人，奪其姓名。

十五

卷一〇本紀一〇肅宗紀（明本）上元元年條云：

「四月……戊午，以右丞蕭華為河中尹·兼御史中丞·充同晉絳等州節度觀察處置使。」

按：此一節度使，紀傳書事例稱為「河中晉絳節度使」。舊書九九、新書一〇一蕭華傳即稱「河中晉絳節度使」，是也。亦有竟簡稱為「河中節度」者，蓋此一節度鎮河中，不能省去也。此條「充」下必奪「河中」二字，或奪「中」字，又譌「河」為「同」耳。

十六

卷一三本紀一三德宗紀下（明本）貞元五年條云：

「夏四月乙未，以太子少師蕭昕為工部尚書，致仕。給半祿料，永為常式。」

按：唐會要六七云：

「貞元五年三月，以太子少傅兼吏部尚書蕭昕為太子少師，右武衛上將軍鮑防為工部尚書，前太子詹事韋建為秘書〔監〕，並致仕。」

冊府元龜五五云：

「貞元五年四月，以太子少傅兼禮部尚書蕭昕為工部尚書，前太子少詹事韋建為秘書〔監〕，並致仕。」（同書五〇六同。）

是會要、冊府彼此既歧，亦皆與舊紀此條書事不同。檢舊書一四六蕭昕傳：

「遷太子少傅。貞元初，兼禮部尚書。尋復知貢舉。五年，致仕。」

新書一五九蕭昕傳同，惟知貢舉下作：

「久之，以太子少師致仕。」

又舊書一四六鮑防傳：

「尋遷工部尚書致仕。防……為禮部侍郎時，嘗遇知雜侍御史竇參於通衢，導騎不時引避，僕人為參所鞭。及參秉政，遂令致仕。防謂親友曰：吾與蕭昕之子齒，而與昕同日懸車……。」

新書一五九鮑防傳全同。則蕭昕、鮑防同日致仕，為工部尚書者乃防，非昕也。又昕原官「太子少傅兼禮部尚書」，「太子少師」乃致仕官，非原官也。故此段書事，會要最正，惟昕銜譌「禮」為「吏」耳。冊府，蕭昕下脫「為太子少師，右武衛上將軍鮑防」十三字。舊紀脫蕭昕原官「太子少傅兼禮部尚書」九字，又誤以致仕官「太子少師」爲原官，而「爲工部尚書」上復奪「右武衞上將軍鮑防」八字耳。至於原本是否有韋建事，姑從愼不論。

十七

卷一三本紀一三德宗紀下（明本）貞元二十年條云：

「四月……丙寅，吐蕃使臧□河南觀察使論乞冉等五十四人，來朝貢。」

按：「臧」下，明本空一字，他本皆注「闕文」。合鈔又云：「河南下五字，疑錯簡衍文。」檢會要九七吐蕃條，與本紀此條全同。又舊書一九六下吐蕃傳云：「（貞元）二十年……四月，吐蕃使臧河南觀察使論乞冉及僧南撥特計波等五十四人來朝。」冊府九七二與舊傳同，惟無「臧」字。又按：吐蕃人名，常曰某某臧，疑闕文亦可能在「臧」上。又唐此時無「河南觀察使」之官，而吐蕃有節度使，有河南元帥，當有河南觀察使，此卽「論乞冉」之官銜，非錯簡衍文也。沈說誤。

十八

卷一四本紀一四順宗紀（明本）云：

「永貞元年……八月……壬寅，貶……前戶部侍郎度支鹽鐵轉運使王叔文爲渝州司戶。」

按：本紀同年三月書云：

「三月……丙戌（十七日）檢校司空同平章事杜佑爲度支鹽鐵使。戊子（十九日）……以翰林學士王叔文爲度支鹽鐵轉運使副。杜佑雖領使名，其實叔文事總。」（又五月「辛卯，以鹽鐵轉運使副王叔文爲戶部侍郎。」亦作副使。）

檢通鑑，與此同，韓愈順宗實錄亦同，惟叔文事與杜佑同書於丙戌。舊書一〇五列傳五五、新書一六八列傳九三王叔文傳，亦皆爲度支鹽鐵轉運副使，未嘗進充正使。又全唐文五六憲宗貶王叔文制云：

「將仕郎·前守尚書戶部侍郎·充度支及諸道鹽鐵轉運等副使·賜紫金魚袋王叔文……可守渝州司戶參軍。」

此卽八月條貶叔文之制。則八月此條書事，奪一「副」字必矣。

十九

卷一五本紀一五憲宗紀下（明本）元和八年條云：

「八月……辛丑，以東川節度使潘孟陽爲戶部侍郎·判度支，盧坦爲梓州刺史·劍南東川節度使。」

按：潘孟陽時爲戶部侍郎判度支不誤，詳下條。則盧坦無原官。與本紀體例不合。檢舊書一五三盧坦傳：「改戶部侍郎·判度支。元和八年，……出爲劍南東川節度使。」全唐文六四〇李翺故東川節度使盧公傳同。新書一五九本傳亦同，惟不書年。復檢本紀，六年四月庚午，「以刑部侍郎·鹽鐵轉運使盧坦爲戶部侍郎·判度支。」通鑑同。又會要八八鹽鐵條，元和六年閏十二月奏事；同書八九泉貨條，元和七年五月奏事；同書九〇和糴條，元和七年七月奏事；盧坦官銜皆爲「戶部侍郎·判度支」。全唐文四八七權德輿東都留守擧人自代狀云：「準制擧自代官，朝議大夫·守尚書戶部侍郎·判度支·護軍·賜紫金魚袋盧坦。」時在元和八年。同書四七八鄭餘慶祭杜佑太保文，盧坦書銜「中大夫·守戶部侍郎·判度支」，時在元和八年四月九日。又據同書六九五韋瓘宣州南陵縣大農陂記，元和八年六月十五日，坦在地官侍郎任。據通鑑，是年七月坦仍在任。是自六年以來至出鎭東川之前月，均在戶部侍郎判度支任也。然則舊紀此條，坦雖無原銜，然由戶部侍郎判度支出鎭無疑，是卽與潘孟陽互換其官職耳。衡以舊紀書事慣例，此條盧坦上當有「代」字，下當有「以坦」二字，蓋傳寫脫漏之耳。

二十

卷一五本紀一五憲宗紀下（明本）元和九年條云：

「二月己卯朔，戶部侍郎·判度支·兼京兆五城營田使。丁丑，……。」

按：二月己卯書事，僅此一官銜，必脫人名無疑。合鈔於「度支」下補「潘孟陽」三字。檢本紀上一年八月書云：

「辛丑，以東川節度使潘孟陽爲戶部侍郎·判度支。」

復檢舊書一六二潘孟陽傳云：

「遷梓州刺史·劍南東川節度使。……(武)元衡作相（事在元和八年三月），復召爲戶部侍郎·判度支·兼京兆五城營田使。……太府卿王遂與孟陽不協，議以營田非便，持之不下。孟陽忿憾形於言。二人俱請對，上怒不許。乃罷孟陽爲左散騎常侍。明年，復拜戶部侍郎。……俄以風緩不能行，改左散騎常侍。元和十年八月卒。」

新書一六〇潘孟陽傳同。按本紀此條官銜與潘孟陽傳全同，而年世亦與孟陽第一次罷爲左散騎常侍時代合。則此條「營田使」下當脫「潘孟陽爲左散騎常侍。」九字。合鈔所補似亦未實。

二十一

卷一五本紀一五憲宗紀下（明本）元和十二年條云：

「八月戊午朔。庚申，……以河南尹辛秘爲潞府長史·昭義軍節度使，代郗士美，以士美爲工部尚書。孟簡爲戶部侍郎。」

按：舊紀書某人改官，例具原銜，云以某官某人爲某某官；如原處閒，則云以前某官某人爲某某官。若二人相代，則如此條辛秘爲昭義節度代郗士美，以士美爲工尚，即不書原官。此常例也。孟簡既不與人相代，又無原官，於本紀爲極鮮見之例外。檢本書一六三列傳一一三孟簡傳云：

「(元和）九年，出爲越州刺史·兼御史中丞·浙東觀察使。……十二年，入爲戶部侍郎。十三年，代崔元略爲御史中丞·兼戶部侍郎。」

似由浙東入爲戶部侍郎者。而新書一六〇列傳八五孟簡傳云：

「爲浙東觀察使，……以工部侍郎召還，……進戶部侍郎，加御史中丞。」

則戶部前，尙有工部一歷，與舊傳異。

考新書二〇三列傳一二八文藝傳下吳武陵傳云：

「又遺工部侍郎孟簡書曰……(柳)子厚之斥，十二年，殆半世矣。」

按：子厚以永貞元年外貶，亦元和十二年簡在工部侍郎之證。則舊紀實失書工部一遷也。又考嘉泰會稽志卷二：

「孟簡，元和九年九月，自給事中授(浙東觀察使)，十二年正月追赴闕。」

則簡以元和十二年正月由浙東觀察入爲工部侍郎，同年八月庚申又遷戶部侍郎也。本紀此條「孟簡」上蓋奪原銜「工部侍郎」。(「工」字上或尙有「以」字。)本紀書官吏遷轉，有前一人之新官與後一人之原官相同或字形相近者，往往奪一官名，如前考高宗紀咸亨三年「郝處俊爲中書侍郞」下當重「中書侍郞」(二)，玄宗紀開元三年「馬懷素爲左散騎常侍」下當有「與右散騎常侍」六字(十)，玄宗紀開元二十九年「裴廸先爲工部尙書」下當重「工部尙書」(十三)。凡此諸條，皆其例也。疑出淺人妄删。今此郗士美新官爲工部尙書，而孟簡原官亦爲工部，惟侍郞小異。蓋亦淺人妄删之一例也。

二十二

卷一六本紀一六穆宗紀(明本)長慶二年條云：

「正月……甲寅，以工部尙書度支崔倰(略)充鳳翔隴右節度使。以鴻臚卿兼御史大夫判度支。」

按：此條顯有奪文，沈氏合鈔於「兼御史大夫」下補「張平叔」三字。所補人名甚是，然當在「兼御史大夫」上。蓋此時制度，諸官例不兼御史大夫，鴻臚卿尤不當兼，惟三司使多兼之耳。

二十三

卷一七上本紀一七上敬宗紀(明本)篇首條云：

「長慶……四年……十月…… 壬寅，…… 以戶部侍郞韋顗爲御史中丞兼戶部侍郞，以御史中丞鄭覃權知工部侍郞，以刑部侍郞韋弘景爲吏部侍郞，以權知禮部侍郞李宗閔權知兵部侍郞，以工部侍郞于敖爲刑部侍郞。」

按：册府元龜四五七：

「長慶四年十月，以韋顗爲御史中丞兼戶部侍郞，以御史中丞鄭覃爲權知工部侍郞，以刑部侍郞韋弘景爲吏部侍郞，以權知禮部侍郞李宗閔爲權知兵部侍郞，以工部侍郞于敖爲刑部侍郞，以中書舍人楊嗣復權知今年貢擧。是日(二十七日)尙書六曹無不更換，人情異之。」

知貢舉卽禮部侍郎，爲當時重職，本紀例常書之。再觀冊府「尙書六曹無不更換，人情異之。」之文，本紀此條當有「以中書舍人楊嗣復權知禮部貢舉」一句，不知撰述偶疏，抑傳刻奪文也。

二十四

卷一七上本紀一七上文宗紀上（明本）篇首條云：

「寶曆二年十二月……庚戌，以正議大夫·尙書兵部侍郎·知制誥·翰林學士柱國·賜紫金魚袋韋處厚爲中書侍郎·同中書門下平章事。」

按：全唐文六九文宗授韋處厚中書侍郎同平章事制，原官銜與此全同，惟「柱國」上有「上」字。唐中葉以後，羣臣勳位多爲「上柱國」，「柱國」則幾於不見。舊紀此處當傳刻奪文，非撰述異文也。

二十五

卷一七下本紀一七下文宗紀（明本）大和七年條云：

「四月……甲申，以江西觀察使裴誼爲歙池觀察使。」

按：此一觀察區統宣歙池三州，治宣州，稱爲宣歙池觀察使，省稱爲宣歙觀察使。宣州爲治所，由觀察使兼領州刺史，例不能省「宣」字。合鈔改爲「宣歙觀察使」固可，然就傳刻奪誤而言，則奪一「宣」字之可能性，較譌「宣」爲「池」、又乙「池」「歙」之可能性爲大。

二十六

卷二二志二禮儀志二（明本）云：

「貞觀五年，太子中允孔穎達……上言曰：臣伏尋前勑，依禮部尙書劉伯莊等議，以爲從崑崙道上層祭天。……」

按：唐會要一一明堂制度條載孔穎達上表云：

「伏尋前勑，依禮部尙書盧寬、國子助教劉伯莊等議……」

冊府五八五同。皆與舊志不合。校記云：

「丁氏子復云冊府元龜作禮部尚書盧寬、國子助敎劉伯莊。按劉伯莊，兩書皆在儒學傳，以宏文館學士，累除國子助敎，遷國子博士，未嘗爲禮部尚書。此譌合兩人爲一人。張氏宗泰亦云：按下不可師祖下有又盧寬議云。(亦云「上曆祭天……。」) 言「又」，則是已見上文之詞。或誤本偶脫，非原本卽合兩人爲一也。」

按此所論極是。又檢禮儀志三云：

「(貞觀)十一年，……國子博士劉伯莊、睦州刺史徐令言等各上封祀之事。」

伯莊，十一年在國子博士任，共五年官助敎宜可信。又本書九〇列傳四〇豆盧欽望傳云：

「曾祖通，隋相州刺史。……祖寬……高祖定關中，……累授殿中監。……高祖以寬曾祖萇，魏大和中例稱單姓，至是改寬爲盧氏。貞觀中，歷遷禮部尚書，左衛大將軍，……永徽元年卒。」

新書本傳略同。(寬官禮部尚書，又見唐文拾遺六四豆盧欽望傳。)是亦舊志「禮部尚書」下奪「盧寬國子助敎」六字之旁證。

二十七

卷二四志四禮儀志四(明本)云：

「開元……二十四年三月，始移貢擧，遣禮部侍郎姚奕請進士帖左傳、禮記通五及第。」

按：此條文理不能通曉。合鈔改「請」爲「詔」。校記云：

「沈氏請作詔，是也。張氏宗泰云，作詔亦非。似當作試。」

耕望按：本書紀八玄宗紀上云：

「(開元)二十四年……三月乙未，始移考功貢擧，遣禮部侍郎掌之。」

通鑑二一四云：

「(開元)二十四年……舊制，考功員外郎掌試貢擧人。有進士李權陵侮員外郎李昂。議者以員外郎位卑，不能服衆。三月壬辰，敕自今委禮部侍郎試貢擧人。」

會要五八考功員外郎條云：

「考功員外郎，貞觀已後知貢舉。至開元二十四年三月十二日，以員外郎李昂爲舉人李權所訟，乃移貢舉於禮部。」

册府六三九載此事所下詔文，亦在二十四年三月。

又會要七六進士條云：

「開元二十四年十月，禮部侍郎姚奕請進士帖左氏傳、周禮、儀禮，通五及第。」

合觀舊紀、通鑑、册府、會要，則舊志此條「遣禮部侍郎」下實奪「掌之。十月，禮部侍郎」八字，故致文理不通。沈氏、張氏輕於改字，失之。

又按：舊志作「請進士帖左傳、禮記，通五及第。」而會要作「請進士帖左氏傳、周禮、儀禮，通五及第。」亦不同。檢册府六三九云：

「(開元)八年七月，國子司業李元瓘上言，三禮、三傳及毛詩、尚書、周易等並聖賢微旨。……今明經所習，務在出身，咸以禮記文少，人皆諳讀。周禮經邦之軌則，儀禮莊敬之楷模，公羊、穀梁，歷代宗習；今兩監及州縣學……四經殆絕。……其學生望請各量配作業，並貢人預試之日，習周禮、儀禮、公羊、穀梁，竝請帖十通五，許其入策。……從之。」

「(開元)十六年十二月二十四日，國子祭酒楊瑒奏……今之明經，習左氏者十無一二，恐左氏之學廢。又周禮、儀禮、公羊、穀梁，亦請量加優獎。遂下制，明經習左氏及通周禮等四經者，出身免任散官。」

則亦以會要爲優。蓋一種制度之改革，例不能一舉而定。姚奕此奏亦重申李元瓘、楊瑒之舊旨，而以主文身份親促其實行耳。

二十八

卷四八志二八食貨志上(宋本)云：

「開元元年十一月，河中尹姜師度以安邑鹽池漸涸，師度開拓疏決水道，置爲鹽屯，公私大收其利。其年十一月五日，左拾遺劉彤上表曰：(請興鹽鐵之利，文長從略。)上令宰臣議其可否。咸以鹽鐵之利甚益國用。遂令將作大匠姜師度、戶部侍郎强循俱攝御史中丞,與諸道按察使檢責海內鹽鐵之課。比令使人勾當,除此外更無別求。在外不細委知。如聞稱有侵刻,宜令本州刺史上佐一人檢校,依令式收稅。……其姜師度除蒲州鹽池以外,州(州字衍)自餘處,更不須巡檢。」

册府四九三,與此全同。按鹽鐵專賣政策爲唐代財政方面之一極重要制度,中葉以後之國計,大半賴此。此段記事爲唐代鹽鐵政策啓蒙期之最重要史料,故史志記之甚詳。然年份有誤,而「比令使人」上亦有奪文。此篇主旨在補奪文,故先補奪文,次正年份。

按:尋此文意,「檢責海內鹽鐵之課」以上爲敍事,「比令使人勾當」以下爲詔敕之辭。「檢責海內鹽鐵之課」下緊接「比令使人勾當」,實不可通解。考會要八八記此事亦與舊志、册府同,惟「鹽鐵之課」下有

「至十年八月十日,勅諸州所造鹽鐵,每年合有官課。」

二十字。然後下接「比令使人勾當」云云。通考一五,與會要同。則文暢理順矣。舊志奪:「至十年……」云云二十字,致文理不通耳。且此奪文,蓋北宋已然,故册府奪文亦同。

關於年份。本志「開元元年十一月,河中尹姜師度」云云,下云:「其年十一月五日,左拾遺劉彤上表」云云。是均元年也。册府全同。會要年份亦同,而前一「十一月」作「十二月」,似尤抵牾。通典一〇不載姜師度爲河中尹事,然亦云「開元元年十一月,左拾遺劉彤」云云。是年月亦同。檢舊書一八五下良吏傳下姜師度傳云:

「景雲二年,轉司農卿。開元初,遷陝州刺史。……六年,以蒲州爲河中府,拜師度爲河中尹,令其繕緝府寺。先是,安邑鹽池漸涸,師度發卒開拓,疏決水道,置爲鹽屯,公私大收其利。再遷同州刺史。又於朝邑河西二縣界就古通靈陂,擇地引雒水及堰黃河灌之,……收穫萬計。特加金紫光祿大夫。尋遷將作大匠。明年,左拾遺劉彤上言」云云。

新書一〇〇姜師度傳,無年份,而陝州刺史後有太子詹事一歷,「加金紫光祿大夫」上有「帝幸長春宮,嘉其功,下詔褒美。」一句。據舊傳青年,與舊志、會要、册府之「開元元年」、「其年」顯異。又考册府六七八云:

「姜師度爲同州刺史。開元八年十月詔曰：……同州刺史姜師度，識洞於微，智形未兆，……。頃職大農，首開溝洫，歲功猶昧，物議紛如。緣其忠欵可嘉，委任仍舊，暫停九列之重，假以六條之察。白藏過半，績用斯多。食乃人天，農爲政本，故茲巡省，（卷四九七，故上有朕字。）不憚祁寒，……。師度以功特加金紫光祿大夫。」

同書卷四九七及六七三亦載此事。卷四九七作「八年九月」，卷六七三作「八年」，無月，其餘則同。新傳所謂「帝幸長春宮，嘉其功，下詔褒美，加金紫光祿大夫。」者，卽此也。檢舊書八玄宗紀、新書五玄宗紀及通鑑一二二，玄宗以開元八年十月辛巳（二日）幸長春宮，壬午（三日）獵于下邽。十一月乙卯（七日）還京。按長春宮在同州，而此時前後皆不曾另有一次幸長春宮之記載，則册府所載褒美姜師度之詔卽此次所下無疑，卷六七八之「八年十月」是也，卷四九七之「八年九月」小誤。以此比觀舊傳，則所謂「明年」者，非承「六年」而言；乃承「收穫萬計，加金紫光祿大夫，還將作大匠」而言也。故當爲九年。再比觀會要後文「至十年八月十日」云云，則劉彤奏事必卽九年十一月五日無疑。舊志、會要、册府作「開元元年」者，「元年」乃「九年」之形譌耳。

復考會要六八云：

「河中府，……景雲二年六月二十八日又置（蒲州）都督府，……十一月一日廢。開元九年正月八日，改爲河中府，號中都，以姜師度爲尹。六月三日停中都，卻爲州。乾元三年二月二十三日改爲河中府，以蕭華爲尹。……」

又云：

「開元元年五月，揚州功曹參軍麗正殿學士韓覃上疏曰……（諫建中都）臣愚誠願下明詔罷中都，……天下幸甚。至六月三日，詔其中都宜停，依舊爲府。」

按此二條相接，而年份「九」「元」不同。又元和志一二：

「河中府。……武德元年置蒲州。……開元元年五月改爲河中府，仍置中都。麗正殿學士韓覃上疏陳其不可。至六月詔停，復爲州。」

此則亦以元年改府置中都也。檢通典一七九：

「蒲州……開元九年五月置中都，改爲河中府，尋罷仍舊。」本注：「時揚州功曹參軍(略)韓覃上疏曰(略)」云云「六月三日詔停。」

又通鑑二一二：

「(開元) 九年春正月……丙辰(九日)，改蒲州爲河中府，置中都。……六月己卯(三日)，罷中都，復爲蒲州。」

舊書八玄宗紀改爲河中府置中都年月日，與通鑑同，惟罷在七月戊申 (三日)，爲小異。則會要前一條作九年正月八日，是也。後條「元年」，及元和志「元年」，均亦「九年」之形譌。至於舊書三九地理志二云：

「河中府。……武德元年置蒲州，……開元八年置中都，改蒲州爲河中府。其年罷中都，依舊爲蒲州。……乾元……三年四月置河中府。」

新書三九地理志年份亦同。按置中都之詔既下於九年正月八九日，則其發議與政策之決定當在八年，兩志蓋因此誤前一年耳。然仍與九年爲近，決非元年事也。

綜上所論，改蒲州爲河中府置中都，事在開元九年。會要六八且明言改州爲府後，以姜師度爲尹，則舊食貨志此條及會要八八、册府四九三、通典一〇作「元年」，皆「九年」之形譌也。

又前引舊書姜師度傳，開元六年，爲河中尹，遷同州刺史。新傳官歷次序同。據上所考，師度爲河中尹既在開元九年，據前引會要六八即在正月改爲河中尹置中都時。而據前引册府六七八，開元八年十月師度在同州刺史任，以功下詔褒獎。又考新書三七地理志同州條，朝邑縣「有通靈陂，開元七年，刺史姜師度引洛堰河以溉田百餘頃。」則七年已見在同州任，至八年冬，尙在任。蓋開元六年爲同州刺史，至八年冬，功效大著。玄宗賞其功，故明年正月改蒲州爲河中府，置中都，即擢師度爲尹也。兩傳爲河中尹在同州之前，次序亦誤。列傳書事官歷前後倒置，事亦恆見，不必泥。

二十九

卷四八志二八食貨志上 (宋本) 云：

「(元和) 十年七月，度支使皇甫鎛奏加峽內四監劍南東西川山南西道鹽估，以利供軍。」

按：會要八八鹽鐵條亦同。考通鑑二三九元和十一年紀云：

「夏四月……辛亥，司農卿皇甫鎛以兼中丞權判度支。鎛始以聚歛得幸。」

同書二四〇元和十三年紀又云：

「九月……。戶部侍郎判度支皇甫鎛……有寵。……甲辰，鎛以本官……同平章事，判使如故。」

入相條，兩唐書本紀及新書宰相表均同。是鎛判度支始於元和十一年四月，以前未判度支也。舊志此條「十年七月」，「十」下當有奪文。檢舊志及會要此條下即書「十三年鹽鐵使程异奏」云云。則此所奪必「一」字或「二」字。其時正大舉伐淮西吳元濟，故有增估之議耳。

又按：此據宋本，而會要亦同誤，或者撰述之誤，非傳刻奪文歟？

三十

卷五〇志三〇刑法志（宋本）云：

「儀鳳中，官號復舊。又勅左僕射劉仁軌、（略）、刑部侍郎張楚、金部郎中盧律師等刪緝格式。」

按：會要三九述此事作：

「（略）刑部侍郎張楚金、右司郎中盧律師等（略）……。」

冊府六一二作：

「（略）刑部侍郎張楚金、兵部侍郎盧律師等（略）……。」

而新書志四八藝文志，永徽留本司格後十一卷。本注：

「左僕射劉仁軌（略）、刑部侍郎張楚金、金部郎中盧律師等奉詔撰，儀鳳二年上。」

此即與舊志、會要、冊府爲同一事。復考舊書一八七列傳一三七忠義傳上張道源傳云：

「族子楚金，……高宗時，累遷刑部侍郎。儀鳳年，有妖星見，楚金上疏極言得失。」

新書一九一列傳一一六忠義傳上張道源傳同。（惟作族孫。）合而觀之，此人雙名「楚金」，而新藝文志書事最正。舊志蓋本重「金」字，淺人疑爲重誤而刪之耳。舊書上下字當重，而傳刻删奪者多矣，此亦其例也。

三十一

卷九八列傳四八李元紘傳（明本）云：

「開元初，三遷萬年縣令。……俄擢京兆尹。尋有詔令元紘疏決三輔，諸王公權要之家皆緣渠立磑以害水田，元紘令吏人一切毀之，百姓大獲其利。」

按：疏決三輔，於義爲晦。檢新書一二六李元紘傳，「尹」上有「少」字，「三輔」下有「渠」字。復檢會要八九：「開元九年正月，京兆少尹李元紘奏疏三輔諸渠，王公之家緣渠立磑以害水功」云云，與傳同。則舊傳實奪「少」「渠」二字。

三十二

卷一二〇列傳七〇郭子儀傳附孫釗傳（明本）云：

「元和九年十一月，檢校工部尚書·兼邠州刺史·充邠寧節度使。數歲，檢校戶部尚書，入爲司農卿。……穆宗卽位，……推崇外氏，以釗兼司農卿。未幾，檢校戶部尚書充河陽三城懷節度使。」

按：釗本爲司農卿，穆宗卽位，又云兼司農卿，非譌誤，卽有奪文。檢新書一三七列傳六二郭子儀傳附釗傳云：

「入爲司農卿……穆宗卽位，檢校戶部尚書兼司農卿，俄爲河陽三城節度使。」

按：此時制度，例以檢校高一層官兼任低一層官，如檢校三公兼僕尚，檢校兩僕兼尚書，檢校僕尚兼九卿。檢校官純爲加官虛銜，故史傳書事多略檢校官，只以兼官爲本官也。釗事，參之舊傳，檢校戶部尚書，蓋始入爲司農時之檢校官，若待穆宗卽位始加虛銜，何以見推崇外氏之意。考舊書一六本紀一六穆宗紀卷首條云：

「元和……十五年……三月……乙丑，以皇太后兄司農卿郭釗爲刑部尚書兼司農卿。」

又五二列傳二后妃傳下憲宗懿安皇后郭氏傳云：

「元和十五年正月，穆宗嗣位，……后兄司農卿釗爲刑部尚書。」（新書后妃傳同。）

冊府三〇一亦云：

「郭釗……元和十五年三月，釗以簡較（檢校）戶部尙書兼司農卿，還爲刑部尙書兼司農卿。」

據此，是還刑部尙書兼司農卿也，舊傳此條「兼」字上奪「爲刑部尙書」五字。而新傳則誤書也。

三十三

卷一三五列傳八五程异傳（明本）云：

「轉衛尉卿·兼御史中丞·充鹽鐵轉運副使。時淮西用兵，……异使江表，以調征賦，……人頗便之。由是專領鹽鐵轉運使，兼御史大夫。（元和）三年九月，轉工部侍郎·同中書門下平章事，領使如故。……卒，元和十四年四月也。」

按：校記引張宗泰云：「依皇甫鎛傳，三上當有『十』字。」是也。其實此據本傳前後書事已可知。又兩唐書憲宗紀、新書宰相表及通鑑，皆於元和十三年九月甲辰書异爲相，此處脫「十」字，斷可知矣。

三十四

卷一五八列傳一〇八鄭餘慶傳（明本）云：

「改國子祭酒，尋拜京兆尹。（元和）三年，檢校兵部尙書·兼東都留守。六年四月，正拜兵部尙書。……稍忤時權，改太子少傅，兼判太常卿事。」

按：新書一六五列傳九〇鄭餘慶傳云：

「改國子祭酒，累遷吏部尙書，……改太子少傅，兼判太常卿事。」

與舊傳作兵部者異。檢舊書一四憲宗紀上及一五憲宗紀下，元和六七年間書餘慶事云：

六年四月巳卯，「東都留守鄭餘慶爲兵部尙書，依前留守。」

同年十月戊辰，「以東都留守鄭餘慶爲吏部尙書。」

七年「十二月丙戌朔，以吏部尙書鄭餘慶爲太子少傅。」

又全唐文六六一白居易除鄭餘慶太子少傅制云：

「吏部尚書鄭餘慶……動中禮法，學綜儒元，……可太子少傅。」

則元和六年四月由檢校兵部尚書兼充東都留守正拜兵部尚書，仍充留守如故。十月，遷吏部，卸留守。七年十二月，由吏部徙少傅也。新傳省兵部，自不待言；舊傳亦似省吏部，非有誤也。然舊傳「正拜兵部尚書」下有云：

「時京兆尹元義方、戶部侍郎判度支盧坦皆以勳官前任至三品，據令合立門戟，各請戟立於其第。時義方以加上柱國，坦以前任宣州觀察使請戟。近代立戟者率有銀青階，而義方只據勳官，有司不詳覆而給之。……會餘慶自東都來，發論大以為不可，繇是……奪元盧之門戟。」

又云：

「有醫工崔環自淮南小將為黃州司馬。勑至南省，餘慶執之封還，以為諸道散將無故受正員五品官，是開徼倖之路，且無闕可供。」

此下乃云：「言或過理，由是稍忤時權，改太子少傅。」按此二事，前一事奪王義方、盧坦門戟，自為吏部事。後一事亦為吏部事，且又見册府四六九及會要五八。册府云：

「鄭餘慶為吏部尚書，元和六年，有醫工崔環自淮南小將為黃州司馬。」

云云。與舊傳一字不異。會要作七年十一月，敍事亦全同，惟餘慶銜亦為吏部尚書，非兵部。按餘慶在吏部有聲績，舊傳亦詳書其吏部任內兩事，不應省略其官。觀其敍奪王義方、盧坦事，文義錯亂，顯有奪譌，可信兵部尚書下本有吏部一遷，傳刻奪之耳。

三十五

卷一六二列傳一一二韋綬傳(明本)云：

「長慶元年三月，轉禮部尚書判集賢院事。……二年十月，檢校戶部尚書·興元尹·山南西道節度使。」

按：本紀一六穆宗紀，長慶二年閏十月「庚寅……韋綬為興元尹，充山南西道節度使。」是閏十月三日，則本傳「十月」上少一「閏」字，蓋亦奪文。又會要三二戟條，書經此還亦少「閏」字。

三十六

卷一六四列傳一一四楊於陵傳（明本）云：

「太和四年十月卒。」

按：本紀一七下文宗紀下太和四年「十二月……甲子，左僕射致仕楊於陵卒，贈司空。」又全唐文六三九李翺楊於陵碑，以同年十二月癸亥薨。視本紀惟差前一日。則本紀十二月卒，是也。本傳作十月，奪「二」字。

三十七

卷一六五列傳一一五郭承嘏傳（宋本）云：

「元和四年，禮部侍郎弘靖知其才，擢升進士第。」

按：弘靖無姓，非史例，必奪姓無疑。校記云：

「沈本弘上有張字。張本同。云名上當有姓，依張宏靖傳補。」

檢舊書一二九張弘靖傳：「遷……中書舍人，知東都選事，拜工部侍郎，轉戶部侍郎，陝州觀察。」無爲禮部侍郎知貢舉之文。新傳敘事更略。云據本傳補，殊無據。然考唐語林八，歷數以中書舍人知貢舉者，有張弘靖，名在衛次公之後，于允躬之前。又考册府六五一云：

「衛次公爲中書舍人，元和二年冬，知禮部貢舉。」

唐制，知本年春貢舉例以上年冬除授。此云二年冬，卽知三年春貢舉也。又全唐文四九〇權德輿崔吏部衛兵部宿天長寺唱和詩序云：

「清河崔處仁（邠）、河東衛從周（次公），……旣而，處仁西垣卽眞（中書舍人），從周復以外郎掌誥。洎處仁遷小宗伯，而從周卽眞（中書舍人），俄掌貢舉，實爲之代。元和三年秋，處仁爲吏部侍郎，從周爲兵部侍郎，重九休澣，，聯鑣道舊。」

則衛次公實代崔邠掌貢舉。崔邠放元和元年二年兩春貢榜，明見語林八累爲主司條及容齋四筆五韓文公薦士條引登科記。則衛次公卽掌元和三年春貢舉，與册府合。而據此詩序，卽是年已由禮部遷兵部矣。張弘靖旣在衛次公之後，是不能早過四年。

又考舊書一九二隱逸傳孔述睿傳云：

「子敏，……擧進士，元和五年，禮部侍郎崔樞下擢第。」

前定錄陳彥博條云：

「彥博以元和五年崔樞下及第。……謝楚，明年于尹躬下擢第。」

按：尹躬卽允躬。張弘靖旣在允躬之前，而元和五年又爲崔樞，則弘靖所放卽元和四年春榜也。

復檢舊書一四憲宗紀上元和四年條云：

「十二月壬申朔，以戶部侍郎張弘靖爲陝府長史·陝虢觀察使。」

前引弘靖傳，由中書舍人歷工部侍郎，始遷戶部。弘靖知貢擧之底官旣爲中舍，是亦不遲過四年之證。

綜上所論，郭承嘏傳此處所奪實爲「張」字，沈氏、張氏所補是也；惟證據不足，故爲補論如此。

三十八

卷一七一列傳一二一李漢傳（明本）云：

「大和四年，轉兵部員外郎。……遷駕部郎中。八年，代宇文鼎的御史中丞。……七年，轉禮部侍郎。八年，改戶部侍郎。九年四月，轉吏部侍郎。」

按：此條「七年」前之「八年」當有誤。檢本書一七下文宗紀下大和六年條云：

「七月……己未，……以御史中丞·兼刑部侍郎宇文鼎爲戶部侍郎·判度支。」

又一六七列傳一一七李程傳云：

「太和四年……(遷) 河中晉絳節度使。六年，就加檢校司空。七月，徵爲左僕射。中謝日，奏曰，臣所忝官，上禮，前後儀注不同，……太常寺定取十五日上，臣進退未知所據。時中丞李漢以爲受四品已下拜太重。勅曰……。」

則李漢代宇文鼎爲御史中丞事在太和六年七月。此「八年」之「八」，卽「六」字奪去上半之殘形耳。

三十九

卷一七六列傳一二六盧商傳（明本）云：

「開成初，出爲蘇州刺史，……遷潤州刺史·浙西團練觀察使。入爲刑部侍郎，轉京兆尹。三年，朝廷用兵上黨，飛輓越太行者環地六七鎭，以商爲戶部侍郎·判度支·兼供軍使。……逆稹盪平，加檢校禮部尚書·梓州刺史·劍南東川節度使。」

按：據此文意，「三年」接「開成初」而言，是開成三年也。然朝廷用兵上黨，始於會昌三年秋，至會昌四年秋劉稹誅，則此「三年」實爲會昌三年，非開成三年也。「三年」上明奪「會昌」二字。

四十

卷一八七上列傳一三七上忠義傳上王義方傳（明本）云：

「總章二年卒，年五十五。……門人何彥光（先之譌）、員半千爲義方制師服三年，喪畢而去。半千者，齊州全節人也，事義方經十餘年，博涉經史，知名河朔。則天時官至天官侍郎。撰三國春秋二十卷行於代。自有傳。」

檢本書一九〇中列傳一四〇中文苑傳中員半千傳（明本）云：

「員半千本名餘慶，晉州臨汾人，少與齊州人何彥先同事學士王義方。」

云云。籍貫旣與本書王義方傳異，而下述行事官歷近六百字，武后時官至正諫大夫，中宗時官至州刺史，未至侍郎。是官位亦不合也。復檢新書一一二列傳三七王義方傳云：

「旣死，門人員半千、何彥先行喪，蒔松栢冢側，三年乃去。彥先，齊州全節人，武后時，位天官侍郎。」

此下卽爲員半千傳云：

「員半千，……齊州全節人，……生而孤，爲從父鞠愛，……客晉州。州舉童子，房玄齡異之，對詔高第。……長與何彥先同事王義方……。」

云云。全傳近八百字，官歷與舊書本傳同，亦未至侍郎。是籍貫雖與舊書王義傳合，而官位亦不合也。

按：半千、彥先爲義方兩大弟子。新書於王義方傳末附書何彥先事，下即爲員半千傳，述事最爲得法。舊書旣有員半千傳，而於王義方傳又附述幾五十字，至於彥先則不着一詞。此已可疑。而此附述半千數十字中籍貫時代官位，皆與新書王義方傳末之何彥先事合，與半千本傳不合。此中必有問題。疑此處「半千者」當作「彥先者」。然考新書藝文志雜史類，有「員半千三國春秋二十卷。」則舊書王義方傳「撰三國春秋二十卷行於代，自有傳。」實亦半千事。然則「半千者」蓋本在「撰三國春秋」上，而「齊州全節人」上另有「彥先者」三字。傳刻奪「彥先者」三字，又誤乙「半千者」三字於前耳。

出自第二十八本上（一九五七年五月）

論四書章句集注定本

黃彰健

朱子四書章句集注刋本甚多。如就大學經一章「先誠其意」注、中庸首章「天命之謂性」注、論語爲政篇「爲政以德」注來說，則宋淳祐壬子當塗郡齋馬光祖刋補本四書章句集注、宋眞德秀四書集編、趙順孫四書纂疏、元胡炳文四書通裏面的朱注，卽與宋祝洙四書附錄元陳櫟四書發明倪士毅四書輯釋裏面的朱注不同。這兩種傳本究竟那一種係朱子四書章句集注定本，此在宋元時儒者卽已有歧見。明代永樂朝修四書大全。其書係因襲倪氏輯釋而成。於是坊間所刋刻的四書集注，也就遵從官修的四書大全，以祝本爲朱子定本了。至清代嘉慶辛未，璜川吳氏校刋四書朱注，又舊案重提。吳刻四書章句集註後，附有吳氏志忠所著四書章句集註附考，及志忠之父英所著四書章句集注定本辨。吳氏志忠作附考，曾搜集古本四書，並以宋元儒疏釋朱注之書相比勘。其結論則謂近本——亦卽祝本發明本輯釋本四書大全本這一系相傳的本子，非朱子四書章句集注定本。吳氏這一結論，方東樹漢學商兌卷下曾提出異議（註一）。但由於附考校勘工作之堂皇，及定本辨之持之有故，言之成理，於是學者中也就相信吳說，視爲定論了。如瞿氏鐵琴銅劍樓藏書目論四書定本卽從吳說，張之洞書目答問於四書朱注板本亦卽舉的吳本。范希曾書目答問補正說：

是書一名朱子定本四書集注。吳氏校訂精審，極有功於朱注。

而商務國學基本叢書四書章句集注也卽用的吳本。本文可以說是吳氏附考定本辨的讀後感，對定本問題亦欲有所論列。問題雖未能滿意解決，然其持論則有些地方是與吳氏不同了。

討論今傳集注究孰爲定本，自然應先詳細比較各本的異同，所以吳氏附考這一工作是不可少的。我們正可利用附考所記諸本同異以進一步討論定本問題。可是吳氏附

（註一）漢學商兌，浙江書局本有刪節。此據同治十年望三益齋刋本。友人周法高先生藏。

考也有缺點，那就是他僅告訴我們所校的書名，而未說明所據的是甚麼板本。吳氏論定本，多採用胡炳文四書通的說法。我曾取通志堂本四書通與吳氏附考對校（註一），即發現吳氏說四書通本作某，而通志堂本四書通並不如是。我僅校對了大學中庸，而論語朱注則僅校至述而篇止。其不同之處，今列於下。附考記各本同異，於朱注原文僅摘引數字。今注明章名，以便查檢。

大學經一章注：「皆當至於」。吳氏云：「通本作至」。健按，通志堂本四書通作「止」。

「序次」。「通本作次序」。按通本亦作序次。

中庸第三十一章注：「之質」。「通本質作資」。按通本亦作質。

論語八佾篇林放問禮之本章音：「易去聲」。「通本無」。按通本有。

祭如在章音：「與，去聲」。「通本無」。按通本有。

子入大廟章經：「大廟」。「通本大作太」。按通本作大。

公冶長篇孔文子何以謂之文章音：「好去聲」。「通本無」。按通本有。

雍也篇哀公問弟子孰爲好學注：「然其未至」。「通本其作而」。按通本作其。

我想，吳氏所據應係另一板本。

吳氏附考說，近本非定本。近本的祖本——祝洙四書附錄陳櫟四書發明，今未見傳本，而四書輯釋元刋本仍存。研究所無輯釋一書，却藏有明刋本四書大全。這一個本子似永樂時內府所刻，惟刷印較後。我曾以這一個本子與吳氏附考對校，又發現吳氏說近本作某，而四書大全本並不如是，凡45條，今列舉於下：

中庸第十六章注：「包大小」。「近本……作小大」。健按，大全本正作包大小。

三十二章注：「上天之事」。「近本事作載」。按大全本正作事。

論語爲政篇吾十有五志於學章注：「二以示」。「近本二作一」。按，大全本正作二。

視其所以章注：「察人如聖人」。「近本察人下衍倫字」。按大全本正無倫字。

君子不器章注：「一才」。「近本才作材」。按大全本亦作才。

君子周而不比章注：「周普徧」。『近本注上有「比，必二反」四字，忠案，纂

（註一）此處所用吳氏附考，係據吳氏原刻本。亦周法高先生藏書。

疏引輔氏曰，「此處偶失音；當添入」。據此則集注原無音可知。今從翻宋本集編纂疏通纂箋本』。健按，大全本正無此四字。

何爲則民服章注：「舉錯得義」。「近本義作宜」。健按，大全本正作義。

里仁篇君子之於天下章注：「佛老」。「近本作老佛」。按，大全本正作佛老。

述而篇志於道章注：「據者」。「近本上有據音倨三字」。按大全本無此三字。

不憤不啓章注：「誠至」。「近本至作意」。按大全本亦作至。

泰伯篇麻冕章注：「可從也」。「近本也作矣」。按大全本亦作矣(註一)。

鄉黨篇注：「誤也」。「近本無也字」。按，大全本有。

先進篇回也非助我者章注：「顏氏」。「近本氏作子」。按大全本亦作氏。

顏淵篇子夏問友章經：「無自辱」。「近本作毋」。按大全本亦作「無」。

憲問篇高宗諒陰章注：「天子達」。「近本下有於庶人三字」。按大全本無此三字。

衞靈公篇吾猶及史之闕文章注：「亡矣夫」。「近本作已」。按大全本作矣。

民之於仁也章注：「一日無」。「近本下有者字」。按大全本無者字。

微子篇齊人歸女樂章注：「折中」。「近本中作衷」。按大全本亦作中。

雖小道必有可觀章注：「鼻口」。「近本作口鼻」。按大全本亦作「鼻口」。

堯曰篇首章注：「氣節」。「近本作節氣」。按大全本作氣節。

孟子梁惠王上「寡人之於國盡心焉」章音：「許六反」。「近本許作救」。按大全本作許。

「財成」。近本財作裁。按大全本作財。

齊宣王問齊桓晉文之事章注：「辟彊」。「近本作疆」。按大全本作疆。

梁惠王下齊宣王問人皆謂我毀明堂章注：「其民人」。「近本民人作人民」。按大全本作民人。

「聖賢」。「近本賢作人」。按大全本作聖賢。

滕文公問齊人將築薛章注：「詳見下章」。「近本章作篇，誤」。按大全本作章。

公孫丑上公孫丑問夫子加齊之卿相章音：「慊口至刼反」八字。「近本誤作慊口簟口刼二反」。按大全本與吳本同。

(註一)　此下所用吳氏附考均據商務國學基本叢書本。

子路人告之有過章注:「周子」。「近本子誤氏」。按大全本作子。

公孫丑下陳臻問曰章注:「孟子爲兵備」。近本作「爲孟子兵備」。按大全本與吳本同。

滕文公下周霄問章音:「皿,武永反」。「近本武作眉,誤」。按大全本作武。

公都子曰外人皆稱子好辯章音:「又胡貢胡工二反」。「近本脫二字」。按大全本不脫。

離婁上三代得天下以仁章注:「承上章」。「近本章作文」。按大全本作章。

伯夷辟紂章音:「辟去聲」。「近本作辟養竝去聲,誤」。按大全本作「辟去聲」。

萬章上娶妻如之何章注:「未紓」。「近本紓作舒」。大全作紓。

堯以天下與舜章音:「之相」至「如字」十二字。「近本作之相之竝去聲」。大全本與吳本同。

萬章下伯夷目不視惡色章注:「通貫」。「近本作貫通」。按大全本作通貫。

仕非爲貧章音「惡平聲」。「近本平作去,誤」。按大全本作平。

士之不託諸侯章音:「女下字」。「近本女下作下女」。按大全本作「女下」。

告子上公都子問性章注:「秉指」。「近本秉作專,誤」。按大全本作秉。

富歲子弟多賴章注:「顧藉」。「近本顧作賴」。按大全本作顧。

牛山之木章注:「仁義也」。「近本也作矣」。按大全本作也。

告子下篇曹交問章音:「之行竝去聲」。近本「竝」上衍「二行」二字。按大全本不衍。

「循理」。「近本理作禮」。按大全本作理。

盡心上君子之所以教者章注:「顏曾是已」。「近本已作也」。按大全本作已。

盡心下齊饑章注:「以振」。「近本振作賑,俗字也」。按大全本作振。

我想,吳氏所據亦應係另一板本。

論語憲問篇子問公叔文子章注「公孫拔」。吳氏附考說:

近本集編通纂箋本拔作枝。今從翻宋本及國朝錢氏大昕養新錄所引四書輯釋本。

則吳氏所謂近本自不指輯釋。且彼亦未見輯釋,故從錢氏養新錄轉引。然由吳氏定本辨看來，定本辨又屢引輯釋，又似乎得見輯釋，其實吳氏是沒有看見輯釋一書的。

定本辨說：

輯釋又引史氏之言曰：『「學者知之，則其於學知所用力，而自不能已矣」。不過稱贊子思勉勵學者之言，不復有所發明於經」』。……

輯釋又引史氏之言曰：『定字謂「得於心者何物」，此說極是。大學釋明德曰，「所得乎天」，但見所得實處。今但曰得於心，而不言所得之實，可乎？況不失，爲進德者言，「爲政以德」是盛德，「不失」不足以言之。』

定本辨所引史氏之言，均見於元史伯璿四書管窺。在元代陳櫟定宇著四書發明之後，姓史的講四書而爲後人所稱道的只有史伯璿。史氏四書管窺有敬鄉樓叢書本。書首有至正丙戌史氏自序。自序說：

(至正)辛已秋，又聞新安陳氏(櫟)門人倪士毅，合通與發明以爲輯釋。……又三年始得見之。……

輯釋有至正辛已建陽劉叔簡刻本，見經義考卷二五五汪克寬四書輯釋序。輯釋成書在史氏四書管窺之前，管窺卷五論語「爲政以德」註，已引陳氏發明倪氏輯釋，則輯釋原書自不會引有史氏之言了。

四書大全係抄襲四書輯釋。凡例載引用先儒姓氏，即未有史氏其人。在明代，坊本四書大全常有增附。研究所藏明刊本周會魁校正四書大全(註一)，其通考附纂下即引有史伯璿之言。其標明「通考」「附纂」，正是表示非大全原本所有的。四書管窺卷四第三十三頁附管窺卷四補遺，有校刊者按語云：

按，原文大全引在致中和節下。

今檢四書大全，也只有周會魁刪定四書大全卷之十七引有，而其前正標有「通考」二字。明係坊本所增益，非大全原本所有。然則吳氏所見的四書大全也只是這一類俗本而已。

定本辨所引史氏之言，周會魁本僅引一條，而所言較簡略。則吳氏父子所據當係另一坊刻增益之本。吳氏知大全係抄襲輯釋，而不知此非大全原本所有，於是行文時

(註一)　此本大學卷首第一行題「周會魁校正四書大全」，第二行題「京山思皇周士顯校正」。而他卷大題有作「周會魁刪定四書大全」，或作「周會魁校正古本名儒四書大全」的。

就徑說輯釋云云了。

吳氏所見「近本」，雖非善本。但研究所所藏內府本大全也有誤字。我無意再以此本重勘。我只是借此說明，書經傳刻，即不能無誤，是不能根據附考所記這些誤字而說近本非定本的。

孟子盡心篇堯舜性者章注「性者也」，吳氏附考說：

近本集疏集編纂疏通纂箋本無「者」字。忠案，語類此條曰：「性下合添之者二字」，據此是近本爲未定本也。今從翻宋本。

健按，由於近本與集編纂疏通本相同，可證其與翻宋本之有異，那也只是傳抄翻刻之所致，與定本問題無關的。如根據此而謂近本大學先誠其意注中庸首章注非定本，則我們也可據此而謂集編纂疏通本的大學中庸注也非定本了。而且就文義來說，集註此處原文係「呂氏曰，無意而安行，性也」，與孟子精義所引呂氏原文相合。四書大全引朱子曰：「呂氏說性也，性下合添之者二字」。集註此處係引呂氏之言，似不可妄增。這樣看來，翻宋本之有「者」字，可能係校刊者據語類所增，未必爲最後定本的。

由吳氏附考所記諸本同異看來，集注中的音訓，各本皆有脫漏。翻宋本脫漏一處，近本脫兩處，而四書通四書纂疏則脫漏較多。這固然可能是定本有意的刪削，也可能是傳刻的脫漏。所以這一類的異同，在討論定本問題時，也只好置之不論。

書經翻刻，即不能無誤，又不能無脫漏。因此討論定本問題時，就只能比較其注釋文句之大不同處。就附考所記，近本與四書集編四書纂疏四書通本之主要歧異僅下列數處：

(1)大學經一章「先誠其意」，朱注：

「實其心之所發，欲其一於善而無自欺也」。翻宋本集編纂疏通景星學庸集說啓蒙朱子儀禮經傳通解黃震黃氏日抄本均如是。(註一)

「一於善而無自欺」，近本及元詹道傳四書纂箋本作「必自慊而無自欺」。

(2)中庸首章「天命之謂性」節，朱注：

「蓋人之所以爲人，道之所以爲道，聖人之所以爲教，原其所自，無一不本

(註一) 吳氏附考卷一「大舊至如字」下云：「八字，元姚氏景星學庸啓蒙本無」。按學庸集說啓蒙係元餘姚景星作。姓景，非姓姚。

於天而備於我，學者知之，則其於學知所用力，而自不能已矣。故子思於此首發明之，讀者所宜深體而默識也。」翻宋本集編纂疏通本通解日抄本均如是。近本及纂箋本作「蓋人知己之有性，而不知其出於天；知事之有道，而不知其由於性；知聖人之有教，而不知因吾之所固有者裁之也。故子思於此首發明之，而董子所謂道之大原出於天，亦此意也」。健按景星啓蒙本亦如此。

(3)首章「道也者不可須臾離也，可離非道也」。朱注：

「道者，日用事物當行之理，皆性之德而具於心。無物不有，無時不然。所以不可須臾離也。若其可離，則爲外物而非道矣」。翻宋本集編纂疏通纂箋本及通解日抄本均如是。

此「爲外物而非道矣」，近本啓蒙本作「豈率性之謂哉」。

(4)中庸第九章「天下國家可均也，爵祿可辭也，白刃可蹈也，中庸不可能也」。朱注：「三者亦知仁勇之事，天下之至難也。然不必其合於中庸，則質之近似者皆能以力爲之。若中庸則雖不必皆如三者之難，然非義精仁熟而無一毫人欲之私者不能及也」。翻宋本集編纂疏通啓蒙通解日抄本均如是。

「不必」至「之難」三十二字，近本纂箋本作「皆倚於一偏，故資之近而力能勉者皆足以能之，至於中庸雖若易能」，僅二十七字。

(5)論語爲政篇「爲政以德」。朱注：

「政之爲言正也，所以正人之不正也。德之爲言得也，得於心而不失也」。此集編纂疏通本如是。

「得於心而不失」，近本作「行道而有得於心」。翻宋本作「得於心而不失之謂也」。

(6)論語述而篇志於道章：「據於德」。朱注：

「據者，執守之意。德者得也，得其道於心而不失之謂也。得之於心，而守之不失，則終始惟一，而有日新之之功矣」。此集編纂疏通本如是。

「德者得也，得其道於心而不失之謂也」，近本纂箋本作「德則行道而有得於心者也」。翻宋本作「德則行道而有得於心而不失之謂也」。

近本源於祝本，與集編纂疏不同。今檢眞德秀四書集編，集編並沒有提到集注此處與他本有異。史伯璿四書管窺說：「趙氏纂疏蓋因祝氏附錄而增廣之」。今檢纂疏，於爲政以德章僅說：

> 愚案，舊說「德者行道而有得於身」，今作「得於心而不失」。不言身而言心，心切於身也。(纂疏卷一第二十五頁，通志堂經解本)

也沒有提到祝本。而且祝本是作「行道而有得於心」，而非「行道而有得於身」的。

宋金履祥大學疏義(金華叢書本第九頁)釋先誠其意，說「實其心之所發，欲其必自慊而無自欺」，則其所疏大學章句當與祝本相同。然金氏論語集註考證所引論語朱注，却又同於集編纂疏，而異於祝本。考證說：

> 「德之爲言得也，得於心而不失也」。集註初本因第七篇志道章解德字，曰「行道而有得於心」，其後改從此。(按指「得於心而不失」)。蓋道固人心所同有，而人鮮可謂之有德者，或暫悟而不能存之於心，或徒知而不能體之於身，是又皆失之矣。所以不足謂之德也。(考證卷一頁十三，叢書集成本)

此似謂祝本謂初本。然考證於據於德下又說：

> 「得其道於心而不失之謂」，舊本作「行道而有得於心」，後改定從此。第二篇德字雖改作「得之於心而不失」，不如此章之密。(考證卷四第四十一頁)。

「得於心而不失」，未指出所得的甚麼，不如「據於德」注「得其道於心而不失」之指出道字，立說較密，金氏這一意見却又與下引陳櫟定宇所見相同。不過陳氏却據此而謂爲政以德注祝本「行道而有得於心」爲定本，與金氏意見不同而已。

元胡炳文四書通謂祝本非定本。四書通凡例說：

> 祝氏以刋於興國者爲定本。今細考其文義，如「爲政以德」，舊本作「行道而有得於身」，祝本作「有得於心」，後本又改作「得於心而不失」，祝未之見也。按桐原胡氏侍坐武夷亭，先生執扇而曰，「德字須用不失訓。如得人此物，可謂得矣。才失之，則非得矣」。此譬甚切。蓋此句含兩意，一謂得之於有生之初者，不可失之於有生之後；一謂昨日得之者，今日不可失之也。今必以祝本爲定，未必先曰「得於心而不失」，然後改曰「行道而有得於身」，末又改曰「行道而有得於心」。故今不以祝本爲定。

於大學「先誠其意」下說：

章句初本「實其心之所發，欲其自慊而無自欺」。後改作「一於善而無自欺」。朱子嘗曰：「只是一個心便是誠，纔有兩心便自欺」。愚謂易以陽爲君子，陰爲小人。陽實而陰虛，陽一而陰二也。一則誠，二則不誠。君子爲善去惡，表裏如一。一則實，實則充足於中，便有自慊之之意。……章句一於善三字有旨哉！

於中庸第九章「中庸不可能」下說：

章句一本曰，「然皆倚於一偏，故資之近而力能勉者，皆足以能之」。一本曰「然不必其合於中庸，則資之近似者，皆能以力爲之」。蓋曰「倚於一偏」，則就三者之事上說。曰不必其合於中庸，則就人行此三者之事上說，後本是改本分曉。

凡例僅舉爲政以德注，則胡氏謂祝本非定本，其主要的證據仍在「爲政以德」注。胡氏據語類所記，揣測集注改易次序，而謂祝本非最後定本而已。

吳氏附考對這一點說得更清楚。附考說：

忠案：通謂初改本者，集註初稿是「行道而有得於身」，後改「身」爲「心」，最後定本乃作「得於心而不失」。語類曰：「行道而有得於身，身當改作心，古人制字，德字從心」。又曰：「行道而有得於心，今作得於心而不失，諸書未及改，此是通例」，據語類知近本蓋誤據未定本。今從集編纂疏通本。

此所引語類，見語類卷二十三，非一人所記。其第二條原文如下：

『舊說「德者行道而有得於身」，今作「得於心而不失」，諸書未及改，此是通例』。安卿曰：「得於心而不失，可包得行道而有得於身」。曰：「如此較牢固，眞箇是得而不失了」。(義剛)

原文係「行道而有得於身」，吳氏引語類，臆改身字爲心字。

四書通於「據於德」下引朱子語錄：

語錄：「舊作得於身而不失，今作得其道於心而不失，諸書未及改，此是通例」。

此言「諸書未及改，此是通例」，與上引語類相同。此亦論集注德字界說的改易，而所舉集注舊本是作「身」而非心，可證我所見的語類（禦兒呂氏刊本，同治壬申刊本），作身字是不誤的。

由吳引語類第二條原本看來，似集注初本作「行道而有得於身」，由初本徑改作「得於心而不失」。然由吳引語類另一條問身改作心字看來，則又似如胡吳二氏所言，初本作行道而有得於身，次改身爲心，最後改作「得於心而不失」的。金氏大學疏義同於祝本，而論語集註考證謂「行道而有得於心」非定本，我疑心其所據亦在此。

這一改易次序，自亦持之有故，言之成理，而其實亦未可盡據。因爲行文推敲用字，是可以改來改去，而又仍依舊稿的。這一例證不必他求，即可用「據於德」注「得於身而不失」爲證。胡氏四書通說：

> 舊作「得於身而不失」，今作「得其道於心而不失」。

祝本作「行道而有得於心」，其改身爲心，自在「得於身而不失」之後。胡氏謂祝本非定本，則其改易次序當爲「得於身而不失」，「行道而有得於心」，「得其道於心而不失」。此「而不失」三字即係初本所有，中經删削，最後仍復舊的。

此處再舉一例證。王懋竑白田草堂存稿卷十三與喬星渚朱宗洛論學問之道一節說：

> 或問「盡心知性者，物格知至之事」。……砥錄云：「某前以盡心如大學知至，今思之，恐當作意誠」。……文集答朱飛卿書云，「盡心之說，當時見得如此，故以爲意誠之事。後來思之，似只是知至之事」。而陳安卿所記亦有今既定做知至說之語，乃知或問以爲知至者初說也；語錄以爲意誠者，中間所改之說也；其後卒定從初說。

既然可有改易復舊，因此討論最後改定本爲何，並不能僅以語類此處爲憑據。祝本卷端有朱子適孫鑑題記，「四書元本則以鑑向得先公晚年絕筆所更定，而刋之興國者爲據」。因此陳櫟就以祝本爲定本，在義理上推求，而謂「得於心而不失」未必爲最後定本了。

陳櫟定宇先生文集卷十答吳仲文甥書說：

> 胡仲虎（炳文字）四書通，庭芳委校之，且令是否之。好處儘有，但雞子討骨頭處甚多。最是不以祝本爲定本，大不是。文公適孫鑑庚三總領題祝氏附錄云：「後以先公晚年絕筆所更定而刋之興國者爲據」。今乃不信其親孫之言，而信外人之言。只看中庸首一節斷語，諸本與祝本疏密，天地懸隔。乃隱而不

言，專以爲政篇「德之爲言得也，得於心而不失」一節來辨。謂「得於心而不失」爲定本，而非「行道而有得於心」之說。「得於心」，何必加以「而不失」？得於心是得何物？不比「據德」云。據德是道得於心而不失，乃是因據字而下「不失」字耳。似此之類不少，只是纏辨。數年前與之交，信信皆具存云云。

(康熙刋本，卷十第34頁)

陳氏這一意見卽爲其弟子倪士毅所採納。四書大全中引陳氏之言，較此更詳。其釋「欲誠其意」注，「必自慊而無自欺」，亦引語類「只在兩自字上用功」爲證，這裏不想引了。

就文義高下來說，頗不容易定其優劣。就改易先後來說，則胡氏之說有與引語類第二條爲證。語類第二條係黃義剛所記。據語類卷首，義剛所記，係癸丑以後所聞。義剛此條又引有安卿之言，則這一條當係與陳安卿同聞於朱子的。陳安卿記朱子語，係庚戌己未所聞。庚戌在癸丑之前，此時義剛未有所記。而安卿於己未冬十一月中澣曾見朱子，翌年正月五日辭歸。見北溪大全集卷十竹林精舍錄後序。序中說：

晚過竹林精舍止宿，與宜春胡叔器臨川黃毅然二友會。……

毅然係義剛之字。則義剛此條所記又當係己未冬所聞了。第二年庚申三月，朱子卒。則集注改從「得於心而不失」，其時去朱子之死僅數月。但朱子臨歿之前三日尙修改大學誠意章，則己未冬以後對這章又有所修改，也不是不可能的。

胡氏論證，着重在集注改易先後。我曾做效胡氏之法，據文集語類所記以推測大學欲誠其意注改易之先後，其結果如下。

朱子文集卷十五經筵講義，釋大學欲誠其意：

意者心之所發也，實其心之所發，欲其一於善而無自欺也。

此與纂疏集編通本翻宋本全同。據王白田朱子年譜，朱子受詔進講大學在紹熙五年甲寅十月辛丑。(1194 A. D.)

語類卷十五(同治壬申刋本第二十一頁)

問「實其心之所發，欲其一於理而無所雜」……夔孫

由其言「實其心之所發」，與今本誠意注相同，則此所問亦當係集注舊本。大學或問說：

心之所發則意也。一有私欲雜乎其中，而爲善去惡或有未實，則心爲所累。雖

> 欲勉强以正之，亦不可得而正矣。故欲正心者必先有以誠其意。

此處即用了一個「雜」字。大學或問下文釋知至而意誠說：

> 知無不盡，則心之所發，能一於理而無自欺矣。

此處說「一於理而無自欺」，也可注意。

夔孫所記，據語類卷首，係丁巳以後所聞，在甲寅年朱子進講大學之後。夔孫如果是依丁巳年的集注發問，則朱注此處後來又改依甲寅年舊本了。如果夔孫所問，係甲寅以前舊本，則其改易次序可能是「一於理而無所雜」，「一於理而無自欺」，「一於善而無自欺」，「必自慊而無自欺」。祝本「必自慊而無自欺」，又未必在「一於理而無所雜」之前的。

討論今傳集注究孰爲定本，我覺得應考察朱子死後集注刋刻的情形。黃勉齋文肅公文集卷二十書晦庵先生正本大學說（註一）：

> 大學修改無虛日。諸生傳錄幾數十本。誠意一章猶未終前三日所更定。旣以語門人曰，「大學一書至是始無憾矣」。今惟建陽後山蔡氏所刋爲定本。潮倅廖君德明得之以授潮陽尉趙君師恕。趙君鋟板縣庠，且慮傳本之多，無以取信後來，因屬幹記之。嗚呼！先生不復見矣。所恃以明善誠身者，不過文字之間，是豈可以不謹其所傳哉！遂敬爲之揮涕書此。嘉泰辛酉十有一月朔旦門人長樂黃幹敬書。

朱子死於慶元庚申，第二年即嘉泰辛酉（1201 A. D.），黃氏即作此文。由黃氏此文看來，建陽後山蔡氏所刋大學，當係朱子絕筆更定本最早的刋本。度正性善堂稿卷十四書易學啓蒙後曾說朱子以啓蒙稿「授後山蔡季通」。季通之死在朱子之前。朱子卒時，季通之子蔡沈曾侍側，見蔡沈所著夢奠記。則這一個本子是建陽後山蔡家所刋，正是無足異的了（註二）。

在寧宗開禧二年（1206 A. D.）或去此不久，魏了翁刻朱子語孟集註。鶴山大全集卷五十三朱子語孟集注序說：

（註一）研究所藏黃勉齋集凡三本。一、羣碧樓藏舊鈔本；二、人文科學研究所藏鈔本；三、正誼堂全書本。此文惟見於羣碧樓藏舊鈔本。此本行欵，與瞿氏鐵琴銅劍樓書影所著錄宋本同，當自宋本出。惟所據宋本已殘缺，且未附黃氏年譜，不如瞿氏藏本。至人文科學研究所鈔本，其卷次與此本不同。

（註二）眞德秀文忠公文集卷四十二九峯先生蔡君墓表，「君名沈，……嘉定中始見君后山」。

王師北伐之歲，余請郡以歸。輔漢卿廣以語孟集註爲贈。曰，此先生晚年所授也。今拜而受之。較以閩浙間書肆所刋則十已易其二三，趙忠定帥蜀日成都所刋，則十易六七矣。……不敢秘其本，以均淑同志之士云。

魏了翁於開禧元年在臨安認識輔廣。宋史寧宗紀「開禧二年五月丁亥下詔伐金」。宋史魏了翁本傳：「(二年)，遷校書郎，以親老乞補外，乃知嘉定府」。則這一書當係刻於蜀。鶴山集卷五十五朱文公五書問答序說：

某生也後，不及從遊於朱文公先生之門，而獲交其高弟。盡得其書，以詒同志。凡今蜀本所傳是也。

則他所刻又當不止語孟集註了。

在寧宗嘉定四年辛未 (1211 A.D.)，李道傳「祈除學禁，頒朱子四書。明年，國子祭酒劉爚晦伯又乞以朱子語孟集註立於學宮，從之」，見李心傳道命錄卷八。眞德秀文忠公文集卷四十一劉文簡公(爚)神道碑說：

在成均，遂以數書鋟於胄監，俾學者誦習焉。

則監本四書又當係嘉定五年壬申 (1212 A.D.) 所刻了。元西湖書院所藏書板，多係宋代監本。元西湖書院書目卽著錄有文公四書。

在嘉定十年丁丑 (1217 A.D.) 朱子第三子朱在在南康刻朱子儀禮經傳通解。其中所載大學中庸章句與集編纂疏相合，而異於祝本。

在理宗寶慶二年，(1226 A.D.) 眞德秀作四書集編，見西山集附眞采所撰年譜。

據四書大全所引新安陳氏之言，祝本卷首有朱子適孫朱鑑題識：「四書元本，則以鑑向得先公晚年絕筆更定而刋之興國者爲據」。今按朱子所著楚辭集註，有朱鑑刻本。後附有朱鑑跋，跋尾題：

端平乙未 (1235 A.D.) 秋七月朔孫承議郎權知興國軍兼管內勸農營田事節制屯戍軍馬鑑百拜敬識。

朱鑑又編有詩傳遺說，有通志堂經解本。後附有朱鑑跋，跋尾所題一字不異，惟「秋七月」作「五月」。則興國本四書集註也當係朱鑑權知興國軍時所刻了。

在權知興國軍之前，朱鑑曾假守富川。在富川任上，刻朱子詩集傳，並曾薈萃朱子門人問答紀錄之語爲朱文公易說，此書有通志堂經解本。趙希弁讀書附志卷五著錄

「師誨三卷，附錄一卷」。趙氏說：「右吳必大紀錄晦庵先生之語，朱鑑刻之興國」。則這一書也當係朱鑑在興國任上所刻的了。

這一興國本之刋行，較通解爲遲。而其刋行，也在四書集編編著之後。眞德秀卒於端平乙未五月。眞氏作四書集編時當沒有看到興國本。眞氏四書集編中所引的大學中庸章句同於通解，而異於祝本。

在興國本之後，有淳祐壬子(1252 A. D.)當塗郡齋馬光祖刋補本。馬氏係眞西山弟子，見宋史馬光祖傳。此書瞿氏鐵琴銅劍樓藏書目著錄，半頁八行，行十五字，與元至元泳澤書院本行欵一樣。吳氏附考所說國朝撫刻宋淳祐丙午本，此所謂宋淳祐丙午本，其實即元泳澤書院本。淳祐丙午本大學章句序後有刋者題識，其中「淳祐丙午」字樣係書估作僞，見故宮善本書影初編張允亮所作目錄解說。這兩個本子的大學中庸論語注是與祝本不同的。

瞿氏鐵琴銅劍樓藏書目還著錄有另一宋本，半頁七行，行二十五字。莫氏五十萬卷樓藏書目錄初編亦著錄有一元刋宋本，半葉七行，行十五字。研究所藏有群碧樓舊藏宋本大學，(或謂係元刋本)，半頁七行，行十二字。這些本子都與祝本不同。

這些本子的大學中庸注與通解本相合，其論語注與祝本不同。在朱鑑興國本之前，眞氏集編中的論語注已與祝本不同(註一)。朱鑑說，「四書元本，則以鑑向得先公晚年絕筆更定，刋之興國者爲據」。玩其語氣，也似興國本與其時之某些刻本有異。也正因與其時之某些刻本有異，所以在興國本之後仍有與興國本不同的本子，而引起定本問題這一爭執了。

興國本已佚。四書大全有兩處提到興國本。大學傳之八章朱注：「惟其所向而不加察焉」，大全引新安陳氏(櫟)曰：「興國本作察，他本作審者非」。中庸第二十四章朱注：「神謂鬼神」。大全云：「興國本無此四字」。大全凡例說：「註文下，凡訓釋一二字或二三句者，多取新安陳氏之說」，則這兒也可能係新安陳氏之說了。大全本朱注有此四字，大全本源於祝氏附錄，惜不知祝本與興國本有無不同之處。

朱彝尊經義考卷二百五十三：

(註一) 按四書集編僅學庸出於眞氏之手。論語孟子注，則係眞氏後裔請他人續成。然其所引朱子論語注，亦當即眞氏之所見也。

馮氏去疾四書定本，佚。姓譜：去疾理宗時知興國軍。

圖書集成氏族典第二十四卷引：

萬姓統譜：去疾，理宗時知興國軍，刋定本四書於滄浪亭，號興國本。

朱鑑在理宗端平乙未時權知興國軍，而馮氏去疾亦係理宗時知興國軍。所刻的四書都叫做興國本，這很可注意。馮氏籍里及知興國軍年月待考。而朱鑑則在權知興國軍之後，任戶部郎中湖廣總領。我疑心這可能是朱鑑刻之於前，而馮氏完成於後的。這一馮氏興國本與朱鑑「刋之興國」者應有關係。萬姓統譜所記亦應有所根據。這樣看來，當時是有一興國本號稱定本。祝本卷首有朱鑑題記，以興國本爲據，這不會是祝氏揑造引以爲重的了。僅由萬姓統譜看來，似馮氏四書定本也有點類似吳本之廣徵異本，而有所抉擇。然由大全所引祝本卷端朱鑑題記看來，「四書元本，以鑑向得先公晚年絕筆更定而刋之興國者爲據」，則興國本又似僅據朱子絕筆所更定而刋行，並未加己見的。

祝本卷首有朱鑑題記，「四書元本，以鑑刋之興國者爲據」。四書通凡例也說，「祝氏以刋於興國者爲定本」。是祝本興國本相同。然而吳氏定本辨則說興國本與祝本不同。定本辨說：

> 乃祝本之爲非定本，更有出於朱子後嗣之人之言爲祝氏徵辨者，卽出於信從祝氏之人之自呈破綻者。倪氏輯釋引陳氏四書發明之言曰：文公適孫鑑書祝氏附錄本卷端云，「四書元本則以鑑向得先公晚年絕筆所更定而刋之興國者爲據」。按此語曰「元」，宗之也。曰「則以」曰「所」者，別有指之辭也。曰「得」，則已失之也。子明題祝本如是，則是明明謂祝本與子明所得之本不合矣，明明謂祝本非刋之興國之本矣，明明謂祝本非絕筆更定之本矣。朱子之家猶自失之，而覔得之，況祝氏何從得乎？其不直告以此非定本，必自有故，不可考矣。然其辭其意則顯然也。而祝氏不達，陳氏信祝本而載之於發明，而倪氏又述之於輯釋，皆引之以爲祝本重，亦未達也。又何其並皆出於鹵莽耶？

興國本不與祝本同，難道會與四書纂疏四書通本相同嗎？由四書通凡例看來，是不會與四書通相同的。祝本上有朱鑑題記，祝氏既然能看見朱鑑，怎麼會看不到興國本呢？吳氏說「祝氏何從得」，其說顯不足信。

吳氏定本辨說：

所以知人之所以一段爲定論者，我朝所撫刻宋淳祐板大字本，原自如此，卽此可知其爲定本而無疑矣。

按興國本祝本此均宋本。不能據僞淳祐丙午本或淳祐壬子馬光祖本之刋行在宋代，而斷其爲定本的。

吳氏定本辨說，眞德秀係朱子門人，（此誤），趙順孫之父受業於朱子之弟子，以師友淵源言，其所據應係定本。其實，以師友淵源言，朱鑑係朱子嫡孫，祝洙之父穆，亦受業於朱子，與朱子且有戚誼，不能僅據師友淵源而謂祝本非定本的。

大學經一章「先誠其意」，祝本朱注係「必自慊」，而集編纂疏通解本作「一於善」。至大學傳之六章亦卽誠意章注，則並無不同。黃榦撰朱子行狀，眞德秀西山讀書記卷三十一引李方子朱子年譜，均言朱子易簀前三日更改大學誠意章。此誠意章注各本都相同，因此信祝本者遂說，朱子易簀前僅將「一於善」三字改爲「必自慊」（註一）。其實一個係經一章注，一個係誠意章注。如所改僅係「一於善」三字，則年譜行狀就應說所改者係經一章注，而不能說所改者係誠意章注了。朱子易簀時，蔡沈在側。蔡氏夢奠記說：

初六日辛酉，改大學誠意一章，令詹淳謄寫，又改數字。

四書纂疏誠意章下引蔡氏曰：

此章改定，實朱子之絕筆也。

纂疏所引蔡氏，指蔡沈蔡淵蔡模。纂疏說，「三蔡氏，則一門之言，更不別異」，則蔡沈夢奠記所說易簀前更定的大學誠意章，非指經一章，是無庸置疑的。年譜行狀此處所述，也不應有誤。

以今本誠意章注與甲寅年經筵進講大學講義比較，改動得眞厲害，而且也的確改得好。此絕筆更定之誠意章又見於朱子文集卷六十答周南仲第三第四二書，此當係答周氏之問而改定。朱子著書，是常與及門商榷，而斟酌改定的。此一章注而分爲兩封信，不知係文集編者有誤，抑後封信誠意章注係易簀前朱子所改定，這就不能斷定了。這兩封信的寫作年代，目前只能據年譜行狀推定。周南仲山房集有涵芬樓祕笈

（註一）如江永考訂朱子世家，夏炘述朱質疑。

本，係殘本。周氏與朱子原信，已不見於集中了。

誠意章注，祝本與集編纂疏通解相同。吳氏定本辨說，朱鑑僅告訴祝氏以此，而其他晚年所更，則未曾縷述，因此祝本誠意章注可以與興國本同，而其他幾處則不同。且「朱子歿前改筆，及門必傳述於一時，祝氏因得聞而竊改，若其餘諸處，安得盡聞而改」呢？健按，從吳氏之說，則祝洙作附錄僅憑朱鑑口述，並未得見興國本原本，此不近情理，與祝本卷端「四書元本以鑑刋之興國者爲據」之言不合，吳氏此說不足信。至如「歿前改筆、及門傳述」這一解釋，在擁護祝本者看來，也可說，他本之誠意章注相同而別的地方不同，也正由於此的。

吳氏定本辨說：

> 所以知人之所以一段爲定論者……朱子儀禮經傳通解全載學庸注，其於此段，亦原自如此。朱子之子敬止跋云，「先公晚歲所親定，爲絕筆之書，未脫稿者八篇」，則歿後而書始出也。歿而始出，則學庸注豈非所改定者乎？於此又可知其爲定本而無疑矣。

健按，通解係朱子的兒子朱在所刻，其中所載誠意章注與祝本集編纂疏本相同。既已採用了朱子晚年絕筆所更，則他處亦應如此。這一論證誠然有理。但在擁護祝本者看來，朱鑑編詩傳遺說，於卷六已引用儀禮經傳通解。朱鑑已看見通解一書，則他所刻的興國本與通解不同，是應有所根據的。儀禮經傳通解附有大學中庸，因此需附章句。但禮書之附章句，畢竟與朱子四書章句集注之改易係兩回事。通解與章句集注畢竟係兩部書。通解所附可能係章句集注初稿，其後刋行時僅將絕筆更定之誠意章附入，而忽略了章句集注後來的改稿的。朱子臨歿，曾囑朱在歸來收拾遺書。他何以會有這種忽略，這不容易解釋。如謂朱鑑所刻者係初本，則他已看見通解，而且他編有詩傳遺說朱文公易說，對他祖父的學問頗有研究，何以連初本也不知道，就冒然立異呢？這個問題在現在也不容易回答的。

以朱子之爲當時學人所崇敬來說，集註絕筆更定本絕不應等到朱子逝世三十餘年後才有朱鑑予以刋行。我疑心集註定本之有異本刋行，當在通解本流傳之後。儀禮經傳通解有朱在跋說，「蓋先君晚歲之所新定，是爲絕筆之書」，通解本之刋行在後，有朱在此跋，因此學人也就誤以爲通解本才係朱子集註晚年絕筆定本了。至別本論語注之有異，我疑心這可能係據語錄校改。通解本非集註定本，既盛行於時，因此朱鑑乃重新刊刻集註絕筆更定本於興國了。

關於語類與朱子其他著作意見不同處，李性傳曾說過，「語錄與四書異者，當以書爲正。而論難往復，書所未及者，當以語爲助。與詩易諸書異者，在成書之前，亦當以書爲正，而在成書之後者當以語爲是。」集注既係晚年親定，成書在後，是不能根據語類來改，也不能根據語類來說祝本非定本的。前人懷疑祝本，多據語類爲政以德注立說，卽忽略這一點。集注係朱子所親定，要就信祝本，要就信通解本，是不能像金履祥景星一樣，有些地方信祝本，有些地方又不信祝本的。

朱子詩集傳有朱鑑刻本。四庫全書總目詩集傳提要說：

至其音叶，……其孫鑑又意爲增損，頗多舛迕。史榮作風雅遺音，已詳辨之。今按，朱鑑詩傳遺說跋說：

先文公詩集傳，豫章長沙后山皆有本，而后山讎校爲最精。第初脫稿時，音訓間有未備。刻板已竟，不容增益。欲著補脫，終弗克就。未免仍用舊板，葺爲全書。補綴趲那，久將漫患。竭來富川，郡事餘暇，輒取家本，親加是正，刻寘學宮，以傳永久。

詩傳遺說卷一引朱子答吳必大書，朱子卽言及欲著補脫事。朱鑑注云，「後已改入印本」。當時刻板已竟，朱子將所改定的附入，自然要將原板補綴趲那，而板片也就更容易損壞漫漶了。朱鑑似僅因此而校刊集傳，是未必有所妄增的。清史榮著風雅遺音，經紀昀審定，此書有畿輔叢書本。史榮亦只說，「今之音，蓋不知誰何人因其未備，妄取世俗譌誤之音，竄入其間」，而此在紀文達則就以此歸罪於朱鑑了。今按史榮所見詩集傳，與我所見四部叢刊三編影宋本，明刊詩傳大全本，清咸豐十年海昌蔣氏刊元羅復詩集傳音釋本均不同。羅書後附有清蔣光煦校記，蔣氏所見元明刻本亦多與史榮所見本不同，則史氏所見本恐亦只是後來俗本而已。詩集傳在宋代刻本甚多，今三編影印的無書序跋，有人見其刻本精工，遂認爲當係朱鑑刻本，這還得找證據。凡是通行的書，刻本衆多。原有的書序跋，翻刻時很少保存。像這一類的問題，在現在已不容易考證了。四書朱注也是一部士子必讀之書，刻本只有更多。興國本雖佚，以興國本爲據這一系相傳的本子猶在。但興國本原書序跋未曾保存，我們也就不知道朱鑑刊定本的詳細情形了。未看見輿國本原書序跋，這畢竟是討論集注晚年定本最引以爲恨的事。

讀吳刻朱子定本四書集注，我還有一個感想。那就是所謂定本最好是朱子自己手定，而非他人代定。吳本四書固多從翻宋本，而有時又僅從近本，不過他不肯明說，他只說別本不作某罷了。傳刻固然可有脫漏及誤字，因此不妨以意去取，但其中也可能有朱子有意的改削。近本與纂疏通本翻宋本畢竟是兩種不同的傳本。假若要我做這一工作，我寧可全依輯釋，而注他本異同於附考。我覺得這樣似較矜愼。在吳氏附考之後，歐陽泉著有點勘記。點勘記說：「集註向以裏如堂爲善本，惟字體好異，字音妄增，是其一失。近日愼詒堂校訂極爲精審」。此裏如堂本似非指吳本，而愼詒堂本亦曾據宋元儒疏釋之書相比勘，其去取卽有與吳本不同處，見點勘記卷上第九頁。這裏不想引了。

朱子集註定本問題，由上所擧那些異同看來，遠不如王陽明等人所提朱子晚年定論這一問題重要。我只是覺得吳氏附考定本辦的論證不盡愜意，遂再提出一新的假設而已。圓滿的解決這一問題，還有待於新的材料的發現。

一九五六年八月二十九日於南港舊莊

出自第二十八本上(一九五七年五月)

老君音誦誡經校釋

略論南北朝時代的道教清整運動

楊聯陞

（一）寇謙之與雲中音誦新科之誡

魏書釋老志記寇謙之有兩次與天神交通：

謙之守志嵩岳，精專不懈。以神瑞二年十月乙卯，忽遇大神，乘雲駕龍，導從百靈，仙人玉女，左右侍衛，集止山頂。稱太上老君，謂謙之曰：「往辛亥年嵩岳鎮靈集仙宮主表天曹稱，自天師張陵去世已來，地上曠誠，修善之人，無所師授。嵩岳道士上谷寇謙之，立身直理，行合自然，才任軌範，首處師位。吾故來觀汝，授汝天師之位，賜汝雲中音誦新科之誡二十卷，號曰並進言。吾此經誡，自天地開闢以來，不傳於世。今運數應出。汝宣吾新科，清整道教。除去三張僞法租米錢稅及男女合氣之術。大道清虛，豈有斯事。專以禮度爲首，而加之以服食閉練。」……

泰常八年十月戊戌，有牧土上師李譜文來臨嵩岳云，老君之玄孫。……「今賜汝遷入內宮，太眞太寶，九州眞師，治鬼師，治民師，繼天師四錄。修勤不懈，依勞復遷。賜汝天中三眞太文錄，劾召百神，以授弟子。文錄有五等，一曰陰陽太官，二曰正府眞官，三曰正房眞官，四曰宿宮散官，五曰並進錄主。壇位禮拜，衣冠儀式，各有差品。凡六十餘卷，號曰錄圖眞經。

神瑞二年相當於西元四一五年，泰常八年相當於四二三年。這兩次遇神，顯然都是鬼話，全不可信。不過寇謙之既然用所謂神授的誡經作他清整道教的基礎，那麼誡經的內容，如果能大略考出來，也是一樁很有意義的工作。

現在通行的道藏裏，有一卷老君音誦誡經（洞神部立上五六二冊），可能就是雲中音誦新科之誡的一種殘本或異本。陳國符先生在他的道藏源流考(一九四九年)頁一〇四至一〇五說：

魏書釋老志及隋書經籍志並云，北魏寇謙之出圖籙眞經六十餘卷，雲中音誦新科之戒二十卷。圖籙眞經今佚，今道藏收有老君音誦戒經，云老君以授寇謙之。所述天師道流弊及革新之法，與魏書釋老志同。蓋卽雲中音誦新科之戒。又稱「樂章誦誡新法」「太上老君樂音誦誡」「音樂新正科律」。音誦卽樂音誦，疑卽唱誦之義，所以別於直誦也。惟今本僅一卷，已非全帙矣。又寇謙之道法，雖意在改革天師道，但仍與之有關，故所出道書，當入正一部。

福井康順先生在他的道教の基礎的研究（一九五二年）頁二九六注裏提到老君音誦戒經。他說：

推其內容可以令人想像魏書釋老志所謂雲中音誦新科誡，是一種深有意味的道經。

其他研究道教史的學者，似乎都沒有注意到道藏裏這一卷誦誡(老君音誦誡經書裏自己簡稱爲誦誡)。舉例如魏楷 J.R. Ware 馬伯樂 Henri Maspero，陳寅恪先生等。這幾位先生關於道教史的著作，下面要分別徵引，這裏先不細說。

我這篇文字的一部分，是替誦誡作一種相當詳細的校釋。前面的引言，略論南北朝時代的道教清整運動，分爲三段：(一)寇謙之與雲中音誦新科之誡，(二)寇謙之清整運動的意義，(三)南朝的道教清整運動——陸先生道門科略與徐氏三天內解經。關於南北朝道教流弊以及各方面的清整，頭緒紛繁。本文所得的一點點條理，還有很大的假定性，絕不可作爲定論。又道書往往先後轉引，眞僞雜糅。校釋引用的各條，不過是供給一般參考。嚴格的判斷各條的時代，還有待於將來的硏究。本篇只可以算是一種準備工作，這也是要請讀者注意的。

以下先討論幾個與雲中音誦新科之誡，老君音誦誡經等書名有關係的問題。

「音誦」所以別於「直誦」，見誦誡第二條(誦誡的條數是我爲稱引之便加上去的)，陳國符先生的解釋是對的。雲中應該卽是天上。太眞玉帝四極明科經(洞眞部雨下七八册)卷四「學士入室誦經……不得越略天音」「不得臨經他念異想，以亂天音」(亦見无上秘要(太平部子下七七三册)卷四十三引)是其旁證，魏楷先生英譯釋老志道教之部（"The *Wei shu* and the *Sui shu* on Taoism", *Journal of the American Oriental Society* 53.3 (1933). 215-250）以爲雲中指雲中郡（p. 229）。附會不足信。

關於雲中音誦，道門通教必用集（正乙部帳上九八四冊）有如下一條：

神瑞二年夏四月一日，忽有二人乘龍持麾來曰：「老君至」。斯須，太上乘九龍玉車，神仙導從，集於山頂。謙之虔心作禮。太上敕王方平引謙之前曰：「吾得中嶽集仙宮主表稱，張道陵登眞以來，修學之人無所師授。今有中嶽道士寇謙之，行合自然，宜處師位。吾故授汝以天師之任及雲中音誦（即華夏頌步虛聲）新科經戒。汝宜宣之，佐國扶世，以化生民」。謙之受訖，五雲臺殿俱隱。

道門通教必用集是元人根據宋人著作整理成的作品（根據元貞中秋韓混成序）。注所謂華夏頌步虛聲，未必有甚麼確實的根據。無論如何，不可拘泥。只可算是音誦的舉例。玉音法事（洞玄部養上三三三冊）卷二有華夏讚步虛詞，所用的記音樂的方法，主要是些記音的字與曲折升降的線條，很不容易懂。（玉音法事的樂譜，逯欽立先生「漢詩別錄」，歷史語言研究所集刊第十三冊，一九四八年，有討論）就大體言之，顯然是受了「梵唄」的影響。（關於梵唄，請參看法寶義林 1929-1933, pp. 93-113, Bombai 條）

陳寅恪先生的「崔浩與寇謙之」（嶺南學報第十一卷第一期，一九五〇年），是繼承他的名篇「天師道與濱海地域之關係」（歷史語言研究所集刊第三本第四分，一九三四年）之後的一篇關於道教史的極重要的論文。其中勝義甚多。特別與雲中音誦新科之誡有關係的有下列幾句：

謙之生於姚秦之世，當時佛教一切有部之十誦律方始輸入，盛行於關中。不幸姚泓亡滅。兵亂之餘，律師避亂南渡，其學遂不傳北地，而遠流江東。謙之當必於此時掇拾遺散，取其地僧徒不傳之新學，以清整其世傳之舊教，遂詭託神異，自稱受命爲此改革之新教主也。……綜合釋老志中寇謙之與天神交接一節及高僧傳中十誦律傳播之記載並觀之，則雲中音誦新科之誡之名明是與佛教擬配之戒律，姑無論「誦」與十誦律之誦同字而「科」及「誡」與律字意義不殊也。

道藏中關於科戒的諸書，受佛律的影響，極爲顯明。五誡殺盜婬妄酒，是全抄佛教。其他如所謂百八十戒三千威儀等抄襲佛律的地方極多。如巴黎國立圖書館所藏伯希和二八二八號敦煌卷子道律「道士灑地有五事，何等爲五」云云，全抄安世高譯大比丘三千威儀(大正藏一四七〇),只是改比丘爲道士。題目恐亦當作「道士三千威儀」。廣弘明集卷十二釋明槩「決對傅奕廢佛僧事」云「尋道士盟經,先受十戒,次八十戒,後一百八十戒及三百大戒,乃至坐起臥息三千威儀,皆云秘要,不妄授人」。可爲旁證。(巴黎藏敦煌卷子,蒙吳其昱左景權兩先生提示並抄錄,謹此誌謝)在誦誡裏可以比較討論之點,留到校釋再說。寅恪先生說「明是與佛教擬配之戒律」,自然是確當不移之論。

音誦與十誦律同用誦字,也很值得注意。這裏我有兩點補充。一是佛教雖有梵唄,却不許用歌音誦經。毘尼母經(亦作論,大正藏一四六三)云:「六羣比丘作歌音誦經嘆佛,佛不聽也。作者有五種過:一者於此音中自生染著,二者生人染著,三者諸天不樂,四者言音不正,五者語意不了,是名音樂」。二是十誦之誦在這裏用爲數量詞,指誦讀之單位,與四分律五分律之分相類。一般言之,誦當小於分。舉例如釋僧肇的長阿含經序(大正藏一)說:

是以如來出世,大教有三:約身口則防之以禁律,明善惡則導之以契經,演幽微則辨之以法相。然則三藏之作也,本於殊應。會之有宗,則異途同趣矣。禁律,律藏也,四分十誦。法相,阿毗曇藏也,四分五誦。契經,四阿含藏也,增一阿含四分八誦,中阿含四分五誦,雜阿含四分十誦,此長阿含四分十誦。合三十經,以爲一部(聯陞按,「合三十經」蓋指四阿含三十三誦之約數而言。)

誦字作數量詞,道書裏似乎沒有見過。(眞誥卷十五有一句「誦有二萬言」,但似專指上文所謂酆宮誦)

老君音誦誡經,還有幾個別名。陳國符先生所舉的三個,都見於本書。樂章誦誡新法見第五條,太上老君樂音誦誡見第六條,音樂新正科律,見第三十三條。還有簡稱老君音誦戒見第十條,簡稱音誦歌戒,見第二十條(參上「歌音誦經」)。簡稱誦誡見第六、第二十、第二十七及第三十四條。釋老志的雲中音誦新科之誡二十卷在隋書經籍志作雲中音誦科戒二十卷。又上引道門通教必用集,作雲中音誦新科經戒,也有細微的差異。

釋老志又說,號並進言。這個名目不大好懂。魏楷先生只音譯爲 *Ping-chin* words. (p. 229),但在脚註裏指出應參考下文的「並進錄主」,這是有道理的。我猜想並進是並同精進之意。精進一詞，佛道兩家都用。誰先誰後，一時不能確說。道教的用例，如世說新語術解篇云：

郗愔信道甚精勤。嘗患腹內惡。諸醫不可療。聞于法開有名，迎之。既來，便脈云：「君侯所患，正是精進太過所致耳」。合一劑湯與之。一服卽大下，去數段紙如拳大。剖看，乃先所服符也。

精進二字，見誦誡第十二，第十九及第三十六條。誦誡又有「愚而不進」（第五條）「但勸進問清正之師」（第三十四條）可見「進」是道教修行的一個主要觀念。

又關於「並進」，廣弘明集卷十九引周甄鸞笑道論（天和五年，五七〇）「道士合氣」條云：

眞人內朝律云：眞人日禮。男女至朔望日，先齋三日，入私房，詣師所，立功德。陰陽並進，日夜六時——此諸猥雜，不可聞說。

這個「陰陽並進」，是否與「並進言」有關，我不敢說。如果有關，也許是一種狹義的精進。釋老志的「並進籙主」，所受的文籙，像是五等中最低的一等。（第一等名「陰陽太官」，也可注意）勉强附會，也許可以解釋爲「陰陽並進」（卽男女合氣）立功德到一定程度時所受的籙位。至於並進言，旣指全部新科誡，似仍以作廣義的精進解釋爲妥。

（二） 寇謙之清整運動的意義

釋老志標明寇謙之要「除去三張僞法租米錢稅及男女合氣之術」，顯然是把租米錢稅與男女合氣作爲三張僞法的兩大部門。這兩項也都是佛教徒攻擊道教徒的要點。如弘明集卷八釋玄光「辨惑論」駡道教的話就有「合氣釋罪」「制民輸課」，其他類似之例甚多。這裏爲與上文銜接，先討論除去男女合氣的意義。

五代末癸卯歲（九四三）孫夷中集的三洞修道儀（正乙部楹下九八九冊）「初入道儀」云：

凡初欲學道，男七歲號錄生弟子（關於「錄生」的年歲，說法不同，詳見誦誡校釋）女十歲號南生弟子（「南生」待考）。始受訓師門。性情稍淳，與授三戒五戒，漸止葷血。自此得不更婚嫁。如已成夫婦者，男稱淸眞弟子，女稱淸信弟子，常依科齋戒，兼行黃赤交接之道。能便斷得卽爲佳也。其童男女秉持至十五歲，方與詣師請求出家。……次後不選年代，經業轉精，明鍊法式，方參洞經。初詣三師，保擧五人，請授正一盟威籙二十四品。

此處注云：

正一部中，別有一百二十階，總出黃道枝葉。是陰敎，輔助太陽也。正一天師子嗣師，諱衡，系師諱魯，散行此法。皆是鍼藥符術禁呪之道，小求福祐，以療生民。卽今世上所行雜法，亦有籙文，非上眞所修，所謂「白黑道」也。此中言黃赤者，卽陽道之法，順行也。……其有夫婦者，令選時日，順陰陽，行交接。…

以下又解釋「黃赤道」「白黑道」。

所謂赤天三五者，大凡日月運行皆依黃赤二道，號曰二景。凡眞人掌黃赤道事，以正陰陽，用日月星宮爲治所也。更有白道法，自月一日至望爲白爲明，自十六日至晦爲黑爲暗。道民或求小小福祐，以白卽祈月，以黑卽祈星，於是有黑白之道，黑白之說，此二道卑於黃赤也。

「三五」據上淸道寶經(正乙部達上一〇三六册)卷二「天品第三」：「玄象靈文，莫過三五」，注云：「日月北斗爲三，五星爲五」。(此書編制似類書，偶注出處。)同這裏說的「用日月星宮爲治所」，可以參證。「自月一日至望爲白爲明，自十六日至晦爲黑爲暗」，好像是受了印度黑月白月(又稱黑分白分)的影響。擧例如四分律卷三十五，「聽作三十數法，十五數黑月，十五數白月」。又玄奘大唐西域記卷三「月盈至滿，謂之白分，月虧至晦，謂之黑分。黑分或十四日或十五日，月有小大故也。黑前白後，合爲一月」。不同者，是印度紀月法，以黑前白後合爲一月，換句話說，就是以望後一日卽中國的十六日爲月之始。

釋老志雖說「除去三張僞法，租米錢稅及男女合氣之術」，但是如果「並進錄主」與「陰陽並進」有關，那麽淸整以後的道敎，並不要而且也沒有把男女合氣之術完全除去。老君音誦誡經也說，「然房中求生之本，經契故有百餘法，不在斷禁之列。若夫妻樂法，但懃進問淸正之師，按而行之，任意所好，傳一法亦可足矣」。所反對者，只是「婬風大行損辱道敎」而已。

照抱朴子卽晉葛洪的看法，房中，行氣(呼吸)，導引(屈伸)藥餌(草木)等，於長生之道，都有貢獻，但都不能「單行致神仙」(微旨卷第六)。他最相信的，還是神丹金液等仙藥。他承認自己未盡房中之訣，但也指出「一塗之道士，或欲專守交接之術，以規神仙，而不作金丹之大藥，此愚之甚矣」。（釋滯卷第八）後來南朝陸修靜等，雖也有一種道教清整運動，對房中術則未懸禁令。弘明集卷八辯惑論「合氣釋罪三逆」條注云：

至甲子詔冥醮錄，男女媟合，尊卑無別。吳陸修靜復勤勤行此。

陸是吳興人，所以得稱吳陸修靜，並非三國之吳時。他是南朝道教的一大領袖人物。所以雖然他自己是否「勤勤行此」，不得而知，如果他的弟子甚至一般南朝道士仍舊注重房術，也可以算在他的帳上，再後如大名鼎鼎的陶弘景，他的意見，還是模稜的。他的眞誥卷二運象篇（亦作運題象）云：

清虛眞人授書曰：黃赤之道，混氣之法，是張陵受教施化，爲種子之一術耳。非眞人之事也。吾數見行此而絕種，未見種此而得生矣。……

紫微夫人授書曰：夫黃書赤界，雖長生之秘要，實得生之下術也。

卷五甄命授又說：

君（聯陞按，據註蓋指所謂裴君，又稱清靈眞人）曰：道有黃書赤〔界〕長生之要長史書本，杜家剪除此一行。……

君曰：此皆道之經地。㊣㊢杜家黜易此字爲經方。世多有者，然亦是秘道之事矣。天師取其名而布其化，事旨大略猶同。但每增廣其法耳。此所云，黃書赤界，三一經涓子所說黃赤內眞者，非今世中天師所演也。

然則黃書赤界雖可有眞有僞，眞的還得算長生之秘要。上文所引的三洞修道儀，也可作房中術後來依舊通行之證。

道藏裏關於男女合氣的文字還有許多。如上清黃書過度儀（正乙部階下，一〇〇九冊）當與黃書赤界之黃書有關。其中說：

夫弟子在師治受道，不得過二十不過度，二十外受道卽過度，當沐浴薰香也。

又上啓言功說：

謹按師德與甲共奉行道德三五七九之化，陰陽之施，男女更相過度。……願令臣等長生久視，過度災厄，削除死籍，更著生名玉曆，爲後世種民輩中，以爲效信。

三五七九，似指日期。女青鬼律(洞神部力下五六三冊)說「三五七九之日，愼行生炁」可證。

廣弘明集周甄鸞笑道論，上文討論「並進」，已經引了一段，其下又說：

又道律云：行氣以次，不得任意排醜近好，抄截越次。又玄子曰：不鬲戾，得度世；不嫉妬，世可度；陰陽合，乘龍去，云云。臣笑曰：臣年二十之時，好道術，就觀學。先敎臣黃書合氣三五七九男女交接之道。四目兩舌，正對行道，在於丹田。有行者度厄延年。敎夫易婦，唯色爲務。父兄立前，不知羞耻。自稱中氣眞術。今道士常行此法。以之求道，有所未詳。

甄鸞記他自己的經驗，與道書相合。這種攻擊，旣有事實作根據，自然特別有力。誦誡所謂「婬風大行，損辱道敎」，當是寇謙之淸整運動的重要背景。

「種民」是道敎裏一個重要觀念。陳寅恪先生在他的「崔浩與寇謙之」文中，有詳細的討論(頁一二二至一二三)。他說：「其以種民爲言者，蓋含有種姓之義」，結論又說：

然則種民之義，實可兼賅道德之善惡及階級之高下而言，吾民古代經典中「君子」「小人」之解釋亦與此不異。寇謙之本出秦雍豪家大族，其所持義固應如是，而此點尤與崔浩之政治理想，適相符合也。

是一個很有趣味的推論。不過，粗淺言之，種民應該是可以長生不死，可以長傳人種，或長作人種的代表，所以稱爲「種民」。誦誡第五條也說：「其有祭酒道民，奉法有功，然後於中方有當簡擇種民，錄名文昌宮中」。所謂「錄名文昌宮中」，當與上引上淸黃書過度儀的「削除死籍，更著生名玉曆」相當。男女合氣與長爲種民則不必有甚麼必然的關係。

其次再討論租米錢稅的意義。

關於早期道敎的租米錢稅，除去三國志魏志八關於五斗米的記載之外，比較詳細的材料，要算道藏所收玄都律文(洞眞部雨下七八冊)的制度律部分。最早利用這項材料來講早期道敎組織的，是馬伯樂先生(見他一九四〇論六朝道敎一文，收入遺著 Mélanges posthumes sur les religions et l'histoire de la Chine, II. Le Taoïsme, 1950, pp. 43–57.) 他認爲玄都律文所記可以代表三張舊法。自然其中顯然也有後人的修正，特別是帶有清整意味的幾條律文，但是我想把律文所記作爲早期六朝道教的史料看，大體上是可以成立的。道藏所收玄都律文，已有殘缺。除掉第七十八册之外，別處還有引用玄都律的地方。例如三洞道士朱法滿（唐人）所編的要修科儀戒律鈔，就引了不少。

租米就是道民應該交納的五斗米，在玄都律稱爲「天租米」：

律曰：制男女官籙生道民，天租米是天之重寶，命籍之大信。不可輕脫。禍福所因，皆是此也。七月七日爲上功，八月爲中功，九月爲下功。十月五日輸者，無功無過。皆輸送本治。違法則命籍不上吏守人，上延七祖，下流後代。家長罰筭二百日，戶口皆各罰二紀。（罰筭罰紀，說法不同，詳見誦誡校釋）

各治（等於分區教會）收到租米，要傳送一部分到天師治（總教會）：

律曰：制男官女官主者，領戶治位，皆有科次品號。若是甲治受所領民租米百斛，七十斛納治中用，折三十斛傳天師治。若二百斛（疑當作二百里或三百里），皆當詣本治施設。若去本治三百里以外，聽於家設。不如法，罰筭三紀。

「施設」與「設」，指的是設厨會：

律曰：生男上厨，生女中厨。增口盛財，求官，保護延口，歲中無他，上厨之例。求度厄難，遠行，求遷官，中厨之例。求治疾病，消縣官口舌牢獄繫閉，下厨之例。故略條品法律科格如此。違律罰算一紀。……

律曰：生男兒設厨食十人，中章紙百張，筆一雙，墨一丸，書刀一口。生女子厨食五人，席一領，糞箕一枚，掃帚一枚。月滿則輸。不如律法，父母奪筭二紀，兒子奪筭。天師治不得長取，亦得奢結，鬼氣不去，及還中傷。不得隱匿他用，以營家私。此罪不輕，滅身。

五斗米道，重視天地水三官（三國志魏志八），所以定正月七日，七月七日，十月五日爲三會之日，即三官來會之日。在這三個極重要的節日，應由教會設厨。但是依照玄都律文，往往有要百姓供厨之弊：

律曰：男官女官主者，三會之日，所以供厨，使布散租米。而比者衆官令使百姓以供會。此皆不合科典，違律罰筭一紀。

設上中下厨，男女官主者有應得酒及錢之數。又民租照上面所引應該折傳百分之三十，照下面一條又作百分之二十。可能不是一時之制，也許是文字訛誤：

律曰：男官女官主者，上厨酒五升，錢三百，中厨人酒四升，錢二百五十文，下厨人酒三升，錢一百文。某甲治受領民租百斛，折八十斛入甲乙治，以二十斛傳天師治；又某甲治受所領民租米百斛，折八十斛入丙丁治，以二十斛傳天師治。及公(疑當作「功」)脆誓物，一如上治，計丈尺以傳。天下萬民，米一斛具使令二斗達天師治。其米不至天師，主者受割截之罪。唯紙筆墨給治用，不煩傳上。明各依承，違律罰筭三紀。

所謂公(功)脆誓物，是道民還願獻納的東西，簡稱爲「脆」，也叫「脆信」，與「租」不同：

律曰：男官女官主者，道民年初保家口，或病痛百事，至心立願，皆質其辭誓。主者依承狀申迹。蒙恩，限滿則輸。卽爲言功報勞，不得違言負約，此罪不輕。若不蒙恩福，便爲言除，不可横受。其歲中雖有死亡減口，租不在脆例，依常輸上。宜各遵奉，違者罰筭一紀。……

律曰：上章皆質立脆信，與吏兵要誓，不得違律也。

就全教會組織而言，經濟方面，最怕的自然是不傳送租米脆物：

律曰：陽平鹿堂鶴鳴諸治，男官女官主者籙生等，敎寫科制如右。竊尋比頃以來，衆官百姓道民，或有無師而自立法，或去本治遼遠，布於四野，私相號受，領民化戶，威福自由，或有去治不遠，而致隔絕，至於租民(疑當作租米)脆物，遣廢積年，私自沒入己，不傳奏上。自作一法，無所稟承。背違冥科，前後非一，其事萬端，致使正法不明，眞僞無別，氣候錯亂，妖惡滋生，罹災被考，豈不痛哉！……

這是一條帶有清整意味的律文。時間可能在張魯之後寇謙之之前。南朝的清整運動者，如陸修靜等，仍舊注重五斗米，詳見下節。

脆信還有另外一個意思。眞誥卷十二翼眞檢說南朝道士王靈期，「並增重詭信，崇信其道」。陳國符先生道藏源流考(頁十五至十六)引此文，並說：

按詭當作脆。脆信卽傳授經所用的信物。見傳授經戒儀註訣，唐張萬福傳授三洞經戒法籙略說。

張萬福此書，見正乙部肆上九九〇册。有一段說法物信物之别：「又經中法物，自屬明靈，須依色目，力營取辦。若信物自是弟子施師，多少無限」。這恐怕是狹義的信物。廣義的信或信物，則似乎包括法物信物租米脆物一切在內。至於所謂「弟子施師，多少無限」，這種看人敲竹槓的辦法，確有其例。張萬福此書記景雲二年(七一一)金仙玉真兩公主從史崇玄(卽史崇)受道，先天元年(七一二)又受五法。兩次的法物信物，珍貴豐富，眞够大唐皇室的氣派。史崇玄是太清觀主，在當時是炙手可熱的人物，不過在先天二年就以與太平公主等謀逆伏誅了。

玄都律文反對道士向百姓索要禮物：

> 律曰：男官女官主者，百姓有疾病厄急歸告之者，當匍匐救之，不得以私事託設，妄說禍祟，求人意氣。受取皆計減爲罪。違律罰筭一紀。

這也是一條帶有清整意味的律文。求人意氣就是求索禮物。計減爲罪，疑當作計贓爲罪。老君音誦誡經第七條說：

> 吾今並出新法，按而奉順。從今以後，無有分傳說(疑當作詭，卽脆字)願輸送，傚署治籙，無有財帛。民戶雜願，歲常保口，厨具產生男女，百災疾病光恠，衆說(疑詭脆)厨願，盡皆斷之。惟有校藏(疑當作贓)三分取一，卽其民市買計(疑當作設)厨會，就家解散。……

這是何等澈底的清整運動！第三十三條說「今依科輸贓直爲厨具，請客證明」，又說「贓錢逋說(疑詭，脆)，貪穢入己」，可見租米脆物以及所謂法物信物，都只算作「贓」。

南朝陸修靜等的清整運動，有「神不飲食，師不受錢」的口號(見下節)。陸先生道門科略(太平部儀下七六一册)提到有的道士道民「絕無戶籍，有逋信宿脆，或先是俗身，負鬼祭饌，越入道法，不收結贓直」，也有「贓直」字樣。不過大略言之，陸修靜等，仍舊注重五斗米，謂之「命信」(玄都律文也管租米叫「命信」)同時對於厨會，則不甚重視。道門科略說：「若命信不到，則命籍不上。雖復別有重脆厨福，不解此信之闕」。至於老君音誦誡經則除去租米，而特重厨會。釋老志記寇謙之在北魏得崔浩禮奉「月設厨會數千人」，與此相合。

上引誦誡所謂「校藏(贓)三分取一」，在道藏其他戒律中，也有類似的規定。如太眞玉帝四極明科經(洞眞部雨下七十八册)卷五：

太玄都四極明科曰：凡傳上淸寶經，受弟子信物，三分散之。一分投山棲，以卹窮乏之士，一分供己法服，一分以爲弟子七祖立功市香膏之屬。故三合成一，其道明也。

按陶弘景眞誥卷一運象篇說「四極明科，高上禁重」。這部科律，應是六朝中期或更早的作品。

誦誡裏還有一種改革，不見於釋老志，就是取消各治祭酒的「父死子係」制度。按玄都律文：

律曰：制道士女官道民籙生百姓所奉屬師者，父亡子繼，兄沒弟紹，非嫡不得繼。或兒息小弱，當大人攝治，兒長則立治依舊。若無人承領，則尋根本上屬，不得他人屬。違律罰筭一紀。

律曰：道士女官籙生道民，本師亡沒之後，子孫不令其堪承襲，或遭亂失本屬師，推尋原末，不相知識，皆聽上屬。……

這種父死子係制度，在三張自道陵至魯，據記載是三世相繼爲天師。他們屬下的祭酒，在原則上，大約也是父子或兄弟相襲。還有所謂鐵券，大約是天師分發與各祭酒的。誦誡第四條說，鐵券首云，父死子係，不過是近世生官(卽陽官)的法制，應該取消。第八條說，祭酒死後，子孫好的可以承繼，不好的不該承繼。人民可以更受，大約卽是別屬他人。第三十五條說，雖係天師(卽承繼天師位的人)遺胤，「子孫在世，精循治教領民化者，不得信用諸官祭酒爲法律，上章時不得單稱係天師位號，當稱職號名，與諸官同等」。這樣削減係天師子孫的權位，也是一種可注意的改革主張。至於這些主張曾經實行到若干程度，那就很難說了。

照情理推測，自從張魯在二一五年投降曹操，五斗米道的宗敎王國滅亡之後，各治祭酒(主者)與道民失去連繫的，必然不少，又可能有祭酒爭奪道民之事。玄都律文說：

律曰：男官女官主者，尋奉道之民各有根本。而比者衆官互嘐受他戶。實由主者之過，不能以科法化喩，輒便領受。愚民無知，謂可輕爾，致使去就任意，不遵舊典。主者受奪略之罪，民受叛違之愆。師則以狀言奉天曹。必至違律者各罰筭一紀。

這種情形，三張時未必沒有。不過玄都律既說「不遵舊典」，則所謂「比者」也當是後來的情形了。誦誡第十九條規定，如果祭酒太不高明，道民可以改屬，但須經過一定的手續：

詐惑之人，濁亂道法。若有此輩，此諸官參詳所集化戶，作厨會，取民辭狀，道官連名表章，聽民改屬。民不得輒自移叛。

陸先生道門科略說：

奉道者皆編戶著籍，各有所屬。令以正月七日，七月七日，十月五日，一年三會。民各投集本治。師當改治錄籍，落死上生，隱實口數，正定名簿。……而今人奉道，多不赴會，或以道遠爲辭，或以此門不往，捨背本師，越詣他治。唯高尙酒食，更相衒誘。

高尙酒食，顯然是引誘道民的好方法。越詣他治之事，必也相當常見。這大概是六朝中葉的情形。

道藏裏有一種正一法文天師教戒科經（洞神部力下五六三册）其中教戒，也含有幾分清整意味。書裏引及年號的話，有「自今正元二年正月七日已去」，當指二五五年，「自從太和五年以來」，當是二三一年（魏以後尙有用太和年號者）「從建安黃初元年以來」，自然是漢末魏初。又說「從今吾避世，以汝付魏，清政（疑當作整或正或相通）道治」，口氣很像是書（或一部分）作於三國魏時。一時很難證明其是否可信。不過其中所記亂離以來人民塗炭祭酒無狀的情況，應可代表道教信徒中關於這一個時代的記憶或傳說：

道以漢安元年（一四二）五月一日於蜀郡臨邛縣渠停赤石城造出正一盟威之道，與天地券要，立二十四治，分布玄元始氣治民。汝曹輩復不知道之根本，眞僞所出，但競貪高世，更相貴賤，違道叛德，欲隨人意。人意樂亂，使張角黃巾作亂。汝曹知角何人，自是以來死者爲幾千萬人邪？道使末嗣分氣，治民漢中，四十餘年。道禁眞正之元，神仙之說，道所施行，何以想爾（中空四字）妙眞三靈七言復不眞正，而故謂道欺人，哀哉可傷！至義國殞顚，流移死者，以萬爲數。傷人心志。……

欲朝當先暮，欲太平當先亂。人惡不能除，當先兵病水旱死。汝曹薄命，正當與此相遇。雖然，吉人無咎。……

諸職男女官，昔所拜署，今在無幾。自從太和五年以來，諸職各各自置，置不復由吾氣眞氣領神選擧，或聽決(疑當作缺)氣信，內人影夢(？)或以所奏或迫不得已，不按舊儀，承信特說，或一治重官，或職治空決(缺)……

昔漢嗣末世，豪傑縱橫。强弱相凌，人民詭黠，男女輕淫。政不能濟，家不能禁。抄盜城市，怨枉小人，更相僕役，蠶食萬民，民怨思亂，逆氣干天，故令五星失度，彗孛上掃，火星失輔，强臣分爭，羣姦相將，百有餘年。魏氏承天驅除，歷使其然。載在河雒，懸象垂天，是吾順天奉時，以國師命武帝行天下，死者塡坑。旣得吾國之光，赤子不傷。身重金累紫，得壽遐亡。七子五侯，爲國之光。將相掾屬，侯封不少，銀銅數千。父死子係，弟亡兄榮，沐浴聖恩，汝輩豈誌德知眞所從來乎！昔日開門，教之爲善，而反不相聽。從今吾避世，以汝付魏，淸政道治……

諸職自今以後，不得妄自署置爲職也。復違吾中傷勿怨。祭酒治病，病來復差，旣差復病。此爲惡人，勿復醫治之。……

這幾段文字，包含幾個很有意思的問題。第一是第一個「道」字，在這裏是神人化的「道」與佛教的佛相對待。例如有許多道經，常說「道言」，卽相當於佛經的「佛說」。這個神人化的道，亦稱「大道」。如晉書王羲之傳「孫恩之攻會稽，寮佐請爲之備。(王)凝之不從，方入靖室請禱，出語諸將曰：『吾已請大道，許鬼兵相助，賊自破矣』。既不設備，遂爲所害。」在誦誡裏又稱「無極大道」(第三十條)「太上大道」(第三十二條)。德效騫先生 (H. H. Dubs) 在他的 Taoism (H. F. MacNair, ed., *China*, 1946, p. 286) 文中，以爲五斗米道是受了祆教的影響，大道卽意卽 Dadhvah (創造者，指 Mazda) 的音譯。牽强附會，令人難信。

第二是想爾與妙眞恐當連讀，分指二經。按唐杜光庭道德眞經廣聖義(洞神部羔上四四〇冊)序云「想爾二卷三天法師張道陵所註」王重民先生老子考，不信杜光庭的話，以爲想爾應作想余。這恐怕是不對的。倫敦大英博物館藏有敦煌卷子殘本道經注，卷末有想爾字。陳世驤先生正在爲此卷子作一跋文，其中也要引及正一法文天師教戒科經(一九五四年三月一日來信)。妙眞即妙眞經，无上秘要(太平部叔上七六八册)引若干條，他處亦偶然引到。內容與道德經極相似。又饒宗頤先生曾著:「老子想爾注校箋」，嚴靈峯先生之「老子微旨倒略」與「老子衆說糾繆」合刊，亦附有「讀老子想爾注校箋書後」一文。陳氏以爲作於張魯，饒氏以爲是陵之說，而魯述之。或魯所作而託於陵，嚴氏則以爲尙未可定。於以上諸說當別爲一考。正一法文天師教戒科經下文又說「妙眞自吾所作，黃庭三靈七言皆訓喻本經，爲道德之光華」。黃庭經內容是七言，又其中有「忽之禍鄉三靈沒」「保我泥凡三奇靈」之語(並見黃庭內景經瓊室章第二十一)，也許三靈七言與黃庭就是一書。但不敢必。

第三是「至義國殞顚，流移死者，以萬爲數」與「旣得吾國之光，赤子不傷」。所謂「義國」「吾國」，似指漢中張魯的宗教國。五斗米道教民誠信不欺詐，有病自首其過，「又置義米肉，懸於義舍。行路者量腹取足」(三國志魏志卷八)很有自稱「義國」的理由。又張魯投降曹操，所以可以說「赤子不傷」，而「七子五侯」指張魯降後，五子封侯，正與三國志魏志卷八記載相合。至於「流移死者，以萬爲數」，自然也包括祭酒與道民。魏晉之世，道士流移，有一旁證，抱朴子內篇金丹卷第四說「余周旋徐豫荆襄江廣數州之間，閱見流移俗道士，數百人矣」。其中信五斗米道者，似當不少。

第四是這裏說的魏，好像是曹魏。不過要從漢末算起，百有餘年，曹魏早已亡了。只有推囘去到桓靈之際，才可以說得過去。但是還有一個誘惑性很大的假想，就是，這個魏，名雖說是曹魏，意中却暗指拓拔魏。換句話說，可能是一種倒囘去假設的預言，若果如此，則「以汝付魏，清政(整，正)道治」豈不是寇謙之一流在北魏治權下作清整道教運動的人，應該很喜歡說或很喜歡聽的話嗎？

以上一段也許是想入非非。不過我想自從張魯降曹之後，教權分散，人口流移，祭酒署置方面，發生了許多問題，也是以後各家清整運動的重要背景，則大概是不錯的。

寇謙之提倡這樣一個有意義的清整運動。他在北魏先得崔浩崇敬，又在太平眞君三年(四四二)勸世祖親至道壇，受符籙，可謂顯赫一時。但是唐以來的道書，提到他的大名時很少。主要的關係，自然是唐以後的道教教義，多從陸修靜陶弘景等南朝系統傳來。另外一點，可能是因爲寇的淸整運動，大罵「三張僞法」而同時，或稍後在南朝的淸整運動，則說五斗米道，本是淸約，雖也主張改革，並不要切斷與三張的聯繫。這樣在南朝的道敎領袖，自然就很容易地取得類似正統的地位了。

(三) 南朝的淸整運動——陸先生道門科略與徐氏三天內解經

陸修靜(卒於元徽五年四七七，年七十二)是南朝道士的領袖。他在道教科律方面，地位也非常重要。這是道教徒佛教徒都承認的。舉例如太上洞玄靈寶法身製論(洞玄部陶下二〇三冊)說：「齋戒威儀，厨福科令，陸先生具已詳之，可謂備矣」雲笈七籤卷五引唐李渤眞系(作於八〇五年)「先時洞眞之部，眞僞混淆。先生刋而正之，涇渭乃判。故齋戒儀範，至于今典式焉」。又道門通敎必用集(正乙部帳上九八四冊)陸天師條云：「陸修靜，字元德……又著齋戒儀範，爲後世法」。杜天師條云「杜光庭，字賓聖。嘗謂道門科教自漢天師陸修靜撰集以來，歲久廢墜。乃考眞僞條列始末。故天下羽褐，至今遵行」。

佛教徒方面批評的最利害的，是陸修靜所重視的「塗炭齋」。弘明集卷八釋玄光辯惑論云：

又塗炭齋者，事起張魯。氐夷難化，故制斯法。乃驢輾泥中，黃鹵泥面，擿頭懸柳，埏埴使熟。此法指在邊陲，不施華夏，至義熙初(四〇五)有王公其次貪寶憚苦，竊省打拍。吳陸修靜甚知源僻，猶埿首揆額懸縻而已。癡僻之極，幸勿言道。

廣弘明集卷八釋道安(北周時人，見高僧傳二集卷三十，非晉之道安)二教論略同。但云：「至義熙初，王公期省去打拍，吳陸修靜猶埿額懸頭而已」。廣弘明集卷九，周甄鸞笑道論云：

或爲塗炭齋者，黃土泥面，驢輾泥中，懸頭著柱，打拍使熟。自晉義熙中(四〇五——四一八)道士王公期除打拍法。而陸修靜猶以黃土泥額，反縛懸頭。如此淫祀，衆望同笑。

王公其王公期定是一人，可能卽是王靈期。上引眞誥卷十二翼眞檢說王靈期造作道經

「增重詭信，崇貴共道。凡五十餘篇。……今世中相傳流布，京師及江東數郡，無人不有，但江外尙未多爾」，辯惑論說「又先生道民仙公王，秣陵縣民王靈期作也」又說「至王靈期削除𦊅目，先王(疑當作先生)道民並共賑錫。雖有五利之貴，更爲妖物之名」。這位王靈期好像是一位很有影響的人物。

陸修靜關於塗炭齋的規定，詳見於他所作的洞玄靈寶五感文(正乙部笙上一〇〇四冊)，內容與佛教徒所說大略相合，這裏不多徵引了。所謂「埏埴使熟」「打拍使熟」的「熟」，當指紅腫發熱發軟。摩訶僧祇律十六(大正藏一四二五)云「便捉比丘痛打手脚令熟」「捉比丘反覆熟打」，用法相同。現代口語，盛怒時還可以說「看我不把你打熟了」一類的話。

上面討論男女合氣之術的時候，曾引辯惑論說「吳陸修靜復勤勤行此」，又廣弘明集卷七釋法琳辯正論云：

王淳三教論云：近世道士，取活無方，欲人歸信，乃學佛家制立形像，假號天尊，及左右二眞人，置之道堂，以憑衣食，宋陸修靜亦爲此形。

可見佛家對於陸修靜的種種規定，是很注意的。

道藏太平部儀下七六一冊，有陸先生道門科略一種。看題目與內容，都應該是從陸修靜傳下來的著作。陳國符與福井康順兩先生上引書，也都如此主張。這書起頭一大段，可算序言或引言：

夫大道虛寂，絕乎狀貌，至聖體行，寄之言教。太上老君以下古委懟，淳澆樸散，三五失統，人鬼錯亂。六天故氣，稱官上號，搆合百精及五傷之鬼，敗軍死將，亂軍死兵。男稱將軍，女稱夫人，導從鬼兵，軍行師止，遂放天地，擅行威福。責人廟舍，求人饗祠。擾亂人民，宰殺三牲，費用萬計，傾財竭產，不蒙其祐，反受其患。枉死橫夭，不可稱數。太上患其若此，故授天師正一盟威之道，禁威律科，檢示萬民逆順禍福功過，令知好惡。置二十四治，三十六靖廬，內外道士二千四百人，下千二百官，章文萬通。周天匝地，不得復有淫邪之鬼。罷諸禁心，淸約治民。神不飲食，師不受錢。使民內修慈孝，外行敬讓，佐時順化，助國扶命。唯天子祭天，三公祭五嶽，諸侯祭山川，民人五臘吉日祀先人，二月八月祭社竈。自此以外，不得有所祭。若非五臘吉日而祠先人，非春秋社日而祭社竈，皆犯淫祠。若疾病之人，不勝湯藥針灸，惟服符飲水，及首生年以來所犯罪過，罪應死者，皆爲原赦，積疾困病，莫不生全。故上德神仙，中德倍壽，下德延年。而今之奉道，是事顚倒，無事不反，余謹請出其疾病如左。

這一段裏，如服符飲水首過，亦見於三國志魏志卷八。「上德神仙，中德倍壽，下德延年」，亦見於正一法文天師教戒科經。「正一盟威之道」「二十四治」，亦見於正一法文天師教戒科經及玄都律文(另其他道書甚多)。不過這兩種書裏，雖也反對淫祀邪鬼，却沒有「神不飮食，師不受錢」這個鮮明的口號。而陸先生道門科略在指斥當時道士的種種弊端之處(其中有很多極生動的描述，這裏不能多引了)，又特別在注中申明：

盟威法：師不受錢，神不飮食，謂之清約。治病不針灸湯藥，惟服符飲水，首罪改行，章奏而已。居宅安塚，移徙動止，百事不卜日問時，任心而行，無所避就。謂約千精萬靈，一切神祇，皆所廢棄。臨奉老君三師，謂之正教。

這裏不但不說甚麼三張僞法，而以三師之法本爲淸約正教，與寇謙之的淸整方式，甚可對照。「神不飮食，師不受錢」很可能是一種託古改制的辦法。陸修靜時代略晚於寇謙之，可能他已聽說有人反對所謂三張僞法，因而提出恢復清約本來面目的主張，以爲抵制。我這話自然只是一種推論，尙待確證。

道藏裏又有三天內解經上下二卷(正乙部滿下八七六冊)題三天弟子徐氏撰。看內容可能是劉宋時著作，這部書裏，也有鬼不飮食，師不受錢的口號，對於淫祀的攻擊，也十分劇烈。爲淸楚起見，以下按原書次序徵引幾段，再加討論：

今撰集三天要解，以示未悟。可謹而秘之，勿妄輕傳。傳非其人，殃流子孫……道德丈人者，生於元氣之先，是道中之尊，故爲道德丈人也。因此而有太淸玄元無上三天，無極大道，太上老君，太上丈人，天帝君，九老仙都君，九氣丈人等，百千萬重道氣，千二百官君，太淸玉陛下。今世人上章書太淸，正爲此諸天眞也。……

道家上章往往要列擧這一串天眞。其中「無極大道」又見誦誡第三十條，上面已經討論過。「道氣百千萬重」又見誦誡第二十七條。

(老君)因出三道，以教天民。中國陽氣純正，使奉無爲大道；外胡國八十一域，陰氣强盛，使奉佛道，禁誡甚嚴，以抑陰氣；楚越陰陽氣薄，使奉清約大道。此時六天治興，三道教行。老子帝帝出爲國師。……

三道之說，甚有趣味。說佛教禁誡甚嚴，是爲了抑制胡人，這是道家的得意之作，與化胡經一類說法有關聯，這裏不及細論。但更可注意者，是「楚越陰陽氣薄，使奉清約大道。」從地域上看起來，楚越是南朝領土，如果清約大道與三張之法本是一回事，則五斗米道，盛行於蜀（雖然可能先自濱海地域傳去），似乎不應單說楚越。雖然這所謂「三道教行」算是「上古」，而漢以後照三天內解經只算「下古」，還是令人不能無疑。可能是在這裏南朝託古改制的清整運動者露出馬脚來了。以下又說：

太上以漢順帝時選擇中使，平正六天之治。分別眞僞，顯明上三天之氣。以漢安元年（一四二）壬午歲五月一日，老君於蜀郡渠亭山石室中與道士張道陵將詣崑崙大治新出太上。太上謂世人不畏眞正而畏邪鬼，因自號爲新出老君。卽拜張爲太玄都正一平氣三天之師，付張正一明威之道，新出老君之制。罷廢六天三道時事。平正三天，洗除浮華，納朴還眞。承受太上眞。經制科律。積一十六年，到永壽三年，歲在丁酉（一五七），與漢帝朝臣以白馬爲盟，丹書鐵券爲信，與天地水三官太歲將軍共約，永用三天正法：不得禁固天民。民不妄淫祀他鬼神。使鬼不飲食師不受錢。不得淫盜。治病療疾，不得飲酒食肉。民人惟聽五臘吉日，祠家親宗祖父母，二月八月祠祀社竈。自非三天正法，諸天眞道，皆爲故氣。疾病者，但令從年七歲有識以來，首謝所犯罪過，立諸賑儀，章符救療。久病困疾，醫所不能治者，歸首則差。立二十四治，置男女官祭酒，統領三天正法。化民受戶，以五斗米爲信。化民百日，萬戶人來如雲。制作科條，章文萬通，付子孫傳世爲國師。法事悉定，人鬼安帖，張遂白日昇天，親受天師之任也。天師之子張衡，孫張魯，夫婦俱屍解昇天，故有三師並夫人。

這一段與上文引用的陸先生道門科略以及正一法文天師教戒科經，都有可以參考對照之處。道門科略也提到「六天故氣」又說「三師不領，三天闕籍，司命無名」「師爲列上三天，請守宅之官，依籍上保護禳災却禍。」不過三天內解經把三天六天的關係說得詳細多了。下文又說：

自從三師昇度之後，雜治祭酒，傳授道法。受者皆應跪受經書，還則拜送。使必是三天正法。人多不爾者，趣得一卷經書，便言是道經，更相傳付。或是六天故事，致有錯亂。承用彌久，至今難可分別。天師受太上正一盟威之道，三天正法，付子孫傳爲國師，謂當終於無窮，豈有雜錯。從來未幾，而今六天故事，漸漸雜錯，師胤微弱，百姓雜治祭酒，互奉異法，皆言是眞正，將多謬哉！

今有奉五斗米道者。又有奉無爲旛花之道及佛道，此皆是六天故事，悉已被廢。

又有奉清水道者，亦非正法。云天師有奴，不知書注，難以文化。天師應當昇天，愍其敬心，勅一井水，給其使用，治病療疾，不應雜用，澡洗飲食。承此井水治病，無不愈者，手下立効。奴後歸形太陰，井水枯竭。天師以此水給奴身。後人不解，遂相承奉，事者自謂清水之道。其清明求願之日，無有道屋厨覆，章符跪儀，惟向一瓮清水而燒香禮拜，謂道在水中，此皆不然也。

以五斗米道與無爲旛花之道與佛道並論。再與上文對照，顯然是把五斗米道與清約大道作爲同一系統。三天內解經甚重視五斗米，而且有一個很有意味的解說：

自奉道不操五斗米者，便非三天正一盟威之道也。五斗米正以奉五帝，知民欲奉道之心。聖人與氣合，終始無窮，故聖人不死；世人與米合命，人無米穀則應餓死。以其所珍，奉上幽冥，非欲須此米也。

「無爲旛花之道」與上文的「無爲大道」，應屬同一系統。這一個教派，如果有一度曾有與「清約大道」及「佛道」三分鼎立之勢，倒是相當重要的。抱朴子內篇道意卷第九說有李家道無爲，也許可以代表這一派：

又諸妖道百餘種，皆煞生血食。獨有李家道無爲爲小差。然雖不屠宰，每供福食，無有限劑。市買所具，務於豐泰，精鮮之物，不得不買，或數十人厨，費亦多矣。復未純爲清省也。亦皆宜在禁絕之列。

據抱朴子下文，李家道起於吳大帝時蜀中李阿，號李八百。「後有一人，姓李名寬，到吳而蜀語，能祝水治疾頗愈。於是遠近翕然，謂寬爲李阿，因共呼之爲李八百，而實非也。自公卿以下，莫不雲集其門。……於是避役之吏民，依寬爲弟子者，恒近千人」又說「寬弟子轉相教授，布滿江表，動有千許」。勢力可謂不小。

抱朴子未提到旛花，按旛花大約指有花樣彩色的旛，是一種法具。洞玄靈寶三洞奉戒營始(太平部儀下七六一冊)法具門有各種旛，又說「如法具龍璧幡花眞文，供養禮懺」，可證。但旛花也可能泛指香花旛蓋各種法具。也許無爲之道特別重視此類法具，所以又稱無爲旛花之道。

關於清水道，法苑珠林卷四十九引述征記曰：「北荒（疑邙）有張母墓。舊說是王氏妻，葬有年載。後開墓而香火猶然。其家奉之，稱清水道」。與抱朴子所記不同。也許不止一派。又抱朴子內篇道意卷第九記有人賣洛西古墓中水，以爲有神，可以治病，後來遭官禁絕。不知與清水道有關否。

關於早期道教的宗派，如太平道五斗米道的異同，以及後來所謂「葛氏道」「茅山道」的關係，福井康順先生已有相當詳細的研究，見所著「道教成立以前の二三の問題」東洋思想研究第一，一九三七年，「葛氏道の研究」東洋思想研究第五，一九五三年。(「葛氏道」是福井先生權定之名，指葛玄葛洪一派)但是似乎尙有需要補正之處。已出本篇範圍之外，姑且不論。本文只用道教一詞爲泛稱，與陳寅恪先生文中之天師道約略相當。有時特用五斗米道，則指三張一系重視租米信米的這一個傳統。

三天內解經可能出於劉宋之證，是下面一段：

> 劉氏之胤，有道之體，絕而更續。天授應圖，中嶽靈瑞，二十二璧黃金一鋌，以證本姓。九尾狐至，靈寶出世，甘露降庭，三角牛到，六鍾靈形，巨獸双象，來儀人中而食。房廟之祇一皆罷廢。治正以道，蕩除故氣。此豈非太上之信乎？宋帝劉氏是漢之苗胄，恒使與道結緣。宋國有道多矣。漢時已有前讖，學士不可不勤之哉！

這位三天弟子徐氏，我還沒有考出來是誰。曾經猜想過可能是南嶽道士徐靈期。徐是吳人，隱於衡山，南岳總勝集(洞玄部鞠下三三二冊)及南嶽小錄(洞玄部虞下二〇一冊)有他的小傳。卒於元徽元年或二年(四七二或四七三)。據雲笈七籤卷二葛洪從爲巢甫在隆安年間(三七九——四〇一)傳靈寶經與道士任延慶徐靈期。三天內解經說靈寶出世，也許指此。但如徐靈期卒於元徽元年或二年，似不能於約百年之前受經，如果不是年代舛誤，或者只是間接傳授也未可知。

但眞誥翼眞檢則說靈寶經原是葛巢甫所造，王靈期又「竊加損益盛其藻麗」，「凡五十餘篇，趨競之徒，聞其豐博，互來宗稟。傳寫既廣，新舊混淆，未易甄別」。注中又說「自靈期已前，上經已往往舛雜……故靈寶經中得取以相揉，非都是靈期造製，但所造製者自多耳」。福井康順先生「靈寳經の研究」(東洋思想研究第四，一九四九年)以爲王靈期徐靈期當是一個人。我想也不必然，因爲王徐二姓，相差甚遠，而且如果南朝有兩個道士，都名靈期，又都與靈寳經有關，也不是不可能的事。又按陸修靜與靈寳經關係亦極密切。閭丘方遠(天復二年九〇二卒)的太上洞玄靈寳大綱鈔(洞玄部衣下一八五册)云，「至宋文(四二四——四六四)明(四六五——四七二)二帝時(甄正論以宋文明爲人名恐非)，簡寂先生修靜更加增修，立成儀軌。於是靈寳之敎大行於世。始於軒轅，終於簡寂。」如果徐氏之學也出於靈寳，則陸徐兩家關於淸約大道，解釋之一致，是很自然的。

老君音誦誡經(洞神部力上五六二册)校釋

一、老君曰：煩道不至，至道不煩。按如修行諸男女官見吾誦誡科律，心自開悟，可請會民同友，以吾誡律著按上，作單章表奏受誡。明愼奉行如律令。

宋書卷二十一引樂府善哉行古辭「淮南八公，要道不煩，參駕六龍，遊戲雲端」。黃庭內景玉經至道章第七「至道不煩决存眞」。單章又見太上金書玉諜寳章儀(洞神部則上五六六册)「操臣單章，上詣聖司關啓」，蓋卽章一通。太眞玉帝四極明科(洞眞部兩上下七七及七八册)諸律條之末往往云，「受者明愼奉行」。

二、老君曰：道官籙生，初受誡律之時，向誡經八拜，正立經前。若師若友，執經作八胤樂音誦。受者伏誦經意卷後，訖後八拜止。若不解音誦者，但直誦而已。其誡律以兩若相成之。常當恭謹。若展轉授同友及弟子，按法傳之。明愼奉行如律令。

洞玄靈寳三洞奉道科戒營始(太平部儀下七六一册)男生女生下注云「七歲八歲受更令一將軍籙，得加此號」，籙生下注云「十歲已上受三將軍符籙。十將軍符籙三歸五戒，得加此號」。又「正一法位童子一將軍籙三將軍籙十將軍籙籙生三戒文正一戒文」下注云「七歲八歲或十歲已上受。稱正一籙生弟子」。然則籙生通常雖在十歲以上，似亦可有七八歲者。參引論。

八胤樂未詳，或與八音有關。意卷疑當作竟卷。以兩若相成之，當作以函若箱盛之。洞玄靈寳三洞奉道科戒營始卷五云「其正一符籙及諸券契函盛」要修科儀戒律鈔(洞玄部唐下二〇五册)卷十云「並出入佩帶，帶後者前者悉封箱函中，不得去失」四分律卷五十二(大正藏一四二八)「蘇摩鉢囊中出入患破，佛言應作函若箱盛」「彼用實作函若箱，佛言不應以寶作」。

三、老君曰：道官籙生，未使寫經誡律。脫誤增損，一字有不得。抄撮寫誡，三紙二紙，不說卷首，使科律不具，災當及身。吾此科誡，自有典事之官，隨經誡監臨。明慎奉行如律令。

傳受經戒儀注訣書經法第四(正乙部極下九八九冊)「受法之後，覓能書清嚴道士敬信之人，別住靜密，觸物精新。自就師請經，卷卷皆拜受。竟又拜送，恭肅兢兢。所受部屬悉應寫之，皆用縑素，鈔之則紙充乃應。師手書一通以授弟子，弟子手書一通，以奉師宗。功既難就，或拙秉毫，許得雇借。精校分明，愼勿漏誤。誤則奪年算，遭災禍，其罰深重」。蓋鈔不及寫爲鄭重，故寫必用縑素，鈔則可以較廉價之紙充用。周一良先生「評燉煌秘籍留眞」(清華學報十五卷一期，一五三頁)。引及此文，標點似有小誤。亦未指出鈔與寫之不同。

四、老君曰：吾漢安元年以道授陵，立爲係天師之位。佐國扶命。陵以地上苦難，不堪千年之主者，求乞昇天。吾乃勉陵身元元之心，賜登昇之樂，百鍊之酒。陵得昇雲蹋虛，上入天官。從陵昇度以來，曠官寘職來久，不立係天師之位。吾使諸州郡縣土地眞官注氣，治理鬼事，領籍生民戶口，不用生人祭酒理民濁亂之法。而後人道官諸祭酒，愚闇相傳，自署治籙符契。攻錯經法，濁亂淸眞，言有三百六十契，令能使長生。鬼神萬端惑亂百姓。授人職契籙，取人金銀財帛而治民戶，恐動威逼，教人跪願，匹帛牛犢奴婢衣裳，或有歲輸全絹一匹，功薄輸絲一兩。衆雜病說，不可稱數。妄傳陵身所授黃赤房中之術，授人夫妻，婬風大行，損辱道教。有祭酒之官，稱父死子係，使道益荒濁。誡曰：道尊德貴，惟賢是授。若子胤不肖，豈有繼承先業。有祭酒之官，子之不肖，用行顚倒，逆節縱橫，錯亂道法，何有承係之理乎。鐵券首云：「父死子係」何，是近世生官王者之法制耳。吾今未立地上係天師正位。據聽道官愚闇相傳，自署治籙。諸道官祭酒，可簡授明末。復按前父死子係，係使道教不顯。吾論一事，吾豈死有子孫，係吾老君天師之後？天道無親，惟賢是授。明愼奉行如律令。

廣弘明集九，甄鸞，笑道論「陵子衡爲係師，衡子魯爲嗣師」。卷十一釋法琳對傅奕廢佛僧事「陵爲天師，衡爲嗣師，魯爲係師，自號三師也」。登眞隱訣(洞玄部遜上一九三册)卷下「謹關啓天師女師系師三師門下典者君吏」注云，「漢代以前，亦復應有天師，皆應有三人，亦有一女，但未必是夫妻父子耳」。「三師」與「係師」說法不同。此處係天師但言嗣係天師位之人。功薄疑當作功簿。簡授明末當作簡授明才。明才詳下。

五、老君曰：吾得嵩嶽鎭土之靈集仙宮主表聞稱言，「地上生民曠官來久。世間修善之人，求生科福，尋緒詐僞經書，修行無效，思得眞賢，正法之教。宜立地上係天師之位爲範則。今有上谷寇謙之，隱學嵩嶽少室，精鍊教法，掬知人鬼之情，文身宜理，行合自然，未堪係天師之位。」吾是以東遊臨觀子身，汝知之不乎？吾數未至，不應見身於世。謙之汝就係天師正位，並教生民，佐國扶命，勤理道法，斷發黃赤。以諸官祭酒之官，校人治籙符契，取人金銀財帛，衆雜功脆願，盡皆斷禁，一從吾樂章誦誡新法。其僞詐經法科，勿復承用。謙之受誡二宿三日，掬尋窈冥之情。老君召，謙之臨言：臣以蒙覆，愚而不進，有不賜長生神藥，不能役使鬼神，何能化惡爲善，消災伏異，師範之則。願道哀念，賜存生命。須老君出於世之時，得有神藥之應，皆道氣入身，乃敢受係天師之位。願錄愚誠。老君曰：吾以汝受天官內治，領中外官，臨統眞職，可比係天師同位。吾今聽汝一讓之辭。吾此樂音之教誡，從天地一正變易以來，不出於世。今運數應出。汝好宜教誡科律，法人治民。祭酒按而行之，奉順誡約之後，吾當勑下九州四海之內，土地眞官之神，騰籍戶言。其有祭酒道民，奉法有功，然後於中方有當簡擇種民，錄名文昌宮中。若道官祭酒不閑教化者，導及養生之術，有疑事不了，汝當與決之。分明順奉行如律令。

未堪當作才堪。有不賜長生之藥，有謂有如。天地一正與三正之正相類。參下第六條「更出新正」。種民已見引論。分明順，疑當作明愼。或分明當屬上句讀，下接明愼。

六、太上老君樂音誦誡令文曰：我以今世人作惡者多，父不慈，子不孝，臣不忠。運數當然，當疫毒臨之，惡人死盡。吾是以引而遠去，乃之崑崙山上。世間惡人，共相魚肉，死者甚多。其中濫枉良善。吾愍之辛苦，時復東度，覆護善人。九州四海之內，土地眞神，王嶽官屬，盡集對，各說土居好德異同，林言事實，稱今世人惡，但作死事，修善者少。世間詐僞，攻錯經道惑亂愚民，但言老君當治，李弘應出。天下縱橫，返逆者衆。稱名李弘，歲歲有之。其中精感鬼神，白日人見，惑亂萬民，稱鬼神語。愚民信之，誑詐萬端，稱官設號，蟻聚人衆，壞亂土地。稱劉舉者甚多，稱李弘者亦復不少。吾大瞋怒，念此惡人，以我作辭者，乃爾多乎！世間愚癡之人，何乃如此！吾治在崑崙山。山上臺觀衆樓，殿堂宮室，連接相次。珍寶金銀，衆香種數，雜合錯飾，蘭香桂樹。窮奇異獸，鳳凰衆鳥，棲於樹上。神龍騏驥，以爲家畜。仙人玉女，盡集其上。若欲遊行，乘雲駕龍，呼吸萬里。天地人民鬼神，令屬於我。我豈用作地上一城之主也！我不願之。若我應出形之時，宜欲攻易天地。經典故法，盡皆殄滅。更出新正。命應長生之者，賜給神藥，昇仙度世，隨我左右。惡人化善，遇我之者，盡皆延年。若國王天子，治民有功，輒使伏祉如故。若治民失法，明聖代之安民。平定之後，還當昇舉，伏宅崑崙。我出之時，乘駕九龍之車，龍有九色連錢斑文，車有羽蓋十二出。檀梓爲車，飾以金銀珠玉，雜色奇異，不可目名。徵召天下眞官海嶽風伯雨師役使萬鬼。傾天綱，縮地脈。廻轉天地，如廻我身。把捉日月，能令天地晝闇。仙人玉女軿車侍從。鐘鼓音樂，遍滿虛空。百獸眞徒，鳳凰衆鳥，翔于其上。天地運動，人衆鬼兵，無有邊際。見我威光，無不弭伏我哉！愚人誑詐無端，人人欲作不臣。聚集逋逃罪逆之人，及以奴僕隸皂之間，詐稱李弘。我身寧可入此下俗臭肉奴狗魍魎之中，作此惡逆者哉！世人奸欺，誦讀僞書，切懷經典。輸吾多少，共相殘害。豈不痛哉！吾出誦誡，宜令世人咸使知聞，好加思尋，努力修善。修善功成可得遇眞，延年益筭。明愼奉行如律令。

關於李弘，老君變化無極經(正乙部，滿上八七五冊)述老子化胡之後，繼云：「胡兒弭伏道氣隆，隨時轉運西漢中，木子爲姓諱口弓，居在蜀郡成都宮。赤名之域出凌陰，弓長合世建天中。乘三使六萬神崇，寘列三師有姓名。二十四治氣當成」。似李弘爲西漢人。弘明集卷八劉勰滅惑論則云：「是以張角李弘，毒流漢季；盧悚孫恩，亂盈晉末，餘波所被，實蕃有徒。爵非通侯而輕立民戶，瑞無虎竹而濫求租稅」。又似謂李弘出於漢季。晉書五十八周札傳云：「時有道士李脫者，妖術惑衆，自言八百歲，故號李八百。自中州至建鄴，以鬼道療病，又署人官位。時人多信事之。弟子李弘養徒灊山，云應讖當王。故(王)敦使廬江太守李恒告(周)札及其諸兄子與脫圖謀不軌。時筵(札兄子)爲敎諮議參軍，卽營中殺筵及脫弘」似晉時又有李弘。此事與抱朴子內篇道意卷第九所記，李八百與李寬，當是一事。寬弘二字，意同，蓋卽一人。至於讖語李弘應出，流行必久。元始无量度人上品妙經(洞眞部寒上三九冊)注引唐李少微曰「聖君者，金闕後聖太平李眞君也。諱弘。來刼下爲人主，故預稱後聖君也」。是其一例。

劉擧不詳，疑是劉章形近而誤。兩漢之末，人民多祠祀城陽景王劉章。陳寅恪先生「崔浩與寇謙之」文中，已詳論之。崑崙神仙之宅，在漢時似多以爲西王母治，至六朝乃爲老君所有。此是神話史上一重公案，當別論之。

乘雲駕龍，是神仙家重要理想。弘明集卷七宋釋僧愍「戎華論」折顧道士「夷夏論」云:「仙道有千歲之壽，漏盡有無窮之靈。無窮之靈，故妙絕杳然；千歲之壽，故乘龍御雲。御雲乘龍者，生死之道也；杳然之靈者，常樂永淨也」。依照佛敎看法，御雲駕龍，仍非上乘。

「遇我之者」，卽「遇我者」。以「之者」作「者」用，誡經尙有其例，如第三十三條「若有罪重之者」是也。此用法亦見於唐代俗文學。如胡適之先生藏敦煌本降魔變文云「(太子)尋問監園之者，並無改張」又云「在此國內之人，更無剃頭之者」。(周紹良敦煌變文彙錄，一九五五年，頁二二二，二三三)

龍有九色連錢斑文。太平御覽六六一引尙書帝驗期曰「漢武帝好長生之道。元封元年登嵩岳，築尋眞之臺，齋戒思道。王母於七月七日乘紫雲之輦，駕九色斑龍……」抱朴子內篇祛惑第二十「因欺家云:……向者爲老君牧數頭龍。一班龍五色最好，是老君常所乘者。」

傾天綱縮地脈云云。神仙傳「費長房能縮地脈。千里存在目前宛然。放之復舒如舊也」。四十二章經(大正藏七八四)「阿羅漢者，能飛行變化，住壽命，動天地」。正法念處經(大正藏七二一)第十八「時羅睺阿修羅王如是思惟:……有日月故則有光明。若無日月則應晝冥。我今寧可覆蔽日月，令天黑闇。時阿修羅思惟是巳，從城而起，卽以一手覆障日月諸光明輪。」又第五十六「其音美妙，遍滿虛空」，「聞諸歌音，遍滿虛空」，「種種衆鳥，住在其上」。此節描述，顯然受佛典影響。

延年益筭，此處似泛指命筭。按道家說「紀」「筭」，其數不一。抱朴子內篇微旨卷第一「大者奪紀，紀者三百日也；小者奪筭，筭者三日也」原注「或作一日」。赤松子章曆卷二「若言紀是一年，若言筭云十日，或爲一日一筭。」洞玄靈寶三洞奉道科戒營始卷一「科曰：按玄都律文及正一法文，凡道士女冠或凡人違犯經戒，皆奪筭，或促筭者，謂奪減人之命筭，令壽不延也。或以六十日爲一筭。二說有異，故具言之。」

七、老君曰：吾初立天師，授署道教治籙符契，豈有取人一錢之法乎！喻如生官署職，有財錢若干。吾今並出新法，按而奉順。從令以後，無有分傳說願輸送。倣署治籙，無有財帛。民戶雜願，歲常保口，厨具產生男女，百災疾病光恠，衆說厨願，盡皆斷之。惟有校藏三分取一，即其民市買，計厨會，就家解散。易復可詣師治。民有病患，生命有分，唯存香火，一心章表，可得感徹。唯聽民戶歲輸紙三十張，筆一管，墨一挺，以供治表救度之功。若有道官濁心不除，不從正教，聽民更從新科正法清教之師。明慎奉行如律令。

說願及衆說厨願之說，疑當作詭(跪)。校藏疑當作校贓。計厨會疑當作設厨會。易復，疑與亦復通。

八、老君曰：祭酒之官，遷功之後，子孫清徹聰明，閑練鬼事，可就明師受署，治籙符誡，承繼父後。若子孫用行顛倒，與俗不別，不順科約者，諸官平處，奏表天曹，聽民更受。明慎奉行如律令。

九、老君曰：道民或有家宅，說願厨具，不由師治，即時使還，令民市備，爲會解散。

說願疑當作詭(跪)願。下同。

十、老君音誦戒曰：道民不練科法，不能精勤香火，消災散禍。及病痛行來憂慮縣官光恠衆諸，欲有保說者，盡不聽，聽先啓。何以故也？此戶安道以求福，是誤事也。自今以後，道民若有求願，先修厨會之具。請若集啓設求願，其一事求上之，收福無他。明慎奉行如律令。

縣官猶言官司獄訟。啓謂口啓，亦曰口章。登眞隱訣常以上章口啓對言，「若應有酬跪金青紙油等物，皆條牒多少，注詔所跪吏兵之號，不得混漫，章中無的跪奉，若口啓亦然」要修科儀戒律鈔十一「若官內朝法得口章，外官不得口章」。

十一、老君曰：道官受署職治符籙，隨家豐儉，意欲設會，任意，人數三人以上，復能重設諸篇，和會可通。若不能者，無苦也。明愼奉行如律令。

十二、老君曰：厨會之上齋七日，中齋三日，下齋先宿一日。齋法，素飯菜，一日食米三升，斷房室，五辛生菜，諸肉盡斷。勤修善行，不出由行。不經喪穢新產。欲就會時，向香火八拜。使大德精進之人在坐首。作好飯槃，在坐上頭，人別作槃。其參同不奉道者，請會無苦。而世間愚人，眞以所奉不同，便作異意不齋。慢道科法，不爲主人求恩恭肅之故。坐會之中，瞋恚無常。從今以後，諸官以意科處，思尋妙旨，苟能同心，福願之人，參爾無苦。會旣還家，爲主人燒香，逕宿三過香火，牋言「爲甲乙之家所請厨會，解求某事恩福。願得道氣覆護」。明愼奉行如律令。

陸先生道門科略「五辛之菜，六畜之肉，道之至忌，噉之已自犯禁，乃復宰殺雞㹠鵝鴨，飲酒洪醉，乘以奏聞。遂有寢臥靖壇，吐嘔案側，如斯之徒，往往有之。」由行，疑當作遊行，參下第二十三條「復歷民間」注。眞以疑當作直以。

牋言云云，要修科儀戒律鈔卷十一「律曰，家有喪禍不絕解凶墓謫等，可上木札」。此牋疑卽木札之類。

十三、老君曰：厨會之法，應下三槃，初小食，中酒，後飯。今人多不能下三槃，但酒爲前，五升爲限。明愼奉行如律令。

十四、老君曰：男女官受治籙，天官印章。順誠之人，萬邪不惑。當喩如生官臣使。夫有職之人，道民豈能欺犯者乎！道官祭酒，愚闇相傳，自署治籙，爲請佩千部將軍，吏兵相惑，亂請之僞，吏兵衞護，盡皆無有。正可常佩受署某官而已。通神得道之人，遇値仙官。諸受職籙者，不得五人三人吏兵給吏。然地上愚人，自署相倣，何能有此百千萬重將軍，吏兵管護者哉！從今以去故時爲事，未復承用。明愼奉行如律令。

正可，卽止可。五人三人吏兵，當與六朝之三五丁兵彷彿。晉武帝太康元年伐吳詔云：「今調諸士家有二丁三丁取一人，四丁取二人，六丁以上三人，限年十七以上至五十以還，先取有妻息者。」(文館詞林六六二)南史孝義傳，孫棘謂宋大明五年發三五丁；郭祖深傳祖深上封事，謂自梁興以來，發人征役號爲三五。通鑑晉成帝咸康八年胡三省注云，三丁取二，五丁取三，然宋文帝元嘉二十七年胡注，又云，三丁發其一，五丁發其二。呂思勉兩晉南北朝史，一二九五頁引晉書石季龍載記，言其將討慕容皝，令司冀青徐幽幷雍兼復之家，五丁取三，四丁取二，以爲「前說似是」。然呂氏又引慕容儁載記，儁圖入寇，兼欲經略關西，乃令州郡校閱見丁，精覆隱漏。率戶留一丁，餘悉發之。封邑劉貴上書極諫，乃改爲三五占兵。呂氏但云，「則三五取丁，殆爲當時通制」。惟以慕容儁載記論之，三五占兵，當輕於戶留一丁。然則或以三丁發一，五丁（四丁）取二爲正解歟？

十六、老君曰：請客就會，人習嚴整衣服，如生官天子殿會。恭肅共同。明愼奉行如律令。

要修科儀戒律鈔卷九：玄都律曰：若齋堂衣冠履笏不整，罰油五升。（卷八有關於齋會之律多條。洞眞部雨下三八册所引玄都律文制度律，亦有數條，玆從略。）

十七、老君曰：道民奉戶師，如生民事官等。言則稱道民。明愼奉行如律令。

要修科儀戒律鈔卷三。律曰：道民與師主共言語稱道民，不得稱名。違律考一十。

十八、老君曰：其受治籙誡之人，弟子朝拜之。喻如禮生官位吏，禮法等同。明愼奉行如律令。

要修科儀戒律鈔卷三，引弟子敬師之律多條，可參。

十九、老君曰：道官祭酒，授人職治符籙，但與其道。受佩之後，不能精進，違科犯約。用行顚倒，奸怨非法，遊行民間，讀僞科律。詐惑萬端。世間不奉道之家，民有疾病危困，輒便改動我道者，當與治差。愚人無智，輒便動移，操米束薪，投戶治病。謂病當差，返受死亡。死亡之後，先以功變所還本屬，輒卽爲民。然病者得差，便言得道恩福，言道有神，唱告於世。世人聞之，有喪禍變恠縣官，復有改屬歸化之者。戶口漸多。而戶生祭酒，顚倒無常。用行逆節，婬盜殺生。體性短少，逼迫恐動，衒神賣道，其於無則，詐見老君，兼復感悟。如是神敎，致使民心，懷歎恨積。有復道官：我俱奉戶主，何以不如他師，奉事禮拜，使人有暫。正欲更就明賢，言科法難犯。如此之徒，毒可檢校。其衰禍阨運，命有長短，自有一定。非是愚人道官所能延遠。詐惑之人，濁亂道法。若有此輩，此諸官參詳，所集化戶，作厨會，取民辭狀，道官連名表章，聽民改屬。民不得輒自移叛。明慎奉行如律令。

關於遊行民間，陸先生道門科略「把持刀筆，遊走村里」注云：「道法廉退，應而不唱。靜躬修術，以待來者。告訴兼至，然後撫接。若遊行自衒，法之所禁」。

操米束薪，廣弘明集卷十四釋法琳辯正論「楊枝百束，自斫自負」。

二十、老君曰：吾觀視世間凡愚祭酒，化戶領民，上章奏，上練文書，多者十紙五紙，少者三紙二紙，多之以少，都無頭緒。萬億章奏，達者無一。何以爾者，土地眞官，典事主者，懼罪相連，覆停稽違。吾今並出音誦歌誡，宜勅諸官，章書之法，如似生官文書，可得達理。凡愚道官，不練章表奏，不就於明能學習練法。世間道官，遷達亡人度星，作爲二十三十紙，千萬美說，於事不如修謹善行，齋練苦身，香火自纓，百日功建，爲先亡父母，遷度魂靈，月月單章，言達齋功，勝於千通。度星遊說之事，齋功不達，無有感徹之理。先齋立功，却上度星章，無有雜也。米絲紙筆，正爲先亡集賢會燒香拔免亡人，最上可不度星。煩道不至，至道不煩。從今以後，思尋誦誡。明慎奉行如律令。

上練文書，疑當作不練文書。多之以少，意卽多之與少。關於度星章，赤松子章曆(洞玄部啓上三三五冊)卷一「危日可呈章十二通，利上度星解亡人復連先世牽逮子孫，不上安宅傷六畜。忌卯時。要修科儀戒律鈔卷十，略同，惟「十二通」作「二通」，「先世」作「七世」。

集賢會，卽設厨飯賢。要修科儀戒律鈔十二，「太眞科曰：家有疾厄，公私設厨，名曰飯賢。可請淸賢道士上中下，十人，二十四人，五十人，百人。不可不滿十人，不足爲福」。

二十一、老君曰：道官籙生男女民，燒香求願法，入靖，東向懇，三上香訖，八拜，便脫巾帽，九叩頭，三搏頰，滿三訖，啓言：男女官甲乙今日時燒香願言上啓，便以手捻香著爐中，口並言，願甲乙以年七以來，過罪得除，長生延年。復上香願言某乙三宗五祖，七世父母，前亡後死，免離苦難，得在安樂之處。後上香言，願門內大小口數端等，無他利害來，錢出入滑易。復上香願仕官高遷，復上香願縣官口舌，疾病除愈。一願一上香。若爲他人願通，亦無苦，十上，二十上，三十上，隨願。齋日，六時燒香。寅午戌亥子丑是六時。非齋日，朝暮。辰巳之日，天淸明，夜半北向悔過，向天地叩頭百下，三十六搏頰，三過三百下，以爲常。則先緣福深者，通神在近；先緣福淺者，八年得仙。明愼奉行如律令。

入靖，卽入靖室。要修科儀戒律鈔卷十引玄都律曰，民家曰靖，師家曰治。年七以來，猶言七歲以來。三天內解經云「從年七歲有識以來，首謝所犯罪過」。他道書多言七世以來，如赤松子章曆卷三「臣謹拜上三天大道，仰謝身年七世以來，及生世三師父母存亡陰罪陽過，乞丐長生，永保長存，口啓章一通」身年七世以來，意義不明。恐是年七之誤。三宗五祖七世父母，似謂七世之祖父母，然則與佛家之「七世父母」指七生七世之父母者不同。可能是中國家族主義對印度輪廻說法所起之代替作用。赤松子章曆卷三又言「至等七世已來上及七祖父母」，除非指七生七世之七祖父母，則重覆無意義矣。

二十二、老君曰：三會日道民就師治，初上章籍時，於靖前南正北向，行立定位，各八拜，九叩頭，九搏頰，再拜伏地，請章籍訖，然後朝賀師。明愼奉行如律令。

二十三、老君曰：道官祭酒，修行之法，復歷民間，東西南北，行來出入，直身直面，一向直去，不得左右顧盼。到民家不得妄有瞋怒，有呵譴，食飲好惡，床席舍廬，衆雜論說是非。不可得先到貴豪富家。苦顧歷民儀，先到寒貧家，教誨求福，使科約具備。明愼奉行如律令。

苦顧歷民儀，疑當作若顧歷民儀，但作苦(謂堅執)亦通。歷民儀，蓋道士三千威儀之類。正法念處經(大正藏七二一)第五十九云「所謂若入聚落城邑，或行道路……應正直行，不轉不顧，直視一尋，威儀齊整。……復有四種放逸：諸比丘比丘尼等應當斷離，所謂說無益語，心不思念，不知多少。至施主家，不喚突入，亦不彈指。在上面坐，說於無量無益之言，而不覺知。於靜坐處發大音聲。觀衆女人，無緣而瞋。左右顧視，不觀前後。眷屬憍慢，盜入他家。」可參。

二十四、老君曰：男女籙生及道民，家有奴婢，不得喚奴婢，當呼字。若有過事，不得縱横撲打。但以理呼在前，語甲乙，汝有此事，應得杖罰。令受之。若責數奴婢，自當紏罪，無有怨恨之心。道官道民出言吐氣，不得言說死事。此道民之大忌。明愼奉行如律令。

此條前半對奴婢行寬大之法，頗可注意。後半可能另是一條，姑不分計。

二十五、老君曰：世間有承先父祖事道，自作一法，家宅香火，復有承先祖作祭酒之官者。民戶無知，言父死子係，更不正屬戶師。民氓同淫祠，邪令衆雜，邪令非一，倣言奉道，見他官政治祭酒，使復禮拜，言我是道民意欲就正，復懼衰神，與之災考。如此之人，爲請作道會，滿三，約正誡。若不從令，勿復重請。如此之徒，奸情不已，非是天民。不如請諸不道之民。何以爾者？等是天民統一道治。然則別屬有參會更好，豈比之奉道無師而有衰心乎！道官祭酒，宜以參會。更言，據是民可請爲客，此乃違失事多，宜如詳酌。若請爲客，以刑律論。明慎奉行如律令。

政治疑當作正治。參會見上第十二條。

二十六、老君曰：道民求福願厨，先刺客齋。上中下齋隨意。明當設會，今日請客。來在主人家中宿。諸求願還官，衆共保乃行，出無他適，雞鳴至日出，盡皆上厨之列，來致仙官。唯解先亡厨，平旦至日中爲限。若士人從願到官，一切郡縣及以公侯卿相伯子男封士，隨意欲設厨可作耳。求宰民，得腹心，士居安寧，風雨時節，隨意而設，無有先科，今不限人頭數。不設亦復無苦。但精勤香火。明愼奉行如律令。

得腹心謂得民之腹心。漢鏡銘常有「風雨時節五穀熟」之語。又孝經抄(大正藏七九〇)「其爲政後，國界安寧，風雨時節，五穀豐熟」。

二十七、老君曰：道氣百千萬重，自從開闢，黃燧之治，門有仙聖。從今以來，人僞道荒，經書舛錯。後人詐僞，仙經圖書，人人造法。天下經方，百千萬億，草藥萬種，萬藥百數。後人樂道長生，循放無效者何？然愚人意短，不達至妙。長生至道，仙聖相傳。口訣授要，不載於文籍。自非齋功，念定通神，何能招致，乘風駕龍，仙官臨顧，接而昇騰。服食草藥石藥，服而得力之者，此則仙人奏表上聞，遣仙人玉女來下臨，天官神藥，參入分數。一草一人得力，一石一人得力。服氣方法亦俱等同。今世人豈能達此理乎！不降仙人，何能登太清之階乎！而案藥服之，正可得除病壽終，攘却毒氣，瘟疫所不能中傷，畢一世之年。可兼穀養性，建功靖齋，解過除罪。諸欲修學長生之人，好共尋諸誦誡，建功香火，齋練功成，感徹之後，長生可尅。抱朴子者，未明蓋世，搊合前賢，諸家經方，造經勸仙，內外卷首，言仙之可得，可開悟人心。承前多有遺經，亦復不妄造出意，不犯改經詐說之罪。造經勸仙，功過自保補，後身當得仙人之階。諸有修道之人，勿復承按前人僞書經律。令世人習讀美經典，可益得身朝，但富貴爲子孫資蔭耳。無有長生登仙之階。欲求生道，爲可讀五千文，最是要者。明愼奉行如律令。

道氣百千萬重，登眞隱訣卷下「謹關啓太清玄元无上三天，无極大道，太上老君，太上丈人，天帝君，天帝丈人，九老仙都君，九天丈人，百千萬重道氣，千二百官君，太清玉陛下」。

黄燧之治，謂黄帝燧人之治。門有仙聖，猶言家有仙聖。萬藥百數，萬藥依下文當作石藥。蓋石万形近而誤。未明蓋世，當作才明蓋世。抱朴子內篇辨問第十二「自古至今，有高才明達而不但有仙者」。外篇仁明第三十七「爾則明者才也，仁者行也。……仁在於行，行可力爲；而明入於神，必須天授之才」。周氏冥通記（洞眞部翔下一五二冊）卷二「若生在中國知有道德，人身完備，才明行篤者，皆宿命有福德也」。佛說除恐災患經（大正藏七四四）「時衆會中，有一長者，名曰彈尼」注曰：「晉言才明」，明藏作「此言才明」。以下不用彈尼只用才明，如「問才明曰」，「長者才明」等。

二十八、老君曰：靖舍外隨地寬窄，別作一重籬障，壁東向門，靖主人入靖處。人及弟子盡在靖外。香火時法，靖主不得靖舍中飲食，及著鞋靺，入靖坐起言語，最是求福大禁。恐凡人入靖有取物，盡皆東帶。明愼奉行如律令。

陸先生道門科略「奉道之家，靖室是致誠之所。其外別絕，不連他屋；其中清虛，不雜外物。開閉門戶，不妄觸突。灑掃精肅，常若神居。唯置香爐香燈章案書刀，四物而已。必其素淨，政可堪百餘錢耳。比雜俗之家，床座形像幡蓋衆飾，不亦有繁簡之殊，華素之異耶。而今奉道者，多無靜室。或標欄一地爲治壇，未曾修除，草莽刺天。或雖立居宇，無有門戶。六畜遊處，糞穢沒膝。或名爲靜室而藏家雜物，唐突出入，鼠犬栖止。以此祈尊妙之道，不亦遠耶！」

二十九、老君曰：道官道民有死亡，七日後解穢。家人爲亡人散生時財物作會，隨人多少，可參請俗民，無苦。爲亡人過度，設會功滿三，復欲設會隨意，能備可作，若不能備，無苦。勤香火。明愼奉行如律令。

玄都律制度律云：「入治上章，避戊辰戊戌不上章。穢汚法不過晦朔亦不得上章。

天下百姓不得觸穢詣治見師主者，違律罰筭減年，返獲其罪也」（依律皆爲司過司考所劾其罪。）要修科儀戒律鈔卷十一，引玄都律，曰：入治上章，避戊辰戊戌不得上章，穢汚不得上章，月朝晦朔不得上章，百姓解穢不得詣治。違律罰筭二年」。略有同異。

三十、老君曰：爲亡人設會，燒香時，道官一人靖壇中正東向，籙生及主人亦東向，各八拜，九叩頭，九搏頰，三滿三過止。各皆再拜懇。若人多者，亦可坐禮拜，叩頭，主稱官號姓字上啓無極大道，萬萬至眞，無極大道。以手捻香，三上，著爐中，口並言，爲亡者甲乙解罪過燒香願言。餘人以次到壇前懇，上香如法，盡各各訖。靖主上章，餘人當席拜。主人東向叩頭上章訖。設會解坐訖。靖主入靖啓事，爲主人求願收福言，當時主人東向叩頭。坐罷，出時，客向靖八拜而歸家焉。主人一宿之中，滿三過燒香。明愼奉行如律令。

三十一、老君曰：道民家有疾病，告歸到宅。師先令民香火，在靖中，民在靖外，西向散髮叩頭，謝寫愆違罪過，令使皆盡，未有藏匿，求乞原赦。若過一事不盡，意不實，心不信法，章奏何解。師亦自別啓事云：民某甲求乞事，及病者，亦道首過。若過盡者，師自得好感應。若過不盡，師亦不得好感應報。首過時爲可並行符承銜，民首辭上章，一日三過上。三日後，病人不降損，可作解先亡謫罰章。病家晝則向靖叩頭，夜則北向，向天地叩頰，首過，勿使一時有闕。病家惶怖，欲爲所說錢財厨願，勿聽之。若能備厨請客三人五人十人以上，隨人多少，按如科法設會。會時客主人病者考禮拜燒香，求乞救度病者。設會訖，客歸，到家，爲病者燒香叩頭，一宿之中滿三過，以病者救度禮，叩頭燒香同法。明愼奉行如律令。

赤松子章曆卷二「太眞科曰：諸疾病，先上首狀章。不愈，卽上解考章。不愈，上解先亡罪謫章。不愈，上遷達章。（下略）」要修科儀戒律鈔卷十一引太眞科略同。

「病者考」考字疑衍。或有脫誤。

三十二、老君曰：道民不愼科法，淫犯殺生。宜校贓物，計錢，使還民家，自市厨具。師得與表章解散。當作會時，主人衆客前向香火八拜叩頭三十六搏頰，滿三訖。再拜，手捻香著爐中，並告言某甲啓太上大道，甲乙是肉人無知，奉科許祠某官求其事，並復有以塞詰之者。今依科輸贓直，爲厨具，請客證明。以從今以後，生死付道，不敢以前爲比。乞願得在赦格之例。蒙恩生活，道氣哀念。明慎奉行如律令。

肉人謂凡人，道書常見。如眞誥卷十九下「且以靈筆眞手，不敢下交於肉人」，登眞隱訣卷下「某以胎生肉人，枯骨子孫」。塞詰，疑當作塞謫。要修科儀戒律鈔卷十二引玄都律曰「千四百過爲一塞，塞者殃流於五世；千六百二十過爲一謫，謫者令人斷無後嗣」。登眞隱訣卷下漢中入治朝靜法「甲欲改惡爲善，願從太玄上一君乞丐原赦罪過，解除基謫，度脱災難，辟斥縣官」。基謫疑亦當作塞謫。

三十三、老君曰：男女道官，濁亂來久。有作祭酒之官，積勤累世，貪濁若身，化領求復，經數餘載。贓錢逋說，貪穢入己。此是前造，詐言經律。此等之人，盡在地獄。若有罪重之者，轉生蟲畜，償罪難畢。吾故出音樂新正科律，依其頭領，欲使信道，以通人情。清身潔己，與道同功。太上清氣，當來覆護。與民更始，改往修來。一從新科爲正。明慎奉行如律令。

三十四、老君曰：道氣百千萬重。前賢後聖，修學長生，盡遇仙官，人人各得一重之氣。而得昇度之後，終不載於文籍。房中之教，通黃赤經契，有百二十之法，步門庭之教，亦無交差一言。自從係天師道陵昇僊以來，唯經有文在世，解者爲是何人。得長生飛仙者，復是何人。身中至要，導引之訣，盡在師口。而筆諜之教，以官人心。若開解信之者，執經一心，香火自纓，精練功成，感悟眞神，與仙人交遊，至訣可得。今後人詐欺，謾道愛神，潤飾經文，改錯法度。妄造無端，作諸僞行，遂成風俗。勸教天下男女，受佩契令，愚闇相傳。不能自度，而相領弟子，惑亂百姓，犯罪者衆，招延災考。濁欲道教，毀損法身。吾誦誡斷改黃赤，更修清異之法，與道同功。其男女官籙生佩契黃赤者，從今誡之後，佩者不吉。若有不愼之人，所居止土地眞官注氣靖治典者使者，當自校錄。吾與之災考，死入地獄，若輪轉精魂蟲畜猪羊而生，償罪難畢。吾觀世人夫妻，修行黃赤，無有一條，按天官本要。所行專作濁穢，手犯靖廬治官禁忌。而天官仙人玉女，尚不犯治室之法。吾今以黃赤貪濁道教來久，無有眞正。愚闇相傳，盡各不得其中正。時有清眞潔素之人，無經律錯亂。吾盡欲災除此輩之人，不令而犯，誅詣之暴。是以先令誡約，遷遣一教。然房中求生之本，經契故有百餘法，不在斷禁之列。若夫妻樂法，但懃進問清正之師，按而行之，任意所好，傳一法亦可足矣。今世濁惡，有形之人，流轉精神，罪緣難消。是以誡約，要須齋功，與返爲始，雪罪除愆，乃得感悟眞仙。男女官努力修齋，尋諸誦誡。香火建功，仙道不遠。明愼奉行如律令。

黃赤經契有百二十之法，又經契故有百餘法，抱朴子內篇釋滯卷三「雖曰房中，而房中之術，近有百餘事焉」。筆諜當作筆牒。潤飭當作潤餝(飾)。

三十五、老君曰：從係天師昇仙以來，曠官寘職，道荒人濁。後人諸官，愚闇相傳，自署治籙符契。氣候倒錯，不可承准。吾本授二十四治，上應二十八宿，下應陰陽二十四氣。授精進祭酒，化領民戶。道陵演出道法，初在蜀土，一州之教。板署男女道官，因山川土地郡縣，按吾治官，靖廬亭宅，與吾共同，領化民戶，勸惡爲善。陽平山名，上配角宿。餘山等同。而後人道官，不達幽冥情狀，故用蜀土盟法，板署治職。勑令文曰：「今補某乙鶴鳴雲臺治，權時籙署治氣職，領化民戶，質對治官文書。須世太平，遣還本治」。而九州之神，章表文書，皆由土地治官眞神，而得上達。有今聞道官章表時，請召蜀土治宅君吏他方土地之神。此則天永地隔，人鬼胡越。吾本下宿治號令之名，領化民戶。道陵立山川土地宅治之名耳。豈有須太平遣還本治者乎！從今以後，諸州郡縣男女有佩職籙者，盡各詣師宅，改治氣。按今新科。但還宿官稱治爲職號。受二十四治中化契令者，發號言補甲乙正中官眞氣角宿治，以亢宿氐宿房宿二十八如法。上章時直言臣而不得稱眞人。若靈籙外官，不得稱治號。其蜀土宅治之號，勿復承用。若係天師遺胤，子孫在世，精循治教，領民化者，不得信用諸官祭酒爲法律。上章時不得單稱係天師位號，當稱職號名，與諸官同等。明愼奉行如律令。

廣弘明集卷十二，釋明槩決對傅奕廢佛僧事：「張陵客遊蜀土，聞古老相傳云，昔漢高祖應二十四氣，祭二十四山，遂王有天下。陵不度德，遂構此謀。殺牛祭祀二十四所。置以土壇，戴以草屋，稱二十四治。治館之興，始乎此也。二十三所在於蜀地；尹喜一所，在於咸陽」。无上秘要(太平部猶上七七〇冊)卷二十三「陽平山上應角宿，治在蜀郡界」，又鹿堂治上應亢宿，鶴鳴山治上應氐宿，漓沅山治上應房宿。關於二十四治，二十八治等，詳見雲笈七籤卷二十八。